# 满铁研究成果粹编

【军事文化篇】·上册

邵汉明◎主　编
郭连强　王玉芹◎副主编

社会科学文献出版社
SOCIAL SCIENCES ACADEMIC PRESS (CHINA)

国家社会科学基金抗日战争研究专项工程项目“满铁资料整理与研究”（17ZKD001）

## 主　编

### 邵汉明

1959 年生，吉林大学哲学硕士，曾任吉林省社会科学院院长。国务院特殊津贴获得者、国家社会科学基金学科评审组专家，并获多项省级荣誉称号。兼任吉林大学等多所高校教授、博士生导师。著有《儒道人生哲学》等 10 多部著作，在《哲学研究》等报刊发表论文 100 余篇。

## 副主编

### 郭连强

男，1970 年生，经济学博士，吉林省社会科学院院长。吉林财经大学客座教授、吉林农业大学客座教授。长期从事产业经济学、金融学研究，研究成果获省政府社科优秀成果一等奖 2 项。主持省科技厅重点项目等研究 7 项，出版专著、编著 3 部，发表论文近 50 篇。

### 王玉芹

1975 年生，历史学硕士，吉林省社会科学院满铁研究中心副主任、研究员，著有《日本对中国东北医疗卫生殖民统制研究》《抗日义勇军与抗日救亡运动》（副主编）等，在省级以上报刊发表学术论文 40 余篇，多次获得省级有关奖励。

# 前　言

## 一　满铁性质及侵华罪行

满铁是南满洲铁道株式会社的简称，是日本政府1906年以英国东印度公司为样本在中国东北建立的最大殖民侵略机构。次年进驻中国大连后，在长达40年时间里，对华进行政治、经济、军事和文化等全方位、多层面侵略。资深满铁研究专家苏崇民认为，“满铁是日本帝国主义推行满蒙政策的主要经济工具，它以经营南满铁路和抚顺煤矿为重点，同时插手一切有利可图及扩大日本侵略势力的各种行业，实行所谓的‘综合经营’，有‘满铁王国’之称”①。

东北沦陷前夕，旅大租借地和满铁附属地早已成为日本的殖民地。满铁在这一地区“大兴土木，扩建工厂，增修卫生、教育机构，设立调查研究机关，霸占当地农民土地设立农场、试验场等”，建立了完全独立于中国行政系统和法律制度之外的殖民地。日本殖民者依靠满铁附属地对东北进行经济侵略和文化侵略，同时豢养大批侵华士兵和日本移民，备有大量侵华武器，日本关东军正是从满铁附属地开始实现侵占全东北战略意图的。伪满洲国成立后，关东军指使满铁夺取东北矿权等，通过创办特殊会社统制各种产业。至1937年，满铁下属的株式会社已发展到67个②，这些特殊会社成为日本当局制定“满洲开发五年计划”的基础。东北经济被纳入日本帝国主义的经济体系中，完全依附和从属于宗主国日本。同时，满铁垄断东北铁路、公路、港湾及河川，并向东北大量移民。满铁交通运输在日本对华侵略中具有重要意义：一方面可大量增加营业收入，另一方面是日本侵入东北的主要交通通道。七七事变后，满铁跟随日军侵入华北，攫取华北5000公里的铁路，并由它的子公司兴中公司以军管的名义占据主要厂矿，由此满铁掌管了华北经济命脉。与赤裸裸的政治侵略、经济掠夺相比，文化侵略更具隐蔽性，且影响深远。满铁建立之初就以纸质材料为媒介，履行对华文

---

① 苏崇民：《满铁史》，中华书局，1990，第847页。

② 苏崇民：《满铁史》，中华书局，1990，第656页。

化渗透、精神麻醉使命。满铁的文化侵略涉及文教、卫生和新闻出版等各个方面，主要通过开办学校、设立医院和出版报纸等一整套殖民文化侵略网络，操纵控制东北地区文化教育事业，无孔不入地向东北人民宣扬日本的殖民主义思想，摧残东北原有的传统文化，煽动民族分裂，以使东北人民在思想和文化上也要以日本人和日本文化为中心，以取代中国的传统文化和民族文化。此外，在“九一八”事变、伪满洲国建立、七七事变及日本侵占关内等历次日本侵华战争中，满铁都以其掌握的雄厚人力、财力和物力在各个方面协助关东军。可以说，没有满铁强有力的支持，关东军的侵略是难以成功的。然而，正义必将战胜邪恶，1945 年，满铁随着日本的战败而解体。

## 二　满铁研究分期及取得的成就

新中国成立后，学者们对满铁在华长达 40 年的殖民侵略历史进行了广泛而深入地研究，在 70 多年的研究历程中，产生了比较有影响力的近 70 部研究著作和 500 多篇学术论文。按照中国社会发展进程及满铁研究的深入程度，大体上满铁研究可分为以下三个历史时期。

第一时期从 1949 年 10 月中华人民共和国成立至 1978 年 12 月党的十一届三中全会召开，是萌芽起步时期。

新中国成立后，国家在人财物等方面大力支持哲学社会科学发展。创办了哲学社会科学研究机构体制，为学术研究提供了组织和制度保障，学界从此开始关注满铁资料和满铁研究。20 世纪 50 年代末期，满铁研究逐步开展。1958 年，国家科学规划委指派吉林省哲学社会科学研究所（吉林省社会科学院前身）和吉林大学共同承担《满铁史资料》的编辑和出版工作，解学诗担任课题组长。该丛书是满铁对东北经济侵略的系列资料汇编。由于这个时期我国社会发展所具有的局限性，在近 30 年时间内，仅出版了《满铁史资料》之“路权篇”一部著作，发表雪竹的《“九一八”事变前抚顺煤矿工人斗争》和解学诗的《〈满铁史资料〉第二卷序言》2 篇论文。上述 3 篇著述是满铁研究的拓荒之作，开创了满铁研究的先河。

第二时期从 1978 年 12 月至 2012 年 11 月党的十八大召开，是长足进步时期。

十一届三中全会开启了改革开放新篇章，为哲学社会科学发展繁荣开辟了崭新的道路。中央多次下发文件，强调哲学社会科学发展的重要性。党的领导和高度重视极大地促进了满铁史研究发展。这一时期满铁研究取得飞速发展，呈现以下四个方面特点。

1. 研究成果丰富。进入 20 世纪 80 年代，大批满铁研究著作和论文陆续出版发表。至 2012 年，共出版 30 多部满铁研究著作和近 300 篇满铁研究论文。作为国内满铁研究的鼻祖苏崇民和解学诗，先后发表其代表作《满铁史》和《隔世遗思——评满铁调查部》。从总体上看，研究主要集中于以下几个方面。（1）关于满铁附属地研究。如程维荣的《近代东北铁路附属地》和安生的《满铁“附属地”与日本帝国主义的经济侵略》等。（2）关于满铁参与日本侵华战争研究。如解学诗的《“九·一八”事变与满铁》、杨韶明的《“满铁”参与七七事变述略》、崔艳明的《满铁调查与日本全面侵华》等。（3）关于满铁对华经济掠夺研究。如解学诗的《满铁与华北经济 1935－1945》和杨黔云的《“满铁”与东北经济的殖民化》等。此外，还有反映满铁掠夺中国钢铁资源的《鞍钢史》等。（4）关于满铁资料的研究。此时期大型满铁资料丛书不断涌现。如满铁资料编辑出版委员会的《中国馆藏满铁资料联合目录》（共 30 卷）和解学诗、苏崇民的《满铁档案资料汇编》（共 15 卷）等。此外还有满铁对华文化侵略等专题研究。

2. 广泛开展国际国内的合作研究。科学无国界。改革开放后，学术全球化成为发展趋势。在此大背景下，满铁研究秉承团结合作理念，中外各机构，国内各单位间开展了广泛的研究合作。（1）中日合作。1995 年，在日本基金资助下，吉林省社会科学院出版了《吉林省社会科学院满铁资料馆馆藏资料目录》，后来陆续出版《满铁调查期刊载文目录》和《满铁调查报告目录》（全五辑）。2002 年，解学诗、松村高夫主编的《满铁与中国劳工》在日本由东京评论社出版，次年在中国由社会科学文献出版社出版。这些合作成果的出版对于中日两国学者充分利用双方资料、深化抗战史研究、中国学者学习日本学者实证研究的专长、日本学者克服忽略事件必然性研究的缺点等都具有重要意义，尤其是这为中日两国学者间就跨越国境的历史认识的建立进行了一些有意义的尝试与努力。此后，两国在满铁研究方面进行了广泛合作，在此不一一赘述。（2）国内各单位间合作。在满铁研究方面，最具代表性的是满铁资料编辑出版委员会编的《中国馆藏满铁资料联合目录》，该丛书共计 30 卷，3000 余万字，由吉林省图书馆、北京交大图书馆和山东省图书馆等 55 家单位 400 多名学者合作完成，受到国内外的广泛关注。

3. 建立多个满铁研究机构。为了让更多人了解满铁历史，1995 年，在吉林省社会科学院大力支持下，解学诗用多年积累的数万件资料创办了吉林省社会科学院满铁资料馆，藏有图书、期刊、资料、地图等共计 3 万余件，日本人手绘的大幅图表及附图资料 2611 多幅，及日本外务省和陆海军的满铁档案缩微胶片资料 500 卷。20 多年来，资料馆在促进国内外学术交流方面发挥了重要作用，共接待查阅者近万人次。不仅如此，资料馆在满铁研究方面也颇有建树，承担并完成满铁调查部研究、满铁劳务问题研究和满铁与“九一八”事变研究等多项重点课题。此外，“中国近现代史史料学学会·满铁资料研究分会”成立于 1998 年，主管单位为北京交通大学。分会成立后，开始着手编辑全国满铁资料联合目录，2007 年，《中国馆藏满铁资料联合目录》（共 30 卷）由东方出版中心出版。同时，分会创办《满铁研究》电子杂志，为学者了解满铁研究动态和发展趋势提供了窗口。此外，该分会每两年召开一次学术会议，探讨满铁研究学术前沿和热点问题。满铁研究资料分会在组织推动满铁研究，凝聚满铁研究力量，促进国内外学术交流等方面发挥了重要的桥梁和纽带作用。

4. 满铁研究硕博学位论文涌现。在学界普遍关注满铁研究的基础上，许多高校研究生纷纷撰写有关满铁的学位论文。2001 年，中国社会科学院研究生院石善涛撰写的《日本控制下的大连港（1907－1926）》，是首篇满铁研究的学位论文。至 2012 年，共有近百篇研究生论文发表，学位授予单位包括大连理工大学、东北师范大学和吉林大学等。这些学位论文研究内容深入，研究视角多样，包括“满铁社宅”研究、满铁附属地研究和满铁对东北殖民地化研究等，这些具有较强专业性的学术成果丰富了满铁问题研究，为后学者的研究奠定了坚实基础。

总的来看，此时期满铁研究以大量客观、翔实的一手材料，产出了一批较高影响力的学术成果，营造了良好的学术研究氛围，不仅为满铁研究指明了方向，奠定了坚实基础，也开阔了学者的眼界，增强了研究信心。当然，研究质量良莠不齐、为现实服务的研究较少等问题，也是这一时期满铁研究的不足。

第三个时期从 2012 年 11 月至今，是繁荣发展时期。

党的十八大以来，满铁研究在各方面皆取得令人瞩目的成就。

1. 成立专门满铁研究机构。吉林省领导高度重视满铁研究。在吉林省哲学社会科学规划基金办公室和吉林省社会科学院领导的指导下，在时任日本研究所所长武向平带领下，2015 年底设立满铁侵华历史研究基地，每年设立三个省社科基金项目。2016 年 11 月，吉林省政府划拨专项经费，以满铁资料馆和满铁侵华历史研究基地为依托，由中国社会科学院近代史研究所和吉林省社会科学院联合成立日本侵华历史研究中心，即吉林省社会科学院满铁研究中心，次年 4 月正式揭牌，当时国内外八家媒体进行报道。满铁研究中心是国内首个满铁研究实体机构，对于加强满铁资料的整理和研究，揭露日本侵华罪行具有重要的历史意义和现实意义。近年来，吉林省社会科学院满铁研究中心不断产出高质量研究成果，逐渐凸显满铁研究的重镇地位。

2. 国家社科基金资助多项满铁研究课题。主要包括邵汉明的国家社科基金抗日战争专项“满铁资料整理与研究”，解学诗的国家社科基金重点项目“满铁调查部研究”，李淑娟的国家社科基金重点项目“《满铁调查报告》与东北乡村社会研究”。[①] 尤其是武向平的国家社科基金重大项目“近代日本对华资源‘调查’及盗绘图标整理与研究（1894－1945）”等。以这些项目为依托，有力地推动了满铁研究的繁荣和发展。

3. 满铁资料抢救、保护工作成绩突出。满铁资料距今已有 100 多年历史，很多资料出现泛黄、脆化或损毁现象。在各级领导高度重视下，满铁资料存藏单位加大了经

① 参见国家社科基金项目数据库。

费投入力度，满铁资料存藏条件得到一定程度的改善。以吉林省社会科学院满铁资料为例，1995 年设立满铁资料馆，藏纳 20 世纪五六十年代搜集积累的有关中日关系史的图书、期刊、资料、地图等数万件。2018 年 3 月，在时任吉林省副省长安立佳同志的大力支持下，对满铁资料馆硬件设施进行了改善。现在馆藏的每份资料，都是在恒温恒湿、安全整洁的环境中保存。为了更好地对老一代满铁研究者的学术进行传承，2018 年 9 月创建“解学诗文库”。该文库的建立为满铁史研究提供了宝贵的资料库和坚实的学术阵地。此外，2017 - 2019 年，在中国社会科学院近代史研究所的大力支持下，吉林省社会科学院满铁资料馆馆藏 3 万件满铁资料及“解学诗文库”2000 多册文书、手稿等资料全部进行了数字化扫描。目前正在进行馆藏满铁资料总目和《满铁调查月报》分目编纂工作，下一步将进行满铁资料数据库建设。通过数字化借阅方式可大大减少原件流通，更好地保存保护满铁资料。

4. 出版大型多卷本满铁资料丛书。满铁档案是支撑满铁研究的核心材料，满铁资料整理出版和学术研究同步进行。为了便于学者查阅，2012 年至今，已出版大型满铁资料丛书十多套。尤其值得称道的是武向平担任副主编出版的《南满洲铁道株式会社社史资料汇编》（全 50 册）、《近代日本对华调查档案资料丛刊　第一辑　满铁调查月报》（全 100 册）、《近代日本对华调查档案资料丛刊　第二辑　经济调查》、（全 50 册）《近代日本对华调查档案资料丛刊　第三辑　贸易调查》（全 60 册）和《近代日本对华调查档案资料丛刊　第四辑　农业调查》（全 140 册）四套大型满铁资料丛书，为满铁研究的发展做出了卓越贡献。这一时期出版的满铁资料集较过去相比分类更明确、主题更鲜明，还有单位组织学者将丛书译为中文，促成了中国满铁研究的第一次高潮。

5. 持续深入开展满铁专题研究。此时期满铁研究表现出更为活跃的态势，学者们深层挖掘满铁史料，在高度重视传统问题的同时不断开辟新的研究领域，涌现出一批高质量研究成果。这一时期满铁研究主要聚焦以下专题。（1）关于满铁文化侵略。代表性著述有李娜的《满铁对中国东北的文化侵略》、谷胜军的《“满铁”与〈满洲日日新闻〉的创刊》和王玉芹的《满铁在中国东北设立的博物馆及其作用与性质》等。（2）满铁自身历史研究。代表性论文有徐章勇的《满铁调查部检肃事件背景及其影响研究》和李雨桐的《昭和制钢所殖民性特征解析》等。（3）基于满铁调查资料的研究。如马伟、衣保中的《日本对东北畜牛资源掠取刍议——以满铁调查资料为考察中心》和岳谦厚、梁金平的《抗战时期山西沦陷区的农业经济——基于满铁平遥县南政村调查之分析》等。此外，满铁垄断中国交通运输、满铁资料、战后满铁史等专题也都有研究。（4）专题研究细致化程度前所未有。例如学者们将日本对华矿产资源掠夺细化为煤炭资源掠夺、铁矿资源掠夺和金矿资源掠夺等，农业资源掠夺细化为大豆资源掠夺、粮食资源掠夺等。深挖史料，从微观视角进行深入研究，如李雨桐的《满铁对中国东北金矿资源的掠夺（1931 - 1945）》等。此外，也有学者对“昭和制钢所”、抚顺煤矿和鞍山制铁所等进行单位制研究。

## 三 本套书研究的意义

本书分政治经济篇和军事文化篇，共12个专题，以翔实丰富的资料阐述满铁40年对中国政治、经济、军事和文化等方面的殖民侵略，以期在以下五个方面有所裨益。第一，发掘对当前经济建设有用的信息资料，服务于社会经济发展。有学者认为，在满铁资料中，很大一部分是关于中国资源、铁路、港口、农业、钢铁、煤炭等方面的技术资料，这些资料应科学地进行分类筛选，以使其发挥应有的作用，这也是中国今后对满铁资料进行整理研究的目标之一。[①] 第二，推动满铁研究的进一步发展。本书详细阐述了满铁研究的12个专题名称，此为满铁研究的大方向，以及各专题研究的权威专家及其代表作，各时期满铁研究的状况，并提出了今后应该深入探讨的满铁问题，以期对有意从事满铁研究和正在从事满铁研究的朋友提供有益的借鉴和启示。第三，反击日本右翼否认和美化侵略中国历史的谬论，推动中日关系和谐发展和世界永久和平。战后70多年来，日本右翼势力从未停止过为侵略战争翻案的活动。20世纪60年代，日本公然提出“满洲开发论”。岸信介于1965年组织出版《啊！满洲》一书，序言中说：“以满铁为中心的满洲开发，给新天地带来了惊人的发展，并建立起一个近代国家”。满史会编《满洲开发四十年史》序言中也说，满铁使“这个落后地区一步登天，出现了近代文化”，认为满铁的设立不是促进东北经济的殖民化，反而是促使了东北工业的发展。[②] 这种歪曲历史的言论成为制约中日关系友好发展的重要因素。习近平总书记在党的十九大报告中指出：“中国将高举和平、发展、合作、共赢的旗帜”，“推动建设相互尊重、公平正义、合作共赢的新型国际关系”。以史实为据的研究对于推动中日关系和谐发展及世界永久和平将起到重要作用。第四，加强国民爱国主义教育，增强民族凝聚力。秉笔直书满铁侵华历史，对于国民了解国情、加强爱国主义教育，增强民族凝聚力，具有重要的现实意义和理论意义。第五，满铁研究涉及历史学、社会学、经济学、民俗学和农村问题等多领域学科范畴，本书的出版能为全面系统地展现满铁侵华历史，还原历史真实面目贡献微薄之力，为学者进一步研究中日关系史、东北地方史和日本侵华史等提供有益参考。

## 四 本套书结构

为了更好地了解我国满铁研究现状和促进满铁研究的进一步发展，我们将新中国

① 厉莉、高健：《满铁资料及有关研究概况》，《图书情报工作》2000年第1期。

② 杨黔云：《“满铁”与东北经济的殖民化》，《曲靖师专学报》1995年第3期。

成立以来学术期刊上发表的相关部分文章辑录成册，并对其进行了分类汇总，分为12个专题。

一是“满铁对中国政治侵略研究”。满铁对华政治侵略包括攫取中国权益、侵华方针政策的制定和满铁的侵华阴谋等方面，学者的研究也极具广度和深度。田富认为，“满铁是日本帝国主义对中国大陆进行殖民侵略的急先锋，多方攫取中国权益，干涉中国内政、参与分裂中国的活动，为日本各方提供制定侵华政策的依据，进行文化侵略，控制意识形态领域”，满铁政治作用的特点为“全方位多元功能的侵略性、隐蔽性与欺骗性、持久的遗患性”。[①] 李娜认为，“‘币原外交’对华表面‘妥协’和‘经济合作’与满铁的实质不妥协和经济侵略相得益彰”[②]。此外，沈燕、赵德祥和李红梅等也对此问题进行了深入探讨。

二是“满铁对中国调查研究”。调查伴随着日本侵华的始终。作为当时日本最大的情报调查机关，满铁调查部对我国东北乃至全国资源、历史和习俗等情况都有广泛的调查，并将一些调查成果写成文章或者专著，例如《满铁调查月报》等，为日本制定侵华政策提供参考。正如学者崔艳明所言：“调查的内容都是为了向日本侵略者提供在中国进行殖民地建设的‘立法和行政上的参考资料’。”[③] 20世纪70年代，我国学者开始对满铁调查问题进行研究，90年代后陆续发表较有影响的成果，近年来满铁调查问题逐渐成为学界研究的热点。研究成果包括满铁对东北农村和华北农村的实态调查、华北经济调查、中国东北历史地理调查、兵要地志调查、东北森林资源调查和金矿资源调查等方面。研究满铁调查问题的人员较多，但权威当属解学诗。2004年，解学诗出版专著《隔世遗思——评满铁调查部》。该书从调查课时期的情报调查、“经调”与日本侵华经济决策、大调查部与侵略战争等方面分析了满铁调查机构变迁、活动轨迹和本质特征，阐明了日本对当时中国的认识。同时，解学诗还发表《“七七”事变前后的满铁华北经济调查》和《论满铁“综合调查”与日本战争国策》两篇有关满铁调查的论文。其他学者的研究亦丰富了满铁调查研究内容。

三是“满铁垄断中国交通运输研究”。铁路交通是经济的命脉。满铁进驻东北后，通过各种手段垄断东北交通运输。进攻华北亦如此，首先控制华北的交通运输，目的是为战争服务、资源掠夺、倾销商品和经济渗透提供可靠保证。学者们从不同视角对满铁垄断中国交通运输进行了广泛而深入的研究，其研究成果包括对东北和华北交通运输的攫取控制、铁路工人状况的研究和铁路自警村研究等。郭铁桩认为，满铁用全

---

① 田富：《论满铁在日本帝国主义侵华中的政治作用》，《松辽学刊》（人文社会科学版）2001年第2期。

② 李娜：《“币原外交”路线下满铁的政策取向》，《东北师大学报》（哲学社会科学版）2017年第4期。

③ 崔艳明：《满铁调查与日本侵华战争》，《民国档案》1998年第1期。

力支持“九一八”事变换取了关东军支持其攫取我国东北地区铁路路权。[①] 程毅芳认为，“日本在侵占东北路权过程中，采取先易后难的基本方针，即先行夺取日本借款铁路和东北地区中国自资铁路，然后再控制外资铁路，同时兼顾了空间上从辽宁到吉林再到黑龙江的大致顺序”[②]。此外，郭洪茂侧重对满铁铁路中国工人状况的研究，王占西侧重华北交通株式会社的研究。

四是“满铁对中国经济侵略及掠夺研究”。满铁是“国策会社”，因此满铁侵略也以经济为主体，吉林省社会科学院满铁资料馆60%以上都是满铁经济侵略文献，因此“满铁对中国经济侵略及掠夺研究”专题极为重要。70年多来，“满铁对中国经济侵略及掠夺研究”不仅研究人员广泛，而且成果极其丰硕。大致呈现如下特点：第一，整体性研究与专题性研究并重。整体性研究主要体现在杨黔云的《“满铁”与东北经济的殖民化》、李萍萍的《试述满铁对东北经济殖民地化的影响》和孙玉玲的《“满铁”对东北经济垄断研究》等，上述文章从不同侧面阐述了满铁对东北的经济侵略，进一步加深了东北殖民地化程度。专题性研究主要是资本输出、矿产掠夺和殖民贸易等方面，如张祖国的《满铁与日本对我国东北地区的资本输出》等。第二，从地域研究来看，包括对东北经济侵略和华北经济侵略。满铁对东北经济侵略的研究论文较多，包括对东北矿产资源和林业资源掠夺等。如宋伟宏、滕飞的《“满铁”的性质及对中国东北煤铁资源的掠夺》、李力的《伪满前期满铁对东北煤炭业的控制》和董晓峰的《满铁对中国东北森林资源的掠夺》等。关于满铁对华北经济侵略，最具代表性著作是解学诗的《满铁与华北经济》。该书深刻剖析了满铁进军华北，对华北农工产业、交通运输和商贸金融造成的严重破坏，同时指出：“满铁与华北经济关系非常重要，它对于阐释日本侵华经济政策，特别是将华北沦为大陆首要的经济兵站基地的基本政策，是关键所在。”[③]

五是“满铁附属地研究”。我国学界对满铁附属地问题研究起步较晚，首篇文章是1997年李百浩在《同济大学学报》（人文社会科学版）发表的《满铁附属地的城市规划历程及其特征分析》，此后学者们陆续对此问题开展深入研究。研究主要表现在附属地教育、附属地的城市规划、附属地行政权和附属地如何助力日本侵略等方面，尤其在附属地教育和附属地的城市规划方面发文较多。东北师范大学谢忠宇对满铁附属地教育进行了较深入研究，曾发表4篇文章，对附属地日本人小学校中国语教育、附属地学校学制的历史嬗变、附属地日本人小学校教育方针、附属地日本语职业教育都作了详实阐述。此外，武向平、李娜和刘爽也对附属地教育问题进行了考察。在附属地

---

① 郭铁桩：《九一八事变后，满铁攫取我国东北铁路路权始末》，《齐齐哈尔大学学报》（哲学社会科学版）2009年第1期。

② 程毅芳：《“满铁”对中国铁路权益的强取豪夺》，《中国档案》2017年第11期。

③ 解学诗：《满铁与华北经济》，社会科学文献出版社，2007，前言第2页。

的城市规划研究方面，李百浩、莫畏、崔煜和沈燕都发表文章阐释日本殖民当局对长春、四平、熊岳城、开原和抚顺等附属地的规划，并列举出规划的特征。日本殖民者对附属地的规划实质是加强对我国东北地区的殖民统治。此外，赵朗的《日本在满铁附属地的鸦片贩毒罪行》、宋艳秋的《关于满铁附属地问题研究简述》和王梅的《满铁附属地与日本神社》等文章，对满铁附属地问题研究作了有益的补充。

六是"满铁农林牧业扩张与移民研究"。此专题实为满铁对华经济侵略的分支。之所以将其单独列出，是因为此专题研究较为薄弱，研究深度和广度都有待进一步拓展，亦是今后学界值得深入研究的一个领域。关于农林牧业扩张方面，仅有芮琦家、包平的《日本在东北农牧业科研推广机构的建立与变迁（1909—1945）》一文，"通过梳理日本在东北建立与发展农牧业科研与推广机构的历史进程，探究日本通过机构设置如何实现技术移植、如何推进技术的培植和发展、最终如何将技术运用于殖民侵略等历史事实，力求揭开殖民地科学技术的本质"①。作为对抗俄国和强化对东北殖民统治手段，满铁自成立时起就将日本人移住"满洲"作为一项重要任务。高乐才的《日本"满洲移民"研究》一书在这一研究领域占有重要的地位。该书详细论述了日本向东北移民的过程、移民机构、满铁如何助力日本"满洲移民"、满铁独立进行的移民及移民对中日两国人民造成的伤害等。此外，王玉芹、孙彤都撰文详尽分析过满铁移民侵略问题。

七是"满铁与日本侵华战争研究"。满铁"国策会社"的性质决定其必须积极支持日本侵华战争，因此本专题是学界研究的重要课题。满铁助力日本侵华战争主要表现为积极支持"九一八"事变和七七事变。首先，满铁在"九一八"事变中的地位和作用研究。解学诗先生认为，满铁参与并在"九一八"事变中发挥了重要作用。② 郭铁椿认为，"实际上在九一八事变前，满洲青年联盟就竭力地鼓动日本政府以武力解决所谓的满蒙问题，事变爆发后，满铁又不遗余力地运送关东军作战人员和军事物资，参与策划炮制伪满洲国以及为关东军提供大量情报和在满铁附属地建立自卫团"③。宋金玲、刘素范认为，"满铁从成立到灭亡，在中国大地上活动了近40年之久，它直接参与了震惊世界的'九·一八'事变，制造伪满洲国致使全东北沦陷，同时，也使其攫取东北铁路权益的侵略活动达到高潮，因此，满铁是引发'九·一八'事变的重要因素之一"④。此外，学者们还从策划、情报活动等不同角度阐释满铁对"九一八"事变的支持。其次，满铁在七七事变中的地位和作用研究。杨韶明认为，"在七七事变中，

---

① 芮琦家、包平：《日本在东北农牧业科研推广机构的建立与变迁（1909—1945）》，《中国农史》2018年第4期。

② 解学诗：《"九·一八"事变与满铁》，《社会科学战线》1991年第4期。

③ 郭铁椿：《满铁与九一八事变》，《抗日战争研究》2007年第2期。

④ 宋金玲、刘素范：《"九·一八"事变前后的满铁》，《北京交通大学学报》（社会科学版）2004年第3期。

满铁的作用主要是全力承担了军事运输部队、野战铁道部队、积极参与医疗部队、资金后盾、后备部队和后勤部队等，为日本侵华战争提供各项服务”[①]。此外，王玉芹、谭忠艳等也对满铁在七七事变中的地位和作用进行了阐述。上述研究成果深刻揭露了满铁为侵略战争服务的本质。

八是“满铁对中国文化侵略研究”。文化是行为背后的根源，因此满铁文化侵略研究凸显重要。多年来，学者们在满铁对华文化方面进行了全方位、多角度研究，逐步形成了医疗卫生研究专题、图文博研究专题、满映研究专题、新闻舆论研究专题、宗教研究专题、文化团体研究专题和奴化教育研究专题等。代表作有李娜的《满铁对中国东北的文化侵略》，书中论述：“满铁的文化侵略与政治、经济，甚至与军事侵略活动交织在一起，完全为侵略战争和殖民统治服务”[②]，证明了满铁文化侵略是一种客观存在。同时，李娜还发表了《满铁利用日本佛教对中国东北进行文化侵略》、《满铁对中国东北古遗址的盗掘及文物掠夺》和《浅析满铁右翼团体的崛起及侵华活动》等多篇论文。此外，《“满铁”图书馆研究》和《日本对中国东北医疗卫生殖民统制研究》等满铁相关著作的出版，极大丰富了满铁对华文化侵略研究成果，使满铁文化侵略研究更加趋于体系化。

九是“满铁自身历史研究”。满铁是日本政府参与出资设在中国东北的“国策会社”，因此满铁自身历史具有重要的研究价值。满铁自身历史研究包括满铁利润研究、社债研究、股票研究、机构研究、旅馆研究和检肃事件研究等，深入剖析满铁自身历史，有助于深刻理解满铁的侵略性和殖民性。为了更有效配合日本殖民侵略，满铁存续期间内多次进行机构改革。孟宪梅、苏艳红、孟昕馨对满铁的机构改革进行了梳理，认为“满铁频繁的机构增设更迭，无一例外都是为了扩大侵略、加速掠夺”[③]。梁波、马炜对满铁地质调查所支持日本侵略战争进行了分析，指出“满铁地质调查所终究掩盖不了为日本帝国主义经济和资源掠夺服务的特征”[④]。

十是“战后满铁史研究”。1945 年日本战败时，满铁拥有职工 50 万人，资金 40 亿日元。战后满铁史研究具有重要价值。学者深入挖掘满铁资料，撰写高质量研究论文。战后满铁史研究的代表作是武向平的《论战后日本“满铁会”及其活动》和《满铁会的“战争记忆”与“历史书写”》，其中第二篇文章被《新华文摘》全文转载。两篇文章均用详实资料证实满铁参与日本的殖民侵略以及战后对于战争的态度，对于驳斥日本右翼言论发挥了重要作用。孙彤编译了日本学者冈部牧夫的《日本战后满铁研究状

① 杨韶明：《“满铁”参与七七事变述略》，《抗日战争研究》1997 年第 3 期。

② 李娜：《满铁对中国东北的文化侵略》，社会科学文献出版社，2015，第 233 页。

③ 孟宪梅、苏艳红、孟昕馨：《满铁机构设置及其实质》，《北京交通大学学报》（社会科学版）2009 年第 1 期。

④ 梁波、马炜：《满铁地质调查所》，《科学学研究》2002 年第 3 期。

况》个别章节，对于我们了解战后日本满铁研究状况具有重要意义。

十一是“与满铁历史相关的研究”。此专题指无法收入其他11个专题的满铁相关文章。代表性论文有张劲松的《“九·一八”事变前后关东军与满铁关系述评》、李红梅的《满铁与英国东印度公司之比较》和仲晨星、李佳航的《略论“满铁”的工人运动》等。本专题研究有助于从宏观视角解读满铁侵略，同样具有非常重要的研究价值。

十二是“满铁资料整理与研究”。史料是史学研究的基础，学者对战后留存中国的规模巨大、卷帙浩繁的满铁资料进行了很好地保护、研究和利用。在资料保护方面，我国对满铁资料的整理和编译始于20世纪50年代，主要集中于吉林省、辽宁省、北京市和上海市。除近年来有条件单位数字化满铁资料外，学界始终采取编辑、整理和出版方式进行满铁资料保护，并取得有巨大成就。公开出版大型满铁资料丛书近30套，部分丛书如《满铁调查报告》、《中国农村惯行调查》和《满铁简报》等被译为中文，更加有利于读者的查阅和利用。在资料研究方面，研究成果主要集中在满铁资料的界定，满铁资料的特征、利用价值及各地图书馆满铁资料的存藏情况等。在资料利用方面，有学者以满铁调查材料为素材进行历史研究。如安宝利用《中国农村惯行调查》材料，先后发表《乡土社会中的村民认同》和《不在地主与乡村权力生成机制变动》两篇文章。还有学者基于满铁档案资料对南京大屠杀问题、郭奉战争问题等进行研究。这种以战时敌方资料揭示历史本相的研究更加具有说服力。

编 者

2021年12月30日

# 目　录

## 上　册

### 一　满铁与日本侵华战争研究



### 二　满铁对中国文化侵略研究

# 下　册

## 三　满铁自身历史研究



## 四　战后满铁史研究

## 五　与满铁历史相关的研究



## 六　满铁资料整理与研究

## 附录　满铁研究中文著作与论文索引

# 一 满铁与日本侵华战争研究

# 内田康哉与“九·一八”事变

苏崇民

55 年前发生过震惊世界的九一八事变。对这次事变的性质、原因、策划和发动过程及日本军阀所起的作用，已做了大量的研究。但是，对日本政界人物在这个重大的历史关头所做的抉择和所起的作用，还有待进一步的研究。

当年，站在侵华的第一线，先任满铁总裁后任外交大臣的日本外交界元老内田康哉，从和平协商转而主张武装占领，其政治影响远非少壮派军人所能期及。在推进事变炮制伪满洲国的过程中，起了异常重要作用。研究内田康哉在九一八事变前后的表现，对于揭露日本法西斯军国主义对中国的侵略，和发展中日友好无疑是非常必要的。

## 在中日矛盾激化中出任满铁总裁

19 世纪 20 年代，东北南部完全成了日本独占的势力范围。日本海外投资的半数在中国东北，且又多半为南满铁路公司所据有。满铁虽以公司形式出现，却是日本帝国主义的殖民侵略机关。日本政府将满铁作为推行大陆政策的主要工具，从政党到浪人都将其看作是取之不尽的聚宝盆。满铁几乎垄断了东北南部的经济命脉，利润直线上升。1908 年度,① 满铁商股的分红高达一分一厘。地主资本家争相购买满铁股票，满铁成为他们心目中最可靠的投资对象。

1928 年，张学良实行易帜，并入南京国民党政权，东北形势急剧变化。满铁推行以修筑培养线为核心的“满蒙铁路网计划”受到严重挫折。中国自办铁路有了长足的进步，形成堪与满铁抗争的独立的交通体系，1929 年开始的世界经济危机，又使东北进出口数量锐减，满铁收入猛跌。一向安然无恙的满铁也面临着严重的经营危机。商股分红降为六厘，股票价格随之猛跌，日本帝国主义分子坐卧不安，宣扬中国铁路包围满铁，损害了日本的“生命线”。

当时的日本若槻内阁推行的是同英美协调的“币原外交”，主张用政治手段维护和

① 满铁以当年的四月一日至次年的三月三十一日为一个会计年度。

加强日本帝国主义在中国东北的地位。可是，就连币原外相也认为“事态绝不容轻视”，指示其驻华使节对中国修筑同满铁的竞争线，必须“采取一切手段加以阻止”，[①]并“可视情况缓急采取适当自卫措施”。[②]日本军部，特别是陆军省、参谋本部和关东军的少壮派积极主张尽快把东北变成完全的殖民地以解救日本的危机。

内田康哉正是在这种资本主义世界陷入经济危机，中日关系极端恶化，日本统治机构内两种外交方针激烈斗争，满铁经营陷入困境之时，被推选为满铁总裁的。

内田康哉是日本外交界元老，1901 年出任驻华特命全权公使直至 1906 年。1905 年中日北京会议时是日方代表之一，辅佐小村秦太郎迫使清廷签订了《中日会议东三省事宜》条约，使日俄《朴次茅斯和约》中有关中国的条款合法化，并额外勒索许多权益。此后，历任驻奥、瑞（士）、美、俄各国大使，1911 年起，历任西园寺、原、高桥和加藤（友）四届内阁外相并两次兼摄临时内阁总理大臣。1920 年晋升伯爵，1925 出任枢密顾问官。1928 年 8 月作为日本全权代表出席巴黎非战条约的缔结和签字，因违宪问题于 1929 年 10 月辞去枢密顾问官。1930 年 4 月被敕选为贵族院议员。

日本政府选任如此资深望重的人物充任满铁总裁，显然在解决铁路问题之外，还有更深远的意图，即“假内田氏之力，统一其对我东北的政策”[③]。因此，内田康哉就任满铁总裁引起了广泛的重视，他是作为推行“币原外交”、解决中国东北问题的超级人物走马上任的。

## 在“九·一八”事变中的突然转变

内田康哉就职前后，日本法西斯分子已经不耐烦了。7 月 1 日发生万宝山日警枪杀中国农民事件。在日本，以黑龙会为核心的法西斯团体纠合在一起，成立所谓满鲜问题国民同盟，鼓吹“根本解决满蒙问题”。以满铁职员为核心由东北日侨组成的反动团体——满洲青年联盟也派出代表回日本鼓吹成立“满蒙独立国”。与此同时，日本军部积极准备武装占领东北，已经形成剑拔弩张之势。

在这种中日关系日趋紧迫的形势下，张学良的密使汤尔和赴日途中路过大连，于 8 月 16 日造访内田康哉。内田表白他“正在煞费苦心地考虑采取某种缓和对策，以免引起意外冲突”。并说他本人“愿始终以和平主义的公正稳妥办法，确立中日间友好协商关系”，摆出一副和平公允的面孔。但背地里，却指使木村锐市理事劝说汤尔和，要中国方面“忍痛表示诚意”“主动提出建设吉会、长大两线”的提案，说这样一来一部

① 解学诗：《满铁史资料》第二卷，中华书局，1979，第 1042－1043 页。

② 解学诗：《满铁史资料》第二卷，中华书局，1979，第 1048 页。

③ 《东方杂志》第二十八卷第十六号，第 4 页。

分强硬过激论者肯定会烟消雾散”。事后又指使木村电请币原外相在会见汤尔和时“对促进吉会线给本社以鼎力援助”。① 企图利用日本陆军反对张学良所造成的声势，迫使中国当局就范，达到他修筑吉会路的目的。

8月23日，内田康哉带领木村锐市走访辽宁省主席臧式毅并举行秘密会谈，表示“决心主要从大局上向着日中亲善的目标贡献绵薄之力”。大谈日本执政者的难处，说币原外交被骂作软弱的外交、卖国外交，他出任满铁总裁是“将毁誉褒贬置之度外”，要“为正义作出努力”。从而，要求中国方面尽速开始铁路交涉，甚至表示“必要时，本人亲自出马亦在所不辞”②。

此外，内田还同新任驻华公使重光葵通话，策划诱使南京政府财政部长宋子文到大连，由他们三人一起拟定《关于满洲问题的基本解决方案》③。9月18日重光葵电告币原外相：“（内田）表示欢迎宋子文来连并热望进行恳谈。”④ 就在这天夜里，日本关东军制造了柳条湖事件。

内田康哉对突然发生的事变表现了无能为力和不想干涉的态度。当夜，满铁木村理事打电话转达驻沈阳总领事林久治郎的要求：“为把事态局限于奉天，望总裁速去东京斡旋”，内田在几经催促后，才勉强说了一句“不顶事，别管它”。⑤ 其实在此之前，担任满铁抚顺矿长的伍堂卓雄理事即曾电告内田：“抚顺守备队，预计在18日夜十一点半左右从抚顺出发，于牛相屯下车，去袭击飞机场”，⑥ 当时，满铁总务部次长山崎元干曾建议就此事去拜访关东军参谋长，却遭到内田的申斥。⑦

事变发生后，满铁在铁路运输方面立即紧密配合，使关东军得以顺利地执行其作战计划。同时。参加满洲青年联盟和大雄峰会的少数满铁职员应关东军的要求，主动参加了侵占中国铁路、银行、电台、电厂、兵工厂等项活动。但是，根据若槻内阁的“不扩大事态”的方针和拓务大臣的命令，内田康哉及其领导的满铁理事会采取了“对单方不协助，对事变不参与”的方针留在大连观望。⑧ 所以，就整体来说，满铁并没有立即同关东军合作全力投入事变。

10月1日，满铁分管商务的理事十河信二赶到沈阳，接替了遭关东军冷遇的木村锐市担任铁路交涉和运输事务，成为第一个积极协助关东军的满铁理事。这时，内田

① 《满铁史资料》第二卷，第1067－1068页。

② 《满铁史资料》第二卷，第1068－1069页。

③ 重光葵：《昭和之动乱》上卷，第52－53页。

④ 《昭和六年九月十八日上海重光公使致币原外务大臣电第968号》，日本外务档案胶卷Ud2，第171页。

⑤ 山崎元干：《历代总裁的轶事种种》，《满铁会报》第41号第二版。

⑥ 草柳大作：《满铁调查部内幕》，第382页。

⑦ 山崎元干：《历代总裁的轶事种种》，《满铁会报》第41号第二版。

⑧ 山口重次：《消失的帝国 满洲》，第72页。

康哉接到币原外相的“正副总裁希即来京汇报满洲事变情况”的电令。十河即与关东军高级参谋板垣征四郎商定，安排内田与关东军司令官及其幕僚会见，并返回大连劝说内田在进京之前……一总裁应亲往奉天和关东军会谈一下才是”。① 内田采纳了他的建议。

10月6日下午，内田造访本庄繁，在沈阳关东军司令部会谈了约一小时。本庄繁向内田提出了六项进言，其核心是炮制伪满傀儡政权问题。他说：“我确信，除建立新政权外别无他途。……为了树立新政权，以依据下述原则为有利：一、满蒙完全脱离中国本土；二、满蒙统一于一个政权；三、表面上由中国人统治，但实质上必须置于我国的保护之下”，坚决反对同中国谈判和撤兵，拒绝国联或美国的干涉。他还保证“从军事观点来看，绝对不必担心”。他要求内田“进京后，与政府当局充分交换意见”。②

内田康哉对这次会谈很满意，并表态说：“当前必须举国一致以应国事，目前事件已经越过万里长城，因此，必须作为与中国本土相关的问题、世界性的问题来处理。”③表示甘愿充当关东军的代言人去说服日本的决策者。满铁总裁的态度就这样来了个一百八十度的大转弯。

事后内田康哉不仅“同关东军司令官一起从奉天向内地作了广播讲话”。④ 并且在满铁奉天、办事处全体职员大会上果断地宣布：“满铁应竭尽全力去支援关东军”。⑤ 此后，“满铁就全力以赴地与关东军合作”。⑥ 经过内田的活动，日本政府又同意了由满铁贷给关东军机密费三百万日元，而且其中一部分是用于“经略北满”。⑦ 在这以前，由于经费支绌关东军不得不向其资本家举借十万日元的高利贷。⑧ 满铁的贷额使关东军这架战争机器得以全速运转起来。

内田康哉为说服日本政府，回日本逗留三周，会见了西园寺、若槻、币原以及政府其他成员和枢密院的大员们。他虽然未能如愿以偿，但作为日本外交界的元老和日本派往东北的最高级人物，其政治影响还是不能低估的。1932年3月9日，他又以满铁总裁身份和关东军司令官本庄繁一道作为贵宾参加了溥仪就任伪满洲国执政的典礼并致了祝词，充当了这个傀儡政权的监护人。

---

① 草柳大作：《满铁调查部内幕》，第402－404页。

② 本庄繁：《本庄日记》，原书房。

③ 片仓衷：《回忆的满洲国》第二章，第166页。

④ 山崎元干：《历代总裁的轶事种种》，《满铁会报》第41号第二版。

⑤ 草柳大作：《满铁调查部内幕》，第402－404页。

⑥ 片仓衷：《回忆的满洲国》第二章，第166页。

⑦ 林久治郎：《满洲事变和日本总领事》，第129－132页。

⑧ 草柳大作：《满铁调查部内幕》，第390页。

## 承认伪满洲国鼓吹“焦土外交”

1932年“五·一五”事件后，日本成立了所谓举国一致的斋藤内阁，它继承了犬养内阁在伪满洲国问题上的“渐进主义”，在6月1日的临时议会上，斋藤兼外相宣称：“现在还没有到承认满洲国的时候”。[①] 7月6日，内田康哉在军部的拥戴下就任了所谓非常时期的外相。他上任的第一天就“主张日本立即承认满洲国”。[②] 内田的这种态度极大地鼓舞了殖民主义分子，于7月9日召开了“即时承认满洲国国民大会”，叫嚣立即承认伪满洲国。在外务省、军部、右翼团体的互相配合下，操纵舆论工具，毒害日本人民，侵略气焰更加嚣张。

正是在此气氛下，7月7日内田康哉接待了国联调查团。内田不仅拒绝了国民党政府的解决方案，而且以“满蒙对我国来说是有关生存的权益，对于第三者的干预介入，实在难以理解”[③] 为由，拒绝国联的介入。

随后，内田就加速推进承认伪满洲国的进程。7月26日，日本内阁决定统一其“驻满机关”，实行关东军司令官兼任关东长官及驻满特派全权大使的“三位一体制”。8月8日，日本政府正式发表任命武藤信义为关东军司令官兼驻满全权大使。8月25日，内田在日本议会发表演说，表示日本政府决心承认满洲国。并且宣称“满蒙的事件就我帝国来说，乃是基于自卫权的发动。……为了这个问题，必须举国一致。即使国家化为焦土，在贯彻这一主张方面也不后退一步”。[④] 态度空前强硬，这就是臭名昭著的“焦土外交”的由来。内田成为日本一切军国主义分子、殖民扩张主义分子的代言人，同时，在对外关系方面，他将日本引上了一条极其危险的与世界人民为敌的道路。在他演说的两天后，日本内阁通过了《从国际关系方面看的时局处理方针案》，决定以实力排除国际的压迫而走上了加紧扩充军备的道路。

接着，日本政府在内田外相等人的推动下，于9月6日，决定承认伪满洲国，9日，日本政府发表承认伪满洲国声明书。9月15日，由武藤信义同郑孝胥在长春签订了“日满议定书”，完成了正式手续。此举抢在李顿调查团报告书正式公布之前，既明显地表现了对国联的蔑视，同时也是为抵消报告书所能产生的影响。

1933年3月8日，日本内阁制定《满洲国指导方针要纲》，强调“对于满洲国的指导，应在现行制度的关东军司令官兼帝国驻满大使的内部统辖之下，主要通过日系官

---

① 信夫清三郎：《日本外交史》下卷，第578页。

② 张蓬舟编《近五十年中国与日本》第一卷，第46－59页。

③ 《东亚先觉志士记传》下卷，第440页。

④ 历史学研究会编《太平洋战争史Ⅰ·满洲事变》，第160页。

吏实际执行之”。[1] 由关东军司令官统一了日本在东北的“四头政治”，成了东北大地上的最高主宰。至此，伪满洲国问题告一段落，心力交瘁的内田康哉于9月14日辞去了外相职务。

由于内田康哉具有极深的殖民主义偏见和霸权主义思想，深信“皇军”无敌的神话、迷信日本武力的常胜不败，甚至不惜背弃国际信义和基本的外交准则，终于走上了疯狂支持武装侵略的道路。然而，凡是想嘲弄历史的人，历史也将无情地嘲弄他们。日本法西斯军国主义最后葬身于由他们自己点燃起来的战争之火就是历史的明证。

原载《现代日本经济》1986年第6期

① 日本外务档案胶卷WT17，IMT61，第52页。

# “满铁”参与七七事变述略

杨韶明

南满洲铁道株式会社（以下简称“满铁”）在日本帝国主义的侵华史上，是一个起着特殊作用的殖民侵略机构。它是日本帝国主义于1906年6月，仿照英国在印度设立的侵略机构——东印度公司的模式，在中国东北设立的国家垄断资本企业，实质上是日本帝国主义推行“大陆政策”的主要经济掠夺工具。但它又不单纯是一个营利公司，它以经济掠夺获得的巨额利润，又为日本帝国主义武装侵略服务，是日本政府在中国东北的“代行机关”。辽宁省档案馆现藏有满铁从1906年至1945年在侵略中国的活动中形成的大量档案资料。根据这些档案资料记载，满铁除进行经济侵略活动以外，还积极参与了九一八事变和七七事变等武装侵略活动。本文兹对满铁积极参与七七事变的过程，述略如次。

## 一

1937年7月7日夜间，日本侵略军向北平西南的卢沟桥中国守军突然发起了进攻，制造了震惊中外的七七事变，发动了蓄谋已久的全面侵华战争。满铁在七七事变中究竟从事了哪些活动？充当了什么样的角色？又起到了哪些作用呢？依据档案资料，可做如下回答。

### （一）全力承担了军事运输任务，充当日本侵略军的“运输部队”

军事运输是保证战争取胜的至关重要的环节。满铁以其掌握的巨大运输力，动员全部力量，承担了入侵华北日军士兵及武器弹药的运输任务，为日军的武装侵略立下了汗马功劳。

七七事变爆发后，关东军铁道线区司令官福岛和吉郎立即致函满铁总裁松冈洋右说：“根据关东军命令，依据今年战时准备计划，受命于准备派遣援助管理北宁铁路从业人员和器材的满铁会社，要做好北宁铁道派遣人员和修理班，在接到命令24小时后就能出发的准备。"① 从中可以看出，日军以及满铁早已做好了武装侵略准备，这说明，七七事变的发生绝不是偶然的。事变发生的第二天，满铁立即派员前往天津，承办军方关于铁路军事运输具体事项，并筹划准备接收北宁铁路。7 月 9 日，满铁在山海关设立了"山海关输送班"，并于 7 月 12 日将第一批军用列车开到了天津。为了保障军事运输顺利进行，满铁还在天津、塘沽、唐山、开平、滦县、北戴河、秦皇岛等主要车站，配备了专门人员，负责指挥监督和管理铁路的军事运输工作。同时，将大批满铁社员派往日军铁道部队，担任机车维修、供水、通信等技术工作，协助前线的日军铁道部队进行军事运输。

为了保证完成军事运输任务，满铁铁道总局联络事务室于 7 月 12 日改为输送委员会干事室。② 同日，铁道总局设立了联络本部，下设锦县铁路局联络机关、奉天铁道事务所联络机关、临时铁道总局天津联络室，山海关输送班也归属其指挥。7 月 21 日，山海关输送班转移到天津，自此改称天津输送班，并派联络员留驻山海关。8 月 11 日，满铁组建的天津输送班依照军令，划归日军铁道监部直接指挥，成为了名符其实的日本侵略军的"运输部队"。

随着日军侵略战争的发展，天津输送班已远远满足不了武装侵略的需要。8 月 25 日，满铁又在丰台车站设立了拥有 1200 人组成的丰台输送班，负责北宁铁路和平绥、平汉铁路的军事运输任务。事变期间，满铁还根据日本侵略军的要求，不断地向输送班和日军铁道部队派遣社员，同时为了完成军事运输任务，还将大批资材和机车车辆调入华北。1938 年 7 月，满铁调入华北的就有机车、客车、货车等共计 5293 辆。事变期间军用列车的运转次数每月达 200 列车之多，军用车辆平均每月 8000 辆以上。③ 可见，满铁为日军向华北的集中输送尽了最大努力，在日军对华北的军事进攻中起到了决定性作用，成为日军侵占华北的得力帮手。正如关东军司令官植田谦吉说的那样："满铁向华北派遣社员和运送资材，并充分利用北宁、平绥铁路，担负鲜满支军队的集中输送，对日军的全面作战帮助甚大。"④

除铁路运输外，满铁还向日本陆军提供船只，配备船员，协助日军海运、河运。仅 8 月 19 日，9 月 12 日、21 日、26 日和 28 日，5 次借出船只就达 30 只，配备船员 74 人，用于海上河上武器弹药的军事运输。

### （二）修建军用铁路，充当日本侵略军的"野战铁道部队"

铁路是近现代战争中的大动脉，日本帝国主义深知铁路在侵略活动中的重要性。

---

① 辽宁省档案馆藏满铁档案，总体部 2437 卷。

② 辽宁省档案馆藏满铁档案，总体部 2437 卷。

③ 苏崇民：《满铁史》，中华书局，1990，第 530 页。

④ 辽宁省档案馆藏满铁档案，总体部 2436 卷。

因此，早在满铁成立之时，便将经营铁路作为满铁的头等重要事业，到 1937 年，已在中国东北经营铁路 30 年之久的满铁，从设备、技术到人员都有了雄厚的基础。七七事变发生后，满铁充分展示了它在这方面的优势，即快速修建军用铁路，为日军入侵华北提供铁路保障。

七七事变后，满铁认为：“从满洲到华北的铁路只有奉山线、北宁线，只依靠这两条铁路进行军事运输已深感不足，虽然可以利用一段锦承线（到承德用铁路，承德北平间用公路），但在事变情况下，很难圆满完成军事运输任务，因此，加强运输能力已迫在眉睫。”① 对此，天津驻屯军司令部于 7 月中旬提出修建承古线（承德—古北口）、通古线（通州—古北口）军用铁路，以便形成东北通往华北的第二条通道。满铁承担了这一使命，立即整理出以往的调查资料，以全部力量迅速投入实施工作。8 月 20 日，全线线路设计完毕，8 月下旬，两个测量班开赴施工现场，9 月 5 日开始测量，到 10 月 6 日全线测量结束，计划 41 天的工作仅用了 32 天，路基的敷设是与测量同步进行的，从 9 月初开始，到 12 月末便全线完成。铺轨工程随路基工程而进展，到 1938 年 1 月 16 日全线铺轨结束，竣工通车。满铁不负日军所望，仅用半年时间便建成通车，为此，受到了关东军司令官植田谦吉的称赞，他说：“满铁明鉴其建设的重要性，以坚定的决心从事该路建设……开工后仅半年便建成 238 公里的铁路，可谓是划时代的作业，它将记载于铁道建设史上，流芳千载。”② 华北方面军司令官寺内寿一也在给满铁总裁的感谢状中写道：“连接热河中心承德与平津要城北平的铁路建设，从政治与战争两方面来说都是军方多年的愿望，本次事变爆发，将急速建设该路委托了贵社……贵社能领会军方的意图，怀着军铁如一的热忱，奋起动工，克服一切自然和人为的障碍，仅用半年时间建成该路，并举行了接轨庆典，对努力献身于该铁路建设的有关人员和满铁的赫赫功绩，表示深深的谢意。”③

满铁为了以最快速度建设这两条铁路，投入了大量技术人力，并在筑路沿线强行征用中国民工达上百万人之多。从下面几组数字可以看出，这两条铁路凝聚着多少中国人民的血汗。通古线土石工程：一工区 169607 人，其中中国民工 168433 人；二工区 251300 人，其中中国民工 247751 人；三工区 220274 人，其中中国民工 215255 人；五工区 303545 人，其中中国民工 290600 人。古北口隧道工程：日本人 2297 人、中国民工 17489 人。铺撒砂石：中国民工 56718 人。④ 还有其他数据，这里不一一列举，但须指出的是，无论筑路基、铺铁轨，任何工事中，指挥号令的都是满铁社员，而流血流

① 满铁北支事务局通州建设事务所：《通古线建设纪要》，1939，第 29 页。

② 辽宁省档案馆藏满铁档案，总体部 3289 卷。

③ 辽宁省档案馆藏满铁档案，总体部 3289 卷。

④ 满铁北支事务局通州建设事务所：《通古线建设纪要》，第 29 页。

汗的却是中国人。除此以外，满铁还在筑路沿线强占小学校和民宅等，做工区办公场所和宿舍，使得筑路沿线百姓民不聊生。

除铁路外，公路也是日军军事运输的主要途径，公路的好坏直接影响了军事输送进度。8月17日，天津日军向满铁提出改建天津、塘沽、北平间公路的请求，满铁立即对该段公路进行了调查、设计和改建，重新铺设了路面，路两边挖了1米深的护沟，方便了日军汽车的军事运输。总之，满铁在修筑军事铁路和公路方面，竭尽全力，不惜代价，在日军侵华战争中起到了重要作用。

### （三）积极参与战地医疗救护，充当日军的“医疗部队”

满铁在对侵略战争中华北驻屯军的伤病员的救护和对华北派遣社员的卫生防护方面，在人力、物力、设施等方面，无不动用满铁的雄厚力量，使其成为武装侵华的一支庞大的“医疗部队”。满铁每设立一个输送班，便组建配备一个救护班。7月19日，由11名医护人员组成的卫生班出发到达天津，主要负责北宁输送班的救护工作。8月22日、27日，满铁两次从奉天医科大学派遣外科医生共20人，以军嘱托的身份，组建了张北救护班，赴前线进行救护工作。8月29日，14名医生和若干护士组成的丰台救护班到达天津，配合丰台输送班进行伤病员的救护工作。为了及时救护，满铁根据军方的需求，还于7月29日设置了专用病院列车，配备了医疗设备和12名医护人员，开赴天津、北平间，为战伤日军和派遣社员进行战地应急治疗。除此之外，满铁还为参与事变的一些机关配备救护班和卫生班，如：为“临时北支事变事务局”配置了由20名医护人员组成的救护班；为中国驻屯军医院派遣了20人的救护班，协助军医院治疗伤病员。同时，满铁的各铁路医院和附属地医院，也都以其最大的能力，收容治疗大批伤病员。总之，根据前线和占领区的需要，不断从东北各医院派出大批医护人员赴华北参与战地救护，是满铁在事变中的又一重要活动。

为了保障派遣社员的身体健康，防止派遣社员传染疾病，满铁还多次下达命令，规定派遣社员要种牛痘、注射伤寒病预防针等。同时，为了掌握派遣社员的卫生状况，命令救护班以日报形式，每天向东亚课报告情况，其目的无非是要保证派遣社员的战斗能力。

### （四）为武装侵略提供资金，充当日军的“金融后盾”

战争需要经费，当初设立满铁这一国策会社，主要目的便是要其以经济掠夺所获取的财力，来支持日本帝国主义的扩张侵略。因此，满铁参与七七事变，自然也包括财力方面对军方的支持。为了适应事变的需要，满铁经理部专门设立了“事变费”财会科目，凡与事变有关的支出均以“事变费”开销，同时要求各部门对事变费支出按旬上报。

为了对侵略日军予以支持和鼓励，满铁出资对伤亡日军进行抚恤和慰问，制定了吊慰金和慰问金发放办法，该办法规定："吊慰金是支付战死日军的抚恤金，其中将校级每人600圆、下士官400圆、士兵300圆；慰问金是支付受伤日军的安抚金，其中重伤者将校级300圆、下士官200圆、士兵150圆；轻伤者将校级每人100圆、下士官70圆、士兵50圆。"① 此外，满铁还以赠款方式对日军表示慰问，8月6日和10月4日，满铁分别两次赠送给中国驻屯军慰问金3万日元和7万日元；10月23日，赠送给察哈尔绥远方面的关东军2万日元；8月23日，赠送上海方面的第三舰队2万日元；9月4日，赠送上海陆军2万日元。② 除赠款外，满铁还购置大批慰问品，赠送给侵华日军及其伤病员。为日本的侵略活动花费金钱，满铁在所不惜。

为了鼓励参与七七事变的社员，满铁还决定从事变的第二天开始发放事变津贴和派遣津贴。发放办法中规定：对天津事务所所属员工和一切华北在勤社员发放事变津贴，从7月8日到10月31日止，日本职员每人每天最高发放6圆，11月1日以后，每人每天发放5圆；对华北派遣社员发放派遣津贴，派遣津贴按派遣地区划分甲、乙两个等级。

除此之外，满铁在事变中的支出还包括：军用铁路的建设、通信器材的购置和电线架设、车辆材料的支出和大量派遣社员的差旅费等等，就连事变期间北宁铁路从业人员的薪金也由满铁支付。根据史料记载，到8月31日止，满铁支付北宁铁路人员薪金就达120万圆。到9月10日止，满铁支付的事变费概算总额为6486015圆，其中军用铁路引线建设、北宁路电线架设、通信器材的购置和车辆材料等支出2257890圆。③ 到12月31日止，事变费概算总额就达20329000圆，这还不包括"北支事务局"直接支出的物件费。④ 这些支出虽说有的是为日军垫付的款项，但也不能否认，满铁的财力是日本侵略军的雄厚金融后盾。

### （五）为事变提供人力保证，充当日军的"后备部队"

满铁拥有大批各种专业技术人员，在日本帝国主义武装侵略活动中，其雄厚的专业技术队伍就成了日本侵略军中的一支特殊的"不在乡的后备部队"。满铁参与七七事变，派遣大量社员奔赴华北充分证明了这一点。

满铁除上面提到的派遣大批社员组成运输班和救护班外，还将大批专业技术人员派往华北，以满足战争前线的各种需要。

---

① 辽宁省档案馆藏满铁档案，总体部559卷。

② 辽宁省档案馆藏满铁档案，总体部559卷。

③ 辽宁省档案馆藏满铁档案，经理部179卷。

④ 辽宁省档案馆藏满铁档案，总体部239卷。

事变爆发后的第二天，满铁便派人前往天津，负责满铁与日军铁道运输等事宜的联络。自此以后，每天都有各类从业社员被源源不断地派往华北各地。满铁档案中关于派遣社员的往来电报几乎每天都有，有时一天可达十几封。这些派遣人员中，有的参与军事运输，担任机车的维修、供水、通信等工作；有的为日军特种情报班服务，从事各种军事情报的刺探工作，或被派往北平特务机关，协助进行情报收集，或被派往天津特务班，充当华语翻译，或参与日军密码通信，进行战争期间的军事通信等工作；还有协助日军接管中国方面财产的各类技术人员，负责接管日军侵占地区的中国铁路、交通、电信、供水、金融、税关、海关等各要害部门；有的充当拍摄日军和满铁社员活动实况的摄像记者；还有的被直接派往日军机关充当高级职员，甚至有的被直接派往军队，从事部队的各种技术工作并直接参战。根据档案记载，到7月16日止，满铁向天津一地派遣人员就达255人。仅7月17日这一天，满铁单向中国驻屯军司令部派遣密码通信员、翻译、司机、参谋助手、军事顾问等就达41人，并且到8月26日止就增至109人之多。这些社员大部分被充实到中国驻屯军参谋部、副官部、顾问部、宣传部、铁道监部，以及日军公有财产押收委员会等各军事机构中，成为中国驻屯军司令部中枢机关中的骨干。满铁源源不断地向日军部队派遣社员，总共派遣了多少？从多田部队调查的满铁派遣社员伙食费统计上，便可窥出大概：1937年7月，派遣48人次，伙食费28800日元；8月，1405人次，843000日元；9月，2276人次，1365600日元；10月，6453人次，3871800日元；11月，11769人次，7061400日元；12月，28246人次，16947600日元；1938年1月，42582人次，25549200日元。[①] 这些只不过是一个日军部队的统计而已，据此类推，满铁派出人员数量相当庞大。为奖励积极参与事变的社员，满铁还对社员进行事变功绩记录和功绩调查，论功行赏。

### （六）为侵略日军提供各项服务，充当日军的“后勤部队”

满铁在七七事变前就开始蓄谋打入华北，早就着手对华北山川、港湾、道路等各方面的调查。事变之后，为了日军的侵略需要，满铁于7月17日迅速再版印刷了5000张华北地图，陆续分送到前线日军的手中。同时，为支援军事行动，满铁又及时派人将以往调查的华北的道路、河川、港湾、交通等有关图纸和资料送往前线，为日军的作战提供方便。

事变后，日本发动的侵华战争逐步升级，日军的军需物资也随之紧张，满铁此时便成了日军的物资供给来源，无论是汽油、建筑材料、军用煤炭以及军粮等等，只要日军令下，满铁就会满足供给。在满铁的档案中，关于运送军用物资的往来电报很多，

---

① 辽宁省档案馆藏满铁档案，总体部239卷。

据记载，仅 1937 年 7 月，军用建筑材料就运送了 30 万吨。①

事变期间，满铁还承担了关内日本居民的输送任务。满铁投入了很大力量，将一批批日本居留民输送回国，为此，它受到了日本外务大臣的表彰。

满铁除了金钱、物资等方面的资助外，还以精神慰问等方式，对侵略日军和派遣社员进行慰问安抚。七七事变爆发不久，满铁总裁松冈洋右便于 7 月 12 日和 25 日，两次致电中国驻屯军司令官，对侵华日军表示慰问。为鼓舞社员士气，满铁总裁还于 7 月 13 日、8 月 1 日向北平事务所的社员致电慰问，对他们在事变中“日夜尽瘁深表谢意，并希望继续奋斗”。② 8 月 7 日，满铁组织了以理事、人事课长、福祉课长等官员组成的 16 人慰问团，赴华北对铁道军事运输人员、会社派遣社员和伤病日军共 1700 多人进行了慰问。慰问团从沈阳到天津、北平，沿途各站停留，对被慰问人员给予了金钱和物质的奖励。8 月 16 日，自动车课课长田中代表满铁总裁和铁道局长赴热河地区，对那里的伤兵和满铁派遣社员进行慰问。9 月 18 日，满铁总裁委派中西理事为代表，携带总裁的感谢状和慰问金，赴上海方面，对那里的海、陆日军进行了慰问。

七七事变以后，日本侵略军加快了武装侵华的步伐，战争从华北向华中华南迅速发展。日本侵略军每占领一地，满铁总裁松冈洋右总是立即致电日军表示祝贺，如：11 月 8 日，对日军占领太原致电表示祝贺；12 月 10 日，对日军进攻南京致电以表谢意；1938 年 5 月 20 日，对日军占领徐州致电祝贺；10 月 26 日致电日军，对日军攻占汉口以示谢意；等等。③ 这真可谓“军铁一家”，情系侵华战场。

## 二

为了适应侵略战争的需要，满铁在事变之后，根据侵略战争的发展，随时增设和补设内部机构。

7 月 12 日，满铁在总裁室文书课内设置了本社联络本部，负责与华北方面的联络和本社内各机关之间的联络，并制定了联络办法，编制了通信密码。同日，满铁铁道部也设立了联络本部，下设锦县、奉天、天津等联络机关，并制订了联络办法。

7 月 19 日，根据战局需要，满铁在天津事务所内设置了“临时北支事变事务局”，配备人员近百人，设有局长、顾问，下辖铁道联络员本部、计划部和庶务部，庶务部内设有庶务班、人事班、联络班、交通通信班、宿舍班、会计班、救护班、服务班，后又增设军事密码班。随着战争的进展，满铁不断向该局派遣社员，截至 8 月 26 日，

① 苏崇民：《满铁史》，中华书局，1990，第 746 页。

② 辽宁省档案馆藏满铁档案，总体部 2437 卷。

③ 辽宁省档案馆藏满铁档案，总体部 559 卷。

该局已有职员134人之多（不包括铁道联络员本部）。①

7月22日，满铁本社时局事务联络委员会成立，由10人组成。

7月26日，以天津事务所为主，成立了平津物资供给对策委员会，负责向平津两市满铁社员、满铁派遣员和日本居民提供食物和燃料等物资。

天津事务所是满铁伸向华北进行扩张和攫取利权的执行机构，事变前它主要从事拟定日军占领华北后的政策研究和入侵华北所需事项的调查活动。七七事变后，它便作为满铁参与日军行动的联络机关，成为组织实施满铁协助日军具体行动的重要部门。随着日军的侵略步伐，天津事务所的任务也随之剧增，满铁便不断地向天津事务所派遣人员。到8月26日止，该所人员已达275人。8月27日，为了管理日军侵占的华北铁路，适应掠夺的需要，满铁将天津事务所改组扩大为“北支事务局”，任命杉广三郎为局长、石原重高为次长，由满铁总裁直接指挥，其下设庶务班、人事班、经理班、调查班、弘报（宣传报道）班、输送班、工务班、电气班等8个班，同时负责管辖天津输送事务所、丰台输送事务所、通州建设事务所和北平事务所等，使其成为满铁在华北的侵略活动据点。这正像满铁总裁松冈洋右所说：“北支事务局成立以来，实质是发挥了军事运输机关职能的精干组织。”② 1938年1月27日，随着日军司令部进驻北平，“北支事务局”随即也迁入了北平。到1938年9月，满铁为该局配备人员已达1.35万人，成为满铁对华北掠夺侵略的实施机构。

此外，事变期间满铁还根据日军需求，随时组建临时机构。如运输班、救护班、事变关系记录班，还有电影制作班、摄影班、慰问班等等。总之，满铁遵循侵略华北和为日军提供方便的宗旨而不断变动机构，使之在组织上适应侵略战争的需要。

满铁自成立之日起，就具有浓厚的军事色彩。为日本武装侵华服务，一直是满铁的重要任务。日本递信、大藏、外务三大臣在设立满铁的命令书第25条中曾规定，“满铁要依政府指定，无论何时，都负有将铁路、土地及其他物件提供政府使用之义务”，就是说满铁的一切都要服从日本政府的需要。“在营利之外，它必须经常注意国运之发展和国权之扩张”，“对国家的行动（特别是指军事行动）进行全面地协助”③，满铁的经济必须完全服从于日本军部的需要。因此，满铁一方面以攫取最大利润为目标，一方面以其经济利益服从日本侵略扩张之需求，包括政治和军事方面的需求，甚至必要时不计盈亏。这就是满铁一身二任的使命，也是满铁参与事变的原因之一。

满铁作为日本帝国主义侵华的急先锋，凭借其攫取的种种权益，对中国进行疯狂的经济掠夺，垄断了东北的铁路、港湾、电气，同时还掠夺了抚顺煤矿、鞍山铁矿，

① 辽宁省档案馆藏满铁档案，总体部2436卷。

② 满铁铁道总局人事局编《历代满铁总裁训谕抄》，1941，第186页。

③ 苏崇民：《满铁史》，中华书局，1990，第20、21页。

并投资建立数十个子公司。满铁作为殖民侵略机构、国家垄断资本主义企业，它一方面以扩大侵略权益为最高原则，另一方面以攫取最大限度的利润为目标，在追逐利润上显示出贪得无厌的本性。满铁长期把持东北经济命脉，但作为日本推行"大陆政策"的执行机构，它不甘心仅对东北经济进行掠夺，还想将中国的所有的财富归于己有。因此，早在1933年关东军入侵华北时，满铁就开始了入侵华北的活动。1935年5月，日本政府将华北的"经济开发"提到了日程，满铁应日军的要求，立即派出145人，组成了"支那驻屯军司令部乙嘱托班"，从事对华北金融、经济、税制、贸易、工业、矿业、铁道、港湾等各个领域的全面实地调查，并写出了许多调查报告，为后来满铁在华北的侵略掠夺打下了基础。1937年的七七事变，为满铁梦寐以求的向华北扩张打开了方便之门，使得满铁轻而易举地一时主宰了华北的经济。可以说在日本武装侵略华北的活动中，满铁得到了不可估量的实惠，这正像满铁产业部在《支那事变对满铁的影响》一文中分析所说："作为直接影响，主要是在东北和华北间，作为输送传递机构的战时编制而动用人力和物力，但这是满铁原本的性质。作为日本资本主义的大陆政策推行机关是理所应当的，这与满铁的资本营利性不相矛盾的。当然，作为暂时影响，直接为事变开支的就是因军事运输而减少了货物运输，这是事变的暂时影响，事变结束时就会解决。而事变结束后，根据华北经营情况，通过满铁资本的新开发，华北东北经济的紧密相连，增加铁路收入，那时会再次恢复并更会增加营利。"① 这就道出了满铁参与七七事变的根本目的。侵略和掠夺是满铁一切活动的动机和目的，侵略为掠夺开辟道路，掠夺又为侵略提供动力。武装侵略可以为满铁的掠夺创造条件，满铁的掠夺又为日本帝国主义的武装侵略服务，这就是满铁的本质特征。因此，满铁参加武装侵略是必然的。

原载《抗日战争研究》1997年第3期

① 满铁产业部东亚经济系编《支那事変の満铁への影响》，第1页。

# 满铁调查与日本侵华战争

崔艳明

1906年，日本侵略者在我国大连设置了一个叫作“南满洲铁道株式会社”（以下简称“满铁”）的组织。它虽对外宣称是一个民营企业，但实际上它与关东军司令部过从甚密，而且“肩负着政府所赋予的使命”，它不仅是日本对中国实行经济掠夺的重要工具，同时也是一个为日军收集我国政治经济情报的特务组织。日本侵略者凭借它在我国东北地区各方面搜集到的情报，发动了九一八事变，成立了伪“满洲国”；随后，关东军又委派它到华北地区刺探情报、建立公司，为日军发动七七事变和全面侵华创造条件。大量事实可以证明，满铁特务组织是日本全面侵华的急先锋和智囊团。

## 一　满铁调查与伪满洲国的建立

日本侵略者早就对中国虎视眈眈，时刻梦想把中国辽阔的土地和丰富的资源占为己有。而他们设立满铁，正是实现这个梦想的重要步骤。

满铁首任总裁后藤新平正是担负着这样一个重要使命走马上任的。他认为，要想有效地统治中国，首先应当充分了解中国的风土民情，尤其是对于这样一个以农业为主的大国，一定要掌握和了解其农村的现状，这样才能为决策者们提供最佳的统治依据。1907年4月，满铁成立调查部，并立即开展对中国东北地区农村现状的调查。第二年，又从日本国内调来了一批农林专家，开始有重点地对当地的农业资源、生产状况、农村人口等进行大规模的实地调查。由于对这项工作高度重视，满铁的调查大多进行得比较认真，调查活动的规模都比较大，而且取得的成果也比较多。仅1912年至1925年，满铁在中国东北农村所做出的各项调查报告就有约50余种。

满铁的这些经济情报刺激了日本政府的侵略决心，为其决定以武力吞并东北提供了依据。1927年4月，日本政府由田中义一组阁，并于6月27日至7月7日在外务省召开了东方会议，决定了《对华政策纲要》。会上，田中义一提出：“关于满蒙，尤其是东三省，因与国防及国民生活具有重大利害关系，我国不仅要特别注意，而且对于维持该地和平、经济发展，作内外人安住之地，身为邻邦，深感有责任。”① 同时，他还向日本昭和天皇提出：“惟欲征服支那，必先征服满蒙；如欲征服世界，必先征服支那。”这是日本军国主义扩张侵略野心的大暴露，也是企图依靠军事力量大举入侵中国的一个危险信号。

从此，日本军方对满铁更加重视，采取了一系列强化功能的措施。首先，加强领导，扩大机构。1927 年 7 月，山本条太郎与松冈洋右分别就任满铁总裁和副总裁，11 月又成立了直属于总裁的“临时经济调查委员会”，委员会下设：第一部（司交通、港湾、工场、电气）、第二部（司实业）、第三部（司资源关系）、第四部（司社会、地方系统）及庶务。从此，在满铁这个所谓“民营企业”中又建立了一个机构庞大、分工细致的专事经济情报的特务组织。

其次，贯彻日政府侵略意图，扩大深化调查内容。山本和松冈上任后，明确要求“满铁所属各机关毫不保留地发挥功能”，配合好军方的军事行动。1931 年，关东军司令部的石原莞尔亲自到满铁，透露出日本政府将在东北地区建立满洲新政权的意图，并向满铁的宫崎正义和奥村慎次提出：“为了满洲新政权各种政策的立案，关东军当局拟成立一个组织，然而人材由满铁供应，形式上隶属满铁，实质上应在军部指导下进行活动。”②

按照这一要求，满铁开始组织大批具有实地调查经验的专业人员，对东北各地进行规范化、系列化的调查。这些调查的特点是：以自然村为单位，以农户为调查对象，逐家逐户地作全面的经济调查。在调查当中，满铁编制了统一的调查程序和调查项目，设立了专门的调查班子，而且与关东军联合组成了一支机构庞大的调查队伍，有针对性地选点入户进行调查。这期间有两次调查内容最为详细：一次是“满洲土地旧惯调查”，包括：“一般民地”“蒙地”“皇产”“内务府官庄”“典地习惯”“押地习惯”“租权”等专题；另一次是在满铁调查部直接控制和指导下，由伪“满洲国实业部临时产业调查局”主持进行的，调查范围涉及到了伪“满洲国”全境的数十个县（村），调查内容共分为三个大类：以县为单位的“农村实态一般调查”；以自然村为单位的“农村实态户别调查”；“农村实态专项调查”（包括租佃关系、农具、农家生计、农家经营、农村社会、土地关系等）。根据这些调查结果，共编纂出调查报告约 50 余册。③这些调查材料，为日本侵略东北和进行殖民统治提供了参考资料。

九一八事变后，满铁又在沈阳设置了“奉天出张所”。这时，关东军对满铁更加注重，并向满铁提出了“为了新国家的建设及其健全发展，无论在政治、经济、外交或

---

① 《近代史研究所集刊》第 24 期，第 369 页。

② 《近代史研究所集刊》第 24 期，第 371 页。

③ 曹幸穗：《旧中国苏南农家经济研究》，中央编译出版社，1996，第 8 -9 页。

文化上，必须给予周详的指导及援助”的要求，而且认为有必要再设立一个“调查有关满蒙各项情事、并在提供建设方策及计划的研究立案等方面，能应军部咨询并与合作”的强而有力的综合调查研究机构。[①]满铁应此之要求，便于1932年1月21日又成立了一个叫做“经济调查会”的组织，该组织负责筹划全东北的经济建设计划，并负有开发东北及东亚经济、完成伪“满洲国”国策等各项事业的任务。“经济调查会”设有六部一室，分别负责调查农林、水产、畜产、工矿、交通、商业、金融、法政、劳工、外事等方面的情况。到伪“满洲国”成立之前，日本统治东北的各项政策和计划，几乎都是由满铁的“经济调查会”起草的。

## 二　满铁调查与日本侵略华北

日本侵略者在东北建立伪“满洲国”后，就准备开始实施他们全面占领中国的第二个战略步骤——取得华北和华中等战略要地的控制权。

1933年9月，广田弘毅就任日本外交大臣，他在10月的内阁会议上表示，“满洲国”建立之后，日本要在远东地区建立起新的霸权，他还表示中国必须从属于日本，而且强调对中国要首先进行经济侵入。当时，日本政府制定的《方策要纲》中，也提出要积极扩张日本在华的各项权益，还提出华北如何脱离中国中央政府而独立，然后由日本单独统治的设想和实施步骤。日本政府的这一态度，表明了其对华北和华中觊觎已久的野心。

为适应日本政府全面侵华的方针，满铁在华北的经济调查活动迅速加强。1933年11月，满铁的“经济调查会”提出了“设置华北经济工作调查机关计划”，并制定了《设置华北经济工作调查机关要项》，其中提出：“立足于日、满、华的经济协调，主要为了求得华北的经济工作的进展，要对华北及长江流域的资源、矿山、工业、交通、一般经济及利权进行调查，并收集情报和资料”，“要同在华参谋本部特务机关及领事馆协调，达到其目的”。[②]1933年12月，满铁又完成了《对华经济调查机关设立计划案》，这是一个企图在华北以至华中、华南普遍设立“经济调查会”分支机构，从而对中国关内经济状况实行全面调查的计划。

1934年10月23日，日本驻天津的“中国驻屯军”参谋长酒井隆给满铁总务部长石本宪治写了一封长信，信中对满铁在华北的调查提出了更为详细而具体的要求。酒井隆指出：“为了促进帝国对华经济的发展，以及使战时我国国防所缺少之资源易于得到充实，应将重点置于为扶植、增强帝国在华北的经济势力，以及促进日满华经济区

① 《近代史研究所集刊》第24期，第371页。

② 依田家：《日本帝国主义的本质及其对中国的侵略》，中国国际广播出版社，1993，第64页。

的结成，进行必要的准备”，[1] 为达到这一目的，“应根据对华北的产业、经济、金融、交通等各个部门的基础调查，研究具体的方案。为鉴于非武装地带——即由日、中两国规定的特殊地区的有关地带——的施策比容易实行，应首先从有关该区的事项的调查着手”。[2] 酒井隆在信中还详细列举了要调查的事项范围，包括：对中国回收利权运动的对策，华北煤矿开发、华北铁路、港口、平绥铁路、龙烟铁矿、华北的金融现状，华北的棉花、羊毛、皮革和石油、华北的盐，日本在华企业及日、满、华北经济集团等问题。信中最为强调的是：“我国为解决国家百年大计之燃料问题，以我日本之力量开发华北煤矿乃是绝对的要求。”[3] 这说明，日本侵略者最为关心的是作为能源的煤炭，他们对华北的关注也正是从企图掠夺煤炭开始的。可见，日本侵略者已经把入侵华北正式提到了日程上，他们对华北经济情报的急切需要，说明他们正在谋划具体的实施方案。

针对此信，满铁于1935年3月在其《对华经济政策的根本方针》（以下简称《根本方针》）的报告中做了积极的回应：“现今世界列强正围绕着残留在世界上唯一的拥有最丰沃的资源和最大购买力的中国，在经济上把它当作商品市场和廉价的原料生产地，从而在政治上正进入所谓战争的最后阶段。一般来说，各自都是迫不得已而采取设定区域圈的孤立政策。这是实际情况。但这并不否定何处有好的协调对手就同他结合的政策的妥协性的存在。”报告认为，占领“满洲”是“结成亚洲区”的第一步，而第二步是“使华北独立（所谓华北是指陇海铁路以北，所谓独立是南京政府和外国势力不侵入该地区）。但这绝非意味着放弃对华中、华南乃至全亚洲的关心，而始终是以‘阶段性’的政策为特征。事实上在‘现在’要想在一个早上在中国全国建立日本的经济力量乃至关系，在国际上是近乎不可能的。因此，作为当前的政策，首先应当获得认为可以置于日本的统治之下的地方及各种关系。如果连这一点也踌躇不前，在上述的国际形势下是必将落在后面的”。[4]

这个报告还根据满铁所调查到的情报，从政治上和经济上认真地分析了日军所面临的形势，并提出了以下的结论：“外国势力进入华北还未像华中、华南那样错综复杂”，日本“如果能挽救中国，使它脱离国际列强把它当作‘食物’的危险，日本的大陆政策最后将是可行的。……所以应当首先使华北独立，这样多少可以防止欧美各国分割中国”；“华北的当权者历来孤立，与国民政府相比，力量甚弱。但事实上对国民政府亦无好感。因而日本如能给予援助，把他们纠集在一起，也会拥有足以对付国

---

① 伊田家：《日本帝国主义的本质及其对中国的侵略》，中国国际广播出版社，1993，第66－68页。

② 伊田家：《日本帝国主义的本质及其对中国的侵略》，中国国际广播出版社，1993，第66－68页。

③ 伊田家：《日本帝国主义的本质及其对中国的侵略》，中国国际广播出版社，1993，第66－68页。

④ 伊田家：《日本帝国主义的本质及其对中国的侵略》，中国国际广播出版社，1993，第76页。

民政府的实力”；“从防止和压制共产势力来说，华北独立也是必要和可能的”；华北“地理邻近满洲国，是扩延经济区的好条件，这是自不待言的”，如果能够占领华北，则其“地理上与日满两国接近带来了有利性，在投资额上仅需要欧美各国的1/10就已足够”；“华北资源丰富，对其进行干涉，足以使其独立。而且所有之资源及居住人民可提供成立日本市场的充分价值”；“如把华北置于国民党政府的统治之下，华北决不能发展产业。因为国民党政府是建立在地主、军阀、商人（银行家、资本家、买办）这个大杂烩阶级之上的政府”，而且“国民政府——全国经济委员会——目前正拼命地诱导外资，这意味着日本对华投资有可能性，也意味着如踌躇不前则有投资落后（被列强抢在前面）的危险，决不应犹豫”；“美国资本（在现代是最可怕的）在数量上正加大步伐迅速侵入华中、华南，特别是想依靠航空权和在福建省设立根据地，向华北扩张其势力，因而同日本发生严重的对立，现在如不驱逐和根绝其势力，将来想驱逐必然会徒劳无用”；“如使华北独立，将便于利用日满合作来发展经济，这是无需多说的，反之，华北如被美国等列强控制，日本的大陆政策将有意外不测”。①

从这个《根本方针》中我们可以清楚地感受到，日本侵略者为什么在占领“满洲”之后要分离华北，日本政府所主张的“日满华经济区”到底是什么货色。在《根本方针》中，满铁还提出了分为两个阶段的工作建议：第一阶段要驱逐英法等在华北的势力；尤其要彻底驱逐美国的势力；日本要获得华北的铁路、河川、飞行航线等交通权，并可以对其贷款；华中、华南是日本对华贸易的中心，对华北应将重点放在投资企业和经济开发上，设立日满华合办的交通产业会社；设立中央银行；诱导华侨资本；大力进行资本输出，资本输出要优先于商品出口；清理贷款，如可能，将其充做上述产业会社的资金；获得华北的矿山投资权以及棉花、羊毛等的改良权；扩大华北驻兵权。第二阶段：组织满华经济统制委员会，就经济统制进行协议；完善中国经济研究机构；制定日满华互惠关税；对华企业国家应予以统制，资本势力由于企业竞争而分散，无益有害；不要忘记配合企业投资进行文化投资。② 满铁的这份报告，详尽地分析了当时中国的政治经济状况，并提出了有关的实施方案和步骤，对日本侵略军来说，是一份重要的决策参考。

1935年11月，满铁又在天津设立了“天津事务所”，并把其调查工作的重心由北平转移到天津。“天津事务所”下辖“天津分室”“北平事务所”“济南分室”等，并在郑州、青岛、太原、张家口、绥远、多伦等地设驻在员。“天津事务所”的主要任务是为日本侵略军拟定占领华北后的殖民政策。“天津事务所”除负责调查活动外，还和天津日军一起支持兴中公司的活动，向“冀察政务委员会”强行索取沧石铁路的铺设

---

① 《日本帝国主义的本质及其对中国的侵略》，中国国际广播出版社，1993，第79－80页。

② 《日本帝国主义的本质及其对中国的侵略》，中国国际广播出版社，1993，第81－82页。

权和龙烟铁矿的采掘权等各种权利。它在日军对华北的经济侵略和军事侵略方面起了重要作用。

1935 年 12 月，满铁在华北设立了臭名昭著的兴中公司，这一公司的主要任务，是替日本政府将华北的主要产业统制起来，加紧掠夺华北地区的铁、煤、盐、金矿、皮革、羊毛、铝矾土、石英、棉花等日本紧缺的战略物资和廉价而丰富的劳动力等资源。

冀东地区蕴藏有大量丰富的高矾黏土资源，是炼铝和生产耐火材料的重要原料。1937 年 6 月，兴中公司通过华北通州日军特务机关操纵的“冀东防共自治政府”，取得了“统一管理开发”冀东黏土的特权，然后把 59 处矿区占为已有。当时日本的工业用盐需求量很大，急需用华北盐取代万里迢迢的北美、北非和地中海等地的进口盐。于是，兴中公司在 1936 年一年即向日本国内运送了 7 万吨长芦盐，以后变本加厉，从 1937 年到 1939 年，每年分别向国内运送 21.537 吨和 40 万吨长芦盐。位于华北察南的龙烟铁矿，铁矿石的埋藏量达上亿吨。1936 年 8 月，日本政府决定由满铁协助兴中公司，获取龙烟铁矿的经营权。由于当时“冀察政务委员会”已决定龙烟铁矿收归国有，并任命陆宗舆为恢复委员会督办。对此，兴中公司竭尽全力，以天津的日本军部为后台，强行策动“中日合办”。后来，龙烟铁矿便被关东军强行占领。据统计，仅 1939 年一年，龙烟铁矿向日本国内供应的矿石就达 40 余万吨。当时华北的煤炭无论是储量还是产量都居全国之冠，尤其是山西的煤，已探明的储量即占全国的一半，而且开滦、井陉和正丰煤又都是非常适合于炼铁的黏结性煤。于是，兴中公司首先计划把井陉和正丰的经营权抢到手。到日本侵略者占领华北以后，兴中公司已经控制了华北大部分的煤矿。仅据统计，1939 年兴中公司产煤 409 万吨、1940 年产煤 738 万吨，绝大部分都运到了日本。

## 三　七七事变后的满铁

七七事变后，整个华北沦陷于日本侵略者的铁蹄之下，整个中国被日军的烧、杀、抢、掠暴行所笼罩，满铁的经济调查也由秘密或半公开的特务式活动转为肆无忌惮的公开活动。

1939 年初，满铁采用在华北的调查方法又对华东农村进行了大面积的经济调查。这次调查活动共分为两个年度进行。第一次是于 1939 年 6 月中旬至 7 月中旬，分别对嘉定县、太仓县、常熟县的部分村子作了实地调查。第二次是在 1940 年下半年，分别对松江县、无锡县、南通县的部分村子进行了实地调查。两次调查都将有关资料整理汇编成册。

为了给日本当局提供更多的殖民政策依据，满铁又决定从 1940 年开始对华北再开展一次大型的被称作“中国农村惯行调查”的活动。这次调查计划分为两期，预定调查的范围包括河北、山东、山西、绥远、察哈尔、江苏、浙江等地。第一期调查计划预定为10年（1940～1949），预算经费约为557万日元。1940年11月，满铁开始对河北的昌黎、顺义、良乡、乐城及山东的恩县、历城等6个县实施了调查。但到了1944年的8月，由于当时的战局发生了重大的变化，中国人民抗日战争节节胜利，日本侵略军败局已定，满铁的调查计划无法再继续下去，只好把已得出的调查资料编为114份专题报告带回了日本。

当然，满铁在关内的调查除了华北、华东等地外，还在西北的新疆、内蒙古、华中的湖北、湖南、华南的广东、海南等地进行了大量的实地调查。在调查内容上，有以村庄为主要调查对象的各类实态调查，也有大量的区域经济、专项经济以及自然资源、社会人口、民俗调查等，形成了多种调查报告。

日本侵占中国，满铁是竭尽全力并立了犬马之功的。但是满铁是靠着关东军的扶植发迹的，它的主要根据地是在中国的东北地区，虽然根据1936年10月日本“中国驻屯军”与“冀察政务委员会”达成的经济协议，它在进入华北后可以统制和垄断涉及金融、交通、通信、发电、矿产、冶金、盐业乃至关税等各个重要部门，但由于七七事变后，日本国内的各种经济势力紧跟在日本侵略军后面，竞相挤进中国内地，大肆争夺侵略果实，捞取经济权利。满铁自认为是国家资本，在华北进行经济掠夺具有优先权，不允许日本其他财团染指华北，从而使得日本“国内资本家拼命反对满铁垄断大陆”，尤其是日本的资产阶级强烈要求要“自由进出”中国，还提出如果由满铁在中国实行垄断性经营，进行统制，“必然要带来不利于提高开发能力的后果”，“妨害企业充分发挥创造性”，“从而也就束缚了日本的资本家对华的经济掠夺”的要求，这就使得日本政府左右为难。考虑到侵略战争的庞大开支都需要日本国内各个垄断资本集团的支持，所以日本政府不得不重视这些资本家们的要求，最后还是决定由内阁企划院拍定方针，对大陆重要的经济产业经营权进行了重新划分。划分后，在众多的经济产业经营权当中，满铁只争得了交通运输业的经营权。再加上满铁与驻天津日军矛盾日益激化，华北又是天津日军的势力范围，因此其后满铁在华北的势力逐渐有所减弱，满铁在华北的兴中公司也只好逐步地把其各部分的权力移交给了由天津驻屯军支持的“华北开发会社”，后来兴中公司也成为“华北开发会社”的一个子公司。

1945年8月，中国人民取得了抗日战争的全面胜利，满铁这个专事情报活动的特务组织，终于随着日本侵略者的无条件投降而归于覆灭。

满铁从1907年起到1945年日本战败，在我国进行了长达38年的情报活动，它所调查的内容都是为了向日本侵略者提供在中国进行殖民地建设的“立法和行政上的参考资料”，是日本帝国主义侵略中国的无数罪行当中的一个组成部分，它与明火执仗的武装入侵一样，是对一个独立的主权国家的侵犯。我们在回顾满铁在侵华战争中所进行的经济侵略的同时，对于满铁在日本侵华中的战略作用，亦应当有一个历史的分析与认识。

原载《民国档案》1998 年第 1 期

# 满铁在九一八事变中的情报活动与宣传

李　娜

1931 年 9 月 18 日晚 10 时 20 分，奉天（今沈阳）北郊柳条沟的满铁线路发生爆炸，日本关东军声称是中国军队的破坏，开始进攻北大营的中国军队兵营，由此，九一八事变全面爆发。随后，在极短的时间内日本军队侵占了我国东北四省，九一八事变开始了变中国为日本殖民地的历史阶段。

在九一八事变的整个过程中，满铁作为“开发和经营满洲、推行日本大陆政策的殖民侵略机构”① 具有举足轻重的作用。首先，满铁是关东军策划九一八事变阴谋的参与者。日本平素军事演习，一直在满铁配合下进行，事变前夕，关东军司令官本庄繁视察、检阅满铁路沿线的关东军，实是发动事变的军事动员，而满铁的军事运输则把关东军的演习变成了九一八事变侵略中国东北的实际演说。其次，事变中，满铁迅速发挥其有效的铁路军事运输机能，保证了关东军的紧急军事部署和机动作战计划的实施。没有满铁的有力支持和配合，关东军要在短期内侵占全东北是不可能的。另外，满铁以军列、装甲列车配合关东军作战，在军事通讯、情报和宣传等方面给予关东军以有力支持，这些都和宣传等方面给予关东军以有力支持，这些都极大地推动了关东军实施日本“大陆政策”的行动。而其中在 1907 年 3 月设立的满铁调查部（1980 年 12 月改称满铁调查课）是这个侵华工具中的特务情报部门，在日本侵华过程中起了极为重要的“参谋部”作用。本文拟就通过对满铁的九一八事变中的情报活动与宣传的分析，揭露满铁作为日本侵华的大本营对中国和中国人民所犯下的罪行。

## 一　满铁调查课的对华侵略情报调查活动

满铁调查课是日本对外侵略、特别是对华侵略的情报调查机关，它有统一组织，有明确的调查方针和任务，窃取了大量的第一手资料，也培养了一大批侵华骨干分子，成为日本政府、关东军和满铁对旅大和整个东北实行侵略和殖民统治的智囊团，其使

① 苏崇民：《满铁史》，中华书局，1990，第 36 页。

命是把殖民统治扩展到整个东北地区、中国的蒙古地区以及全中国。[①] 它成立于1907年3月，设在大连满铁本社，其下属机关分布在奉天、哈尔滨、天津、上海、南京直至美国的纽约、法国的巴黎，到1931年九一八事变前后，已经是一个拥有2000多个知识分子骨干的庞大的调查机构了。据统计，满铁调查课在近40年里提出的调查报告多达6200份，为研究而积累的书刊、剪报等资料有50多万件，集近代殖民侵略史上情报机关和特务系统的大成。以九一八事变为转机，调查课从一个供给情报的咨询部门变成了配合关东军决策的机关，其调查机能大大增加了。

九一八事变发生后，满铁为了掌握中国东北、关内以及世界的反应，要求调查课和所属情报机构人员全力以赴搜集情报。重大的情报要及时向关东军司令部、满铁本社以及当地日军、宪兵队、警察署、领事馆报告。满铁当时把调查的情报大致分为两大类：一类是有关政治、外交、产业、交通以及其他一般情报，与事变前一样直接报告满铁本社；另一类是军事情报、特别是有关中国抗日武装动态要直接向所在关东军守备队、宪兵队或警察署提供，其中尤其是抗日武装对满铁铁路的攻击的情报，以资警备上的参考。

为了加强情报工作，调查课还对沿线事务所增派一定数额的情报费，数目虽不大，但调动了各事务所的积极性，以便搜集情报，提供给驻地军警（见下表）。

九一八事变后，满铁各地事务所为谋求日本侵华的最大利益，监视和调查当地中国居民的动向，立即对全体工作人员进行动员，从亲日派中选拔录用，通过他们四处收集情报，监视和调查东北军及反满抗日团体的动向。

**九一八事变后满铁拨付部分沿线车站事务主任情报费（1932）[②]**

| 科目 | 摘要 | | 金额（元） |
|---|---|---|---|
| 满洲事变费 | 2月密报费 | 安东站事务主任 | 40.00 |
| | | 辽阳站事务主任 | 120.00 |
| | | 草河口站事务主任 | 30.00 |
| | | 本溪湖事务主任 | 30.00 |
| | | 四台子事务主任 | 30.00 |
| | | 吴家屯事务主任 | 6.00 |
| | | 他山事务主任 | 12.00 |
| | | 深井子事务主任 | 9.00 |
| | | 平顶堡事务主任 | 30.00 |

① 南满洲铁道株式会社：《满铁附属地经营沿革全史（上）》第一编第一章，冈松参太郎：《南满洲铁道株式会社的性质》。

② 辽宁省档案馆、辽宁省社会科学院：《九一八事变丛书》，辽宁人民出版社，1991，第114页。

续表

| 科目 | 摘要 | | 金额（元） |
|---|---|---|---|
| 满洲事变费 | 3月密探费 | 得胜台事务主任 | 20.00 |
| | | 歪头山事务主任 | 20.00 |
| | | 汤山城站事务主任 | 30.00 |
| | | 凤凰城站事务主任 | 50.00 |

大石桥事务所一面派遣可靠的中国汉奸作密探以侦察中国抗日武装活动的情况，另一方面同日军守备队、警察署、宪兵队联系，相互交换情报，以大石桥事务所为中心不断向满铁本社报告。

营口方面，事变的第二天天还没亮，驻大石桥守备队第三大队就“接管”了中国的重要的政府机关，然后在牛庄日本领事馆内设置了情报部。除启用专业情报人员外，还动员所有工作人员都参与情报活动并互相交流，特别是加强了与日本宪兵队、警察署和领事馆的联系。

鞍山事务所不仅动员专业情报人员，连消防队员也被动员从事现场搜集情报的活动。

辽阳事务所专设情报班，主要搜集所谓“匪贼”的情报并及时向日军、宪兵队报告。

奉天事务所全部情报股人员人情报活动，而且和关东军司令部、宪兵队、警察署配合密切，同时还大量使用中国人。

长春事务所在事变的第二天成立涉外股，下设情报班。一部分情报员密切注意南岭以及宽城子方面的战况，一部分情报员翻译中国各地来长春的电文稿后向关东军报告，另派情报员到日本警察署高等股从事情报联络，还通过中国方面的机关直接或间接搜集情报。伪满政权一成立，特别是关东军司令部迁到长春后，满铁的情报机关一直与关东军司令部第四课保持密切联系，与宪兵队、警察机关以文件形式或口头直接交换情况。

满铁鞍山制铁所内庶务课下设情报股，任务是搜集鞍山地方以及全东北有关情报。当1932年中国人民抗日武装斗争高涨时，又进一步加强了密探活动。

满铁抚顺煤矿以各采掘所事务股为主，在各所“自卫团”的协助下从事情报活动。主要了解中国人民的抗日动态，其他有关中国工人思想倾向等情况通过密探加以搜集。临时时局事务所同时也向各警察机关提供资料，每月定期召开警备会议，同各机关交换情报，协同步骤。

满铁在吉林方面的情报活动是“以抗日武装反满抗日分子活动”为重点，情报网已遍及吉林全省，甚至一直延伸至朝鲜北部以及苏联沿海各州。

哈尔滨事务所设立于1923年4月，为了在尽快的时间内占领北满，除调查和研究北满和苏联远东问题外，还负责调查和研究中日苏三国关系中随时发生的事件和动向，供军事参考。主要利用和俄国人有广泛联系的人物搜集情报，另一方面又从日本特务机关、领事馆、商工会议所、商品陈列馆、国际运输、各报社特派记者那里获取情报。1932 年 2 月 5 日关东军入侵哈尔滨，事务所内设情报股和资料主任，下设两个班，第一班从事一般情报，第二班是军事情报。

齐齐哈尔事务所在使用专业情报员的同时，还从日本侨民中物色人员参加情报工作。当马占山抗日军队在齐齐哈尔和关东军对峙时，事务所竭尽全力为关东军提供情报。

郑家屯事务所主要搜集内蒙古抗日武装动态，并扩充情报网的范围，自郑家屯、通辽、开鲁直到林西、赤峰。

满铁北平公所在九一八事变后，与日本在北平各机关保持联系，尽力搜集情报。1932 年 4 月国际联盟李顿调查团一行经北平去东北时，李顿调查团的行踪成为满铁北平公所工作的主要目标。

满铁上海事务所主要搜集事变以来各国对事变的反响，其次搜集在上海的外国人对国际联盟讨论九一八事变的反映，研究如何解释等对策以及上海各国通讯社向各国报道的倾向、内容等。

美国纽约满铁事务所全力以赴不断同美国银行家、企业家、新闻记者、学者等重要人物接触，从中搜集美国朝野对事变的反映。另一方面事务所同日本驻纽约总领事以及驻在武官保持联系，共同协调对情报的处理意见。凡属重要的情报都向大连满铁本社报告。美国各大报对事变爆发的有关论点也在报告之列。

满铁驻巴黎特派员也负有搜集法国和国联的关系以及俄国方面的动态（来自俄国资产阶级分子的情报）的任务。

## 二　满铁对日军侵华方针政策的舆论宣传活动

满铁除了在九一八事变中大力加紧情报活动外，在制造舆论、宣传日本的侵略方针政策方面也不遗余力。这方面活动由满铁弘报股负责，其主要活动如下。

第一，为宣扬关东军侵占东北四省建立傀儡政权，镇压东北义勇军的“赫赫战功”，先后拍摄十几部战地影片，《满蒙破行》是一部有 10 卷 3000 余米长的纪录片，主要内容是介绍事变开始时的作战经过。拍摄的其他影片还有《越过嫩江》《辽西扫匪》《建国之春》《本庄繁将军之凯旋》《守卫热河》《开拓北满旷野》等，这些影片在伪满各地以及日本国内大肆放映，为日本侵略张目。

第二，利用其掌握的各种宣传工具和设在上海、纽约、巴黎等大城市的事务所，以发行《东亚》《满蒙年鉴》《满蒙和日本及日本人》等刊物，以日、英、法三种文字发行期刊，以及组织演讲会收买外国记者，向国外做歪曲真相的宣传，以欺骗蒙蔽世界人民。

第三，满铁地方部以关东军的所谓顺天安民为指导思想，拍摄各种照片，汇编成《满洲事变摄影集》，妄图使中国人民从照片中彻底“理解”日本帝国主义侵略东北的“合理化”。

由于满铁的情报网遍布东北各地及关内各主要城市，情报的搜集和相互联系是日本各系统情报部门中最完备的，所以它搜集的情报“迅速而准确”，满铁毫不夸张地说，“事变后会社搜集的情报当中仅是提供陆军、领事馆、警察署及其他机关的即达数万份、对树立时局对策和防遏兵匪贡献很大”。[①] 因而博得了日本军部和关东军军部的称赞和嘉奖。关东军司令官本庄繁中将于 1932 年 8 月被召回国时特向满铁颁发“感谢状”，吹捧满铁“是军民合作，团结一致的楷模。盖大作战无有铁路是难以完成机动作战则尤为重要，而大放异彩、神速的关东军之行动实为以帝国实力为后盾之贵铁路俨然之恩赐也”，“对会社各位之伟绩与后援表示由衷感激之情”。[②]

但是，就在这一片“赞扬”声中，东北人民却在痛苦地呻吟着，满铁广布于各地的日本情报组织，为使日本在中国获得最大权益而从事的种种阴险狡诈、不可告人的卑鄙勾当，及给中国、中国人民带来的深重灾难罄竹难书，必须予以彻底揭露！

原载《日本问题研究》1999 年第 1 期

---

① 《满洲事变与满铁》，日文版，第 399 页。

② 《满洲事变与满铁》，日文版，第 2 页。

# 辽阳满铁附属地和九·一八事变

王玉琨

辽阳，这座具有2400多年历史的古城，自战国时代燕国在此设郡以来，一度是我国东北的政治、经济、文化和军事中心，在中华民族发展历史上留下许多壮丽的史诗。但是，自公元1904年9月4日日俄战争之后，日本军国主义的铁蹄就踏上了这块美丽富饶的土地。继日俄战争之后，又经历了九·一八事变、伪满洲国，直至1945年8月15日日本无条件投降，日军在辽阳驻军长达41年之久，完全是出于日本政府将满铁附属地作为据点，逐步实现霸占全东北继而侵占全中国的目的。把这段历史的有关内容介绍给大家，有助于大家了解日本军国主义的侵华史。

## 一　不断扩大的辽阳满铁附属地

日本在1904年8月26日至9月4日的日俄战争中打败沙俄，取代了沙俄在辽阳的一切权益。从沙俄那里继承的548万多平方米的土地，称为“满铁附属地”，但这并没有使日本满足，不久，日本就以种种借口又侵占了西关以北的大片土地。当时日本的档案是这样记载的：“城（辽阳城）的周围约十四清里（东西四清里，南北三清里），如换算成日本的坪数约为60万坪。我们的铁道附属地为一百八十万七千零九十五坪，即相当于全城面积的三倍。当初，俄国的新市街是到西门外的西关为止，约合一百六十五万八千余坪，军事占领后，其附属地从西关市街向北扩张了十五万坪。”日本的1坪相当于3.3平方米。仅这一次就强占了约457余万平方米的辽阳土地。

日本还将铁路南侧南北两片农田辟为满铁附属地。形成了以车站为中心，东起西关外，沿西城垣至赵家林子以西。西至徐往子、小庄、北园东，南起大营以北，北至三道壕以南的南宽北狭的地面，约为2250多万平方米。光绪三十一年十一月五日奉天差委道钱荣及候补府于驷兴呈文中写道：“原勘各处车站本已不小……铁岭、辽阳各站原占续占均在万亩以外。”在此期间四平至辽阳的11站也经过两次扩大。所占土地远远超过筑路需要。满铁附属地采取霸占、兼并、强购、商租等手段使附属地不断扩大、逐年增加。从1907年的149.7平方公里，以后每十年即扩大近一倍。在1129.1公里的铁路两侧，长春—大连间最宽处为426.72公尺，最狭处为42.67公尺，至于市街区就更宽了。辽阳满铁附属地的地盘就这样变得越来越大。

## 二　满铁和关东军联手实施侵华行动

日本政府为了达到侵华的目的，加强军部对满铁的控制，于1906年7月13日指定曾担任过台湾总督的日本陆军大将儿玉源太郎为南满洲铁道株式会社委员长。在其暴卒后，日本政府又指定陆军大臣寺内正毅继其后任。就这样，满铁设立的委员长一职始终由军阀头目把持，说明军部在制定侵略东北政策上的优越地位和满铁的军事作用及其地位。

满铁第一任总裁后藤新平在儿玉源太郎担任台湾总督时曾任民政长官，就是由于得到儿玉源太郎的赏识才得以担当满铁总裁的重任，即便如此，日本军部在满铁会社成立后，为使满铁适应军部的要求，协调满铁与军部的关系，日本陆军省还特派佐藤安之助少佐到满铁任嘱托。其任务虽然没有明文规定，实际上从收买铁路、煤矿用地，开设公司，到周旋于中国军政要员之间，刺探中国军事情报无所不为，佐藤安之助离职后又由其他军官继任，始终使满铁与日本军部保持密切关系。

满铁的土地扩张，往往是通过日本军队来实现的，即使是收买民间土地也常由军队出面，这样可取得事半功倍的效果，只要是满铁认为需要的土地日军就没有弄不到手的。满铁在经营过程中获得了非常大的经济效益，那么这些巨额收入都用在什么地方呢？1932年2月25日，关东军司令官本庄繁将东北铁路全部委托满铁经营，并确定其前提条件是“委托经营所得的利益，应允许支付借款本息以及供担任维持满洲国国防治安的日本军做军费自用”。其实这不过是在九·一八事变后对此问题的重申，此前的几十年中，日本关东军的军费开支一直是由满铁负责的。正如有人所说：“会社对国家的行动（特别是军事行动）进行全面协助。满铁靠军部发展扩张，军部靠满铁提供军费和运输，二者共同为日本侵华效力。”

## 三　日本利用满铁附属地对东北进行全面侵略，导致九·一八事变的发生

首先实施政治侵略，在日俄战争前的1896年9月中俄签订的《东省铁路公司条例》第五条中明确规定：“凡该铁路及铁路所用之人，皆由中国设法保护”，“所有铁路地段命案诉讼等事，由地方官照约办事”。这就是说中国政府丝毫也没有放弃铁路用地内的警察、司法等权。但日本接管铁路附属地后建立起完全独立的行政系统和法律制度，在铁路附属地内行使警察权、司法权、课税权、教育权和行政管理权。这种做

法以后又陆续扩大到矿业用地、工厂用地，以至扩占、收买或商租用地，只要是和铁路附属地连接就统统成为其行政权的实施对象。1907 年 4 月 1 日设立的辽阳满铁经理系，1915 年改为地方事务所，即是日本在辽阳设立的行政机构。从那时起辽阳人民就开始遭受日本警察和军队的任意逮捕和杀害。1931 年农历 2 月 20 日，在辽阳站西附属地开设东盛合的辽阳县属清真寺居民米长本，因后院居住的日本老妇大西不知去向，被日警署以欠债害命嫌疑将父子三人抓去拘押，百般拷打，凉水浇身灌鼻，其三子米双祯因刑伤过重，释归即死。此类事件在各地铁路附属地中举不胜举。

中国政府并未给日本以驻军权，但日本在铁路附属地内建造了大量军事设施，驻有正规军和守备队，施行赤裸裸的军事侵略。日俄战争之后，日、俄两国本应将驻扎东三省的护路兵从速撤退。但日本宣称："中国自己未能保证其能完全保护外人生命财产，日本就要永远维持其护路军。"在这种强盗逻辑下，辽阳铁路附属地成为日本陆军的一个大本营，在辽阳设立师团司令部，配置步兵联队本部、工兵联队本部、骑兵联队本部、医院、仓库、军官宿舍、训练场等等。在辽阳火车站东西两孔桥之间的铁路两侧基本上成为军事用地。除此之外，现辽阳纺织厂以西地域为日军军事预留用地，拟建飞机场，在铁路边的太子河两岸为陆军训练场。随着铁路附属地扩张又扩张。到 1945 年日本投降时，日本在辽阳的军事设施已能容纳 1 万人左右。驻东北日军最初受关东都督的指挥，到 1919 年 4 月，就改由关东军司令官指挥。除上述部队外，在辽阳还设立了日本宪兵分部，其主要任务是担任军事警察事务。

满铁如同一切垄断资本一样，具有追逐垄断高额利润的本性。经济侵略无所不至，以攫取最大利润为目标。为达此目的，满铁始终采取积极的经营方针，除了追求原铁路运输部门的高额利润外，在东北陆续修筑了吉长、吉敦、四郑、四洮等铁路，开发矿山，建立工厂，经营银行、旅馆等。仅在辽阳满铁附属地就建立了"辽阳纺麻株式会社""辽阳炼瓦株式会社""满洲洋灰株式会社事务所""合资会社天一公司""满洲牧场""高松运输公司"等等公司，还设立了旅馆、新闻部门、金融、保险等企业 200 多家。为了满足日本的特殊需要，满铁除了继续开采从陆军手里接收的烟台煤矿外，从 1909 年起开凿新井及添置采煤设备，平均日产煤百吨。1924 年 3 月开凿第二斜井，继而又开采第三斜井，达到年产近 10 万吨，1930 年度达到 17.5 万吨。而中国劳工为之丧命者则不计其数。据辽阳市志记载，仅 1929 年 2 月 26 日一次瓦斯爆炸就死亡 138 人。日本从辽阳运走的不只是煤炭，还有大量的农产品。如 1922 年一年就从辽阳运出大豆 78233 吨、豆饼 57710 吨、高粱 20000 吨、谷子 32367 吨。日本政府一方面通过满铁附属地大肆掠夺辽阳的矿产资源和农产品，一方面又通过满铁附属地大量输入日货。据当时的辽阳县公署统计，仅 1924 年一年中销入辽阳的日货就有羊绒布 400 多件，丝绸、呢绒 280 箱，法蓝绒 150 多匹，海带菜 3 万多公斤，其他如红糖、火柴、肥皂、纸张也有大量输入。日货的输入，严重地破坏了当时辽阳的民族经济。

铁路附属地也是日本推行文化侵略的基地。日本在辽阳殖民的41年中，在附属地办学校、开医院、出报纸、修寺院、采取攻心战术。实行奴化教育，麻醉中国人民的精神。满铁第一位总裁后藤新平制订了所谓“文装武备”的经营方针。日本的文化侵略涉及文教、卫生、新闻、出版、科技、文体各个方面，可以说是无孔不入，在东北形成了日本人的“满蒙文化”。这种文化向中国人宣传日本神国的神话，吹嘘大日本帝国的强大和皇军的无敌，在辽阳修建所谓忠灵塔，要求中国人向日本武士顶礼膜拜。在辽阳设立的新闻印刷行业就有8家，医疗行业9家，辽阳是设立日本小学最早的地方之一。日本对辽阳的文化侵略取得了一定效果，九·一八事变后成立的伪满洲国的八位大臣中就有三个是辽阳人。

由于日本长期在满铁附属地施行政治侵略、军事侵略、经济侵略和文化侵略，使其霸占东北和占领全中国的野心日益膨胀，终于导致1931年九·一八事变的发生。在事变的前一天，日本关东军司令官本庄繁在辽阳检阅日军。当夜，关东军主任参谋石原莞尔与关东军高级参谋板垣征四郎在辽阳白塔旅馆密议。9月18日夜，10点20分即发生了九·一八事变，驻辽阳的第二师团派部队参与了这一行动。并于第二天即占领辽阳全城，继而霸占了全东北。

今天，我们回顾这段历史，认清当年日本军国主义者的侵略本性，认清当今日本社会极右势力对亚洲和平的危害性。同时，我们要更加热爱祖国，热爱辽阳这方热土。用我们的双手把辽阳建设得更加美好。

原载《城建档案》2001年第6期

# “九·一八”事变前后的满铁

宋金玲 刘素范

南满洲铁道株式会社（以下简称“满铁”）是日本帝国主义在中国建立的最大侵略机构，满铁虽然形式上是企业性质的股份公司，但实质上是日本军国主义“推行日本国策的国策机构”，是对东北进行政治、军事、经济、文化全面侵略的殖民机构。但在某些历史书上，满铁的侵略和掠夺活动被淹没在对其大量业务活动的叙述之中，对许多重大问题却避而不谈或轻描淡写，以企业史的形式掩盖其作为殖民侵略机构的本质。实际上满铁从成立到灭亡，在中国大地上活动了近40年之久，它直接参与了震惊世界的“九·一八”事变，制造伪满洲国致使全东北沦陷，同时，也使其攫取东北铁路权益的侵略活动达到高潮，因此，满铁是引发“九·一八”事变的重要因素之一。正如满铁第一任总裁后藤新平所说：“建立满铁就是使之成为帝国殖民政策的先锋队。”

## 一 满铁是引发“九·一八”事变的重要因素

### （一）满铁积极扶持各种反动势力，大力鼓吹“满蒙危机”言论

日本帝国主义为了达到武装侵略中国东北的目的，在策划政治阴谋和进行军事准备的同时，不断宣传“满蒙危机”，为武装侵略东北大造舆论。宣传“满蒙危机”，鼓吹武装占领“满蒙”最活跃的是右翼团体“满洲青年联盟”。该联盟是以满铁为母体的法西斯团体，1928年5月成立，其活动经费基本由满铁支付，而其头目则是满铁理事小日山直登。满铁卫生科长金井章次、参事中西敏宪、文书科长山崎元干等担任顾问。该组织在成立宣言中声称：“努力开发满蒙，排除外来暴力，使之获得独立和自由。”因此，满洲青年联盟从成立之日起，就成为日本帝国主义宣传侵略满蒙的急先锋。满洲青年联盟出版各种刊物，还在东北各地组织演讲会、座谈会、放映电影等散布“满蒙危机”言论，鼓吹武装占领满蒙。

为了“唤起国内舆论沸腾”，满洲青年联盟于1931年7月还组织一个国内游说队，回到日本各地进行游说，拜会军政要人，组织座谈会、讲演会，极力歪曲“中村事件”

“万宝山事件”的真相，煽动武力“解决满蒙问题”，主张对满蒙实行强硬态度。制造侵略舆论的另一个右翼团体“大雄峰会”，也是由满铁青年社员组成的。大雄峰会的核心人物是笠木良明。笠木良明于1919年从东京帝国大学法科毕业后，先在满铁东亚经济调查局工作，1929年4月来到中国，任满铁本社人事课人事系主任，纠集松木侠（满铁调查课）、八木沼丈夫（总务部）等人成立大雄峰会。该会以佛教“大慈大悲”为招牌，宣扬所谓“皇道”，即通过崇奉明治大帝的遗德，渲染日本有责任拯救灾难深重的满蒙，使之成为民族协和的“理法国家”，也就是要把中国东北变为日本的殖民地。“大雄峰会”会员不仅在“九·一八”事变前积极进行侵略舆论宣传，事变后，大多成为“自治指导部”的骨干，从事拼凑伪政权的活动。当时日本国内也有一批人参与制造侵华舆论，其中最著名的是前满铁副社长、“政友会”议员松冈洋右。他提出，“不言而喻，满蒙乃是我国的生命线，至关重要，然而，最为严重者，是当前尚未认识到满蒙政策之危机感”。“我国要牢固地确保和死守这条生命线，而不必害怕任何国家、任何人。”总之，“九·一八”事变前，由于各种侵略势力沆瀣一气，大肆鼓吹煽动，在日本许多地方“满蒙占有论”甚嚣尘上，战争思想狂热。

### （二）满铁经营危机加快了“九·一八”事变爆发的步伐

1929年10月，以纽约股票暴跌为开端的整个资本主义世界爆发了经济危机，这个危机很快袭击日本和日本控制的中国东北。由于危机，出口德国的大豆锐减，日本对豆饼的需要减少，结果使“满洲”的大豆价格暴跌。农业危机给作为满铁主要收益来源的铁路业以巨大打击。满铁的货物运输量，从1929年度的1856.3万吨减少到1930年的1519.3万吨，其中，大豆、豆饼锐减122万吨，煤炭则锐减114万吨，这三种物品占货物运输减少量的7成①。东北进出口数量锐减，直接影响了满铁的经营，使满铁的收入锐减。1930年满铁客货运输收入由上一年的11853万日元下降到8939万日元，猛跌24.6%。商股分红由1928年的1分1厘降为6厘②。到1931年，满铁第一次出现了赤字，满铁经营的不振，经济危机的打击，使日本帝国主义者感到恐慌。为了摆脱危机，寻找出路，悍然走上了发动大规模侵略战争的道路。

### （三）中国本土修筑铁路的热潮打破了满铁垄断东北铁路的美梦

满铁在东北的经济侵略活动，主要是垄断东北的交通运输。“九·一八”事变前，

---

① 铃木隆史：《日本帝国主义对中国东北的侵略》，吉林省伪皇宫陈列馆译，吉林教育出版社，1996，第440、443－444页。

② 苏崇民：《满铁史》，中华书局，1990，第422－423页。

东北和日本有关的铁路总计2300多公里，占东北全部铁路的37%[①]，而在1923年以前，东北没有自己的铁路，满铁的铁路经营一直是其盈利的主体。从满铁总营业的收入情况看，自开始营业的1907年起，一直是连年盈利。1907年的铁路营业利润为360万日元，1917年铁路利润为2200日元。1927年为6800万日元，1927年的利润是1907年的18.9倍，可见满铁铁路获得的是高额垄断利润。为了同日本殖民者进行经济抗争，打破满铁垄断控制东北铁路的局面，由京奉铁路局筹办，自京奉线打（大）虎山站向西北直达通辽的大通铁路，1921年10月分头开始修建，1927年11月，竣工通车。该路的修建对于沟通奉天与内蒙古的经济和开发内蒙古具有积极意义。对于中国修筑大通路，日本政府用所谓“满铁并行线”极力干涉，但最终铁路还是按中国方面的计划修成。大通路的建成，为东北三省自建铁路开了好头，鼓舞了中国人民的士气。

1924年，东北地方政权成立了东北三省交通委员会，统一筹划发展东北的铁路、公路等事业。东北地方当局用自己的力量又先后修建了锦朝铁路（锦州至朝阳镇）、沈海铁路（沈阳至朝阳镇）、吉海铁路（吉林至海龙）、呼海铁路（三棵树至海伦）、齐克铁路（昂昂溪至克山），中国方面为了实现这些自办铁路与满铁借款铁路及满铁承包铁路的联运，于1929年12月公布了西四路（北宁、四洮、洮昂、齐克）四条铁路联运办法，进而于1931年1月又进行了东四路（北宁、奉海、吉海、吉敦）的联运，开始形成独立的联运体系，摆脱了原来那种只能做满铁附庸的地位，形成与南满铁路针锋相对的态势。在运费政策方面，中国东、西四路为了对抗满铁，从1929年末开始，对到达营口、河北的谷类实施大幅度的运费减价，拉拢货源，与满铁的竞争日益激烈。日本帝国主义指斥东北地方当局，要包围南满铁路，不许东北地区东四路和西四路实行联运，认为威胁了“满铁”的生存，侵犯了日本的利益。

总之，满蒙铁路成为中日间的敏感问题。日本只许自己在中国土地上肆意横行，却不许中国人在本国土地上行使主权。因此，日本无论如何也不会容忍这一计划的实施，阻止的方法只有一个——发动军事侵略。

## 二　满铁在“九·一八”事变中的作用

### （一）满铁直接参与了“九·一八”事变

关东军要发动“九·一八”事变，非常需要经济实力强大的满铁的支持，而满铁自成立后一直肩负着日本政府“经营满洲”的殖民使命，是日本帝国主义侵略东北的中枢。

“九·一八”事变前，满铁总裁内田康哉曾指挥满铁社员参加关东军的军事演习。

① 满史会编《满洲开发四十年史》（上卷），东北沦陷十四年史辽宁编写组译，1988，第210－211页。

“九·一八”事变后，满铁积极协助日本关东军侵略东北大好河山，不仅派遣满铁社员帮助关东军建立线区司令部，提供军运、军需，还在满铁社内（四平街、长春、洮南、营口、哈尔滨）设置临时机构——时局事务所，负责关东军与满铁之间的联络、军列及军需品的准备、军列的运输计划等等，并于1933年2月在奉天铁道事务所所长室设临时时局事务所作为综合机构统筹军事运输；以其铁道部长为首，总揽军事运输事务，在运输方面不分昼夜配合关东军，使关东军能及时调拨部队。“满洲青年联盟”和“大雄峰会”的满铁职员按关东军的指示，主动参加了侵占我国铁路、银行、电台、兵工厂等活动，以弥补关东军的兵力不足，对擅自离职的社员满铁继续发放工资并给予差旅费等种种待遇，使他们拿满铁的工资为关东军效力。截止到1933年3月，经过办理正式手续从满铁派到关东军的社员2600人。其中，到关东军参谋部41人，副官部10人，特务部161人。可见，满铁社员在战时立刻就成为不折不扣的侵略者。

### （二）满铁承担了关东军的全部军事运输及军备改装任务

“九·一八”事变期间，满铁组织了大量军事运输。“九·一八”事变后，满铁立即将当时在旅顺的车辆组成临时专列，迅速完成了将以本庄繁为首的关东军司令部从旅顺转移到沈阳的任务。9月18日23时40分，满铁从沈阳发出军列，载着第一、四中队前往柳条湖增援，正因如此，日军才得以占领北大营一角。随后，满铁又将铁岭、抚顺的日军守备队迅速运至现场，得到这些事先策划好的兵力增援后，日军才于19日零时50分完全占领北大营。同时，满铁奉关东军司令部的命令立即接管中国铁路，以满足侵略战争的需要。日军在占领沈阳、吉林、长春、黑龙江期间，满铁与关东军配合默契，提供军运专列运送日军和武器弹药。

自“九·一八”事变至1932年3月，满铁配合关东军，临时设立奉天铁道部出张所，该所组织的军用列车运行4056次，平均每月达676次，平均每天22次之多；运送军需品197980吨，平均每天运送1000多吨。而在事变中满铁派遣的铁路职工1931年为7676人，1932年为8803人。南满铁路运行的军用客车里程超过34万公里，军运货车里程达157万多公里①。可见，关东军所有参战的兵员、军事辎重几乎均由满铁运输。从事变爆发至1932年3月的6个月里，满铁用于有关军运的费用就多达319.3万日元。以事变为转折点，满铁把东北铁路变为作战铁路，充当了关东军的编外铁道部队。关东军在短短4个多月的时间就占领了比日本国土大一倍还多的广大地区，这当然与蒋介石的不抵抗政策有关，但也完全是靠满铁的军事运输实现的。满铁不仅发挥了其运输职能，“九·一八”事变一爆发，满铁的铁道工厂还为关东军改装、装配装甲车，把一些机车改装成装甲火车头，平板车辆改装成炮车，货车改装成步兵车，并把

① 苏崇民：《满铁史》，中华书局，1990，第438－439页。

三者组成装甲列车，参加攻占各地的军事行动。例如：1931 年 9 月 23 日至 1932 年 4 月末，仅北宁线内军用列车运行次数 2103 次中就有 473 列为装甲车，参见表 1。

**表 1　军用列车运行数量统计**

单位：次

| 系统 | 军用 | | | | | | 装甲 | | | | | | |
|---|---|---|---|---|---|---|---|---|---|---|---|---|---|
| 线别 | 北宁线 | 河北支线 | 打通线 | 北票支线 | 葫芦岛支线 | 计 | 北宁线 | 河北支线 | 打通线 | 北票支线 | 葫芦岛支线 | 计 | 合计 |
| 9 月 | 17 | — | — | — | — | 17 | 2 | — | — | — | — | 2 | 19 |
| 10 月 | 105 | — | — | — | — | 105 | 6 | — | — | — | — | 6 | 111 |
| 11 月 | 88 | — | — | — | — | 88 | 17 | — | — | — | — | 17 | 105 |
| 12 月 | 98 | 25 | — | — | — | 123 | 2 | 9 | — | — | — | 11 | 134 |
| 1 月 | 362 | 89 | 20 | — | — | 474 | 80 | 32 | 4 | 1 | — | 117 | 591 |
| 2 月 | 166 | 11 | 61 | 29 | 2 | 269 | 47 | 49 | 4 | 2 | — | 102 | 371 |
| 3 月 | 193 | 2 | 62 | 31 | 9 | 297 | 55 | 59 | 2 | — | — | 116 | 413 |
| 4 月 | 153 | 2 | 65 | 33 | 4 | 257 | 36 | 61 | 3 | 2 | — | 102 | 359 |
| 计 | 1182 | 129 | 208 | 96 | 15 | 1630 | 245 | 210 | 13 | 5 | — | 473 | 2103 |

资料来源：宫本通治：《满洲事变と满铁》，南满洲铁道株式会社，1934 年，第 71－72 页。

## （三）满铁为关东军提供大量军事活动经费

满铁在"九·一八"事变中，不仅在铁路运输方面全力支持关东军，在财力上也给予了关东军有力地支援。除上述军运费用外，"九·一八"事变期间，通过满铁总裁内田康哉的活动，日本政府同意由满铁贷给关东军机密费 300 万日元，还有所谓"军队慰问费"。据不完全统计，从事变到 1933 年 10 月，满铁为关东军战死者 1906 人发放吊慰金 679800 日元，给伤病者 4469 人，发慰问金 406360 日元。满铁的经济援助，无疑给关东军这部战争机器加满了油，使其更加疯狂地蚕食东北大地（"九·一八"事变共用经费 350 万元，其中 200 万元由满铁负担）。参见表 2。

**表 2　1931 年满铁担负"九·一八"事变费用明细**

| 项目 | 金额/日元 | 摘要 |
|---|---|---|
| 派遣社员薪金（一） | 106778.77 | |
| 派遣社员薪金（二） | 45863.13 | |
| 派遣社员各种津贴 | 435691.02 | |
| 社员差旅费 | 311993.68 | |
| 社员提职津贴 | 40925.63 | |
| 各类消耗品及其他物品 | 191914.09 | |

续表

| 项目 | 金额/日元 | 摘要 |
| --- | --- | --- |
| 陆军及警察抚恤金和慰问金 | 224611.84 | |
| 事变情报各项费用 | 59471.91 | |
| 朝鲜人及其他救济金 | 44213.84 | |
| 陆军及警察慰问补助金 | 50120.12 | |
| 警备费用 | 51677.95 | |
| 设备及修理费 | 134055.42 | |
| 其他杂费 | 237039.32 | |
| 计： | 1934356.72 | 由会社总务经费支出 |
| 机车车辆修缮费 | 769502.61 | |
| 捐助陆军装甲车费用 | 39326.29 | |
| 计： | 808828.90 | 由会社铁道经费支出 |
| 合计： | 2743185.62 | |

资料来源：宫本通治：《满洲事变と满铁》，南满洲铁道株式会社，1934年，第541－542页。

### （四）满铁利用庞大的情报机关为关东军搜集情报

满铁在设立之初，就建立了满铁调查部和东亚经济调查局等庞大的情报机关，对中国特别是东北的政治、经济、社会、地理、风土人情等各方面进行了广泛的调查，为日本制定侵华政策以及关东军的军事行动提供了大量的情报，并由满铁文书课长中西敏宪起草了有关的方针及纲要。当时在东北各地及关内的主要城市都遍布满铁的情报网，因此能够“迅速而准确”地提供各种有关情报。这些情报网在战时都充当了关东军的耳目，直接支持了关东军的侵略活动。“九·一八”事变后，满铁除承担军事运输任务外还全力以赴地提供了大量有关满洲的各种情报资料。其中仅提供给陆军、领事馆、警察署及其他机关的就达数万份，这些情报为关东军发动“九·一八”事变，进而占领东北全境，制造伪满洲傀儡政权起到极为重要的作用。应日本关东军的要求满铁设立了经济调查会，该机构实质上就是关东军的“经济参谋本部”，其中部分满铁社员还兼任关东军特务部特约顾问，经济调查会的工作包括：起草经济统治计划，筹设伪中央银行，调查东北兵工厂，草拟恢复计划等。除此之外还在上海、纽约、巴黎等大城市利用各种出版物及组织演讲会，大造日本侵略有理的舆论及歪曲真相的宣传。满铁弘报课（弘报系）担任主要宣传工作，特别是“九·一八”事变后，弘报系组织派往日本内地的宣传班大肆宣传“满蒙是日本的生命线”，在东京、大阪、北海道等48个城市巡回讲演、放映《满蒙破邪行》等事变纪录片，进行法西斯战争宣传。弘报系（课）出版的刊物有《满蒙の产业》《满洲写真帖》《满蒙と满铁》《满洲と满铁》《满洲と日本》《满洲概观》等等，并发行《英文满蒙年鉴》及其他外文刊物进行侵略叫嚣；

配合关东军的侵略、秉承关东军参谋部的旨意，弘报系制作了《满蒙破邪行》《辽西の扫匪》《本庄将军の凯旋》等约60部200多集反动电影，其中有声电影《满洲国全貌》还配上英文、法文、德文、意大利文字幕，发往国外，制造侵略有理的反动舆论①。

## 三 "九·一八"事变后满铁对东北铁路权益进行全面掠夺

1931年10月10日，关东军司令官本庄繁指示满铁总裁内田康哉，要利用"九·一八"事变的"绝好机会""统治满蒙各路"，应迅速取得"满铁会社拥有借款关系的铁路及其他中国各铁路的委托经营"，迅速进行"满铁会社已同中国订立合同的铁路及军部希望的铁路的建设"。满铁奉关东军的命令，立即接管东北其他各路（包括中东铁路南侧支线），夺取其经营权，以满足侵略战争的需要。

"九·一八"事变后，满铁利用这次事变的绝好机会，立即强占了中国东北地区，为满铁实现其多年策划的"开发满蒙铁路计划"扫平了道路。在日本政府和关东军的指使下，首先由临时成立的伪"东北交通委员会"统辖过去东北的国有和省有铁路。1932年伪满洲国成立后，铁路在名义上改归伪满交通部管辖，实际上东北铁路的管理和建造统统由满铁一手包办。1933年2月，满铁与伪满洲国签订了《满洲国铁道借款及委托经营契约》等一系列条约和文件，完成了满铁霸占东北全部铁路所必需的虚假法律手续。随后，满铁在沈阳设立"铁路总局"，作为统管伪满"国线"的总机关，同时在大连设立"铁道建设局"，垄断全东北的新铁路建设，形成满铁"一元化"经营东北铁路的局面。至此，满铁终于实现了其统治东北全部铁路的目的。在日本占领我国东北后，满铁在日本政府和关东军的指挥下，准备逐步实现其"在20年内，建筑包括35条铁路，长达8800公里的开发满蒙铁路网计划"，只是最终正义压倒了邪恶，在日本占领东北14年后，东北回到祖国的怀抱，满铁的计划没有全部实现。

原载《北京交通大学学报》（社会科学版）2004年第3期

① 松本丰三：《南满洲铁道株式会社第三次十年史》，南满洲铁道株式会社，1937，第2448－2458页。

# “九一八”事变中的满铁

郭洪茂

过去，关于“九一八”事变的研究，人们更多地注重日本关东军、日本军部在侵华中的作用，而忽视了满铁在“九一八”事变中的大量侵略活动及其所起的极为重要的作用。因此，本文拟对满铁在“九一八”事变中的作用问题做一探讨，以期对全面、深入地揭示日本军国主义侵略中国东北的史实，有所裨益。

## 一　侵略计划、舆论准备及谋略

自从田中义一上台组阁后，尤其是1927年6月“东方会议”之后，日本政府即加紧推行大陆侵略扩张政策，关东军更是紧锣密鼓地进行各种阴谋策划，企图武装占领中国东北。而作为殖民地经营“中枢机关”且拥有雄厚实力的满铁，亦参与和配合了关东军的侵略活动，在“九一八”事变中发挥了无可替代的重要作用。据曾任满铁总裁和日本外相的松冈洋右所供称：“发动满洲事变是关东军与满铁的共同行动。”①

1928年6月，关东军企图趁炸死张作霖之机阴谋起事，虽结果未遂，却在日本朝野和国际上引起了轩然大波，在野党和国内舆论纷纷谴责田中内阁的对华政策，并强烈要求公布“满洲某重大事件”的真相，甚至连元老西元寺在得知炸张与军人有关时，亦要求田中首相：为了日本的国际信誉要坚决实行严惩。② 而陆军首脑部及以枢密院副议长平沼骐一郎为代表的强硬派，则欲盖弥彰，坚决反对公布事实真相。结果，炸张事件的主谋、关东军高级参谋河本大作大佐仅受到了行政停职处分，并在处分文件中把此次事件的发生，解释为“只是关东军在警备上的一种疏忽”。③ 正是由于军部和政府对关东军阴谋肇事者的这种包庇和纵容，才使得此后关东军在中国东北的各种侵略

---

① 松冈洋右：『兴亚の大业』，1941，日本外务省档案胶卷，WT7，LMT21，第65－67頁。

② 日本国际政治学会太平洋战争原因研究部编『太平洋战争への道（1）满洲事变前夜』，朝日新闻社，昭和38年2月，第320頁。

③ 日本国际政治学会太平洋战争原因研究部编『太平洋战争への道（1）满洲事变前夜』，朝日新闻社，昭和38年2月，第327頁。

阴谋活动更加有恃无恐。通过这一事件，也使关东军的一些军官和热衷于大陆扩张政策的满铁社员清醒地认识到：如果没有包括舆论在内的充分政治准备，不把整个国家推上对外扩张的军国主义道路，光靠少数人制造的各种谋略活动，根本无法实现对中国的武装占领。于是，一些满铁社员和"在满日本人"便纷纷行动起来，组成团体，开始为关东军武装侵略中国东北大肆鼓噪宣传，鸣锣开道。

1928 年 7 月 4 日张学良就任东三省保安总司令，12 月与国民政府达成妥协"易帜"。在此期间，1928 年 11 月 13 日，积极煽动武装侵略中国东北的日本法西斯团体——满洲青年联盟成立。该团体是以满铁社员为核心纠集起来的，由满铁理事小日山直登任理事长，在东北各地设有 24 个支部，盟员达 5000 余人。① 他们大力制造侵华舆论，罗织中国"排日"罪状，配合关东军煽动武装侵略。据金井章次讲，满洲青年联盟成立初期的宗旨是要在中国东北"建立复合民族的国家"。② 至 1931 年 2 月，他们进而在"满洲建国"的行动纲领下，开始了"新满蒙政策确立运动"，主张"民族协和、满蒙独立、日本在满机关的一元化"，并计划通过"发行《满蒙问题与其真相》的小册子"，在"满洲各城市召集日本人大会"，甚至"向日本派遣游说队，以唤起日本的舆论"。③ 企图通过大造舆论来为关东军武装入侵中国东北制造舆论准备。

远因姑且不说，关东军具体策划武装占领中国东北，应该说始于 1929 年 7 月 3 日起为期 10 天的关东军"北满参谋旅行"。在这次旅行中，关东军作战参谋石原莞尔提出，通过武装占领，扫荡军阀、官僚，没收官方私有财产，实行以大将或中将为总督的军政统治。同年 10 月，他们又在辽西地区进行了一次参谋旅行。这次参谋旅行采取对抗演习的形式，除高级参谋板垣大佐和石原中佐外，有驻军第 16 师团的横山贞槌、冈田菊三郎，关东军的菅野、佐久间两大尉以及满铁嘱托草场辰已中佐（后升为中将，任大陆铁道司令官）等，还有在中国军队里任职的森冈皋中佐和堀内一雄大尉等。④ 这次参谋旅行之后，实际上关东军侵略中国东北的军事策划已开始进入战术研究阶段。至 1930 年 9 月，委托佐久间撰写的《占领地统治之研究》也已完成，并于 12 月由关东军刊印出来。⑤

1930 年，在中国东北又成立了一个以满铁社员为主体的右翼团体——大雄峰会。其创始人笠木良明曾是行地社成员，所以大雄峰会一成立，便与以大川周明为首的行地社等日本国内的法西斯团体互相呼应。大川周明是满铁"国策"会社的骨干成员，

---

① 『满洲青年联盟史』，满洲青年联盟史刊行委员会，昭和 8 年，第 846 页。

② 金井章次：『模拟议会与青年联盟的结成』，宫内勇：『满洲建国侧面史』，第 33－38 页。

③ 高须祐三编《满洲事变与满洲青年联盟》，昭和 49 年，第 8 页。

④ 楳本捨三：《全史·关东军》（1978 年版）中译本《关东军秘史》，上海译文出版社，1992，第 87 页。

⑤ 日本国际政治学会太平洋战争原因研究部编『太平洋战争への道（1）满洲事变前夜』，朝日新闻社，昭和 38 年，第 371－377 页。

长期担任满铁东亚经济调查局理事长，该局是日本重要的国策调查机关。1927 年东亚经济调查局脱离满铁后，大川曾以该局为基础组成一个东亚会，狂热鼓吹侵略和战争。尤其是 1930 年 9 月由一批法西斯少壮军官组成的“樱会”成立后，许多樱会成员都成了大川的盟友，也因此，大川周明成了参与策划制造（以参谋本部的桥本欣五郎中佐为主谋的）“三月事件”的主要干将，他们企图通过发动政变建立以宇垣一成大将为首的军事独裁政府，以便加紧推行武装占领中国东北的计划。

1931 年上半年，军部炮制的军事侵略计划，开始步入紧锣密鼓的实施准备阶段。这时，满铁调查课课长佐田弘治郎为关东军献计献策。① 1 月 24 日，佐田在抚顺的关东军司令部，做了题为《科学地看满蒙对策》的讲演。其中，他在讲到“达成目的手段”时指出：“要想使满洲置于完全政治上独立的状态”，为达此目的须采取如下“准备行动”：“（1）绝对不许苏俄介入满洲，为此，首先要援助中国收复中东铁路取得成功，促进收复运动；（2）中国如收复中东铁路，当然就会引发针对我满铁的收复政策问题，这时必能产生可捕捉的机会，甚至也许会出现共产运动抬头揭竿起义，就越发会酿成大好时机；（3）满洲治安一乱，就会使在满国人武装崛起，满铁从业员也会备齐武装；（4）满洲的形势一发生急剧变化，就会激起祖国日本的对华强硬舆论，以至造成举国一致的后援。”甚至暗示要通过纵容“破坏铁路”和“强窃盗”，有意造成“满蒙的治安大乱”。并主张“由确有坚定决心的军人充当满铁总裁”，“在满国人此时要一致协力配齐武装……以做好武装崛起的准备”。除此，还讲了“占领满洲后的对策准备”，以及形式上“在满洲恢复清朝”统治等等。② 佐田满铁调查课长的献策讲演，提示的通过谋略手段制造侵略机会、煽动国内舆论、武装在满日本人、利用满清帝制等策谋，后来的事实证明均被关东军采纳。不仅如此，从大正末期开始，日本曾根据对俄作战计划需要，先后向中国东北派出 9 个调查班，进行军用地志及给水调查。为此，满铁调查课也在为“国策”服务上协助军方做了大量的调查研究工作。

1931 年“三月事件”之后，军部和右翼团体用以制造侵略口实而极力渲染的所谓中国“排日事件”，③ 大部分是日本外交部门与中国进行交涉的所谓“满蒙悬案”。滨口内阁成立后，币原外相中心围绕铁路交涉问题展开新的对华外交攻势，特派外务省亚洲局长木村锐市转任满铁理事兼交涉部长，与东北张学良进行和平谈判。外务省在开始交涉前已征得了军部的同意。④ 满铁在与中国奉天当局交涉过程中，将世界经济不

---

① 『现代史资料（7）满洲事变』第 134 页所标明的作者佐多弘治郎的“佐多”姓氏是错误的，应为“佐田”姓氏，即真实姓名应为佐田弘治郎。

② 『现代史资料（7）满洲事变』，みすず书房，昭和 40 年，第 134 - 137 页。

③ 关东军参谋部：《满洲事变实志》，罗列所谓中国排日事件 54 起。

④ 1930 年 12 月 3 日陆军省小矶（国昭）军务局长致外务省亚洲局长函，外务省档案胶卷，S484，S1，第 345 - 343 页。

景气引起的满铁经营赤字，归罪于中国修筑了“包围线”使满铁陷入“危机”。[①] 尤其6、7月间发生了众所周知的“万宝山事件”和“中村大尉事件”之后，中日关系急剧恶化，关东军加紧准备行使武力——8月初在四平集结三个大队的兵力，要求武力调查中村事件；8月17日抢先发表所谓中村事件真相；紧接着便策划抓住这个“绝好机会”行使武力。在此一触即发的紧张局势下，满铁公然实行军事讹诈。8月16日东北政务委员会委员汤尔和突然跑到大连，就中日关系恶化问题向满铁寻风摸底，满铁趁机要求中方就铁路问题提出“全新提案”，这一讹诈没有奏效。但是，日方却反摸到了中方的底牌，因为汤尔和表露出，日本“如果强制实行（武力解决），只有抱定不抵抗主义”。[②]

这时，关东军迫不及待要行使武力，并就如何采取行动早已有了较周密的计划。早在1930年11月，参谋本部军事课长永田（铁山）视察“满洲”期间，曾在奉天与关东军作战参谋石原（莞尔）、高级参谋板垣（征四郎）就武力解决满蒙问题，进行了反复磋商，甚至商谈了从日本国内向中国东北运送大口径炮等细节问题。1931年6月底，在筹划参谋旅行时，石原和板垣告知关东军部分人员9月下旬要在柳条沟（湖）采取军事行动，要求他们协助这一计划。同时预谋要在柳条湖炸毁铁路，并物色了行动部队和人选。7月，又将攻城重炮——24厘米榴弹炮偷运至东北，对准奉天附近的中方目标（北大营）。[③] 一切行动已大体准备就绪。于是，满洲青年联盟的“游说”干将们纷纷跑回国内，向内阁总理、军部首脑、财界要人、元老、重臣等关键人物，面陈关东军行使武力的决心，以争取他们的赞同、默许和支持。但这还不够，关东军一旦采取行动，必须要得到满铁倾全力的支持和驻朝日军的越界支援。对此，满铁方面早有默契。早在6月末在东京召开的有朝铁、满铁、参谋本部有关人出席的交通联络会议上，满铁代表十河信二理事强调，有必要制定非常时期的交通运输计划，暗示军事行动已迫在眉睫。[④] 而且，通过与石原莞尔关系密切的朝鲜军参谋神田中佐（数次往返于大连、汉城之间）的有力工作，就派兵越界支援已取得朝鲜军司令官林铣十郎的慨然承诺。[⑤] 此外，皇姑屯事件的主谋河本大作，在事变前夕，经常神秘地往返于军

---

① 1931年满铁第一次出现经营赤字。实际上主要是港湾、矿业经营收益减少。

② 1931年8月17日木村理事致外务省亚洲局长电，外务省档案胶卷，UD2，第159-168页。

③ 日本国际政治学会太平洋战争原因研究部编『太平洋战争への道（1）满洲事变前夜』，朝日新闻社，昭和38年，第320页，第378-379页。

④ 日本国际政治学会太平洋战争原因研究部编『太平洋战争への道（1）满洲事变前夜』，朝日新闻社，昭和38年，第392页。

⑤ 花谷正《满洲事变是这样策划的》，日本《理性》增刊《昭和秘史》，1956年12月号。

部、关东军、满铁、驻朝日军之间充当联络角色。[①] 在为关东军取得满铁和驻朝日军的支援上，起到了重要作用。与此同时，关东军也为发动事变筹到了一批机密费。9月上旬，河本大作受参谋本部重藤千秋之托，为关东军奉天特务机关花谷正送事变机密费5万日元，归途又受板垣之托先后到大连满铁本社和汉城的驻朝日军司令部传达关东军的支援要求。[②] 重藤委托其外甥政商藤田勇筹集事变资金，先后筹集到2千日元和10万日元（其中，2千元由参谋本部的和知膺二少佐转交给了关东军特务机关，河本去奉天时带走3万元）。大川周明的党徒中岛信一，于9月中旬肩负着建川（美次）对板垣的联络任务，携带3万日元乘飞机飞往大连。紧接着，土肥原也携2万日元回到中国东北。[③] 至此，关东军已最后完成了发动事变的准备。

## 二　满铁全力支持关东军侵略中国东北

1931年9月18日晚10时20分，关东军自行爆破奉天北郊柳条湖附近的南满铁路，然后便诬称“中国军破坏铁路”而向北大营发起进攻，至翌晨5时50分全部占领了北大营。事变一爆发，满铁立刻下达了《非常动员令》，动员全满铁各部门迅速组织了几十个担当各种军事侵略任务的专门机构，担当参战、军事运输、向导、搜集情报、宣传、战地救护、医疗等任务。[④] 当时满铁会社仅直营部门社员就有近4万人，是世界上最大的托拉斯，其实力非常雄厚。

在军事运输方面，至19日下午6时，距铁路爆炸不到20个小时，就有13列军车开至奉天。当日，不但驻辽阳的第二师团司令部、第十五旅团司令部和驻公主岭的独立守备队司令部先后迁至奉天，而且远在旅顺的关东军司令部也被满铁编发的909次军用专列于上午9时50分运送至奉天。事实证明，事变爆发时，关东军、满铁、驻朝日军确是同一时刻采取一致行动的——在9月18日10时20分关东军爆炸柳条湖附近铁路并进攻北大营的同时，关东军的佐伯文郎中佐已进入大连的满铁铁道部长室，宣布成立关东军、满铁联合铁道线区司令部，由铁道作战监部立即组织大规模军运；而驻朝日军在19日拂晓前，不但已由各地抽调部队组成第三十九混成旅团，而且已全部

---

① 日本国际政治学会太平洋战争原因研究部编『太平洋战争への道（1）满洲事变前夜』，朝日新闻社，昭和38年，第377－378页。

② 1950年4月《河本大作口供》，《日本帝国主义侵华档案资料选编（1）九·一八事变》，中华书局，1988，第98－99页。

③ 日本国际政治学会太平洋战争原因研究部编『太平洋战争への道（1）满洲事变前夜』，朝日新闻社，昭和38年，第408页。

④ 德富苏峰：《满洲建国读本》、满铁：《满洲事变と满铁》。

分乘 6 个军用专列分别从平壤和龙山出发。[①] 当时，若不是被参谋本部发令阻挡了一下，第三十九旅团可能比关东军司令部还要早到达奉天。事变期间，满铁除使用自己的“社线”铁路外，还强行使用包括中国自建和中外合资的东北全部铁路进行空前大规模的紧急军事运输。据统计，1931 年 9 月至 1932 年 3 月间，满铁共编发军用列车 4056 列次（其中军运列车 3011 列次，装甲列车 1045 列次），平均每天为关东军编发军列 22 列次[②]。

在人力支援方面，满铁除在“社线”配备足够的军运人员外，还向“社外线”派遣大量的军运人员。1931 年满铁向“社外线”派遣军运员工为 144758 人次（实际派遣人数为 7672 人），1932 年达 328918 人次（实际派遣人数为 8803 人）。[③] 在“九一八”事变期间，满铁有 15884 名日本人直接或间接参与了关东军的军事侵略行动。其中，参加战斗行动 462 人，担当军队向导及翻译 101 人，担当军事运输 6681 人（社线内 3438 人、社线外 3243 人），派到军部 161 人，派往自治指导部 82 人，派往新国家 97 人，随军医疗班 271 人，担任警备 3502 人，担任报道宣传 15 人，负责与关东军联络及收集情报 153 人，协助军事行动 994 人。[④] 在满铁近 4 万名员工中，有 22254 人（占满铁社员总数的 57%）因参与“九一八”事变而“立功”受奖，其中 99% 为日本人，余者为朝鲜人。按日本陆军有关规定，这些“立功”的满铁社员均按现役军人办理：其中，将官级 30 人，佐官级 220 人，尉官级 634 人，下士官 4594 人，士兵 16776 人。[⑤] 这还不包括无满铁社员资格的员工及满铁众多关系会社的员工。

在搜集情报方面，整个事变期间，22 个地方事务所和地方公所，以及鞍山制铁所、抚顺煤矿等部门，向关东军的警备队和宪兵队、日本领事馆、伪警察署等机关，提供了数万份军事、时局对策等方面的情报。[⑥] 在事变经费方面，满铁因日本发动“九一八”事变而支出大量的经费。1931 年度支出事变费总金额为 430.26 万元（其中支付给军部 101 万元，支付情报费 5.94 万元）。1932 年度支出事变费总金额为 576.59 万元，并透支 1933 年度事变费 158.37 万元。此外，1931 年 11 月 4 日，陆军省以“陆满 151 号”电告关东军：为避免使用武力而谋取北满，决定由满铁支付给 300 万日元的北满经略谋略费。其详细用途由参谋本部另行电告。[⑦] 可见，满铁这支不着军装的“军团”，在日本侵略中国东北的过程中，不仅以它雄厚的人财物力和齐备的水陆交通设施发挥

---

① 满铁：《满洲事变记录》第 2 卷。

② 满铁：《满洲事变と满铁》，昭和 9 年 12 月，第 79 页，

③ 满铁：《南满洲铁道株式会社三十年略史》，第 67 – 68 页。

④ 满铁：《满洲事变と满铁》，昭和 9 年 12 月，第 533 – 534 页。

⑤ 满铁：《满洲事变と满铁》，昭和 9 年 12 月，第 534 页。

⑥ 满铁：《满洲事变と满铁》，昭和 9 年 12 月，第 399 – 407 页。

⑦ 『现代史资料（7）满洲事变』，みすず书房，昭和 40 年 7 月，第 243 页。

了极为重要的作用，而且在许多方面时常能起到关东军无法替代的特殊作用。

在军事上，满铁附属地成为关东军发动武装侵略的兵站基地。事变前，关东军所属的第二师团和独立守备队分别驻守在旅顺—长春间和奉天—安东间的南满铁路沿线，因而铁路附属地成了关东军的后方基地。满铁附属地是满铁在铁路沿线攫取大片土地建立起来的，类似于租界，在附属地内排斥中国主权，非法行使行政权，驻扎宪警，扶植日本各种侵略势力。事变当时，在满铁1100公里的铁路沿线，铁路附属地总面积达到480平方公里。事变爆发后，驻朝日军第39混成旅团的越境大力支援自不待言，而居住在满铁附属地内的20万日本侨民全部武装化的增援作用也不能低估。在满铁社员和日本侨民中，有大量的退役“在乡军人”，他们有严密的组织——“在乡军人联合会”，并在各地设有支部和分会。事变后，各在乡军人分会都组织了自警团、义勇团，后统一改称自警团，其人员数以万计，统由设在关东军司令部内的联合支部指挥，直接参与军事侵略行动。全面武装起来的还有附属地内的各类日本学校学生，于9月19日接到命令“立即武装起来”，“援助军事行动”。其中因支援行动有力而受到关东军表彰的就有奉天中学校、奉天青年训练所、长春商业学校、抚顺中学校、抚顺工业实习所等。[①] 满铁附属地也是关东军和日本浪人招降纳叛拼凑训练伪军的基地。如和平劲等人组建的号称“红袖头”的靖安游击队（后改称靖安军），以及张宗昌、李寿山、伊达顺之助等组织的伪军，一直充当关东军的有力帮凶。此外，满铁在附属地以外所设的各公所，都积极从事各种特务、情报和谋略活动，类似关东军派出的特务机关。最典型的是满铁郑家屯公所，其公所长菊竹实藏是个“蒙古通”，他勾结蒙匪头子巴布扎布的儿子甘珠尔扎布和正珠尔扎布等人拼凑“内蒙古独立军”，配合关东军的军事侵略进行武装叛乱的阴谋活动。满铁还组织多支又一支从事特殊活动的“追进队”（特务队），随同关东军各部队行动。

在事变过程中，满铁包揽了关东军占领区的政治工作。1931年12月，根据占领区统治的需要，取代原关东军第三课新成立了统治部，翌年1月改为关东军特务部。统治部及之后的特务部，实质上是负责占领区军政统治的过渡政府，其成员大部分来自满铁。满铁出身的驹井德三，事变后不久即被任命为关东军政治经济最高顾问，并任统治部第一任部长，满铁地方部长武部治右卫门任次长，满铁的松木侠和五十岚保司分别担任行政课长和财政课长。这些人后来大部分成了伪满高级官吏，驹井甚至当上了关东军在伪满政府的“大总管”——伪满国务院总务厅长官。事变后，还有一个专门从事扩大占领和拼凑伪政权等阴谋活动的特殊机构自治指导部，于1931年11月7日

---

① 满铁：《满铁附属地经营沿革全史》上卷，第351－354页。

成立，名义上是大汉奸于冲汉任部长，实权则完全控制在金井章次[①]、中西敏宪、笠木良明等满铁社员手中，成员多数是满洲青年联盟和大雄峰会骨干分子。自治指导部以“自治”的名义，向铁路沿线以外关东军鞭长莫及的广大地区渗透，向各县派遣日本人自治指导员，借以控制地方和拼凑地方伪政权。这些自治指导员在伪满建国后，都摇身一变而成了各县的参事官。

可见，在“九一八”事变当时，对只拥有万余人兵力的关东军来说，[②] 面对留守东北的十几万东北军，驻朝日军第三十九混成旅团的及时越境支援固然是必不可少，但若无实力雄厚的满铁在人力、物力、财力上的全力支援，特别在水陆交通方面提供的快速有效的军事运输保障，关东军根本无法达成部队调动的高度机动性，也就无法实现武装占领中国东北的目的。正如关东军司令官本庄繁在写给满铁总裁的感谢状中所强调：“大作战无铁道难以实行，机动作战愈来愈依存铁道放出光彩。关东军的神速行动，实际是以帝国实力为背景的满铁的俨然存在之所赐”。[③]

## 三　内田·本庄会谈与军政决策层态度的转变

满铁总裁内田康哉，是“九一八”事变前的6月到任的。他参加过日俄战后的对华善后交涉，曾几度入阁任外相乃至代理首相，是日本政界颇具影响的外交元老。事变爆发后，在他的领导下，不仅满铁尽全力支持关东军，而且他本人在推行对华军事侵略政策上也扮演了极为重要的角色。

事变当初，根据若槻内阁“不扩大事态”的方针，内田总裁及满铁理事会采取了“对军方不协助，对事变不参与”[④] 的消极观望态度。并于9月20日派军人出身的伍堂卓雄理事向关东军司令官本庄繁表达了“对时局深感忧虑，希望局面不再扩大”[⑤] 的意旨。但两周后，内田总裁的态度便发生了巨大转变。

内田在接到指令回东京向币原外相“汇报满洲事变情况”前夕，于10月6日下午，偕同江口定条副总裁前往奉天关东军司令部，与本庄司令官及其幕僚进行了约一个小时的会谈。会谈中，本庄中心围绕建立新政权，提出如下原则：“一、满蒙完全脱离中国本土；二、满蒙统一于一个政权；三、表面上由中国人统治，实质上则须掌握

① 金井章次，继小日山直登之后任满洲青年联盟理事长。先后历任满铁卫生课长、伪奉天省公署总务厅长、伪滨江省公署总务厅长、伪间岛省长等职。

② 关东军当时所拥有的兵力：第二师团，下辖第3旅团和第15旅团，2个旅团共辖4个步兵联队和山炮、野炮各1个联队；独立守备队6个大队。共计1万余人。

③ 满铁：《满洲事变と满铁》，昭和9年12月，感谢状第1页。

④ 山口重次：『消えた帝国·满洲』，第72页。

⑤ 片仓衷：「满洲事变机密政略日志」（10月5日），前揭『现代史资料（7）满洲事变』，第201-204页。

在我们手里……至少也要掌握军事、外交、交通的实权。”并且表示坚决反对同中国谈判和撤兵，拒绝国联或美国的干涉。同时恳求内田：“此次事变的结局，从我国目前的大局来看，最终还须烦请阁下尽力，希望阁下能体察我之诚意，进京后与政府要员充分交换意见，竭力帮助为盼。”① 内田对这次会谈表示满意，表态说：“须举国一致应对事变，既然事件已越过万里长城，就应作为与中国本土间的问题、世界的问题来妥善处理。”② 当晚，经关东军参谋们的进一步说服，内田终于下了决心，甘愿充当关东军的代言人去说服日本的决策者。这一态度上的转变，使“处于孤军奋斗状态的关东军干部……因获得国家重臣满铁首脑内田伯爵的共鸣，简直高兴到了感激涕零的地步”③。

这次会谈对后来的事变进程产生了深刻的影响。关东军也实现了这次会晤的主要目的：（1）使满铁趁机全面夺取利权；（2）借助内田满铁总裁的影响力取得国内军、政当局的全力支持。

10月9日，内田和江口带着本庄的重托前往东京。10月10日途经汉城时，拜访了朝鲜总督宇垣一成，“交换了有关满洲事变的意见，结果在建立新政权及以之为对象解决满蒙问题上的意见达成完全一致”。内田、江口到达东京后，与刚被任命为关东军政治经济最高顾问的驹井德三举行了密谈。之后，与国内军政要员进行了穿梭式的会谈达一个月之久，这实际是满洲青年联盟代表游说活动的继续。④ 10月13日，内田到京都会见了元老西园寺公爵，其军人代言人的姿态，使西园寺很失望。接着他又到东京对若槻首相和币原外相说：“元老也对我的主张有同感。”并会见了政府其他成员及枢密院的官员。其间，内田还对蒋介石特使张公权提出的“希望局部解决”的斡旋要求，借口为时已晚、毫无希望而加以拒绝。⑤ 很显然，内田决心要实现关东军的重托。由于内田等积极而有力的游说活动，很快产生了明显的作用。

1931年9月下旬，关东军在迅速攻占奉天、长春、吉林之后，本想乘胜向北直取哈尔滨，却被参谋本部严令禁止：“未得中央部同意，绝不许向哈尔滨进军。”⑥ 于是，关东军只得转而向西即郑家屯方面进攻，并唆使伪军向北进犯。但进入11月中旬，面对马占山的江桥抗战，在关东军—中央军部—日本政府之间，就出兵齐齐哈尔突然达成了完全的一致。这时，不仅游说归来的满铁总裁支持日军进犯齐齐哈尔，就连被关东军视为绊脚石的驻奉天总领事也明确建议币原外相说：“出兵齐齐哈尔是重要的。”⑦

① 片仓衷：「満洲事变机密政略日志」（10月5日），前揭『现代史资料（7）満洲事变』，第204页。

② 林久治郎：『満洲事変と奉天总领事』，原书房，第131－132页。

③ 『宇垣一成日记』，1931年10月10日。

④ 1931年9月26日满洲青年联盟致满铁总裁内田康哉函，满铁档案。

⑤ 《满铁会报》第38号第2页，第73号第13页。

⑥ 1931年9月22日参谋总长致关东军司令官第36号电。

⑦ 1931年11月11日驻奉天总领事致币原外务大臣电，第1257号电。

同时，日本陆军中央自事变以来，首次对关东军给予了大量的军事增援。① 至此，关东军再无后顾之忧，便肆无忌惮地不断发动进攻。先后攻占了齐齐哈尔（31. 11. 19）、锦州（32. 1. 3）和哈尔滨（32. 2. 5）等地。在进攻锦州之前，参谋本部又一次大规模为关东军增援部队②。

关东军攻陷锦州后，日本侵略者立即将建立伪满政权提到议事日程，1932 年 1 月 6 日（锦州沦陷第 4 天），板垣为筹建伪满洲国奔赴东京，与中央各部顺利协调，1 月 13 日板垣带着经陆军省、参谋本部和外务省共同商定的关于建立伪满洲国的《中国问题处理方针要纲》，回到奉天。尽管 1931 年 12 月 10 日国联就此次事变通过了一项决议——派遣调查团赴现地调查；但考虑到中国政府的软弱以及此前 11 月 16 日国联讨论事变问题时的"对日本的气氛明显缓和下来"，日本决定抢先成立伪满洲国，以既成事实来对待国联调查团。当时，筹建伪满洲国的组织机构和具体策划工作，大部分是由满铁人员承担的，同时，满铁也向伪满政府输送了大批官吏。1932 年 3 月 9 日，内田和本庄一起出席了溥仪就任伪满洲国执政的典礼。

新的伪满洲国政府，是靠刺刀和拼凑汉奸傀儡建立起来的，连日本军国主义本身也迟迟不敢承认。况且，伪满的统治"其权力并未达到独立宣言中所指出的全部地区"，而中国人民又在各地纷纷掀起如火如荼的反侵略抗日斗争，特别是马占山于 1932 年 4 月 12 日发出通电，毅然重新举起反满抗日大旗，以其亲身经历无情地揭露了伪满洲国的虚伪性和傀儡性，给予日伪当局以重大打击。"因此，很难认为满洲国已具备作为国家而被承认的客观条件。"③ 加之，日本又不顾后果地夺取了由欧美人控制的东北海关，以获得主要财源，引起国际舆论的强烈不满。在这种情况下，4 月 23 日国联李顿调查团经日本和中国关内来东北进行现地调查，使日本政府陷入极端被动，在承认伪满洲国问题上更加犹豫不决。面对国联调查团，日本也很难找到冠冕堂皇而有说服力的理由。因此，满铁总裁内田康哉在接待调查团时，采取了不说明情况、不讲道理的摊牌方式，强调："除承认满洲国政府以外，再也找不到别的切实可行的办法。""批评满洲国政府是傀儡政府等等，无论如何也不能说是正确的。"④ 由于内田采取与军部同调的强硬态度，使他在 1932 年 6 月 27 日再度入阁任外相。他主持日本外交后，推行所谓"焦土外交"，主张为承认"满洲国"，"即使把国家变成焦土"也在所不惜。1932 年 9 月 15 日，日本抢在国联调查团《报告书》提交国联大会讨论之前，承认了"满洲国"，

---

① 增派由第三、十二、二十师团抽调的 3 个飞行中队，还有第四混成旅团。

② 增派第八混成旅团、原驻朝第二十师团司令部、原属第十九师团的第三十七混成旅团、第三师团的重型轰炸机中队。

③ 满铁经调会第五部《承认新国家问题》，打字稿。

④ 1932 年 5 月内田康哉呈交国联调查团之《我对满洲问题的有关见解》，见内田满铁总裁《国际调查委员会会谈记录》。

并于1933年退出国联。就这样，内田把币原外交的“不扩大”方针，引向了“举国一致”为侵略战争服务的“焦土政策”。

综上所述，不难看出，满铁在日本侵华“九一八”事变中，实际充当了关东军的总后勤部、兵站基地和参谋情报部，在事变中起了极为重要的作用。

原载《社会科学战线》2005年第5期

# 从九一八事变看“满铁”的职能和性质

李亚静　高　峻

满铁，全称“南满洲铁路株式会社”，于1906年11月26日正式成立，总部设在东京，1907年3月5日迁往大连，同年4月1日起正式营业。满铁的设立可以说是必然的，但它之所以会成为日本侵略中国的前沿据点则完全出于偶然。1905年，日俄战争在中国东北的南部打响，战争结束后，作为战败方的俄国不得不把原属于自己的长春至旅顺口一带的铁路经营权转让给日本，而日本也考虑到与俄国再次发生战争的可能，便以对俄作战为前提，把东北作为预想战场，决定设立满铁，对南满铁路实行国营管理，方便其“与俄国、清政府交涉事宜及整理军事情报等工作”①。此后，由于俄国内政治环境的恶化，无暇东顾，相应的，满铁对俄国的军事监控也不似从前。但满铁的角色却丝毫没有任何改变，因为代之而起的是它对中国事务，尤其是东北事务的干涉，而之所以会出现这种状况，除其膨胀的扩张野心外，概与东北特殊的地理位置不无关系。

如果说满铁对俄国的监控尚不具规模，那么开始插手中国事务的它已明显成熟许多，但纵观满铁存在的40年，直至九一八事变前后，它的功能才发挥得淋漓尽致，其殖民本性也暴露无遗。对于此史学界评说不一，有人说它是日本设立在中国的殖民基地，是“一个经济上、军事上奉行种种国家重要任务的殖民开发机构”②，也有人称其为“中国的东印度公司”，对此，笔者不甚苟同，至于“中国的东印度公司”则更有失偏颇。因为无论是“殖民开发机构”也好，“中国的东印度公司”也罢，其共同之处就在于对满铁“经济功能”的过多肯定。众所周知，“东印度公司”是17世纪英国设在印度的一个殖民机构，其功能也主要集中在对印度的经济殖民，即使有涉及政治方面的内容，也无非是为经济目的服务；而满铁则恰恰相反，它所制定实施的每一条策略都是从政治角度出发，即便它以“经营铁路”的面具出现，其最终也是为了实现既定的政治目标，这在九一八事变中体现得尤为突出。

---

① 满史会：《满洲开发四十年史》（上卷），载《东北沦陷十四年史》，辽宁编写组译，1987，第93页。

② 满史会：《满洲开发四十年史》（上卷），载《东北沦陷十四年史》，辽宁编写组译，1987，第10页。

## 一 满铁是九一八事变的直接策划者和参与者

满铁这个特殊机构从成立初始就扮演着与它“身份”不符的角色，也因此即使它披着“铁路公司”的外衣，仍旧参与、策划了九一八事变。作为一个“国策会社”，满铁是日本政令的忠实执行者，早在1927年4月，东方会议上日本首相兼外务大臣田中义一发表“关于满蒙，尤其是东三省，因与国防及国民生活具有重大利害关系，我国不仅要特别注意，而且对于维持该地和平，经济发展，作为内外人安住之地，身为邻邦，深感有责任”的言论时，满铁就收到了日本政府想要涉足东北的信号，也正是从这一刻起，它开始了对发动事变的策划活动。

首先，大力发动“言论”攻势。1928年5月，在满铁的支持下，专门成立了一个从事“满蒙危机”“鼓吹武力占领满蒙”的右翼法西斯团体——“满洲青年联盟”，其头目是满铁理事小日山有登。为使日本政府对东北的侵略顺理成章，唤起日本国内舆论声浪，满洲青年联盟自成立之日起，便大肆出版刊物，在东北各地组织演讲和座谈，散布“满蒙危机”言论；1931年7月，他们还特意组织了一个国内游说队，回到日本本土对国民进行游说和劝服，为达目的，甚至不惜歪曲“中村事件”及“万宝山事件”的真相，煽动武力解决满蒙问题。与此同时，满铁在其总裁内田康哉的指挥下，还多次与关东军进行军事演习，为事变做好了充分的准备。

1929年资本主义世界爆发了有史以来最大规模的经济危机。危机给日本带来了巨大的损失，就连其控制下的中国东北也受到波及。随着危机的升级，日本国内不仅经济出现衰退，其社会也愈发动荡不安，而作为日本“生命线”的中国东北，不但不能为日本提供任何经济援助，相反的，由于受危机影响，农产品价格大幅度下跌，货物运输锐减，使经营东北的满铁亦危机不断。面对此景，满铁上陈日本政府，建议发动事变，以转移危机，减少损失。

1931年9月18日，事变发生后，满铁在完成运输任务后，立即着手接管了中国东北的全部铁路，有资料显示，“19日1时30分，满铁派出工作人员切断了北方铁路与皇姑屯之间的铁路线。3时，满铁人员配合日军守备控制了营口的河北站。10时，在日军配合下控制了宽城子车站。9月21日又强行接管吉长铁路，控制了抚顺车站。22日，满铁人员和日军进入四平。23日满铁人员和日军又在北宁线上的巨流河出现。短短几天里，满铁迅速地扩大了关东军的军事行动范围”①。因此在某种意义上说，所谓九一八事变，其实是满铁与日本关东军共同炮制下的产物，没有满铁，就没有九一八事变，亦不会出现日后的伪满洲国。

① 顾明义、张德良：《日本侵占旅大四十年史》，辽宁人民出版社，1991，第142－143页。

## 二 满铁承担着事变中全部的军事运输与军备改装

在中国东北，铁路是运送物资的主要交通工具之一，而满铁也充分发挥、使用了铁路的这一功能，承担了九一八事变中的全部军事运输及军备改装。

1931 年 9 月 18 日夜，满铁即派出发了专列，“把以本庄繁为首的关东军司令部转移到沈阳，23 时 40 分，又从沈阳发出军列，载着第一、四中队前往柳条湖增援”①。此后又陆续运送了驻扎在铁岭、抚顺的日军作为后备力量，正是由于满铁的“尽职”，才使日本对北大营的占领得以顺利实现。在整个事变中，满铁一直不遗余力地运送军备物资，有数据表明：“从九一八事变到 1932 年 3 月，满铁的军用列车运行 4056 次，平均每月达 676 次，平均每天达 22 次之多；运送军需用品 197980 吨，平均每天运送 1000 吨。而在事变时，满铁派遣的铁路职工 1931 年实为 7676 人，1932 年为 8803 人。在南满铁路运行的军用客车里程超过 34 万公里，军运货车里程达 157 万多万里。此外，6 个月间，满铁用于有关军运的费用就多达 319.3 万日元。”

在发挥运输职能外，满铁还积极地配合关东军，对军用物资进行改装。满铁不仅为关东军赶制装甲列车供其战事所需，对一部分普通车辆也进行了改装，作为装甲步兵车和炮兵车使用；同时亦在车身上涂有日本旗标志，作为飞机识别之用。考虑到洮昂铁路线上装甲车少和警备力量薄弱的情况，还在该铁路局设计出了伪装装甲车。“1932 年 8 月 2 日，临时铁道线区司令部要求迅速赶制 8 列装甲车，满铁工厂在不到一个月的时间里，便于 8 月 27 日在原有机车、车辆的基础上完成了改装任务。11 月，松浦工厂把呼海线上的一辆原来一般的列车改装成甲机车，把一辆木制有盖货车改装成装甲步兵车，把一辆 40 吨无盖货车改装成炮兵车。”② 速度之快，效率之高，实令人惊奇。

关东军之所以能在短短的 6 个月里，占领整个东北，并实施殖民统治，满铁可谓功不可没。它与关东军狼狈为奸，在“铁路运输企业”的名义下，极尽辅助殖民侵略之能事，其政治色彩之浓，绝非一般的殖民机构可比，“东印度公司”更是不能出其右。

## 三 满铁为事变搜集了大量可用的情报

满铁不同于一般的殖民机构，它具有完备的情报中心。不可否认，诸如“东印度

① 宋金玲：《满铁与九一八真相》，《文史月刊》2002 年第 6 期。

② 顾明义、张德良：《日本侵占旅大四十年史》，辽宁人民出版社，1991，第 144－145 页。

公司”等殖民会社虽亦有此功能，但较之满铁其涉及面十分有限，有的甚至丝毫没有体现；而满铁在这方面可说是“前无古人，后无来者”，不仅体系完备，而且独立成课，而这也恰恰成为它的特色之一。

满铁组织构成复杂，随着机构的不断完善和扩充，其体系也日趋庞大，但无论如何变更，调查课在整个满铁中仍居于举足轻重的地位。其总部设在大连满铁本社，下属机关遍布奉天、哈尔滨、天津、上海、南京，直至美国的纽约、法国的巴黎，部门拥有2000多名知识分子骨干，调查内容更是涵盖了经济、政治、军事、外交、文教等一切领域，机构组成完备，就是这个机构在九一八事变中发挥了巨大的作用。

九一八事变发生后，为了顺利占领中国东北，及时掌握反满抗日团体动向和世界各国对事件的反应，满铁动员了调查课及所属情报机构的全部人员，竭尽所能的搜集情报为己所用。据满铁供认，仅满铁设立之初所建立的满铁调查课及东亚经济调查局等情报机关，对中国特别是东北的政治、经济、社会、地理、风土人情等各方面的调查，就为日本制定侵华政策及关东军的军事行动提供了大量的情报。而在事变后，提供给日本政府关于陆军、领事馆、警察署及其他机关的情报又为关东军占领东北全境、制造傀儡政权起到了极为重要的作用。

以调查课长春分所为例，在事变后的第二天，“事务所即成立涉外股，下设情报班，一方面密切注意南岭以及宽城子方面的战况，翻译中国各地来长春的电文稿，并及时向关东军报告。另一方面，派情报员到日本警察署高等股从事情报联络，还通过中国方面的机关直接或间接搜集情报”①。而诸如满铁上海事务所及美国纽约满铁事务所则是全力以赴同美国政界、新闻记者、学者等重要人物接触，以便在第一时间获得第一手情报。

为调动调查课工作人员的积极性，加强情报工作效率，调查课还对沿线事务所增拨一定数额的情报费，提供给驻地军警，如下表。

**九一八事变后满铁拨付部分沿线车站事务主任情报费（1932）**

| 科目 | 摘要 | 金额（元） |
|---|---|---|
| 满洲事变费 | 2月密报费 安东站事务主任 | 40.00 |
| | 辽阳站事务主任 | 120.00 |
| | 草河口站事务主任 | 30.00 |
| | 本溪湖事务主任 | 30.00 |
| | 四台子事务主任 | 30.00 |

① 顾明义、张德良：《日本侵占旅大四十年史》，辽宁人民出版社，1991，第149页。

续表

| 科目 | 摘要 | 金额（元） |
|---|---|---|
| 满洲事变费 | 吴家屯事务主任 | 6.00 |
| | 他山事务主任 | 12.00 |
| | 深井子事务主任 | 9.00 |
| | 平顶堡事务主任 | 30.00 |
| | 3月份密探费 得胜台事务主任 | 20.00 |
| | 歪头山事务主任 | 20.00 |
| | 汤山城站事务主任 | 30.00 |
| | 凤凰城站事务主任 | 50.00 |

资料来源：辽宁省档案馆、辽宁省社会科学院《九一八事变》，辽宁人民出版社，1991年8月，第114页。

由于情报网遍布东北各地及关内各主要城市，使情报的搜集不但迅速而且准确，从而为日军全面占领东北、扩大侵略提供了不可或缺的条件。对此，关东军司令官本庄繁中将于1932年8月被召回国时就不胜唏嘘，吹捧满铁“是军民合作，团结一致的楷模。盖大作战无有铁路是难以完成，机动作战则尤为重要”[①]。从中也不难看出，所谓的“经济会社”不过是满铁伪装自己的假象而已，它的真正身份是日本设在中国的前沿机关，而之所以披上经济的外衣，也无非是为了减少阻碍，以便更顺利地执行中央政府交予的使命罢了。

## 四　满铁在舆论上积极进行侵略宣传

为了保障事变按计划进行，协助关东军顺利占领中国东北四省，进而为大规模的侵华战争做好准备，满铁还对日本所谓的“国策基准”进行大肆宣传，为侵略寻找依据。

日本侵略者深知若想占领并控制偌大的中国，仅凭借武力是不够的，因此，在发动了九一八事变，占领了东北后，希望以东北作为基地，在经济上达到“以战养战”的目的，同时亦有意利用满铁对中日两国人民进行“舆论教育”，以减少其侵华方针实施的阻力。而作为日本国策执行者的满铁，则不遗余力地担负起了这项使命，并开始了它系统的及无形的舆论渗透。

所谓系统化的渗透即指九一八事变后，满铁在日本政府支持下开办的一系列教育机构。为达到文化渗透的目的，满铁可谓煞费苦心。到1932年为止，在整个东北已建立起上至大学教育，下至幼儿学校的一整套教育体系，其所涵盖的门类也十分齐全，

① 宫本通治：『満洲事変ど満铁』（日文版），南满洲铁道株式会社，1934，第2页。

涉及师范教育、商业工业等各专业大中专院校及职业技术学校等各个方面，就连聋哑学校也一应俱全。在教育方针上，则实施“双轨并行，双管齐下”的教育体制。所谓的“双轨并行，双管齐下”，就是日本殖民当局一方面对“关东州”的日本人实行特殊的国民教育方针（这里所说的特殊的国民教育，不是指对国民进行一般的民族意识、民族精神的教育，而是指对“关东州”的日本人进行忠于日本军国主义的殖民主义思想教育，进行霸占、掠夺、统治“关东州”的民族侵略、民族压迫的教育），这在其课程设置及教材选用上可见一斑。如为向日本青少年灌输殖民主义思想，他们特在学校增开了汉语课程，并且还编写了《初等支那语教科书》《满洲补充读本》《满洲补充地理历史教科书》等。

另一方面，对于中国的青年儿童则以推行“奴化教育”方针为主，在坚持“奴化”“同化”教育的总前提下，不同的战争环境又采取不同的做法。比如在1932年4月后，就以“注重对学生德育的培养”，而取代了之前的诸如“守其土、治其民”“讲授日语”等带有军事管制和民族歧视色彩的词句，妄图通过日本的“德育”教育，使学生树立起“日满亲善”“共同存亡”的意识，在思想上对其进行麻痹，进而使之忘记祖国，同化于日本。

在进行系统教育的同时，满铁也开始了无形化的舆论宣传，这方面的活动主要由满铁弘报股来完成的。

首先，为宣传关东军侵占东北四省、建立傀儡政权，满铁所属机构先后拍摄了十几部战地影片，仅《满蒙破行》就在东京、大阪、北海道等48个城市巡回放映数次。此外，涉及的其他影片还有《越过嫩江》《辽西扫匪》《建国之春》《本庄繁将军之凯旋》《守卫热河》《开拓北满旷野》等①。这些影片的播放，在宣扬日本侵略国策的同时，也进一步暴露了其吞并中国的狼子野心。

其次，满铁还发行了大量宣传日本帝国主义侵略有理的期刊，包括《满蒙产业》《满洲写真帖》、《满蒙与满铁》等。为加强宣传力度，拓宽宣传领域，期刊特以日、英、法三种文字印刷，以蒙蔽世界人民的眼睛，为全面侵华做准备。此外，为配合期刊发行，满铁地方部以关东军所谓的顺天安民为指导思想，拍摄了各种照片，妄图使中国人民从照片中彻底“理解”日本帝国主义侵略东北的“合理化”，用心之险恶，令人发指。

综上所述，仅在九一八事变中，满铁就充当了这样一个重要的角色：它不仅直接参与了事变的准备、军用物资的运送，开展情报活动，同时还协助关东军在思想意识上对中日两国人民进行文化渗透，其“国策会社”的性质昭然若揭。可以说，满铁虽是按照“东印度公司”的模式建立起来的，但其组织机构之庞大，业务范围之广泛，

① 顾明义、张德良：《日本侵占旅大四十年史》，辽宁人民出版社，1991，第151页。

都是“东印度公司”所无法匹敌的，它既有行政职能，又有外交权利，同时还肩负起国家使命，随时执行日本政府指派下来的一切命令，这就使得其在建立之初的“经济殖民”色彩，显得微不足道。正如日本法学博士、第三代满铁理事冈村参太郎在其所著《南满铁道株式会社之性质》一书中论断：满铁是“由国家发起提议而创建的官办公司，由它出面代理国家经营满洲的责任，国家则把创办会社看成是执行国家政务的一部分，会社被看成是国家的一个机关”。而且从“为在外国领土内经营而建立等方面看，满铁具有不可类比的特殊性”①。

原载《乐山师范学院学报》2006年第10期

① 江上照彦：《满铁王国兴亡的四十年》，1980，第42页。

# 满铁与九一八事变

郭铁椿

## 一 “满洲青年联盟”的活动

九一八事变前，满铁一部分人已在进行进一步侵华活动。活动方式主要就是鼓吹、怂恿日本政府使用武力解决所谓满蒙问题，成立“满蒙独立国”。在这方面，最具代表性的是“满洲青年联盟”（以下简称“联盟”）。“联盟”是满铁一部分人于1928年11月在大连组成的一个主张向中国东北和蒙古进行侵略扩张的右翼组织。该组织宗旨为“在大陆发展大和民族”，主要有首任理事长小日山直登（1886～1949），满铁理事，后为满铁总裁、日本内阁运输大臣，理事冈田猛马、大羽时男、小野宝雄、木谷辰巳、木村久男、山田耕平、龙田道德、泽田庄吉等人。会员人数初期为数百人，后发展到3000人，最多时达5000人，先后在旅顺、大连、金州、瓦房店、大石桥、营口、熊岳城、鞍山、辽阳、奉天、抚顺、铁岭、开原、四平街、公主岭、长春、本溪湖、安东、哈尔滨、吉林等地设立支部。

“联盟”成立后，多次集会，发表演说，公开煽动反华、仇华情绪。1929年1月，“联盟”在《大连新闻》上公开鼓吹要在“满蒙建立新国家”。① 同年6月1、2、3日，“联盟”第一次议会在大连满铁协和会馆召开。会上提出《确立满蒙自治制的方案》，主张把东北和蒙古一部分从中国领土分离出去。1930年，“联盟”“召开干部会28次，召开讲演会多达8次”。② 1931年上半年，“联盟”印刷《满蒙问题及其真相》小册子1万册，“免费分送（日本）内阁要人，贵、众两院议员，各舆论机关满蒙关系团体”

---

① 关宽治等著《满洲事变》，王振锁等译，上海译文出版社，1983，第151页。

② 辽宁省档案馆、辽宁社会科学院编《“九一八”事变前后的日本与中国东北——满铁秘档选编》，辽宁人民出版社，1991，第160页。

及“其他各团体及一般人员”。[①] 在小册子里，“联盟”认为：“满蒙不仅作为我国国防第一线和国军的军需产地有它的重要性，而且作为发展产业的原料产地和食品供应地，对我国的生存来说也是极为重要的地区”，在这一前提下，日本应将日本的特殊权利“光明正大地向世界各国申请，当然更可以向中国提出。从政治上或超政治上都有这样做的根据和理由”。“在全部既得权益将废于一旦”的今天，“吾人要奋起促使九千万同胞的猛醒”。[②]

同年6月13、20日，“联盟”在大连连续两次集会。集会时，支部长结城在开幕式上说：“我们站起来的时候终于来到了。我们向全满的同忧之士下达总动员令的命令。”[③] “为了制造武力解决的气氛”，“联盟”还“向旅顺、鞍山、奉天和满洲各地派遣了游说队”。[④] 同时，“联盟”还决定派佐竹令信（满洲代表）、高冢源一（满洲代表）、冈田猛马（“联盟”代表）、小泽开策（“联盟”代表）、永江亮二（“联盟”代表）为“联盟”代表回国活动。同年7月，“联盟”在日本国内发行5000册《满蒙三题》小册子，主张打倒中国“半封建的东北政权”。

7月13日，“联盟”代表离开大连赴日本，15日抵关门，16日抵神户，17日到东京，30日抵大阪，8月10日返回大连。代表在日逗留期间不足一个月，其中在东京逗留半个月，在大阪逗留近10天。在东京逗留期间，代表先后谒见若木槻礼次郎首相、南次郎陆相、币原喜重郎外相、“牧野（伸显）内大臣”、[⑤] 大久保利武侯爵、政友会总裁犬养毅、满铁前总裁山本条太郎、黑龙会负责人头山满及池田长康男爵等等，拜访东京朝日新闻社、东京日日新闻社及其他舆论机关，出席东亚振兴会在上野自治会馆召开的“满鲜问题国民大会”、上野精养轩召开的“满蒙问题有志者大会”、日华俱乐部在日本俱乐部召开的欢迎会、木曜会在日本俱乐部举行的午餐会、经国联盟在电气俱乐部主办的座谈会、“内田良平在日比谷陶江亭举行的招待宴会”、“在浅草开盛座举开的满鲜问题国民演讲会”、满铁前副总裁及众议院议员松冈洋右主办的招待会、“电气俱乐部讲演会”、青年“联盟在仁寿谦望举行的讲演会”、“剧场协调会馆举办的满鲜问题讲演会”、贵族院研究会本部常务委员会报告会、“东京日日新闻社招待茶话会”、“日比谷东轩举行的在京官民联欢会”、“本部公开堂的讲演会”等等。[⑥] 与此同

---

① 天津编译中心译《满洲事变关系资料》，章伯锋等主编《中国近代史资料丛刊·抗日战争》，第1卷，四川大学出版社，1997，第91页。

② 黑龙会编《东亚先觉志士记传》下册，原书房，1936年原本1981年第4次印刷，第109页。

③ 时日本内大臣为安达谦藏，并非牧野伸显，但原文如此。

④ 关宽治等著《满洲事变》，王振锁等译，上海译文出版社，1983，第152页。

⑤ 满洲青年联盟史刊行会编《满洲青年联盟史》，1933年（昭和8年），第457－458页。

⑥ 辽宁省档案馆、辽宁社会科学院编《“九一八”事变前后的日本与中国东北——满铁秘档选编》，辽宁人民出版社，1991，第165－168页。

时，“在东京的满铁关系人员平岛、内海、远藤、前川诸人也尽力各方奔走”。① 7月30日，代表离开东京，转赴大阪，到关西地区进行活动。在大阪期间，“代表在走访了《大阪每日》和《大阪朝日》两报社后，又在大阪商工会议所、神户商工会议所、下关商工会议所和福冈日日报社的讲堂等处大谈其强硬主张”。② 8月8日，代表自门司乘船，10日返回大连。

“联盟”代表在日本进行的煽动活动，使日本“国内舆论沸腾”。在代表煽动下，大日本生产党在自己召开的“朝鲜满蒙问题国民问题发起人会议”中通过了“膺惩暴戾的中国，坚决反对币原软弱外交”的决议。犬养毅对“币原的软弱外交”不胜忧虑。南次郎认为：“既是日本人，当然就要一起督促政府”，并表示：“我要作为舆论的急先锋积极贯彻既定方针。”③ “满蒙问题只有用武力解决。”④ 在日本不废除对华治外法权方面，币原外相终于也被代表说服了。满蒙朝鲜问题在青年会馆召开的由国民同盟会主持的演说大会，“成功地动员了两千名听众，会场上充满了强硬的气氛”。⑤ “青年联盟施加压力的运动不但大大影响了关西财界的空气，甚至在东京纠集71个团体倒向强硬论。贵族院的研究会、公正会自不待言，就连包括枢密院的福田雅太郎和伊东巳代治等人在内的幕后实权人物也受到这一强硬论的影响，于八月五日在上野、日比谷两处召开国民大会，从此揭开了这一运动向全国性发展的序幕。”⑥

8月11日，代表自日本返回中国后连续进行满蒙独立活动。首先在大连举行报告会，并在各地继续举行演说会，叫嚣：“如果日本认为可以放弃满洲，我们自己有打算……我们要发挥三千年熏陶而成的国民性和日本精神，纵使祖国日本反对，也要饮泣宣布满洲的独立。”⑦

其次，“联盟”成员于9月10日出席了满蒙问题各派在东京青山会馆联合召开的大会，会议做出决议：“解决时局问题之关键，只有坚决匡正对方之违法行为，为正大光明地贯彻我主张而诉诸武力。”⑧

与此同时，早已从满铁中独立出来的东亚经济调查局这时也和满铁合作，在日本各地举办“中国及满蒙事情讲演会”，煽动国内仇华、反华情绪。讲演会于1929年

---

① 《本庄日记》，天津编译中心译《满洲事变关系资料》，章伯锋等主编《中国近代史资料丛刊·抗日战争》，第1卷，第115－116页。

② 关宽治等著《满洲事变》，王振锁等译，上海译文出版社，1983，第164页。

③ 关宽治等著《满洲事变》，王振锁等译，上海译文出版社，1983，第164页。

④ 王芸生：《六十年来中国和日本》第8卷，生活·读书·新知三联书店，1982，第235页。

⑤ 关宽治等著《满洲事变》，王振锁等译，上海译文出版社，1983，第165页。

⑥ 关宽治等著《满洲事变》，王振锁等译，上海译文出版社，1983，第166页。

⑦ 满洲青年联盟史刊行会编《满洲青年联盟史》，1933年（昭和8年），第501页。

⑧ 满洲青年联盟史刊行会编《满洲青年联盟史》，1933年（昭和8年），第502－503页。

"即在9县召开40次"，1930年，"在一道10县召开27次"，九一八事变前，"在12县召开18次，以上总计听众达七万人以上"。在此期间，大川周明理事"率先奔赴各地，几乎席不暇暖"。东亚经济调查局还成立"东亚会"，在日本"全国募集会员1000名，分发调查局刊物，或速报中国报纸对我国的论调，或开恳谈会，促进会员团结一致作贡献"。九一八事变前几年，调查局"即将满洲事变真相，普遍灌输在全国城乡僻壤的国民头脑中，为满洲事变前后创造出完整而统一的舆论基础"。东亚经济调查局还于1931年九一八事变前编辑出版英文版《满洲年鉴》，为歪曲报道九一八事变"做出很大贡献"。[①]

"联盟"、东亚经济调查局之所以在这时大肆煽动反华、仇华情绪，原因很简单，因为这时的中日关系处于紧张状态。早在1924年，中国东北地方政府为了打破满铁垄断东北铁路的局面，成立东北交通委员会，并从1925年起先后修筑了吉海（吉林至海龙）、昂齐（昂昂溪至齐齐哈尔）、齐克（齐齐哈尔至克山）、洮索（洮南至索伦）、打通（大虎山至通辽）铁路等。到1930年3月，东北自修铁路已达11条，总长1000英里。1930年春，东北交通委员会在东北政府指示下，还准备修筑满蒙三大干线，即东大干线：葫芦岛—奉天（今沈阳）—海龙—吉林—海林—依兰—同江—抚远；西大干线：葫芦岛—大虎山—通辽—洮南（今洮安）—齐齐哈尔—宁年（今富裕）—嫩江—黑河；南大干线：葫芦岛—朝阳—赤峰—多伦。三大干线总长上万公里，支干线多达35条。东北铁路的修建，给满铁带来很大压力，日本政府将中国自己修筑铁路看成是准备"逐渐置满铁于死地，最后达到收回满铁的目的"。为此日本政府一方面决心"阻止"中国在东北修筑对满铁有"致命"影响的铁路，一方面又企图在东北攫取新的侵略权益。1928年5月，日本趁张作霖在北京败北之机，迫使张作霖答应"满蒙新五路"计划，并在延海、洮索两铁路合同上盖章、亲书"阅、准行"字样。但张作霖被炸死后，张学良不但东北易帜，完成中国形式上的统一，而且拒绝承认"满蒙新五路"计划，使日本企图扩张侵略势力、分裂满蒙计划遭到重创。1929年世界又爆发新的经济危机，这次危机直接影响到满铁的经济效益。加之中国人民反日斗争的高涨、中东铁路和中国自营铁路的竞争，满铁的营运效益与上一年相比，客运收入由1745万日元下降到1146万日元，货运收入由10108万日元下降到7793万日元，铁路收入下跌24.6%。因世界经济的影响，1931年满铁港湾、矿业收入减少，出现经营赤字。与此同时满铁股票也出现下跌趋势，1929年满铁每股（50日元）股票为67.3日元，1931年降为45.2日元。1930－1931年，满铁还不得不"解雇职工三千人，冻结工资一年，家属津贴、住房津贴减半，新规划的企业一律停办，维修枕木暂停一年，维修三千辆

① 辽宁省档案馆、辽宁社会科学院编《"九一八"事变前后的日本与中国东北——满铁秘档选编》，辽宁人民出版社，1991，第407页。

破损车暂停，对民间企业的补助暂停”。① 满铁经营不景气的现象大大影响了日本政府、财阀和投资者的利益。加之中国人民反日运动的不断高涨，1931 年又先后出现的万宝山事件和中村事件，更进一步加剧了本已十分紧张的中日关系，并呈现出愈演愈烈之势。“联盟”、东亚经济调查局和日本国内以及中国东北地区其他一些日本右翼团体就是在这样一种历史条件下纷纷出笼并猖狂进行反华活动的。

“联盟”虽然是当时众多日本右翼团体中的一个，但“联盟”的表现远比其他右翼团体还要恶劣，在主张“武力解决”“满蒙独立”等方面都远远走在其他右翼团体的前列。② “联盟”及其他右翼团体的猖狂活动不但进一步加剧了本已恶化的中日关系，而且也成为关东军发动九一八事变的重要动力之一。

## 二　满铁直接卷入九一八事变

1931 年 9 月 18 日，关东军发动九一八事变。事变发生后，日本政府对事变未能得到政府批准和允许而深感不满，并阻止驻朝日军对关东军进行增援。与此同时，“外务大臣币原喜重郎，命令满铁总裁内田康哉，满铁对关东军一概不得协助”。③ 接着币原又命令满铁“正副总裁希即来京汇报满洲事变情况”。④ 动身之前，内田康哉认为有必要了解“事变的真相”，向满铁“职员明确今后满铁的前进方向”。为此内田于 10 月 5 日赶往奉天，次日下午 2 时与关东军会谈。会谈时，“关东军的全体参谋一起来说服内田。本庄繁司令官自不待言，各参谋课长，直至土肥原大佐都参加进来”。⑤ 会谈中，

---

① 草柳大藏著《满铁调查部内幕》，刘耀武等译，哈尔滨：黑龙江人民出版社，1982 年，第 351 页。《矿业周报》第 110 号和 115 号也有相同记载（参见杜恂诚《日本在旧中国的投资》，上海社会科学出版社，1986，第 93 页）。

② 1930 年秋成立的满铁另一组织—大雄峰会（笠木良明为首），九一八事变前并无大的活动，但因其主张“把满洲从中国本土分割出来，以建设五族（即日、汉、满、蒙、鲜）协和的王道乐土”，故也是主张向我国东北和蒙古进行侵略扩张的反动组织。有学者将“满洲青年联盟”和大雄峰会统称为法西斯组织，从两组织表现和主张来看，如此定性，亦无不可。

③ 草柳大藏著《满铁调查部内幕》，刘耀武等译，黑龙江人民出版社，1982，第 402 页。

④ 草柳大藏著《满铁调查部内幕》，刘耀武等译，黑龙江人民出版社，1982，第 401 页。山根幸夫等人合编、周启乾监译的《近代日中关系史研究入门》中写道：《实录满铁调查部内幕》（即《满铁调查部内幕》）是“草柳大藏经过采访许多现存有关人士写的”（台湾金禾出版社有限公司民国八十四年版，第 262 页）。曹志勃等人编译的《近代日中关系史研究指南》中将这句话译为：“尚有根据向现在仍然健在的很多与此有关人士了解的材料，草柳大藏的《满铁调查部实录》上下”（哈尔滨船舶工程学院出版社，1992，第 245 页）。由此可见，草柳大藏的《满铁调查部内幕》是可以作为信史或史书看待的，而该书提供的资料也是可以使用的。

⑤ 草柳大藏著《满铁调查部内幕》，刘耀武等译，黑龙江人民出版社，1982，第 403 页。

本庄繁提出关于建立新政权的三条根本原则。

（一）使满蒙完全脱离中国本土。

（二）一手统一满蒙。

（三）表面上由中国人统治，但实质上要掌握在我方手里。

上述新政权在实质上最终要置于我国的保护之下。至少要掌握军事、外交和交通的实权。

本庄繁还向内田提出《对满铁公司的要求事项》，要求满铁迅速做到以下几点。

（一）四洮、洮昂、吉长、吉敦各线由满铁公司管理。

（二）把张学良政府有关的铁路，即沈海、吉海、呼海、洮索和齐克各线改为日中合办形式，并委托满铁公司经营。

（三）迅速铺设吉会和长大铁路。

（四）中国方面无视条约而铺设的铁路，根据满铁中心主义，进行部分改修。

（五）收买官银号和边业银行，统一币制。

（六）设置北满特产收购机构，以代替过去的中国官商。

（七）在主要城市之间开辟航线。

（八）对满铁直接经营的或劝业公司等的事业，用资助方法大规模开发水田、改良羊毛和栽培棉花等。

（九）帮助发展日本人在吉林、鸭绿江、宜列克都、海林等地的林业，或让旁系公司经营之。

（十）帮助发展和扩大大石桥附近的菱苦土、复州的黏土、青城子的铅、本溪湖的煤铁等各种矿业。①

这就是说，如果内田康哉支持关东军，关东军则让满铁事业有一个更大的发展。经过会谈，内田不但对关东军发动的九一八事变表示完全支持，而且认为："当前必须举国一致以应国事。目前事件已经越过万里长城，必须作为与中国本土间的问题、世界性问题来处理。"②

"当天夜里，板垣、石原、花谷、片仓等一起到内田下榻的奉天大和旅馆去，向内田继续'御前侍讲'，直到深夜。由于这一情报攻势和现地视察的结果，内田终于下定了'最后一次为国效劳'的决心。"③ 为此，内田不仅"同关东军司令官一起从奉天向

① 转引自关宽治等著《满洲事变》，王振锁等译，上海译文出版社，1983，第418－419页。

② 片仓衷：《满洲事变机密政略日志》（10月6日），『现代史资料（7）满洲事变』，みすず书房1965年（昭和40年）7月，第204页。

③ 草柳大藏著《满铁调查部内幕》，刘耀武等译，黑龙江人民出版社，1982，第404页。

内地（指日本本土——引者）作了广播讲话（时内地因流言浮动而人心动摇）”，[①] 并且将满铁在奉天办事处的全体职员立即召集到春日町小学校，果断地对他们说：“满铁应竭尽全力去支援关东军。”[②] 自此，满铁作为一个整体开始有计划、有组织地投入到九一八事变中去了。内田康哉，本为日本政界元老，在日本政界享有很高声望，1931年6月当中日关系因满铁经营陷入困境而日趋紧张时出任满铁总裁。日本政府此时派内田出任满铁总裁的目的十分明确，就是希望内田能够缓和日趋紧张的中日关系，为满铁经营创造一个良好的外部环境。6月13日，内田就任满铁总裁发表讲话时也这样表示：“本人于铁道事业，毫无经验……余于中国，关系颇深，于尽力此后之中日亲善，或不无方便。”[③] 明确表示愿意改善中日关系。在后来的一些讲话中，内田也一再这样表示：“要从大局上向着日中亲善的目标贡献棉（绵）薄之力。”[④] 正因为这样，当九一八事变爆发之初，内田对此还表示过“忧虑”，并“希望局面不再扩大”。但仅仅半个月之后，内田康哉的态度就发生了急剧变化。究竟是什么原因促使内田在这么短的时间内发生这么大的转变，由原来的“忧虑”转为公开支持呢？笔者认为，主要是两个原因，一是蒋介石的不抵抗政策。九一八事变发生后，由于蒋介石“绝对抱不抵抗主义”，致使关东军在短短半个月内先后占领沈阳、长春、吉林、安东、凤城、本溪、辽阳、海城、营口、抚顺、铁岭、四平、公主岭、郑家屯、敦化、熊岳城等战略要地。与此同时，一些汉奸也先后宣布独立。关东军三分东北天下有近其二了。关东军的迅速进展使内田看到了建立“新国家”的希望，从而坚定了他支持关东军的决心。其次就是本庄繁向内田抛出的由满铁垄断东北交通并扩大满铁经营范围的诱饵。满铁虽是一个“国策会社”，但也是一个经济实体，追求最大的剩余价值同样也是满铁的主要目标之一。本庄繁在同内田进行会谈时，向内田抛出的让满铁垄断东北铁路，统一

---

① 山崎元：『历代总裁のことども』，满铁会：『山崎元、田村羊三思い出の满铁』，龙溪书舍1986年版，第38页。山崎元原话为：“总裁は、奉天から、关东军司令官と内地向けラヅォ放送もされた（これは、内地の人心の动摇をふせごぅとするものでぁった）。”有关这句话，笔者目前见到两种译法。一为苏崇民先生在《满铁史》中的译文（译文同上，但没有翻译括号内的内容。见《满铁史》，中华书局，1990，第432页）；一为王丹菲的译文。王将其译为：“总裁从沈阳关东军司令官向内地的收音机广播中得知一切（这或许完全是为了坚信民众的信心吧）。”（山崎元著、王丹菲译《内田康哉总裁与满洲事变》，《大连近代史研究》，第2卷（2005），第490－491页）从山崎元叙述内容来看，苏先生的翻译应是对的。

② 草柳大藏著《满铁调查部内幕》，刘耀武等译，黑龙江人民出版社，1982年，第404页。草柳大藏认为：“满铁一成立”，《三大臣命令文件》“其中有一项是：‘在战时，满铁应置于关东军司令官指挥之下’”。笔者查阅三大臣命令，未见该规定。但在1919年4月11日日本政府第104号敕令中有“关东军司令官对（满铁）公司业务与军事有关者可给予必要的指示”的规定（《满铁调查部内幕》第27页）。

③ 《北平晨报》社论：《对内田满铁总裁之希望》，1931年6月16日《北平晨报》。

④ 吉林省社会科学院《满铁史资料》编辑组编《满铁史资料》，第2卷第3分册，中华书局，1979，第1069页。

币制、在北满设置“特产收购机构，以代替过去的中国官局”等条件，对满铁具有极大的诱惑力。特别是在“新政权”成立后让满铁垄断东北铁路、航空的做法，更是满铁无法抵挡的诱饵。正是在这样一种条件下，内田才迅速改变了自己先前的立场，毫不犹豫地投入到关东军的怀抱。

在谈到内田康哉转变原因时，《东亚先觉志士记传》作者认为：内田康哉的转变是受了陆军中将筑紫熊七劝说的影响。《记传》写道：“当时陆军中将筑紫熊七来满，对满铁总裁内田康哉试行种种劝告，终使内田鼓起勇气。”① 但从实际情况来看，《记传》所述可能性不大。因为内田是久经宦海的老官僚，政治经验相当丰富，在没有经过深思熟虑，权衡各种利弊关系之前，想让他在重大问题面前做出抉择是不可能的。同本庄繁的会谈，不但可以了解关东军的真实意图，权衡利弊做出抉择，且可以讨价还价，为满铁争取一个最佳的经营环境。同筑紫熊七的会谈不可能了解关东军的真实动向，权衡利弊，做出抉择，更不可能讨价还价。因筑紫熊七一不是关东军的主要军官，二不是政府现役军官（早在1923年筑紫熊七就已由现役军官转入预备役了）。所以所谓内田转变是在筑紫熊七劝说下发生的说法应是不可靠的。

内田的变化在满铁与九一八事变关系上具有重要的作用。在这之前满铁虽也已参与了关东军发动的九一八事变（如运输方面的参与），但那是被动的，而且满铁上层未能发动起来，在这之后情况发生了根本的变化，满铁已不再是被动地而是主动地投身到九一八事变及以后的侵略行动中去了。

在同内田会谈当中，关东军之所以要向满铁抛出这么大的诱饵，原因也很简单，因为关东军迫切需要满铁的支持和帮助。第一，它需要满铁运力上和财力上的支持和帮助。东三省总面积多达120多万平方公里，相当于日本国土的3倍，大城市、较大城市之间往往相隔数百公里。在这样广袤的土地上作战，没有便捷的交通工具是不可想象的，而满铁拥有的铁路却可以帮助关东军解决这个重大的问题。从这个意义上讲，关东军离不开满铁的支持。与此同时，关东军也需要满铁财政上的支持。众所周知，发动战争需要金钱，没有金钱作军费，一场像样的战争是打不起来的。关东军要在这广袤的土地上同拥有近20万人的东北军作战，没有大量的军费，同样是不可想象的。而在这方面能够给关东军以帮助的恰恰又是满铁。满铁在东北地区有数亿日元的投资，每年有几千万日元、甚至上亿日元的营业收入。这对于关东军来说，无异于取之不尽的宝藏。在没有得到满铁资助之前，为了发动战争，关东军甚至不得不向日本资本家借贷高利贷10万日元。10万日元对于关东军发动的这场战争来说，无异于杯水车薪。为了把战争进行下去，关东军需要更多的金钱。第二，关东军需要内田康哉个人的声望。关东军发动九一八事变是在尚未得到日本政府允许情况下擅自发动的。虽然日本政府在事变

① 黑龙会编《东亚先觉志士记传》下册，原书房，1936年原本1981年第4次印刷，第117页。

后不久就承认了关东军发动九一八事变的合法性，但日本政府因种种顾虑，始终未敢让关东军放开手脚大干一场，也始终未敢给关东军以实际支持。为了获得政府的全力支持，放开手脚大干一场，关东军迫切需要像内田康哉这样的政治元老向政府要员进行疏通，打通关节。正是基于这样的原因，关东军才向内田康哉抛出这样大的诱饵。

关东军需要满铁的帮助，满铁需要关东军的诱饵，共同的需要使它们结合在一起。自此满铁投入关东军的怀抱，关东军得到满铁的资助。从此九一八事变就以更加疯狂的速度进行了。

## 三　满铁全力支持侵华战争

满铁支援九一八事变的方式很多，但归纳起来，主要有如下方面。

### （一）运输方面的支持

事变当天，满铁就已经开始参与九一八事变了。9 月 18 日晚 23 时 40 分，满铁将沈阳关东军第一、四两个中队运往柳条湖增援。接着又将铁岭、抚顺日本守备队运往沈阳，为日军迅速占领北大营准备了条件。9 月 19 日 1 时，满铁在旅顺编成专列，将以本庄繁为首的关东军司令部运往沈阳，并于当天 11 时抵达，进驻“东拓旅馆”。据统计：“为攻占沈阳，以 9 月 19 日 1 时 30 分由抚顺运往沈阳守备队兵员 400 名为开端，至 20 日 10 时余，在 34 小时内，从各处开往沈阳的军用列车多达 17 次，平均每两小时一次。据不完全统计，运至沈阳的步兵达 2140 人。此外，还有炮兵部队、马匹、武器弹药等辎重、各司令部成员等等。为攻占长春自 9 月 19 日至 23 日，向长春集结兵力而开到长春的军用列车 16 次，运送兵员 3497 人，军马 455 匹，以及其他大量的军用品。此外，为运送来自朝鲜的越境日军，19、20 两日，还先后由安东发往沈阳 7 次军列。”①

为了保证军运的顺利进行，9 月 19 日，满铁即“在部内设置了临时时局事务所，处理有关各项事务”。“设置了临时奉天铁道部出张所。同时，随着战局之展开，又在四平街、长春、营口、哈尔滨、洮南设置了时局事务所派出所，由奉天出张所统辖。”接着满铁又“在全满四十个地方分别建立了无线通讯所”，保证了关东军“之行动无任何后顾之忧”。②

为配合关东军进攻吉林，自 21 日“10 时 40 分起至 21 时余，满铁先后由长春发往吉林军用列车 7 次，将第二师团主力全部运至吉林”。吉林失陷后，满铁又于 22 日将日军运往敦化（23 日到达）。

---

① 苏崇民：《满铁史》，中华书局，1990，第 436 页。

② 《“九一八”事变前后的日本与中国东北——满铁秘档选编》，第 374 页，满史会编《满洲开发四十年史》上卷，东北沦陷十四年史辽宁编写组译，东北沦陷十四年史辽宁编写组，1987，第 137 页。

当关东军决定在四平集结兵力，准备进攻齐齐哈尔时，满铁又于9月25日将关东军独立守备队司令部由长春运至四平。“10月26日，又将第三旅团司令部、步兵第二十九联队第三大队、野炮兵第二联队第一大队本部运至四平。11月5日、6日，满铁分别将长春的步兵第四联队、野炮兵第二联队本部及一中队和沈阳的步兵七十八联队第一大队及野炮兵第二十六联队运至四平。10日，又将野战重炮大队分别由长春与沈阳运至四平。”后这些兵力又由满铁经四洮线和洮昂线运往黑龙江省境内。13日，当关东军进攻黑龙江受阻时，满铁又将关东军第二师团主力由长春运往黑龙江参战。次日，满铁又将在沈阳的关东军第三十九混成旅团第二联队、步兵第七十八联队运往黑龙江。

为确保关东军进攻锦州，满铁于12月13日至19日还从大连、安东、四平、大石桥调入沈阳机车64辆，从大连调入辽阳机车12辆。并于29日，将关东军步兵第七十七联队、野炮兵第二十六联队第五中队、骑兵第二十八联队第二中队、工兵第二十大队一小队、电信队、无线电班运至锦州，关东军汽车队运至新民屯。自30日至次年1月3日锦州沦陷，“满铁从沈阳发往锦州方面的军列共有28列。此外，占领辽西、包围锦州的日军主力关东军第二师团也是由满铁运去的”。

1932年1月，关东军准备进攻哈尔滨。“28日，早已做好准备的满铁当天下午便从长春发出两列军用列车，载第三旅团两个大队、炮兵一个中队、驻公主岭野炮兵第八联队一大队向哈尔滨进攻……30日下午，到达哈尔滨。”接着“又将第二师团集中于长春，而后又运往哈尔滨，成为进攻哈尔滨的主力。2月4日，又将打虎山的第八混成旅团运往哈尔滨”。①

自九一八事变至1932年3月底，满铁除动用自己管辖的社内铁路为关东军的军事行动服务外，还调动代管的吉长铁路，有借款关系的吉敦、四洮、洮昂铁路，强行征用中国的北宁铁路和中苏共管的中东铁路为关东军的军事行动服务。并向这些铁路派出铁路员工7676人、144758人次，平均每天740人。② 到1932年末，满铁仅铁道部一部即派出人员6117人，其中日本人5070人，满洲人1047人；死亡11人，重伤28人，轻伤34人，死伤合计73人。③ 由于大批人员被派到“社外线或沿线各地执行军方命令，从事特殊工作，为补充派遣社员之不足”，满铁不得不“依特定条件临时采用铁道部退职职员”。1932年1月，满铁“采用了临时嘱托35名、准雇员6名、准佣员6名，计47名”。④

① 苏崇民：《满铁史》，中华书局，1990，第436－438页。

② 松木丰三：《南满洲铁道株式会社三十年略史》，第67－68页。

③ 辽宁省档案馆、辽宁社会科学院编《“九一八”事变前后的日本与中国东北——满铁秘档选编》，辽宁人民出版社，1991，第375页。

④ 辽宁省档案馆、辽宁社会科学院编《“九一八”事变前后的日本与中国东北——满铁秘档选编》，辽宁人民出版社，1991，第369页。

自九一八事变至次年3月，满铁共编发军用列车4056次（见表1）[①]，平均每月676次，每天22次之多。运送军需品197980吨[②]，平均每日运送1000多吨。军用客车行走达34万多公里，军用货车达157万多公里（见表2）。[③] 关东军几乎所有参战兵员、军事辎重均由满铁输送。

**表1　九一八期间，满铁编发军用列车次数**

| 种别＼线别 | 社线 | 丰山线 | 吉长吉敦线 | 中东线 | 四洮洮昂线 | 沈海线 | 计 |
|---|---|---|---|---|---|---|---|
| 军用列车 | 1158 | 1283 | 40 | 88 | 437 | 5 | 302 |
| 装甲列车 | 407 | 307 | 99 | 16 | 214 | 2 | 1045 |
| 计 | 1565 | 1590 | 139 | 104 | 651 | 7 | 4056 |

资料来源：《满洲事变と》，满铁第79页。

**表2　九一八期间，满铁社线内军用列车行走里程**

单位：公里

| 月别＼种别 | 列车 | 机关车 | 客车 | 货车 |
|---|---|---|---|---|
| 9月 | 15021.5 | 13871.6 | 49888.3 | 185896.3 |
| 10月 | 4265.3 | 3459.5 | 4766.5 | 20034.9 |
| 11月 | 23113.4 | 23088.9 | 96084.5 | 432729.7 |
| 12月 | 21375.2 | 20418.6 | 95747.0 | 317757.1 |
| 1月 | 20671.0 | 20671.0 | 49217.7 | 272091.3 |
| 2月 | 15151.0 | 15151.0 | 44330.9 | 306736.0 |
| 3月 | 4515.5 | 4515.5 | 7900.3 | 40156.4 |
| 计 | 104103.9 | 101176.1 | 347935.4 | 1575401.7 |

资料来源：《满洲事变と满铁》，第36页。

据满铁计算，九一八事变至1932年3月31日，关东军应向满铁支付运费319.3万元。其中“社线内运费约101.6万元”，“社线外派遣人员之人事费102万元，社线外车辆使用费62.6万元，社线外物件费36.5万元，各项设备费16.6万元”。[④] “关东军只用了短短4个多月的时间就占领了比日本国土大一倍多的广大地区。这固然是由于

① 宫本通治：《满洲事变と满铁》，1934年（昭和9年），第274页。

② 松木丰三：《南满洲铁道株式会社三十年略史》，1937年（昭和12年），第67－68页。

③ 宫本通治：《满洲事变と满铁》，1934年（昭和9年），第36页。

④ 辽宁省档案馆、辽宁社会科学院编《“九一八”事变前后的日本与中国东北——满铁秘档选编》，辽宁人民出版社，1991，第458－459页。

蒋介石的不抵抗政策所致。也完全是靠满铁的军事运输实现的。”① 1932 年 8 月 8 日，关东军司令官本庄繁特就此事向满铁总裁内田康哉表示感谢。感谢状说：“大作战无铁道难以实行，机动作战愈来愈依存铁道放出光彩。关东军的神速行动，实际是以帝国实力为背景的满铁的俨然存在之所赐。”②

九一八事变期间，满铁不但担任了关东军的军事运输，还从事修复被中国抗日志士破坏的铁路、桥梁，修建公路并为关东军改制装甲车。

在修复铁路、桥梁和修建公路方面。1931 年 11 月，满铁为关东军修复洮昂铁路嫩江第一、二桥梁（被马占山破坏）。同年 12 月，着手修缮齐克线 33 公里桥梁，次年 3 月完工。1932 年 4 月，“着手嫩江第一桥梁加固工程”，并于 6 月竣工。③ 1932 年 5 月至 7 月，为关东军修建敦化至宁古塔间 220 公里军用道路。6 月开始修复被马占山毁坏的呼兰河桥，“实际工作 35 天，至 7 月 8 日”将“呼兰河桥梁 420 米修复工程竣工”。7 月 17 日起，满铁又在关东军“步兵第三十联队守备兵援助下，对吉敦线大川河及卞福屯桥梁工程施工”。同年 10 月，修复被大水冲毁的嫩江桥梁。④

改制装甲车方面。九一八事变初，因关东军迫切需要装甲车，满铁在一个星期内即改制 6 辆，并将其开往沈长、吉长、抚顺、四洮等线参加军事行动。次年 8 月，满铁为关东军又改制 8 辆。10 月，又将一辆装煤货车改装成炮兵车。

这一时期，满铁还减免或免收运输费。如对“全满在乡军人联合大会出席者，减削运费五成”，“对避难朝鲜人减削运费”，“对于吉林铁道守备队新募兵减削运费”，对“准许独立守备队员所带领之公安队员免费乘车”，对“给陆军军衔或警察署发送之抚恤品或慰问品，免费予以运输”，对“由军方所配备作为铁道警备用之枪械”弹药“予以免费运输”，等等。⑤

### （二）经济方面的支持

早在 1927 年，满铁就向日本团体和个人的侵华活动予以经济支援。是年 7 月 7 日，满铁付给日本人和登良吉谢金 5000 元，⑥ 因其“在抗议吉海线，推进长扶线活动中，

---

① 苏崇民：《满铁史》，中华书局，1990，第 438 页。

② 宫本通治：《满洲事变と满铁》，书前感谢状第 1 页。

③ 辽宁省档案馆、辽宁社会科学院编《“九一八”事变前后的日本与中国东北——满铁秘档选编》，辽宁人民出版社，1991，第 396 页。

④ 辽宁省档案馆、辽宁社会科学院编《“九一八”事变前后的日本与中国东北——满铁秘档选编》，辽宁人民出版社，1991，第 398 页。

⑤ 辽宁省档案馆、辽宁社会科学院编《“九一八”事变前后的日本与中国东北——满铁秘档选编》，辽宁人民出版社，1991，第 376 - 378 页。

⑥ 文中所引货币单位均为日元——编者注。

尽心竭力”。[①] 自1928年起，对寓居中国东北的日本在乡军人会每年补贴经费1万元，1931年6月起因经营困难将补贴缩减为8000元，1935年又增为2万元。[②] 1929年2月2日，派望田情报课员去日本“宣传会社对时局的看法”，发给望田特别宣传经费1000元。[③] 1930年9月9日，补助满洲青年联盟活动经费1000元。[④] 1931年6月8日，又补助满洲青年联盟活动经费800元。[⑤] 1931年1月21日，发给石光直臣“日中国民感情融和运动”资金8000元。[⑥] 8月25日，资助中村大尉追悼会经费200元。9月12日，“发给长尾半平在美国介绍满蒙形势”补助款1000元。[⑦]

九一八事变不久，满铁还在日本政府授意下付给关东军300万日元“北满经略谋略费”，“使这部战争机器全速运转起来”。[⑧]

与此同时，满铁还向战死或负伤日军官兵发放抚恤金（又称“吊慰金”）和慰问金。标准如下（见表3）。

**表3　抚恤金、慰问金标准**[⑨]

| 阶级职名 | 抚恤金 | 慰问金 | |
|---|---|---|---|
| | | 重伤 | 轻伤 |
| 将校准士官 | 600 | 300 | 100 |
| 下士官 | 400 | 200 | 70 |
| 兵 | 300 | 150 | 50 |
| 警视 | 600 | 300 | 100 |

① 辽宁省档案馆、辽宁社会科学院编《“九一八”事变前后的日本与中国东北——满铁秘档选编》，辽宁人民出版社，1991，第170页。

② 辽宁省档案馆、辽宁社会科学院编《“九一八”事变前后的日本与中国东北——满铁秘档选编》，辽宁人民出版社，1991，第124、129、135页。

③ 辽宁省档案馆、辽宁社会科学院编《“九一八”事变前后的日本与中国东北——满铁秘档选编》，辽宁人民出版社，1991，第171页。

④ 辽宁省档案馆、辽宁社会科学院编《“九一八”事变前后的日本与中国东北——满铁秘档选编》，辽宁人民出版社，1991，第153页。

⑤ 辽宁省档案馆、辽宁社会科学院编《“九一八”事变前后的日本与中国东北——满铁秘档选编》，辽宁人民出版社，1991，第161页。

⑥ 辽宁省档案馆、辽宁社会科学院编《“九一八”事变前后的日本与中国东北——满铁秘档选编》，辽宁人民出版社，1991，第176页。

⑦ 辽宁省档案馆、辽宁社会科学院编《“九一八”事变前后的日本与中国东北——满铁秘档选编》，辽宁人民出版社，1991，第178页。

⑧ 苏崇民：《满铁史》，中华书局，1990，第432页。

⑨ 辽宁省档案馆、辽宁社会科学院编《“九一八”事变前后的日本与中国东北——满铁秘档选编》，辽宁人民出版社，1991，第367页。

续表

| 阶级职名 | 抚恤金 | 慰问金 | |
|---|---|---|---|
| | | 重伤 | 轻伤 |
| 警部及警部补 | 400 | 200 | 70 |
| 巡查长及巡查 | 300 | 150 | 50 |
| 巡捕 | 100 | 50 | 20 |

1931 年 11 月至 1938 年 4 月，满铁共向侵略东北战死日军 4427 人（含侵略承德战死 3 人）发放吊慰问金 1302500 日元，其中将校、准士官 415 人，下士官 1326 人，普通士兵 2686 人。仅 1931 年 11 月至 1932 年 2 月，满铁就向九一八事变中战死日军 311 人发放吊慰金 111300 日元，其中将校、准士官 30 人，下士官 90 人，普通士兵 191 人。1931 年 10 月至 1933 年 10 月，还向关东军中 4469 名伤病员发放慰问金 406360 日元，1933 年 11 月至 1936 年 3 月又向 3240 名关东军伤病员发放慰问金 314450 日元；1932 年 9 月至 1933 年 8 月向参加九一八事变的 180 名驻朝鲜日军伤病员发放慰问金 17640 日元，1933 年 11 月至 1935 年 10 月，又向参加九一八事变的 32 名驻朝日军发放慰问金 3630 日元。① 与此同时，满铁还以正副总裁名义向各战死者追悼会献了花圈。

1931 年 10 月 22 日，关东军司令官本庄繁特地致函满铁总裁内田康哉，对满铁发放抚恤金、慰问金一事表示感谢。感谢信说："此次事变中不仅承蒙始终给以热诚支援，前此并为阵亡者发放抚恤金，此次复为伤残官兵拨发慰问金，我全体遗族及伤残人员对此不胜感激之至，并且此举对于振奋一般士气亦颇有影响。兹谨代表全体官兵，深致谢意。"②

### （三）参与伪满洲国成立

早在 1931 年 9 月末 10 月初，满铁的松木侠和驹井德三就被关东军分别起用为国际法和财政顾问，参与起草和炮制成立伪满洲国的具体方案和各项政策，并在 10 月 21 日由松木侠与关东军参谋板垣、石原等共同炮制出《满蒙共和国统治大纲草案》，主张"将满蒙从中国本土彻底分离出来"，成立傀儡政府。10 月 23 日，满洲青年联盟理事长金井章次还向本庄繁提出一个《满蒙自由国建设纲领》，主张在即将成立的"新国家"中，应由日本人"直接构成分子"，控制傀儡政府。与此同时，满铁还派出大量人员参与伪满洲国的建立。到 1931 年底，满铁"派遣到军方之社员为 105 名，派遣到新国家（即伪满洲国——引者）之社员为 188 名，合计为 293 名"，其中派到军方 105 人中有

---

① 数字系根据《九一八事变前后的日本与中国东北——满铁秘档选编》第 413－452 页数据统计。

② 辽宁省档案馆、辽宁社会科学院编《"九一八"事变前后的日本与中国东北——满铁秘档选编》，辽宁人民出版社，1991，第 412 页。

参事技师4人、事务员、技术员、学校教员58人、雇员14人、日佣24人、华佣5人，派到伪满洲国188人中，有参事技师15人、事务员、技术员、学校教员131人、雇员16人、日佣21人、华佣5人。[①] 伪满洲国成立后，“大批满铁社员获得了抛露头面的机会”。[②] “满洲青年联盟”和“雄峰会”“一伙人为中心的一大批满铁社员登上了”伪满洲国的“政治舞台”。伪满建国之初的“日籍官吏，大部分是南满洲铁道会社及其相关会社的职员”。[③] “以国道局为例，日本人实际占总人数的百分之九十”，[④] 其中多数是满铁成员。伪满洲国成立后，从满铁退职正式转为伪满洲国的官吏达244名，是伪满“日系官吏”的主体。在担任重要职务的24名“日系官吏”中，有11名是满铁职员。他们“简直有点像早年在乡下唱野台子戏开场的头一天一样，谁来的早谁就可以先抢个位置。所以，象满铁的一个卫生课长一跃而成为奉天省的总务司长，本来对司法一窍不通的一个医院的事务长也居然摇身一变而成为司法部的总务司长，这种事例屡见不鲜”。[⑤] 其中最有代表性的应是驹井德三和金井章次了。

驹井德三（1885－?），日本东京人，曾在日本北海道帝国大学农科学习（一说毕业于札幌农业大学）。“在满铁任职多年，有在满洲当地生活的丰富经验”，是满铁早期农业部门的骨干分子。“据说他到东北不久即以一篇题为《满洲大豆论》的文章，得到了东京军部和财阀的赏识，被视为‘中国通’。”[⑥] “在这期间，他曾与小矶国昭大尉共同策划过宗社党事件，以后和小矶的交往就更加密切了。”九一八事变发生后，任关东军统制部长、特务部长，网罗汉奸，拼凑伪满洲国。1932年3月，伪满洲国成立，驹井德三“乘虚而入”，就任伪满洲国国务院总务厅首任总务长官。“由于他和小矶次官有私人关系，所以获得了军方的完全支持，在日系官员中他的权威是没有人能和他相比的，真是大有鹤立鸡群之势。”[⑦] 由于关东军在炮制伪满洲国时确立了通过总务厅控制伪满洲国的方针，故伪满洲国国务院总理表面上虽是郑孝胥，但“‘国务院’的真正

---

① 辽宁省档案馆、辽宁社会科学院编《“九一八”事变前后的日本与中国东北——满铁秘档选编》，辽宁人民出版社，1991，第366、369－370页。

② 参与伪满洲国“建国”初期工作的日本官吏可考者52人（截止到1932年6月），其中非满铁人员29人，占日籍官吏的56%，满铁人员23人，占44%（依据中央档案馆等编《日本帝国主义侵华档案资料选编（3）·伪满傀儡政权》，中华书局，1994，第694－782页资料统计）。这个统计数字并不十分准确和完整，但可以初步说明满铁人员在伪满洲国成立之初所起的重要作用。

③ 古海忠之：《“建国”前后的“满洲国”内幕》，孙邦主编《伪满史料丛书·九一八事变》，吉林人民出版社，1993，第697页。

④ 《满洲国人事行政指导方针要纲》，中央档案馆等编《日本帝国主义侵华档案资料选编（3）·伪满傀儡政权》，中华书局，1994，第103页。

⑤ 森岛守人著《阴谋·暗杀·军刀》，赵连泰译，黑龙江人民出版社，1980，第80－81页。

⑥ 爱新觉罗·溥仪：《我的前半生》，群众出版社，1981，第319页。

⑦ 《阴谋·暗杀·军刀》，第81页。

总理不是郑孝胥，而是总务厅长官驹井德三。其实，日本人并不隐讳这个事实。当时日本《改造》杂志就公然称他为‘满洲国总务总理’和‘新国家内阁总理大臣’”。驹井德三的顶头上司是“关东军司令官，并不是”溥仪“这个名义上的执政”。[①] 驹井德三为人“粗鲁而奔放”，但在执行关东军命令、控制伪满洲国方面发挥了重大作用。

金井章次，1924 年入满铁，任满铁地方部卫生课长、卫生研究所所长等职。1927 年当选为大连市参事会员、大连市议员。1930 年接替小日山直登出任满洲青年联盟理事长。九一八事变发生后，他带领“联盟”会员活跃在关东军司令部周围，协助关东军先后占领并接收沈阳电灯厂、沈海铁道、兵工厂、被服厂、官银号等。1931 年伪满洲国成立前，他辞去满铁一切职务，全身心地投入到伪满政权“建设”中去，先后出任伪奉天省总务厅长、伪滨江省总务厅长、伪间岛省省长（日本人中最早担任伪省长的人）。七七事变发生后，又出任伪蒙疆联合自治政府首席顾问。在炮制、控制伪政权方面发挥了重要作用。

### （四）其他方面的支持

主要有：

1. 内田康哉的回国游说。上面提到关东军需要内田帮助回国进行游说。内田不辱使命，于 10 月 9 日会谈结束后即带着本庄繁重托动身前往日本。10 月 13 日，内田在京都会见日本元老西园寺公望，接着又在东京会见若槻首相、币原外相、政府其他成员和枢密院大员们。

内田在日本活动长达 3 个星期，于 11 月中旬返回大连。内田在日本的游说，对于日本政府全力倒向并支持关东军起了重要作用。在内田游说下，日本政府于 11 月中旬不但完全倒向关东军，支持关东军放手大干（如进攻齐齐哈尔），而且对关东军给予了实质性的支持。先是在 11 月 4 日，日本政府指使满铁支付给关东军 300 万日元“北满经略谋略费”；接着又在 11 月中旬和 12 月中旬对关东军进行了两次较大的军事援助；1932 年初，日本政府还把在东北建立伪满洲国“新政权”一事提到了议事日程上来。[②]

2. 情报方面的支持。早在满铁成立之初，满铁就建立了满铁调查部和东亚经济调查局等庞大的情报机关，对中国各地、特别是东北地区的政治、经济、社会、地理、风土人情等各方面进行广泛调查，为日本侵华和关东军的军事行动提供了大量的情报。九一八事变前后，满铁更是积极地为关东军提供各种情报。据满铁自己记载，1930 年

---

① 爱新觉罗·溥仪：《我的前半生》，群众出版社，1981，第 319 页。

② 内田康哉于 1932 年 7 月 6 日（一说 6 月 27 日）出任外相，推行“焦土外交”。内田能再次出任外相，应与他九一八事变表现不无关系。

满铁提供情报1094件，1931年为18617件。[①] 1932年，满铁发给满铁72个火车站站长、事务主任各种"密探派遣费""密探费"2492.80元，其中最多者120元，最少者6.1元。[②] 在谈到提供情报这一点上，满铁不无得意地说：满铁为关东军"全力以赴地提供了大量有关满洲的各种富有真知灼见的资料"。[③]

3. 在附属地内组建"自卫团"。早在1928年6月，满铁铁岭事务所就在新台子组建自卫团。1931年8、9月，大石桥、长春又先后建起自卫团。九一八事变发生后，因满铁"附属地或其他会社设施，稍一疏忽"，就将受到中国抗日志士的袭击，搞得附属地内的日本侵略者夜不安枕，十分狼狈。故驻在附属地的会社代表，"在时局后援会的领导下"，"组建了自卫团，努力保卫警备设施，一心一意地配合军警的攻防，维持附属地的安宁和秩序"。[④]

4. 接收东北各铁路。九一八事变后，满铁在关东军指使下，先后接收沈海、吉长、吉敦、吉海、奉山、四洮、洮昂、洮索、齐克、呼海等铁路，还派人协助关东军组成沈海铁路保安维持会，恢复沈海铁路的运输，控制伪东北交通委员会等。伪满洲国成立后，满铁与伪满洲国签订《满洲国铁道借款及委托经营契约》（1933年2月9日）等一系列条约和文件，终于实现其垄断中国东北全部铁路的目的。

5. 参与控制东北各地地方政权。1931年11月1日，关东军拼凑了一个"自治指导部"，用于控制地方政权。"自治指导部"部长虽为汉奸于冲汉，但实权却操纵在以满铁为主的日本顾问手中。时"自治指导部"中日本人多达200多人，多为满铁成员、青年联盟和大雄峰会成员，这些人控制了该部顾问、各部部长和部员之职。[⑤] "自治指导部"向满铁沿线21个县派遣了指导员（多为满铁人员），后这些人大都成为伪县公署的"参事官"（后为副县长），控制各县实权。

6. 进行法西斯反动宣传。九一八事变发生后，满铁即派人前往各地进行法西斯反动宣传。派往国内的宣传班先后在东京、大阪、北海道等48个城市进行法西斯反动宣传。派往国外的宣传班先后在上海、纽约、巴黎等各大城市进行法西斯反动宣传。为

---

① 辽宁省档案馆、辽宁社会科学院编《"九一八"事变前后的日本与中国东北——满铁秘档选编》，辽宁人民出版社，1991，第373页。

② 辽宁省档案馆、辽宁社会科学院编《"九一八"事变前后的日本与中国东北——满铁秘档选编》，辽宁人民出版社，1991，第113－115页。

③ 辽宁省档案馆、辽宁社会科学院编《"九一八"事变前后的日本与中国东北——满铁秘档选编》，辽宁人民出版社，1991，第403页。

④ 辽宁省档案馆、辽宁社会科学院编《"九一八"事变前后的日本与中国东北——满铁秘档选编》，辽宁人民出版社，1991，第403页。

⑤ 如"自治指导部"部长、顾问、各部部长和部员共16人，除2人是中国人外（部长于冲汉、自治训练所陈静远），其余均为日本人。而两名顾问、总务部长、社会部长、调查部长和自治训练所前任官员均为大雄峰会或其他满铁人员。

了更好地进行法西斯反动宣传，满铁还先后出版、发行了《满蒙の产业》《满洲写真帖》《满蒙と满铁》《满洲と满铁》《满洲と日本》《满洲概观》等反动刊物；制作并发行了《满蒙破邪行》《辽西の扫匪》《本庄将军の凯旋》等60多部200多集反动电影。其中有声电影《满洲国全貌》还配上英文、法文、德文、意大利文等字幕，发往国外。满洲青年联盟还于9月19、20两日接连在大连召开"非常时期在满日本人大会"，并派出14名代表，分成5个班（即中央班、九州班、中国四国班、关西班、东北班）返回日本进行法西斯反动宣传。东北班的美坂扩三为使"仙台市民"在关东军法西斯行为面前能够"觉醒"，竟不惜在讲坛上剖腹自杀。

此外，满铁还"竭尽全力为去北满、热河进行圣战的"日军"提供宿营、休养等各种方便，联系休息地，使人马得到很好的休养整补"。"以满腔热情和感激之心慰问和迎送军队，以实际行动鼓舞"日军的"士气，组织召开慰灵祭祀，招魂仪式以及修建忠魂碑，悼念阵亡将士之英灵，或者直接参加'剿匪'"。"或者冒着传染病毒的危险，治疗军马，努力防治畜疫，把病床供给军队卫生班，并主动担负起看护和治疗伤病员的任务"，"在救护和医疗方面尽心竭力"。"根据军队的要求，收买提供军用地，建筑和补修军用公路，便于军队机动作战和保卫附属地，还派遣电影放映队，帮助镇抚投降的土匪，统筹现地机关等。"①

九一八事变期间，在满铁3.9万多名社员当中，因九一八事变而"立功"者竟达22254人，占社员总数的57%，其中99%都是日本人，余者为朝鲜人。按日本陆军规定，满铁"立功"者均按现役军人办理。这样在满铁立功人员中，将官级有30人（日本人29人、非日本人1人），佐官级220人（均为日本人），尉官级634人（日本人631人、非日本人3人），下士官4594人（日本人4547人、非日本人47人），士兵16776人（日本人10457、非日本人6319）。② 由此可见满铁在九一八事变中作用之大（见表4）。

**表4　九一八事变期间，满铁"立功"人员情况**

| 立功原因 | 国别 | | 计 |
|---|---|---|---|
| | 日本人 | 非日本人 | |
| 直接参加战争 | 462 | 78 | 540 |
| 担任军队向导和翻译 | 101 | 12 | 113 |
| 负责军事运输（社线内） | 3438 | 2454 | 5892 |
| 派往社外线 | 3243 | 841 | 4084 |

① 辽宁省档案馆、辽宁社会科学院编《"九一八"事变前后的日本与中国东北——满铁秘档选编》，辽宁人民出版社，1991，第403页。

② 满铁：《满洲事变と满铁》，昭和9年12月，第535页。

续表

| 立功原因 | 国别 | | 计 |
|---|---|---|---|
| | 日本人 | 非日本人 | |
| 派往军部 | 161 | 3 | 164 |
| 派往自治指导部 | 82 | 1 | 83 |
| 派往伪满洲国（含协和会） | 97 | 5 | 102 |
| 警备 | 3502 | 730 | 4232 |
| 军用物品供给和改修 | 1984 | 1019 | 3003 |
| 对死伤病兵进行医疗和处理 | 77 | 3 | 80 |
| 参加医疗班 | 271 | 13 | 284 |
| 负责人马防疫 | 9 | | 9 |
| 负责报道宣传 | 15 | 1 | 16 |
| 负责与关东军联系及收集情报 | 153 | 14 | 167 |
| 负责协助军事行动 | 994 | 55 | 1049 |
| 其他事务 | 1295 | 1141 | 2436 |
| 合计 | 15884 | 6370 | 22254 |

资料来源：《满洲事変と満铁》，第 533－534 页。

九一八事变期间，满铁还因九一八事变而支出大量经费。据记载，1931 年度满铁支出事变经费 430.26 万元，1932 年度支出事变经费 576.59 万元，并透支 1933 年度事变经费 158.37 万元。①

这里还应指出的是，九一八事变发生后，不但满铁本社参加了九一八事变，满铁的一些关系会社也参加了九一八事变。到 1932 年 5 月，据满铁自己统计，国际运输株式会社出动 122 人、南满洲电气株式会社出动 39 人、东亚劝业株式会社出动 14 人、满鲜坑木株式会社出动 5 人、溪碱铁路公所出动 26 人，营口水道电气株式会社出动 33 人。②他们或从事“汽车司机”“翻译向导”，或“从事军需品、食品及其他运送工作”，“情报搜集或调查”，或为日军“出发、到达安排住宿以及其他方面给予照料者”，或为日军“搬运弹药及其他军需品，直接支援军事行动者”，或“作为义勇团员而活动”，在九一八事变中发挥了重要作用。上面提到的修复铁路、桥梁和修建公路等活动其实就是满铁关系会社东亚土木企业株式会社进行的。与此同时，国际运输株式会社、大连汽船株式会社、溪碱铁路公所、南满洲电气株式会社、营口水道电气株式会社、南满

① 《现代史资料（7）满洲事变》，第 243 页；辽宁省档案馆、辽宁社会科学院编《“九一八”事变前后的日本与中国东北——满铁秘档选编》，辽宁人民出版社，1991，第 453 页。

② 据辽宁省档案馆、辽宁社会科学院编《“九一八”事变前后的日本与中国东北——满铁秘档选编》，辽宁人民出版社，1991，第 399－400 页数据进行统计。

洲瓦斯株式会社、东亚劝业株式会社、满洲日报社、汤岗子温泉株式会社、哈尔滨土地建物株式会社、株式会社辽东旅馆、满洲市场株式会社等满铁关系会社还因九一八事变支出各种经费489073日元，其中支出最多的是南满洲电气株式会240284日元，支出最少的是汤岗子温泉株式会社1071日元。① 上述这些关系会社都是满铁控股会社，故这些会社派人参加九一八事变应是在满铁授意、同意或支持下进行的，而这些会社在九一八事变后向满铁要求论功“行赏”也充分说明了这一点。②

综上所述，可以看出，满铁在九一八期间，在协助关东军发动侵略战争这一点上确实发挥了重大的、甚至是巨大的作用。满铁的加入，不但大大支持了关东军的侵略战争，而且大大加速了关东军的“胜利”；如果没有满铁的支持，关东军的侵略战争将会变得旷日持久，甚至难以进行。

九一八期间，由于蒋介石“绝对抱不抵抗主义”，战争的结局似乎是早已经决定了，但关东军有没有能力拿到这个“胜利”结局，却还是另外一回事。从当时情况来看，只有一万余人的关东军和4000余人的驻朝日军要想在经费短缺、交通不便的状态下徒步转战在几千公里长的战线上，几乎是不可能的，而满铁的加入，恰恰帮助关东军解决了这两个重大的难题。故满铁的加入虽对战争的结局没有什么大的影响，但却大大加速了战争的进程，即加速了关东军的“胜利”和东北军的失败，这是不言而喻的。

原文载：《抗日战争研究》2007年第2期

① 满铁：《满洲事变と满铁》，昭和9年12月，第551页。

② 有关满铁关系会社向满铁要求论功“行赏”和满铁准备对其论功“行赏”一事，可参见辽宁省档案馆、辽宁社会科学院编《“九一八”事变前后的日本与中国东北——满铁秘档选编》，辽宁人民出版社，1991，第396－404页。

# 满铁在“七七事变”中的侵略活动

王玉芹

南满洲铁道株式会社，简称“满铁”。是日本政府于1906年在中国东北设立的国家垄断资本殖民企业。它不仅是日本帝国主义推行“大陆政策”的主要经济掠夺工具，而且也是侵华的急先锋。满铁以其数十年侵略中国东北积累的雄厚人财物力，竭尽全力支持日军全面侵华战争。本文将具体阐述满铁在七七事变中的侵略活动，以更加深刻揭露满铁的侵略本质。

## 一　为侵略战争提供重要信息情报以及大量资金和物资

为支持日本全面侵华战争，早在事变前，满铁就对华北各地进行了全面的地理和经济等方面的调查。事变期间，应侵华日军的需求，满铁将事变前的调查“成果”紧急送往前线。首先向侵华日军提供了华北各河川（即白河、永定河、天叫河、滹沱河、滏阳河、大清河、南运河、蓟运河）水文等详细资料，确保了华北军事运输的顺利。此外向侵华日军提供了500张华北地图以及平绥线及相关交通线路（道路、河川等）的详细情况。这些信息情报不仅为日军侵华提供了重要的信息帮助，也为日本军方制定占领华北政策提供了重要参考。

不仅如此，满铁以其侵华30年积累的雄厚实力，为日军全面侵华战争提供了大量资金和物资。事变发生后，满铁经理部专门设立了“事变费”财会科目，凡与事变有关的支出均以“事变费”开销。满铁在事变中的支出不仅包括吊慰金、慰问金、大量派遣社员的差旅费，还包括军用铁路的建设、通信器材的购置和电线架设、车辆材料的支出等等。据满铁档案记载，截至1937年12月末，满铁支出事变费垫付金概算总额为1647万圆，其中人件费759万圆，物件费888万圆（包括必要的费用410万圆、铁道总局调度课经由88万圆、工场60万圆、通古线关系330万圆）。[①] 虽然这些支出是为日军垫付的，但也解决了日本侵略军的燃眉之急。此外，满铁还不断向华北各地输

① 辽宁省档案馆编《（满铁密档）满铁与侵华日军》卷16，广西师范大学出版社，1999，第355页。

送军用物资。在满铁档案中，索要军用物资的电报很多，满铁总会满足供给。据记载，仅1937年7月，军用建筑材料就运送了30万吨。[①] 9月，满铁给中国驻屯军提供十马力以上汽艇二艘。[②] 同月，满铁运用大连丸向上海输送10挺二号型毛瑟枪以及2000发炸弹。[③] 12月5日满铁又向上海输送15支二号型手枪以及3000发弹药。[④] 后来又向上海提供109吨重的“黑岛丸”船只，协助运输物资。截至1938年5月5日，满铁共给华北事务所军经理部提供孚友丸、天神丸、新荣丸、伊吹丸等12艘汽艇。[⑤] 总之，无论是建筑材料、军粮，还是军用煤炭以及汽油等，只要日军令下，满铁就会有求必应。这正好验证了满铁成立的初衷，即以经济掠夺所获取的财力，支持日本帝国主义的侵略扩张。

## 二　增设和补设内外机构，适应侵略需要

事变后，满铁根据侵略战争的进展情况，及时调整内外机构。7月13日，满铁在总裁室文书课内设置了本社联络本部，并安排责任人值夜班，[⑥] 负责与华北方面的联络和本社内部各机构之间的联络，同时制定了联络办法，编制了通信密码。同时，指定了本社十三个所工作时间以外的责任者，并公布了其单位电话、住址和住址电话。7月19日满铁在天津事务所内设置了“临时北支事变事务局”，配备人员近百人，设有局长、顾问，下辖铁道联络员本部、计划部和庶务部，庶务部内设有庶务班、人事班、联络班、交通通讯班、宿舍班、会计班、救护班、服务班，后又增设军事密码班。为加强事务联络，7月22日满铁本社成立了由中西理事任委员，总裁室文书课长任总务委员的时局事务联络委员会。[⑦] 7月26日，以天津事务所为主，成立了平津物资供给对策委员会，负责向平津两市满铁社员、满铁派遣员和日本居民提供食物和燃料等物资。8月27日，为了管理日军侵占的华北铁路，适应掠夺的需要，满铁以天津事务所（1935年11月开设）为中心，设置了直属总裁的强有力的统一侵略机关“华北事务局”，任命杉广三郎为局长、石原重高为次长，由满铁总裁直接指挥，其下设庶务班、人事班、经理班、调查班、弘报（宣传报道）班、输送班、工务班、电气班等八个班。该局不仅经营华北铁路，而且经营学校、医院等，同时负责管辖天津输送事务所、丰

① 苏崇民：《满铁史》，中华书局，1990，第746页。

② 辽宁省档案馆编《（满铁密档）满铁与侵华日军》卷15，广西师范大学出版社，1999，第319页。

③ 辽宁省档案馆编《（满铁密档）满铁与侵华日军》卷15，广西师范大学出版社，1999，第279页。

④ 辽宁省档案馆编《（满铁密档）满铁与侵华日军》卷16，广西师范大学出版社，1999，第356页。

⑤ 辽宁省档案馆编《（满铁密档）满铁与侵华日军》卷18，广西师范大学出版社，1999，第87页。

⑥ 辽宁省档案馆编《（满铁密档）满铁与侵华日军》卷14，广西师范大学出版社，1999，第62页。

⑦ 辽宁省档案馆编《（满铁密档）满铁与侵华日军》卷14，广西师范大学出版社，1999，第81页。

台输送事务所、通州建设事务所和北平事务所等。1938 年 1 月 27 日，随着日军司令部进驻北平，“华北事务局”随即迁入北平。同时，满铁还新设北京铁道事务所及出张所、天津铁道事务所、张家口铁道事务所、济南铁道事务所及出张所等四个铁道事务机关；新设通州建设事务所、黄河工事事务所两个建设机关；新设北京诊疗所、天津诊疗所、张家口诊疗所、济南诊疗所等四个诊疗机关。为满足侵华日军需求，事变期间满铁还临时组建了慰问班、救护班、摄影班以及事变记录班等等。满铁内外机构的不断变动，使之在组织上更加适应侵略战争的需要。

## 三　不断向前线派遣社员，为侵华战争提供各项服务

满铁拥有大批专业技术人员，在日本帝国主义武装侵略活动中，其雄厚的专业技术队伍就成为日本侵略军的一支特殊部队。七七事变刚一爆发，满铁遂将大批专业技术人才派到前线，为日军侵华效力。

事变爆发后，关东军铁道线区司令官福岛和吉郎立即向满铁总裁松冈洋右发出指令：“根据关东军命令，依据今年度战时准备计划，受命于准备派遣援助管理北宁铁路从事员及器材的满铁会社，要依照本年度战区司令部战时准备计划，做到将北宁铁道派遣员和修理班，于接到命令 24 小时后就能出发的准备。”① 从中可以看出，满铁社员在此次事变中扮演着主要角色，也说明日军和满铁早已做好了全面侵华的准备。这样，7 月 8 日满铁便派人前往天津，负责满铁与日军铁道运输等事宜的联络。从 7 月 12 日开始，满铁所属各课陆续派嘱托、职员等到山海关、奉天、北平、天津、青岛、上海等地指导侵略工作。为方便工作，满铁打通惠通公司，从 7 月 17 日开始，预定大连到天津间每航班的一个往返座席。满铁根据华北战场需要，随时派出各类优秀人才。满铁档案中详细记载了派遣社员的往来电报，满铁先从天津事务所派出，不足场合，再由本社支援。仅 1937 年 8 月 19 日，关东军参谋长东条英机就向满铁总裁松冈洋右索要人员一千名。② 这些派出社员大部分被充实到中国驻屯军参谋部、顾问部、宣传部、铁道部以及日军公有财产押收委员会等各军事机构中。随着日军侵略战争的不断扩大，派遣人员不断增多。根据满铁统计，1937 年 7 月仅派 48 人，以后逐月上升，8 月 1405 人，9 月 2276 人，10 月 6453 人，11 月 11769 人，12 月 28246 人，1938 年 1 月达最高点为 42582 人，以后虽有减少趋势，但每月都在 8000 到 20000 人之间。从 1937 年 7 月到 1939 年 2 月，满铁共派出 257289 人。③ 上面数字不包括在满铁本社为此次事变工作

① 辽宁省档案馆：《关于满铁与“七七事变”的一组档案史料》，《民国档案》2011 年第 3 期。

② 辽宁省档案馆编《（满铁密档）满铁与侵华日军》卷 15，广西师范大学出版社，1999，第 26 页。

③ 辽宁省档案馆编《（满铁密档）满铁与侵华日军》卷 19，广西师范大学出版社，1999，第 36 - 37 页。

的人员。可见，满铁派出的人员数量之多。

满铁派往前线的人员有的从事军事情报的刺探和收集工作，有的充当华语、英语、日语翻译，有的为日军特种情报班服务，而大量的医护人员则从事战地伤员救护，这也是满铁社员在事变中最主要活动之一。为及时救护侵华战争中牺牲的伤员，满铁每设立一个输送班，便组建配备一个救护班。为做好北宁输送班的救护工作，7 月 19 日满铁派 11 名医护人员组成卫生班出发到达天津。根据军方需求，满铁于 7 月 29 日设置了医院专用列车，配备了医疗设备和 12 名医护人员，开赴天津、北平间，为战伤日军和派遣社员进行战地应急治疗。8 月 22 日、27 日，满铁两次从奉天医科大学派遣 20 名经验丰富的外科医生，以军嘱托的身份，组建了张北救护班，赴前线进行救护工作。8 月 29 日，满铁派 14 名医生和若干护士到达天津，配合丰台输送班进行伤病员的救护工作。而且，满铁除利用原有各铁路医院和附属地医院收容治疗大批伤病员外，为满足前线的紧急救护需要，满铁还强占中国民宅，临时改造成了北宁铁路前门医院、北平医院、平汉铁路医院、平绥铁路医院等四家医院。满铁社员马不停蹄地奔波效劳，充当了日本侵略军的后勤部队。

## 四　全力承担军事运输任务，充当日本侵略军的“运输部队”

七七事变中，满铁以其侵略中国东北掌握的巨大运输力，全面承担了日军入侵华北士兵、货物及武器弹药的运输任务。事变刚一爆发，满铁立刻在山海关开设了以奉天铁道事务所车务课长大西正弘为首的山海关输送班（一度撤销，7 月 11 日又开设），以天津事务所长出面，召见北宁铁路局长陈觉生、副局长王选，要求北宁路协助进行军运。同时，向北宁路各主要车站（如秦皇岛、北戴河、昌黎、滦县、开平、唐山、天津等）派出 4 至 8 名满铁社员，指导监督北宁路的军事运输。然后，7 月 12 日关东军，18 日朝鲜军乘满铁列车经过山海关向天津出动。① 为适应日军的大举进攻，7 月 21 日山海关输送班迁至天津，改称天津输送班。8 月 9 日，天津事务所长再次召见北宁铁路局长陈觉生和副局长王选，宣布该路所有业务由满铁指导，实际上，满铁全面接管了北宁铁路。随着日军侵占地区的不断扩大，仅靠天津输送班已满足不了军事运输的要求，8 月 25 日，满铁又在丰台车站设立了拥有 1200 人的丰台输送班，负责北宁铁路和平绥、平汉铁路的军事运输任务。同时，满铁还将大批社员派往日军铁道部队，担任机车维修、供水、通信等技术工作，协助前线日军铁道部队进行

① 浅田乔二、小林英夫编《日本帝国主义对中国东北的统治》，东北沦陷十四年史吉林编写组译，吉林省内部资料，1994，第 548 页。

军事运输。

事变期间，满铁不仅承担了向关内输送大量侵华日军的任务，还负责运送关内日本居民。日军每侵略一个城市，当地日本人都会根据命令，撤离该地，此时他们全部由满铁运送到中国东北或输送回国。为完成军事运输任务，满铁还将大批物资和机车车辆调入华北。仅军用建筑材料，1937 年 7 月，便运送了 30 万吨，1938 年 9 月，运送接近 80 万吨。1938 年 7 月，满铁调入华北的就有机车、客车、货车等共计 5293 辆。1937 年 7 月至 1939 年 3 月，满铁的军用列车次数，平均每月达 200 列车之多，军用车辆总计达 37 万辆，平均每月达 8000 辆以上。[①] 上面数字说明了事变期间满铁军事运输的繁忙。正因为如此，1937 年满铁各线（包括货车、客车、食堂车、旅馆客车等）运输取得了惊人成绩，具体见下表（单位：万元）。

| | 1937 年 | 1936 年 | 增收额 | 增加率（%） |
|---|---|---|---|---|
| 社线 | 14990 | 13452 | 1538 | 11.4 |
| 国线 | 15540 | 12470 | 3070 | 24.6 |
| 北鲜线 | 800 | 638 | 162 | 25.4 |
| 合计 | 31330 | 26560 | 4770 | 18.0 |

资料来源：户泽：《戰時態勢下の滿鐵連輸の躍進》，《滿州評論》第 14 卷第 15 号，昭和 13 年 4 月 16 日。吉林省社会科学院满铁馆藏档案。

注：原资料数字有三处错误。

从上表中可以看出，1937 年总局管辖下的铁道收入为 31330 万元，比 1936 年增加了 18.0%，创造了满铁运输史上的空前成绩。随着日军侵略战争的不断扩大，满铁进行了“特殊输送”的动员。由于运输任务繁重，且受时间限制，加之运输途中遇上了许多水灾、风灾等自然灾害，因此满铁社员在运输中出现很多伤亡事故。于是满铁自诩“满铁的功绩不次于前线活跃的皇军将士，这也应该说成是社员默默无闻的伟大功绩”。[②] 除铁路运输外，满铁还向日本陆军提供船只，配备船员，协助日军海运、河运等。

## 五　处心竭虑安抚满铁社员和前线侵华士兵

思想支配行动，前线侵华士兵的精神状态直接影响到侵华的进程。满铁为调动前线侵华日军和满铁社员的积极性，想尽各种办法对他们进行精神安抚。

① 苏崇民：《满铁史》，中华书局，1990，第 530 页。

② 户泽：《戰時態勢下の滿鐵連輸の躍進》，《滿州評論》第 14 卷第 15 号，昭和 13 年 4 月 16 日。吉林省社会科学院满铁馆藏档案，第 9 页。

首先，不断增加满铁社员收入。事变第二天，满铁就决定发放事变津贴和派遣津贴。发放办法中规定：对天津事务所所属员工和一切华北在勤社员发放事变津贴，从7月8日到10月31日止，日本职员每人每天最高发放6圆，11月1日以后每人每天发放5圆；对华北派遣社员发放派遣津贴，派遣津贴按派遣地区划分为甲、乙两个等级。而且，满铁对事变“立功者”实行奖励政策，具体将事变功绩分为两种，一种是特殊功绩（例如战斗），一种是一般功绩。特殊功绩要及时通报时间、场所、特殊功绩概要、有关者姓名（长以下全员）的编成和各自分担的业务、关东军的部队名和指挥官姓名等。一般功绩每半年必须通报，按业务种类通报事项概要、关东军部队名称及指挥官姓名等。① 满铁将这些事变功绩做成“军事功绩调查资料”，该资料分“甲号”和“乙号”两种，详细记录了内田初雄、盐川荒雄等人的事变功绩。之后满铁对其论功行赏，因此满铁社员收入不断增加。例如总裁室文书课的内田初雄，1937年7月7日月薪78日元，1938年4月1日月薪86日元，1939年1月1日月薪95日元，1939年4月1日月薪105日元。②

其次，慰问侵华日军和满铁社员。事变爆发不久，满铁总裁松冈洋右便于7月12日和25日，两次致电中国驻屯军司令官，对侵华日军表示慰问。同时，满铁奉行和九一八事变相同的政策，向伤亡日军赠送吊慰金，并制定了吊慰金和慰问金发放办法，该办法规定：“吊慰金是支付给战死日军的抚恤金，其中将校级每人600圆、士官400圆、士兵300圆；慰问金是支付给受伤日军的安抚金，其中重伤者将校级300圆、士官200圆、士兵150圆；轻伤者将校级每人100圆、士官70圆、士兵50圆。”③ 截至7月24日，满铁支出吊慰金6200圆，慰问金2850圆。上海事变中，满铁赠送陆海军吊慰金5万圆。④ 8月6日，满铁组织了以代理总裁宇佐美理事、杉广输送委员长、冲田人事课长等官员组成的16人慰问团赴华北对铁道军事运输人员、会社派遣社员和伤病日军进行了慰问。慰问团从沈阳到天津、北平，沿途各站停留，对被慰问人员给予金钱和物质奖励。然而，中国人和日本人的慰问金却是不同的。日本社员每人5圆，共发1500人；中国社员每人只发1圆50钱，且只发500人。而且，日本人的慰问品总价值是中国人的九倍多。⑤ 9月27日，满铁总裁委派中西理事携带总裁的感谢状和慰问金，赴上海方面，慰问上海第三舰队司令长官、驻支大使、民团以及有关方面。10月23日，满铁发放14万圆慰问金，其中华北第14军3万圆、上海陆军2万圆、上海海军2

① 南满洲铁道株式会社总裁室人事课：（秘）《支那事变功绩上申准备内规》，出版地不详，第5页。

② 辽宁省档案馆编《（满铁密档）满铁与侵华日军》卷19，广西师范大学出版社，1999，第133－134页。

③ 辽宁省档案馆编《（满铁密档）满铁与侵华日军》卷14，广西师范大学出版社，1999，第355页。

④ 辽宁省档案馆编《（满铁密档）满铁与侵华日军》卷14，广西师范大学出版社，1999，第230页。

⑤ 辽宁省档案馆编《（满铁密档）满铁与侵华日军》卷14，广西师范大学出版社，1999，第331－333页。

万圆、华北第24军7万圆。[①] 10月25日，赠送察哈尔、绥远方面关东军慰问费2万圆。[②] 12月4日，满铁向北宁津浦线、京津线、京绥线、华北、通州、上海方面派遣慰问班，发放慰问品以及新年用品，慰问品共计33500圆，社员酬金各3000圆。[③]

最后，不断向前线致贺电。日本侵略军每占领一地，满铁总裁松冈洋右总是立即致电日军表示祝贺。例如，11月8日对日军占领太原致电表示祝贺；12月10日对日军进攻南京致电以表谢意；1938年5月20日对日军占领徐州致电祝贺；10月26日致电日军，对日军攻占汉口以示谢意；等等。同时，满铁吉林社员会联合会、上海事务所长、满铁社员会公主岭联合会长等还发送多封激励前线士兵的激励电和谢电等，祈祷华北驻在社员平安，弘扬满铁魂。

此外，满铁福祉课负责对华北驻在员以及与事变有关的派遣人员残留家属之救济、慰问、以及提供方便等，并将派遣社员的情况及时通知家属。同时，应关东军和天津部队的要求，满铁于7月15日下午二点派遣以嘱托芥川光藏为首的四个摄影班，乘长平丸号到北平，拍摄北平到天津之间皇军侵略实景以及满铁社员的活动状况。这不仅鼓励了士兵侵略，而且满铁还利用这些影片宣抚民众。满铁的这些支持、鼓励活动，鼓舞了前线侵华士兵的士气，免除了他们的后顾之忧，激发了他们的侵华积极性。可见，在日本全面侵华活动中，满铁在精神安抚方面起到了重要作用。

综上可以看出，满铁在七七事变中紧锣密鼓地奔波效劳，确实发挥了其他殖民组织难以取代的重要作用。为此，满铁在事变中的功绩也得到了应有的肯定。满铁曾多次收到来自陆军大臣、海军大臣、关东军司令官、华北方面军司令官以及上海住勤海军武官的感谢状。因此，满铁在七七事变中真正发挥了“一贯是大陆政策中心”[④] 之作用。七七事变后，由于满铁和日本国内各种经济势力因掠夺华北经济发生矛盾，1939年4月日本内阁强迫满铁将华北铁路交通事业移交给新设立的又一侵华组织——华北交通会社，因此，满铁在华北的势力逐渐减弱；1945年8月，中国人民取得了抗日战争的伟大胜利，满铁这个庞大的侵华特务组织，终于随着日本侵略者的无条件投降而最终覆灭。

原载《长春工业大学学报》（社会科学版）2007年第2期

① 辽宁省档案馆编《（满铁密档）满铁与侵华日军》卷16，广西师范大学出版社，1999，第79页。

② 辽宁省档案馆编《（满铁密档）满铁与侵华日军》卷16，广西师范大学出版社，1999，第55页。

③ 辽宁省档案馆编《（满铁密档）满铁与侵华日军》卷16，广西师范大学出版社，1999，第222页。

④ 原朗：《经济调查会立案调查书目录》卷1，本之友社，1996，第1页。

# 满铁及日本民间势力对“九一八”事变的策动

王希亮

1931年9月18日，日本关东军发动了侵占中国东北的“九一八”事变。表面上看，当时的关东军只有1个师团及6支独立守备大队的兵力，但它的身后，除了日本国家军事力和经济力的强大后盾外，在东北的20几万日本人中，编入预备役的青壮年以及在乡军人就有6万人之多，而且满铁等垄断资本在武装动员、兵力和物资运输、参与傀儡政权建设等方面发挥了不可替代的作用。

## 一 “满洲青年联盟”与“大雄峰会”的躁动

1928年12月29日，继承父业的张学良宣布改旗易帜，这是日本当局和在中国东北的日本人最不愿意看到的结果。在此之前，日本官方千方百计出面阻挠，甚至施展恫吓的手段。日本右翼巨头大川周明也赶到奉天，劝说张学良“使满洲脱离国民政府，与日本共同在满洲建立王道国家”[①]。他还在文章中公开宣扬“满洲自古以来就不是中国领土”，“不能把满蒙称作支那”，“支那是满蒙的侵略者”，“日本必须维护东亚全体的治安……如果日本从满蒙退却，满洲将同中国本土一样陷于混乱的境地，我国在日清、日俄战争中的牺牲将付诸东流……这将是亡国之路，日本是否从满蒙退却的问题，是关系到日本兴亡的问题”[②]。大川周明虽然未能阻止东北易帜，但是他的衣钵却被在中国东北的右翼团伙成员所继承，其头目便是满铁东亚经济调查局人事部主任笠木良明，他曾伙同大川创建“犹存社”和“行地社”等右翼团体，1929年转入满铁本部，遂联络在奉天的律师中野琥逸等人，成立一个“大雄峰会”，吸收满铁社员及在东北的日本人参加，标榜“崇奉明治天皇的遗德”，“实现拯救各民族的悲愿”。[③] 在此稍前，满铁还成立了一个激进团体称“满洲青年议会”，由满铁地方课长平岛敏夫任议长，宣

---

① 山室信一：『キメラ—満洲国の肖像』，中公新书，1993，第99頁。

② 大塚键洋：『大川周明』，中公新书，1995，第150－151頁。

③ 满洲国史编纂刊行会：『满洲国史』総論，第一法规出版株式会社，1973，第84頁。

称要“以年轻人纯真的热情和爱国心死守满蒙”，“以全体国民的热血换取满蒙”①。该议会还抛出一个《满洲自治国建设案》，公开打出分裂中国东北的旗号。1929 年 1 月，“满洲青年议会”改称“满洲青年联盟”（以下简称“青年联盟”），以满铁理事小日山直登为理事长（后继者为金井章次），提出一个《满蒙自治制》的议案，内称：“满蒙特殊区域，深受中国军阀野心之灾祸，迫害居民，妨碍营业，阻挠天然资源开发，已完全忘却功存共荣之意义。我等出自人类博爱，为拯救彼等摆脱暴戾之政治压迫，以维持永久和平，故特制定满蒙自治制，以期满蒙获得发展。”② 青年联盟在东北组建有 19 个支部，会员达 2579 人。

上述两个日本人右翼团体出笼伊始，便积极配合关东军大造“满蒙生命线受到威胁”的舆论，鼓吹以武力吞并东北，保卫日本的“生命线”。“中村大尉事件”后，关东军司令部向国内散发歪曲事实的“中村大尉被虐杀事件真相”，青年联盟立即编写一部《满蒙问题及其真相》的小册子，印发 1 万余册，分发给政府要员、国会议员、各县市政府机构、各新闻媒体及社会团体等。内称“满蒙乃我国国防的第一线，作为国军的军需产地，不仅具有贵重性，而且作为产业发展的资源地、食品补给地，都是关系我国存立的极其重要的地域”，目前，日本正面临“所有权益被一举消除的险难”，“吾人奋起，以促进 9000 万同胞猛醒”③。1930 年 6 月 13 日，青年联盟在大连召开“打破难局时局问题大会”，提出“维护条约”“确保生存权”及“打开难局”等口号，另提出 5 项纲领，分别是“打破多头政治”（指在东北的关东军、关东厅及外务机关三头政治——作者注），“设立在满邦人舆论会”“排击铁路交涉”“根绝排日教育”“实现满蒙各民族协和”等。随后，青年联盟及大雄峰会分别组织“武力解决游说队”，分赴旅顺、鞍山、奉天等地到日本人中间游说。青年联盟还组成一支“母国访问团”，返回日本四处游说，散发《满蒙三题》小册子以及《确保帝国生命线声明书》，叫嚣日本的“满蒙生命线”受到“威胁”，煽动以武力解决满蒙问题。“母国访问团”受到国内右翼团体的热情接待和支持。6 月 16 日，大日本生产党邀请“母国访问团”成员在赤坂召开“满鲜问题国民联盟发起人会”，内田良平、佃信夫、葛生能久等数十名右翼巨头出席了大会，会议做出“膺惩暴支，绝对反对软弱的币原外交”的决议。7 月 18 日，“国民联盟”代表偕同“母国访问团”成员面谒若槻礼次郎首相，敦促当局出兵解决满蒙问题。当日，右翼团体又在上野公园召开“满鲜问题国民大会”，日本政要男爵井上清纯、预备役中将佐藤安之助、参谋本部少佐远藤三郎、社会名流三宅雪岭博

① 日本国際政治学会、太平洋戦争研究部：『太平洋戦争への道』1·満洲事変前夜，朝日新闻社，1963，第 360 頁。

② 满洲国史编纂刊行会：『满洲国史』総論，第一法规出版株式会社，1973，第 83 頁。

③ 日本国際政治学会、太平洋戦争研究部：『太平洋戦争への道』1·満洲事変前夜，朝日新闻社，1963，第 387 頁。

士出席了会议。7月20日，各右翼团体代表又拜会了政友会总裁犬养毅、满铁总裁山本条太郎、副总裁松冈洋右、陆相南次郎、拓务相原修次郎、参谋本部作战部长建川美次郎以及外相币原喜重郎等政要，鼓动当局迅速出兵，彻底解决满蒙问题。当日晚，由“满鲜问题国民同盟会”主持，在青山会馆召开演说会，出席者达2000余人。到7月30日，“母国访问团”先后在东京商工会议所、政友会、贵族院研究会、东京日日新闻社举行了演说。7月31日，“母国访问团”又移往关西，在大阪商工会议所、大阪朝日、每日新闻社、神户商工会议所、下关商工会议所、福冈日日新闻社等召开多场讲演会，狂热鼓吹以武力解决满蒙问题，直到8月10日才返回大连。“九一八”事变爆发后，青年联盟又组织第二次、第三次“母国访问团”，在全国范围内宣讲所谓的事变真相，敦促军政当局支持关东军的军事行动，立即承认伪满洲国，还发表声明宣称，“断然拒绝第三国或国联干涉此次关东军的正当自卫行动”，“不同南京政府进行交涉”，“由满蒙当地善良的居民实行自治”等[①]。

为配合右翼团体和“母国访问团”的鼓噪，日本陆军省出动飞机在列岛上空散发10万余份传单，传单上写道：“呜呼我权益，醒来吧！为了国防！”鼓吹“以‘中村大尉事件’为契机，坚定不移地推行大陆政策”。还有一些青年军官涌进靖国神社，为中村举行追悼会，甚至割破肌肤用鲜血涂抹太阳旗。就这样，日本国内到处充斥着武力侵吞中国东北的舆论氛围，如同一只即将点燃的火药桶，顷刻间就会迸发。

## 二　满铁的助力

“九一八”事变后，关东军司令官本庄繁特别颁给满铁一份《感谢状》，内称：“关东军的神速行动，实是以帝国实力为后盾的满铁的功劳。手无寸铁的各位社员，担任繁重的军事运输，勇敢地奔向危险地区，可以说是发挥了日本的传统精神。对此，本职甚为欣慰而又不胜感谢之至。但念及死于刀锋之下的社员及遗族，又感到十分悲痛。兹奉天皇之命，行将离开终生难忘之满洲，谨对诸位社员的伟绩和支援表示衷心感谢之意。”[②] 这份表彰满铁“伟绩”的《感谢状》，正反映出满铁对推动“九一八”事变发挥的作用。

满铁总裁松冈洋右为此津津乐道，自诩“九一八”事变是“关东军和满铁的共同行动”。他举例称：“军方之所以能那样迅速地用兵，如无满铁的铁路线路是不能实现的。满铁社员与关东军并肩作战，不分昼夜地担任军队和军需品的运输……有的在黑

① 满洲国史编纂刊行会：『满洲国史』総論，第一法规出版株式会社，1973，第130頁。

② 《关东军司令官本庄繁给满铁的感谢状（1932年8月8日）》，载解学诗主编《满铁档案资料汇编》第13卷，社会科学文献出版社，2011，第446页。

夜里无所畏惧地以先行列车闯过敌阵；有的经常在炮火中驾驶装甲车同军队在一起或开到军队的前头。又如在枪林弹雨中沉重果敢地修筑遭受破坏的线路，迅速架设被烧毁的铁桥，并在败军出没无常的地区，不畏严寒，毫不退缩，勇敢地架设和修理对军事联络不可或缺的电报电话线等工程”，“经满铁长期培养精通汉语的日本人和擅长日语的中国人在积极进行谍报和联络活动。满铁所掌握的地形、地质勘探及其他调查研究资料，也都直接在军事活动上发挥了作用，这一成绩也是很大的……仅仅举出这些事例，便足以证明我所说的发动满洲事变和建设满洲国是关东军和满铁的共同行动这句话，既非轻率也非夸张之言”。①

正因为满铁全力以赴协助和参与“九一八”事变，战后论功行赏时，满铁社员中有22254人受到不同形式的奖赏，占满铁社员总数39096人的56.9%，其受奖赏的理由包括直接参加战斗540人；充当向导或翻译113人；参加运输5892人；派赴军部、自治指导部、伪满洲国及协和会349人；参加警备4232人；联络及搜集情报167人；协助军事行动1049人。其他还有因参与医疗、供给、防疫、宣传等活动而获得奖赏。

“九一八”事变前后，满铁调查机构也发挥了重要的作用，除一般情报外，满铁调查机构利用地面熟悉、网络广泛、人员专业的优势，侧重收集抗日武装的情报，“直接提供给驻守当地的守备队、宪兵队或警察署等部门”。满铁本社还特意下拨情报经费，指示满铁沿线的事务所“及时而准确地搜集有关兵匪的情报，全部提供给驻守当地的军警”。另据满铁档案资料记载，事变后，满铁“仅提供给陆军、领事馆、警察署及其他机关的（情报）即达数万份，对制定时局对策和防遏兵匪贡献很大”②。满铁设在各地的事务所、公所等，也一律转变职能，成为关东军的情报站点。如大石桥事务所，“事变后即着手搜集各种情报，向管内各地派遣认为可靠的中国人密探，侦察匪贼动态，并与守备队、警察署、宪兵队等进行联系”。营口事务所“除情报工作者外，其他全所人员也协助搜集情报……特别对匪贼状况、各种经济问题及其他有关时局的情报予以充分的注意”。事变发生后，鞍山事务所人手不足，除情报人员外，把消防人员也派出去“担当各地的情报搜集工作”，还把情报人员派到军队、宪兵队和警察署，“始终保持联系”。奉天事务所“竭尽全力进行工作”，“以奉天事务所为主体，由陆军、领事馆、海军特务机关、警察署等单位派代表参加，每周召开恳谈会三次，交换情报”③。满铁辖下的抚顺煤矿在事变爆发后，立即意识到搜集情报的重要性，“以原从事搜集煤矿内外各种情报的各采煤所劳务系为主，和各所自卫团共同负责搜集情报工作，对于抚顺附近匪贼的动态、附近中国人村落和中国人街状况、中国工人的思想倾向等，

---

① 解学诗主编《满铁档案资料汇编》第13卷，社会科学文献出版社，2011，第443页。

② 解学诗主编《满铁档案资料汇编》第13卷，社会科学文献出版社，2011，第479页。

③ 解学诗主编《满铁档案资料汇编》第13卷，社会科学文献出版社，2011，第480、481页。

经常派出密探进行侦察”①。

1931年11月，关东军向齐齐哈尔进犯，洮南事务所“大力进行慰问日军、采购粮秣、设置无线电台等工作，在建设陆军飞机场时也承担了不少的工作，并且除每日晨向军方提供气象情报外，尚对汽车、自行车、各种毛皮、羊毛的产量、家畜屠宰数、牲畜价格及洮南附近7县的情况进行了调查”，洮南公所长还担当了降日伪军张海鹏的顾问②。其他如齐齐哈尔、吉林、长春、郑家屯事务所或公所也都不同程度地为关东军侵占东北做出了“贡献”。

1932年2月，关东军侵占哈尔滨之前，哈尔滨事务所的“所员与日侨合力组织了义勇团，备尝围困10天的苦难。日军入城后……所内组织了临时时局事务所，配合军方要求，专门调查经济资源、交通、行政各机关的内容及逆产等情况。部分所员还担任了中、俄语的翻译”③。

满铁的宣传机关（庶务课弘报系）则承担舆论宣传工作，“九一八”事变后的第二天，弘报系就组织人员拍摄奉天、长春、吉林等日军侵占地的纪录片，制作成《满蒙破邪行》影片，并把胶片寄往东京、大阪、下关事务所、东亚调查局，以及国际联盟日本代表处，满铁驻巴黎、纽约事务所等。满铁还组成国内宣传班，携带拍摄的影片及其他宣传资料返回国内，在参谋本部的配合下，在整个列岛进行历时一个月的巡回演出、讲演和散发资料。据统计，宣传班到达的县市除东京、大阪等大城市外，还包括盛冈、若松、新潟、青森、仙台、福岛、秋田、山形、米泽、甲府、长野、宇都宫、静冈、滨松、名古屋、岐阜、富山、金泽、福井、敦贺、京都、大津、奈良、江津、鸟取、松江、神户、姬路、冈山、广岛、下关、德岛和歌山等几十个大中小城镇，几乎遍及整个列岛。宣传班“进行宣传时，由于得到事前联系好的市镇当局、退伍军人会的帮助和东京支社、各鲜满问事处、东亚调查局的协力，做好筹备工作，因此各地都呈现听众充溢会场的空前盛况，讲演及放映均使听众受到很大感动，收到了预期的效果”④。满铁的舆论宣传完全颠倒黑白，歪曲事实真相，竭力美化关东军的侵略行径，蒙骗不了解事实真相的日本民众，进一步点燃了岛国的军国主义狂热，产生了极其恶劣的影响。

在日本国内宣传的同时，满铁受关东军的指派，组织了两支东北宣传班，“通过影片对中国人介绍我国的文化设施，宣传帝国军备的充实及其威力，并宣传有关促进满洲国建国和建设的各项运动”。两支宣传班各用了近一个半月的时间，几乎走遍日军占

① 解学诗主编《满铁档案资料汇编》第13卷，社会科学文献出版社，2011，第481页。

② 解学诗主编《满铁档案资料汇编》第13卷，社会科学文献出版社，2011，第486、487页。

③ 解学诗主编《满铁档案资料汇编》第13卷，社会科学文献出版社，2011，第485页。

④ 解学诗主编《满铁档案资料汇编》第13卷，社会科学文献出版社，2011，第491、492页。

领区的几十个城镇，先后有8万余中国民众被迫接受日方的宣传①。

事变后，满铁经营的医院立即转型成为日军的战地医院。其中，营口医院变成关东军野战医院的医务兵站，“无偿提供为患者收容所”。长春医院也挤出几个病房作为关东军的“卫戍医院”。此外，吉林东洋医院、满洲医科大学以及哈尔滨医院都全力以赴救助日军伤病员，“全院人员为患者的收容、诊疗、看护、慰问而奔忙”②。

## 三 日本人自卫团、义勇团的活动

前有所述，“九一八”事变当时，关东军只有一个师团及6支独立守备大队，如果包括旅顺重炮兵大队、关东军宪兵队、飞行队、辎重队及野战医院等，总兵力不足2万人，与当时驻扎东北各地的20万东北军对比，兵员数量明显薄弱。但是，除正规武装外，截至1928年，在东北编入预备役的日本青壮年总计42081人，在乡军人16256人，另有1326人接受过征兵检查，535人接受过军事勤务训练③，总数为60198人。“九一八”事变前，满铁出于“战略目的”，为便利“在乡军人平战两时的召集”，平素对这些人关照有加，拨有专款定期补助。据满铁档案资料记载，满铁每年对在乡军人会补助1万元左右④。此外，各地方公所或事务所也对所在地的在乡军人会提供补助。所以，“九一八”事变爆发后，大批在乡军人以及满铁社员在关东军的统一调度下武装起来，直接参与了侵略中国东北的活动。

如前所述，满铁社员中，直接投入军事行动的人员就有540人，另有5000余人参与警备或“协助”军事行动。在东北的在乡军人、其他行业青壮人员也纷纷组建各种形式的武装，由关东军提供武器，承担交通枢纽、港湾、厂矿、仓库、机关等守备任务及后勤补给。鞍山制铁所的在乡军人“组成自卫团、义勇团协助军警担任巡察队和地方警戒；或根据情况把武装所员分配到守备队和警察署”。四平街事务所“以在乡军人、青年训练所学生为中心组织了警卫团，担任铁路和城市的警戒，并在四平街附近，协助军队解除了（中国）公安队的武装……所员中的在乡军人都参加了警备团的工作”，“在乡军人为中心的警备团组成后，训练所学生立刻参加了传令和步哨等勤务”。长春事务所联络市内日本各机关，“编成义勇团，设时局系，义勇团由青年训练所、健

① 解学诗主编《满铁档案资料汇编》第13卷，社会科学文献出版社，2011，第494页。

② 解学诗主编《满铁档案资料汇编》第13卷，社会科学文献出版社，2011，第477、478页

③『関東庁要覧（1928年）』，日本国立公文書館・アジア歴史資料センター：レファレンスコード：A06033513800。

④《帝国在郷軍人会满洲联合支部长斋藤恒致山本条太郎函（满联支第七七号，1928年6月9日）》，载辽宁省档案馆、辽宁省社会科学院编《“九一八”事变前后的日本与中国东北——满铁秘档选编》，辽宁人民出版社，1991，第124页。

儿团、在乡军人组织而成，担任附属地内的警戒，参加到警察署方面去……宽城子及南岭战斗结束后，从事伤员的收容和救护、战死者的善后对策，被俘军警的翻译，没收文书及情报翻译，援助军队解决宿营地等项工作……事务所繁忙达于极点，所员不眠不休，轮班在事务所内吃住，其困难纸笔难述”①。1932 年 2 月，在乡军人会会长特向全体在乡军人发出“慰问词”，内称：“满洲事变爆发后，（在乡军人）冒着无数危险，发挥义勇奉公精神，不顾个人生命财产，致力维护各项公共利益……或支援军事行动，或执武器参加战斗，或负责保护侨民，已发挥出会员之真正价值，凡此均有赖于平素修养，亦属军人精神之表露，实不胜感谢之至。”②

除在乡军人外，附属地内的日本学校师生也都停课投身到事变之中。据满铁档案资料披露，“各地训练所的学生和职员，均与军队、警卫团保持联系，分担警卫任务，或支援军队的后勤，或搬运军需品，给军事行动以多方协助”。为此，事变后，奉天中学校、奉天青年训练所、长春商业学校、抚顺中学校、抚顺工业实习学校等都获得关东军司令部《感谢状》。其中，满洲医科大学组成大学生义勇团，编成两个警备队，分别是附属地警备队和大学警备队，协助关东军担负“非常事变的警备”。鞍山中学“事变以来一直为时局贡献力量，特别在警戒方面，（1931 年）11 月职员学生与在乡军人共同参加示威游行，12 月全校学生实行警备演习，准备应付非常事态”。营口商业实习所“组织了自警团担任校舍的警备。另外，有在乡军人籍的以第一部实习生为主力的一团，轮流担任新市街附属地的警戒”。熊岳农业实习学校“担任警戒或挖战壕”。辽阳商业实习所“担任市内的警备……辅助在乡军人巡视市内和担任放哨工作”。满洲教育专门学校“按照配属军官的命令立刻武装起来，担任学校附近一带的警戒任务……又参加了奉天市内的巡逻和放哨活动，警察当局曾表示感谢”。奉天中学校“把学生、职员紧急集合起来加以武装……与在乡军人会共同合作，担任奉天城内的警备和维持治安，贡献很大”。四平街青年训练所“即时参加以在乡军人会为中心组成的警备团，担任传令、放哨等警备任务”。抚顺中学校“召集三年级以上学生并武装起来，担任抚顺站、煤矿事务所的警备任务，并在市内巡逻和守卫邮局和学校……1932 年 9 月 15 日半夜，大刀会匪 1000 名，侵入抚顺南部地区，三年级以上学生再次紧急集合，担任永安桥塔湾街道方面的警备，以后直至 19 日，学生彻夜进行守备。关东军司令官以及其他方面授予感谢状”③。这里的“大刀会匪”等语，指的是辽宁抗日义勇军袭击抚顺煤矿的一次行动。第二天（1932 年 9 月 16 日），抚顺日军守备队竟对当地无辜民众实施

① 解学诗主编《满铁档案资料汇编》第 13 卷，社会科学文献出版社，2011，第 472 - 474 页。

② 《在乡军人会会长铃木庄六的慰问词（1932 年 2 月）》，载辽宁省档案馆、辽宁省社会科学院编《“九一八”事变前后的日本与中国东北——满铁秘档选编》，辽宁人民出版社，1991，第 129 页。

③ 解学诗主编《满铁档案资料汇编》第 13 卷，社会科学文献出版社，2011，第 475 - 477 页。

报复，在光天化日之下制造了屠杀3000余平民的“平顶山事件”，抚顺中学校日本学生在此期间参与“警备”，无疑也充当了日军刽子手的帮凶。

## 四 伙同关东军炮制伪满洲国

### 1.“满蒙独立国”方案及自治指导部的“建国促进运动”

众所周知，关东军发动“九一八”事变之前，就已经酝酿成熟割裂中国版图、建立傀儡政权的计划。而且，这一计划绝非军部独占的“专利”，而是日本军政当局以及右翼社会蓄谋已久的阴谋。早在第一次世界大战期间，右翼团体黑龙会头目山田良政就提出一个分裂中国东北的构想，他主张，“利用清朝的残余势力，将南满洲及东蒙保护国化，强化日本的支配权”，“作为帝国的使命，是眼下最大的急务，为了解决支那问题，必须从根本上解决满蒙问题”，“由于清朝的崩溃，在满洲，有利用溥仪的可能性”①。事变前的1931年7月，青年联盟干员小山贞知也抛出一个“满洲与日本共存论”，主张“使满蒙全域中立于日中俄之间，组织东亚六族之大同国家”②。这里的所谓“中立”，不过是受控日本操纵的代名词而已，“六族”里则包括日本人。小山贞知的主张得到青年联盟和满铁高层的赞同，并将此方案呈报给关东军及国内军政要员。

“九一八”事变爆发后，青年联盟和大雄峰会积极配合关东军展开了一系列收罗汉奸、炮制傀儡政权、镇压抗日民众等反动活动。9月20日，青年联盟抢先发表坚决支持关东军军事侵略行径的声明，内称“此乃我大和民族向大陆发展的第一步，要堂堂踏入，高歌猛进”③。10月23日，青年联盟理事长金井章次又以青年联盟的名义，向关东军司令官本庄繁献上了一份《满蒙自由国建设纲领》，内中包括“约法”“中央政府组织”“地方组织”“地方行政宗旨”“建设步骤”等项。《纲领》提出，“以各民族协和及自由平等为宗旨，排除军阀，依靠文治主义，使之从战乱之中国本土中分离出来”，“日本人不仅充当顾问或咨议，更应作为国家之直接构成分子参政”。具体内容包括：（1）东北四省实行彻底的门户开放；（2）本着各民族居住者协和及平等自由的宗旨，凡现在居住的各民族均为自由国民；（3）排除军阀，实行彻底的文治主义，把满洲从动乱的中国本土分离出来，以期东北四省彻底的经济开发。④ 几乎与此同时，在满铁社员的协助下，关东军出台《解决满蒙问题根本方案》，其中“方针”一项明确指出：“同中国本土割离，表面上由中国人统一，军权掌握于我手中，以东北四省及内蒙

---

① 初瀬竜平：「内田良平と中国問題」，歴史·政治·経済論説資料保存会『中国関係論説資料』第4分册下，「アジア研究」第17卷3·4号，1971，第30頁。

② 满洲国史编纂刊行会：『满洲国史』総論，第一法规出版株式会社，1973，第117頁。

③ 山室信一：『キメラ满洲国の肖像』，中公新书，1993，第99頁。

④ 山室信一：『キメラ满洲国の肖像』，中公新书，1993，第96、97頁。

地域为版图，建设独立之新满洲国家。”[①] 可见，青年联盟的《纲要》与关东军的《方案》有异曲同工之处。同年12月，《满洲评论》主笔橘朴发表《建国大纲之我见》，他主张：“为保境安民，建设新独立国家实属绝对必要，应由公民组织民族联合国家”，“国民会议构成应考虑各民族对等，个人民主之要求，以及对建国有功绩之日本民族立场等”[②]。

1932年1月，满铁为筹划建立傀儡政权专门召开一次会议，会议讨论了“国家首脑的确定”“独立宣言”“国家根本机构”以及“对外问题”“租借地与附属地”“海关”“经济方面”等事宜。会议认为，（东北）“作为中国本土之一部而存在时，必将受其内乱之影响，无法在满洲施行德政，因而有独立之必要”，“就历史而言，满洲并非中国之一部”[③]。这次会议不仅强调“满蒙独立”的必要，而且重弹“满洲非中国领土论”老调，无非是制造侵吞中国东北的借口而已。

日本关东军占据沈阳后，扶持汉奸相继成立起由日本顾问控制的“奉天自治维持会”、“辽宁省地方维持会”“奉天省政府”等傀儡机构，还成立了以关东军大佐土肥原贤二为市长的沈阳市政府。但是，辽宁省所属各县大多陷于政权瘫痪、日本侵略势力鞭长莫及的混乱状态。为此，关东军首脑指示青年联盟和大雄峰会筹划“迅速恢复秩序，维持治安，不拘中央政权何时成立，首先策划地方各县独立事宜”的方案，[④] 于是，青年联盟抛出一个《地方自治指导部设置要领》（以下简称《要领》）。该《要领》主张，在中央政权内设置自治指导部，由指导部向各县派出自治指导员，在当地成立县一级的自治指导委员会及自治执行委员会，分别作为县级的自治指导机关和执行机关，实际上履行县政权的功能。《要领》分“方针”“要领”两款。其“方针”是，“首先在满铁沿线的各县实施自治”，“以善政主义为基调”。其“要领”内容如下，“地方自治指导部组织地方实力人物或团体成立自治执行委员会，废除县长，各县政治（包括保安、警察等）由自治执行委员会承担之”，“设置自治指导委员会，监督指导自治执行委员会”，“遵循善政之宗旨，废除苛税，改善官员待遇，实行各民族融合，与旧军阀决裂”，“启蒙各县民众，实行精神之统合，防止反叛行为”[⑤]。1931年10月，关东军参谋长三宅召集青年联盟、大雄峰会头目以及退役军人代表甘粕正彦、和田劲等人召开会议，决定采纳青年联盟的《要领》，立即成立自治指导部。

1931年11月10日，自治指导部在奉天成立，老牌汉奸于冲汉出任部长。其人早在日俄战争时就为日军效命，曾任日本满洲军总司令部嘱托、高级翻译官，后来在张

① 满洲国史编纂刊行会：『満洲国史』総論，第一法规出版株式会社，1973，第113頁。

② 满洲国史编纂刊行会：『満洲国史』総論，第一法规出版株式会社，1973，第118頁。

③ 解学诗主编《满铁档案资料汇编》第13卷，社会科学文献出版社，2011，第508、509页。

④ 山口重次：『满洲建国——满洲事变正史』，行政通信社，1975，第166页。

⑤ 山口重次：『满洲建国——满洲事变正史』，行政通信社，1975，第168、169页。

作霖麾下又多次利用职权之便，向日本人出卖鞍山矿权和安奉线土地权，不仅博得日本人的青睐，还大发了一笔横财[1]。张学良执政后于冲汉遭到贬斥，只好退居辽阳老家窥测时局。“九一八”事变后，关东军司令官本庄繁派员请于冲汉出山，于欣然前往，向本庄献上了八条“政见”，不过是赤裸裸的卖国主义货色，如主张“新政权采取不养兵主义”，“委托日本军队承担国内治安和国防”等。自治指导部下设总务、调查、指导、联络等4个课及自治监察部和自治训所，另设顾问若干人。除部长一职由于冲汉担任，训练所长由于冲汉之子于静远担任外，其余120余人几乎全部是大雄峰会和青年联盟成员，如顾问中野琥逸、中西敏宪、橘朴、野田兰藏，总务课长结城清太郎，调查课长中西敏宪，联络课长笠木良明，指导课长牧野三雄，监察部长甘粕正彦、中野琥逸等人。

1931年11月10日，自治指导部在奉天成立，颁布《自治指导部第一号布告》，宣称指导部的“真实精神在于替天行道，扫除以往一切苛政、误解、迷信、纠纷等，以竭力建设极乐之土为宗旨……倾注全力创建前所未有之理想国家，则以兴亚之狂涛冲击人种之偏见，确立中外不悖之世界正义”[2]。1932年1月，自治指导部又发布了第二号布告，即《告东北四省三千万民众书》，内称：“现今东北正以高速展开伟大事业，即建设新满蒙独立国之运动。”[3] 自治指导部成立后，立即派员进入日军已经占领的昌图、本溪、安东、开原、怀德、铁岭等7县。到1931年末，又相继派员进入凤凰城、梨树、盖平、辽阳、复县、海城、洮南、营口、岫岩、新民、庄河等县，指导员进入各县后，在关东军、铁路沿线的独立守备队以及各领事馆警察部队的武力后盾下，网罗对日妥协的地方实力派、地方武装、甚至部分土匪势力，血腥镇压抗日民众，把各县的政治、经济、军事、警察大权迅速控制在手，为伪满洲国的出笼奠定基础。这样，截至1932年3月，南满地区各县政权几乎均被日本人把持。北满地区也随着关东军的军事占领，日本人自治指导员随之跟进，包括边远地区的虎林、抚远、东宁、黑河等地，都相继组建起各级伪政权。

日本人自治指导员控制了各县大权后，自下而上、大张旗鼓地掀起了所谓的“建国促进运动”，采取大造舆论，强奸民意；运动地方，鼓噪建“国”；召开“全满建国促进运动联合大会”三步走的形式，为伪满洲国的出笼制造舆论准备。在煽动和推进“建国运动”的同时，自治指导部还在沈阳同泽女校设立一处自治训练所，培训在东北的日本浪人和汉奸人物，其中日本人“毕业”后大多被委任为各县的参事官（即后来的副县长），汉奸人物则被委任为伪县长、科长、科员等。

---

① 孙邦等编《伪满史料丛书——伪满人物》，吉林人民出版社，1993，第464、465页。

② 满洲国史编纂刊行会：『满洲国史』総論，第一法规出版株式会社，1973，第157頁。

③ 满洲国史编纂刊行会：『满洲国史』総論，第一法规出版株式会社，1973，第166頁。

### 2. 协助关东军垄断东北一切权力

毋庸置疑，关东军发动“九一八”事变，旨在分裂中国的版图，炮制傀儡政权，实现独占中国东北的目的，这一切当然不是仅靠军事力就可以实现，尤其傀儡政权的组建，对东北铁路交通、银行、海关、航运、工矿业等经济命脉的劫夺，以及全面殖民地经营等，都需要文职或技术人员的参与和配合，于是，满铁及在东北的日本人便成为关东军首要倚重的对象。事变爆发初期，为了适应时局的需要，关东军特别成立一个统治部，具体运筹全面殖民经营东北事宜，下设总务、行政、财务、产业、交通等课，成员几乎均由满铁人员填充，统治部长及次长分别由原满铁成员驹井德三及满铁地方部次长武部治右卫门担任，下属各课长、顾问等要职也由满铁人员充任，这些人“除担任次长、课长、顾问等要职外，还在满蒙建设方面支援军部的活动，比如参加制定日满经济统制、开发满蒙产业、调查旧政权官有财产及逆产、提出改革满蒙主要煤田的方案，以及建设新国家创立中央银行等工作”①。在最初组建的东三省伪政权中，充当顾问或咨议的日本人也多由满铁派出②。有资料统计，从“九一八”事变爆发到1933年初，遵照关东军的指令，仅满铁就派出社员2600余人，分布在伪满政府机关、交通产业、银行金融等机构，充当殖民统治集团的成员③。

除满铁成员外，在东北的日本财团、企业、商家等也派出自己的代表跻身殖民统治集团的行列。如日本横滨正金银行、朝鲜银行协同关东军劫夺东三省官银号，并派出田中德义、福田琢二、日冈惠二、桥本义雄等人充当各官银号的监理官。除上述人等外，还有竹内德三郎、酒井辉马、川上市松、城谷洋海、松田要、松本市之助、比嘉良行、山田鸿一郎、永井利夫等人直接参与伪满中央银行的筹建。伪满中央银行成立后，台湾银行的山成乔六，正金银行的鹫尾矶一，朝鲜银行的武安福男等人充任理事，实际控制该银行的一切权力。

必须指出的是，为了把东北的一切权力控制在日本人手中，关东军所倚重的日本人并非全都是行家里手，滥竽充数之人也不在少数。有日本外交官尖锐地抨击道，“这伙人大体上是属于不务正业，喜欢吹牛皮、放大炮，而在业务实践上又不学无术的一类人物，而关东军，正好要网罗这种不论知识能力，只要拥护军部方针就好的人物……在担任地方领导的副县长中，甚至有的原来是在四平街车站卖饭盒的，在安东开澡堂的，都有生以来第一次穿上西服，耀武扬威地进了县城，实际上，满洲建国初期的人事情况，简直有点像早年在乡下唱野台子戏开场的头一天一样，谁来得早谁就可以先抢个位

---

① 解学诗主编《满铁档案资料汇编》第13卷，社会科学文献出版社，2011，第501页。

② 解学诗主编《满铁档案资料汇编》第13卷，社会科学文献出版社，2011，第503、504页。

③ 解学诗主编《满铁档案资料汇编》第13卷，社会科学文献出版社，2011，第508页。

置”[①]。即使在伪省级政权，滥竽充数现象也不乏见，“像满铁的一个卫生课长一跃而成为伪奉天省的总务司长，本来对司法业务一窍不通的一个医院的事务长也居然摇身一变而成为司法部的总务司长。这种事例屡见不鲜”[②]。连伪满国务院总务厅长星野直树也不得不承认，输送到伪政权的日本人中，“除一二人以外，可以说均不熟悉本职担任的工作”[③]。

3. 组建协和会

自治指导部宣布解散后，一些未谋得实职的青年联盟和大雄峰会成员不甘寂寞，于是，他们酝酿效仿德、意法西斯国家的一国一党主义，构想在伪满洲国建立一个法西斯政治社团，即协和党。1932 年 2 月，大雄峰会头目笠木良明及八木沼丈夫二人找到关东军核心人物之一的石原莞尔，请示自治指导部解散后成立新团体事宜。石原当即指示，新团体必须具备三个条件：一是“国家性团体”；二是“经费出自国库”；三是“不隶属政府”[④]。接着，青年联盟干员山口重次、小泽开策等人也找到石原，提出成立协和党的方案。经呈请关东军司令官本庄繁同意，指定由关东军另一核心人物板垣征四郎领衔，召集片仓衷（关东军少佐）、山口重次、小山贞知、和田劲、驹井德三等人以及部分汉奸人物组成协和党筹备委员会，并在沈阳商埠地设立办事处，开始了具体的筹划组建事宜。是时，日本国内军部势力日趋猖獗，政党政治遭到前所未有的冲击和诋毁。1932 年 5 月 15 日，部分法西斯军人和右翼团伙发动叛乱，刺杀了首相犬养毅，原海军大将斋藤实上台组阁，从此，军人势力在内阁日现强势，标志着日本政党内阁的谢幕。

在这样的背景下，关东军之所以要在伪满洲国建立一个政党，据曾任伪满洲国总务厅长官的古海忠之的供述，关东军核心人物之一的石原莞尔一直热衷在伪满洲国组建一个类似德国和意大利的政党。他曾指示青年联盟的人员称：“世界上高度发达的国家无不实行一国一党制，纳粹德国、意大利都是如此……远比政党林立、互相抗争的形态更为优越……满洲国是由日本缔造的，不应该有多种政党和政党间斗争的存在……为了将多民族的国家满洲国建成‘王道乐土’成立满洲国协和党，无论如何是一个不可或缺的条件。”[⑤] 可见，石原设想成立的政党是一个必须不折不扣地推行关东军独裁统治的政党，是一个必须俯首帖耳听命关东军的政党。关东军第四课长片仓衷也曾开诚布公地宣称：“关于协和会的理想，一言以蔽之，就是‘日本党’，就是捍卫日本精神的各

---

① 森岛守人：《阴谋·暗杀·军刀》，赵连泰译，黑龙江人民出版社，1980，第 81 页。

② 森岛守人：《阴谋·暗杀·军刀》，赵连泰译，黑龙江人民出版社，1980，第 81 页。

③ 浅田喬二、小林英夫：『日本帝国主义の满洲支配』，時潮社，1986，第 142 頁。

④ 森克已：《满洲事变内幕史》，载赵朗编译《“九一八”事变全史》第 5 卷《资料编》下，辽海出版社，2001，第 604 页。

⑤ 中央档案馆等编《日本帝国主义侵华档案资料选编》3《伪满傀儡政权》，中华书局，1994，第 560、561 页。

民族精锐分子的结社。满洲国的政治指导原理和政治理念将由此而产生。”①

这样，在关东军首脑人物的直接参与和授意下，青年联盟和大雄峰会的成员们开始了积极的运作，很快拿出《满洲国协和党方案》。但伪执政溥仪认为：“满国建国之精神在于实行王道，必须是民族协和，不偏不党……政党治不适用于现代。因此，不应成立协和党，而应设协和会。”② 另据溥仪后来的自述，埋藏在他内心深处的积怨是国民党当年把他驱除出宫，所以对“党”字分外恼火。为此，筹备委员会决定更名为协和会，并于1932年7月18日发布了协和会成立宣言、纲领、章程等。7月25日，关东军司令官及一干人等，伪满执政溥仪及大小汉奸出席了协和会成立仪式。会上宣布协和会正式成立，以溥仪为名誉总裁，本庄繁为名誉顾问，伪国务总理郑孝胥为会长，张燕卿为理事长，桥本虎之助、驹井德三、板垣征四郎为名誉理事。协和会设中央事务局，谢介石为事务局长，中野琥逸为次长，山口重次、小泽开策、小山贞知、大羽时男等人为委员。协和会的实际权力掌握在青年联盟和大雄峰会成员的手中。协和会标榜“以实践王道为目的，肃清军阀专制之余毒”，“排除共产主义之破坏和资本主义之垄断”，“重礼教，乐天命，谋求民族协和与国际敦睦”③，实则是在“王道主义”和“民族协和”的旗号下，教化东北民众必须乐于日本军事占领中国东北的“天命”，循规蹈矩，不得越雷池一步。从此，伪满协和会成为日伪统治东北的重要支柱。

原载《社会科学战线》2015年第8期

① 中央档案馆等编《日本帝国主义侵华档案资料选编》3《伪满傀儡政权》，中华书局，1994，第560页。

② 中央档案馆等编《日本帝国主义侵华档案资料选编》3《伪满傀儡政权》，中华书局，1994，第562页。

③ 满洲国史编纂刊行会：『満洲国史』分論，第一法规出版株式会社，1971，第78頁。

# 满铁与七七事变

谭忠艳

南满洲铁道株式会社（以下简称“满铁”），是根据日本政府特定法令设定的特殊会社，是代表国家意旨和代行国家职能的所谓“国策会社”，在日本政府推行侵略政策的过程中，满铁发挥了重要的作用。满铁在九一八事变中配合、支持日本政府的侵略行为，甚至直接派遣社员参与战争，密切配合日本政府实现并不断强化对东北地区统治的统治。九一八事变之后，随着战争形势的发展变化，满铁的侵略势力逐渐向华北转移。在日本军队发动七七事变之前对华北地区展开经济调查，并掠夺资源，为发动战争做准备；在事变过程中采取全方位的措施直接服务于战争；在七七事变之后，配合日本军队强化对华北地区的殖民统治，扩张侵略势力。

## 一　对华北展开调查，掠夺资源，为发动侵略战争做准备

九一八事变前后，满铁调查课的调查活动以东北地区为主，其他地区为辅，九一八事变之后，特别是1933年《塘沽协定》签订之后，满铁对华北的经济调查呈现积极化态势。从1934年初开始，满铁对华北地区的调查由零散的转变为正式的、有组织的调查，1934年满铁提出有关华北地区的《调查立案报告书》，共分为9类37项，另外，满铁还派遣社员参加了中国驻屯军组织实施的华北资源调查活动，并在其中发挥了重要的作用。1935年兴中公司正式成立，这是由满铁全额出资的机构，作为对华经济工作的统一机关，对华北地区展开了深入的经济调查。《株式会社兴中会公司章程》对于兴中会的业务进行了说明：“1. 对华输出入贸易及其代理和介绍；2. 在华各经济事业的直营，斡旋和介绍；3. 前两者附带或有关业务”①，这充分说明兴中公司是一个对华北地区进行侵略的机构。1936年8月11日，《第二次华北处理要纲》正式颁布，对于兴中公司活动的总方针进行了明确的表述：“华北经济开发以民间资本的自由进出为宗旨，构成以日华经济利益一致为基础的日华不可分的态势，目的在于，平战两时使华

① 中央档案馆：《日本帝国主义侵华档案资料选编·华北经济掠夺》，中华书局，2004，第56页。

北保持亲日态度。特别是国防上所需要的军事资源（铁、煤、盐）的开发，和与之有关联的交通电力等设施。”① 日本政府将兴中公司置于掠夺战争资源的重要的战略地位，把铁、煤等矿产资源作为重点掠夺目标。

以此为指导，兴中公司对华北地区进行了疯狂的经济掠夺，棉花、电力、矿山、盐业等资源是兴中公司掠夺的重点。1936 年，日本陆军、海军、外务、大藏四省共同决定，长芦盐进口业务统一由兴中公司办理；作为兴中公司的“侧面机关”的通裕公司，专门从事棉花交易和农村活动，1936 年当年向日本出口 7 万吨长芦盐；1937 年兴中公司用 24 万元收买了正丰煤矿，协助驻华北的日军进行掠夺；同年，满铁操纵了冀东防共自治政府，通过其通州特务机关，获得了冀东黏土管理以及开放的特权，最终冀东地区 59 处矿区被满铁占据；1937 年兴中公司在塘沽设立了塘沽运输公司，主要业务是在大沽冲击区运输长芦盐、煤炭、棉花等物资。兴中公司对于华北地区资源的掠夺为日本政府发动七七事变提供了必要的物质以及经济支持。

九一八事变之后，随着战争形势的发展，满铁将调查的重点转向华北。1935 年 2 月 26 日满铁设立了总务部东亚课和经调会第六部，作为对华经济工作机构，同年 11 月到 12 月冀东防共自治政府和冀察政府委员会成立。为了适应侵略形势的变化，满铁撤销经调会第六部，设立天津事务所，天津事务所的成立是满铁对华北经济调查的进一步强化，而且满铁对于华北地区展开的调查活动更加现地化。天津事务所直属于满铁总裁，设有庶务课和调查课，“天津事务所，它虽然集‘对外联系’、‘调查’和‘特别受命事项’于一身，但‘由于满铁在中国的配合国策方针’，在目前情况下以调查为其主要任务，因而天津事务所这种组织，从广义上看，也可以称作调查机关”②。天津事务所成立之后，逐步扩大在华北的驻在员网，七七事变之前，除天津、北平之外，满铁在华北另外设置了 9 个驻在员事务所，具体分布在青岛、济南、太原、大同、张北、多伦等地，这些驻在员事务所主要负责对当地展开调查以及进行情报搜集工作，成为满铁刺探和侦察中国各地区情况的重要据点，总之，“天津事务所采取了协助有关华北的国策的态度，各地驻在员也都互相一致地协助特务机关或领事馆的政治经济工作”③。

1935 年 7 月，中国驻屯军为了加强对于中国华北地区的侵略，组织关东军、伪满洲国以及满铁的相关人员组成经济调查班，由中国驻屯军直接统辖，其中乙、丙嘱托班由满铁派遣人员组成，乙嘱托班是这次经济调查班的主力和重点。中国驻屯军为乙嘱托班制定了《乙嘱托班调查纲领》，对于其调查任务进行了详细的说明，“适应眼下

① 解学诗：《伪满洲国史新编》，人民出版社，2015，第 286 页。

② 满铁产业部：《满铁调查机关要览（昭和 10 年度）》，吉林省社会科学院满铁资料馆馆藏满铁档案 10187，第 221 页。

③ 满铁产业部：《满铁调查机关要览（昭和 10 年度）》，吉林省社会科学院满铁资料馆馆藏满铁档案 10187，第 225 页。

形势需要急施事项的调查，并将重点置于帝国国防上紧急开发所必需的资源，和扩充经济势力的必要的主要部门的开发计划，优先于各国获得重要权利，尽快定具体方案，提出献策"①。满铁经调会在《华北调查派遣员须知》中对调查员职责进行了进一步的说明，"华北调查是基于中国驻屯军的要求，以经济调查会为主体，由满铁各机关合作，极秘密实行的国策性国防重要调查，因而不仅要按军规行事，而且要遵守满铁社员规则"②，这一规定充分表明对华北进行的经济调查最根本的目的在于为军事战争服务。1935年华北事变之后，日本政府对中国华北地区的侵略逐渐深入，从1936年下半年开始，日本政府的侵略政策发生了改变，由之前的"华北自治"，逐渐向武力夺取华北转变，面对这种形势，乙嘱托班的调查活动的侧重点也发生了改变，这在其具体的调查活动中得到了充分的体现。1936年5月，中国驻屯军要求满铁进行年度的调查，主要内容是资源、水运、供水、铁路、税制等与作战相关事项的调查，这些事项说明满铁对华北的经济调查从本质上说是军事侦察行为。华北经济调查班的活动历时两年，共总结调查资料80余册，分门别类，重点阐释了华北地区各政权进行战争的能力，另外详细说明了平汉、察绥、山东等地区的国防资源分布，特别是作战资源的储备，这些信息对于中国驻屯军的战争决策提供了支持。

为满足中国驻屯军制定农村对策的需要，满铁对华北展开有组织的农村实态调查，对冀东的农村调查是其中的重要内容。对冀东的农村实态调查推进者是军方，实施主体是满铁，1936年3月下旬至4月下旬，进行了为时一个月的准备工作，伊藤武雄前往"新京"和大连，与满铁京调会、伪满实业部临时产业调查局讨论调查方针和方法，组建了冀东农村实态调查班，由十个班组成，分别负责乐亭县、丰润县、宝坻县、迁安县、滦县、密云县、玉田县、抚宁县、临榆县、宁河县、昌平县以及遵化县的调查。伊藤武雄对于此次调查的要点进行了说明："1. 生活资料的供需关系；2. 地区特殊生产关系的实态；3. 农村金融实态；4. 农村疲敝原因；5. 合作社互助组的有无及其现状；6. 农村一般实态调查"③，对伊藤武雄列出的调查要点分析可以得出，对冀东的农村实态调查最根本的在于对农村社会的结构进行立体的捕捉，以服务与侵略战争以及殖民统治的需要。

1937年2月为了对第一次调查进行补充和深入，满铁天津事务所进行了第二次冀东农村调查。关于两次冀东的农村实态调查，满铁一直强调其学术性，试图掩盖其政治目的。伊藤武雄多次在满铁内部会议或公开场合从调查方法、理论以及源流等方面

---

① 支那驻屯军司令部乙嘱托公务班：《乙嘱托班调查概要》，吉林省社会科学院满铁资料馆馆藏满铁档案07184，第13－14页。

② 支那驻屯军司令部乙嘱托公务班：《乙嘱托班调查概要》，吉林省社会科学院满铁资料馆馆藏满铁档案07184，第103页。

③ 原觉天：《现代亚洲研究成立史论》，劲草书屋，1984，第208页。

对调查的学术性进行说明，他认为对于冀东地区进行的实态调查参考和借鉴了美国经济学家巴库的调查项目的实践，采纳了苏联学者马歇尔的理论主张，所以，从源流方面讲这次调查是美国系统的调查。虽然日本侵略者以及满铁极力否认冀东农村实态调查的侦察性和侵略性，不断掩盖和美化，但是仔细分析满铁对冀东农村的调查，从调查的计划、分工、内容以及成果等方面思考，所有的调查都是具体的实态调查，其着眼点并不是理论和学术，最根本的着眼点和目的在于探究冀东地区的交通、资源、经济以及社会形态，为日本战争政策的制定提供服务。

总之，随着政治形势的恶化以及战争规模的扩大，满铁出于服务于日本侵略战争以及扩展自身实力范围的需要，满铁对华北地区展开了深入的、细致的调查。满铁在调查过程中以经济调查以及学术性为掩盖，对于战争及“国防”资源进行了调查，本质上是一种军事侦察行为。对于调查信息的整合、判断得出基本的结论，为日本政府的战争决策提供参考，同时为中国驻屯军发动侵略战争做了准备，特别是七七事变的发动，与满铁在华北地区的调查有密切的关系。

## 二　七七事变过程中，采取全方位的措施直接服务于战争

1937 年 7 月 7 日，日本侵略者制造了七七事变，大规模的全面侵华战争开始，在事变的过程中，满铁从军事运输、经济支持、后勤保障以及医疗救护等方面参与、支持、配合战争，其侵略性以及“国策会社”的性质得到了进一步充分的体现。

铁路交通是满铁多角度综合经营的最主要的内容，包括港湾、水运和公路运输业，1931 年满铁已经对吉长、吉敦、四洮、洮昂等中国铁路取得了相当程度的经营实权，1936 年 10 月，满铁设立铁道总局，开始实行“社线”、“国线”、北鲜铁路、水运、港湾和公路运输等的经营与建设的“一元化”。七七事变爆发后，基于掌握的巨大的运输力，满铁承担了运输士兵以及武器弹药的任务，其中铁路运输是最主要的手段。为了保证满铁能够较好地完成铁路运输任务，战争爆发后，关东军铁道线区司令福岛和吉郎第一时间致电松冈洋右，要求满铁依据日本的整体作战计划，按照关东军的命令，安排负责援助管理北宁铁路的社员以及修理班，在接到命令后的 24 小时内能够做好出发的准备，在此要求及指导之下，满铁做好了充分的准备，7 月 8 日，满铁立即派专业人员赶赴天津，处理与铁路以及军事运输相关的具体事项。

为了保证东北与华北之间交通运输的顺畅，解决战争的“后顾之忧”，7 月 9 日，满铁成立了“山海关运输班”，“山海关运输班”成立之后立即投入使用，安排第一列军用列车开赴天津。另外，为了保证军事运输的效率，同时解决技术问题，在沿途的车站，满铁安排了专门的技术人员进行监督、管理以及维修工作。为了适应战争的需要，满铁还改编和成立了专门的铁路运输机构，其中满洲铁道总局联络事务室改为输

送委员会干事室，其职能也发生了变化，为铁路军事运输服务。另外，先后成立了锦县铁路局联络机关、奉天铁道事务所联络机关，临时铁道总局天津联络室、丰台输送班，这些机构的设置保证了日本军队在战争期间通过铁路运输作战人员以及军事物资的需要。在协助军队进行运输之外，满铁将在华北之外的大量机车车辆调入了华北，据统计“1938 年 7 月，满铁调入华北的就有机车、客车、货车等共计 5293 辆。事变期间军用列车的运转次数每月达 200 列车之多，军用车辆平均每月 8000 辆以上”①。总之，满铁通过铁路、公路、水路等综合性的运输方式为日本军队提供服务，一定程度上为日本军队发动事变、推进战争解决了后顾之忧。

满铁通过对东北和华北地区的掠夺获得了大量的财富，这些财富大部分用于对日本政府侵略活动提供支持。七七事变发生之后，满铁经理部设立了专门的财务科目，负责“事变费”的管理，在“事变费”的使用及流程方面，提出凡是与事变相关的费用都应该通过“事变费”进行报销，另外为了加强管理和统计，各个部门对“事变费”的支取情况按旬上报，这一规定体现了满铁对事变提供经济支持的基本态度与原则。在具体事项方面，满铁为日军提供了吊慰金、慰问金、赠款，为参与事变的满铁社员发放津贴，以吊慰金为例，作为战死日军的抚恤金，吊慰金的发放对于稳定军心有重要的作用，“将校级每人 600 圆、士官 400 圆、士兵 300 圆”②。在直接提供资金支持之外，满铁还出资购置了大量的资源用于战争，例如通信器材、车辆、武器弹药等，另外，事变期间北宁铁路工人的薪金也由满铁负责支付。根据史料记载统计，截至 1937 年 9 月，满铁支付了大概 6486015 圆的“事变费”，其中用于军用铁路引线建设、北宁路电线建设、通信器材的购置以及车辆材料的支出大概占三分之一，高达 2257890 圆。满铁对于事变的经济支持是建立在其雄厚的财力的基础之上的，对于稳定军心，保证日本侵略活动的顺利进行起重要作用，所以，满铁不论从其财富的获得还是财富的用途，都充分体现了其侵略性。

满铁在七七事变之前对华北地区的政治、经济、交通、地理以及资源进行了深入的调查，并将详细的道路、河川、港湾、交通等资料提供给日本军方，为发动侵略战争提供了便利条件，事变发生之后，满铁迅速印刷了 5000 张华北地图，分批送达日本军方手中。另外，满铁从物质资源方面对日本提供后勤保障，汽油、建筑材料、军用煤炭以及军粮等源源不断的运往前线，据统计，1937 年 7 月，满铁向前线运输军事建筑材料达 30 万吨③。满铁根据战争形势的需要直接派遣专业技术社员赴华北，根据档案记载“到 7 月 16 日止，满铁向天津一地派遣人员就达 255 人，仅 7 月 17 日这一天，

① 苏崇民：《满铁史》，中华书局，1990，第 530 页。

② 辽宁省档案馆：《（满铁密档）满铁与侵华日军》卷 14，广西师范大学出版社，1999，第 133 页。

③ 苏崇民：《满铁史》，中华书局，1990，第 530 页。

满铁单向中国驻屯军司令部派遣密码通讯员、翻译、司机、参谋助手、军事顾问等就达 41 人，并且到 8 月 26 日止就增至 109 人之多”①，对于直接参加事变的社员，满铁不断增加对其补贴，给予物质奖励，同时强化对其精神奖励，施行功绩记录，论功行赏。

在七七事变过程中，满铁对事变除了进行军事运输、经济支持、后勤保障等活动之外，还根据自身的实力以及战争需要组建医疗救护人员赶赴前线，为侵略战争提供医疗支援，其中满铁每建立一个输送班，便相应地配备一个救护班进行医疗救助，保证满铁社员以及参与事变的军方人员的战斗能力。以 1937 年 7 月到 8 月满铁向华北派遣医疗救护人员为例，可以看出满铁对于七七事变提供的重要的支持，7 月 19 日，派遣由 11 名医护人员组成的卫生班抵达天津；8 月 22 日和 27 日，组建张北救护班，组成人员以奉天医科大学派遣的 20 名医生组成；8 月 29 日，丰台救护班到达天津，进行伤员的救护工作。另外，满铁积极采取措施预防疾病传染，为派遣社员以及驻屯军进行疫苗注射防止疾病，保证参战人员的战斗力。

综上所述，在七七事变过程中，满铁采取全方位的措施服务于战争，不仅承担了军事运输任务，向前线运送作战人员以及军用物资，而且提供必要的经济支持，无条件地向军方提供战略资源，另外为日军的侵略活动提供后勤保障，同时组建医疗救护队为满铁社员以及参战的军方人员提供医疗救护，充当日军侵华的“医疗部队”。

## 三　七七事变之后，配合军队强化对华北地区的殖民统治，扩张侵略势力

七七事变之后，满铁在华北地区采取措施配合中国日本军队强化对于华北地区的统治，同时扩张侵略势力。主要表现为两个方面：（1）进行机构调整，增设和补设机构，适应殖民统治的需要；（2）加强对华北地区的经济掠夺，获取资源，扩张侵略势力。

为了适应侵略战争的需要，满铁不断对机构进行调整，使其能够更加高效地、更加有针对性地服务于殖民统治。事变爆发后，满铁总裁室文书课以及满铁铁道部都设置了联络本部，负责与华北的联络，以及内部的协调。7 月 19 日满铁成立了“临时北支事变事务局”（以下简称“北支事务局”），隶属于天津事务所。“该机构配备人员近百人，设有局长、顾问，下辖铁道联络员本部、计划部和庶务部，庶务部内设庶务班、人事班、联络班、交通通讯班、宿舍班、会计班、救护班、服务班、后又增设军事密码班。随着战争的进展，满铁不断向该局派遣社员，截至 8 月 26 日，该局已有职员

① 杨韶明：《“满铁”参与七七事变述略》，《抗日战争研究》，1997 年第 3 期。

134 人之多"①，"北支事务局"的成立是满铁配合日本军方推进战争以及强化殖民统治的需要。满铁总裁松冈洋右对"北支事务局"进行了透彻的分析，"北支事务局成立以来，实质是发挥了军事运输机关职能的精干组织"②，1938 年"北支事务局"跟随日军司令部迁至北平，规模不断扩大，职能不断增强，最终成为满铁对华北地区进行经济侵略的真正实施机构。"北支事务局"是满铁适应殖民统治需要设置的比较具有代表性的、综合性的机构，满铁还设置了一些专门性的机构，例如铁路事务所、医疗诊所等，为战争提供专业技术支持。另外，满铁根据日军的具体需求，组建了一些临时机构，例如慰问班、摄影班、事变关系记录班等。总之，满铁在七七事变时期进行机构调整的核心原则在于全方位满足日本政府发动侵略战争以及进行殖民统治的需要。

七七事变之前满铁对华北地区进行了调查，七七事变之后满铁利用便利条件对华北地区进行了进一步的调查以及疯狂的资源掠夺。满铁在华北地区的资源掠夺首先表现为对铁路资源的控制，从 1937 年 9 月至 12 月，接管了平包线主干线以及所有的支线；1938 年 4 月，接管了平汉线干线以及所有支线，平古线、胶济线、正太线及所有支线；1938 年 8 月，接管了津浦线干线以及所有支线，陇海线、道清线干线及支线；1939 年 4 月，接管了同浦支线汾阳线，至此，满铁完全控制了华北地区的铁路，形成了满铁管理经营的铁路网。"1938 年到 1939 年，满铁在华北的客货车收入计达 22061 元"③，1939 年华北交通会社成立，满铁垄断华北交通的局面被打破，但是满铁仍然占有 40% 的股份，同时在人事、技术等问题上满铁具有决定权，说明满铁对华北地区交通的控制力虽然被削弱，但是一定程度上仍然具有控制权。

随着对东北地区交通控制的加强，满铁对资源展开了疯狂的掠夺。作为满铁全额出资的兴中公司，大范围地参与了军管工厂的经营，军管工厂作为日本军方霸占的中国企业，完全由军方经营控制，"对象不问敌产或民间财产，只要军部认为必要，就可以实行军事管理，在军事管理期间军部对该管理财产享有绝对支配权，原权利人无任何发言权"④。兴中公司在军方的委托之下接管的工厂最多的时候达到了 56 个，以此为基础，兴中公司展开了对军用资源的掠夺，其中包括铁、煤、盐、棉等，兴中公司的势力以空前疯狂的速度向前发展。1937 年 10 月，满铁劫夺了大同煤矿，满铁将对大同煤矿的掠夺视为"华北产业开发"的中心目标。在掠夺矿产资源的同时，对大同煤矿进行了勘测，展开了调查，对材料进行总结，写出了《山西省大同煤田北东部地质调查报告》以及《华北矿上调查报告》，认为大同煤矿的储量丰富，能够满足日本对煤炭

① 杨韶明：《"满铁"参与七七事变述略》，《抗日战争研究》1997 年第 3 期。

② 满铁铁道总局人事局编《历代满铁总裁训谕抄》，1941 年 2 月印行，第 186 页。

③ 民彦：《"七七事变"前后满铁在华北的经济扩张》，《现代日本经济》1987 年第 5 期。

④ 解学诗、宋玉印：《七七事变后日本掠夺华北资源的总枢纽》，《中国经济史研究》1990 年第 4 期。

资源的需要。1938 年满铁接受伪蒙疆联合政府的委托经营大同煤矿，到 1938 年下旬满铁已经将 35 万吨煤运往日本的大阪和神户。

综上所述，满铁作为代表国家意旨以及代行国家职能的所谓的国策会社，“在营利之外，必须经常注意国运之发展和国权之扩张，对国家的行（特别是指军事行动）进行全面地协助”①。在日本入侵华北以及发动七七事变过程中，满铁在战前对华北进行深入调查，为军方决策提供依据，积极备战，在事变过程中采取措施服务于战争，事变之后配合军方强化对华北地区的统治，由此可见，满铁在七七事变过程中发挥了重要的作用，充当了重要的角色。从本质上讲，满铁在华北地区的作为，是其“国策会社”的本质决定的，充分体现了其侵略性。从日本侵略集团内部的权益争夺分析，向华北扩张侵略势力，攫取华北地区资源是满铁经略东北多年之后的重要战略目标，满铁以七七事变为契机逐渐扩大在华北的势力范围。满铁产业部对于满铁与七七事变的关系进行了深刻的分析，“作为直接影响，主要是在东北和华北间，作为输送传递机构的战时编制而动用人力和物力，这与满铁的资本营利性不相矛盾。事变结束后，根据华北经营情况，通过满铁资本的新开发，华北、东北经济的紧密相连，增加铁路收入，那时会再次回复并更会增加营利”②，这一论述充分说明了满铁对于日军的侵略活动支持、配合，并不违背满铁的营利性目的，日本政府的侵略活动符合满铁发展的长远利益和根本利益，从本质上讲，满铁的侵略活动实现了国策与资本的有机结合，有利于满铁侵略势力的扩张。总之，满铁在七七事变过程中的所作所为体现了为战争服务是其建立及发展的根本目的，对于满铁而言，侵略活动与侵略势力的扩张相伴而生，互相促进，这从根本上体现了满铁的侵略性。

原载《日本侵华史研究》2017 年第 3 期

---

① 苏崇民：《满铁史》，中华书局，1990，第 20－21 页。

② 《满铁产业部东亚经济系》，载《支那事変の满铁への影响》第 1 页。转引自杨韶明《“满铁”参与七七事变述略》，《抗日战争研究》1997 年第 3 期。

# 二　满铁对中国文化侵略研究

# 满铁大连图书馆

吴利薇

南满洲铁道株式会社（以下简称“满铁”）从创立到1945年解体，近四十年时间里在中国东北建立了二十多座图书馆。但就文献收藏和功能上来说最具特色的当属满铁大连图书馆、满铁奉天图书馆、满铁哈尔滨图书馆。在本文中将介绍满铁大连图书馆。

## 一　满铁大连图书馆概况

1907年，满铁创立不久，在满铁一建筑物内（即后来的满洲资源馆）设立满铁调查部图书室。1912年10月，在大连市东公园町二十九番地开始建设满铁图书馆，1914年1月书库和部分建筑竣工，图书馆从满铁总部大楼迁出，在新址开始图书阅览服务。1918年1月正式创立满铁大连图书馆，创立当时名称是“南满洲铁道株式会社图书馆”。1918年11月进行图书馆第二期工程建设，1919年8月竣工。从1922年6月开始改称“南满洲铁道株式会社大连图书馆”。图书馆第三期建设工程从1926年开始，1928年结束。满铁大连图书馆建筑面积为2670平方米。满铁大连图书馆，不论是图书馆建筑还是其文献收藏量，都属于当时世界上比较大的图书馆之一。到1945年日本战败，苏联红军接收满铁大连图书馆时，满铁大连图书馆收藏文献资料已近40万册。积三十八年间收集了古今中外，涉及十七种文字的珍本、善本以及有关中国、俄罗斯（包括苏联）的历史、地理、政治、经济、军事、民俗、文化、自然科学等方面极有价值的文献资料，如1875年版莎士比亚全集，第九、十一、十三、十四版大英百科全书，17世纪西方传教士的著作等。形成了一个以社会科学为主的馆藏丰富，系统完整又有特色的文献收藏体系，为学术团体、专家学者所瞩目。

## 二　满铁大连图书馆藏书印

满铁大连图书馆有多种藏书印，下面是笔者收集的几种。

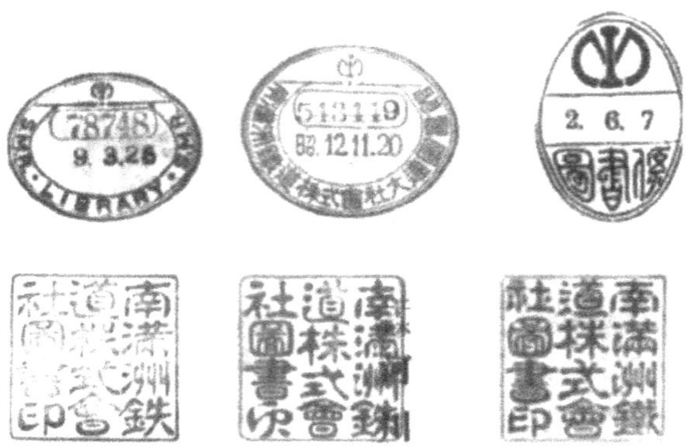


## 三 满铁大连图书馆文献收藏

满铁大连图书馆，作为满铁的参考图书馆，在文献收集上是有所侧重的，主要选择地理、交通、产业、经济、政治、法律、工学方面的文献以及与中国、俄罗斯有关的文献。满铁其他图书馆由于经费上的原因难以购买的大部头、比较贵重的参考书都由满铁大连图书馆来收藏。此外还包括有关政府、学会发行的一般书店不卖的重要调查资料，以及各种专业期刊。

到1937年3月末，有日文书182456册、外文书（俄文书除外）30420册，还有小册子6400册。有杂志289种，捐赠的363种其中合订本保存的532种，有报纸40种，捐赠的17种，装订后保存的39种。满铁大连图书馆的特殊收藏如下。

### 1. 大谷文库

大谷光瑞是日本著名的宗教领袖，收藏大量的中国古籍及西文和日文书籍。大谷光瑞的藏书，开始是委托满铁大连图书馆保存，后来由于种种原因，于1925年赠送给满铁大连图书馆，成为满铁大连图书馆的藏书。满铁大连图书馆便把这些书单独建库存放，并命名为大谷文库。其中包括中文书籍5000余册、外文书约300册，还包括日本刻本170余种，日本和中文抄本25种。中文书籍中，古版小说戏曲类有很多珍稀版本，引起众多学者瞩目。外文书中有很多是明末清初时，来中国传教的欧洲传教士写的有关中国的著作，这些著作是研究明末清初中国社会的很珍贵的资料。大谷文库的藏书，体系完备，独具特色。文库内容十分丰富，从目录学的角度来说，几乎包括了中国古籍分类法中经、史、子、集、丛各部类的书籍。尤其以明末清初通俗小说、方志和子部佛类藏书更有重要的史料价值，也具有很高的版本价值。

### 2. 中国地方志类和丛书

中国地方志和丛书，是当年满铁大连图书馆收藏的重点，并把它视为“最大的任务”，因为它在中国古籍图书中，是最能“配合当时的形势发挥其作用”的。从1907

年至1940年的三十年间．满铁大连图书馆收集的我国地方志，共达两千余种。在丛书的收集上也是不遗余力，先后共收藏二百五十余种。

在满铁大连图书馆成立之前，从满铁调查部图书室时代已经开始收集中国地方志。由植野武雄编撰的《满洲地方志联合目录》可以知道，到1938年12月为止，当时各图书馆收藏中国地方志情况如下：

| 满铁奉天图书馆（含铁道总局资料课） | 66县1旗 | 131种 |
|---|---|---|
| 满洲国立奉天图书馆 | 59县1旗 | 109种 |
| 奉天公里沈阳图书馆 | 54县1旗 | 93种 |
| 满铁大连图书馆（含满铁调查部资料课） | 51县1旗 | 79种 |

**3. 中国地图类**

满铁大连图书馆特别注重搜集中国地图，任何类型、任何朝代的地图都在他们的收藏范围之内。意大利驻北京公使馆一等秘书劳斯（ロス）在中国三十年间收集约600幅中国地图，于1925年全部被满铁大连图书馆购买。其中，既有南怀仁坤舆全图，也有清朝时代写图，仅西域地图就有四十余幅。满铁大连图书馆还搜集很多东北各地地图，如奉天省各海口大小炮台图数达151种，有的多至几十幅。1930年达450余种，几千幅。

**4. 劳斯收集的有关回教的图书**

劳斯几乎网罗了所有中国当时发行的与回教有关的图书，书的内容涉及回教教义、仪式和绘图等方面，大约有360册。

**5. 中国古籍图书**

包括地方志在内满铁大连图书馆共收藏十万余册中国古籍，满铁大连图书馆对具有历史价值的图书资料，曾不惜重金两次大批购置。第一次是在1929年1月，专门拨款十万日元派人到北京山东一带收购大量中国古籍。其中有许多我国珍善本书。宋版书七种：《淮南鸿烈解》二十一卷，《管子》十卷，《荀子》二十卷，《说苑》二十卷，《三谢诗》一卷，《康节先生击壤集》十五年卷，《通鉴纪事本末》四十二卷。元版书十余部，包括《尚书》《晏子春秋》《六子》《老子道德经》《吕氏春秋》《齐东野语》《古清凉传》《唐三体诗》《昌黎先生文集》等。清版书大字本《古今图书集成》，初版《芥子园画传》等书。1929年又收藏了中医方面的古籍图书一千余套（种）约四千册，寄存在当时的满洲医科大学中医研究室。其中最早的有元代的版本，有非常重要的文献价值和学术价值。当时收藏的书目被收录在满洲医科大学中医研究室1931年编撰的《中国医学书目》《中国医学书目续编》中。第二次大批搜集是在1934年，当时北平物价高涨，生活困难，一些藏书家特别是穷困潦倒的旗人多廉价出售自己的藏书。各种抄本、满文图书、档案书札等就是这次购进的。其中不乏国内珍品。1940年，满铁大连图书馆还曾有一个接收浙江嘉业堂藏书楼计划。虽未成，但却秘密从嘉业堂买回了古籍珍品《永乐大典》48 册。至 1945 年前，这个馆共收藏了《永乐大典》55 册。

**6. 与中国有关的西文文献资料**

满铁大连图书馆从创立以后就注意收集欧美学者撰写的有关中国方面的著述。京都大学教授文学博士羽田亨，受满铁大连图书馆委托，在这方面进行有关调查，1929 年，羽田博士赴欧洲考察时，帮助满铁大连图书馆收藏很多中国文学研究资料，其中有一部分旧杂志，是很珍贵的定期发行物。1925 年购买俄罗斯住长春领事拉布洛夫（ラブロフ）收集的有关边疆西文文献资料 500 册，1937 年发行的 *Classified Catalogue of Books in Europe-an Languages in Dairen Library of the South Manchuria Railway Company, Far East* 中只收录约 6000 册图书，满铁大连图书馆收藏的与中国有关的西文文献最终达到 16000 册。

**7. 戏剧文库**

满铁大连图书馆收藏与戏剧有关的图书 2000 余册，杂志 3000 余册，努力收集日本各地发行的文艺杂志和戏曲等，其中很多是稀有的戏剧文献。

**8. 俄文图书**

满铁大连图书馆 1922 年收购哈尔滨俄罗斯后黑龙军管图书馆全部藏书，后黑龙军管图书馆通常称欧周（オゾ的音译）图书馆，有俄文图书约 3 万册，该图书馆网罗有关东北、蒙古、西伯利亚俄罗斯方面的资料，除此之外，还有经济、产业、军事、历史、地理、文学方面的图书。

有一些是俄罗斯方面写的东北（满洲）、蒙古、西伯利亚、中国、远东研究方面的图书资料 4000 册，体现军事图书馆特征，含有日俄战争时的俄罗斯方面珍贵的军事资料。其中的主要资料已经由满铁调查课编纂成《露文翻譯調查资料》用日文发行，其中的部分资料也包含在由满铁发行的综合目录《露文圖書総合目录、昭和五年末现在大连圖书馆、调查课、哈爾濱事务所藏》中。据满铁调查部的成员回忆，欧周（オゾ的音译）文库，对满铁调查部起到重要作用。

日本之所以在中国设立满铁大连图书馆，目的就是广泛搜集我国政治、经济、文化、军事及其他资料，并充分利用使之为其侵略服务。满铁大连图书馆的经费是由满铁提供的，每年在购书经费上亦不惜投入巨资。1928 年的经费最高达 20263550 元，主要是为了专门购买中国古籍线装珍本图书。这一年该馆的全部经费相当于 1921 年满铁 20 个公共图书馆的全年总经费，从中可以看出满铁大连图书馆在满铁图书馆中的地位。满铁大连图书馆还通过征集、交换、转抄、捐赠及收藏满铁会社调查科的原始记录和资料来扩大文献收藏范围。

## 四 满铁大连图书馆文献分类

满铁大连图书馆采用十进分类组织形式进行分类。和汉分类目录如下：0. 总计；1. 宗教、哲学、教育；2. 文学、语言学；3. 历史、传记、地志；4. 政治、法律、经济、财政；5. 社会、风俗、家事、统计、殖民；6. 数学、理学、医学；7. 工学、兵事、美术、音乐、演艺、运动；8. 产业；9. 交通、通信。满铁大连图书馆分类表共有五级类目，并使用了形式区分注记法和地理注记法。其中和汉图书和西文图书的分类号码也不同，各有不同的标记。此外少于 49 页以下的图书或资料，在图书分类号码上附加一个“P”字母以区别一般图书。

## 五 满铁大连图书馆目录

目录是通往具体藏书的桥梁，满铁大连图书馆目录体系完备。

### （一）基本图书目录

基本图书目录包括卡片式目录和印刷成册的书本式目录两种。

卡片式目录分为阅览用目录、事务用目录。

阅览用目录分为如下六种：1. 日汉图书分类目录；2. 日汉图书书名目录；3. 外文书分类目录；4. 外文书著者目录；5. 俄文图书分类目录；6. 俄文图书著者目录。事物用目录分函架目录（日汉书、外文书）和分类目录（日汉书外文书）。

满铁大连图书馆除配备了卡片式目录外，还编制了印刷成册的书本式目录，并将书本式目录分发给满铁各机构，使不在大连的满铁各机构也能了解满铁大连图书馆的藏书情况，使满铁各机构充分利用该馆的文献。共有如下几种书本式目录。

#### 1. 日汉图书分类目录

到 1936 年 3 月末已经有分类目录第一至第八编正篇，之后又追录八编，共 16 册。还编有书名总索引、著者总索引。到 1945 年满铁大连图书馆已经编辑出版了几十册图书目录。

#### 2. 外文书分类目录

目录 Catalogue of European Books 1918 – 1919（大正 9 年 12 月刊行），是满铁大连图书馆到 1920 年为止收藏的外文书 5800 册的分类目录，该书的末尾附著者名称索引。

目录 Classified Catalogue of books in European Languages For East，是满铁大连图书馆到 1936 年为止收藏的有关远东方面的外文书，大约有 500 册，该书的末尾附著者名称索引。

3. 俄文图书分类目录

将满铁大连图书馆馆藏三万册俄文书，满铁资料课、满铁哈尔滨事务所收藏的俄文图书编撰成俄文图书综合目录《露文圖書総合目录》（昭和五年末现在大连圖书馆、调查课、哈爾濱事务所藏），该书的末尾附有分类索引、著者名称索引。

### （二）增加图书目录

满铁大连图书馆除本馆所藏全部图书基本目录外，为了使新收藏的图书，让利用者周知，1921 年以后陆续发行增加图书目录。1936 年以后每月发行一次《增加图书目录》，年底将全年增加的图书按分类索引、书名索引、著者索引编纂成目录发行。1936 年 4 月以后每周在满铁社报上登载一次新到图书目录。

### （三）特殊图书目录

满铁大连图书馆 1925 年以后发行 8 册特殊图书目录，编纂《全满二四圖书馆共通满洲關係和汉书件名目录昭和六年十二月末现在》，该书正篇由满铁奉天图书馆主持编纂，续篇由满铁大连图书馆主持编纂。

满铁大连图书馆杂志目录也分为卡片式目录和印刷成册的书本式目录。

## 六　战后苏联红军对满铁大连图书馆文献的接收

1945 年抗日战争胜利后，苏联进入东北，满铁大连图书馆被苏联红军接收。将辽宁、大连图书馆所藏的大部分珍本书和有价值的资料运走。据统计，当时被苏联运走的满铁大连图书馆图书，有近 5000 册善本及贵重资料。1945 年解放当时，满铁大连图书馆馆藏图书大量失盗。宋版书全部丢失；部分元刊以及珍贵的手稿、舆图、地方文献资料以及宋刻蝴蝶装《三谢诗》和国宝《永乐大典》都是在中长铁路接管时期被苏联运走的。1954 年苏联列宁图书馆送还我国外交部的五十二册《永乐大典》就是原满铁大连图书馆所藏。其余三册不知去向。此外明天启崇祯年间彩色《十竹斋画谱》、清康熙年间《芥子园画传》、元刻本《南村辍耕录》、天聪九年至崇德六年的写本《朝鲜国王来书稿》、顺治十七年折装的《平西王吴三桂密奏》等大批珍贵文献，也是同期运走的。至于《坤舆全图》、铜版《盛京吉林黑龙江等处标注战迹舆图》、《坤舆全图稿本》、《奉天各海口大小炮口图说》、以及乾隆版《平定台湾战图》、《平定苗疆战图》、《平定伊梨回部全图》等等，也是苏联运走的。

## 七　检索查询原满铁大连图书馆馆藏文献的方法与途径

原满铁大连图书馆的藏书可以由以下大连市图书馆在 1949 年以后编纂出版的书目

中检索查询到：1957 年的《馆藏农业图书目录》（日文）、《馆藏化学工业书目》（中、俄、英、日文）、《馆藏机械工程书目》（中、俄、英、日文）、《馆藏中日文旧刊杂志目录》、《馆藏日文科技图书目录》、《馆藏日文工业图书目录》、《馆藏日文医学图书目录》。1958 年的《馆藏东北地方文献及有关东北资料目录》、《馆藏旧籍有关东北地方科技书目》、《馆藏旧籍水产目录》、《馆藏旧籍有关地质书目》、《馆藏旧籍医学书目》、《馆藏天文气象（旧籍日文）书目》、《馆藏旧版俄文图书资料目录》（一）（二）、《馆藏园艺旧籍果树花卉书目》。1959 年的《馆藏旧籍日文资料目录》《馆藏西文期刊目录》《馆藏旧籍中国地理书目》。1984 年出版的《东北地方文献联合目录》是一个多学科、多主题的大型联合目录。由 12 个大类分类资料，大类的下位类目共 171 个。由王多闻主编，1986 年出版的《大连市图书馆古籍善本书目》。该书目共收善本书 1726 种 2 万余册，分经、史、子、集、丛五部分。其中有孤本、罕见本近二百余种，以史部和明清小说为最多、最有价值。由周有德主编，1986 年出版的《大连市图书馆藏地方志目录》，该目录共收录地方志 2200 种，还有日伪时期编著的带有地方志性质的地方事情、便览、总揽、案内等四百余种，总 2700 余种。1986 年出版的《馆藏旧刊东北地方文献篇名索引》（第一册）《满蒙》（2200 个篇名）、《满铁调查月报》（3000 个篇名）、《大连商工日报》（5000 个篇名）共辑录篇名一万余篇。

另外，1998 年中国近现代史史料学学会满铁资料研究分会组织了由中国五十余个最主要的图书情报和档案单位参加的《中国馆藏满铁资料联合目录》项目，该项目为国家社科研究“九五”规划重大项目，最终成果分别以书本式目录和光盘数据库体现。书本式目录三十卷本《中国馆藏满铁资料联合目录》，已经由上海东方出版中心于 2007 年 1 月 29 日正式出版。该数据库可以通过题名、著者、出版社、出版时间、收藏单位等检索途径进行检索，通过该数据库和书本式目录也可以检索查询到当时满铁大连图书馆的馆藏文献。

## 八　收藏原满铁大连图书馆馆藏文献的大连图书馆

1945 年抗日战争胜利后，满铁大连图书馆由苏联红军接管，改称中长铁路中央图书馆，后又改称中长铁路大连图书馆。1949 年中华人民共和国成立，交还地方政府。1951 年更名为旅大市图书馆并正式对外开放。馆址在大连市中山区鲁迅路 20 号。1981 年更名为大连图书馆。1986 年大连市政府投资 2800 万元兴建新馆舍。1990 年新馆建成并对外开放，新馆地址在大连市西岗区长白街 7 号。1999 年大连市政府投资 5000 万元，对大连图书馆进行改扩建。改扩建后的大连图书馆面积已达 42000 余平方米（建筑面积），馆藏图书资料已达 230 万册。设施先进、功能齐全，充分展示了现代图书馆文化的理念。

除被苏联运走近5000册善本及贵重文献资料，以及1960年以前由上级领导机关指令调拨给有关部门25000多册文献外，其余基本完好保存在如今的大连图书馆。战前满铁大连图书前馆的文献基本上流传到如今的大连图书馆。大谷文库仍然是大连图书馆的特色馆藏。大谷文库既有《史记》《资治通鉴》等历史类的图书，也有《周易》《论语》等儒家经典，还有《寂宝录》《永平寺箴规》《内政佛法相承血脉谱》《略述法相义》等近百种佛教著作。明清小说是大谷文库藏书的精华。明刻本《警世阴阳梦》、清初刻本《后水浒传》、日本抄本《珍珠船》，以及《连城璧》等稀世之珍目前仍收藏在大连图书馆。

大连图书馆收藏原满铁大连图书馆图书资料近40万册，被公认为是收藏满铁资料最丰富的图书馆，大连图书馆内设立满铁资料研究中心。大连市政府拨400万元专款，用以建立大连图书馆日本文献分馆，日本文献分馆馆址在原满铁图书馆旧址，大连市中山区鲁迅路20号。

原载《日本学论坛》2007年第2期

# “满映”与电影的国策思想宣传

王艳华

“满映”是日本关东军和伪满洲国警察部门提出和建立的文化机构，是特殊的国策公司，在对被占领区人民进行思想和文化统治方面起了重要的作用。对中日学者来说，“满映”也是不可缺少的研究课题。然而，战后“满映”这一话题被禁锢了很多年。近几年，中日学者终于从禁锢的状态下走了出来，涌现出一些研究“满映”的学者和电影评论家。日本方面关于“满映”的研究，如1984年，原“满映”社员坪井与撰写了《满洲映画协会的回想》，刊登在《电影史研究》第19号上，这篇文章可谓是比较系统的“满映”史。接着1985年9月日本著名电影评论家佐藤忠男写了《电影和炮声》，1997年，山口猛写了《“满映”——甘粕正彦和活动家群像》等等。中国国内胡昶写的《“满映”——国策电影面面观》，由中华书局出版发行，可谓权威的专著。此外还有关于李香兰的研究，李香兰本人和藤原作弥共同撰写了《李香兰：我的半生》等一些著作。但总结和分析这些研究，不难发现不同的文化立场，决定不同的文化层面和研究领域。“满映”到底是个什么样的文化机构？“满映”是怎样利用电影对中国人民进行国策宣传的？在分析整理沉埋于世的资料和梳理研究者论述的同时，从“满映”作品的视角进行分析，揭示日本当局利用电影对中国人民进行思想和文化渗透的同时，积极进行国策思想宣传。在论述“满映”成立经纬和分析作品的过程中，论证“满映”电影的国策思想的形成、确立和实施情况，进而探讨“满映”给中国人民心灵及中日电影界带来的影响。

## 一 “满映”成立与电影的国策宣传思想的形成

1896年沙皇俄国强迫清政府签订《中俄密约》，取得了在中国东北修建铁路的特权。1905年，日俄战争爆发，最后以沙俄的失败而告终。日本取得了长春至旅顺的这段铁路，改称“南满铁路”，成立“南满洲铁道株式会社”，简称“满铁”。从此日本人利用各种手段扩张附属地的范围。其表面伪装经营大连至长春的南满铁路，实际上是日本军国主义对我国进行政治、经济和文化侵略的工具，并为军事侵略服务①。1923年，“满铁”成立弘报系，通过出版杂志、发行报刊、照片、广告等进行极为广泛的宣传，对我国人民进行思想渗透。同年成立“满铁”映画班，为配合日本军事侵略活动，拍摄了一大批纪录片。1931年日本关东军阴谋发动震惊中外的九一八事变，“满铁”映画班派人拍摄了事件的经过。为向我国东北人民灌输法西斯思想，日本关东军亲自操纵影片放映。还组成电影放映班，分别到我国东北各地放映影片，介绍日本文化，宣传关东军的武力，鼓噪建立“满洲国”。

由此可见，“满铁”较早地从事了对中国的文化渗透和文化侵略活动。九一八事变爆发后，次年成立伪满洲国。“满洲国”建立后，满铁拍摄纪录片的题材更加扩大，但着眼点仍然围绕政治，宣传日满协和，歌颂日本关东军的功德。傀儡政权建立后，不只满铁加强了电影活动，伪满各部也争相购置电影设备，委托“满铁”或日本电影公司拍摄纪录影片。一时间，电影在伪新京成为各类伪满洲国行政机构争相利用的宣传工具。这种各自出击的分散做法，既不利于统一管理，又分散和浪费了资金，特别是不利于关东军对电影的统治。此外，“满洲国”建立后，大部分满洲人看的电影都是国内的上海电影和美国电影，有一部分电影有反日思想。为了阻止反日电影对满洲人的影响，也为了从思想上对满洲人民进行殖民统治，并对中国人民进行思想和文化渗透，把“满洲国”宣扬的“五族协和”“王道乐土”的“建国精神”传播给广大满洲人民②，建立电影统治机构已势在必行。“满映”就是在这样的背景下被建立起来的。

1933年，日本关东军参谋小林少佐最早提出在“满洲国”建立电影统治机构的设想。当时日本大阪《每日新闻》社主管的“全日本电影教育研究会”来伪满召开“电影教育讲习会”，提出了“满洲国文化之向上由电影起”的主张，目的是通过电影对中国人民进行奴化教育，宣扬日本侵略有“理”的谬论。小林少佐由此提出建立“满洲电影国策研究会”，得到关东军和伪满警察部门的支持。受日本关东军和伪满警察控制的该研究会经过三年的酝酿，于1936年7月提出了《满洲国电影树立案》。1936年底，建立满洲电影统治机构的方案已经具体化，1937年8月2日，由伪满洲国国务院通过了《电影国策案》，决定投资500万元，由伪满洲国和“满铁”各出资一半，设立“株式会社满洲映画协会”。从满洲国电影树立案的议案全文不难看出建立“满映”的真正目的。设立的部分理由如下：1. 目前几乎没有一部电影适宜与指导教化满洲国民的。2. 目前满洲国内上映最多的影片为美国、上海以及日本的影片。这些影片有许多是不利于满洲国的治安工作以及国民思想教育的。对此，有必要加以迅速制止。

于是，“株式会社满洲映画协会”于1937年8月21日正式宣布成立，简称“满

---

① 孙立祥：《日本右翼势力论纲》，《东北师大学报》（哲学社会科学版）2007年第4期，第6页。

② 吕秀一：《简论“九一八”事变前日本对东北朝鲜人的国籍政策》，《东疆学刊》2006年第3期，第48页。

映”。它是日本在中国设立的最大的文化统治机构，直属满洲国国务院，实际由关东军控制。该公司垄断了伪满的电影制作、发行和放映权。

从“满映”筹建的全过程看，“满映”的思想就是日本关东军和伪警察为巩固其殖民统治对东北沦陷区人民进行殖民教育的国策教育思想，他们建立电影机构的基本出发点，主要不是想通过电影给民众以娱乐，而是利用电影这种易于为群众所接受的形式，向民众灌输殖民主义思想；他们不是把电影作为一种艺术形式来理解，而是将其作为一种宣传工具来利用；他们不是把电影作为一种文化建设来兴办，而是将其作为一种强化统治的手段来加强。从“满映”所肩负的使命不难看出国策电影思想的形成。

“满映”一经成立，就成为伪满洲国的一个特殊的国策公司。所谓“国策公司”，就是依照日本政府规定的法律创立，执行政府的方针和政策，并导入政府的资金。在伪满的各大会社中，“满映”占有特殊的地位。它的特殊地位是由它担负的使命决定的。“满映”的特殊使命，就是执行国策电影。引用“满映”的一份文件解释说：

> 满洲映画协会是满洲国的国策会社，根据日满一德一心的正义，本着东亚和平思想的真精神，在平常无事的时候，对于满洲国的精神建国，具有重大的责任，对于日本和中国等国家，应当将满洲国的实在情形，充分介绍，使他们十分的认识，而且对于其他满洲国内一般文化的向上，贡献材料。到了一旦有事的时候呢？它的责任就更大了，就是与日本达成一气，借着电影这个东西，实行对内对外的思想战、宣传战！

这份文件精辟的道出了“满映”的真正历史使命。

“满映”作为一个特殊的国策电影公司，具有电影输出、输入、电影制作和电影发行、放映等多种职能，从建立开始就积极拍片。“满映”的影片分为娱民电影、启民电影和时事电影。即故事片、新闻片和纪录片，也有少量教育片。其中有“满映”独立完成的，也有同日本东宝、松竹等电影公司合作的影片，本文主要通过分析和回顾“满映”的一些作品，来探讨“满映”对满洲乃至中国沦陷区人民进行的国策宣传和殖民文化统治。通过“满映”建立经纬的论述，阐明“满映”和关东军的密切联系，也看到了国策电影思想的形成。

## 二　甘粕正彦与“满映”电影的国策宣传思想的确立

谈及“满映”这个话题离不开理事长甘粕正彦，通过他的活动可以清楚地看出日本当局在进行国策宣传上的良苦用心。“满映”刚成立时期的理事长为川岛芳子的哥哥金壁东，但实权掌握在原满铁庶务课长林显藏手里。后来因经营的问题，1939 年，“满映”新办公楼落成之际，甘粕正彦经伪满产业部次长岸信介和伪满国务院总务厅弘报处处长武藤富男的推荐，出任了“满映”第二任理事长，这是“满映”发展历程中的重要事件。

甘粕正彦 1891 年 1 月 26 日生于日本宫城县仙台市北三番街的一个士族家庭，父亲春吉是仙台市警部的警官，甘粕正彦是长子，在家中占有重要地位。1905 年入名古屋陆军幼年学校学习，1910 年转入陆军士官学校深造，在这里他受到了教官（后来成为日本首相和战犯）东条英机的教育。1922 年当上了东京涉谷宪兵分队长。同年 8 月，以大尉军衔担任了东京鞠町宪兵分队长。同年 9 月 1 日，日本发生关东大地震，在大地震的灾害中，甘粕正彦乘机杀死了日本无政府主义者大杉荣和他的妻子伊藤野枝及大杉的外甥。同年 12 月 8 日，军法会议判处甘粕有期徒刑 10 年，但甘粕仅服刑两年零 10 个月，便于 1926 年提前被保释出狱。出狱后甘粕到欧洲旅行，途经中国时，在沈阳会见了日本关东军沈阳特务机关长土肥源贤二大佐，后同关东军参谋板垣征四郎搭上关系。这时日本关东军正阴谋策划对我国的更大规模的侵略，甘粕同关东军参谋板垣征四郎和石原莞尔等，成为策划入侵我国的急先锋。之后，甘粕参加九一八事变的蓄谋等一系列活动，得到日本关东军的称赞，也奠定了他以后和关东军密切接触的基础。此后，甘粕也参加了日本关东军密谋挟持溥仪的活动，亲自押送溥仪到长春。由于甘粕深得关东军的信任，所以他也参与了策划成立伪满洲国的活动。1932 年伪满洲国成立后，甘粕出任了伪满民政部警务司司长，成为伪满警察的最高头目。1937 年调任伪协和会总务部长兼规划部长。1939 年经伪满产业部次长岸信介和伪满国务院总务厅弘报处处长武藤富男的推荐，甘粕出任了“满映”第二任理事长。甘粕一到任给人以不同的印象，作为伪满洲国的特殊公司，“满映”一直是日本关东军和伪满警察部门所操纵的，对于这样一个负有特殊使命的单位，由甘粕出任理事长，说明了甘粕正彦同军警部门的特殊关系。因此当时有个流行的说法：“在满洲，白天的关东军，晚间的甘粕。”当时，满洲最大的电影杂志《电影画报》第三卷第三期三月号，庆祝满洲“建国”10 周年卷上，甘粕正彦发表一篇题为《战事和电影》的文章，明确说明了“满映”国策宣传的历史使命。部分原文如下：

> 电影在平时，固然是一种国民的心粮，陶冶情操纯化思想，以致力于娱乐的魅力为主体，但是在战时，由于巧妙地操纵它的写实效果，由于认它做宣传报道的宠儿而使之充分地活跃去宣传国家的威力，把实像比文字比绘画更深刻地传达给国民，藉使前线和枪后相结合，电影是负着使国民全般协力的觉悟和爱国的观念旺盛的任务的……

由此我们不难想象，一个警察头目操纵的文化部门，是怎样的国策宣传公司了。日本就是利用大众易于接受的传媒工具——电影，对满洲人民进行国策和思想文化宣传的。从理事长甘粕正彦及其活动中，可以看到国策电影思想的完全确立。

## 三 "满映"电影的国策宣传思想的实施

"满映"建立后，为了尽快形成生产能力，早日出片，很快健全了内部机构，扩充了人员，还增加了电影专业人员。根岸宽一、牧野满男、谷川信吾，都是有影响的电影人物。由于"满映"是国策公司，所以一开始就把这种精神强烈的表现出来了。"满映"的第一部作品是《壮志烛天》，1938 年由坪井与导演，讲述的是农村模范青年刘得功，常遭土匪侵袭，投奔了伪满洲国军，决心讨伐匪首马得堂。他的这个行动受到年迈的父母和叔父的反对，但却得到未婚妻瑞坤的支持。刘参军后，很快晋升为伍长，在一次讨匪中同匪首马得堂遭遇，刘负伤，经国防妇人会的妇女热心看护，伤愈出院，回乡同老母、恋人团聚，受到全村人的欢迎。影片极力美化伪满国军的生活，带有强烈的宣传色彩。影片制作的目的就是宣传伪满国军，而且影片是由治安部委托摄制的，强烈地说明了电影是为政治服务的，是政治需要的产物。在谈及第一部电影时，坪井与导演承认"这是一部强烈宣传国军为内容的影片，剧场效果不佳，只能起到一定的宣抚作用"。除了美化伪满国军的影片以外，还拍摄了歌颂伪满警察的影片。如 1938 年拍摄的《大陆长虹》就是典型的讴歌伪满警察的影片，夸大了伪满警察的形象。"满映"拍摄的都是这样赤裸裸地宣传国策和教化满洲人民的影片。"满映"前期拍摄的都是这样的影片，比如《国法无私》《烟鬼》《田园风光》等。1938 年，唯一的日本演员李香兰的加入，备受注目，因为她用的是中国人的名字。她出演温柔的爱情影片较多，是日本当局用温柔的爱情故事吸引满洲人民，用意自然是教化民众、宣传国策思想及大东亚共荣思想。以李香兰的名字进行演艺活动的是日本演员山口淑子，1920 年生于中国，在上学期间，她曾向白俄声乐教授勃多列索夫夫人学习声乐，并曾专门去北平上中学，学习标准汉语。1933 年，作为日本侵略者鼓吹所谓"五族协和""日满亲善"的虚伪政治口号以麻醉中国人民而进行的宣传活动之一，奉天广播电台开办了一个名为"满洲新歌曲"的节目，经日本北支派遣军司令部负责中国事务的陆军少佐山家亨介绍，刚刚在勃多列索夫夫人的独唱会上演唱过歌曲的山口淑子被他们选中，成为演唱满洲新歌曲的歌手。为了避免中国观众的反感，电台当局提出不用她的日本名字，而用中国名字李香兰。出于同样的背景，当"满映"筹备拍摄《蜜月快车》时，为了寻找在影片里唱歌的女主角新娘的扮演者，经过关东军报导部的军官推荐，正在北平读中学的山口淑子再次入选。同样出于给满洲人看的电影的决策，李香兰再次被选为她的艺名，从此，李香兰的名字开始出现在银幕上，直到日本战败。李香兰主演的第一部影片是便《蜜月快车》。影片主要是表现新婚夫妇刚结合时的矜持、喜悦的心情，是一部闹剧性质的影片，实际效果不佳，却使李香兰被人们所熟知。此后，李香兰频频扮演中国少女的角色，吸引中国人民的眼球。如《富贵春梦》《冤魂复仇》《铁血慧心》《黄河》等。在扮演许多纯真的中国少女之后，“满映”开始利用李香兰扮演会说一口流利日语的中国女子形象，且都十分的爱恋日本男子的角色。第一次“满映”和东宝合作的影片是《东游记》，描写满洲国农民去东京找他们的一位去日本多年的朋友的经历。在这部充满了日本军国主义者对中国人民强烈藐视和歧视的影片里，两个前去访友的中国农民在旅途中出尽了洋相，他们的朋友老王虚荣自私、吹牛、撒谎，而与此相比，日本国是那么的先进富裕，日本人是那么的彬彬有礼。李香兰扮演的丽琴，是日本一家公司的打字员，她说得一口流利的日语，所以成了两个农民和日本人交流的媒介，她与一名中国留日学生相爱，最后动员大家一起回去，建设“新满洲”。在和松竹合作的《迎春花》中，李香兰扮演的白丽，同样是讲得一口流利的日语，与来伪满洲国的日本人关系密切，千方百计地帮助他与中国青年建立联系，在这两个角色身上，形象地体现了日本侵略者所鼓吹的“中日提携，共存共荣”和“五族协和”的反动口号所需要的中国人和中国妇女的形象①。随着日本侵华战争向内地的推进，随着李香兰名声日隆，“满映”又与东宝合作，推出“大陆三部曲”进行电影的国策宣传。所谓的“大陆三部曲”，就是指李香兰和东宝名演员长谷川一夫共同主演的《白兰之歌》《支那之夜》《热砂的誓言》。

《白兰之歌》是1939年“满映”协助日本东宝公司拍摄的一部宣传“日满协和”的影片。影片描写一名在“满铁”工作的日本青年技师，爱上了中国农村姑娘雪香，雪香的伯父是抗日运动的指导者，反对这桩婚事，两人的爱情经历了曲折，雪香仍爱着日本青年，并帮助日本青年运送子弹和抗日人士对射，战斗中，雪香和日本青年都中弹受伤，两人最后死在一起。尤其让我们值得注意的是影片中的几个场面。男主人公听从其父临终遗言，来满洲发展，兄弟三人一起来满洲建设，其中有句男青年弟弟在父亲灵前的台词：“请父亲放心，为了国家的利益，我一定成为优秀的满洲开拓者”（笔者译），这是典型的殖民宣传，把满洲当成了日本自己的国家，影片把日本青年描写成是怀着把“满洲国”建成理想国家的献身精神而努力工作的人。还有一个就是在影片里，自卫开拓村的人们早晨举行升国旗仪式并对皇居遥拜，对国旗行注目礼，从这些点点细节可以看出日本当局对中国民众进行奴化和思想渗透。影片中表面上讲述的是温情的爱情故事，实际上宣传的完全是“日满亲善”“五族协和”的国策思想与殖民主义精神。

① 徐志成、刘宁：《日本人的“中国观”》，《东疆学刊》2008年第1期，第52页。

《支那之夜》讲述的是一个极其憎恨日本人的战争孤儿，被男主人公的诚实和浪漫的爱所感动，最终爱上这个日本船员并嫁给他成为日本船员妻子的故事。影片比较细致的描述了中国女子爱日本船员的内心发展过程。在战前，日本男子殴打女子是一种爱的表达，被打女子被那男子的强烈的爱所感动，会心怀感激，这是典型的日本传统习俗和文化，可对于中国人来说却是莫大的侮辱。影片里巧妙地利用了这个场面，从中不难看出这部影片向满洲人民灌输殖民思想，渗透日本文化的动机。日本电影人用日本人山口淑子（李香兰）制造出日本人被中国人挚爱的幻想，为了维持这个幻想，一直把持着不公开李香兰身份的秘密，导致李香兰用中国人的名字演中国人的角色，扮演一个深爱日本男子的纯情中国少女，是典型的"日满一心""五族协和"的国策宣传片。日中战争和太平洋战争，日本政府和军界经常宣扬"八弘一宇""大东亚共荣圈"，只用口号很难被人们接受，所以《支那之夜》很好地用温和的爱情故事体现了"共存共荣"的方针，可见日本在进行国策宣传上的良苦用心。

《热砂的誓言》描述的男主人公是继承兄长的遗愿来满洲在"满铁"工作的日本青年，女主人公是来往于日本和满洲学习音乐的中国北京公司社长的女儿，叫芳梅。这个影片也是中国女子爱日本青年的故事，是更加典型的国策影片，反映了日本在对中国人民进行思想奴化和殖民教育方面的赤裸裸性。

归纳分析这三部影片，都是男主人公是日本人，女主人公是中国人，在当时男尊女卑的思想里，男人是主导者，女人是奉献者，整个身心的奉献者，长谷川一夫的角色代表日本，李香兰的角色代表中国，表现出中国如此信赖和依托日本，日本是一定爱中国的。这三部曲是典型的国策宣传片，是侵略中国现实的隐瞒，李香兰所演的是从内心里那么挚爱日本男子的纯情可怜的中国女子形象，日本电影人及其统治机构，费尽心机地利用电影这个大众宣传手段为日本进行殖民统治和扩张，大肆进行宣传国策。

"满映"作为特殊的国策公司，从1937年建立到1945年伪满洲国崩溃的八年时间里，在纪录片方面初期（1938~1939）拍摄60部，中期（1940~1942）拍摄110部，后期（1943~1945）拍摄19部，新闻片有《"满映"通讯》312号，《"满映"时报》313号，编辑发行《满洲儿童》55号。故事片共计108部，"大陆三部曲"属于故事片。"满映"的纪录片都是纪录伪满洲国的重大政治活动，对满洲内部起到了"建国精神的普及"，对外"介绍伪满洲国的实在情形""介绍、输入日本文化"，最露骨地体现了国策电影的思想。"满映"所拍摄的新闻片和故事片都是带有明显宣传色彩的国策片。后期的电影内容更加反动，有的恶意攻击共产党、有的美化伪满警察、有的直接反映了日本在南太平洋的侵略活动。"满映"为宣传日本和伪满洲国的国策、鼓吹"日满协和"、美化日本军国主义的侵略扩张政策，奴化中国人民进行了大量的活动，成了二战时期日本在国外设置的最大的文化侵略机构。"满映"在国策宣传上起到了非常重要的作用，对中国人民进行殖民奴化的过程中，是赤裸裸的宣传和奴化，对中国人民是一种心灵的摧残。在日中15年战争史上具有极其重要的作用，我们应该让后世的中国人永远铭记。

原载《东北师大学报》（哲学社会科学版）2008年第2期

# “满映”作家群落考

蒋　蕾

## 一　何谓“满映”作家群落

“满映”全称是“株式会社满洲映画协会”，成立于1937年8月，所在地是伪满洲国的首都新京（今长春）。到1945年8月垮台，“满映”在8年时间里共拍摄了故事片108部，摄制教育片和纪录片189部，编辑发行新闻片《“满映”通讯》（日语版）307号、《“满映”时报》（汉语版）313号、《满洲儿童》55号。[①] 在它的制作部文艺课里聚集了一批青年作家做“脚本创作员”；“满映”所办的杂志《满洲映画》也主要由所谓“满系”青年作家担当编辑和撰稿人。

### 1. “满映”作家群落的人员构成

“满映”作家群落主要包括两部分人：供职者与供稿者。“供职者”指在“满映”担当导演、编剧工作以及在“满映”主办的杂志《满洲映画》担任编辑工作的作家；“供稿者”则指那些并不在“满映”任职，但为“满映”创作电影脚本、为《满洲映画》杂志撰稿的人。属于“供职者”的作家有担当“脚本创作员”的梁山丁（原名梁梦庚，笔名山丁等）、戈禾（张我权）、安犀、王度、[②] 张辛实、宋培菡、田琳，担任导演的刘国权、杨叶、王则，还有在《满洲映画》杂志社任编辑人的小松、疑迟、共鸣、陈夷夫等。属于“供稿者”的作家主要是：古丁、爵青、外文、辛嘉、关沫南、吴郎、吴瑛、杨絮等，他们为“满映”创作电影剧本、写插曲歌词或撰写电影评论。在当时，也有“满映作家”的提法。1939年12月1日出版的《华文大阪每日》上刊登的“东亚文艺消息”中就称在“满映”担任演、编剧的王则为“满映作家”。笔者将其外延扩大到“供稿者”，所以称之为“满映作家群落”。

---

① 胡昶、古泉：《满映——国策电影面面观》序言，中华书局，1990。

② 现名为李民，本名王度，曾用名王介人，笔名有林适（时）民、杜白雨、吕奇、姜衍。

“供职者”栖身“满映”是为了生存，供稿者在当时文学作品发表阵地匮乏的情况下，以“满映”制作的电影以及杂志《满洲映画》为发表载体，也是另一种形式的“栖身”。

**2. “满映”作家群落里流派纷呈**

伪满洲国时期有两大主要文学流派——艺文志派和文选文丛派，其形成期大体上是在1937年至1939年。在两派关于“乡土文学”论争发生之后，“满映”作家群落渐渐形成。

从人数上看，“满映”作家群落中以艺文志派作家居多。艺文志派的形成要追溯到1937年3月创办的《明明》杂志。《明明》停办后，其同人古丁、外文、疑迟、辛嘉等仍积极开展文学活动，于1939年6月创办了大型文艺杂志《艺文志》，并于1939年8月刊行“诗歌丛刊”。艺文志派“四大主将”都与“满映”关系密切，其中小松和疑迟直接任职于“满映”主办的杂志《满洲映画》，古丁和爵青经常在《满洲映画》上发表电影评论。古丁和外文都曾为“满映”拍摄的电影主题曲写歌词。艺文志派作家中在“满映”就职的还有：脚本创作员张辛实、顾共鸣和导演王则。[①] 时任“满映”脚本创作员的李民（1939年冬天加入“满映”）表面上不是艺文志派同人，但与艺文志派关系密切。他说：“我名义上不是艺文志派的，但实际上也是其中一员。不参加的原因是我在日本受到过拘捕，回国后一直受到特务监视。”[②] 与艺文志派作家发生过“乡土文学论争”的文选文丛派，其主将梁山丁担任过脚本创作员，安犀也供职于文艺课担任脚本创作员。关于这个派别，研究者李春燕这样介绍：“文丛派和文选派是1939年分别在长春和沈阳成立的大型文学社团，由《文丛刊行会》和《文选刊行会》的同人组成的派别”，“因两派观点一致，又可统称为文选派”。[③] 这个派别是以大型杂志《文选》的刊行为标志，《文选》虽然只出了两期就停刊了，但其他小型杂志《文最》《文颖》也属于这一派别。在梁山丁、安犀等就职于“满映”期间，文选文丛派还出版了“文艺丛刊”四本——《两极》（吴瑛）、《山风》（山丁）、《第二代》（梅娘）、《去故集》（秋萤）。

除了这两大流派以外，作家兼导演刘国权、杨叶、宋培菡，评论家陈夷夫，歌手兼作家杨絮，女作家田琳等也是“满映”作家群落的重要成员。

**3. 群落特点：关系松散，人员年轻**

“满映”作家群落是一个自然形成的松散群落，其成员大多为了求生存而来到“满映”，彼此间并无约定或联盟。由于派别不同、主张不一，有的作家虽然在同一部门工

---

① 日文版《满洲文艺年鉴3》（1939），《作家名录》介绍王则为“‘艺文志’同人”。

② 2007年9月13日，笔者采访作家李民先生时所谈，有影音记录。

③ 李春燕主编《19—20世纪东北文学的历史变迁》，吉林人民出版社，2004，第125页。

作却很少往来，各自创作。例如属于文选文丛派的作家梁山丁、安犀与属于艺文志派的作家李民、张辛实等，虽同在"满映"制作部文艺课担任脚本创作员，但彼此间却很少来往，言语交流也不多。①

"满映"作家群落里的"居民"都很年轻，几乎都是20岁出头的毛头小伙子。作家李民1939年冬天加入"满映"时，刚刚21岁。他曾在日本留学，因办左翼文学刊物被捕后被驱逐出境，后经老同学张辛实介绍加入"满映"。梁山丁是当时的青年作家中年龄稍长的，他于1939年末经杨叶介绍加入"满映"时25岁。古丁、爵青则分别比李民大5岁左右。作家过于年轻的局面是由于东北沦陷造成的，原有的作家或逃离东北（如萧军、萧红、白朗等）或被迫害致死（如金剑啸等），在东北文坛上发表作品的基本上都是崭露头角的文学青年。关于当时作家的过度年轻，李民曾在1944年撰文《我这样地做文学》谈及这种情况，他说："从理论上说，年轻人是不容易也不能写出大文学来的，因为他们的生活经验不够。这是实话，高尔基的《四十年代》、托尔斯泰的《战争与和平》、歌德的《浮士德》、巴尔扎克的《人间喜剧》等，都是在中年或老年完成的，二十年代的青年作家，无论如何优秀，不客气地说，也只好看做一种'文学青年'。"② 但"满映"作家群落中的作家，创作高峰偏偏发生在他们的"二十年代"，这是历史决定的。

"满映"作家群落从1938年上半年开始聚集，1939年末形成人员众多的高峰期，到了1941年太平洋战争爆发后，作家们开始四散离去，这个群落也衰落、萧条。1943年前后，"满映"作家群落里出现了"大逃亡"景象，作家梁山丁、王度、王则、刘国权、顾共鸣等纷纷逃离伪满洲国。其直接背景是：1941年底日伪统治者加强了高压统治，在长春和哈尔滨分别实施了"一二・三〇"大搜捕和"一二・三一"大搜捕，李季疯、关沫南等作家被捕入狱，思想倾向于进步的作家都如惊弓之鸟，整天心惊胆战。李民先生说：1942年《思想矫正法》颁布后，日伪统治者可以随意抓人，大家更加恐慌。作家梁山丁、李民的家都曾被搜查过。到光复前，这个群落里的作家已所剩无几，作家张辛实、田琳等都受到关押。

## 二 "满映"作家群落的形成背景

### 1. 网罗文学青年是"满映"拍摄愚民电影的需要

"满映"是一个具有公司性质的电影制作机构，但正如影星李香兰在回忆录中所

---

① 2007年8月17日，笔者采访作家李民先生（杜白雨）时所谈，有影音记录。

② 吕奇：《我这样地做文学》，《中国文学》1944年第9期，第41－42页。

说，"'满映'是为宣传国策配合国策而成立的公司"，[①] 它具有明显的国家宣传工具的特点。1937 年 8 月 2 日，伪满洲国通过了"电影国策案"，决定投资 500 万元成立株式会社满洲映画协会。这笔投资由伪满洲国政府和满铁各投入一半。1937 年 8 月 14 日伪满洲国政府以第 248 号敕令，正式颁布了《株式会社满洲映画协会法》。8 月 21 日，正式建立株式会社满洲映画协会。[②] "满映"的使命是："一，教育人民有王道乐土的世界观。二，打破向来之陋习，并使人民具有积极参加五族协和新兴国家建设之心理。三，施与建设新国家所需要的勇敢及豪强之精神。此项指导精神，深信为满洲国电影国策之根本精神也。"[③] 之所以从 1938 年开始大量吸纳所谓"满系"青年人才，正是为了满足拍摄愚民电影的需要。"满映"生产的影片分娱民映画、启民映画和时事映画三种。时事映画是新闻片；启民映画是教育片和纪录片；娱民映画是故事片，又被当时的老百姓戏称为"愚民"映画。

然而，"满映"在拍摄愚民电影方面遭遇了"水土不服"。"满映"最初拍摄的是喜剧片，"鉴于满洲人民气质阴郁，所以要大量向人民注射欢乐素"。[④] 他们直接将 1935 年在日本走红的影片——《花嫁新娘》进行"翻版"，拍摄成由明星李香兰主演的娱乐喜剧《蜜月快车》。但是，让他们感到意外的是："《花嫁列车》在日本公映，日本观众爆笑了；《蜜月快车》在满洲公映，满洲观众沉默了。"他们感叹："毕竟阴郁得透顶，为什么不笑呢？这真是一个谜。向民众第一针'欢乐素'注射的反映失败了，因此更确定满洲人是太不明朗。"[⑤] 他们哪里明白：亡国奴是没有快乐可言的。

与《蜜月快车》的失败遭遇相似的是"满映"的一系列影片。"满映"的第一部影片《壮志烛天》（1938）是典型的国策片，讲述"讨伐匪贼与纯贞恋爱"的"募兵映画"。[⑥] 影片的编剧、导演、摄影全部是日本人，只有演员是中国人。这部片子充满说教，映后效果不佳。同年出品的电影《大陆长虹》是一部歌颂伪满警察的影片，也由日本人担任编导和摄影，远离中国观众的趣味。由于剧本贫乏，"满映"不断地对一些已经"成功"的日本电影进行"翻版"。《华文大阪每日》上发表文章《满洲的电影》，说"满映为了疗贫，翻案剧本除了《蜜月快车》之外，又改编了《某检察官及其妹》为《国法无私》"。"满映当局为拯救失败的过去，与解除当时的烦难，于是更积极地从日本招聘著名导演和脚本专家，来担当制作'满洲电影'的任务。"[⑦] "满映"

① 见山口淑子、藤原作弥《李香兰之谜》，陈喜儒、林晓兵译，辽宁人民出版社，1988，第 63 页。

② 胡昶、古泉：《满映——国策电影面面观》序言，中华书局，1990。

③ 转引自《满映——国策电影面面观》，中华书局，1990，第 34 页。

④ 《满洲的电影》，《华文大阪每日》二卷十期（第十四号），1939 年 5 月 15 日，第 36 页。

⑤ 《满洲的电影》，《华文大阪每日》二卷十期（第十四号），1939 年 5 月 15 日，第 36 页。

⑥ 见胡昶、古泉《满映——国策电影面面观》，中华书局，1990，第 44 页。

⑦ 《满洲的电影》，《华文大阪每日》二卷十期（第十四号），1939 年 5 月 15 日，第 36 页。

于1938年拍摄的《明星的诞生》《知心曲》《万里寻母》，1939年由李香兰出演的《富贵春梦》《东游记》《冤魂复仇》《铁血慧心》《白兰之歌》以及由中国演员主演的《慈母泪》《真假姊妹》等都是由日本人编剧、导演和摄影的。

反思这些电影的不受欢迎，"满映"开始大量吸纳中国青年作家，"饥不择食地采取脚本，临渴掘井地拉拢人才……"[①] 1939年11月，曾任满洲国民政部警务司长的甘粕正彦被任命为"满映"的理事长，他上台后进行了一系列改革，主要是培养满人导演、摄影，任用满人编剧。大批青年作家进入"满映"，正是在这一背景下发生的。《"满映"——国策电影面面观》中提供的资料表明，1940年2月"满映"的编剧中有张英华（辛实）、张我权（戈禾）、周蓝田、杨叶、梁梦庚（山丁）、王智侠等。[②] "满映"还曾将作家、导演王则和刘国权送到日本学习，回国后着手拍摄完全由"满系"人员编、导、演的故事片。1940年以后，"满映"开始采用中国人编写的剧本拍摄电影。

**2. 饥馑的无奈与光色的吸引**

大批青年作家与"满映"结缘，既有主动的原因，也有被动的原因。主动的原因是当时留在关外的作家都是文学青年，对于新兴的电影工业充满了好奇和兴趣。这些毛头小伙子、姑娘在年龄上属于"二十年代"，作家兼导演王则在1944年被害时只有28岁。直到1945年光复时大作家古丁也不过30出头，杂文作家李季疯28岁，李民27岁，关沫南26岁，梅娘在光复时则只有25岁……年轻作家们充满了青春的激情与冒险精神，对于新鲜事物有探索的兴趣，新兴的电影文化对他们构成了相当程度的吸引。他们带着好奇与兴奋来到"满映"，有的是通过报考"满映"的演员培训班的方式进入"满映"，如作家王则、宋培菡；有的是通过别人介绍到"满映"的文艺课工作，如李民、梁山丁、戈禾、安犀等。远在哈尔滨、沈阳的文学青年如关沫南、王秋萤等也为"满映"写脚本或电影评论，关沫南还为"满映"写过一部三幕剧《开张》。[③]

另一方面，他们加入"满映"也是无奈之举：七七事变后，伪满洲国的政治高压比以往更为严酷，青年作家们稍不小心就会被捕，仅仅在报纸、杂志上刊发作品很难养家糊口。在这大动荡的不安中，"满映"成为他们生存与创作的栖身之所。据作家李民介绍，当时"满映"的工资待遇还不错，刚入"满映"时工资为每月100元，后来升任导演工资为120元至150元，这在当时是一份比较稳定的工作。"满映"成立前，伪满洲国出版业已经历了所谓的"整理时代""整治时代"进入"统治时代"。伪满洲国于1932年颁布"出版法"，对于报纸、杂志以及图书的出版进行严格控制。1936年，

① 《满洲的电影》，《华文大阪每日》二卷十期（第十四号），1939年5月15日，第36页。

② 胡昶、古泉：《满映——国策电影面面观》，中华书局，1990，第89页。

③ 《满洲映画》1938年8月号，第40页。

齐齐哈尔发生了“黑龙江民报事件”，金剑啸等作家被杀害。1937 年 4 月，哈尔滨发生了“口琴社事件”，侯小古等文学青年被捕被杀。这种血腥镇压，对于东北的青年知识分子产生极大威胁和恐吓。1937 年伪满洲国成立弘报处统辖文化宣传，查封了颇有影响的 7 大中文报刊。[①] 到 1937 年年底，东北十余份报纸、期刊被伪满弘报协会宣布废刊，像刊发了许多文学作品的《凤凰》杂志于该年年底停刊，大批沈阳、大连的文人如王秋萤、小松等因失去发表作品的阵地而不得不迁移到长春。考察这段时期文学状况时，东北沦陷区文学研究者李春燕曾说：“1937 年 8 月，日伪弘报会颁布了新闻统治政策，随之大量削减报纸，文艺副刊停办，本不算多的登载文学作品的期刊，有的减少文艺版面，有的干脆予以停止发行。文艺进入大饥馑时期。”[②] 就在这样一个作家文人“流离失所”的背景下，1937 年 12 月《满洲映画》杂志诞生了。尽管这是一份电影杂志，被称为“东亚唯一大型电影读物”，纯文学作家本来不屑于在这里发表文章，但最初由作家王则担任《满洲映画》的编辑，随后作家小松的到来使艺文志派的四大主将与《满洲映画》杂志结缘，《满洲映画》成为作家们在萧条与荒芜中的无奈选择。

## 三 “满映”作家群落的创作环境与创作心态

在相同的时间来到相同的地点，“满映”成为作家们共同的创作环境与背景。

“满映”虽然是日伪统治者钳制思想的工具，但它毕竟是当时亚洲规模最大的、设备先进的电影厂。“满映”成立后，从日本请来了一大批电影导演、编剧和摄影师等电影工作者，如根岸宽一、牧野满男、古川信吾、荒牧芳郎等。根岸宽一与牧野满男一起拍摄过日本电影史上有名的影片《大菩萨岭》《人生剧场》《土》等，1938 年 6 月他来到“满映”担任理事兼制作部长。牧野满男是日本“电影之父”牧野省三的次子，也是日本早期著名导演牧野正博的弟弟，他于 1938 年 6 月来到“满映”担任制作部次长。“满映”还开办了演员训练所、养成所，请日本有经验的演员和导演为学员们系统讲授电影史、电影常识以及表演、台词、形体、小品表演，并开设中国文学史、日本文学史等课程。

身处“满映”，每个作家的心态是不一样的。有的是暂且栖身，如梁山丁、李民等；也有的试图在电影方面开创一番事业但并不成功，如王则、刘国权等。李民的一个个笔名，很能说明他当时的心态。他本名王度，写诗时笔名是“杜白雨”，创作剧本时笔名是“姜衍”，意思是“将就着敷衍”。他当时的同事、作家戈禾（张我权）看出

① 徐迺翔、黄万华：《中国抗战时期沦陷区文学史》，福建教育出版社，1995，第 1 页。

② 李春燕主编《19—20 世纪东北文学的历史变迁》，吉林人民出版社，2004，第 117 页。

了他的意思，曾对他说："姜衍姜衍，将就着敷衍。你这么着可有危险啊！"[①] 李民以"姜衍"为名创作了《龙争虎斗》《镜花水月》《娘娘庙》《黑脸贼》《璎珞公主》等多个古装武侠剧，拍摄成电影后还很受欢迎。梁山丁是1939年冬天到"满映"工作的，他曾回忆说："我在满映当脚本创作员时，写了20多个电影故事，伪满映当局没有通过一个。"[②] 根据查找到的资料，梁山丁创作的电影剧本并非一个都没有通过，搬上银幕的有两个：《巾帼男儿》和《歌女恨》，但由此我们可以看出梁山丁当时心境压抑，和"满映"当局之间相处得也并不愉快。这一时期，他的"业余创作"却收获颇丰，他与文选文丛派的文友们一起在《大同报》上创办了文学副刊"我们的文学"(1941)，创作了长篇小说《绿色的谷》(1942)。如果从作品方面来考察，他在"满映"工作期间完成了自己主要的文学成就，主要是电影以外的创作。"满映"作家王则是"满映"最早一批"满系"导演，他始终不肯拍摄"国策"电影。1941年12月，他在《结算与预计》一文中述说了自己的苦闷心情："不愿向观众提供毒素的花好月圆的梦的恋爱，因之，我彷徨，我迷惘，我不知道究竟哪一种题材会不违背我个人的艺术良心。"[③] 他曾撰写过电影《大地儿女》，试图表现那些失去土地而又热爱土地的人们。这部本已拍摄却未完成的电影具有强烈的影射意味，表现出作家浓厚的民族意识。1944年，已逃离伪满洲国的作家王则在回长春探亲时被日本宪兵秘捕后折磨致死。作家、导演刘国权的情况与王则类似，他曾因为反满抗日在齐齐哈尔遭受牢狱之灾，到"满映"后一直是重点监视对象，但他幸运地逃脱了日本人的追踪，于1943年11月携家眷逃到山东。

从创作情况来看，青年作家们虽然栖身于"满映"但并不局限于电影剧本的创作，而是将更多的精力投入到电影以外的文学创作中。例如作家戈禾在为"满映"写剧本的同时还创作了小说，他的短篇小说集《大凌河》(1943)就完成于"满映"。作家王则在就职"满映"期间写出长篇小说《昼与夜》连载于《大同报》的"文艺"副刊(1939年3月)，还创作《烈女传》发表于《艺文志》第一辑。在此期间，梁山丁与吴郎等人共同主办了《大同报》副刊上的"我们的文学"，出版了吴瑛的《两极》等文选丛书；小松、疑迟和古丁、爵青等创办了《艺文志》(不定期)和艺文书房等。

"满映"是作家创作的"世外桃源"吗？"满映"的创作环境是自由的吗？实际上，"满映"是栖身之所，但却未必是庇护所。伪满洲国警察厅对于具有进步倾向的文人一直没有放松跟踪和监视，"满映"的作家们尤其受到特别注意。作家李民在半个世

① 2007年9月13日，访问作家李民先生(笔录)。

② 梁山丁：《我与东北的乡土文学》，载冯为群、王建中、李春燕、李树权编《东北沦陷时期文学国际研讨会论文集》，沈阳出版社，1992，第372页。

③ 《电影画报》1941年12月号。

纪后曾撰写回忆录《虎口余生》，详细记录了1939年9月至1943年6月在长春（主要是在“满映”）期间“在特务监视下工作生活”的恶劣心境。李民在日本留学期间曾因为诗集《新鲜的感情》中有一首诗歌颂了西班牙战争中的一位“身为战士的明星”而被捕，遣返回国后他被列为“甲等要事杂人”，经常有特务光顾他的家，受到严密的监视。后来，曾在齐齐哈尔受过三年半牢狱之灾的作家刘国权来到“满映”，刘国权也被列为“甲等要事杂人”，李民降等为“丙等要事杂人”；再后来，李民由于从事文学活动频繁，又升为“甲等要事杂人”，随时有被捕的危险。李民一直处于受监视的不自由状态中，连到外地公出都要向警方请示。1943年6月他化名“王介人”逃出了伪满洲国。作家辛嘉比李民早一步逃出伪满洲国，他逃走时也不敢让别人知道，为掩人耳目拎了一只手提公文包在街上走，似乎是去上班，实际上却是去了火车站乘车逃走。近年来在台湾发现的《伪满首都警察厅特秘文件》更是让人清楚地看到了作家们所受的严密监视：1943年5月，已离开东北的“满映”作家王则和被称为“思想上的同伙”安犀、山丁是被监视对象，辛实、刘国权、张我权以及王度（即李民）等都被警方密切关注。对于山丁等人发表的文学作品，警方从字里行间读出了反日思想。包括一向被视为“文化特务”的爵青，也在警察秘密监视之列，也对其作品细加分析，寻找具有民族意识的蛛丝马迹。在这样严酷的高压统治之下，即便尚未被捕也没有自由可言，作家们的内心并不轻松。在这种创作环境和创作心态之下，作家们在作品中普遍表现出一种苦难意识。如李民的小说《金泰栈》，表现了20世纪30年代吉林市存在过的一个贫民窟——“窑坑”里暗无天日的生活，描写了“金泰栈”的“掌柜的”以及居住在这里的客人——流浪的苦力们，文中还直接描写了“穿制服的人”的无理和粗暴。小松的代表作《铁槛》也直接大胆地描写了被逼反抗当土匪的东北农民，写了他们在日本人统治下无法生存、受尽压榨和欺侮，生活在黑暗之中。山丁的小说《绿色的谷》更是明显地揭露了日本人通过铁路对中国进行的经济和政治侵略。这些作品都诞生于“满映”作家群落的作家笔下，而且大部分成稿于在“满映”就职期间，表现了作家们对于国家、社会的思考和内心的苦闷。他们大胆直率的创作作风也让我们今天读来还觉得很惊讶。

## 四 “满映”作家群落中的代表作家

“满映”作家群落中的优秀作家很多，具有代表性的作家是：王则、李民、梁山丁。

**1. 王则（撰写电影评论时笔名为“周国庆”）**

在笔者所了解的范围内，王则是最早加入“满映”的青年作家，共在“满映”工作4年时间。1938年2月，他通过报考“满映”演员训练所第二期学员训练班进入

"满映"。但此后，他似乎并未走演艺之路，而是成为一名编辑。1938 年 5 月，《满洲映画》上出现了他撰写的《第二期演员训练生考试随感》,① 此后陆续出现了他写的侧记、短诗等。1938 年 9 月，辽宁抚顺出版的纯文学杂志《明明》上刊有王则的杂文《香火》。王则的代表作发表于在"满映"工作的第二年——1939 年。这年 3 月，《大同报》上连载了王则的长篇处女作《昼与夜》，引起很大轰动，这也是《大同报》上最早连载的白话长篇小说；6 月，他在《艺文志》第一辑上发表《烈女传》，成为"艺文志"同人。作为"满映"最早的所谓"满系"导演、编剧，王则创作过剧本《大地儿女》，改编过剧本《家》。

王则的文学创作以小说为主，兼以评论、杂文、诗歌。他的小说具有浓厚的乡土气息，10 万字的长篇小说《昼与夜》取材于他在兴凯湖畔工作的时候以及少年时代在家乡的观察和体悟，他对农村生活中那种复杂的家族关系以及生活状态，有着细致的洞察和生动的表现。王则的语言很有节奏感，娓娓道来、不急不缓。对于民族生存问题，他有自己独特的文学表现方式。他以人与土地的关系来表现对于"亡国灭种"的深层思考，对于自己那部未完成的电影《大地儿女》的阐释是：表现那些失去土地的人们。总体来说，王则小说创作以乡土文学风格见长，这既是由于作者选择了自己熟悉的题材来创作，同时也是基于对民族传统、民族文化的一种保留和怀恋。

在从事小说创作的同时，王则也兼有文学评论发表，因此《华文大阪每日》杂志上曾称他为"评论家王则"。他撰写的《满日文坛交流题》（上、下）对于当时伪满洲国文坛的状况做了精确的描述，指出当时正处于"同人文学"的状态之中,② 担任电影编剧和导演后，王则以"周国庆"为笔名在《满洲映画》发表了许多篇电影评论。

1942 年 5 月，不肯写国策电影的王则离开东北，转而成为华北文坛的一位重要作家。他曾担任过隶属于《武德报》系列的《国民杂志》的主编、《民众报》编辑长。

**2. 李民（笔名林适民、林时民、杜白雨、姜衍、吕奇）**

李民 1939 年冬天（大约 12 月左右）加入"满映"，1943 年逃离东北，共在"满映"工作 4 年。在留学日本期间，因为诗集《新鲜的感情》有左翼色彩，尤其是其中一首诗赞扬了参加西班牙战争的美国女共产党员，受到日本警方的拘捕和审讯。1939 年 5 月，他被遣返回国。9 月，他离开故乡吉林市来到长春，到满日文化协会工作，3 个月后——1939 年 12 月经张辛实介绍到"满映"宣传课工作。他后来到文艺课担任过脚本创作员，最后还被任用为导演。但他没等到真正成为电影导演，就于 1943 年 6 月逃离了伪满洲国。

李民因在《明明》杂志上发表作品与艺文志派同人古丁、辛嘉等结为文友。他回

① 《满洲映画》1938 年 5 月号，第 10 页。

② 《华文大阪每日》第 38 号，1940 年 5 月 15 日，第 29 页；第 39 号，1940 年 6 月 1 日，第 37 页。

国加入“满映”后，一方面为糊口写了几部武侠剧本，另一方面则在纯文学之路上进行不懈的探索。他在《艺文志》上发表长诗《洛阳桥》、小说《金泰栈》，[①] 他的诗集《樱园》于1944年6月在长春出版，文学评论集《艺术与技术》于1944年11月在北京出版。李民的诗歌和小说语言细腻、流畅，具有强烈的诗人气质，常常流露出抱负极高的心志和对社会政治的思考。在这一时期作家中，李民是少数在文艺理论方面进行自觉探索的作家之一，他对于文学语言的特征、电影剧本的创作方式等进行了深入思考，撰写了《日本文学的语言性格》[②]《脚本写作要点》[③] 等多篇文艺评论。

逃到北京后，李民成为华北沦陷区的重要作家。他化名王介人，改笔名为吕奇，在《中国文艺》《国民杂志》《中国文学》等刊物上发表诗歌和评论。

**3. 梁山丁（笔名倩人、小倩、梁倩、山丁等）**

在东北沦陷区的作家中，梁山丁是一位创作时间长、文学作品丰富的大作家，他曾与古丁进行了大规模的文学论战。但梁山丁作为“满映”脚本创作员的职业背景却常被人忽略，可能是因为他在电影以外的文学成就远远大于电影剧本的创作。

梁山丁于1939年冬加入“满映”，他自己回忆说是由杨叶介绍的。据李民的回忆，梁山丁比李民去得稍晚些，估计在1939年12月。直到1943年9月30日逃离东北，[④] 梁山丁在“满映”工作了4年。他在九一八事变前就已从事文学创作，曾于1933年为《大同报》副刊《大同俱乐部》和《夜哨》供稿，并由编辑陈权介绍认识了萧军、萧红等。在文学创作上，他一直主张写“暴露文学”“乡土文学”，坚持朴实的、接近于大众的创作风格。在“满映”期间，他创作的剧本有《巾帼男儿》《歌女恨》《马路小人物》（未拍）等20多部。但他最大成就在电影以外，成名作《绿色的谷》（1942）创作于在“满映”工作时期。他主编过文学杂志《诗季》，参与主办过《大同报》上的副刊“我们的文学”，还出版过小说集《山风》（1940）、诗集《季季草》（1941）、编辑出版过《现代世界诗选》等。在这段时间，他与文友们组织了“文丛刊行会”，出版了吴瑛的小说《两极》、梅娘的小说《第二代》等“文艺丛刊”。

王则、李民、梁山丁，这三位“满映”作家群落中的代表作家分别于1942年和1943年逃离东北。到达北平后，他们都加入华北作家协会，成为华北沦陷区作家中的中坚分子。

---

① 《艺文志》第三辑（1940年4月），第345页

② 《艺文志》第三辑（1940年4月），第108页。

③ 《电影画报》1941年11月号，第46页。

④ 梁山丁：《我与东北的乡土文学》，载冯为群、王建中、李春燕、李树权编《东北沦陷时期文学国际研讨会论文集》，沈阳出版社，1992，第373页。

## 五 “满映”作家群落的总体特点

“满映”吸纳青年作家的目的是为了利用他们，借助于他们对东北民间习俗与风土人情的熟悉，创作能够为观众所接受的国策电影。但进入“满映”工作的青年作家们并不因此而成为汉奸文人。大多数作家拒绝写国策电影，如王则就从未写过这类电影，李民创作的电影剧本都是一些回避现实政治的武侠片《龙争虎斗》《娘娘庙》《黑脸贼》等。

考察作家们在“满映”期间创作的脚本和其他文学作品，他们并没有因为任职“满映”或供稿于“满映”而在作品中传达出媚日倾向。在这些作家中，最具有亲日嫌疑的作家是爵青，据说他担任过日本关东军的翻译，但是纵观他的作品却很难找到媚日色彩，倒是有一种苍凉冷峻呈现出来，略带一些玩世不恭。公认具有进步倾向的作家梁山丁的作品，则直接大胆地揭露日本统治者的侵略性和欺骗性。他在《绿色的谷》中竟然直言：“它从这里带走千万吨土地上收获的成果和发出来的宝藏，回头捎来‘亲善’、‘合作’、‘共存’、‘携手’……”①

作为国策公司，“满映”的电影制作当然属于“官制文化”之列（1941 年日本经济出版社出版的《满洲建国侧面史》称日伪文化为“官制文化”），② 但“满映”作家群落的大多数作家们显然对这种官制文化采取拒绝和挣脱的态度。除了导演周晓文执导的纪录电影《黄河》有媚日、美化日本侵略者的倾向外，其余的作家中基本上没有人站在日伪统治者的立场上去创作“国策”电影。作家兼导演王则对“满映”的所谓“国策电影”极尽挖苦和嘲讽，他说：“满洲电影制作者的立场，如同大家庭中的丑女，不仅是赔钱货，而且容貌还叫人可憎，背后则（被人）冷嘲热讽，当面则被刻薄。因此赔钱货的丑女也不得不卖命地用雪花膏去弥平脸上的雀斑和麻子，不得不打肿了脸装富态的胖子，而掩饰起自己的贱相，管它含有多量铅质毒素的化妆品会残蚀自己的皮肤呢？管它脓肿的脸会妨碍自己的健康呢？”③ 这样的态度，导致日伪统治当局对他们的迫害。“满映”作家群落在太平洋战争后的严酷环境下四散离去，到 1943 年时形成了一种“大逃亡”的态势，王则、刘国权、山丁、李民相继逃入关内，“满映”作家群落变得七零八落。

电影文学作为现代视听艺术——电影的文本形式，是在我国现代文学出现之后才逐渐形成的。现在可知最早的电影文学创作是 1920 年陈春生编剧的《荒山得金》（商

---

① 山丁：《母亲的心境》，《大同报》1942 年 4 月 10 日“文艺”副刊。

② 转引自徐迺翔、黄万华《中国抗战时期沦陷区文学史》，福建教育出版社，1995，第 1 页。

③ 王则：《满洲电影剖视》，《电影画报》1943 年 11 月号，第 22 页。

务印书馆活动影戏部1920年下半年出品），[①] 早期较优秀的电影文学是1923年郑正秋编剧的《孤儿救祖记》和1924年洪深编剧的《申屠氏》。[②] 在20世纪20年代的东北地区，除萧军曾创作过电影剧本外，电影文学创作几乎是一片荒芜。"满映"作家群落的作家们，在东北电影文学创作方面做了许多开拓性的努力。

多年来，由于"满映"是日伪宣传机构，东北沦陷区作家们在电影文学创作方面的探索也被否定和遗忘了。尽管作家们当时的创作有无奈的一面——为了谋生，但他们客观上促进了电影文学——这个新兴的文学样式在东北地区的发展。他们不仅创作了大量的电影剧本，并且对电影剧本写作方法进行研究和探索。

"满映"作家群落的作家们创作的电影脚本超过百部，下表是对"满映"作家群落的作家们在电影剧本创作方面的不完全统计。

| | 与"满映"关系 | 剧本创作（拍成电影的） | 剧本创作（未拍成电影的） |
|---|---|---|---|
| 张天赐 | — | 《患难交响曲》（1941）、《荒唐英雄》（1941）、《雪夜》（1941）、《夜未明》（1942）、《百花亭》（1944） | — |
| 王则 | 导演，1938年3月"满映"演员训练所第二期学员 | 《家》（1941），担任《满庭芳》（1941）导演时，创作片中插曲《一篇糊涂账》的歌词 | 《大地儿女》《酒色财气》 |
| 梁山丁（山丁） | 脚本创作员，1939年冬加入"满映" | 《巾帼男儿》（1941）、《歌女恨》（1942） | 《马路小人物》（1942） |
| 戈禾 | 脚本创作员 | 《有朋自远方来》（1940）、《运转时来》（1941）、《满庭芳》（1941）、《青春进行曲》（1941）、《王麻子膏药》（1941）、《花和尚鲁智深》（1942）、《小放牛》（1942） | 电影小说《小萍》（1942） |
| 杨叶 | 导演 | 《流浪歌女》（1940）、《爱焰》（1940）、《春风野草》（1942） | — |
| 安犀 | 脚本创作员 | — | 《十字坡》（1940）、《伙伴》（1942）、《清明节》（1942） |
| 辛实 | 脚本创作员，1939年入"满映" | — | 《江山》 |
| 杜白雨（姜衍） | 脚本创作员，1939年冬经张辛实介绍入"满映" | 《龙争虎斗》上下集（1941）、《镜花水月》（1941）、《娘娘庙》（1942）、《黑脸贼》上下集（1942）、《璎珞公主》（1942） | 电影诗《白衣天使》（1940） |

① 周晓明：《中国现代电影文学史》上册，高等教育出版社，1985，第26页。

② 《中国新文学大系电影集二》，上海文艺出版社，1984，第788页。

**续表**

| | 与“满映”关系 | 剧本创作（拍成电影的） | 剧本创作（未拍成电影的） |
|---|---|---|---|
| 姜学潜（姜兴） | 1939年11月，随甘粕到“满映” | 《新生》、《晚香玉》（1943）、《苏小妹》 | — |
| 刘国权 | 1940年11月加入“满映”，任导演助理 | 《雨暴花残》（1941） | — |
| 宋来 | “满映”演员训练所第一期学员 | — | 《春秋》《南旅》 |
| 周晓波 | 导演 | 《风潮》（1940）、《都市的洪流》（1940）、《梦幻曲》（1941）、《黄河》（1942）、《富翁之家》（1943）、《芝兰夜曲》（1945）、《大地逢春》（1945） | — |
| 朱文顺 | | 《她的秘密》（1941）、《劫后鸳鸯》（1943） | — |
| 田琳 | 脚本创作员 | 未知 | — |
| 小松 | 《满映画报》编辑 | — | 《大地》（赛金花原作，小松译）、《港湾里的风暴》 |
| 刘迟 | 《满映画报》编辑 | — | 《陌上花》、电影小说《七月风云》 |
| 古丁 | 《艺文志》同人 | 《雁南飞》（翻译） | 为杨叶的电影《望乡》作歌词 |
| 外文 | 《艺文志》同人 | — | 为辛实的电影《江山》创作歌词 |
| 金音 | 诗人 | — | 《大院风景》 |
| 百灵 | 诗人 | — | 电影诗《风尘》《赛马》 |
| 裕振民 | 《大同报》记者、编辑 | — | 《少奶奶的钻石戒指》《爱之路》《七巧图》《春城曙色》 |
| 关沫南 | 哈尔滨作家 | 三幕短剧《开张》 | |

从电影剧本的创作来看，当时“满映”作家群落的作家们运用的电影手法已相当多样。如安犀在剧本《十字坡》（1940）中纯熟地运用了蒙太奇技巧，[①] 在结构上也摆脱了早期电影文学的话剧式结构。最初主要是裕振民等人创作的分镜头式剧本，以后由于作家的大量加入，文学性较强的电影剧本占了主流。

青年作家们未停留在电影文学的创作上，还在电影剧作的创作观念、创作方法方面进行经验总结和理论探索。李民写过《脚本写作要点》，[②] 总结脚本写作经验，作家

① 《满洲映画》1940年9月号，第34页

② 《电影画报》1941年11月号，第46页。

安犀写过《电影脚本的变质》,[1] 韩护写过《电影脚本的问题》。他们还翻译介绍日本有关脚本写作的文章来理性思考这一新兴文学样式，这些努力对于电影文学在东北文坛的发展起到了重要作用。

“满映”作家群落的作家们的创作也并未因残酷镇压而终止或萎缩。1942 年以后，大批东北作家逃亡关内，他们将创作阵地转移到华北沦陷区，成为华北沦陷区作家中的重要力量。梅娘、山丁、王则、共鸣、李民、袁犀等，都是从东北逃离出去的。他们到达北平后获得了相对于东北沦陷区多一些的创作自由，创作了大量的文学作品。在 1942 年以后的《中国文艺》《国民杂志》以及 1944 年的《中国文学》上，可以看到大量的原“满映”作家群落中的作家，如王则、李民、山丁等。

原载《社会科学战线》2008 年第 5 期

① 《电影画报》1943 年 3 月号，第 48 页。

# 满铁电影文化侵略机构的设立及其在东北的侵略活动

李　娜

日俄战争结束后，日本从俄国手中夺取了辽东半岛，1906年在大连成立了“满洲铁道株式会社”，简称“满铁”①。它表面上经营南满铁路，实则是日本军国主义对我国进行军事、政治、经济、文化侵略的工具。“满铁”第一任总裁后藤新平曾制定了一个所谓的“文装武备”“以王道之旗行霸道之实”的“经营满洲”方针，他说，建立“满铁”，就是“使之成为帝国殖民政策的先锋队”“战后经营满洲惟一的妙诀，在于表面伪装经营铁路，背地实行各种设施……”② 在思想文化上，他们利用一切可以利用的宣传手段，向民众灌输殖民主义思想和殖民主义文化。其中，电影，被他们认为是对华进行侵略的宣传基地，不过在这里电影的艺术属性完全被排除，而是将其作为一种赤裸裸的宣传工具。

## 一　“满铁”电影文化侵略机构的建立和发展

日本从它执行侵略扩张政策之日开始，就把罪恶的黑手伸向了电影。为了推行它的殖民主义政策，它每占一个地方，就在那里建立一个电影宣传基地。它在掠夺我国东北后，就开始做“大东亚共荣圈”的电影梦，为建构“大东亚电影”设计蓝图。

为了“使电影实现大日本帝国的国策，不消说一朝有事之际，即使是在平时，电影也要在政治和外交上充分发挥它所特有的宣传教育作用，以收电影报国之效”③，“满铁”自成立之日起就积极筹划建立电影机构。1909年，“满铁”所属电气游园，经过整修改为“电气馆”（电影院），开始放映电影。这是大连，也是东北的第一家日本电

---

① 1906年6月7日发布设立敕令，11月26日在东京召开创立总会，1907年3月5日总会迁往大连，4月1日开始营业。

② 姜念东等：《伪满洲国史》，吉林人民出版社，1981，第6－7页。

③ 岩崎昶：《日本电影史》，钟理译，中国电影出版社，1963，第151页。

影院。1911 年 5 月，电气馆摄制了《满铁职员运动会》《大连学生运动会》两部实况短纪录片，并在该馆放映。随后，“满铁”在东北各地陆续设置了放映电影的专业影院，1917 年，“满铁”在铁路沿线建立了电影放映队，每年进行 4～6 次巡回放映。

但是，“满铁”并不满足于只放映电影，1923 年，“满铁”设立了弘报系，通过出版杂志、书刊、照片、广告、招贴绘画等，广泛向中国人民进行文化宣传和思想渗透。同年，设立映画班，隶属“满铁”社长室文书课。1928 年，“满铁”将映画班改由弘报系领导，由芥川光藏做主持。映画班是负责拍摄电影的，“满铁”将其合并到弘报系，使文字宣传和影像宣传统一领导，合二为一，内设办公室、机械器材室、编辑室、洗印所等机构，配备业务人员 20 名，映画班成立后拍摄了一大批纪录片，为日本军国主义侵略加强舆论宣传力量。

1936 年 10 月，“满铁”将映画班扩充壮大，成立“满铁映画制作所”，由芥川光藏任所长。至次年，映画制作所业务人员有了增加，生产能力扩大，业务人员发展到 26 人，其中摄影技师 6 人，洗片等技术人员 20 人，配备摄影机 10 余台。在当时历史条件下，“满铁”映画制作所已迅速发展到了一定的规模。

上述情况表明，“满铁”较早从事了对中国文化渗透和对中国电影文化侵略活动。1932 年，伪满洲国成立后，随着日本加深对华侵略及为了维护、稳定伪满洲国统治地位的需要，侵略者进一步加深对中国人民的思想奴役和文化侵略。“满映”就是在这种形势下建立并以电影统治机构身份出现的。

“满映”，全称“株式会社满洲映画协会”，于 1937 年 8 月由伪“满洲国”政府和“满铁”联合投资 500 万日元建立，由大汉奸金璧东①任理事长，日本人安排金璧东担任理事长只不过是块招牌，真正的权力掌握在原“满铁”庶务课长、专务理事林显藏手里。“满映”作为伪满洲国的特殊会社，从酝酿到策划到成立，“满铁”从人力、物力、财力上都给予了大力的支持，而且在以后的影片拍摄和制作上存在着千丝万缕的联系。

## 二　“满铁”摄制的影片及其电影侵略活动

“满铁”映画班成立后，立即投入纪录影片的拍摄和放映宣传活动。九一八事变乃至其后日本关东军大肆侵犯我国东北各大城市时，“满铁”映画班派新闻摄影人员现场拍摄，他们把拍摄的素材编辑成 3 部纪录片。

---

① 金璧东，川岛芳子之兄。川岛芳子原名金璧辉，清末肃亲王奕善第十四王女，为四侧妃所生。亲王为恢复满清勾结日本，于其女六七岁时将其送予日本浪人川岛浪速作养女。九一八事变后回国充当日本特务、间谍，抗战胜利后，被国民党政府以汉奸叛国罪，于 1948 年 3 月 25 日在北平执行枪决，时年 42 岁。

《满蒙破邪行·第一篇》（全5本，1543米），记录了日本关东军在沈阳发动九一八事变的经过及日本关东军向吉林、长春等地的侵犯活动。

《满蒙破邪行·第二篇》（即《穿越嫩江》，全5本，1540米），记录了1931年11月日本关东军第二师团越过洮昂铁路①，向齐齐哈尔侵犯，同黑龙江守军发生激战及洮昂铁路铺设情况。

《辽西扫匪》（全5本，1132米），记录了1931年12月末到1932年1月间日本关东军入侵锦州、山海关等地的经过及“满铁”为配合关东军的侵略抢修沈阳至山海关铁路的情况。

“满铁”在影片制作完成后，在日本国内各地放映，新闻纪录电影作为日本“非常时局”的一种娱乐节目，在日本各地上映时，曾盛况空前，出现了狂热。另一方面，还在“满铁”铁路沿线各城镇放映。如《满蒙破邪行·第一篇》完成后，“满铁”弘报系派出4个宣传班，携带影片到日本东京、大阪、北海道、九州及我国台湾等地放映，宣传关东军的侵略“战果”。

此外，在日本关东军直接操纵下，为了向我东北人民灌输法西斯思想，“满铁”与当时拼凑起来的汉奸组织“自治指导部”② 密切配合，于1932年2月份成立两个宣传放映班，对我国东北各地进行“宣抚”放映，宣传日本文化、炫耀日本关东军武力，毒害中国人民，鼓噪建立伪满洲国。由此可见，“满铁”的电影活动，从一开始就和日本关东军的军事侵略紧密配合在一起的，成为关东军的一个喉舌。

伪满洲国建立后，“满铁”拍纪录片题材更加广泛，但着力点仍围绕对中国的军事、政治、文化等侵略及进行经济掠夺和对人民的奴役。宣扬“日满协和”，歌颂日本侵略“有功”、侵略“有理”，维护伪满洲国的统治。仅1932年，就拍摄了《建国之春》《满洲少女使节》《学童使节》《结成协和》《本庄将军》《日本正式承认满洲国》《国际联盟调查团在满洲》《北满矿野开拓者》8部影片，并广泛放映。1933年至1936年拍摄纪录片的领域更加扩大，重点片有《守卫热河》《秘境热河》《草原巴尔嘎》等③。

1933年，伪满各部为宣传需要，对电影都表现出空前的积极性，他们纷纷购置电影设备，委托“满铁”和日本电影公司拍摄纪录片④。同年3月，伪满国务院设立情报处，为利用电影向国外进行宣传，同“满铁”弘报系合作，拍摄了纪录片《新兴满洲

① 吉林省洮南至昂昂溪的铁路。

② “自治指导部”：由关东军拼凑起来的汉奸组织。1931年11月10日在沈阳成立，表面由汉奸于冲汉任会长，但实权操控在关东军政治部主任中野琥逸和“满铁”文化课长中西敏宪手里，其任务是监督指导各县行政，拼凑县政权，侦察人心动向，进行“宣抚”工作。

③ 宫本通治：《满洲事变与满铁》，南满洲铁道株式会社，1934，第410页。

④ 这一时期伪满协作拍电影的电影公司以日本松竹公司为主。

全貌》（5 本），制成日、英、法、德等语版，通过日本驻各国使馆向美、英、法、德、意、苏、瑞等国发行。

1936 年下半年至 1937 年上半年，因为“满铁”将映画班扩充为“满铁映画制作所”，规模扩大，生产能力也加大，于是，仅一年时间就摄制了 20 多部纪录片。在产业方面有：《日满间货物运输》《大豆工业》《抚顺煤炭》《铁道建设实况》《农业满洲》《北满移民》《间岛省朝鲜移民》《铁路爱护村的移民》；在观光方面有：《观光日本》《周游满洲》《哈尔滨之夜》《吉林的鹈饲》《北满避暑地巴林》《北戴河》；军事方面有：《五市防空演习》《日支事变》；外交方面有：《庆祝满洲、德国、意大利通商协定签定》《跃进国都》《废除治外法权》《蒙古忠灵塔揭幕式》；及《满铁社员在各地》和正在重点拍摄的《满铁 13 年》①，内容涉及军事、政治、外交等方面，并广为放映宣传。

“满映”是可以生产多片种的综合性影片制作公司，自成立后，在“满铁”的大力协助下，从 1937 年至 1945 年日本投降，在短短的八年里，共摄制了 120 多部“娱民电影”、数百部“启民电影”及无数的时事报道片。通过对 1936 年至 1939 年电影放映档案史料统计，伪满自制片由 281 本猛增到 1240 本，增加三倍半。这三类影片在中国和日本广为放映，宣传日本对我国的军事、政治、文化侵略的“功德”，对中国人民进行奴化教育和殖民统治教育，美化伪满洲国。与此同时，“满映”还增加日本片的放映量，伪满电影检察机关（弘报处映画班）对国产和外国输入片严格检查，目的是为日本和伪满影片大开绿灯。这条无硝烟的战线，给东北人民在精神上和心灵上造成的危害是难以估量的。

## 三　电影为战争服务的本质及战后的责任问题

### 1. “满铁”电影的本质

“满铁”在长达 40 年侵略中国的过程中，不仅在经济上进行疯狂掠夺，同时在文化上不断强化侵略宣传，其中把电影作为最有效的文化侵略工具，千方百计为其军国主义侵略政策服务。

史实证明，“满铁”电影从一开始就不是文化艺术部门倡导发起的，而是日本军国主义一手策划建立，直接管理控制的。它从建立之日起，就与日本的侵略行径紧密相连，在侵华战争中有其特殊地位和使命。

“满铁”以经营铁路为名，实际上在建立之初就以纸质材料为媒介，履行对华文化渗透、精神麻醉使命，在日本侵华战争爆发后主要利用电影履行着为军事侵略服务的

① 《满洲年鉴》，伪康德五年卷，第 417 页。

使命。在日本关东军侵华战争中干了大量罪恶宣传勾当。比如，九一八事变，“满铁”映画班拍摄了事件经过，在日本关东军大肆侵犯吉林、长春、哈尔滨、齐齐哈尔、锦州等地时进行现场拍摄．并在日本各地和“满铁”铁路沿线的城市放映，歪曲事实真相，掩盖侵略事实，宣传侵略“战果”。这时期，“满铁”及日本国内电影界还与伪满洲国共同拍摄影片，日本设在旅顺、大连、新京等地的映画班、映画社和新闻部门等，纷纷进行电影摄制和放映活动，说明“满铁”忠实履行着日本军国主义对中国文化侵略和宣传军事侵略“有功”的使命。

而“满映”对电影为战争服务的本质揭露得更彻底，在 1938 年 12 月 15 日发行的《满洲映画协会案内》刊登的一份文件就昭然若揭地进行了自供道白：“满洲映画协会是满洲国的国策会社，根据日满一德一心的正义，本着东亚和平理想的真精神，在平常无事的时候，对于满洲国的精神建国，有重大的责任，一旦有事的时候，借着映画，用整个力量，实行对内对外的思想战！宣传战！以协力于国策的贡献。”另外，《弘宣》半月刊第 31 号的一篇文章，在阐述“满映”使命时写道：“满洲国电影之指导精神：一、教育人民有王道乐土的世界观。二、打破向来之陋习，并使人民具有积极参加五族协和新兴国家建设之心理。三、施于建设新国家所需要的勇敢与豪强之精神。此项指导精神，深信为满洲国电影国策之根本精神也。”①

另外，从“满铁”和“满映”所拍摄的影片不难看出，“满铁”的电影国策，是把电影作为日本推行殖民主义和对中国人民进行奴化教育的政治工具。其宗旨是平时向民众宣传殖民主义思想、文化，宣传侵略“有理”、侵略“有功”。到了战时，把电影变为思想战、宣传战的精神武器，鼓噪用武士道精神参战，达到军事侵略目的。他们建立和发展电影不是给人民娱乐、享受，也不是增添真正意义的人类精神文明，而是灌输殖民主义思想和殖民主义文化，麻醉中国人民，通过电影文化方式，给我国人民套上精神枷锁和思想上的桎梏。尤其是“满映”成立后，不是把电影当成文化艺术陶冶人，而是作为反动宣传工具来加以利用；不是把电影作为文化建设来建立和发展，而是作为美化侵略战争和维护统治的政治手段来强化。而“满铁”在这一过程中担负了不可告人的使命。

**2. 关于战争责任的问题**

战后，驻日美军当局在清算和起诉日本战犯的过程中，也进行了整肃电影界的战争责任者的工作。从“满铁”电影踏进中国土地到二战结束，由于日本法西斯政府实行了严格的电影管制政策，所以大多数日本电影工作者都或多或少参与过侵略战争的罪行。因而，驻日美军把整肃的范围限制在最小的限度。对所有的电影创作人员，其中包括编剧、导演、制片人以及其他技术、艺术工作者，一律采取“希望他们进行彻

① 胡昶、古泉：《满映——国策电影面面观》，中华书局，1990，第 34 页。

底的自我反省”的宽大方针，并把检举负有战争罪责的高层领导人的工作交由日本电影企业联合会，以及当时由岩崎昶等人组成的“自由电影人集团”等群众团体来进行。经过这些步骤以后，战争责任调查委员会在1946年春召开的一次会议上，便提出了一个将被整肃的战争责任者的名单，被列入这个名单的只有5个人，但后来其中一人提出了异议，1950年5个人全部被解除了整肃，又各自回到自己的电影岗位。

应该说，在电影方面整肃战争责任者的工作是很草率的，同时也说明战后日本电影对自己在协助军国主义者用电影来毒害被侵略国家和自己国家的人民方面所犯下的罪行没有清醒的认识，更没有深刻的反省。这一点也正是日本电影界后来为什么又拍摄了许多为侵略战争翻案、呼唤军国主义、讴歌武士道精神、歌颂大和魂、为日本王室树碑立传的影片的思想根源。一位美国记者在日本放映《山下奉文将军的悲剧》（编剧：八木保太郎、西泽裕，导演：佐伯青）这部影片时，看到了一幅为宣传该片张贴的海报，上面竟赫然登着这个大军阀当年拍的一张鲜艳夺目的大彩照。这位记者感慨地说：“等美军撤退了，日本人一定会把东条英机放到神社去供奉。”他的话真的不幸而言中了。战后，日本朝野的高层人士经常到供奉着二战亡灵的靖国神社去参拜，成为日本不想为那场战争负责的最有力的证明。

日本军国主义不惜一切代价利用电影作为其侵略的宣传工具，不仅给我东北人民乃至中国人民的精神上和心灵上造成了不可估量的伤害，同时也搬起石头砸了自己的脚。日本在利用“满铁”对我国东北的电影进行文化侵略的时候，也正是日本电影在全世界革命的、进步的运动浪潮冲击下和影响下迎来了它战前的第一个黄金时代，但是日本军国主义的电影国策却让它的进一步发展陷入毁灭，秉承军国主义意旨拍摄的“鬼子”的影片是绝没有国外市场的。所以，军国主义时期的日本电影根本无法走出国门，这种封闭的状态一直持续到日本战败后很久很久。

原载《东北史地》2008年第6期

# 满铁图书馆与日本对中国东北的文化侵略

李　娜　王玉芹

## 一　满铁图书馆的设立及其职能

1906 年日本政府在中国东北设立了满铁国策会社。为统治东北人民的思想和为侵略战争提供资料信息，1907 年，日本政府立即调任满铁理事、东京帝国大学教授冈松参太郎筹建满铁图书室。该室隶属南满铁路调查部，地址设在原大连玉町满洲资源馆三楼，1908 年随着满铁办公地点的转移迁到大连东公园町（现世纪街）。这就是后来满铁大连图书馆的雏形，也是满铁在中国东北设立的最早图书馆。随着对文献资料利用率的不断提高，日本政府决定“要在满铁附属下，建设一个东亚一流的、具有近代建筑美的理想图书馆”。自 1911 年 8 月至 1928 年 12 月，新馆舍分三期工程先后完成。1918 年 1 月 15 日，将隶属于调查部的图书室改为由南满洲铁道株式会社直接领导的“南满洲铁道株式会社图书馆”，并于 1919 年 10 月 1 日正式对外开放。

从 1907 年满铁调查部的图书资料室到 1919 年的南满洲铁道株式会社图书馆的十几年及其后的若干年，根据日本侵略的需要，满铁所建图书馆数量逐年增多。1917 年 17 个，1919 年 20 个，到 1930 年，满铁在东北铁路沿线共建立了 24 个图书馆，分别是瓦房店、大石桥、营口、鞍山、辽阳、苏家屯、奉天、奉天八幡、铁岭、开原、四平、公主岭、长春、本溪、抚顺、安东（丹东）等 16 个馆，以及大连市内的满铁大连图书馆、日出町分馆和日本桥、伏见台、近江町、埠头、沙河口、南沙河口 8 个图书馆。此外，还对边远地区划分了 12 个流动区，150 个阅览点。至此，日本已在满铁沿线各主要城市和区域建立起了纵横交错的文献网络。[①] 九一八事变后，满铁图书馆也随之获得“大发展”，到了 1937 年，数量已经增加到 31 座。但也就在这一年，日本宣布撤销对满洲国的“治外法权”，满铁图书馆仅保留大连、奉天、哈尔滨三处，其他全部移交

① 李晓菲：《“满铁图书馆”及其带给我们的启示》，《图书馆建设》1998 年第 1 期。

伪满洲国。这当然是日本政府的遮眼法，为了蒙骗国际舆论和殖民地民众，但其中也包含着关东军和满铁的利益冲突，是前者为了削弱、限制后者权益的举措之一。

满铁创建图书馆的目的，正如关东厅所言，“投入巨资经营图书馆或学校，是对东三省文化侵略的一个方法，同时提高了日本人进行各种侵略所需要的能力”。[①] 因此，满铁图书馆是殖民图书馆，是为满铁国策会社业务提供参考的图书馆，是为日本帝国主义侵略统治服务的图书馆。正所谓“图书馆的主要任务就是用所藏图书，配合当时的形势发挥其作用”。因此，为实现长期霸占东北进而侵占全中国的野心，日本政府根据时局变化而不断强化满铁图书馆的职能，规定各个图书馆的藏书有所侧重，而且可随时调拨，做到资源共享。

满洲图书馆业务研究发行会编撰刊行的《满铁图书馆概况》明确说，满铁系统的图书馆兼具市民（非城市的一般居民，而是专指满铁的职员及其家属）图书馆和会社（南满洲铁道株式会社）图书馆双重性质。另外，根据满铁图书馆的本质和机能，可将其分为参考图书馆和通俗图书馆。参考图书馆又称专用图书馆，主要是为会社业务提供参考，兼供一般读者查阅。参考图书馆图书分为日文、中文、英文三种语言，内容涉及铁道、矿山、港湾、产业、教育、卫生、工学及文学、政治、经济、地理、历史等。满铁的各图书馆根据职能不同分工也不同，如满铁大连图书馆的任务是收集普通图书，同时收集官方的档案以及军事机密材料，“供给会社业务参考”，是为满铁提供文献服务的“参考图书馆”；奉天图书馆主要收集古籍珍、善本图书和中国各地的重要方志；长春图书馆以收集东北地方文献为主；哈尔滨图书馆重点收集有关满蒙的俄文文献资料以及有关苏联的政治、经济、军事方面的文献，特别是关于远东地区的文献。

## 二　对中国东北的文化侵略

日本帝国主义侵占我国东北是以满铁为中心进行的，而对中国人民实施的文化奴役则是以满铁图书馆为中心展开的。自满铁打算建立图书馆之日起，他们就不失时机地抢夺中国的图书。满铁图书馆在东北经营了近 40 年，图书馆以购买、转抄、没收、巧取豪夺等手段广收文献，不断扩充馆藏，使馆藏总数达到 70 余万册。

1922 年 1 月，满铁拨专款派专人购入哈尔滨俄国后黑龙军管图书馆所藏有关东北、蒙古、西伯利亚的俄文图书 3 万册。1923 年 2 月，拨专款有计划地购入东北地区文献，尤其注重收集政府、学会等非公开发售的调查资料及县、村志的油印本和公文档案。1925 年，购入苏联驻长春领事拉布罗夫所收藏的有关中国边疆问题的西文图书 500 册，

---

① 《满铁图书馆的情况调查及印刷品的发放》，载关东厅《本邦图书馆关系杂件》，1929 年 10 月 18 日，B04012256600（日本）亚洲历史资料中心藏。

北京意大利公使馆馆员洛斯收藏的中国舆图600余幅，西域地方文献40余种，伊斯兰教图书360余册。[①] 1929年，拨专款10万日元派专人到京、津、沪一带搜买中文古籍，其中宋版8种，元版10余种，中文医学古籍4000余册。[②]

九一八事变后，随着日本侵略的加深，所需研究资料也不断增多。满铁便制定各种方策，抢夺中国学术研究资料中的非卖品刊行物。截至1936年共抢夺中国非卖品刊行物7479件，21395册，计约33471日元。[③] 1931年九一八事变时，日军将藏于沈阳故宫中的文渊阁正本《四库全书》1万多卷（《四库全书》仅存的三部正本之一）掠走，存于其控制的"满铁"办公处中，预备掠往日本（抗战胜利后回归中国）。1931年末，关东军没收了奉天城内大南门里的张学良官邸，于1932年4月以此为馆舍，成立伪满洲国立奉天图书馆。满铁也参与了抢夺张学良官邸所藏书籍。此外，满铁还抢夺了我国明代永乐年间编纂的世界上最早最大的百科全书《永乐大典》两册，当时满铁此举遭到了国立北京图书馆的严重抗议。目前我国残存的《永乐大典》不足全书的4%，1万多册的《永乐大典》流散在世界各地，日本即是幕后黑手之一。满铁抢夺中国书籍的目的就是研究中国的地理、历史、民族等详细情况，以便为其军事侵略、政治侵略、经济侵略、文化侵略提供翔实的参考资料。由于满铁的抢夺，使中国很多珍贵的书籍甚至是世界上独一无二的书籍都落入了日本强盗之手，最终造成丢失和流散。

满铁通过普及图书，频繁开展各种活动，出版各种书报刊等方法，加强奴化东北人民思想，宣传日本侵略功绩，为日本帝国主义侵略服务。

第一，普及图书。1910年9月，满铁会社制定了"巡回书库"制度，以满铁大连图书馆和奉天图书馆为中心，按照满铁沿线其他图书馆的需要，把这两个书馆的图书编成一定的小书库（每个小书库20册至100册）发放到满铁各图书馆，由各图书馆负责把图书送到图书馆以外的场所供市民参考和阅读。大连图书馆和各地图书馆就是"中央和地方，干和枝的关系密切配合"。[④] 此外，还设立"列车文库"制度。1915年5月以后，满铁为大量普及图书，竟在铁道列车内配置了书库，强迫乘客阅读。1926年满铁配备"列车文库"的列车多达15趟。满铁在每趟列车上设立"列车文库"的同时，为给参观调查的旅客提供便利，还在各停车场准备很多适用的资料。同时满铁还根据季节在人群集中的场所如树林、浴池等地开设简易图书馆，甚至在职工宿舍开设

---

① 南满洲铁道株式会社：《南满洲铁道附属地的学校、图书馆及社会公共设施的发展》昭和14年，吉林省社会科学院满铁资料馆藏，第492页。

② 李晓菲：《"满铁图书馆"及其带给我们的启示》，《图书馆建设》1998年第1期。

③ 满铁总裁室、地方部残务整理委员会：《（极秘）满铁附属地沿革全史》中，1939年9月，吉林省社会科学院满铁资料馆，第735页。

④ 南满洲铁道株式会社地方部学务课：《满铁教育回顾三十年》1937年11月20日，吉林省社会科学院满铁资料馆藏，第359页。

家庭文库，在学生宿舍开设团体文库。因此满铁也自称“满铁的图书馆是运动的图书馆”。

第二，频繁开展各种活动。满铁图书馆所开展的各种学术活动都是围绕着日本的政治利益进行的。为加强满铁图书馆与读者的联系，向读者普及日本的文化，麻痹中国人的民族意识，宣传满铁图书馆，除设立各种学术性组织如“业务研究会”“满洲国图书馆协会”外，满铁随时在各馆举办文艺研究会、专题座谈会、展览会、辩论会、演讲会等，还多次组织读者到满铁沿线参观旅行。在每年11月设立“图书馆周”，其间除召开各种会议外，还举办全国性的读者奖励宣传活动，并将活动内容印成小册子，免费发放给未参加活动的市民。

第三，出版各种书报刊。满铁图书馆出版的图书分为三种：一是有关中国历史和地理的书籍，例如《满洲地方志考》、《从盖平到桦太（库页岛）》、奉天图书馆业刊第一编《关于乾隆御制盛京赋》（卫藤利夫著）、奉天图书馆业刊第二编《鞑靼漂流记》（园田一龟著）等；二是目录图书，如与中国东北有关的图书目录；三是满铁图书馆馆刊，如满铁大连图书馆出版的《书香》、满铁哈尔滨图书馆出版的《北窗》、鞍山图书馆出版的《芦芽》馆刊。满铁图书馆出版图书的目的就是便于人们查阅满铁图书，使侵略者更便捷地查阅中国东北历史和地理的情况，为侵略战争提供最佳的服务。

## 三　为日本帝国主义的军事侵略服务

满铁图书馆是日本的殖民地图书馆，是为其侵略扩张政策服务的，因此，其卷入战争的旋涡是不可避免的，这是由日本帝国主义侵略扩张的政策所决定的。

九一八事变前，满铁图书馆向满铁提供了从中国抢夺的中国陆军测量局制作的五万分之一乃至十万分之一的地图，满铁将其复印2000份，分发到各省。日本制造九一八事变正是运用了此地图。事变期间，满铁图书馆以奉天图书馆为中心，捐赠2万册图书。[①] 奉天图书馆内设置了“满蒙时局文库”，把有关中国东北、蒙古的文献汇集一室，目的是向国际社会传送关于满蒙与日本特殊关系的“正确”认识。另外，满铁各图书馆共同编成阵容庞大的“阵中文库”号召、组织日本殖民占领的满洲、朝鲜和日本本土的图书馆和一般民众捐赠图书，送给在前线作战的日本军队、警察和满铁社员。《阵中文库宗旨》鼓动说：这是对前线战士最好的“精神慰安”。从1931年12月开始，到1932年6月，不到半年时间，“阵中文库”收到捐赠图书近12万册，经过军部审定，选定内容适宜者109800多册，送往前线。奉天图书馆承担了图书的征集、分类以及与军部联络、运送等工作，根据《阵中文库宗旨》，送往前线的图书，都要标明赠送

① 满铁地方部庶务课：《地方经营梗概》，1933年12月，吉林省社会科学院满铁资料馆藏，第113页。

者的名字。这些人的名字和住址以及捐赠的书名、册数，也都分期刊载在《书香》杂志上，人数数万，一般百姓居多，由此确实可以看到日本所谓“总体战”举国动员的广泛程度。满铁会社派遣员将这些书籍发放到南起山海关北到齐齐哈尔的各驻屯军队、警察官手中。事变后，很多满铁社员被派到社线外。于是，满铁图书馆为慰问这些社员，又捐赠了6000本杂志，编成“慰问文库”，分发给各地派遣员，致力于战场上将士的慰问。满铁图书馆编成的这些文库大多都是适合当地侵略需要的参考书籍。另外，满铁图书馆还搜集适合侵略需要的图书。奉天图书馆主要搜集商工业图书、运动图书、满蒙风俗图书和资料，安东图书馆主要搜集港湾、关税、刀剑、军犬等资料，瓦房店图书馆重点搜集土地、产业方面尤其是园艺方面的书籍，辽阳图书馆注重历史文献、考古资料及名胜古迹等照片的搜集。

为更好地管理图书，使其全面、周到、快捷地为日本侵略服务，满铁想尽各种办法加强对图书的管理，以便于读者使用。九一八事变后，日本在中国东北所建的24个图书馆（包括旅顺关东厅图书馆）立即参与战争。各图书馆首先从本馆藏书中选出与事变有关图书，组成“时局文库”。位于事变爆发地的满铁奉天图书馆按关东军司令部第四课（调查、情报、宣传机构）所需，设特别阅览室，以1500册日、汉、西文图书组成“时局文库”，为关东军提供特殊服务。事变第二天，满铁奉天图书馆即由馆长带队亲赴现场“搜集”资料。各馆亦纷纷效仿，在大连、鞍山、辽阳、长春等地召开时局资料展览会。经满铁总裁批准，以满铁图书馆为中心，从大连到哈尔滨，24个日系图书馆第一次连锁作业，编制了《全满二十四图书馆共通满洲关系和汉书件名目录》，免费赠送关东军、满洲国政府、关东厅及其他机构，为关东军、满铁等机构查阅提供了方便。[①] 为将日本扩大在中国东北的侵略所急需的调查研究资料整理得更好，给调查研究的人提供便利，各图书馆都将图书分为参考图书和通俗图书两种，由满铁有关专家鉴定，将常用的有关调查研究的资料放在一起，之后将这些书籍进行排序。首先进行分类排序，之后是名称排序、概念排序等。满铁图书馆这种图书管理方法使查阅资料的人很快就能查到想要的资料。此外，只要查阅资料的人指定资料的题目，满铁图书馆就会有求必应，如若满铁各图书馆没有，就会将该资料列入日后抢夺的名单。

综上所述，日本殖民地图书馆馆藏的充实，是以掠夺中国文化财产为手段，以破坏中国图书馆事业为前提的。东北沦为日本殖民地后，原有的图书馆事业被摧残殆尽。辽东半岛除了日本殖民统治机构关东州厅在官方博物馆内附设阅览场外，只有满铁图书馆在运营，而这些图书馆不对普通中国人开放。据统计，1936年至1947年间，黑龙江地区的中国图书馆已由原来的27所降为零，大连、哈尔滨、沈阳等地的中国图书馆

① 南满洲铁道株式会社：《满洲事变与满铁》，昭和9年，吉林省社会科学院满铁资料馆藏，第449页。

事业为空白。[①] 后来由于殖民统治的需要，日本侵略者逐渐恢复了一些民教馆、图书馆以装点门面，但馆务内容已从根本上改变，多成为殖民统治者进行奴化教育的机构和场所。而且，综观满铁图书馆在东北存在的40余年，日本劫掠中国古籍文献文物的行径，也绝不是一些人的个人行为，而是日本军国主义者发动的一场有预谋、有计划的文化侵略战。

原载《社会科学战线》2008年第12期

① 严文郁：《中国图书馆发展史》，台北枫城出版社，1983，第164－166页。

# 满铁的“满洲”经营与附属地各图书馆

冷绣锦

## 一 “满铁”是代行日本国策垄断东北的殖民机构

1905年9月5日，日俄两国在美国签订《朴次茅斯和约》，其第6条规定日本从俄国手中取得经营东清铁路南部线的长春至旅顺口间的铁道以及其他支线的权利。1907年4月1日“满铁”，① 正式在大连营业。名为营业南“满”铁路，实际是执行日本殖民国策即成为担负日本在“满洲”建立的“满铁株式会社”经营大陆政策的主力公司。其经营内容如下。

第一，在铁路运输业方面（命令第1条）。大连至长春间铁路、南关岭至旅顺间铁路、大房身至柳树屯间铁路、大石桥至营口间铁路、烟台至烟煤矿间铁路、苏家屯至抚顺间铁路、奉天至安东间铁路。以及附带事业，开采煤矿业、电气业、仓库业，水陆联运所属设备命令（第3条）和土木、教育卫生事业命令（第5条）。第二，港口贸易方面。日俄战争之后，日本从俄国手中接管对旅顺军港和大连商港的建筑。日本策划以大连为中心的商港及都市计划的建设宏伟规划。首先建筑第一、第二及甲码头以及第三、第四及乙、丙码头，建立寺儿沟第一、第二栈桥以及甘井子煤炭栈桥，其他投资建造防波堤等。至1931年末共投资约8500万元，达到1000万吨级货物吞吐量。第三，在产业经营方面。为增加日本国力、开发“满洲”、建设“满洲”的乐土，计划移民500万人，着手对农、牧、林改良，来增加商工业的发达。“满铁”是承担该项计划的主要研究调查部门，在大连、周水子、熊岳城、营口、大石桥等12个城市设立实验场，进行各种实验鉴定，选择优良苗圃、树苗、种畜等进行培育。此外，还投资于商工设施，建立地质调查所、中央试验所、“满洲资源馆”、气象观测站等等。第四，

① 1906年6月7日明治天皇敕令第142号“关于南满洲铁道株式会社文件”，7月13日组成“满铁委员会”，寺内正毅（1852－1919）任委员长，11月“满铁”于东京成立。

在地方经营方面。满铁会社曾被称为“满铁王国”，从1907年投入巨资着手经营地方建设，在各处建立事务所，配备地方区域行政主管等。此外，市街经营方面为了扶植沿线附属地人口繁荣，不断地在长春、铁岭、奉天（沈阳）、辽阳等城市，投资设立上下水道、公园、市场、屠宰场、墓地、火葬场以及学校、医院、警备等公共设备设施；第五，在卫生设施方面。是“满铁”投入力度之最，以地方的卫生课为行政管理核心单位，实际已超出满铁附属地的范围之内，扩及整个“满洲”地区，业务范围极其广泛，包括公共卫生设施、学校卫生、各大医院设施与管理、卫生研究所和实验室、各个产业机构卫生设施与管理、防疫所以及卫生行政单位。如：在大连、瓦房店、大石桥、营口、鞍山、辽阳、奉天、铁岭、开原、四平街、公主岭、本溪湖、长春、安东（今丹东）、抚顺、吉林、哈尔滨等17个城市兴建了医院。同时在大连小岗子、沙河口、金州、西营口、奉天城内设立了5个分院等。此外为了保证殖民政策的顺利进行、“五族协和”的发展，“满铁”又投资建立卫生研究所。

满铁的特殊使命，是具有国策性的特殊权利。它是代表日本殖民者经营“满洲”的执行者和操作者，除了在产业、铁路等方面担任主导的地位之外，此外，在文化方面，还担负着国策文化渗透的指导者。它的教育方针重视培养具有国家观念，为殖民地服务的人才。《南满洲铁道株式会社十年史》一书说到殖民地教育的目的是“把他们培养成为将来在殖民地能从事繁重的业务劳动，担负国民发展重任的人才”。据1935年满铁教育统计数字：投资在教育设施事业方面的经费累计达17446786日元，上自大学下至幼儿园，至1937年11月末达22260272日元。对各“文化设施线”的设置，满铁也是按照日本殖民政策的宗旨进行铺设，其各个机构都是有计划和有目的地建立，如各种学校、图书馆、博物馆、大学院等，这些都为推行日本殖民国策服务。

另外，在战时体制下，满铁更是扮演了特殊角色。如每年要建设超过300公里的军事产业铁路和培植五年计划经济核心的重工业，甚至在九一八事变中为事变的发生起到推波助澜的作用，如召集地方铁道部长在大连、长春、四平、奉天、营口、齐齐哈尔等8个地方建立临时事务所和铁路派出所，在全“满洲”40多个地方建立临时无线电通讯所。可以说它为九一八事变承担了军队运输、运转材料、维修线路、通讯以及制造装甲车、装甲列车等任务，在事变后担负着接受和管理军队占领中国铁路等事项。在事变时“派遣铁路职工，1931年总计14.4758万人，1932年总计32.8918万人”。[①] 七七事变中又担负军事运输作用。配备了1.35万名职工，负责接受和经营华北各条铁路，“满铁”承担了1.2亿日元经费，承担经营线路总计5780公里。

① 南满洲铁道株式会社：《满铁概要》，南满洲铁道株式会社，1934。

## 二 满铁附属地各图书馆与东北殖民文化

### 1. 满铁图书馆创立的目的

满铁在沿线的附属地设置31个图书馆（分馆）。建设图书馆的最初目的是为沿线的日本职员提供普及文化，之后随着各种政策的出台，成为扩大其政治宣传的部分，也使图书馆承载着满铁的重大使命。

图书馆作为满铁“文化设施线”[①]的宣传之一的社会场所，特别是九一八事变以后，日本殖民者为转嫁国内的经济萧条的矛盾，在“满洲”建立所谓理想的国都，通过建立日、汉、满、蒙、鲜的“五族协和”，实现王道的政治乐土的目标，从而掀起“满洲诸文化热”的风潮。满铁沿线各地图书馆就担当起另一个角色，成为满铁机构下政治、经济、文化、教育、社会、卫生、交通、产业等研究参考文献机关，也成为“满洲”丰富矿藏资源调查研究文献收藏的场所。日本殖民者的“满洲’经营文化目的，日本殖民者在中国创办的《支那时报》主编水野梅晓的《满洲文化を語る》中这样描述：“为建立‘王道乐土’的文化事业，要发扬东方古文化实施大纲，一设立国立图书馆，永久保存满洲现存的《四库全书》、《清朝实录》、历代殿版的典籍搜集；二设立国立博物馆，搜集保存东方文化以及美术等作品；三为了保存古建筑投入经费修缮各地著名建筑；四是为了发扬东方的文化建立文化研究院以及其他机构。”

满铁成立了“满铁经济调查机构”，在满铁庞大的调查机构中满铁大连图书馆、奉天图书馆、哈尔滨图书馆、“满洲资源馆”等都被列入其中。对满铁附属下的所有机构、企业、矿业等进行定期调查。沿线各地图书馆在图书选择方面采取了有效的方法，于1935年1月，满铁各图书馆进行了“各馆蒐书分担协定”，除了大连图书馆和奉天图书馆之外，21个图书馆分为5区，每一区内的各图书馆，在小说和通俗图书搜集之外，规定了搜集图书领域。根据各图书馆所在地区，进行对本地事情、历史、文化、资源等资料搜集。满铁大连图书馆1938年后完全成为满铁调查部附属下的图书馆，成为战时体制下为殖民侵略者进行大规模的中国文化资源和矿藏的调查与研究等文献的收集积藏所。

### 2. 满铁图书馆的服务形式与中国典籍收集

满铁调查部石堂清伦曾在其《满铁の图书馆》文中指出：“从1918年开始奉天和大连图书馆就作为南满洲铁道株式会社参考资料图书馆，不仅是对一般研究者，也是作为以日满融和为宗旨的参考图书馆。”[②] 1921年后，满铁奉天图书馆新馆建立，担负

---

① 大佐三四五：《满铁图书馆业务研究会年报第三辑》，南满洲铁道株式会社，1937，第65页。

② 石堂清伦：《满铁の图书馆》，《仿书月刊》1988年第6期，第2页。

满铁本社的一个重要角色，成为日本殖民政府在东北所设的“远东大陆中心”和“国际的文献积集所”，并把其作为一个文化发源地的标志。如：奉天图书馆中所藏的《四库全书》《清朝实录》以及各种殿版等书籍，是代表清朝300年间文化结晶。在《満洲文化を語る》书中曾高调称赞日军得到《四库全书》的价值：

> 日俄战争时我军占领奉天之际，我国学术界第一目标就是《四库全书》，明治大帝在日俄战争时，提出建议为安定东方的大局，不得侵犯中立国大清国（如果侵略中立国的物品要在现地保管），假借称为学术上的资料。我军以圣旨下令进以特别给其保护，在山县（有朋）监军以下的诸将的极力保护下，免遭其落难失落，所以不得不说是在我军保护之下，重要的是体现明治大帝的圣旨以及本庄（繁）司令官以及我军的将士的努力保护下的传统典范①。

满铁大连图书馆从1918年1月开创的调查课图书系开始，到1921年成为南满洲铁道株式会社大连图书馆之时，其性质就决定成为会社业务参考图书馆。随着满铁的业务不断扩大，也承担着南满洲铁道株式会社沿线各图书馆的指导业务，即在业务决策方面乃至图书采购方面均具有承担决策权的地位，同时又在馆藏文献方面，成为集中会社业务参考文献的中心和决策文献参考研究机构。直到1938年后满铁大连图书馆的角色完全改变，已成为在满铁调查部统制之下，其业务发展方向目的“不再是满铁图书馆员所希望下经营的图书馆”②，而是重点为调查机关以及有关资料机构和调查业务相互关联，表里一体的运营的图书馆业务。随着满铁大连图书馆在调查部所属下，大连图书馆也不再是“应当为资料搜集的资料课和资料整理及保管的图书馆。如我们从现今大连图书馆所藏的满铁文献中就能看出日本殖民文化侵略的野心，满铁文献共有40万册，如在所藏文献种类中，有中文古籍20多万册，日文共搜集94115种，17万多册，其中杂志1906种，22017册，报纸104种。西文3万多册，俄文3万多册。中文古籍包括古籍线装、家谱、内务府档案、舆图、名人书画、公牍电文等和古版小说、戏曲类珍奇罕见之书籍。西文中的文献包括英、德、法、荷、意、拉丁文种的文献，多是西方传教士到中国施教等有关情况的书籍，无论其学术价值还是版本价值都称得上珍品。以及“远东文库”、“犹太文库”、地方志都是满铁大连图书馆藏书的重点之一。

此外，日文的“满蒙文库”涵盖了东北各地县志、通志、地图以及政治、经济、法律、产业等文献大多是满铁调查部所收集的研究东北方面的文献。俄文大多是俄国方面对“满洲”、蒙古、西伯利亚等地的经济、产业、军事、历史、地理、文学方面的

---

① 水野梅晓：《満洲文化を語る》，《支那时报》，1935，第119页。

② 鞆谷纯一：《满铁图书馆与大佐三四五》，《日本大学院综合社会情报研究科纪要》2004年第5期。

研究资料。

## 三 “满铁”各图书馆建立与发展的四个阶段

满铁在东北所经营的各图书馆从1907年建立阅览室到1945年日本投降，经过38年历程，这38年经营各图书馆的总体看，笔者认为其策略大体可分为四个阶段。

第一阶段（1907～1921）为创立和社员文化普及时期。满铁会社最早于1907年4月，在满铁本社设立了阅览室，1908年11月制定了图书管理规程。1910年开始在7个地方先后设置图书阅览场。1917年6月，图书阅览场开始向“简易图书馆”发展，1918年1月建立了满铁大连图书馆，作为社员“参考和研究性图书馆”。满铁重点放在大连图书馆和奉天图书馆（经费图书馆），两馆很快成为各图书馆的中心“满洲文化二大丛源之观”①；又以满铁附属地各图书馆（公费图书馆）为“民众图书馆”，在“满洲”构成了“纵横文化网”②。从此满铁图书馆在整个东北纵横相连延伸发展，使日本创建的纵横文化社会教育设施网在满铁附属地全面铺开。

第二个阶段（1922～1930）为殖民文化渗透与宣传时期。1922年满铁各“简易图书馆”改称为“图书馆”，是满铁图书馆事业发展的一个里程碑，业务活动也开始高效率、高质量。随之满铁会社于1929年4月制定了《图书馆业务研究会内规》，创立统一研究会的组织，从而使满铁图书馆的业务垄断更系统、更具体化。图书馆业务宣传深入到学校、军队、机关、团体、医院、商店等各个角落，每个图书馆都建立了各类文库。

第三阶段（1931～1936）是收藏满蒙诸方面文献与掠取中国典籍文化时期。这个时期满铁各图书馆不管是在文献搜集方面还是业务活动方面，都完全以日本殖民统治政策为主导实施各种活动，图书馆成为满铁机构下政治、经济、文化、社会、卫生、交通等研究参考文献部门，也成为“满洲”丰富矿藏资源调查研究文献收藏的场所。如各馆重点搜集满蒙文献，并都建立了“满蒙文库”，使图书馆事业注入了许多殖民文化色彩。在1932年4月，日军所建立的“满洲国立奉天图书馆”（同年7月变为伪满洲国管辖）该馆建立后完全成为日本殖民文化侵略的场所，最典型的例子是掠夺了《四库全书》等中国典籍文献。

第四阶段（1937～1945）成为战时体制下殖民研究调查机构。七七事变后日本将

---

① 伊豆井敬治：《南滿鐵道附属地における学校及び図書館並会社公共設施の発展》，南满洲铁道株式会社，1939。

② 伊豆井敬治：《南滿鐵道附属地における学校及び図書館並会社公共設施の発展》，南满洲铁道株式会社，1939。

掠夺势力扩大到全国各地，此间满铁图书馆已逐步变成满铁调查机关附属下的图书馆，成为殖民统治中国以及东北各地资源调查研究机构。1937 年 12 月 1 日满铁沿线附属地的行政权转让给伪满洲国，附属地各图书馆改为各市镇街的公共图书馆，为伪满洲国服务的图书馆。满铁大连图书馆更与满铁调查部形成不可分割的一个整体。1938 年 5 月，满铁大连图书馆的内部业务进行新的划分，从原来的庶务系和司书系改成 3 系体制即庶务系（管理系，图书馆管理等有关事项）、书目系（图书及杂志等有关事项）、运用系（图书运用及相关事业），正是从 1938 年起调查部运用满铁大连图书馆资料开展大规模调查行动，社会政治、经济、产业、矿产资源等成为调查的重点。调查报告所形成的资料都被大连图书馆收藏，成为制定殖民统治东北方案的依据。

原载《外国问题研究》2009 年第 1 期

# 满铁奉天图书馆

吴利薇

南满洲铁道株式会社（以下简称“满铁”）从1906年创立到1945年解体，近四十年时间里在中国东北建立了20多座图书馆。但就文献收藏和功能上来说最具特色的当属满铁大连图书馆、满铁奉天图书馆、满铁哈尔滨图书馆，这三座图书馆为满铁三大参考图书馆。在本文中将介绍满铁奉天图书馆。

## 一　满铁奉天图书馆概况

满铁奉天图书馆创立于1910年。当时只是在奉天（今沈阳）寻常高等小学校内一角设立奉天图书阅览场。仅有1-2名工作人员数十册藏书，这个规模很小的图书阅览场却是满铁奉天图书馆的滥觞。1915年4月18日，满铁奉天图书馆搬到奉天火车站前一所办公楼二楼。1917年6月改称奉天简易图书馆。1917年6月27日，办公楼着火，6000册藏书中的355册藏书被烧毁。因办公楼内部改造，满铁奉天图书馆又搬迁到奉天火车站前共同事务所三楼。从1920年4月1日起改名为奉天图书馆，成为满铁参考图书馆，同时成为满铁直辖单位。1921年在奉天荻町三番地新建满铁奉天图书馆，新建的满铁奉天图书馆是西班牙式建筑。1921年12月搬迁到新址，当时的建筑面积是995平方米。后经1925年、1929年两次改建书库，面积达1148.07平方米。1928年又从美国名厂购买钢铁书架。满铁奉天图书馆是一个以交通、工学文献资料为主，中国地方志、中国东北及蒙古、西伯利亚、亚洲研究文献丰富，有特色的图书馆，收藏文献20余万册。

## 二　满铁奉天图书馆藏书印

图书藏书印可以印证图书馆发展历史及文献流传过程，下面是笔者收集的满铁奉天图书馆藏书印（见下页）。

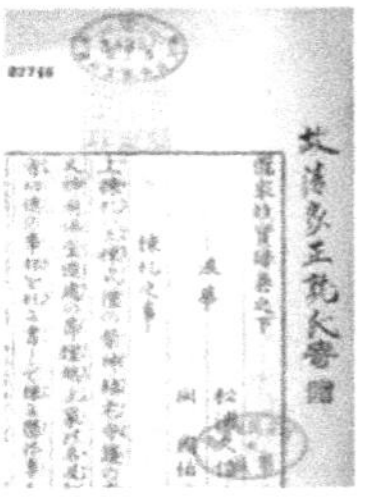

满铁奉天图书阅览场　满铁奉天简易图书馆　满铁奉天简易图书馆

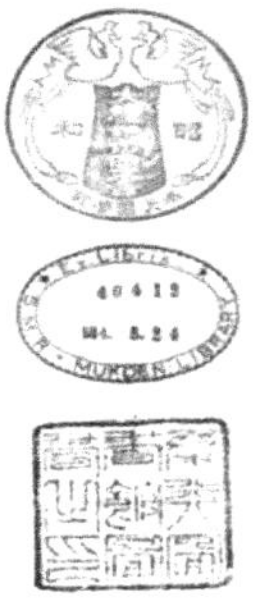
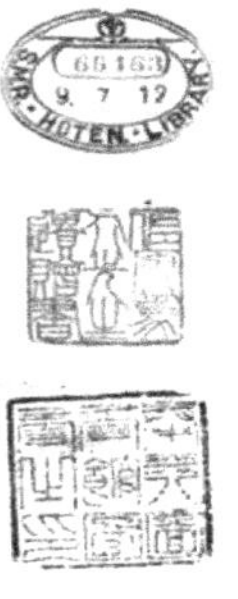

满铁奉天图书馆早期藏书印　满铁奉天图书馆佐原文库　满铁奉天图书馆藏书印

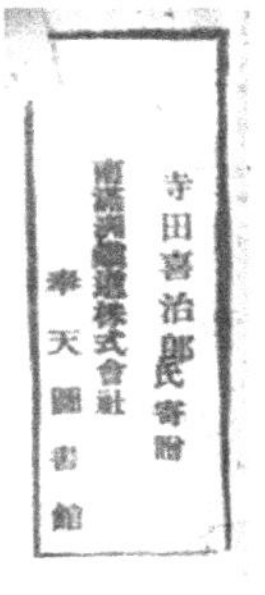
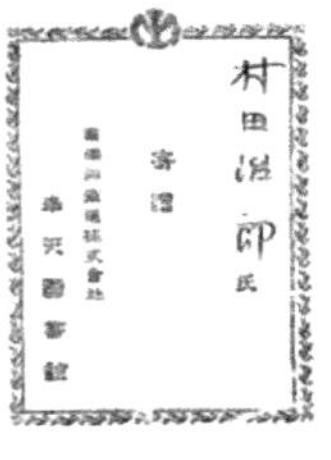

满铁奉天图书馆捐赠藏书印　满铁奉天图书馆捐赠藏书印　满铁奉天图书馆杂志藏书印

## 三　满铁奉天图书馆文献收藏

1920 年之前，奉天图书馆的经费是由满铁附属地地方支付的。鉴于奉天（沈阳）是东三省重要的城市，是东北地区政治、军事、经济中心，从战略上考虑，满铁开始重视满铁奉天图书馆的发展。从 1920 年开始满铁奉天图书馆成为满铁直辖单位，经费由满铁总部支付，其为满铁及日本政府搜集情报的任务加重，由此满铁奉天图书馆进入了速发展时期。作为满铁的参考图书馆，为了与满铁大连图书馆相互配合更经济有效地运用文献资料，在 1936 年 4 月与满铁大连图书馆制定了在不同领域收集文献的协定，满铁大连图书馆主要收集地理、政治、经济、法律、财政、社会、统计、殖民、产业以及与中国、俄罗斯有关的文献。满铁奉天图书馆则侧重交通、工学、中国地方志、中国东北及蒙古、西伯利亚、亚洲研究方面文献。

**1. 交通文献**

由于满铁奉天图书馆以收集交通、工学文献资料为主，因此交通文献颇具特色，为研究级文献，满铁奉天图书馆学术刊物《收书月报》从1937年1月开始，在本馆收藏名著解题栏目上登载7期《东西交通史料》，详细介绍了满铁奉天图书馆收藏的交通文献。满铁奉天图书馆尤其注重收藏与中国铁道有关的图书，其中包括满铁铁道研究所的《清朝民营铁道的盛衰以及原因分析》、满铁调查课的《中国铁路问题》、谢彬《中国铁道史》、曾鲲化《中国铁路史》等文献。收藏多种与铁道有关的西文杂志。

**2. 中国地方志**

中国地方志，也是当年满铁奉天图书馆收藏的重点，并把它视为“最大的任务”，因为它在中国古籍图书中，最能“配合当时的形势发挥其作用”。从满铁奉天图书馆书目系主任植野武雄编撰的《满洲地方志综合目録》可以得知当时在满铁图书馆中，满铁奉天图书馆搜集的中国地方志是最全的，到1938年12月为止，当时各图书馆收藏中国地方志情况见下表。

**表 1**

| 满铁奉天图书馆（含铁道总局资料课） | 66县1旗 | 131种 |
|---|---|---|
| 满洲国立奉天图书馆 | 59县1旗 | 109种 |
| 奉天公立沈阳图书馆 | 54县1旗 | 93种 |
| 满铁大连图书馆（含满铁调查部资料课） | 51县1旗 | 79种 |

**3. 西文文献**

满铁奉天图书馆历来重视搜集欧美学者撰写的亚洲研究文献，其中包含很多中国东北地方文献。因为满铁奉天图书馆馆长卫藤利夫是搞西语翻译出身又在中国东北从事图书馆事业，卫藤利夫研究关注的焦点，是西洋文献中对于中国东北历史的记载，具体地讲，就是西洋传教士在中国东北的活动。卫藤利夫的研究更侧重文献学方面，积极主张收藏这些文献。他主持满铁奉天图书馆时确定的一个重点采购方向，就是收集耶稣会士的书函和年报等西洋资料，如《北京耶稣会士纪要》（1766－1814）《稣会士亚洲传教录》（1574）收藏利玛窦、卫匡国、金尼阁、汤若望、鲁德照等欧洲著名传教士的著作。如搜集了1615年拉丁文版，1618年法文版，1622年意大利文版金尼阁（Nicolas Trigault，1577－1628）著《稣会士中国传教录》；搜集了1654年、1661年拉丁文版，1654年英文版，1654年德文版卫匡国（Martino Martini，1614－1661）著《鞑靼战记》。

《收书月报》第24号、25号连续2期（1938年1月、2月发行）发表野中弘撰写的《本館所藏歐米人の支那に關する著作》，野中弘在该文中列举出79种涉及中国哲学、宗教、语言、历史、地理、美术、交通、贸易方面的西文文献并对其解析。《收书月报》第74号（1942年3月发行）登载满铁奉天图书馆外文系平山和己撰写的《本館收藏東洋關係選書略目（之一）》，其中列出几十种满铁奉天图书馆与亚洲有关的西文文献目录，该目录包括书名、著者、出版年代等项；1942年11月《收文书月报》又发行临时特辑号，登载平山和己撰写的《本館所藏東洋關係選書解題東洋書之部》，平山和己选择满铁奉天图书馆收藏的1500年到1800年间出版的与日本、中国东北、中国、俄罗斯有关的100种西文文献，对西文文献著者、版本、内容等方面进行摘要介绍。满铁图书馆收藏的西文文献颇具特色，是研究明末清初中国社会的珍贵史料。

**4. 各种文库**

满铁奉天图书馆建立多种文库，这里简单介绍几种。

①佐原文库

佐原文库共收录5131册图书，包括政治、外交、经济、哲学、思想、文艺等方面的文献，既有中文、日文文献也有西文文献，是盛京时报社社长佐原笃介（1874－1932）的私人图书，由他的亲属佐原太郎，于1934年7月1日捐赠给满铁奉图书馆。佐原笃介，毕业于日本庆应大学法律系，1898年进入东京时事新报社，1900年任驻上海特派员。在上海期间，历任大阪“每日新闻”、大阪“朝日新闻”、东京“日日新闻”等报社通讯员，后任上海英文报纸《水星》副主笔兼董事，使该报成为亲日言论机构，并主持《上海》周刊，在上海舆论界颇具影响。同时，自设佐原研究室，搜集有关中国问题的文献资料，致力于政治、经济、外交等方面的调查研究。1920年任国际通信社上海支店长，东亚同文会评议员。1924年任上海自然科学院研究所创设筹备事务嘱托。1925年任同文书院讲师。1926年5月，继中岛真雄之后，任奉天《盛京时报》社长，满铁嘱托。1936年，满铁奉天图书馆特意编纂出版了《佐原文庫分類目録》。该目录按日、汉、外文分类顺序排列，附带的索引是将日、汉、外文混排的辞书体索引。

②小平文库

小平文库，是曾在奉天住过的日本汉学学者小平总治收藏的图书，1940年经鹤冈永太郎和卫藤利夫的努力，成为满铁奉天图书馆的收藏。满铁奉天图书馆书目系主任植野武雄对小平总治的收藏进行了系统整理，该文库收藏的大部分是金石，最早是周、秦时代的，汉、魏、六朝、隋、唐时代较多，834件文献中，金石达512件之多，占文献总数百分之六十以上，综合类图书45部，经部图书35部，史部图书48部，子部图书63部，集部图书131部，满铁奉天图书馆于1942年11月发行了临时特辑号《本館所藏東洋關係選書解題東洋書之部小平文庫目錄》。

③石本文库

是由满铁理事总务部长石本宪治收藏图书建立的文库。该文库主要是中文古籍和拓片，其中包括一些古籍善本，古籍善本大多是诗文集，明嘉靖十五年版明易山人刻集千家注《杜工部诗集》、杜工部文集；明万历版唐赵崇祚集、明汤显祖评花间集；明嘉靖八年版梁昭明太子编、唐李善注文选；明毛晋编汲古阁本宋名家词；康熙五十六年版李太白全集；康熙版佩文斋咏物诗选；康熙三十四年版张竹坡金瓶梅评本等。拓片包括清福陵（沈阳东陵）清太祖高皇帝神功圣德碑拓片；清昭陵（沈阳北陵）清太宗文皇帝神功圣德碑拓片；护国永光寺碑记拓（沈阳东塔）；护国延寿寺碑记拓（沈阳西塔）；护国广慈寺碑记拓（沈阳南塔）；护国法轮寺碑记（沈阳北塔）；莲花净土实胜寺碑记（沈阳皇寺）等拓片。

④“满蒙时局文库”

九一八事变之后，日本开始全面侵略中国，对中国东北及蒙古调查研究更热衷。针对日方图书资料查阅的需求，满铁奉天图书馆将与中国东北及蒙古有关图书资料序号前加“M”，进行特别整理形成“满蒙时局文库”，专门成立了“满蒙阅览室”。日本军方、满铁等方面充分利用了该文库。满铁奉天图书馆表面看是文化机构，事实上却成为日本帝国主义对中国进行侵略的帮凶，起到了支持日本侵略战争的作用。

⑤“阵中文库”

满铁奉天图书馆馆长卫藤利夫还以倡导开展“阵中文库”运动支持日本的侵略行径，所谓“阵中文库”就是号召、组织日本殖民占领的中国东北、朝鲜和日本本土的图书馆和一般民众捐赠图书，送给在前线作战的日本军队、警察和满铁社员。《阵中文库宗旨》鼓动说：这是对前线战士最好的“精神慰安”。从 1931 年 12 月开始，到 1932 年 6 月，不到半年时间，“阵中文库”，收到捐赠图书近十二万册。笔者查阅了 1932 年 8 月 10 日发行的《书香》，书香为满铁大连图书馆馆刊第四十一号，在《奉天图书馆设施概要》中记载：到 1932 年 5 月 25 日为止，满铁奉天图书馆共征集图书 116662 册，打成 3985 个包，分别发送军队、警察、医院、小学校等地，共 659 处，图书总数达到 111220 册。满铁奉天图书馆承担了图书的征集、分类以及与军队联络、运送等工作，根据《阵中文库宗旨》，送往前线的图书，都要标明赠送者的名字。这些人的名字和住址以及捐赠的书名、册数，也都分期刊载在《书香》杂志上，捐赠人数众多，由此确实可以看到日本所谓“总体战”举国动员的广泛程度。

**5. 捐赠文献**

除了采购文献，接受捐赠是满铁奉天图书馆文献来源的一个特点，该图书馆还专门刻制了一个捐赠文献藏书印，在这些捐赠文献上除了盖有满铁奉天图书馆藏书印外，还盖有捐赠文献藏书印。通过该藏书印能体现出文献的捐赠来源。笔者在整理辽宁省图书馆收藏的满铁文献时发现，众多机构和个人曾为满铁奉天图书馆捐赠文献，如东洋文库、奉天日本领事馆、满铁调查部、育德财团、大陆科学院、中央试验所、满铁地质调查所、满铁铁道技术研究所大连分所、北海道农事试验场、厚生省社会局、朝鲜总督府、台湾总督府、满铁大连图书馆、满铁哈尔滨图书馆等。村田治郎、上田恭辅、富村顺次郎、守田福松、松田秀吉、福田宏一、寺田喜次郎等个人也先后为满铁奉天图书馆捐赠过文献。

满铁奉天图书馆1932～1936年期间每年接受捐赠文献情况如表2所示。

**表2**

| 时间 | 件数 | 册数 |
|---|---|---|
| 1932年 | 447 | 1880 |
| 1933年 | 807 | 2169 |
| 1934年 | 634 | 2559 |
|  | 佐原文库 | 5131 |
| 1935年 | 3252 | 5295 |
| 1936年 | 2339 | 6361 |

**6. 铁路（铁道）总局文献**

1933年3月满铁在奉天设立铁路总局，满铁奉天图书馆与铁路总局总务处文书课资料系协商，并达成协定，铁路总局总务处文书课资料系，应配备直接业务所需的文献资料，与原理原论有关的图书及总局工作人员应具备一般教养的图书应储藏在满铁奉天图书馆，由该馆借给铁路总局人员。新入藏图书中确认是铁路总局业务上必需的图书，应在铁路总局局报上揭示，铁路局工作人员借还图书应通过铁路总局总务处文书课资料系来进行。1936年10月，由于满铁机构改革，铁路总局与满铁其他机构合并后成立铁道总局，但是继续执行该协定。因此满铁奉天图书馆收藏的文献实际上包括满铁铁路（铁道）总局的文献。

满铁铁道总局藏书印

满铁奉天铁道局藏书印

# 四　满铁奉天图书馆文献目录

满铁奉天图书馆最开始是采用两位分类纲目检索文献，由于藏书逐年增加，采用两位分类纲目不仅检索文献不方便而且在整理与保管上也有障碍，容易产生错误，于是制作出阅览用分类目录及辞书体目录并于1928年7月开始应用，因中文古籍图书用的分类法与其他图书有所不同，采用经、史、子、集四库分类法对中文古籍图书进行分类。

满铁奉天图书馆设置如下几种目录。

**1. 分类目录**

将满铁奉天图书馆全部藏书分类别制作成目录。收藏的中文古籍附［K］。

**2. 辞书体目录**

将全部藏书按著者、书名、分类、形式作成辞书体目录，可以检索得到相关信息。在此之前处理图书时，日文、中文、外文图书是有区别的，按字母顺序编制目录。

**3. 与中国东北有关的文献目录**

不但特地制作了与中国东北有关的日文、中文书卡片式分类目录，还制作出书本式目录。1932年以后收藏的与中国东北有关的图书制作成分类卡片式目录。

**4. 满铁各图书馆增加图书目录**

把《书香》登载的增加图书目录，改造成卡片式目录。由该目录可以检索出1935年以后其他满铁图书馆收藏的主要图书。

**5. 杂志目录**

杂志目录为分类目录，兼主要记事索引。

**6. 时事问题杂志记事分类目录**

将新到馆的杂志记事中有关时事方面的问题分类整理制作成时事问题杂志记事分类目录。

**7. 书本式目录**

①与中国东北有关的日汉图书分类目录

九一八事变发生之后，以满铁图书馆为中心，由满铁奉天图书馆主持编制了《全满二十四图书馆共通满洲关系和汉书件名目录))，为日本军方侵略东北提供了方便。卫藤利夫曾不无得意地描述说，这部目录，不仅按日语的五十音序分门别类排列，还注明了馆藏所在。“你所要查找的题目，比如说矿山，或者大豆……只要用电报把书号传送去，下一次列车无论停靠何处，都可以拿到书。”如此便捷的取送书机制，当然只能是在满铁控制的交通线上、关东军主导的军事体制里的产物。

②与中国东北有关的日汉图书分类目录续编第一

与中国东北有关的日汉图书分类目录续编中，收录了1932年到1934年之间满铁图书馆增加的与中国东北有关的图书。

③佐原文库分类目录

佐原笃介捐赠给满铁奉天图书馆的图书制作成分类目录，该目录的末尾附有可以通过书名、著者名、分类可以检索的辞书体目录。

# 五　满铁奉天图书馆出版物

卫藤利夫、园田一龟等满铁奉天图书馆工作人员经常撰写馆藏文献名著解题，或者将馆藏文献研究成果以研究报告集的形式出版。笔者整理出满铁奉天图书馆出版物（见下表3、表4）。

**表3　满铁奉天图书馆名著解题**

| 题名 | 责任者 | 出版时间 |
| --- | --- | --- |
| ピントの東洋旅行記 | 卫藤利夫 | 1930.10 |
| 衛匡國の《韃靼戰記》 | 卫藤利夫 | 1930.11 |
| 南懷仁の《滿洲紀行》 | 卫藤利夫 | 1930.12 |
| 李明の《支那行》 | 卫藤利夫 | 1931.01 |
| ロシのア極東經略遡源 | 卫藤利夫 | 1931.03 |

**表4　满铁奉天图书馆丛刊**

| 题名 | 责任者 | 出版时间 |
| --- | --- | --- |
| 乾隆御製《盛京賦》に就て | 卫藤利夫 | 1931.07 |
| 韃靼漂流記研究 | 园田一龟 | 1932.01 |
| 滿漢篆字各體圖版乾隆製盛京賦 | 卫藤利夫 | 1932.04 |
| 乾隆の東巡沿路考 | 园田一龟 | 1932.06 |
| 清朝歷代皇帝の滿洲巡幸 | 园田一龟 | 1932.11 |
| 再び韃靼漂流記に就て | 园田一龟 | 1933.02 |
| 蓋平から樺太へ | 卫藤利夫 | 1933.03 |
| 邊疆異聞抄 | 卫藤利夫 | 1933.04 |
| 墓と本 | 卫藤利夫 | 1933.05 |
| 滿洲聖人達海の碑 | 山下泰藏 | 1933.07 |
| 高句麗の新城 | 渡边三三 | 1933.09 |
| 清の太宗と宸妃の死 | 园田一龟 | 1933.11 |
| 大金得勝陀頌碑に就て | 园田一龟 | 1933.12 |
| 金の世宗の東巡考 | 园田一龟 | 1934.03 |
| 撫順《高句麗址》の陶片 | 小村俊夫 | 1934.05 |
| 撫順の遼代石經幢 | 渡边三三 | 1934.05 |
| 奉天史話 | 园田一龟 | 1934.06 |
| 滿洲文化史上の一插話 | 卫藤利夫 | 1934.06 |
| 滿洲に於ける拳匪の叛亂 | 园田一龟 | 1934.07 |
| 新女眞國書碑に就て | 山下泰藏 | 1934.09 |

续表

| 题名 | 责任者 | 出版时间 |
|---|---|---|
| 遼朝諸皇帝の東巡 | 园田一龟 | 1935.02 |
| 朝陽出土の韓公墓誌銘に就て | 园田一龟 | 1935.06 |
| 滿洲語と漢語を混用したる歌本《吃螃蟹》 | 金九經 | 1935.09 |
| 東丹國人皇王南奔の行迹 | 园田一龟 | 1935.09 |
| 滿洲生活三十年——奉天の聖者クリステイの思出—— | 卫藤利夫 | 1935.07 |
| 大遼大横帳蘭陵夫人建静安寺碑 | 山下泰藏 | 1935.11 |
| 奉天故宮前の《石經幢》年代考 | 园田一龟 | 1935.11 |
| 滿洲地方誌考 | 植野武雄 | 1936.01 |
| 韃靼 | 卫藤利夫 | 1938.04 |
| 韃靼 | 卫藤利夫 | 1938.07 |
| 滿洲夜話 | 卫藤利夫 | 1940.07 |
| 短檠 | 卫藤利夫 | 1940.10 |

## 六　满铁奉天图书馆馆长卫藤利夫

卫藤利夫1883年出生于日本的熊本县上益城郡，少年时以优异成绩考入第五高等学校，也就是东京帝国大学的预科，读书期间，发生了外务省官僚栗野慎一郎利用特权安排子女转学事件，卫藤利夫由于参与抗议活动受到处罚，被迫退学，那时离他毕业仅有几个月。这使卫藤利夫失去进入东京帝国大学本科的资格，只能以不授予学士学位的“选科生”身份进入东京帝国大学。1912年肄业后，卫藤只好靠翻译投稿谋生，直到1915年10月获得东京帝国大学图书馆图书管理员职位，才有了稳定收入。1919年7月，他辞去东大图书馆图书管理员职务，进入满铁大连图书馆，1920年1月来到当时满铁奉天简易图书馆成为主管。卫藤利夫在1920年到1940年这二十年间，把一个仅有六千册藏书的简易图书室，建成拥有西班牙式建筑、数十万册藏书，可与大连满铁图书馆相提并论的参考图书馆。并就图书馆业务进行了一系列改革，首先将图书闭架阅览改成开架式阅览。以往，在日本图书馆中，日文、中文、外文图书是分别排架的，东西方的知识学问是分离的。这样不论是排列、索引，还是图书馆事物方面具有多重性，浪费，而且不方便。卫藤利夫对此也进行改革，将图书目录卡片上所有组字标目都缀上罗马字，作为阅览用的卡片目录，将著者、题名、分类三种混排，同时将图书台账变成卡片式，整理图书时使用循环卡片。

而卫藤本利夫本人，除了做行政管理工作，还研究学问，著书立说，辽宁省图书馆收藏卫藤利夫著作有《图书分类的逻辑原则》、研究明清时代欧洲传教士在中国东北地区活动的专著《鞑靼》，以及随笔集《满洲文化历史中的插曲：在奉天产生的世界诗篇》《满洲生活三十年》《短檠》《满洲夜话》等。卫藤利夫曾任满铁图书馆业务研究会副会长，在满铁图书馆界是个很有影响的人物。他在制定满铁图书馆政策和满铁图书馆实际业务中发挥很大作用。卫藤利夫也因为在九一八事变中为满铁及日本军方所做的一切，在 1935 年 4 月获得满铁十五年勤绩“表彰”，1936 年获得日本军方授予的勋章。1938 年 5 月获得日本图书馆协会表彰。卫藤利夫在战后曾担任日本图书馆协会理事长一职。执掌奉天图书馆的二十年，是卫藤利夫人生的黄金岁月。有评论说：“在日本国内的坎坷际遇与在殖民地的顺遂得意，似乎是这位反抗官僚特权的热血青年转而成为殖民主义热烈拥护者的原因之一。”

## 七　原满铁奉天图书馆收藏文献流向

根据石堂清伦回忆，满铁奉天图书馆移交伪满洲国时，卫藤利夫提议将满铁奉天图书馆的藏书转移到满铁大连图书馆。当时，满铁调查部首脑对卫藤利夫这一建议犹豫不定，但是石堂清伦接受了卫藤利夫的想法，将满铁奉天图书馆的部分藏书转移到满铁大连图书馆。结果是满铁大连图书馆有许多重复的书，使满铁大连图书馆藏书构成更全面更丰富了。

满铁大连图书馆藏书，解放后被大连图书馆接收。虽然也经历了国家的统一调拨，但是大部分藏书还是保留在如今的大连市图书馆，而且如今大连市图书馆仍部分延续了满铁大连图书馆的藏书特色。沈阳铁路局图书馆，虽然是在满铁奉天图书馆旧址上建成的，但满铁奉天图书馆的藏书大部分没有收藏在沈阳铁路局图书馆。

抗战胜利后，国民政府教育部组织了各区教育接收辅导委员会。东北区的教育辅导委员会，以在任的东北大学校长臧启芳为特派员，以徐诵明、周之凤、金毓黻等为委员。日本投降后，满铁奉天图书馆，为中长铁路理事会所接收，改名为沈阳铁路图书馆。满铁奉天图书馆藏书不仅限于铁路交通及自然科学，其中有一万多册明清刻本文史书籍。经当时的教育部与铁道部交换意见，满铁奉天图书馆所藏旧籍，应由沈阳图书馆负责接收。因此，由周之凤与当时的杨馆长接洽，点收了该馆所藏史部类的各省地方志。集部类多宋、明、清诸家诗文集，大部为清刻本，也有少数明刻本；明清小说也不少；还有日本作者武者小路实笃、国木田独步等诸家文集。该馆所藏史学杂志相当丰富，也一并移交，共移交沈阳图书馆 11857 册。

1946 年 3 月，国民党军队占据沈阳。同年 6 月，图书馆被国民党军队接管。在国民党统治的二年多时间里，图书馆资料遗失很多。1947 年 4 月，国民政府教育部将沈阳图书馆、沈阳故宫和沈阳博物馆合并，成立沈阳国立博物院筹备委员会。沈阳解放后沈阳博物院筹备委员会图书馆的图书由东北图书馆于 1948 年 11 月 5 日接管。东北图书馆1955年改名为辽宁省图书馆，满铁奉天图书馆部分文史类书籍收藏在如今的辽宁省图书馆。

1948年11月2日沈阳解放，成立沈阳铁路图书馆，隶属沈阳铁路局管理，1950年5月，成立中长铁路管理局，改由“中长铁路管理局”四分局管辖，1953年“中长铁路管理局”撤销后，划归中国铁路工会沈阳分区工会领导。1956年1月，成立沈阳铁路管理局后，沈阳铁路图书馆即由中国铁路工会沈阳区委员会领导至今。沈阳解放当时，沈阳铁路局图书馆保存原满铁奉天图书馆的图书137548册，其中，中文图书29248册，日、英文书籍82614册，未整理图书25686（内有资料900册）。1956年，根据上级领导决定，将满铁奉天图书馆遗留下来的大部分文献调拨给国家和省图书馆。铁道部将交通、铁路运输方面的部分文献调出。后来又相继调拨给哈尔滨、吉林等铁路局一些文献。沈阳铁路管理局相关部门也将与业务有关的文献资料陆续调出。这样，沈阳铁路局图书馆留存的原满铁奉天图书馆文献，尚有1万余册。1973年沈阳铁路局图书馆又赠送给辽宁省图书馆2390册馆藏原满铁奉天图书馆日文文献。目前沈阳铁路局图书馆仅保留原满铁奉天图书馆文献几千册。

原载《外国问题研究》2009年第2期

# 后藤新平“文装武备论”是满铁文化侵略政策的精神母体

李　娜

后藤新平作为“满铁”的首任总裁到其卸任（1906 年 8 月 ~ 1908 年 7 月）总计不足二年的时间里，以一个“殖民地经营家”的角色，提出了一系列进行殖民统治的方针、政策，在东北大肆进行文化、教育、卫生、学术等方面内容的与军部完全不同的统治策略，使其在经济掠夺的同时，开启了另一部文化侵略的战车。这些殖民统治策略被后藤新平定名为“文装的武备论”，即“以文事之设施以备他人之侵略，一旦有缓急之事稗便帮助武断之行动”①。本文即以后藤新平为主线，主要探讨研究其“文装武备论”的形成、实施、影响，从而揭露出“文装武备论”是满铁文化侵略政策的精神母体及其殖民地文化侵略的实质。

## 一　“文装武备论”的提出与形成

### （一）“满洲经营策”的提出与满铁的创立

日俄战争后，日本将俄国的势力从东北排挤出去，对当时的西园寺内阁来说，采取什么样的方式“经营满洲”，就成了继日俄战后的最重要的问题。

当时的国际背景和东北所处的特殊地位决定了文治派的取胜。首先，日本武装侵占中国台湾、朝鲜时，其在国际社会中还未构成过大的影响，国际社会间的相互制约体系也未形成，因此，当时的日本殖民统治者无论在朝鲜、中国台湾做什么，一般不必过多考虑国际社会舆论。但是中国东北地区的大连、旅顺、哈尔滨等地则具有与此不同的特殊性：其一，19 世纪初期，这些地区就已经具有国际城市的地位，成为欧洲各国进入中国的一个重要通道；其二，这些地区丰富的资源和军事战略要冲的地理环境，始终是列强各国争夺的目标，日本殖民统治者在中国东北地区的一举一动，都受

① 中村哲编《后藤新平“日本殖民政策”一斑和日本膨胀论》，日本评论社，1944，第 9 页。

到其他国家的制约和监督。其次，从清朝政府到北洋军阀政府，中国中央集权政府一直在强化对东北地区的统治，使东北地区与中国内地之间的联系愈加紧密。由此，日本对东北地区如果进行直接的殖民地统治，势将面临全中国人民的反抗斗争。

为此，1906 年初西园寺内阁上台伊始，便把“满洲经营政策”列为议事日程，成立了以儿玉源太郎为委员长，由外交、财政、邮电等部门合议组成的“满洲经营委员会”，其任务就是研究侵略中国东北的任务，审议和起草所谓“经营满洲”特别是利用铁路的计划和方案。在这个委员会中，儿玉首先将他委托后藤新平起草的题为“满洲经营策梗概”的方案提交出来，他主张：“战后经营满洲的惟一要诀在于表面上伪装成单纯经营铁路，暗地里则搞多种多样的设施。随着实行这一要诀，将租借地内的统治机关全然区分开来，铁路的经营机关要伪装成与铁路以外的政治、军事毫无关系的样子……”① 接着他提出了这样的构想：“作为铁路的经营机关另行设立满洲铁路厅，使之作为政府直辖机关担负起铁路经营、线路守卫、矿山开采、移民奖励、地方警察、农工改良、对俄国及清国的交涉事宜，以及使之整理军事上的谍报业务，并兼任平时铁路守备的部分技术教育。”这就是儿玉和后藤所极力主张的满铁“官营”策略②。

此种建议一经提出，即刻遭到来自外务省和大藏省的强烈反对，他们竭力主张以“民营”的方式为妥，即以股份公司的形式来经营满洲铁路。因此，针对满铁是“官营”还是“民营”，日本政府于 1906 年 5 月召开“满洲问题协议会”，在经过争辩以后，日本政府最终综合了双方的意见，决定满铁在采取以公司形式出现的同时，实行以经营铁路为中心，综合经营其他各种事业的方针。遂于 1906 年 6 月 7 日，日本天皇以 142 号敕令，公布了设立南满洲铁道株式会社的文件，该文件共计 22 条款项。7 月 13 日又成立了以儿玉源太郎为委员长的“南满洲铁道株式会社设立委员会”，之后的 1906 年 8 月 1 日，后藤新平则以“满铁总裁隶属关东都督府之下，同时作为都督府顾问，在外务大臣监督下，参与都督府的一切行政”为条件，答应出任满铁首任总裁一职。

### （二）后藤新平其人与“文装武备论”的形成

后藤新平，曾任日本侵占台湾后台湾总督府民政长官，曾专门考察过西方的殖民经验，是一个富有殖民经验的老手。他在台湾任民政长官时，就提出了要使台湾人“同化为母国（日本）人”的主张和阴阳两手的统治策略，在其就任民政长官的《就任训示》中明确提出：“考虑如何实行怀柔或同化时，吾认为镇压主义亦有实际之需要。”他的主张很得台湾总督儿玉源太郎的赏识。

---

① 鹤见佑辅：《后藤新平》卷 2，劲草书房，昭和 40 年版，第 651 页。

② 鹤见佑辅：《后藤新平》卷 2，劲草书房，昭和 40 年版，第 652 页。

当日俄战争的硝烟还弥漫于辽东半岛的上空的时候，后藤新平受内阁总理大臣桂太郎的指派来到日本满洲军参谋部“阵中慰问”儿玉源太郎。席间，二人的话题重点谈论了战后经营中国辽东半岛一事，后藤新平坚决地主张：“必须重点经营铁路，要从全局出发……准备与俄国进行再次的交战。”儿玉源太郎在后来谈论这次面谈的事情时无不感慨地讲道，他从来没有听到能像后藤新平这样“从胜败得失中来谈论如何经营满洲的方针，并且是如此的翔实周密”。后藤新平向儿玉源太郎面议经营满洲的方针，概括起来主要是以下四点：第一，经营铁路；第二，开发煤矿；第三，移民；第四，发展畜牧业。后藤新平的这种“满洲经营论”后来又进一步演变成“对满洲文治的军备论”①。

日俄战争后，时任日本满洲军总参谋长的儿玉源太郎派后藤新平到东北考察并到沈阳共同策划《满洲经营梗概》，后藤认为英国在印度的殖民机构东印度公司“假借商事贸易为名，行征服印度大陆之实，使无尽财富归于英国”，是日本经营满洲最为得体的模式，并提出了战后经营满洲之唯一要诀的阴阳两面的策略。后藤新平的“满洲经营论”与日本政府的对外侵略扩张政策可谓是一拍即合，于是日本明治天皇于1906年发布敕令，建立了以大连为据点面向全东北的“负有国策使命”的南满洲铁道株式会社，后藤新平被任命为满铁首任总裁兼关东都督府顾问，并获“进宫伴食之殊荣”，天皇面授机宜并赐敕语：“南满洲铁路，事业固困难，但关系极重大，希望充分努力。”②

后藤新平作为“满铁”的首任总裁到其卸任（1908年7月）总计不足二年的时间，在这一段时间中，他以一个“殖民地经营家”的角色，制定了满铁的基本发展方向，实施了满铁殖民地经营满洲的策略。1908年7月，后藤新平卸任满铁总裁职务。但此刻的他仍未放弃对满铁的控制，接替人选中村是公的举荐及日后满铁经营的重大决策，均由后藤新平定夺，直至1913年12月中村是公届满辞任。可以说，在被称为满铁创业阶段的七年中，后藤新平一直是满铁的主宰。

## 二 “文装武备论”的文化侵略内核

日俄战后，东北首先为日本军方把持，军部人士主张“武治”，即实行赤裸裸的军事占领，后藤新平秉承日本天皇旨意以总裁和顾问的双重身份到满铁就职后，实行了与军部完全不同的统治策略，提出了一系列进行殖民统治的方针、政策，这些殖民统治策略被后藤新平在1914年日幸俱乐部的演讲中定名为“文装的武备论”，即“以文

---

① 草柳大藏：《满铁调查部内幕》（上），朝日新闻社，昭和54年，第33－34页。

② 东亚同文会编《对华回忆录》第320页，转引自穆景元等著《日俄战争史》，辽宁大学出版社，1993，第413页。

事之设施以备他人之侵略，一旦有缓急之事稗便帮助武断之行动”。他说：“诸君，在日本在满洲的特殊使命这句话中，大概也包含着由自己掌握东洋霸权的主义，也必须有维持东洋和平的势力。因此，必须使其根底扩大与加深，不单纯是资力，还要花费精神上的力气，始能完成之。”① 正是在后藤新平的倡导之下，满铁在关东州及满铁附属地内大肆进行文化、教育、卫生等方面内容的投资，使其在经济掠夺的同时，开启了另一部文化侵略的战车。

所谓的“文装的武备”其中含有两种意义，其一就是以满铁为招牌，在中国的东北通过发展经济力量的方法来达到增强军事实力的目的；其二就是“举王道之旗帜，行霸道之术”。简而言之，就是用文事设施，以备外来的侵略，以便在突发事变时，兼可有助于武力行动。“‘文装的武备’是相对于‘武装的文弱’一语而言的，是后藤提出的概念。如果形象地说，那就好比在文人的服装内裹着一个体格强健的军人。”② 后藤新平从一个殖民扩张主义者的立场出发，认为“帝国的殖民政策就是霸道”，就必须是以强硬的手段来加以推行和实施；但同时又应不失时机地推行“王道”。所谓“王道”，就是要通过以“发展经济、学术、教育、卫生等”，达到“建设一个广义的文明社会”③。以此为思想基础，满铁以经营铁路为中心兴建了一系列科技、文教和卫生设施，实行大规模移民，培养在东北的日本人势力，构成潜在的军备，“建设一个广义的文明社会”，这就是后藤的殖民政策的核心。后藤在给日本首相伊藤博文的信中又进一步提出：“要把这个地方变成向清国普及文明的策源地。”他的主张得到了日本侵华头面人物伊藤博文等人的支持，使之成为日本统治东北的基本策略。大连的医院、旅顺工科大学、满铁中央试验所以及新闻机构等设施，都是他的殖民政策的产物。

“文装的武备”是和“举王道之旗行霸道之术”紧密相连的。关于后者，后藤新平称之为高等殖民政策。他解释说，殖民行政的秘诀在于抓住殖民地人民的弱点，使他们有依赖于宗主国的心理是至关紧要的。他研究了欧洲殖民政策的变化，认为欧洲殖民政策的三大支柱是“教堂、医院（包括市政卫生设施）和铁路”。而就日本来说，他认为难以依靠宗教，只好着重抓文教、卫生设施。其用心是通过这些设施来笼络人心，磨灭东北人民的民族精神，使之盲目服从于日本的殖民统治，达到他所说的思想上的“归依”。他为了避免因小事激怒东北人民，当有人要为满铁沿线车站起日本站名时，他就担心这种做法不仅会使当地居民无所适从，并且会伤害他们的传统感情，而加以批驳，主张继续沿用旧有中国地名。不过在民用文教、卫生设施的建设方面，他十分注意使其适应军备的需要，例如他主张修建医院时，使走廊尽量宽敞，使之能立

① 中村哲编《后藤新平‘旧本殖民政策”一斑和日本膨胀论》，日本评论社，1944，第9页。

② 苏崇民：《满铁史》，中华书局，1990，第45页。

③ 草柳大藏：《满铁调查部内幕》（上），朝日新闻社，昭和54年，第52页。

即变为野战医院。他开办学校，也是和战时提供后备兵源和兵营相联系的。因此，后藤新平的“文装武备论”披着“和平经营”、“王道”和“发展经济”等等虚伪的外衣，具有很大的欺骗性，掩盖着其增强军备的意图。

## 三 “文装武备论”的强制推行

日本侵略者深知“欲征服满蒙，必先征服民心”的道理，后藤新平在《满铁总裁就任情由书》中，战战兢兢地说“战争不可期待常胜，永久之决战乃在于民口之消长”。1905年，曾任台湾总督府学务部长的日本贵族院议员伊泽修二在协助辽东守备军为大连制定第一份教育通令时，就明确提出：对新领土的人民，应实行“人身征服即以战争征服与精神征服并重的方针”。而满铁作为一个兼有政治、经济、文化、情报等多种职能的侵略机构，始终把关东州和满铁附属地这一广大地区看成是对中国进行包括文化、教育、医疗在内的侵略扩张的桥头堡和实验场，并凭借满铁附属地呈放射性地辐射、影响和左右着东北广大腹地①。因此，在后藤“文装武备论”的指导下，满铁大力推行殖民地文化，实行精神征服并进而在文化上同化东北就成为日本整个统治政策中十分重要的方面。

### （一）新闻统制

日本殖民当局一直把“新闻言论机关”视为“贯彻（日本）国策的先锋”喉舌，给予积极的经营和发展，在满铁迁至大连运营短短的半年之后，满铁就出版了自己的机关报日文版《满洲日日新闻》。据悉，该报因满铁的财力投入，资金雄厚、设备完善，当时最先进的高速轮转印刷机就有4台。一年以后满铁社员滨村善吉则以满铁为后援，创办了英文《满洲日日新闻》。英文版的开设，成为殖民当局向欧美大陆进行宣传的特殊工具。满洲日日新闻报社在满铁的操控之下，报社机构迅速扩张，并逐步健全采编和发行网络。机构上，于报社社长之下，设有编辑局、总务局、营业局和印刷所。并在奉天（沈阳）、新京（长春）、哈尔滨以及日本东京、大阪设有支社、支局，还在中国的北平（北京）、天津、上海、台北以及日本的门司等地设有采访通信、营业发行网点。因此，报纸发行量增长较快，期发行量迅速达到4万余份②。

1927年11月，满铁强行收购了创办于1905年10月25日，位于大连第一家的日文报纸《辽东新报》，同《满洲日日新闻》合并，改名为《满洲日报》（日文版）。由此，该报成为日本殖民当局关东厅和满铁直接操纵的机关报。

① 顾明义等主编《大连近百年史》下册，辽宁人民出版社，1999，第1295页。

② 张挺编著《大连百年报纸》，国际文化出版公司，2003，第9、15页。

1935年9月，由满铁出资，并购创刊于1920年5月5日的日文报纸《大连新闻》，《满洲日报》又恢复了《满洲日日新闻》的名称。1938年为进一步占领东北三省的新闻舆论阵地，《满洲日日新闻》将报社总部由大连迁往奉天，并且与《奉天日日新闻》合并。接着，还是由满铁出资，并购了《奉天每日新闻》，势力得到全面扩充的满洲日日新闻报社，便开始于大连、沈阳两地同时发行《满洲日日新闻》，在报章中还开设了《满日关东州版》。至此，《满洲日日新闻》便成为东北地区最大的一家日文综合性对开大报。该报通过并购，实力大增，影响也越来越大，最终确立了"满洲言论之雄，处于在满各报的指导地位"①。九一八事变后，满铁还参加了日伪统制言论的"弘报委员会"，并且参与控制《满洲新闻》、《康德新闻》和俄文报纸《哈尔滨时报》的出版发行。为进一步加快满铁经济掠夺的信息传递和数据掌握，满铁总部又于1939年11月创办了《南满铁道株式会社会报》。该报由满铁独立主办，以日文、日报形式发行，版数不定。该《社报》除正常出版日报外，如遇有紧急重要社告、示达等还随时增出"号外"。

除上面所谈到的以外，满铁出版的定期刊物还有《满铁调查月报》《满蒙事情》《满蒙》《协和》《铁道之研究》《满铁读书会杂志》《炭之光》等10余种，还发行大型专刊《满洲画报》。满铁出版的各种丛书、宣传品就更是难以计数。

日本殖民当局为了推行殖民文化，还在大连建立了体系完备的殖民文化机构。首先是在关东厅和警察署内设立了专门负责审查监管本地文化活动的高等督察课、出版物检阅事务所等，凡本地文化团体、新闻机构的建立，报刊图书的出版发行与输入输出，电影戏剧的演出等，都在其审查监督之列。

满铁作为一个以经济活动为主旨的经营单位，不遗余力地大肆从事媒体的活动，其根本的原因不外乎一是以自己的财力，从各个角落搜集情报，以供政府制定侵略政策。把经济上的"独立经营"与"对外侵略扩张"紧密地结合起来，以"显示出是日本的战略研究所的作用"②。二是满铁利用报章媒体，以"文装的武备"为指导方针，最大限度地进行欺骗宣传，麻醉中国人民的意志，灌输殖民思想，以达到掩盖其侵略野心的目的。

### （二）调查事业

后藤新平于1907年满铁本社在大连设立之后，在4月23日立即成立了调查部。其调查方面包括政治、经济、文化、军事、交通、法律等几乎所有的方面，而且其调查地区由刚成立时以东北地区为主逐渐扩大到中国关内、俄国（苏联）远东地区以及世

① 张挺编著《大连百年报纸》，国际文化出版公司，2003，第59页。

② 草柳大藏著《满铁调查部内幕》（上），朝日新闻社，昭和54年版，第44页。

界所有国家。调查部以调查研究为名，集中了大批情报人员、谋士和各种专业研究人员与文化人，并在东京、上海、北京、沈阳、长春设有分部。40年间，调查部为日本当局提供的各种调查报告达6000余件，出版图书5000种，已成为日本研究“支那学”“满蒙学”“远东学”的中心。在日本发动侵华战争和太平洋战争前，满铁调查部已发展到拥有2100多人的庞大机关。满铁调查部调查研究的范围并不限于满铁的需要，而是为日本整个侵略政策服务的，如《中国抗战力之调查》、《远东苏军后方调查》等，对于日本当局的政策决策曾起过重要作用。满铁调查部调查范围广泛，目的和性质十分清楚，已成为当时日本最有影响的情报机构，成立40年间，充分发挥了情报基地、智囊机构和参谋机关的特殊作用。

### （三）文化团体

1920年7月成立的“满蒙文化协会”，是由关东厅长官、满铁总裁和日本军界、政界的头面人物共同于1919年发起的，后藤新平和关东厅长官儿玉秀雄先后任该协会总裁，总部设在大连，在沈阳、哈尔滨、东京、大阪、下关等地设有分部，活动范围包括东北三省、热河、察哈尔、绥远、蒙古以及苏联远东地区。经费主要由关东厅和满铁拨款，少数来自会费和出版利润。协会的宗旨是“负有代关东厅及满铁会社宣传开发满蒙文化之重大使命”。从中完全可以看出该协会不是一般的文化团体，而是与满铁调查部负有同样的任务、为日本扩大侵略以实现侵略者“抱负”的文化侵略机构。协会的机关刊物为《满蒙之文化》（1923年更名为《满蒙》），另办有中文报《东北文化月报》，英文报《满洲之光》等，编辑出版《满蒙年鉴》，对会员搜集到的资料随时编排出版，并成立有满洲事情研究会、关东州史谈会、中国社会现象研究会等学术团体。1945年日本投降后解体。该协会编辑出版的图书达4000余种，出版杂志有10种，其中《满蒙》杂志自1920年创刊至1945年共刊载各种调查报告、专题文章以及文化艺术方面的文章达4300多篇。这些书刊紧密地配合了日本的侵略步伐，伪满洲国成立后，该协会就明确宣称：“满洲国之出现，说明吾协会已达成使命之一端。”①

### （四）殖民科研

中央试验所是日本在我国东北最早设立的殖民科研机构之一，于1907年10月12日，由关东都督府颁布的第55号令——“中央试验所的设置”而设立的，1908年7月正式运营。② 起初隶属关系都督府，目的是在中国东北地区的殖产及卫生方面的分析、试验。首任所长是药学家庆松胜左卫门。随着满洲资源开发成为重要课题，为强化和

---

① 1935年9月出版的（大同文化）第251期《卷头语》。

② 南满洲铁道株式会社：《中央试验所要览》，龙溪书舍，1992年复刻，第1页。

扩充试验所，1910 年将中央试验所移交满铁，改称“满铁中央试验所”。1945 年，中试所约有人员 1000 人，其中高级研究人员 200 人。有 150 个研究项目，预算约为 1000 万日元，和东京的理化学研究所不相上下。在 1907 年到 1945 年的近 40 年里，中试所共发表研究报告约 1000 份，获专利 140 项，其中 20% 是外国专利①。

### （五）图书搜集

满铁不仅控制了当时东北的出版市场，而且还建立了“满铁大连图书馆”“满铁哈尔滨图书馆”“满铁奉天图书馆”“南满洲长春图书馆”等，形成了中国情报资料的完备收藏与利用系统②。以满铁大连图书馆为例，该馆的性质明确规定为“广泛收集中外的图书资料，供给会社业务参考”，“用所藏图书配合当时的形势，发挥其作用”。该馆是东北地区满铁沿线 24 个图书馆的中心馆，收藏了从我国各地收集、购买、掠夺的大量中外图书和珍贵的典籍，至 1945 年藏书达 40 万册，收藏的重点是关于东北、华北、蒙古、苏联、东南亚等地的图书和文献资料，其中，尤其以满铁调查资料最为丰富，构成了具有专题性、系统性的藏书体系，仅收藏我国的地方志书就包括 30 个省、市 1162 个地县的 2300 余种，其中尤以满铁调查资料最为完整，为日本扩大侵略发挥了图书情报基地的作用。

### （六）奴化教育

日本侵略者在文化上同化东北的另一个重要方面就是全面推行殖民奴化教育。日本在东北的教育分两个方面，即对日本人的教育和对华人的教育，为此建立了包括初等、中等和高等教育的完备的教育体系。在它经营的前 10 年中，就为铁路沿线大小约 30 座城市的建设投资超过 300 万元，另外还投资 500 万元在这些城市中添设了 10 所供日本人学习的小学，8 所供中国人教育的公学堂，以及南满医学堂、南满洲工业学校等教育设施。其目的就是为日本侵华培养多方面的人才。1911 年日本关东都督大岛义昌在教育会议上就明确提出：“开导一般土民，使之浴被我国德泽，依赖我国施政。”在殖民当局发布的《关东州教育令》中，非常明确地提出：“经过全面的教育，以贯彻奉献皇国之诚心”“以归顺皇国之道”为目的。为达到这一目的，殖民当局对中国人的教育采取了与日本人完全不同的方针，一方面千方百计地限制中国人办学，强制封闭中国学校，限制传播中国文化，在学校设置上限制中国人办中学和接受高等教育，中国人只能接受初级教育和以培养初级劳动力为目标的初级职业教育。

满铁在东北存活了 40 年，对东北的文化统治确实达到了格外用心、格外下力、无孔

---

① 岛尾永康：（日本 1868～1945 年科学的发展），《自然科学史研究》第 17 卷第 3 期，1998，第 234 页。

② 王向远：《日本对中国的文化侵略》，昆仑出版社，2005，第 274 页。

不入、非常严密的程度，他们在东北建立了完整的殖民文化体系和教育体系，不遗余力地推行殖民文化和奴化教育，产生了严重的后果，使当时东北的文化阵地毒雾弥漫，污水横流，具有明显的殖民文化的成分和色彩，这一时期，在东北也出现了相当数量的颂扬帝国主义侵略、美化殖民统治、歌颂“王道乐土”、为侵略者献媚颂德的汉奸文化。也为日本侵略者培养了一批顺民和汉奸走狗，如被称作伪满洲国大臣中的“少壮派”的“关东帮”，其中就有伪交通部大臣谷次亨、司法部大臣阎传绂、经济部大臣韩云阶以及总务厅官卢元善、王贤湋、国务院秘书长王子衡等，这就是奴化教育结出的恶果。

## 四 “文装武备论”的实质

“文装武备论”的实质究竟是什么呢？后藤新平曾对此做过精密的概述：“文装武备论，一言以蔽之，就是经营非武装的设施，就是举王道之旗而行霸道之术。此乃当今世纪之殖民政策。由此经营各项设施亦是非常必要的。”

关于文装武备论对“满洲”殖民统治的重要性，后藤新平解释说：“没有这种思维，而推行满洲行政，可谓见解过浅，且谬误至大。俗人多以为，只要满洲铁道顺利运转，煤炭顺利采掘，效益提升，且无亏损，满洲铁道在满洲应尽之义务便顺利完成。对于实现帝国在满洲之使命而言，此类见解孕育一大病根，吾可断言也。”他对仅仅考虑经济利益的政策进行了激烈的批判，提出了对“满洲”进行长期而稳定的殖民地统治，应该确立一套完整的统治秩序，制定更有远见的殖民统治计划的主张。

后藤新平用娓娓动听的语言，将日本对东北的统治披上了“建立广义文明社会”的外衣，扮演了日本统治、经营满洲的精神教父的角色，他因此而荣升日本内阁递信大臣。当年极力鼓吹侵华的日本右翼团体东亚同文会，曾这样评价后藤新平领导的满铁：“作为日本对满洲外交、经济和国防等各方面发动力的中心机能，自然是南满洲铁道会社。所以满铁的经营，归根结底，即为日本东亚政策的骨干，也即是确保日本国家生命线的前卫。”并称赞后藤新平是“奠定了日本经营满洲的第一块基石”，是“一个伟大的存在”。但是，后藤新平的所谓的“文治”和“文明”，并没有掩盖他作为侵略者的本质，他自己有一句名言“殖民政策就是霸道”，毫不掩饰地道破了他的本质。“举王道之旗，行霸道之实”—“王道”，其实就是“大日本乃万国之本”，“雄飞海外，开拓万里波涛，布国威于四方”的皇道，他所说的“发展经济、文化”“建立一个广义的文明社会”，其目的并不是为中国人民建造一座文明城市，而是根据王道的要求，用霸道的手段，为日本掠取中国资源进一步扩大侵略，打造一架具有多种现代功能的高速运转的机器。

关于“文装武备论”的实施范围以及实施的意义，后藤的追随者们对此做了详细的说明：“文装武备论并不是仅仅局限于经济方面，如果不从教育、卫生、学术等更广泛意义的文化社会进行建设的话，就不可能完成文装武备的真正使命。也就是说，要考虑满洲民众的生活，这样，民众就会对我们的经营感兴趣。取得他们的民心之后，我们的大陆统治就会稳如磐石，那时，才可以说文装武备论的真正的实现。”其后，追随者们还进一步解释说，后藤的“新殖民地政策之要谛，与其说在于追求武力、追求经济，不如说进行文化统治是更为迫切的任务”。“殖民地统治，首先需要建设的是学校、寺院，然后是医院，如果这些完备的话，移民和居民就可以安居乐业。”也就是说，“文化统治中最具有吸引力的，是宗教、文化、卫生三项”。总之，“以文装招牌为良好武器来实行侵略之实，实乃实施殖民政策必需之手段。对于永久占领这一土地并建立统治之基础而言，亦是最有力之手段”。这是后藤的追随者对此所做的精确概括。

原载《大连近代史研究》2009 年第 1 期

# 满铁对文化名城及古建筑的“踏查”*

李　娜

古建筑是指具有历史、艺术、科学价值，年代比较久远的建筑物。[①] 古建筑不仅仅属于一个民族、一个国家，也是人类的共同财富。由于古建筑具有不可再生性、不可复制性，理应得到全人类的广泛尊重和保护。根据海牙陆战法规和惯例公约第 27 条规定，一切有关文化方面，如宗教、美术、学术及古物的机关与财产，若不作为军事用途，交战国必须尽力保全，不得加以破坏。然而，自日本踏入中国土地的那天起，中国古建筑或因军事轰炸、焚烧所致，或为日军破坏性抢劫、肆意捣毁，或被改作军用等而遭到空前的劫难。1946 年国民政府教育部“清理战时文物损失委员会”经过调查，初步统计出抗战期间中国重要古建筑被毁达 741 处。[②] 本文通过论述满铁对中国东北文化遗产制定掠夺政策、设立专门机构、进行精心细致的“踏查”，来揭示在此过程中形成了满铁文化侵略过程中一个特有的现象——许多文化人、知识分子卷入其中，与军人、政客、财阀相互表里，构成文化侵略的主体。

## 一　掠夺东北文化遗产的政策及组织

### 1. 掠夺文物古迹的政策

日本侵略者抢劫和破坏中国文物。有计划和有预谋者可溯至 1894 年的中日甲午战争。其时日本宫中顾问兼帝国博物馆总长九鬼隆一向日本当局献策掠夺中国文化财富，并制定了《战时清国宝物搜集办法》，其中有：“战乱是获得‘宝物’的绝好时机。战时搜集的优势在于可得到平时难以到手的名贵珍品（第三条），亦可以极低廉之价格获得极昂贵之珍品（第四条），提倡直接由军队进行搜集和搬运，这可以解决沉重物品的

* 日本考古学家三宅俊成首先在其考古学著作《满洲考古学概说》里用到此词，意即对历史文物及历史古迹的地毯式考查。

① 《中华人民共和国文物保护法》第二条，中国民主法制出版社，2002，第 1 页。

② 戴雄：《侵华日军对中国古建筑的毁损》，《民国档案》2000 年第 3 期，第 89－95 页。

运输问题（第五条），战时搜集名品可随战争的胜利名垂史册，充分发扬国威（第八条）。”[①] 其后，日本政府便据此颁布了《敌产管理法》，规定对被占领国图书文物的“收集”，必须在陆军大臣或军团长的指挥下进行，图书文物一旦送到兵站，立刻运回日本国内，入藏帝国图书馆或博物馆。这使日本对中国文物的掠夺组织化、系统化、规模化，并成为其侵华政策的重要组成部分。满铁成立后，这一所谓的“管理方法”遂成为其掠夺东北文物的准则，在长达40年的“经营满洲”过程中从未间断过对东北文化遗产的破坏和掠夺。

随着日本侵华野心的膨胀和战争企图的日益明朗化，满铁对文化财产的掠夺也由早期的低价强买、盗购、盗运转而为野蛮地公开大规模踏查、发掘东北的古建筑和古迹。1933年，“为了防止古迹毁灭”，由满铁起草，伪满洲国政府于7月以敕令颁布古迹保存法。9月公布施行规则并在各地执行。此法规共12条，首先规定了古迹古物名胜天然纪念物的类别，可谓无所不包：古坟（包括陵墓）、古城寨、烽火台、驿站、陶窑等遗址与战争遗迹，其他有关历史的遗迹还有贝壳古器、土器、骨角器等具有历史价值的；古物类包括碑碣、金石、古玩、服饰、雕刻礼器、书画等历史宗教美术方面的参考品；名胜包括山林湖沼等风景佳处；天然纪念物包括古代树木等具有地质学动植物学方面价值的天然物。

这个所谓的古迹保存法可以说完全是日本人为其在东北进行考古调查挖掘制定的法规，保存法规定：“非经文教部许可不准变更现状或有影响于保存行为。”而当时的文教部完全由日本人控制，意即未经日本人许可不得随意进行考古调查和发掘。保存法的颁布方便了日本对东北古迹的考察和发掘，一旦发现有发掘价值的地方，“应划定地区，对于一般人民禁止或制限特定行为，又命其所有人或管理人施行一定之措施”。不仅如此，此保存法的颁布使日本“保存”东北的文物珍宝有了法律依据，如果对于古迹现状之变更或保存有影响，法规规定于原则上虽予以许可或承认，但必要时应附加限制。但“此鉴于古迹保存之本旨，视为当然”，经过许可或承诺者在变更古迹现状施行调查之际，如果“再新发现埋藏物时须将其埋藏物与埋藏物之目录及现状等详细记录，提交给文教部总长以期古迹保存之万全”，加盖特定专章以保存。[②] 而这些由伪文教部保存的文物，大部分都分散于各文物博物馆“收藏”。另外，古迹保存法为日本劫掠东北文物打开了方便之门。法规中规定，关于调查古迹有必要时，该调查员可以有“入他人土地内为发掘土地去障碍物建设标古标柱等行为”，而且必须携带经文教部长认定的证明券，而这个只有日本人才有权发放的证明券，自然不会落入中国人之手。

此法颁布之后，同年12月，伪满文教部即部署各地方官署依据法令迅速详报各地

---

① 小黑诰司：《日中图书馆界交流的历史》，《图书馆杂志》1992年8月，第512页。

② 满洲国国务院文教部编纂《满洲国帝国文教部第二次年鉴》，康德2年刊行，第584页。

文物古迹的分布情况。根据当时各地呈报文教部的统计，各地呈报上来的调查表共937份，所拍照片317张，其中调查古迹有571处，古物304处，天然纪念物102处，名胜77处。[①] 东北几乎有价值的文物古迹都备录在案。这些都为日后调查发掘东北的文化遗产提供了详细的资料。

**2. 掠夺和保存文物珍宝的组织和机构**

满铁对东北文化遗产的考察组织除最大的情报机关——调查部及下属组织外，还有东亚考古学会及临时成立的各地考古队。另外，满铁殖民当局还建立了一批博物馆及古物保存馆，将掠夺来的文物珍宝分门别类地“陈列”在相应的古物保存馆里，然后伺机运回日本。

满铁调查部：满铁的情报中心。1907年设于大连，40年间，它在名称、规模以及调查内容等方面发生了多次变化，但一般仍以“调查部”统称之。创立初期把对“满蒙”地区的政治、经济调查作为主要任务，编写了有关该地区的法令、外交活动、民间习俗、文化及各方面经济情况的资料近300种，还编辑出版了满铁业务统计资料。到1941年调查人员由建立初期的30人增加到2100多人，每年的经费预算达1000万日元。积累的资料达5万多份，提出的报告达6000多份。[②] 分支机构遍布世界各地，是日本最大的、也是世界上少有的情报机构。

满洲朝鲜历史地理调查部：1908年设于满铁东京分社，聘请精通东亚历史的白鸟库吉主持工作，对中国东北及朝鲜的历史地理进行调查研究。后藤新平认为，“这种历史调查不仅可以刺激研究世界殖民政策的学者，而且对于一般事务也有促进作用”。[③] 几年后，它以日、德两种文字出版了《满洲历史地理》和《朝鲜历史地理》各二卷，并呈献日本天皇。后藤新平表示“有关拓殖的政策就是建立在这个历史调查的稳固基础之上的”。[④] 1914年，该部调查活动终止。

满洲考古学会：1921年成立，专门进行东北地区古迹、遗址的勘查、搜集及研究。该会的“研究”目的就是企图说明东北自古以来就不是中国领土，为日本帝国主义侵占东北寻找合法依据。后来为“满洲学会”取替。1931年7月，曾是满铁会员的八木奘三郎等人提议，由在中国东北从事历史、考古、风俗、宗教等研究的学者或研究机构创立满洲学会，后征求日伪殖民当局的赞同后于9月正式成立。该学会创立后，继续满洲考古学会的活动，参加东北各地的文物考察、发掘和文物的洗劫，是日本破坏和掠夺中国东北文物的重要组织之一。

---

① 满洲国国务院文教部编纂《满洲国帝国文教部第二次年鉴》，康德2年刊行，第596页。

② 草柳大藏：《满铁调查部内幕》（上），朝日新闻社，昭和54年，第13页。

③ 草柳大藏：《满铁调查部内幕》（上），朝日新闻社，昭和54年，第53页。

④ 鹤见佑辅：《后藤新平》卷2，中央公论社，1975，第868页。

东亚考古学会：创立于1925年，由京都帝国大学教授滨田耕作与东京帝国大学教授原田淑人和满铁会员岛村孝三郎发起，以两所大学为中心成立的机构。目的是与中国学者合作，进行考古发掘，同时在北京大学和东京、京都大学之间交换留学生。据说该学会的资金由外务省提供。从1928年起，日本每年派一人以留学生身份到中国进行所谓的“考古交流”，曾先后到中国的有驹井和爱、水野清一、江上波夫、三上次男、田村实造，这些人后来都成为日本在东北进行考古调查、发掘的骨干，为日本劫掠中国东北文物做了大量的先期准备工作。

满洲古迹古物名胜天然纪念物保存协会：1937年3月创立，以伪满民生部及满日文化协会为后援。主要从事名胜古迹调查研究、资料搜集，同时结合各县旗市名胜考察状况，举办演讲会、讲习会、展览会、或为见习旅行（旅行考察）提供后援；负责机关杂志——《保存协会志》的出版及与考古有关的图书的刊行。该协会为掩人耳目，除设会长为早年留学日本的卢元善、顾问为爱新觉罗·荣厚外，主事为三宅俊成，成员无一例外全是日本人，其中很大一部分为满铁调查部成员及满蒙文化协会会员。从办会宗旨及活动来看，该协会是地道的掠夺东北文物的组织。

各地设置博物馆及古物保存馆：在满铁附属地内，各考古组织根据掠夺文化遗产的政策，大规模地对中国东北的文化遗产进行调查、挖掘活动，而劫掠来的大量文物珍宝必须有妥善的保存地和保存方法。因此，日本殖民当局建立了一批博物馆及古物保存馆，将掠夺来的文物珍宝分门别类地“陈列”在相应的古物保存馆里，然后伺机运回日本。在满铁沿线及附属地设立的此类古物保存馆有：旅顺博物馆、金州乡土馆、辽阳古物保存馆、抚顺古物保存馆、国立中央博物馆奉天分馆、国立中央博物馆新京展示场及民族馆、辑安高句丽博物馆等。还有5个不在满铁附属地但分布于东北四省之内的，包括哈尔滨博物馆、牡丹江省东京城古物保存馆、林东史迹保存馆、赤峰博物馆、热河宝物馆。① 这些负责收藏日本掠夺文物的文博机构，是当时日本将大批文物运往国内的中转站，中国大批有价值的文物被劫走，至今下落不明。

其中，旅顺博物馆是当时最大的古物保存馆。而且分类最细最合理，尤其是京大的考古学家岛田贞彦上任后更是面貌一新，成为当时东亚屈指可数的古物保存馆之一。该馆以满蒙及中国本土的考古及风俗展藏品为主体，至1942年其收藏的标本达3万余件。② 与此同时，由东亚考古学会发起的在关东州内考古发掘的貔子窝遗址（1927）、牧羊城遗址（1928）、南山里遗址（1929）等处的考古文物，以及牧城驿沙岗屯汉墓调查结果全部收藏于此。

---

① 三宅俊成：《满洲考古学概说》，满洲事情案内所，康德11年刊行，第201－209页。

② 三宅俊成：《满洲考古学概说》，满洲事情案内所，康德11年刊行，第201页。

## 二　学术研究掩盖下的“踏查”活动

在满铁对东北“经营”近半个世纪的历史长河中，日本以满铁调查课、日本学术振兴会和东亚考古学会的名义，组织和委派考古专家、人类学家、大学教授、讲师等来中国东北地区，肆意进行考古调查和发掘。

**1. 对东北文化名城及古建筑的勘察活动**

辽古城“踏查”：20 世纪三四十年代，日本学者多次对辽上京城遗址进行考古调查，并开展专题研究。从 1908 年日本考古学家鸟居龙藏对辽上京城遗址文物勘查开始，后江上波夫、田村实造、黑田源次、三宅俊成和大内健等都先后勘查过辽上京城遗址。鸟居龙藏还发表了《辽上京城内遗存之石人考》（《燕京学报》，1939 年）。1942 年他以燕京哈佛学社的名义，出版了《辽代画像古墓》一书，并撰写了一些研究辽代文化的论文，晚年致力于中国辽代文化的研究。另外，对辽上京城遗址调查较有影响力的著作，还有由时任东京大学文学部教授江上波夫为首的东亚考古学会蒙古调查班所著的《蒙古高原横断记》（朝日新闻社，昭和 12 年），此书成为当时了解内蒙古历史文化的详尽资料。这一时期正值日本军国主义猖獗之时，也是日本帝国主义虎视中国，紧锣密鼓发动侵华战争的时期。因此，其考察目的可谓“路人皆知”。

对东京城（古城辽阳）的考察也是从鸟居开始，其后，多位学者、文化人进入该地区对古迹遗址进行考察，分别发表文章，如时任奉天医大教授、文学博士黑田源次发表《辽阳官署址和寺观》，时任东大教授、文学博士原田淑人发表《从考古学上看辽阳》，时任新京工大教授吉村孝义发表《辽阳城和勘测报告》，三宅俊成发表《太子河的名称及流域》等。[①] 这些考察报告全被收入由日满文化协会支持的“满洲古迹古物名胜天然纪念物保存协会”，成为日后掠夺文物最翔实的资料。

辑安（今吉林省集安县）古城“踏查”：辑安，又名洞沟或通沟，史称通沟城，地处吉林省最南部，地势险要，乃边陲重镇，古时曾名国内城、丸都城，即高句丽王城。日本对辑安古迹的考察由 1905 年鸟居龙藏开始，20 世纪三四十年代，日本学者鸟居龙藏、关野贞、今西龙、黑板胜美、滨田耕作、池内赛马、藤田亮策、梅原末治、三上次男、三宅俊成先后到集安调查，发表了多篇论著。其中考察、记录高句丽历史比较完整的考古报告，是由日本考古学家池内宏博士和梅原末治博士对高句丽遗迹调查、测绘与试掘后合著的《通沟》（上下卷，日满文化协会资助刊行，1938 年），其中对墓群的壁画考察最为著名。另外，还有著名学者三上次男调查吉林市团山子、骚达沟、集安部分高句丽遗迹；城大教授藤田亮策对延吉小营子发掘，调查大墩台、小墩

① 满洲古迹古物名胜天然纪念物保存协会：《辽阳》（会志第三辑），康德 9 年刊行，第 1 页。

台遗址，发表《通沟附近的古迹和高句丽的墓制》；三宅俊成受伪满文教部的委托，调查辑安县好太王碑的保存状态及取得此碑拓本，并对辑安附近的城址、古坟、古碑等做了调查，发表《辑安县城附近的高句丽遗迹与遗物》，所拍壁画及考察成果均由日满文化协会收藏。①

古渤海国遗址的“踏查”：渤海国是粟末靺鞨人在8世纪初建立的，是满族族系在东北建立的地方政权，因居渤海以北，故称渤海国。九一八事变前日本对渤海国遗址考察只是小规模的，只有鸟山喜一于1915年撰写的《渤海史考》和津田左右吉撰写的《渤海考》以及松井、池田宏等人的小部分论著发表。② 九一八事变后在日军的保护下进入考察发掘疯狂期，主要有：1933年6月和1934年5月，以原田淑人、池田宏为首的日本东亚考古学会两次组织“调查”渤海上京龙泉府的宫殿遗址，原田淑人和驹井和爱共著《东京城》（东亚考古学会，1939年），在“调查”的基础上，很快组成了挖掘队对其进行发掘。1937年，受伪满民生部嘱托，京城帝国大学教授鸟山喜一调查了吉林延吉地区的渤海时期城址和其他遗迹，包括北大古城址，陆续发表了《东京城寺址调查略报告》《渤海上京龙泉府考察记》等。这一时期在渤海遗址上的考古发掘是在日本军的刺刀保护下进行的，由于有“日满亲善”“大东亚共荣”的大背景，他们通过非常规的发掘，深入了解所谓的“并未保留自身历史而终于灭亡的渤海国都城”，企图把渤海上京龙泉府“确认为同日本有着浓厚关系的渤海国首都”，其用意耐人寻味。

**2. 学者在考察文化遗产中的特殊作用**

由上述对东北文化古城及古建筑考察的人员成分来看，日本的对外侵略扩张活动，并不完全由军人、政客、财阀包办，许多知识分子也卷入其中，他们或者打着学术研究的旗号，间接为侵略战争服务；或者走上战场从事教育、医疗卫生、宗教、新闻报道、宣传宣抚、调查和情报收集等工作，直接为侵略战争服务，在“思想战”“文化战”中充当了先锋和主力。有的中国学者甚至认为：“学者文化人在侵华战争期间成为媒体宣传、情报收集、文化教育、宗教入侵等文化侵略的主体。”③

日本的学者、文化人对侵华战争负有不可推卸的责任，他们的活动构成了对中国的文化侵略。在掠夺中国文化资源方面，日本“中国学”的部分学者成了日本帝国主义掠夺中国文物、文献的得力帮手，因为他们有丰富的中国文化知识和经验，对中国历史和文化资源的了解比普通日本人要多得多，这也是日本“中国学”受到日本对华战争政策制定者重视的重要原因之一。尤其是在对文化遗产的考察及发掘方面，所谓的学术研究已经转变为“支那国民性研究”的探讨，通过大量的地区性考古考察，篡

---

① 满洲古迹古物名胜天然纪念物保存协会：《辑安》（会志第八辑），康德11年刊行，第75页。

② 满洲古迹古物名胜天然纪念物保存协会：《东京城》（会志第六辑），康德9年刊行，第1页。

③ 王向远：《日本对华文化侵略的特征、方式与危害》，《北京社会科学》2005年第1期，第75－81页。

改和编造历史，为侵略战争制造理论根据。在这些所谓的学术研究和实地勘察活动中，学者、文化人出版和发行了一大批图书，还有一些文章在杂志上发表，这些图书由满铁所属机关直接刊行印刷。这些书籍和文章及资料为日后对中国东北的文化侵略及对古籍、文物珍宝的洗劫提供了翔实的资料。

而在其中满铁起了重要作用，首先从调查发起的部门来看，前期主要是满铁庶务部调查课委派，如八木奘三郎的《满洲旧迹志》三卷（《满洲旧迹志》上下、《续满洲旧迹志》）就完全是由满铁操作，对东北地区已考查核实的古物，进行分类汇编，历时五年完成的，而且此书完成后，由满铁庶务部调查课刊行印刷。[①] 伪满成立后，为了加快掠夺的步伐及统筹安排，一部分权限才划归伪满政府民生部；其次，从人员配置上来看，这些学者、文化人或者是满铁社员，如岛村孝三郎、八木奘三郎，或者参加满铁的一个文化组织，如大部分人是满蒙文化协会的成员。后期由三宅俊成发起的、众多满铁调查部成员参加的“满洲古迹古物名胜天然纪念物保存协会”，也是由满蒙文化协会援助成立的；再次，从调查结果的刊行部门来看，学者、文化人对古迹考察的结果大部分都是由满铁的相关部门或组织刊行的，如八木的《满洲旧迹志》三卷是由满铁庶务部调查课分别于大正 12 年、大正巧年、昭和 4 年刊行，《满洲金石志稿》由满铁总务部资料课于昭和 12 年刊行，还有《奉天昭陵图谱》（昭和 2 年 12 月）、《奉天昭陵调查报告书》（昭和 4 年 9 月）等。[②] 另外，满铁奉天图书馆也进行此类考察成果的刊行，如《高句丽的新城》（昭和 8 年 9 月）、《关于新女真国书碑》（昭和 9 年 8 月）等等。

在地面文物考察清楚之后，从 20 世纪 20 年代下半叶至 40 年代上半叶的 20 年间，日本考古学家在中国东北地区自行开地凿土，盗挖中国地下文物，几乎全部运回日本，至今仍存在日本各博物馆和研究室等处。日本“中国学”学者协助和直接参与日本对华文化侵略，大肆掠夺中国文化资源，给中国文化事业造成了不可估量的损失，是日本侵略中国、企图灭亡中国，变中国为日本殖民地的对华政策的一部分。

原载《东北史地》2010 年第 1 期

---

① 满铁调查部资料课：《社内刊行物保管资料分类目录》，昭和 14 年刊行，第 157 页。

② 满铁总务部资料课：《满铁刊行物目录》，昭和 15 年刊行，第 191 页。

# 满铁利用日本佛教对中国东北进行文化侵略

李　庄

在满铁侵略中国东北的40年间，对华布教已经不再是日本各佛教派别的个体宗教行为，而是为侵略政策服务并纳入政府国策，成为一种政府行为，甚至人们的从教资格都要由政府审查。为配合侵华，以宣抚“怀柔”为宗旨的文教事业成为主业，传教这一宗教本业，反成辅助性工作，日本布教使的工作变为主要向中国人解释日本侵华的合理性。换言之，此时的宗教是为了实现日本战争目的的一种手段。正如日本侵略者自己所说的：“异民族的教育，仅仅用干活挣钱这种义务观念进行教育是不恰当的，必须经常输入宗教信念。”[①] 一语中的，近代日本统治者通过种种途径和方法，将宗教信念渗透到中国东北社会生活的各个方面，是为了实现其政治目的。宗教不仅成为政治的婢女，而且两者一体同构，日本宗教遂成为满铁对华文化侵略的一个组成部分，其中的日本佛教也不例外。

## 一　“海外开教”政策与“军队布教”手段

明治维新后，日本国力强劲，尤其是甲午战后，日本的战胜国地位使之初步实现明治以来的大陆政策。日本宗教界在“脱亚入欧”的时代选择中，很快认识到了宗教文化对外传播、对外扩张过程中的重要作用，也意识到了和西方国家相比，日本在这方面的落后状态，“伸展国权”遂成为包括宗教在内的呼声。于是有人提出要优先考虑在中国大陆及台湾、朝鲜等地开展日本的传教活动。日本佛教界也积极配合，与军事侵略相表里，迅速开始了海外开教扩教活动。

日本佛教传入中国东北地区，是在1904年至1905年日俄战争时期。满铁为了达到永久占领中国东北并建立起殖民地经济体制，曾大量地、不断地向中国东北地区移民。据有关资料记载，1906年，日本人在满铁附属地的人口比例为33.2%，到1908年则达到60.7%资料表明，同时期日本人在台湾和朝鲜的比例分别是5.1%和2.7%，因此在

① 辽宁省教育志编纂委员会编《辽宁教育史志资料》第2集（下），辽宁大学出版社，1990，第697页。

东北的日本人分别是在台日本人的2.8倍和在朝日本人的5.3倍。[①] 这些移民到中国东北地区的日本人原先都拥有各自的信仰，大都是佛教某一宗派的信徒。来到中国东北后，这些人仍然有满足精神信仰的需要，对于天皇制政府来说，也需要利用宗教的力量对这些人进行抚慰。所以他们是日本宗教竞相传教的对象，由此，日本宗教以“军队布教”的方式，随日军进入了中国东北地区。

1904年2月，日本文部省宗教局发布《随军教使条例（10条）》，规定了随军教使的任务及布教工作内容。其中第四条、第六条、第十条是布教的工作重点。第四条规定：（1）向军人士兵和随军人员进行讲经说法；（2）对死者举行追悼佛事；（3）对伤员进行抚慰；（4）除上述规定外，总部特殊命令事项或所属司令官及有关部队委托事项必须执行。第六条规定：讲经说教必须依照本宗义，进行精神安慰，鼓励义勇思想。第十条规定：随军教使必须记日记，从任命之日直至复归日止，每周向总部提交日记进行汇报，如有重要事情，应单独提出，另行报告。这就是说，随军教使的工作任务不仅要进行精神安慰和鼓励义勇思想，并且还要参与收集情报，刺探军情等间谍勾当。“欧美基督教徒，来华传教并设学校，曾有人斥为文化侵略，然彼等实出于自动，而非为政府所指派，不过教士偶然遇害时，政府始加干涉耳；而日人则确有文化侵略的事实，例如满洲文化协会与中央试验所，即其一例。又如仿欧美基督教之例而要求来传佛教，假科学工作之名，要求到内地测验地质，在长江上游搜集鱼类标本，均含有政治的背景，故我国政府及学者社会均未曾准许。”[②]

在这种历史背景下，日本佛教随着日本军国主义势力的扩张，进入了中国东北地区。据日本满铁总局情报课编写的《满洲宗教志》里确切记载：1904年2月佛教真宗本愿寺派100多名随军教使在各师团等重要部队，鼓舞士气，慰问伤员，祭奠战亡者等活动。同年4月本愿寺派教主大谷尊由师到中国东北的前线部队巡教。1904年8月在大连设立了关东别院。这是日本在中国东北地区建立佛教活动据点的最早记录。

满铁成立后，为了实施后藤新平“文装武备”的指导方针，满铁附属地不断地接纳各种宗教的输入，最初满铁附属地以佛教、日本神道教的输入为主，后来逐渐加入基督教、天主教等派别。满铁附属地宗教的输入也是以“军队布教”的方式切入，其中有两种方式，分为慰问布教和随军布教。慰问布教前往军队驻地，宣讲佛法、教义和赠送慰问物品；随军布教则是教团派遣教使与前线军队共同行动，向前线士兵宣教及配合军队从事其他活动。这些教使在大连、辽阳、沈阳、铁岭等地的日本部队驻地设置临时慰问部开展活动。

① 副岛昭一：《侵略中国东北与十五年战争的开始》，藤原彰等：《十五年战争史》卷1，青木书店，1988，第49页。

② 蔡元培：《在上海青年会国耻讲演会演说词》，1937年5月7日。

满铁在东北统制宗教、压迫中国人民方面，可以说煞费苦心。满铁调查部协助日伪方面的礼教科和警务厅特高课，定期对中国东北全境的宗教团体进行全面系统的调查或典型局部抽查。从1937年、1944年满洲情报所编制的《宗教调查报告》《满洲的宗教》等报告书可见，调查几乎涉及了中国东北所有教派团体及其的规模、性质、习惯、布教场所（寺院）、政治倾向，并提出具体的对付办法。如报告指出，九台县的普济佛教会实际上则假宗教的名义策划反日活动，被探知抱有反抗日的密谋后，被勒令解散。调查报告还指出，在满铁附属地甚至东北全境，工作重心要对民众强化宗教信仰教育。“在满洲这样一个文化程度很低的地方，要把教育和宗教完全分割开来是不可能的，有必要把二者结合起来。若想获得治安秩序上的好转，也必须从这一点出发。”报告还提出了考察宗教的两个标准，即“一、要符合满洲国的建国精神；二、从日满不可分的原则看，和日本思想融合、有联系”。日本统制宗教之用心，由此昭然若揭。①

## 二　满铁输入日本佛教的双重目的及主要形式

佛教本质上是反战的。在历史上佛教未曾发生过任何宗教战争，也没有“圣战”或“义战”的概念。然而，当佛教传到日本后就完全变成了“日本佛教”。日本佛教的最大特点之一，是它与日本固有的神道教的结合，与神道的结合，也就意味着认同天皇制国家的观念。这一点在所谓“王政复古”的明治维新后，变得更为明显，日本当局始终沉湎于对中国侵略的迷梦之中，为了适应对外扩张的需要，日本政府有意识地强化和规范宗教的社会功能。从明治时代的甲午战争经大正时代到昭和时代的日本全面侵华的历次侵略战争中，政府都将包括佛教在内的日本各宗教纳入侵略战争体系，日本佛教各宗派积极追随军国主义政府，绝大多数宗派相继沦为军国主义的帮凶。

日俄战后，满铁以附属地为基地控制各种宣传媒介，除设立图书馆、卫生、教育设施外，还设立宗教设施、宗教团体、调查机构等，控制东北的宗教领域。一方面向东北人民不断传播各种殖民主义思想，麻醉东北人民，影响东北的“民心动向”，使“民心归一”，② 另一方面，他们为了蒙骗附属地的日本人去充当战争炮灰，积极迎合政府，大力提倡所谓“忠皇爱国”“镇护国家”“王法为本”的思想，宣传“护国”精神，号召国民支持“对华圣战”，大肆宣扬军国主义思想，将侵略战争定义为“以大道征服小道”。宗教进入满铁附属地的这一双重目的不仅适用于佛教，其他各大宗教皆承担这一任务。日本佛教在附属地的主要文化侵略方式有以下几点。

---

① 孟国祥：《日本利用宗教侵华之剖析》，《民国档案》1996年第1期，第105页。

② 《盛京时报》1942年3月6日。转自王承礼、常城、孙继武《苦难与斗争十四年》（下），中国大百科全书出版社，1995，第193－194页。

1. 创办别院、布教所等传教机构

“日本佛教的中国进出是挟1895年的日清战争胜利之余威，从19世纪90年代后半期各宗一起（在华）开设布教所，模仿基督教布教方式进行宗教活动。”① 这是日本佛教利用侵略战争的军事优势大力拓展海外开教行动的最重要的步骤。日军所到之处，必有佛教随军布教使紧随其后。1904年，日俄战争的爆发使日本宗教界“欣喜若狂”，东、西本愿寺于同年1月各自在总寺院内设立临时部，向在华各分部派遣大量随军布教使，规定其基本任务是：对军人和随军人员进行布教活动；对战死者进行追悼佛事，抚伤病者；委派随军使等特殊任务。同时，他们又以大连、辽阳、奉天（今沈阳）、铁岭等满铁附属地沿线各城地传教所为基地，发展开教事业。

此后，日本各宗教组织都纷纷入驻满铁附属地。如：1907年日莲宗在大连开设“日莲宗清国大连布教所”（后改称大莲寺），教线遍布满铁附属地，直延伸至哈尔滨、佳木斯、齐齐哈尔、牡丹江等地。1917年，东本愿寺法主大谷光演首次巡视朝鲜及满铁附属地城市安东、大连、旅顺等地，东北一带旋迅速布满开教所。据不完全统计，至九一八事变前，包括净土真宗大谷派、净土真宗本愿寺派、曹洞宗、日莲宗、古义真言宗、天台宗、临济宗、新义真宗智山派、日本山妙法寺派等十几个日本宗教派别共在满铁附属地城市建立了67个宗教机构，其中大连一地就设了11个佛教机构。② 这些佛教机构建筑规模宏伟、占地面积广阔，均属附属地内的标志性建筑。满铁附属地宗教建筑，作为空间殖民主义与文化殖民主义的产物，它比政治、经济殖民主义更具隐蔽性，对人们的日常生活及观念、心态产生更为深刻的影响。

随着日本全面对华侵略，日本佛教在中国东北传教扩教事业走向巅峰。“在挥舞利剑的皇军武力下和亲日傀儡政权的协力下，战时在华布教达到了前所未有的规模。”③ 1931年九一八事变，翌年伪满洲国成立，这不啻给在华布教的日本佛教打了强心针，疾呼“海外开教划新纪元”的时代到来了。④ 1934年东派法主大谷光畅夫妻先后到沈阳、抚顺、大连等地进行“满洲、北支巡教”，掀起了在华传教的新高潮。至1945年战争结束，整个中国东北布满了日本佛教各教派的布教所。至此，日本佛教从整体上完全被纳入军国主义思想体制中，而主张杀生也就成为那时日本佛教的基本特征，诚如日本著名佛学家道端良秀所言，“战时的日本佛教，简直好像发了疯一般”。⑤

---

① 小岛生、木场明志：《アジアの开教と教育》，法藏馆，1992，第54页。

② 迟延玲：《满铁附属地对中国东北的影响》，吉林大学硕士学位论文，第35页。

③ 江森一郎、孙传钊：《战时下の东本愿寺大陆布教とその教育事业の意味と实际》，载金泽大学《教育学部纪要》“教育科学编”，第43号，第198页。

④ 《满洲への留学生》，载《真宗》第377号，昭和8年3月。

⑤ 道端良秀：《日中佛教友好二千年史》，商务印书馆，1992，第166页。

**2. 日本政府及佛教团体招收赴日留学僧**

满蒙历来是日本的垂涎之地。日俄战争以来，日本在中国东北投入了大量的人力、物力，意图将其最终纳入日本的版图。作为日本采取的手段，除不断施加武装威胁外，另也有文化渗透的方法，宗教输入即是其中的一种。1924 年 5 月，在日本关东厅及满铁的斡旋与资助下，由日本佛教联合会负责招收了来自中国蒙疆地区的 12 名蒙古族喇嘛学僧，这是近代以来通过日方政府出面招请的第一批中国学僧。就日本官方的意图来看，其显然是试图把招请活动作为对中国满蒙经营政策的重要一环，在中国境内蒙疆地区培养日本的代言人。

据日本佛教联合会计划，打算让这批学僧了解日本的社会情况，然后再把他们分别送入不同的寺院修习佛教，为此，高野山、比壑山以及东西本愿寺等各宗都非常热心，并积极做好迎接留学僧到来的准备。然而出乎意料的是，这 12 名喇嘛学僧初到日本后，便被日本社会眼花缭乱的生活方式所吸引，遂无心向学。面对这一突如其来的变化，日本佛教联合会和佛教各宗负责接待的寺院或佛教机构感到大为震惊。在束手无策的情况下，不得不提前终止他们的留学活动，将留学僧全部返送回国。于是，由满铁和关东厅发起的这场投资数额不小的招请蒙疆地区喇嘛学僧的活动，就这样在不到半年的时间内草草收场。对于具体负责承接任务的日本佛教联合会来说，他们对此次活动的确给予了高度的重视，同时亦付出一定的经济代价，但结果却令其大失所望。[①] 此次活动的失败，使日本政府对招请留学僧的举措失去热情，所以这是此类活动的首次，也是最后一次。

**3. 接管佛教藏书，创办佛教杂志**

净土宗东本愿寺法主大谷光瑞，系日本大正天皇的连襟，地位显赫，是一个名副其实披“袈裟”的日本鬼子。他曾多次前往中国新疆、西藏、甘肃等地搜寻和盗掘佛教文物，掠取大量佛教历史文物及艺术珍品，其中包括佛经、史料、文书、绘画、雕刻、漆器、染织、古钱、印章等，共计 690 件。这些文物后收载于 1916 年出版的《西域考古图谱》一书中。他长期居住在东北、上海等地，架设电台，从事谍报活动，支持日军侵华行动。1899 年，大谷光瑞为了积极推动在中国各地的开教扩教活动，加快在华发展的步伐，开始了他的“清国巡游”。他先后到达香港、广东、上海、浙江、汉口、北京、天津等地考察，并拜见李鸿章等权要。回国后，迅速制订了在华发展计划，乘机加紧在华发展势力，开始在华广开布教所。

1915 年 4 月，大谷光瑞到达大连，出席本愿寺关东别院的落成典礼。此时，他作出了一个惊人的决定——后半生居住在大连。1915 年 6 月，按照大谷光瑞的指示，“含秀居”所存藏的大批汉籍被装成 250 多箱，由神户辗转运抵旅顺。之后，他以旅顺、

① 《教友新闻》，1924 年 5 月 31 日。

大连为基地，辗转往来于上海、青岛、台湾等地，从事配合日本侵华政策的所谓“学术译著”“宗教研究”，视察等政治活动。1925 年 11 月，大谷因考察经费短缺，向满铁会社借了巨款，以“寄存”在满铁图书馆的图书做抵押。1930 年因无力偿还借款，只好将这批抵押图书抵债归满铁大连图书馆所有。

这之后，满铁大连图书馆开始大量收藏汉籍，并拨出特殊经费支持这项活动。大谷光瑞这批藏书体系完备、独具特色、史料价值和版本价值均高。满铁大连图书馆鉴于这批藏书的特殊性，没有将其分散上架，而是单独建库存放，并命名为大谷文库。随着学术界的研究与开发，大谷文库的国际影响也与日俱增。大谷文库的藏书现已被学术界统称为“大谷本”。

1922 年，由满铁出面和资助，大谷光瑞创刊主编了佛教刊物《大乘》月刊，以此为基地发表大量佛教著述，向满铁附属地宣扬为军国主义服务的所谓的日本宗教精神。

**4. 全面拓展文教、社会事业**

在满铁制造侵略舆论的过程中，由满铁青年盟员组成的右翼团体“大雄峰会”以佛教“大慈大悲”为招牌，宣扬所谓“皇道”，即通过崇奉明治大帝的遗德，渲染日本有责任拯救灾难深重的满蒙，使之成为民族协和的“理法国家”，也就是要把中国东北变为日本的移民地。“大雄峰会”会员不仅在九一八事变前积极进行侵略舆论宣传，而且在事变后大多成为“自治指导部”的骨干，从事拼凑伪政权的活动。

九一八事变后，随日军侵略的加强与传教事业的急剧发展，满铁附属地急需大量传教人才，各派加紧了招募培养人才的行动。1932 年起先后举办了各类培训班，诸如“满洲拓事讲习所”即举办了有关传教知识的各种培训班。[①] 另外，佛教各派在附属地相继举办了中小学、幼稚园、青年会、日华语言学校、医院、施药所、妇人会、文书会、职业介绍所、俱乐部、殡仪馆、休息所、难民救济会等各类文化社会机构，当然，传播教义仍是重点，但根本是“日华亲善”的“教化”宣传。

综上所述，满铁协助日本佛教各宗在东北布教几十年中，固然不乏有文化交流、宗教交流的内容，但无论从其目的、宗旨、行为来看，无不围绕着日本国策与对华侵略的目标而行事，正如柏原佑泉所说：“各宗传教的内容与其说是宣传佛教普遍的世界的人类救济观，莫如说是强调日本民族的优越性和侵略大陆的正当性，宣传‘殉国’的宗教精神。各个教团都积极地并且充满使命感地去加以实施，结果是为日本帝国主义的侵略体制服务，发挥了配合补充侵略的作用。”[②] 在中国传教，但又与中国人民为敌，究其失败原因不外乎此。日本佛教随心所欲地篡改佛教经典，炮制和鼓吹侵略有理、杀戮无罪的邪说谬论，这一典型的政教合一行为充分说明，日本佛教已经彻头彻

① 《附录：满洲拓事讲习生募集》，载《真宗》第 374 号，昭和 7 年 12 月。

② 柏原佑泉：《日本佛教史》，“近代部分”，吉川弘文馆，1990。

尾地成为政府推行军国主义政策、建立法西斯集权统治和对外发动侵略战争服务的御用工具。

## 三 日本佛教性质的根本性改变

宗教之所以成为宗教就在于其纯粹性与独立性，宗教依附于政治，表明其性质发生了变异。19 世纪与 20 世纪相交前后，日本佛教即是以日本军国主义侵略国策为其重点开展宗教活动的。1938 年 8 月日本在国内举办“宗教团体对华布教协议会”，会议上日本文部省宗教局向各宗教代表规定了工作方向：“布教工作应抓住一切机会，充分理解政府对华的意图，满洲事变之机遇，中国东北将是日本帝国必进之路、日本文化和东洋文化的本质等。”而且，“方针是只以中国人为布教对象，对于只以日本侨民为对象者，不允许其赴中国，对于过去一直在中国进行布教者，根据情况，有可能令其离境。在社会事业和宗教布教二者之间，则以社会事业为主，以传教为辅”。① 换言之，中国东北地区的日本佛教的一切活动，都应以强化殖民统治需要，置于军部的指挥和统制之下，推行“皇民化”殖民政策的宣抚活动。所指的社会事业，是以中国人为宣抚对象，主要从事开办殖民地的日本化教育学校、制作各种宣扬日本化影片、散布皇民化主张的小册子等等。在特殊环境下，传教已经成了战争的工具。同时，由于政治的介入，几十年来为在华布教究竟是以在华日人抑或是华人为主的问题——这一佛教内部争论，亦因此结束。

在多种宗教法规中，《宗教团体法》最为典型地体现了战时佛教堕落为殖民政治的婢女。1938 年 1 月文部大臣荒木贞夫在国会解释该法提案时说：“为使宗教更有效地与战争合作，国家应对宗教实施监督、统治、保护和培育。”② 他狂妄地宣称：“无论哪种宗教，必须融于我国体观念之中。要通过宗教培养我国体观念，我皇道精神。这是作为日本宗教的首要之事。”“必须防止宗教走向歧路，对此有必要对宗教加以监督。”③ 此法共 37 条，极大地扩充了政权与宗教的控制权和取缔权，将宗教纳入战争体系之中。不难发现，此时日本在华佛教“仅剩的宗教色彩也几乎剥落殆尽”了。④ 至此，佛教不仅成为政治的婢女，而且两者一体同构，日本佛教遂成为其对华侵略的一个组成部分。

至少从史料来看，日本佛教对此并无异议，自觉自愿地将自己依附在政府与军部

---

① 野世英水：《日本宗教的战争责任》，《东北沦陷史研究》2000 年第 3 期，第 27 页。

② 村上重良：《日本近现代的宗教》第 3 章第 2 节，讲谈社，1980。转引自杨增文等《日本近现代佛教史》，浙江人民出版社，1996，第 167 页。

③ 清水雅人等：《新宗教的世界 I 新宗教的诸问题》，大藏出版社，1983。

④ 游国雄：《上海近代佛教简史》，华东师范大学出版社，1988，第 196 页。

的卵翼之下，对华开教无论从形式上还是实质上都成为对华侵略和实现战争目的的组成部分。日本佛教在华机构也以此为准则，极力以宗教的形式推行“皇民化”。在东本愿寺派的《中国事变本派奉公纪要》中曾记载：“向占领地区之民众阐述帝国之理想，纠正其以往错误的对日观念，使彼等民众成为日本帝国最优秀的合作者，完成此项事业是至关重要的出师目的。”① 也就是极力强调教团应全力以赴协助开展宣抚工作的重要性。所谓真宗教团的“海外开教”，可以说是顺应实现侵略之国策，在其主张精神之下所进行的侵略活动。显而易见，日本佛教的活动完全是为日本军事侵略扩张而输出的组成部分，所谓的建学校、制作海报等等宣抚行为都具有明确的文化侵略含义。特别是日本布教使自觉地与日本政府相勾结，甘当日本帝国主义侵略的工具。

从日本佛教在中国东北所进行的活动来看，其宗教性质发生了根本性改变，其主要原因有三方面：第一，从进入中国东北的那天起，日本佛教牢记为本国政治利益服务的宗旨，他们的“海外开教”是带着征服其他民族的顽固信念而来的。因此，日本布教使活动必然受本国、本民族利益的制约，在日本帝国主义侵略过程中，必然自觉地配合侵略行为。第二，世界各民族的国际地位在第二次世界大战时发生了根本的转化，中国沦为半殖民地，中国东北地区完全沦为殖民地，日本列强以战胜者自居，主宰中国东北民众，企图将自己的生活模式、宗教信仰强加于人，实行殖民地统治。第三，日本布教使中信仰不虔者居多，“吃教”“借教”的现象极为普遍，其中帝国主义分子不在少数。他们在中国东北地区打着宗教信仰的旗号，专事欺压中国民众，谋取私利，更增加日本宗教的侵略性。

日本佛教在满铁附属地的宗教活动，是一种彻头彻尾的殖民教化与愚民行径，已远远超出了文化侵略的范畴，宗教只是日本侵华活动的补充。“政教一体”“军教一体”，宗教与对华侵略相配合，既是日本宗教在华发展的基础与动力，也是其不得人心导致覆亡的根本原因。在日本侵华过程中，日本的神道教成为“侵略神道”，日本的许多佛教宗派离经叛道，堕落为鼓吹战争和杀人的佛教，而且，“在中国，佛门还事间谍活动”。② 特别当他们利用宗教侵华的企图破产时，就撕下伪装，公然血腥屠杀富于反抗精神的教民，拆焚毁劫寺庙教堂，上演了一出出毁灭中国宗教文化的丑剧。这种殖民性统治压制了人民的反抗思想，对中国人民的反侵略战争造成了一定程度的破坏，同时极大地阻碍了中国东北地区宗教的正常发展。

历史研究崇尚的是真实，宗教则以诚信为本。大量史料证明，近代以来以日本佛教为首的日本宗教各教派随日本对华侵略，在进行宗教活动的同时，配合日本的军事

① 《真宗》第436号，1937年12月，转引自野世英水《日本宗教的战争责任》，载《东北沦陷史研究》2000年第3期，第27页。

② 日本宗教者和平协议会主编《关于〈战争责任的告白和忏悔〉资料集》，白石书店，1994。

侵略进行了大量的活动，其重大的战争责任难辞其咎。正如1992年1月20日，日本佛教曹洞宗宗务总长大竹明彦代表曹洞宗正式向世人发布《忏悔谢罪书》中所陈述的那样，“我曹洞宗自明治以后，直至太平洋战争结束期间，在以东亚为中心的亚洲地区，借海外开教之美名，迎合并支持当时政府企图统治亚洲的野心，侵犯了亚洲人民的人权。并在脱亚入欧的风潮下，藐视亚洲人民及其文化，出于对日本国体和佛教的优越感，将日本文化强加给亚洲其他民族，采取了损害其民族荣誉和尊严的行为。而且，还以释迦牟尼世尊和三国相传（指佛教由印度入中国再传日本）的历代祖师的名义，干出了违背佛教教义的勾当。这只能说是十分可耻的行为。我们愿意坦率地揭露在过去海外传道的历史中所犯下的严重错误，向亚洲和世界人民由衷地表示谢罪和忏悔……当然，犯下如此错误并非仅仅是曾经从事海外传道的人们的责任。为日本的海外侵略喝彩，并使之合理化的整个佛门的责任必须受到追究”。①

原载《东北史地》2010年第5期

① 日本宗教者和平协议会主编《关于〈战争责任的告白和忏悔〉资料集》，白石书店，1994。

# "满铁"哈尔滨图书馆

吴利薇

南满洲铁道株式会社（以下简称"满铁"）从1906年创立到1945年解体，近四十年时间里在中国东北建立了二十多座图书馆。但就文献收藏和功能上来说最具特色的当属满铁大连图书馆、满铁奉天图书馆、满铁哈尔滨图书馆，这三座图书馆为满铁三大参考图书馆。在本文中将介绍满铁哈尔滨图书馆。

## 一 满铁哈尔滨图书馆源流

**1. 中东铁路中央图书馆**

1896年6月，沙皇俄国强迫清政府签订中俄密约，攫取了在中国东北修建铁路的特权。1898年，沙俄开始修筑从满洲里到绥芬河的东清铁路（东清铁路，亦称中东铁路、东省铁路，以哈尔滨为中心，西至满洲里，东至绥芬河，南至大连。日俄战争后，长春以南为日本占据，称南满铁路。十月革命后长春以北段由中苏合办，称中东铁路，"九·一八"事变后为日本所占。抗日战争胜利后，南满铁路与中东铁路合并，改称中国长春铁路。）和哈尔滨到大连的东清铁路支线，遂在哈尔滨铁路建设管理局内设立图书阅览室。为了不断满足筑路人员（主要是沙俄技术人员）的需要，由几个沙俄显贵集资，于1902年在哈尔滨市香坊区创立"松花江市图书馆"，后改称为"东清铁路俱乐部图书馆"。图书馆建立之初，每年只有700卢布经费，有图书、期刊300种，尽管规模有限，却也是当年哈尔滨市建立最早、最大的图书馆。1920年起，随着中东铁路建设的发展和铁路职工的增加，图书馆藏书量、业务量也在不断扩大。1925年10月3日，中东铁路管理局将所属各地的图书资料集中，成立中东铁路中央图书馆，此时馆藏文献已经达到2.5万册。1926年图书馆迁移到今哈尔滨南岗区耀景街16号。1929年"中东路事件"期间，图书馆被地方政府收管，由哈尔滨市教育厅领导。1930年1月，又移交回中东铁路局管理，不久，中东铁路理事会研究决定将中东铁路中央图书馆改称"中东铁路职员图书馆"，明确图书馆主要是为中东铁路工作人员服务。此时的馆舍比较宽敞，经费也很充足，馆藏文献已经达到10万册，只是藏书体系有了一定的变化：将馆藏文学书分放到各俱乐部，图书馆只存放各专业图书。1930 年秋，图书馆迁到哈尔滨市南岗区大直街 124 号，馆舍是俄式平房，设有中外文书库、资料库、阅览室和借书处。1935 年 3 月日本以伪满洲国的名义收购中东铁路后，接收了该馆，改称“哈尔滨铁路中央图书馆”，1935 年 5 月又改称为“哈尔滨铁路图书馆”。

**2. 原满铁哈尔滨图书馆**

原满铁哈尔滨图书馆是满铁 1923 年 5 月 1 日在哈尔滨埠头区（今道里区）石头街道日本侨民会院内开设的，是当时满铁附属地之外设立的唯一的满铁图书馆。该馆在开馆时仅有藏书 2768 册，经过满铁巡回图书馆逐年援助，到 1933 年末馆藏已经达到 27751 册，到 1936 年分馆藏书已经达到了 3 万余册。因为最初的馆舍设在日本侨民会院内，满铁曾与侨民会方面形成契约，约定馆舍仅限于作为图书馆使用，并可以永久无偿使用，但实际只使用了 10 多年的时间。满铁哈尔滨图书馆经费由满铁哈尔滨事务所管理，1935 年预算是 8131 日元。从战略上考虑，满铁哈尔滨图书馆与满铁哈尔滨事务所资料室相互辅助共同搜集整理中国东北北部文献。1935 年日本收购中东铁路后，遂将中东铁路图书馆与原满铁哈尔滨图书馆合并组建新的满铁哈尔滨图书馆，原来的满铁哈尔滨图书馆改称满铁哈尔滨图书馆埠头区分馆。1936 年 3 月 31 日，馆舍从侨民会院内迁移到哈尔滨地段街 189 号。

## 二　满铁哈尔滨图书馆藏书印

文献藏书印可以印证图书馆发展历史及文献流传过程，下面是笔者收集的满铁哈尔滨图书馆各个历史时期文献藏书印。

东清铁路图书馆

中东铁路中央图书馆

中东铁路中央图书馆

中东铁路职员图书馆

满铁哈尔滨图书馆

满铁哈尔滨图书馆

满铁哈尔滨图书馆

满铁铁道总局

中国长春铁路中央图书馆

东北人民大学（吉林大学前身）

## 三　满铁哈尔滨图书馆文献收藏

除了继承中东铁路图书馆文献外，满铁哈尔滨图书馆还广泛收集俄、英、德、法等国的文献资料。因此，馆藏尤以俄罗斯文献、西伯利亚文献、亚洲社会科学、应用科学、历史地理方面文献和中国东北地区历史、地理、经济、资源、人文文献资料为重。俄文文献、中国东北北部（北满）文献是满铁哈尔滨图书馆馆藏特色。

满铁哈尔滨图书馆收藏的文献，来源于中东铁路中央图书馆的有 10 万余册，来源于原满铁哈尔滨图书馆的收藏有 3 万余册。来自中东铁路中央图书馆 10 万余册（108423 册）文献中，有中国古籍 37133 册，俄文文献 58506 册，英文、德文、法文文献 12784 册，日文文献 429 册。中东铁路图书馆文献在田口稔 1935 年发表的《北滿鐵路に関する露文書目》（《哈爾濱鐵路圖書館接収記念誌》第三册，1935 年）、《滿鐵哈爾濱圖書館所藏露文圖書百選》（大连图书馆收藏该目录）中可以查询到。原满铁哈尔滨图书馆到 1933 年末馆藏文献已经达到 27751 册，其中俄罗斯、中国、中国东北、蒙古文献 6127 册，书志、事汇、丛书类 8324 册，宗教、哲学、教育类 1416 册，文学、语言学类 2558 册，小说、戏曲类 1314 册，传记、历史、地理类 1471 册，法制、经济、社会类 2883 册，数学、理学、医学类 791 册，工学、海事、兵事类 888 册，美术、诸艺、运动类 608 册，产业、贸易、交通类 605 册，家事、社交类 318 册，儿童图书类 448 册，除图书外，到 1933 年末该馆还收藏 51 种报纸，156 种杂志。原满铁哈尔滨图书馆馆藏文献在满铁哈尔滨图书馆编纂的《滿鐵哈爾濱圖書館埠頭區分館所藏圖書分類目錄》中可以查询到。

满铁哈尔滨图书馆收藏很多有特色的文献，主要包括以下内容。

### 1. 俄罗斯、苏联文献

满铁哈尔滨图书馆馆藏俄文文献中最多的是与俄罗斯、苏联有关的文献。如1912年出版的《拿破仑入侵当时的莫斯科和莫斯科生活》、十二册的《莫斯科过去和现在》、1938年出版的《俄罗斯芭蕾史》、七卷十五册的《俄罗斯史》、1913年出版的《俄罗斯物语》、1914年出版的《亚细亚俄罗斯》、1916年出版的《俄罗斯名家笔迹集》、1927年出版的《苏联民间工艺》和《大文豪托尔斯泰》、1924年出版的《俄罗斯美术瓷器》、1925－1926年出版的《苏联邦丰富资源》、1937年出版的《苏联版世界大地图》。

### 2. 西伯利亚文献

满铁哈尔滨图书馆馆藏俄文文献中也有与西伯利文献有关的文献。1940年出版的《呼唤远东移民》、1880年出版的《北部西伯利亚民间传说动物、神话叙事诗比较研究问题》、1935年出版的《西伯利亚地质》、1928年出版的《远东丰富的地下资源》、1882～1885年出版的《十八世纪西伯利亚史料》等。

### 3. 亚洲文献

满铁哈尔滨图书馆馆藏俄文文献中也有很多与亚洲有关的文献。特色收藏是俄罗斯探险家尼古拉·米哈伊洛维奇·普尔热瓦尔斯基的《亚细亚旅行记》(俄罗斯地理学会出版)、《中央亚细亚旅行记》(1883～1883年俄罗斯地理学会出版)、《世界名人传记》中第五十七卷《普尔热瓦尔斯基生平、旅行》。这些文献是研究乌苏里、蒙古、西藏以及中亚很珍贵的文献。

### 4. 中国东北地方文献

满铁哈尔滨图书馆馆藏俄文文献中很多是研究中国东北的珍贵地方文献。例如：沙俄时代俄罗斯交通部编辑发行的《松花江——从上流到黑龙江合流点》，是满铁哈尔滨图书馆藏与松花江有关的权威文献，全书七章五十八节，插入四十页照片插图，共460页，该文献与《松花江概说》是研究松花江的重要的俄文参考文献。苏联科学院院士科玛罗夫的《满洲植物志》，将其1895年到1897年在中国东北生活三年间搜集的一千七百种植物，汇集整理并且出版3卷5册(1901～1907年出版，共2199页，第一卷一册，第二卷二册，第三卷二册)，有33枚鲜明的手绘插图，并附有数字翔实的表格和索引，主要记述吉林省、朝鲜的植物。《满洲的森林》(1915年出版，503页)作者是科玛罗夫的学生，在圣彼得大学期间受到科玛罗夫的熏陶后来到中东铁路局工作，长期进行东北森林研究。第一卷是关于东北东部林区的调查报告，并附有8页地图，续卷与第一卷相比内容更加丰富准确，可惜后来作者回到苏联担任大学老师，续卷手稿丢失了。《满洲及其俄属远东深处》(1910年出版，520页)一书是俄罗斯军方参谋本部军事地形学者十六人的旅行报告文集，其中还有两篇回忆日俄战争的文章，书中还介绍这些学者在中国东北旅行考察时与当地居民的会话和交流的事情，其中最后一篇是描写到人迹罕至的山河考察是如何艰难困苦。全书由二十二章构成，有 208 页插图，其中 20 幅版画插图是研究中国东北地方民俗的珍贵历史文献。《满洲志》（1897 年出版，906 页）作者在中国东北生活十余年，不仅对所到之处有所了解，而且对气候、风俗、语言、种族乃至对历史、地理、政治、经济等领域进行调查探索。全书十一章，620 页，还有别卷（附录）280 页，每一章和附录中都有数字翔实的图表，是当时记述比较全面的一部史书。1926 年出版的《乌苏里地方密林》作者是乌苏里探险研究家，1910 年至 1918 年曾任博物馆馆长，喜欢探险，曾四次到乌苏里探险，对当地的土著民族研究有很深的造诣，该书文笔流畅，书中对大自然的描写非常详细。

**5. 亚细亚文库**

说到满铁哈尔滨图书馆文献收藏必须要提亚细亚文库。日本人出于扩张的需要，为研究满、蒙、西伯利亚地区政治、经济、自然、地理、国际关系，从满铁哈尔滨图书馆收藏的 35000 种文献中选取其中有关我国东北、苏联西伯利亚、蒙古以及东亚其他国家和地区的重要文献 5000 种，大约 10000 余册，建成文献库，主要以接收中东铁路中央图书馆外文文献为主，当时命名为《亚细亚文库》。1938 年满铁哈尔滨图书馆编辑出版了以这 5000 余种文献解说形成的《亚细亚文库图书目录》。（КАТАЛОГКНИГАЗИАТСКОГООТДЕЛА Х АРБИНСКОЙ БИБЛИО ТЕКИ Ю. М. Ж. Д.）目录中包含该馆收藏的重要西文文献，是分类目录，主要是与哈尔滨、中国、中国东北、日本、亚洲有关的文献，特别是包含 1000 册与西伯利亚有关的文献，为了方便检索西文文献，在书后面添加了日文的著者索引。

文库中的俄文书和西文书的分类法是相同的，均分两大类：第一类用字母 M 表示是满洲（我国东北）、蒙古、西伯利亚类；第二类用字母 A 表示是亚细亚类，属于该类的有我国除东北以外的其他地区（包括西藏）及印度、朝鲜、日本等国家。在 M 类的图书分类中，将有关哈尔滨和西伯利亚的资料分别提出编入总类，然后再分小类。收藏范围主要有：关于亚洲和太平洋地区诸国的天文地理，自然资源，风土民情，工、农、商情研究文集，政治经济、外交关系、法律、教育、宗教等方面文献。这些文献资料装帧考究，都是当时的精装本。

满铁业务调查中，与亚洲有关的调查外文文献，除欧周（ォゾ的音译）文库外，法文、德文与东方有关文献分别收藏在满铁大连图书馆、满铁调查部第三调查室（苏联研究）图书室，因此满铁哈尔滨图书馆的亚细亚文库成为三个收藏亚洲文献的场所之一。

满铁哈尔滨图书馆收藏俄罗斯、西伯利亚、亚洲社会科学、中国东北、应用科学、历史地理等方面有特色的文献。最具特色的馆藏是 58000 余册俄文文献，其中社会科学、应用科学、历史地理方面的文献居多，处于东北北部的满铁哈尔滨图书馆由于地域的关系显示出成为东北北部满铁参考图书馆的地位。担任接收中东铁路中央图书馆接收委员的满铁大连图书馆田口稔，曾向满铁太田接收委员长、满铁哈尔滨铁路局佐原局长，提出接收中东铁路中央图书馆以后的经营方针是：作为文献种类丰富而且质量高的亚洲研究学术性图书馆，定位为专业的参考图书馆，该定位刚好符合满铁极力搜集中国东北北部、苏联、西伯利亚、亚洲情报的意图，因此，接收中东铁路中央图书馆后的满铁哈尔滨图书馆真正成为满铁搜集中国东北北部、苏联、西伯利亚、北亚洲等方面多种语言文献的北亚文献中心，担当起了发挥政治、经济、军事北亚文献中心的作用。由此也可以看出满铁参考图书馆从来就不是单纯的文化机构，历来是为政治、军事服务，为日本侵略服务的机构。

## 四　满铁哈尔滨图书馆出版物

满铁哈尔滨图书馆出版物包括杂志索引、图书目录、满铁哈尔滨图书馆丛刊、文化综合杂志《北窗》等。

《满铁哈尔滨图书馆产业关系杂志记事索引》是满铁哈尔滨图书馆收藏的与产业有关的日文杂志篇名索引（见下表）。该索引1939年开始出版，每年出版一次。杂志记事索引包括题名、杂志名称、杂志出版时间、卷期、页码等项。包括满蒙、产业、工艺学等部分，其中满蒙部分又详细分为工学及工业总记、土木工学、建筑学、机械工学、电气工学、矿山工学、海事工学、化学工学、机械工业、手工业、产业、农业、园艺、林业、畜产业、蚕业、盐业、商业等等。

| 题名 |
|---|
| 哈爾濱圖書館產業關係雜誌記事索引 |
| 哈爾濱圖書館北滿關係雜誌記事索引 |
| 更生の哈爾濱鐵路圖書館（接收記念誌第一冊） |
| 北滿鐵路中央圖書館史 |
| 北滿鐵路に關すち露文書目 |
| 北滿鐵路中央圖書館の接收 |
| 哈爾濱鐵路圖書館要覧 |
| 亞細亞文庫圖書目錄　第一部 |
| 亞細亞文庫圖書目錄　追錄 |
| 哈爾濱圖書館增加圖書目錄 |
| 增加圖書目錄 |
| 《北窗》（文化綜合雜志） |

《满铁哈尔滨图书馆北满关系杂志记事索引》是满铁哈尔滨图书馆收藏的与东北北部（也包括与远东俄罗斯）有关的日文杂志篇名索引，该索引1938年开始出版，每年

出版一次。记事索引包括篇名、杂志名称、杂志出版时间、卷期、页码等项。从该索引中可以查询到很多与东北北部（也包括与远东俄罗斯）有关的文献，这个文献索引是研究东北亚问题有价值的情报源。

满铁哈尔滨图书馆馆刊《北窗》1939 创刊，1944 年终刊，《北窗》的定位是文化综合杂志，办刊风格与满铁大连图书馆馆刊《书香》、满铁奉天图书馆馆刊《收书月报》还是有区别的。满铁调查部、满铁弘报课、建国大学、南满洲工业专科学校的学者经常为《北窗》撰写文章，日本国内一些学者也为《北窗》撰写文章，被日本学界誉为日本现代研究中国满蒙史、清史第一人的日本大正—昭和时代著名的东洋史家、东京大学教授和田清撰写的论文《关于满洲西伯利亚的开发》，也发表在《北窗》1944 年第 5 期。满铁调查部第三调查室（苏联研究）的大桥国太郎，从《北窗》创刊开始就以“话说俄文书”（《露書もの語り》）为题撰写介绍俄文文献的文章，共写了 13 篇在《北窗》上连载，系统全面揭示了馆藏俄文文献。《北窗》第 4 卷第 2 号是俄罗斯北方文化研讨特辑，从政治、经济、文化等各方面探讨俄罗斯北方文化。满铁哈尔滨图书馆金生道正共翻译《西伯利亞開拓史譚》12 篇在《北窗》上连载。《北窗》从创刊开始就开设了“北窗滴露”栏目，由金生道正介绍满铁哈尔滨图书馆收藏珍稀本俄文文献 100 种，一共写了 21 篇。这些俄文文献内容多是反映俄罗斯、亚洲、中国、中国东北的。《北窗》还从政治、经济、历史、地理、文化、宗教、民俗等方面对中国东北进行详尽的研究。《北窗》体现出满铁哈尔滨图书馆馆藏特色和研究特色。

**满铁哈尔滨图书馆丛刊**

| 题名 | 翻译者 | 出版时间 |
|---|---|---|
| ロシヤ最初の印刷者イヴアン。フヨードロフ | 大桥国太郎 | 1938.12 |
| ソ聯邦圖書館事情（一） | 佐佐木正 | 1939.06 |
| 十九世紀初頭の露西亞學術出版：ルミヤンツユフ時代 | 佐佐木正 | 1940.03 |
| ロシヤになけゐ文學百科辭典 | 大桥国太郎 | 1941.06 |
| スラウ學史研究のために | 大桥国太郎 | 1942.01 |
| 滿鐵哈爾濱圖書館所藏露文圓書百選 | 竹内正一编辑 | 1943 |

与以往经济产业部门调查研究相比，满铁哈尔滨图书馆丛刊是介绍俄罗斯文化部门一般读物，是文化方面的资料。是俄罗斯出版的俄文读物，由满铁哈尔滨图书馆工作人员翻译成日文后再出版。

## 五　原满铁哈尔滨图书馆文献流传

1945 年 8 月日本投降后，苏联接管了满铁哈尔滨图书馆，委派一名苏联人任馆长，苏军撤退后，图书馆由哈尔滨铁路总局总务处领导。苏联人馆长一直工作到 1950 年 5 月。1950 年，中国长春铁路管理局成立，图书馆改称为“中国长春铁路中央图书馆”。由中国长春铁路管理局文教处领导。馆长为一苏联专家，副馆长姜学民、黎明。1953 年中国长春铁路管理局完全移交给中国，“中国长春铁路中央图书馆”改称哈尔滨铁路图书馆，隶属哈尔滨铁路局总工会。到“文化大革命”前，藏书已近 30 万册，成为哈尔滨铁路系统最重要的文献资料中心。1966 年“文化大革命”开始，哈尔滨铁路图书馆受到严重冲击，近千册中外古典文学和国外画册被送往造纸厂处理，剩余图书封存，藏书损失 13 万册，占全部藏书的 40% 以上，最后连馆址都被占用。1972 年图书馆才重新开放。1978 年中共十一届三中全会后，哈尔滨铁路图书馆工作逐步走向正常。

原满铁哈尔滨图书馆部分文献保存在如今的哈尔滨铁路图书馆。目前哈尔滨铁路图书馆还收藏有原版英、法、德、俄、日词典；苏联原版大百科全书等文献，还珍藏解放前部分报纸等文献。

《亚细亚文库》经历几十年的历史变迁，这批文献于 1956 年最后落户在现今的吉林大学图书馆。据悉，当年收进文库中的俄文文献现今保存比较完整，基本未见散失。吉林大学图书馆建立了能体现馆藏特色的《东北亚研究数据库》，《亚细亚文库》是其中之一，《亚细亚文库》成为吉林大学图书馆的特色收藏，令中外专家学者瞩目，这些文献是研究东北亚问题珍贵的历史文献。笔者曾亲自到吉林大学图书馆探访过该馆珍藏的《亚细亚文库》，也曾登陆吉林大学图书馆主页（http://202.198.25.8：8080/was40/northeast/lswx.htm）在亚细亚文库中检索到一些与中国东北有关的俄文文献。

原载《外国问题研究》2011 年第 2 期

# 满铁大连医院的设立及其在东北的侵略活动

王玉芹

众所周知，满铁作为日本国策会社，自开业之日起，就对中国东北进行政治、经济、文化等全方位侵略。医疗卫生作为满铁文化侵略的重要组成部分，其研究成果甚少。本文拟对满铁大连医院作一探析，以期对全面、深入揭示日本帝国主义侵略东北的史实，有所裨益。

## 一　满铁大连医院的设立及发展

满铁创立前，日本在中国东北的殖民医疗设施主要是关东都督府管辖的大连医院和公主岭医院。此外，野战铁道提理部在大连、瓦房店、辽阳、奉天等 8 个城市设立了诊疗机构，其服务对象都是提理部队员。满铁开业时，将日俄战争时期日本设在东北的陆军医院作为大连病院（大连医院的前身）本院，接着又在抚顺千金寨设立了分院，在瓦房店、大石桥、辽阳、奉天、铁岭、公主岭、草河口、安东设立 8 个出张所，统一由大连病院管辖（这个制度后来不断改革，1908 年出张所改为分院，1912 年称医院，1914 年 5 月从大连医院独立，归地方部管辖）。大连病院开设不久，立即接收了提理部医院，同时向日本陆军大臣请示，要求调拨多名日本现役军医和药剂官。最终调拨 13 名日本现役军医和一名药剂官，其中 4 名现役军医和一名药剂官被分到大连本院，另外 9 名分别安排到满铁沿线各分院。大连病院设内科、外科、小儿科、皮肤科、泌尿科，后增设眼科、耳鼻喉科、妇产科、牙科等。10 月，该院将关东都督府管辖的大连医院和居留民会经营的奉天及公主岭医院，合并到本院，同时制定了病院规程及药品价格。11 月，病院开始接收会社以外的一般患者就诊。1908 年 2 月设置了卫生细菌研究部。次年 3 月，病院规程改为医院规程，大连病院也改称大连医院，直到战争结束。1923 年大连医院动工新建，1926 年 4 月竣工，占地面积 89824 平方米。该院由德国人设计（主楼和侧楼采用罗马式建筑结构），满铁会社主持建造。主楼地上四层，中央六层，地下一层，现代框架结构。侧楼三层，主治开放性结核和传染病（不包括霍乱、鼠疫、天然痘）。该院规模宏大，设备完善，建筑内部布局合理，多角度采光，走廊宽大，功能区分明确，外部造型简洁凝重，采用竖线、咖啡色面砖，朴素而大方。其建筑水平超过当时日本最先进医院，被誉为“东洋第一”。医院设立时从业人员为39名，至1927年3月增至488名，不包括分院。① 历届院长依次为正秋山春斋（1907.4~1907.7）、岸一太（1907.7~1907.12）、西乡吉弥（1907.12~1908.4）、河西健次（1908.4~1919.7）、尾见薰（1919.7~1925.9）、户谷银三郎（1925.9~1945.8）。医院所有药品、卫生材料、器具等都由陆军管辖的药品库提供。

1929年4月1日，满铁设大连医院财团法人，决定将大连医院（包括分院）从会社独立，由财团独立经营。满铁为什么要设财团经营医院呢？我们从双方签订的契约可窥见实质。当时财团与满铁订立的合同中主要条款如下：第一，满铁将土地及建筑物无偿贷与财团，但向关东厅支付的租地费用由财团负责；第二，今后如果医院建筑物必须扩建或改建时，须经双方协商，由满铁施行；第三，满铁向财团捐助利息为百分之五的20万日元公债，作为财团基金；第四，满铁向财团捐助12万日元，作为昭和4年度收支差额补助；第五，昭和5年以后，如出现收支差额时，则根据前一年度实际情况，参考当年预算，由满铁给予差额补助；第六，交接时，满铁按前一天登账库存的机械器具、图书、原材料等，总计价格119.481489万元的物品，原封不动地捐助给财团。② 从合同中我们不难看出，真正控制大连医院的还是满铁会社。财团首脑的组成就足以证明，财团理事长是田边敏行（满铁理事），理事有保保隆矣（满铁地方部长）、金井章次（满铁卫生课长）、户谷银三郎（大连医院院长）、盛新之助（大连医院副院长）、小数贺政市（大连医院事务局长）等5名。6位财团理事中有3位是满铁主要首脑，另外3位不仅是大连医院首脑，且都是满铁职员。因此大连医院实际上还是由满铁管理的，成立财团经营大连医院，不过是掩人耳目，从而更好地为侵略战争服务。财团经营之初，医院从业637人，1944年4月增至890人，患者也从69万人增至1942年124万人。日本投降后，该医院由中苏共管，改称中国长春铁路公司大连中央医院。大连解放后由沈阳铁路局接管，改为大连铁路医院，今为大连大学附属中山医院，现白求恩塑像处原为该院第五任院长尾见薰半身纪念铜像。

## 二　满铁大连医院分院及附属设施

满铁大连医院开业后，根据日本殖民侵略的需要，设立沙河口、同寿、金州三个分院。沙河口是日本殖民统治的重要工业区。1908年满铁设立了沙河口工场。1915年以后，日本启动了大规模城市工业建设规划，先后建成满铁大连瓦斯作业所、满铁大

① 满史会编《满洲开发四十年史》补卷，满洲开发四十年史刊行会发行，东京：1964，第142页。

② 日本满史会：《满洲开发四十年史》下卷，东北沦陷十四年史辽宁编写组译，1987年内部发行，第195页。

之川发电所、大连机械制作所（大连起重机厂前身）等一批工厂。殖民当局选此地址开设分院主要是方便沙河口工厂职工诊疗。因此，沙河口分院设立之初是不对外开放的，只给沙河口工厂职工诊疗，当时称大连医院沙河口诊疗所。1912 年 7 月搬迁到沙河口九丁目，改称大连医院沙河口派出所。设内科、外科，开始对外来患者诊疗。1915 年 1 月，随着满铁会社病院规程的修改，称沙河口分院，开始收容住院患者，并增设眼科、牙科等科室，一直到战争结束。该院占地总面积 13034 坪，建筑物占地 1582 坪。为救护工场职工，1917 年 7 月后经常进行夜间诊疗，同时在工场内设置诊疗所。1929 年 4 月，归属大连医院经营。1927 年 3 月拥有职工 42 名，1943 年增至 50 名，病床 46 张。此分院是大连西部唯一一所综合性医院。同寿医院是满铁为增进中日国民所谓“亲善”而专为中国人设立的医院。1927 年 3 月 25 日设立，地点在沙河口十七区二番地。开业时只有内科、外科，后来不仅新建了很多附属设施，而且诊疗科目不断增加，包括内科、外科、小儿科、耳鼻喉科、眼科等。占地总面积 20068 坪，1927 年 3 月，拥有职工 70 名，1943 年 10 月增至 92 名，病床 150 张。1929 年 4 月，随着大连医院财团法人的设立，开始归大连医院经营，一直到 1945 年。1939 年，大连全市暴发肠伤寒，该院收治了很多大连医院转来的肠伤寒患者，为此医院停业两个半月。日本殖民当局设此分院的目的是笼络人心，稳定殖民统治，欺骗和麻痹中国人民。随着日本移民侵略的加剧，1929 年 1 月，满铁将金州寻常小学旧校舍进行改造，设立大连医院金州分院。创立时设内科、外科，19 张病床。九一八事变后，金州分院也进行了扩建，不仅新增小儿科、耳鼻咽喉科，而且增至 50 张病床，占地总面积达 19778 坪。医院开业时只有员工 22 名，1943 年 10 月增至 40 名。满铁大连医院各分院规模及其他具体情况如下表。①

| 种别 | | 分院 | | |
|---|---|---|---|---|
| | | 沙河口 | 同寿 | 金州 |
| 建筑总面积 | | 1582 坪 | 446 坪 | 1480 坪 |
| 占地总面积 | | 13034 坪 | 20068 坪 | 19778 坪 |
| 诊疗分科 | | 内、外科 | 内、外科 | 内、外科 |
| 病床数 | | 30 张 | 60 张 | 19 张 |
| 从业员 | 院长、医务人员 | 6 名 | 7 名 | 2 名 |
| | 药剂员 | 2 名 | 4 名 | 1 名 |
| | 事务员 | 1 名 | 1 名 | 1 名 |
| | 护士、助产妇 | 15 名 | 28 名 | 7 名 |
| | 其他 | 18 名 | 30 名 | 11 名 |
| | 综合 | 42 名 | 70 名 | 22 名 |

① 满铁：《附属地沿革全史》，满铁地方部残务整理委员会，昭和 14 年 11 月，第 894 页。

续表

| 种别 | | 分院 | | |
|---|---|---|---|---|
| | | 沙河口 | 同寿 | 金州 |
| 患者数 | 15302 名 | 门诊 | 97677 名 | 84577 名 |
| | 住院 | 11200 名 | 35841 名 | 8286 名 |
| | 合计 | 108867 名 | 120398 名 | 23588 名 |

除开设分院外，为维持医院的正常运作及为殖民统治服务，满铁大连医院还建有很多附属设施。（1）附属护士养成所。旧中国，由于生活贫困，医疗卫生不发达，因此护士更是凤毛麟角。满铁开业不久就制订了护士培训计划。满铁大连医院开业之初，由于找不到女护士而采用陆军出身的护理人员，7 月录用了 10 名红十字会培养的女护士，接替上述护理人员。9 月满铁大连医院拟订了护士见习讲习科规程，同时开设护士养成所。1909 年 3 月 5 名学生毕业，这是该院附属护士养成所的首届毕业生。1916 年 2 月，护士见习讲习科进行了改革，仿照日本护士规则，制订了现行护士养成所规则。8 月，根据 1915 年 4 月关东都督府令第 16 号护士规则之第 2 条第 3 号，指定会社医院设立护士养成所。主要包括大连、奉天、抚顺及安东各医院，奉天医院主要培养中国护士。至 1943 年 10 月，满铁大连医院附属护士养成所“共办 46 期，毕业生 1137 名，在校生 142 名，这批在校生以及后来入学的学生，均于 1945 年战争结束前全部毕业。（2）附属产婆讲习所及临时产婆讲习科。1913 年 12 月，大连医院制定了产婆讲习科规程，翌年 4 月，产婆讲习所开学，修业一年半。1915 年 10 月首届毕业 6 名学生，次年 11 月毕业 4 名学生，之后停办。后来，本院在职女护士希望获得独立接生资格的人越来越多，大连医院遂于 1922 年又开设了临时产婆讲习科，修业为一年。自开所以来到 1944 年，共办了 20 期，毕业 328 名，其中 176 名学生产婆考试合格。① 关东厅给这些毕业生颁发产婆开业资格证书，并允许其招收学生。（3）护士宿舍。大连医院护士宿舍为两栋两层小楼，有 30 多个房间，可容纳 200 多名女护士和约 150 名培训班学生。并配备了裁缝、花道、茶道、书法等教师，设置有关修养和娱乐方面的设施。满铁各分院也都有各自的护士宿舍。此外，还设立了图书馆。

## 三　日本殖民侵略和殖民统治服务的特性

### （一）积极支持九一八事变和七七事变

满铁大连医院是日本殖民地医院，因此其卷入战争的旋涡是不可避免的，这是由

① 满史会编《满洲开发四十年史》补卷，满洲开发四十年史刊行会发行，东京：1964，第 145 页。

日本帝国主义侵略扩张的政策所决定的。九一八事变爆发后，满铁大连医院立即召开首脑会议，随即对全体医务人员部署任务，并准备治疗设备和药品等。同时腾出医院的部分病床，收容在各地战斗负伤的日本官兵，并进行治疗看护。此外，遵照关东军司令部提议，设立施疗班和随军医疗班。大连医院施疗班由医师、护士、庶务员、药剂员、翻译等组成，在关东军"南满"施疗班指挥下，在"南满"一带进行施疗。施疗对象主要是中国人，目的是减少中国人对日本人的反抗情绪，使日本在中国的侵略活动畅通无阻。事变期间，满铁派往前线的"随军医疗班 271 人"，[①] 其中绝大多数医务人员来自满铁大连医院。正如日本人所讲，满铁大连医院"在救护和医疗方面尽心竭力"。[②] 不仅如此，满铁大连医院还积极参与日本全面侵华战争。七七事变中该院联合满铁其他医院，组建一支规模庞大的武装侵华"医疗部队"，全面担当侵略战争中华北驻屯军伤病员的救护和对华北派遣社员的卫生防护。同时该院也以其最大的能力，收容治疗大批日军伤病员。为了防止派遣社员感染疾病，保障派遣社员的身体健康，满铁大连医院多次为派遣社员种痘，注射伤寒病预防针等。

### （二）间接支持日本军事侵略

日俄战后，日军占领和驻扎中国东北，为了满足他们的兽欲，日军高层便大量掳掠被占领国女性充当日军军妓。这些日本军人和妓女们因乱性引发很多疾病。为及时治疗以防再度传染，保护军队官兵身体健康，增强战斗力，日本殖民当局经过策划，特在满铁大连医院开设传染病科。据日本人柳原英（此人从 1920 年 8 月至 1943 年 3 月一直在满铁大连医院泌尿科工作）讲述，满铁大连医院"其使命自不必说，就是治疗性病"。[③] 而且，为治疗性病引发的其他疾病，医院特设皮肤科、泌尿科等。据满铁史料记载，满铁医院收治性病患者数 1930 年 4447 名，1931 年 4357 名，1932 年 5874 名，1933 年 7198 名。[④] 从以上数字可以看出，自 1932 年以后，随着日本殖民侵略的加剧，日本移民的增多，性病患者也猛增。满铁大连医院是满铁系统中规模最大的医院，因此这些性病患者绝大多数是在大连医院传染病院接受诊疗的。如果这些性病患者得不到治疗，就会再次传染给日军官兵；如果日军官兵得不到治疗，就会严重地削弱日军战斗力。据日本人讲，性病患者战斗力只有通常作战状态的几分之一。因此可以说，满铁大连医院间接地支持日本军事侵略。

---

① 满铁：《满洲事变与满铁》，昭和 9 年 12 月，第 533 页。

② 辽宁省档案馆、辽宁社会科学院编《"九一八"事变前后的日本与中国东北—满铁秘档选编》，辽宁人民出版社，1991 年，第 403 页。

③ 柳原英：《大速医院泌尿器科思い出》，载《泌尿器科纪要》第 5 卷第 10 号，泌尿器科纪要刊行，1959 年 10 月，第 989 页。

④ 满铁：《新入社员职务要览》，昭和 12 年，第 248 页。

### （三）对中国东北的文化侵略

为适应日本殖民侵略需要，满铁会社特在大连医院设立了图书馆。该图书馆是三层小楼，内有26个钢铁书架，约能存放5万册图书。馆内存有英文藏书、日文藏书、中文藏书以及各种书报杂志。这些书籍杂志都是世界上有代表性的，是满铁会社联合大连医院在中国东北及世界各地掠夺的，或者以武力相威胁低价购买的。该馆是当时日本殖民者最基层的医学专业藏书单位。主要任务是书刊采购、保管和借阅。此外，该馆也进行调查研究活动，有针对性地搜集情报资料，同时采取多种渠道的服务方式，为殖民者情报利用大开方便之门。因此，满铁创建该馆的目的，正如关东厅所言，“投入巨资经营图书馆或学校，是对东三省文化侵略的一个方法，同时提高了日本人进行各种侵略所需要的能力”。① 由于满铁的掠夺，使中国很多珍贵的书籍甚至是世界上独一无二的书籍都落入了日本强盗之手，最终造成中国大量书籍的丢失和流散。

### （四）为日本殖民统治培养医师

后藤新平就任满铁总裁后，力说在殖民地培养好医师的必要性。他认为，“这是怀柔支那人的方策”。② 为培养殖民医师，1909年起，大连医院每年冬季召开医学讲习会，对满铁所属各医院在职工作人员进行业务培训。同时召开各种医学例会和座谈会。例如，1938年10月在大连医院召开第84、85、88、90次皮肤科座谈会，1938年10月21日下午四点在大连医院召开第289次大连医学会例会，③ 1940年12月22日下午四点半在大连医院三楼讲堂召开第296次大连医学会例会。④ 此外，出台《医学进修内规》，向欧洲、日本各大学以及其他研究所派遣研究生，每年至少派遣几十名，并成为一项制度。

### （五）满铁大连医院主要为日本人服务

满铁大连医院是殖民地性质医院，这就决定了其必定是为日本人服务的。首先从病床设置看，满铁大连医院病床共分四个等级，1927年底，本院特等病床7张，一等病床16张，二等病床78张，三等病床292张；分院二等病床54张，三等病床102张；

---

① 《满铁图书馆的情况调查及印刷品的发放》，出自关东厅《本邦图书馆关系杂件》，1929年10月18日。亚洲历史资料中心，B04012256600。

② 鹤见佑辅：《后藤新平传》，东京：太平洋协会出版部，昭和12年，第851页。

③ 《鲜满之医界》第212号，大阪：1938年11月，第49页。

④ 《鲜满之医界》第241号，大阪：1940年1月，第52页。

中国人病床41张，共计590张。[①] 1938年以后，随着入院患者的增加，病床数增加到816张。而中国人的41张病床不仅设在地下室，而且因部分位置留用摆放防空设施，病床数减少到33张。从以上数据可以得出，1927年中国人病床数仅是日本人的十四分之一左右，1938年以后减少到二十五分之一。[②] 而且中国人病房也极其简陋，只有空板床，被服、餐具、便器等一概没有。其次从药价及各项费用看，该院主要是为满铁社员及日本人服务的。大连医院的药价及各项收费是满铁总裁制定的。医院设立之初，满铁社员及其家属一概免费诊疗。1907年5月，大连医院开始收取现金。8月，满铁会社制定了“药价及各项费用规则”，废除社员及家属免费诊疗制度，同时减免满铁社员及其家属医药费的二分之一或三分之一，而大连医院分院及出张所仍实行免费制度。11月修订费用规则，根据各医院设备和各地区具体情况将医院费用分为甲乙两种，大连医院一直执行甲种费用（甲种费用较高），分院及其出张所执行乙种费用。无论执行甲种费用还是乙种费用，各医院都将患者区分为满铁社员及其家属和普通患者。满铁社员及其家属医疗费用都比普通患者低得多。为减少满铁社员及其家属和普通患者差别，1908年10月，会社再次修订药价及各项费用，满铁社员及其家属患者支付普通患者费用的一半。收费标准此后数次修订。1911年，实施社员及其家属诊疗半价制度。一战爆发后，物价频繁暴涨，满铁大连医院也重新制定了各项收费，赚取暴利。九一八事变后，随着日本人患者的增多，大连医院又降低了医疗费。总之，满铁大连医院的药价及各项费用是根据日本殖民侵略的需要制定的。前来就诊的中国人，主要是在日伪政权里当汉奸的和那些有钱有势的阔佬们，至于一般普通中国百姓是望尘莫及的。

## 四　结语

日本殖民当局为了控制东北地区，掠夺东北资源和奴役中国人民，对大连医院为满足满铁职员、日本移民的医疗卫生需要，满铁特别设立了当时东亚首屈一指的大连医院。该院的设立不仅能吸引更多日本人移民中国东北，安定满铁职工以及家属队伍，创造一个日本人在中国的所谓“安乐窝”，而且满铁也借此宣传大和民族的强大、用日本文化的优秀来粉饰殖民统治。不仅如此，大连医院还积极支持日本帝国主义军事侵略，为日本殖民侵略和殖民统治培养医师、护士、产婆等。然而，中国人在该院是受歧视的。不仅病床数量很少，和日本人病房是分开的，而且中国人不能同日本人同用

---

① 满铁：《南满洲铁道株式会社第二次十年史》，昭和3年7月，第1215页。

② 1927年满铁大连医院共有590张，中国人病床数41张；1938年以后，医院病床数增加到816张，中国人病床数减少到33张，笔者根据以上数据计算得出。

一张手术台，更不能在用药和护理方面享受同等待遇。满铁大连医院是满铁国策会社的组成部分，是直接为其殖民统治和侵略战争服务的。它是日本侵略中国东北的罪证，应当受到一切爱好和平人们的谴责。

原载《东北史地》2011 年第 3 期

# 满铁对中国东北古遗址的盗掘及文物掠夺

李　娜

满铁成立后，日本帝国主义不仅无视国际法关于战争过程中对人类文化遗产进行保护的规定，制定掠夺政策、设立专门机构，[①] 进行破坏性考古，洗劫东北文物珍宝。他们披着科学研究的外衣，旨在掠夺珍贵文物，有的甚至测绘地图，刺探情报，实质上是为日本侵略中国，肢解满蒙，变中国为日本殖民地寻找历史文化上的依据。他们是日本侵华战争机器中的重要组成部分。特别是掠夺性的考古盗掘是以非科学的手段进行的，不仅造成中国古代文化遗产的极大损失，而且严重地破坏了古代遗迹，造成学术上的混乱，可谓人类文化史上的一次浩劫。

## 一　满铁对东北古遗址的盗掘

满铁对于中国东北的考古几乎可以说是与其对东北文化遗产的“踏查”同时进行的，从时间上可分为两个阶段，即第一阶段（1906－1927）小规模的个人考古活动，第二阶段（1928～1945）有组织的大规模考古工作。

### （一）小规模的个人考古活动（1906－1927）

这一时期是小规模的个人考古活动，限于当时的认识水平，往往把一大批属于青铜时代的遗迹和遗物，当作新石器时代的遗迹和遗物，当时进行的考古工作仅限于史前和汉代。

1905 年，鸟居龙藏调查了普兰店锅底山遗址并进行了试掘。1909 年，当时就职满铁的八木奘三郎与鸟居等人到旅顺“用 20 多天调查发掘”[②] 了旅顺老铁山积石冢、郭家村、双岛湾、新金台子山等新石器时代遗址。他们当时只带走了文物，而没有对墓葬的结构、遗址的地层关系等作如实的记载，这给后来的考古研究工作造成了不可挽

① 见拙文《满铁对文化名城及古建筑的“踏查”》，《东北史地》2010 年第 1 期。

② 澄田正一：《辽东半岛的史前遗迹——老铁山与四平山》，《大连文物》1982 年第 2 期。

回的损失。

1906年秋，满铁岛村孝三郎、小林胖生等在旅顺老铁山发现石器，并在其附近发现汉代贝墓、砖室墓。1914－1915年，岛村等调查旅顺老铁山积石家，并在大连滨町（今黑嘴子）发现彩绘陶，引起考古界的关注。岛村针对此写了报告书《大连滨町贝冢记》，大正五年发表于《读书会杂志》三月号。

1918年，满铁发掘了辽阳太子河畔的石椁壁画墓，并将石椁运到大连满蒙资源馆保管。1920年，将石椁赠送给旅顺博物馆，按原样放在庭院里。1926年，由参加发掘的八木奘三郎指导，在博物馆大门前右侧将其复原。可惜由于放置的时间长，壁画现在已经不存在了。八木将这一调查结果载入其后来所著的《满洲考古学》的《辽阳发现の壁画古坟》一文中。

1923年，八木奘三郎奉满铁调查课之命，先后到旅顺南山里、双岛湾、营城子，大连市内，金州，普兰店，貔子窝等地调查，发现史前时代贝丘遗址和积石冢。后随着八木调职旅顺，将满铁收集的所有考古物品全部转到当时称为满蒙物产馆的旅顺博物馆。

满铁设立之初至东北沦陷以前，在满蒙地区所从事的历史调查、考古活动，是在帝国主义将中国殖民地、半殖民地和瓜分中国的狂潮背景下进行的。在日本帝国主义势力的保护和支持下的所谓历史调查、考古活动，既没有得到中国政府的同意，又采取许多不正常、下流的手段，其中还包含有刺探情报的内容，而且采取掠夺性手段将文物偷运到日本，堂而皇之地陈列在他们的博物馆之中，其最根本的目的却是为日本帝国主义侵略中国的战争政策服务。

### （二）真正的大规模的考古盗掘（1927－1945）

1927年，随着日本东亚考古学会的成立，满铁开始进行有组织的大规模的考古工作。日本的学术团体和个人，在军国主义的支持下，不顾国际准则，不断地来中国非法从事考古调查和发掘。

1931年9月18日，日本关东军发动了震惊中外的九一八事变，在4个月之内，东北三省沦陷。当时，日本内阁制定了欲灭亡中国必首先灭亡满蒙的所谓大陆政策。日本的史学界、考古学界，按照日本政府的这一政策，对中国东北及内蒙古东部地区进行了大量的考古和历史研究，为炮制满蒙从来就不属于中国和满蒙独立论，寻找所谓的历史、文化依据。

1933年，由原田淑人、池内宏等领导的日本东亚考古学会发掘队来到中国东北地区，在日军刺刀保护下盗掘唐代渤海国都城遗址——渤海上京龙泉府遗址（在今黑龙江省宁安县东京城），盗掘活动一直持续到1934年，这在国际考古发掘史上是极为罕见的一例。其中有宫殿遗址6处，古寺址1处，陵墓址1处，以及禁苑址、外城址数处，1934 年 7 月发掘结束，1939 年出版了专题研究报告《东京城——渤海上京龙泉府址的调查发掘》，产生很大影响。

1935 年，由池内宏、滨田耕作领导的发掘队，窜至吉林集安盗掘高句丽古墓，非法拍摄壁画，掠走古文物，此种强盗行径一直继续到 1936 年。日本东亚考古学会也于 1935 年派出了由滨田耕作领导的发掘队，盗掘热河赤峰红山后新石器时代古遗址，其中有居住址 2 处，墓葬 31 座，劫掠走大批文物。日本人在其编写的《赤峰红山后——满洲国热河省赤峰红山后先史遗迹》一书中称："发掘后首先把遗物运回京都帝国大学文学部考古学教室。"①

1937 年基于鸟山喜一对吉林延吉地区的渤海时期城址和其他遗迹的调查，日本人开始组织发掘队进行有目的地发掘，1942 年春、1942 年 7 月，鸟山喜一、驹井和爱等对八连城进行盗掘，这使本来就保存状况不佳的八连城址遭到了更大的大破坏。1943 年，又发掘了吉林和龙的西古城。渤海国遗迹，特别是都城址，如东京城（上京）、八连城（东京）、西古城（中京）的宫殿址都被发掘了。②

上述事实，清楚地表明日本军国主义在他们强占的中国领土范围内，由于有日军刺刀的直接保护，故劫掠、破坏中国古代文化遗产的活动更是有恃无恐，肆无忌惮。"从前中国考古学者曾与日本学者合组一种考古协会，于发掘的地点发现品的分配及互相通告的规则，均有条文；后来日本学者，未能履行。日本许多重要的古代文化，源出中国，然日本人对于欧洲学术界，恒说欲研究中国古代文化，求之日本，反较中国为备，以中国历代兵争，古迹多毁，而日本保存较多。"③

## 二　满铁对东北各地文物珍宝的洗劫

满铁在对东北文化遗产进行大规模的踏查及破坏性考古的同时，对东北的文物珍宝进行了一次次洗劫，成为其文化侵略的重要组成部分。据 1945 年 8 月 31 日国立中央博物院筹备处主任李济致国民政府教育部呈文所附《我国历年被日本掠夺文物清册》记载，日本公开收藏掠夺的中国文物的公私机关即有东京帝室博物馆、东方文化研究院京都研究所、御影嘉纳白鹤美术馆、东京细川侯爵府、东京帝国大学文学部陈列室、东京大仓集古馆、关东厅博物馆、伊势征古馆等 63 家，日本公私收藏者收藏的大量文物实为"我国家博物馆……无上妙品"。④

① 东亚考古学会：《赤峰红山后——满洲国热河省赤峰红山后先史遗迹》，东京：似玉堂，1938，序言。

② 朱国忱、朱威：《渤海遗迹》，文物出版社，2002，第 26 页。

③ 蔡元培：《在上海青年会国耻讲演会演说词》，1937 年 5 月 7 日。

④ 戴雄：《抗战时期中国文物损失概况》，《民国档案》2003 年第 2 期。

### （一）对旅大地区文物珍宝的掠夺

日本侵占大连后，东亚考古学会、满铁会社、满蒙文化协会等对大连地区的主要历史遗址进行发掘与掠夺，部分珍贵文物被运往日本。

满铁参与发掘和掠夺的文物：如1911年10月滨田耕作等发掘老铁山西北山脉三处积石冢，出土了古剑、石斧、石镞、白陶片、蛋壳黑陶片和陶杯、盂、罐、鼎、盆及小冥器豆、壶等文物，“滨田把这批文物全部运到京大考古教研室收藏起来”。[①] 1912年6月滨田耕作等发掘旅顺刁家屯五室花纹砖墓的出土文物（滨田耕作：《旅顺刁家屯古墓调查补遗》，《东洋学报》1921年第3期）；1927年5月由东亚考古协学会和旅顺博物馆组织发掘了貔子窝遗迹址出土的文物，其中包括有相当史学价值的周末汉初的彩陶及汉人青铜器——鬲，[②] 1929年出版了《东方考古学丛刊》第一册《貔子窝——南满洲碧流河畔的史前时代遗址》（以下简称《貔子窝》）；1931年东亚考古学会旅顺管内营城子连续发掘了两处汉代砖墓，临摹了古坟壁画并取回放入旅顺博物馆“收藏”[③]，1932年出版了《东方考古学丛刊》第二册，《营城子——营城子前牧城驿附近的汉代壁画古坟》（以下简称《营城子》）；1929年，日本东亚考古学会组织发掘旅顺南山里汉代砖室墓和贝墓，1933年出版了《东方考古学丛刊》第三册，《南山里——南满洲老铁山麓的汉代砖墓》（以下简称《南山里》）；1933年5月日本东亚考古学会组织发掘旅顺羊头洼遗址的出土文物，1942年出版了《东方考古学丛刊》乙种第三册，《羊头洼——关东州旅顺鸠湾内史前遗迹》（以下简称《羊头洼》）；1941年4月和9月日本学术振兴会组织发掘长海大长山岛上马石遗址、四平山积石冢出土文物，现收藏于京都大学文学部考古研究室；1942年日本学术振兴会组织发掘文家屯遗址的出土文物，现收藏于名古屋爱知学院大学，另有一部分古器收藏于九州大学。运往日本的文物中，精品多多，如四平山积石冢出土的玉牙璧、玉斧、玉锛、玉锥形器、蛋壳黑陶把杯、黑陶单把杯、黑陶双耳盂、黑陶壶、黑陶豆等，文家屯遗址出土的彩陶、玉雕刻器，上马古遗址出土的压印纹陶缺罐、三环足盘、角剑，羊头洼遗址出土的高足陶豆、卜骨、青铜片等。

满铁在东北地区所进行的文物掠夺，是在日军武装保护下进行的，日本人完全主宰了东北地区的考古调查、发掘和研究的权力。从1895年鸟居龙藏进入大连地区，特别是从1905年日俄战后日本第二次占领大连地区，满铁开始“经营满洲”，直至1945年日本投降，日本学者在大连地区做了大量的考古调查和发掘，出版了《貔子窝》《牧

---

① 澄田正一：《辽东半岛的史前遗迹——老铁山与四平山》，《大连文物》1982年第2期。

② 滨田耕作：《鬲と鼎に就いて》，东亚考古学研究集录，昭和5年刊行。

③ 滨田耕作：《辽阳附近の壁画古坟》，东亚考古学研究集录，昭和5年刊行。

羊城》《南山里》《营城子》《羊头洼》等五部大型报告，发表了数百篇报告、简报和论文。《貔子窝》等五部大型报告奠定了日本在东北亚考古学的地位，日本人一直引以为荣，20 世纪 80 年代初还出版了影印本。

1919 年关东都督府建立关东都督府博物馆，建馆初期除陈列文物外，还陈列从中国各地掠夺的物产，为其侵略性的产业开发服务，后逐渐与物产分离，先后更名为关东厅博物馆、旅顺博物馆。该馆馆藏文物丰富多彩，包括从大连地区发掘和从东北、西北、内地以及东南亚等地收集掠夺的文物珍品。据《旅顺博物馆陈列品解说》中介绍，该馆对其陈列的掠夺来的东北文物分为三部分，即蒙古地带、北满洲、南满洲，从蒙古地带出土的文物被称为细石器，主要是游牧民族遗留下来的与西伯利亚文化有关的文物；南满洲主要包含处于关东州的旅顺老铁山一带、营城子、大连市郊乃至貔子窝碧流河附近，从普兰店到大石桥、鞍山、辽阳、奉天附近、铁岭、开原等地；北满主要是包括新京附近的石碑岭、吉林附近、东京城镜泊湖附近及松花江畔等地。[①] 从旅顺博物馆陈列的文物来看，日本对东北文物的掠夺主要集中在满铁沿线及附属地范围内，其范围之广、面积之大实属罕见。

### （二）对东北其他地区文物珍宝的发掘洗劫

满铁参与的考古收集文物珍宝除旅大地区外，还向外扩散，进而对整个东北的文物珍宝进行大洗劫。

1933 年 6 月至 1934 年 7 月，以原田淑人、池内宏为首的东亚考古学会发掘队，众多日本学者如驹井和爱、鸟山喜一、三上次男、水野清一等参加的对渤海上京城宫殿遗址进行发掘，盗走文物 23 箱。

1935 年，由池内宏、滨田耕作领导的发掘队，窜至吉林集安盗掘高句丽古墓，此种强盗行径一直继续到 1936 年。当时他们非法拍摄壁画，掠走古文物。

1937 年，鸟山喜一调查了吉林延吉地区的渤海时期城址和其他遗迹，包括北大古城址。同年，日本人发掘吉林珲春的八连城的 3 处宫殿址。

1942 年春、1942 年 7 月，鸟山喜一、驹井和爱等又对八连城进行盗掘，1943 年，又发掘了吉林和龙的西古城，发掘出的大批文物再次运往日本。

满铁还参与了对红山文化的发掘。这里不得不提到一个人——岛村孝三郎，曾任大连图书馆馆长（1918 年 1 月 ~ 1919 年 7 月）。满铁大连图书馆初建时，冈松参太郎任命其为图书馆的监工，同时因为他对开发东亚文化、从事古文化研究非常感兴趣，经常考察大连、奉天等地的古迹，后被任命为满铁考古队总务。1933 年，岛村孝三郎在红山后的野外普查时，无意发现了三处带有彩陶和大量磨制石器的遗址，这种无意

① 旅顺博物馆：《旅顺博物馆陈列品解说》，昭和 14 年，第 1 页。

间的收获使他惊喜若狂。岛村早在1915年就在大连港工地上发现许多彩陶和石器，并将发现成果写成简报刊于《读书》杂志1916年7月号上。因此他比日本同行对史前文化有着更为深刻的认识。他将这一重大发现向日本“考古学之父”东京大学校长滨田耕作做了汇报。1935年，由日本东亚考古学会组织，滨田耕作亲自出马，带领赤崛英三、岛田彦贞、三上次男、三宅宗悦、水野清一等人对赤峰红山后遗址进行了大规模的盗掘。这个所谓的“考古团体”于1935年夏天到达赤峰，进行了三个星期的大规模发掘。根据有关资料记载，日本人发掘了两处新石器时代居住址、31处墓葬，出土人骨29具、动物骨20具、陶器等16件、玉石珠380颗、骨器33件、青铜器14件，采集品1000多件。[①] 江滨田耕作将这些“成果”全部带回了日本，存放在京都帝国大学教研室。1937年，岛村孝三郎又在南山四道井子发掘了几座属于红山后文化的墓葬，将墓中出土的彩陶壶和豆等完整器物赠送给了滨田耕作。这几件器物现在被红山文化宣传画册、雕塑大量地引用，其实它们并非是出自红山后的发掘品。

1932年3月伪满成立后，满铁掌控的“中日文化协会”插手文物博物馆事业。1935年6月，建立所谓“国立博物馆”（1939年改为“国立中央博物馆奉天分馆”），藏品资料3.7万余件，大部分是张学良、张玉麟的家藏，其中一部分是“满日文化协会”主任杉村勇造“赠送”的。在这些藏品中，有辽金时代300件完整的陶瓷器，有原收藏于热河行宫的乾隆的工艺品，其中以缂丝制无量寿佛净土曼陀罗为第一珍宝，大量书画多为张学良家的旧藏。1933年3月日军侵占承德后，“满日文化协会”委托日本特务机关清理行宫文物，竭尽搜刮、掠夺之能事。日寇在外八庙设的“监视员”，不断将文物劫送日本，包括大小金铜佛，各种镀金、镀银佛，各庙的丹珠经、甘珠经等等。1944年，又将雕刻精美、制作精巧、装卸自如的珠源寺铜殿——宗镜阁劫运至日本。为了掩人耳目，在他们盗窃承德文物的同时，1935年2月建立热河宝物馆，翌年8月陈列品分13类展出。此外，还有哈尔滨博物馆和长春南湖畔民俗展览馆。这些由满铁间接参与和插手而建立的博物馆，完全是帝国主义掠夺中国文物标本，实行奴化教育的工具。

## 三　满铁的考古盗掘对中国东北文化及考古工作的影响

自1895年到1945年的整整半个世纪，在日本关东军的保护下，满铁采取派遣或出资出物资助日本历史、考古学界大肆掠夺中国文物，对中国东北文化及考古工作产生了极大的影响。

文物古迹遭到破坏，学术上造成混乱。满铁组织和参与的考古发掘，完全是在日

① 中国红山文化的博客：http://blog.sina.com.cn/s/blog_517848220100dg0e.html。

本帝国主义文化掠夺和毁灭文明思想的驱使下进行的，受占有心态支配和挖宝欲望的驱动，考古调查发掘是掠夺式的，有很大的随意性。他们只注重搜寻文物精品，对发掘工作的严肃性与科学性、文物的安全性及发掘对象（遗址）的完整性等完全不予重视，也不会严格采用国际考古发掘惯用的探方法或探沟法。实际上，他们所谓的考古调查和发掘，都是非科学的胡乱采掘，所采用的手段简直与民间盗墓贼不相上下。

如对赤峰红山后的发掘，仅仅是根据地面上的“露头”，东一块西一块地瞎挖，这不仅给遗址造成了极大破坏，而且所得资料也必然是零星和片面的。所以在其后发表的《赤峰红山后的发掘报告》（1938 年，日本东亚考古学会，《东方考古学丛刊》甲种第 6 号）中，也就免不了错误百出，如陶器插图中就有一些根本不属于“第一期文化”（即红山文化），而属后来称为“小河沿文化”的陶器，说明发掘者连考古学中最基本的文化层划分都没有掌握好。日本御用历史、考古学者秉承军国主义的旨意，通过破坏性的考古挖掘将劫掠的珍宝除能运走的都运回日本外，还举办展览、讲演、印刷宣传小册子等肆意篡改历史，为其分裂中国政策服务。日本从中国东北所掠夺的文物因为历史的原因至今没有归还，这些文物时代跨越大，从原始社会至近代，包括金银、石器、陶器、瓷器、木器、玉器、化石等类，现在都陈列于日本各大博物馆、美术馆或民间个人收藏，这些通过侵略战争掠夺的文物至今成为中日两国政府悬而未决的问题而等待历史的最终裁决。

截断了东北考古学的蓬勃发展之路。20 世纪 20 年代中叶至 30 年代，是中国考古学初创并取得一系列震惊世界的重大成果的时期，一批重要的田野发掘报告和研究论文也相继问世。东北及内蒙古地区考古的历史，是以安特生于 1921 年 6 月发掘沙锅屯洞穴遗址为开端，中国对东北地区的考古学研究始于 1930 年梁思永（梁启超之子）在齐齐哈尔昂昂溪五福地点发掘的墓葬，被学术界称为“昂昂溪文化”。1933 年，我国考古学者杨钟健等在旅大公路旁（旅顺到大连）进行考古研究，他们的考古发掘工作为东北考古学的发展“开创了良好的端绪”。[①] 同时，一支学业有成并在实践中不断得到锻炼提高的中国考古学者队伍正在茁壮成长，他们不畏艰辛，脚踏实地，以崇高的爱国主义、严肃的科学精神和出色的工作成就，正在有效地阻止帝国主义列强对中国古代文化宝藏的觊觎。然而，日本帝国主义的炮火将这一良好的发展趋势严酷地突然打断了，文物考古工作者相继撤退流散，系统发掘工作被迫中断，文物考古资料也有不少散失、丢弃，或沦陷敌手，或被日寇所破坏，整个东北蓬勃的考古工作就此被截断了。

当然，对于日本学者在学术上所做的工作，不能简单地予以否定，许多调查、考古报告和论文具有一定的水平和参考价值。致力于田野考古的专家安志敏就曾指出：

---

① 夏鼐、王仲殊：《考古学》，《中国大百科全书·考古学》，中国大百科全书出版社，1986，第 9 页。

“日本自明治维新以来，即对中国采取军事、经济等攻势，即使文化事业方面亦不遗余力，而其中之较显著者，则当推于中国之考古事业。迄今已逾五十余年，且皆有正式之报告，虽为文化侵略，然对阐明中国古代文化之功绩亦不可没也。”安志敏又说：“东北之考古工作，迄于我国抗战胜利，日人已作之调查工作，已五十年之久，今后之东北考古工作，虽已能由我国学者执行，然对日人研究之成果，也断不可弃置。”老一辈著名考古学家佟柱臣指出，“外国学者大多是尾随其帝国主义的烽烟炮火之后来中国的……如果说作历史结论的话，我们只能说他们是掠夺。但作为我们搞考古研究的同志来说，还应该注意一点，就是他们发表的材料，乃是我们的祖先——中华民族祖先遗留的古代文化遗产，我们还是要把这些材料拿过来认真加以整理和研究的，尽管对外国的一些观点，我们要采取批判的态度，然而就考古资料的意义来讲，我们还是该怎么用就怎么用，不能因为是外国人搞出来的，就一律摒弃。这种摒弃的简单做法和态度是不可取的，因为它无益于我们学术研究工作的深入进行”。[①]

原载《东北史地》2011 年第 3 期

① 转引自刘俊勇《大连地区考古学史研究（1895 - 2005）》，大连图书馆内部，2007，第 8 页。

# 从《书香》看满铁图书馆的历史及其职能

邢　军

## 一　《书香》及其创办的背景

日俄《朴次茅斯和约》（1905年9月5日签署）正式签字后的第二天，日本当局就确定了争夺中国东北地区统治权的基本方针："战后满洲经营的唯一要诀，即阳里经营铁路，阴地谋划诸种事业。""南满洲铁道株式会社"（以下简称为"满铁"）正是为实行这个战略而设立的机构，沿着铁路把触角伸展到东北腹地。其业务范围除垄断矿山、钢铁、海运，还涉足政治、文化等领域，被称为"满铁王国"。

满铁最初的规划中并没有图书馆，随着日本殖民统治的进程，满铁设立的图书馆遍及东北三省，成为日本侵华的得力助手和重要工具。规模较大的有大连图书馆、奉天图书馆、长春图书馆、抚顺图书馆、哈尔滨图书馆等。其中，最重要的当属满铁大连图书馆。大连图书馆在大正2年（1913）不过是满铁会社内的资料室，规模仅仅是一间房子、两个书架、数十部书籍，到1945年日本战败时，发展成为藏书近40万册的大型图书馆。

大正14年4月（1925年4月），满铁大连图书馆出版馆刊《书香》，至昭和19年12月（1944）终刊，共出170期。《书香》以其编排缜密的内容、丰富的情报信息、翔实的统计数据以及深入浅出的表达，具有很高的历史价值和学术价值。为研究满铁图书馆史、文献目录学以及东北地方史、中国近现代史等提供了丰富翔实的材料。笔者从《书香》所记载的大量史料入手，研究了满铁图书馆的历史及其职能。

## 二　满铁图书馆的历史

### （一）满铁图书馆的设立及发展

满铁成立之后，在大连的伏见台、日本桥，抚顺、营口、四平街等满铁附属地就出现了图书阅览场所。据《书香》记载，大正 8 年 9 月 1 日（1909），“埠头图书馆”在大连港成立。开馆时虽然仅有日文图书 3500 册，西文图书 1000 册，却备受瞩目，殖民地各界要人纷纷前来参加开馆庆典。这是日本对大连进行殖民统治后第一个正式挂出图书馆招牌的，可以说“埠头图书馆”的设立是真正意义上满铁图书馆事业开始的标识。从该图书馆成立后的第二年（1910）起，满铁控制的南满铁路沿线的主要站点开始陆续设立图书室。因此，满铁地方部长大森在《满铁图书馆的使命》一文中指出：满铁图书馆事业开始于明治 43 年（1910）。从 1910 年至 1927 年，南起大连，北至哈尔滨，满铁设立了 23 个图书馆（见表 1），藏书总量迅速增长。九一八事变后，满铁图书馆的发展更加迅速。到 1937 年，图书馆的数量达到 31 所。1945 年日本投降时，满铁各图书馆藏书总量近 70 万册。

**表 1　满铁各地图书馆设立时间统计**

| 图书馆名称 | 建立时间 | 对应公元纪年 | 藏书量（1929 年） |
|---|---|---|---|
| 大连图书馆 | 大正 7 年 1 月 | 1918 | 153418 |
| 日本桥图书馆 | 大正 4 年 9 月 | 1915 | 9407 |
| 伏见台图书馆 | 大正 2 年 6 月 | 1913 | 6925 |
| 近江町图书馆 | 大正 4 年 12 月 | 1915 | 5390 |
| 埠头图书馆 | 大正 8 年 9 月 | 1919 | 11539 |
| 沙河口图书馆 | 大正 3 年 7 月 | 1914 | 11840 |
| 南沙河口图书馆 | 大正 12 年 11 月 | 1923 | 5063 |
| 瓦房店图书馆 | 明治 43 年 11 月 | 1910 | 8040 |
| 大石桥图书馆 | 明治 43 年 11 月 | 1910 | 7287 |
| 营口图书馆 | 大正 6 年 4 月 | 1917 | 6983 |
| 鞍山图书馆 | 大正 8 年 4 月 | 1919 | 11624 |
| 辽阳图书馆 | 明治 43 年 11 月 | 1910 | 7931 |
| 奉天图书馆 | 明治 43 年 11 月 | 1910 | 44687 |
| 同八幡町图书馆 | 昭和 2 年 7 月 | 1927 | 5405 |
| 铁岭图书馆 | 明治 44 年 1 月 | 1911 | 7621 |
| 开原图书馆 | 大正元年 11 月 | 1912 | 6826 |
| 四平街图书馆 | 大正 5 年 10 月 | 1916 | 6646 |
| 公主岭图书馆 | 明治 43 年 11 月 | 1910 | 6591 |
| 长春图书馆 | 明治 43 年 11 月 | 1910 | 11488 |
| 本溪湖图书馆 | 明治 45 年 11 月 | 1912 | 6028 |
| 安东图书馆 | 明治 44 年 1 月 | 1911 | 11154 |
| 抚顺图书馆 | 大正 4 年 7 月 | 1915 | 19308 |
| 哈尔滨图书馆 | 大正 12 年 8 月 | 1923 | 20085 |

### （二）满铁图书馆的基本服务

#### 1. 借阅方式

满铁图书馆目录采用卡片形式，一般分为日汉分类目录、日汉书书名目录、西文分类目录、西文著者目录。基本服务分为馆内阅览和馆外阅览。实行馆内免费，馆外收费读书券制度，如抚顺图书馆、日本桥图书馆、安东图书馆。

在大连图书馆，馆内普通阅览室实行收费，报纸阅览室免费对外开放。特别阅览室须持特别阅览券（由会社或图书馆馆长批准），该阅览室的读者可以自由出入书库，还可以带出馆阅览。拥有馆外阅览权利的，除特别阅览券持有者外，还包括持有馆外带出券的读者（馆外带出券也是由会社和图书馆馆长根据业务需要批准），借出时间为20天内。

在奉天图书馆，服务窗口分为儿童及妇女阅览室、报纸阅览室、普通阅览室、特别阅览室。儿童及妇女阅览室和报纸阅览室为免费；普通阅览室每次2钱（30次40钱），特别阅览室每次10钱，持社员券和优待券都阅览免费。

八幡町图书馆除馆内和馆外阅览，新杂志也可以外借，10种3日，利用者非常多。由于地理位置的关系，阅览室中80%为一般市民，满铁社员比较少。

从开馆时间来看，满铁各图书馆开馆时间都比较长。在表1所列的23所图书馆中，大连、鞍山等13所图书馆开馆时间每天长达12小时，其他10个馆每天开馆时间为8小时。

#### 2. 图书馆利用情况

在满铁各图书馆，读者到馆率和文献利用率都非常高。《书香》1928年第8期统计数字显示：1927年底满铁图书馆藏书总数341195册，阅览册数1279135册，利用率为374.9%。

《书香》第3号刊登了“人口与读书比率”的调查结果。对南满铁路5个主要站点大连、奉天、辽阳、安东、长春和日本本土的东京、京都、大阪、山口、香川等5个城市进行了对比。结果显示，1923年，满铁附属地区每100人拥有藏书78.5册。1922年，日本本土每100人拥有藏书仅为7.9册；图书馆所在地人口和年度阅览人次的比率，满铁图书馆所在地100人中年度阅览人次为273.9，日本本土100人中年度阅览人次仅有19。两项比率，满铁都大大高于日本本土文化程度较高的地区。

《书香》第10号将图书馆所在地人口与带出人员进行对比：满铁附属地人口合计174722人，图书带出人员合计145680人。即满铁图书馆所在地有83.4%的人到图书馆借阅图书，这个比例也要远远超过当时的东京。

### （三）特色服务

#### 1. 设置馆外阅读场所

长春图书馆从大正13年（1924）起推出“夏季林间文库”。在长春西公园内，每天下午1点到5点（后改为上午9点到下午4点）为纳凉休闲的人群提供阅览服务。平均每天约120人利用。报道中配有照片，上有“长春图书馆”“林间文库公开”字样以及林中人们阅览情景。

大连伏见台图书馆昭和2年（1927）起推出“纳凉阅览场”。每年7月15日到月末，每天上午9到晚9点（周日上午9点到下午4点）在大连湾的大连电气游园内设立“纳凉阅览场”。

奉天八幡町图书馆每年盛夏设立帐篷图书馆，时间是7月5日到8月7日，地点设在奉天千代田公园（现沈阳中山公园）的荷花池旁及春日公园（已不存在）的树荫下。

安东图书馆在每年的7月20日至8月10日的3周期间，开设“林间图书馆”和“泳池图书馆”。

**2. 开展馆内读者活动**

据《书香》报道，满铁各图书馆开展了大量的读者活动，内容涉及读书、演讲、文学、美术、音乐等很多主题，吸引了满铁附属地众多的读者参加。表2是1928年4月至1931年8月《书香》报道满铁各图书馆活动的统计。

**表2　满铁各图书馆活动统计**

| 图书馆名称 | 时间 | 活动名称 | 备注 |
|---|---|---|---|
| 奉天图书馆 | 1929. 4. 28 | 演讲会 | |
| 奉天图书馆 | 1929. 6. 28 | 支那研究图书展览会 | |
| 大连图书馆 | 1925. 5 – 1929. 8 | 罗振玉《本朝学术源流概略》 | 共7次 |
| 公主岭图书馆 | 1929. 6. 7 | 日支美术写真展览会 | |
| 铁岭图书馆 | 1929. 7. 29 – 30 | 绘画展览会 | |
| 本溪湖图书馆 | 1929. 8. 31 | 西洋唱片音乐会 | |
| 开原图书馆 | 1929. 9. 20 | 读书座谈会 | |
| 安东图书馆 | 1929. 9. 20 | 读书座谈会 | |
| 大连图书馆 | 1929. 11. 8 – 10 | 支那民俗资料展览会 | 读书周 |
| 埠头图书馆 | 1929. 11. 5 – 7 | 火灾消防展览会 | 读书周 |
| 日本桥图书馆 | — | 书籍交换会 | 读书周 |
| 伏见台图书馆 | 1929. 11. 4 – 6 | 女学生读书节 | 读书周 |
| 近江町图书馆 | 1929. 11. 7 – 8 | 男学生读书节 | 读书周 |
| 沙河口图书馆 | 1929. 10. 26 – 27 | 新旧书籍交换会 | |
| 营口图书馆 | 1929. 11. 16 | 图书交换会 | 读书周 |
| 营口图书馆 | 1929. 11. 16 | 书画展览会 | |
| 长春图书馆 | 1931. 4. 21 – 24 | 新旧图书交换会及西洋画展览会 | |
| 四平街图书馆 | 1931. 5. 2 – 8 | 婴幼儿爱护日 | |
| 近江町图书馆 | 1931. 7. 6 – 7 | 玩具画展览会 | |

续表

| 图书馆名称 | 时间 | 活动名称 | 备注 |
|---|---|---|---|
| 安东图书馆 | 1931. 7. 11 | 童话会 | |
| 安东图书馆 | 1931. 7. 20 | 园艺座谈会 | |
| 安东图书馆 | 1931. 7. 25 – 26 | 杂志展览会 | |
| 四平街图书馆 | 1931. 8. 21 – 22 | 杂志展览会 | |

### （四）业务研究活动

**1. 成立各种图书馆研究会**

1928 年，满铁成立图书馆研究会，把满铁全线划分为 3 个区，各区每月召开会议，议题涉及图书选择、图书馆经营、目录工作、丢失分析、预算编制、规章制度的修订、图书馆的发展及协作等。遇有重大议题时，各区联合召开会议讨论，有时甚至与日本在其他国家成立的相关机构共同召开会议。比如，1930 年 4 月 27 日全满铁图书馆馆长及主事会议就讨论了“关于促进各图书馆间的馆际互借”。1932 年 9 月 25 日，鲜满图书馆联合研究会在安东公会堂举行，来自朝鲜和满铁图书馆共 55 人参加，会议讨论了“关于满鲜相互联络搜集特殊图书”“关于满鲜各图书馆研究会的业务联系”等议题。

**2. 编制各种业务规则及书目、索引等二次文献**

满铁各图书馆在业务开展过程中，对图书馆应用的各种规则不断进行补充和修订。1930 年，开原图书馆完成了“儿童图书分类表草案”的编制。

同时，为充分揭示馆藏文献，方便利用，编制了许多书目、索引。比如大连图书馆的《和汉图书目录旬报》《大连图书馆藏日俄战争图书目录》；埠头图书馆的“华人文库目录”和“商业文库”；奉天八幡町图书馆编制“体育文库”“商店文库”等。满铁 24 所图书馆编制的《全满二十四图书馆共通满洲关系和汉书件名目录》。

**3. 举办各种培训来提高图书馆员业务水平**

满铁图书馆非常重视图书馆员的业务培训，各区图书馆研究会召开的业务研究会上，目录学、分类理论等方面培训也是重要内容之一。满铁地方部也不定期主办“短期图书馆员讲习会”，由来自满铁图书馆的一些专家，比如奉天图书馆馆长卫藤利夫、大连图书馆馆长柿沼介、抚顺图书馆主事大佐三四五等为图书馆员培训。

## 三 满铁图书馆的职能

满洲图书馆业务研究发行会编撰刊行的《满铁图书馆概况》明确指出：满铁系统的图书馆，兼具市民图书馆和会社图书馆双重性质。实际上的所谓市民也并非城市的一般居民，而是专指满铁的职员及其家属。九一八事变后，满铁图书馆的职能发生了彻底转变。

1931 年 12 月，《书香》第 33 期刊发了木谷义雄的文章《时局与图书馆》，指出在当前时局下，图书馆职能要向 3 个方面转变：建设作业（由于战争对建设的破坏，图书馆成为建筑历史原貌的研究机构）、慰问事业（对战争中的伤兵治疗及精神上发挥慰问作用）、社会意识（成为侵略者的喉舌，向社会各界宣传国家大事，比如满洲事变等）。由此赤裸裸的表述可以看出，满铁图书馆的职能实质是日本侵华的工具，在文化掠夺、侵略战争及殖民统治方面发挥作用。

### （一）文化掠夺工具

满铁图书馆近 70 万册藏书中不乏历史悠久、为数众多的珍贵典籍。从我国现存较早的《长安志》到《永乐大典》，近代东北三省的《辽海志略》稿本、《全辽志》、《盛京通志》等抄本。其中有重金购买，有寄赠，然而更多的则是不择手段、巧取豪夺而来。《书香》报道称，阪西利八郎中将在任北京政府顾问期间搜集书籍 6000 余册赠给东京日华俱乐部。包括汉语、德语、日语、俄语等，及《资治通鉴》百册、钦定四库全书等。

1925 年，满铁购入意大利公使馆书记官罗斯在中国 30 年间搜集的舆图 450 余幅，其中《蒙古古图》《中国地图》等均为孤本。地图中以清代绘制的最多，西域地图 40 余幅。这些文献均收藏于满铁大连图书馆。1928 年，日本政府拨专款 10 万日元，在京、津、沪等地搜集的中文古籍中宋版 8 种，元版 10 余种，中文医学古籍 4000 余册。

### （二）侵略战争和殖民统治的工具

九一八事变后，伴随着图书馆职能的转变，为侵华日军及情报机构服务成为图书馆研究会的重要工作。奉天图书馆馆长卫藤利夫在图书馆内设置了“满蒙时局文库”，目的是向国际社会传送关于满蒙与日本特殊关系的“正确”认识。“阵中文库”也是由卫藤利夫倡导开展的运动，号召、组织日本占领的满洲地区、朝鲜和日本本土的图书馆和一般民众捐赠图书，送给在前线作战的日本军队、警察和满铁社员。《书香》每期都不遗余力地报告关于“阵中文库”“时局文库”的进展情况，刊登各地图书馆收到图书情况，包括寄赠者姓名、书名及册数等信息。1931 年 12 月起，短短 6 个月，奉天图书馆收到图书 116545 册。1932 年 6 月 10 日出版的《书香》第 29 号上，刊登了日军旅团长、联队长和普通士兵等多人对“阵中书库”的感谢信。卫藤还组织满铁 24 个图书馆联合编制了《全满二十四图书馆共通满洲关系和汉书件名目录》，为关东军、满铁等机构查阅提供了方便。要找任何题目，只须用电报把书号传送去，通过满铁列车的传送就可以拿到书。卫藤利夫因为这部目录而获得关东军授予的勋章。《书香》昭和 7 年 6 月第 39 号刊登的卫藤利夫所写的《满洲事变与图书馆》一文。文中他讲述了奉天图书馆为侵略及殖民统治服务的两个事例。一件是通过奉天图书馆搜集的大量东北地方志文献，为关东军的参谋提供辽西地图，地图上详细标志了庙宇、佛阁、古迹、山川等地信息；另一件是一个夜晚，在零下30摄氏度的严寒中奉天图书馆向3个特殊身份及使命的日本男子提供有关“黑龙江洲教育制度”的资料，并在阅览室彻夜工作。

满铁各地图书馆的活动也以配合侵略战争为主要内容。鞍山图书馆1931年11月17－18日，“时事资料展览会”，内容有抗联物品、相关资料及日本军服等。

## 四 《书香》及满铁图书馆历史的启示

作为满铁大连图书馆馆刊，《书香》记录了大量日本侵华的罪证。如果抛去政治因素，其在很多方面值得现在的一些图书馆学习和借鉴。《书香》创办时，主要目的是发布有关图书消息、新到书目以及通报图书馆内部情况，后来内容日益丰富，不仅有翔实的业务统计，而且刊登了大量有关文献研究、读者研究及业务研究方面的文章等。因此，《书香》不仅仅是图书馆的馆刊，更可以说是集图书馆学、图书学、文献目录学及历史学为一身的学术性刊物。现在我国很多图书馆也都办各种馆刊，却谈不上可读性，更不要提学术价值了。

虽然满铁图书馆主要服务对象是满铁社员及附属地的日本人，但其在服务方面尤其是九一八事变之前的诸多做法对现在仍有参考价值。比如业务研究和规划方面定期召开业务研究会，在提高图书馆员业务水平方面开展短期培训，在提高文献利用率方面，利用不拘形式的流动图书室，在宣传和推广方面开展丰富的展览活动和阅读活动。正是通过这些努力，才使满铁附属地区的图书馆工作迅速发展，并远远超过日本本土。

原载《图书馆学刊》2011年第12期

# 满铁在中国东北设立的科研机构

李　娜

20世纪初，作为“经营满洲”的先锋和主体，日本在中国东北设立的南满洲铁道株式会社（以下简称“满铁”）是中日近代关系史上一个重大事件，它可以说是日本经略中国大陆的重要开端，标志着日本大陆政策进入实践阶段。满铁表面上是一个株式会社，实乃国策机关，是日本推行其大陆政策的殖民侵略机构。为了执行日本帝国主义赋予它的侵略与掠夺使命，满铁在其存在的近40年中更换总裁17人次，大的机构改革21次①。由1906年12月设立之初的3部3课增至满铁垮台前的40多个部局400个课、所，以及约100个满铁入股的子公司（即“关系会社”）②。满铁的机构设置，五脏俱全，包罗了工农商学医各业，加上调查、科研、涉外机构，构成了庞大的“满铁王国”，满铁通过下设的各分支机构，对我国进行经济掠夺，政治扩张，文化渗透，并配合侵华日军进行了大量的罪恶活动。

为了“以科学研究开发、利用满洲国资源”，“于大东亚战争下展开科学战”③，日本帝国主义在中国东北设立了上百所殖民地科研机构④，以科学技术为手段，研究、开发资源，更快地、更多地攫取占有资源和财富。根据康德10年（1943）出版的《满洲科学技术要览》统计，截至1942年8月，日本在东北设立的科研机构有93所。虽然分别属于大陆科学院、伪满国务院产业部门、满铁、关东州附属地、高等院校等不同体系，但各机构目标明确，专业齐全，遍布东北，研究人员总数有万人之众。在殖民统治和侵华战争中，这些殖民主义性质的科研机构，吸引了许多对开发“满洲”怀有狂热梦想的日本学者、文化人及资深的科学家来到中国。在他们的“奋斗”下，一些研究机构在当时具有世界一流的水准，但在客观效果上，他们起到了日本军国主义邪恶

① 解学诗：《隔世遗思——评满铁调查部》，人民出版社，2003，第332页。

② 孟宪梅、苏艳红等：《满铁机构设置及其实质》，《北京交通大学学报》（社会科学版）2009年第1期，第108页。

③ 王德歧：《科技侵略铁证如山》，《科技史志》1999年第1期，第32页。

④ 韩健平：《历史变迁中的殖民地科学家——有关原满铁中央试验所著作评述》，《自然科学史研究》2002年第2期，第171页。

帮凶的作用。其中，满铁下属有许多具有文化侵略性质的研究机构，重要的有中央试验所、农事试验场、卫生科研机构等。

## 一　满铁中央试验所

根据后藤新平的提议，满铁于1907年10月12日由关东都督府颁布第55号令设立“中央试验所”，并于1908年7月正式运营，隶属于关东都督府，目的是在中国东北地区进行殖产及卫生方面的分析、试验，所址即现在的中国科学院大连化学物理研究所二部（大连市中山路161号）。随着满铁资源开发成为重要课题，为扩充和强化试验所，1910年关东都督府将中央试验所移交满铁，更名为“满铁中央试验所”。

中试所是满铁在中国东北建立时间最早且规模最大、水平最高的研究机构，由7个研究部门组成，直接对满铁负责。中试所以技术研发为主，很少有纯粹的学术研究。它所从事的研发业务涉及化学工业全领域及冶金、大豆及农产品加工等方面，其中不仅有石油、铝等军需物资的开发，而且还有日本酒、酱油一类民用品的研制。中试所有化学工程实验室和小规模试验厂等设施，以其研发成果为基础实现工业化的企业有十几家，而接受其技术支持的企业更多①。当时研究的主要是从油页岩中提取页岩油技术、新制铁法的开发、金属铝的制造、煤液化研究、耐高温汽缸油的制造等。日本通产省维护技术经济安全研究会在评价中试所的业绩时指出：“在试验所的指导下获得很大成功的企业不胜枚举，抛开中央试验所就谈不上满洲的化学工业。还有，它不仅促进了工业的发展，而且还对我国的化学研究、技术的提高做出了许多有形和无形的贡献。它的发展所取得的成就已经使它的地位不单局限在是满铁的一个研究机关，还可以夸耀为是东亚科学的殿堂。”②

中试所的研究项目和研究活动大致可以分为4个方面：一是大豆及农产品加工；二是镁、铝及其矿产资源的工业化。在大石桥发现菱镁矿后，从矿中提炼镁及制品成为该所主要项目之一，与此相关的有从矾土页岩中提炼铝及制品的研究，铁矿选矿、贫矿富化、特殊钢等；三是油母页岩的提取石油与煤气化的研究。1921年，该所从抚顺的油母页岩中提取出石油，以后建成了日产2000吨及4000吨规模的生产厂，还研究煤的直接液化；四是陶瓷材料研究。包括耐火材料、玻璃制品、陶瓷器皿等的研究。应用该所的研究成果创办的企业有抚顺煤矿制油工厂（页岩油）、南“满”矿业株式会社（菱镁矿制品）、“满洲”镁株式会社（镁制品）、“满洲”轻金属制造株式会社（铝制品）等20多家。除了资源开发的研究外，它的许多研究项目与日本的殖民侵略

① 岛尾永康：《日本1868－1945年科学的发展》，《自然科学史研究》1998年第3期，第219－239页。

② 杉田望：《满铁中央实验所—大陆に梦を賭けた男たち》，讲谈社，1990，第18页。

密切相关，有些直接来自军方，如《满洲事变与满铁》一书列举出它曾承担“装甲车试验”“关于飞机用燃料油冻结的研究”等18项军工研究①。以致日本科学界称他们是“在国内想象不到的庞大资料中开展了研究”②。

经过近40年的发展，中试所作为日本殖民地科学的一个重要组成部分，在研究与发展上，已具有相当的规模，研究活动也很活跃。至1945年，中试所约有正式所员800人，其中高级研究人员200人。有150个研究项目，预算约为1000万日元，和日本东京的理化学研究所不相上下③。在1906年到1945年的近40年之中，中试所共发表研究报告约1000份，获专利140项，其中20%是外国专利④。

从1906年成立到1945年日本无条件投降，满铁中央试验所已发展成为一个具有综合科学研究能力的、可与日本国内有名的物理化学研究所相匹敌的、多学科的科学研究机构。但是，从本质上来说，它完全是日本帝国主义对中国推行侵略政策的科研机构。1945年日本战败投降时，原中试所研究人员较好地保全了科研设施，由中苏合办的中国长春铁路公司接收，更名为“中长铁路科学研究所”。新中国成立之后，几经演变，在其基础上成立了中国科学院大连物理化学研究所。原中试所研究人员在战后的动荡年代开展了一些生产自救活动，有10名研究人员还留下来参与了新中国一些地区的建设工作，1955年才全部回国。后来，他们成立了满铁中试会，并从1975年开始创办年报《满铁中试会会报》，至今已出版了二十余期。

## 二　满铁系统的农事科研活动

20世纪初，东北地区的农业试验场有日本满铁系统、俄国中东路系统、旧东北政权系统、侵华日军关东州都督府系统等。满铁系统的农事试验场凭借其经费、设备和人才优势，在东北各地做了大量的科研、试验，研究范围涉及农业经济和农业生产等许多领域，并取得了一批科研成果。

满铁成立后，总裁后藤新平一到任，就从日本国内招募一批农林专家，着手对中国东北地区的农业资源及生产状况进行大规模的实地调查。这批最早的调查成果，先后以报告书的形式编为《在南满洲的日本人农业》《在南满洲的日本人农具》等9册，于1913～1919年由满铁出资在大连刊行，为后来的满铁农事研究提供了大量的资料。

满铁在进行农业资源调查的同时，为了掌管农事试验，总部下设中枢机关——农

---

① 满铁总务部资料课：《满洲事变と满铁》，昭和9年，第441－442页。

② 杉本勋：《日本科学史》，商务印书馆，1999，第123页。

③ 广重彻：《科学の社会史》，中央公论社，1974，第144页。

④ 岛尾永康：《日本1868－1945年科学的发展》，《自然科学史研究》1998年第3期，第234页。

务课。农务课下设农事试验场、试作场、农业实习所、兽疫研究所、种畜场、苗圃、原种圃、采种圃等。此外，还在铁路沿线设置了9个地方事务所及大连农事株式会社、东亚劝业株式会社等。

1913年，满铁首先在公主岭建立了“满铁产业试验总场”，接着，1914年又在熊岳城组建“满铁产业试验场分场”，后来以这两个试验场为中心，陆续在满铁沿线先后组建了一批试验地、试作场、种苗圃等，从而形成了一个机构庞大、分工明确的农业科研系统。而此前由农务课负责的农业科研业务也逐渐被该产业试验总场接替。

公主岭试验总场位于奉天省怀德县（今吉林省公主岭市）内，因为位于松花江与辽河分水界的高原中心地，针对这一地理特点，该场重点从事东北的主要农作物大豆、玉米、高粱及其他作物的改良选育工作，进行农业化学、农艺、畜产、昆虫病理等研究。该场职员全为日本人，1920年达36人（不含农夫杂役）。当时主要研究室分为事务所、调查室、分析室、作业室、干燥室、标本室、畜产研究室、器械室、昆虫饲养室、贮藏室、种子库、农具库以及各种畜舍、厩房等，总建筑面积5936.7平方米①。

熊岳城试验场分场位于奉天省盖平县熊岳城（今辽宁省盖县熊岳镇）内，西临辽东湾，东面依山。该场原来是满铁在1909年建立的以蔬菜试验和繁殖果树苗木为主的苗圃，1914年改为试验分场。其职员与公主岭试验总场一样，全部为日本人，1920年有职员16名，主任为渡边柳藏。其主要任务是开展园艺、林产、水稻、养蚕等方面的试验研究，建有事务所、会计室、作业室、养蚕室、贮藏室、仓库、罐头厂、农具室、畜舍等，总建筑面积1198平方米②。

满铁畜牧兽医方面的研究机构有：奉天兽疫研究所、公主岭种羊场、铁岭种猪场、鞍山种猪场、抚顺种猪场、瓦房店种猪场、郑家屯种猪场、黑山屯种羊场、钱家店种羊场等。1931年又陆续增设大石桥、辽阳、开原、四平街、大屯、本溪湖、凤凰城、挑南、海龙等9个种猪场、公主岭乳牛育成所、瓦房店种鸡场等。

此外，满铁在铁路沿线建立的农事试验分支机构还有：长春试作苗圃、辽阳棉花试作场、铁岭试作苗圃、汤岗子碱土改良试验农场、郑家屯试作农场、凤凰城试作场以及大榆树、四平街、开原、海龙、抚顺、奉天、本溪湖、海城、大石桥、得利寺、瓦房店、安东等地的试验农场。

除了上述满铁系统的农事试验场圃之外，还有直属“关东州都督府”管辖，独立于满铁农事试验场系统之外的试验场，1906年建于大连西公园的“关东农事试验场”

① 曹幸穗、胡泽学：《殖民地科学：日本在中国的农事科研活动》，载《第六届东亚农业史国际学术研讨会论文集》，2006，第18页。

② 曹幸穗、胡泽学：《殖民地科学：日本在中国的农事科研活动》，载《第六届东亚农业史国际学术研讨会论文集》，2006，第18页。

就是其中之一。该场1918年迁往沙河口，同时将其所属的蚕业研究部独立出来，另在旅顺组建蚕业试验场。另一个也是以这种方法组建的试验场于1916年改称金州种畜场，该场是从1911年在金州东门外设置的农事试验分场分离出来的，专门从事良种家畜的繁育推广。1924年日本殖民当局决定将“关东农事试验场”迁往金州，与金州种畜场合并，扩大规模，办成一个综合性的农、畜并重的农事试验场。这个试验场直至1945年解体，其试验成果也多限于大连、旅顺地区推广。

满铁在东北的农事试验机构在中国东北地区进行的30余年的农业资源调查和农事试验研究过程中，积累了大量的农业资源情报并取得了一批试验研究成果。但是，满铁系统的农事科研活动及其科研成果除少数在满铁附属地内得到应用外，大部分成果并没有实际应用，出现了为试验而试验的弊端，甚至有的研究项目与现实需要相去甚远，没有实际应用价值。九一八事变后，日本侵华当局从改变统属关系纷杂的状况出发，将东北境内的农事试验机构做了统一的规划调整，于1938年4月全部划归伪满洲国管理。试验场圃调整后，为了使农事试验为其殖民政策及“满蒙开发”服务，进一步加强对东北地区的殖民统治和经济掠夺，把东北地区建成为日本提供充足的廉价农产资料的“农业满洲”殖民地，在原有的满铁农事试验的基础上，又陆续建了一批农事试验机构，兴办农业大学、培养农业人才。而且农事试验机构的科研重点也发生了变化，即由单纯的农事研究转向应用、推广前一时期满铁的试验成果，主要是将以往的研究成果转化为农业技术、品种改良的实际应用。

## 三　满铁卫生科研机构

满铁在东北兴建卫生医疗设施，使其文化侵略东北的功能日趋完善。满铁通过这些卫生医疗设施及与之相对应的卫生科研机构，进一步掩盖了日本帝国主义在东北进行殖民侵略的实质，同时也加强了其文化侵略的力度。

满铁附属地经营卫生设施是遵照“三大臣命令书”第五条实行的，其中规定：“公司接受政府认可在铁道附属地建设土木教育卫生等必要的设施。”① 1907年满铁于地方部设置卫生课，以附属地内的卫生行政为主，经营诊疗、医育、卫生研究各机关，其中卫生研究机关为“满洲”医科大学（奉天）、卫生研究所（大连）。

“南满”医学堂：作为日本政府推行“大陆政策”的组织机构，满铁为使其职工生活及殖民政策顺利进行，都必须调查东北、东部内蒙古乃至中国北部的风土、自然环境，特别是药物资料、卫生医疗状况，出于此种考虑，会社成立不久，满铁就决定在东北设立专门用于开展教学与调查、研究的专门机构。当时，是在医院规模较大、

① 满铁地方部：《满铁附属地经营沿革全史》（上卷），昭和14年（1939），第793页。

设施较好、医务人员较多的大连办学，还是在条件相对较差的奉天办学，满铁高层意见不一。最终从长远利益考虑，决定在东北的中心——奉天办医学教育。1911 年 9 月，成立了“南满”医学堂，“南满”医学堂招生对象为初中毕业生，学制 4 年。第一届招收了 28 名学生，其中日籍学生 20 名，中国籍学生 8 名。1922 年升格为大学，即“满洲”医科大学，学制七年。1926 年增设 4 年制医学专门部，专招中国学生，并许可中国女生入学。“南满”医学堂除进行医学教育外，还进行与此相关的调查研究工作。20 世纪初，日本人即在东部内蒙古调查采集植物本草资源，调查“满”蒙医学，日俄战争后，由满铁卫生课或关东军司令部主办，“满洲”医科大学由校长带队，由志愿者参加的巡回疗诊队每年暑期奔赴各地免费诊治，并作地方病调查，收集研究药材资源；设立开拓医学研究所，专门研究日本朝鲜移民医疗卫生问题，发行刊物。除此之外，在大连的中央试验所，也设立本地植物本草标本室，并发表研究与调查报告。

满铁卫生研究所：是从事卫生制品方面研究和生产的生物制品部门。1925 年 8 月建立，1926 年正式开展业务，设有细菌、病理、化学、卫生、血清、疫苗等科室，初建时主要生产牛痘苗，供日军和满铁人员及日本移民使用。九一八事变后，它不断增加人员，扩大规模，设置了血清贮藏库、鼠疫研究室及鼠疫预防液制造室等。1938 年，日本关东军以“军方需要血清和疫苗是当务之急”为由，将满铁（大连）卫生研究所交由石井部队（731 部队）直接管辖，改名为“大连卫生研究所”，又称“满洲第 319 部队”，将哈尔滨 731 部队（位于哈尔滨以西 20 公里的平房地区）细菌班、昆虫班、植物班的众多技术专家和一些设备调到大连，并对卫生所原来的研究方针进行了根本调整，使满铁卫研所成为 731 部队的一个重要的细菌实验、生产基地。调整后的满铁卫生研究所下设研究课、制造课、资材课、总务课等，总人数约 250 人。研究课主要负责研究鼠疫、霍乱等约 10 种传染病菌，定期到哈尔滨接受课题任务；制造课人员最多达 150 人，其成员大多是日本的青年女性，主要负责制造细菌、药剂和繁殖动物，其中饲养跳蚤是一项重要工作。该所与 731 本部一样，也进行活人实验，据战犯原日本关东州厅警察部长潮海辰亥供认，曾批准过一次活人细菌实验①。满铁卫生研究所从原来的从事卫生研究工作，后来变成日军石井细菌部队的直属机构，其标榜的所谓“福社”机构根本不是为殖民地的人民服务的，而是绑在了侵略战争的战车上，使其直接为日本的侵略战争效命，犯下了累累罪行。

满铁的卫生设施和科研机构的作用与满铁在东北兴建的其他公用设施的作用是一致的，都是为了满足日本移民、满铁日本职员在东北的生活需要，从而吸引更多日本人移民东北，安定满铁职工队伍，创造一个日本人在中国的所谓“安乐窝”。同时，借此宣扬大和民族的强大、日本文化的优秀来粉饰殖民统治，迷惑东北人民，欺骗国际

---

① 中央档案馆等编《细菌战与毒气战》，中华书局，1989，第 174 – 175 页。

舆论。当时的满铁首席理事，后来担任过满铁理事长的国泽新兵卫就曾对此坦言："总裁的想法是要利用医术和教育笼络人心，安定人心。"[①] 只要从满铁所建立的医院实际运营分析，就不难看出满铁建设这些医院的真实原因。这些医院作为满铁这个国策会社的组成部分，也是为日本的国策即其满蒙经营政策服务的。以 1931 年度为例，满铁附属地内的日本人为 11.2462 万人，中国人为 23.3189 万人，可是在整个年度，就诊的 119.8622 万人次中，日本人占 68.4%，中国人只占 28.8%，其余为外国人[②]。从这些数字中可以看出，只有中国人人数一半的日本人，就医人次却是中国人的两倍还多。而且从附属地内东北人民的生活水平看，能够负担起医疗费的中国人大多数都属于东北的上层人物。因此，满铁所属医院和卫生科研机构的作用就是要为日本人在东北提供医疗服务，稳定日本对东北的殖民统治，笼络东北显贵，欺骗、迷惑东北人民和国际舆论，最后都走上了为侵略战争服务的道路，成为日军国主义邪恶帮凶。

原载《外国问题研究》2012 年第 3 期

① 苏崇民：《满铁史》，中华书局，1990，第 401 页。

② 满铁：《昭和六年度统计年报》，第 871 - 873 页。

# 满铁卫生研究所与731细菌部队

王玉芹

日本帝国主义在侵华过程中，为了实现其侵略目的和巩固殖民统治，极力发展“殖民地科学”，在中国先后建立了上百所殖民科研机构，满铁卫生研究所仅是其中之一。但该所与日本在中国建立的其他殖民科研机构有所不同，前期①主要进行卫生研究，后期②竟成为731细菌部队的组成部分，直接进行细菌武器的研制，给中国人民带来了无尽的灾难。

## 一　满铁卫生研究所的设立和发展

满铁会社设立后，根据管理会社业务的递信、大藏、外务三大臣命令书第五条，“其社得到政府的认可，应在铁道及附带事业用地内建立土木、教育、卫生等必要设施”，③ 也就是说，会社接受政府命令应在东北设立卫生设施。而且，满铁首任总裁后藤新平是学医出身，特别强调卫生事业在殖民统治中的作用。后藤认为，新殖民政策的关键，比起武力和经济，必须从文化开始。文化之中最具体的，且对民众最具有强大动人力量，引人注目的有三个方面，宗教、教育和卫生。④ 而就日本来说，他认为难以依靠宗教，只好着重抓文教、卫生设施。1907年4月，随着满铁开业，卫生业务随即展开。当时，大连地区伤寒、痢疾、天花等传染性疾病时有发生，患病率和死亡率都较高。1913年，日本关东都督府成立了一个地方传染病调查委员会，但是对传染病的预防和控制并未发挥作用。为了发展殖民卫生事业，1918年，关东厅地方行政委员会委员、关东厅大连疗养院代理院长、满铁卫生课长鹤见三三提议在东北设立一个带有附属医院的规模庞大的卫生试验机构。鹤见说：“如果想要判断一国的文明程度，用

① 前期指该所设立后到关东军接收前，即从1925年到1938年，隶属于满铁。

② 后期指关东军接收后到日本战败投降，即从1938年到1945年，隶属于关东军。

③ 满史会：《满洲开发四十年史》补卷，日本：满洲开发四十年史刊行会发行，1964，第136页。

④ 鹤见佑辅：《后藤新平传》，东京太平洋协会出版部，昭和12年，第850页。

卫生设施是否完备是最合适的。换句话说，一个国家的文明程度是和卫生设施的完备程度成正比的。而且，作为殖民地经营，必须首先完善卫生事业。如果不注意这些，恐怕最终就会失败。”① 为此，关东厅地方委员会成立了特别委员会，专门研究此事，结果全体委员一致通过。鹤见的提案被日本殖民当局采纳后，关东厅立即着手此事，意将此卫生试验机构作为关东厅的一个机构，而满铁会社也积极努力，争取单独设立。可是，由于中国人民的反抗，日本人一直没有找到适当机会操办此事。

1923年，金井章次就任满铁卫生课长后，再次提出成立卫生试验机构的方案。金井极力主张立即设立卫生试验所，力说卫生试验所在预防“满洲国”地方病及日本人保健的重大意义。此事得到了时任满铁理事森俊六郎的大力支持。于是，满铁决定单独设立卫生试验所，地点选在大连市下霞町二十番地（今大连沙河口区五一路48号）。1925年8月，日本殖民统治当局强迫当地17户中国居民迁移，无偿征用菜园和棉田13亩，破土开工建设。建所期间，满铁从日本东京聘请安东洪次和阪本宽吉郎负责试验所创建初期业务。12月下旬，试验所本馆及13栋附属设施全部竣工，占地总面积达38053坪（1坪=3.305785平方米）。② 1926年1月，满铁卫生试验所开始部分业务。当时试验所规模较小，力量也很薄弱，只有员工30名，其中日本人20名，中国工人10名。主要生产牛痘苗和菌苗，供日军和满铁社员及日本移民使用。一年以后，又对病理、化学进行研究，同时修订了部分规程，接收了中央试验所担负的药品、饮用水、食物以及其他卫生实验业务，试验所业务不断扩大。2月，本馆以及增建的附属建筑内部设施完工，事务室及各科研究室搬到本馆。4月，卫生试验所改名为卫生研究所，成为名副其实的细菌研究、实验和生产的部门。10月1日，举办了规模盛大的开所仪式。研究所首任所长是金井章次。九一八事变后，金井辞职，继任所长依次是血清课长土谷钦一郎、病理课长儿玉诚。1933年4月至1945年日本投降以前，一直由从欧美留学回所的安东洪次担任所长。

九一八事变后，随着日本帝国主义侵华战争日益扩大，满铁卫生研究所业务急速发展。不仅两次增加人员，而且增设了生化、寄生虫等研究试验机构。1934年，新盖了注射室、采血室，第二马舍，扩建了小动物舍。1935年扩建了预防液制造室和新建了血清贮藏库。1936年又扩建了鼠疫研究室及新建了鼠疫预防液制造室。1936年3月末，约有29栋建筑，面积达5999坪。③ 拥有医师、兽医、药剂师、农学士、职员、雇佣员共计124名，其中日本人92名，中国人32名。1938年，日本关东军接收该所，

---

① 《第八编　日本满洲侵略一般政策/第五章　慈善的感化主义》，第1页。亚洲历史资料中心，网址 http://www.jacar.go.jp/index.html。

② 满铁地方部残务整理委员会：《满铁附属地经营沿革全史》（上），昭和14年，第927页。

③ 满铁地方部残务整理委员会：《满铁附属地经营沿革全史》（上），昭和14年，第928页。

交由石井部队直接管辖，直至1945年日本战败投降。

## 二　关东军731部队接收卫生研究所

1937年12月，满铁卫生研究所理应随着满铁附属地行政权转让而移交给“满洲国”，但由于当时关东厅、军部、“满洲国”都有意接管，最终军部成为胜者。其原因有三：一是军部极力争取。当时731部队本部已经移驻黑龙江省哈尔滨平房镇，并加紧了细菌战的准备活动，因此需要相当多的有关卫生方面的科学工作者，加之“军部只靠日本供应疫苗和血清很困难，需要在满洲实现自给，似希望无论如何要接管卫生研究所”。[①] 二是石井与安东认识。1938年10月，731部队长石井四郎窜到孙吴县（今黑龙江省黑河市），结识了卫生研究所所长安东洪次。当时，安东洪次向石井四郎索要山内丰纪创制的三台病毒过滤器，以及鼠疫苗培养器。石井四郎毫不犹豫地答应了安东洪次的要求，并将设备全部交给安东洪次。三是日本天皇催促扩充细菌部队机构。于是，关东军以“军方需要血清和疫苗是当务之急”为由，在不妨碍军用的前提下供应民用为条件，接收了满铁卫生研究所，并交由石井部队直接管辖，成为日军石井细菌部队的直属机构，对外改名为大连卫生研究所（以下简称“大连卫研”），又称“安东医院”，对内则称关东军防疫给水部大连出张所，其军内番号为“满洲319部队”。从此，满铁卫生研究所同731细菌部队便成为一丘之貉。

关东军接管卫生研究所后，首任所长（又称大连支队长）是安东洪次，继任所长是春日忠善、目黑康彦。研究所组织机构也有变化，设有研究科制造科、资材科、总务科等四科。研究科主要负责研究鼠疫、霍乱等约10种传染病菌，定期到哈尔滨接受课题任务；制造科人员最多时达150人，主要担负制造细菌、药剂和繁殖动物，其中饲养跳蚤是一项重要工作。此外，研究所人员数量也有增加，总计250人，中国人120人。研究所的管制非常严格，所长安东洪次下令：“重要技术不准中国人学，重要文件不准译成中文，重要发明创造不准公开发表，重要学术研究由军队或高级政府自管，重要成果必须首先服务于政治和军事。”[②]

研究所自1939年划归731部队管理以后，该所一切开销均由关东军提供。在业务方面，调整重点，将过去研究为主，改变成“制造为主，研究为辅”，主要制造731部队本部和各支队研制细菌武器所必需的血清和疫苗。在进行细菌武器研究和试验过程中，血清和疫苗是至关重要的，既有检验细菌和病毒的效能，又可防止队员被细菌和病毒传染而丧命。规定满铁卫生研究所血清原料供应不足时，由731部队本部负责补

① 江萍：《刍议七三一部队的组建和构成》，《华章》2009年第4期。

② 顾明义等主编《大连近百年史》（下），辽宁人民出版社，1999，第1490页。

充；当731部队本部及各支队需要血清、疫苗时，由该所负责供应。同时，满铁卫生研究所遵照731部队本部命令，“更多的是从事鼠疫杆菌、霍乱弧菌、伤寒及副伤寒杆菌、斑疹伤寒立克次体和多种病毒（天花、脑炎等）及跳蚤、蚊子、虱子等微生物、昆虫的大量培养方法和环境对微生物的影响的研究，直接为日本进行细菌战服务”。[①]满铁卫生研究所除业务上听从731部队本部指挥外，还与731部队本部频繁进行人员往来。首先，731部队本部不断增派技术人员到满铁卫生研究所指导工作。其中较有代表性的是有机合成研究室主任草味正夫。草味正夫原是731部队毒物研究班班长，专门从事对活人进行毒品试验。731部队接管卫生研究所后，他被派到大连任名誉研究室室长，大约每两个月从哈尔滨往返满铁卫生研究所一次。平时担任室长的是军医少尉黑木正彦，该室研究人员精干，仅9人，他们每周都派人到731部队本部接受研究课题。为了在鼠疫苗培育，特别是剧毒疫菌的培殖方面取得进展，1940年，石井四郎派多名技术人员到大连，主要成员有：霍乱菌专家凑正雄、细菌班全部人员、昆虫班大部分人员。同时，石井把药剂师山之内忠重所研制的4台“超声波细菌培殖器”，全部交给了安东洪次。到大连后，凑正雄立即进行霍乱菌的强冷冻试验，731部队本部又增派植物班来大连参与试验。昆虫班在大连负责搜集老鼠、跳蚤，并让其感染上鼠疫杆菌，然后将它们投到战场。其次，研究所的日本技术人员轮流到731部队本部进行细菌武器的研究和人体试验。据《政府公报》和《医学杂志》记载，满铁卫生研究所较有名望的专家、学者，也参加了731部队本部各项研究工作，名单如下：从事鼠疫传染过程研究的滨野满雄，从事肠炎传染病研究的岩田茂，从事肠道传染病研究的仓内嘉久雄，从事孙吴地方病“出血热”和血清学研究，后参加“731”高桥病毒研究班，从事病毒研究的中迁叶，伪满洲医科大学毕业的中黑秀外一，从事鼠疫传染病研究的医学博士冈本良三。此外，还有病理学家真子宪治、竹森信之、藤本太郎、儿玉得三、大野顺之助、世井久雄、奇龙肃、柴藤贞一郎、铃木俊一、田中文侑、北起对超、开原井力、植岛秀人、冈田良夫、野口藤男、浇田章治、石川义助、井上广告、绪方正、小野健次、木村隆等人。[②]满铁卫生研究所冈田良夫和冈部一敏（满洲医科大学病理系研究生）在731部队长北野政次指导下完成《关于发疹的研究》一文，实验是在731部队本部完成的。中村叶（满铁卫生研究所研究生，专门研究“出血热”和血清学）和井上一男（主要研究鼠疫与赤痢病），因为他们同满铁卫生研究所有联系，所以经常同所长安东洪次一起在孙吴县活动，参与策划鼠疫细菌的研究。

---

① 顾明义等主编《大连近百年史》（下），辽宁人民出版社，1999，第1487页。

② 佟振宇：《日本侵华与细菌战罪行录》，哈尔滨出版社，1998，第121页。

## 三 直接参与731部队细菌武器的研制

研究所归属731部队管辖后，不仅生产鼠疫菌苗，而且生产伤寒、霍乱、猩红热等菌苗。据《细菌战与毒气战》一书介绍，“该卫研所备有五六百个石井式细菌培养罐，在细菌室用于大量生产……”所谓石井式细菌培养罐，就是石井四郎研制的细菌培养容器，采用铝合金制作的方箱，取代了一般玻璃制作的罗式培养罐。“一个铝箱相当于数十只罗式瓶的容量，每个细菌战基地部队和支队，往往配备此箱数百只或数千只，因此，他们月生产可达数十或数百公斤的浓缩细菌浆液。”满铁卫生研究所设置数百个石井式细菌培养罐的事实即可证明，研究所直接参与731部队研制细菌武器的罪恶活动。

在研制细菌武器的过程中，满铁卫生研究所同731部队本部一样，也极为残忍地使用活人做细菌试验。据担任过关东州厅警察部长的潮海辰亥供认：“1944年2月至3月间，哈尔滨石井细菌部队所辖的大连细菌研究支队（即大连卫生研究所），要求我批准用赤十字社大连病院的活人做细菌试验。我记得曾批准过一次，将一个（中国人）作了细菌试验。”[①] 1995年10月5日，原大连宪兵队本部战务课外勤曹长三尾丰来大连谢罪时，曾亲口对大连史志办公室的人讲：在当曹长期间，他的朋友在卫生研究所的地下室亲眼看到日本医生用中国人作活体解剖试验。[②] 工作人员将实验完的尸体，直接投入大院东南侧的焚尸炉烧掉。然而，满铁卫生研究所用中国人做活体试验并不仅仅以上两例，正如日本人所讲，“在日本殖民统治时期，731部队用中国人做试验并不难，只要向宪兵队等方面上司履行个简单手续就行了。甚至随便找个什么借口也可以将中国人送去做活体解剖试验”。这也可能正是日本军国主义选择在东北设立细菌研究基地的原因吧。然而，作为“实验材料”，用来代替小动物而被残杀的中国人，除少数无辜的老百姓外，绝大多数是抗日爱国人士或抗日游击队员。

不仅如此，满铁卫生研究所还对中国人极尽凌辱和迫害。自研究所置军事体制统辖后，各科、系、室负责人及技术人员、职员、雇员全部是日本人，连锅炉工、门卫也是日本人。中国人只做一些饲养大小动物、清扫卫生、货物搬运等勤杂工作。所长安东洪次对所内中国杂工实行严密控制、迫害。他规定：中国人不准进所内的商店，中国工人上下班时要受警卫搜身。中国人的收入仅是日本人的7%。对中国工人的因工伤亡，也没有任何补偿。1938年，中国工人薛立新，在饲养细菌试验的猴子时不慎被猴子咬伤，不久死在所里。该所不但不给必要的抚恤，不给棺材，还“拟将他的肉做

① 北京中央档案馆等编《细菌战与毒气战》，中华书局，1989，第174页。

② 单文俊：《大连也有731》，《大连春秋》1995年第4期。

培养基用”。1940年，该所曾发生火灾，中国工人孙吉善因救火被烧死，该所却分文不付。满铁卫生研究所为了生产细菌饲养了大批动物，安东洪次为此在所里为动物建立了一个“畜魂碑”，每年3月20日和9月20日，中国人都必须在碑前集合、整队，给动物的牌位下跪磕头。每当此时，安东洪次一边假惺惺地大谈“日中友好亲善”，一边把“畜魂碑”作为处罚中国工人的场所。1940年该所发生火灾后，该所当权者竟称是由于中国人不尊神所致，于是将全部中国工人召到碑前，罚跪、磕头、请罪。2004年，据年过八旬的现居成都的宗景询老人回忆：日本侵略者为做试验，定期前往寺儿沟（今大连市中山区）的“红房子”，找中国苦力们搜集虱子。为了养活这些虱子，他们找个苦力专门喂虱子。把虱子用罐子装起来，扣在人的胳膊上，等虱子饱吸了血再拿下来。喂虱人的胳膊上就像拔火罐一样出现一圈圈红疤……①

综上所述，虽然满铁卫生研究所设立之初的目的是为了预防传染病特别是鼠疫和霍乱，检索病原体和生产预防治疗剂。然而，日本帝国主义在中国开展的卫生试验研究，是直接为其殖民统治和侵略战争服务的。特别是后期关东军接收了满铁卫生研究所，该所遂成为日军731细菌部队的组成部分。不仅更换所名，广泛给予731部队帮助和协作，而且同731细菌部队狼狈为奸地从事残酷的活体实验，给中国人民造成了深重灾难。因此，满铁卫生研究所实质是在利用军事侵略进行医学犯罪活动。日本帝国主义在侵华期间所做的卫生试验，与其他的武装侵略一样，都对中国人民犯下了不可饶恕的罪行。

原载《东北史地》2012年第6期

① 张晓帆：《当年“大连731”竟用人体喂虱子》，《大连晚报》2005年3月25日。

# 九一八事变前“满铁”职员对战争的美化

张　锦　刘　禹

1905年，《朴次茅斯和约》签订后，中国东北南部被日本控制，日本从俄国手中夺得了南满铁路的全部权益，原来由沙俄修建的中东铁路长春至旅顺段，及其附属权益皆转让给日本。铁路是一个国家主权的象征，“铁路所布，即权力所及，凡其它之兵权、商权、矿权、交通权，左之右之、存之亡之，操纵于铁路两轨……有铁路权，即有一切权；有一切权，则凡其它官吏，皆吾颐使之奴，其它人民，皆我刀俎之肉”，能“亡人国”而“亡之使不知其亡”，可“分人土”而“分之使不知其分”。①

为了“经营满洲”，对中国东北进行有效的殖民统治和经济掠夺，1906年6月7日，日本明治天皇颁布第142号敕令，公布“南满洲铁道株式会社设立之件”11月26日，南满洲铁道株式会社（以下简称“满铁”）在东京麻布区狸穴町4番地设立了本社。1907年，会社本社从东京迁往大连，同年4月1日，南满洲铁道株式会社在大连正式开业，东京本社改为支社，以大连为中心发展满铁事业的方针政策开始形成。

“满铁”成立前，日本在中国大陆还没有设立专门负责经营殖民活动的机关，所以，“满铁”的成立是日本在中国大陆设立的第一个实行殖民侵略的专门机构。虽然“满铁”采取的是看起来正当的“株式会社”形式，但这只不过是日本帝国主义欺骗世人的手段。“满铁”在肩负实施日本“大陆政策”先遣队职责的同时，也成为日本帝国主义侵略我国东北的大本营。它的主要任务，是对外宣传进行“经营和开发满洲”，实则利用其拥有的各种特权和手段，在中国东北以和平的方式即政治、经济和文化的方式，努力发展日本的势力，使之变成为日本的商品市场、投资场所、原料来源和殖民地。这也就是日本政府设立“满铁”的根本目的所在，它是日本帝国主义推行“大陆政策”的“国策”会社，其会社的所有利益，都以服从和扩大日本政府在中国的政治军事侵略权益为最高准则。

为适应经济掠夺和军事扩张的需要，给日本决策机关的侵华政策和行动提供所谓“科学的依据”，“满铁”首任总裁后藤新平提出了“文装的武备论”。所谓“文装的武

① 宓汝成：《中国近代铁路史资料》（第二册），中华书局，1984，第684页。

备论”，“一言以蔽之，就是经营非武装的设施，就是举王道之旗而行霸道之术”。[①] 后藤认为只靠武力而不知致力于文化的统治，一旦发生战争，则得不到民众的支持，必然会立即陷于崩溃。“近代战争以武力战争为主，也是思想战、经济战、政治外交战，是国家的总体战争。”[②] “关于满蒙，尤其是东三省，因与国防及国民生活具有重大利害关系”，[③] 所以为了达到长期维持其殖民统治和奴役中国人民的目的，日本侵略者在实施武力控制、经济控制、政治控制的同时，进而对被奴役的中国人民实施殖民主义思想文化统治。

1920 年 7 月，日本关东厅和满铁高层共同策划、成立了“满蒙文化协会”，这是“满日唯一的文化之宣传机关”，“负有代关东厅及满铁会社宣传开发满蒙文化之重大使命”。[④] 协会本部设在大连，哈尔滨、东京、大阪等地设有分部。“满蒙文化协会”受到“满铁”的大力扶植，实际上是日本帝国主义为侵略中国东北提供信息情报政策参考的组织，其活动内容广泛，超越了地域、文化种类上的局限，积极宣传和推行日本军部的大陆政策；竭力进行所谓满蒙文化“开发”，企图把“王道政治”渗透至中国居民的生活观念中，促进日本帝国主义殖民统治事业的巩固、发展，使中国东北的国土成为日本国土的延伸。

“满铁”的宣传工具中，具有较强影响力的是“满蒙文化协会”的会报《满蒙之文化》。此日文月刊以中国东北地区的政治、经济、文物、矿藏、民风民俗等各方面为对象进行调查论述，为日本进一步推行殖民统治献计献策。《满蒙之文化》大肆刊载日本文人的文章，积极向在华日本人灌输殖民主义思想，煽动日本民众的战争狂热情绪，为日本侵略中国培养骨干力量。

《满蒙之文化》创刊于 1920 年，其作者多为“满铁”职员。此刊于 1923 年改名为《满蒙》。同年 4 月《满蒙》改题纪念版中，“满铁”理事松冈洋右发表了《满蒙开发的基调》一文，再次对日本侵占中国东北的性质进行曲解。“满蒙开发”一词，一直是日本占领“关东州”地区以后，为掩人耳目而提出的口号。此文中，松冈洋右再次强调：“虽然‘满蒙开发’已被重复了无数次，但是我却深感是全新的课题。如此广袤却被遗忘的满蒙大地，可以推进世界的富足，带给人类福利。换言之，我感到这是我们日本人对世界应尽的义务。对于偏居狭小岛国上的日本人来说，开发满蒙已是迫在眉

---

① 鹤見佑輔：《後藤新平伝　滿州経営編》（下），東京：太平洋協会，1943，第 815 頁。

② 华北广播分会便：《简阅点呼学科问答集》，北京档案馆，30－3－46，转引自段京肃主编《新闻春秋》（第五辑），首都师范大学出版社，2006，第 448 页。

③ 黄福庆：《九一八事变后满铁调查机构的组织体系（1932－1943）》，《“中央研究院”近代史研究所集刊》第 24 期，1995，第 369 页。

④ 满蒙文化协会：《大同文化》1935 年 8 月号，第 256 期，第 65 页。

睫的课题。"① 在松冈洋右看来，过去的十几年间，日本一直在苦心谋求开发满蒙的机会，现在终于从准备阶段进入实现的阶段。他甚至吹嘘道："把不足南满百分之一的关东州及满铁沿线附属地作为立脚点，逐步完成铁路的经营，使满蒙农业耕地显著增多。伴随其他产业的开发，贸易亦开始盛行，将满蒙置身于世界交往的位置中，是日本此番努力准备的结果。鄙人认为是值得夸耀的。"②

在"满铁"职员的笔下歪曲道："支那的内政现已陷入危险的境地，外来势力恐怕会让支那丧失主权。作为支那的友善邻邦，日本必须自觉肩负起正确指导国际外力和御以抵抗的重任。""日本开发满蒙已经倾注了大量的人力、物力，为了理想而努力并不是鲜有的事。但是，一直以来世间对日本存有偏见和误解，曲解了日本的本意。而我们秉承国际共存的正确主张和纯真使命，绝不会感到羞耻。""日本开发满蒙的丰富资源，绝不是要垄断独占，而是要实现日支共荣共存的目标，为了世界人类文明，发挥满蒙的价值，为国际社会贡献力量。"③

与"满蒙开发"一词一样，"共存共荣"是日本帝国主义侵占中国东北的另一托辞。"满铁"职员村田懿磨在《满蒙日支人的共存共荣》一文中，认为"从生活水平高的国家移民到生活水平低的国家，远没有从生活水平低的国家移民到生活水平高的国家容易……生活水平高的国家，需要的是生活水平低的国家的廉价劳动力，对移民不要求质量而要求数量。相反，生活水平低的国家对劳动力没有要求。他们需要的是富足的资本和精练的知识技能。自然其移民的数量少，质量精。日本对满洲的移民正好属于后者。满蒙的劳动力，土著的支那人数量已经绰绰有余。满蒙需要的是日本国的资本和日本人的知识技能"。④

村田懿磨的字里行间无不透露着侵略者的优越感。假如真是如他所言，中日之间存在着这样大的差距，那么中日两国如何能做到"共存共荣"呢？对此，村田懿磨提出了"共存共荣"的方法："日本人要专门从事资本和知识技能的工作。如果作为开发满蒙丰富资源的劳动力就太可惜了；而廉价的劳动力则由支那人提供。这样分工合作，既不会有利害冲突，也可以让日本人的资本、知识技能和支那人的劳动力各尽其责，达到共存共荣的目的。"⑤

"满铁"职员颠倒黑白地为日本的侵略行为进行辩护，将日本描述成对中国不离不弃的"友善邻邦"，对中国出兵、占领"关东州"是日本慷慨帮助落后国家的"义举"。职员宫胁贤之介在《直视中华民国的现实通往共荣的彼岸》一文中，强词夺理地

① 松冈洋右：《満蒙開発の基調》，《満蒙》1923 年 4 月号，大连满蒙文学协会，第 8 页。

② 松冈洋右：《満蒙開発の基調》，《満蒙》1923 年 4 月号，大连满蒙文学协会，第 10 页。

③ 《満蒙の開発と国際的協調の必要》，《満蒙》1923 年 9 月号，大连满蒙文学协会，第 4 页。

④ 村田懿磨：《満蒙における日支人の共存共栄》，《満蒙》1924 年 4 月号，大连满蒙文学协会，第 2 页。

⑤ 村田懿磨：《満蒙における日支人の共存共栄》，《満蒙》1924 年 4 月号，大连满蒙文学协会，第 4 页。

将战争责任推卸给中国：“日支亲善是我国提出的口号。这个真诚的声音，来自心灵的国度。我期待两国携手，共同创造伟大的东洋文明。在现实中屹立于高速发展的世界经济环境中，彼此真心地握手，促进共存共荣的实现……虽然近来两国之间稍有嫌隙，我个人认为是支那方面做得不够尽善尽美。”①

这些刊载在《满蒙》上的作品，均出自“满铁”成员之手，他们皆秉承“满铁”会社的宣言，为日本帝国主义的侵略战争宣传造势，掩盖其真正本质。1929 年 5 月，在满铁职员八木治丈夫、上村哲弥、城所英一等人的倡导下，“满洲艺术协会”成立，第一批会员就有百名之多。②“满洲艺术协会”的成立，是日本帝国主义文化在殖民地实施统治过程中进一步确立的体现。日本殖民者倡导的宣传殖民统治的文学作品，在这一时期已经形成了一定的格局和初步的规模，并不断见诸彼时由“满铁”当局控制的报纸和杂志上。殖民当局心目中希望的殖民宣传，既要作为地方特色，带有殖民地的气氛和气质，又要有表现乡愁的美丽诗句，同时还要表现出世界主义的实现，民族和民族间的“融合”。③ 在东北地区逐步渗透日本帝国主义的殖民思想，为日本推行“大陆政策”奠定基础。

九一八事变前，为引起日本国内对“满铁”经营的重视和支持，体现“满铁”在侵华战略上的重要性，满铁成员定期回国，在东京、大阪、名古屋等各大城市进行煽动性演讲，举行记者招待会，把中国东北地区与日本生命线的关系危言耸听地联系在一起，激发起日本国民对战争的渴望与狂热。

此时，“满铁”二十多年来在中国东北地区进行的殖民活动和长久以来搜集到的各方面情报，已经为日本帝国主义在军事以及政治、经济、文化等方面的侵略扩张做好了充分的准备。1931 年，震惊中外的九一八事变爆发，随即第二年伪满洲国成立。此后，“满铁”作为日本军国主义的“得力干将”，又被关东军委以重任，派到华北地区建立分社，实则仍为搜集情报，为日本帝国主义进一步发动七七事变和全面侵华创造条件。

从 1906 年“满铁”建立，到 1945 年大连解放，在这近 40 年的时间里，“满铁”不仅是日本对中国实行经济掠夺、情报搜集的重要工具，也是殖民思想传播、渗透的有力媒介。在每期《满蒙》的最后一页，都印有南满洲铁道株式会社的宣言——《吾社的使命》：按照推进人类福社的纲领，遵从日华共存共荣主义，公正分配资本收益，致力打造东洋模范的和平乐土。“满铁”在煽动日本国民战争狂热的同时，随着日本殖

---

① 宫胁贤之助：《中華民国の現実を直視して共栄の彼岸へ》，《满蒙》1924 年 6 月号，大连满蒙文学协会，第 24 页。

② 李振远主编《长夜 · 曙光—殖民统治时期大连的文化艺术》，大连出版社，1999，第 292 页。

③ 王向远：《“笔部队”和侵华战争——对日本侵华文学的研究与批判》，昆仑出版社，2005，第 65 页。

民侵略的不断扩张，在中国东北大力推行殖民地文化。通过加强殖民宣传，利用日本文人颠倒黑白，掩盖战争本质的评判观点，实行精神征服，由日本文化取代东北的本土文化，以达到麻痹东北人民的思想、毁灭东北人民民族意识的目的，从而实现在东北建立日本牢固而持久的殖民王国的侵略构想，这正是日本殖民者建立“满铁”的目标所在。

原载《东北史地》2013 年第 2 期

# “满铁”与《满洲日日新闻》的创刊

谷胜军

“满铁”的建立将日本在东北实施殖民文化、经济统治的梦想变为现实，为日本在这个地区宣扬自己的价值观创造了物质条件，更为日本构筑区域性文化框架搭建了平台，也将日本推向了极致的军国主义。其中，在舆论导向、文化宣传等方面，为日本在中国东北实施其殖民化政策、区域经营发挥特殊功效、做出巨大贡献的要数1907年11月3日在大连创刊的日文报纸《满洲日日新闻》。笔者以文献调查的方法，对《满洲日日新闻》原件以及重要官方文件进行深入挖掘，并对相关史料进行收集、整理与分析，同时，援用历史学、社会文化学的理论，以满铁的成立为切入点，对日俄两国争斗的伦理价值内涵、殖民文化观、满铁的组织原则、《满洲日日新闻》的创刊背景及目的、精神指向和生存依托进行探讨和研究。

## 一　日本的自我认知与满铁成立的契机

甲午战争之后，日俄两国都试图通过武力解决东北的争端。“日俄战争”与其说是日俄两国武力、国力的较量，毋宁说是双方文化、意识形态的争斗。中国和朝鲜都是沙俄在远东的重要战略目标，是其武力侵略、文化渗透的主要目标。为获得在东北的重大利益，沙俄承认了德国在胶州的军事占领，旨在为日后占领辽东半岛寻找借口。

1897年11月22日，他们在没有事先通知中国、获得清政府允许的情况下，擅自将舰队开进旅顺港，继而海军登岸，强暴杀人之事经常发生。对此，俄国驻京代办巴布罗福（A. Pillow）竟然厚颜无耻地照会中国政府说，俄国并无夺取中国领土的意图，他们占领旅大纯粹是为保护中国免受德国的侵略；一旦德国军队撤走，俄军也会随即撤退。沙皇在接见清朝驻俄国公使杨儒时更是信誓旦旦：“俄船借泊，一为胶事，二为度冬，三为助华，防护他国占领。”① 俄国的战略意图是它在西方的利益不受损害的前

① 关于俄国强占旅大，并且强迫清政府签订《旅大租地条约》《旅大租地续约》、《中俄勘分派大租界专条》，请参阅《六十年来中国与日本》第三卷“由一八七一年同治订约至一九三一年九一八事变”，王云生编著，生活·读书·新知三联书店，2005，第187－205页。

提下，妄想把东方的霸权牢牢地掌握在自己手中。

马克思曾指出："意识一开始就是社会的产物，而且只要人还活着，就仍然是社会的产物。"① 近代的日本勇敢地面对欧洲的近代文明，大胆地引进西方文明，较顺利地进行了有关国家前途、命运等方面的改革，举国推行"殖产兴业"路线，因而在较短的时间内就实现了由封建社会向资本主义社会的转型。由此看来，日本对东亚的认知及其价值观的改变都来自于"代价很大的心力上的整顿，只有在其民族显示出特种力量的趋向上得到良好结果"。② 日本最大的收获就是自我意识的更新。这种更新不仅从政治、经济、军事、法律法规上得到了验证，而且从国民的思想、观念上得到了体现。日本政府实施一系列法规、政策，这种自上而下的变革不但使日本在国际事务中得到了认可，更是在国际上获得了巨大的利益。明治维新的另一个成功之处在于，使日本摆脱了一系列不平等条约，使日本真正获得了独立自主的权利，并且成功地操纵了国内的舆论，比较顺利地处理了国内的各种矛盾，这些都为日本迈向资本主义道路、实现日本式的近代化国家奠定了基础。

19 世纪 70 年代，日本作为新兴力量在东亚崛起。日本对台湾的侵略给予清朝以沉重的打击。但与此同时，日本也清楚地意识到：对以中国为首的亚洲各国的渗透以及武力人侵都并非易事，要单凭日本自身的能力很难实现这一点。在当时错综复杂的国际环境下，日本要想彰显自我、实现"作为亚洲人种的盟主"的目标，是得不到西方强有力的支持和帮助是很难想象的。为了得到英国的支持，从 1901 年 6 月开始，日本开始了与英国结盟的活动，并且把它作为今后自己的重要对外方针。同年 7 月 31 日，林董③最终促成了日英同盟。"向英国海军学习，通过实战积累战术与战技经验，调查研究先进国家的兵器、装备，使我国的兵器制造、军舰制造达到一个相当高的水准，但在电器通信、光学、音响、航空等方面仍然落后。"④ 在日本人看来，欧洲的英国比美国更具有可靠性，是可以依赖的朋友。在意识形态方面，日本的价值观似乎与英国更加贴近。更何况在对待东亚以及俄国的问题上，英国一直以来都站在日本一边，支持日本。⑤ 日本的一系列举动博得了英国的好感，使英国更加确信日本是他们在东亚真正的朋友。对于日本来说，日英同盟的缔结是一件具有划时代意义的大事，使日本及时调整了对俄战争的方针。正如兰斯敦所言，"英日同盟虽然不是旨在策动日本政府走

---

① 马克思、恩格斯：《德意志意识形态》，《马克思恩克斯选集》第一卷，人民出版社，1995，第 81 页。

② 小泉八云：《日本与日本人》，落合贞三郎编、胡山源译，九州出版社，2005，第 2 页。

③ 林董，1850 年出生于千叶县佐仓町。其父佐藤泰然为兰学医学者，顺天堂的创建人。1862 年移居横滨．开始接受英国教育 1866 年留学英国，后任驻英公使以及外务大臣，竭力主张日英同盟。

④ 关荣次：《日英同盟——日本外交の荣光と凋落》，东京：学习研究社，2003，第 145 页。

⑤ 关于日英就俄国问题磋商之事，请参阅陈友华、小村外相与米庆余等主编《日本百年外交史》，中国社会科学出版社，1998，第 47 页。

向极端，但它所起的而且必然会引起的后果，是使日本感到它可以与它在远东的劲敌进行较量，而不用担心欧洲会像上次那样进行干涉，并夺取它的胜利果实"。①

从这个意义上讲，英国在给予日本以军事援助之外，更从心理上帮助日本摆正心态，在东亚找到了自己的位置。日俄战争是作为东方的黄种人针对白种人发起的第一次挑战，日本人在这次战争中取得了胜利，从而提高了其国际地位，为日后称霸东亚打下了牢固的基础。许多资料显示，日本在战争当中，完全摒弃了过去那种不自信和惶恐的心态。

日俄战争的胜利，为日本在东亚开展"殖民政策"、落实"殖民方针"打下了比较牢固的基础。

## 二 "满铁"的成立与日本人的价值观

对于满洲各个铁路的未来走向问题，即满洲铁路的归属问题，日本并没有因为日俄战争得到答案。英美对日本的声援与援助是有代价的，这也是近代西方制约东方的手段之一。美国从中调解，使战争尽快得以结束，从而使日本获得了巨大的利益。美国提出与日本共同经营满洲铁路的要求符合美国一贯倡导的外交路线，各国列强都想从满洲铁路中获利。

在日本看来，满洲是日本的生命线，而对满洲而言，日本的生命线就是满铁。② 日俄两国政府经过交涉，在1909年1月21日，发表了拒绝回答美国提议的声明。在日本看来，满铁是用十万将士的生命和二十亿货币苦战两年换来的。从这个意义上讲，日本可以向俄国让步，但不会认可美国提出的议案。日本人清楚地意识到，美国在大洋的彼岸，势力范围要想延伸到东北绝不是易事，而俄国就在附近，其领土与东北相连可以随时干涉中国，甚至可以用武力入侵东北，这就会给日本造成麻烦。众所周知，"满铁"是日本依据日俄两国缔结的《朴次茅斯和约》而订立的。③ 在东亚建立一个类似英国的东印度公司，其规模、经营理念乃至经营方式完全以英国的经验为准，其建构"东亚印度公司"的理论思想是日本创建满铁的基本出发点。确切地说，日本在日俄战争之前就已经形成了对开发和利用东亚的理论框架。④

---

① 摘自1904年4月18日，兰斯敦呈英王的奏章，牛顿：《兰斯敦勋爵》，伦敦，1929，第308页。

② 《满铁的概要》南满洲铁道关系一件〈七〉外务省外交史料馆所藏，第3页。

③ 条约的第六条规定："俄罗斯帝国政府将长春（宽城子）至旅顺口间的铁路及其一切支线，两边的同一地方的附属地的一切权利、特权及财产及该地方的附属于该铁道的一切利益《经营、一切探矿等均得到清政府的承诺》，转让给日本帝国。"

④ 关于满铁创立的过程以及人事任命、企业经营等方面的学术论文、著作很多，因此笔者就不把这些作为本文论述的重点，本文将从文化的视角论述满铁所主张的价值观、伦理取向等。

笔者从 2011 年 6 月开始，作为研究人员曾在日本逗留了几个月，见到了满铁会（该会的会员多为满铁时期会社职员以及满铁二代，即那些出生在东北的满铁职员的子女）的常务理事天野博之先生，[①] 并进行了长达四个小时的谈话。天野曾言：“日本开发东北，投资兴建了东北的现代工业，建立了学校。因此，日本对满铁寄予了厚望。”按照天野的说法，日本在对东北的建设上花费了巨大精力，在投资方面甚至超过了对日本本土的规模，日本确实要把东北当成了实现所谓日本式的东洋现代化的试验场。从这个意义上讲，“满铁”是日本近代资本主义资本积累的代表，是日本从近代化迈入现代化必经的一个阶段性的组织机构和表现形式，这为日后日本发动一系列事变、战争积累了资金，奠定了基础。古市公威[②]认为日本对满洲经营的方案应该是“满铁经营不只是单纯的铁路问题，日俄战争的结果使日本付出了巨大的代价、流淌了大量的鲜血而获得的权利。对此，应该树立百年大计，应该把它视作是日本永久的事业”。[③]

谈到“满铁”，就必然要论及后藤新平。以经营铁路为中心是近代资本主义发展的基础。在经营铁路的同时，后藤计划在十年内从日本国内移民十万人到满洲，以此防范俄国再次蓄意发动战争。为此，他提倡“旅顺解放论”，要将旅顺从要塞的街区变成学都、商都城市，而且要在中心设立“旅顺工学堂（后来的旅顺工大）。如果“在满洲拥有五十万的移民，数百万的牲畜。战机一旦对我们有利，就可以做好向敌人进攻的准备”。这样做的目的有两个：第一是要营造阻止沙俄南下的政治文化氛围。第二是考虑到与美国的关系。后藤对大连的设想是建立一个新大陆，即所谓的“新旧大陆对峙论”。[④] 亚洲大陆将来必定会与美洲大陆隔海相望，形成对峙的局面。到那时，亚洲大陆的中心是中国。尽管后藤的设想远大，但是他仍然没有脱离那种东方国家传统的意识形态，以“人多必胜”为基本理念。后藤对“满铁”的经营采取了“英国与东印度公司关系”式的经营理念。[⑤] 后藤殖民政策的中心，用今天的话语解释就是“就地主义”。这种方式适用于对台湾的经营并取得了成功。但是，他更想把这种模式带到满洲，从而不受本国官僚政治带来的“制度规则明细”的制约，从而具有自由的“能动性”（日语是ダイナミックス）。后藤新平喜欢使用的词汇是“比目鱼的眼睛”一词，

---

① 满铁二代，1935 年生于奉天（现沈阳），父亲为满铁会社员，主要负责奉天、吉林之间的铁路维修与保养工作。1945 年，日本战败时随父亲去了吉林，为了接管政府进行长春、吉林间的铁路维护、保养工作。1947 年回国，后从事过出版编辑工作。

② 曾任朝鲜统监府铁路管理局局长，极力推荐后藤新平出任满铁总裁。

③ 日本科学史学会：《古市公威》，东京：日本科学史学会，1988，第 121 页。

④ 旧大陆指欧洲，新大陆指美洲。后藤的构想是将大连建成一个与美国相媲美的新大陆，脱离亚洲大陆。这种理论来自于他在印度发表的一篇名为库鲁浦制铁的获奖论文。内容为如何治理殖民地。

⑤ 东印度公司于 1600 年成立，当时的伊丽莎白女王给予了“独占东洋贸易的权利”，使总督的权限膨胀。结果，不仅在贸易方面，在其他方面都代替了本国的殖民经营。

即两只眼睛可以同时关注两个方面的事物。1914 年，他在“幸俱乐部”的演讲中指出，“殖民政策之意就是文装的武备，打着王道之旗行霸王之术。这种事情在当今殖民政策实施过程中是不可避免的”。① 由此可以清楚地看出，后藤在实施王道霸术的同时，试图从经济到学术、教育、卫生等方面进行了全方位的统治。为了同化殖民地人民，后藤强调的另一个事情就是教育，他采取了一种“缓冲式”的教育方式。在后藤看来，教育和“旧贯调查”一样重要，不可操之过急，“教育的快速进步”必定会遭来民众的反抗。为此，网罗人才势在必行。天海谦三郎（东亚同文书院出身，对中国进行旧惯调查的专家）提出，“调查时不是把自身作为调查的对象，而是通过调查，通过与中国人的接触，了解他们的身体”。“小学教育是满铁施政建设的第一步，其取得的成绩直接与满洲殖民地的命运息息相关。”② 为此，他首先在盖平开设了工学堂。其目的是促进和提高附属地附近中国人子弟的文化水平，同时推广和普及日语，以便日满提携、共同开发满洲。在后藤看来，对殖民地学龄儿童进行教育即等同于对土著人进行教育。因而他在各地都加设了高等科以及寄宿学校。当然，日语是这些学校必须要开设的科目。1912 年，开设了奉天外国语学校、辽阳语学传习所，1913 年又在营口开设了实业学校、安东中日恳谈学校、吉林中日语学校。在抚顺、本溪湖地方开设了本科学校，招收了 190 名学生。③

后藤认为解决宗教问题是殖民统治的关键所在。对此，他进一步解释说，“必须让殖民地的人民归附帝国。像佛主所言，皈依之事是第一要务。……殖民统治更需要这样。只有经常利用人的弱点，抓住人的本性的弱点来实施统治，方能保证百年大业”。④ 宗教和殖民地政策就是要以“攻心”（日语是心をとらえる）为目的。

“满铁”的建立使东北的生产关系发生了变化，而将从前中俄间的关系转变成中日间的关系。这种新的变换势必要产生新的民族关系与阶级关系。“这种互相斗争的阶级在任何时候都是生产关系和交换关系的产物，一句话，都是自己时代的经济关系的产物。”⑤ 战争和暴力掠夺在这些新阶级的产生过程中起到了巨大作用。中华民族与日本民族的矛盾由此升级。从“满铁”建立之日起，日本对中国的掠夺便进入到一个有组织、有计划、有节奏、有规模的阶段。这种民族的矛盾会随着本民族对其他民族的了解、认知而逐步升级、恶化，从而最终演变成新一轮的战争。

① 后藤所谓的“殖民政策为霸术”，即“满铁的事业表明上打着经营铁路的旗号，暗地里实行的却是设施扩充建设”。

② 《地方经营梗概》，南满洲铁道关系一件〈五〉，外务省外交史料馆所藏，第 37 页。

③ 《地方经营梗概》，南满洲铁道关系一件〈五〉，外务省外交史料馆所藏，第 40 页。

④ 后藤新平：《文装武备论》。另参阅《后藤的日本殖民论》，满铁社员会编，1934，第 23 – 24 页。

⑤ 恩格斯：《反杜林论引论》，《马克思恩格斯选集》第二版卷 1，人民出版社，1995，第 365 页。

## 三 《满洲日日新闻》的创刊

为了将自己所代表的所谓先进文化融入殖民地，澄清污浊的殖民地文化，从而以武力或者同化的手段兼并、吞没殖民地，日本当局进行了长年累月的、坚持不懈的努力，并从敌对国或者其他国家手中不断获得能激发自己国家综合国力的力量，以使这种综合国力持久增长。

从文化的视角探讨满铁与《满洲日日新闻》的话，“硬的经济和军事权力的增长会提高其自信心、自负感”。[①] 日俄均想通过军事实力来加强领地建设。因为他们都清楚地认识到，“软权利只有建立在硬权利的基础上才能成为权利”。[②] 在当时的俄国人看来，俄国自身的文化和意识形态对东亚民族极具吸引力。在中国的东北，特别是哈尔滨，已经有了栽培俄罗斯文化的土壤，而且俄国的势力也已经在朝鲜渗透，下一步等待开发的领地就是日本。而在日本看来，俄罗斯的文化极具侵略性。如果不从武力上战胜俄国的话，日本也很难自保。日本民族以及文化能否延续、生存下去就在此一搏。他们清醒地看到，文化“被看作是根植于物质上的胜利与影响时，它们就有吸引力”。[③] 日本自身的成功使他们相信至少在东亚圈内，自己的文化或软权利与其他民族相比更加优越。因而，他们试图增大、增强本民族文化和意识形态对其他民族的吸引力。19世纪末至20世纪初叶的世界，正是充满武力战争的世界，这个时期也是确认“文化和意识形态具有吸引力，其他国家更愿追随”[④] 其领导的时期。日俄战争正是日俄两个列强并通过彰显各自的硬权利并争夺在东亚的软权力而发动的战争。日本并没有因获得战争的胜利而感到万事大吉，也没有因为获得南满洲铁路的所有权而感到高兴。日本能否平息西方的舆论，自己所谓的新东洋思想、意识观念能否得到西方的认可，特别是英美国家的认可，就直接决定了日本能否在东北能站住脚，并继续生存下去。

日俄战争之前，日本对华的舆论操纵及文化宣传就已经开始转型。这种转型表明日本对华有了一个新的认知，同时也表明日本清楚地意识到世界格局不允许日本在中国南部投入更多的人力与物力。从“北守南进”[⑤] 到“北进南守”政策的转变说明，

---

① 塞缪尔・亨廷顿：《文明的冲突与世界秩序的重建》，周琪、刘排等译，新华出版社，2005，第92页。

② 塞缪尔・亨廷顿：《文明的冲突与世界秩序的重建》，周琪、刘排等译，新华出版社，2005，第95页。

③ 塞缪尔・亨廷顿：《文明的冲突与世界秩序的重建》，周琪、刘排等译，新华出版社，2005，第101页。

④ Joseph S. Nye, Jr. The Changing Nature of World Power. New York; Political Science Quartely1990年，第181－182页。

⑤ 1899（明治32年）年6月，慈禧太后密授旨意，遣刘学询、庆宽等为特使访日。表面是为日、清间的友好亲善，实际是要求日本引渡康有为、梁启超。5月27日山县发表了对清国特使的意见书，即所谓的《山县有朋意见书》，其中心意思是“如果我国的财政、兵力允许的话，应该提携清国”。

从1901年开始，日本的对华策略发生了巨大改变。从1898年开始，日本就已经进入对俄战争的准备阶段。舆论的转型势必操纵文化的转型，日本人对文化的认知发生了质的变化，整个民族确信要发展经济、提高国民生产总值、改变国家的命运，就必须按照山县内阁的既定方针一致对外。这样，整个日本民族就变成了一部战争机器，积极为日俄战争做准备。同时，日本强调面对西方列强对远东的侵略，同文、同种、同教的日中联盟能形成以"东洋"思想为核心的东亚民族主义。

准备与俄国的战争，并竭尽全力推进富国强兵的国策、转变国内的经济危机，使日本萌生了再创辉煌的念头，更使军部抓到了对外扩张的机会。转变政策也使外务省对新闻操纵、文化宣传变得更加具体化，"对报纸的掌控从原来的中性立场逐渐转向宣传战争、宣传日本的国威、宣传日本的生命线的重要性"① 上来。在这一方面，最明显的表现就是废除了天津的《国闻报》。② 1902年4月3日日本驻清公使西德二郎在给外务省的报告中明确提到："《国闻报》的论说和记事常常表达与改革派同样的意思，从而伤害了清廷的感情，因而毫无益处可言……外务省对日本在华经营报纸的方针应是：《国闻报》应单纯是一种我国外交的机关报纸。而在宣传帝国政府、报道清廷时，要特别慎重，不能背离善邻友谊的本意。"日本政府同时也利用中国变法、改革派的行为大造舆论，宣称要帮助中国变革，以维护东亚和平，借此转移国内民众的视线，将矛头一致对外。为此，日本加大了对国内舆论的控制及对华的宣传力度。观察整个日俄战争就会发现，从某种意义上说，日本这个新兴的资本主义国家与沙俄这个老牌的资本主义国家之间的对抗，是对现实生活、现存状态的一种无奈的背叛。③ 此后，日本又把希望寄托在上海创刊的《同文沪报》上。外务省自1902年12月开始，每月都向《同文沪报》支付527日元的补助金，以帮助井手三郎顺利经营该报社，此外，上海总领馆还提供了不少资金。随着日俄战争的爆发，外务省加大了其补助金的投入。他们在原有的补助金的基础上，还增加了300日元的宣传扩展费。这样，《同文沪报》一年就能从外务省得到大约一万日元的资金补助。外务省要求该报加大宣传力度，以期该报纸能派上更大的用场。在日俄战争期间，尽管外务省在原有的基础之上增加了相当数量的资金，以弥补欠缺的经费问题。但是，《同文沪报》却是一种没有按照这种模式运营的报纸，它并没有因为战争的扩大而增加发行量，对战争的报道做得也不到位，也就是说，没有完全按照外务省的精神发表评论，从而违背了外务省要求的"属于日俄战争时期的报纸有关贵地的闻操纵问题，不仅要在战争中为该报打下一个牢固基础，即使在战争结束后，该报也要有相当的地盘"的规定。为此，外务省直接向上海总领

① 谷胜军：《日本学》，北京大学日本研究中心专辑〈17〉，2012，第342页。

② 发行地天津，1897年10月26日创刊，创刊人为王修植，之后转给日本外务省，由西村博经营。

③ 程丽红：《近代日本来华民间报人的文化立场》，《东北亚论坛》2011年第1期，第123页。

事发布训令："原本本省创设该报的目的在于，因为一旦战争爆发，在贵地驻扎的俄国将官以及其他人都会站在俄国人的立场上捏造事实，肆意在中国国内散布虚假报道。而愚蠢的中国人会把此等报道错当成事实的真相。这些都会事关日本的利害，所以，每日要把相当数量的《同文沪报》免费发送给总督、巡抚以及其他地方官。"永泷总领事对《同文沪报》也没有提出一个切实可行的改革方案，但永泷同时进言道：如果这么一味地对该报进行资金补助，还不如将资金投给那些有影响力的报纸，这样对外务省操纵报纸有利。从这点可以看出，作为日本在沪总领事的永泷，他对日本在沪的新闻报纸等媒体机构了如指掌，他在给外务省的报告书中，透露出对《同文沪报》的失望。他作为外务省在沪的发言人，代表外务省宣判了《同文沪报》的死刑。1907 年 8 月 10 日，外务省电告井手，表明仅仅再给一年的补助金，接到这个通知的井手不得不在第二年的 1908 年 2 月将该报转卖出去。这样，《同文沪报》终于结束了 8 年的经营历史。

战争总能提高报社的数量和报纸的发行量，所以，战争和报纸是一对孪生兄弟。《满洲日日新闻》高唱日本在战争中所代表的正义立场，成为日本夺取辽东半岛的一个"合情合理"的舆论支撑，并借助报纸将西方列强，特别是俄国的媒体势力挤出东北，从而达到在舆论上独占东北的目的。作为"满铁"的机关报，社长森山守次①在当日创刊词中，开宗明义地对《满洲日日新闻》的创刊方针、意义、目的进行了详细论述。"逢天长节②佳辰之际，仅此《满洲日日新闻》创刊，我等自知菲才、力薄才浅，然力图将笔墨触及全满洲之各领域。虽恐招责、实感平息各方议论、发表己见之难，但我等竭力进取，期待充当我满洲经营之急先锋是也，然则因我等皆具忠诚爱国、忧虑众生之资质也。"③

如上所述，文化的衰退导致国家、民族的衰退。当时的东北形势是日、清、俄三国平分秋色。即俄据北、清据中、日据南。从这个角度来看，东北似乎成为日俄的角斗场。对该地的政务，清政府好像没有了发言权，被完全排挤于外。对日俄两国在满洲的所有权一事，世界舆论更倾向于日本。正是借助这种"鸿运"，《满洲日日新闻》

---

① 《满洲日日新闻》报社初任社长。1875 年出生于日本佐贺县。东京帝国大学（现东京大学）法科毕业。之后留学欧洲，归国后任台湾总督府官员，与内田良平交往深厚。在内田极力推进日韩合并运动时，以在京同志的身份竭尽全力给予援助。组建了《朝鲜问题同志会》，执掌中央舆论部门的工作。之后来到中国，在天津、北京等地进行写作，后转至满洲。《满洲日日新闻》社长卸任后，于 1917 年左右成立了"三国公司"，试图从事开发满蒙资源以及生产的贸易工作。此后又在大连创刊了《远东周报》。晚年回到日本，任内田良平的养正私塾的讲师。1929 年患胃癌病逝，终年五十五岁。

② 天长：天的演变之说，天长地久。天长节是日本的四大节庆之一，庆祝天皇的诞生，明治元年制定。战后，改称为天皇的诞生日。地久节：天长地久为老子之说，表示就像天地一样万物永恒不变。

③ 《满洲日日新闻》创刊号第一版。

得到了创刊。[①] 日本试图通过该报刊向世界解释、说明日本的立场、观点，从而加大、加强在东北的舆论主导权，力争在世界舆论阵地上占有一席之地。如果说，北京的《顺天时报》和上海的《同文报》纯粹是为了赢得日俄战争胜利而创刊及经营的话，那么，“满铁”和《满洲日日新闻》就是这场战争的战利品。《满洲日日新闻》是在特定历史环境下出现的一份特殊报纸，是日本在东北土地上创办的一份旨在宣传日本对东北政策的机关报，是半殖民地的东北在无力掌控自我文化和舆论主权的情况下所出现的特殊产物。以大连为中心，采用辐射式模式是当时日本在东北地区办报的特点。《满洲日日新闻》代表了“满铁”，尤其是代表了日本官方的立场，它将满洲各地的报纸包含在其中，是全满洲最大的日文报纸，是日本在东北实施殖民主义政策的“急先锋”，该报的宣传为日本统治东北奠定了牢固的理论基础。

原载《东疆学刊》2013 年第 2 期

① 程丽红：《近代日本来华民间报人的文化立场》，《东北亚论坛》2011 年第 1 期，第 123 页。

# “满铁”两大图书馆在日本文化侵略中扮演的角色

叶　勇

“满铁”为了更好地控制中国东北的资源，愚弄东北人民，乃至侵略全中国，以图书馆为桥头堡和大本营，深入东北腹地，建立了包括图书馆在内的“纵横文化网”。①其中“满铁”大连图书馆和“满铁”奉天图书馆是“满铁”31个图书馆中最为重要的两大图书馆，二者在日本殖民文化侵略中扮演了重要的急先锋角色。弄清其在日系图书馆中扮演的角色，对研究日本殖民者如何利用图书馆龙头进行文化掠夺，具有十分重要的学术参考价值。笔者通过梳理总结，简述如下。

## 一　“满铁”大连图书馆

1907年，随着“满铁”理事、东京帝国大学教授冈松参太郎的“满铁”图书室的筹建，拉开了“满铁”大连图书馆的建设序幕。“满铁”大连图书馆直属“满铁”本部，第一任也是任期最长的馆长为柿沼介，馆刊《书香》。“满铁”大连图书馆的任务是集中收藏政治、经济、法律、财政、社会、产业、殖民、地志类书籍以及会社本部的资料，同时收集官方档案及军事机密材料，供会社参考，属于参考图书馆，是“满铁”在东北筹建最早的图书馆。“满铁”大连图书馆为“满铁”的殖民统治做了大量的工作，在“满铁”各图书馆中扮演着特殊的角色。

### （一）扮演着中心图书馆的角色

大连位于辽东半岛的最南端，有着东北广大的腹地，其地理位置的优势决定了图书馆的战略地位。“满铁”大连图书馆是“满铁”在东北经营社会文化宣传和文化策略的主导机构。馆长拥有其他“满铁”沿线各馆绝对的采购权和审查、业务指导权。“满铁”最终形成了以“满铁”大连图书馆和“满铁”奉天图书馆为中心和次中心，以其他各沿线各馆为辅助的日本殖民文化侵略的“图书馆网络”。

① 冷秀锦：《“满铁”图书馆研究》，辽宁人民出版社，2011，第94－141页。

### （二）专题性、地区性的文献体系

"满铁"大连图书馆搜集文献的目标是"远东"（东洋）及为业务参考服务方面的图书文献。通过广泛搜罗古刊汉籍和中国通志、府、县志以及有关西方研究中国的文献，使中国古籍、殿版珍藏、西方典籍等，通过各种渠道源源不断地注入到"满铁"大连图书馆的藏书中，"满铁"大连图书馆最终实现了他们所期盼的成为"东洋文化殿堂"的梦想，其中包括当时建立的"满蒙文库""大谷文库""演剧文库"以及后来被学者称谓的"远东文库""犹太文库"等。从1907年至大连光复的1945年，大连"满铁"图书馆藏书已达44万册，形成了专题性、地区性的文献体系，为日本侵略者了解中国提供了详尽的文献资料。① 太平洋战争爆发后，国际形势发生了重大的变化，"满铁"各图书馆的搜集任务亦有所变化。（据该馆馆员大谷武男回忆：大连图书馆是"东西关系、学术综合专门图书馆"）。

### （三）创刊为文化侵略服务的《书香》

为了加快"满铁"图书馆的发展，1925年创刊了《书香》。其创刊伊始，就扮演了一个赤裸裸地为殖民统治服务的政治舆论工具的角色。除了刊登图书馆业务论文外，还刊登与时局相关的政论性文章，如1931年5月第26号，刊登《图书馆的使命》一文，鼓噪图书馆的发展方向；第33号发表《时局与图书馆》一文，讨论图书馆与时局的关系；九一八事变后，《书香》还开辟了九一八事变专栏，刊登《满洲事变与世界正体》② 等等。因此，《书香》既是"满铁"31个图书馆的业务交流主园地，也是殖民宣传舆论的刊物，更是为日本文化侵略服务的喉舌。

### （四）战时"满铁"大连图书馆角色的转变

#### 1. "满铁"调查部之下的大连图书馆

1938年4月，随着大连图书馆隶属于调查部之下，其业务关系变为调查部资料课与大连图书馆的关系，其角色已经转变为"为搜集资料的资料课整理与保管资料的图书馆"。"满铁"大连图书馆此后与调查部形成了不可分割的整体。同年5月，"满铁"开始对大连图书馆的业务进行重新划分，由原来的三系变为四系，图书馆成为调查部的一个部，馆长和主任也都由调查部派遣，图书馆的内外业务成了调查部的一个整体。作为被调查部掌管的图书馆，之后就开始了大规模的调查行动，从此"满铁"大连图书馆就成为政治、经济、产业、矿产资源等调查部研究、搜集保管文献的场所。"满

---

① 冷秀锦：《"满铁"图书馆研究》，辽宁人民出版社，2011，第94－141页。

② 冷秀锦：《"满铁"图书馆研究》，辽宁人民出版社，2011，第94－141页。

铁”时期，总共提出了1万多份调查报告，差不多每天就有一份调查报告出笼，其中一些调查报告，如“中国抗战力之调查”“远东苏军后方调查”等，对日本当局的决策起过重要作用。这些调查报告和资料大部分收藏在“满铁”大连图书馆中。

**2. 战时业务的转变**

战时的“满铁”大连图书馆建立了“占领地区图书接受委员会”。负责调查查封被占领地区图书馆的图书；同时派遣人员到占领地接受整理图书。如大连图书馆曾派遣书目部主任大佐三四五和馆员青木实到南京接收整理图书。

### （五）开展各种业务、学术活动，加强侵略宣传

虽然“满铁”大连图书馆所开展的各种业务、学术活动较为活跃，但它都是围绕着日本的殖民政治宣传或军事侵略所进行的。[①]

**1. 举办图书馆大会**

作为“满铁”图书馆中心馆的大连图书馆，开展学术活动尤为活跃。如1920年5月25日至6月5日，日本国第15次全国图书馆大会在大连召开。出席会议人员105名，其中日本国内的图书馆员5名，朝鲜2名，“满铁”所属图书馆28名，中国关内图书馆员2名，大会历时12天，会后分别到沈阳、汉城（当时的朝鲜铁路也由“满铁”管辖）进行学术讨论和业务交流；1937年6月3日至10日，日本的第31次全国图书馆大会又在大连举行，参加人员有210人。[②]

**2. 举办书展及所谓的文化交流活动**

“满铁”大连图书馆于1924年11月举办书展，为时3天，展出了有关满洲、蒙古的图书30种；之后又于1926年11月举办“满蒙研究资料展览”，参展文献70余种；1929年6月，“满铁”大连图书馆举办“中日文化研究资料展览”，参展文献20余种；同时邀请黑田源次博士举办“十八世纪日本、中国以及西欧在文化上的结合”讲演会；同年11月，举办“中国民族研究资料展览”；1930年10月30日，举办“中国地图展览”，展出中国舆图451幅；1934年10月，举办“热河照片展览”，展出图片40幅；1935年11月，举办“华北文献展览”，展出文献50种。

**3. 编制联合目录，更好地为军事侵略服务**

“满铁”大连图书馆虽不直接参加军事侵略行动，但为战争提供更为便捷的情报服务，这就决定了其文化侵略的性质。如九一八事变后，经满铁总裁的批准，以大连图书馆为中心，协调东北24个日系图书馆，编制了《全满二十四图书馆共通满洲关系和汉书件名目录》正续编两册，免费为关东军、伪满洲国政府、关东厅等机关提供查阅

---

① 李晓菲：《“满铁图书馆”及其带给我们的启示》，《图书馆建设》1998年第1期，第73－75页。

② 李晓菲：《“满铁图书馆”及其带给我们的启示》，《图书馆建设》1998年第1期，第73－75页。

方便，其为殖民侵略服务的色彩昭然若揭。

**4. 开展"巡回书库"和"列车书库"活动**

"巡回书库"就是按"满铁"沿线各图书馆的需要，将馆内的图书编成一定的小书库（20～100册），运到"满铁"各图书馆，再由各馆负责把图书运到图书馆以外的场所，供市民参考和阅读；"列车书库"是在列车上用小木箱配置图书，共在10趟列车上设置书库，每库图书20册，杂志3种，强迫乘客阅读。通过这两种手段，使被统治者始终处在日本文化教育氛围的熏陶之下，逐步腐蚀侵染国民的思想和意识，达到他们的政治和文化侵略目的。

## 二 "满铁"奉天图书馆

1910年11月3日，"满铁"本社在奉天寻常高等小学校内设置了仅有几十册藏书的图书阅览场，这就是"满铁"奉天图书馆的开端，1921年，新馆建成后，由"满铁"本社直接管辖，因为奉天担负着日本殖民统治东北文化掠夺中心的角色，所以奉天馆的藏书逐渐被重视，使其成为国际文献的聚集所，被视为一个文化发源地的标志性借鉴场所。1938年，"满铁"成立大调查部，该馆成为调查部下属的文献搜集与研究场所。1942年，太平洋战争爆发之际，该馆遂成为"满铁"调查局奉天调查室下属的一个部门。其性质完全成为日本侵华的一个情报调查机构。

### （一）扮演着次中心图书馆的角色

"满铁"奉天图书馆的地位略逊于"满铁"大连图书馆，但也起到了南北遥相呼应，珠联璧合的作用。"满铁"奉天图书馆的筹设，表面上是一个传播世界文化及辅导社会教育的机关，但其实质已经远离了图书馆的本色，成为一个地地道道的侵略研究所与阴谋补给源。日本人把"满铁"奉天图书馆作为了解东北乃至中国的渠道，广泛收集各种资料为日后的侵略战争做准备。作为"满铁"会社的业务服务，平时是为殖民统治提供资料，而到了战时，则为军方提供情报。馆长卫藤利夫宣称该馆在九一八事变中贡献极大。他曾以《满洲事变与图书馆》为题发表在《书香》第39号上发表文章，论及"满铁"奉天图书馆在九一八事变中发挥的作用。因此，"满铁"奉天图书馆在日本奴役东北的文化及军事侵略中起到了至关重要的作用，扮演着次中心图书馆的角色。

### （二）"五族协和"藏书体系的形成

开馆之初的藏书是以小说、讲座类的通俗读物为主，但在被视为重工业基地之后，为协助殖民者对东北的开发，建立了"满蒙文库"。"满铁"奉天图书馆主要收集古籍珍、善本图书和中国主要的方志，同时交通、工学、满蒙历史、边疆研究类文献也纳入其搜集范围。除此之外，该馆还不断充实和、汉、洋类的图书，大量地购入有关图书和研究资料，如欧美人关于东洋的文献，尤其是以伪满为中心的蒙古、中国、西伯利亚以及东北府县志的方面的文献。奉天图书馆的藏书体系贯穿始终的是“五族协和”（满、蒙、大和、汉、鲜）的思想。[①]

### （三）满洲“国立奉天图书馆”的建立

谈到“满铁”奉天图书馆就必须连带伪满洲国立奉天图书馆，该馆是在“满铁”奉天图书馆的经营体制下创立的，日本人要掠夺《四库全书》，奉天馆长卫藤希望建一个防火混凝土书库来放置，而日本政府却与伪满洲国达成建立“国立文化院”的协议，由于经费问题便建立了该馆，1932 年 7 月 7 日，日本正式将该馆转交伪满洲国，后来《四库全书》也全部移藏该馆，满洲国立奉天图书馆正式运作。满洲国立奉天图书馆的藏书主要是以“学术参考图书馆”为宗旨，所搜集的文献主要与“满蒙”有关的史地等贵重汉籍为主，因此，该馆收藏了包括《四库全书》在内的殿本、善本、满蒙文书籍、旗人著作、户籍册、古碑拓本等大量的文献，另外，该馆还收藏了罗振玉所保存的部分文献。因此，该馆实际上也是日本侵略东北的文献聚集地，其扮演了在伪满洲政府掩盖下，为侵略者保存掠夺图书的角色。

### （四）发挥图书馆的情报职能，殚精竭虑地为殖民侵略服务

#### 1. 赠送文学读物，掩盖侵略事实

九一八事变发生之时，世界舆论哗然，为了让西方了解日本和满洲的特殊历史，奉天图书馆向关东军司令部建议，把以日俄战争为题材、宣扬日本武士精神的小说《肉弹》（樱井忠温著）的英文、法文译本，赠送给驻沈阳的外国头面人物。[②] 就是借助《肉弹》这部小说，对这些西方列强的代表人物进行了一次有效的历史启蒙和政治洗脑，以掩盖侵略东北的事实。

#### 2. 向殖民侵略者提供地图文献的支持

九一八事变后，张学良东北政府所在地临时迁往锦州，而日军却穷追不舍。为了弄清地形，关东军某青年参谋来到奉天图书馆，查阅中国出版的辽西地图，该馆平日积累的中国东北各地地方志此时派上了作战用场，虽然那上面的地理形势描绘得不够科学，但山川古迹、庙宇佛阁，却都标得很清楚，让那个关东军青年参谋兴奋不已，

---

① 冷秀锦：《“满铁”图书馆研究》，辽宁人民出版社，2011，第 184－211 页。

② 王中忱：《满铁图书馆遗事》，http://www.People.com.cn，2005.8。

满意而归。[①]

**3. 无微不至地为殖民特务提供情报服务**

“满铁”奉天图书馆曾为前来查阅有关“黑龙江的教育制度”，有着特殊身份和使命的衣衫褴褛，貌似中国苦力的3个日本特务服务。根据特务们的要求，卫藤给他们彻夜开着电灯、暖气，在图书馆阅览室彻夜查阅情报信息，直至拂晓时分，完成特别任务后，卫藤才将他们送出图书馆，望着他们在零下30℃的寒风中离去。[②]

### （五）不断增加殖民色彩，创新服务方式，扩大文化宣传

建立各种文库，开展文库运动，是“满铁”奉天图书馆馆长卫藤的首创。

**1. “满蒙时局文库”的设立**

九一八事变期间，为了向国际社会传送关于满蒙与日本特殊关系的“正确”认识。该馆设置了把有关中国东北、蒙古的文献汇集一室的“满蒙时局文库”。[③]（《书香》杂志第34号专门刊载了这个文库的照片）

**2. 开展“阵中文库”运动**

馆长卫藤还积极开展“阵中文库”运动，他组织日本殖民占领的满洲、朝鲜和日本本土的各图书馆及普通民众捐书，目的是送给在前线作战的日本军队、警察和“满铁”社员，以解决经费不足的矛盾。《阵中文库宗旨》鼓动说：这是对前线战士最好的“精神安慰”。从1931年12月开始，到1932年6月，在不到半年时间里，“阵中文库”收到捐赠图书近12万册，经过军部审查选定后，内容适合送往前线的图书就有109800册。奉天图书馆还承担了图书的征集、分类以及与军部联络、运送等工作。[④] 此外，“巡回书库”也是“满铁”奉天图书馆普及图书，强迫阅读的一种服务方式。

“满铁”奉天图书馆在卫藤的主持下，用了整整20年的时间，把一个仅有6000册藏书的简易图书室，建成拥有堂皇建筑、数十万册藏书，可与大连“满铁”本部图书馆比肩的图书馆。而卫藤本人，除了领导图书馆工作，还研究学问，著书立说，先后出版了《图书分类的逻辑原则》《鞑靼》《短檠》等专著。九一八事变后，奉天图书馆的气氛整体发生改变，已经由一个读书消遣的角色，“一变而为王道思想的讨论场，国家哲学的大坩埚”。

太平洋战争爆发后，奉天图书馆又扮演着“交通工学，工业社业图书馆”的角色。1944年，“满铁”奉天图书馆将汉文古籍和有关东西关系的西文书籍转移到“满铁”

---

① 王中忱：《满铁图书馆遗事》，http://www.People.com.cn，2005.8。

② 王中忱：《满铁图书馆遗事》，http://www.People.com.cn，2005.8。

③ 李娜、王玉芹：《满铁图书馆与日本对中国东北的文化侵略》，《社会科学战线》2008年第12期，第105－108页。

④ 冷秀锦：《“满铁”图书馆研究》，辽宁人民出版社，2011，第184－211页。

大连图书馆，又与“满铁”总务局奉天调查室的资料课合并，调整后藏书达20余万册，摇身一变，又演变成以收藏交通资料为主的图书馆。

1937年，日本宣布撤销对伪满洲国的“治外法权”。这当然是日本政府的遮眼法，为了蒙骗国际舆论和殖民地民众。“满铁”图书馆，对各馆的图书进行调拨分藏后，全部移交伪满洲国。仅保留了大连、奉天、哈尔滨三馆。[①]“满铁”对这两大图书馆所扮演角色的重视程度可见一斑。

## 三 结束语

纵观以两大图书馆为首的“满铁”图书馆网络存在的38年，我们可以清晰地看到，“满铁”图书馆只是一种历史现象，它完全是日本侵华战争的产物。“满铁”图书馆通过购买、转抄、没收、巧取豪夺等手段大量扩充馆藏，通过潜移默化，侵蚀人们思想意识以及为日军收集情报的方式来实现其文化侵略的职能，致使中国的图书资源造成了巨大的损失。日本在中国东北经营的图书馆事业，完全是建立在中国图书馆事业被破坏殆尽的痛苦之上，虽然其事业发达至极，并有许多可鉴之处，但这丝毫改变不了它作为侵略的卑劣行径。“满铁”各图书馆扮演了“装点门面，奴化中国人民，有计划、有预谋地进行文化侵略”[②]的极不光彩的角色，其中这两大图书馆在文化侵略中所扮演的急先锋角色不容忽视。

原载《山东图书馆学刊》2013年第3期

---

① 李娜、王玉芹：《满铁图书馆与日本对中国东北的文化侵略》，《社会科学战线》2008年第12期，第105－108页。

② 李娜、王玉芹：《满铁图书馆与日本对中国东北的文化侵略》，《社会科学战线》2008年第12期，第105－108页。

# 日伪统治时期安东地区满铁遗迹探究

于生龙　于　娜

满铁是日本在中国最大的垄断组织，是日本政府假借公司之名而行机关之实，欲使南满洲铁道株式会社代替政府经营南满洲的一个公司。1905 年日俄战争后，日本从沙俄手中得到中东铁路支线南段即长春以南地区南满铁路的经营权，为了管理南满铁路，1906 年日本天皇下诏成立南满洲铁道株式会社，总部设在日本东京。1907 年总部由东京迁往大连，第一任总裁是后藤新平（官名：后藤子爵）。在满铁会社开始经营的同时设置了安东县运输事务所来接替原来的野战铁道提理部安东铁道班。到了大正十二年（1923）四月，伴随着会社地方制度的改正与公务关系事务所合并管理，设立新的安东地方事务所，南满铁道安东地方事务所建成，第一任所长是志村直义。作为大连总部的一个办事处，开始了满铁在安东的全面经营，主要掌管安奉线的运输等事务，名义上是经营铁路，实际上却公然插足军事、政治、情报等各个领域，如矿产开发、水电煤气、文化教育等方面，当时被称为“日本在中国的东印度公司”。那么，解读那段历史时应该有凭据，一个是文献资料，一个是遗址、遗迹。否则，对历史的解读就苍白无力。

据第三次全国文物普查统计，丹东市共发现日伪时期文物遗迹百余处，其中被列入国家级文物保护单位的有 1 处、省级文物保护单位的有 2 处、市级文物保护单位的有 22 处。这些遗迹中多数以上是当时的满铁所涉及的领域，如“安东水道元宝山净水场”“满铁安东地方事务所”“伪安东市政府”等。这一座座建筑都记载着日伪统治者的罪恶，再现了日伪殖民统治下的人们饱受苦难的遭遇。为了介绍这些日伪时期满铁遗迹，下面我从当时的军事、经济和政治三个方面做一简要概述。

## 一　满铁涉及的军事领域

众所周知，满铁的铁路延伸到哪里，哪里就有列强的势力，因为在保证满铁获得丰厚经济利益的同时还要增强军队的机动能力。于是，由满铁独立守备队护卫的各条铁路及其沿线附属地就成为满铁不断向外扩张的筹码。为了便于军事管理，他们在各个主要交通要道、重要厂矿区附近修筑炮楼，修建驻兵的营房等设施。通常，控制住了铁路就等于控制住了一个国家的国防和经济的生命线。

### （一）安东陆军独立守备队

明治 40 年（1907）二月成立，是由日俄战争出征部队中抽取的一部分人员组成的，驻扎在安东，当时守备队驻扎在安东元宝山下一民房中。明治 41 年（1908）七月，六道沟桃园街营舍建成，兵力约一个中队，主要负责满洲东边道守备及铁道线路和列车的保护警戒。昭和四年（1929）八月，满洲独立守备队二大队增设部队到达此处，合并后成为一个独立大队。

### （二）鸡冠山日伪建筑群

位于凤城市鸡冠山镇，至今保存完好。明治 42 年（1909）关东军独立守备队四大队三中队（木村中队）以保护铁路为名在鸡冠山镇驻扎。他们名义上是保护铁路，实际是为了伺机侵略凤城，并在后来的战争中成为侵略丹东市的主要部队。

关东军独立守备队在各地区的驻防情况：独立守备队司令官森连中将及第一大队驻守公主岭，独立守备第二大队驻守沈阳，独立守备第三大队驻守大石桥，独立守备第四大队驻守连山关，独立守备第五大队驻守铁岭，独立守备第六大队驻守鞍山，下辖 34 个中队分别驻守瓦房店、昌图、安东等地。

## 二　满铁涉及的经济领域

为了达到长期占领的目的，在军事占领的同时，日伪还通过强占海关、垄断金融、控制产业等掠夺丹东市的资源，并大搞市政建设活动（日俄战争以后，日本在安东的人数约有 1300 多人，同时很快在附属地内建立起了各种机构、教育设施等），以便进行长期性的经济掠夺。

### （一）安东水道元宝山净水场旧址

石碑碑文：

水源地竣工纪念樱移植

昭和十年（1935）三月十日

发起人/宫崎政一/数野寅吉

芳名/山下保太郎/黑柳柴次郎/中山□□□/吉本□□□/足立三郎/高木□□/寺岡□□/□□言巳/□王直记/宫本發一/大野芳忠/田中□羲夫/长岡柒三郎/金崎连雄/加合次作/将水多作/吉山组/吉山组/水间議之助/宫崎政一/崗组出张所/大森雄记/清原

□□/本田勝三郎/小松□□

宫崎政一：安东县宫崎铁工所负责人。而宫崎铁工所主要营业的课目是满铁指定制造与贩卖各种器械的工厂。因此，该水源地中的机器应该是由宫崎铁工所特别提供的。

足立三郎：满铁安东地方事务所机务段段长。

本田勝三郎：安东地区东省洋行行长。

水间議之助：日本宫城县人，水间组。

崗组出张所：日本同组办事处。

1905 年日本在安东建立附属地，因附属地内井水极少且水质不良，从而设立机关车供水。到了明治 43 年（1910）八月，得到满铁的认可在六道沟等地区建立水源地，然而该地区属于陆军用地及安东官有财产，经过交涉，于明治 45 年（1912）四月一日开始建立水源地。当时是为了便于铁路机务段机车用水及附属地内日本居民的生活用水，由满铁安东地方事务所施设局水道课主持，在花园街立交桥附近的桃源山上和镇江山上分别修建了两个水源地。因当时条件有限，供水吨位很小，加之后来日本人大量移民到丹东市，所以在建设街道的时候周边附属地区以及闹市区的街道可以安全饮用的水源极少，并且水的质量也不好，对水源地的改善就成了当务之急，各地县政府对各个沿线的自来水管道进行了改善和设立，购买了英国一家有着 12 年经验的自来水过滤公司提供的急速过滤器。1926 年 4 月起动工，10 月竣工，并于 1927 年 7 月施工盐氧杀菌，开始对安东市的水源地进行杀菌。如前所述，对于水源地的扩张计划引来了一系列的问题，水源地扩张之后，被陆军经理部作为军用财产来进行管理分配和出租，并于 1923 年开始以 10 年期限来进行水源地的开发。为干旱时期做准备，1929 年在安东沙河镇附近开始了第二个水源地的测定以及安东自来水管道的普及和经营。昭和十年（1935）开始了其他水源地的修建。

### （二）日伪双岭子城防卫工事驻屯碑

该遗址的发现不仅可以证明日本当年的野心，而且还填补了丹东市日伪时期的地方史研究的一项空白。石碑正面刻有“雙嶺子城防卫工事完成纪念碑，康德三年（1936）十月谷旦建”，背面刻有“駐屯纪念”及“满洲派遣河村本部隊山口部隊太田隊小林小隊”和“本溪县岔路子村公所”。

石碑碑文：

满洲派遣河村本部隊山口部隊太田隊小林小隊

步兵少尉小林俊芳/步兵軍曹葛成豐二郎/步兵伍长稻業六郎

步兵上等兵渡邊秀□/全□□□/□□善□/绪□□/達□芳□/秦□祐□/渡边嘉□/一等兵大□双□/全□□□□/□□□/石□□□/□□明/□□□祐/□□□□/□□□/

□□□/一等兵水野良信/全小□正東中村羲弘/□□□□/□□□□/豐□正吉/矢部正三/永野□弘/四宫長□小也□雄/北四雅光/□田長吉/黑川仙丈/浅井芳/今井郎/□琼一/□水竹三/□岚秋藏/井□□□/一等兵石□武□/仝 九野□□/一等看护兵龟池□□/本溪县岔路子村公所/村長劉景/傭员/□□□/仝 宋萬□/□□□屯長□□□/仝 姜雲/□永□/侯□□/李□□/陳□□/隋殿□/吴雲/勤務兵/□□□

由此，我们可以断定他们的目的主要是掠夺赛马及周边乡镇的矿业资源。

### （三）东边道铁路

昭和12年（1937）日本开始实施“东边道纵贯铁道工程计划”。所谓东边道，是指我国东北的两条主要铁路主干线，一条是自西向东即满洲里—哈尔滨—牡丹江—绥芬河的铁路；另一条是自北向南即哈尔滨—长春—沈阳—大连的铁路。这两条铁路形成一个“T”字形，哈尔滨正好在交会点处，哈大线以东、满绥线以南靠近中朝边境所形成的区域就是“东边道”地区。这里面的铁路当时称为“东边道铁路”。目前为止，在丹东市发现的东边道铁路遗址中保存较好的有宽甸双山子镇东边道铁路旧址和灌水镇东边道铁路旧址，均为1938年修建。后来由于太平洋战争爆发，资金严重不足才停工，日本原计划经大东港—安东—凤城官家—大堡—宽甸灌水—八河川再到桓仁境内与通仁线相连，最后直达图门的东边道纵贯铁道工程计划最终没有实现。如今这些路基静静地横卧在山野里，似乎向我们诉说着往日的一切。

### （四）安奉铁路

明治三十七年（1904）日本为了军需输送，在战事紧急的情况下铺设了安奉窄轨铁路，并在安东修建了简易的火车站，日本人命名为“铁一浦社”，由日本第一军一团于1904年7月12日开始建设，1905年12月15日车站开始运营。明治40年（1907）四月一日“铁一浦社”改称为“安东县社”。到了明治42年（1909）又将安奉铁路由窄轨改为标准的宽轨铁路，同年8月开始建设鸭绿江上第一座铁桥（现为断桥），1911年10月竣工。1937年4月开始兴建第二座大桥，1943年5月竣工，此桥的修建与东边道铁路经济掠夺有关。安奉铁路是由安东到苏家屯，全长161英里（259公里），共设13站。后来由于社舍狭小，大正2年（1913）对社舍进行了改建。南满洲铁道株式会社安东社长是濑藤邦治。

## 三 满铁涉及的政治领域

在加强军事管理和经济掠夺的同时，日本人在丹东市还通过各种方式大搞思想政治工作，企图对中国人进行奴化教育，以达到让其死心塌地为其效力的目的。

### （一）伪安东协和会馆

位于振兴区七经街，是1940年建成的日式建筑，框架结构，占地面积10000平方米。建成后成为日伪统治者进行奴化教育的思想阵地，同时也成为征兵的体检场所。

### （二）学校

日俄战争中的安东县军政长官大原武庆用引诱指导的方针对大清官民进行奴化教育和巩固日本军政的势力，当务之急就是在安东县巡政厅内开设日清学堂。各级学校的学生上学念的第一课就是“皇帝陛下”，历史教科书歪曲中国历史，宣扬日满一德一心不可分之关系，强迫学生崇拜“日本天皇”，养成绝对服从的习惯。中学和重点小学均由日本人当校长或副校长。日籍教师在学校占相当大的比重，由日本的现役军人担当军训教官。

## 四　满铁涉及的其他领域

### （一）火葬场和墓地

火葬场于明治44年（1911）在七道沟内镇江山背面建成。满铁共同墓地始建于大正元年（1912），地点设在火葬场旁，同年九月一日开始作为公用墓地使用。1921年在安东寺附近选了新的场所进行火葬场的转移，但是墓地的使用者每年仅为极少数人，到1929年为止使用墓地的内地人数量仅为6人。同年，允许公用墓地对有能力的朝鲜族人进行土葬，至此，1929年墓地使用者仅为10人。

### （二）镇江山公园

明治三十八年（1905），细野南岳僧人在镇江山上修建了临济寺，此时满铁安奉铁道班继承了附属地的经营，准备在此建一大公园。明治43年（1910）根据白泽林学博士的设计首次对安东公园进行基础建设。明治44年（1911）十一月松本龚逸为安东地方事务所所长。一日登镇江山，远眺四方，寒烟荒草，特求诸良种苗移植之。根据当时的自然环境、社会环境以及经费，每年对所需要的树木进行栽培。大正4年（1915）十二月横田多喜助担任地方事务所所长，根据白泽林学博士的公园设计方案在持续5年的时间里进行大片山林的树木种植活动，制定了共同携手完成安东公园建设的方针。大正5年（1916）二月指挥多数工人在公园广场的入口处进行上有喷泉下有水池的施工，并且在所需要架设长椅的地方进行了长椅的安置。同年七月第一期工程竣工，公园的大体框架基本完成，此时的秃山面目一新。1918年公选“满洲八景”，镇江山公园排在“满洲八景”第一位。而安东就占了这“满洲八景”的两景：一处是镇江山，另一处就是凤凰山。选举程序是先在东北地区所有的景区中选出“八景”，再在“八景”中投票选出第一名。不管怎么说，镇江山能在东北“八景”公选中独占鳌头，实属不易。

院内东方山脚下有安东神社以及金比罗宫、稻荷神社等供游客参拜，并且神社附近有临时搭建的喝茶山庄以及餐饮店铺，这些都是露天形式，供一般游览者购买和休息。中央广场建设了可以供家族旅游和团体旅游的休息场所。其他寺院附近有樱花树、红叶树广场两处，并有猴子、兔子、小鸟等的动物房子，带喷泉池的喷泉有两处。水池里饲养了金鱼，种植了荷花，还有公园事务所等，一年四季聚集了大量的游客。

镇江山公园位于庭园地带，半山腰为森林地带，山顶为高山地带，山中有泉水，盛夏时节泉水从山崖石缝间涌出，枝头上还有黄鹂鸟的叫声。园内百花绽放，树林地带鸟声不断，被浓雾围绕的树林有一种不可思议的神秘感，其作为“满洲第一公园”和名胜游览地是名副其实的。

通过以上这些满铁遗迹我们基本可以了解那段时期的历史。当时如果不是满铁在我国东北做的前期铺设，改建铁路和建立附属地以及掠夺资源，那么可能就不会有后来的九一八事变。不管怎样，这些遗址从历史角度去看是我们的耻辱，但是从文物遗址的角度去观察它们则都是难得的文化遗产。不管我们曾为这些遗址感觉痛心还是羞辱，它们都是我们经历过的历史，我们需要的是正视，而不是忘却，需要更好地去传承历史、教育后人。

## 五　结束语

从对日伪时期丹东市满铁遗迹等方面的研究来看，这个时期所保留下来的遗址、遗迹都能够真实地反映当时社会的实际状况，引起我们的思考。随着研究的深入，它们本来的面目越来越清晰地呈现在我们面前。九一八事变以前，满铁以修建铁路为名，让大量的日本考察人员、武装人员和家属等涌入，从而形成一股强大的经济和军事势力。他们这样做的目的显然是要把我国东北占为己有。首先是围绕铁路周边建立附属地，驻扎军队。同时以铁路为圆心向外辐射大搞市政建设，企图通过满铁附属地来逐步控制其经济命脉和政治教育。在这样一场精心准备下，日本必然要发动战争。1931年九一八事变以后，日本便大张旗鼓地开始了军事镇压和经济掠夺，而且还进行所谓的奴化教育。这些政策的制定与实施体现的完全是日本帝国主义对我们物质上的破坏和精神上的摧残，使我们最终成为他们统治的工具，以达到永久占领的目的。总而言之，这些满铁资料是日本侵略者的自供述。这些殖民机构的建立是满铁经营活动的历史，是妄图灭亡中国的铁证。这对揭露日本军国主义罪行、开展爱国主义教育有着重要的理论意义和现实意义。

**附 1　满铁在安东的城市设施总览表**

| 学校 | 旅馆 | 官衙 | 寺庙 | 医院 | 其他行业 |
|---|---|---|---|---|---|
| 15 所 | 14 处 | 16 处 | 8 座 | 15 所 | 300 余处 |

**附 2　满铁在安东的遗址一览表**

| 序号 | 遗址名称（现） | 遗址名称（原） | 时间 |
|---|---|---|---|
| 1 | 丹东市政府 | 伪安东市公署 | 1937 年 12 月 |
| 2 | 八道沟工商银行干部培训学校 | 伪安东省政府 | 1934 年 10 月 |
| 3 | 铁路丹东站办公楼 | 满铁安东地方事务所 | 1923 年 |
| 4 | 元宝山水源地 | 安东水道元宝山净水场 | 1935 年 |
| 5 | 元宝区工商银行 | 伪满洲中央银行安东支行 | 1935 年 12 月 |
| 6 | 振兴区工商银行 | 朝鲜银行安东支行 | 1909 年 |
| 7 | 锦江山公园 | 镇江山公园 | 1905 年 |
| 8 | 志愿军总部驻地 | 满铁社宅 | 1931 年以后 |
| 9 | 丹东第二幼儿园 | 第一警察署 | 1914 年以后 |
| 10 | 鸭绿江大桥 | 鸭绿江大桥 | 1943 年 |
| 11 | 鸭绿江断桥 | 鸭绿江断桥 | 1909 年 8 月 |
| 12 | 锦江山大桥 | 锦江山大桥 | 1932 年 |
| 13 | 公安医院 | 安东警察署领事馆警察署 | 1906 年 |
| 14 | 劳动宫 | 伪安东协和会馆 | 1940 年 |
| 15 | 丹东六中 | 安东高等女子学校 | 1923 年 |
| 16 | 辽东宾馆 | 大和小学 | 1938 年 |
| 17 | 九连城战绩碑 | 日本碑 | 1904 年 |
| 18 | 沈丹铁路 | 安奉铁路 | 1904 年 |
| 19 | 炮楼 | 炮楼 | 不详 |
| 20 | 丹东二中 | 朝日小学 | 1910 年 |
| 21 | 丹东十九中 | 安东中学校 | 1925 年 4 月 |
| 22 | 鸡冠山日伪建筑群 | 鸡冠山附属地 | 1909 年 |
| 23 | 双岭子城防卫驻屯碑 | 双岭子城防卫驻屯碑 | 1936 年 |
| 24 | 东边道铁路 | 东边道铁路 | 1937 年 |
| 25 | 水丰大坝 | 水丰大坝 | 1937 年 |
| 26 | 东土城开拓团团部 | 开拓团团部 | 不详 |

原载《中国纪念馆研究》2014 年第 1 辑

# “满洲医科大学”在中国东北侵略罪行研究

王玉芹

日俄战后，日本殖民者开始踏进中国东北。作为文化侵略手段之一，满铁在东北设立了诸多医疗卫生设施，尤其值得一提的是“满洲医科大学”，殖民者欲将该校打造成殖民医疗政策的根据地。然而由于诸多原因国内学者对此问题研究甚少，只有孙玉玲著《“满洲医科大学”与日军细菌战》和伊力娜著《满洲医科大学内蒙古地域巡回诊疗》，这两篇文章分别从不同侧面论述了“满洲医科大学”在东北的侵略罪行。日本学者对此问题研究较多。日本于1978年出版了《满洲医科大学史》一书，该书在客观介绍该校发展历程的同时，对其侵略罪行有所涉猎。末永慧子著《戦時医学の実態——旧満洲医科大学の研究》（樹花舎，2005年），文章较客观地概述了“满洲医科大学”的研究意义、医学研究的特征及人体标本的收集方法等。本多胜一著、鹤钟祥译《活体解剖的魔窟——满洲医科大学旧地寻踪》一文是利用采访、口述形式写成的，第一手资料欠缺。真柳诚著《満洲医科大学旧蔵古医籍の行方》，对“满洲医科大学”盗藏中国医学典籍情况有所涉猎。文章拟对“满洲医科大学”在东北侵略活动作一全面阐述，以期深入揭露日本帝国主义的侵略罪行。

## 一 “满洲医科大学”的设立及其实质

明治维新后，日本迅速增强军备，向朝鲜、中国等国和中国台湾地区扩充势力，进行对外侵略。日本新殖民政策的先驱后藤新平是医学者出身，特别强调卫生事业在殖民统治中的作用，将其视为殖民统治重要手段和策略。台湾沦为日本殖民地后，作为“台湾卫生局局长”的后藤新平将日本国内的医疗卫生制度全盘移入了台湾。其后，又将殖民医疗卫生事业的魔爪伸向了中国东北。日本殖民当局如此重视医疗卫生，其原因有四：一是受日本国内卫生事业影响；二是在日本殖民地支配政策中，有强调“国家卫生”的倾向；三是作为对抗欧美各国挑战的方针；四是“满洲”居民过去饱受传染病、地方病之痛，传染病蔓延对该地是极大威胁①。1906 年满铁设立之初，即在地方部设置了卫生课。1907 年夏，大连、辽阳、安东霍乱流行，1910 年鼠疫大流行，东北的患者达 5 万之多②。为控制疫情蔓延，更好地进行殖民地经营，日本政府投入巨资进行了疫情的防治，同时决定在东北设立专门用于开展教学与调查、研究的专门机构。然而就学堂选址问题，满铁高层们出现意见分歧。有的主张在医院规模较大、设施较好、医务人员较多的大连办学，有的主张在辽宁省省会奉天办学，最终从日本侵略的长远利益考虑，设在了东北的中心——奉天。1911 年 8 月 24 日，日本以敕令第 230 号《关于南满医学堂须遵循专门学校令之件》公布正式设置。当时由满铁地方部卫生课管理，1918 年改由地方部管理。医学堂设堂长、教授、助教授、助手、技术员、舍监、学监、干事、事务员等职。历任名誉总裁为：赵尔巽、张锡銮、段芝贵、张作霖。这是中国东北最早、最大、设施最齐全的高等医学校。南满医学堂招生对象为初中毕业生，医学科学制 4 年，药学科学制 3 年，研究科学制 1 年，预科学制 2 年。第一届招收了 28 名学生，其中日籍学生 20 名，中国籍学生 8 名。

1918 年 12 月，日本颁布了《大学令》，日本的医学专门学校都升格为大学。为保证在留日本人从小学到大学完整的教育体系，同时加强与欧美列强在东北创办的高等教育进行竞争，南满医学堂也迫切升格为大学。1922 年 5 月，满铁社长早川千吉郎向关东厅提出升格申请，得到批准。这样，南满医学堂升格为"满洲医科大学"。设有卫生学、微生物学、病理学和营养学等学科，并将"开拓卫生"作为研究重点，以确保日本移民定居"满洲"。该校当时校长是松井太郎，有教授 20 名，助教 16 名，讲师 11 名，干事 1 名，书记 19 名，助手及技工员 46 名③。该校学制 7 年，1926 年增设 4 年制医学专门部，专招中国学生，并允许中国女性入学。1937 年日本撤销"治外法权"，满铁附属地行政权转让给伪满洲国，但该校仍归满铁管理。从 1942 年开始，由于微生物学教授北野政次带领一批人去了 731 部队，同时战争将更多的日本青年带往战场，学校中教学力量不足，便逐渐开始吸收中国学生留校。1945 年，由八路军接收管理。1946 年 4 月，更名为沈阳医学院。

设立"满洲医科大学"的目的和指导原则完全来自满铁首任总裁后藤新平殖民政策的核心思想——"文装武备论"，即"以文事设施以备他人之侵略，一旦有缓急之事俾便帮助武断之行动"④。"文装武备论"是和"举王道之旗行霸道之术"紧密相连的，关于后者，后藤新平称之为高等殖民政策。他认为，"帝国的殖民政策就是霸道"，必

---

① 沈洁：《"满洲国"社会事业的展开——以卫生事业为中心》，《社会事业史研究》2003 年第 31 期，第 83 页。

② 南满洲铁道株式会社总裁室地方部残务部整理委员会：《满铁附属地经营沿革全史（上卷）》，大连：南满洲铁道株式会社，1939，第 831 页。

③ 小胎今朝治郎：《全满试验研究机构辑览》，长春：满洲帝国国务院大陆科学院，康德 5 年，第 15 页。

④ 中村哲：《后藤新平"日本殖民政策"一斑和日本膨胀论》，日本：东京评论社，1944，第 9 页。

须是以强硬的手段来加以推行和实施，但同时又应不失时宜地推行“王道”。所谓“王道”，就是要通过“发展经济、学术、教育、卫生等”，以此使殖民地之人心“归依帝国”，达到“建设一个广义的文明社会”① 之目的，如若不然，只靠武力而不知致力于文化统治，一旦发生战争，则得不到民众的支持，无潜在的军备，必然要立即崩溃。后藤提出在东北创设南满医学堂时曾说，“在协助台湾统治上发挥了重要作用，同样在东北也会产生非常效果”，“是文装意义上的好武器，一旦发动战争时，对殖民地政策非常必要，对永久占领该土地奠定基础”②。可见，与赤裸裸的武力侵略相比，“文装的武备”更具隐蔽性和欺骗性，为殖民统治披上了合理合法的外衣。《满铁十年史》陈述了南满医学堂的成立目的，“在‘南满洲’普及医道是满铁的文明使命，也是安抚中国人的要诀，所以应尽早成立医学校”③。由此可见，“满洲医科大学”的设立是为日本殖民侵略和殖民统治政策服务的，其最终根本目的是要从精神上消除中国民众对日本的对立情绪，达到麻痹中国民众和奴化教育的目的。正如后藤新平所讲，“殖民地医疗卫生事业不仅成为殖民者改良风土的工具，也是摧折被殖民者传统与自信心的重要手段”④。满铁在东北兴建学校医院等，使其文化侵略东北的功能日趋完善。满铁通过这些医疗卫生设施和科研教育机构，进一步掩盖了日本帝国主义在东北进行殖民侵略的实质，同时也加强了其文化侵略的力度。满铁的卫生医疗设施、科研教育机构与其控制的其他文化手段一起，在东北地区共同构筑了日本文化侵略的堡垒。

## 二 “满洲医科大学”收集人体标本黑幕

为出色地完成“培养大陆活跃的医师”使命，“满洲医科大学”致力于人体标本的收集，然而其收集手段令人发指。

第一，活体解剖。“满洲医科大学”极有可能进行活体解剖。首先，有证人证言，该校解剖学教室实验勤杂工张丕卿证言，“我叫张丕卿，现任沈阳中国医科大学技师。1932 年在满洲医大任实验手，直至 1945 年祖国光复。最先为日本人打扫卫生，运送日本人上课时使用的标本，实验结束后进行收拾。那以后直到祖国光复，除打扫卫生外，还从事固定死尸（向尸体里注射某种药品，防止尸体腐烂）和制作骨骼标本工作。这期间从 1942 年秋到 1943 年春，日本人先后进行五次活体解剖”⑤。“满洲医科大学”毕业生有如下证言。“学生时代，从离家很近的皮革制造者那听到满洲医大活体解剖事

---

① 草柳大藏：《满铁调查部内幕（上）》，东京：朝日新闻社，1979，第 52 页。

② 末永惠子：《战时医学的实态》，东京：树花舍，2005，第 10 页。

③ 满铁：《南满洲铁道株式会社十年史》，大连：南满洲铁道株式会社，1919 年，第 866 页。

④ 《后藤民政长官演说笔记台湾总督府医学校一览》，台北：台湾总督府医学校，1900，第 4 页。

⑤ 中央档案馆、中国第二历史档案馆、吉林省社科院：《证言活体解剖》，同文馆，1991，第 19－22 页。

情。据说皮革制造者从交往很深的解剖学教室男孩（名字不明）那里知晓了活体解剖情况（男孩将解剖学教室所藏药品私卖给皮革制造者）。而且，关于活体解剖一事，中国学生间谣言四起，从朋友那也间接听说过。”① 其次，有实物证明。日本福岛县立医科大学教授末永惠子在其《战时医学的实态》一文中列举了11篇表明解剖学教室关系者可能进行活体解剖的论文题目②。值得一提的是大野宪司《支那人大脑皮质尤其后颈部细胞构成学研究》一文使用了“没有精神疾病既往史健全的新鲜的北支那人成人脑”③。竹中义一论文《北支那人大脑皮质尤其侧头叶的细胞构成学研究》写着“我屡次使用极其新鲜且健康，尤其没有精神病学病例的北支那人脑”④，毫不夸张地写着把材料弄到手的事情。五十岚《北支那人大脑皮质——尤其带转的皮质构成》中有这样表述，“使用材料是死后不到几小时，最新鲜的健康的北支那人男性脑”⑤。

第二，赴死刑场解剖。“满洲医科大学”的标本收集并不局限于学校内部，经该校疏通各方面关系后，还可到死刑场解剖。病理学教授久保久雄就曾到死刑场解剖过“匪贼”。“我听说1933年11月中旬，对在农安北部农田讨伐时逮捕的27名匪贼处以死刑。如何搞到教室的病理解剖材料，使其不断增加，并将其与今年夏天热河地方性甲状腺肿流行地的解剖的材料进行比较，此外在研究上也是难得的资料，所以立即向有关当局提出对死刑者进行病理解剖，满洲国方面和当事者都充分了解我的意图，同意解剖。（中略）十二月二十八日，将农安西门外两支里荒漠的原野中的某块墓地作为临时刑场，执行死刑。可是，因为我们有急事，所以到达刑场稍稍晚了一步。黑山般群众，我们一边听到连续枪响，一边推开群众，然而赶到时，13人已经不在人世。（中略）允许我们对除头目外的12人进行病理解剖。（中略）（将遗体运到邻近寺庄院里）焚烧事先准备好的高粱秆，并在上边添加煤，将火烧旺，之后我和吉田敬助君分工解剖。（中略）这种场所的解剖尽量早些完成。所以我们简直是在拼命。因为严寒，解剖完两具尸体时，感觉手指已经不能充分活动，无法做细微工作。于是，暖暖手提起精神，一气呵成解剖完12具尸体。中午开始，午后两点左右结束，正好用了两小时。（中略）那天在宿舍，为包装提取的材料，忙到很晚。第二天早晨也就是二十九日早十点告别了记忆尤深的农安，驱车急驰在冻土上，赶赴新京。途中荒漠的原野，环视四周白雪皑皑，气温骤降到零下30℃，这是北满真正的严寒，连在汽车中都感到寒气刺骨。可是，达到了目的，着急回去的我们的心里和意图还是明朗的。（中略）最后向在这次工作中给予我们莫大援助和关照的吉林警备骑兵第一旅长刘玉混少将、吉林省骑

① 末永惠子：《战时医学的实态》，第29页。

② 末永惠子：《战时医学的实态》，第30页。

③ 大野宪司：《支那人大脑皮质尤其后颈部细胞构成学研究》，《解剖学杂志》1942年第6期，第19页。

④ 竹中义一：《北支那人大脑皮质尤其侧头叶的细胞构成学研究》，《解剖学杂》1943年第1期，第21页。

⑤ 五十岚：《北支那人大脑皮质——尤其带转的皮质构成》，《解剖学杂志》1944年第5期，第22页。

兵第一旅团军事指导官骑兵大尉山崎保光和骑兵少尉石桥孝一及农安日本领事馆分室的各位致以衷心感谢。”①

第三，去墓地收集人体标本。据南满医学堂第一届学生崛江宪治回忆，“在用于1904、1905年鼠疫大流行搭建的临时板房里，武田先生教授解剖学，因为没有骨学教材，四名日本学生和一名中国学生分成组，夜里冒着零下五六十摄氏度的严寒和危险，挖掘北陵墓穴，中国人学生和日本人学生都用功学习，竭尽忠诚”②。另外，很多当地人坟墓经长时间风吹日晒，偶尔可以看到部分人骨露出，一些学生就挖掘这些人骨，之后进行加工，做成漂亮标本。满铁职员经常冒着零下四五十摄氏度的严寒，将穷乡僻壤冻死的尸体运到死尸室，作为解剖材料。然而，不光医学院校容易弄到人骨，日本的殖民学校都存放很多。据少年时代就来到东北的野村章回忆，“在奉天第一中学读三年级时，开设了生理卫生课。最先是从骨格系开始学习的，可是第一次就被集中在阶梯教室学习，刚一开门就大吃一惊，每个座位上都摆放着一个头盖骨和脊椎骨，其实物就是人骨。由于日本侵略满洲，中国人民土地被抢夺，丢弃了祖坟，饿死的农民也很多。到荒郊野外收集人骨不是难事。该校每个班级人骨都放进很大的木箱里”③。

第四，接受奉天监狱死尸。为筹集更多解剖材料，该校加强与奉天监狱联系，经常从奉天监狱接受死尸。中井久二从1943年5月到1945年8月15日一直担任司法矫正总局局长，任局长两年多时间内，将“数百名收容者尸体”寄送了“满洲医科大学”。以下是中井久二证言，“1943年5月到1945年8月15日，我在司法部参事官及司法矫正总局工作，奉天第一监狱应伪满洲奉天医科大学要求，在监狱内病死、无人收尸的几百名犯人尸体提供给该大学作为解剖学的研究材料，在此名义下，押送到该大学，实施解剖。该监狱的行为，对中国人民来说，是违反人道的罪行。我作为监狱指导监督者，我负有责任，我认罪”。末尾写着，“1954年8月14日于抚顺”④。此外，每个死刑犯尸体解剖前都下病理解剖通知书，从中国医科大学档案馆所藏郝振山和戴春臣解剖通知书照片看，上面写着“从奉天监狱寄送”。清晰的文字如实记录了“满洲医科大学”与奉天监狱的不法勾当。从1936年7月27日到9月10日，在约一个半月时间内有25具尸体下发了病理通知书，照此推算，一年解剖尸体至少达300具。然而，这些死刑犯究竟犯了什么罪？他们真的是无人认领吗？死刑犯之一佟报功的妻子吴素珍在战后做了如下证言。“佟报功是农民，当时是车夫。1935年某一天，便衣特务逮捕了佟，关进小南门监狱。逮捕原因一直不明。我探望丈夫两次。最初一次丈夫因被拷

① 久保久雄：《两小时解剖十二人——匪贼的末路》，《东京医事新志》1934年总第2900号，第35-36页。

② 辅仁会·满洲医科大学史编辑委员会：《柳絮飞舞——满洲医科大学史》，东京：辅仁会·满洲医科大学史编纂委员会发行，1978，第654页。

③ 野村章：《殖民地成长的青少年》，东京：岩波书店，1991，第25-26页。

④ 末永惠子：《战时医学的实态》，第33页。

问殴打，全身是伤。1936 年第二次探望，丈夫大腿骨骨折了。而且那以后，听说丈夫被杀害了。我去监狱收拾尸体，监狱竟称，不知此事，最后事情不了了之，尸体没给我。"①

值得一提的是，"满洲医科大学"通过残忍手段收集到的人体标本除用于本校教学外，还大量运往日本，战后日本仍继续沿用这些标本。"满洲医科大学"解剖学教室教授，战后历任横滨医大、广岛大学医学部教授的铃木直吉战后利用该校组织标本出版了《器官组织额实习提要》一书，该书 1952 年由日本丸善出版社出版。另外，西成甫、藤田恒太郎、胜又正共著的《人体显微解剖图说》一书（南江堂，1955 年），与消化器官有关的附图，全部使用"满洲医科大学"收集的标本②。

## 三 "满洲医科大学"为日本殖民侵略和殖民统治服务的特性

"满洲医科大学"是日本为完成国策使命在殖民地设立的殖民医科大学，这就决定了其自始至终都为日本殖民侵略和殖民统治服务的特性。

**1. 对 731 细菌部队的支持**

"满洲医科大学"为 731 部队培养了大批为其"开发满蒙"和侵略战争服务的医务人员。据《政府公报》和《医学杂志》记载，731 部队本部较有名望的专家、学者，有相当多的人，都毕业于伪满洲医科大学。如从事肠道传染病研究的仓内嘉久雄，就毕业于伪满洲医科大学，1937 年就职大连卫生研究所；731 部队著名专家中黑秀外之也是伪满洲医科大学毕业的③。731 部队第二任部队长北野政次、731 部队支队——大连卫生研究所所长安东洪次等曾先后担任过"满洲医科大学"教授。任教期间，"满洲医科大学"成为他们进行细菌试验和活体解剖的魔窟，该校地下室有北野用来进行细菌实验的动物饲养室。北野在该大学的研究如果成功，100 细菌部队的附属单位"满洲卫生技术厂"将根据其研究成果生产细菌。北野政次的很多学生都与 731 部队有着千丝万缕的联系。自 1942 年北野政次任 731 部队长后，"满洲医科大学"和军队来往频繁，曾多次接受关东军的委托研究，该校病理系研究生冈部一敏和满铁卫生研究所研究生冈田良夫在 731 部队长北野政次指导下完成《关于发疹的研究》一文，实验就在 731 本部。生理学专家、从事耐寒研究的 731 部队员正路伦之助坦言，"满洲医科大学的生理学教室也协助我们做了很多这方面研究"④。731 部队著名的吉村耐寒研究，该

① 本多胜一：《中国之旅》，东京：朝日文库，1981，第 82 页。

② 铃木直吉：《因缘话》，东京：辅仁会·满洲医科大学史编辑委员会发行，1978，第 24 页。

③ 佟振宇：《日本侵华与细菌战罪行录》，哈尔滨出版社，1998，第 121 页。

④ 辅仁会·满洲医科大学史编辑委员会：《柳絮飞舞——满洲医科大学史》，第 33 页。

校给予很多协助。此外，731部队没有设立脑外科，据说与脑有关的试验“都运到满洲医科大学进行”①。

**2. 盗藏中国医学典籍**

为进行中国书志学的研究，“满洲医科大学”特设东亚医学研究所，专门盗藏满铁抢夺的中国医学典籍。1929年，满铁副总裁松冈洋右投入20万日元，命令大连满铁图书馆从北京各书店强购了3万册古书。其中古代医书1414种，约6000册，赠送给“满洲医科大学”。书目分为“中国医学书目（1931）”和“续中国医学书目（1941）”。该校盗藏的典籍主要包括“元印《圣济总录》残卷、《解体新书》完本，明·赵开美版《仲景全书》等等，还有诸家、史书、类书、目录等”②。目前，存放在沈阳市中国医科大学（前身是“满洲医科大学”）和呼和浩特市内蒙古图书馆的古典籍，很多都印有满铁、满洲医大旧藏印。为研究这些书籍，讲师冈西为人翻译了《宋以前医籍考》15册，第1~4册是沈阳医学院出版，第5册以后是冈西氏油笔校本。此外，该所还出版发行了《日本和汉药文献》《本藏经集注》《中国医书本草考》等书籍③。总之，该校盗藏中国医学典籍的目的，正如关东厅所言，“投入巨资经营图书馆或学校，是对东三省文化侵略的一个方法，同时提高了日本人进行各种侵略所需要的能力”④。由于满铁的抢夺和该校的盗藏，使中国很多珍贵的典籍甚至是世界上独一无二的典籍都落入了日本强盗之手，最终造成中国大量典籍的丢失和流散。

**3. 为日本殖民统治培养医师**

医师是侵略者进行殖民医疗的重要保证，日本侵略者历来重视对医师的“培养”和“管理”。“满洲医科大学”从创设到关闭共计34年时间里，共培养中日医师2680多名，药剂师300多名。其中中国医师1000名，药剂师70多名⑤。可见日籍医师远远超过中国医师。日本学者饭岛涉曾评价：“与其说满洲医科大学是殖民地大学，不如将其看作是设在满洲的日本医科大学。”⑥ 该校毕业生分配是根据日本军方需要，毕业生散布在东北各地以及南方。为了保证医疗人员可以派到殖民者所需的重要部门或偏远地方，该校实行了有条件奖学金制度，只要毕业后在规定时间内、在指定场所进行工作，即给予丰厚的奖学金。分配到东北的毕业生大多就职于满铁。满铁在“满洲”经

---

① 末永惠子：《战时医学的实态》，第57页。

② 真柳诚：《满洲医科大学旧藏古医籍的去向》，《日本医学史杂志》2004年50（1），第152页。

③ 辅仁会·满洲医科大学史编辑委员会：《柳絮飞舞——满洲医科大学史》，第140页。

④ 满铁图书馆的情况调查及印刷品的发放，关东厅：本邦图书馆关系杂件，1929-10-18。亚洲历史资料中心，B04012256600。

⑤ 满史会：《满洲开发四十年史（补卷）》，东京：满洲开发四十年史刊行会发行，1964，第164-165页。

⑥ 饭岛涉：《疟疾と帝国》，东京：东京大学出版社，2005，第128页。

营的医院有16所[1]，毕业生大多在这些医院工作。以1928年至1935年间575名毕业生为例，其中430人就职于满铁各医务部门，占毕业生总数的75%[2]。也有的学生成为满铁青少年义勇队开拓团常驻医生[3]，还有的学生被派遣到伪满洲国军医学校。七七事变后，由于强化对医师的统制，开业行医很难，所以自有开业者大大减少。这反映出殖民地医疗向战时殖民地医疗转变。据"满洲医科大学"《会员名簿》相关记录显示，1939年以后，标注"应召中""出征中""入营中"人数明显增多。"满洲医科大学"的毕业生曾回忆说："太平洋战争爆发后，年轻的教员逐渐减少。1943年以后，高年级的日本人学生也逐渐被招募进入军队，还未毕业就提前成为军医了。"[4] 为防止泄露机密，学校很少招收中国学生留校工作，能留校的中国人需要填写留学生登记表，作为留学生留校，留在这里工作需要加入日本国籍。

**4. 贡献于日本国策的医学研究**

日本人曾讲，"疾病是日本殖民统治最大的威胁"。因此，"满洲医科大学"非常注重与满蒙开拓相关的保健卫生研究。然而，该校研究课题是随着时局变化逐渐推进的。九一八事变前，该校教授从卫生学、微生物学、病理学、营养学等领域研究日本移民如何定居"满洲"问题。九一八事变后，由于日本侵占范围逐渐扩大，大量日本农业移民纷至沓来，该校便开始调查研究整个东北的风土气候，同时将流行传染病、地方病的研究列为重要课题。1933年6月，根据厅令第21号，关东厅警务局卫生课内设置了"移民卫生调查委员会"[5]，该会是负责开拓移民卫生审议的满洲国驻扎特命全权大使的咨询机关，其研究成果刊登在《满洲开拓卫生的基础》上。截至1937年，该委员会26名委员中，"满洲医科大学"在职教授、助教授7名，返聘2名，占绝大多数。委员干事小坂隆熊也是该校生理学教室助手出身，也是委员久野宁的弟子。可见"满洲医科大学"掌控着研究的主导权。同时，满铁卫生课也刊发了《满洲风土卫生研究概要》报告。殖民当局得出结论，日本移民健康状况不良是由于东北气温偏低所致。于是该校便在校内建造暖房、通风等实验房屋，研究日本移民适应东北气候的对策。太平洋战争爆发前夕，该校越发认识到开拓卫生的重要性，便在校内设置开拓医学研究所，旨在动员校长、教授及所有医务人员加强开拓保健的研究及实际生活的指导，并且随时刊发《所报》。该校选择性研究最终目标是"保护日人在'异地'活动，即医学主要在研究异地风土气候，提供日人增强抵抗力的方法"。所以该校和"在满各卫

① 南满洲铁道株式会社总裁室地方部残务部整理委员会：《满铁附属地经营沿革全史（上卷）》，第514页。

② 孙玉玲：《"满洲医科大学"与日军细菌战》，《东北沦陷史研究》1997年第3期，第19页。

③ 满史会：《满洲开发四十年史（补卷）》，第160页。

④ 齐红深：《见证日军侵华殖民教育》，辽海出版社，2005，第257页。

⑤ 《满洲开拓年鉴昭和十七年》，藏于吉林省社会科学院满铁资料馆，第330页。

生机构一样，医学研究的目的是贡献于国策"①。

**5. 以利用蒙古族人为根本目的的巡回诊疗**

自日本取得长春到旅顺间的铁道权益后，毗邻俄罗斯的内蒙古备受日本关注。当时，内蒙古地区经济还很落后，没有近代医疗制度，人们卫生意识也很低下，如果患病，只能接受喇嘛医的祈祷和治疗。1922 年，日本国策会社满铁在奉天创建了"满洲医科大学"。自 1923 年到 1938 年共计 16 年间，"满洲医科大学"先后向内蒙古地域派遣十五次巡回诊疗班，被施疗患者超过三万多人②。每次实施巡回诊疗后，"满洲医科大学"都要刊发报告书。巡回诊疗班在各地实施宣抚医疗的同时，还帮助当地伪政府做卫生工作。如第九次诊疗班在齐齐哈尔施疗时，正值齐齐哈尔霍乱流行，施疗班访问当地野战医院，帮助警务厅长等伪满洲国 700 名官吏注射了疫苗。"满洲医科大学"的巡回诊疗也曾遭到很多爱国人士反对。1929 年到洮昂方向进行第六次巡回诊疗，遭到当地政府拒绝。虽然满铁直接出面交涉，但最终施疗班未能成功。"满洲医科大学"的频繁施疗给班员造成了严重灾难。班员"不习惯乘坐大车，摇晃，晕车、呕吐、食欲不振，或者由于酷热和臭虫影响无法入眠，或者不习惯吃当地东西。因此平均每天 20 人患眼病，还有很多人患其他疾病"③。然而，"满洲医科大学"的施疗自有其深远目的：一是怀柔、安抚蒙古族人，减少对日本人的反抗斗争；二是协助满铁的调查研究；三是挑拨蒙汉民族矛盾，拉拢蒙古族人；四是改善蒙古族人体质以供其驱使。

## 四　结语

在"以科学研究开发、利用满洲国资源""于大东亚战争下展开科学战"④ 方针指引下，为培养殖民医师，调查东北历史地理情况，操纵控制东北地区医学教育大权，日本殖民当局在东北设立了"满洲医科大学"。在该大学存在的 34 年时间里，以其目标的明确、齐全的专业吸引了许多对开发"满洲"怀有狂热梦想的日本学者和资深的科学家来到中国。不仅采取活体解剖、赴死刑场解剖、去墓地收集人体标本、接受奉天监狱死尸等残忍手段收集人体标本，而且竭尽全力支持 731 细菌部队，大量盗藏中国医学典籍，为日本殖民统治培养活跃医师，根据时局变化确立研究课题，长期对内蒙古地域进行宣抚医疗。在他们的"奋斗"下，"满洲医科大学"在当时具有世界一流的水准，而且培养出来的中国医务人员，其中有不少人后来投身于革命，为中国的

---

① 松村高夫：《满铁的调查与研究》，东京：青木书店发行，2008，第 362 页。

② 伊力娜：《满洲医科大学内蒙古地域巡回诊疗国际文化论集》，东京：桃山学院大学，2009，第 211 页。

③ 《满洲医科大学诊疗团．第一次蒙古巡回诊疗报告》，大连：南满洲铁道株式会社，大正 12 年，第 4 页。

④ 王德岐：《科技侵略铁证如山》，《科技史志》1999 年第 1 期，第 32 页。

医学事业做出了贡献。但在客观效果上，他们起到了日本军国主义邪恶帮凶的作用。对于日本医学家们在中国东北的侵略罪行，日本学者莇昭三列举了"人脉、国家总动员体制、军学共同、医局讲座制——非民主的师徒关系，将医学犯罪动机置于战争状态、军事秘密背景下，因此不受伦理制约，从事'先端性研究'等这一功利主义，确认自身社会地位等"[①]。诚然，在日本侵华期间，很多医学家忠心效命于日本政府。然而，这种违反伦理、人道的行为，也被一些有良知的医学家所拒绝。如生理学者横山正松。横山是新潟医科大学毕业的生理学者。1944 年被召集到北京北支那军防疫给水部即甲 1855 部队。接受上级命令，专门做小肠研究，"即使子弹穿过，肠子也不漏，做这样的药。为此必须做人体实验"。横山拒绝了上级命令，结果被送往前线，九死一生，最终回到了日本。遗憾的是，大多数日本医学研究者和军医都参与了国家组织犯罪。究其根本原因是一种民族歧视，是对中国人的蔑视，其中隐藏的是日本人的民族优越感。日本人也毫不隐讳地概括殖民地医疗卫生特点是"日本人本位"的、"利己的"[②]。前文提到该校学生采取掘墓手段收集人体标本，假如在日本，学生们会去掘墓吗？周围人会允许吗？而这些医学家们犯罪没有罪恶感，相反却认为是出色的行为。时至今日，日本医学界仍然隐瞒过去医学犯罪的证据，对过去的医学犯罪始终没有彻底反省，更得不到历史教训，因此重复相同错误的危险性很难明显减少。照此下去，日本在亚洲只能陷入孤立。日本的正确做法是，正视历史事实，对加害的历史进行谢罪，进行赔偿，这样日本才能同亚洲各国融洽相处。

原载《日本问题研究》2014 年第 3 期

① 西山胜夫：《日本医学医疗对"15 年战争"的支持》，《社会医学研究》2009 年第 2 期，第 21－22 页。

② 松村高夫：《满铁的调查与研究》，第 362 页。

# “满铁”对东北地区文化侵略述评

吕汝泉

日本以惨痛的代价取得日俄战争的胜利以后，对我国东北地区开始了近40年的殖民统治。1906年11月26日，“南满洲铁道株式会社”在东京成立，简称“满铁”，是日本在中国最大的殖民机构和间谍机关。满铁成立以来，不仅在经济命脉上抑制了东北地区的发展，还通过建立日式新学校的方式摧残东北地区的青少年，使得文化侵略为军事侵略提供了条件。满铁在我国土地上掠夺了40年之久，在这期间，它大肆掠夺资源，每时每刻都在对东北地区的民众进行压榨①。解读日本的侵华历史，满铁是必须要牢记的一个历史名词。

## 一　满铁文化侵略的思想根源

### （一）早期的侵华构想

从地理位置上来看，日本是一个岛国，四面环海，极具扩张意识，而中国与日本毗邻，幅员辽阔，物产丰富，在古代历史上就有日本留学者到中国的情况。在日本幕府时期，吉田松阴就提出了侵华理论的构想，这一构想直接影响到明治维新的领导者和建设者，此后，愈来愈多的日本学生对中国充满了渴望，这也成为日本发动军国主义战争、变中国东北为其殖民地的重要指导思想。

### （二）侵华理论与现实逐步结合

自从明治维新以后，日本的国力得到了显著的提升，因此对于侵华的想法也不仅停留在理论层面上，而是逐渐成为国家的政策和侵华战争的重要指导思想。在1885年，就有日本学者提出“脱亚论”这一说法，并且对日本朝野各界的欧亚观进行了理论上的概括和总结，这也充分暴露出日本人扩张的野心。在此之后，越来越多的日本

① 武向平：《三十年来日本满铁研究现状述评》，《日本问题研究》2012年第3期，第28－33页。

人带有目的地进入中国这片土地之上，也有很多人称为日本侵华战争的先行者，这使得侵华理论逐渐得到实现，为日本后来的大举侵略奠定了基础①。

## 二　满铁文化侵略的特点

### 1. 自上而下的计划性

我们从日本的相关文献当中可以看出，日本的学者和政府在踏入中国之前就早有占领中国东北地区的设想，并且为思想侵略方面做足了准备。在19世纪初期，佐藤信渊提出了征服中国的想法和计划，并分析了东北地区的地理位置和资源状况，认为侵占东北地区是日本全面征服中国的必要准备。在日本军队进入中国之后，当时的日本文人和学者以及政府当局，就主张对于文化侵略做出详细的部署，其目的就是为了消灭东北地区人民的民族意识，毁灭中华文化，排除一切抗日思想。

在教育方面，满铁不仅制定了具体奴化教育的方针政策，还设立了一整套系统性的措施，计划着从学校教育到社会教育形成一个完整的奴化教育体系，从多个方面入手，对东北地区的民众进行精神奴役和思想上的摧残，为全面征服中华民族奠定思想基础。

在文化遗产方面，满铁采取的是大肆掠夺的措施，并且这一切掠夺行为都是有计划、有组织的，因为有专门的团队对东北地区的文物进行预先评估，然后再以“保护”的名义实施破坏和掠夺。除此之外，对于一些宝贵的文学典籍，满铁同样不会放过，还派专业人员进行研究，这主要是为日后日本全面侵华提供可靠的情报和依据②。

在宗教信仰方面，满铁当局也可谓是“煞费苦心”，他们打着各种各样的旗号来有计划、有组织地对既存的各类宗教加以打击或解散，希望能够彻底瓦解中国人的斗志，使得东北民众的思想观念能够向日本靠拢。甚至还将日本神道的传教人员引入到东北地区，扭曲中国人民的意识形态，强迫中国人改变自己原来的宗教信仰，强迫东北人民定期祭拜天照大神和神社，如果有违抗或不从者，就会被鞭笞甚至被随意逮捕，令东北地区的普通民众饱受摧残、苦不堪言③。

从以上的分析来看，满铁从多个文化领域下手，对东北的文化事业进行了有组织、有计划、蓄谋已久的摧残，其手腕狠辣，涉及面广，造成了难以估量的损失。

### 2. 自始至终的欺骗性和隐蔽性

满铁从建立初期开始，就妄想从根源上切断东北人民的历史，将“东北人不是中

---

① 王珍仁：《论满铁对华的经济掠夺》，《东北史地》2007年第4期，第49－55页。

② 孙彤：《满铁与日本的中国东北移民》，《外国问题研究》2009年第2期，第48－51页。

③ 李娜、王玉芹：《满铁图书馆与日本对中国东北的文化侵略》，《社会科学战线》2008年第12期，第105－108页。

国人而是满洲人”的思想强行灌输到东北人民的脑海当中，试图利用思想的腐蚀让中华民族走向灭亡。满铁还派出专门的学者来对东北地区和中原地区的民族差异、地理环境和历史沿革等多个方面进行研究，目的就是为了证明“满洲”自古就是独立国，并将这种研究出来的谬论散播在老百姓当中，这种带有欺骗性的做法却成了日本人口中天经地义的事情。

由于新闻报刊具有广泛的传播性，在日本人侵占东北之后，就完全掌控了东北地区的新闻和报刊，妄图传播虚假报道。例如，在1919年初的巴黎“和平会议”上，山东被当作德国的殖民地被移交给日本管理，随即北京爆发了著名的“五四运动”。但是日本人控制的报纸竟然黑白颠倒，污蔑北京的学生不安分守己，谴责青年学生及各界人士的爱国游行运动是暴徒行为，应该受到严厉惩罚。

此外，满铁对于日语在东北地区的传播也使出了多种恶劣的手段，他们希望通过让中国人掌握日语，然后使得中国人的思想观念和风俗习惯和日本人趋于一致，从而实现全面殖民统治的目的。种种手段的使用，都是为了骗取中国人的信任，使得中国人的思想上受到麻痹，直至亡国①。由此可见日伪当局的做法极具隐蔽性，妄图借此达到欺骗民众的最终目的。

### 3. 极其罕见的残酷性和野蛮性

满铁对于东北地区的文化侵略是强制性的，使用的方式也可谓无所不用其极。为了能够彻底消灭中国文化，在满铁附属地区不得悬挂中国国旗，不许印制地图，禁止出现中国的汉字，东北人也不能够说自己是东北人，禁止发行关于中国革命或者抗日的书籍，更不能做出抵抗日本文化的姿态，否则就会立即遭到逮捕。严厉监控各界爱国人士，一旦发现言行方面有“不敬”之处，就会对其加以折磨，其手段狠辣到了极点。

伴随着侵华战争形势的不断变化，满铁对于东北地区教育事业的摧残愈加残酷，根据有关资料显示，在1932年东北地区一共有2.4万名中小学教师，经过1933年的大清洗，损失超过了一半，即便是补充了大量亲日的教员之后，人数也仅仅是1.6万人，但凡是爱国的教师或者学生，不是被逮捕就是被残忍地杀害，完全没有人性可言，其野蛮性令人发指。

## 三　满铁文化侵略对东北的影响

### 1. 严重破坏东北生产力的发展

满铁建立之后，我国东北地区的绝大多数劳动者都受到日本侵略者的剥削和掠夺，

① 石岩：《九一八事变前张学良的对日谋略》，《哈尔滨学院学报》2012年第1期，第116－119页。

并且日本侵略者手段极其残忍，使得百姓民不聊生，子女也失去了接受教育的权利。根据有关数据显示，日本在东北摧毁的学校数量远远高于满铁在东北兴建的学校数量，并且日伪当局建造的文化设施，东北人民根本得不到使用的权利，反而进一步将东北地区的教育拖入到殖民体系当中。从资源方面来看，满铁在东北地区建立了很多技术含量极低的重工业企业，此类企业主要是为了疯狂掠夺东北地区珍贵的自然资源①。但是日伪政府却说这是为了帮助东北地区早日实现工业现代化，完全回避了满铁作为日本殖民企业这一关键性问题。

**2. 精神上、思想上的统治毒害**

为了能够在东北地区建立起强有力的殖民统治，满铁从成立初期开始就极其重视文化教育在殖民扩张当中的重要意义所在。在这种恶行的影响之下，我国刚刚建立起来的教育体制受到了重创，对于很大一部分教育机构也是遭到毁灭。在此之后，日本又在东北建立奴化教育体系，其目的就是为了能够培养出一大批亲日奴隶，并且在教育体系当中，主要围绕职业教育展开，使得满铁的进一步扩张能够得到技工型劳动力的支持，从根本上扼杀中国人的潜力和创造力②。

除了奴化教育，满铁还掌控着我国东北地区的新闻报刊和舆论宣传，在新闻和报刊上面不断污蔑中国抗日军民，报道日军的战果，从思想上侵蚀着东北的老百姓。在宗教信仰方面，满铁强迫东北民众放弃原有的信仰，接受日本的宗教，普通民众特别是青年学生更是深受其害。我们可以清楚地看到，满铁的种种恶行不仅给东北人民的思想和精神方面带来了恶劣影响，还导致中国文化教育事业停滞不前，这种情况在东北地区存在了极长的一段时间。

**3. 对东北公用设施建设的影响**

满铁在铁路附属地区建立了大量的公用设施，但是这并不是为了帮助东北地区实现发展，而是希望能够在东北地区建立起一个日本移民的安乐窝，使得更多的日本人能够移居到东北来，最终达到完全统治的目的。因此，东北地区的中国人根本享受不到满铁建立的这些公共设施③。日本人建立起来的医院的医药费，只有极少数的中国富裕阶层负担得起，而其主要的作用是为了服务于附属地周边的日本人。在抗战胜利之后，日本人被赶出东北，东北地区的民众才得以享受这些公共设施所提供的便利，真正实现了当家作主。

**4. 对东北现代化进程的影响**

我们从满铁推出的种种政策和举措方面来看，大力实行奴化教育，严重摧残了东

---

① 叶勇：《“满铁”两大图书馆在日本文化侵略中扮演的角色》，《山东图书馆学刊》2013 年第 3 期，第 19－22 页。

② 宋艳秋：《关于满铁附属地问题研究简述》，《沧桑》2012 年第 1 期，第 70－73 页。

③ 吕汝泉：《浅析满铁对东北经济与文化的侵略》，《沧州师范学院学报》2013 年第 4 期，第 56－58 页。

北地区的教育事业。日伪当局不择手段地将东北的民众教化成为日本侵略者可以任意宰割的奴隶，然而这些劳动人民却是生产力发展的决定性要素，如果它们丧失了能够满足生产力发展的必要条件，那么必然会阻碍现代化的进程。

满铁文化侵略的过程当中，东北地区的很多名胜古迹和图书典籍都被掠夺乃至毁灭，使得中华民族丧失了无数瑰宝，从一定程度上来说，文化侵略的影响将远远超过战争侵略。由于当时的学校、科研机构都受到毁灭性打击，使得文化教育事业停滞不前，这对于现代化发展造成的损失和危害不可估量，也难以在短时间内得到修复①。

## 四　结语

满铁对于东北地区的文化摧残在很大程度上是和政治、经济乃至军事活动交织在一起的，其最终目的都是为侵略战争服务，满铁的文化侵略具有系统的自上而下的组织性、计划性、欺骗性等诸多特点，对于东北地区所带来的危害是不可估量的。尽管已经进入一个崭新的世纪，中华民族在各个领域都取得了重大的突破，但是对于满铁在东北地区近40年的侵略史实，我们都应该谨记于心②。

原载《鸡西大学学报》2014年第12期

① 庞喜海：《试论“满铁”的情报工作》，《江南社会学院学报》2009年第3期，第28－31页。

② 王玉芹：《满铁与日本向中国东北的移民侵略》，《社会科学战线》2009年第10期，第267－268页。

# 后藤新平与东北殖民卫生统制体系

李　娜

殖民医学指发生在任何殖民地的任何医学实践，其主要目的就是帮助殖民者克服他们在殖民地所面临的医疗卫生问题①。日俄战后，日本开始了利用满铁“经营”中国东北40年的近代殖民统治时期，为了把中国东北建成向中国全境扩张侵略的战略基地，满铁在中国东北建立了一整套殖民统制体系，其中殖民卫生统制体系是其重要组成部分。通过殖民卫生统制体系的建立，日本殖民当局直接控制了医疗卫生事业，使之为其殖民侵略、保障日本殖民统治者以及侵略军的身体健康服务。而身处殖民统治下的中国东北民众，缺少医疗和健康保障，生活依然艰难。本文拟从满铁第一任总裁后藤新平的殖民卫生思想入手，弄清后藤新平及满铁对中国东北医疗卫生进行支配和统制的措施和活动，分析其效果和影响，并进而探讨殖民卫生体系在战时军事及殖民统治中的地位。

## 一　后藤新平“文装武备”论中的殖民医学思想

后藤新平（1857～1929），日本岩手县水泽市人，出身于下级武士家庭，是跨越日本明治、大正、昭和三个时期的官僚、维新政治家、殖民扩张主义头目。后藤新平是日本在开拓和治理殖民地历史上的关键人物，也是满铁初期各项政经建设的基础肇事者、日本殖民医学的开创者。他19岁毕业于福岛县医学校，25岁任爱知县医学校校长兼任爱知县医院院长②，因力图改善经营管理，发展社会事业，普及卫生思想而闻名于世。1890年至1892年他自费留学德国学习西医，并实地考察过英国济贫法的实施和英国在印度的殖民医学，回国后在医学界和政界平步青云，一度担任过内务省卫生局长。留学德国期间，后藤新平对欧洲列强殖民统治印象深刻，认为欧洲殖民政策有三大支柱，即教堂、医学和铁路；日本无法依靠宗教，只能依靠医院和文教在中国进行殖民

① 杜宪兵：《方兴未艾的殖民医学史研究》，《光明日报》2013年2月23日。

② 鹤见佑辅：《正传后藤新平1医者时代》，东京：藤原书店，2004，第349页。

统治。1889 年，后藤新平发表了《国家卫生原理》，主题思想看似在谈论卫生工作，但字里行间中已显露出后藤新平的治国韬略，这成为他殖民卫生统制的思想基础，他热衷于殖民地医疗卫生体系的建立、实施与其医生旧业操守息息相关。

后藤新平曾任台湾总督府民政长官，专门考察过西方的殖民统治，是一个富有殖民经验的老手。台湾的成功经验，让后藤新平相信依靠军事占领只是“霸道”，文明的利器应是创办学校、医院的“王道”，即参照英国东印度公司的运作模式，在东北以铁道、教育、卫生和科学研究为中心，推进“文装的武备”[①]。在《满洲经营策梗概》等文件中，后藤新平设定日本在东北的扩张策略，是利用铁路、自来水、汽船、电信及医院等文明利器，以确立能够在该地凌驾各方的“学术霸权”，并获得殖民或帝国主义统治的合法性、正当性[②]。他宣称“战后经营满洲之惟一要诀，在于阳里装出经营铁道之假面，阴里建立百般设施”的阴阳两面的策略。“经营殖民地的政策，归根结底是文装武备，以王道之旗，行霸道之术，这是本世纪的殖民政策所难免的。那么，需要采取什么措施呢？……中央试验所、现居民教育、其他有关学术或经济等所谓文化侵略都必须进行。侵略主义这个字眼也许觉得不大好听，但是另外一个问题，把这综合看起来，可称为文装的侵略政策。……行政的秘诀在于利用人们的弱点，如果说，古往今来都是如此的话，那么，殖民政策就更是如此。”[③] 这些殖民统治策略被后藤新平在 1914 年日幸俱乐部的演讲中定名为“文装的武备”论的殖民统治策略，即“以文事之设施以备他人之侵略，一旦有缓急之事俾便帮助武断之行动”[④]。正是在后藤新平的倡导之下，满铁在关东州及满铁附属地内大肆进行文化、教育、卫生等方面内容的投资，使其在经济掠夺的同时，开启了另一部文化侵略的战车。

此前，“满洲”为日本军方把持，军部人士主张“武治”，即实行赤裸裸的军事占领，“文装武备”论与“军装武备”论是相对立的，它是对军部准备第二次日俄战争和用军事力量保持“满洲”论的否定。“满洲”殖民地化有两个途径，是通过军事冒险政策进行，还是通过慢慢投下资本进行？对这个问题，后藤的意见显然是选择了后者。在以铁路为中心建立的殖民地经营论里，原来也表现出他重视资本输出的思想，这从他把学校、医院等能够引进本国资本的“间接设备”的设置作为殖民政策基础的论述来看，也可以体会出来。而且这种文化设备的作用在于针对殖民地人民的弱点，使其迷惑，使殖民地人民仰赖他国，也充分说明了抓住殖民地人民的心是贯彻殖民地

① 小林道彦：《后藤新平的大陆政策》；御厨贵：《时代的先觉者：后藤新平，1857－1929》，东京：藤原书店，2004，第 125－133 页。

② 后藤新平：《满洲经营策梗概》，《后藤新平文书·满铁总裁时期》第 3 卷（缩微胶片），水沢市后藤新平纪念馆发行。

③ 伊藤武雄：《生活在满铁》，《长春文史资料》1983 年第 3 期，第 78 页。

④ 中村哲编《后藤新平“日本殖民政策”一斑和日本膨胀论》，日本评论社，1944，第 9 页。

统治的秘诀。

关于“文装武备论”的实施以及最终所表现的非凡的意义，后藤的追随者们对此做了详细说明：“文装武备论并不是仅仅局限于经济方面，如果不从教育、卫生、学术等更广泛意义的文化社会进行建设的话，就不可能完成文装武备的真正使命。也就是说，要考虑满洲民众的生活，这样，民众就会对我们的经营感兴趣。取得他们的民心之后，我们的大陆统治就会稳如磐石，那时，才可以说是文装武备论的真正的实现。”其后，追随者们还进一步解释说：后藤的“新殖民地政策之要谛，与其说在于追求武力、追求经济，不如说进行文化统治是更为迫切的任务”。“殖民地统治，首先需要建设的是学校、寺院，然后是医院，如果这些完备的话，移民和居民就可以安居乐业。”也就是说，“文化统治中最具有吸引力的，是宗教、文化、卫生三项”。总之，“以文装招牌为良好武器来实行侵略之实，实乃实施殖民政策必需之手段。对于永久占领这一土地并建立统治之基础而言，亦是最有力之手段”。这是后藤的追随者对此所做的精确概括①。

后藤新平作为满铁的首任总裁到其卸任总计不足两年的时间（1906.11～1908.7），在这一段时间中，他以一个“殖民地经营家”的角色，制定了满铁的基本发展方向，实施了满铁殖民经营“满洲”的策略；以自己的专业特长，开始推动医疗、卫生等领域中的实施。日本侵略者深知“欲征服满蒙，必先征服民心”的道理，后藤新平在《满铁总裁就任情由书》中说“战争不可期待常胜，永久之决战乃在于民口之消长”。而满铁作为一个兼有政治、经济、文化、情报等多种职能的侵略机构，始终把关东州和满铁附属地这一广大地区看成是对中国进行包括文化、教育、医疗在内的侵略扩张的桥头堡和实验场，并凭借满铁附属地呈放射性地辐射、影响和左右着东北广大腹地②。因此，在后藤“文装武备论”的指导下，满铁大力推行殖民地医疗卫生措施，开拓了殖民卫生统制体系的新局面，成就殖民统治东北期间的耀眼政绩之一。日本侵略者认为，居民的卫生保健设施是开发土地的先决条件，当时的满铁首席理事，后来担任过满铁理事长的国泽新兵卫就曾对此坦言：“总裁的想法是要利用医术和教育笼络人心、安定人心。”③

所以日本外务部门在1906年8月颁发的递信、大藏、外务三大臣关于满铁业务管理命令书中命令满铁在进行土木、教育等建设的同时，要注意必要的卫生设施的建设。当时担任满铁首任总裁的后藤新平男爵是学医出身，特别强调卫生事业在殖民统治中的作用，伙同他的部下，抓紧搞卫生设施建设，为其侵略提供便利④。

---

① 沈洁：《“文装武备论”的实质是侵略》，《探索与争鸣》1995年第12期，第22－23页。

② 顾明义等：《大连近百年史（下册）》，辽宁人民出版社，1999，第1295页。

③ 苏崇民：《满铁史》，中华书局，1990，第401页。

④ 满史会编《满洲开发四十年史（下册）》，王秉忠等译，东北师范大学出版社，1987，第500页。

## 二　后藤新平殖民卫生体系的确立与实施

在后藤新平“文装的武备”的思想指导下，满铁建立了一系列的医疗卫生设施，这些卫生医疗设施，使其文化侵略东北的功能日趋完善。满铁通过这些卫生医疗设施，进一步掩盖了日本帝国主义在东北进行殖民侵略的实质，同时也加强了其文化侵略的力度。满铁的卫生医疗设施与其控制的其他文化手段一起，在东北地区共同构筑了日本文化侵略的堡垒。

### （一）设置满铁卫生机构

满铁附属地经营卫生设施是遵照“三大臣命令书”第五条实行的，其中规定：“公司接受政府认可在铁道附属地建设土木教育卫生等必要的设施。”[①] 1907 年满铁于地方部设置卫生课，以附属地内的卫生行政为主，经营诊疗、医育、卫生研究各机关，并扩充学校卫生、铁道、工厂、矿山的从业卫生设施等。同时，在卫生课下设营口、奉天、四平街、新京、安东、抚顺 6 个保健所，配置保健医、校医、检诊医、现职医、巡回卫生妇等。作为诊疗机关，满铁在南满铁路沿线设立了许多医院、公医和诊疗所，作为特殊设施的有：南满保养院（大连）、妇人医院（奉天、鞍山）、别府满铁馆（别府）、特殊传染病隔离所（奉天等六所），另设研究机关为满洲医科大学（奉天）、卫生研究所（大连）。建立诸多的医院，并力争使每一所医院都具有野战医院的功能。

满铁卫生设施体系（昭和十年末至十四年）

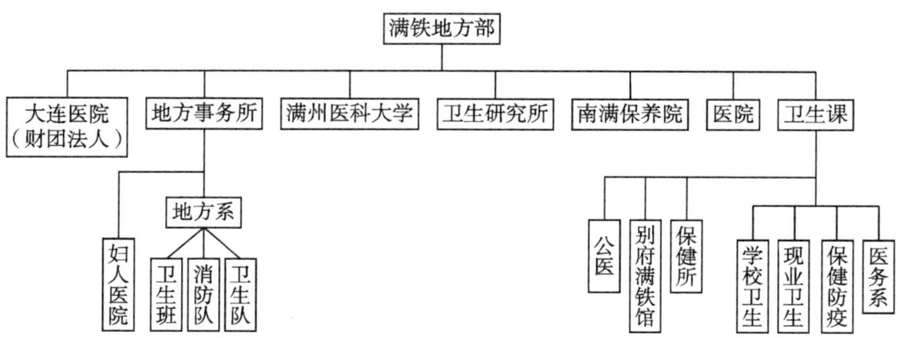


资料来源：满铁地方部：《满铁附属地经营沿革全史》，昭和 14 年刊行，第 793 页。

### （二）开设医院及其他卫生设施

与此同时，日本花大气力，投入巨额资金，创办了当时东亚技术设备最为先进的

① 满铁地方部：《满铁附属地经营沿革全史（上卷）》，1939，第 793 页。

医院。1906 年，上任满铁总裁伊始的后藤新平，在满铁尚无赢利、经费缺乏的情况下，提出要创办关东府附属大医院，向内阁要求拨款 120 余万日元[①]。满铁在东北地区设立的主要卫生设施大多沿铁路线分布，建成的较大医院有大连医院、长春医院、奉天医院、辽阳医院、铁岭医院、营口医院、安东医院、鞍山医院、哈尔滨医院等 28 所，1907 年拥有 1445 名医生、护士，每年治疗门诊和住院病人约在 100～200 名之间[②]。当然，最具有控制力的是被日本人称为“东洋第一”的满铁大连医院。

随着开拓团内结核病的大爆发，日本侵略者于 1920 年成立了“满洲结核预防会”，1930 年，在奉天、鞍山成立了妇女医院，此时满铁系统的医疗卫生组织改组完成，这些改革和重组实质上加速了日本帝国主义在东北的殖民侵略活动。1935 年 5 月，日本侵略者将中东铁路中央医院改为满洲铁道株式会社哈尔滨医院（住院部），将原哈尔滨市义州街满铁哈尔滨医院（原日本人增田私人医院院址）改作门诊部，床位由 280 张增至 450 张，卫生技术人员大部分是日本人，总人数达到 700 多人，并在北安、绥芬河、双城堡等 13 个车站设立了铁道诊疗所[③]。

**表 1　1942 年满铁在东北所设的 46 所卫生设施**

| 所属单位 | 医院 |
|---|---|
| 奉天铁道局 | 奉天、鞍山、辽阳、苏家屯、铁岭、开原、四平、公主岭、新京、安东、本溪湖、皇姑屯 |
| 锦州铁道局 | 锦州、兴城、通辽、赤峰 |
| 吉林铁道局 | 吉林、梅河口、敦化 |
| 牡丹江铁道局 | 图们、佳木斯、牡丹江、东安、一面坡、绥芬河 |
| 哈尔滨铁道局 | 哈尔滨、北安、黑河、双城堡 |
| 齐齐哈尔铁道局 | 齐齐哈尔、博克图、海拉尔、满洲里、白城子、富拉尔基 |
| 罗新铁道局 | 罗新 |
| 大连埠头 | 金州、沙河口、同寿、草河口、瓦房店、营口、大石桥 |
| 抚顺煤矿 | 抚顺 |
| 伪满洲医科大学 | 满洲医科大学附属医院 |
| 财团法人 | 大连 |

资料来源：王玉芹：《略论满铁在中国东北设立的卫生设施》，《东北亚研究》，2011 年第 2 期，第 11－12 页。

后来，由于日本的移民政策和卫生殖民政策导致满铁经营范围内医院床位紧张，经常出现有病无人医、有病人无病床的问题，于是，满铁又改造了沙俄时代的医院，在各省设立了众多保养院。具体见表 2：

① 《以医术统治南满》，满洲日报，第 479 号，1907－3－17。

② 鹤见佑辅：《后藤新平传：满铁时代（1906－1908）》，东京：藤原书房，2005，第 259 页。

③ 满史会编《满洲开发四十年史（下册）》，王秉忠等译，东北师范大学出版社，1987，第 488 页。

**表 2 满铁所属保养院**

| 所属单位 | 保养院 | 地址 | 病床数 |
| --- | --- | --- | --- |
| 满铁 | 南满洲保养院 | 大连小平岛屯 | 174 |
| 南满洲保养院 | 南满洲保养院分院 | 大连市乐家屯 | 100 |
| 奉天铁道局 | 新京保养院、奉天保养院 | 新京特别市孟家屯、奉天市 | 100 |
| 哈尔滨铁道局 | 哈尔滨保养院 | 哈尔滨市 | 50 |
| 齐齐哈尔铁道局 | 富拉尔基保养院 | 龙江省富拉尔基 | 不详 |
| 抚顺煤矿 | 抚顺保养院 | 抚顺市 | 50 |
| 大连本社 | 南满保养院 | 大连市 | 不详 |
| 牡丹江铁道局 | 横道河子保养院 | 横道河子 | 50 |

资料来源：满史会：《满洲开发四十年史》补卷，满洲开发四十年史刊行会发行，1946 年，第 152 页。

满铁设立的医院在总体上较之中国原有的医院都具有明显的优势，设施完善、门类齐全、医疗技术先进，而且颇具规模。满铁曾自夸这是它在东北统治时期文化上的“重大贡献”，日本官方文件也称卫生与教育是其在东北最成功的两项殖民事业。1920 年初，在华基督教会对全国医疗卫生事业进行调查，称：“在中国其他省区设备最好的医院非教会医院莫属，而独在东北则为南满铁路局所设，医生皆为日本人，规模最大的一所医院设在沈阳，该医院并附设一所较大的医学院，中日学生并收，用日语教学”①。1926 年 6 月国际联盟保健委员会的各国委员视察了满铁的卫生设施，国际联盟保健部长来西曼曾称赞它是模范的、现代化的②。满铁在东北设立的卫生医疗设施中，附属地大连满铁医院号称“东洋第一”，随即在各地建设分院，其中瓦房店、大石桥、辽阳、鞍山、长春、抚顺等地都建有医院。甚至在附属地外，满铁有奉天医院、吉林东洋医院和哈尔滨医院。到 1925 年，每一个满铁附属地市街至少有一家正规的现代化医院，其医院总数达到 16 个③。

## （三）设置卫生科研机构

为了控制东北地区的命脉，掠夺东北的资源与奴役中国人民，满铁统治者在东北地区做了一番煞费苦心的经营。他们一方面加强原先创办的学校，同时又新办了一些

① 中国基督教事业统计、中华续行委办会调查特委会编《中华归主：中国基督教事业统计 1901－1920》，中国社会科学院世界宗教研究所，1985，上册 280 页、中册 520 页。

② 高桥岭泉：《满铁地方行政史》，满铁资料，昭和 2 年，第 870 页。

③ 曲晓范：《满铁附属地与近代东北城市空间及社会结构的演变》，《社会科学战线》2003 年第 1 期，第 159 页。

医学校；另一方面，他们着意把自己的势力渗透到东北地区其他的医学校，以便操纵控制整个东北地区的医学教育大权。其代表性的有如下几所。

南满医学堂：作为日本政府推行“大陆政策”的组织机构，满铁为使其职工生活及殖民政策顺利进行，都必须调查东北、东部内蒙古乃至中国北部的风土、自然环境，特别是药物资料、卫生医疗状况，出于此种考虑，会社成立不久，满铁就决定在东北设立用于开展教学与调查、研究的专门机构。当时，是在医院规模较大、设施较好、医务人员较多的大连办学，还是在条件相对较差的奉天办学，满铁高层意见不一。最终从长远利益考虑，决定在东北的中心——奉天办医学教育。1911 年 9 月，成立了南满医学堂，日人河西健次为堂长，这是我国东北最早的高等医学校。南满医学堂招生对象为初中毕业生，学制 4 年。第一届招收了 28 名学生，其中日籍学生 20 名，中国籍学生 8 名。1922 年升格为大学，即满洲医科大学，学制 7 年。1926 年增设 4 年制医学专门部，专招中国学生，并许可中国女生入学。南满医学堂除进行医学教育外，还进行与此相关的调查研究工作。20 世纪初，日本人即在东部内蒙古调查采集植物本草资源，调查满蒙医学，日俄战争后，由满铁卫生课或关东军司令部主办，满洲医科大学由校长带队，由志愿者参加的巡回疗诊队每年暑期奔赴各地免费诊治，并作地方病调查，收集研究药材资源；设立开拓医学研究所，专门研究日本朝鲜移民医疗卫生问题，发行刊物。除此之外，在大连的中央实验所，也设立本地植物本草标本室，并发表研究与调查报告。

满铁卫生研究所：是从事卫生制品方面研究和生产的生物制品部门。1925 年 8 月建立，面积 3.8 万平方米，建筑物达 38 栋。1926 年正式开展业务，设有细菌、病理、化学、卫生、血清、疫苗六个研究部门，各部门除了承担日本中央试验所的卫生试验项目及水质、药品的检验任务外，还开展科研、委托试验、制造防疫用品、宣传普及卫生知识等工作。初建时主要生产牛痘苗，供日军和满铁人员及日本移民使用。“九一八”事变后，它不断增加人员，扩大规模，设置了血清贮藏库、鼠疫研究室及鼠疫预防液制造室等。1938 年，日本关东军以“军方需要血清和疫苗是当务之急”为由，将满铁（大连）卫生研究所交由石井部队（731 部队）直接管辖，改名为大连卫生研究所，又称“满洲第 319 部队”[①]，将哈尔滨 731 部队（位于哈尔滨以西 20 公里的平房地区）细菌班、昆虫班、植物班的众多技术专家和一些设备调到大连，并对卫生所原来的研究方针进行了根本调整，使满铁卫研所成为 731 部队的一个重要的细菌实验、生产基地。调整后的满铁卫生研究所下设研究课、制造课、资材课、总务课等，总人数约 250 人。研究课主要负责研究鼠疫、霍乱等约 10 种传染病菌，定期到哈尔滨接受课题任务；制造课人员最多达 150 人，其成员大多是日本的青年女性，主要负责制造细

① 顾明义：《日本侵占旅大四十年史》，辽宁人民出版社，1991，第 455 页。

菌、药剂和繁殖动物，其中饲养跳蚤是一项重要工作。该所与731本部一样，也进行活人实验。据战犯原日本关东州厅警察部长潮海辰亥供认，曾批准过一次活人细菌实验①。满铁卫生研究所从原来的从事卫生研究工作，到后来变成日军石井细菌部队的直属机构，其标榜的所谓“福祉”机构根本不是为殖民地的人民服务的，而是绑在了侵略战争的战车上，使其直接为日本的侵略战争效命，犯下了累累罪行。

此外，日本设在我国大连的统治机构关东州厅，为向日本移民“开拓团”提供医师，1939年以旅顺医院为基础，建立旅顺医学校。1942年日本文部省命令学校改称旅顺医学专门学校。1940年，为日本屯垦移民培养医师，在哈尔滨及佳木斯分别开设开拓医学院。前者无专设机构，附设在哈尔滨医科大学内；后者在佳木斯新建校址与附属医院，1941年改名佳木斯医科大学。另外还有齐齐哈尔开拓医学院、龙井开拓医学院，等等。

**表3　满铁及伪满政府所设卫生科研机构**

| 机构名称 | 地址 | 所属部门 | 设立目的 | 成立时间 |
|---|---|---|---|---|
| 满洲医科大学 | 沈阳 | 满铁 | 开拓医学教育与研究 | 1911 |
| 满铁卫生研究所 | 大连 | 满铁 | 卫生制品方面的研究和生产生物制品 | |
| 新京医科大学 | 伪新京市大同大街 | 民生部 | 培养医师和药剂师进行医学卫生研究 | 1934 |
| 新京畜产兽医大学 | 新京市宽城子居治街 | 民生部 | 培养畜牧医技术的专门人才 | 1940 |
| 佳木斯医科大学 | 三江省佳木斯南岗区 | 民生部 | 开拓医学研究 | 1940 |
| 哈尔滨医科大学 | 哈尔滨市南岗区 | 民生部 | 研究适应于伪满洲国医学的各类事项 | 1926 |
| 关东卫生试验所 | 大连市向阳台54番地 | 关东局 | 卫生试验、研究、调查 | 1938 |

资料来源：吕振涛：《伪满科技史料辑览》，黑龙江科学技术出版社，1988，第172－179、266－268页。

## 三　满铁殖民卫生统制体系实质及危害

后藤新平的殖民卫生思想表面上举着“王道”之旗，对东北却施以“霸道”之实，并美其名曰“文明的仁政”，实质上后藤所做的一切都是实施其殖民扩张思想的产物，其目的是为了巩固日本在中国东北的殖民统治，是出于日本的利益而对中国东北进行的掠夺。与其说后藤推动了中国东北医疗卫生事业的发展，倒不如说中国东北在后藤的操纵下被迫成为日本经济社会发展的后盾和对外侵略扩张的重要补给站。因此，我们有必要澄清历史，给世人以清醒的认识和有益的深思。

**1. 日本殖民当局通过建立医疗卫生统制体系**

一方面极大限制了中国人从事医疗的权利，另一方面保证了殖民当局直接掌控医

① 中央档案馆等编《细菌战与毒气战》，中华书局，1989，第174－175页。

疗卫生事业，实现了其“服务于、服从于殖民统治大局，以保障侵略军和殖民统治者的健康”的目的[①]。

满铁在创办卫生设施的同时，着意把自己的势力渗透到东北地区，以达到操纵控制整个东北地区卫生行政大权的目的。所以，在建设卫生设施方面，日本侵略者十分注意使其适应军备的需要，例如修建医院时，使走廊尽量宽敞，使之能立即变为野战医院。满铁大连医院就是一个平战结合的殖民式医院，平时为铁路日本员工和日本移民服务，战时可以大量加床，为日本军人服务。医务人员和收治对象主要是日本人，只在阴暗潮湿、堆放杂物的地下室设有中国人病房（日称满人病栋），初设时有 42 张床位，后来仅剩 33 张[②]。

满铁的卫生设施与满铁在东北兴建的其他公用设施一样，都是满铁国策会社的组成部分，是直接为其殖民统治和侵略战争服务的。满铁设立并经营这些设施，其直接目的是为了满足日本移民、满铁职员在东北的生活需要，从而吸引更多日本人移民东北，安定满铁职工队伍，创造一个日本人在中国的所谓“安乐窝”。同时，满铁也利用这些卫生设施广泛对东北一般民众小施恩惠，笼络人心，并借此宣扬大和民族的强大、日本文化的优秀来粉饰殖民统治[③]。满铁的卫生设施和组织是“九一八”事变之后日本扩大对东北控制的帮手，是伪满时期卫生组织机构的原型。总之，当时的卫生组织与其他侵略形式一样，都对中国人民犯下了罪行，应当受到一切爱好和平人们的谴责和反对[④]。

只要从满铁所建立的医院实际运营分析，就不难看出满铁建设这些医院的真实原因。这些医院作为满铁这个国策会社的组成部分，也是为日本的国策即其满蒙经营政策服务的。以 1931 年度为例，满铁附属地内的日本人为 11.2462 万人，中国人为 23.3189 万人，可是在整个年度，就诊的 119.8622 万人次中，日本人 81.9945 万人次，占 64.8%，中国人 34.5540 万人次，只占 28.8%，其余为外国人。而且，在这 34.5540 万人次的中国人中，抚顺和鞍山就占 27.2534 万人次，占中国人就诊患者总数的 78.9%。去掉抚顺、鞍山这两家特殊医院，其余医院的就诊总人次为 65.3806 万人次，其中日本人为 55.2541 万人次，占 84.5%，中国人为 7.3066 万人次，仅占 11.2%[⑤]。从这些数字中可以看出，只有中国人人数一半的日本人，就医人次却是中国人的两倍多。而且从附属地内东北人民的生活水平看，能够负担起医疗费的中国人大多数都属于东北的上层人物。因此，满铁所属医院的作用就是要为日本人在东北提供医疗服务，

① 孙承岱、徐元辰：《帝国主义侵略大连史丛书（卫生卷）》，大连出版社，1999，第 65 页。

② 薛志刚：《日本殖民统治大连时期的医疗卫生事业》，《大连近代史研究》2011 年第 8 卷，第 232 页。

③ 王玉芹：《略论满铁在中国东北设立的卫生设施》，《东北亚研究》2011 年第 2 期，第 12 页。

④ 王玉芹：《略论满铁在中国东北设立的卫生设施》，《东北亚研究》2011 年第 2 期，第 12 页。

⑤ 满铁：《昭和六年度统计年报》，第 871－873 页。

稳定日本对东北的殖民统治，笼络东北显贵，欺骗、迷惑东北人民和国际舆论。至于日本统治时期所谓的各种社会福利、免费医疗、红十字会等都是殖民侵略的遮羞布，而对城市卫生的改造、对中医药的改进、对华工的“慰问”以及各种所谓的慈善机构等都是为其殖民统治服务的，同样是罪恶的。

**2. 殖民卫生组织和机构对东北人民的健康权和生存权进行残酷剥夺**

满铁时期日本在东北建立了系统的卫生殖民机构，各个机构隶属分明，权责明晰，为其开展形形色色的卫生殖民政策与手段提供了便利条件。这些机构以服务侵略为目的，机构内的医生主要是为了扩大侵略战争和满足日本移民的医疗需要，而对中国病人则多是见死不救，再加上畜疫肆虐，使得中国人民生命健康没有保障，病死率极高。

日本侵略者在中国东北推行长达40年的殖民统治，致使东北人民生活在水深火热之中。中国东北地区的民众生存环境极为恶劣，生活条件极为艰难，饱受疾病折磨。由于没有基本的健康保障，鼠疫、天花、霍乱、新生儿破伤风及其他传染病多次流行蔓延。此时期医疗技术虽有提高，但日本侵略者不顾中国人民的死活，不进行有效防治，还用健康人作细菌实验，致使死亡人数大大超过了清末民初。以吉林省为例，1932年死亡人数就高达17.1万人，成为历史上死亡人数最多的年份。特别是1932年至1945年，因连年鼠疫造成的死亡人数达1.1万人，病死率为86.84%①。据森胁襄治1945年的记述，自1911年以来疗病院的统计表明，中国人急、慢性传染病的死亡率高出当时日本人数倍。如表4和表5：

**表4 1911年以来东北殖民地中日急、慢性传染病死亡率比较**

| 传染病 | 中国人/% | 日本人/% |
|---|---|---|
| 猩红热 | 34.4 | 6.6 |
| 天花 | 17.3 | 13.5 |
| 白喉 | 42 | 6.3 |
| 斑疹伤寒 | 7.9 | 4.7 |
| 痢疾 | 57.1 | 39.6 |
| 赤痢 | 23.4 | 8.5 |
| 肠伤寒 | 21.2 | 16.8 |
| 副伤寒 | 11.5 | 2.6 |
| 霍乱 | 45 | 30.3 |

资料来源：顾明义、张德良、杨洪范、赵春阳主编《日本侵占旅大四十年史》，辽宁人民出版社，1991，第456页。

① 吉林省地方志编纂委员会编纂《吉林省志（卷五）人口志》，吉林人民出版社，1992，第2页。

**表5 1908年至1937年吉林省死亡人数与死亡率**

| 年份 | 死亡人数/万人 | 死亡率/% | 年份 | 死亡人数/万人 | 死亡率/% |
|---|---|---|---|---|---|
| 1908 | | 13.7 | 1923 | | 18.8 |
| 1909 | | 21.3 | 1924 | | 18.2 |
| 1910 | | 21.8 | 1925 | | 19.3 |
| 1911 | | 18.7 | 1926 | | 22.9 |
| 1912 | 11.2 | 20.3 | 1927 | | 19.1 |
| 1913 | | 21.3 | 1928 | | 22.0 |
| 1914 | | 21.7 | 1929 | | 23.2 |
| 1915 | | 19.8 | 1930 | 16.5 | 18.6 |
| 1916 | | 18.1 | 1931 | 13.8 | 16.7 |
| 1917 | | 25.6 | 1932 | 17.1 | 20.6 |
| 1918 | | 27.1 | 1933 | 13.1 | 16.6 |
| 1919 | | 23.7 | 1934 | 15.4 | 17.9 |
| 1920 | 10.1 | 18.4 | 1935 | 8.8 | 10.0 |
| 1921 | | 17.7 | 1936 | 13.0 | 14.8 |
| 1922 | | 18.4 | 1937 | 14.9 | 17.1 |

资料来源：据《满洲年鉴》，伪满洲日日新闻社发行整理。

最具反讽意义的是，尽管日本居民区的卫生医疗设施，在先进性、舒适性、便捷性和展示性方面，不少都可被标榜为“东亚第一”，但由于日本居留民的日常生活必需品和日常生活服务高度依赖华人苦力，在彼此频繁的日常接触之中，日本居留民无法避免来自贫苦华人区的霍乱、鼠疫、肺结核等烈性传染病的传染，并不时波及日本侨民社区，乃至日本本土。在这个意义上，日本在该地区以巩固和扩张殖民统治为目的的公共卫生事务，又有着殖民医学或帝国医学损人利己，或损人也不利己的内在品性①。

**3. 对东北本土中医文化、医疗传统造成打击**

日本殖民者在东北设立大批官立医疗机构使西医发展迅速，压制了中医，取代了中医在中国医疗卫生事业中的统治地位，对中医文化、医疗传统、医疗效果都造成了较大的打击。此期间，日本侵略者推行发展西医，排斥中医的政策，在各地兴建西医院，妄图取代中医。据1938年统计，吉林省中医人数为6282人，西医人数为1373人（齿科201人），中医与西医之比为4.75∶1，西医与中医比例比清末有所提高，每1万

① 胡成：《中日对抗与公共卫生事业领导权的较量——对“南满洲”铁路、港口中心城市的观察（1901－1911）》，《近代史研究》2011年第1期，第46页。

人口拥有西医为1.09人，中医为5人[①]。但是，这些西医院均在省、县所在地，人数虽少于中医，但所起的作用和社会影响，却大大超过西医机构和队伍人数的实际能量，在20世纪30年代末期，西医已成为吉林省医疗事业的主体。

原载《外国问题研究》2015年第1期

① 吉林省地方志编纂委员会编纂《吉林省志（卷五）人口志》，吉林人民出版社，1992，第2页。

# 试论“满铁”对东北地区教育事业的摧残

吕汝泉

1905年9月，日本以巨大的代价（日亡8万余人，俄亡4万余人），换回了日俄战争的胜利。随后便以旅大地区为据点，沿着铁路一路向北侵占了整个东北地区，进行了长达40年的殖民统治。1906年11月“满铁”在东京成立，其在中国的总部设立在大连。“满铁”下设总务部、调查部、矿业部、运输部、地方部等重要部门；在东京的分社还成了东亚经济调查局，出版《满铁月报》等内容千篇一律但极具思想腐蚀性的刊物。“满铁”本部的调查部，“调查”活动范围涉及大半个亚洲，其“调查”内容均与日本的侵略扩张政策密切相关。

“满铁”名为民办，实为官办，挂着公司的牌子，干着侵略的勾当，是中国东北部奴化教育的主导者及主要参与者。作为日本近现代最大规模的“国策会社”，“满铁”是日本在中国东北设立的最大的殖民统治机构，“满铁”在政治、经济、军事、文化等领域的所作所为，比臭名昭著的东印度公司还要可耻，完全是日本国家意志的代言代行机构，行使着政府的职责，其成立的初衷便是为侵略和扩张服务①。军国主义者通过“满铁”窃取我国的社会、政治、经济和文化等各类情报，掌控东北的交通命脉，掠夺煤、铁、木材等资源，以此支撑日本军国主义侵略机器的运转。

九一八事变后，“满铁”将铁道附属地的行政权移交伪满洲国。从此以后，“满铁”为了配合日本军国主义发动侵华战争，致力于修建铁路、开采煤矿并进行各种情报的调查工作。“满铁”还肩负着一项更为隐蔽的使命，就是通过创办各种学校，利用教育这件漂亮的外衣，暗地里从事奴化东北人民的丑恶行径，在很长的一段时间内影响着中国东部地区的人民。

① 刘振甲：《1931－1945年日本在东北的奴化教育浅析》，吉林大学硕士学位论文，2008。

# 一　殖民地教育体系的确立

## （一）增建和恢复大量学校：思想的奴化

日本帝国主义的奴化教育主要是针对东北青少年，秉承“训育忠良之国民”的主旨，对青少年开展精神奴化，腐化和磨灭有志青年的民族意识和革命思想，从思想上奴化东北人民，让他们服从日本帝国主义的统治，形成奴性从而无力反抗。

基于这样的思考与目的，日本帝国主义在溥仪政权建立之初，立即下令关闭了东北地区已有的各类学校，并在1933年之后，按照“日满一心一德不可分割”的精神，完全按照奴化教育的办学理念和方针重新组建学校。由于日本帝国主义的疯狂进攻，东北各地的各类学校日渐衰败，濒临倒闭，进步师生不得不逃离东北，多数校园被日军抢占或毁于战火，为了师生的人身安全，许多学校纷纷关门，东北地区的教育事业深受打击。日本帝国主义者为了在最短的时间内收买人心，从而更快地掌握核心教育阵地，实施所谓的“德政”，伪临时政府成立后立即着手恢复和整顿各类学校①。

东北日伪政府高度重视汉奸的培养，所以将恢复高等院校放在重要位置。众所周知，在七七事变之后，北大、清华、南开等著名高校为了躲避战火，陆续迁往内地，无力迁离的高校多半处于停课状态。日伪临时政府为了培养效忠日本天皇的“顺民”，满足殖民统治的需要，先后在东北地区建立了建国大学、新京医科大学、哈尔滨工业大学、奉天工业大学、旅顺工科大学、旅顺医学专门学校、南满洲工业专门学校、大连高等商业学校等大中专院校，但是这些学校的共同特点就是知识单一，所学知识大多为殖民者服务。

## （二）实行新学制：科学的奴化

在实施奴化教育的初期阶段，日本殖民主义者基本上沿用中国原有学制，仅仅对部分教育内容略加删改。随着侵略程度的加剧，日伪政府认为我国原有的学制修业年限过长，重视基础教育，而日本扩大经济掠夺，需要大批具有初中级技术水平的工人，所以仅仅依靠改变教学内容，还不足以实现他们奴化的目标。简而言之，原学制不能适应“建国精神”“日满一体”的教育宗旨，“新时期”的现状要求必须重建“新学制”，因此开始对旧的教育制度进行了彻底的改革。

日伪当局从1932年6月开始进入准备阶段。1936年，日伪当局将视线转移到扩军备战的方向，基于战略需要，“新学制”的制定节奏随之加快。1937年4月，伪满洲国政府将拟定的学制“成案”提交“学制调查委员会”，于1937年5月正式颁布，并规

---

① 冯佼敏、昌根花：《后藤新平满州经营论试析》，《新余学院学报》2012年第3期，第39－41页。

定从1938年1月1日起正式施行。1937年10月，伪民生部又公布了各类学校的学校规程。“新学制”提出了完整的奴化教育方针和政策，将学校系统分为初等教育、中等教育、高等教育三个阶段和师道教育、职业教育两个门类，加强了对各级教育机构的管控①。“新学制”的颁布和推行，标志着奴化教育在东北的全面实施及殖民教育体系在东北的正式确立，而所开设的大学、技校均是为侵略服务的。

### （三）强行使用日语教材：语言的奴化

任何时期，教科书永远是最主要、最直接的教学工具，日本帝国主义者在此方面同样煞费心机，改编教科书得到了日伪当局的高度重视。伪满政府成立后，相继成立了临时审定教科书委员会，此机构首先制定了“中小学教科书实施规则”。1937年11月，临时教科书审查委员会对中小学教科书分别进行审查，删除了有关“九一八”事件、“不平等条约”、“日本帝国主义”、“侵华”等一系列“有碍中日邦交”的内容。1938年5月，伪满洲国政府教育部颁布了酝酿已久的《教科图书审定规程》，同年9月又颁布了《修正教科图书审定规程》，规定各类学校所使用的教科书，在没有经过审定之前，不得使用或发行②。另外，为了全面展开奴化教育，伪满洲国政府教育部强令各中小学增加“（日式）修身课”的学时，各中学增设经学讲读课程，日语成为必修课，日语成绩的优劣作为衡量学习成绩的最主要的一项指标。至此，东北地区原有的课程设置标准和成绩评价体系荡然无存。

### （四）学校由日本人负责：政策的奴化

1932年伪满洲国建立后，日伪当局就开始逐步加强对教育权的控制。无论是1932年3月建立的民政部文教司和1932年7月由“文教司”升格的文教部，还是各级地方分管教育事务的行政机构，都是由日本侵略者一手建立起来的。而这些建立起来的学校，一方面由日本人指派和安插各级学校的行政长官或者是最高领导，另一方面，日本侵略者还直接插手到各级教育行政机构和学校的教育教学工作中。在伪满中央教育机构中，同其他各部门无一例外地先后实行了“总务司中心制”和“次长中心制”，而总务司长均由日本人担任。实际上，伪文教部的权力也几乎完全控制在由日本人担任的总务司长手中。1937年7月后，在各级教育机构中，包括学校在内，虽然正职大多是由中国人担任，但实权还是均被担任副职的日本人掌握，所有的一切决议或一切事务都要听从日本人的安排。除此之外，所有学校被迫大量录用日系教师，至此几乎所有的学校均被日本人所掌控③。

---

① 庞喜海：《试论“满铁”的情报工作》，《江南社会学院学报》2009年第3期，第28－31页。

② 武向平：《三十年来日本满铁研究现状述评田》，《日本问题研究》2012年第3期，第28－33页。

③ 宋嘉：《论伪满洲国时期日本侵略者在东北实施的奴化教育》，东北师范大学硕士学位论文，2008。

## 二 奴化教育的各个阶段

### （一）起步阶段：1906～1915

日俄战争结束之后，首先借鉴在中国台湾地区的殖民教育经验，对大连地区初级教育的各类学校进行了“改革”。此时只是对教学目的等较为宏观的内容进行初步规定，暂未确认较为露骨的教育方针，亦未设立独立完备的教育管理机构，更无完善配套的初等教材。日本当局由于来自各方面的担心，这一阶段对殖民教育投入的精力不是很多，而把主要的精力放在了抢夺资源上面。由于沟通受阻，日本帝国主义者把向中国人传授日语放在了首位，扶持鼓励地方城市办学，聘请日系老师，当语言上受到控制以后，又逐步在思想上加以引导。日本帝国主义者在此阶段一方面以传播文化为遮掩，进行腐化思想的初步引导，另一方面又培养了一大批懂日语的中国人，成为军国主义者的忠实奴仆。

### （二）扩展阶段：1915～1923

1915年5月，日本军国主义者强迫袁世凯签订了丧权辱国的“二十一条”，将旅顺、大连的租借期限延长为99年，自此，日本正式进入了“大陆经营时代”。随着初等、高等学校的不断增加，日本当局也加快了对奴化教育立法的进度，制定并颁布了《关东州普通学堂规则》《关东州公学堂规则》《关东州书房（私塾）规则》，并将中国原有的官办学校及民间既存的初等教育机构逐步纳入“同化教育”的范畴，重新规定了各类学校的办学方针、办学理念和课程设置。“同化教育”的主要途径是强化日语教育。语言是思想的表达方式，想要使中国人具有与日本人同样的思想和行为方式，那让他们学会日语、使用日语是当务之急[①]。基于此，日伪政府当局不仅强迫中国学生学习日语，而且不断增加日语的教学时间，规定学生在校期间必须使用日语，若是不小心说了汉语便会遭到一顿毒打。日本当局旨在用语言来同化殖民地人民的意识，进而达到“同化教育”的目标。

### （三）深化阶段：1923～1941

九一八事变后，日伪当局的教育政策发生了根本性改变，为配合其“大陆政策”而加大了日语教学的力度，增加日语学时，减少中国语学时，除汉语课程之外，其余

① 郭贵儒：《华北沦陷区日伪奴化教育述论》，《河北师范大学学报》（哲学社会科学版）2005年第6期，第127－137页。

课程一律使用日语进行授课。1932年3月，日本建立了傀儡政府“满洲国”，从此掌控了东北的政治、军事、经济及文化等一切权力，使整个东北彻底的沦为日本的殖民地。七七事变后，日本当局再次调整奴化中国人的教育方针，日语热迅速升温。为大力灌输奴化思想以及行使奴化教育，教学大纲及教学计划被随意修改，所有东北地区的学校完全进入日式教育阶段。奴化教育的工作重点主要放在儿童以及青少年身上，目的就是为了从小灌输一种日本文化，以便更好地进行思想奴化，企图剥夺青少年对祖国、对民族的亲情。

### （四）顶峰阶段：1941～1945

进入20世纪40年代，日本当局的奴化殖民教育达到极致，先是在1942年颁布了《关东州民籍规则》和《关东州寄留民规则》，这两项《规则》规定对殖民地的中国人进行重新登记，目的是加强对殖民地的统治，标志着日本殖民当局对东北地区的殖民统治进一步推进。而奴化殖民教育达到顶峰的重要标志是1943年6月公布、1944年4月实施的针对殖民地全体居民进行奴化教育的《关东州人教育令》。为使中国学生在语言、精神、思想及习惯上完全日化，日伪当局肆意侮辱东北人民的民族感情和民族自尊心，在《关东州人教育令》第八条中把日语改称“国语”，把日本历史改称“国史”。1941年太平洋战争全面爆发后，学校的办学宗旨转变为“一切为战争服务”，实行“战时教育体制”，派遣现役军官驻校任教，强制学生参加“国防训练”，将广大中国学生彻底推向教育黑洞①。

## 三　奴化教育的恶劣后果

### （一）东北教育事业损失惨重

日伪当局在奴化教育中迫切希望中国人早日成为没有民族意识的愚民，因此日军在军事进攻之时，对东北地区的教育事业进行了大规模的破坏。在伪满洲国建立之前，日本对东北人民的教育表面上以两国的文化融合为基础，实质上是为日本的殖民统治服务，但侵略色彩并不明显。而在九一八事变后，日本迫使各学校暂时停课，关闭东北的学校、图书馆等文化教育机关，甚至采取了轰炸学校等恶劣手段进行打击②。九一八事变之前，东北共有30余所大专院校，事变之后，几乎全部被查封或毁坏。1938年以后，为了奴化教育的需要，重新开放了其中的10所大学。日伪当局对东北地区的教

---

① 李延坤：《“关东州”的殖民文化研究——以日语教育为中心》，《东北亚论坛》2012年第2期，第123－129页。

② 吕汝泉：《浅析满铁对东北经济与文化的侵略》，《沧州师范学院学报》2013年第4期，第56－58页。

育事业实行打压政策，旨在推行一系列摧残民族文化意识的愚民政策，打压的同时，日本又举办数量有限的学校为它的愚民政策服务，培植听从指挥、只为日本效劳的顺民。

### （二）迫害师生，削弱师资力量

日伪当局对东北地区的爱国师生大肆逮捕、屠杀或迫其离开学校。日本宪兵队以“思想犯”“反满抗日”等罪名逮捕了大批教师，被捕教师饱受严刑拷打，最终大多被处以死刑，侥幸逃过死刑的教师刑期也长达10年以上。1941年震惊全国的一二·三事件中，共逮捕进步学生60多人收监关押。为了镇压“反满抗日”的爱国青年和进步人士，先后三次在营口进行大规模的搜捕，甚至对无辜百姓施以酷刑①。与此同时，日伪政府以各种莫须有的罪名对教育界人士进行残酷迫害，大批教师被杀或被迫改行，部分坚守教育事业的老师也无不遭到日伪当局的多方监视和打压，东北地区的师资力量受到严重削弱。

### （三）思想被严重奴化，丧失民族意识

在奴化教育的长期高压政策下，广大东北人民特别是青少年无法接触到进步思想，只能接受日本帝国主义推行的愚民政策。殖民者在学校里大肆宣讲修身课、日满亲善课、中日共存荣辱课等奴化思想，并按照他们的需要束缚和麻痹中国学生的思想。同时，高唱日本军歌、国歌，遥拜日本天皇成为中国学生每日被强迫必做之事，企图让青年学生尽快忘掉我国优秀的传统文化，甚至还希望他们从思想上和行为上背叛自己的国家②。奴化教育对东北青少年的价值观、人生观和世界观都造成了巨大的负面影响，极大破坏了东北地区的教育事业，导致教育事业停滞不前。

## 四 结语

“满铁”存在的近四十年时间，不断对东北地区进行着疯狂的掠夺和压榨，用我国人民的血汗支撑着日本军国主义侵略机器的持续运转。“满铁”在对东北地区进行经济掠夺的同时，还对其非法统辖区的人民强制实施了奴化教育。奴化教育与军事经济等手段并用，从而达到全面奴役中华民族的企图。虽然时间已经进入二十一世纪，但

① 王玉芹：《满铁与日本向中国东北的移民侵略》，《社会科学战线》2009年第10期，第267－268页。

② 谢嘉：《日本侵略者在华北沦陷区的奴化教育罪行》，《档案天地》2003年第1期，第26－27页。

"满铁"的侵略史实和滔天罪行，我们每一个中华儿女都不应该淡忘。① 因此，有必要系统而彻底地揭露日本军国主义者的罪恶行径，撕下"满铁"的伪装，唤醒年轻一代牢记历史，树立正确的历史观，并依据客观事实，从不同视角研究"满铁"的历史。通过对"满铁"历史的学习，培养年轻一代产生深厚的爱国主义情怀，将自身的发展与中华民族伟大复兴的宏伟目标有机结合，为谱写"中国梦"的美好篇章而贡献力量。

原载《西昌学院学报》（社会科学版）2015 年第 1 期

① 赵群：《伪满时期日本帝国主义在东北地区的奴化教育及危害》，《社会科学辑刊》2002 年第 6 期，第 135 – 136 页

# 浅析满铁右翼团体的崛起及侵华活动

李　娜

1905年日俄战后，日本不但在侵华道路上受到来自欧美列强的制约和中国民族解放运动的抵抗，而且还遭到日本国内民主思想的冲击和自然灾害等不利因素的影响，其侵略锋芒受到重创。此时，在东北的日本人惴惴不安，感到自己"耀皇威于海外"、做"天之骄子"的梦想随时都有破灭的危险，所以急切盼望日本政府尽快"解决满蒙问题"。一部分右翼分子在关东军和关东厅的支持下，以满铁社员为骨干，成立各种社团组织，与日本国内军部和民间法西斯力量遥相呼应，大造武装侵占东北的舆论，并且与军阀、财阀密切配合，在政治、经济、军事、文化等各个领域充当军国主义的走卒或先锋，成为推动所谓"大东亚战争"恶性发展的主要力量。

## 一　满铁社员三种思想派别

满铁成立于1906年，是一个规模巨大的"国策会社"，在解散以前，包括中国的和朝鲜的工作人员在内，满铁号称拥有人员20余万。① 满铁社员可分为若干类，如按业务种类划分，可分为三种。第一是满铁经营的铁路、港湾和煤矿等营业部门工作的人员。第二是在行政、福利、教育、文化事业等部门工作的人员。第三是在调查研究部门工作的人员。其他划分，比如按照民族的不同，可分为日、中、朝、俄、蒙五个民族，其中日本人在解散前约有14万。若是按照公司人员编制划分，则又可分为职员、雇员、佣员和嘱托。满铁社员大多来自日本名牌学府，受20世纪20年代席卷日本半岛的大正民主风潮的影响，思想十分复杂。满铁社员若按思想体系划分，大致可分为三种。

第一是纯粹的右翼分子，是把"满洲"视为日本生命线的人。这是松冈洋右常用的语言。换一种说法，可以说是帝国主义的前卫。满铁日本人社员多半是属于这一范畴的，由于日本政府对社会主义思潮的镇压，结果这一思想得以发展。以大川周明

① 伊藤武雄：《生活在满铁》（一），《长春文史资料》3，1983，第92页。

（1886～1957）为代表的法西斯主义与军方少壮派军官在思想上产生共鸣，所以大川能够经常在各大学以及参谋本部、陆军士官学校等处公开发表演讲，使其思想和主义得到广泛传播，许多学生和青年军官深受熏染，成为军国主义和右翼思想发展的基础。满铁社员中很多人就是在大川周明的法西斯思想理论影响下从日本来到中国东北的。

第二是所谓“民族协和”主义者。持有这种思想意识的人为数不多，但在当时的大形势下，可以说是及于社员全体。这种思想体系代表人之一是笠木良明。笠木良明曾隶属于东亚经济调查局，当时他是帝国主义派大川周明的“地行社”的一员，后来和大川分离，在满洲组织“大雄峰会”，参加这个团体的年轻社员们，抱着强烈的“协和思想”和“亚洲共和”思想，是隐性的具有侵略思想的右翼激进分子。

第三是反殖民主义的人。这是经过大正民主潮流的自由主义信奉者来到满铁以后才产生的。反殖民主义者在殖民公司里是不恰当的存在，但这已成为自由主义的传统了，从太平洋战争开始，到因满铁事件全部被看押为止，一直存在于满铁内。当时满铁的统治者也认为，要想搞出出色的调查来，在调查部门这个范围内就不得不任用搞社会科学、但是有自由主义思想的一些人。

满铁社员存在的这三种思想派别，第二种所谓“民族协和”思想集团，主张满铁现居民互相友好，通力合作，这与作为既要友好而又榨取的殖民公司的现实要求是一致的。这两种思想从“满洲经营”思想和满蒙侵略思想的血统来说，可以在作为后藤新平的“文装武备”论这种有名的统治殖民地理论那里找到它的根源。后藤的“文装武备”论，在“满洲经营”的实际发展当中，是要经过分化来完成的。如果按照这种观点，那么第三种思想——反殖民主义的自由主义的传统，也能在后藤的“科学”的合理主义中找到它的根源。

## 二　满铁右翼势力的兴起及其组织特点

满铁右翼势力是日本谋划对外侵略、特别是满铁对中国东北侵略的直接产物，其形成的显著标志是右翼组织或团体的出现，其成员具有多重身份，不仅是满铁社员，而且大多出身于日本国内右翼组织，例如1881年成立的以头山满、平冈浩太郎等为首的“玄洋社”，1901年成立的以头山满、内田良平为首的“黑龙会”，1919年成立的以满川龟太郎为首的“犹存社”，1925年成立的以大川周明为首的“行地社”等。[①]

满铁右翼组织的基本成员以满铁社员为主，另外还包括无固定职业的“浪人”或民间人士，其核心成员均处于民间在野的地位，游离于政治体制之外，并不把目标定位于夺取国家政权，而是从民间与在野的立场，对政府当局形成推动或钳制，在对外

① 王向远：《日本右翼言论批判“皇国史观”与免罪情结的病理剖析》，昆仑出版社，2005，第3页。

侵略的谋划与实施过程中，与政府形成了配合与依赖的相辅相成的关系，起到了特殊的关键作用。对华侵略的“秘策”、纲领和设想，往往是由右翼人士通过著书立说的方式首先提出，然后影响民众思想和政府决策；在对华侵略的实际行动中，往往是右翼分子先行踏上中国领土、进行种种间谍调查活动，并为日后日本政府发动侵华战争踩点、探路；而在政府内部因派别纷争影响侵华决策的迅速实施的时候，右翼分子又不惜采用恐怖手段，包括暗杀那些妨碍决策的军政要员，密谋、怂恿和策划少壮军官发动流血政变等暴力方式，推动日本当局的右翼化。对此，战后被判为文化战犯的右翼分子林房雄曾在《大东亚战争肯定论》中认为：“所谓‘东亚百年战争’实际上并不是由政府和军部策划、‘共同谋议’并加以实行的，而是被称为‘右翼’的思想家和行动家们促进、推进和准备的。”林房雄在《大东亚战争肯定论》中发表了许多谬论，但这句话大体是说对了。右翼势力，确实是推动所谓“大东亚战争”恶性发展的主要力量。而这一点也恰恰是一般人最容易忽略的。

在以满铁社员为主体的右翼团体中，以满铁社员会、大雄峰会、满洲青年联盟最具代表性。各右翼组织都有自己明确的理论纲领，都具有强烈的“国家社会主义”、极端民族主义的性质。他们主张“忠君爱国”“国家改造”，标榜天皇主义、国权主义、大亚细亚主义，都鼓吹日本要与俄国等列强争夺在亚洲的霸权，并要打入中国（特别是中国的东北地区）和朝鲜半岛，从而使日本成为“亚洲的盟主”。进入20世纪30年代，随着日本帝国主义推行扩张政策，满铁右翼团体与军阀、财阀的结合日益紧密，在吞并朝鲜、九一八事变、七七事变以及太平洋战争中，满铁右翼团体都充当过军国主义的走卒或先锋，在政治、经济、军事、文化等各个领域，都可以明显地看到他们的“业绩”。总的来看，满铁右翼团体在精神上和理念上是维护国体、天皇中心主义；在政治上和物质上是依靠军阀和财阀；在行动上虽然是分散的，但目标是集中的。

## 三　满铁右翼社团组织的设立及侵华活动

### 1. 满铁社员会

满铁是个讲究学历和资格的会社，职员大都具有较高学历，当时被满铁录用的人，在日本国内都被视为各专业的佼佼者。会社每年要招聘大批名牌大学毕业生进入满铁，尤其是东京大学的毕业者更受青睐，所以“东大”派的势力在满铁最大。20世纪20年代末，满铁虽然已经被日本人渲染成因受中国“排日”力量的打击，而受到了“无法生存”的境地，但即使这样，1929年还招聘230名大学生，1930年招聘了89人，1931年招聘了80人。[①] 至于那些在日本各大公司中表现不俗，又富有经验的“青年才俊”，

① 草柳大藏：《满铁调查部内幕》，刘耀武等译，黑龙江人民出版社，1982，第358页。

被吸引而加入该社的就更多了。由于满铁社员都有自己的业务专长，还具有很强的政治敏锐性和“报国之志”，因而成为关东州殖民当局重要的社会基础，深受重视，他们对东北时局的评论和诉求，当局都予以极大关注。

满铁社员深知自己的前途命运与满铁的发展密不可分，再加上历任总裁对他们的关照，更坚定了他们为满铁献身的自觉性。在第一任总裁后藤新平的主导下成立的“满铁读书会”，由会社出资为其购买了图书，还出版了《读书会杂志》，让社员发表读书心得，后来该杂志改名为《协和》。满铁社员自发成立的自治组织主要有：东京大学派的“新绿会”、育成学校的“若叶会”、铁道教习所的“铁友会”，还有明治大学、东京高等商业学校、神户高等商业学校、旅顺工大、日露学院和同文书院等学校的同窗会。① 其中最具影响力的是由一些在满铁有一定职位的骨干职员成立的如“亲睦会”“共鸣会”等。②

1925 年，一批在满铁任职多年，且有一定地位的职员，如加藤新吉、冈田猛马、人见雄三郎、平岛敏夫、山崎元干等，在一起酝酿把各个自治组织统一起来组成满铁社员会，经过多次研究，满铁董事会终于于 1926 年初予以批准，并在 1927 年 4 月 1 日满铁成立二十周年纪念大会上正式宣布。满铁社员会纲领共有三条：（1）维护会社的独立自主地位，如外部势力对会社有不正当的干预和妨碍其健全发展时，应举全力排除之；（2）应确立公司董事、理事等重要干部从会社职员推荐的人选中由政府委任的原则；（3）增加满铁社员的公共福利。③ 第一条所包含的内容非常广泛，既包括日本的政党势力，也包括军方的干涉，同时还包括国际上反对满铁的力量，以及中国人民对满铁发展的“妨碍”等等，看来所有这些都在社员会“举全力排除”之列。社员会下设评议员会、干事会、常任干事会；由最基层岗位选出的代表组成评议员会，再从评议员中产生干事会和常任干事会成员，作为社员会执行部门的工作人员；社员会的最高领导称干事长，是社员会的代表。

满铁社员会不是工人阶级的工作组织，而是满铁课长级干部操控下的、引导社员为实现日本国策而奋斗的群众性御用组织。表面上看它是一个所谓的社员大家庭，实际上它代表的是那些与满铁利益紧紧连在一起的高级职员乃至高层利益集团的意志。满铁社员会的活动，为后来的满洲青年联盟的产生创造了必要的物质基础和思想基础。满铁地方课课长平岛敏夫说过：“在社员会的活动中，我切实感到社员会所大声疾呼的意见，不单是满铁的问题，而且是全满同胞的问题。因此，有必要把满铁会社以外志

---

① 菊池宽：《满铁外史》，满铁社员会，1942，第 255 页。

② 高桥勇儿：《满铁地方行政史》，大连满铁本社，1927，第 553 页。

③ 菊池宽：《满铁外史》，满铁社员会，1942，第 255 页。

同道合者也集聚起来。”① 所以才有不久以后满洲青年联盟的产生。

**2. 满洲青年联盟**

一般认为，关东军武装占领东北的具体行动计划，始于1929年7月的参谋旅行，而极力煽动武装侵略的东北日人右翼团体满洲青年联盟，在此前的1928年11月13日便出笼了。它以关东军为背景，其前身是满洲青年议会，是关东军指使满铁社员筹设的，目的是“审议论究开发满蒙的议案，以实现理想的满洲”②，“维护、扩张日本在满蒙的既得利益”③，是一个主张向中国东北和蒙古进行全面、深入侵略扩张的法西斯民间组织。

1928年5月，为使殖民新闻界引起社会关注，将必须用武力占领满蒙的舆论推向高潮，大连最大的官办日文报社《大连新闻》社，在举行庆祝昭和天皇即位大典纪念活动时，召开了满洲青年议会第一次会议。以满铁社员为主体的会议代表，是代表东北侨民的中间阶层，这个阶层有较高的经济收入和社会地位。一个社会政治局势的稳定与否，往往取决于中间阶层政治态度的向背。这些代表大多数都接受过法西斯主义理论家大川周明的“训导”和影响，由于大川周明也是满铁会员，所以其对满铁的影响是不言而喻的。与会代表尽情宣泄了他们对中国人民收回主权运动的不满和敌视，把他们对东北的占有欲发挥到了极致。会议通过了《满洲青年议会宪法》和议案，议案所涉及的都是当时日本急欲得到却没能得到的有关权益方面的问题，在九一八事变后，关东军组建伪满政权时都逐渐得以实现。满洲青年议会是殖民当局一手策划的专门制造武装侵占东北舆论的工具，它虽然仅仅存在不到一年的时间，却为法西斯右翼团体满洲青年联盟的出笼，做了思想上和组织上的准备。

1928年11月11日，满洲青年议会举行第二次会议，在会议进行的第三天正式宣布成立满洲青年联盟的决议。1929年6月，青年联盟提出被称作“满洲国胚胎”的分裂中国版图的议案——“满蒙自治制”议案，其主要内容在策划成立伪满的过程中多被关东军采纳。满洲青年联盟是一个地地道道的右翼法西斯政治团体，它成立的目的就是纠集日本在东北的右翼势力，对抗中国人民收回主权的民族解放运动，协助日本政府和军部推行武装侵占东北的方针政策，使满蒙的天地真正成为其“理想之乡”。④

满洲青年联盟自成立起，到1930年6月小日山直登辞去联盟理事长之前，是其发展的第一个高峰时期，支部发展到24个，成员一度达到5000多人。

1931年九一八事变爆发，事变前，8月11日，为推行“武力解决”东北问题的思

① 草柳大藏：《满铁调查部内幕》，刘耀武等译，黑龙江人民出版社，1982，第299页。

② 满洲青年联盟史刊行会编《满洲青年联盟史》，满洲青年联盟史刊行会，1933，第23页。

③ 南龙瑞：《日伪殖民统治与战后东北重建》，中央编译出版社，2012，第30页。

④ 满洲青年联盟史刊行会编《满洲青年联盟史》，满洲青年联盟史刊行会，1933，第51页。

想，联盟代表在大连集会演讲，叫嚣："如果日本认为可以放弃满洲，我们自有打算……我们要发挥三千年熏陶而成的国民性和日本精神，纵使祖国日本反对，也要饮泣宣布满洲的独立。"① 事变第二天，满洲青年联盟就召开"紧急动员大会"，通过了立即向国内派遣游说团，统一各团体的行动和积极参军参战的"战时行动准则"②。从这一刻起，满洲青年联盟就开始与关东军狼狈勾结，大搞武装侵略东北的罪恶活动。联盟一方面通过自己掌控下的经济实体，组建"沈海铁路保安维持会"，恢复铁路运输，将原"东北交通委员会"改组为伪东北交通委员会，由满铁控制，帮助军方解决过冬经费和物资供应；另一方面，联盟主动出面安抚市民，帮助关东军维持社会治安。尤其是九一八事变后的沈阳，仿佛成了满洲青年联盟的天下，它除了积极恢复交通、维持治安外，还协助关东军接管沈阳电台、电灯厂、纺织厂、军工厂、官银号等工厂和重要部门。可以说联盟为帮助关东军顺利占领沈阳竭尽了全力，"俨然成为关东军的后勤部队"③。与此同时，青年联盟频繁接触关东军，不断为关东军献计献策，先后抛出"满蒙自由国""满蒙经略""民族协和"等方案，为关东军侵吞东北后的统治献策。随着日军侵略活动的不断扩大，满洲青年联盟与另一右翼团体大雄峰会一起策划成立了一个对建立地方行政机构有指导作用的过渡性机构——"自治指导部"，并抽调大批人员，经短期培训后作为指导员下到各地，对地方事情进行"指导"和"宣抚"，参与伪满洲国的筹建，联盟的活动为伪满洲国建立奠定了基础。伪满洲国建立后，紧跟关东军冲锋陷阵的满洲青年联盟认为"实行殖民统治光靠政治暴力不行，还必须辅之以思想政治统治"。为此，联盟理事山口重次、小泽开策等人策划成立了协和党，将大批联盟成员拉入该党。1932 年 7 月，伪满官办的思想教化政治团体——协和会成立，协和党被吸纳入会。

从满铁社员会发展到满洲青年联盟，在东北的日本人始终有一个明确的目标，即竭尽全力维护"几十万英灵"用"流血牺牲"换来的日本在满洲的"特殊权益"。④

**3. 大雄峰会**

1930 年关东军的动武策划已进入战术研究阶段，年底"占领区统治的研究"也已完成。就在这一年，几乎清一色由满铁人员构成的另一个右翼团体大雄峰会应运而生。创始人之一的满铁地方部人事系主任笠木良明曾为行地社成员，故大雄峰会自始即与大川周明的行地社等日本国内右翼组织挂钩。

1920 年，笠木良明进入满铁东亚经济调查局任职，与大川共事数年。1929 年，满

① 满洲青年联盟史刊行会编《满洲青年联盟史》，满洲青年联盟史刊行会，1933，第 501 页。

② 草柳大藏：《满铁调查部内幕》，刘耀武等译，黑龙江人民出版社，1982，第 408 页。

③ 山口重次：《满洲建国》，东京：行政通信社，1975，第 122 - 136 页。

④ 郭铁桩、关捷主编《日本殖民统治大连四十年史》上，社会科学文献出版社，2008，第 375 页。

铁将笠木良明调到满铁大连本社任人事系主任。由于满铁社员中有很多是日本当时法西斯运动的积极分子，他们大多都是笠木良明的崇拜者，甚至是“同志”或弟子，听过他的讲演或读过他的文章，所以笠木的到来使他们欢欣鼓舞，并很快在大连形成了一个以他为中心的思想小团体。这些人时常在一起演讲、聚会，纵论国事，探究侵华方策及“满蒙问题”对策。1929 年末，笠木良明等人在大连中央公园（今劳动公园）南华楼成立了一个取名为“雄会”的组织。[①] 1930 年秋，笠木良明“根据《临济录》中百丈禅师‘独坐大雄峰’这句偈语”，将该组织更名为“大雄峰会”。大雄峰会继承了日本民间法西斯组织犹存社和行地社的衣钵，以“大亚洲主义”为理论基础，标榜“解放有色人种”，“统一世界的道义”，“以佛教复兴亚洲的精神”，[②] 公然主张“把满洲从中国本土分割出来，以建立五族协和的王道乐土”[③]。

大雄峰会的核心成员有号称满铁宣传部门“之首”的八木沼丈夫，号称满铁法学“巨擘”的松木侠，满铁总务课课长结城清太郎和他在东京大学的校友，大连民政署长、著名鸦片贩子中野有光的儿子、律师中野琥逸等。大雄峰会的成员，不仅包括关东军士兵、满洲日侨，还包括了形形色色的满洲居民、“汉奸”、地方士绅、流氓无赖、满蒙少数民族居民乃至旧官僚胥吏，都身在此列。他们的活动据点有南、北两个，南据点是笠木良明所在的大连，北据点是律师中野琥逸所在的奉天，两地成员“每年两次轮流在大连和奉天两地聚会”[④]，展开了宣传鼓动、欺骗舆论、煽动当局和支持关东军行使武力等一系列活动。

九一八事变前，大雄峰会的主要活动是以高学历的核心成员进行学术研究为幌子，谋求“合理化”理论，将东北从中国分裂出去；比较各帝国主义国家殖民统治优劣，寻求既能使日本称霸亚洲合法化，又能使东北民众甘愿接受其统治的方法。在此一时期的活动中，笠木良明通过宣讲、游说、聚会等方式，以所谓“思想家”的姿态自居，不断启发、诱导日本青年及中国当地青年，向他们灌输为实现“五族协和”“建立王道乐土”而奋斗的侵略思想。笠木良明的侵华理论核心是“在满洲建立五族协和的王道乐土”，笠木极力鼓吹“五族协和”，主张日、鲜、汉、满、蒙五个民族的共荣共存，其险恶用心是要建立一个完全由日本人掌控、脱离中国中央政权的傀儡政府，对东北实行殖民统治。[⑤]

1931 年 11 月初，大雄峰会即积极出面组建地方伪政府，协助关东军成立“自治指导部”。关东军参谋部便“邀请大雄峰会全体会员齐集奉天妙心寺”，参与“政治策

---

① 菊池宽：《满铁外史》，满铁社员会，1942，第 368 页。

② 满洲国史编纂刊行会编《满洲国史》总论，东京：满蒙同胞援护会刊行，1971，第 83 页。

③ 草柳大藏：《满铁调查部内幕》，刘耀武等译，黑龙江人民出版社，1982，第 432 页。

④ 郭铁桩：《大连日本右翼社团组织与“九一八”事变》，《日本研究》2008 年第 3 期。

⑤ 郭铁桩、关捷主编《日本殖民统治大连四十年史》上，社会科学文献出版社，2008，第 361 页。

略”研究，帮助成立“自治指导部”，参与炮制和起草成立伪满洲国具体方案及各项政策，并在10月21日由松木和关东军参谋板垣、石原等共同炮制出《满蒙共和国统治大纲草案》，主张“将满蒙从中国本土彻底分离出来”，成立傀儡政府。[①]

伪满洲国成立后，大雄峰会和满洲青年联盟一大批成员借机出任要职，如笠木良明出任资政局（原“地方自治指导部”）局长，中野琥逸出任民政部总务司司长，松木侠出任国务院法制局局长、国务院办公厅秘书处长、总务厅法制处长、参议府秘书局长等。并且两个右翼组织都被吸纳到伪满官办的思想教化团体“协和会”中，成为日本统治东北的舆论阵地。如果说满洲青年联盟是关东军武装侵占东北的舆论制造者，那么大雄峰会则是为建立伪满洲国培养“思想后备大军”的训练所。

综上所述，满铁社员会、满洲青年联盟、大雄峰会都是满铁民间的右翼组织势力的代表团体，为日本军政当局发动侵占中国东北的战争起到推波助澜的催化剂作用，他们协助关东军组建地方伪政府、建立伪满洲国、成立“协和会”等，成为日本侵略东北的历史罪状，满铁也成为滋生和培养日本右翼社会团体的罪魁祸首。

原载《社会科学战线》2015年第8期

① 郭铁桩：《大连日本右翼社团组织与“九一八”事变》，《日本研究》2008年第3期。

# 日本殖民时期的东北医学统制

## ——以满铁医疗卫生机构为中心的研究

王玉芹

日俄战争结束后，日本抢夺了沙俄在“南满”的铁路权益，并设立了满铁，后藤新平凭借老资格被举荐为满铁首任总裁。后藤新平相信依靠军事占领只是“霸道”，文明的利器应是创办学校、医院的“王道”，即在东北以铁路、教育、卫生和科学研究为中心，推进“文装的武备”。为此，殖民当局在东北则只能通过包括公共卫生事务在内的快速现代化成就展示，以证明其殖民事业的合理性和合法性。后藤新平及其后继者们投入大量人力和物力，颁布卫生行政法令、设立制度化的卫生行政机构、创办技术设备先进的医院、医科大学和研究所、改善公共卫生等，在东北开启了殖民医学。

## 一　满铁医疗卫生统制体系的确立与实施

九一八事变前，满铁已经建立了比较完善的医疗服务网络体系，这一体系主要由诊疗机构、医育机构、研究机构和保健所等组成，其地域范围涵盖满铁附属地和关东州。

### 1. 开设医院

满铁开业后，在其铁路沿线设立了很多医院，规模较大的医院有满铁大连医院、奉天医院、长春医院、哈尔滨医院、辽阳医院、铁岭医院、安东医院、鞍山医院和营口医院等。到 1925 年，每一个满铁附属地市街至少有一家正规的现代化医院，其医院总数达到 16 个。[①] 其中日本人最为称道的是设立最早的满铁大连医院，日本人号称其为“东洋第一”。满铁大连医院设立于 1909 年，前身大连病院。设内科、外科、小儿科、皮肤科、泌尿科，后增设眼科、耳鼻喉科、妇产科和牙科等科室。医院设立时从

① 曲晓范：《满铁附属地与近代东北城市空间及社会结构的演变》，《社会科学战线》2003 年第 1 期。

业员 39 名，至 1927 年 3 月增至 488 名，不包括分院。[①] 为了满足日本殖民统治需要，满铁又设立了沙河口分院、金州分院和同寿分院。除开设分院外，为维持医院的正常运作及为侵略战争服务，大连医院还建有很多附属设施，包括图书馆、护士养成所、护士宿舍和接生婆讲习所等。在附属地外，也有满铁系统的吉林东洋医院、哈尔滨医院和奉天医院。满铁所属每一所医院都具有野战医院的功能，同时医院所需所有医疗器械都由陆军管辖的药品库提供。

### 2. 设置医学教育机构

为确保逐渐增加的“满洲”在住日本人的健康，殖民当局将医师的培养列为首要急务，并设立多所医科大学，包括“满洲”医科大学、盛京医科大学和新京医科大学等等。其中规模最大的是满铁系统的“满洲”医科大学，殖民者欲将该校打造成殖民医疗政策的根据地。该校建于 1911 年 9 月，是我国东北最早的高等医学校，1922 年 3 月升格为大学。《南满洲铁道株式会社十年史》指出了该校成立的目的：“在‘南满洲’普及医道是满铁的文明使命，也是安抚中国人的要诀，所以应尽早成立医学校。”[②] 该校除进行医学教育外，还进行与此相关的调查研究工作，同时致力于日本和朝鲜移民保健问题的研究，并发行刊物。1940 年，该校成立了开拓医学研究所，动员全校教授及医务人员进行移民保健研究和实地生活指导。为出色培养“开发满蒙”和为侵略战争服务的医务人员，该校千方百计收集人体标本，从证人证言和实物都可证明该校曾进行过活体解剖。同时，该校还采取去墓地收集、接收奉天监狱死尸、赴死刑场解剖等残忍手段收集人体标本，并将收集到的人体标本大量运往日本。据南满医学堂第一届学生崛江宪治回忆：“在用于 1904、1905 年鼠疫大流行搭建的临时板房里，武田先生（后调入京城大学）教授解剖学，因为没有骨学教材，四名日本学生和一名中国学生分成组，夜里冒着零下五六十度的严寒和危险，挖掘北陵墓穴，中国人学生和日本人学生都用功学习，竭尽忠诚。”[③] 此外，为向日本移民“开拓团”提供医师，1939 年，关东州厅以旅顺医院为基础开设了旅顺医学校，1942 年根据日本文部省命令该校改称旅顺医学专门学校。为向日本屯垦移民提供医师，分别在哈尔滨和佳木斯开设了开拓医学院，前者附属于哈尔滨医科大学，后者在佳木斯新建校址和附属医院，1941 年改称佳木斯医科大学。

### 3. 设置卫生科研机构

满铁卫生研究机构主要包括卫生研究所和兽疫研究所。满铁卫生研究所建于 1925

---

① 满史会编《满洲开发四十年史》补卷，满洲开发四十年史刊行会，1964，第 142 页。

② 南满洲铁道株式会社：《南满洲铁道株式会社十年史》，藏吉林省社会科学院满铁资料馆，1919，第 866 页。

③ 辅仁会·满洲医科大学史编辑委员会：《柳絮飞舞——满洲医科大学史》，辅仁会·满洲医科大学史编纂委员会，1978，第 654 页。

年，主要生产牛痘苗和菌苗，供日军和满铁社员及日本移民使用。所长依次为金井章次、儿玉诚和安东洪次。1938 年日本关东军接收该所，1939 年该所划归 731 部队管理。此后，遵照 731 本部命令，该所“更多的是从事鼠疫杆菌、霍乱弧菌、伤寒及副伤寒杆菌、斑疹伤寒立克次体和多种病毒（天花、脑炎等）及跳蚤、蚊子、虱子等微生物、昆虫的大量培养方法和环境对微生物的影响的研究，直接为日本进行细菌战服务”①。在研制细菌武器的过程中，满铁卫生研究所同 731 部队本部一样，也极为残忍地使用活人作细菌试验。据担任过关东州厅警察部长的潮海辰亥供认：“1944 年 2 月至 3 月间，哈尔滨石井细菌部队所辖的大连细菌研究支队（即大连卫生研究所），要求我批准用赤十字社大连病院的活人作细菌试验。我记得曾批准过一次，将一个（中国人）作了细菌试验。”② 这些被残杀作为“实验材料”的中国人，绝大多数是抗日爱国人士、抗日游击队员和无辜百姓。满铁兽疫研究所设立于 1925 年 10 月，所长是北海道帝国大学农学博士葛西胜弥。建所后，研制成功牛疫、猪霍乱和炭疽的血清预防液、家禽霍乱血清、结核菌素、鼻疽检验液等十余种生物制品。1938 年，满铁兽疫研究所由伪满大陆科学院接管。除上述两机构外，日本设在“满洲”的医疗卫生研究机构还包括新京千早传染病研究所、长春卫生技术厂和陆军兽医学校等。

**4. 开设保健所**

日本侵略者由于不适应东北气候，很多人患上结核病，而且死亡率极高，大多患者都回日本内地疗养。1920 年，日本殖民当局成立了“满洲结核预防会”。1927 年，在时任满铁卫生课长金井章次倡议下，决定在大连小平岛设立了“南满洲保养院”。该院开业后，患者众多，很多患者等待住院。鉴于此，1937 年满铁再次投资 300 万日元，新建了一批结核疗养所，包括南满洲保养院分院、奉天保养院、抚顺保养院、新京保养院和哈尔滨保养院等。③ 1938 年 3 月先后开院，入院患者立刻爆满，经常出现有病人无床位的问题，于是，满铁又利用沙俄在东北建立的病院建筑，在吉林省新站设立了新站保养院。满铁经营的普通医院也收容结核病患者，满铁直接经营的医院和保养院共有 1000 张结核病床。然而，无论是满铁医院还是疗养院，其药价和各项费用都是极其昂贵的，因此绝大多数就诊患者都是满铁社员或其家属，能够前来就诊的中国人，主要是汉奸和有钱有势的阔佬，至于普通中国百姓是难以进门的。殖民当局是按照日本利益设定这些医疗卫生设施的功能，满铁通过这些设施，进一步掩盖了殖民侵略的本质，同时也加强了文化侵略的力度。

---

① 顾明义等主编《大连近百年史》下，辽宁人民出版社，1999，第 1487 页。

② 佟振宇：《日本侵华与细菌战罪行录》，哈尔滨出版社，1998，第 121 页。

③ 李娜：《后藤新平与东北殖民卫生统制体系》，《外国问题研究》2005 年第 1 期。

## 二　满铁医疗卫生机构为日本殖民侵略和殖民统治服务的特性

满铁医疗卫生机构是为完成日本国策使命在殖民地设立的殖民医疗卫生机构，这就决定了其自始至终都为日本殖民侵略和殖民统治服务的特性。

**1. 积极支持九一八事变和七七事变**

九一八事变后，遵照关东军司令部指示，满铁长春医院立即腾出多张病床，准备大量药品和治疗设备，收容在前线战斗负伤的日本官兵。9 月 19 日清晨 5 时，按照铁岭卫戍医院要求，满铁长春医院立即提供汽车和司机，完成了正在交战中的宽城子至铁岭卫戍医院之间负伤士兵的运送。同时组成紧急救护班，向铁岭卫戍部队多次提供药品和绷带。9 月 19 日下午 5 时，长春医院收容重伤者 3 名，晚 8 时收容南岭战场负伤士兵 3 名，20 日收容负伤士兵 36 名。长春医院共收容负伤士兵 42 名。[①] 9 月 21 日，根据铁岭卫戍部队长的建议，将正在收容负伤士兵的满铁长春医院第 6 病栋和第 3 病栋，作为铁岭卫戍医院长春分院，收容负伤士兵，直至 11 月 13 日。满铁长春医院院长、护士长及三名护士作为卫戍医院的战时工作人员，负责负伤士兵的治疗看护。满铁长春医院在诊疗前线负伤士兵的同时，还组织两次施疗。第一次从 1931 年 11 月 11 日至 12 月 11 日，地点是长春西四马路吉林陆军医院；第二次从 1932 年 4 月 15 日至 5 月 15 日，地点是大经路民众学校。为减少更多中国人对日本的反抗，施疗者将施疗时间和地点等做成广告牌四处张贴，同时做成宣传单，发放给朝鲜人居留民会和普通学校学生。两次共诊疗 5871 名患者，共投放 5813 剂药品。[②] 1935 年 3 月，为救治关东军从苏联手中接收“北满铁路”时负伤的士兵，根据地方部长指示，满铁新京医院将医生 1 名，药剂师 2 名，护士 12 名，中国人勤杂工 5 名，分别派遣至绥芬河医院、穆棱诊疗所、阿什河诊疗所、双城堡诊疗所、昂昂溪医院、哈尔滨精神病院、哈尔滨中央医院、牙科治疗所等。至 6 月 23 日，只有 5 名中国人勤杂工回到满铁新京医院，其他医护人员都转诊到满铁哈尔滨铁路医院。此外，满铁大连医院还积极参与日本全面侵华战争的七七事变，该院在大量收治日军伤病员的同时，联合满铁其他医院，组建一支规模庞大的武装侵华医疗部队，全面担当华北驻屯军伤病员的救护和华北派遣社员的卫生防护。

① 南满洲铁道株式会社总裁室地方部残务部整理委员会：《满铁附属地经营沿革全史》上卷，南满洲铁道株式会社，1939，第 455 页。

② 南满洲铁道株式会社总裁室地方部残务部整理委员会：《满铁附属地经营沿革全史》上卷，南满洲铁道株式会社，1939，第 456 页。

**2. 七七事变后，满铁医疗由“殖民地医疗”向“战时殖民地医疗”转变①**

事变前，为了确保东北在住日本人健康，满铁非常重视东北公共医疗卫生建设，体现了满铁“殖民地医疗”特征。随着七七事变尤其太平洋战争的爆发，东北在住日本人成为日本殖民当局充实后备兵力资源的补给源泉。日本学者浦城满之助曾说：“在产业开发、国防强化、民生振兴的同时，确保人的资源是满洲国的基本政策。”② 满铁医疗卫生完全服务于日本“战时体制”，服务于日本对外侵略国策，将医疗卫生的重点放在了如何完成战争上，因此以地方农村为中心的医疗卫生事业明显混乱和停滞。为了强化医疗卫生统制，将医疗人才和医疗物资等医疗资源配置到与战争密切关联的场所。第一，强化对医疗技术者的统制。七七事变后，鉴于前线急需大量西医，满铁不仅整备抢夺过来的医疗教育机构，创办新的医学院校，缩短学制，进行医师、护士的培养，而且改造和利用现有医师、中医和药剂师等，同时增加日本教员，实施带薪加班制度，致力于实地医疗技术者的快速培养。1939 年以后，不仅年轻教员，而且医科大学的毕业生甚至在读学生逐渐被送上战场。据伪满医科大学毕业生回忆：“太平洋战争爆发后，年轻的教员逐渐减少。1943 年以后，高年级的日本人学生也逐渐被招募进入军队，还未毕业就提前成为军医了。”③ 对医疗技术者的强化统制和战争优先的人员配置体现了满铁战时殖民地医疗的显著特征。第二，强化对医疗物资的统制。医疗物资是国民健康上不可或缺的重要物资。七七事变爆发后，殖民当局医疗物资需求大增，满铁将药品、医疗器械和器具的输入、配给等实施一元化管理，卷入战争统制的轨道。第三，强化对医疗行政权的统制。七七事变后，殖民当局卫生行政转为以保健保民、人的资源保护为中心的战时国防体制。因此，满铁医疗卫生行政机构也进行了反复扩充，实质反映了满铁医疗行政权逐渐被强化。

**3. 为日本殖民统治培养医师**

根据日本殖民统治的需要，从 1909 年起，满铁大连医院每年冬季召开医学例会、医学座谈会和讲习会，对满铁系统各医院在职工作人员进行业务培训。例如，1938 年在大连医院分别召开第 289 次大连医学会例会和第 84、85、88、90 次皮肤科座谈会，1940 年在大连医院三楼讲堂召开第 296 次大连医学会例会。此外“南满医学堂设立发案于满铁首任总裁后藤新平，是以教授日中两国学生医学，培养未来满蒙地区活跃医师为目的”。④ 1922 年南满医学堂升格为“满洲”医科大学。该校从创设到闭学的 34

① “殖民地医疗卫生”是指为了确保殖民地人民健康和为维护统治在殖民地实施的医疗卫生。“战时殖民地医疗卫生”是指因为战争或者为了战争在殖民地实施的医疗卫生政策及相关措施。

② 浦城满之助：「今日の救疗問題」、『仁爱』1941 年第 2 期。

③ 齐红深：《见证日军侵华殖民教育》，辽海出版社，2005，第 257 页。

④ 末永惠子「帝国医療と医学犯罪——15 年戰争期の滿洲医科大学の医療活動と医学研究」、福岛県立医科大学医学部人文社会科学講座内『総合科学研究会報』、福岛県立医科大学総合科学研究会、2005. 第 1 頁。

年时间里，共培养中日医师2680多名，药剂师300多名。其中中国医师1000名，药剂师70多名。可见日籍医师远远超过中国医师。多年从事“殖民地医疗史”研究的日本学者饭岛涉曾评价说：“与其说满洲医科大学是殖民地大学，不如将其看作设在满洲的日本医科大学。”① 根据日本军方需要，该校毕业生被分配到东北各地以及南方。分配到东北的毕业生，有的被派遣到伪满洲国军医学校，有的成为满铁青少年义勇队开拓团常驻医生，大多数毕业生就职于满铁。以1928年至1935年间575名毕业生为例，其中430人就职于满铁各医务部门，占毕业生总数的75%。② 同时，为了保证医护人员能够派遣到殖民者所需要的偏远地方或者重要部门工作，该校实行有条件的奖学金制度，只要毕业生在规定时间内、在指定场所进行工作，即能获取丰厚的奖学金。

**4. 对关东军细菌部队的支持**

满铁医疗卫生机构曾给予关东军731细菌部队大力支持。设立于1925年的满铁卫生研究所，1938年以后划归关东军731部队管辖。此后，该所业务调整为主要制造血清和疫苗，供731部队本部和各支队研制细菌武器之用。据《细菌战与毒气战》一书介绍：“该卫研所备有五六百个石井式细菌培养罐，在细菌室用于大量生产……”所谓石井式细菌培养罐，就是石井四郎研制的细菌培养容器，采用铝合金制作的方箱，取代了一般玻璃制作的罗式培养罐。“一个铝箱相当于数十只罗式瓶的容量，每个细菌战基地部队和支队，往往配备此箱数百只或数千只，因此，他们月生产可达数十公斤或数百公斤的浓缩细菌浆液。”③ 满铁卫生研究所存放数百个石井式细菌培养罐的事实可以证明，研究所直接参与731部队研制细菌武器的罪恶活动。此外，伪满洲医科大学曾为731部队培养了大批为其“开发满蒙”和侵略战争服务的医务人员。据史料记载，731部队本部较有名望的专家、学者，大都毕业于该校。如731部队著名专家中黑秀外一、肠道传染病研究专家仓内嘉久雄。731部队支队—大连卫生研究所所长安东洪次、731部队第二代部队长北野政次都曾担任过“满洲”医科大学教授。任教期间，该校地下室饲养着用于北野进行细菌实验的动物，该校成为他们进行细菌试验和活体解剖的魔窟。如果北野实验成功，100细菌部队附属单位长春卫生技术厂将根据其研究成果生产细菌。该校生理学教授绪方维弘主要研究以发汗为主的高温环境下体温调节生理学，后来根据“北满开拓的进展必然要求”，研究题目更改为耐寒体温调节反应，他与731细菌部队进行活体冻伤实验的吉村寿人关系密切，该校曾给予吉村在耐寒研究方面很多协助。731部队生理学专家、从事耐寒的研究正路伦之助坦言：“满洲医科大学的

---

① 饭岛涉：『疟疾と帝国——殖民地医学と東アジアにおける広域の秩序』、東京：東京大学出版社，2005、第128頁。

② 孙玉玲：《“满洲”医科大学与日军细菌战》，《东北沦陷史研究》1997年第3期。

③ 王玉芹：《满铁卫生研究所与731细菌部队》，《东北史地》2012年第6期。

生理学教室也协助我们做了很多这方面研究。"[①] 此外，731 部队没有脑外科，据说与脑相关的试验"都运到满洲医科大学进行"[②]。

**5. 对日本殖民医学研究的促进**

日本殖民者认为"疾病是日本殖民统治最大的威胁"。因此，满铁设立后，非常注重关乎日本国策的与满蒙开拓相关的保健卫生问题的研究。然而，满铁关于开拓地卫生问题研究是随着时局变化逐渐推进的。早在九一八事变前，满铁卫生研究所和隶属于满铁的"满洲"医科大学就已进行"满洲"开拓卫生问题的研究。"满洲"医科大学卫生学和生理学教室主要进行与移民衣食住相关的研究，微生物学教室主要进行"满洲"流行传染病研究，病理学教室主要进行满洲地方病的研究。只是当时研究的范围局限于"南满"的气候和关东州、满铁沿线日本移民的生活。九一八事变后，大量日本移民纷至沓来。满铁便多次前往移民入殖地和地方病多发地带，调查整个东北的风土气候，同时将流行性传染病、地方病的研究列为重要课题。满铁调查研究内容包括"满洲"日本移民住房、饮食、水质等，主要由满铁卫生研究所和伪满洲医科大学共同完成。"关于住房研究，由卫研的田中文俏和满大三浦运一完成；关于饮食研究，由卫研紫藤贞一郎和满大安部浅吉完成；关于水质研究，由卫研儿玉得三负责。"[③] 太平洋战争爆发后，殖民当局将近视、免疫、激素、维生素、放射线等都列为重要检查项目，采取各种措施增强国民体力，从中可以看出医学研究的军事化。满铁越发认识到开拓卫生的重要性，便在"满洲"医科大学内设置开拓医学研究所，旨在动员全体医务人员加强开拓民保健问题的研究及实际生活的指导。伪佳木斯医科大学也非常重视开拓地卫生问题的研究，"1940 年 8 月进行开拓团卫生调查……1943 年 8 月新建开拓医学研究所、1944 年 4 月开设附属保健妇养成所、1945 年 4 月成立开拓保健团和召开佳木斯结核讲习会"[④]。因此说，满铁医疗卫生机构和"在满各卫生机构一样，医学研究的目的是贡献于国策"[⑤]。

从以上可以看出，满铁医疗卫生设施给予日本殖民侵略和殖民统治大力支持。

## 三 日本殖民医疗的实质及对东北的影响

殖民医学的宗旨是为其侵略和殖民政策服务，这在保障殖民者健康的同时，又实

---

① 辅仁会·满洲医科大学史编辑委员会：《柳絮飞舞—满洲医科大学史》，辅仁会·满洲医科大学史编纂委员会发行，1978，第 33 页。

② 末永惠子：『戰時医学の実態』，東京：树花舍，2005，第 57 頁。

③ 江田宪治「滿洲医科大学と『開拓衛生』」、『三田学会杂志』第 97 卷 2 号、第 111 - 112 頁。

④ 儿玉健次「十五年戰爭と佳木斯医科大学」、『日本医学医疗研究会会志』、2007 年第 7 卷 1 号、第 20 頁。

⑤ 松村高夫：『滿鉄の調査と研究』，東京：青木书店，2008，第 362 頁。

现了殖民者在卫生方面的领导权，实现了对中国百姓的安抚。这种殖民性质的医学卫生事业，打破了社会发展规律，摧残了民众的民族自信心。

第一，保障和维护东北在住日本人的健康。满铁在东北开设的医疗机构中，没有一所是专门为中国人诊治疾病而设立的，有些医院根本不收治中国人。伪大连赤十字病院在1934至1937年间，门诊住院患者1.5万人中全部是日本人和欧美人，没有一名中国人。[①] 日本人也毫不隐讳地概括殖民地医疗卫生特点是“日本人本位”“利己的”。[②]

第二，操纵控制东北地区医疗卫生大权。日本殖民当局在对东北医疗卫生强力统制的同时，制定一系列医药卫生规定和管理规则，不仅对中国医务工作者进行严格限制，还限制中国人从事医疗卫生工作的正当权益。满铁制定的医疗卫生管理规则主要包括《医学进修规则》、《医师管理规则》、《会社公医规则》、《卫生研究所规则》和《保健所规则》等等。满铁发布的这些规则明文规定官公立医疗卫生机构的领导权、经营权和技术权必须由日本人掌控，中国人只做一些辅助工作。通过发布这些规则，满铁欲利用“法则”的形式，操控东北地区一切医疗卫生事务大权，而且通过限定各种“资格”，极大地限制了中国人从医的权利。

第三，怀柔、安抚中国人，减少对日本人的反抗斗争。日本殖民者踏进东北后，便遭到东北人民的强烈反抗。东北民众自发组建义勇军、“红枪会”和自卫军等团体，进行了不屈不挠的抗日斗争。在此情况下，为了怀柔、安抚中国人，日本殖民当局便积极着手改善东北医疗卫生条件，遏制疫病的流行，同时向内蒙古等地派遣诊疗班，极力宣扬日本文化。殖民当局极力讴歌日本医学对内蒙古地域居民的恩惠，然而满铁在内蒙古地域施疗的真正意图在于，“满铁系统的蒙古产业公司在购买蒙古牛马以及其他家畜之际，为防止当地人民的反对，必须怀柔当地的有力者。给予家畜输送沿途居民很多福利，使他们对公司持有好感”[③]。此外，殖民当局利用中医参与各种疾病防治活动，其目的是抑制中国人对殖民当局卫生措施的反抗。

日本当局借鉴殖民统治台湾的经验，在中国东北开启了殖民医学，设立了诸多医疗卫生设施。这些医疗卫生设施总体上较之中国原有医疗设施具有门类齐全、医疗技术先进等明显优势。然而，日本士兵与移民大量死亡是殖民当局开展医疗服务和改善卫生条件的重要动力，同时医疗卫生也是满铁推进殖民地经营的重要手段，因此这些医疗卫生设施在疾病预防、治疗之外被赋予了更多的政治考量，自始至终都是为日本殖民侵略和殖民统治服务的。台湾学者陈孔立曾评价：“殖民主义进行开发和建设，其

---

① 孙秉岱、徐元辰：《帝国主义侵略大连史丛书》，大连出版社，1999，第138页。

② 松村高夫：『滿鉄の調査と研究』，東京：青木书店，2008，第362頁。

③ 桥本乔：「物語当年」、『滿洲医科大学创立二十周年纪念论文集』、滿洲医科大学，1936，第344頁。

动机是卑鄙的，一切都是从殖民母国的利益出发，却充当了历史不自觉的工具，不得不为殖民地留下一些‘遗产’。”[①] 同时，日本医学家们在东北进行了医学犯罪，起到了日本军国主义邪恶帮凶的作用。

原载《社会科学战线》2015 年第 8 期

① 陈孔立:《台湾历史与两岸关系》，台海出版社，1999，第 82 页。

# “满映”影片中的东北风情与形象

## ——殖民主义的电影想象与叙事逻辑

逄增玉

## 一

“满映”[①] 拍摄的启民映画，也叫文化映画，其实就是现在所说的新闻纪录片。“满映”1937 年建立后，文化映画还没有单独机构，次年 10 月 25 日正式设立文化映画课，由制作部次长牧野满男兼任课长。伪满当局对这种进行宣传教育、其实就是欺骗和洗脑的体现殖民国策的电影极为重视，1938 年 10 月到 1939 年 2 月，伪满政府、日本关东军、伪满协和会和“满映”，四方联手共同制定了“满洲帝国映画大观，”全面部署了拍摄文化映画的宏大计划。从“满映”建立到解体的八年间，共拍摄文化电影 177 部。之所以把文化映画又叫作“启民”映画，是日本帝国主义占领中国后，以殖民主义的文明优越立场出发，认为被殖民的国家与地区的人民一方面缺乏对日本主导的大东亚战争和东亚共荣的认识，缺乏认识就缺乏支持；另一方面认为原住民族文化和文明程度低，需要进行现代文明的启迪。二者之中，当然殖民者更看重的是前者，“满映”拍摄的启民和文化映画，就是为了贯彻殖民当局的国策，并以此对殖民地人民进行所谓“启蒙”。“满映”拍摄的 177 部启民电影，从数量上看，1939 年到 1942 年是高峰，1943 年已经减弱，1944 年到 1945 年已经是强弩之末，只拍摄了 4 部。

从内容上看，最多的当然是配合殖民当局和伪满政府的“国策”，宣传日伪统治下的满洲的“国政”、经济、产业、文化、社会、教育、军事等建设组织的成就，伪满建国的成就及日本开拓团和本土人民的所谓幸福新生活，日本、伪满军队和国防组织的构成及他们的作战与“肃正”；其次是有关东北与满蒙的地理地貌、民族分布与生活、民风习俗，包含自然地理与历史社会地理的内容；再次是属于工农业科学、畜牧和科

① “满映”的全称是“株式会社满洲映画协会”，是日伪在沦陷东北建立的宣传殖民主义国策的电影机构和文化侵略工具。

学普及方面的内容。在这类电影中，最无害的可能就是第三类，属于科学技术知识普及范畴，也是所谓对殖民地人民进行文化科学启蒙的表现之一。

启民电影中的第二类内容，是对伪满洲国“新国家”形象的叙事与记录。在“满洲帝国映画大观”及文化映画的拍摄计划里，把这类内容列入首要的“建国”和“国政”篇中，予以特殊的强调。为了体现殖民国策，对“伪满洲国”这个所谓新国家的形象塑造，是该类电影不遗余力全力打造和歌颂的。对所谓新国家的描述，既有总体性的所谓国家面貌的概览，如《欢乐蒙古》《满洲建国史》《满支点描》《观光满洲》《乐土满洲》《满洲产业读本》等，又有对伪满境内各个地方地域物产、自然资源和产业的介绍，如《满洲盐产》《炭坑英雄》《本溪湖全貌福祉篇》《满洲棉花》《冬之满洲》《铁之都》《森林满洲》《黎明的宝库东边道》《沙金境北满》《延伸的国都》《延伸至北满的国道》《铁都鞍山》《开拓满蒙》等等。这些从地方地域到整个“国家”的纪实性描绘，即便是对地域和地方资源物产的介绍，固然也揭示了一些地方的地域的形象和地方的地理知识，但这种由地方自然地理与社会地理知识构成的地方形象，不是作为独立的地方形象出现的，而是为了展示所谓新国家的新面貌，及所谓满洲王道乐土的组成部分，是殖民主义话语逻辑演绎的神话。

在这种新国家及地域形象演绎和揭示的背后，殖民主义的话语和逻辑是明显的和毫不掩饰地。第一，在日本的“出色”领导下，才有这些新的地方与国家的成立与建设的成就，而新国家的形象显示了大东亚共荣并非说教而是具有扎实的实效，伪满的国家形象和成就是对东亚共荣的形象展示。第二，伪满地域与国家的新形象和新成就，与被殖民者强行割裂的大陆中国构成了鲜明的对比：伪满资源丰富产业发达，乡村与都市都日新月异，人民安居乐业，特别是不断有新的工厂和企业竣工与投入生产，一个工业化都市和国家正在崛起的国家形象，被有意地凸显，原始广袤的、过去只产大豆高粱和渔猎放牧的满蒙，与一个新的工业化如火如荼崛起的国家，是殖民者和殖民的文化映画有意突出的两大块互补的社会景观，特别是矿产的勘探和开发、大工业的建设等景观，是过去的东北所没有的，殖民者炫耀的这种新型都市和工业企业破土与拔地而起的景观，加之东北富饶的原野与物产，它们在文化映画中的出现，都是为了说明和展示所谓五族协和、王道乐土的“理想国,”在满蒙大地上已然出现，从而为日本对东北的侵略和殖民目的——所谓大东亚共荣，巧妙地制造和提供着合理性，也为伪满洲国的存在制造合法性“证言”。质言之，这样的地方形象和叙述都是在宣传和强化地“证明”日本割裂与分裂中国、建立傀儡性新国家的合理性与合法性。同时，这种对东北的原始富饶性、资源丰富性和工业现代化的电影宣传，也对侵略者的殖民性和暴力性予以巧妙的遮蔽，即好像日本侵略和殖民东北不是为了占有而是进行现代化建设，用现代性巧妙地置换和掩盖了殖民性。第三，这样的满洲也向日本国内宣告日本帝国开拓满蒙国策的正确与辉煌，新大陆新国家壮丽的自然和开发建设的“巨大”

成就、满洲开拓团从产业到军事组织的新生活，无不宣示日本对满蒙开拓国策的“正确”，也是煽动日本国内的爱国主义、军国主义和进一步殖民（日语谓之“拓殖”）满洲新大陆野心和热情的催化剂。而这些合在一起的最终目的，还是借展示和歌颂满洲进而歌颂日本帝国的形象、能力和领导东亚共荣的魅力，揭示侵略殖民的合理与文明先进性，美丽的新国家的形象不仅是“满洲”的魅力更是日本国力与魅力的有意宣示和夸饰。

启民电影中的第三类内容，可以简括为自然与文化地理范畴的“风土纪”，如《冬之移民地》《大陆之晓》《喇嘛跳神》《满洲回教徒》《冰上洗礼节》《密岭白头山》《东蒙古风物篇》《东蒙古喇嘛庙篇》《北满的俄国人》《大松花江》《改辑东边道》《满洲的四季》《五谷丰登》《本溪湖的全貌》《北满的白俄》《东满狩猎》《小八家子》《鄂伦春》《冰上渔业》等。日本侵占东北后，不只是启民电影，在印刷读物中也出现了大量的对满洲风土民俗的纪实性“现地调查”和文学描写，特别是风土纪一类散文。它们与文化和启民电影一道，构成了对满蒙进行自然与社会文化地理意义上的风土描绘的风景和热点。这些纪实类启民电影，涉及东北地域与地方性的习俗、民风、宗教、民族、生产生活方式等，表面看，它们都是纯粹客观地对东北地域的自然、主要是社会文化地理内容的介绍，是一种纯粹的地域自然与人文地理知识。但是，在这些表面纯粹的知识后面，其实掩藏着殖民主义的话语装置。

在殖民主义发源地的欧洲，殖民主义和帝国主义的扩张是与工业革命和地理大发现的现代性紧密联系的。不论出于对财富的掠夺、资源的霸占、殖民地的建立，还是为了探险、科学考察、传教等目的，亚非拉广大地域的地理发现与知识的建立，包括达尔文的纯粹为了科学目的的海外动植物考察和由此建立的进化论知识，当时西方围绕海外世界的地理、人文、社会、习俗、民族或族群的所有知识体系，实质上都为殖民宗主国的海外殖民地扩张和建立，发挥了积极作用。换言之，那些欧洲之外的关于亚非拉广大世界的地理与“风景”的发现，都是与殖民主义的海外财富掠夺、对原住民族的屠杀、殖民地的建立相伴相随的，地理发现的背后是随之而来的赤裸裸的殖民屠杀、掠夺与征服，正如当今欧美纪念哥伦布发现新大陆是壮举，拉丁美洲印第安人却认为哥伦布是殖民主义的先行魔鬼而拒绝纪念一样。在这里，后现代的话语、知识即权力的观点是适用的，作为现代性知识的地理发现和新世界知识的建构，确实与殖民主义的强盗行径和殖民地霸权是密不可分的，表面客观纯粹的新世界地理、风景、民风习俗、民族宗教等知识的背后，掩藏着血淋淋的罪恶，与帝国主义和殖民主义的总体利益相关。其次，这些来自欧洲的新世界、新大陆的自然与人文地理知识，还带有殖民主义文化的文明/野蛮、先进/落后、中心/边缘的话语权力的鲜明印迹，即是以欧洲中心论和西方文明为最高价值的视域，以所谓现代性视野和知识去居高临下地观察和构建非西方世界殖民地新世界，因此被发现和被考察（被看视）的海外新世界及其关于新世界的知识，是包含着西方的现代性与殖民性融为一体的西方文明中心论和文化殖民主义等级差序的，被考察和看视的非西方世界的风景（自然与人文）是“野蛮”和落后的他者与“低等位”文化，用以印证西方文明先进性即殖民征服者的“高等位”文化。简言之，西方对东方“他者”的观察和视域里包含着对西方自我优越性的确证。

同理，“满映”作为反映和落实日本殖民政策的电影机构及其拍摄的关于“满蒙”的风土民俗类电影，表面是“客观”“科学”地描述和记录东北的自然与文化地理风景，是对地域和地方性知识的展现，其实内里与欧洲老殖民主义者的地理发现、知识建构背后的逻辑是一致的：为日本的开拓满蒙新大陆的国策、为鼓噪和动员日本国民加入开拓满蒙、建立殖民地新国家而张目宣传。同时，这种“满蒙”风景的地理发现和呈现，还包藏着更为隐蔽的殖民话语：满蒙新大陆的原始性、洪荒性、土著性，说明它是一片有待开垦的处女地，它的那些自然地理特征和人文社会风景，特别是有关达斡尔、鄂伦春、原始狩猎、冬季捕鱼、萨满跳神的原住民族的生产生活方式、宗教民俗信仰，它的多民族分布与构成，都表明满蒙有与中国历史和文明“弱相关性”或“非中国性”，潜在地说明日本进入这片神奇大陆和土地的自然性与合法性，就像欧美白人殖民者认为进入“原始野蛮”的新大陆具有天然的合法性，是文明改造野蛮、先进征服落后的历史和道德之善，符合自然法则和文明社会的法则，从而也符合上帝的“意旨”。另外，满蒙新大陆壮阔的自然、丰富的资源、多民族族群与宗教和文化的存在，也表明开拓（拓殖）满蒙对于日本的重大意义，“满洲是日本的生命线”是日本当年媒体著述和宣传里毫不掩饰地题目和话语，多民族存在是日满一家、同心同德建设王道乐土、五族协和的新满洲的应然条件，也是伪满洲国宣称其建立和存在的合法性基础。日本殖民主义政治的多重话语与逻辑，就在这些风光旖旎的启民纪录电影里公开或潜隐地制造和表达出来。

## 二

国策电影是殖民当局和“满映”主抓的所谓“主旋律”电影，前期拍摄的主要有《壮志烛天》《国境之花》《大陆长虹》《国法无私》《烟鬼》《田园风光》《铁血慧心》等，后期拍摄的主要有《爰焰》《黎明曙光》《现代男儿》《地平线上》《王属官》《黄河》《迎春花》等，“满映”与日本东宝公司合作拍摄的有大陆三部曲《白兰之歌》《支那之夜》和《热砂的誓言》以及《苏州之夜》等。其中“满映”独自拍摄的这类主旋律国策片的主旨无疑都是以电影故事演绎伪满政权和日本当局对伪满洲国的有效治理、伪国军的所谓剿匪战绩、人民对日伪政权的效忠和踊跃参军报国、伪满官吏的廉洁和执法无私及其忠于职守等，都是对日伪政权的歌颂和赞美，当然是形象的叙事与温柔画面中的赞美。这类电影的政治说教性和宣传性是非常明显的，是为了对殖民地人民进行"奴化"教育和洗脑的赤裸裸的宣传工具，因此它们上演后其实是不受人民欢迎的，市场票房价值惨淡。不过，这些影片既然是故事片，就不能没有故事发生、人物活动的场所和风景。而这些场所和风景中，伪满洲国地域与地方、乡村与城市，以及寓言符号化的国家形象，就不能不涉猎和出现。

这些地域与地方风景，有的是作为背景而出现的，如《壮志烛天》描写伪国军的"模范军人"剿匪安民、人民拥戴的"国策"主题，其外景是在长春和吉林市拍摄的，带有典型的北国山林地域特征。《黎明曙光》也是表现在东北安图边境日伪军人"剿匪"和招安的故事。从清末乱世到"九一八"前后，东北社会确实马贼、胡子即土匪横行，被日本人炸死的东北王张作霖，清末也是土匪，后被招安成为哨长才一步步爬入统治阶层，东北胡子土匪即"绺子"队伍的类型也是多种多样的，甚至有季节性土匪：农忙时候回家种田是良民、农民，秋收挂锄后进山为胡子，所以在彼时"胡子"是东北社会和百姓生活中的常见现象，而"胡子文化"也成为社会文化的基本存在，如东北作家萧军所言，当时他家乡一带的东北人不羡慕读书而羡慕胡子和军人——张作霖成为人生成功的榜样和标准。而东北地域的自然环境又与胡匪现象的蔓延和存在提供了便利——近百万平方公里的广袤地域人口不及关内一个省，只有两千万，有中国最大的茫茫林海、有一望无际的平原草原、有北方罕见的大江大河、有四季分明的气候，夏秋之际的林海和草原、无边无尽的青纱帐易于躲藏出没，大雪皑皑的冬季长达半年之久，同样便于小股胡匪躲藏或出没而不利于官军兵事，春季冰雪融化达数月，兵马无法出行，张学良在他的回忆中曾经谈及春季土地融化如沼泽无法用兵的现象。对东北的胡子现象及文化，东北人民并非都反对，作家萧军在写于20世纪三十年代、完成于四十年代的长篇小说《第三代》中，曾经予以描写，胡匪在他笔下多是官逼民反的"义匪"和替天行道的绿林好汉，如《水浒》中的好汉一样。"九一八"事变后，有很多胡子土匪出于民族大义奋起反抗日本侵略，许多大地主和财东也毁家纾难，拉起队伍抗日，连五十年代红色经典小说《林海雪原》所写的大胡子坐山雕，也一度拼死抗日，另一个匪首谢文东就是东北沦陷后最早毁家纾难起兵抗日的黑龙江大地主，只是他们后来被日伪收买放弃反日成为汉奸。中国共产党领导的一度势力强大的东北抗日联军，其中就有很多被收编的胡子队伍，东北另一个著名作家端木蕻良的小说《遥远的风沙》《科尔沁旗草原》都写到了抗日队伍收编土匪和"老北风"等草原胡匪揭竿抗日的情节，可见当时情况之普遍。由于占据东北的日本关东军军力的强大和连续不断地讨伐围剿、日伪政府限制人民与抗日联军队伍接触的"治安措施"的强化，东北的抗日联军在势如破竹之后逐渐被绞杀，剩下少部分不得不退入苏联躲避，而那些没有政治组织领导的地方胡匪的抗日行为，也或者被剿杀尽净，或者被收买招安。与东北的原野自然相互依存的胡匪就这样在日本殖民统治的后期基本"肃清"。应该说，胡匪蔓延并出现了地方军阀和全国性人物（如张作霖），是东北地域社会存在和形象的征候之一，而他们的杀人越货、绑票砸窑的暴力行为，与他们一度的奋起抗日的义举和壮举，与东北地域的自然征候融为一体，共同构成了东北地域、社会与文化的景观，是地方性印象、形象和地方性知识的组成部分，东北当时给全中国的印象和形象就是如此。

《壮志烛天》等伪满国策电影的东北土匪，其实应该是反日的“义匪”——日伪统治时候故意把抗日和不抗日的胡子都作为剿杀肃清的对象，故意混淆他们的性质，统统以马贼称呼，因此，“满映”国策电影里的作为东北地域社会现象和景观的胡匪形象的描写，虽然也是地方形象和东北景观，却是被歪曲和颠倒的——如前所述，东北胡匪在“九一八”事变后有很多举起抗日旗帜，其性质已然发生变化，中国的东北作家和文学一向对胡子形象的叙写是将其善与恶都交错描写的，而“满映”的国策剿匪片却一律抹黑，这反而暴露了殖民者的不掩饰的意图和面目。只不过影片里的山林自然环境，却还是比较真实的地域风土，摄制者也有意突出这种风土环境的壮观与特征，以图为影片歪曲丑化的胡子形象和日伪的所谓“剿匪伟业”提供真实的背景，达到使观众相信他们宣传的主题的目的。这样的电影，是巧妙地利用东北的自然与社会景观炮制的故事，故事本身就是地域自然与社会文化的展现，只不过被殖民者颠倒了形象与价值。

还有的是整个故事与背景都交融在一起，如《国境之花》对描写担任伪满军官的蒙古族阿尔丹与恋人西宝在与苏联红军发生的诺门坎边境战争如何杀敌立功、保家卫国的所谓功劳，把战争传奇、美女间谍、所谓国家爱与个人爱结合起来，是典型的歪曲历史的国策片，编造的爱国故事和蒙古族青年男女的爱情都发生在边境沙漠与草原，故事主题的欺骗和毒化宣传作用不言而喻，天苍野茫的内蒙古草原风光成为故事的地域风景，也成为故事内容的一部分。这类以满蒙地域为背景和风景的国策片，内容的宣传欺骗作用使它们不受关内外观众欢迎，但唯其独特的风景风光受到肯定，关内和上海的观众对其中“壮丽的风景”予以接受或好评。就是说，这些殖民地的“满映”拍摄的东北和内蒙古背景的国策片，是有意利用那时关内观众尚不十分熟悉的东北地域的独特风景，作为影片故事的组成部分和卖点与看点——那些来自狭窄岛国的日本剧作家和导演，一如那些来到东北拓殖的岛国移民一样，确实为东北辽阔的自然和壮丽的、具有一望无际的地平线的风景所折服，故而也愿意和自然地在影片中予以描绘。当然，这些作为局部背景或整体环境的东北地域风光，正如日本学者认为日本现代文学的风景的出现是作为现代性装置的一部分一样，它们既是客观环境和自然地理的呈现，也是殖民性装置的一部分：自然、环境的新奇壮丽是与所谓新国家、新人的形象包裹在一起的，是为了呈现这个所谓的新国家——伪满洲国——的新形象和新气象，在这方面，国策片《田园风光》也具有类似功能，它把沦陷后的东北乡村描绘为人间乐土，东北乡村或优美或壮美的自然环境，与所谓新国家的形象捆绑在一起，这个乡村自然越是美好，就越是显示王道乐土的新满洲、新国家的形象。不仅作为背景也作为新国家形象的显示和展示，是"满映"这类国策电影殖民主义叙事的构成因素，是殖民主义电影叙事装置的内容。

而"满映"与日本东宝公司合作的国策电影《白兰之歌》，首开将殖民主义政治与性别叙事捆绑融合的先河，李香兰扮演的在满洲奉天学习音乐的热河省豪族的女儿白兰，爱上从日本来到满洲满铁工作的日本人技师松村康吉，为了保卫铁路两人一起同破坏铁路的游击队战死，殖民主义的政治毒素演变为赤裸裸的电影故事和美学：日本人是建设者而中国人是破坏者，中国美女愿意把身躯献给强健的日本男性，就像殖民者把东北大陆说成是原始丰饶的处女地有待开发一样，美丽的大陆中国女性也是有待被日本男性拥抱占有的、愿意被日本男性所爱的。两人为建设和保卫"新国家"而共死赴难的情节，是隐喻但又是赤裸裸的暗示日、伪满一家的殖民主义老调。故此，这部电影经常出现一些与电影内容看似无关的对东北大地风土人情的展示画面：一望无际的原野、肥沃的土地、辛勤劳作和幸福生活的人民，还会生硬地插入中国源远流长的名胜古迹的镜头。这些风土人情画面构成的"闲笔"表面看是无关紧要的，也因此有些研究者特别是日本研究者认为"跟故事本身联系并不紧密"，[①] 其实，这些看似无关的画面与电影故事和内容是内在相关的：被侵略和殖民的"大陆"中国女性渴望日本男性的怀抱、爱情和被占有，正与那块魅力的大陆和土地一样，它们都渴望着日本的领导和带领进入现代和"文明"，而日本作为国家与电影中的日本男性一样，负有这样的使命。正因为如此，这部电影在日本上映后，更激起了日本人的大陆梦——侵略和占有更多的土地和人民，因为那里的人民、女性和土地等待他们的到来。大陆女性的身体与那里的土地、风土人情一样，就这样被殖民主义的政治话语转化为软性的电影故事和画面。那些地域的、风土的、自然的画面在电影中的出现，一方面是真实的地域和地方形象，另一方面深层里却浸透着殖民主义话语的逻辑装置。

## 三

"满映"的国策片的背景和环境不只是乡村草原和山野河流，地域形象与文化当然也包括城市，在世界进入到现代性后，城市及其文化愈发构成地域文化、地方性知识和形象的主要内容。在"满映"的文化映画里，为表现伪满洲国的所谓"国政"和建设成就，就有对都市建设及其成就的展现，《建国之春》更是全面展现伪满首都新京的各项建设成就，以及从农村平原拔地而起的现代化都市的面貌，以都市形象歌颂所谓"新国家"和东亚乐土的繁荣。"满映"国策片《迎春花》是一部通过发生在伪满洲国

① 古市雅子：《〈"满映"〉电影研究》，九州出版社，2010，第80页。

的男女爱情故事的温柔叙事，表现和揭示与《白兰之歌》同样的殖民主义政治话语和主题：日本男性的魅力及其在大陆和满洲的成长、女性化的满洲独有的魅力及其愿意为日本男人的成长而牺牲自己，满洲女性的超过日本女性的魅力和高风亮节，委婉地表达了日、满一家和谐共存的"东亚文明之道"。因此，这种三角恋爱的男女爱情故事其实不过是故事符号，内里隐喻的是殖民宗主国的日本与殖民地满洲的关系。为此，电影刻意将人物活动的场景和舞台放在伪满都市奉天与哈尔滨，通过从日本来到东北的日本男性村川武雄（近卫敏明饰）的工作、生活与爱情曲折，描绘了东北都市的形象及其内涵：其一是现代性工业景观，影片一开始就是工厂的烟囱在冒着黑烟，意图在揭示一个现代化的工业城市的崛起，把日本殖民东北的侵略性掩藏于现代性画面和事物中；其二是展示在日伪统治下的丰饶的物产与生活的富足，电影以来到东北的日本人的眼睛"看到"琳琅满目的农贸市场与日常生活，以他与中国姑娘交往中到饭店吃午饭的镜头，"看到"饭店里丰裕的菜肴和食客的众多；其三是揭示东北即伪满洲国太平岁月里的民风习俗，对奉天主要描写冬季的滑冰、公司里的冰球比赛。随着情节的发展，电影又刻意描绘了北满都市哈尔滨的形象，特别是以电影特写的手段，多角度展示哈尔滨俄罗斯人的教堂、宗教节日及在冰天雪地的松花江上进行冬泳以庆祝节日的场面，意在揭示东北不同城市的不同的自然和人文景观，将自然环境与殖民者宣传的人民富饶、丰富多彩的世俗与宗教生活构成的满洲都市形象，展示在那个初来乍到的日本男人和观众面前。中日两个女性与一个日本男人在"双城"的经历，或者说，一个发生在伪满"新国家"双城的三角爱情故事，与刻意伪饰的所谓欣欣向荣、繁荣昌盛的新国家的新生活构成了同步关系和意义。由此，既是殖民主义话语的虚构，又是真实存在和实地现场拍摄的伪满洲国双城都市的景观与形象，内在目的就是揭示伪满洲国这个新国家是五族协和、多民族共荣共存的东亚乐土，古老的民俗风情、世俗生活与现代化的都市和工业正在崛起——侵略和殖民有理、被殖民的人民欢天喜地"非常幸福"的殖民主义的思想毒素，就这样潜存在双城三角爱情电影故事和都市形象与风土的画面里。

除此之外，这部以一男二女三角模式在伪满洲国双城经历的国策电影，为了更为高明和巧妙地将殖民主义思想毒素化为甘甜的爱情故事，还采取了以一个日本的多少有些纨绔习气的男性村川武雄来到满洲后受到教育的"成长模式"来结构电影。这种外来者进入陌生环境或游子回乡的模式，在亚洲文学中，大多将游子或外来者作为思想先进于故乡或进入之地的启蒙者，让他居高临下地以所谓现代文明拥有者的目光和视域，接触和观察环境，发现种种非现代的、落后野蛮的问题，然后立志改造或改革，改造的结果是难以改造——故乡或地域环境的原有文化与生活构成了难以撼动和改造的巨大阻力，古老的传统和陈旧的生活方式与民风习俗成为阻碍故土开化的腐朽性力量。中国从鲁迅开始的现代启蒙主义文学一直有这样的叙事模式，而日本作为同样在西方强迫下门户开放、启动现代化的后发国家，其文学和电影也有这样的模式，二战后的日本电影《卡门回故乡》，也以喜剧手法演绎这样的叙事。不过在日伪统治的"满映"拍摄的《迎春花》，却迥异于此，那个从日本来到满洲的村川武雄，其自身是带着在日本养成的纨绔子弟的"不足"而来的，他不了解满洲的语言和风俗，一切都从头学习。在满洲，他没有以"日本先进"的眼光看到满洲的落后，在此生活的农民与市民及其传统的生活方式，并没有显示出以往中外启蒙主义文学和电影中揭示的"愚昧与落后"。相反，看到的却是物产丰富，人民富足，多民族共存共生，公司的员工生活简朴，新的工业企业和建设事业"如火如荼"，是一个正在进行工业化建设、充满新气象的地方。他接触的中国人，特别是叔父任社长的建筑公司的中国人职员白丽，形象美丽，精通日语，业务纯熟——连一个教他汉语的中国姑娘也会日语——能力很强，又很谦虚，处处为他人着想，甚至在爱情上也是如此。而爱上村川的叔父之女、日本姑娘表妹八重（木暮实千代饰），滑冰打冰球的能力不如白丽，却因为爸爸是社长而得以参与冰球比赛，又一心只想嫁人，做个日本传统的贤妻良母，与白领丽人的白丽构成鲜明反差。在事实教育下，村川在爱情上做出男人的抉择，不爱表妹而爱上白丽，白丽却教育他不要抛弃八重，在公德与私德上都显示出中国女人的大度、包容、不夺人所爱、无私克己的高风亮节。村川在"殖民地"满洲被"满洲"人民及其生活所教育而"成长"，在生活方式上抛弃奢侈走向简朴，住进中国人家里，他想彻底地融入这个新"故乡"。这是一个多少有些反游子归乡或外来者进入模式的故事：不是先进国的日本人看到了落后的满洲，而是发现了满洲的丰饶、"伟岸"与质朴，不是日本人来改造满洲而是被改造，是一个日本男人在满洲成长成熟的故事。

这样的故事和模式蕴含的主题，在这部甘粕正彦主政后拍摄的国策电影里，具有了殖民主义话语的多重内涵，比之前期的简单说教化的国策电影，内蕴了更复杂和多重的主题，摆脱了过去"满映"国策片主题的说教性和单一性。当然，作为"满映"的国策片，此部电影仍然表现日本是满洲和亚洲共荣的领导者，电影里的叔父及其建筑公司，实际就代表了日本对满洲的领导和开发，他们是毫不掩饰的所谓东亚共荣、日满一家的领导者与主宰者，是他们在建设"满洲"，只不过暴力性的殖民者在电影里成为建设者和与中国人民"友好交往"的伙伴，虚伪的谎言披上温情脉脉的面纱——当然，这也是"满映"理事长甘粕正彦的思想和形象的体现，他既是分裂中国扶植伪满皇帝登基的所谓"建国元勋"，分裂中国建立伪满洲国实际是对中国和中国人民最大的恶行与暴行，但是在日常生活里作为"满映"理事长的甘粕正彦又总是对中国员工友善，他可以板着面孔训斥日本员工，但对中国人却面目和善，这一点，就连在"满映"工作的原日本著名共产党人大塚有章，在战后继续以左派领导人身份写的回忆录里也承认。① 殖民主义者既是暴徒又是异化的人，他们身上也具有矛盾性和分裂性，这

① 大塚有章：《未完的旅程》，第5卷，东京：三一书房，1976，第194－204页。

典型地反映在甘粕正彦身上，并反映在由他执掌的“满映”拍摄的电影里的日本人形象上。其次，被殖民的人民并非一无是处，而是勤劳淳朴和聪慧，是有文化的人民，电影里日本建筑会社社长所说的中国一千多年前的文物绘画与日本五百年前的绘画存在“共性”的言辞，虽然是表达日满自古友好、亲善共存的殖民话语，但其也不得不承认中国文化的古老和优秀，这是在古代一直学习中国、深受中国文化影响的日本，在近现代学习西方强盛后转而侵略中国时，也仍然承认的事实。既然中国人民勤劳有文化，那么日本人未必优越于中国人，相反，中国人可能比日本人更为优秀。而作为领导者的日本人，电影里的村川和八重的形象均在各个方面弱于中国人白丽，就潜在地表明这一点，虽然表面是中国人而实际身份是日本人的“满映”明星李香兰，实际不能代表中国人，但在当时这个伪造的中国人的确被观众认为是中国人，这样的形象定位和塑造，可能既反映了甘粕正彦的思想，当然也是殖民国策电影的叙事与发行策略：没有丑化而是美化中国人形象的电影，可能不会遭到中国人的反感和抵制，更容易被接受。而这样的电影叙事，又的确比欧美老帝国主义和殖民主义的电影叙事显得更为聪明：在那些电影里，西方白人不论以什么面目出现，都是先进文明的代表者，他们来到亚非拉广大第三世界，看到的是那里的原始、落后、野蛮和“非历史”状态，是需要被文明征服、改造和再造的地方，包括征服那里的女人与所有的野蛮人，殖民地人民不论在智力还是文明程度上都是低等的、需要教育改造和提升的落后的“他者”。“满映”的《迎春花》在这一点上，的确比老殖民主义电影的殖民地叙事，显示出某种“进化”。最后，正因为被殖民的满洲土地与人民的如此存在和形象，所以殖民者也需要不断和重新认识自己与认识满洲，也需要在与满洲的“共存共荣”中抛弃“母国”带来的奢侈和自负，需要在新的地域、文化、民俗风情和人民中找到自我，再造自我，“成长”和成熟起来。电影里日本人争论的“南方出资源，北方出人才”，是日本当时在侵略问题上“南进”还是“北上”——是在南太平洋发动战争与英美挑战，还是以满洲为根据地向苏联进军——的国策的反映，但此话也反映了日本当局特别是在伪满洲国的殖民者的认识：被殖民的满洲是培养为日本帝国效力的人才的地方。为什么这里会出人才？《迎春花》中日本男人村川在满洲的双城旅行和三角爱情，潜在地解释了这一点：殖民地满洲需要日本的领导与开发建设，日本也需要满洲从自然到人力的资源、需要满洲的支持和“帮助”才能更为成熟和壮大，满洲是日本领导和拓殖的，也是具有自然、历史和文化独特性的博大所在，是日本的生命线——这大概就是甘粕正彦这个既是分裂中国组建伪满洲国，又强调日本与伪满洲国各有其独特价值的右翼分子的世界观，在这部电影故事中的体现。

此外，电影里的日本人主人公在日本养成了奢侈和其他不良习气，在质朴的满洲受到教育和矫正，现代化发达与否并不代表习俗与人性的高下，这样的“中日”对比，显然不是日伪的电影机构拍摄的国策电影表达什么日本批判，而是多少有一点“质疑”

和批判现代性的因素。日本在近代学习西方急切欧化的过程中，却一直有对现代化的质疑，曾经留学英国的大作家夏目漱石就有这样的思想，美国学者艾恺写的《世界范围内的反现代化思潮》里，也条分缕析地历数了日本的文化保守主义者和批判现代性思潮。在伪满洲国时期，不只是日本人的作品，就是中国人写作的文学，特别是戏剧作品和电影，也一直存在着揭示时髦和现代的生活与文明带来人生不幸和毁灭的主题，这是伪满殖民地时期文化与文学艺术存在的令人讶异的倾向及征候，国策片《迎春花》也包含着类似的因子，尽管不是主流。因此，在这部把民俗风情、地域文化、自然特征与人物爱情和成长打包混杂的电影画面里，这样的以男欢女爱、双城故事喻射殖民"大业"和思想的电影叙事，就包含着更为复杂的殖民话语，是更为高明复杂的殖民主义的文化和电影装置，也是法西斯主义电影美学的代表之一。

原载《文艺争鸣》2015 年第 9 期

# 抗战前日本在华新闻舆论势力的扩张与建构

## ——以“满铁”在华新闻活动为中心的解读

齐 辉

日俄战争后，日本通过在华设立的“南满洲铁道株式会社”（以下简称“满铁”）为其侵略战争提供全方位的服务。九一八事变前，“满铁”蓄意插手中国东北地区的报业经营，重金收买中国报人，竭力扶植日本报刊势力的扩张，遏制中国抗日舆论力量的发展，其活动对于维系“满铁”及日本移民在中国的优势地位，辅助和推动日本侵华势力的扩张发挥了极为重要的作用。目前中外学界对这一问题虽有所研究，但多以政治、经济等角度分析，而以新闻传媒为本位，从中日舆论势力角逐的视角，分析和研究日本新闻势力在华渗透的研究成果尚不多见。① 近年来笔者在从事伪满新闻史研究过程中，陆续发现、整理了一些与中日新闻传播史有关的“满铁”档案②，这些档案真切反映了“满铁”在华从事新闻舆论扩张的具体活动，呈现了其收购扶持日本新闻势力，打压中国报刊，迫使其逐步丧失对东北的舆论主导权的历史细节。本文借助史料呈现了九一八事变前日本在东北新闻强势地位的构建及其影响，为学界理解日本轻易独占东北，实施长达14年殖民统治，提供了新的思考与认识。

---

① 近年来日本侵华新闻史研究正成为新闻史研究的热点。在国外，日本对于有关战前在中国东北的新闻活动，主要有李相哲的《满洲における日本人经営新聞の歴史》；日本学者中下正治的《新简にみる日中關係史－中国の日本人經營紙》。这些研究对日本人在东北办报的发端和渐进过程进行梳理。国内研究这一问题的著作有黑龙江报业集团编辑的《东北新闻史》、周佳荣著《近代日人在华报业活动》等，但这些研究侧重于历史过程的宏观叙述，未能对日本在华新闻扩张进行更为细致的研究，且研究资料大多利用已有的历史资料，相互转载，以讹传讹的错误之处甚多。

② 满铁自1906年设立后，组建了庞大的调查机构，在其后40年的情报搜集活动中，积累了数十万件调查报告和档案文书，形成了规模宏大、包罗万象的“满铁档案”资料。这些资料反映了日本侵占中国的政治、社会、经济、文化的各个状况，为揭露日本侵华罪行提供了最有力的证据。从新闻传播史研究专业角度而言，满铁档案尚保存了大量近代日本在华新闻活动的珍贵史料。但因这些档案卷帙浩繁且散佚严重，故能以“满铁档案”为史料系统研究这日本侵华新闻史的成果目前尚付阙如。

## 一　满铁强力扶植日本新闻势力操控东北舆论

九一八事变前，日本在中国的报业活动是在“满铁”的主导之下进行的，随着日本大量国民移民中国东北，日本在中国东北创办报纸的数量及规模飞速增长，“满铁”对日本报刊的扶植与控制，主要通过出资兴办御用报纸、收购日本“独立”报纸、贿赂报人等方式实现。

**1. 直接出资扶持兴办满铁“御用报纸”**

作为日本在华最大的殖民机构，满铁在华舆论活动始于其自办报刊——《满洲日日新闻》。该报1907年创刊于大连，由“满铁会社总裁后藤男爵”提倡创办，分日文和英文两个版本，是满铁在“满洲开发的机关报”。满铁对该报的经营极为看重，决心投入巨资将其打造成为“具有巨大势力的理想报纸”。《满洲日日新闻》的董事、社长及员工均由满铁一手任命。在满铁资助下，该报“会社业务立即隆盛起来”。到1935年已拥有资金50万日元，成为“内容特别充实的满洲唯一大报”。①

满铁以《满洲日日新闻》英文栏目为基础，创办了该报的英文版。与《满洲日日新闻》一样，该报的资金来源亦由满铁提供，现存该报档案这样显示：

“提供的保证金1000日元是由满铁会社领取的现金，因为可以享受利息收益而于几年前换为公债券，其差额和利息用作购置社员公共文娱、网球、冰鞋等运动用具，或用作下级社员生病等意外情况的借款，此款通过正金银行往来存款账户办理。其后由满洲日日新闻社向满铁会社请求每月亏损额的补助。”②

尽管《满洲日日新闻（英文版）》经营不佳，但仍能得到满铁充足的资金扶持，其利息甚至可以用于维持报社成员的福利消费。英文版的各项事务几乎均由满铁包办。据总裁滨村回忆，该报的英文社论如要刊发，首先要征得满铁董事会的同意。这类稿件通常由滨村起草完毕后，翌日晨经满铁理事犬冢信太郎的亲自审阅后方能发行，满铁对该报决策拥有绝对的控制权。截至20年代末《满洲日日新闻》在满铁主导之下先后九次改组，累计接受满铁“投资”近75万日元，依靠满铁雄厚的财力资助《满洲日日新闻》成为“不仅在全满洲是一流，即使在日本国内新闻界也屈指可数”③ 的，且实力雄厚的大型日文报纸。

**2. 收购、兼并和改组日本在华“独立”报刊**

满铁并不满足于其在南满地区日文报界的舆论优势地位。它的目标是要将满铁的

---

① 《满铁王国》，大陆出版协会，昭和2年，第131－133页。

② 解学诗主编《满铁档案资料汇编》（第十三卷），社会科学文献出版社，2011，第419页。

③ 井上谦三郎编《大连市史》，大连市役所，1934，第764页。

舆论势力伸向整个东北亚地区。满铁长期觊觎在华文报界拥有一席之地的《盛京时报》，借此进一步扩大对中国民众的影响。《盛京时报》是日本在华“新闻界元老中岛真雄所创办的”一份老牌中文报刊，日本人曾这样评价该报在中国舆论界中的地位：

“不仅在满蒙言论界俨然独具权威，而且在中国中外人经营的中文报纸中也诚为白眉（笔者注：同类中出类拔萃者），例如其发行份数常与上海《申报》争一二。该社于大正14年间改组为资本35万日元全部实缴的株式会社之后，基础更加日益巩固而牢不可破。”①

作为日本在东北创办的影响力最大的中文报纸，《盛京时报》始终标榜“独立”②，因敢于批评中国政局而在中国知识分子中颇具人望。但到20年代末，随着中岛真雄年事已高，加之五卅运动其偏袒日方的言论，遭到了中国社会各界普遍抵制，经营逐渐陷入困境。为了维持其经营，日本“外务省再三求救于满铁”，希望由满铁出面对该报施以援手，提供资金援助。在满铁补助下《盛京时报》“收支逐渐达到平衡”，暂时渡过难关。1924年该报借助直奉战争的报道，实现了再度“中兴”，20年代中后期，该报发行量“一跃达1.7万余份”。

1925年，中岛真雄因年事已高萌生退意，拟将该报出售。满铁遂积极出面意图收购。据满铁拟定的《盛京时报》改组计划书显示，满铁计划以35万日元的估价，一次性买断该报的“全部财产和发行权”，将其由家族企业改造为“株式会社”。其中，满铁出资20万元，日本外务省投资5万，其余为社会集资。③ 改组后的《盛京时报》“今后因经营所发生的一切亏损全部由满铁负担”。满铁委托其旗下的《大北新报》④ 代为对《盛京时报》实施管理。为此满铁评价道“哈尔滨《大北新报》抱着每年亏损1.6万日元的决心进行经营，从国策观点来看应该得到称赞”⑤。

需要特别注意的是，在《盛京时报》的收购过程中，日本外务省原计划认股5万日元，但因担心“如以外务省或与外务省有关者为名义人，均可能引起中国当局之怀疑”。故提出“拟在外务省负担股票钱款上的权利义务的条件下，最好将我部股票以贵社名义处理。”⑥ 实际上是通过满铁以企业兼并的名义淡化该报收购的政治色彩。

1925年满铁最终以23.5万日元收购《盛京时报》，成为出资该报的第一大股东。⑦据档案记载，满铁收购《盛京时报》之后，得到了多种形式的资金援助。在《盛京时报》社昭和6年（1931年）度决算监查报告中记载：

---

① 菊池秋四郎：《奉天二十年史》，奉天二十年史刊行会，1925，第159－160页。

② 据日本外务省档案显示《盛京时报》长期接受日本外务省资助，实为日本外务省在华的言论机关。

③ 满铁档案：《满铁理监事会决裁》，社文庶24第15之210号，1925年3月16日。

④ 编者注《大北新报》是《盛京时报》的姊妹报，1922年10月创办，时为北满最大汉文报。

⑤ 满铁档案：甲种，大正14年至昭和3年，总体，文书，产业，他会社，盛京时报社，第15册之11，2号。

⑥ 满铁档案：甲种，大正14年至昭和3年，总体，文书，产业，他会社，盛京时报社，第15册之11，2号。

⑦ 满铁档案：甲种，昭和6－7年，总体，监理，关系会社监理，盛京时报社，第114册之2，1号。

“我社由于近几年来屡遭中国官宪压迫，发行份数逐渐减少，本报销售收入也因受银价暴落的影响而事业衰退，连年相继亏损。至昭和 4 年度之亏损额，经我社恳请满铁的结果，已全部给以补贴，并从昭和 5 年度起由满铁每月给予补助金 2000 日元。但仍因上述原因不仅事业恶化，而且至本年上半年为止，昭和 5 年度及 6 年上半年亏损额又累计达 22050.15 日元，不但经营资金枯竭、用品费无着，甚至连工资都要经常拖欠，当时恳请满铁于 10 月 6 日借给资金 15000 日元，另外，10 月 4 日即将到期的满铁借款 4500 日元，也同意延期并计入上述资金。”①

正是在满铁的资金资助下，以《盛京时报》为代表的日本在华报刊才得以度过各种经营危机，维系其发行，而满铁对旗下报刊的资金援助往往不计成本和回报，其目的就是维持日报在东北舆论中的主导权。

**3. 笼络日本“独立”报人扩张舆论势力**

对于暂时无法收购的日本报纸，满铁还拨出大量经费，以“拨款”“津贴”的名义收买日本报人。《哈尔滨日日新闻》是 1922 年由《北满洲》《西伯利亚新闻》和《哈尔滨新闻》3 家日文报纸合并后的“独立报纸”，社长儿玉右二。该报因立足俄国控制的北满地区，故其言论相较于日本控制的南满地区，具有更为强烈的独立倾向。为了控制该报，满铁不惜拿出大量资金对其资助。

1925 年五卅运动爆发后，哈尔滨掀起抵制日货运动。《哈尔滨日日新闻》陷入经营困境。其社长儿玉右二被迫向满铁求援“请求每月拨付补助金 1000 元和铅字购置费 4700 元，并言明以遵照满铁意见决定该报一切报道内容为条件”。满铁立刻抓住这一控制该报的难得契机，乘人之危，胁迫儿玉出售该报。在满铁哈尔滨事务所长古泽幸吉致松冈理事函中这样称：“从我方来说，因时局关系充实此地日文报纸，不单是为本社，且从国家方面来看亦系当务之急，故无妨大体同意其请求。”

**资金补助表**

| 时间 | 补助金额 | 补助名义 | 补助形式 |
|---|---|---|---|
| 大正 11 年度（1921） | 每月 50 日元 | 无 | 无 |
| 大正 12 月 12 月（1922） | 免除贷款利息中的 1000 日元 | 与广告费相抵 | 无 |
| 大正 13 年 1－6 月（1923） | 每月补助 350 元，<br>支付广告费 2000 日元 | 补助金及广告费 | 现款及贷款利息<br>抵广告费 |
| 大正 13 年 1 月（1924） | 付给 2500 日元补助金 | 补助金 | 现款 |
| 大正 14 年度（1925） | 付给 300 日元 | 补助金 | 现款 |
| 大正 15 年 1 月（1926） | 付给 1000 日元 | 补助金 | 现款 |
| 大正 15 年 6 月（1927） | 付给 500 日元 | 补助金 | 现款 |

① 满铁档案：甲种，昭和 6－7 年，总体，监理，关系会社监理，盛京时报社，第 114 册之 2，1 号。

儿玉最初希望将该报转给日本“留民会”经营，拒绝了满铁的收购。但满铁高层势在必得，动用各种关系对其施压。据满铁高层的内部通信显示，日本对该报的收购情报极为重视，利用其庞大的人脉关系探听儿玉右二的出售动向：

“从矶部检三处闻知，作为儿玉右二与矶部检三两人的意见，他们愿将所有持股全部转归哈尔滨居留民会，之后同该社断绝一切关系。根据上述情况，作为儿玉右二代理人之有久胜平为该社所进行的种种策划，显然未同儿玉右二充分交换意见，结果使我方在对有久胜平的要求的处理上，有所踌躇。为此，望能确切了解儿玉右二的情况。无论如何，我认为本社以儿玉右二名义贷给的3万元，应趁此时机将利息一并计入，换成该社股票，变更为本社名义，全部结清，最为重要”。①

1926年满铁如愿以5万日元收购《哈尔滨日日新闻》，并废除此前该报所欠的3万日元债务，同时任命出身满铁系统的大河原厚仁为该报新董事。② 借助于类似的收买和并购，满铁成为近代东北报业的垄断巨头和无冕之王。据资料显示，1936年4月，伪满洲国为进行言论统治而设立满洲弘报协会，满铁投资的报刊即占去了该协会全部报刊资本的23%，在最初加盟的7家报纸中，有5家隶属于满铁系统。满洲弘报第一届理事长也由长期掌管满铁宣传舆论机关的高柳保太郎担任，充分印证了满铁对于东北报业具有绝对的掌控能力和发展优势。③

## 二　重金收买中国报人，阻遏抗日言论的扩散和传播

收买中国报刊及报人是满铁控制东北舆论的又一重要方式。由于汉文报刊在文化及语言方面更易被国人接受，影响更大，故如何控制和引导汉文报纸及其舆论是满铁所面临之难题。九一八事变前，满铁的新闻势力主要分布在满铁沿线，对北满地区的影响鞭长莫及，故其难以实现对整个东北新闻业尤其是汉文报纸的掌控。为改变这一面貌，满铁使用惯用伎俩，以金钱开路收买、腐蚀中国报人，遏制中国报业的抗日言论的扩散和传播。

根据满铁档案显示，满铁对东北地区国人报纸的情报掌握极为全面和准确，对各报的经营状况，言论倾向甚至预计的收买价格都成竹在胸。据一份满铁高层收买中文报纸的请示函中这样写道：

“操纵贵地中文报纸问题，根据大藏理事的意见，认为《国际协报》按照贵职提出的款额决不能达到我方的要求；对于《松江日报》，大概不必投入如申请那样多的金

① 满铁档案：甲种，昭和2、3年，总体，史书，他会社，第2册，1号。

② 满铁档案：甲种，昭和2、3年，总体，文书，产业，他会社，第2册，1号。

③ 解学诗主编《满铁档案资料汇编》（第十三卷），社会科学文献出版社，2011，第426页。

额；但关于利用《华东通信》，据称有充分考虑的余地。”[①]

上述资料显示，在收购资金的分配及报刊利用程度上，满铁能根据局势的变化，灵活地制定活动策略。满铁能够依据中文报刊的经营状况、对日倾向及言论影响力综合考虑收买策略，十分注重收买资金的使用效率，不花“冤枉钱”。在一份满铁对中文报纸《东三省商报》的收买信函中，满铁高层这样指示：

“《东三省商报》：关于本报业经贵方批准，每月支出300日元，所以也许再无必要重新说明。为了慎重，再赘述如下：该社社长叶元宰作为特别区警察总管理处咨议，每月从该处领取津贴，但他似乎与中东管理局无特别关系。所以，本社为了积极利用这一报纸，约定每月支给300日元。这是叶元宰[②]和佐佐木参事直接商定的。敝人认为这一数目还算便宜。货物课长曾来信感到款额是否有些稍多。但在不能满足我方要求时，拟随时取消前约。”

对于坚持气节，拒绝收买的中国报人，满铁则对其进行肆意污蔑和攻击。哈尔滨的《国际协报》[③] 及其创办人张复生[④]是具有爱国传统和民族主义色彩的抗日报纸和报人，满铁对其可谓恨之入骨，又因多次收买未能得逞，便在其内部信函中对该报评价道：

“《国际协报》：该社社长张复生是个心术非常不正的人……简单说是个软硬不吃很难斗的人。对满铁来说，也是一个最不易对付的新闻记者。”

《国际协报》是东北地区汉文报纸中的翘楚，因抗日爱国言论而备受东北民众喜爱。为让其实现舆论的转向，满铁曾多次重金收买该报，均未能得逞。但满铁并未放弃，时刻关注《国际协报》及张复生的动向，伺机而动。1925年张复生在经营中遇到困难，生活拮据，满铁迅速抓住这一契机，向张提出资助要求：

“对于该报，过去完全无懈可击。不过，最近发觉张复生在生活费上产生了问题，故感到不应失掉这一机会，马上与其进行了交涉，结果于4月2日得到了对方慨然应

---

① 满铁档案：满铁哈尔滨事务所长致文书课长函，1925年4月8日，哈庶25第1-2号。

② 叶元宰（1886-?），号轻帆。广东省新会县人。为中国南洋兄弟烟草公司职员，1921年12月1日，他在哈尔滨创办大型日报《东三省商报》，任社长兼发行人。办报经费即由公司在哈经销机构提供现大洋7000元。第一版经常刊载公司所产香烟广告，因此该报当时被人称为南洋兄弟烟草公司的广告报，该报1933年停刊。

③ 《国际协报》1918年创刊于哈尔滨，创办人为张复生。20~30年代该报发行量居哈埠中文报纸之首。1937年因抗日言论被日本关东军强令终刊。《国际协报》作为东北地区社会影响力最大的一家民办报纸，造就了以萧红为代表的一批左翼东北作家群。

④ 张复生（1887-1953），原名张涛。山东省掖县人。清朝末年，因参加革命党，曾在北京任上海《新中报》特约记者。民国成立后来东北，在沈阳主办《简报》和《亚洲日报》。后到日本人主办的《盛京时报》和大连《泰东日报》做编辑。1918年创办《国际协报》，因披露反对日本侵华的报道，使《国际协报》在读者中赢得了声誉。

允。因此，从4月以后，请每月能支出200日元。当然，这只能做到使其停止攻击满铁的程度，要想积极利用这一报纸，这笔款额尚感不足。总之，既然已将该报拉拢到手，所以增加款额一事，也可在大藏理事来哈时决定。敝人准备采取渐进办法。再者，值得考虑的是，我认为只说服张复生一人还是不够的，对吴总编辑、池编辑也需要给予一定的甜头，关于这一问题目前正在研究。”

档案显示，即使《国际协报》这样著名的抗日报刊在面临经营困境之时，亦未能彻底抵御满铁的金钱收买，承诺“停止攻击满铁”，可见满铁在收买中国报人上具有相当的腐蚀性和渗透力。

对于已有政治背景或政治势力作为外援的报纸，满铁则愿出更高的收买价码使其在反日言论中保持沉默或倒戈，在一份满铁高层收买哈尔滨《松江日报》的信函中这样指示：

“《松江日报》是张学良的机关报，所需经费由其支付。该社长郭大鸣是郭松龄的亲弟弟。关于从满铁接受补助一事，郭大鸣本人非常踌躇，在报馆内召开会议，已向吉林发电与他哥哥商量。再者，该报总编辑杨墨宣每月从中东管理局领取津贴，我认为我方也必须拿出200日元左右，否则很难使其沉默。同该社的交涉正在进行，尚未做出决定。”

《松江日报》是由奉军将领郭松龄之弟郭大鸣于1923年创办的商业报纸。该报标榜“超然独立，无党无系”，实际却与张学良、郭松龄等奉系少壮派有着密切联系，其经费也由奉系资助。对于这样一份资金充裕的报纸，满铁决定提供不低于奉系的资金援助，以换取其在涉日言论中保持“沉默”。

## 三　控制广告投放，侵蚀中国报业

满铁收买报人另外一种方式就是利用广告费、排版费的投放达到控制言论的目的。这种方式因为其形式更隐蔽，因此颇受满铁和被收买报人的欢迎。九一八事变前满铁俨然已成为东北地区报纸商业广告中间商。满铁要求旗下日本企业缴纳一定数额的广告费，用于在中文报刊上刊登广告的费用。1928年满铁奉天公所长曾向满铁总部申请“除在奉天中国报纸的既定收买费外，从11月以后，每月可再对各社增加重新排版费20日元”。这一建议很快得到满铁同意。但是明确要求：

“收买后的成绩极为良好，经常以如果登载不利于日本人的论调，会妨碍从日本人那里招募广告，难以继续订立版面契约为借口，牵制了各报论调。”①

满铁在中国报纸上投放广告通常不签长期合同，最多“将同一广告连载一个月”。

① 满铁档案：甲种，总体，文书，庶务，补助寄附，第1特册之73。

以便观察效果及时调整对策。满铁利用广告扼杀中国报人的抗日言论手法十分灵活和娴熟，即一旦发现中文报纸有反满抗日言论立即停止在版面刊登广告。奉天满铁的一份广告账目中显示，1928 年 12 月当月满铁奉天公所在中文报刊投放广告的费用为 800 日元，但日本企业支付给满铁的广告费仅为465 日元，广告月亏损达335 日元，这笔费用全部由满铁来弥补。尽管广告费亏空严重，满铁出于其侵略宣传的需要，仍不惜斥巨资在日企中“劝募广告”。满铁对于广告费的投入及使用，具有明确的政治目的和宣传期许。满铁利用广告达到了一箭双雕的目的：一方面垄断了南满地区日本企业在中文报纸投放广告的业务；另一方面亦可借此来控制中文报刊的舆论导向。

## 四　满铁操纵东北报业的特点及国人的反抗与抵制

从满铁创办之初到抗战胜利，满铁控制中国报业的活动长达近 40 年。其活动时间之长，规模之大，在日本在华殖民机构中绝无仅有。与日本对华军事侵略不同，满铁对中国新闻舆论的操纵呈现出鲜明的特征——

首先，满铁对中国报业的控制极具隐蔽性。满铁作为有特殊利益的“株式会社”，以企业的面目出现在中国，他们打着“调查”的名义，摸清东北报业的基本状况。借助其庞大的人脉网络与资金实力，搜集中国报业的各种情报。在适当时机以津贴、资助或广告费的名义，利用金钱腐蚀和收买报人。在操作中，其活动均有满铁高层直接指示，实施过程中则竭力避免由满铁直接出面，借以蒙蔽世人。满铁支付给中文报刊的所谓“广告费”，均由“正金”和“鲜银”等商业机构名义支付，将收买行为伪装成银行的商业行为。另外广告费的投入满铁也不直接出面，多借助“文化机构”负责具体实施。如在奉天满铁广告业务全部由“满蒙文化协会”负责，联络则招募中国汉奸具体实施。

其次，满铁对中日报业控制具备独占性特点。与西方报业垄断经营不同，满铁对报业的控制及垄断不是以获得经济利益为根本目的，而是依据其言论趋向和以国家宣传为目的的政策性行为。满铁对中日报业的收购，与其说是商业行为，不如说是履行日本侵华的“国家责任”。对于旗下报纸，满铁决定了这些报纸的经营方针、人事任命和言论趋向，位居整个殖民主义宣传体系的核心位置。

最后，从对报业控制目的和效果而言，满铁对东北报业的管控具有极强的侵略性。满铁实施收买行为时明确提出：“如果登载不利于日本人的论调，会妨碍从日本人那里招募广告，难以继续订立版面契约。”满铁对东北报业的收买效果十分满意，多次强调“收买后的成绩极为良好”。在日本侵华进程中，满铁的宣传论调与日本殖民者的侵略步伐紧紧相随，鼓动宣传、不遗余力。满铁宣传殖民文化、开展殖民动员，为日本殖民统治与扩张服务，因此成为日本大力扶持的殖民机构。

面对日本咄咄逼人的新闻侵略，中国报人对其殖民属性与侵略特征有着清醒的认识，并试图对日本在东北新闻势力的扩张展开反制。如1923年奉天地方政府针对《盛京时报》在五卅运动中的言论，采取禁止投递的措施：

“查本城发刊之《盛京时报》，常有淆惑听闻之记事，于社会上之安宁，影响殊匪浅鲜，迭经商准贵总领事严重告诫，饬令细加标点。乃该报社依然如故，迄未悔改，近日以来，益复变本加厉，不察虚实，对于时局之记载及个人之消息，恒以捕风捉影之谈，作充塞篇幅之资，甚或挑拨是非，离间感情。似此扰乱听闻，不但地方秩序，必将为所破坏，即贵我两国之亲善，亦将为所妨害。为维持地方治安并消除亲善之上之障碍起见，已暂令各派报所，不得配送该项报纸，聊资取缔。”①

另一则材料则显示，1929年8月，国民党辽宁国民外交协会因日报在中东路事件中的报道也曾刊登《停阅日文报刊启事》：

“日本在东省刊行各报，俱为侵略工具，乘机造谣，扰乱社会秩序，用意恶毒，殊堪痛恨。近因中俄问题发生，立论尤为狂谬。倘不力图抵制，前途何堪设想！拟恳贵处即日停阅，以维大局。”②

遗憾的是，这些措施尽管在一定程度和范围内打击了日本在华报刊的嚣张气焰，却难以从根本上撼动日本在中国东北新闻舆论中的统治地位。

## 五　结语

众所周知，南满洲铁道株式会社是日本帝国主义在中国东北侵略扩张的“特殊公司”，它自开创之日即与日本侵华势力密切勾连，因其庞大的规模和雄厚势力，构建起自成一系的“殖民会社”。满铁在中国东北的新闻扩张活动清楚地展现了在抗战全面爆发前，日本在华新闻侵略活动的准备、策略及其扩张模式。在这场看不见硝烟的战争中，满铁呈现出了与日本军事侵略截然不同的侵略方式；它以军事为后援，以商业资本扩张为幌子，以金钱蚕食收买为手段，全力扶持日本报业势力的扩张，对中国报业和报人进行收买、分化、压制和瓦解，最终确立了日本在东北的舆论优势地位。

事实证明，日本报人和报纸绝不如其标榜的那样坚持所谓的“独立”和“客观”。在满铁的操纵控制下东北舆论万马齐喑，有人评价当时东北国人自办报纸是“除暴露我民族弱点外，几无一家报纸可以负指导社会之责任”③。这些报纸面对日本的侵略，

---

① 东北档案馆，《奉天交涉员署档案》，4105号。

② 东北档案馆，《沈阳县公署档案》，2515号。

③ 《日人文化侵略下之东北新闻事业——王中致四川报业函》，《记者周报》1931年第1期，第62页。

丧失民族气节和报格。面对日本的侵略“麻木不仁”“默然视之”[①]。在这种舆论氛围下，东北民众思想混乱，民心背离，中国政府赖以维系的统治基础岌岌可危。概括而言，抗战前满铁经过近二十多年的苦心经营，最终促成了日本独霸东北的舆论强势地位。九一八事变中，东北迅速沦于敌手，并实行了长达十四年的殖民统治，中国对日新闻舆论势力角逐的失败，成为其中不可忽视的社会因素之一。

原载《现代传播》（中国传媒大学学报）2015 年第 11 期

① 《日人文化侵略下之东北新闻事业（续）——王中致四川报业函》，《记者周报》1931 年第 1 期，第 66 页。

# 试析“满铁”在中国东北的防疫活动

王玉芹

我国医疗史的研究始于20世纪30年代，但由于种种原因，研究成果较少。2003年春，突如其来的“非典”使人们再次关注中国近现代史上的疫病问题，各类研究文章也纷纷见之于报纸杂志。与“满铁”防疫[①]相关的论文有：张晓风的《民国时期的传染病防治》（《中国档案》2003年第9期）、孙语圣的《民国时期的疫灾与防治述论》（《民国档案》2005年第2期）、王银的《1910－1911年东北鼠疫及防治研究》（硕士学位论文，苏州大学中国近现代史，2005年）、谭晓燕的《民国时期的防疫政策（1911－1937）》（硕士学位论文，山东大学中国近现代史，2006年）等等。上述论文均对民国时期的疫病防治进行了探究，但从“满铁”视角论述极少。本文着重论述民国时期东北主要疫病种类、成因、“满铁”防疫对策的制定和实施，进而深入揭露日本殖民医学的实质。

## 一　民国时期东北地区疫病的种类、频发的成因及“满铁”防疫对策的制定

民国时期，东北地区疫病频发且种类繁多，主要疫病有：鼠疫、霍乱、赤痢、肠伤寒。其流行地域包括熊岳城温泉聚落、长春高等女学校宿舍、长春敷岛寮（即“满铁”社员宿舍）和鸡冠山。猩红热1909年首次在大连流行，此后大石桥和辽阳也发现两名确诊病例。发疹伤寒1909年在辽阳出现首发病例，此后东北各地零散发病。其他疫病有痘疮、流行性脑脊髓膜炎、再归热、嗜睡性脑膜炎、疟疾。上述种类繁多的各种疫病经常肆虐流行，而且患者数量逐年攀升，人口死亡率极高。“1913年满铁附属地疫病患者500名，1914年上升至1000名，1924年超过2000名，以后每年2500名左右”[②]。伪满洲国建立后，随着移民数量增加，疫病患者数量不断攀升。“1933年达

① “疫”主要指瘟疫，是各种急性传染病流行的通称。

② 满铁：《附属地沿革全史》（上），满铁地方部残务整理委员会，1939，第820页。

3500 名左右，1935 年超过 4000 名，死亡率约 8% －12%。”①

造成民国时期东北疫病频发的原因如下。第一，自然灾害。近代东北地区，水灾、旱灾频繁发生，大规模的旱灾大约每隔几年便会出现一次，较大的水灾共发生 13 次。由于当时生产力水平低下和医疗卫生科技不发达，政府抗灾能力极弱，导致灾民生活维艰，灾区范围扩大，灾民流离失所，因此每次“大灾之后，必有大疫”。第二，战争因素。关于战争与瘟疫的关系，余新忠先生认为：1. 频繁的战争严重破坏当地正常的生产和生活秩序，致使饥馑载道，民众体质普遍下降；2. 致使难民不断增加，居住条件和卫生环境恶劣，极易诱发瘟疫；3. 军队和难民的流动也直接导致了疫疾的流传；4. 战争使国家和社会对付灾荒的能力严重下降②。第三，东北疫病频发与关内大量移民有密切关系。自 1910 年清政府废除乾隆以来汉人出关的禁令，尤其“满铁”开办铁路和汽船运输会社以来，山东、直隶等省劳工纷纷涌向东北谋生。他们经济条件差，住宿拥挤，不讲究卫生，所以很容易助长疫病的传播。此外，部分移民从事“獭皮贸易”。移民们在捕獭的过程中很容易感染鼠疫菌。同时由于缺乏食物，有些移民还煮吃旱獭的肉。这一切无疑促使了鼠疫的暴发。第四，东北医疗卫生科技不发达。民国时期东北医疗科技很不发达，远远落后于南方地区，更落后于西方国家。由于社会生产力水平低下，政府对医疗卫生的投人极为有限，民众物质生活恶劣，卫生意识十分淡薄。

为维护和巩固殖民统治，“满铁”对东北主要疫病制定了多项防治对策。首先，注重医疗基础设施建设和医护人员的培养。至 1937 年 11 月，会社共设立 54 所医院。这些医院或设立传染病栋，或设立传染病诊室，积极对疫病患者进行救治。同时设立专门性防治医院，如在大连设立南满洲保养院和别府满铁馆，在奉天和鞍山设立妇人医院，在奉天、新京等地设立特殊传染病院。作为医疗的配套设置，“满铁”还在地方设立卫生队、消防队和卫生班等，这样，中央到地方初步形成了满铁防疫网络。作为“日中两国青年的医育机关”③，“满铁”还设立“满洲”医科大学、新京医科大学和哈尔滨医科大学等诸多医育机构，这些学校培养的医务人员对于东北传染病的防治发挥了重要作用。其次，卫生防疫组织管理机构的设立和相关法律法规的制定。为对附属地内的卫生事务进行统制，1910 年满铁在附属地内设立“卫生委员会”，1924 年改称“保健调查委员会”，1933 年改称“日满防疫联合委员会”，1936 年改称“满洲卫生委员会”。“满铁”防疫组织名称的不断改变体现了对东北防疫统制的不断加强。同时“满铁”还公布《传染病预防条例》、《种痘条例》、《保健所条例》和《学校卫生妇职务要旨》等多项有关疫病的法律法规。这些法律法规的制定实施对于遏制疫病的传播

① 满铁：《附属地沿革全史》（上），满铁地方部残务整理委员会，1939，第 821 页。

② 余新忠：《咸同之际江南瘟疫探略》，《近代史研究》2002 年第 5 期。

③ 满史会：《满洲开发四十年史》补卷，满洲开发四十年史刊行会发行，1964，第 156 页。

发挥了重要作用。再次，临灾紧急救治措施。每逢东北大灾大疫后，“满铁”都进行一定程度和范围的救治，以控制疫情，减少死亡。1910 年东北鼠疫大流行时，“满铁”长春医院派出防疫消毒队在四平街进行消毒。1932 年 6 月，哈尔滨付家甸发生水灾，随即出现霍乱病例。“满铁”立即派出由 23 人组成的医疗救护班，对患者进行施救，对疫区进行消毒，并进行巡回诊查。“满铁”还对滨江医院进行了患者治疗指导。最后，重视疫病预防，加强对民众卫生教育。“满铁”在对附属地内民众定期进行种痘和预防注射的同时，通过发行卫生刊物、传单或出版卫生书籍等方式加强对附属地外民众进行卫生教育。然而，“满铁”的宣传教育范围非常有限，并未普及到小城镇和广大乡村，因此民众的卫生意识仍很淡薄。

## 二　“满铁”防疫对策的实施——以鼠疫和霍乱疫病为例

在东北种类繁多的疫病中，鼠疫和霍乱属重大突发疫病，也是危害最为严重的瘟疫。这两种瘟疫常常持续、跨地域发生，有时蔓延至全国，对社会造成巨大的影响和危害。

### （一）鼠疫防治

1910 年 10 月下旬，关东州内暴发鼠疫，并迅速蔓延至长春、公主岭、四平街、开原、奉天、抚顺、北京和山东等地。疫情发生后，“满铁”和关东厅立刻组织召开日中联合防疫会议，制定具体的防疫措施。首先在奉天等地设立临时防疫部，发放预防书籍，厉行捕鼠，整备隔离所，并且从日本招聘多名医师和医务助手，增加消毒人员和捕鼠人员。其次禁止劳工乘坐列车，同时在其管辖外重点地区设置监视所，禁止附属地外一切人、车、物入内。同时监视大连、旅顺入港船舶，对出航船舶的船员进行检诊。大连民政署对从奉天经由大连回日本的乘客进行 48 小时监控，无异常状况者，方可由大连商船株式会社发售船票。第二年 4 月疫情平息，“满铁”附属地和关东州共报确诊病例 228 名，整个东北确诊病例达 5 万名①。除长春 1 名腺鼠疫外，其他都是肺鼠疫，患者几乎全部死亡，而且大部分是苦力。日本政府对这次鼠疫投入资金百万日元，同时派遣传染病研究所北里柴三郎视察东北疫情状况，并在各地进行了防疫演讲。“满铁”对此次疫情共支出 86 万日元，其中捐给清政府 15.5 万日元②。

1917 年 12 月，内蒙古暴发鼠疫，随后蔓延至山西、山东，第二年 5 月平息。此次疫情没有扩散至东北。为进行疫情防治，“满铁”特将当时防疫上有突出贡献的医学博

---

① 满铁：《附属地沿革全史》（上），满铁地方部残务整理委员会，1939，第 832 页。

② 满铁：《附属地沿革全史》（上），满铁地方部残务整理委员会，1939，第 831 页。

士鹤见三三派至北京视察。1919 年 8 月末，两名俄罗斯妇女患腺鼠疫死亡，地点在满洲里以北的小镇上，随后以该地为中心迅速蔓延至周边地区。满铁和关东厅派遣医师至哈尔滨调查情况，1921 年 1 月末，一名从哈尔滨南下的劳工因肺鼠疫在公主岭临时隔离所死亡。2 月，满铁和关东厅协商，在关东厅设立临时防疫本部，3 月在长春设临时防疫本部出张所，统一管理奉天以北的防疫事务。殖民当局认为鼠疫病毒主要来自北满劳工，因此决定禁止劳工南下，并将其收容在长春。此后紧急在长春设立多处隔离所，并借用多处粮栈，作为临时收容所。中国方面也设立 9 个收容所，共收容 3000 多人。此次疫情北满死亡 7776 人。1927 年 8 月中旬，通辽发现鼠疫感染病例。奉天、郑家屯、通辽各地的中国官宪与“满铁”、关东厅协商，将四平街和长春确定为重点疫区，进行重点预防检疫。1928 年 8 月上旬，通辽再次流行腺鼠疫，“满铁”以四平街为中心，在郑家屯、长春和奉天间及营口沿线大面积进行防疫，12 月末平息。此次疫情流行地区是通辽县、辽源县、瞻榆县（后与开通县合为通榆县），死亡达 1200 人，尤其钱家店人口约 2500 人，死亡 620 人①。1929 年 7 月四洮线暴发鼠疫，并蔓延至开通、瞻榆等地，“满铁”向疫区派遣了多名防疫医生和防疫助手。

1933 年农安、四洮沿线、通辽和热河等地再次暴发鼠疫。8 月至 9 月盛夏季节更为猖獗，10 月上旬开始减少，11 月仅通辽零星散发。热河从 10 月上旬首次暴发，患者总数 1639 名。为扑灭疫情，满铁联合伪满洲国政府、关东军、关东厅和大使馆共同组织设立日满鼠疫防疫联合委员会，在防疫上明确分工，协力扑灭鼠疫。1933 年，该委员会改称“日满防疫联合委员会”，1936 年改称“满洲卫生委员会”。该委员会下设通辽调查所（隶属满铁）和哈拉海调查所（隶属伪满洲国），通辽调查所下辖赤峰隔离所（包括建平监视所）、通辽隔离所（包括奈曼旗监视所、开鲁监视所和温都鲁王府监视所）、郑家屯隔离所（包括博王府监视所和双山监视所）、太平川隔离所（包括瞻榆监视所）、洮南隔离所和白城子隔离所；哈拉海调查所下辖陶赖昭隔离所、窑门隔离所、大赉隔离所（包括乾安监视所和安广监视所）、前郭旗隔离所、哈拉海隔离所和农安隔离所（包括前郭尔罗斯监视所）。为扑灭鼠疫，该委员会除日常临时防疫外，还向鼠疫分散暴发地区派遣巡视员，同时普及防疫知识，流行期注射疫苗，并对患者进行隔离。1934 年农安等地再度暴发鼠疫，并蔓延至整个东北。日本殖民当局唯恐此次疫情蔓延至京白线，立即决定召开日满鼠疫防疫会议，禁止旅客从新庙、木头尔车站乘车，限制哈拉海和白城子之间各站乘客，只允许注射疫苗者或持有现住证明书者乘车。规定哈拉海新京间、白城子大赉间的乘车旅客必须进行检疫，限制大责、新庙、前郭旗和郑家屯等车站运输货物，同时规定疫情流行期间各学校停课。10 月疫情逐渐平息。该年共报确诊病例 137 名，其中通辽鼠疫调查所共报 42 名病例，其中 1 名治愈，哈拉

① 满铁：《附属地沿革全史》（上），满铁地方部残务整理委员会，1939，第 833 页。

海鼠疫调查所共报95名病例，其中2名治愈[①]。

### （二）霍乱防治

1907年夏，大连、旅顺等地相继暴发霍乱，1909年再次暴发，并蔓延至营口、大石桥、辽阳、安东等地，两年共报确诊病例51名。1910年大连、金州、营口、大石桥、辽阳等地也出现少量患者。第二年夏，旅顺、大连和金州患者增多，但疫情被控制在关东州内。1919年6月，广东省汕头等地流行的霍乱疫情蔓延到上海、天津等地。7月7日，从上海驶入大连港的船舶中，一名船组人员确诊感染霍乱，同时营口也发现霍乱病例，此后霍乱瘟疫极其猖獗，侵袭整个东北。“满铁”和关东厅互相配合，共同进行霍乱疫病的治疗和预防。一方面委任海务局对从上海来的霍乱患者进行粪便检查，同时和中国方面协商，对营口入港船舶进行检疫。另一方面，广泛进行预防接种的宣传和注射接种疫苗。8月11日，在奉天设置临时防疫部本部，管理东北防疫事宜。“满铁”在奉天和长春设立很多隔离所，同时将各地事务所改为临时应急隔离所，“满铁”医院专设霍乱患者诊疗所。殖民当局在防疫过程中痛感警察和防疫医生的匮乏，因此从日本招聘70名防疫医生、100名警察，尤其临时招聘北里研究所副所长北岛作为临时检疫所顾问，同时招募数十名防疫监吏。经过殖民当局的积极防治，10月疫情逐渐平息。“满铁”共支付防疫经费73万日元。此次疫情中国人和日本人患者共计13000名，死亡6300名（奉天城内约5000名）[②]。

1920年4月，日本和中国台湾、厦门等地发生霍乱疫情。“满铁”和关东厅决定对来自疫情国家和地区的船舶进行检疫。6月来自阪神的1名日本人在安东附属地发病，7月在营口和天津之间船舶上工作的2名中国劳工发病，其中1人死亡。为防止病毒侵入附属地内，“满铁”禁止中国人从营口乘车，徒步者也处于日本人的严密监控中。1922年、1925至1928年，上海断续流行霍乱五年，并且非常猖獗。“满铁”和关东厅一方面对营口、大连等地进行严密警戒，另一方面在营口开设患者收容所、隔离所，同时给乘车旅客和附属地居民注射疫苗，极力督促中国官宪进行海港检疫和给居民注射疫苗，结果东北患者明显减少。

1932年4月，上海霍乱再度猖獗，6月蔓延至天津，此次疫情严重程度仅次于1919年。关东厅在大连、旅顺和营口等地对来自上海、天津的船舶进行检疫，奉天铁路局也开始对乘车旅客检疫。6月19日、21日营口都有患者死亡，29日疫情波及到大连全市。“满铁”对此次疫情事先制定了防疫计划，分三期进行重点防疫。第一期对华工、交通从业者、现场从业员进行了预防注射。第二期和关东厅协力，在主要防疫地

---

① 满铁：《附属地沿革全史》（上），满铁地方部残务整理委员会，1939，第834页。

② 满铁：《附属地沿革全史》（上），满铁地方部残务整理委员会，1939，第829页。

区增加临时防疫医和防疫员，在社线各车站和旅客列车上准备消毒药品和防疫用品。第三期对大连、金州、普兰店、万家岭、盖平、新京和奉天等疫情发生地的居民强制进行预防注射，并派遣巡回预防注射班，对饮用水和蔬菜等进行严格消毒，并建造患者隔离室。同时"满铁"向伪满政府提供防疫用品，支持伪满政府给居民注射疫苗。在"满铁"、关东厅和伪满政府共同努力下，防疫范围不断扩大，10 月疫情得到平息。

## 三　结语

"满铁"在中国东北的防疫活动，在中国历史上有着重要的历史意义和深远的社会影响。首先，"满铁"的防疫举措，在一定程度上防止了疫病的广泛传播和泛滥，使东北的疫情没有严重扩大化。其次，引发了人对生态环境的思考，促进了中国公共卫生观念和现代防疫体系的初步建立，对中国卫生事业近代化做出了一定的贡献。尤其"满铁"在防疫过程中采取的一些措施和机制，对当今瘟疫的防治仍然有着一定的警示作用和借鉴意义。然而，"满铁"在东北的防疫毕竟是殖民地医学，其真实目的是巩固殖民统治东北的基础。正如台湾学者范艳秋所言："殖民地医疗和卫生政策之制定，并非仅就医疗本身之需求，而存在更多殖民政治之考量。"[①]"满铁"所支付的防疫经费，全部是掠夺中国和榨取中国劳工血汗得来的，而且"满铁"防疫范围主要在附属地内，是针对日本人的防疫，对于每年因恶疫死亡的中国人，"满铁"是袖手旁观的。可见，日本殖民者在东北医疗卫生活动是"日本人本位""利己的"[②]。

原载《大连近代史研究》2015 年第 1 期

① 范艳秋：《帝国政治与医学》，《师大台湾史学报》2007 年第 1 期。

② 松村高夫：《满铁的调查与研究》，青木书店发行，2008，第 362 页。

# “满映”传播机制考

王　洪　张宏波

## 一　引言

“相对于小说，电影以更快以及集体的方式能将被殖民者纳入共同体的想象当中，也因此，殖民者乐于在殖民地透过电影将被殖民者纳入殖民者所欲建构的共同体当中。”① 所以，在“九一八”事变后，日本帝国主义在东北大搞武力侵占的同时，也依靠了电影这一“更快且集体的方式”对中国人民进行思想的奴役。他们汲取了当时德意法西斯对于电影控制的经验，认为“国家电影”统治机构是有巨大的强制力、教化力和控制力的。故决定成立由政府管理的“国策”电影机构，来统一电影的摄制及放映活动。经过几年的准备，1937 年 8 月 2 日，伪满洲国“国务院”通过了“电影国策案”，投资 500 万元兴建“满映”这一日伪“国策”电影机构。而在“满映”建立以后，也履行了它为战争服务的“职责”。

“满映”存在的八年间所拍摄的影片分为“娱民映画”、“启民映画”和“时事映画”，其中“娱民映画”就是故事片，共拍摄 108 部。日伪希望通过此类影片来重塑沦陷区民众的价值观。而“启民影片”，又称文化影片，是当时“满映”极为重视的片种，共拍摄了 189 部。当时比较著名的影片，有《进展的国都》《跃进满洲》《幸福之路》《光明的大地》等，仅从片名即可看出，这些影片主要用来展现在日伪统治下满洲的“繁荣”和“光明”，以达到迷惑民众的目的。

由此可见，“满映”是日伪政府的殖民文化统治机构，而在此体制下产生的电影的传播机制也是非常态的，“满映”完全操纵了电影宣传及放映空间。

电影宣传包括诸多方面，如电影广告、电影期刊等，“满映”也采取此策略。不但有专门的电影期刊《满洲映画》（1941 年更名为《电影画报》）来报道相关的电影政

① 纪一新：《大陆电影中的台湾》，《中外文学》2006 年第 4 期。

策、影业动态，还在沦陷时期的几个报纸上如《盛京时报》《泰东日报》等刊登电影广告、影人动态，不遗余力地宣传"满映"拍摄的影片。

此外，"满映"成立之初颁布的《映画法》中曾规定，"满映"兼有管理影片发行放映的职能，于是，"满映"成立后为了扩大影片发行区域，就积极地扩展影院并组织巡回放映班，进而加大"满映"影片的宣传覆盖力度。

## 二　"满映"的期刊与广告宣传

电影期刊是电影宣传的媒介，为了配合"满映"宣传，当时的满洲映画协会创办杂志《满洲映画》，该杂志于 1937 年 12 月创刊，于 1944 年 1 月停刊，历时七年。在 1940 年满洲杂志社成立以后，更名为《电影画报》，该期刊在当时影响极大，被称为"东亚唯一大型电影读物"。每一本杂志都有着它自身的特质与使命，那么由满洲映画协会所办的杂志其定位与宗旨即是服务于此协会，不然也不可能在日伪政权的"文化围剿"下存在七年之久。所以，该期刊是"满映"宣传电影政策及影片的重要媒介之一。

在《满洲映画》中几乎每一期都有对满洲电影政策和发展方向的探讨与宣传，还经常编写特辑讨论，配合宣传"满映"的"国策"电影思想。如随着战事的发展，日伪集团对于电影工具的"战时作用"就更加重视，故在该期刊上曾接连发表要重视电影作用的言说。如发表在 1942 年第 4 期《电影画报》的《战时下电影的使命》，在文中强调电影是最有力的武器，是"负着与枪弹同样的使命"。再如在金刚发表的《战斗的电影》中写道："在决战前夜，狂呼增产的今日，电影在宣传、慰安、告知、启发、指导上所占的地位，要高于任何一个部门……"[①] 从中更能清楚地了解"满映"的"国策"电影政策，是赤裸裸地宣传殖民思想，是日伪殖民政策的集中体现。

除了对于电影政策的宣传，《满洲映画》还为当时"满映"拍摄的影片造势宣传。因而，在该杂志上经常刊登一些电影脚本、剧照、演员介绍以及相关影评，以此来吸引民众。

比如在 1939 年"满映"拍摄了电影《慈母泪》，该杂志就对其进行了大力宣传，称其"凄艳曲折、风趣动人、缠绵悱恻、余音依依；悲欢离合、生死别散、泪欢爱欢、痛乎已乎"，并配以完整的"电影脚本"。通过介绍可知，影片着重表现了一位"贤妻良母"的形象，她的性格就像水那样随方就方，随圆就圆，无论遭遇什么不顺心的事，都能默默地承受、忍受，从不反抗。也因此说她拥有着最伟大的"人类之爱"。而实际上这一类影片，正是为了配合当时日伪在沦陷区所推行的所谓"女子教育"。这种女子

① 金刚：《战斗的电影》，《电影画报》1943 年第 3 期。

教育，表面上说是“以东方固有文化道德为中心”，而实际上这种“妇德”完全是建立在封建意识形态上的，是用以往的三纲五常、三从四德来围剿女性，要求女性牺牲其自我价值，磨灭其独立人格。因为“相对于男性而言，殖民地的妇女更是遭受着殖民文化的压抑。妇女丧失了主体地位而沦为工具性客体，她丧失了自己的声音和言说的权力，仅仅缩减为一个空洞的能指而成为父权主义和帝国主义强大的反证”①。影片中拥有着“最伟大之爱”的主人公就是如此，她的“无私”正是完全女性丧失话语权的表现，所以，她能做的就是对一切的接受与顺从，她正是日伪所希冀的“顺民”与“新女性”的代表。而这种所谓的“新女性”，实质上是对女性的再次摧残与奴役。

除了对“满映”的娱乐映画的宣传，“满映”还通过该杂志对文化映画进行宣传，比如在《满洲映画》杂志上经常报道“满映”文化映画拍摄的近况，总结经验。如在1940年《满洲映画》的新年号上就有一篇关于《满映文化电影的回顾》的文章，文章称：“康德七年度满映的文化映画，在质和量上都呈现着增多和进步了。已完成之作品，上半期十三部，下半期二十部，计三十三部，其他制作中者达十部之多。纵观制作中及完成者四十三部之中，满语版十二，日语版二十七，蒙语版三，俄语版一，国民之大半为满洲人的国度里，满语版仍不及日语版之一半，基于我国文化映画的使命，恐将有惹起议论的余地吧！日语版的文化映画，满可以任日本的电影制作者，希望满映能举全力于满语版之制作，一掷以往不合理之制作方针向与满洲文化电影的光荣使命达成之目标前进。不仅是满语版，即俄语版、蒙古语版，今后亦力图增加其部数，使满洲文化电影的成果，灿然地发扬光大！”②

综上，在“满映”宣传手段中，电影期刊是比较受重视的媒介之一。而我们也可以在这些泛黄的文字后面，挖掘清晰的往昔记忆，挖掘历史的真实图景，可以更清楚地了解“满映”作为特殊电影机构的实质。

此外，在电影宣传手段中电影广告无疑是最为直接的。中国第一则电影广告是1896年出现在上海《申报》副刊的广告栏中一则关于徐园放映西洋影戏的广告。电影广告的目的无疑为电影制造声势、吸引眼球、引起观众兴趣，促使其走进影院观看，所以伪满时期的刊登于报纸上的电影广告也是琳琅满目。

影片《明星之诞生》是“满映”第一部娱乐片，主要是讲述大都市的电影厂招考演员，每位应考人展示才艺的故事。影片拍摄目的是借此影片给当时每位演员以展现机会，所以当时演员养成所③成员悉数登台表演。在影片放映之初“满映”做了大肆宣

---

① 王岳川：《后殖民主义与新历史主义文论》，山东教育出版社，2002，第58页。

② 《满映文化电影的回顾》，《满洲映画》1940年第2期。

③ “满映”成立后开始招募演员，并成立了演员养成所，所长由历任“国务院”秘书处秘书官、情报所事务官等要职的陈承瀚担任。

传。当时的广告刊登在1937年4月29日的《盛京时报》上，占据了整版版面。广告采取的表现形式是图文结合，这种形式更具有形象表现性，可以达到视觉冲击的效果。除了像《明星之诞生》这种图文结合的广告，此时期采用得最多、最普遍的则是纯文字式的表现形式。这种形式主要是集中、详细地向观众介绍影片的相关内容，如片名、主创人员、上映时间、上映地点，再附上广告词吸引观众观看影片。这种形式的电影广告为了避免纯文字的枯燥感，则采用不同的字体、字号或者使文字呈现错落方式来突出广告内容，吸引注意。如“国策”片《东游记》的广告。

《东游记》是讲述中国农民游历日本“出尽洋相”，因而闹出不少笑话的故事。片中制造了许多喜剧要素，但在殖民化的大背景下，其喜剧性和戏谑性却暗含着典型的殖民话语——“他者”叙事或者说是东方叙事。因为在影片中着力表现的是当中国农民看到现代日本的优美与富裕后显露出的“垂涎”“惊叹”。影片广告采用的方式是纯文字式，不过字体、字号则各有差异，先是用醒目的题头标出影片是“满映与东宝两大公司合作的豪华巨制”，后详细列出了双方演员：李香兰、刘恩甲、张书达、周凋、张敏以及东宝红星：原节子、高峰秀子、藤原釜足、岸井明，而影片名称则使用最为醒目的加粗加黑字写出。总结来看，此时期影片广告不同程度地配合着“满映”的诉求，以吸引观众走进影院观看。

## 三　“满映”影院及放映网的建立

“满映”是特殊的“国策”电影机构，它对东北沦陷时期电影实行全面的垄断统治。因而自其成立后，一方面大力制作影片，另一方面，又着力影片的发行、放映。“满映”积极地扩大电影的放映渠道，“满映”自成立后积极地发展影院，尤其注重发展市县影院，加大影片的普及范围，此外还在全国范围内设立巡回放映机构，扩大影片传播途径。

“满映”建立初期，东北地区影院数量不多，仅70余座，“其中除了大连建立影院较早、影院数量较多之外，其他各大中城市影院数目都较少。如伪满首都新京，仅有影院五座，当时奉天也只有影院六家”①。这区区几十家影院完全不能实现“满映”的宣传理想，基于此种情况“满映”开始划拨资金于各处兴建影院，并鼓励日本人或中国人经营影院。这样的措施呈现出显著效果。据日本《映画年鉴》记载，“满映”成立两年后，即1939年伪满全国影院发展到121座，其中日本人经营的影院有62座，中国人经营的59座。而到了1943年11月末，伪满全国影院增加到200余座。以长春为例，至1938年9月，由日本人经营的影院共有6座，其中3座是在“满映”成立后兴

① 胡昶、古泉：《“满映”——国策电影面面观》，中华书局，1990，第63页。

建的。如由日本人岸本朝次郎投资的朝日座和丰乐剧场，朝日座共有二层楼房，内设800个座席，它是日伪统治时期大型影院之一。再有就是由日本人渡边久子经营的银座影院，该影院位于当时的吉野街，同样是二层建筑，据悉是当时日本人和“满铁”人员娱乐的最佳场馆。

此外，“满映”在沈阳、大连电影市场也是实行这样的扩张战略，在1937年“满映”建立之后，就迅速地在大连建立出张所（即办事处），并于同年11月，颁布指令规定，此后在大连所上映的影片均由“满映”统一发行，内容为：“关东厅令从1937年11月1日起对关东州（大连内）的影片发行实行全面统制，并成立电影院联盟。发行方法：中、日影院均设一专业人员与‘满映’业务部负责发行排片事宜。”在此指令颁布后，“成效”明显，美国影片公司在大连办事处、代理店均被撤走，而美国影片也从此消逝。与此同时大连9座日本影院、2座中国影院都由“满映”统一排片。当时的排片情况是“长片：‘满映’7部、上海42部、日本463部、朝鲜3部、其他外国18部；短片：‘满映’54部、东京每日新闻53部、朝鲜新闻48部、日本新闻6部”①。在此数据中可以看出，“满映”与日本影片完全占领了大连电影市场。即使如此“满映”还是“意犹未尽”，它还在大连的学校、公共场所和居民集中的城镇设置“放映点”，进行放映和宣传活动。

而到了1941年战事进入紧张阶段以后，为了更好地控制东北电影市场，扩大宣传影响，“满映”还投资成立“株式会社满洲电影总社”，由甘粕正彦②担任董事长，他的主要职责是经营伪满的所有电影院。

此外，为了更好地发挥电影的传播功能，“满映”不满足于仅发展影院，因为毕竟兴建影院需要大量的资金，耗时也比较长。因此，“满映”还采取了另一种传播渠道来扩大影片的影响力，就是在全国建立巡回放映机构。1938年8月，“满映”提出了在全满县、旗公署内设立巡回电影放映班的议案，伪满洲国政府很快通过了这个议案。于是在1939年4月“满映”分为“南满”“北满”开始了它的“首映”之旅。据《盛京时报》记载，“北满班”携影片《万里寻母》《红色的威胁》等，于7日出发，历时76天，在三道沟、齐齐哈尔、白城子、海拉尔、满洲里等26个地区放映，共放映影片145场，观众近6万人。“南满班”则携“国策”影片《壮志烛天》等，于11日出发，历时75天，经由蛟河、九台、农安、东丰、铁岭、安东、赤峰等25个地区放映，共放映影片102场，观众近3万人。

有鉴于全国巡回放映网的成功，1941年夏，由伪国务院弘报处、伪协和会和“满映”共同组成了“中央巡映委员会”。此后不久，“满映”又单独在上映部内设立了巡

① 《大连电影编年记》，http://www.daliandaily.com.cn/static_pages.

② 甘粕正彦，“满映”第二任理事长，促进“满映”的内部改革。在日本战败后，服氰化钾自杀。

映课。这样由"中央巡映委员会"和"满映"巡映课组成的巡回放映班开始穿梭于伪满洲国各省市县放映影片。

## 四　结语

著名的结构主义马克思主义者阿尔都塞曾提出"意识形态国家机器"的概念，他将宗教、教育、家庭、文化和大众传媒等统称为"隐性的意识形态国家机器"，认为"其功能是向个体灌输主流意识形态，使个体接受现存社会规范和社会结构，在生产关系体系内'自愿'接受社会角色，以非武力或非强迫的方式迫使个体服从现存社会关系"①。阿尔都塞的这一理论，也可以用来说明作为艺术的电影也是一种"隐性的意识形态国家机器"。

而"满映"正是这种"意识形态国家机器"的衍生品。它不但控制了电影的制作，还控制了影片宣传与放映，它的职责就是宣传日伪的"国策思想"，所谓的"建国精神"，用来蒙蔽和奴化东北民众。而对"满映"传播机制的考察，能更好地还原"满映"的真实面貌。

原载《电影文学》2015 年第 19 期

① 冯清贵、梁建华：《强化意识形态与反殖民主义文化侵略》，《涪陵师范学院学报》2006 年第 3 期。

# “满映”电影杂志的殖民主义宣传策略及其复杂性

逄增玉

宣传是扩大电影影响力的重要手段，几乎从电影诞生之日起，与之相关的电影海报、电影广告、电影期刊、报刊的电影上映消息和影评专栏、明星演出秀等，都是招揽电影观众的有效方式，可以说，电影是最积极地利用传播手段和方式达到最大传播效果的艺术门类。作为殖民主义电影文化机构的“满映”①，其掌门人和主要人员都是电影的行家，自然也采取了营销电影的各种宣传手段和方式，不仅对宣传殖民主义的“国策”电影如此，对那些属于大众娱乐通俗片的武侠、志怪、侦探、古代题材的电影，也采取了各种宣传手段。在这些宣传手段中，满映的电影杂志在其中扮演着重要的角色。

## 一

《满洲映画》是满映建立后，为了宣传满映拍摄的电影及殖民主义国策而创办的电影杂志，于1937年12月创刊，1944年1月终刊，其间于1941年6月更名为《电影画报》，由满洲杂志社发行。该期刊是满映宣传电影政策及影片的重要媒介之一。与时事配合宣传满映的“国策”电影，以及对满洲电影政策和发展方向的探讨与宣传，是该刊办刊的主要目的和宗旨。《满洲映画》几乎每一期都有对此的宣传文章，还定期编写特辑讨论。

随着战事的发展，该刊还积极刊发配合所谓的大东亚战争、抗击英美等“国策”的言论，强调电影的战争工具和鼓舞“民气”即进行欺骗宣传的作用。1942年第四期《电影画报》发表的《战时下电影的使命》，即强调电影是“负着与枪弹同样的使命”。随着太平洋战争的爆发和日军从初期的胜利不断走向失败，日本国内和整个伪满洲国都到处鼓噪着宣扬战争及决胜的舆论，就连所谓出家人净土的寺庙都不能幸免。《满洲映画》杂志以及更名后的《电影画报》杂志，当然积极地不遗余力地对军国主义和法

① “满映”，全称是“株式会社满洲映画协会”，成立于1937年8月，由日伪政府直接控制。

西斯主义的思想政策和"国策"电影进行宣传。在经常刊登伪满当局的电影政策的同时，对所谓"国策"电影积极进行各种形式的宣传，就更是该刊的"老调"。如《满洲映画》第二卷十一期，就介绍了满映拍摄的"国策"电影《塞上天使》《田园风光》和《国法无私》，其实几乎每部"国策"电影出笼，满映的电影刊物都会以介绍、动态、剧情、时评的方式加以宣传。对日本国内出产的"国策"与宣传侵略的电影，如《上海陆战队》等，也一般都予以介绍。当然，对满映最直接宣传"国策"的时事记录电影即"文化映画"和"启民映画"，"满映"通过《满洲映画》积极进行宣传。文化映画和启民映画，具有时事性、纪录性、纪实性，篇幅相对短小，具有传播迅速、方便的特点，早期满铁和关东军的映画班所拍电影，大都是此类。满映拍摄的文化电影，内容广泛，包括政治、经济、军事、时事、风光、地理、人文、物产等，多方面地反映伪满各个方面的面貌，如溥仪登基和出访日本、伪满经济建设、伪满首都市容与开发、本溪湖的煤炭与鞍山的铁矿、黑龙江大野的秋收、萨满教习俗、鄂伦春等原住民族概况、日本的大东亚和太平洋战事等，林林总总。拍摄这类电影的主要目的就是对民众进行殖民主义的洗脑教育，使其对日本和伪满洲国产生认同。对殖民主义的"亲和"，受到满映的力推。"谁都知道，现在的电影除了是一般人的一种娱乐外，是教育、宣传、记录等的广义文化机关。也就是电影在国家里，是有着重要的国策的意义。所以，电影并不仅仅是少数影迷或电影院的观众的东西，而是应该扩大成为所有国民的电影。"① 出于这种从日伪政府的国家主义立场出发对文化映画的重要性的认识，《满洲映画》杂志对文化映画的拍摄制作的"事情"经常予以追踪报道，不过实事求是地说，在目前能够看到的满映电影刊物上，这类对文化映画的宣传比例后期有减少的趋势。

对"国策"电影宣传最突出也最典型反映满映电影刊物的殖民主义性质的，是对电影《黄河》的宣传。《黄河》是 1942 年由日本华北派遣军委托满映摄制，由汪伪政府的"皇协军"指导并协助拍摄的。影片以国民政府军队为阻止日军侵略炸毁黄河大堤的事件为背景和题材，但却经过了殖民主义逻辑和话语的颠倒与伪装，"揭露"中国军队的"炸坝"行为制造的大水灾，致使大批百姓流离失所。而本来是侵略者的日本军队却在颠倒黑白的殖民主义话语中，被打扮成水患苦难中的中国人民的"救星"，帮助并组织当地人民修复毁坏的大堤和重建家园。对这种宣传帝国主义侵略有功的国策电影，满映自然不遗余力地宣传鼓噪，刊发电影剧照，组织座谈会发表《关于"黄河"》和《伟大的黄河》等文章，以及拍摄花絮和演员们对当地风土人情的观感。这一系列的电影宣传，为这部颠倒黑白、把日本的侵略美化为"解放"的殖民主义国策造势，以达到吸引观众的目的。

---

① 高原富次郎：《启民电影和观客》，《电影画报》1940 年卷 4 第 3 期。

满映电影杂志除了刊登当时电影政策以外，为了扩大影响、招徕观众走进影院，还采取了一些为世界一般电影杂志所通用的编辑方式和手段，尽管总体上是为殖民主义的政治洗脑和宣传“国策”服务的，但为达到影响观众、扩大发行量的效果，还是采取了这些表面上与政治和意识形态无关的市场化的手段。如刊登电影本事、影片剧照、演员剧照及相关影评等。

“电影本事”是将电影变成一种专供观众阅读的形式，又可称为“电影小说”，它是影片公司的商业策略，目的是希望观众通过阅读“本事”而引起观看兴趣。《满洲映画》和《电影画报》特别重视对影片“本事”的介绍，比如刊登在1938年四月号上影片《七巧图》的“电影本事”，文中首先对此片简练概括：“《七巧图》这是一个动人的剧名，中间包含了许许多多，各色各样的情节，作者在这里，明确地指示了人生‘爱’的路和年轻人应有的态度。”① 然后就如小说般讲述影片情节。“满映”的很多故事片都是通过这种方式，如“国策”片《大陆长虹》《铁血慧心》等，《满洲映画》第二卷第六七月合并号，就在“文字”一栏里发表《大陆长虹本事及其他》，先让观众“一睹为快”而又留下些许悬念，鼓动观众走进影院观看。介绍影片梗概和刊登电影拍摄花絮等，也是常用的方法，《满洲映画》四卷五号就有《〈情海航程〉摄影手记》等花絮。此外也刊登了一些真正的电影小说，还以文字和照片、画报的方式对新拍摄的电影予以介绍，像《满洲映画》二卷十一期就以照片的形式，对满映拍摄的三部新作《塞上天使》《田园春光》《国法无私》予以介绍，三卷六期的“映画绍介”栏目里介绍了《真假姐妹》《东游记》《烟鬼》等，大致可以说，满映拍摄的电影大都在刊物中予以文字、图片和照片的介绍。当然，《满洲映画》和后来的《电影画报》有时除了满映拍摄的电影外，也对日本和其他国家与地区的电影予以介绍。如《满洲映画》三卷八期的“电影介绍”，就介绍了满映的《铁血慧心》《东游记》和《烟鬼》，上海的《王先生吃饭难》，香港的《流浪的父亲》，日本东宝电影公司的《我们的教官》和新兴公司的《娇妻》，朝鲜的《福地万里》和法国的《地中海》，在后期的《电影画报》中也继续保持这样的对满映和世界其他国家与地区电影的介绍。还有一种方式是比较少见的，那就是刊登整个电影剧本，如《满洲映画》二卷二期就登载了裕振民编剧的电影脚本《爱之路》，四卷一号的“电影脚本”栏目刊载了荒木芳郎的《黎明曙光》、宋来的《春秋》和比均的《东南风》。此外还有“脚本读物”和“电影诗”的形态，《满洲映画》四卷五号就发表了李隽的《小人物》（脚本读物）、杨野的《妓和盗》（电影诗）、旋玲的《春曲》（电影诗）等。

刊登演员剧照及其相关动态、消息及花絮，更是满映电影杂志的主打宣传手段。早在《满洲映画》创刊不久，第二卷二期就在“摄影”栏刊登孟虹、季燕芬的照片以

---

① 《“七巧图”是什么?》，《满洲映画》1939年卷5期。

及《满日银星座谈会》的照片，此后几乎每期在封面和摄影或写真专栏都有演员的照片，有的刊期还设立“每期一星”的不固定栏目。二卷十期在刊登了张敏、戴韧秋、周凋、郑晓君等人的照片后，还特意刊载了《满人俳优群像》。可以说，创刊伊始，满映的电影刊物就对演员进行全方位的跟踪介绍，包括演员训练班演员的养成、培养方式介绍，各个明星演员的剧照、生活照以及他们生活与旅游的追踪报道，还有演员的自述性文章（四卷一号）、女演员专辑、女演员自己的文章等。对于满映打造的大明星更是要给予重点介绍，如李香兰，她的一切动态，包括李香兰的诞生与成长、李香兰旅游北京、李香兰到东京、李香兰在黄河、李香兰在上海，几乎是全面追踪与报道。对其他满映明星演员，也采取这样的宣传与包装方式，如对季燕芬、张敏、郭燕芬、郑晓君、刘恩甲、赵书琴、李明、孟虹、刘春荣、王福春、张奕、浦克、杜撰、赵玉佩、夏佩杰等，在不同时期还发表对演员的专访和后台揭秘性的影星秘事，如《白玫小姐访问记》和《镜中的李香兰》（《电影画报》六卷六七号）等，也刊发一些“影人影事”之类揭秘性质的文章。除了文字介绍与照片图片，还采取口绘、漫画等形式予以渲染，并发表诸如《刘恩甲出世谭》一类文章。不仅如此，还采取读者来信与回信问答演员事宜、设立“满洲映画演员（俳优）论”专栏（三卷七号），发表对于满映女明星的纪实或赞美诗，如《满洲映画》三卷五号刊登的起鸣的《赠满映女星》之类。甚至对于演员的恋爱与结婚和家庭也大加渲染，如《满洲映画》三卷十二期就有“家庭访问”一栏和“如何做演员的恋人”一栏，共刊发《人间的乐园》（刘婉淑）、《严肃的家庭》（张书达）、《略谈电影与演员》、《假如何奇仁是我的恋人》、《假如李香兰是我的爱人》、《假如我若作了何奇仁的爱人》、《假如我是马旭仪的情人》、《我若是季燕芬情人的时候》、《假如我是姚鹭的爱人》等文章，四卷一号还刊出“特辑二”，发表了杨絮的《关于女演员的恋爱与结婚》、越纪的《女演员的恋爱与结婚问题》两篇文章，表面上是探讨女演员的婚恋问题，实质上与前面的文章都有一个共同的目的，就是以此制造明星特别是女演员和明星的知名度和观众对演员的痴迷，扩大和制造演员的轰动效应，由此引发观众对满映电影的观看和喜爱。四卷五号的《满洲映画》“我所知道的满映演员”专栏，共刊发 6 篇随笔散文性质的文章，从不同的角度和身份叙写满映演员的方方面面，制造他们德艺双馨的形象。直到后期的《电影画报》，除了继续以前的编辑方针，不断推出对演员和明星的炒作，如《电影画报》五卷十期继续刊登特辑“我最喜欢的明星”，评点满映演员季燕芬、上海演员白杨和外国电影明星，在十一期“画报漫画”除刊登孟虹、江原良子等人的漫画外，还发表了一篇刘汉写作的《关于明星制度》的理论文章，为满映推出的明星演员制度造势。此外，这一期还刊登日满影星座谈会的消息，李香兰、张敏、近卫敏明和本暮实千代等中日影星参加座谈会。影迷是电影时代的产物，对扩大电影和影星的知名度与影响力、增加票房收入具有重要的作用，满映电影杂志深知这一点，既发表《闲谈电影迷》（六卷三号）、《电影与观众》、《启民电影与观众》（《电影画报》五卷十一期）一类论述文章，也发表《影迷青年小陈》（六卷四号）等记述文章，从影迷的角度为满映和电影明星制造轰动效应。可想而知，一个普通的电影观众被作为电影迷而登载在发行量很大的电影杂志上，会对广大观众产生怎样的影响。创造影迷和粉丝，是电影、戏剧和歌曲明星极为重要的宣传手段和市场营销方式，满映电影杂志在这方面可以说既为殖民主义的政治服务，又深通电影市场营销的经济策略，在殖民性与市场性的结合上，应该说做得很成功。

## 二

设立电影评论与研讨，是满映电影刊物的重要内容之一。从《满洲映画》到《电影画报》，满映电影刊物刊发了很多评论与理论研讨文章。

其一，当然是评论和探讨满映电影和满映历史的。《满洲映画》第二卷三期刊登了日人矢原礼三郎的文章《略谈满洲电影》，二卷八期设立了“对于满洲电影的意见及其期待（以集稿先后为序）”的专刊，刊发了11篇征集来的文章，其中既有《电影的文化使命与满映》《时代风雨中的满洲电影》这样的宏论，以殖民主义的“建国大业”和“东亚共荣”、五族协和的殖民主义立场，要求满映电影完成其文化和政治使命，也有更多的文章从编剧、演员、导演和观众的角度谈及“满洲需要的映画”，虽然不能完全脱离伪满洲国的政治环境和殖民主义国策的束缚，但也能看出其中表达的委婉的去政治化要求和注重电影艺术的倾向。在《满洲映画》创立一周年之际，该刊于二卷十一期专设了“满洲电影界决算——康德五年度之回顾”和“创刊一周年纪念”两个栏目，前者刊发了6篇文章，对制作、生产、配给发行、观众调查分析等各个环节予以总结。文化映画属于殖民主义的政治化国策宣传电影和纪实记录电影，也是用以进行所谓的启发满洲国人民的民智和爱国心的“启民电影”，为保障这类电影的发行和“深入人心”，满映实行了专门的巡回放映体制。但这类电影对于被殖民被统治的人民而言，是难以接受和内心抵制的，也是没有市场的政治化操作。既然进行了观众心理的分析和组织电影院观众座谈会，满映的主导部门尽管负有宣传殖民主义的使命，还是从对观众的调查与分析中，不便说明而是实际感受到了伪满洲国民众对于电影的真正需求。所以后期的满映，进行殖民主义宣传的国策电影的数量是下降的，而大受观众欢迎的通俗题材电影的数量不断增加。上述的年度回顾文章，其实内含着电影逻辑的矛盾。另一组专栏的6篇文章，除了3篇《读者大会风景》之外，其余的都是对于满映电影杂志和满映电影的批评性文章，特别是王则的文章，包含着来自作者政治和民族立场的对于满映电影的不满，话说得委婉，内里是对满映国策电影宣传殖民主义政治和价值观的抵制。

《满洲映画》是有满文页（汉语）和日语版的，二者在同一刊期内的内容有所不同。在二卷十一号的日文版中，设立了“五年度的回顾”专栏，分别由日本人对满映电影的制作团队、年度活跃的导演与摄影和演员的演技等予以评说。三卷一号的日文版继续发表《满人的满映映画》等文章，四卷五期的“满文页”专栏发表周国庆的《满洲电影的台词问题》、红燕的《满映最近制作状况》、编辑部的《奉天文化人电影座谈会》和王则的《〈情海航程〉摄影手记》等，“日文页”则有著名日籍导演水江龙一的《导演夸赞的满映明星》、高原富次郎和水上滋的《通往文化映画之路》《满映文化映画制作状况》等。这类属于自卖自夸性质的文章，往往都是讨论文化映画或国策电影的。除了对以往或年度的总结，也有对满映未来的所谓畅想，如四卷十期周梦成写的《五十年后满洲电影界（狂想曲）》，就完全是应景和讨好的狂想，伪满洲国的建立是帝国主义侵略的产物，完全没有合法性，不被当时世界大多数国家承认，其后很快垮台就是历史逻辑的证明，幻想它50年后如何如何，则无疑是痴人说梦。不过，即便是自我夸赞性的文章，有些仍具有史料价值，如《满洲映画》六卷三号的《庆祝建国十周年我国电影发展史回顾》，《电影画报》六卷十号的《满映变迁史》，虽然政治立场是错误或反动的，但其对满映和伪满洲国电影的发展描述，为历史留下了值得考察的资料。

其二，满映电影杂志还发表了不少对自己拍摄的影片的观后感和影评，特别是对文化电影和故事片中宣传国策的电影，大都有或长或短的评论，《满洲映画》二卷六七号合期的《看了壮志烛天》，就是典型的为满映主旋律及国策电影摇唇鼓舌的产物，同期的《映画协会与建国精神之关系》也是罔顾电影艺术、纯粹着眼于电影如何为殖民主义的所谓国家精神服务的政治性喧闹。也有的观后感只是一般性评论，如《满洲映画》四卷五号的《金银世界合评》《〈姐姐的秘密〉观后感》等，不过有的文章对满映的国策电影，在整体肯定的同时也能提出若干批评，《满洲映画》四卷二号的日文页，发表了《满映近作“国境之花”的批判》，文章对情节与表演上的不足提出了看法。

随着日本侵华战争的扩大，满映的电影也进入关内，并与伪华北汉奸政权和上海汪伪政权建立了电影合作或联盟，满映电影如何在关内立足、关内沦陷区读者对满映电影的态度和接受度，也是满映关心的。《电影画报》六卷九号发表的《北京人对于满洲影片的期待》、十一号的《燕京从影人谈满洲电影》，就是代表作。在沦陷的环境下，北京等地的观众和电影人当然不得不对满映的所谓成就有所肯定，在短短几年内就在生产发行体制、艺术和技术人员的养成、所拍电影类型与数量等众多方面取得相当的成绩，成为仅次于上海的电影基地，这是不能不承认的。但是，由于满映建立的宗旨是对被殖民的人民进行洗脑即“启民”、为殖民主义政治统治服务，所以拍摄的大量“国策”电影存在明显的说教、矫情和粗糙等缺点。北京和关内民众特别是电影人在沦陷的语境下谈伪满电影，自然就会着重谈及这一点，对它的艺术水准和粗制滥造之处提出批评。这类文章有《电影画报》五卷十一期曼沙郎的《关于电影的粗制滥造》、六卷八期的《上海人眼中的“龙争虎斗”》《上海影圈北方影人写照集》。对于满映部分“国策”电影的粗制滥造，满映虽然是殖民主义电影大本营和实施机构，倒也对来自关内观众和电影人的批评，一定程度地接受和自省，《电影画报》六卷十一期的“特辑”专栏，发表了《满洲电影的革新》和《建设我们的电影》两篇文章，似乎是对来自关内观众意见和批评的回应，当然也有来自殖民主义政治和宣传立场的强调，以及在此基调上如何使满映电影更具有艺术性和影响力，实质涉及了殖民主义电影的政治与艺术的关系问题。七卷一号的专栏“编剧家新春抱负谈”，发表了安犀的《渺远的希望》和姜衍的《学些什么或写些什么》。安犀是东北沦陷时期伪满洲国境内著名的剧作家，与李乔齐名，他的文章隐约曲折地表达了他一贯的、在殖民环境下揭露现实且予以艺术表现的观点；姜衍是满映著名多产电影编剧，所参与和编写的非国策的大众通俗电影，既有电影市场化的考虑，也暗含远离殖民主义政治和国策的微妙心曲，他们的文章都曲折地表达了对外界批评的同意和提升满映电影质量的诉求。其实，满映后期那些粗制滥造的国策电影数量一直在下降，而大众通俗电影的数量和影响力一直在扩大，有些通俗市民电影的质量已经很可观，票房价值不菲。值得提及的是，满映刊物为了提高和显示自己电影评论与理论的质量，也刊发一些日本国内的批评家对满映电影的评论，《电影画报》六卷十号就设立“日本两大文豪的权威评论”专栏，发表了佐藤春夫和笠间杲雄对于电影《木兰从军》的评论。在日本发动侵略战争、对国内左翼文坛高压打压整肃、几乎所有左翼人士不是进监狱就是转向的情形下，佐藤春夫一类向国家主义和法西斯主义转向的作家的电影评论，难免会配合殖民主义的侵略国策，不过他们毕竟是大作家，其评论不会完全是胡说八道，而满映杂志刊用他们的约稿评论，自有扩大自己刊物影响的用意。

其三，在满映杂志的批评和理论探讨中，导演论是较有水准的组成部分。《满洲映画》四卷二号刊发了编辑部的《满系导演访问记》，五卷一号发表了韩护的《满系导演纵论》，十一期发表了庶平的《导演谈再努力》，《电影画报》七卷三号则设立了“满洲七大导演总批判”专栏，对满映的七大中日导演水江龙一、杨叶、谷俊、周晓波、王心奇、张天赐、朱文顺，逐一以专论的形式进行全面研讨，对每个大导演的导演风格、长处与不足，予以比较实事求是的评论。这种高密度的导演论，是满映电影刊物的一大特点和亮点，对导演的成长、对他们水平的提升、对于观众了解导演工作的特点及其导演电影的特色，均有帮助作用。上海的电影和电影杂志在中国曾经是影响最大的，但这样大面积的导演论，在上海似乎很少见。此卷的“电影小论坛”栏目还有韩护的《大导演的风度》一文。满映电影刊物的此种做法，若除却殖民主义的总体环境和为殖民主义服务的目的，单从电影刊物的结构和组成来看，还是较有意义的。

除了导演论，满映刊物在炒作电影演员和明星外，也有一些演员论，如《满映明星的过去与现在》（《满洲映画》四卷十期）、《闲谈女明星的脸》以及后来的《再谈女明星的脸》(《电影画报》六卷三期、十三期)、《张敏的演技论》。《伟大的艺术与伟大的艺人》(《电影画报》六卷九号)、《女伶李玉茹的印象》、《演技的研究》(六卷十一号)、《关于女明星的红》、《谈谈反派明星》(六卷十二期)、《由女明星的眼睛谈起》(七卷十一号)等,对演员表演上的若干问题,从艺术上予以研讨,而且这种探讨有时不限于满映演员,还对中外的影星及其表演予以评价。还有一些文章从电影与观众的角度谈及电影如何影响观众、电影如何接受观众的要求。

## 三

作为贯彻殖民主义国策的电影机构的杂志,使满映的国策电影及通俗电影产生更大的影响,是其办刊的宗旨。但《满洲映画》及更名后的《电影画报》并不是一味地宣扬文化电影和国策电影,死板地对民众进行灌输。作为电影杂志,它也要在一定程度上适应市场和大众需求,在缺少电影文化的土壤上,也需要培育观众的电影审美意识,提供读者需要的内容。为此,满映电影杂志也时常刊发一些与政治无关的有关电影艺术与技术方面的"客观性"知识。

一是刊发大量的电影知识和电影艺术方面的文章,比如关于剧本、脚本写作,从创刊到解体,满映的电影刊物先后刊发《映画脚本构成论》(《满洲映画》二卷八号)、《脚本写作入门》、《满洲电影的台词问题》(《满洲映画》四卷五号)、《剧本本事论》(《满洲映画》五卷二号)、《脚本写作要点》、《写给有志于电影的人们》(《满洲映画》五卷十一号)、《关于编剧》(《电影画报》五卷十号)、《编剧的基本知识》、《电影脚本的变质问题》(《电影画报》七卷三号)等,其中有些关于编剧知识的文章属于连载。此外,关于电影的技术与艺术的诸多知识和问题,如演员的培养与表演、导演、摄影、录音、化装、音乐、美术、布景、扮装、胶片洗印与后期制作、电影鉴赏的各个方面都有专文解说,还连载《摄影法浅说》和《电影鉴赏法》一类文章,对读者和观众进行几乎全方位的电影知识和技术与艺术的培养。应该说,日本是当时亚洲电影业最发达的国家,来到满映的日本电影人士,虽然不能脱离日本殖民统治的总体环境的制约,但其中不少人是反战或过去的左翼人士(后文有专论),他们在满映的活动包括办刊中,在宣传殖民主义国策的同时,也比较中性地、客观地进行了若干与电影技术和艺术有关的非政治化的工作。作为殖民主义电影政策产物的满映电影杂志对于电影知识的介绍与推介,无论如何是应该给予肯定的非政治化存在。

二是对上海电影动态、消息与影片的介绍。近代以来的中国大陆,上海一直是电影业最发达的地区。满映建立后,虽然短短几年内在电影生产制作的工业化水平上超越上海甚至直逼日本本土,但在影片的艺术性和影响力方面一直落后于上海,影星的社会影响力也不如上海,不论是满映的日本统治者还是中国的电影人,对上海一直是渴慕、心存自卑并要赶超的。这样的心态也反映在电影刊物的编辑上。从创刊到终结，上海的电影、演员、发展动态、消息、电影观众等，几乎成为每期都有的内容，如《影片宣传在上海》《上海电影名利场》《上海电影通讯》《上海影坛旧话》《漫谈上海电影》《上海影星照片》《上海银色新闻》《上海影坛近况》《上海影人》《上海电影方言汇诠》《上海影圈北方影人写照集》《上海电影纵横谈》《上海传说片评介》《上海明星画报》《上海电影的一年》《上海新片》《庆祝上海电影界新生影人大会》《上海新生电影界访问》，还连载了多期的《上海电影史》。特别是满映与上海沦陷时期合作成立上海中华电影公司后，对所谓“新生”的上海电影界、演员明星和新片拍摄上演、观众反映动态、满映演员李香兰在中联的参演及剧照、满日华影星座谈等，都尽可能地予以刊载。一方面，在当时的伪满洲国，由日伪当局和满映控制的电影院对上海电影和英美电影的限制措施不断加大，另一方面却又时时刊载上海电影界的各种资讯，这种自相矛盾的做法，暴露出殖民主义文化统治和政策的裂痕。

有意味的是，日本在推行全面的法西斯军国主义和殖民主义之时，对日本国内一度轰轰烈烈的左翼文化、文学与电影人士大肆镇压，予以逮捕监禁或流放到满映，致使左翼文化在日本彻底退场和绝迹。但在被他们侵占统治的东北的伪满洲国，作为文化侵略产物的满映刊物，还时常刊登上海左翼电影人士的动态，连载过上海著名剧作家和电影人洪深的自述，电影杂志还关注上海左翼电影人沈西苓等人。多才多艺的沈西苓是上海左翼电影和戏剧的著名人物，所拍电影具有鲜明的反帝抗日思想，抗战爆发后去了国民政府临时首都重庆并于1940年病逝在那里，对这样的上海左翼电影人予以关注，这与满映电影杂志的法西斯主义、殖民主义的性质是背道而驰的。非左翼的著名剧作家曹禺的消息动态，也出现在满映电影期刊中。若笼统地以政治的眼光去考察，而不进行历史文本的细读，以上内容是很难被知悉的。笔者以为，刊载如此内容的原因，既有满映对上海电影的一贯性渴慕心理，也有简单的政治判断无法了解的、殖民主义的环境和文化及其刊物并非铁板一块，而是存在矛盾和裂痕的反映，在沦陷的东北，不论是电影还是戏剧，即便是受制于日伪政权的满映与剧团，也还能组织上演诸如《怒吼吧中国》《林则徐》等戏剧，殖民当局允许这类作品上演的目的是仇恨转移——把中国人民对侵略中国的敌人和仇恨对象转移到英美帝国主义、把日本的侵略忘却或美化为“东亚共荣”和解放。但是，被殖民和侵略的东北人民在观看和接受这类作品时的心态，恐怕正与日伪当局背反，使得日伪当局的动机与效果之间出现南辕北辙的现象，这种现象是殖民环境和文化存在裂痕和矛盾的表征。

三是对国外电影动态、消息与影片的介绍。电影起源于欧洲，是现代工业文明的产物，而学习和追赶欧美、在亚洲率先实现工业化、现代化同时走上帝国主义道路的日本，其电影工业的全部都来自对欧美的学习。满映第二届理事长甘粕正彦在1920年刑满释放后也多年在欧洲流放和留学，对欧美电影是欣羡的。尽管他们效忠卖命的日本帝国先侵略亚洲、再攻击英美，满映及其刊物当然也要奉行这样的国策，不过，从《满洲映画》到《电影画报》，国外、特别是美国好莱坞的电影动态一直都存在。太平洋战争爆发日美宣战以后，一般人以为满映电影刊物会停止刊登美国电影消息——美国已经成为日本最大的敌国，实则不然，在《电影画报》五卷二号上仍然刊登《好莱坞电影为什么把握了世界》的专文，是年的十一号还继续刊登《好莱坞电影速报》和《好莱坞电影讯》。当然，后期的满映电影刊物对美国和好莱坞的报道数量在减少，特别是1942年以后。特别应该提出的是，《满洲映画》三卷三号（日文版）设立"三十八年度世界电影决算"的专栏，由日本电影界的知名人士分析介绍日本、中国、朝鲜、德国、意大利、法国、英国、美国的年度电影状况，在三卷十二期又开辟了"东亚电影一年的清算"，对满映、上海、日本、朝鲜的电影进行评点和总结，显示出一定的世界眼光和气魄。即便其出发点是急于为日伪政府的国策电影提供借鉴和提升水平，但这种殖民主义电影刊物上的世界性眼光，还是不能漠视的，它其实是日本明治维新以后追赶欧美的工业性和现代性逻辑与抱负，在具体的刊物上暂时地、部分地失控于殖民性的表现，换言之，他们的殖民主义立场和目的并非万能的、时时刻刻体现在所有的方面。世界性、现代性和电影工业的逻辑性与殖民性相互缠绕混杂，有时会突破殖民性的束缚和局限，是满映电影刊物关注世界电影、哪怕是敌国电影的深因。

总之，满映的电影杂志和刊物，其办刊的宗旨和目的是为殖民主义的国策电影张目，这是毫无疑问的，这使得满映的电影刊物具有明显的殖民主义的政治性和意识形态性。不过，就像世界范围内的殖民性都同时带有一定的现代性一样（殖民性是现代性逻辑的自然后果），满映的电影刊物为了达到宣传效果，也会一定程度地遵循电影工业的现代性逻辑，在满足其殖民主义侵略政治诉求的情况下，采取若干符合电影刊物自身特性的编辑方针和编排方法，使其内容里存在一般电影刊物共同的东西。满映的电影是殖民主义政治和美学的混合，满映的电影刊物，既充满和贯彻着粉饰殖民主义侵略和毒化中国人民的思想毒素，又多少遵循着电影刊物的一般性逻辑，当然，这一般性逻辑和市场特征的目的总体上还是为殖民主义侵略政治服务的，对此在研究中应具有清楚的认识。

原载《社会科学战线》2016年第6期

# “满映”电影演员养成研究（1937－1945）

康　婕

中国东北的电影活动产生时间较早，但是与上海、北京不同，主要由日本人主导。日俄战争结束，日本取得了中国辽东半岛的租借权，于1906年成立了“南满洲铁道株式会社”（以下简称“满铁”），表面上经营铁路建设，实则是用作对中国进行政治、经济、文化侵略的工具，被“满铁”第一任总裁后藤新平评价为“帝国主义殖民政策的先锋队”[①]。“满铁”通过发行杂志、书刊、照片、广告、招贴等各种传媒广泛进行殖民宣传，电影摄制活动也从那时开始，由其下设的映画班进行纪录片的拍摄工作，成为关东军军事侵略的喉舌。

1932年，伪满洲国在东北建立后，更将电影视为推行殖民地文化，巩固法西斯专政的宣传武器，1933年伪治安部军政司发布了“利用电影之宣传计划”，增加了在电影活动方面的资金预算，拍摄了《满洲国军之全貌》（5本）、《光辉的满洲国军》（5本）等军国主义纪录片，但是，仅仅纪录片已经不能满足侵略者的宣传要求，由关东军和伪满警察部门发起，经过5年的筹备，1937年8月2日伪满国务院通过了“电影国策案”，决定投资500万日元，设立“株式会社满洲映画协会”（以下简称“满映”）[②] 开始了故事片的拍摄创作。“满映”由金壁辉（川岛芳子）的哥哥金壁东担任第一任理事长，伪满电影业从酝酿到展开，全部由日本军警掌握，可以完全看作是军国主义在东北沦陷区的政宣工具。可以说“满映”的建立，“在友邦的指导下，除了致力文化各部门之外，更无一处不致力于大东亚共荣圈八弘一宇大理想之完成”。

“满映”电影旨在“破坏扫除英美思想”，打倒“旧体制”。曾在“满映”任职的大内隆雄在《大东亚电影的性格》一文中指出，“大东亚的诸民族众多，很复杂。他们中的若干部分已经受着英美电影的影响。新的大东亚电影要拂拭此类的过去的残渣”。除了破除欧美电影对中国的影响，“满映”电影还致力于“创造新的健康的娱乐”。日本学者

---

① 胡艇、古泉：《满映——国策电影面面观》，中华书局，1990，第15页。

② 胡艇、古泉：《满映——国策电影面面观》，中华书局，1990，第2页。

古市雅子在其著作《"满映"电影研究》一书中给出了这种"健康电影"的含义，即"利于满洲国的治安工作以及国民思想教育"的影片就是"健康的满洲电影"①。

在推进"满映"电影发展的过程中，为了更好地进行殖民宣传与执行文化侵略，"满映"电影人承担着"文化战线的战士"的文化身份。"要推进这伟大的使命，从事电影界里的人都要磨炼自己。脚本家、导演、演员，都是一样。他们要练成他们的思想，要练成他们的思想形态。—大东亚映画的新的性格，有了他们这样的练成修养之后，才能产生出来的"②。其中，电影演员的传播影响成为当权者首先考虑的电影元素，在"满映"建立后，当年随即开始着手组建自己的演员队伍，成立演员训练所，他们利用伪满政府的各种宣传媒介大力刊登招收演员训练生的招生广告，培养电影明星。

与上海电影业明星制度中演员对于"不适合自己性格的可以不接受公司的命令"不同，"满映"实行的是演员制度，演员是无法自主选择角色，基本都是服从部署安排的。其中"满映"演员训练所通过定期招收训练生和个别吸收的演员，成为名副其实的"满映"演员生产基地，为东北电影业储备了大量的表演人才。1938 年"满映"一共拍摄了《壮志烛天》（6 本）、《明星的诞生》（8 本）、《七巧图》（8 本）、《万里寻母》（8 本）、《大陆长虹》（10 本）、《蜜月快车》（10 本）、《知心曲》（9 本）、《田园春光》（13 本）、《国法无私》（10 本）等故事片，所用演员基本都出自演员训练所。

"满映"前三期演员训练所的训练生，成为其演员群体的中坚力量，为了进一步满足摄制工作的需要，1940 年 12 月 27 日，在原演员训练所的基础上，成立了"满映"养成所，除了培养演员外，其他各项专业人员也可进行培训，并于当年招收了"满映"历史上第四期演员训练生。1940 年底，演员训练所正式扩编，从专门培养演员的机构转型为综合性的电影养成所，其中包括演出科、演技科、技术科、映写（放映）科、经营科等五科，于 1941 年开始招生，学制一年。

综合来看，"满映"专门针对性培养演员训练生的培训班共举办 4 期，为电影拍摄积累了大量人力资源，需要说明的是，"满映"演员的构成中有一部分是以专业演员或歌手身份加入的，比如当时名噪一时的"满映"明星李香兰，是在已经唱歌成名后，以歌星身份被"满映"挖掘的特邀演员，主演了多部国策电影，而白玫在进入"满映"之前也曾加入华北电影公司拍摄了一部叫《更生》的影片，这种职业入行的表演人员不在本文聚焦的"满映"明星生产的发掘、培养机制内讨论。

---

① 古市雅子：《"满映"电影研究》，九州出版社，2010，第 17 页。

② 张奕：《满映始末》，长春市政协文史资料委员会，2005，第 21 页。

## 一 “满映”演员的选拔方式

在中国电影史上“满映”演员是较为特殊的一个群体。他们的选拔途径与培养方法的话语权一直掌握在日本人手中，在“满映”的组建和运作过程中，其领导层基本为日方人员构成。1937 年“满映”创立时期和 1938 年前后，“满映”经历了两次比较大的人员流动时期，大量引入了当时伪满国务院的日方工作人员。1937 年 9 月 10 日前，“满映”人员包括理事长、理事和监事正好 100 人，这些人构成了“满映”的第一批人员。据坪井舆在《满洲映画协会的回想》文中叙述，初期“满映”创作人员构成包括从弘报处来的小秋元隆邦、阿布幸雄、长谷川浚，从协和会来的藤卷良二（摄影），从“满铁”来的何野茂、早川二郎、滨田新吉、杉浦要（摄影），从满洲日报社来的松本光庸（编导），从东京来的竹内光雄（摄影）、押口博治、井口博、饭田秀世，从京都来的大森伊八（摄影），还有导演矢原礼三郎等。[①] 1938 年，随着日活多摩川制片厂原厂长的根岸宽一与原计划部长牧野满男等日方工作人员的加入，“满映”创作团队日益壮大。在演员的选拔任用方面，由于国策电影受众人群的需要，选用中国本土演员成为当务之急，“满映”演员培养的本土化策略成为整个日本殖民时期，“满映”演员生产的核心策略。

对于“满映”出品的国策电影演员的选拔主要通过两种渠道完成，其一是吸收一些专业的表演从业人员，这其中就包括以歌手身份进入“满映”的李香兰等人，借由该明星本身的宣传热点提升“满映”演员队伍的整体知名度。其二是面向普通民众的公开招募。借由媒体打出广告，有兴趣的群众上门报考，训练所择优录取。这一渠道是“满映”演员选拔的主要方式，也是招募人才最普遍的做法。

1937 年 9 月，“满映”在《康德新闻》《大同报》等纸媒上刊登招生广告，计划在哈尔滨和新京两地招考表演练习生。“报名手续简单，填一种报考履历表（年轻的要有一份家长同意报考的同意书），交相片两张，年龄限定在十五岁以上四十岁以下，报名费三元”[②]。《盛京时报》也在 1937 年 10 月 22 日刊登相关报道：“满洲国映画协会，关于制作适用于满人的映画，曾做种种协议中，近已得成案。为整备演员起见，决定募集满人男女演员，作为练习生。募集人员大体男女各十五名，资格须有小学以上之学历，年龄自十五岁以上四十岁以下。应募者须书写亲笔履历书一份及全身像片一枚，截至本月廿八日止，可向满洲国映画会株式会社本社提出云。”该报同年 10 月 26 日继续报道：“于三十日实行身体检验，与常识回答。取录者首一月先施训练。初期支给津贴，训练后，实行采用，每月与以五十元到二百元之薪金。有志献身于满洲电影界，

① 古市雅子：《“满映”电影研究》，九州出版社，2010，第 28 页。

② 张奕：《满映始末》，长春市政协文史资料委员会，2005，第 1 页。

而希作以红星者，此为良好机会焉”①。

综合来看，“满映”演员训练所首期招生的门槛并不高，对电影从业有兴趣的人都可以报名，年龄的跨度也较大，所以导致了报考人数众多，据演员训练所第一期生张奕回忆，1937 年 10 月 1 日考试人数就多达五六百人。在应考人员的比例构成上，没有工作的自由人员所占比例最多，学生群体也对此抱有极大应试热情。以第三期招生为例，“应募的人，总计失业者占有二分之一以上，其外中学生居多数，内中尤以日满书院的学生为多，总有三四十人以上。其次是商人，但是商人多半是关内的人——乐亭、昌黎，以及山东老板，短褂长衫瓜皮帽，张口满是‘生意经’。女子方面多是无职业的，有句话说就是‘千金小姐’居多。其余有学校教员、打字员、看护妇、女学生以及车掌各色各界的人具备”②。

演员训练所首次招募练习生，招生方式方法大多都在摸索阶段，但考试内容现在看来已经较为丰富，根据考试地区不同，考核流程或有区别，但总体上看，想要进入训练所，还是要经过层层筛选的。以张奕所在的新京考点来说，就经历了三次考试选拔。

初试：一般会看形象，并配以简单的常识问答，问题比较简单，多是报考电影演员的因由，家里人的意见等。“是对本人及家庭方面的考察，主要科目有家庭一般情况，个人有无负担，宗教，运动及特殊技能，姿容，言语，态度以及一般常识等”③。考官是“满映”制作部制作课长龟谷利一等人。当天考完后，第二天放榜，榜上有名的进入复试进行考核。《满洲映画》杂志由于其官方属性，对每次训练班所的招考情况都做了报道。

复试：命题考试。复试基本考核的是考生的基本表演素养，一般会包括朗诵、唱歌等才艺展示。根据张奕的回忆，当时他的复试考的是朗诵。“进屋给一张印好的朗诵题，发给本人后让看一下内容，就叫我向几位考官朗诵”④。朗诵的考试实际上就是在考查考生的专业素质潜质，以及可塑性问题。

三试：命题小品/即兴表演，以即兴创作的命题小品来考验考生的反应力、想象力与临场的应变能力。这一阶段原本应考的五六百人就只剩下五十多人，大部分已经在之前的两次考试中淘汰了。

经历了三次考试，首期演员训练所最后在新京（今长春和哈尔滨两市共录取学员 43 人，其中男学员 22 人，女学员 21 人。他们于 1937 年 11 月 12 日到训练所报到正式展开表演学习课程，走上了演员的道路。在为一年的学习期间，“满映”供给食宿，每

① 胡艇、古泉：《满映—国策电影面面观》，中华书局，1990，第 40 页。

② 曹彦：《第三期演员训练生试验杂记田》，《满洲映画》1938（6、7 合并号），第 11 页。

③ 曹彦：《第三期演员训练生试验杂记田》，《满洲映画》1938（6、7 合并号），第 11 页。

④ 张奕：《满映始末》，长春市政协文史资料委员会，2005，第 2 页。

月发给生活补助金。结业后经考核成为“满映”的基本演员。

1938 年 3 月，“满映”演员训练所第二期开始招生，当月考核完毕 3 月 20 日入所。考场设在新京纪念堂，考官包括“满映”制作课长亀谷利一，表演老师近藤伊吉，主任饭田秀世，导演张天赐等人。

仅隔了一个月，在 4 月训练所就开始招收第三期学生，“仅限于奉天一处，截至四月十四日为止，报名就突破了三百五十名！其中真有不远千里而来者，可见他（她）们对于电影艺术嗜好程度之深了”①。经过了 6 天的考试，在四百多考生中录取了 50 人，并于 5 月份正式开学，招生较为集中。同年 5 月 7 日，中国人陈承瀚出任演员训练所所长，并且聘请了两位日本老师来教授练习生舞蹈课程。

1938 年 7 月“满映”颁布了《满映演员训练所规则》，共 6 章 27 条，并即日应用到训练所的学习生活中。1941 年 3 月，“满映”演员训练所发展成为养成所，并开始招收新生。1942 年，“满映”养成所演技科学员毕业。并每年招收学制为一年新生入所。“满映”养成所一共招收了四期学员，前三期顺利毕业，由于 1945 年东北战局的变化，“满映”养成所走入历史（表 1）。

**表 1 “满映”演员训练所/养成所（1937～1941）招生情况②**

| 入学时间 | 演员训练所 | 招收练习生 | |
|---|---|---|---|
| 1937 年 11 月 | 第一期 | 男学员 | 王宇培、索维民、王文涛、郭绍仪、王福春、张奕、孙晶、崔德厚、戴剑秋、宋来、高翩、侯志昂、李林、刘恩甲、杜撰、呼玉麟、何奇人、曹敏、董波、曲传英、姚文秀、赵成巽 |
| | | 女学员 | 张敏、郑晓君、林丽、侯飞燕、孙季星、于漪、季燕芬、夏佩杰、孟虹，王影英、曹佩箴、梁影仙、邱影侠、路璇、吕静珍、吕露霞、杨慕秋、刘春荣、李惠娟、王丹、赵爱苹 |
| 1938 年 3 月 | 第二期 | 男学员 | 薛海樑、于鲲、萧大昌、王兆义、张书达、陈镇中、季友梅、王思、卢阴庭、陈超、郭奋阳、杨军、刘钧、华愚、王则（缺部分人名单） |
| | | 女学员 | 王丽君、叶苓、刘婉淑、王瑛、赵书琴、李燕、侯丽华、新施、兰苹、王美云、王琳、张晓敏、孙蓉娟 |
| 1938 年 5 月 | 第三期 | 男学员 | 马骏、高歌、王安、高英、浦克、隋尹辅、孙幻飞、岳存秀、郭范、江云逵、于延海、孙幼斌、王道高、吴云起、周凋、李福临、谭玉武、路政霖、李映、萧忠令、何春侬、刘声、李肇华、贾作光、杜汉兴、刘潮、周路人、刘志人、樊炎焰、果玉忱、安琪、贺汝瑜 |
| | | 女学员 | 高秋、牛凤来、林波汶、宫丽影、姚棣欣、王丽君、文雯、王丽英、李鹤、刘凤池、韩曼娜、刘杰、萧云萍、谭筠志、王静轩、陈素娥、朱蕴蕴、杨全福 |

① 曹彦：《第三期演员训练生试验杂记田》，《满洲映画》1938（6、7 合并号），第 11 页。

② 该名单根据胡旋、古泉的《满映——国策电影面面观》整理而来，个别名单内容有增补，其中第一期训练生于琦更定为于漪，第三期训练生男生中增补贺汝瑜。

续表

| 入学时间 | 演员训练所 | 招收练习生 | |
|---|---|---|---|
| 1941年3月 | 第四期（改为“满映”养成所后） | 男学员 | 王孝矩、聂晶、朱长恒、陈梦影、洪仁富、屠保光、徐全周、李平、葛政民、孙象贤、郭宛、赵耻、张泽忠、程云生、孙永顺、刘也愚、依文治 |
| | | 女学员 | 刘柳、吴菲菲、冯瑛、吕励、章树华、梅林琦、田学仁、胡漫波、腾桂贞、马曼丽 |

## 二 “满映”演员训练所培养模式

演员是电影展示的主要元素之一，也是观众最直观的关注对象，演员表演的好坏会对观众观影效果产生直接影响，如果演员本身没有任何演技，沦为花瓶，并不是立足影坛的长久之计。演技对于演员来说“一日不可不修养，或忘记的，演技才是演员的护命符”。除了演技之外，艺德也是演员必须具备的素质之一。

1938年初，牧野满男在《满日银星初次交驭于满映本社开催座谈会上》表示希望演员训练所的学员“不仅要在学艺上努力，更要注意心身人格的修养，发挥艺术之光”[①]。这种说法类似于中国表演教育中提及的“先做人，后演戏”的从艺标准，即比起表演本身，艺人的艺德更为重要，提升演技的同时，也要注意自我修养的养成。由于“满映”机构的殖民性，其艺德教育部分涉及了时政政宣的需要，原“满映”演员训练所长陈承瀚在《映画协会与建国精神之关系》一文中指出，映画协会要肩负起宣传建国精神、王道的使命，并让学员以身作则全面配合反共宣传[②]。但是由于“满映”本身的地域局限，其演员的影响力有限。为了解决表演人才储备困境，“满映”推举影坛新人不遗余力，通常都是舞台剧、音乐、电影拍摄同时进行，集合公司人、财、物的优势与电影联动。

### （一）演员训练所阶段

在表演教育方面，“满映”聘请了日方老师安排教授课程。被招募进演员训练所的演员练习生可以享受公费待遇，由训练所提供零用生活费、免费伙食和免费住宿等优厚条件[③]。1937年到1938年间，“满映”演员训练所共举办3期培训，学程为期一年，由日本电影演员、导演近藤伊吉任教师，他在舞台剧表演方面也颇有建树，日本东宝、日活两大电影厂的演员也有很大一部分曾经接受过他的演技指导，所以可以说“满映”

① 古市雅子：《“满映”电影研究》，九州出版社，2010，第29页。

② 古市雅子：《“满映”电影研究》，九州出版社，2010，第29页。

③ 古市雅子：《“满映”电影研究》，九州出版社，2010，第28页。

演员训练所表演教育贯穿的是日式表演方法。这与上海表演学校所教授的表演理念大相径庭。上课时，由于语言不通，所以课堂上配有双语翻译。

训练所课程包括电影史、电影常识等理论课程和电影表演、台词、形体、小品表演等专业课程，以日本表演教学体系为依托的专业课程安排培养训练生。张奕在《满映始末》一书中曾经回忆了表演老师指导学生的情形，“他教我们电影史、电影常识、电影理论、蒙太奇艺术，还有表演课，演技训练，如何创作角色，在镜头前适应感觉等等，还有两位舞蹈教师，男的叫黑田，女的叫秩冈。教舞蹈及形体训练，上课时有一名翻译，还经常请一些名人来讲课，都是关于电影方面的知识。还经常用编好的教材，实习表演等”①。

由于拍片需要，再加上“满映”天然的资源优势，很多学员并没有学习完全部课程，就投入到影片的实际拍摄工作中去了。“‘满映’也太急于拍电影了。养成所第一期还未毕业，就要他们进摄影棚上镜头了”②。第一部电影《壮志烛天》中，就大量使用了训练所的练习生参演，演员上戏是由导演选定，老师推荐也占很大比重。这部戏使主演王福春和郑晓君成为明星，工资也比其他训练生要高，每个月有70元钱。另外这些演员不仅能够参与影片拍摄，还能通过表演舞台剧呈现另外一种表演状态，磨炼演技。

### （二）“满映”养成所阶段

1940年底，“满映”演员训练所扩大为“满映”养成所。将单一培养演员的培训机构拓展成“培养专门技术人才的艺术学府”，“满映”养成所作为电影大学，贯彻大学体制，除培养演员外，还承担了培养电影其他部门专业人才的任务。表演教育为主的演技科成为养成所的下设科系，与演出科（导演、美术、编剧）、技术科（摄影、录音、剪辑）、放映科、经营科并列。

这一人才培养模式的策略转变直接原因是“满映”领导层的人事变动导致。1939年11月1日，甘粕正彦出任“满映”第二任理事长，为了提高整个机构的生产效率，他先后实行了五次组织机构调整。在1940年2月20日的第一次调整中，就做出了制作部人事方面“亦采择适材适所之处置”，改善职员尤其是演员待遇的决定，“确保文化战士之地位与品位”③。提高演员待遇问题，成为避免“满映”演员流失的有效举措。在他的政策规划下，“满映”养成所成为东北电影人才名副其实的生产

① 张奕：《满映始末》，长春市政协文史资料委员会，2005，第84－85页。

② 长春市政协文史资料研究委员会编辑《从“满映”到长影——长影部分电影艺术家小传专辑》，长春文史资料（1982年第2辑，总第17辑），长春市第九印刷厂，1987年第6期。

③ 胡昶、古泉：《满映——国策电影面面观》，中华书局，1990，第88页。

基地。

养成所学期一年。招录范围以中国人为主，后期也招收日本学员。录入人员“视个人个性及兴趣之如何，而随其自选科目，且对采用者支给优裕之津贴，使其全员行以班的组织，过极严肃纪律的团体生活，同时使教育设施充实，以期于严肃生活之外，助成其自由的成长”①。

考入演技科的学员要接受理论基础和专业技能的相关教育课程与专业考核。在基础课部分，学员接触的知识面相当广泛，基本分为三大类别。

第一类：基础性常识课程。包括伪满建国史、建国精神与协和会及其运动、东洋史（以文化史为中心）、伪满洲国之诸法令、高度国防国家之政治经济、《满洲映画协会法》及《映画法》与其运营、审查及取缔法规等课程。

第二类：电影专业相关基础课程。包括电影史、电影技术之基础条件、兴亚的电影形式（故事、文化电影等）、电影制作过程、电影之企业形态（内、外比较）、电影现象心理学等课程。

第三类：共同科目。包括语学、体操、运动、军事教练、见学、训练等课程。

在专业技能课程部分，演技科讲座基本照顾到了声、台、形、表四方面的表演基础教学。其课程包括：

声，包括谐调律与歌谣论、乐器论、唱歌、麦克风谈话、中国音乐与乐器等课程。

台，包括科白一般、文语及口语之言语形式与言语之调子、呼吸术、发声术等课程。

形，包括舞蹈之组织的及历史的基础、舞蹈、体操、国民舞蹈等课程。

表，包括电影里的态度及表情等课程。

其他，卫生与化妆、化妆术结发术、衣裳研究。②

在经过一年的专业课程培训后，“满映”还会为养成所的学员们提供电影创作的实践机会，以便践行所学的课业内容。

## 三　课堂外的表演实践

由于历史原因，“满映”电影并没有得到完整的保存，笔者在本文中借用日本学者古市雅子的观点，将“满映”电影按思想意识分为两类：“张扬或蕴含日本国策意识的国策片（典型/隐晦）以及不明显反映国策意识或反抗意识的‘纯粹娱乐片’”③。国策

① 古市雅子：《“满映”电影研究》，九州出版社，2010，第51页。

② 该部分内容根据日本学者古市雅子2010年出版的《“满映”电影研究》内涉及的相关资料整理而成。

③ 古市雅子：《“满映”电影研究》，九州出版社，2010，第61页。

电影是“满映”在东北从事电影活动中一个重要的组成部分，而纯粹的娱乐片则多以喜剧为主，除此之外，还涉及家庭伦理片、古装片、反映社会现实的影片等多种电影类型，甚至还包括一些实验作品。其中娱乐片所占比重较大，1938－1945年，“共摄制了108部故事片，其中作为宣传殖民政策主旋律的‘国策’片有22部，占满映所有故事片的五分之一，其余大都属于娱民片”①，而参演这些电影作品的演员自然全是“满映”签约的演员，且除部分特聘演员，大部分表演骨干均来自演员训练所和养成所。

### （一）男演员群体

“满映”演员训练所的第一期培训班堪称“明星班”，其中诞生了一批“满映”明星。张奕是“满映”时期知名度较高的男明星之一，其演员级别相当于副参事级②，在“满映”中属于较高级别的干部。在“满映”期间曾主演了十多部影片，代表作有《黑脸贼》等。同期的季燕芬曾主演过《七巧图》《烟鬼》《情海航程》《双妹泪》《铁汉》《天上人间》等多部影片，在“满映”电影早期红极一时。

侯志昂（又名侯健夫）从训练所第一期毕业后，在《胭脂》和《园林春色》中都有出演，1943年离开“满映”后，在“中电三厂”做演员。第一期练习生王富春后改名王启民，他曾是“满映”第一部影片的男主角，被视为“满映”影星，曾出演《壮志烛天》男主角，这位“满映”早期最红的男明星，先后主演过5部电影，直至1940年才由于身体原因放弃了演员工作，转型为摄影师，并在1944年成为最早独立拍片的中国摄影师，后在长影厂任总摄影师，并在改行导演时拍出了影片《人到中年》。

第一期训练生王宇培曾经是陆军少校，由于毕业时已经43岁，所以在“满映”电影中常以老年绅士的类型出演。赵成翼原本是上海影联公司的演员，出演过《万里寻母》《田园春光》《慈母泪》《铁血慧心》等片。呼玉麟在《妹妹别哭啦》（原名《国法无私》）中饰演一个年轻的学生，虽然戏份不多，但表演质朴。戴剑秋一入“满映”就是“老役”类型的演员，曾经因为对塑造角色的不自信“不得不在晚间十一二点钟左右，夜静更深的当儿，照着镜子练表情，努力追求艺术”③。

第三期练习生周凋从1940年起开始担纲主角，先后主演过《患难交响曲》《家》《黑脸贼》等影片。形象多变，戏路较宽。抗战胜利后，周凋先后在北影厂、长影厂从

① 逄增玉：《殖民语境与“满映”娱民片的评价问题》，《文艺研究》2015年第4期，第113页。

② “满映”人员有明确的资格和职名。其人员资格分为：参事、副参事、职员、准职员、见习职员、雇员、见习雇员、甲种雇员、乙种雇员、见习雇员、嘱托。人员的职名，在干部人员中分为理事长、理事（监事）、部长、次长、参与、处长、课长、主任等系列职名。

③ 实话实说现实现报：《一群大小明星间闲谈散记》，《满洲映画》1938年第10期，第19页。

事演员工作。贾作光出演了"满映"的《富贵春梦》《铁血慧心》等影片。

同为第三期练习生的浦克可谓"满映"最有影响的明星之一。浦克原名浦聿方，高中毕业的他原本是某家公司的普通职员，进入"满映"演员训练所第三期后得到大家的关注，他参加拍摄的第一部"满映"电影是《国法无私》，那时他还没有从训练所毕业，"导演决定在训练生中物色一个人饰演这个记录员，自然想到了常到摄影棚里看拍戏的小伙子——浦克"①。浦克通过自己的努力，将这个只有几句台词的配角角色出色地完成了，引起业内的关注。浦克的兴趣爱好广泛，话剧、文明戏、滑冰、网球都比较精通，1941 年在张天赐导演的《荒唐英雄》中，浦克首次担当主角，随后主演了《镜花水月》《歌女恨》《迎春花》《绿林外史》等多部影片，在电影《迎春花》中，与浦克的搭档女明星就是"满映"最著名的李香兰，很快他就成为"满映"的优秀小生之一。

贺汝瑜一直是以配角演员的身份活跃在"满映"电影界，喜剧演员韩兰根的表演对他产生了深远影响，引起了其对电影表演的兴趣。在中学日本班主任佐藤的推荐下，贺汝瑜报考了演员训练所，并顺利考上，在学习了一年后，就获得了参加拍摄电影的机会，在周晓波导演的《晚香玉》中扮演一个在戏台后管理演员的老板的角色，第一次试镜时，是与同期的浦克对戏，随后又参演了几部"满映"喜剧片，成为"满映"的正式演员。

### （二）女演员群体

郑晓君是第一期训练生中成绩较为出色的一位，训练所还没有毕业，就在"满映"第一部电影《壮志烛天》中扮演女主角，一举成名。从此片约不断，先后在《大陆长虹》《真假姊妹》《都市的洪流》《胭脂》等影片中担任女主角，被称为"满洲之花"和"满洲最漂亮的女演员"。1942 年，郑晓君主演《雁南飞》后前往上海发展。

同样出演了《壮志烛天》的还有郑晓君的同期训练生张敏（后改名凌元），她可以说是"满映"演员训练所中脱颖而出的满映女演员。导演高原富士郎曾称赞她为"多役的脚色"，这里的"多役的脚色"翻译成中文就是指"'能够扮演许多的角色的演员'，换言之，就是不但能够扮演'少'还能扮演'老'，不但能光当'正流'脚色，还能光当'反派'脚色"。关于她演技的述评，在《电影画报》杂志中也曾有专门文章分析过，认为其除了能胜任"多役的脚色"外，还拥有创作"典型的脚色"的能力，并将张敏比作满洲的林楚楚，认为她是能扮演"正派的""老役"的典型演员，

① 长春市政协文史资料研究委员会编辑；《浦克传》，长春文史资料（1986 年第 2 辑），长春市第九印刷厂，1987，第 22 页。

"在满洲影城里，只有张敏一人是堪能扮演'正派的''贤妻''良母'型的脚色的"[①]。虽然被称为"老役"演员类型典型，但张敏其实是以少女的角色步入影坛的，当她在周晓波的电影《风潮》中出道时，就发现带有"最浓厚的满洲少女味"，在一些日本观众眼中，"满洲的女性——特别是少女，总有一种和日本的，或华中华南的少女不同的情绪。稍微有一点'野'有一点'忧郁'，更有一点过于'静'"[②]。张敏将自己的类型特色融入了电影《风潮》中，而当她扮演母性角色的时候，少女的角色类型特色就不复存在了。而张敏的这种成熟韵味的形象类型和表演风格受到了导演们的普遍认可，自《风潮》后，她所扮演的角色就基本以"老役"/"老旦"为主了，虽然"老役"的角色多为配角，但张敏仍然凭借自己出色的表演才能与类型优势在王则导演的电影《家》中出演了重要角色。在影片《壮志烛天》中，她也扮演了一位老母亲，这一银幕形象似乎一直延续贯穿了张敏的整个从艺生涯，以至于到后来的东影厂、北影厂时期，已经改名为凌元的张敏不但成为中国北方农村妇女的形象代言人，更成为中国"母亲"的形象代言人。

赵爱苹主演了《风潮》《雨暴花残》《胭脂》《奇童历险记》等片。王影英出演过《壮志烛天》《大地的光明》《新生》《铁汉》《园林春色》《雨暴花残》《现代男儿》等片。

"满映"演员训练所第二期训练生中的张晓敏曾经是学校教员，在加入"满映"后主演了《荒唐英雄》《青春进行曲》《雁南飞》等影片。叶苓是训练所第二期培养出的"满映"红星，她的前辈是李香兰和季燕芬，在"满映"的后起之秀中，张静的秀丽，陶滋心的艳美，郑晓君的温婉，孟虹的爱娇都各有特色，而叶苓更是被寄予厚望。她曾在日本电影界活跃过，甚至参与过日本剧场的表演，与舞蹈家石井漠学过舞蹈，曾被称为"满映""最红也最有希望的一个星"。从角色类型定位上看，叶苓的面相是艳丽而不妖冶，与李香兰的秀丽类型不同，属于健美类型的女演员，与上海电影明星白虹和英茵类似。这种类型的女性表演的广度相对较大，可塑性也比较强，"因为这种健美类型的明星，其本身是善恶与共的，有时在银幕上可以扮演善性的人物，且也可以扮演恶性的人物，在性格上一点也不矛盾，因为健美的本身，有时是属于善性的，同时，也有的是属于恶性的"。在由王文涛导演，坪井舆负责脚本的影片《万里寻母》中担当主演，电影讲述了少年跋山涉水寻母的故事，叶苓女扮男装出演主人公寻母少年，以"男装丽人"的形象给人留下了深刻印象。在另一部影片《一顺百顺》中，叶

① 长春市政协文史资料研究委员会编辑：《浦克传》，长春文史资料（1986年第2辑），长春市第九印刷厂，1987，第22页。第2页。

② 长春市政协文史资料研究委员会编辑：《浦克传》，长春文史资料（1986年第2辑），长春市第九印刷厂，1987，第22页。第2页。

苓一改"男装丽人"的类型形象，充分发挥了其健美类型女演员的可塑性特质，饰演了一位喜欢运动的富家少女，将其明朗健康的形象充分表现了出来。

第三期练习生王丽君外号蒙古姑娘，在影片《黄河》中以黑瘦的"林黛玉式"的形象示人。李鹤于第三期演员训练所学成出道后次年，即1939年，参演了"满映"电影《慈母泪》，与李明、张敏合作表演。

## 四 "满映"演员养成过程中的宣传策略

经由"满映"演员训练所与养成所选拔、培养出的新人演员，在通过参演"满映"影片与观众见面的同时，媒体宣传的力量不容忽视。在"满映"电影业的经营过程中，纸媒是演员宣传的主要阵地。由于伪满洲的特殊地区政治情况，"满映"编辑发行了双语期刊来经营宣传自己，分别是针对中国人的《满洲映画》杂志，以中文为主，针对日本人的《满映画报》，以日文为主。同时，在日本国内，也通过发行电影杂志《映画旬报》[①] 来宣传"满映"电影。

1937年12月，《满洲映画》创刊，最开始是作为满洲映画协会的宣传月刊杂志，1940年11月第四卷第十号开始由"满映"宣传科移让给满洲杂志编辑发行，原本的中文版和日本版也合并为双语合号，编辑人先后是饭田秀世、藤泽忠雄和山下明。1941年6月第五卷第六号该刊名为《电影画报》[②]。对于读者来说，明星、演员是电影最为吸引人的要素，也是他们最想在电影杂志上看到的内容，《满洲映画》在这方面不遗余力的宣传、推出"满映"明星、演员的新闻消息，不仅刊登大量的明星照片，还有专门栏目介绍"满映"新人。

在演员训练所扩为养成所后，"满映"也借由《满洲映画》发表了对演员从人格的修养、学识的充实和技术的养成等方面的期待，提出"高尚的人格，丰富的学识，超特的技术"[③] 等观点。可以说《满洲映画》和《电影画报》是"满映"针对中国国民宣传电影的最主要渠道，也是当地民众了解"满映"演员养成过程的重要窗口，起到了重要的宣传作用。

### （一）辅助演员宣传，供新人发声

《满洲映画》自发刊起，就对大众了解"什么是明星"，明星应该具备什么样的素质进行了科普式的定位宣传，在大众心中勾勒出明星的具象模样，为辅助介绍"满映"

① 古市雅子：《"满映"电影研究》，九州出版社，2010，第30页。

② 古市雅子：《"满映"电影研究》，九州出版社，2010，第30页。

③ 朱湘云：《我所期待的满映演员田》，《满洲映画》1940年第2期，第93页。

原生演员养成过程，为明星宣传做铺垫。

在《满洲映画》的创刊号中即刊文介绍何为“女明星的资格”，称作女明星要具备“一雪白的脸儿、二蓬松的头发、三高耸的乳房、四苗条的身段、五细长的眉毛、六风骚的眼睛、七肥胖的肉腿、八花式的服装、九交际的手腕、十伶俐的口才”①。此十条分别从外貌、衣着与性格等方面概括了当时“满映”对女明星的形象定位。不过在文中也有说明，即使女明星达不到这种标准也无妨，可以靠化妆、减肥、训练等等后期包装完成。

《满洲映画》专门开辟专栏供新演员们发声。第一期训练生高翩在“圈内文坛”栏目中曾经撰文，发表自己来到演员训练所的新鲜经历，以及对明星概念的认识。当他看到迎接新生的条幅上写着“欢迎新进明星”几个大字时，内心充满了惊喜，“‘明星’，我看呆了，心中急剧地跳起来。几年来理想的名称，就是这两个字吗——‘明星’!?”② 在1938年2月号的《满洲映画》也说明女演员是要“置身于银灯下，现影于银幕前，以辅助社会教育之不足，故演员亦必具有相当之学识，健全之思想，方可将假拟之事而作成如实事然，用之劝化国人，使国人看后能有深刻之印象，故演员亦是国家服务者之一也”③。“满映”演员训练所的首批训练生，毫无例外地享受了“明星”待遇，训练生即是未来的“满映”新星的观念最早就是从《满洲映画》传播出去的。

《满洲映画》的“圈内文坛”栏目、“每期一星”等栏目在辅助宣传“满映”演员养成方面起到了积极作用。在“圈内文坛”中，“满映”的演员们不仅可以发表自己对表演的观点看法，进入训练班学习的生活趣闻，还可以回顾自己从影之前的普通人生活。郑晓君在描述从影之前的生活时，提及了自己童年的演员梦，及学生时代的表演经历，表达了考上训练所的喜悦。无形中也为“满映”演员训练所做了广告。大量的训练生们在这里发表文章，这种“接地气儿”的文化表达不仅拉近了观众与训练生们之间的距离，还为他们未来登上银幕的观众缘加注砝码。“每期一星”会以图文的形式宣传“满映”演员，该栏目创立之初，就说明“每一期杂志，介绍给读者一颗新星，这是本栏的使命”④。

### （二）对演员养成过程的专题介绍

《满洲映画》对满映演员训练班的招生工作进行专门报道，这些新加入“满映”

① 《女明星的资格》，《满洲映画》1937年第12期，第12页。

② 高翩：《明星?》，《满洲映画》1938第1期，第22页。

③ 王丹：《女教员与女演员》，《满洲映画》1938年第2期，第25页。

④ 该说明是“每期一星”的栏目说明，在《满映画报》上每期都有刊登。

的训练生们，在还没有银幕表演出道前，就接受采访，受到了大众关注。杂志会陆续刊载训练生们从入学考试到学习培训的相关内容，这种先期的预热报道和中期跟进报道，不仅对演员训练生的养成及宣传起到了积极的正面作用，也为现在人们了解"满映"演员养成机制提供了历史依据。

在《满洲映画》创刊号上，就刊登了"满映"招收训练生们的考场内景照片，让读者第一时间了解"满映"培养演员的招考情况。杂志还会刊登一些考官的文章，从中可以管窥招考内容。导演王则曾担任过第二期演员训练所的考官，他就曾提问考生，在"英雄片和侦探片"中"喜欢哪一类影片?""满意哪一部影片?""仰慕哪一个明星?"[①] 通过这些简单问题，考官试图了解考生对电影的认识情况。

对于训练所的课程内容，也会跟进报道，即为大众解惑，也使他们无形中陪伴着训练生们一起成长，从侧面参与围观养成过程。这种追踪报道类似于现代明星真人选秀节目过程中，媒体的配合宣传报道，都对日后这批艺人观众缘的培养起到了重要作用。1938 年 1 月 15 日到 12 月 4 日间的培训及生活内容方面的报道。比如赵成巽的台词发挥，姚文秀堪称"第二位梅兰芳"的艺术模仿特长，女训练生于漪的台词口音问题引发的趣事等内容，基本上以一天一人的方式进行介绍宣传。

### （三）促进演员交流，加强读者互动

《满洲映画》专设板块针对明星问题进行读者互动，还积极举办电影论坛，邀请明星演员进行专题讨论，并将会议内容与读者分享，让影迷们能更加近距离地了解演员们的台前幕后，工作生活。《满洲映画》在 1938 年第二卷第二期、第五期分别刊登了关于《满日银星初次交驭于满映本社开催座谈会》和《满华明星座谈会》的内容，这是杂志最早举办的两场座谈会，内容聚焦于"满映"明星，可见对于演员宣传一直是该杂志的重点。

改版至《电影画报》后，对"满映"演员的宣传力度进一步加大，报道篇幅增多，介绍的广度也较为开阔，不仅有专门开设的"我最喜欢的明星"特辑，而且视野从"满映"、上海明星发展到好莱坞，这一时期介绍上海明星的篇幅比重开始增大，还有专门的文章介绍明星制度，对于明星的新闻八卦篇幅也有所增加，比如《电影画报》第六卷第三号中，就以大幅新闻报道了《季燕芬在沪遇害经过》还附有其从影的系列照片，回顾了这位"满映"女星的表演史。

《满洲映画》与《电影画报》中还会刊载一些演员自己写作的文章，"'满映'杂志当局也有意于以这种'文学—艺术—电影'的综合模式，打造出旗下富于内涵的明

① 王则：《第二期演员训练生考试随感田》，《满洲映画》1938 年第 4 期，第 10 页。

星”①。演员们会将自己的文学创作，诸如散文、诗词、杂记等等刊登出来，如发表于《满洲映画》上王宇培与何奇人的《诗的园地》（第二卷第四期）、季燕芬的《春已将去》（第二卷第五期），甚至还会专门开辟特辑。

同时，为了扩散“满映”演员在文化界的影响力，杂志对于开辟演员间交流座谈的特辑报道也多有着墨，对明星的理论批评在这一时期的电影杂志中占据了一席之地。比如《日满影星座谈会》《闲谈女明星的脸》《张敏的演技论》《关于女明星的红》《演技的研究》《再谈女明星的脸》《谈谈反派明星》《由明星的眼睛谈起》《满华明星交流琐谈》《影星与影迷》，整体看来理论性与客观性都比《满洲映画》阶段提升了一个档次，很有学术价值。

## 五　结语

电影演员的选拔标准之一就是其个人形象、气质与角色、时代审美之间的关联性。本文以“满映”演员生产中选拔、培养的方式与方法，对演员的宣传渠道与手段作为写作的切入视角，从“满映”演员生产机制着手分析，试图回看东北电影业早期演员选拔与培养机制建构过程，勾勒出“满映”演员选拔经验与电影表演教育景观。

1937 年到 1945 年间，从“满映”演员训练所、电影养成所演出科培养出来的演员成为“满映”电影表演的主要力量，为整个东北电影业储备了大量的表演人才。1939 年时，“满映”已经拥有了约 142 人的演员队伍，这些拥有日本表演教育背景的演员在当时红极一时。1945 年“8·15”日本宣布无条件投降，苏联红军航空兵的先头部队进入长春，此时作为东北政治中心的长春斗争还是比较激烈，苏军、中国共产党与国民党政权互相交错，共产党通过组织“东北电影工作者联盟”团结了张辛实等一部分进步的“满映”艺术与技术人员，并在西五马路的兴新旅馆召开了第一次会议，与会者中“满映”演员出席的有张敏（凌元）、江云逮（江浩）、于景霖（于彦夫）、于延江（于洋）等人。10 月 1 日，东北电影公司在兴山成立，袁牧之任首任厂长，工作人员构成主要由来自包括延安、“满映”及其他地区的左翼电影工作者组成，随即由于蓝任团长的东影文工团建立了②，至此“满映”电影在中国内地退出了历史舞台。而其中的部分“满映”演员，如浦克、于景霖（于彦夫）、于延江（于洋）、刘国权、郑晓君、王富春（王启民）、张辛实、张敏（凌元）等人留在了东北电影制片厂，成为日后东北电影业复兴过程中表演人才群体的中坚力量。

虽然“满映”在东北的存在仅历时短短 8 年时间，但是其对于表演人才的选拔与

① 刘晓臣：《日伪电影报刊研究及其“满映’宣传（1937－1945）》，中国电影艺术研究中心，2014。

② 长春电影制片厂编辑《长影五十年 1945－1995》，吉林摄影出版社，1996，第 245 页。

培养模式的探索和发展还是拥有一定的历史价值，从最早的“满映”演员训练所开始，直到“满映”解散前的养成所，通过系统学习科班毕业的演员为东北电影事业注入了源源不断的新鲜能量，虽然其影业的繁荣度与明星的知名度和上海电影相比还有距离，但不可否认的是，正是这股力量直接支撑了之后东北电影公司演员组的组建，为内地电影业贡献了人才资源。而“满映”的很多老演员也一直活跃在中国电影银幕上，继续自己的表演事业。不可否认的是，在中国东北电影人才的培养方面，“满映”拥有不可磨灭的重要历史意义。

原载《北京电影学院学报》2017 年第 1 期

# “九一八”事变前满铁中国人公学堂规则特点论析

谢忠宇

法律、法规体现了统治阶级的利益和意志，是国家规范社会行为、社会秩序的强制手段之一。满铁在附属地推行殖民教育的过程中，随着各级各类学校的逐步建立，制定出一系列教育法规，其中也包括中国人公学堂规则。中国人公学堂规则的内容都是根据附属地的政治、经济及自然因素斟酌制定的，但在“九一八”事变前，由于日本尚未全面侵占中国东北，满铁亦必须考虑中国政府的存在，曾几次修订公学堂规则，做了部分的让步和妥协，但这些所谓的技术性调整并没有根本改变中国人公学堂的教育性质、教育目的以及教育地位，附属地的教育权仍牢牢地把持在满铁手中。

## 一　满铁及“九一八”事变前的中日关系

### （一）满铁的设立及性质

20世纪初期，沙俄为了谋求扩大在中国东北的势力范围，同日本进行了日俄战争，沙俄战败。1905年，日俄双方签订了《朴次茅斯和约》，和约规定了日本从沙俄手中获得中国东北南部的特殊权益和地位。1906年6月，日本政府以明治天皇敕令第142号公布设立“南满洲铁道株式会社”，简称“满铁”。

1906年8月1日，以递信、大藏、外务三大臣的名义发布命令书，详细规定满铁的经营活动，命令书明确规定政府有权对满铁下达命令，进行指导。虽然命令书秘而不宣，但它可以规范满铁的一切经营活动，并对满铁进行管理。由此可见，满铁虽然在形式上是日本在华最大的私有垄断企业，但实际上是日本侵略中国的经济机关和情报机关，兼有政治、军事、文化侵略机关的职能①。对于这一点，原满铁理事冈松参太郎在其所撰文章《论南满洲铁道株式会社的性质》中进行了阐述，他指出：“采取株式会社形式是掩人耳目的策略，它的实质是政府欲假会社之名而行机关之实，欲使‘南

① 刘功成：《大连工人运动史》，辽宁人民出版社，1989，第72页。

满洲铁道株式会社'代替政府经营南'满洲'。满铁在营利之外，必须经常注意'国运'之发展和'国权'之扩张，还要经营日本政府指定的属于国家行政事务范围内的各种公共事业。"① 综上所述，可以知道，满铁从成立之初就不是一个简单而又单纯的商业公司，而是国家意志的体现，是代行国家职能的侵略机构。

### （二）满铁附属地的扩张及性质

日俄战争后，两国签订了《朴次茅斯和约》，由于该和约第六条中有经清政府同意的字眼，所以该和约签字后，日本政府即派外相小村寿太郎来华，于1905年12月与清政府订立中日《会议东北三省事宜正约》② 及附约，正是由于这两个条约，才出现了所谓的满铁附属地。然而，根据1896年中俄《合办东省铁路公司合同章程》的条款规定，关于铁路用地的用途和界限是明确的，所谓的铁路用地是专指建造、经理、防护铁路所必需之地，决不准用于其他用途，更没有铁路附属地之说。而沙俄故意曲解该合同第六条"由该公司一手经理"一语，解释为"绝对的排他的行政管理权"，将铁路用地引申为铁路附属地，未经清政府的同意，就在该区域自动行使管理权。因此，铁路附属地的出现本身就是非法的。日本接手东北南部后，不仅接管了南满支线的路权，而且也秉承了沙俄的"无理"，继续沿用对该合同的曲解，欺侮清政府昏聩无能，试图使铁路附属地的存在合法化，伺机扩大侵略权益③。

满铁刚接手南满铁路时，铁路附属地的占地面积为149.71平方公里。满铁会社通过强买、兼并、圈占、商租等方式不断扩张附属地，在满铁、安奉铁路沿线的城镇中拓展日本势力控制的范围，使原本狭长的铁路附属地不断向两侧扩张，到1931年"九一八"事变前，已增加到482.9平方公里④。其中，包括许多大大小小的城镇、市街用地，甚至是农田、矿山和练兵场。日本诡称继承俄国的权利，在铁路用地内享有"绝对的排他的行政权"，乘机攫取了附属地的行政管理权、经济权及文化教育权，在附属地内建立起殖民统治，俨然成为地方的合法政府，但这些权力的获得并未得到中国政府的允许，是强行获取的、是非法的。

### （三）"九一八"事变前的中日关系

"九一八"事变前的1921年至1926年，中日两国关系基本稳定。在第一次世界大战后的华盛顿会议上，中、日、英、美、法等国订立《九国公约》，宣布"尊重中国主

---

① 冈松参太郎：《论南满洲铁道株式会社的性质》，南满洲铁道株式会社，1922，第25页。

② 黄月波、于能模、鲍厘人：《中外条约汇编》，商务印书馆，1935，第168页。

③ 董婕：《日本对南满铁路附属地的经营及其影响》，辽宁大学博士学位论文，2006，第6页。

④ 满史会编著《满洲开发四十年史：下卷》，东京：满史会，1962，第419页。

权与独立及领土行政之完整”[①]。中日双方还在会外进行了交涉，订立《中日解决山东悬案条约》，日本承诺将山东德国租借地、胶州铁路及其附属财产移交中国，但中国需要对日本支付铁路偿还金[②]。另外，日本全权代表币原喜重郎声明放弃“二十一条”中的“日本在南满东蒙铁路借款和关税担保借款的优先权、在南满聘用日籍顾问的优先权，撤回第五号要求的保留权”[③]。随着山东悬案和“二十一条”问题的缓和，两国关系有所改善。虽然1925年“五卅”运动期间两国关系又复紧张，但1927年1月外相币原又发表了对华政策四原则，进而缓和了两国的关系[④]。然而，自1927年春季以来，中日关系进入多事之秋。同年3~4月，“南京事件”“汉口事件”接连发生；5月，日本出兵山东，两国关系进入紧张状态；6月，田中内阁举行“东方会议”，制定了干涉中国内政并以武力维护在“满蒙”特殊权益和地位的《对华政策纲领》。1928年6月，关东军炸死张作霖，司令部迁至沈阳；7月，日本驻华公使芳泽谦吉致函中国外长王正廷，指责中方废除关税协定等不平等条约为“蔑视国际信义之暴举”，威胁中方“将有不得已出于认为适当之处置”[⑤]；11月，右翼团体“满洲青年联盟”成立并大肆活动。1929年7月、11月，关东军参谋前往北满、南满和辽西旅行，现场侦察以制定作战计划。1931年6月，军部制定规划军事行动的《解决满洲问题方案大纲》；7月，关东军将炮轰北大营的重炮秘密运抵沈阳，战火一触即发。

由于日本政府和军部逐渐对华强硬，引起中国国内的强烈不满，抵制日货风潮频起，日本对华棉纱贸易备受打击。另外，1922年，奉天省教育厅厅长谢荫昌提出收回满铁附属地的教育权，并着手实施。1928年皇姑屯事件后，张学良接管东北军政大权，同年12月毅然宣布东北易帜，随后又修建葫芦岛港以对抗大连港，开通吉海线铁路与“满铁”展开激烈竞争。同时又下令限制、抵制日货，并禁止向日本人出卖土地房屋，禁止中日合办各项事业，禁止日本人到东北内地旅行。1931年5月，张学良政府又提出收回旅大租借地和南满铁路、撤走日本军警等爱国要求，这些强硬措施使日本的殖民利益受到严峻挑战，中日矛盾激化，“九一八”事变爆发。

## 二　满铁的教育行政管理及中国人公学堂的成立沿革

### （一）满铁的教育行政管理

日俄战争中及战后，日本侵略军在东北自开原南到大连的若干占领地区的中心城

---

① 《国际条约集（1917-1923）》，世界知识出版社，1961，第765页。

② 王铁崖：《中外旧约章汇编：第3册》，生活·读书·新知三联书店，1982，第208页。

③ 黄月波、于能模、鲍厘人：《中外条约汇编》，第285页。

④ 吴东之：《中国外交史：中华民国时期（1919-1949）》，河南人民出版社，1990，第163页。

⑤ 程道德：《中华民国外交史资料选编（1919-1931）》，北京大学出版社，1985，第463页。

市设置了军政署。1905年4月12日，日本辽东守备军政长官陆军少将神尾光臣发出训令："目前各军在军事上需要做好的工作虽然很多，但同时致力于疏导清国官民，勤于职守和生产也是当务之急。其中首要的任务应是教育事业。"① 这些军政署的大部分，这时就已"持有办教育的计划"②，开始了蓄谋已久的教育侵略活动。于是，"在这一地区出现了最早执行殖民地教育方针的行政机构"③。1906年8月1日，日本递信、大藏、外务三大臣下达《有关管理和成立会社事宜的命令书》，其中规定："满铁受政府认可建设铁路及附属事业占地范围内的土木、教育、卫生等有关的必要设施"④。1907年4月，满铁作为政府代行机关开始营业，附属地教育由满铁地方部、课、系及地方事务所的首脑负责管理。1908年12月，满铁地方部改为地方课，课内开始设立专门的机构——教育系，这是满铁附属地设立专门教育行政机构的开始。1914年5月，满铁又重新设立了地方部，并在该机构下设立了地方课教育系，作为地方教育行政机构。随着满铁附属地殖民教育的发展，其教育规模逐渐扩大，各级各类学校的数量也逐渐增多，这就要求教育行政机构对其进行管理和指导。所以，1917年3月，日本殖民当局为了管理和控制附属地的教育，开始建立视学制度，负责对教育进行视察、指导和调查研究，视学委员则主要对各具体学科的教学进行实地指导。视学制度建立起来以后，1919年7月，日本殖民当局又在满铁总社地方部之下设立了学务课，学务课下又设立了普通教育、实业专门教育、视学和中国人教育四个系，中国人公学堂教育直接接受中国人教育系的管理和指导，这种教育行政管理构一直持续到"九一八"事变前。其间，满铁建有日本人学校：小学校47所、普通中学13所、实业学校5所、大学1所；建有中国人学校：公学堂10所、南满中学堂1所。建立了一个教育行政管理机构相当完整、教育制度基本完备的殖民主义教育体系⑤。

### （二）中国人公学堂的成立沿革

满铁成立初期，把从俄国接手的铁道业务纳入正轨是最为重要的事情，满铁尚无更多精力从事《政府命令书》所规定的土木、教育、卫生等业务。另外，这时的满铁教育行政管理隶属于满铁地方部地方课，并无专属责任人进行教育管理，亦不存在明确的中国人教育方针，所谓的中国人教育事业实际上呈白纸状态。1909年6月，盖平公学堂成立，这是满铁经营中国人教育的发端。1910年4月，在瓦房店小学校熊岳城分教场内设中国学生特别教学班，招收居住在附属地的儿童入学，按公学堂规则进行

---

① 大山梓：《日俄战争军政史录》，东京：芙蓉书房，1973，第84页。

② 槻木瑞生：《南满中学堂回忆录》，《辽宁教育史志》1992年第1期，第65页。

③ 卢鸿德：《日本侵略东北教育史》，辽宁人民出版社，1995，第75页。

④ 岛田道弥：《满洲教育史》，大连：文教社，1935，第316页。

⑤ 齐红深：《日本侵华教育史》，人民教育出版社，2002，第206页。

教学。同年，在辽阳小学校，1911 年 4 月，在昌图小学校开原分教场也成立了中国学生特别教学班。但有些满铁高层认为在日本人的学校里容纳部分中国人学生同校学习，弊多利少，应予停办。于是，辽阳于1912 年，熊岳城、开原于 1914 年，先后把中国学生特别教学班从日本小学校分离出来，单独成立了辽阳、熊岳城和开原公学堂。尔后，满铁为了普及日语推行殖民教育，在瓦房店、长春、四平街、奉天等地分别成立了公学堂，这样满铁合计成立了 10 所公学堂。

## 三　中国人公学堂规则的特点

### （一）《盖平公学堂规则》的特点

1909 年 6 月，满铁成立盖平公学堂，学堂长由具有中国人教育经验的熊田隆就任。据《满铁附属地经营沿革全史》所述："盖平隶属大石桥管内，其境内的中国人居住人数最多。"① 这样，中国人居住人口的多寡决定了设立地点，满铁在还没有制定中国人长期教育计划的情况下，首先成立了盖平公学堂。盖平公学堂借用满铁保线事务所的一个房间准备开学，开学当天警察带来 31 名学生进入典礼会场，在入口处还交替插着日清两国国旗，大石桥小学校的日本学生齐唱"君之代"庆祝开学②。入学儿童分成两个班，由熊田学堂长、一位日本教师及一位中国临时教师进行授课③。

《盖平公学堂规则》没有公开，只是以"通知"的形式发布的，这说明盖平公学堂具有试验的性质。《盖平公学堂规则》规定公学堂以教育中国人子弟为目的，施德育、授实学、培养有用的良民为其宗旨，学习年限为 4 到 6 年。课程设置有修身、读经讲经、汉文、作文、习字、算术、唱歌、体操、图画、手工、历史、地理、理科，女生设裁缝，在此基础上加设日语④。《盖平公学堂规则》中规定的"加设日语"只是将日语作为选修科目，除此之外，《盖平公学堂规则》基本上按照清政府的《奏定学堂章程》的标准制定。学年从清历法的一月一日到十二月末，这也是依照了清政府的《奏定学堂章程》，所有的事情都从"农历初一"开始，这种做法对中国人来说极为自然。满铁参照中国人习惯的同时也与附属地周边私塾的学期相对应，这样可以创造满铁附属地外中国学校及私塾学生入学的条件。总之，满铁考虑到附属地的特殊性，使

---

① 南满洲铁道株式会社总裁室地方部残务部整理委员会：《满铁附属地经营沿革全史》上卷，南满洲铁道株式会社，1939，第 250 页。

② 南满洲铁道株式会社总裁室地方部残务部整理委员会：《满铁附属地经营沿革全史》上卷，第 250 页。

③ 南满洲铁道株式会社初等教育研究会第二部（满人教育部）：《公学校·日语学堂教育的实际》，南满洲铁道株式会社，1937，第 15 页。

④ 满铁地方部学务课：《满铁教育沿革史》，南满洲铁道株式会社，1937，第 1561 页。

《盖平公学堂规则》的内容更加接近清政府的《奏定学堂章程》，这成为其特色。

### （二）《南满洲铁道附属地公学堂规则》的特点

1914年3月，经过满铁教务研究会协议，满铁颁布了《南满洲铁道附属地公学堂规则》。该《规则》基本依据《盖平公学堂规则》制定而成。但有如下几点不同：

第一，设日语为必修科。《南满洲铁道附属地公学堂规则》表明了其办学宗旨："公学堂的办学宗旨是注重学生身体的健康成长，施之以德育，授之以实学，并使之学好日语。"① 1911年3月，关东都督大岛义昌在第二次学事咨询会议上训示："公学堂的教育除遵从法令所示授以普通知识外，特别注重于日语的教授，以开导一般土人，使之浴被我国德泽，信赖我国施政。"② 关于日语的教授，满铁总裁中村是公提出更为实际的要求，他说："要做到在满铁沿线，日本人所到之处只讲日本话就可以办事。"③为了"普及日语"，满铁除实行语学检定考试及奖励制度外，还开办了日语学堂，并规定不管是否在附属地内，凡是在"满洲"的中国人教授日语或者准备开设此类学校者，只要愿意接受满铁的领导和监督，都一律在人力和财力方面给予补助，明确了重视日语教育的方针。而《盖平公学堂规则》是在还没有制定公学堂教育方针的情况下，依据《奏定学堂章程》而制定的暂时规则，所以把日语科设为选修科，但这并不意味满铁轻视日语教育，实际上盖平公学堂每周设置了6学时的日语④，其教学时数并不低。

第二，明确了管理的责任者。《盖平公学堂规则》的管理责任者不明确，实际的责任者是公学堂堂长。而《南满洲铁道附属地公学堂规则》确认了公学堂的管理责任者是"所在地的地方事务所主任"⑤，理由是公学堂的经费从学堂所在地的区公费中支出，而满铁又是直接的经营母体，其所在地的满铁地方事务所主任自然成为管理责任者。

第三，在课程设置中加上了农业、商业这样的职业教育，设置了补习科。满铁于1916年4月颁布《南满洲铁道附属地公学堂补习科规程》（社则第1号）⑥，其主要条文如下：第一条，补习科分为初等补习科和高等补习科。初等科招收初等科毕业或具有同等以上学历者入学，补习初等科课程并进行相关的职业教育；高等科招收高等科毕业或具有同等以上学历者入学，补习高等科课程并进行相关的职业教育。第二条，补习科的学习年限为2年以内。依据该《规程》，满铁于1916年设置了熊岳城公学堂

---

① 满铁地方部地方课：《南满洲铁道株式会社经营教育设施要览》，南满洲铁道株式会社，1922，第82页。

② 卢鸿德：《日本侵略东北教育史》，第108页。

③ 满铁编印《满铁附属地学校及图书馆等社会公共设施的发展》，南满洲铁道株式会社，1939，第184页。

④ 满铁地方部学务课：《满铁教育沿革史》，第1565页。

⑤ 满铁地方部地方课：《南满洲铁道株式会社经营教育设施要览》，第87页。

⑥ 满铁地方部地方课：《南满洲铁道株式会社经营教育设施要览》，第89页。

农业补习科及盖平公学堂农业补习科。在熊岳城和盖平的邻接地域设置农业补习科一个原因是因为农业人口多，另一个原因是设置了农事试验场熊岳城分场，农事试验场的职员兼任教员，利用农事试验场为实习场地，进行农业实践①。满铁又于1920年4月，在熊岳城公学堂农业补习科设置了以中国国民学校毕业生为对象的一年预科。接着在开原公学堂设置了初等商业补习科，同年8月又设置了公主岭初等职业补习科②。满铁在公学堂设置补习科对公学堂学生进行初步的职业教育，其特点主要是减少文化基础课的分量，取消系统知识和基本理论的讲授，取而代之的是进行实际操作和训练，这样可以培养廉价的中国人下级劳动力，减少人工费用，这十分符合满铁节省运营经费的方针，因为满铁一直“把当地中国人子弟培养成具有一定职业技能的廉价劳动力，视为上策”③。

### （三）《南满洲铁道株式会社公学堂规则》的特点

1917年4月，满铁对《南满洲铁道附属地公学堂规则》进行了部分修改。满铁把《南满洲铁道附属地公学堂规则》修改为《南满洲铁道株式会社公学堂规则》。该规则的修改并不是单纯修改名称的问题，而是表现出在附属地教育上满铁应该站在何种立场的问题。现列举1917年以前满铁的《学事法规》进行说明：《附属地小学校规则》（1908年）、《附属地公学堂补习规程》（1916年）、《附属地实业补习学校规则》（1912年）、《附属地实科女学校规则》（1916年）、《附属地幼儿运动场规程》（1909年）等④，都带有“附属地”字样。但是，1917年以后颁布的满铁《学事法规》如：《满洲铁道株式会社日语学堂规则》（1917年）、《南满洲铁道株式会社中学校规则》（1921年）、《南满洲铁道株式会社幼儿运动场规则》（1922）、《南满洲铁道株式会社家政女学校规则》（1922年）等⑤，都带有“南满洲铁道株式会社”字样。即把表示学校地域的“附属地”字样改为表示学校经营主体的“南满洲铁道株式会社”，这样就明确了学校的经营母体。根据《政府命令书》的规定，满铁被赋予地方行政的权力；维持行政权的军事由关东军管理；和中国的外交由外务省管理；铁道守备由关东都督府管理，由于权力被分散，产生出所谓“三头政治”或“四头政治”分别管理的情况⑥，这就不能表现出满铁的独立性。但是，由于满铁总裁中村雄次郎就任关东都督，修改了

① 满铁地方部地方课：《南满洲铁道株式会社经营教育设施要览》，第91页。

② 南满洲铁道株式会社总裁室地方部残务部整理委员会：《满铁附属地经营沿革全史：上卷》，第494页。

③ 满铁编印《满铁附属地学校及图书馆等社会公共设施的发展》，第229页。

④ 满铁地方部地方课：《南满洲铁道株式会社经营教育设施要览》，第71页。

⑤ 满铁地方部地方课：《南满洲铁道株式会社经营教育设施要览》，第77页。

⑥ 关东都督府：《关东都督府事务概要》，大连：关东都督府，1913，第5页。

《关东都督府官制》，关东都督统裁满铁，产生出满铁经营“满洲”的条件①。所以把“附属地”变更为“南满洲铁道株式会社”，其目的是表明满铁将更加积极、主动地经营“满洲”。

1923年，根据当时的政治形势变化，有人在公学堂堂长会议上提出对《南满洲铁道株式会社公学堂规则》进行修改的提案，经过协议，同年4月颁布了《南满洲铁道株式会社公学堂规则》（社则第一号）②，新颁布的《南满洲铁道株式会社公学堂规则》主要修改了以下几点。

第一，强调所谓民族融合政策。更改民族称谓体现出所谓民族融合的姿态。满铁在《南满洲铁道附属地公学堂规则》的教学科目中虽然使用了“中国文”的称谓，但从民族的角度仍把中国人叫作“支那人”，这是带有污辱性的称呼。《南满洲铁道株式会社公学堂规则》把“支那人”改为“中国人”，民族称谓虽然只是一种形式，但在使用现场对被歧视民族则是个很大的问题。在关于中国人教育的诸规则中，《南满洲铁道株式会社公学堂规则》首次使用了“中国人”的称谓。然而，在“关东州”依然使用“支那人”“支那语”这种称谓③，这是因为关东都督府（关东厅）可以看作是日本政府的派出机构，如果日本不修改法律，就不可能轻易更改称谓，而满铁是受关东厅监督的民间企业，只要内部达成一致就可以更改。修改称谓是由于我国东北教育权收回运动的高涨以及1921年11月至1922年2月召开的华盛顿会议，会议承认了中国的主权、独立、领土完整、不干涉内政等事项，会议确定的《关于中国政策的九国条约》把日本在东北的“特殊权益”也包括进来。在这种背景下，1921年5月，就任满铁社长的早川千吉在其就职“训谕”中，提出满铁经营的要旨是“日中共存、日中共荣”④，表明了满铁“日中共存共荣”的态度，但这种所谓的民族融合，不过是日本为了谋求扩大在东北的教育经营而做出的必要妥协。

第二，转变重视日语教育的政策。1923年，教育权收回运动高涨，我国爱国人士提出公学堂教育会使中国人子弟丧失国家观念，在这种背景下，满铁删除了《南满洲铁道株式会社公学堂规则》“总则”里“讲授日语”的字样。同年3月，修订后的《关东州公学堂规则》“总则”⑤ 也删除了“讲授日语”的字样。另一个理由是由于爆发了世界性的经济危机，满铁经营恶化，在满铁众多经费中，人工费占有很大比例，这影响了满铁的经营。于是，满铁决定实行定员制，解聘两成职工，其中包括23名教师，由于教师数量减少，满铁只能通过减少日语授课时数弥补教师的不足。关于削减

① 关东厅：《关东厅施政二十年史》，大连：关东州厅，1926，第21页。

② 满铁：《南满洲铁道株式会社公学堂规则》，《满铁社报》1923年4月5日。

③ 关东州厅内务部学务课：《关东州学事法规集》，大连：关东州厅，1937，第87页。

④ 镰田政国：《历代满铁总裁训谕抄》，大连：铁道总局人事局养成课，1940，第67页。

⑤ 教育史编辑会：《明治以降教育制度发达史：第12卷》，东京：龙吟社，1938，第71页。

日本语授课时间，《满铁教育沿革史》记载："这次规则修改削减了初等科一、二年级的日语授课时数，或整体上减少了日语授课时数，教授日语是满铁附属地中国人教育的重大方针，目前正在消失"①。在1922年的学堂长会议上，满铁当局以"学生负担过重"②为由，提出"初等科不讲授日语，高等科讲授日语"的提案，这相当于废止了日语教育，受到学堂长的反对。他们认为："在优秀教师的指导下，可以使初等科一年级的中国儿童理解日语，负担并不沉重，如果废止初等科的日语教育则会动摇殖民地教育的根本，不仅会危及公学堂的存在，还会更加助长中国的教育权收回运动"③。最后双方达成妥协，决定增加一条附带事项"根据土地状况，管理者经社长认可，可以在初等科一、二年级加设日语科，或可以对授课时数进行增减"④。然而这都不过是在不得已的情况下采取的权宜策略，难怪满铁把这一阶段喻之为"月圆将亏的时期""有希望的雌伏时代"⑤。

第三，引入中国学制。1915年，袁世凯修改了中华民国的《小学校令》，并颁布了《国民学校令》。该令强化了民族主义、国家主义，把国民的道德标准归为儒教，在教学科目中恢复了以"四书五经"为主要内容的"讲经"科。但是，1919年爆发了五四运动，运动批判袁世凯为了恢复帝制而进行的复古教育，由此带来了学制改革的机运。中国的学制自《奏定学堂章程》以来，一直模仿日本的学制。但是，日本提出对华"二十一条"后，促使中国逐渐接近欧美，中国的教育界开始介绍欧美的新式教学法，各学校间也通过教育实践进行着交流⑥。由于留美归国的教师就任教育行政中枢部门，新式教育法得到推广，在这个潮流中，对中国学制起到积极作用的是哥伦比亚大学的杜威。杜威在中国度过了2年零2个月，为了普及新式教育理论，他在中国11个省进行了巡回讲演，翻译胡适、陶行知都是其弟子。1923年11月，美国教育制度席卷中国教育界，颁布了《学校系统改革令》（壬戌学制）⑦。中国进行了以欧美学制为标准的教育改革，满铁不可能对之熟视无睹，不得不吸取中国教育改革的部分内容，对公学堂教育进行必要的修改。比较中国的《学校系统改革令》和《南满洲铁道株式会社公学堂规则》，可以知道《南满洲铁道株式会社公学堂规则》虽然把学年编制、入学年龄按照《学校系统改革令》做了调整，但实际的教学内容却和《学校系统改革令》

① 满铁地方部学务课：《满铁教育沿革史》，第17页。

② 满铁地方部学务课：《满铁教育回顾三十年》，南满洲铁道株式会社，1937，第161页。

③ 满铁地方部学务课：《满铁教育回顾三十年》，第161页。

④ 南满洲铁道株式会社初等教育研究会第二部：《初等教育研究会第二部沿革史》，南满洲铁道株式会社，1937，第32页。

⑤ 满铁编印：《满铁附属地学校及图书馆等社会公共设施的发展》，第855页。

⑥ 舒新城：《中国教育近代化论》，东京：明治出版社，1972，第10页。

⑦ 满铁地方部学务课：《南满洲铁道株式会社学事关系规程》，南满洲铁道株式会社，1933，第101页。

站在不同的立场，这主要是由于教育权收回运动导致民族主义倾向增强，致使日本和中国的教育内容从根本上相异。

第四，强化公学堂堂长的权限。《南满洲铁道株式会社公学堂规则》强化了学堂长的权限。虽然课程设置仍由总裁决定，但部分科目的设置、具体的教学安排、教科书选定、上课时间、学期、学年的变更时间都由学堂长决定，这反映出满铁的教育方针采取了“重视现场”“适应当地状况”的政策。满铁附属地和“关东州”不同，是个狭长的地带，地域差极大，如果制定统一的指导方法，肯定会出现难以处理的问题。而且，《南满洲铁道株式会社公学堂规则》还删除了《南满洲铁道附属地公学堂规则》中关于“商议员会”的条文，“商议员会”是“对学堂长提出的事项进行商议”，即对学堂长的校务进行辅助及监督。以前，学堂长处在地方事务所所长和商议员会的双重监督下，由于商议员会被解散，学堂长的校务行政权力得到了加强，进而强化了公学堂的自主性。

### （四）《南满洲铁道株式会社公学校规则》的特点

1931 年 3 月，满铁修改了《南满洲铁道株式会社公学堂规则》，颁布了《南满洲铁道株式会社公学校规则》（社则第一号）①。修改的主要内容如下：

第一，名称变更。中国于 1912 年在中华民国刚刚成立时就颁布了《普通教育暂行办法》，把《奏定学堂章程》中使用的“学堂”修改为“学校”称为“小学校”“中学校”，满铁按照中国的习惯，把公学堂改为公学校。

第二，修改教学科目。修改《南满洲铁道株式会社公学堂规则》的背景是由于 1930 年 8 月中华民国颁布了《中小学课程暂行标准》。《南满洲铁道株式会社公学校规则》与《南满洲铁道株式会社公学堂规则》相比，更加接近中国的学制，但从教育内容来看，对立之处却得到了加强。中国的《中小学课程暂行标准》规定小学校历史、地理的教学内容以日本侵略中国史、欧美的民主革命、俄国的社会主义革命、中国的独立运动、资本主义经济、国民党的党义居多，含有大量反日内容。满铁附属地公学校使用的教科书在满铁编辑出教科书以前，一直使用中方的教科书，但在历史、地理、中国语等反日内容较多的科目中，根据其需要删去了反日的内容。

第三，强化公学校长的权限。《南满洲铁道株式会社公学堂规则》与之前的《南满洲铁道附属地公学堂规则》相比，学堂长的权限得到了强化。而《南满洲铁道株式会社公学校规则》与《南满洲铁道株式会社公学堂规则》相比，更加强化了公学校长的权限，但是强化的内容有所不同。由于公学堂教育刚刚步入正轨，《南满洲铁道株式会社公学堂规则》强化公学堂堂长之目的主要是根据“当地状况”进行有特色的学校运

① 满铁地方部学务课：《南满洲铁道株式会社学事关系规程》，第 10 页。

营。但是，《南满洲铁道株式会社公学校规则》之所以增强了公学校长的裁判权，主要是为了应对高涨的反日运动，迅速处理各类情况，更好地进行现场指挥。

## 四 结语

综上所述，“九一八”事变前由于教育实施母体满铁的“国策会社”性质以及附属地是被我国政治、文化所包围的纵贯东北的狭长地域[①]，加之我国反日爱国运动频起，满铁制定中国人公学堂规则不得不考虑我国的传统习惯，被迫进行一些局部的让步和妥协，采取了权宜的、缓进怀柔的同化主义政策，但这些让步和妥协不过是不得已而为之的技术性调整，丝毫没有动摇其教育根本，而且从实际效果来看，某些调整反而加强了满铁对中国人公学堂的控制，这表明满铁仍牢牢地把持着附属地的教育权，因为这样可以潜移默化地向中国儿童输入日本文化、日本精神，从而培养中国少年热爱日本的性格，增强他们的亲日感情，进而蚕食东北儿童的民族、国家意识，培养对侵略者服从、亲善、仁爱的品格，这使得满铁中国人公学堂的教育性质从根本上异于日本人小学校。这从岛田道弥在其所著的《满洲教育史》中可以看出，他认为：“中国人公学堂的教育不可能按照日本的国民教育行事——它的第一目的是从人道上对别人的孩子进行教育，也就是把他们作为人类社会的一个成员，对他们进行不可缺的道德教育，所谓进行和日本国民一视同仁的教育是根本不存在的。”[②] 从上述表述可知，满铁中国人公学堂的教育地位低下，学生们只能获得作为中国人在生活上有限度的、必需的知识，只能学到为日本服务并为之创造物质财富所需要的最基本的生产生活知识，即低层次的廉价劳动力。这表明中国人公学堂的教育性质依然是殖民奴化教育，其根本目的仍然是为了配合日本的政治、军事侵略，巩固其殖民统治，最终实现其“大陆政策”。

原载《东北师大学报》（哲学社会科学版）2017 年第 4 期

① 谢忠宇：《“九一八”事变前满铁附属地日本人小学校教育方针确立探析》，《东北师大学报》（哲学社会科学版）2013 年第 5 期，第 64－68 页。

② 岛田道弥：《满洲教育史》，第 276 页。

# 满铁与留日教育

## ——以南满中学堂为例

徐志民

满铁既是近代日本侵华扩张政策的产物，又是其侵华扩张行动的工具，从1906年6月至1945年9月盘踞中国近40年，与近代中日关系密切相关。战后被遣散回日本的满铁职员，大多具有满铁“情结”，他们成立满铁会，创办《满铁会报》，出版各种回忆资料、纪念文集，为满铁“树碑立传”，企图留住满铁之“魂”。满铁遗散世界各地的档案资料，如今已成为中日学者关注、利用和研究的重要对象，出现了“满铁研究热”①。其中，中日学者颇为关注满铁的殖民教育活动，取得一系列重要成果②。不过，满铁限制发展中国东北的中等教育，至1917年3月才创办其唯一一所主要接受中国学生的中学——南满中学堂，且以推行留日预备教育为主。目前，虽有一些研究成果或学术资料涉及南满中学堂③，但对于满铁以南满中学堂为支点而实施的留日教育，以及满铁与日本政府对留日教育的态度和关系，尚缺乏足够关注。故而，笔者拟从满铁的殖民教育入手，以南满中学堂为例，梳理满铁留日教育史实，分析满铁与日本政府对中国留日学生政策的异同，探讨满铁在近代中日教育交流史上的位置与作用。

## 一　满铁教育与南满中学堂

满铁成立之初，虽根据日本《政府命令书》在其附属地内建设“土木、教育、卫

① 关于中日学界的满铁研究，参见武向平《三十年来我国满铁研究现状述评》，《日本问题研究》2009年第2期；武向平《三十年来日本满铁研究现状述评》，《日本问题研究》2012第3期。

② 关于满铁在中国东北的殖民教育，中日学者已取得较为丰硕的研究成果。谢忠宇的《满铁附属地学校教育研究》（东北师范大学博士学位论文，2009）、彭晓江的《日本在东北的初等教育（1905－1945）研究》（辽宁大学硕士学位论文，2012）、曹桓铭的《满铁附属地青年学校研究》（东北师范大学硕士学位论文，2014）、王爽的《满铁附属地日语殖民教育研究（1907－1937）》（吉林大学硕士学位论文，2015）、郭精宇的《饭河道雄在华文化活动研究》（吉林大学硕士学位论文，2015）等，都梳理了相关学术史，此处不再赘述。

③ 槻木瑞生：《南満中学堂覺書》，同朋大学論叢，56号，1987，第155－180页。

生等有关的必要设施”[①]，但总体而言对中国人的教育采取了相对消极的态度。这主要表现为以下三个方面。一是不太热心创办接受中国学生的学堂。1904 年 12 月，金州地方士绅筹款，与日军金州军政署合办小学堂，翌年更名为“关东州公学堂南金书院”，是日本在中国东北创办最早的公学堂[②]。1907 年至 1908 年，满铁虽接管附属地内的五所小学，但其真正创办主要从事中国人教育的第一所小学，则是 1909 年开校的盖平公学堂，比“关东州公学堂金南书院”晚了五年。二是到 1914 年 3 月才公布《南满洲铁道株式会社附属地公学堂规则》，比关东州 1908 年第一次修订的《关东州公学堂规则》晚了六年。尤其是首创之盖平公学堂仅仅具有“试验性质”，在成立之后并未公布《盖平公学堂规则》，而对其实施“德育”、传授“实学”、培养“良民”的宗旨，仅以内部“通知”的形式发布。三是满铁最初将中国人的教育限定为初等教育，不包括中等教育。即使南满中学堂，也并非普通的中等教育，而是“定位在预备教育”，且“以日语教育为主”[③]。

满铁为何对中国人教育如此消极？首先，满铁首任总裁后藤新平，以其在台湾殖民统治的实际“经验”，认为过于发展殖民地教育，不仅不能收到疏导民心之效，反而容易种下民心不驯的“祸根”，但实行愚民政策又无法实现其殖民统治使命[④]。于是，他对满铁附属地的中国人教育，没有任何整体规划或长远计划，而是采取放任自流的“无方针主义”。其次，满铁领导层认为满铁成立之初，经营状况不佳，各方面需要资金，反对满铁多元化经营，要求集中精力铺设铁路，改造原铁路线，大多不愿经办教育中国人的学校。再次，满铁担忧创办教育中国学生的学校，将受到中国民众的抵制和中国政府的抗议。最后，一个潜在原因是日本从俄国手中“继承”旅大租借地和南满、安奉铁路的管理权，按照中俄《旅大租地协定》将于 1923 年期满，所以这种“不确定性”使满铁不愿在暂时无法产生经济效益的中国人教育问题上过多投入。1915 年 5 月 9 日，北京政府被迫接受“二十一条”要求[⑤]，同意将旅大租借地和南满、安奉、吉长等铁路管理权或托管权延长至 99 年，即 1997 年到期。此后，满铁对中国人教育事业有所“改进”，南满中学堂的成立就是一例。

满铁显然不是为了发展中国教育事业和提高中国民众的人口素质，而是出于扩张在华经营权益和殖民统治的需要。南满中学堂的主要创办者、首任堂长饭河道雄，直

---

① 南滿洲鉄道株式会社：《南滿洲鉄道株式会社十年史》，大連：南滿洲鉄道株式会社，1919，第 21 页。

② 齐红深主编《东北地方教育史》，辽宁大学出版社，1991，第 260 页。

③ 嶋田道弥：《滿洲教育史》，东京：文教社，1935，第 369 页。

④ 南滿州鉄道株式会社地方部学務課：《滿鉄教育沿革史》，大連：南滿州鉄道株式会社，1937，第 207 页。

⑤ 王铁崖：《中外旧约章汇编》第 2 册，生活·读书·新知三联书店，1959，第 1100－1113 页。

言不讳地指出为中国人建立教育设施，是为了普及日语，并通过普及日语培养亲日人才[①]。满铁第二任总裁中村是公、满铁理事松冈洋右等人，指出开办满铁附属地内的中国人教育设施，既可以向当地居民征收建设“公费”，又可以培养满铁所需的各类人才，还可以打着“民族和谐”“日中亲善”旗号，配合日本的侵华扩张政策。更关键的是，满铁若不经营中国人教育设施，则附属地内的中国儿童只能到附属地外的中国教育机构学习，而这些接受民族教育的中国学生返回附属地后，必将带来反日运动的“火种”[②]。鉴于此，满铁在附属地内开设一些专门教育中国人的公学堂，但又担忧过快发展中国人教育事业不利于其殖民统治，所以仅开设10所从事中国人小学教育的公学堂，5所规模很小的职业学校，2所日语学堂，1所中学（即南满中学堂），另补助中国人承办的6所学校，根本没有针对中国人的高等教育机构。满铁附属地内的中国人欲接受高等教育，只能到日本的大学，或者“关东州”、满铁附属地内为日本人开办的大学去学习。

与为数有限、层次残缺的中国人教育机构相比，满铁在中国东北建立了颇为完备的日本人教育系统。为吸引日本移民扎根中国东北，培养服务满铁经营和配合日本侵略扩张的殖民主义者，满铁投入巨资建设日本人的教育设施。据统计，到1937年底，满铁在中国东北为教育日本人建立了47所小学，13所普通中学，5所职业实习所，3所专门学校，1所大学。由此，满铁附属地的日本人小学入学率接近100%，略高于日本国内，而同期中国人的入学率仅为37.2%；满铁为日本女生设立了7所女子中学，总体升学率为50%，而没有专门接受中国女生的中学，只是从1924年开始每年接受10名左右的中国女生入学，前述日本女子中学，平均每班二三名，但绝大多数没有升学机会。由于20世纪20年代末的“经济大危机”和满铁经济“不景气”，使不少到中国东北梦想发财的日本人反而处于竞争劣势，出现了日本人失业率竟高于中国人的情况。满铁地方部学务课课长保保隆矣，认为这是满铁发展中国人职业教育的缘故，要求停办中国人职业教育[③]。1927年至1932年，满铁相继停办主要接受中国学生的营口商业学校、辽阳商业学校、熊岳城农业学校、公主岭农业学校、抚顺矿山学校等五所职业学校，改为接受和培养日本人的职业实习所。满铁创办的高等教育机构虽接受中国学生，但中国学生主要在大学预科或专门部学习，本科生仅为日本学生的1/10[④]。这就是满铁在中国东北“发展”教育事业的实态。

南满中学堂只是为中国学生升入南满医学堂（1922年升格为南满洲医科大学）和

① 飯河道雄：《本社支那人教育施投の目的に関する私見》，大連：南滿洲鉄道株式会社地方部学務課，1920年，第6页。

② 竹中憲一：《「滿洲」における教育の基礎的研究》第2卷，東京：柏書房，2000，第4页。

③ 南滿洲鉄道株式会社地方部学務課：《滿鉄教育沿革史》，大連：南滿州鉄道株式会社，1937，第561页。

④ 齐红深：《日本侵华教育史》，人民教育出版社，2002，第227页。

赴日留学的预备教育机构而已。根据饭河道雄回忆，其提倡创办南满中学堂主要基于以下三点：一是欧美列强在中国东北大力发展教育事业的刺激，使日本急于与之争夺中国人教育权；二是中国留日学生“素养太差”，留日“成绩不佳”，需要发展中等教育事业，做好留日预备教育，以培养合格的亲日人才；三是随着中国教育事业的发展和小学毕业生的增多，必须设立相应的中学教育机构才能满足他们强烈的求知欲望①。除此之外，还有一个饭河道雄不愿或者不便说的主要原因，就是中国留日学生与日本政府的冲突，尤其是1915年日本提出企图灭亡中国的“二十一条”要求后，留日学生发起大规模的反日游行和罢课回国运动，以致日本人开始反思为何中国学生“留美者亲美，留日者反日”？日本的一些教育界人士和国会议员，纷纷呼吁加强中日教育合作，为中国学生改善教育设施和谋求改进日语教育的方法②。1917年3月，满铁合并南满医学堂附设之“预科班”和辽阳公学堂的“补习科”，创办了南满中学堂，设置一年制预科和四年制本科，另有两年制的医学预科，每年4月1日开学，与日本学校一致。

## 二　南满中学堂的留日预备教育

日语是南满中学堂最主要的学习科目。因为南满中学堂的学生，既有来自满铁附属地公学堂的毕业生，也有来自附属地外中国教育机构的毕业生，他们日语程度不同，且不少学生尚无接受日语授课的能力，所以特别强调日语教育。在其一年制预科教育的每周33个学时中，日语是20个学时，占60.6%；在两年制医学预科教育中，第一学年每周31个学时，日语是20个学时，占64.5%；第二学年每周19个学时，日语是10个学时，占52.6%③，日语教育受重视之程度可见一斑。即使在本科教育阶段，日语教育的学时比重虽有所下降，但在南满中学堂各科学时中仍占有较高比例，以保证南满中学堂学生的日语水平。满铁从1922年举办每年一次的日语“语学检定考试”，南满中学堂几乎所有学生参加，且每次合格人数最多，如1932年、1933年该校学生合格人数，均占全部合格人数的近四成。更关键的是，这些合格者大多获得特等、一等、二等的好成绩，从而使之毕业后无论升入南满医学堂，还是赴日本大学、专门学校留学，都能理解高深的专业讲义。

南满中学堂注重日语教育，但也开设相应的普通中等教育课程和借机灌输军国主义思想。如，中等教育课程包括修身、汉语、日本历史、中国历史、西洋历史、东洋

① 满鉄地方部学務課：《満鉄教育開港回顧三十年》，大連：南満州鉄道株式会社，1937，第185页。

② 宫藤惠秀：《中国人日本留学史》，東京：くろしお出版，1981，第121页。

③ 槻木瑞生：《南満中学堂覺書》，同朋大学論叢，56号，1987，第155－180页。

历史、日本地理、外国地理、算术、代数、几何、植物学、动物学、物理、化学、博物、矿物、图画、体操等。除了汉语、中国历史等少数科目由中国教师任教外，其余课程由日本人担任教师，完全以日语授课，间接强化了专业日语训练。课堂之余，南满中学堂还举办各种思想教育活动。如，南满中学堂组织教职员在每年4月29日的“天长节”，举办庆祝天皇生日活动；5月15日举行“奉天神社祭祀”，下午临时休假；10月17日的“神尝节祭祀”，11月21日的“新尝节祭祀”等日本节日，学堂照例休假。伪满洲国成立后，日本的“纪元节”“靖国神社祭祀”等，成为南满中学堂的例行节假日，全体师生必须齐唱日本国歌“君之代”，向昭和天皇及皇后的照片鞠躬致敬，奉读《教育敕语》，甚至为日本侵略战争胜利“祈祷”，宣扬“忠君爱国”和日本军国主义思想。

南满中学堂经常组织学生赴日修学旅行，参观日本名胜古迹、工厂企业、军事基地，宣扬“日本精神”，夸耀日本经济和军事实力，不仅以此吸引他们赴日留学，而且借此开展崇日、亲日教育。1929年3月26日至4月4日，南满中学堂教谕水谷直七、近藤喜助带领于春和等37名学生，赴日本各地修学旅行。3月29日，他们在大阪参观了大阪造币局、大阪每日新闻社、中山太阳堂、高津神社、天王寺公园。4月1日，他们到东京参观了汽车工厂、明治神宫、靖国神社、帝国议事堂、爱岩山广播局等处。4月2日，他们到京都御所岚山、比叡山、东本愿寺、琵琶湖、大津寺等处观光游览。其实，这次修学旅行主要是参拜神宫神社和游览观光。1933年7月5日，近藤喜助带领南满中学堂四年级的15名学生，到福冈县参观八幡制铁所熔铁炉及其位于户畑市的工场与户畑制罐会社，重在使他们感受日本工业实力的强大。1936年3月5日，南满中学堂安藤基平堂长致函横须贺海军镇守府司令长官末次信正，亲自斡旋该学堂学生在教谕三村欢次、大迫佐吉、堀敏夫的带领下赴横须贺军港参观一事，并获得允准。4月4日，横须贺海军镇守府特派一名下士官与他们同行，并在沿途介绍或普及军事知识①，其实是展示和炫耀日本的军事实力。

日本接待南满中学堂赴日修学旅行团的机构或地方政府，相互配合，密切注视着他们的一举一动。如，1925年4月14日，熊本县知事中川健藏致函内务大臣若槻礼次郎、外务大臣币原喜重郎、警视总监太田政弘、关东厅警务局局长及福冈、山口、大分、大阪、奈良、三重、爱知、栃木、滋贺、京都、兵库各府县长官《关于南满中学堂学生修学旅行团来往件》，指出：南满中学堂教谕三轮环、山口直带领学生王景和等18名，在3月29日下午一点零九分到熊本站，当天在市内本妙寺、熊本城等处游览，夜宿市内；30日从水前寺站向本人辖区内的阿苏郡宫地町出发，当夜到达该町，入住旅馆吉野屋；31日上午十点向大分县下别府出发，详细报告了他们在熊本县内的所有

① 公文備考《昭和11年D外事》卷4，東京：防衛省防衛研究所，アジア歴史資料センター，C05034815600。

活动，并表示学生们在各地受到欢迎，非常高兴[①]。1935 年 3 月 8 日，安藤基平致函横须贺海军镇守府，请求允许南满中学堂学生到横须贺军港修学旅行时，特别指出“本学堂由南满洲铁道株式会社经营，学生全部是满洲国人”，且在“学生全部是满洲国人”下划上波浪线，以示需要注意。

南满中学堂不仅组织学生赴日修学旅行，而且为他们修学旅行申请经费补助或被选为文化事业部学费补助生提供帮助。1927 年至 1931 年，南满中学堂曾两次获得外务省文化事业部的赴日修学旅行费用补助。1936 年 5 月 29 日，驻奉天总领事宇佐美珍彦致函外务大臣有田八郎，汇报许国斌、关治信、宫清泉、刘贵福 4 名南满中学堂毕业生，因学费不足向文化事业部提出补助申请，指出安藤基平提供了这 4 名学生的毕业名簿和学习成绩，且分别说明他们的思想状况：“性情温和”“性格活泼”“德操坚实”“思想稳健”，具有社交或做事才干，对他们毕业后成为“满洲国”的“骨干力量”和服务日本侵华活动抱有期待，希望文化事业部选拔补助留学生时予以考虑。10 月 3 日，文化事业部部长冈田兼一致函“满洲国”留日学生会馆理事长平田幸弘，通报就读于山口高等商业学校的许国斌、东京铁道传习所的关治信被选为文化事业部学费补助生[②]，为那些家境一般而又勤奋学习的留日学生提供了“帮助”。

南满中学堂还通过关东州警务局局长、日本驻东北各地总领事或领事，将学生的留日希望反馈给外务省，甚至通过外务省为他们斡旋留学。1928 年 12 月 6 日，关东厅警务局局长致函外务省次官、满铁情报课课长等，报告在中国各地爆发多次反日示威游行的情况下，南满中学堂学生仍有不少人产生了“亲日”感情，希望赴日留学者逐年增加，指出本年度毕业生除一人外全部希望留日，建议政府接受，以对中国文化“发展”发挥更大影响[③]。1929 年 5 月 11 日，驻奉天总领事代理森岛守人致函外务大臣田中义一，报告南满中学堂本年度有毕业生 41 名，希望到东京第一高等学校、仙台高等工业学校、秋田高等工业学校、北海道高等农业学校、早稻田大学、铁道学校等校留学，其中有 8 名希望入学铁道学校，而往年最受青睐的日本陆军士官学校，今年仅有 1 名希望入学者，认为这是受到中国方面裁军方针的影响。1929 年 9 月，国民政府教育部提高赴日留学资格，认为南满中学堂达不到高中程度，拒绝发给留学证书，使该学堂不少学生心生不安。于是，满铁一方面向国民政府教育部交涉南满中学堂的

① 《在外本邦学校関係雑件》第二卷，東京：外務省外交史料館，アジア歴史資料センター，B12081919900。

② 《在本邦選抜留学生補給実施関係雑件/推薦関係》第一卷，東京：外務省外交史料館，アジア歴史資料センター，B05015478700。

③ 《満支人本邦視察旅行関係雑件/補助申請関係》第一卷，東京：外務省外交史料館，アジア歴史資料センター，B05015698300。

登记备案和认可事宜，另一方面命其东京分社向国民政府驻日留学生监督处沟通①；同时，通过外务省斡旋，使日本相关学校与南满中学堂达成暂无国民政府留学证书情况下接受该学堂学生的谅解，以继续开展留日预备教育。

九一八事变后，日本于1932年3月扶植清废帝溥仪成立傀儡政权“满洲国”，南满中学堂便采用伪满之留日学生政策。如，南满中学堂承认伪满的“留学生认可制度”和留学生预备校制度，甚至该学堂毕业生有人先入留学生预备校学习，然后再赴日留学。如，王保粹在南满中学堂毕业后，便入留学生预备校第一期学习，而后到东京第一高等学校留学②。当然，在满铁附属地内，南满中学堂毕业便具有报考日本各大学、专门学校的资格，所以该学堂到1936年底累计毕业升学的337人中，有213名留学日本，占总升学人数的63%③，即其多数之学生获得了赴日留学的资格与机会。1937年12月1日，日本政府为塑造“满洲国”的“独立”形象，与其签订所谓“撤销”日本在伪满治外法权和向伪满“移交”满铁附属地行政权的“条约”，而满铁在伪满开办的学校变为在“满”学校组合及其组合联合会④。据此，南满中学堂从形式上被编入伪满教育体系之中，更名为“南满洲铁道株式会社设立私立国民高等学校南满中学堂”，实际上仍由满铁控制和经营。1939年5月11日至16日，南满中学堂堂长安藤基平和教谕内野彦一、岩泽严，带领73名学生赴日修学旅行，与此前该校之赴日修学旅行没有什么差别。

南满中学堂虽可谓满铁的留日预备校，但除该学堂外，满铁创办的一些中等职业教育学堂也曾选派少数之留日学生。如，营口商业学校的前身营口实业学堂，曾在其学堂规则中专门规定：培养从事实业或准备赴日留学的学生，后于1918年5月的规则修改中取消了这一条，但无论是该学堂，还是公主岭农业学校、熊岳城农业学校、辽阳商业学校、抚顺矿山学校等，都在此后选派过少量留日学生。不仅如此，满铁还支持中国东北留日学生的社会活动，将位于东京牛込区弁天町的一栋建筑物，租给张学良主导下的东北留日学生组织——同泽俱乐部，作为他们住宿、集会和社交活动的场所；九一八事变后，熙洽为联络和拉拢东北留日学生，成立“满洲国”留日学生俱乐部，继续从满铁租用这栋建筑物⑤。满铁对中国留日学生的关注和支持，既有为满铁培养当地专业技术人才和借此扩大经营范围与社会影响的私心，也有其作为“国策会社”

---

① 《文化施設及状況調查関係雜件/在外ノ部》第十卷，東京：外務省外交史料館，アジア歷史資料センター，B05016112500。

② 刘振生：《近代东北人留学日本史》，民族出版社，2015，第338页。

③ 卢鸿德：《日本侵略东北教育史》，辽宁人民出版社，1995，第550页。

④ 南滿洲鉄道株式会社総裁室地方部残務整理委員会：《滿鉄附属地経営沿革史》下卷，大連：南滿洲鉄道株式会社，1939，第1330页。

⑤ 刘振生：《近代东北人留学日本史》，民族出版社，2015，第205页。

配合日本政府对中国东北实施殖民教育的目的，因而满铁与日本政府对中国留日学生政策既有一致性，又有差异性。

## 三　满铁留日与日本国策

早在南满中学堂开校，甚至满铁成立之前，中国东北已有人赴日留学。王黎鸣根据曾任学部右侍郎的宝熙回忆：1892 年，曾有东三省的留日学生来学部报到，推断中国东北派遣留日学生始于这一年前后。刘聪虽也认为东北地区派遣留日学生始于 1892 年，但指出宝熙接待东三省留日学生的资料“并不是十分详细”，表示目前能够查到关于奉天留日学生最早的确切记录，是 1902 年的《日本留学生调查录》，证明 1901 时奉天省有两名留日学生。他们普遍认为日俄战争后，随着全国范围内留日热潮的兴起，东北地区赴日留学者逐渐增加，占据地理、文化、交通优势的奉天省选派留日学生远多于吉林省和黑龙江省。这得益于东三省总督赵尔巽的提倡和以张作霖为首的奉系军阀集团的推广与支持，到 1931 年辽宁省（1929 年奉天省改称辽宁省）留日学生达 551 名[①]，成为仅次于广东省的第二留日大省。但是，南满中学堂毕业留日者，每期多则 20 余人，少则 1 人，与东三省每年数百名留日学生的规模相比实属少数。这除了满铁主要经营铁路和控制地域、人口有限外，一个重要原因是满铁对中国人留日教育的矛盾心态。

日本政府与满铁同样怀有比较矛盾的心态，既欲通过接受留日学生培养亲日分子和中国人的亲日感情，以扩大在华权益，又担忧接受现代科学文化知识的留日学生成为其侵华扩张的潜在威胁，反映到留日学生政策层面则表现为极端的功利性。如，日本政府对清末留日学生采取积极接受、消极教育和利己管理的政策，除了关注个别有身份、地位的留日学生外，对于大多数中国留日学生漠不关心、放任自流，甚至是“学业限制”“教学保密”，使之难以真正学到有用的科学文化知识，体现了其狭隘的留学教育心态[②]。这不仅使留日学生难以产生真正的亲日感情，反而导致他们与日本政府不时冲突，发起反日游行或罢课回国运动。日本政府鉴于美国退还庚子赔款补助中国留美学生取得积极效果，决定改善中国留日学生的教育设施，资助中日文化教育交流事业，但其以此增强“日中亲善”感情和服务于日本侵华扩张政策的目的始终未变，一直延续至日本战败投降。满铁不仅仅经营满铁株式会社，而且代行满铁附属地内的行政权，既欲通过教育发挥“疏导民心”的作用，又想避免由于教育发展而促使殖民地人民的民族觉醒，因而满铁在中国东北的教育“开发”与“建设”，往往局限于初

---

① 《留美留日学生最近统计》，《时事月报》1931 年第 5 期，第 7 - 12 页。

② 徐志民：《日本政府的清末留日学生政策》，《史林》2016 年第 5 期，第 123 - 137 页。

等教育，不愿发展中等教育，更不用说高等教育和留日教育。

不过，满铁毕竟是日本的“国策会社”，随着中日关系变化和日本政府调整中国留日学生政策，也逐渐改变其消极的留日教育态度和政策。南满中学堂于1917年3月创办，即是满铁随着日本政府改善中国留日学生政策的产物。南满中学堂强化日语教育，开展日语“语学检定考试”，组织学生赴日修学旅行，搜集日本大学和专门学校的招生信息，甚至斡旋学生赴日留学和推荐为文化事业部学费补助生，实际上成为满铁系统的留日教育基地。伪满洲国成立后，南满中学堂的留日预备教育，“借用伪满洲国的政策”①，并与日本政府对伪满的政策保持一致。1935年，日本军部、满铁联络日本与伪满之部分中小学校长，由满铁出资5万元成立“日满教育协会”，主要负责监督、指导伪满留日学生，包括经营伪满留日学生宿舍和以他们为对象的日语学校，调查伪满留日学生希望入学之学校和学费情况；帮助日本学生了解伪满“国情”；开展日本与伪满之间的教育联络工作，如在东京举办日本学生与伪满留日学生的联欢会等，以民间组织的形式发挥强化“日满一体”的官方作用。

南满中学堂虽通过教育培养了一批亲日分子和“满洲国”的“骨干力量”，但大多数学生只是因战争形势和生活所迫而留学日本，或暂时就职于日伪统治机构，一旦时机成熟就会走向抗日道路，即只要日本不放弃侵略中国的野心与行动，便不可能通过培养留日学生实现真正的“日中亲善”。不过，南满中学堂的教育确实使不少学生民族意识淡漠，国家观念弱化，在毕业后成为日本实施殖民统治的工具。据统计，1918年至1926年间的南满中学堂毕业生，近一半出任“关东州”和满铁附属地的公务员、军警职员，另有一些人从事教育、铁路方面的工作，而与铁路工作相关者大多任职于满铁。1938年，满铁庶务部调查课统计了南满中学堂毕业生的就职情况，指出在355名就职者中，几乎全部分布在伪满各地，“都从事着重要的职务”②。然而，中国学生具有自然而然的爱国情感。1928年5月27日，他们为反对日本出兵山东、制造济南惨案而发起罢课运动③。1934年从南满中学堂毕业赴东京第一高等学校留学的王长新，留日期间参与进步学生组织“九光会”，后回国参加抗日斗争，1942年1月被日军逮捕。1939年从南满中学堂毕业赴北海道帝国大学农学部留学的季良，留日期间联合其他留学生组织马克思主义小组，回国后奔赴延安，参加了中国共产党④。满铁对发展中国东北教育的担忧，最终还是变成了“现实”。

满铁虽积极参与掠夺中国资源，协调日本人向中国东北移民，广泛开展社会调查

① 刘振生：《近代东北人留学日本史》，民族出版社，2015，第79页。

② 南满洲鉄道株式会社庶务部調查課：《南满洲鉄道株式会社第三次十年史》，大連：南满州鉄道株式会社，1938，第2173页。

③ 南满洲鉄道株式会社地方部学務課：《满鉄教育沿革史》，大連：南满洲鉄道株式会社，1937，第711页。

④ 刘振生：《近代东北人留学日本史》，民族出版社，2015，第244－245、247页。

和情报搜集，创办文化和教育机构，但其主业仍是经营铁路，以经济利益为重，与日本政府在接受和培养留日学生的目标、方向、力度方面均有所不同。首先，从资助留日学生的力度看，日本政府于1923年3月通过《对华文化事业特别会计法案》，建立庚款补助中国留学生制度，每年资助数百名中国留日学生[①]；满铁资助的留日学生人数极少，有的年份全无资助，有的年份仅仅资助一两名。其次，从选派或接受留日学生的专业方向看，日本政府对战前中国留日学生的学习方向似乎并不太在意，只是在战时强调尽可能多录取学习理、工、农、医科者，直到1939年中国留日学生以文科生为主的局面才慢慢改变[②]；南满中学堂出身之留日学生，学习理工科者最多，其中又以学习铁道专业为主，学习军警专业者居第二位，文科生相对较少。最后，从培养或期待留日学生的目标看，日本政府企图通过培养留日学生增进"日中亲善"感情、辅助对华外交和服务于日本侵华扩张政策，而满铁更希望通过留日教育培养专业技术人才和殖民统治人才，以服务于满铁经营之各类"事业"，两者虽无本质区别，但在"目标"具体指向上确有不同。

总之，满铁作为日本"国策会社"，既经营铁路，又曾代管满铁附属地的行政权，虽根据日本《政府命令书》开设教育机构，但主要是建立颇为完备的日本人教育系统，对中国人教育则局限于初等教育，不愿发展中等教育和高等教育，这种狭隘的殖民教育心态完全违背了世界教育发展的潮流。随着日本教育界人士和国会议员呼吁改善留日学生教育设施、效法美国退款兴学，满铁才创办了唯一一所主要接受中国学生的中学——南满中学堂，且以留日预备教育为主，重点是教授日语和灌输"日满一体"、"中日亲善"、亲日崇日的殖民奴化思想，很难说是完整的普通中等教育。南满中学堂的母体满铁，在留日教育心态、留日学生政策上与日本政府保持一致，自然留日教育结果也同样的，并不因南满中学堂的预备教育和过于强调专业技术而减少留日学生的抗日救国热情和活动。倒是满铁培养留日学生目标、方向、力度的特殊性，说明满铁关注的方向和重点与日本政府存在差异，说明其作为"株式会社"的特殊性，这也是满铁研究需要注意的一点。

原载《东北师大学报》（哲学社会科学版）2017年第4期

① 徐志民：《日本政府的庚款补给中国留日学生政策研究》，《抗日战争研究》2002年第3期，第63－74页。

② 周一川：《近代中国女性日本留学史（1872－1945年）》，社会科学文献出版社，2007，第273页。

# 满铁在中国东北设立的博物馆及其作用与性质

王玉芹

日俄战后，日本在中国东北设立南满洲铁道株式会社（以下简称“满铁”），标志着日本大陆政策进入实践阶段。满铁披着“日本企业”的商业外衣，实乃国策机关，是日本推行大陆政策的重要据点。建立之初，图文博机构等与“满洲开发”并无直接关系，但随着日本侵华战争的进一步扩大殖民当局也深切感到图文博事业是其推行所谓“社会教育的有力手段”①。因此，作为“社会教育”的一部分，满铁在东北设置了一批博物馆，并“各以其独特的历史和使命对满洲文化的开发做出了贡献”②，其实质是日本在东北推行殖民统治的文化机关，更是日本帝国主义掠夺东北文物、实行奴化教育的工具。

## 一 满铁在中国东北设立的博物馆及其主要活动

满铁在东北设立博物馆的目的和指导原则完全来自满铁首任总裁后藤新平殖民政策的核心思想——“文装武备论”，即“以文事之设施以备他人之侵略，一旦有缓急之事俾便帮助武断之行动”③。后藤新平认为，帝国殖民政策必须以强硬的手段来加以推行和实施，但同时也要通过发展经济、教育、卫生等事业，达到人心归依。在这种思想指导下，满铁大力推行殖民地文化，投资兴建了一系列文教、科技和卫生等设施，其中博物馆总数多达十余座④。这些由满铁直接经营、投资，或在其发展过程中得到满铁人财物力等支持的博物馆，按照其展品类型大体分为四种，即资源馆、古物保存馆、商品陈列馆（所）、综合性博物馆。

---

① 满史会编《满洲开发四十年史》，东京：满洲开发四十年史刊行会发行，1965 年，第 466 页。

② 满洲国史编纂刊行会编《东北沦陷十四年史》，吉林编写组译《满洲国史（分论）》，吉林省内部资料准印证第 90098 号，1990，第 472 页。

③ 中村哲：《后藤新平“日本殖民政策”一斑和日本膨胀论》，东京：日本评论社，1944，第 9 页。

④ 张文立：《日伪在东北地区创建的博物馆及其评价》，《中国博物馆》1992 年第 4 期，第 27 页。

### （一）“满洲”资源馆

1926年3月，满铁在位于大连日本桥（今胜利桥）北端儿玉町4号，拨款7722日元用于采购相关设备①，设专门“陈列所”，并以同年10月对一般民众开放为标志，开始了该馆的大规模经营。该馆的前身是满铁于1907年创办的“地质调查所”，1924年该所增设了陈列室，主要展示部分古生物标本和岩矿标本，供少数日本上层人物观赏研究。至1926年增加了东北及蒙古等地的多种资源，5月定名为“满蒙物质参考馆”②。1928年该馆将历年从我国东北、欧美、西伯利亚等地搜集的实物标本、岩矿标本，及图文资料汇集起来，于11月更名为“满蒙资源馆”，具有进行科学研究和观赏的双重功能。九一八事变后，该馆设备及收藏内容不断充实，随着伪满洲国成立，一些认为不可能收集到的北满、热河等其他边境地带的标本也开始陆续收集陈列。1932年12月，馆名改称为“满洲资源馆”。1934年，又新建1544.94平方米的陈列室③，在展示原有资源标本的同时，增加了陈列资源产业和新兴产业的资料以及东北、蒙古等地的民俗陈列内容。据1928年统计，资源馆的藏品有8825件，其中农产标本1520件，矿产标本5840件，畜产标本360件，林产标本130件，水产标本190件，民俗及一般参考品785件④。到1942年，馆藏品增加到17203件，其中农产标本6172件、矿产标本6945件、畜产标本588件、林产标本353件、水产标本296件、民俗及一般参考标本1709件、图表及照片1140件⑤。该馆除展出和收藏业务外，还开展一些附属业务，如定期召开电影会、讲演会、指导标本制作方法、借贷预备标本、解答参观者的问题和发行印刷物等业务以及对类似设施提供援助等。日本人长与善郎曾评价该馆，“满蒙资源馆并不单单是机械地摆设满洲的资源、农作物、矿物、木材、畜牧、鱼类等标本的普通陈列所，而是沿着广大满洲地理的特性，展示各方面资源开发的情况、办事业的方法和发展途径，实际上就是具有这样一个样本和模型的标本馆。这真是一个大陆开发史的缩图”。⑥ 1927年时任日本驻北京公使馆副武官的本庄繁在一份意见书中就曾谈道：“从国防的见地说，满蒙资源其意义在于一朝有事，该地物资立即就可以完全满足我国总动员的要求。因此平时就要使满蒙一带处于得以适应此种要求的态势，这是绝对必要的。我满蒙政策的真谛亦在于兹。”⑦ 可见，满铁建立该馆是为日本殖民

---

① 满铁：《昭和元年统计年报》，满铁印刷刊行，1928，第938页。

② 满铁：《满洲资源馆陈列目录》，吉林省社会科学院满铁资料馆，1936，第1页。

③ 满铁：《南满洲铁道株式会社第三次十年史》，吉林省社会科学院满铁资料馆，1938，第2541页。

④ 满铁：《昭和九年度统计年报》，长春：吉林省社会科学院满铁资料馆，1936，第910页。

⑤ 张文立：《日伪在东北地区创建的博物馆及其评价》，《中国博物馆》1992年第4期，第28页。

⑥ 朝尾直弘等：《岩波讲座日本历史》，岩波书店，1976，第98页。

⑦ 顾明义等：《大连近百年史》（下），辽宁人民出版社，1999，第1309页。

侵略和掠夺服务的。

## （二）古物保存馆

在满铁附属地内，日本殖民者对我国东北的文化遗产进行了大规模调查、挖掘，为将掠夺来的文物珍宝分门别类地陈列，殖民当局建立了金州乡土馆、辽阳古物保存馆、抚顺古物保存馆、辑安高句丽博物馆等一批古物保存馆。金州乡土馆是由三宅俊成于金州孔子庙创设的，里面展示的是三宅自踏上东北进行考古20余年所收集的考古遗物、图片及古文物拓本，以关东州内发现的古石器尤为出名；辽阳古物保存馆和抚顺古物保存馆都是1943年为纪念伪满成立十周年而创设的，辽阳馆收集着辽阳附近出土的以汉代为中心的文物，抚顺馆收集着汉代及高句丽新城出土的文物；辑安高句丽博物馆创设于1941年，当时收藏、陈列的是辑安地区出土的高句丽遗址的文物、照片及壁画遗迹等①。同时，国立中央博物馆奉天分馆、旅顺博物馆等综合性博物馆也保存大量东北文物珍宝。国立中央博物馆奉天分馆是于1934年在奉系军阀要员汤玉麟私邸设立，该馆网罗就职于满铁历史地理调查所的池内宏、关野贞、滨田耕作等日本人文科学权威，主要搜集、陈列东北地区古代美术、工艺品。该馆藏品资料达3.7万余件，大部分是张学良、汤玉麟的家藏。“在这些藏品中，有辽金时代300件完整的陶瓷器，有原收藏于热河行宫的乾隆时期的工艺品，其中以绛丝制无量寿佛净土曼陀罗为第一珍宝，大量书画多为张学良家旧藏”②，还有八大寺发现的乾隆年间的古玩珍宝等，因此该馆号称是当时东北设备最齐全、考古资料最丰富的古物保存馆。旅顺博物馆收集并保存着来自东北以及全国各地史前时代及有历史记载时代的考古、陶瓷器等文物。自1932年京大考古学家岛田贞彦任馆长后，该馆的分类更细更合理，成为当时最大的古物保存馆。旅顺博物馆将掠夺来的东北文物分为三部分，即蒙古地带文物、北满洲文物和南满洲文物。其中，蒙古地带出土的文物被称为细石器，主要是游牧民族遗留下来的与西伯利亚文化有关的文物；南满洲文物主要包含旅顺老铁山一带、营城子、大连市郊、貔子窝碧流河流域、从普兰店到大石桥，以及鞍山、辽阳、奉天、铁岭、开原等地出土的文物；北满洲文物主要是包括“新京”附近的石碑岭、吉林附近、“东京”城镜泊湖附近及松花江畔等地出土的文物③。从以上可以看出，日本侵略者对东北文物的掠夺主要集中在满铁沿线及附属地范围内。

## （三）商品陈列馆（所）

为了顺利推进其“振兴对满蒙贸易”的政策，开拓日本商品的销路，给予日本商

① 三宅俊成：《满洲考古学概说》，长春：满洲事情案内所，1944，第209页。

② 李娜：《满铁对中国东北的文化侵略》，社会科学文献出版社，2015，第152页。

③ 旅顺博物馆：《旅顺博物馆陈列品解说》，1939，第1页。

人同中俄商人进行贸易之便利，作为其中一项重要措施，日本殖民当局在铁岭、长春和锦州等地设置了多处商品陈列馆（所）。满铁之所以选择这些城市，主要在于地理位置因素。如长春是南北满的分界点，北接中东铁路，向南是满铁的起点，向周围扩散，铁路网辐射东北各地，被当时称为“中日俄三国的交接地”。经过长期的业务拓展及经营内容方面的改革，这些陈列馆（所）取得了“不俗的业绩”。长春商品陈列所设立之后，来自日、俄、蒙等国的参观、交易人数不断增加，1916年参观人数8432人，至昭和元年即1926年达到16999人，中介商品成交额更是增长了20余倍，为日本拓展与北满贸易发挥了重要作用①。日本殖民者设在铁岭、长春和锦州三地的陈列馆具体情况如表1。

**表1**

| 馆（所）名 | 开设年度 | 地点 | 主要活动及状况 | 结果 |
|---|---|---|---|---|
| 铁岭商品陈列馆 | 1906年4月 | 铁岭（铁岭县春园宾馆），分馆位于郑家屯和洮南 | 满铁和关东都督府共同出资，主要从事“陈列国内外商品样本，代办满蒙的贸易、金融、仓库业及其代办业务” | 1925年11月10日撤销 |
| 长春商品陈列所 | 1916年1月 | 长春宽城区（今长春话剧院） | 满铁出资，主要业务包括展出商品及参考品；有关经济调查事项；帮助处理贸易事务；举办各种展览会、座谈会、讲演会和研究会；出版出列所报；有关商品试验分析的中间交涉 | 1948年10月18日长春光复后，有国民党接收，改称“中山纪念堂” |
| 锦州商品陈列馆 | 1916年7月 | 锦州 | 满铁和关东都督府共同出资，主要从事日本商品样本的陈列、满蒙进出口商品委托买卖，特别是从事棉丝布、麦粉、石油、砂糖、烟草等杂货的交易。此外，各方贸易状况也依赖满铁调查部的调查 | 不详 |

除上述三处由满铁本社直接经营或投资的陈列馆（所）外，殖民当局设在安东、奉天的陈列所由所在地商会负责经营，哈尔滨商品陈列所由日本商工省间接经营。这些陈列馆（所）主要是通过陈列满铁及其子公司的商品标本、一般参考品等有助于进行商品贸易，兼办经济调查事务、贸易中介事务，定期举办各种演讲会、研究会等活动，使之成为“日本本土商人和在满商人、东北本地商人之间进行贸易往来不可或缺

① 满铁庶务部调查课：《南满洲铁道株式会社第二次十年史》，吉林省社会科学院满铁资料馆，1928，第908页。

的中介机构"①，实为日本殖民当局掠夺东北资源能源的中转站。

### （四）综合性博物馆

满铁综合性博物馆主要包括旅顺博物馆和国立中央博物馆。旅顺博物馆设立于1934年12月，前身是设立于1916年的"满蒙物产馆"。该馆按所陈列物品分为本馆、考古馆、战利品纪念馆三部分，分为动物、植物、水产、矿物、风俗、考古、陶瓷器参考各部，另有附属植物园。该馆馆藏文物、珍品和资料等八万余件。考古品中，有大谷光瑞于1929年9月赠给该馆的来自西域、印度的珍品7500余件②。日本当局建立该馆的目的是为所属殖民地的日本人提高和普及知识及培养兴趣，即所谓的"资助一般群众的启蒙和情操培养"，同时兼为学术研究提供必要的资料，特别强调"对满系群众的启蒙作用"，但是真正能起到这种作用却是微乎其微。从历任馆长的任命上可以看到，从1916年至1945年的30年中，共任命13任馆长，前12任馆长均是由关东局、关东厅或关东都督府首脑兼任，仅最后一任馆长岛田贞彦是以专业人员身份担任馆长之职。这足以说明日本统治者非常重视旅顺博物馆这块文化阵地，其真实目的是为了加强对该馆的控制，并渐之强大，铸就成远东之大馆。旅顺博物馆虽然不是由满铁设立和经营的，但其在发展过程中在人力、物力、财力等方面都得到满铁的大力支持，不仅在陈列品的来源方面，而且其从事宣传和备案的印刷品，如《旅顺博物馆陈列品解说》《旅顺博物馆馆藏目录》等都由满铁印刷刊行。因此，旅顺博物馆与满铁创建和经营的其他博物馆的文化侵略性质和反动作用如出一辙。

国立中央博物馆也是一座综合性博物馆，包括国立中央博物馆奉天分馆、新京展示场和民俗馆。该馆的前身是设立于1935年8月的满铁教育研究所附属教育参考馆。1938年5月1日，随着满铁附属地行政权的移交，该馆由伪满洲国接收，并使其从以往单纯作为历史博物馆发展成为具有历史、科学和民族的大型综合性博物馆。该馆以为政府、学术研究及社会教育提供统治咨询及资料参考为目的，主要收集、保存、展览关于自然科学及人文科学的资料，尤其是新京大经路展示场的地质学方面的资料当时世界闻名。另外，设置在长春南湖湖畔的民俗陈列馆，是国立中央博物馆的一部分，陈列展示着祖居东北的十多个民族生活状况、原有习惯、民间古俗，以及日、朝、白俄等侨民典型的生活方式、风俗习惯等。为最大限度发挥殖民博物馆社会教育、实习场地和研究所的职能，除在博物馆内展示藏品外，殖民当局还全心投入到博物馆的外

① 满铁庶务部调查课：《南满洲铁道株式会社第二次十年史》，吉林省社会科学院满铁资料馆，1928，第907页。

② 满铁：《南满洲铁道附属地的学校、图书馆及社会公共设施的发展》，吉林省社会科学院满铁资料馆，1939，第492页。

延活动中，开创“没有馆舍的博物馆”。如，馆员在中小学课堂讲演博物馆的标本等。伪满当局设立该馆的目的在于试图在自然和人文浑然融合的景观中，“呈现出民族协和的理想境界”，是日本在东北设置博物馆的“一项新的尝试”①。

## 二　满铁设立博物馆的作用及性质

关于满铁在东北设立的博物馆的作用，一种很有代表性的看法，认为它们是“博物馆事业的怪胎，是日本在我国东北殖民统治的产物，完全是日本帝国主义掠夺我国文物资料，实行奴化教育的工具”②。然而，笔者认为这一看法还不够全面，还应该指出：从客观效果上看，虽然这些东北最早的博物馆引进了近代形式的社会教育机构，个别殖民博物馆发挥了保护文物的作用，但是，这种引进和积累是以掠夺性和破坏性为代价的，且在当时中国东北所产生的恶劣影响远远超出了这种引进和积累。因此，满铁博物馆不仅对东北的社会来说完全没有发挥博物馆开启民智的先进作用，反而使东北社会和思想意识遭受了一次灾难性的摧残。

第一，殖民博物馆的存在起了奴化教育中国东北地区人民的作用，尤其青少年所受毒害更深。满铁“经营东北”的一个重要方面就是对东北文化事业的“经营”。满铁设立后，以后藤新平的“文装武备论”为基调的满铁“经营”策略，就着手在东北创办学校、图书馆、博物馆，不遗余力地“经营”各项文化事业。尽管满铁在东北创建的博物馆与日本军事、经济侵略相比不能显现出立竿见影的侵略效果，但却是以后藤新平“经营满洲”理论为基础的满铁“经营”东北文化事业的一个重要组成部分，是“社会教育的有力手段”。为了强调日本与东北的渊源已久，殖民者将许多原在东北史脉络中的物品，自原有脉络中割裂，重新赋予藏品新的意义，强调日满久远的往来关系，彰显对殖民地过去的统治权力，否认中国对“满洲”的主权。这些蕴藏着殖民者观点的历史，虽然是简化的、浓缩的叙事，却能在短时间内将殖民者的观点传达给众多观众。同时，殖民者通过文献书籍的考察、历史遗址的鉴定和考古挖掘的成果，确立日本对伪满洲国统治的合理性和伪满洲国建国的合法性。结果造成“青年学生大半不知中华民国，曾入日本小学、初中的学生，大都称赞日本而鄙薄中华民国”③。虽然满铁博物馆与日本掠夺东北并无直接关系，其社会教育手段看起来并不像带血刺刀的武装侵略那样野蛮残暴，但与军事占领、民族压迫、经济掠夺相比，奴化教育更狡

① 满洲国史编纂刊行会编《东北沦陷十四年史》，吉林编写组译《满洲国史（分论）》，吉林省内部资料准印证第90098号，1990，第747－748页。

② 王宏钧：《中国博物馆学基础》，上海古籍出版社，1990，第104页。

③ 陈本善：《日本侵略中国东北史》，吉林大学出版社，1989，第153页。

猾、更毒辣、更隐蔽，后果也更严重①。

第二，配合时势发展举办各种展览会、报告会、专题演讲会和文物专题讲座，发挥为战争服务的"社会教育"作用。为吸引更多观众，满铁积极采取多种方法进行展览前、中、后期的宣传工作，利用博物馆的阵地优势，不断向人们进行奴化教育。为了达到宣传效果，满铁特聘请新闻媒体对展览进行详尽报道，使多家电台、报刊等派出记者到现场采访并做详细介绍，而且举办任何展览会都有一个鲜明主题。满铁博物馆除自办陈列展览外，还与工业、农业、林业、文化、教育等各行各业联合办展览，宣传展示他们的成果，提高殖民博物馆的影响。满铁的统治者们认定博物馆要真正成为教育机关、实习场地和研究场所，就应全力投入到博物馆的外延扩张活动中。其活动形式有：1. 面向小学，携带电影及标本到各中小学进行巡回展出；2. 指导中小学数理科教师的科学研究工作，吸引他们到博物馆来进行研究活动；3. 为了激发成年人，每月利用"满铁福利会馆"及其他公共会场，举行一次"博物馆之夜"活动，进行讲演或放音乐和电影；4. 借馆舍举办展览会，这是一个灵活有效的办法，只要抓住机会就会引起社会的注意，收到效果；5. 发行刊物，隔月发行《国立博物馆时报》②。满铁博物馆通过开展各种活动，向中国人和日本人灌输日本侵略有功等思想，并且宣传日本的强大和友善，其真实意图是减少中国人对日本人的反抗，使人们产生归顺心理。

第三，积极为日本殖民侵略东北服务。首先，殖民当局根据时局变化更换展品。伪满建国以前，日本殖民者在东北建立的博物馆注重标本收集和自然史研究，该时期迅速增加的收藏品呈现出东北的"真相"：生物世界多样、自然资源丰富独特、历史民族复杂。目的是要向日本人传达"满洲具有丰富资源，是日本近代工业发展的物资储藏库"③。伪满洲国建立后，博物馆展示突出"满洲"特色，注重"满洲国"领地内兴亡的旧政权高句丽、渤海国、辽、金各王朝的文物展示，尤其注重与渤海国有关的展示，同时宣传"渤海国和日本奈良平安时代的关系密切"④，且进行过多次交流。以此证明"满洲自古为独立国"，并非中国领土，"日满自古友好亲善"，为伪满建国合理性和合法性提供历史依据。将渤海国置于伪满洲国内，为日本与伪满洲国友好赋予实证，巩固日本对"满洲"的权利。其次，博物馆图书部供研究人员制定侵略政策参考。九一八事变后，日本侵略者开始在东北炮制伪满洲国。此时的旅顺博物馆闻风而动，开始为"适应满洲国的建立收集满蒙文化古籍，研究中国本土的遗产"⑤，为建立伪国做准备。

---

① 李莹：《日本帝国主义奴化教育对东北文化的影响》，《航空工业学院学报》2004 年第 6 期，第 32 页。

② 孙邦主：《伪满文化》，吉林人民出版社，1993，第 121－122 页。

③ 山路胜彦：《満洲を見せる博覧会》，社会学部纪要（第 101 号），2006，第 44 頁。

④ 大出尚子：《日本の植民地における歴史・考古学系博物馆の持つ政治性》，東洋文化研究 14 号，2012 年，第 12 頁。

⑤ 吕振涛、刘国华：《伪满科技史料辑览》，黑龙江科学技术出版社，1988，第 246 页。

第四，这些博物馆充当了掠夺和盗运中国文物资料、自然物产标本及出土文物的工具。日本劫掠中国古籍文献文物的行径，实质是日本军国主义者发动的一场有预谋、有计划的文化侵略战，而满铁博物馆充当了侵略工具。1933 年 3 月日军侵占承德后，陆续将宗镜阁、各庙丹珠经、甘珠经、大小金铜佛等贵重文物劫掠到日本。殖民者在盗窃文物的同时，为掩人耳目，1935 年 2 月建立了热河宝物馆，分 13 类展出陈列品。1935 年夏天，在满铁考古队总务岛村孝太郎的带领下，考古学家们赴赤峰进行了为期 20 天的盗挖，并将挖掘的多处墓葬、人骨、陶器、青铜器、玉石珠等珍贵文物全部运到日本，安放在京都大学。据相关资料记载，日本公开收藏掠夺中国文物的机关包括东京帝国大学文学部陈列室、东京帝室博物馆、东京大仓集古馆、御影嘉纳白鹤美术馆、伊势征古馆和东方文化研究院京都研究所等 63 家，日本收藏者收藏的大量文物实为“我国家博物馆……无上妙品”[①]。满铁各殖民博物馆对东北文物珍宝进行的一次次洗劫，成为其文化侵略的重要组成部分，正如日本学者指出的：“是对他民族的生命和财产掠压的一个重要的构成要素”[②]。唯其如此，“它所造成的危害和破坏，才更甚于局部的毁损文物的行动”[③]。如当时的“满洲”资源馆所从事的附带业务之一就是对掠夺文物设施的援助，而援助的直接结果，就是将掠夺来的文物及自然标本盗运回日本，为东京“满蒙”资源馆、大阪“满蒙”资源展示馆，以及门司、小樽、新潟等各地关于中国东北物产展示室搜集和充实文物及自然标本。

第五，这些博物馆不仅掠夺我国珍贵的文化遗产、竭力为美化侵略服务，而且通过陈列、展示等手段肆意侮辱中华民族。满铁博物馆通过复原农家生活的场景，以及展示中国人民间服饰、缠足、赌场和吸食大烟的丑态等方面的实物和照片，尽量将中国陋习及落后的一面表现出来，以此衬托日本人的“文明”与“高尚”，进而达到丑化中国人民的目的。当时，在“满洲”资源馆有一处陈列着旧式中国人家庭的状况：有拖着大辫子的男主人，有裹着小脚的女仆，还有鸦片枪、水烟筒……在这里，我们的同胞被他们“尽量地挖苦、尽量地叽骂、尽量地丑化了”[④]。此外还有一处陈列着蒙古人拉布幔而居的布景，意在“诬蔑蒙古人是未开化的民族，并且是对各国人士在做一种恶意的宣传”[⑤]“实有意侮辱我中华民族，阅之令人难过”[⑥]。满铁博物馆打着博物馆的旗号，披着外交家的外衣，实则进行文化侵略。

作为人类精神文明的重要载体，博物馆理应在宣传教化、传播知识等方面发挥着

① 戴雄：《抗战时期中国文物损失概况》，《民国档案》2003 年第 2 期，第 85 页。

② 苏精：《抗战时期秘密搜购沦陷区古籍始末》，《传记文学》1979 年第 5 期，第 112 页。

③ 蒋伟国：《侵华日军祸书录》，《民国档案》1997 年第 3 期，第 27 页。

④ 徐鸿涛：《西南东北》，大风社出版，1935，第 98 页。

⑤ 徐鸿涛：《西南东北》，大风社出版，1935，第 99 页。

⑥ 马鹤天：《东北考察记》，正中书局，1934，第 136 页。

极其重要的社会教育作用。虽然，中国人通过日本殖民者在中国东北创建的博物馆，了解了一些比原来封建的中国先进的东西，开阔了人们的眼界，传播了西方在创建博物馆方面的一些科学技术和文化知识，使人们逐渐认识到博物馆这一新生事物的社会意义，给予中国人开办博物馆以借鉴和影响。但是，这些博物馆毕竟是日本帝国主义侵华的文化机关，博物馆中科学技术类的馆藏，如旅顺博物馆在收集技艺之初曾提出其目的在于普及科学技术知识，推动科学技术的高速发展，但这种普及的最终目的却是为了"大东亚战争"的最后胜利和"保卫日益严峻的北方领土"①。另外，各个博物馆自诩为"文明"的代表，定期在博物馆中展出日本本土的文物，并与中国展品并列展出。其目的是将日本文化融入殖民博物馆，以此鄙薄中华民族文化，这种实物宣传教育的效果超过了任何媒体广告。因此，无论是对内增强殖民教化，还是对外宣扬殖民者的权威，都将不平等的权力关系隐藏在知识殿堂之下。

通过上述考察可知，满铁博物馆是在侵略者的步伐和羽翼下产生的，且受政治影响的程度远胜于受市民阶层的影响。如"满洲"资源馆名义上主要介绍满蒙物产，但这种介绍的目的却是要"使日本人都知道，都起经营之念"②，而且作为"该国军事家、经济家之指针，并引起该国人士研究满蒙，移居满蒙的兴味"③。同时博物馆的活动也是日本国家政策的体现，正如日本人所言，"就博物馆而言，经过明治前期的启蒙和挫折、明治后期的摸索和大正时期的转变阶段，到昭和战争前期，对于所谓博物馆活动的价值实体，在政策上也体现出来了。而且通过其活动所依靠的基础，实现了整个社会生活体制上的组织化，形成了博物馆活动直接同国家政策相适应和保持一致的新关系"④。因此，从收藏、展示和开展活动上来看，满铁博物馆在本质上都是侵略性质，都是为日本统治者侵略行径服务的载体。

综上所述，满铁在东北设立了各式种类、数量较多的博物馆。这些博物馆充当了日本向"满洲"进行思想桎梏和文化渗透的工具，它们所起的反动作用对东北的社会教育产生了极其深刻的恶劣影响，也刺痛了中国人的民族情感。正因为如此，为了进行抵制和回击，当时的一些有识之士在看到日本殖民者在东北大力发展博物馆之后，就发出号召：博物馆工作是"不应该让外国人来做的。国人应该起来，而且各地应联合起来，作伟大的搜求和经营"⑤。从此，中国人开始觉醒，并着手创办自己的博物馆。

原载《东北师大学报》（哲学社会科学版）2017 年第 4 期

① 吕振涛、刘国华：《伪满科技史料辑览》，黑龙江科学技术出版社，1988，第 187 页。

② 马鹤天：《东北考察记》，正中书局，1934，第 134 页。

③ 卢作孚：《东北游记》，成都书局，1931，第 30 页。

④ 伊藤寿朗、森田恒之：《博物馆概论》，吉林教育出版社，1986，第 133 页。

⑤ 伊藤寿朗、森田恒之：《博物馆概论》，吉林教育出版社，1986，后记。

# 试析后藤新平满洲经营论的历史作用与影响

冯佼敏

## 一　关于后藤新平

后藤新平（1857～1929）生于日本岩手县水泽市，早年就读于福岛的贺须川医学校。1880年就任爱知县医院院长兼任爱知医学校校长。1890年留学德国，归国后担任日本卫生局局长。后因甲午中日战争中从事士兵检疫工作表现积极，受到陆军大将儿玉源太郎的赏识，战后被提拔为台湾总督府民政长官（相当于民政局局长）。日俄战争结束后，于1906年赴"满洲"（中国东北地区）就任南满洲铁道株式会社社长，并兼任关东都督府顾问。1908年任日本铁道院院长，1918年任日本外务大臣，1919年任拓殖大学校长，1920年任东京市市长。1929年在京都去世。

后藤新平是日本近代史上明治时期的维新人物之一，他作为从事殖民地经营的政治人物，在日本近代殖民扩张的历史上起了重要作用。后藤新平多年的从政经历以及在台湾和"满洲"（中国东北地区）进行的殖民地治理工作，使他在日本近代殖民史上的影响力常常被一些学者拿来与伊藤博文做比较。正如大多数日本明治时期的维新思想和理论为日本殖民扩张和发展军国主义服务一样，后藤新平所提出的殖民地经营论被称为日本开发学的原点①，也成为后来日本军国主义者殖民侵略和统治中国的理论依据，他的理论被应用于日本殖民统治的实践中。

本文以他在治理"满洲"（中国东北地区）时期所提出的殖民地经营理论为重点，同时结合当时的历史背景、重大事件来进行研究。分析他的殖民地经营论的形成和发展过程，以及他的殖民地经营论在日本殖民扩张中的作用和对现代社会的影响。

**1. 促进了日本对华的战争侵略**

后藤新平的满洲经营方针是以满铁会社这个殖民机构为中，自的"满铁中心主义"

① 渡边利夫：《后藤新平的台湾开发——日本开发学的原点》，《环太平洋商务情报》2008年5月12日。

展开实施的。满铁会社通过铁路、煤矿、城市改造，建筑港口、教育、医疗等事业的经营，全面展开对中国的政治、经济、思想文化等领域的殖民侵略。满铁会社以铁路经营为主，将铁路作为满洲开拓主要方案。日本控制了铁路经营就是掌控中国经济的大动脉，因此满铁会社对南满铁路的占领的不只是对一条普通的交通运输干线的占领，而是对中国国权的占领的象征。

日本贪婪的殖民掠夺必将激起中国人民的愤怒，自从1840年鸦片战争以来，中国人民就不懈地为夺回国权的运动而奋斗。对中国人来说保护铁路并不只是保护商业上的利益和交通干线，它是中国人民争取主权独立和民族解放的象征。中国人民通过"收回利权、保路运动"的方式来表示对帝国主义殖民侵略的反抗。尤其是北伐战争后，收回东北铁路的运动高涨。为了表达抗议，争取民族独立，东北人民通过抵制日货运动，建设与满铁平行的铁路，在葫芦岛进行大规模的筑港运动来与日本经营的"满铁"和旅顺、大连港口相抗衡。①

然而此时日本对中国采取军事侵略的时机已经成熟，在后藤新平长期以来发展文装的军备的计划倡导下，日本在辽东半岛发展工商业经济、移民政策、进行城市、港口的改造、开展教育、文化、医疗各项设施的建设，日本已占据了在辽东半岛绝对的政治上、经济上、军事上的优势地位，日本关东军背后所依靠的强大的综合实力，是中国东北军不能匹敌的。1931年9月18日关东军发动了九一八事变以后，在不到半年的时间内辽宁、吉林、黑龙江三省相继沦陷，关东军占领了整个东北地区，成立了伪满洲国。按照后藤新平的文装的武备计划的实施，日本终于实现将俄国势力、欧美势力彻底扫除，独自吞并中国东三省的殖民梦想，东北人民开始了亡国的命运。

后藤新平的"满洲经营论"的实行，大大增加了日本在东北地区的权益，扩展了日本在东北的势力，是导致伪满洲国能够建国的主要原因之一。正如当时日本外相加藤高明与英国外相格雷谈论东北问题时说到"日本已经在关东州建设了永久的设备，广植树林，绿油满山"，格雷的回答是"日本不仅在关东州种植树林，而且种植了'血'"。② 日本为了保证在中国的权益地位，依靠在辽东半岛的强大的军事实力，发动侵华战争是必然的结果。

**2. 加强了日本对中国的文化殖民**

在后藤新平文装的武备论的倡导下，日本在东北兴建了大规模的教育、卫生设施。开设了大量的工业专门学校、农业学校、商业学校、铁路学校、男女中学校等等，在这些学校里展开殖民教育，实行文化侵略。为日本谋求"满洲独立""王道建国"打下了理论和战略上的基础。大量医学校和医院的开设，一方面通过给当地人民治病和

---

① 重光葵、齐福霖等译《日本侵华内幕》(原名:《昭和的动乱》)，解放军出版社，1982，第32页。

② 重光葵、齐福霖等译《日本侵华内幕》(原名:《昭和的动乱》)，解放军出版社，1982，第14页。

普及医学等政策来怀柔中国人民，另一方面通过用在汉方医学占传统地位的中国开设西洋医学校和医院的方式来传播宗教思想，企图使中国人像已经接受医疗方式的改变一样，接受日本的文明观和殖民统治。在后藤新平这种理论的指导下，日本开设的医院和医学校的意图可想而知。历史事实证明：如满洲医科大学在1942年秋至1943年太平洋战争中，进行了人体的活体解剖等非人道的做法，满洲医科大学的研究者与关东军勾结，趁着日本殖民地政策之便，利用日本的军事进攻，实行医学犯罪。石井四郎中将为总指挥官的731部队就是这种医学犯罪的最好证明。①

**3. 加倍给日本带来殖民利益**

后藤新平在就任满铁总裁期间对南满铁路实行了宽轨化的改造计划。回国后，他总结满铁的改轨经验，在铁道院提出了在日本本土，实行与南满铁路同样的改轨计划。并在日本铁道院推行南满铁路轨道拓宽和国营化、电气化的经验，这些措施成为日本新干线的设计雏形，对现代日本国营铁路（JR）的影响深远。后藤新平在1920年担任东京市市长时，东京刚刚经历了关东大地震，面对东京的灾后重建工作，后藤新平提出了东京城市复兴计划。并且他根据在台湾和满洲都市改造建设的经验，着手进行东京的都市改造，他提出了用30亿元资金贷款来完成东京改造计划，大规模进行都市区划整理、在东京重修放射状和环状道路、桥梁、铁路干线，公园、绿化带、煤气水道等公共设施，将援助贷款用于学校设施的重建等等，根据后藤新平的东京都市计划，形成了现代东京的都市框架结构，因此后藤新平被一些日本学者称作是现代东京原型的设计者。

## 二　后藤新平殖民地经营论的历史发展和现实影响

**1. 后藤新平理论的历史继承者和实施者**

（1）战前许多日本政界、军界的人物中都深受后藤新平的殖民理论的影响，曾任“满铁”第二任总裁中村是公就是后藤新平理论的继承者之一。如果说后藤新平是满洲经营论的提出者，那么中村是公就是“满洲经营论”的实践者。1908年后藤新平辞去满铁总裁后，他的“满洲经营”计划几乎都是由继任总裁中村是公完成的。中村是公任内完成了包括“满铁”总公司的营造，大连街市及附属地的经营，宾馆、医院设备和学校设立、满铁改轨计划，铺设安奉铁路，在上海、营口建埠，海运事业、电气化工场、公园、图书馆、满蒙调查机关的设施建设等等一系列计划，② 完全是按照后藤新平的“满洲经营论”进行的。另外他在就任日本铁道院院长时支持并遵循后藤新平日

① 末永惠子：《战时医学的实态——旧满洲医科大学的研究》，东京：树花舍，2005，第25页。

② 菊池宽：《满铁外史》，东京：原书房，1966，第34页。

本国营铁路改轨计划，就任东京市长时执行后藤新平的东京都市改造计划。这些表明中村是公是后藤新平殖民理论的忠实执行者。

（2）日本二战时期的战犯，曾任职满铁总裁和日本外相的松冈洋右就自称是后藤新平精神的继承者。他在任日本外相期间宣扬“满蒙生命线”“大东亚共荣圈”。九一八事变后他主张强硬外交，并作为日本代表在国际会议上以驻军问题、移民问题、贸易问题、满铁平行线问题强调日本在“满洲”的权利，主张“满洲建国”。他又根据后藤新平的新旧大陆对峙论主张与苏联缔结《日苏中立条约》，而这些事实也足以说明松冈洋右确实像自己所宣称的那样继承了后藤新平的精神。

（3）曾在东亚调查局、满铁调查部工作的日本军国主义者大川周明提出的“大东亚新秩序”“日本皇道论”“政治结社”，教育学家新渡户稻造的拓殖大学的教育学理论和台湾农学研究理论，关东军参谋石原莞尔的“王道建国论”和“东亚联盟论”，也都在一定程度上受到后藤新平殖民理论的影响。

**2. 日本社会的右倾化和中日关系的矛盾**

2005 年由原东京都副都知事青山佾，众议院议员小泽一郎、福田康夫，日本邮政公社总裁生田正治，国际交流基金理事长小仓和夫以及多名教授、作家等等知名人士成立了日本后藤新平学会。该学会的宗旨是“以正确评价后藤新平的业绩进行研究活动，继承和发扬后藤新平遗志”。2007 年该学会首次设立了后藤新平奖，得奖者为李登辉。这一事件在中日之间引起了轩然大波。尤其是后藤新平学会选择李登辉得奖的理由是后藤新平最大的业绩之一是赴台湾就任民政长官，促进台湾的近代化，而继承了后藤新平精神的李登辉代表台湾岛民被授予本次奖项。因此不仅在中日两国的之间引发了强烈的争议，而且在台湾社会内部也就后藤新平的基础设施建设是促进了台湾的近代化还是加深了台湾的殖民化程度，展开了激烈的争论。这是现代社会就后藤新平的问题引发的争议，影响了中日两国的关系。另外他晚年曾提倡政治的伦理化，开展各种政治结社运动。1924 年由后藤新平、大川周明、北一辉等人后援而创立的政治结社大行社，战后在日本又得到了恢复，现在大行社成为日本主要的右翼活动团体。这个政治团体经常发表右翼言论，举行右翼示威活动，不承认对中国和亚洲的侵略行为，出版抨击中国等亚洲国家的杂志期刊。以大行社为代表的日本右翼团体势力的兴起也是影响中日两国关系矛盾的重要因素。

然而现代日本社会对后藤新平的评价绝大多数都是赞美他在日本近代化建设方面的贡献。后藤新平将台湾和东北这些殖民地当作实验基地，他把在殖民地设施建设实验中的经验和结果带回日本，并得到了现代日本人的赞赏。回国后他在日本推广在台湾和东北地区进行的教育、医疗、卫生、交通、电信事业的设施建设的经验，被誉为是日本早期“公共精神的推广者”。他担任日本铁道院总裁时，建议日本铁道院采用满铁的宽轨化和国营化经验修建铁路，被奉为建设新干线的奠基人。他在满铁时期提出的“课长中心主义”“现场第一主义”“因才适用主义”“按能力分配的原则”“紧密人际关系”等公司经营策略以及他的用人方针“早上八点主义”“第一是人才、第二还是人才”。[①] 被推崇为奠定了日本现代的公司制度，形成了日本现代公司的经营理念。而且现在日本的国营铁路（JR）各个公司仍在运用后藤新平提出的“课长中心主义”的经营方针。他在担任日本放送局（NHK 的前身）总裁时期根据在殖民地时期的邮政、电信经验提出“放送的社会作用”，被称为推广日本现代广播事业。[②] 就任东京市长时期，他又根据台湾和东北的都市改造经验，提出日本东京灾后复兴计划，被认为是近代东京都市结构的设计者，开创了东京新文化。曾经以培养殖民地人才为建校精神，由日本首相桂太郎创办、后藤新平曾担任过校长的拓殖大学（台湾协会学校的前身），现已在日本关东地区成为与中央大学、早稻田大学齐名的学校。总之在现代日本社会，后藤新平已经被众多的日本人吹捧成了一个日本近代化的设计者。然而这些只强调后藤新平对日本现代化贡献的人们，却没有看到他的这些贡献都是在对中国进行殖民地实验的基础上得到的成果，甚至忘记了他的殖民统治的罪恶。后藤新平对日本社会的整体化的右倾现象影响深远。

## 三 结语

一般认为日本的主要侵略罪行是二战时期发动的侵略战争，由于日本的右翼分子不承认战争罪行和参拜靖国神社等等问题是引起中日两国矛盾的主要原因。二战结束后日本的战犯接受东京审判，其战争罪行都已有了历史的定论，中韩等国的抗议日本参拜靖国神社内的战犯主要原因就在于此。但是无论是日本政府还是民间每年仍有大量的人员去参拜靖国神社，面对日本的整体化右翼倾向是很多人所不能理解的。

在对明治思想史研究的过程中认为东京审判的战犯在日本被称为昭和时期的战犯，这些昭和战犯的罪行已经通过发动侵华战争、南京大屠杀等事件有目共睹了，战败后的日本被美国的占领，在各个领域内也都接受了美国的现代化民主改造，旧军国主义战犯的影响力在日本社会得到了一定程度的清除。但是随着时间的推移，可以发现明治时期的殖民主义者或殖民理论的主张者对现代日本社会的教育、思想、文化以及政治、经济等等领域的影响力要远远大于昭和战犯。许多欧美和日本学者将他们的思想和主张与西方民主理念、文明开化、近代化教育联系在一起，美国对日本的改造过程中，也没有对明治时期的许多维新人物以及他们的思想理论加以指正，因此我们看到

① 刘屋琢：《后藤新平语录一是人才、二是人才、三是人才》，逸品本舗编，东京人都市出版社，2007，第94页。

② NHK：《その歴史が動いた——後藤新平、帝都復興の時》，日本放送协会，2008年6月9日。

现代的日本社会出现了盛赞吉田松阴是近代日本民主主义的先驱、日本的大和魂，福泽谕吉是伟大的思想启蒙家、教育家，却很少认为他们是狂热的民族主义者。伊藤博文、山县有朋等被认为是卓越的政治家、改革家，而忽略他们对亚洲的殖民侵略。像后藤新平这样的殖民统治者也被美化为日本近代化的设计者。由于这些明治人物大多从事开展教育、文化事业，日本许多著名的大学如庆应大学、拓殖大学都是由明治时期的维新人士创办的，另外日本的许多带有右翼倾向的出版社也都是由这些人物创刊的，因此他们的理论主张继续在日本教育界、思想文化界得到沿用和传承，对现代日本人尤其是对日本青年学生的教育培养和左右思想舆论倾向方面的作用不容低估。

后藤新平的殖民地经营论也带有怀柔性和现实性的一面，他针对台湾殖民统治的问题，通过自身的医学经验提出了生物学殖民原理。这种生物学殖民原理打着尊重当地旧习，进行调查研究的旗号，其实是殖民政策中的一种以本土主义形式出现的战略同化，是一种现实的怀柔性做法。后藤新平要求日本殖民机构在对殖民地实行日式改造时不可强行冒进，通过运用生物学原理的方法对殖民地做详细的调查和了解，因地制宜地制定殖民政策，在相互了解的情况下来巩固殖民统治，最终达到同化殖民地的目的。另外他根据地区形势不同，提出相应的殖民理论。他的满洲经营论也沿袭了台湾经营论的一贯原则，同时又根据具体情况，进行理论升级。这说明他的殖民地经营理论有擅于变动的现实性的一面。

后藤新平的殖民地经营理论有一定的现实影响力，直到现在后藤新平仍然是一个有历史争议的人物，部分日本学者和台湾学者根据后藤新平在台湾和东北等地实行的一些设施建设的计划，就对后藤兴平的“国家现代化的奠基人”“殖民地经营家”称号大加赞赏，而他的“满铁”经营论中的一些经营理念，在现当代日本公司制和新干线经营方面得到运用，同时他根据殖民地开发中得到的都市改造经验，被运用到东京灾后复兴计划，成为现代东京都市设计的指导理论。根据这些原因，他被许多日本学者吹捧为“日本现代化的设计师”。完全忽视了后藤新平的这些经营理论是日本殖民时代的指导思想。根据本论文的论证可以得出后藤新平的经营理论并非单纯地是一种经济上的公司经营理论，而是一种维护殖民统治的政治哲学和思想理论，因此这些美化后藤新平现代化设施建设的学者的行为和做法是无视后藤新平的经营理论是为殖民统治服务的本质，一味地美化日本的侵略者和殖民统治。对于美化殖民侵略者这一点是文中重点加以批判和反驳的。

原载《才智》2017 年第 29 期

# 满铁宣抚班与日本殖民侵略关系分析

谭忠艳

1937年七七事变之后，南满洲铁路株式会社（以下简称“满铁”）的调查方向发生了重要的变化，基于日本军部指令进行具有针对性的调查活动，重点进行与战争相关以及国防资源调查，满足日本侵华战争的需要，直接服务于战争。另外，根据战争的需要，满铁派遣大量的调查员参与殖民侵略和殖民统治，满铁随军宣抚班就是在这样的背景之下建立的，其建立与宣抚活动的开展与日本殖民侵略活动之间关系密切。

## 一　满铁宣抚班的建立是适应日本殖民侵略的需要

七七事变后，满铁实行了总动员，派遣大量的满铁职工为日本军方服务，“1937年末被派到华北属于满铁华北事务局管下的满铁职工，日本人为6383人，中国人1433人，计7816人；其后随着侵略战争的扩大，到1939年4月，日本人增至15671人，中国人增至3022人，总计达18693人”①。满铁铁路警察巨头八木沼丈夫在七七事变之后，立即被任命为华北的日军嘱托，隶属于军宣传部，后担任华北方面军宣抚班总班长。随着侵略战争的不断扩大，军部先后从满铁抽调了将近800名社员，占日军华北宣抚班的将近四分之一。

八一三事变之后，日军对华中地区的侵略规模越来越大，1937年12月13日南京陷落，满铁华中宣抚班在日军占领南京前后建立。1937年11月1日，日本大使馆武官原田熊吉致函满铁上海事务所长，要求满铁在人员、器材等方面充分协助日军的行动。同月，日军参谋本部中国课长和谋略课长影佐祯昭从日本来到上海，要求满铁上海事务所：“满铁社员中熟悉中国情况、善于应付中国人并有汉语素养的不乏其人，故请满铁负责占领区宣抚救恤事宜，以支援军的后方。”② 针对这一情况，日本大使馆武官室的佐方少佐就满铁社员组建华中宣抚班的事宜提出了具体而详细的要求。11月18日，

① 兴亚院华北联络部：《华北交通株式会社创立史》，昭和16年9月，第343页。

② 解学诗：《评满铁调查部》，人民出版社，2015，第406页。

华中宣抚班在当地展开活动，华中宣抚班以满铁上海事务所参事河野正直为首的四人组成。满铁上海事务所在满铁华中宣抚班中占有重要的地位，据统计，满铁华中宣抚班一共78人，其中21人为上海事务所选派，占到将近四分之一。

华中宣抚班本部由日本军方负责，主要负责人为菅野、樱庭、德本三中佐，宣抚班的组成、人员派遣、工作计划的制定、指导监督和工作记录等工作都由他们负责，满铁派遣四名社员进行辅佐。满铁华中宣抚班下设：1937年12月13日成立的太仓宣抚班、1938年1月9日成立的丹阳宣抚班、1937年12月13日成立的嘉定宣抚班、1938年1月6日成立的芜湖宣抚班、1938年2月11日成立的嘉善宣抚班、1937年12月13日成立的嘉兴宣抚班、1937年12月10日成立的松江宣抚班、1937年12月26日成立的镇江宣抚班、1937年12月24日成立的南京宣抚班以及杭州特务机关。

1938年5月，华中宣抚班，宣抚班本部和宣抚班的名称全被取消，其组织和活动完全纳入日军特务部和各地特务机关的统辖之下。奉贤、宝山、嘉定、崇明、青浦、松江、太仓等地的宣抚班隶属于上海特务机关；苏州、常熟、昆山、无锡、吴江、常州等地的宣抚班隶属于苏州特务机关；南京、镇江、丹阳、句容、扬州、芜湖等地的宣抚班隶属于南京特务机关；杭州、嘉兴、嘉善、崇德、湖州、平湖等地的宣抚班隶属于杭州特务机关；南通、海门、如皋、东台等地的宣抚班隶属于南通特务机关；蚌埠、滁县等地的宣抚班隶属于蚌埠特务机关。满铁各地的宣抚班虽然进行了改组，虽然隶属关系发生了变化，但是其宣抚活动和特务活动仍然持续进行。

满铁向日军派遣宣抚人员虽然是应日本军方的要求而采取的行动，但是满铁方面积极、主动配合，满铁上海事务所所长伊藤雄在谈到满铁宣抚班的组建时称，利用满铁社员编成宣抚班，进行宣抚活动是非常高明的办法。满铁社员由于长时期从事调查和情报搜集工作，所以在素质和工作能力方面都优于其他机构派出的宣抚班，在宣抚活动上手法更加老练。总之，满铁派出社员中的骨干力量组建了满铁宣抚班，进行日军占领区以及随军的宣抚活动，充实了华北宣抚班和华中宣抚班的力量，由此可见，满铁宣抚班的组建虽然是建立在满铁调查活动的基础之上，但是完全是适应日本殖民侵略的需要。

## 二　满铁宣抚班的活动为日本殖民侵略提供支持

宣抚班的实质是日军的政治别动队，与日军的军事行动相策应，从事作战地区的政治、经济以及文化等各种活动，弥补了日本军力的不足，实行占领第的军政统治。宣抚班的主要活动是在日军占领地区进行宣抚活动，对中国人民进行思想宣传，消磨中国人民的反抗意志，协助日军进行基层管理工作。另外，满铁宣抚班积极开展实地调查以及情报搜集工作，为日本殖民侵略提供支持。

日军进攻过的地方，由于经历了不同程度的战争，遭到了严重的破坏，大量的中国老百姓外逃，中国人民的抗日斗志愈发旺盛，因此满铁宣抚班积极开展建立傀儡政权以及开展“归村工作”。据日本战犯回忆，日军宣抚人员在日军占领某一地区之后，立即进入这一地区，在当地的中国人中间物色土豪劣绅以及汉奸，筹建治安维持会，开展搜缴民间隐藏的武器弹药的工作，一方面削弱中国人民的反抗能力，一方面将武器弹药向日军前线输送，增强日军的战斗力。由此可见建立地方傀儡政权、维持地方秩序成为满铁宣抚班的重要工作。

另外，宣抚班在日军占领区积极推行保甲制度，监控民众，强化对中国人的统治。1938 年 3 月南京伪政府成立之后，宣抚班在各地“主持民众大会，指导县政府改组，并协助制定财政政策，加强警察力量或匪贼归顺工作；通过搜集遗留武器，收集和斡旋粮秣，征夫，收集情报，从军宣抚等，不顾生命地协助军部搞好占领区内的治安工作”①。

“归村工作”是宣抚班进入某一地区之后的重要工作，通过疾病医疗，涂点碘酒，发放药品等欺骗手段使村民“归村”。嘉定地区在满铁嘉定宣抚班进驻之后，城内的归还人数不断上升，到 1938 年 2 月末，回归人数达到 32000 人，3 月达到 4 万人左右，这一数字在日军占领区内是非常高的，与满铁嘉定宣抚班开展的“归村”有密切的关系。

由于满铁社员大部分进行过调查工作，所以在被派遣组建宣抚班之后，将宣抚工作与调查工作结合起来。1939 年 4 月，上海事务所在宣抚活动的地区，进行了“把握社会结构的基础性实态”的农村实态调查，从调查方法和本质方面讲是宣抚班的战地调查的继续和深入。1939 年，宣抚班配合满铁进行了常熟、太仓、嘉定 3 个县的实态调查，完成了《农村实态调查报告书》，其中包括“太仓县势概要”“调查部落概要”“农耕情况”“土地租佃关系情况”“农产品销售情况”“劳动力方面情况”“农村金融”“农村社会情况”“治安及其他”“选择及户别调查诸表”②。1940 年继续进行无锡、南通、松江等地的农村实态调查。这些调查活动以及调查内容为日本殖民者的殖民侵略和殖民掠夺奠定了基础。

伊藤武雄从“三角地带论”出发阐释满铁派遣宣抚班的重要意义，所谓三角地带即上海、南京、杭州之间的地区，这一地区具有重要的战略地位，是中国的经济中心，是日本在华中地区殖民统治的中心，同时这一地区的抗日武装活动活跃。伊藤武雄认为“三角地区”恢复繁荣之后，中国的资本和民众自然会回归，达到不战而胜的目的。由此可见，满铁华中宣抚班的宣抚活动试图夺取“三角地区”经济主导权，从而达到

① 解学诗：《评满铁调查部》，人民出版社，2015，第 407 页。

② 满铁调查部：《调查成果内容梗概》，昭和 15 年度上半期，第 39 页，吉林省社会科学院馆藏档案，编号：18642。

与中国进行政治争夺的目的。

总之，满铁派驻的随军宣抚班不仅是作为随军政治工作队，更主要的是作为调查队派出，满铁将其视为调查班。满铁宣抚班在调查中形成了丰富的综合资料，例如《中支那方面宣抚工作状况》（1938）、《中支宣抚网构成要图》（1938）、《中支占领区内复归民与难民有关诸工作（满铁派遣宣抚班报告拔萃）》（1938）、《中支占领区内自治委员会设立情况（满铁派遣宣抚班报告抄）》、《中支占领区的难民状况与物资状况》（1938）、《中支占领区宣抚工作概要》（1938）、《满铁派遣中支宣抚工作状况报告》（1938），这些资料为日本殖民者的殖民统治和殖民侵略提供支持，为日本殖民策略的制定提供依据。由此可见，满铁宣抚班的活动目标，不仅是协助日军实施宣抚治安对策，而且宣抚班的通过实地调查形成的调查报告是了解中国社会实际情况的重要资料。

## 三　满铁宣抚班使满铁、关东军以及日本政府之间关系更加密切

由于满铁调查地区的政治形势和社会形势错杂复杂，宣抚班的活动需要军警力量的配合，1940 年满铁对南通进行实地调查时，新四军第三支队谭震林部已经进入江南地区，满铁调查班针锋相对地进行调查活动。满铁调查部在介绍南通县《农村实态调查报告书》时指出：“调查对象村庄头总庙距我最前线据点金沙镇仅一华里，距敌之前线也仅仅四五公里，因而治安极其恶劣。村内主持者，例如称作保长或乡长的向导全部逃跑……此次调查的前半段虽然如此，进入后半段无论如何还是顺利的。之所以如此，固然是调查员共同积极活动的结果，同时也和地区警备队长等的巨大援助是绝对分不开的。”① 通过对这一材料的分析可知，满铁的调查行为借助于日军的军事力量，另外，满铁的调查结果服务于日军的殖民侵略，双方形成了互相支持、互相影响的关系。

满铁派驻的宣抚班适应了日本殖民侵略的需要，随着日军占领地区的不断扩大，满铁的恢复工作和宣抚工作的范围逐步扩大，满铁的调查对象和调查内容等都是满铁宣抚班、日军以及特务机关等各方面充分协商确定的。例如满铁在松江县调查的目的是“把握华中种稻农户实态和查明水稻地区农村与城市的关系”，对家族人口、雇佣农业劳动、土地关系、产品处理、蚕桑、农具、肥料、建筑物、租税公课、借贷关系、现金收支、现物收支、生活费、主要作物、所需劳动力等事项进行了深入调查。这些调查内容虽然与军事问题并无直接关系，但是调查结论对于日本殖民统治和殖民侵略

---

① 满铁调查部：《调查成果内容概要》，昭和 15 年度下半期，第 48－49 页，吉林省社会科学院馆藏档案，编号：18642。

政策的制定提供了重要的依据。无锡工业调查之后，得出了调查结论“与民族资本的妥协无论如何使必要的，不能千篇一律地制造合办工厂”[①]，这一结论指导日军及日本政府将工作的着眼点放在“民心的把握上”，对于殖民统治秩序的确立具有重要的指导意义。1940 年汪伪政权成立之后，归还了部分中国公私企业与经济设施，充分体现了满铁宣抚工作和调查工作的“指导力”。

满铁宣抚班以直接的武力行动和特务行动配合日军的行动，以满铁华中嘉定宣抚班为例，班长熊谷康，1937 年 12 月成立，1938 年 1 月 29 日，宣抚班与胁坂部队达成“协议”，按照宣抚班的“秘密报告”，出动 3 个分队赴徐家行方面，收缴武器弹药和逮捕“抗日无赖分子”；2 月 26 日晚 10 时，宣抚班“突袭巡察”城内茶馆和城外集会所，抓捕“不良之徒”；4 月 6 日午夜，宣抚班与警备队一小队外出“突袭扫荡”，“严格搜查”，在南保莲庙抓捕 4 名“嫌疑者”。这些行为虽然不是大规模的军事行动，但是在一定范围之内，以特务行动等方式直接配合了日军的侵略行动，使宣抚班的作用得到了充分的发挥。

总之，满铁派驻的随军宣抚班以宣抚活动、调查活动以及情报搜集工作为纽带，在日本军、警、特的保护与配合之下进行工作配合日本殖民主义侵略和殖民主义统治，最终使满铁、关东军以及日本政府之间的联系更加紧密，成为日本军国主义机器的重要组成部分。

综上所述，满铁宣抚班的建立以及活动完全适应日本殖民侵略的需要，其宣抚活动以及调查活动的结果为日本侵略提供支持，为殖民策略的制定提供依据。满铁宣抚班具有明显的殖民性、侵略性、野蛮性、欺骗性。

原载《理论观察》2018 年第 9 期

---

① 解学诗：《日本对战时中国的认识——满铁的若干对华调查及其观点》，《近代史研究》2003 年第 4 期，第 4 页。

# 20世纪上半叶日本在华图书馆学教育研究

## ——以满铁图书馆业务研究会为据

任家乐　刘春玉

由于历史情感原因，中国图书馆界对20世纪上半叶日本在中国沦陷区所从事的图书馆活动关注甚少，有关日本在东北从事的图书馆学教育活动，只有冷绣锦在《“满铁”图书馆研究》中有少量篇幅的叙述，除此之外近于空白。日本在东北、台湾地区的图书馆学教育活动属于20世纪上半叶发生在中国境内的图书馆学教育活动，虽然这些活动与中国学者所从事的图书馆学教育活动并无多少联系，然而通过对日本在华图书馆学教育的研究，有利于认识同期日本图书馆学教育的基本情况，也有利于从客观角度认识中国早期图书馆学教育所存在的问题。

20世纪前后清政府腐朽没落，内忧外患不绝，日本借机蚕食中国领土。1905年日俄战争胜利后，日本取代沙俄控制了中国东北中南部的广袤领土，大批移民垦殖，对当地民众实施奴化教育，图书馆成为日本实现其战略意图的重要机构。为提高办馆水平，东北铁路沿线图书馆建设逐步完善后，满铁图书馆各馆联合建立了图书馆协会、图书馆业务研究会，定期研讨工作中遇到的问题，组织图书馆员研究学术，开设图书馆学讲习会，提高馆员业务水平，开始了日本在华图书馆学教育的历史，其教育形式和教学内容均有鲜明的特色。

## 一　满铁图书馆研究会与专业期刊的出现

在阐述和分析日本在华图书馆学教育之前，有必要简述满铁图书馆的建立和发展作为背景。日俄战争以后，1906年日本成立了南满洲铁道株式会社，简称“满铁”，这是日本政府以公司名义在东北实行殖民统治的机构，类似英国东印度公司。1907年满铁由东京迁移到大连。1907年满铁在大连建立了满铁图书室，这就是满铁大连图书馆的前身。早期的满铁图书室面向公司内部人员服务，相当于专门图书馆，由满铁会社调查课图书系和地方课图书系负责。10余年间，满铁在东北铁路沿线建立了24个图书馆。此外，还对边远地区划分了12个流动区、150个阅览点。至此，日本已在满铁沿线各主要城市和区域建立起了纵横交错的文献网络[1]。服务对象扩展到铁路沿线的公司职员和住民，兼具了专门图书馆和公共图书馆的性质，满铁图书馆也成为铁路沿线一系列日本所开设图书馆的统称。

早在1909年，满铁图书馆便设立了“巡回文库”“林间文库”等图书流通制度。1916年满铁学务课在沈阳召开会议，研究图书馆工作存在的问题，这是满铁图书馆业务研究会的雏形。此后，随着这种活动的日益频繁，加以图书的增多，有些巡回文库逐渐转为简单的图书馆，相应地出现了几个小馆之间的以联系和协作为主的联合研究会。例如，1924年辽阳、鞍山、大石桥、营口、瓦房店的“辽南图书馆协会”；1927年奉天、铁岭、开原、四平街、长春几个图书馆的馆长一起制定了这几个馆间研究会的联合协约，而大连市内的6个馆则以大连馆为中心每月召开一次所谓的业务研究会议，这一阶段可以算作满铁图书馆业务研究会的摇篮时代，这个组织的正式确立时间是1929年[2]。

1920年，柿沼介、卫藤利夫加入满铁图书馆，成为满铁图书馆的灵魂人物。此后，对满铁图书馆有决定性影响的有两件事，其一是由于1937年12月满铁附属地被转让给伪满洲国，而随之满铁图书馆也一并移交；其二则是1939年，根据所谓的大调查部构想，将大连图书馆编入调查部。前者意味着满铁图书馆群的解体，后者则是要被恢复到大连图书馆成立时的调查部资料室的性质，即仍为专门图书馆。

1926年，《书香》开始发行，暂时停刊后，又于1929年作为满铁各图书馆馆报复刊，一直发行到1944年，相当于图书馆协会会报的性质，颇与《中华图书馆协会会报》相类似。其他的馆报还有奉天图书馆馆报《收书月报》、哈尔滨图书馆报《北窗》等。

1929年，卞鸿儒担任辽宁省立图书馆馆长期间，对日本在东北地区流露出的野心深感忧虑，从叙述来看此时满铁图书馆研究会的活动已颇为成熟[3]：“图书馆研究会关于图书馆事业之联络与研究，满铁图书馆有图书馆研究会之组织。将各地图书馆分为三区，分别组织，由大连北至辽阳中间之各图书馆为第一区。奉天抚顺及安奉铁路沿线各图书馆为第二区。铁岭以北各图书馆为第三区。各区研究会，每月开会一次，讨论研究关于图书馆学术上或实际设施上之种种问题。大连图书馆在第一区内，其研究会于本年四月末举行第一次，现已举行数次矣。满铁各图书馆又共同印行一种馆报，名曰《书香》，每月刊行一次。现已出版六次。内容以关于中国图书界问题为多。”

1931年9月满洲事变爆发后，日本的侵略行径完全公开化，为配合日军行动，满

① 李晓菲：《“满铁图书馆”及其带给我们的启示》，《图书馆建设》1998年第1期，第73页。

② 董惠敏：《伪满图书馆学会组织及其刊物概述》，《图书馆学研究》1982年第1期，第110页。

③ 卞鸿儒：《参观大连图书馆报告》，《辽宁省立图书馆丛刊》，1929，第16－17页。

铁图书馆业务研究会积极进行了《阵中慰安文库》和满铁时局文库的《全满二十四图书馆通用与满洲相关日汉分类目录》的编辑工作。日军掠夺了沈阳城内的《四库全书》《满洲老档》《满洲实录》的原本，《康熙地图》的铜版本等珍贵文献，接收了张学良的旧邸以及沈阳文溯阁后，分作满铁奉天图书馆总馆、分馆。

"九一八"事变以后，针对日方图书资料查阅的需求，满铁奉天图书馆将与中国东北及蒙古有关的图书资料序号前加"M"，进行特别整理形成"满铁时局文库"，专门成立了"满蒙阅览室"。而"阵中慰安文库"则是号召日本本土及殖民地民众捐赠图书，对前线战士进行"精神慰安"的一种形式①。满铁奉天图书馆馆长卫藤利夫是"阵中慰安文库"的积极倡导者，著有《图书分类的逻辑原则》，该原则提出将原本分开排架的日文、中文、外文图书，在目录卡片上都缀上罗马字，作为阅览用的卡片目录，将著者、题名、分类 3 种混排，同时将图书台账变成卡片式，整理图书时使用循环卡片②。

## 二　满铁图书馆业务研究会的历史

满铁图书馆业务研究会的发展分为三个时期。第一时期为 1906 年至 1929 年 4 月的初建时期；第二时期为 1929 年 9 月至 1938 年 9 月的活跃期；第三时期为 1938 年 9 月至 1942 年 8 月的逐渐终止期。

### （一）初建时期

满铁图书馆从 1912 年开始到 1916 年期间，共召开了 5 次事务会议，还增加了去日本国内出差、参考学习的活动。1916 年，满铁图书馆设立私立教育研究会，并于 9 月 27、28 日在沈阳举行会议。对于这次会议，满铁公司通过报销差旅费等形式支持，满铁各地图书馆地方科长均参加了总理事会。这个时期的核心人物是从京都帝国大学调职过来的佐竹义继。此外，这些图书馆阅览场所的各馆员相继组成了南满洲书司会（相当于研究会），1917 年 4 月创刊《南满洲书司会杂志》。

1921 年，满铁图书馆开始向文部省图书馆讲习所派遣进修人员，其教育活动越来越有规律。1925 年成立图书馆研究会，1926 年辽南图书馆协会按照其章程活动。铁岭以北地区于 1927 年在长春创立图书馆业务研究会，形成了满铁沿线全区域内组建研究会的根基。

① 吴利薇：《满铁奉天图书馆》，《外国问题研究》2009 年第 2 期，第 38 页。

② 吴利薇：《满铁奉天图书馆》，《外国问题研究》2009 年第 2 期，第 38 页。

## （二）活跃期

1929 年 4 月，满铁公司方面认识到了研究会组织化的必要性，根据公司初等教育研究会规定，制订出图书馆业务研究会的内部规章。研究会根据区域分为 3 个区，区是大连地区，二区是奉天地区，三区是铁岭以北地区；负责人各自是：桥本八五郎（日本桥）、小野求太郎（抚顺）、东海林太郎（铁岭）；二、三区在 1930 年 9 月合并，之后一、二区则于 1932 年 9 月合并①。

这个时期的业务研究会的主要工作为：第一，分类目录规则的整理、标准化等图书馆的日常业务、运营上需要解决的问题。第二，满铁图书馆向外界的扩张及合作的意向。1930 年 9 月，开始筹建满铁图书馆协会，号召学校图书管理员以观察员身份参加。这是以后与满铁各种调查机关、资料室及其他机关合作的第一步。1932 年 9 月，召开了同朝鲜研究会的共同会议。根据当时的议题，“朝鲜图书馆协会”的设立也被提上了日程。第三是由于受满洲事变的影响，开始编制“阵中慰安文库”与分类名称目录。

这个时期首先完成了《全满二十四图书馆通用满洲关系相关日汉分类目录》，推进了各图书馆馆际互借制度以及各区域分担资料采集工作，将新收集到的图书作为《满铁各馆增加图书要目》刊登在《书香》中，这种尝试可以说是满铁图书馆成熟时期的顶峰。其次，作为业务研究的成果与报告的《图书馆业务研究会年报》也发行了，此年报是登载各部门会议报告、论文的独立方式，是研究会自信和成长的表现。作为第二期后续工作，开始了《全满二五图书馆通用与满洲相关日汉分类目录续编第一》以及举行第二次满鲜图书馆联合协商会议（1936）的工作，最后商讨制定了《图书馆馆员精神纲领》。

## （三）逐渐终止期

1937 年 12 月，满铁图书馆随满铁附属地移交给满洲国，图书馆员的工作热情降低了。

满铁图书馆业务研究会为了新制研究会的重组，1937 年 9 月召开了最后一次满铁图书馆业务研究会委员会，这次会议也就是新制满铁图书馆研究会的第一次委员会，在会上协商了会名变更，内部规章修改。1939 年因为所谓大调查部的构想，大连图书馆被纳入调查部，1940 年 3 月柿沼介辞去馆长一职，卫藤利夫也在 9 月辞去馆长一职，成为临时馆长，并在 1942 年 1 月连这一职务也辞去了。1943 年 2 月，由总局各部课召开了总局资料委员会，提出应该让奉天图书馆以及资料室直接与公司业务相连。在逐渐终止期，间断持续的研究会，也只延续到 1942 年 8 月，无论满铁图书馆的组织、人

① 冈村敬二：《满铁图书馆—海外日本图书馆的历史》，京都：阿吽社，1994，第 64 页。

员阵容几乎均处于停止状态，满铁图书馆业务研究会衰退消亡了。

## 三　满铁图书馆的专门教育活动

满铁图书馆对于国内图书馆学人类似域外世界，国内图书馆很晚才注意到满铁图书馆学教育活动，“满铁奉天图书馆馆长卫藤利夫，在日本图书馆界颇有名望，去年十一月起受前波教育专门学校之礼聘，在该校主讲图书馆学概论，每周二时，并在奉天图书馆指导学生实习。该校主旨专在提高图书馆事业，不仅为校中之特别授业，凡奉天及南满铁道沿线各校图书部与各图书馆之在职人员，皆可请求听讲”①。这个前波教育专门学校应当是日本在东北开办的专门学校，此时满铁图书馆业务研究会正式成立不久。之后《中华图书馆协会会报》又报道了一次满铁图书馆业务研究会的开会经过，内容颇为详细，即《满铁之图书馆业务研究会联合会》一文②。

这次图书馆业务研究会讨论的是满铁图书馆各地工作的一些解决方案，也进行了一些讲习活动，兼有处理行政事务与教育的双重功能。1935 年《中华图书馆协会会报》对满铁图书馆业务研究会的组织管理及开会情况做了简要叙述。“南满铁道株式会社在东北创设之大小圕凡二十四所，以大连圕为中心。各馆馆员早有圕业务研究会之组织，借以互相研究而谋业务之改进，去岁四月间该会改组，设委员会及部会为研究机构，以大连圕长及奉天圕长为当然会长及副会长。部会分管理（研究设施，经费，从事员，事务用纸，建筑，器具，制本等），目录（研究图书之选定，编目，分类等），运用（研究图书之排列，出纳，阅览，指导，儿童及其他特殊圕，附带事业等）三部，每部各举干事一人。委员会每年开会五次，部会每年开会四次，出席者每日支给旅费金二圆。开会之时日地点及议题等主要事项，事前须先经满铁会社学务课长之认可，事后并须详细报告经过。该会自改组以来成绩甚优。”③ 总的来说，当时国内图书馆界对满铁图书馆教育的认识还停留在组织结构等方面，对教育内容等还一无所知。笔者根据满铁业务研究会相关文献将其图书馆学教育分为 5 种类型。

一为初级教育。为培养新人馆员，满铁制定了专科以上学校毕业社员录用培养规章，也制定了社员预先培养的见习录用及其津贴章程。针对高等小学毕业或具备同等以上学历的 13 至 16 周岁者，根据试验结果提供助学金并准许进入会社育成学校学习。课程学习年限为 4 年，以陶冶其品行为目的，教授普通教育课程的同时一并教授应用知识技能，白天专门学习会社业务，夜间修习各专业学科。

---

① 《日人在满洲之公开图书馆讲座》，《中华图书馆协会会报》1930 年 5（4），第 24 页。

② 《满铁之图书馆业务研究会联合会》，《中华图书馆协会会报》1930 年 6（1），第 41－42 页。

③ 《满铁之圕业务研究会》，《中华图书馆协会会报》1935 年 10（6），第 37－38 页。

二为常规教育。大连图书馆、奉天图书馆、抚顺图书馆、哈尔滨图书馆几个大馆均有常规的教育活动，活动时期各馆不一，采用学习自编教材和讲座的形式，这是满铁图书馆最常见的教育活动。

由于满铁图书馆业务研究会正式形成于1929年，所以表1①所呈现的开始常规教育的时间较晚。但从20世纪20年代辽南图书馆协会，以及构成业务研究会雏形的几个图书馆研究组织的情况来看，正规图书馆教育的历史可能要早得多，只是未见文献记录而已。

三为图书馆学夏季讲习会，一年一次。满铁为培养图书馆管理员及各单位图书相关工作人员，在1931年以后每年举办图书馆学夏季讲习会。其主办单位为各地满铁图书馆部门学务科，举办期间为8、9、10月中的3～5天，讲师主要委托会社内人员，不少是曾留学过的图书馆员，如柿沼介、卫藤利夫、大佐三四五等人，有时也聘请社外人士如松本帝国图书馆馆长、荻山总督府图书馆馆长、林龙山铁道图书馆主事及加藤帝国图书馆司书等进行讲学，听讲者每年约在五六十人左右。此外，由文部省（日本教育部）或青年图书馆员联盟主办的夏季讲习会历年也按惯例尽可能派遣图书馆相关人员参加，但在馆员培养的多种活动中，因费用及时间关系最受重视的仍为满铁图书馆主办的夏季讲习会。自1931年首次举办以来的各次举办时间、讲义题目、讲师等列举如下页表2所示。

一些学者的文章，如林靖一的《图书改装费与登录价格等问题》还被翻译成中文发表②。

四为留日活动与国外进修。满铁随时派遣高级社员赴日本本土及国外出差留学，此外以提高社员水平为目的，制定了《外国留学生规章》《国外派遣助学金学生规章》《支那留学生规章》《内地特别派遣员规章》《满洲国人社员赴日留学生规章》《东亚同文书院及哈尔滨学院助学金学生规章》等章程，于条件符合者中选拔，送其至各地留学或出差。

国外派遣助学金学生要求为连续工作2年以上社员，经所属单位负责人推荐后接受选拔，为修习学术技艺，于欧美接受高等教育。中国留学生分为甲乙两类，甲种留学生以研究汉语，中国的政治、经济、社会等领域为目的；乙种留学生主要以研究汉语为目的；两者均要求为连续工作一年以上社员，且要求留学生为依会社语言检定测试章程在汉语中获得二等以上合格者，或为专科以上学校毕业生及其所属教职员。

---

① 表格出处：满铁图书馆业务研究会管理部编《地方行政权移交前的满铁图书馆概况（1936－1937）》，《满铁图书馆业务研究会年报第三辑》，出版地不详，出版者不详，出版年份不详，第257页，第261－263页，第258－260页。

② 林靖一：《图书改装费与登录价格等问题》，于式玉译《图书馆学季刊》1930年4（2），第237－254页。

内地（指日本国内）特别派遣员须从社员中选拔优秀者，由特别命令进行派遣，其指导、监督由东京分社社长负责，图书馆员将进入文部省图书馆讲习所学习。派往日本国内及中国的留学生均重视汉语水平，这与满铁图书馆的工作性质有关。

东亚同文书院及哈尔滨学院助学金学生要求为获得一般专科学校入学资格的社员，并连续工作一年以上，年龄在25周岁以下者，经所属单位负责人推荐后选拔而得。满铁图书馆派遣留学生情况如表3所示。

满铁图书馆留学活动最早开始于1921年，从1921年至1937年，几乎每年均派一至二名馆员赴海外留学，这个时期也正是中国图书馆学人留学的高潮期。留学最主要的目的地是日本国内的文部省图书馆讲习所，有17人，日本东京1人，因此满铁图书馆主要受日本国内图书馆学教育的影响；第二留学目的地是美国哥伦比亚大学及欧美各国，有2人，赴美留学者均受重视，担任馆长职；日本在上海开设有专门研究“中国学”同文书院，也被称为间谍学校，学者也有1人，且留学时间长达三年，其培养动机与前述提到的满铁图书馆工作计划有密切联系。以上共计21人，留学时间多为一年，均为图书馆员在职进修。

五为学术研究。满铁图书馆业务研究会编辑有《满铁图书馆业务研究会年报》（以下简称《年报》），从1934年出版的第一辑，一直到1938年的第四辑，共出四辑，其中1936～1937第三辑为合刊。这个内部刊物除了刊登有关委员会、管理部、书目部、运用部的行政事务外，还刊登图书馆员发表的演讲题目及论文，内容丰富，其学习研究氛围相当浓厚。与同时期中国图书馆学刊物校雠学、目录学、历史学与图书馆学相混杂的情况不同的是，《年报》刊登的文章几乎均与图书馆学术或工作相关，因此专业性更高。有不少图书馆学专门教育方面的文章，以1936～1937年《年报》第三辑为例，其《图书馆员工培训的相关方针及方法》《内地和满州图书馆经营方式的比较论》《关于图书馆精神的基本理念》等演讲及文章均涉及图书馆员专门教育问题①。

## 四　同时期中日图书馆学教育比较

我国图书馆学最初取法的对象是日本，直到20世纪20年代，随着沈祖荣、胡庆生、洪有丰、李小缘、刘国钧等留美学者回国，这种情况才开始改变。文华图专、金陵大学图书馆学系等教育机构的出现，使中国图书馆学教育有了明显起步。20世纪30年代以后中日两国图书馆界都有不少声音认为中国图书馆的发展，图书馆学教育的发展已有超越日本之势。1935年，李棣华、许防如的《日本圕概况（参观报告）》中有

① 满铁图书馆业务研究会：《满铁图书馆业务研究会年报1936－1937》（第三辑），满洲日日新闻社印刷所，1937，第8页。

一段叙述了日本图书馆协会及日本图书馆学教育的情况：

> 为客户进圕事业之发展，培養圕之专门人才，在日本社会方面有日本圕协会，政府方面有文部省之圕讲习所。日本圕协会创立于明治25年（光绪十八年）（1892），初名日本文库协会，嗣改称日本圕协会，昭和5年（1930）始经文部省之许可而取得社会法人之资格。明治43年（宣统二年）（1910），曾加入万国书史学会，昭和5年（民国十九年）（1930）又加入国际圕协会联盟。总部设于文部省内，九州，山口各设支部一处，现有会员一千四百余名，其资格以从事圕事业者为限，协会事业，一面编印月刊，名《圕杂志》，用以探讨学理，交换意见，并介绍新刊良书，一面举行讲演会、讲习会，以促进社会人士之注意，并规定每年四月二日为圕纪念日，十一月一日至七日为圕周间，研究讨论，宣传提倡，对于日本圕事业之发展影响至巨，文部省圕讲习所，设立于大正11年（民国十一年）（1922），所址暂假帝国圕之旁室，令供讲授，别无设备，较诸吾国武昌之文华圕专科学校，简陋多矣，然此即日本全国唯一之圕学校。每期三十人，一年卒业。入学资格，以中学卒业，师范学校卒业，高等女学校卒业者为限。课程有：圕管理法，圕史，目录学，书志学，分类法，外国语（英、德、法），文化科学，社会教育概论，日本绘书史，印刷及制本等科，自开办以来，毕业者约三百人，百分之九十五，皆在国内之各圕服务。本期中尚有吾国女生一人在内肄业。①

虽然日本图书馆协会成立的很早，但唯一的图书馆学教育机构文部省图书馆讲习所却成立很晚，直到1921年才正式成立，招收高中毕业及同等学力水平的学生，学期一年。其所习课程为图书馆管理法，图书馆史、汉书目录法、书目录法、日本书志学、中国书志学、西洋书志学、图书分类法、英语、德语、法语、社会教育概论、日本绘画史、印刷及制本等。每周授课二十八小时。从课程设置来看，二者也颇有相似之处，不过因为学制的缘故，文华图专的课程设置要精细得多。

将文部省图书馆讲习所与同期中国图书馆学教育的代表文华图专相比较，在招生类型、招生标准、课程设置、所办刊物等方面均有不如，因此李棣华、许防如认为“较诸吾国武昌之文华圕专科学校，简陋多矣”②。日本方面也有相似的认识，1936年12月，日本图书馆学家间宫不二雄访华后，认为“日本中等学校毕业后再行补习一年之图书馆讲习所只有一处，且多不合实用。中国大学毕业生有施以二年专科之设施，此种学生，大多均远涉重洋，赴英美德法留学，即在图书馆服务者，亦均经专科之补

① 李棣华、许防如：《日本圕概况（参观报告）》，《图书馆学季刊》1935年9（2），第268－269页。

② 李棣华、许防如：《日本圕概况（参观报告）》，《图书馆学季刊》1935年9（2），第268－269页。

习。故余之见解，今后日本如能每年派送两名大学生至武昌文华图书馆专科学校肄业，实较留学欧美为佳也”[①]。

从简单比较来看情况确是如此。然而从实际情况来看，笔者认为同时期的日本图书馆学教育更胜一筹，理由有三点。

其一，日本图书馆学正规教育虽只有一所学校，学制也仅为一年。然而日本有文部省、青年图书馆联盟及地方图书馆、图书馆协会、著名图书馆每年均举办夏季讲习会，可以补其不足。“日本每年夏季开设暑期学校讲习图书馆学之处甚多，本年仍循例举行，如在冈山市有文部省主办之图书馆讲习会，在大阪有青年图书馆员联盟主办之图书馆学讲习会，讲题为小册子及其他资料之搜集整理（目黑加一），小册子装订法（间宫不二雄），在兵库县有该县图书馆协会主办之图书馆经营讲习会，讲题为社会教育与图书馆之使命（铃木镣太郎），日本图书馆事业之动向（伊达友俊），乡村图书馆经营之实际（伊藤新一），小图书馆中之简易图书整理法（森清），福冈县中央图书馆亦办有相当之讲习会，在朝鲜则有总督府主办之图书馆讲习会，讲题为图书馆管理法（荻山秀雄），图书馆教育与学校图书馆及小图书馆之经营（厨川肇），馆外阅览之理论与实际及装订术（林靖一），和汉书目录法及实习（岛崎末平），洋书目录法及实习（关野真吉），及关于社会教育与图书馆事业之特别讲述，惟因气候特别炎热，各处授课期间亦特别缩短，大抵在二日与七日之间云。”[②] 这样的例子可谓相当多，对于日本狭小的领土而言，其讲习会举办强度远较中国多。而中国的图书馆学讲习会，随意性很强，举办地点零散，没有形成制度化的管理方法，实际教育效果应当不及日本同行。

其二，从满铁图书馆学教育情况来看，政府在图书馆学教育活动中占据主动角色，很早就开始采用制度化、体系化、持续化的教育机制，图书馆员从入馆开始就接受教育，工作以后也有定期的教育培训、讲习会、留学机会等等。从高等教育领域上来看日本未必占优，但在初等教育、在职教育等方面很有优势，因为我们在同时期的国内图书馆界几乎看不到有定期教育的例子，学生从图书馆学校毕业以后，除留学外也很少看到再次接受教育的例子。

其三，就满铁图书馆专门教育而言，满铁图书馆专业化程度很高，各图书馆分头承担文献收藏和信息采集工作，以第三区图书馆为例，各馆藏书范围如下：苏家屯图书馆为铁路类；奉天八幡町图书馆为工商业、运动、满洲风俗类；铁岭图书馆为传记、俳句、满洲地志类；开原图书馆为日本精神、满洲统计类[③]。可以说这些图书馆既是

---

① 《日圕专家推崇中国圕界》，《中华图书馆协会会报》1937 年 12（4），第 39 页。

② 《日本之暑期图书馆学讲习会》，《学觚》1936 年 1（7），第 20－21 页。

③ 满铁图书馆业务研究会：《满铁图书馆业务研究会年报》1935（第一辑），满洲日日新闻社印刷所，1935，第 3 页。

专门图书馆，又是独立的情报收集分析机关，这种工作性质对图书馆员提出了很高的要求，因此满铁图书馆开展密集的专门教育活动，以及浓厚的学术研究氛围也就不足为怪了。

**表 1　满铁图书馆常规教育情况**

| 各国图书馆研究会名称 | | 研究目的、活动方式、参加者、活动次数及时间、开始时间 |
|---|---|---|
| 大连图书馆 | 研究座谈会 | 以提高图书馆专业知识、实行对业务研究的奖励，改善图书馆工作为研究目的。采取讲座和讨论个人提案的形式。全体馆员参加。没约两次即月末和每月第一个周五活动，有时视情况变动。活动时间为下班前一个小时。昭和 11 年 5 月 15 日（1936 年 5 月 15 日）开始 |
| 奉天图书馆 | 周四研究会 | 以提升馆员自身修养，改进图书馆工作为研究目的。采取馆员宣讲个人研究成果的形式，要求所有能抽出时间的馆员都参加。每周四活动，下午两点到三点，时间为一个小时。昭和 10 年 4 月（1935 年 4 月）开始 |
| | 阅览工作研究会 | 以促进阅览相关工作的改进为研究目的。从事阅览工作的相关人员参加。每月最后一天活动，下午一点开始，时间约两个小时。昭和 11 年 11 月（1936 年 11 月）开始 |
| 抚顺图书馆 | 研究会 | 研究目的为关于分类法、目录法的研讨。采取学习教材并进行讨论的形式。馆员、抚顺会社内部及相关单位的图书管理员参加，每周活动一次，下午两个小时，昭和 12 年 8 月（1937 年 8 月）开始 |
| 哈尔滨图书馆 | 周四研究会 | 以促进改善图书馆工作全面研究为目的。采取研究讨论个人提案的形式。参加者为全体日本人职员。每月一次活动，周四下午一点，约两个小时。开馆即执行 |

**表 2　1931 年至 1936 年满铁图书馆业务研究会历次夏季讲习会概况**

| 年度 | 讲义题目 | 讲师 | 备注 |
|---|---|---|---|
| 昭和 6 年（1931） | 图书馆管理法 | 大连图书馆馆长　柿沼介 | 自八月五日至八月八日举办四日，会场位于大连本社社员俱乐部 |
| | 图书馆目录法 | 同上　同上 | |
| | 图书分类基础 | 奉天图书馆馆长　卫藤利夫 | |
| | 图书馆相关成人教育 | 同上　同上 | |
| | 事务管理相关 | 效率科嘱托　金子利八郎 | |
| | 公费经办管理相关 | 本社地方科公费处主任　合田德松 | |
| | 邦文图书馆参考文献介绍 | 日本桥图书馆主事　桥本八五郎 | |
| | 欧文图书馆参考文献介绍 | 抚顺图书馆馆长　大佐三四五 | |
| 昭和 7 年（1932） | 和书汉书目录法及其实习 | 大连图书馆馆长　柿沼介 | 自八月二日至八月六日举办五日，会场位于大连本社社员俱乐部 |
| | 分类与分类名称 | 奉天图书馆馆长　卫藤利夫 | |
| | 满洲相关欧洲图书解说 | 同上　同上 | |
| | 图书支取法 | 朝鲜铁道图书馆主事　林靖一 | |
| | 朝鲜名著解题 | 朝鲜总督府图书馆馆长　荻山秀雄 | |

续表

| 年度 | 讲义题目 | 讲师 | 备注 |
| --- | --- | --- | --- |
| 昭和7年（1932） | 由经理事物所见的图书馆 | 本社地方庶务科　三嶋辰五郎 | 自八月二日至八月六日举办五日，会场位于大连本社社员俱乐部 |
| | 办公心得百条 | 本社考察科　加藤雷二 | |
| | 图书、杂志、剪摘集统一整理一例 | 同上　玉名胜夫 | |
| | 阅览室环境相关 | 同上　大中信夫 | |
| 昭和8年（1933） | 欧美图书馆概况 | 大连图书馆馆长　柿沼介 | 自十月二十四日至十月二十八日举办五日，会场位于大连本社社员俱乐部 |
| | 满洲相关主要文献解说（和书、洋书） | 大连图书馆司书　田口稔 | |
| | 同上（汉书） | 同上　岛田好 | |
| | 考古学上所见的满蒙 | 关东厅博物馆主事　岛田贞彦 | |
| | 分类名称目录法 | 奉天图书馆庶务主任松原浅右卫门 | |
| | 洋书目录法 | 抚顺图书馆馆长　大佐三四五 | |
| | 图书出纳法 | 鞍山图书馆馆长　盐大连谷孝治郎 | |
| | 国宝图书介绍（邦书部分） | 大连图书馆司书主任　桥本八五郎 | |
| | 眷写板实习 | 东亚商会　横田嘉雄 | |
| 昭和9年（1934） | 图书馆通论 | 帝国图书馆馆长　松本喜一 | 自九月二十六日至九月二十九日举办四日，会场位于大连本社社员俱乐部 |
| | 满洲产业概论 | 精调第一部主任　高田精作 | |
| | 阅览指导法 | 大连图书馆馆长　柿沼介 | |
| | 满洲基督教文献解说 | 奉天图书馆馆长　卫藤利夫 | |
| | 图书馆员注意事项 | 大连图书馆司书主任　桥本八五郎 | |
| | 德川初期武士道精神研究 | 地方部学务科　吉田进 | |
| | 夏目漱石论 | 同上　益富治保 | |
| 昭和10年（1935） | 分类名称目录详解及其实习 | 帝国图书馆司书　加藤宗厚 | 自九月二十六日至九月二十八日举办三日，会场位于大连本社社员俱乐部 |
| 昭和11年（1936） | 鲜满图书政策史及图书馆革新 | 朝鲜总督府图书馆馆长　荻山秀雄 | 自八月十三日至八月十五日举办三日，会场位于大连本社社员俱乐部 |
| | 面向铁道工作者的图书馆经营理论及其实践 | 朝鲜铁道图书馆主事　林靖一 | |
| | 最新简易制书术实习 | 县立鸟取中央图书馆　田中敏夫 | |
| 备注 | 昭和12年（1937年）满洲举办第三十一届日本全国图书馆大会，因所需费用超过预算，讲习会中止举办 | | |

**表3　满铁图书馆派遣留学情况表**

| 年份 | 留学派遣时间 | 研究课题 | 留学地学校 | 留学者 |
| --- | --- | --- | --- | --- |
| 大正10年（1921） | 一年 | 图书馆学 | 文部省图书馆讲习所 | 职员　栗栖义助 |
| 大正11年（1922） | 同上 | 同上 | 同上 | 同　佐竹英治 |
| 大正11年（1922） | 同上 | 同上 | 同上 | 同　松原浅右卫门 |

续表

| 年份 | 留学派遣时间 | 研究课题 | 留学地学校 | 留学者 |
|---|---|---|---|---|
| 大正 11 年（1923） | 一年 | 图书馆学 | 文部省图书馆讲习所 | 同　宫地元治 |
| 同上（1923） | 同上 | 同上 | 同上 | 同　泽浩 |
| 自大正 13～15 年（1924～1926） | 两年零三个月 | 图书馆管理方法及杂志学 | 美国哥伦比亚大学及欧美各国 | 参事　柿沼介 |
| 大正 13 年（1924） | 一年 | 图书馆学 | 文部省图书馆讲习所 | 职员　樱井政一 |
| 同上（1924） | 同上 | 同上 | 同上 | 同　胜家清胜 |
| 大正 14 年（1925） | 同上 | 同上 | 同上 | 同　井上正义 |
| 大正 15 年（1926） | 同上 | 同上 | 同上 | 同　岩田实 |
| 自大正 15 至昭和 3 年（1926～1928） | 两年零三个月 | 图书馆学目录法分类法 | 美国哥伦比亚大学及欧美各国 | 同　大佐三四五 |
| 昭和 2 年（1927） | 一年 | 图书馆学 | 文部省图书馆讲习所 | 同　尾崎唯一 |
| 昭和 3～4 年（1928～1929） | 一年零两个月 | 东洋文献处理法及图书馆业务改善相关调查研究 | 东京 | 参事　卫藤利夫 |
| 昭和 5 年（1930） | 一年 | 图书馆学 | 文部省图书馆讲习所 | 职员　神吉三良 |
| 昭和 7 年（1932） | 同上 | 同上 | 同上 | 同　下内矢之助 |
| 昭和 8 年（1933） | 同上 | 同上 | 同上 | 同　金在斗 |
| 昭和 9 年（1934） | 同上 | 同上 | 同上 | 雇员　福真太郎 |
| 昭和 10 年（1935） | 同上 | 同上 | 同上 | 同　林聪 |
| 昭和 10 年（1935） | 三年 | 东亚同文书院助学金学生 | 上海东亚同文书院 | 雇员　斋藏州臣 |
| 昭和 11 年（1936） | 同上 | 同上 | 同上 | 佣员　秋场四郎 |
| 昭和 12 年（1937） | 一年 | 图书馆学 | 文部省图书馆讲习所 | 佣员　石川春男 |

## 五　余论

从 1916 年满铁图书馆业务研究会渐有雏形直至 1943 年其活动逐渐消亡，其图书馆学教育活动不仅具有独特性，也一定程度反映了同期日本国内教育的基本情况和特点。这些特点可以归结为：一是重视将图书馆工作和任务与图书馆学教育紧密联系，教育围绕工作展开，而较少单纯地去谈理论，因此在职教育是日本图书馆学教育的一个重要特点。二是组织严密，教育活动系统而有规律，在图书馆学教育过程中政府扮演重要角色，有较完善的教育制度。从基本文化教育、专门教育、在职教育、留学教育和学术研究等形式来看，遵循由浅入深，教育和研究相结合，教育持续化等特点，反映出图书馆学教育机制的成熟，由于教育的行政化、制度化，其图书学教育活动规律性很强。三是教学内容很注重对美国、中国及日本内地图书馆界的了解和学习，可以说其对中国图书馆界的认识要远高于中国同行对日本图书馆界的认识。综合上述分析，结合本文略微述及的日本本土所开展的图书馆学正规教育、夏季讲习会等情况，我们认为同时期日本图书馆学教育总体情况较中国更胜一筹。

原载《图书馆建设》2018年第11期

# 满铁在华殖民宣传研究

## ——以《满洲日日新闻》为例

孙文慧

南满洲铁道株式会社（以下简称“满铁”）是日本政府为推行其“经营满洲”即侵略中国东北政策而设立的执行机构。满铁对中国东北的侵略涉及经济、政治、军事及文化多个方面，其殖民主义思想宣传是伴随满铁文化侵略而产生的。为宣扬日本殖民主义思想，掌握舆论工具，满铁在附属地经营新闻出版事业并创办多种报纸刊物，其中《满洲日日新闻》作为满铁机关报，为满铁殖民宣传提供平台，成为日本对华武装侵略的舆论操纵及宣传的工具。因此，通过梳理《满洲日日新闻》的创刊背景，分析《满洲日日新闻》中文章、社论所表达观点、主张，可以深入了解满铁对华殖民宣传手段，从舆论视角再现日本对中国东北的殖民史和侵略史。

## 一 《满洲日日新闻》的创刊与满铁

《满洲日日新闻》是满铁第一任总裁后藤新平根据他在统治台湾时期操纵舆论的经验，创办的满铁机关报。该报于1907年11月创刊，1927年11月合并了《辽东新报》，改名《满洲日报》，1935年合并了《大连新闻》，重新改名《满洲日日新闻》，是日本在中国东北的主要喉舌。该报的创刊标志着满铁对华进行舆论操纵、殖民文化宣传的开始。

日俄战争后，满铁总裁后藤新平认为，为了更好地宣传日本及满铁对东北的基本政策与方针，需要报纸、书刊等舆论手段加以控制。1907年3月，后藤新平调查了东北，认为满铁需要创刊一部属于自己的、能够为“大陆政策”的实施提供助力的报纸。于是，《满洲日日新闻》于1907年11月3日创刊。后藤新平在《满洲日日新闻》创刊号中，发表贺词“正是如此是也、圣旨是也、国之是也，而且还是都督府施政之大纲也。故而，《满洲日日新闻》必会依据其发刊之词，向天下发出绝世之宣言。具有应该代表帝国殖民政策唯一的机关报的抱负，具有所谓殖民经营急先锋的自信。其论点之处必与帝国官宪及帝国臣民所期待的启蒙满洲有关，一拍即合，应该做出很大的贡献是也”[①]。由此可见，《满洲日日新闻》的办报宗旨及经营理念。

《满洲日日新闻》创刊后，迅速在旅顺、营口及奉天成立分社，并于同年12月，在瓦房店、营口、辽阳、铁岭、开源、公主岭、长春、吉林、哈尔滨、安东、天津等主要城市设置记者站及销售网点。经历过一系列改革之后，到1918年12月，《满洲日日新闻》销量高达13000份，1920年销量达27000份，远远超过《辽东新报》《泰东日报》等报纸，可以说，《满洲日日新闻》在满铁的干预下，业务水平不断地发展、提高，成为“不仅仅全满洲一流的，即使是在日本国内的新闻界也是屈指可数的”[②]具有舆论效力的报纸。

进入昭和时期，《满洲日日新闻》开始快速发展，于1927年兼并《辽东新报》并更名为《满洲日报》，成为东北地区规模最大的报纸。至1935年9月兼并了《大连新闻》，再次更名为《满洲日日新闻》，至此，《满洲日日新闻》是大连地区唯一的日文报纸。

九一八事变之后，关东军从控制报纸数量、统治消息渠道两方面加强了对东北报纸的控制力度。1932年底开始，关东军禁止新报纸的发行，并减少现有报纸数量，同时设立“满洲国通信社”，统一控制报纸内容。《满洲日日新闻》在此种境况下，积极响应关东军及满铁的号召，迎合军方的要求，最终，《满洲日日新闻》在九一八事变之后，成为日本关东军及满铁在东北最大的舆论宣传机器，为其殖民宣传提供平台与助力。

## 二 《满洲日日新闻》对满铁殖民地经营的评论

《满洲日日新闻》创刊初期刊登了许多关于满铁的评论和报道。满铁的经营方针是铁路运营及附属地的经营。那么，如何迅速“融入”铁路附属地，达到所谓“日满协和”便是满铁亟须解决的问题。《满洲日日新闻》作为舆论推手，提出满铁员工学习汉语的观点。“满铁的乘客中十人有九人是支那人。所托运的货主也有支那人，因此，我们的职员熟悉支那语是有必要的，此外，还要对他们的风俗、需求进行研究，从而长久地为增长我们的利益而服务。他们古代的英雄勇猛、强大。要使我们的国语在该地流通、征服他们现在看来并不简单，也不是玩笑。对此，我们应告诫我们铁路职员、各个公司，要学习、熟知支那语。……我们要逐渐将懂日语的支那人分配到各个职能部门，以此节约经费。”[③] 由此可见，《满洲日日新闻》主张，为了更高效率地统治、

① 《满洲日日新闻》创刊号，第9版。

② 井上谦三郎编《大连市史》，大连市役所，1934年，第764页。

③ 《支那语的必要——铁路职员的期待》，《满日》1907年11月29日。

经营殖民地，学习汉语是必不可少的，只要这样才能达到所谓的“融合”。

此外，《满洲日日新闻》在创刊五周年时，发表“吾人的报复与期待多次刊登在报纸上，向世人宣传。创刊以来的目的便是反复宣传，充当急先锋，发挥尖兵连作用。南满洲是我帝国的总目标，因此存在过渡期，我们应该对东道主实施教育、指导、发挥指南针的作用。我们应该维护严肃风气，破解在满同胞对祖国的不信任，拉近他们与祖国的距离。做正确的南满洲情况的介绍人，做在满报界的模范”①。由此可见，《满洲日日新闻》在创刊5周年社论中，明确表示的其创刊目的，意图通过舆论力量，宣传满铁的殖民思想，助力满铁对殖民地的经营。

除上述内容外，《满洲日日新闻》对满铁殖民地教育也发表了一定的观点。并且该类观点，均与满铁的殖民教育政策相一致。“对殖民地来说，最必要的教育机关是酒店和教会，欧洲人从过去便提倡这一方针。我们对殖民地的教育不可或缺的应该是比酒店、教会更重要的学校。单身移民只会产生流浪汉，家族式移民才能定居，有家庭，就有小孩，那么教育机关就必不可少。”同时，《满洲日日新闻》提出“因为殖民地社会复杂、地方陋习等问题，殖民地子弟的教育要比内地难办。殖民地人民多以物质为主，以自我为中心，文明程度低。因此，有必要通过教育使当地的人们养成自觉性”②。可见，《满洲日日新闻》所提倡的殖民地教育是一种同化式教育，意图通过教育，在思想上同化当地居民，使其在思想上与日本侵略者达到统一，相信其鼓吹的“一体”“共荣”等理念，从而麻痹国人思想，达到其侵略目的。

## 三 《满洲日日新闻》对“王道自治”“民族协和”思想的宣扬

20世纪30年代初，日本帝国主义发动震惊中外的九一八事变，翌年3月，强行建立了以溥仪为首的傀儡政权伪满洲国，从此，中国东北进入长达14年的沦陷期。在此期间，日本帝国主义不仅在政治、经济、军事等方面对东北进行疯狂的殖民侵略，还大肆宣扬“王道乐土”“五族协和”等殖民主义思想，意图从思想上奴化中国国民，将其发动九一八事变、建立伪满洲国等一系列侵略行为“合法化”，为其殖民统治推波助澜。《满洲日日新闻》作为满铁机关报，高度配合关东军及满铁的殖民工作，发表了大量宣扬“王道自治”等殖民思想的社论、言论，意图在舆论上助力日本侵略者在东北的殖民统治。

首先，《满洲日日新闻》对“王道自治”思想的高度评价，认为“王道自治”是

① 《创刊五周年》，《满日》1911年11月3日。

② 《殖民地教育》，《满日》1910年7月6日。

"满洲"发展的唯一道路，是受到当地人们期待的事情，因此，在东北必须实施"王道自治"。日本侵略者在1931年9月25日出版的《满洲日日新闻》上全文刊载辽宁各方团体联合会向关东军司令官提出的感叹书，该书表明全体国民的共同心声是实现"王道自治"。同时，在9月29日的社论中提出"王道代表人民利益的根本，但是，支那历代皇帝没有将人民的利益放在心上，榨取民脂民膏，压迫人民欲望。共和革命后，统治也非王道。……因此，要打倒军阀以施王道政治"。《满洲日日新闻》通过刊登所谓的民众心声，意图将"王道自治"合理化、合法化，从而使日本侵略者可以顺理成章地经营满洲，从而建立伪满洲国。

其次，《满洲日日新闻》刊登"民族协和"相关言论，意图在美化日本侵略者在东北的侵略行径，在思想上麻痹国人。1932年3月1日，伪满洲国建国宣言强调汉、满、蒙、日、朝五民族应共存共荣，以"五族协和""民族协和"为建国理念。但是，"民族协和"这一概念，表面上看起来是彰显民族的平等与协和，实际上日本侵略者意图在文化生活中侵略中国东北的一种政治策略。日本侵略者打着"民族协和"的口号，强行将伪满洲国与日本划为一个国家，粉饰异国侵略问题，意图在思想上麻痹东北民众，接受伪满洲国的存在。并且，为了进一步宣扬殖民思想，日本侵略者于1932年7月成立协和会，并要求协和会要遵守建国精神、王道主义及"民族协和"的理念，巩固国家基础，进一步宣扬王道政治。《满洲日日新闻》对于协和会的成立给予高度赞扬，认为协和会的成立推进了伪满洲国各民族之间的协和，在政治方面助力王道精神的推进，同时，对于治安维持、产业发展、思想净化均有不可或缺的作用，是为了实现"人类乐土"而成立的组织。同时，认为，协和会的成立是伪满洲国建国后"五族协和"的第一步也是重要一步。

《满洲日日新闻》认为"民族协和"的本质不仅是肯定不同民族之间的差异性，而是要以人与人之间的自然情谊为主，相互尊敬，同时，主张在伪满洲国的建设、发展过程中，应坚持以"民族协和"为指导。

## 四 结语

满铁的文化侵略涉及文教、卫生、新闻、出版、科技、文体各个方面，但是，这种文化侵略不同于日本国内的殖民地文化，它的特点是宣扬满铁对中国东北的文化"建设"，鼓吹满铁所谓的"功绩"。意图使东北民众乃至全国民众接受日本的侵略。《满洲日日新闻》作为满铁的机关报，在中国东北持续运营了38年，是一部专业化报纸。在其运营38年期间，始终掌控着东北的舆论，成为满铁在中国东北殖民宣传过程中不可或缺的一部分。如若仅从报刊发行年代、数量、版面设计等视角对《满洲日日新闻》进行研究的话，是远远不能说明该报存在的意义与价值的。满铁通过《满洲日日新闻》刊登的社论、文章，宣传其方针政策，配合军事征伐，粉饰战争，美化战争，意图使九一八事变合理化，使伪满洲国成立合法化，使其殖民侵略合法化。《满洲日日新闻中》除谈及殖民主义思想言论及满铁殖民经营理论等相关社论，九一八事变前后还对万宝山事件、中村大尉事件、柳条湖事件等进行了详细的报道与评论，因篇幅有限，相关研究将在其他论文中进行。

原载《知识—力量》2019年第43期

# 满铁研究成果粹编

【军事文化篇】·下册

邵汉明◎主　编

郭连强　王玉芹◎副主编

社会科学文献出版社
SOCIAL SCIENCES ACADEMIC PRESS (CHINA)

# 三 满铁自身历史研究

# 关于 1907 - 1931 年满铁利润问题的探讨

苏崇民

南满洲铁道株式会社以下简称（满铁）曾是战前日本的头号大企业和日本政府推行侵华大陆政策的主要殖民侵略机构，它是一个以国家资本为主体的国家资本与私人垄断资本相结合的国家垄断资本主义的康采恩，它的投资占日本在中国东北投资的半数以上。满铁长期盘踞我国东北，凭借其拥有的帝国主义特权和经济上的垄断地位，肆无忌惮地剥削中国劳动人民，掠夺东北资源，获取了数量惊人的高额垄断利润。弄清满铁攫取的实际利润的数量，阐明满铁利润问题的症结所在，不仅有助于进一步揭示满铁的本质及其经营特点，也为开展近代中日经济关系史的研究所必需。本文拟就 1907 ~ 1931 年的满铁利润问题作一初步探讨。

根据满铁历年公布的数字，从 1907 ~ 1931 年度，其利润累计为 49143 万元，其中的 36.4% 即 17912 万元保留在满铁内部，其余部分，除理监事所得奖金交际费及退职慰劳金外，日本政府分得股息 13481 万元，日本民间股东分得股息 16641 万元。[①] 满铁的保留金比它设立当时日本政府以铁道、煤矿等战利品抵充的股本一亿元多出 7912 万元，日本政府所得股息又较 1920 年满铁增资时日本政府的追加投资 11715.6 万元高出 1765.4 万元而民间股东所得股息只比他们的实缴股本 17000 万元少 359 万元。所以，仅按满铁公布的利润数字就可断言：日本已经收回了全部股本，满铁的资本已经全部是利润的转化了。

然而，满铁的实际利润远远不限于此数，查一下满铁经营的各营利部门的利润，就会发现只铁路部门的利润，从 1907 ~ 1931 年度就累计高达 90.668 万元，加上矿业、港口、电气、煤气、工业、炼油等部门的利润共达 105315 万元。如果再加上满铁的利息收入（其中主要是满铁对参与公司投资的股息和贷款的利息）7560 万元，则总数高达 112.911 万元，是满铁公布利润的 2.3 倍。这就是说，满铁肯定有一个比它公布的利

---

① 注：满铁的会计年度是从当年 4 月 1 日起至次年 3 月 31 日止。本文引用数字除特别注明者外，一律以满铁历年《统计年报》，特别是《昭和六年度统计年报》为依据。本文所用货币单位皆为日元。因本文数字以万元为单位经四舍五入及加减计算尾数少有出入。

润数字大得多的实际利润或原始利润，而这个实际利润的一个相当部分即超过其所公布的利润部分，未能作为利润却以其它名义从账面上消失了。为了弄清这部分利润的数量及其消失的秘密，必须对满铁的非正常营业开销逐一进行考察。

首先，我们注意到的当然是其利息支出，特别是它的公司债利息。由于满铁设立伊始，日本政府即确定了它主要依靠发行公司债筹措经营资金的方针，从 1907 年度到 1931 年度，满铁在英国和日本多次发行公司债，总额高达 72073 万元，实收 67657 万元。截至 l931 年度末，满铁支付公司债利息累计为 25082 万元，此外还付出公司债差额填补金 3799 万元，二者合计为 28881 万元。① 这个数字比满铁支付给民间股东的股息还要高出 73%，它们当然落进了英国和日本金融资本家的腰包。除公司债利息外，满铁还为其社员身份保证金及社员存款等付出高利率利息，再加上票据贴息等，满铁支付的利息总额累计为 33940 万元，显然都是从满铁实际利润中拨付的。

其次，我们发现在满铁经营的事业中，有的纯属殖民侵略活动支出，有的属于所谓“国策”性投资，这类事业都不以营利为目的，其中有“地方经营”、鞍山制铁所、旅馆和朝鲜铁路的经营等。

“地方经营”是指满铁在侵占的“铁路附属地”行使行政权，设立地方部，俨然成为附属地内之政府，并在附属地内经营医院、学校、各种市政设施及科研机构，安置日本移民等，为此，满铁历年都要花费几百至上千万元，从 1907 年度到 1931 年度累计高达 13783 万元。其实质是以其所获利润之一部充作本应由日本政府负担的殖民地经营费。

鞍山制铁所是在第一次大战期间满铁为了执行日本政府推行的钢铁自给政策而设立的。当它于 1919 年 5 月开工生产时，铁价暴跌，结果连年亏损，到 1913 年度累计亏损 2875 万元。至于旅馆营业乃是满铁作为铁路运输业的辅助设施，着眼于对外国旅客的诱致和宣传效果并为日本的侵略活动提供方便。从 1907 年度到 1931 年度，旅馆的亏损累计为 243 万元。

朝鲜铁路本非满铁所有，是 1918 年日本寺内内阁推行“鲜满一元化”政策，指令满铁代管朝鲜铁路的，从 1918 年度到 1925 年度，满铁为此向朝鲜总督府上缴了 4072 万元，它本身却因而亏损了 230 万元。

以上四项经营共亏损 17131 万元，当然全靠满铁的实际利润弥补。

第三，我们还看到，在满铁的会计科目中有所谓总体费，其中的机密费、临时费、补助费和交际费等都不是正常的营业支出。

满铁设立伊始就拨款 150 万元充作机密费归总裁自由支配。“不论何时，不论多

---

① 据《昭和六年度统计年报》第 90～91 页各年度数字计算得出。但该年报第 13 页载 1931 年度末公司伍利息累计为 245256 千日元，第 17 页载公司债差额填补金累计为 34900 千日元。

寡，任意开支”,[①] 主要是用于腐蚀拢络中国官员和为日本的执政党提供活动经费。从1907年度到1931年度，机密费累计为680万元。

临时费实际上起了机密费的作用。首先，一些政治性贷款在临时费名义下注销了，如1926年2月20日满铁贷给奉系军阀张作霖200万元，吴俊升100万元，后来都在临时费项下注销了。[②] 其次，满铁委托许多日人居间斡旋，向中国当局索取某种利权或刺探情报，为此支出的活动经费和报酬通常都以临时费名义销账。临时费中还包括满铁支持日军侵略活动的开支，如1931年度临时费中就包括所谓满洲事变费198万元。有关满铁支出临时费的具体例证不胜枚举,[③] 从1907年度到1931年度满铁支出的临时费累计为1346万元。

临时费之外还有补助费。满铁以补助捐赠的名义充分发挥金钱的魅力，从日本的右翼团体到中国的无耻文人，从清廷的封建余孽到西方的新闻记者都是其补助对象，以为其达到宣扬“开发”功绩等各种目的服务。从1907年度到1931年度满铁支出的补助费累计为1583万元。

这里提到的交际费并非指业务部门的交际费，它的支出完全出于日本侵略政策的需要。从1907年度到1931年度，这种交际费累计为273万元。此外，在此期间，满铁还为安抚日本职工使之安于侵略岗位支付了慰藉费56万元。从1924年度到1931年度在总体费中还包括理事退职慰劳金125万元。

以上各项合计为4063万元，不能不视为满铁实际利润的扣除。

第四，从满铁实际利润中扣除的，还有捐税、手续费及保险费。

满铁在中国享有免税特权，不纳地税业免纳营业税及修造铁路所需料件的各项税厘。惟抚顺、烟台所采煤炭、石油须照章纳税。从1907年度至1931年度，满铁向中国税关缴纳矿业诸税累计为941万元。

满铁的分支机构均须以公费及手续费名义支付附属地的变相课税及向日本的关东州厅缴纳税金。从1907年度到1931年度满铁缴纳的税金公费累计为1916万元，手续费累计为307万元，合计为2223万元。

满铁历年支付的保险费累计为296万元。以上三者共计3460万元。

第五，在满铁的支出中还有大量的社会调查和交涉费。首先，满铁的支出中有一项公所费，系满铁各地公所的开支。公所费实际上是调查和政治活动费。从1908—1931年度，累计支出392万元。类似公所性质的还有设在哈尔滨、上海和纽约三地的满铁事务所，从1926～1931年度，这三个事务所总共支出了221万元。以上二者合计为

① 满铁档案，甲种，明治39－43年，总体、文书、计算、杂，第89册，第31号。

② 满铁档案，乙种，大正4年－昭和3年，总体、产务、庶务、奉天公所《贷金)，第24册4，第2号。

③ 草柳大藏：《满铁调查部内幕》，黑龙江人民出版社，1982，第74页。

613 万元。

满铁的调查情报机关还有调查课、情报课、东亚经济调查局和临时经济调查会。从 1926～1931 年度，满铁调查课经费累计 207 万元，情报课经费累计为 145 万元。调查课平均每年经费在 30 万元以上，它是 1907 年设置的，因此从 1907 年度算起至少还须加上 350 万元。则上列两课所耗经费当在 700 万元以上。至于东亚经济调查局，它的预算，1917 年度为 1.8 万元，1920 年度为 7.5 万元，1927 年度为 5.3 万元。1929 年，东亚经调局脱离满铁独立时，作为“财团法人的基金 100 万元由满铁出资，并以其利息 7 万元及满铁另外每月（当为年之误—本文作者）捐赠的 5 万元作为经费”。[①] 这就是说，满铁为东亚经调局至少耗费了 180 万元。临时经济调查会也消耗了 30 万元。此外，满铁从 1930 年起特设的交涉部和外事课还花费了 30 万元。

以上各项总计为 1553 万元以上，这是满铁为日本大陆政策付出的社会调查及交涉费，当然也是靠其实际盈利贴补的。

第六，满铁不仅直接经营铁道、煤矿等部门，还以有价证券投资和贷款的形式间接经营各种事业。满铁的有价证券投资截至 1931 年度末为 8736 万元，其中主要是对参与公司的股份投资。由于满铁投资这些参与公司业非以营利为唯一目的，而是使其分别负担促进移民、攫取利权操纵市场、垄断原料等各种任务，以致这些参与公司的半数左右不能分红或亏累不堪，有的一再减资，有的一蹶不振，使满铁所持有价证券一再贬值。1927 年度满铁清产核资时，终于核销 1529 万元。其后，又有东亚劝业、满洲纺绩、满蒙毛织和国际运输四家公司相继减资，使满铁所持股份又遭受 479 万元的损失。截至 1931 年度末，满铁有价证券投资总计亏损 2008 万元。

满铁还有数量很大的对外贷款，这些贷款是一种投资形式。对于那种满铁不便直接经营而又须严加控制的投资，满铁常常采取贷款给其代理人或直系公司使令他们出面经营的形式。这种投资往往伴随巨额损失，许多贷款难以收回，满铁不得不加以清理，1927 年度末，一次就核减 1641 万元。

以上两项损失合计为 3649 万元，归根结底，还是靠满铁的实际盈利填补的。

最后，还应指出在满铁的事业费即其固定资产投资中，有的按其性质注定不能带来利润，例如“地方设施”、旅馆及其“杂设施”中的杂种地、职工宿舍、俱乐部及事务所的一部分。

“地方设施”投资中包括对医院、学校、图书馆、卫生所、消防队、市区地、自然科学研究机构等的基本建设和设备的投资，这是它的地方经营的物资基础。从 1907 年度到 1931 年度，满铁的这项纯投资额为 9075 万元。

旅馆并非以营利为目的，因此，满铁对旅馆的固定资产投资也已失去资本的性质。

---

① 见满铁档案，甲种及乙种，各年度，总体、庶务、补助捐赠，个人援助名册。

从 1907 年度到 1931 年度，满铁的旅馆投资累计为 453 万元。

杂设施中的杂种地系指满铁在郑家屯、吉林、哈尔滨、伊通等地购买的 10949.6 公顷的土地，投资 321 万元。满铁买这些土地不是为经营土地获利而是为取得占有权利以建立侵略据点和准备移民之用。① 职工宿舍和俱乐部一样同属满铁为日本职工提供的生活福利设施。满铁对全部宿舍的投资总数额为 5346 万元．对各地俱乐部的投资为 156 万元；事务所投资总计为 459 万元，去掉大连本社的 231 万元，其余 228 万元为奉天、郑家屯等各地公所事务所的投资。

以上各项合计 15579 万元均属满铁事业费。它们实际上已脱离了资本自行增殖的循环过程，与其说是发挥职能的资本，莫如说是利润的凝聚。事实上，它们是靠满铁的高额利润才得以存在和维持的。

综上所述，可见满铁实际利润的消耗除为公司债利息及税捐等支出外，几乎都与日本的“国策”有关。既使在满铁的经营上也深深地打下了日本大陆政策的烙印。由满铁实际利润支付和弥补的各种开支和亏损总额高达 63796 万元，它不仅喂养了英国和日本的金融资本、日本在东北的大小资本家、各种殖民主义团体和投机分子、中国的军阀、官僚和汉奸走卒，还支撑了满铁在附属地的殖民地经营、一个偌大的制铁所、一系列经济设施和一支调查情报大军。如果本文关于满铁事业费中的非资本化部分实系利润的凝聚这一论断无误的话，则在上项数字中还要加上 15579 万元，所得 79375 万元即是或者说接近从满铁账面上消失了的利润量。再加上满铁公布的利润累计数 49143 万元，得出的就是从 1907 年度到 1931 年度满铁所获实际利润的累计或其近似值 128518 万元。这个数字如此庞大，它是 1931 年度末满铁固定资产 75867.3 万元的 1.69 倍，满铁实收股本 38715.6 万元的 3.32 倍。它还是一战期间曾喧嚣一时的所谓西原借款 14500 万元的 8.86 倍，是 1913 年汉冶萍公司以其全部财产作为抵押向日本横滨正金银行借得的 1500 万元的 85.68 倍。

原文载：《现代日本经济》1987 年第 2 期。

① 满铁《第四十八回帝国议会说明资料》．第 393～397 页；日文档案《关于发送满铁在吉敦铁路沿线收买上地详细登记表》。

# 满铁昭和制钢所的劳动力招募问题研究

赵光锐

昭和制钢所原为满铁于1933年在鞍山全额出资创办的集采矿、炼铁、炼钢、钢材粗加工等众多业务于一体的大型钢铁生产企业，其前身为满铁在九一八事变前设立的振兴公司和鞍山制铁所。昭和制钢所下辖众多矿山和工厂，生产规模庞大，职工数量众多，并且一直奉行着以当地农民为工人主要来源的独特的劳动力招募策略，成为日本在伪满殖民政策的一个缩影。

## 一 昭和制钢所的劳动力来源及职工结构

### （一）劳动力来源

昭和制钢所的劳动力主要来源于以下四个方面。

1. 人数最多的当地人。由于昭和制钢所奉行以当地农民为主要对象的劳动力招募策略，因而在职工中当地人最多（后面将作详细探讨）。

2. 人数较多的关内人。进入20世纪以来，关内地区天灾人祸不断，民不聊生。山东、河北等地的许多农民被迫到东北谋生，他们中的一部分人进入工厂、矿山打工，成为伪满所需劳动力的主要来源。昭和制钢所及其前身鞍山制铁所、振兴公司都雇用大量来自华北的劳动力，其数量仅次于当地人，所占比重在20%～40%。昭和制钢所成立初期，随着生产规模的扩大及入满劳动力的迅速上升，其所雇用的关内劳工也迅速增加，在职工中所占比例也有所上升。从1935年昭和制钢所主要中国工人——常工和计件工统计看，关内工人为5312人，占总数的31.5%①；1937年在矿工中占

① 满铁档案：甲种，总体，监理，关系会社监理，昭和制钢所，第91册之6（以下引据满铁档案出自辽宁省档案馆，不另注出处）。

30.4%[①]。在计件工中所占比例最高，在1935年钢铁厂计件工中占67.1%。[②]到1938年8月对矿工原籍调查表明，关内人占24.4%（4187人）[③]；常工以上在册职工，1938年关内人口占25.7%（6214人），1939年略降至22.1%（4461人），1940年则升至38.3%（9837人），但在生铁部和制钢部仅为1543人（占15.7%）。[④]

进入40年代后，伪满开始实施劳务新体制，转向以征用东北劳动力为主，但仍无法满足需要。昭和制钢所职工中，关内劳动力所占比重仍很高，据1941年9月统计，在常工以上职工中占25%，矿工中占47.9%，计件工中占55.6%。[⑤]

3. 地位“特殊”的日本人。昭和制钢所及其前身鞍山制铁所作为日资企业，都雇用一定数量的日本人担任会社的高级管理、技术人员和关键部门的作业工。其来源大致为：一是从满铁其他企业转入。筹建鞍山制铁所时就有满铁大连沙河口工厂的部分日本人，但到昭和制钢所时已经很少。二是招募驻东北日军退伍士兵。鞍山制铁所的第一批炉前工和炼焦工，就是招募120名日本驻东北独立守备队的退伍士兵，送至八幡制铁所培训而成。昭和制钢所则安排关东军退伍军官担任车间的工头——伍长。三是从日本国内来满洲谋生的日本人，这部分最多。

从日本职工在工人中所占比例看，在20%左右。鞍山制铁所时（1931年）日本职工占21.3%（925人）。[⑥]昭和制钢所成立后，所雇用的日本人逐年增加（但低于中国职工增长速度），1933年为1214人，1937年升至7308人，1943年最多时达15989人，占全体职工比重也由13.2%提高至17.1%和20.9%，在鞍山逐渐形成一个颇具规模的日本人社区，仅1938年居住在此的日本人就达31546人（7223户），昭和制钢所甚至声称鞍山是“全满主要城市中唯一的由日本人建设的市镇”。[⑦]

昭和制钢所的日本职工虽人数很少，但却把持着经营管理和技术大权，处于金字塔形职工结构的最顶端，这是殖民地企业的基本特征。

4. 被迫强制工作的“特殊工人”。“特殊工人”指被强制劳动的战俘、犯人、“不法分子”等。1941年伪满政府曾把其分为辅导工人（战俘）和保护工人（抓捕的平民）。昭和制钢所使用“特殊工人”始于1938年前后，当年使用战俘144人，1939年为960人（年末剩余373人），1940年增至1900人（剩余1836人）[⑧]。不过，在昭和

---

① 《满洲经济提要》，第686页。

② 昭和制钢所：《昭和制钢所业务统计》，1935。

③ 满铁调查部：《满洲矿山劳动概况调查报告》，第36页，“附表”。

④ 满铁调查部：《综合调查报告书》，满洲部分资料篇（别册），昭和十六年度，第105页。

⑤ 昭和制铁所劳工课：“昭和制钢所的劳务管理”，《满洲经济》月刊，第4卷第7号，1943年7月。

⑥ 满铁：《满铁统计年报》昭和6年度，第790页。

⑦ 昭和制钢所浅轮三郎：《昭和制钢所二十年志》，第340－341页。

⑧ 满铁调查部：《资料汇报》昭和17年11月，第16页。

制钢所最有名的“特殊工人”是1941年起使用的鞍马町工程人和吉林筑堤工人。鞍马町工程人为来自华北的战俘工程队，由原国民党东北军第五十一军、鲁苏战区游击队等被俘人员组成。1941年4～9月共在弓长岭、大孤山、樱桃园使用1959人（矿工1314人、补充工645人），到11月末逃跑130人，死亡61人，还剩1768人；吉林筑堤工人为从小丰满大坝工程接收的工人，1941年8月有339人。另外，昭和制钢所自1941年2月起在眼前山使用犯人从事采掘作业，到9月末为664人，还有690人在工厂从事计件工作。①

从与伪满其他企业比较看，昭和制钢所使用“特殊工人”虽不算多，但性质是一样的。以1942年1～4月为例，在伪满非军事部门劳动的“特殊工人”总数为25459人，其中昭和制钢所为3008人，位居舒兰煤矿、满炭、本溪湖煤铁公司之后。②

### （二）金字塔形的职工结构

昭和制钢所作为满铁一手创办经营起来的企业，虽后来划归满业，但其职工制度仍沿袭了满铁的模式，实行所谓社员制，职工分为社员和非社员。

社员是一种资格，享有会社提供的有关待遇，社员包括参事、副参事、职员、工员、准职员、雇员和佣员。其中参事、副参事为高级管理人员，只能由日本人担任；职员（工员）、准职员为中级管理人员和技术人员；雇员、佣员为钢铁厂工人，其中佣员专指中国工人，1940年方被纳入社员之中。

非社员包括均为日本人的雇员补、临时雇员、见习，均为中国人的常工、计件工、矿工、临时工、日工等。

作为日本在殖民地控制的企业，昭和制钢所的职工结构带有典型的殖民地特点——金字塔形结构，即职工人数最少的日本人处在最上层，而职工人数最多的中国人则位于最下层，永远处于被剥削、被奴役的地位，能坐上高级职位的人凤毛麟角。因为昭和制钢所的用人原则是：“在几乎所有生产过程中，都配置日本劳动者为基干工人，满华劳动者则安置在生产过程中的被统制的地位上。完全利用满华人操作的生产过程，只限于整个生产过程中并不那么重要的矿渣工、耐火胶泥工等颇为单纯的作业。”③ 以社员资格为例，中国职工中享有社员资格的比例最高的在1943年9月，不过才30.7%，而日本职工则为94.8%，除新进厂的试用工外均享有社员待遇。会社高级管理人员参事、副参事只能由日本人担任，在技职人员中中国人所占比例不足10%④，而从事重体力劳

① 昭和制钢所总务部劳工课：《昭和制钢所劳动概况》，1941。

② 伪满劳务司劳务兴国会：《劳动者就劳状况调查表》，1942年4月30日。

③ 满铁调查部：《满洲制铁业立地条件调查》（第一部）中间报告，第12页。

④ 昭和制钢所：《综合统计期报》，第5卷1号。

动的矿工、计件工却看不到日本人的影子。即便在作业系统因要求技术水平不同两国工人所占比例也有差别。以炼钢部与炼铁部比较为例，在技术水平较高的炼钢部，日本人多于中国人（1939 年统计日本人占 56.9%），在炼铁部则中国人多于日本人（中国人占 77.9%）。[①]

## 二　昭和制钢所独特的劳动力招募政策

在伪满洲国，劳动力招募按地区分 4 类，即“国外”招募，在伪满地区以外招募；“国内”招募，在伪满境内招募；近地招募，在一日可往返的地区内招募；现地招募，在企业所在地就地招募。东北地区在中国历史上开发较晚，属地广人稀之地，因而至伪满时对外地劳动力依赖仍很严重，因此伪满许多大企业（如抚顺煤矿）都把招募劳动力的重点置于关内尤其是华北，唯有昭和制钢所例外，它始终把当地农民作为主要劳动力招募对象，即“现地招募”，形成了自己独特的劳动力招募策略。

### （一）以当地农民为主要对象的劳动力招募体制的形成

昭和制钢所以当地农民作为主要劳动力来源的劳务政策始于伪满前满铁经营的鞍山制铁所时最早由振兴公司采矿部部长久留岛秀二郎提出，满铁在鞍山制铁所成立伊始就把它作为既定方针确立下来。按满铁估计，当地农民基本能满足工厂对劳动力的需求。“制铁所在最初制定劳动力自给方针时曾事先调查奉天省内的人口，据此估计能很容易从辽阳、海城、盖平、营口、复县等五县境内招募到计划生产 40 万吨生铁、30 万吨钢所需的 15000 名（矿山除外）中国工人。”[②] 招募当地劳动力有诸多好处：一是节省招募费用；二是当地劳动力成本低，用日本人的话说就是“工资实在低廉得很”，一个中国人工资仅为一个日本人的 1/5；三是易于管理，日本人认为：“当地人与山东、河北工人相比，不够机敏，但较温和，见之于山东、河北工人的那种集体对抗行动的危险，可能性较小。”[③] 所以，在振兴公司和鞍山制铁所职工中（除计件工）当地人始终占绝对多数。以 1923 年鞍山制铁所中国佣员为例，仅辽阳县就占 41.7%，当地 5 县合计为 75.1%。[④]

### （二）当地劳动力招募概况

昭和制钢所成立后，奉行以当地农民为主要劳动力来源的劳务政策，这“在全满

---

① 满铁新京支社调查室：《满洲工业劳动概况调查报告》昭和 15 年 8 月，第 70 页。

② 满铁档案：甲种，总体，监查，监查报告，第 1 册之 25，第 11 号。

③ 满铁档案：甲种，文书，调查，调查报告，第 33 册之 24。

④ 鞍山制铁所：《劳动统计》，第 4 页。

其他单位几乎是看不到的”。据1935年4月对中国职工统计“原籍海城及辽阳县者2940人，占全部人数5312人中的55%”。[①] 从工种看，在常工以上钢铁工人中当地人比例最高，仅在1935年常工中来自辽阳就占51.6%，与其他4县合计为78.4%[②]；矿工次之，在1934年大孤山矿工中辽阳近地占37.7%，整个辽阳占47%，海城占9.6%，二者合计为56.6%[③]；计件工仍以关内人为主，当地人仅占30%左右。1939年后随着伪满劳动力供应极度紧张，昭和制钢所大量增雇关内劳动力，当地人比例有所下降，到1942年4县合计已降至40%。

毋庸置疑，当地农村存在大量廉价的剩余劳动力，是昭和制钢所得以继续实施这一政策的基本前提，南满地区交通发达，人口稠密，人均耕地少，农村中存在大量剩余劳动力。以昭和制钢所附近的辽阳、海城、盖平、复县4县为例，1943年农业人口人均耕地分别为0.35垧、0.32垧、0.2垧和0.38垧，平均仅为黑龙江省的1/3[④]，农民只靠农业收入根本无法维持生存，不得不另觅收入来源。另外，南满地区工商业起步较早，受近代资本主义工业化的冲击，农民有出外打工的传统，尤其是那些交通便利（位于城镇、矿山、工厂附近或铁路沿线）、买卖方便、农产品商品率高（经济作物种植比例高）的村屯出外打工者更多。此类村屯的农民虽耕种土地较少，但劳动生产率相对较高，其农业收入不低于（甚至高于）偏远地区耕种更多土地的农民，因此该类村屯有可能分离出更多剩余劳动力进入附近的工厂、矿山打工。据1942年对辽阳5屯、盖平6屯、海城1屯等12个屯调查，出外打工户数占全屯比例为辽阳51.4%、海城47.3%、盖平43.7%；占全屯被雇人员比例为辽阳72.0%、盖平80.5%。这些出外打工者表现出以下两个特点。

1. 下层贫苦农民始终是进入工厂、矿山打工的主力军。在辽阳、盖平11屯出外打工人员阶级结构中无地者占比22.5%、极贫农占比29.1%、贫农占比16.7%、中农占比17.2%、其他占比15.1%，贫苦百姓共占80%以上。[⑤] 同时，中农以上家庭出身人员因经济条件好、文化水平高，多能进入商店、学校、政府部门等工作。而下层贫苦农民由于经济条件差，而且多数目不识丁，只能从事繁重的体力劳动，因而进入工厂、

---

① 满铁档案：甲种，总体，关系会社监理，昭和制钢所，第91册之6，第3/7号。

② 昭和制钢所：《昭和制钢所业务统计》，1935年。

③ 满铁档案：甲种，总体，监理，关系会社监理，昭和制钢所，第91册之6。

④ 东北粮食总局：《东北农产统计》1949年6月，第14页。此行政区域按1949年4月21日东北行政委员所划分标准。

⑤ 满洲矿工技术协会：《满洲矿工年鉴》昭和17年。按当时满铁调查部标准划分，地主分大地主（有土地300亩以上）、中地主（100亩以上）、小地主（50亩以下），农民分富农（300亩以上）、中农（50亩以上，其中上中农为150亩以上，下中农为50~150亩）、贫农（50亩以下，其中30亩以下称极贫农）和雇农（没有土地）。

矿山者居多。据1936年对辽阳县前三块石屯调查，进入昭和制钢所做工的有30人（常年做工26人），其中地主仅4人，其他为自耕农、佃农、雇农及杂业者。①

2. 打工者不完全脱离农村。在南满农村出外打工农民分4类：农闲出外打工、家属务农自己出外打工、子女出外打工、完全出外打工，其中前三者家庭收入主要来源仍要依靠农业。传统观念下对土地的眷恋和工资收入不足养家，使他们不能完全脱离农村。因此，尽管昭和制钢所的作业无季节限制，每月都随时在当地招募劳动力，但因其多为当地农民，所以劳动力招募情况受季节变化影响比较大。

昭和制钢所招募当地劳动力原来是企业自行招募，工人自由应募、来去自由。1938年后尽管伪满实施劳动统制，但只有关内劳动力委托劳工协会招募（“特殊工人”除外），其他仍由企业直接雇用。只是进入20世纪40年代后，随着东北劳动力供应日趋紧张，为确保生产所需劳动力数量，昭和制钢所开始借助于伪满的强化劳动统制政策，压缩“国外”招募，改为着重“国内”招募，像对待“特殊工人”一样，半强制甚至强制当地人进厂做工，进行所谓“强制募集”，劳动力招募越来越带有典型的法西斯主义色彩。辽阳、海城、盖平、复县4县爱护村自1941年7月起就向昭和制钢所提供工人，7~9月4县共提供了2703人，全年仅从海城县就强制募集了3216人。②

昭和制钢所奉行以招募当地农民为劳动力主要来源的劳务政策，自然从中获益匪浅。其直接经济利益就是节省了大量劳动力招募费用。在外地招募劳动力需支付各种费用，如招募人员的差旅费、宣传费、手续费、津贴、劳动力运输费等，而在当地招募基本不需要什么费用。以1940年昭和制钢所招募劳动力情况为例，当年共招工54166人，其中在当地招收44863人（占82.8%），东北其他地区招收3518人（占6.5%），东北境外招收5785人（占10.7%）；招募劳动力所需费用在伪满境内为37482.84元，平均每人10.65元；在关内为215810.71元，平均每人37.22元，合计全部费用253293.55元。若昭和制钢所像伪满其他企业一样85%的劳动力依靠关内，则所需支付的招募费用将为18万元之多。

### （三）“爱护村地盘育成计划”

进入20世纪40年代后，伪满政府为解决空前的劳动力紧张局面，自1941年起实施所谓劳务新体制，减少对关内劳动力的依赖，增强东北劳动力自给能力，提出“要强化赋役和勤劳奉仕之统制”“劳动统制应从自治之统制转变为行政之统制，由募集统制提高到雇佣统制”。昭和制钢所也感到在当地招募劳动力越来越困难，而且职工跳槽现象严重，劳动力流动越来越频繁，保证稳定的劳动力供应已成为当务之急，为此昭

① 伪满洲国国务院实业部临时产业调查局：《农村实态调查报告书》，康德3年，第30－33页。

② 满铁调查部：《资料汇报》第6号，昭和17年11月，第16页。

和制钢所曾制定了一个雄心勃勃的“爱护村地盘育成计划”。

该方案计划“（未来）五年间所需新工人的大多数由该基地供应”，“目前（1942年）辽阳、海城、盖平、复县等4县所谓基地内出身从业员为25600人，约占全部从业员的40%。目标是至康德13年末四年间增加31520名，届时预计相当于所需人数的70%，共达57120人”①。为实现这一目标，计划规定应做好以下工作。

1. 建立官业一体化体制。即基地建立工作“在官方指导下用会社名义实行……重点置于把握和收揽民心上”。

2. 扩充、加强当地机构，包括县公署、街村等。

3. 确定重点地区。选定辽阳8个、海城5个、盖平5个、复县3个共21个重点村庄。

4. 物资交流。即会社向基地街村提供农用物资（肥料、铁制农具、役畜、粮食等），基地街村向会社运入农广品（粮谷、鱼类建筑材料、薪炭）。

5. 进行农村实态调查。“以确实掌握可能成为工矿工人的剩余劳动力情况”，兴办农事试验场、兴农合作社，以节约劳动力。

6. 促进定居对策。通过慰问家属、表彰工人等手段“促进其定居，并便于获得的应募者”。

7. 提高村民进入会社工作的积极性对策。加深对会社的认识，建立共荣感，要对街村领导者阶层、街村民、国民学校学生、寺庙、民间宗教团体等做细致的工作。

8. 建设集家部落（工人住宅区）。鼓励家属迁入集家部落，发给必要的补助费，各采矿所要形成生活中心。

9. 促进交通发展完善以鞍山为中心的交通，包括修建电车、运行定点公共汽车、修建公路等。

在1942年末4县25600名工人中，辽阳占54%、海城占26%、盖平占12%、复县占8%，按计划预定，到1946年则为辽阳、海城均占38%，盖平占16%、复县占8%。

“爱护村地盘育成计划”林林总总，考虑得不可谓不周，它使昭和制钢所的触角由城市伸入乡村，从而把4县变成了昭和制钢所的劳动力再生产基地。但在伪满洲国末期，一切服从于日本战争需要，对劳动力已不再招募，而是采取强制手段大量征用（行政供出），实行所谓勤劳奉公制度，全东北实际上已变成一座大劳工集中营。对昭和制钢所来说，利用行政强制手段显然比“爱护村地盘育成计划”更容易弄到劳动力，后者自然就变成多余的了。

---

① 调查局第二满洲调查室铃木职员：《昭和制钢所国内劳动者募集地盘育成工作ニ就テ》。

## 三　昭和制钢所中国工人的劳动与生活状况

### （一）繁重的体力劳动

#### 1. 劳动时间与休假

昭和制钢所工厂、矿山众多，工种和职工分类复杂，因而其工作和休息时间也不尽相同。“职员和一般办公室人员是每日8小时工作制，其他现场生产人员，原则上是10小时工作制。”①

另外，昭和制钢所给予社员休假，但中国人能享受到此待遇者甚少。主要有：（1）公休日，如周日、大型节日，中国人能享受此待遇的占27.6%（1943年9月）；（2）特别休假，参事、副参事、职员（中国30人，仅占中国职工的0.04%）、工员、日本人准职员和雇员每年可休假12天，中国人准职员和雇员（8153人，占12%）4天；（3）丧假，社员（除佣员外）和日本人非社员享受此待遇，按此标准只有12.1%（8187人）中国人有此待遇②。而中国人非社员根本没有休假待遇。

#### 2. 恶劣的劳动环境与频发的工伤事故

在昭和制钢所，一些危险性大、容易对工人造成人身伤害的工作在他国一般都由机械作业，而在昭和制钢所都代之以人力，因此工人的劳动环境十分恶劣。在矿山除几台电铲和矿车算作机械设备外，打眼、爆破、装矿、运矿均由人工操作，危险性特别大；工厂则是在高温、强噪音、高粉尘等条件下作业，再加上劳动时间过长，劳动强度大，工伤事故频繁发生，各种职业病、传染病不断，给职工尤其是中国职工造成了极大的人身伤害。至1939年累计仅在制铁部和制钢部伤亡事故就达9128人次（中国人仅统计了重伤，未统计轻伤和死亡人数），工伤率中国人远高于日本人。仅以重伤人数为例，制铁部中国职工为日本职工的3.52倍，受重伤人数却达8.87倍，也就是说，中国人重伤率相当于日本人的2.52倍；在制钢部中国职工人数仅为日本人的2/3多一点，而重伤人数却为日本人的19.35倍，重伤率相当于对方的25.46倍。③ 炼钢铁本身就是在高温条件下作业，炉前技术工由日本人担任，劳动保护较好，而中国力工、清渣工、原料工等基本谈不上劳动保护。至于在作业条件更危险的矿山，伤亡率更高。

#### 3. 频繁的劳动力流动

满铁当初之所以把当地农民作为鞍山制铁所乃至昭和制钢所的主要劳动力来源，目的之一就是减少工人流动，尤其是钢铁工人属技术工种，需经过一段时间才能达到

① 伍堂卓雄：“昭和制钢所的使命”，《昭和制钢所纲要》，第342页。

② 昭和制钢所总务部训练课大堀知武造：《会社业务讲习资料》康德7年4月；《综合统计期报》，第5卷1号。

③ 满铁新京支社调查室：《满洲工业劳动概况调查报告》昭和15年8月，第98页。

熟练作业程度。据对昭和制钢所工厂中国职工62个工种统计，达到熟练程度所需时间半年以下的占33.9%（21个）、1年的占29.1%（18个）、2～5年的占37%（23个），而机床操作达到熟练程度短则2年，长则8年。①

昭和制钢所成立后的最初几年，劳动力供应还算充足，基本能满足生产规模不断扩大的需要，劳动力流动情况正常，职工数量稳步增长。但到20世纪30年代末期，劳动力流动趋于频繁，出勤率越来越低。承包矿工采用率1939年、1940年分别为149.3%和201.3%，解雇率则为167.4%和334.0%，流动率为193.5%和207.3%，矿工绝对数量分别比上年减少15.4%和19.2%，直到1942年才超过1938年水平；以关内人为主体的计件工也是解雇率高于采用率，只是解雇率略低于矿工，流动率分别为101.6%和111.4%；常工数量两年间则分别锐减39.7%和30.2%。②

1941年后，由于伪满政府强化劳动统制，除采取行政手段开始大规模强制征用劳动力外（以前也有强制劳动，但数量和影响有限），还严格限制劳动力流动，如实行劳工手账制度，即规定每个劳工要带着按有指纹的手册，上写服务地点、年龄、地址等，随时接受检查，以此防止劳工流动。昭和制钢所的劳动力流动有所减缓，承包矿工流动率1942年降至114.1%，计件工则为81.4%③，佣员流动率1941年仅为38%④。

而昭和制钢所“特殊采用”的爱护村工人、“特殊工人”因不堪忍受折磨更是大量逃亡。尤其是爱护村工人的逃亡者在一半以上，1941年在海城县强征的3216名工人到年末仅剩43%。

昭和制钢所为减少劳动力流动也曾费尽周折，采取了种种对策，但最终收效都不大，究其原因可归纳为以下4方面。

（1）全伪满劳动力供应总量严重不足，劳动力市场始终处于卖方市场。

（2）工资水平低，工人连温饱都难以维持，自然不愿在此工作。以昭和制钢所承包矿工与抚顺煤矿第二种佣员（二者均占各自职工的最大比例）工资月收入比较来看，前者就始终低于后者，1937年分别为12.03元和17.58元，到1941年因昭和制钢所提高工资而有所接近，但仍相差0.39元⑤

（3）劳动条件恶劣，工人作业没有安全保障，乃至达到“要想吃饭就得拿命换”的地步，使农民对工矿业尤其是矿山存在一种恐惧心理，被像奴隶一样强制劳动的“特殊工人”、爱护村工人更是大量逃亡。

---

① 满铁调查部：《满洲重工业资本蓄积形态の特质》，第57－59页。

② 昭和制钢所：《综合统计期报》第5卷1号。

③ 昭和制钢所：《综合统计期报》第5卷1号。

④ 昭和制钢所总务部劳工课：“昭和制钢所的劳务管理”，载于《满洲经济》月刊，1943年7月号。

⑤ 昭和制钢所：《调查汇报》1943年4月号，第16－17页；抚顺矿务局存，日文档案，8－12，392号。

（4）大部分职工在当地亦工亦农，未完全脱离农业生产，在农忙或工厂收入水平低下时就回乡从事农业生产。

## （二）微薄的收入与贫困的生活

在技术水平要求较高的昭和制钢所，由于日本职工多为高级管理人员、技术专家和熟练技术工人（复杂劳动），中国职工则多从事体力劳动和辅助工作（简单劳动），因而工资水平存在差别也算作是正常的。问题是在同一工种，工资相差过于悬殊就是不正常的了。以两国工人技术水平大致相同的工种为例，中国职工工资水平仅相当于日本同行：制铁工厂高炉工 31.1%、运转工 29%、原料工 28%，制钢工厂加工工 25.8%、机床工 27.2%、焊工 34%[①]等。究其根本原因则在于两国人在伪满社会地位的不同。另外，伪满政府为制止企业争夺劳动力和减少劳动力自由流动，对工资水平实行严格限制。同时由于伪满生产的有限物资用于满足日本国内及其战争需要，使全东北粮食等物资严重匮乏，物价飞涨，昭和制钢所职工的实际收入也大幅度下降，生活极其艰难。

中国职工的主食为高粱、面粉、玉米、大豆等。根据 1930 年对聚乐庄职工的调查，雇员主食物中高粱占 68%，计件工主食物中白面占 68%，临时工高粱、玉米面分别占 48% 和 38%。这几种商品价格自伪满初期便开始飞涨，1935 年 10 月与 1931 年相比高粱上涨了 2.87 倍、面粉 0.67 倍、大米 1.1 倍，平均上涨 1.3 倍[②]，而同期雇员、常工、计件工三者的工资平均仅增 80%。1937 年后随着伪满进入战时体制，粮食更加短缺，黑市粮价暴涨，奉天省高粱每公斤竟卖到 10 元，而昭和制钢所的职工每月收入以 1942 年雇员计不过 64.62 元，常工仅为 37.74 元．飞涨的物价、低廉的收入使昭和制钢所职工入不敷出，生活难以维持。据 1940 年调查，在住宿者中，“雇员以上的职工才能养活家属 2 人，佣员和计件工仅能养活家属 1 人，至于常工和一般矿工连家属 1 人的生活都不能维持”。[③] 家住附近的通勤职工生活也很困难。据对平安庄调查，“比平安庄居住者更苦的是居住在平安庄以外的带家属雇员……他们不仅领不到住宅，而且另外也没有房租补助，因此可以推断，最近的物价上涨对他们影响更严重”。[④] 收入尚可的雇员（社员）尚且如此，占职工绝大多数的非社员中国职工的境遇就可想而知了。

昭和制钢所奉行以当地农民为劳动力主要来源的劳务政策，从微观经济上看，它

① 满铁调查部：《满洲重工业资本蓄积形态の特质》，第 83 页。

② 满铁调查部：《满洲矿山劳动概况调查报告》，第 97－98 页。

③ 满铁调查部：《满洲重工业资本蓄积形态の特质》，第 54 页。

④ 满铁调查部：甲种，总体，监理，关系会社监理，昭和制钢所，第 91 册之 6。

是企业经营策略的一个重要方面，对昭和制钢所降低生产成本确保足够的熟练劳动力等是有利的。但另一方面，昭和制钢所的这一策略也是日本帝国主义在伪满殖民政策的特殊体现，即利用中国的人力资源来充分掠夺中国的物质资源。

原载《抗日战争研究》2000年第1期

# 日本在中国的殖民科研机构

## ——“满铁中央试验所”

梁 波 陈 凡

自从1985年美国科学史家路易斯·佩尔森（LewisPenson）出版了第一部《文化帝国主义与精密科学》① 的著作后，“殖民地科学”进入了科学社会史的研究视野，日益受到国际学术界的注目。1989年以后，日本学者也在这一领域取得了一些很有价值的研究成果②，而且这种研究仍在继续。中国关于“殖民地科学”，除一些资料的发掘、整理外，极少有系统的理论研究③。

关于“殖民地科学”，尚无统一的定义，本文中的“殖民地科学”是指帝国主义者以科学技术为手段，为推行侵略政策和殖民统治、掠夺财富和资源，在其殖民地所移植和发展的科学。日本在中国多年的殖民统治过程中，建立了“台湾总督府研究所”“满铁中央试验所”“大陆科学院”和“上海自然科学研究所”等数量庞大的科研机构，其中的“满铁中央试验所”，无论在历史、规模、水平和影响上，都具有代表性，日本“殖民地科学”的产生和发展过程，由此可见一斑。

## 一 “满铁中央试验所”设立的社会历史背景

从1894年日本帝国主义者发动侵华的中日甲午战争，1904年在我国东北发动同俄国争夺远东霸权的日俄战争，直到二战结束前的半个世纪里，我国东北遭受日本帝国主义及其它帝国主义列强的入侵，逐步沦为半殖民地、殖民地。日本政府在日俄战争之后，为推行其“经营满洲”，即侵略东北的政策，于1906年建立了南满洲铁道株式会社——即“满铁”，作为其“国家代行机构”。它是一个十分特殊的企业，机构极为

---

① Penson L. Cultural Imperialism and Exact Sciences：《German Expansion Overseas，1900－1930》，New York/Bern/Frankfurt am Main：Peter Lang，1985。

② 加藤茂生：《序论植民地科学》，《科学史·科学哲学》，东京：东京大学，1993。

③ 董光璧：《中国近现代科学技术史》，湖南教育出版社，1997，第581－593页。

庞大，从业人员达数十万，管理着铁路之外的矿山、港口、行政区域、文化和科研机构及情报组织。满铁是日俄两国争夺在我国东北和朝鲜的势力范围的结果，它是以不平等条约为依据，并且是在损害中国利益的情况下设立的。它的使命就是“经营满洲”，即在中国东北实行政治上的侵略和经济上的掠夺。

为了实现这一目的，满铁首任总裁后藤新平从上任伊始，就提出了一系列进行殖民统治的方针、政策，其中“著名”的就是所谓“文装的武备论”。根据后藤新平的解释，“所谓‘文装的武备’，简而言之，就是用文事设施，以备外来的侵略，以便在突发事变时，兼可有助于武力行动”。“‘文装的武备’是相对‘武装的文弱’一语而言的，是后藤新平提出的概念。如果形象地说，那就好比在文人的服装内裹着一个体格强健的军人。”① 一句话，“文装的武备”就是借助科学技术的力量进行殖民统治。以此为思想基础，满铁兴建了一系列科技、文教和卫生设施。根据一些学者的研究，日本帝国主义者在我国东北地区设立了大小80多所科研机构和12所高等院校，建立了“典型的殖民地科学技术体系”②。“满铁中央试验所”就是其中之一。

## 二 “满铁中央试验所”的成立和发展

“满铁中央试验所”是根据后藤新平的倡议，于1907年10月12日，由关东都督府颁布的第55号令——“中央试验所的设置”而设立的，1908年7月正式运营。起初隶属关东都督府，目的是在中国东北地区的殖产及卫生方面的分析、试验。首任所长是药学家庆松胜左卫门。随着满洲资源开发成为重要课题，为扩充和强化试验所，1910年将中央试验所移交满铁，改称“满铁中央试验所”③（以下简称“中试所”）。“中试所”在近40年的发展中，历经15任所长（见表1），可划分为以下4个时期④。

第一是试验和资源调查时期（1907～1912）。在“中试所”设立的“殖产工业和卫生方面的试验研究”的两个目的中，因后者逐渐转移给“关东州卫生试验所”，所以开展资源调查，就成为“中试所”最初的“使命”，但这时的条件尚不完备。尽管如此，后来作为研究对象所选择的重要资源，以及由此实现的大规模工业化项目，已经在这一时期开始着手调查和试验。例如，关于抚顺的煤炭和油母页岩、蒙古的天然苏

① 苏崇民：《满铁史》，中华书局，1990，第45页。

② 李茂杰：《日本帝国主义の科学技术侵略》，《植民地と文学》，（株）オリジン出版センタ，1993年，第200－214页。

③ 南满洲铁道株式会社：《中央试验所要览》，大连：南满洲铁道株式会社中央试验所，1941（昭和十六年）。

④ 佐藤正典：《中央试验所の业绩を顾みて》，《满洲の技术》，1940年13（131），第44页。

打、大豆和大豆油、甜菜的研究试验。另外，还与“满铁地质调查所”合作，在大石桥等地发现了世界上罕见的菱镁矿床，水质调查也是这一时期的重要工作。

**表 1 满铁中央试验所历任所长一览表**

| 任届 | 所长及任期 | 原任职务 |
|---|---|---|
| 第 1 任 | 庆松胜左卫门，1908～1910 | 东京大学教授（药学） |
| 第 2 任 | 高山甚太郎（兼），1911～1913 | 东京工业试验所所长 |
| 第 3 任 | 佃一豫（兼），1914～ | 满铁理事 |
| 第 4 任 | 桦山资英（兼），时间不详 | 满铁理事 |
| 第 5 任 | 平野耕辅（兼），时间不详 | 满铁理事 |
| 第 6 任 | 中川建三（兼），时间不详 | 满铁理事 |
| 第 7 任 | 庆松胜左卫门，1919～1921 | 东京大学教授（药学） |
| 第 8 任 | 斋藤贤道，1922～1927 | 大阪大学教授（工学） |
| 第 9 任 | 田村羊三（兼），1927～1928 | 满铁兴业部长 |
| 第 10 任 | 世良正一（代理），1928～1930 | |
| 第 11 任 | 栗原鑑司，1931～1934 | 明治专门学校校长 |
| 第 12 任 | 根桥祯二（兼），1935～1936 | 满铁技术局副局长 |
| 第 13 任 | 丸泽常哉，1937～1939 | 九州大学、大阪大学教授 |
| 第 14 任 | 佐藤正典，1940～1944 | 科学研究所所长 |
| 第 15 任 | 丸泽常哉，1945.7～1945.8 | 九州大学、大阪大学教授 |

资料来源：广田钢藏《満铁の終焉とその後》，青玄社，1990，第 135 页。

第二是工业移植时期（1912～1925）。在前一时期基础上，选择眼前最易实现工业化的项目，引进欧洲或日本本土的技术，在“中试所”进行中间试验后，再独自加以改良，直到取得工业化的成功。这一时期的主要工作有：从大豆油中提取挥发油、硬化油工业、耐火砖工业、陶瓷工业、玻璃工业等。

第三是独创化学工业时期（1926～1945）。这时，“中试所”不再满足于调查、试验乃至改良模仿已有工业，进入真正地开发研究时期。这期间不断有独创的设计发明，一些应用性的基础研究也同时进行，并稳步实现工业化。这一时期的主要工作有：页岩油制造、铝镁制造工业、大豆工业、煤液化工业、海绵铁制造等。除接受军方、企业的委托研究（见表2）以外，基于“中试所”的研究成果直接创办的企业也有很多（见表3）。

第四是遣返与中国接收时期（1945～1949）。关于第四阶段，尽管该所已不再称“中试所”，但考虑到这期间处在苏联红军管理的过渡阶段，并且仍主要是由原所人员支撑，所以仍把这一时期作为“中试所”的一个阶段。日本战败投降后，1945 年 8 月 22 日，苏联红军进驻大连，“中试所”随即也被苏联红军接管。10 月，苏联科学院调查团访问“中试所”，对该所的研究给予很高评价。1946 年初，将包括“中试所”在内的原满铁的八个有关机构，统一合并为综合性的“科学研究所”。为解决生活问题，

“中试所”重新开展分析业务，并小规模地制造了一些生产设备和原料药品。这期间，原“中试所”人员被分三批遣返。

**表 2　接受委托研究并实现工业化的企业**

| 企业名称 | 地点 | 应用项目 |
| --- | --- | --- |
| 满铁豆秆纸浆株式会社 | 开原 | 纸浆 |
| 大和染料株式会社 | 大连 | 染料 |
| 株式会社昭和制钢所 | 鞍山 | 选矿及耐火材料 |
| 大日本赛路脑株式会社 | 日本 | 大豆蛋白 |
| 三菱制纸株式会社 | 日本 | 大豆蛋白 |
| 第一工业制药株式会社 | 日本 | 油脂 |
| 满洲矿业开发株式会社 | 长春 | 选矿 |
| 满洲轻金属株式会社 | 抚顺 | 镁 |
| 满洲化学工业株式会社 | 大连 | 湿式制铝 |
| 森永炼乳制果株式会社 | 大连 | 大豆食品 |
| 东边道开发株式会社 | 长春 | 选矿 |
| 大连工业株式会社 | 大连 | 防水布 |
| 东兴矿业株式会社 | （不详） | 选矿 |
| 满洲制麻株式会社 | 大连 | 黄麻漂白 |
| 满洲特殊制纸株式会社 | 吉林 | 废纸脱色 |
| 满洲畜产株式会社 | 哈尔滨 | 屠宰场废物利用 |

资料来源：满史会编《满洲开发四十年史》，下卷，满史会刊行，1964；佐藤正典《一科学者の回想》，化学同人，1971 年；广田钢藏《满铁の终焉とその後》，青玄社，1990；顾明义等《日本侵占旅大四十年史》，辽宁人民出版社，1991。

**表 3　基于“满铁中央试验所”研究成果创办的企业**

| 序号 | 企业名称 | 地点 | 创办时间 | 主要产品 |
| --- | --- | --- | --- | --- |
| 1 | 丰年制油株式会社 | 大连 | 1914.3 | 挥发油法提取大豆油 |
| 2 | 大连油脂工业株式会社 | 大连 | 1916 | 硬化油 |
| 3 | 南满矿业株式会社 | 大石桥 | 1918.4 | 菱镁矿致贫 |
| 4 | 大连窑业株式会社 | 大连 | 1916 | 耐火砖 |
| 5 | 南满硝子株式会社 | 大连 | 1925 | 玻璃 |
| 6 | 三共株式会社 | 大连 | 1931.5 | 豆粕酱油 |
| 8 | 抚顺煤矿制油工厂 | 抚顺 | 1938.1 | 页岩油 |
| 9 | 满洲化学工业株式会社 | 大连 | 1933.5 | 氢气 |
| 10 | 满洲大豆工业株式会社 | 大连 | 1933.7 | 酒精法提取大豆油 |
| 11 | 抚顺水泥株式会社 | 抚顺 | 1933 | 水泥 |
| 12 | 满洲轻金属制造株式会社 | 抚顺 | 1936.11 | 铝 |
| 13 | 满洲镁株式会社 | 营口 | 1938 | 镁 |

**续表**

| 序号 | 企业名称 | 地点 | 创办时间 | 主要产品 |
|---|---|---|---|---|
| 14 | 抚顺煤液化工厂 | 抚顺 | 1936. 8 | 人造石油 |
| 15 | 满铁铁道润滑油工厂 | 奉天 | 1943. 4 | 润滑油 |
| 16 | 抚顺煤矿制铁工厂 | 抚顺 | 1937 | 海绵铁 |
| 17 | 满洲特产工业株式会社 | 奉天 | （不详） | 精白高粱 |
| 18 | 满洲精炭工业株式会社 | 长春 | （不详） | 硬化炭 |
| 19 | 大同酒精株式会社 | 延吉 | 1940 | 内酮和丁醇 |

资料来源：满史会编《满洲开发四十年史》，下卷，满史会刊行，1964 年；佐藤正典《一科学者の回想》，化学同人，1971 年；广田钢藏《满铁の终焉とその後》，青玄社，1990 年；顾明义等《日本侵占旅大四十年史》，辽宁人民出版社，1991 年 8 月。

1949 年 2 月，中国政府正式接管这个所，并改称“大连大学科学研究所”，屈伯川任所长，一大批共产党员和从国外归来的科学家成为研究所的骨干。1950 年秋，划归东北人民政府工业部，并与长春的科学研究所合并，更名为“东北科学研究所大连分所”，董晨被任命为所长。1952 年，该所划归中国科学院。1953 年 1 月，更名为“中国科学院工业化学研究所”，由张大煜任所长。1954 年 6 月，更名为“中国科学院石油研究所”。1961 年 12 月，改称为“中国科学院大连化学物理研究所”。

“中试所”从 1908 年正式开展研究业务，到 1910 年移交满铁，实际隶属关东都督府不过两年时间。最初只设两课，由满铁接管后，被分为分析科、应用化学科、制丝染织科、陶瓷科、酿造科、卫生科、电气化学科和总务科等八个科。其间几经调整，先后进行了四次较大规模的改革。到 1941 年 8 月共设有无机化学课、冶金课、有机化学课、燃料课、农产化学课和总务课等六个课，包括 23 个研究室（试验场）。

随着战争的结束，中国政府本着人道主义精神，分批将“中试所”人员遣返回日本。这些人大部分进入了大学和企业，走上新的工作岗位①。以曾任日本国际贸易促进会副会长、理事长原定司为代表的一批中试人，为中日友好做了许多有益的工作②，并得到了中国方面的充分肯定③。

归国后，原“中试所”人员成立了亲睦性的团体——“满铁中试会”，1975 年创办了《满铁中试会会报》，每年出版一期，至今已出版了 26 期。1995 年适逢中日战争结束 50 周年，“满铁中试会”组织了 12 人的参观团，访问了中国科学院大连化学物理研究所，受到该所的热情接待④。

---

① 佐藤正典：《一科学者の回想》，东京：化学同人，1971，第 223 - 227 页。

② 获原定司：《历程 · 第三部 · 中国篇》，东京：私家版，出版年代不详。

③ 武衡等编：《东北区科学技术发展资料（1）· 综合卷》，中国学术出版社，1984，第 364 页。

④ 田中喜一郎：《大连访问旅行记》，《满铁中试会会报》1995 年第 21 期，第 22 - 45 页。

## 三 “满铁中央试验所”的主要研究项目及研究活动

经过近40年的发展，“中试所”作为日本殖民地科学的一个重要组成部分，在研究与发展上，已具有相当的规模，研究活动也很活跃。至1945年，“中试所”约有正式所员800人，其中高级研究人员200人。有150个研究项目，预算约为1000万日元，和日本东京的理化学研究所不相上下。[①②] 在1907年到1945年的近40年之中，“中试所”共发表研究报告约1000份，获专利140项，其中20%是外国专利。[③] “中试所”的研究项目和研究活动大致可以分为四个方面。

### （一）大豆及农产品加工

大豆是我国东北的特产，早在20世纪初，年产已超过500万吨，而且当时已有上百年的历史。由于传统的榨油技术效率不高，所以大豆油的提取从一开始就被列为主要的研究项目之一，随之而来的就是大豆油的硬化研究。

大豆油酒精提取法是该所的主要研究项目，这个项目是以后任所长的佐藤正典为首完成的，佐藤因此获得第一届日本化学会奖（1949）。从大豆中提取蛋白质等副产品，也是这一时期的项目。除此而外的农产品加工研究，还有速酿酱油、利用高粱和玉米发酵、鞣酸等。

### （二）镁、铝及其矿产资源的工业化

“中试所”是日本最早有组织地对镁进行科学研究的机构。当时，德国是世界上唯一的镁生产国，日本所需要的夜间摄影原料也全部依赖进口。1913年，“中试所”的吉泽笃二郎等人在大石桥一带，发现了世界上罕见的菱镁矿床，当时推测储量超过100亿吨。因此，从菱镁矿中提炼镁及其制品的生产，成为“中央所”的一个主要项目。与此相关的是从矾土中提炼铝的研究。1937年，在“中试所”沙河口冶金工厂，从天然矿石制造出海绵铁，由此发明了“日下（和治）制铁法”[④]。贫矿富化、特殊钢等也是这一类的研究项目。

### （三）页岩油的提取与煤液化

1921年，以木村忠雄为首的小组，开始了从抚顺油母页岩中提取人造石油——页

---

① 広重徹：《科学の社会史》，东京：中央公论社，1974，第144页。

② 丸沢常哉：《新中国建设と满铁中央试验所》，东京：二月社，1979，第181页。

③ 岛尾永康：《日本1868—1945年科学的发展》，《自然科学史研究》1998年第3期，第234页。

④ 原势二：《炎は消えず》，东京：谦光社，1965。

岩油的研究，并于1928年建成日产2000吨的生产厂，后来又扩展到4000吨的规模。

制造人造石油的另一种方法就是煤液化，日本最早开展煤液化研究的是海军德山燃料厂。1928年，“中央所”燃料课长阿部良之助等开始了煤的直接液化研究。1937年在抚顺建设煤液化生产厂，1942年试生产阶段，曾达到连续运转1000小时的纪录，但直到战争结束，也没能正式投产。

此外，还有铁路润滑油、一氧化碳法制氢、六〇六的合成等。

### （四）陶瓷材料研究

有关陶瓷材料的研究是“中试所”较早开展的项目之一，主要有3个方面：一是耐火材料，1908年开始，陶瓷科的研究人员就对原料进行了考察，后来发现了纯白的硅砖矿脉、黏土、白云石和菱镁矿，1916年在鞍山建立耐火砖工厂；二是玻璃制品，1925年以大连地区出产的矽石为原料，研究出高级玻璃的制造方法，并将其工业化；三是陶瓷器的研究开发，1917年8月着手对工艺陶器进行制作和研究，以后曾制作出各种仿古工艺陶瓷。

1920年8月，“中试所”陶瓷科独立出来，成为陶瓷工业试验工厂，此后，还对中国古陶瓷和美术陶瓷器的制作进行了研究。

除上述以所谓资源开发为主的研究外，“中试所”的研究项目许多与日本帝国主义的殖民侵略密切相关，有些课题直接来自军方的委托，而且随着战争的加剧，这方面的课题逐渐增多。如《满洲事变与满铁》一书曾列举了“中试所”的“装甲车试验”“关于飞机用燃料油冻结的研究”等18项军工研究①。但目前这方面的材料还掌握不多，有待今后进一步研究。

像许多殖民科研机构一样，“中试所”主要是以应用研究为主，基础研究项目极少。在“中试所”的研究活动中，象斋藤贤道的“满洲特有微生物研究”、广田钢藏的“‘克劳修斯（Clausius）’对热扩散管装置的理论”这类带有纯学术色彩的研究，可谓寥寥无几。

日本侵华时期在中国设立的众多殖民科研机构，从组织机构、规章制度、科研选题、人才培养、成果转化、专利制度和保密制度都已相当完备和系统化，可以说已经形成了完整的“殖民地科学技术体系”；同时，在日本的战时科技动员体制下，与日本本土的科学技术研究遥相呼应，包括“满铁中央试验所”在内的整个日本“殖民地科学”，也是当时日本科技体制的重要组成部分。因此，了解“殖民地科学”的历史，对研究日本近代科技体制是有所帮助的。

从1896年5月日本设立“台湾总督府制药所检查课”（台湾总督府研究所的前身），

---

① 南满洲铁道株式会社总务部资料课：《满洲事变と满铁》，南满洲铁道株式会社，1934，第441－442页。

到 1945 年抗日战争结束，日本殖民科研机构在中国整整经历了半个世纪。对这些科研机构的历史研究，目前在我国还几乎是个空白。日本殖民科研机构后来大多被新中国所接收，“满铁中央试验所”“大陆科学院”“上海自然科学研究所”等都被改造成中国科学院的研究所。因此，研究日本“殖民地科学”史，对研究我国的近代科技史和中国科学院院史都是有益的。

原载《中国科技史料》2001 年第 2 期

# 满铁地质调查所

梁　波　冯　炜

对中国东北地区的近代地质调查，始于德国地理、地质学家李希霍芬（Ferdinand von Richthofen，1833～1905）①，他曾历任波恩、莱比锡、柏林大学校长，国际地理联合会会长。1860年，他参加了普鲁士东亚探险队，在1868～1872年间，在中国先后进行了7次旅行，历经11省，调查地质、矿藏、黄土、海岸性质与构造线等。1869年初，他完成了对东北的地质调查。李希霍芬的调查成为中国东北地区近代地质调查的基础，他所撰写的地质学专著《中国》三卷（附地图集二卷），是日本地质学者在中国进行地质调查的必备之书，以后俄国人、美国人和日本人的地质调查均是步其后尘。

## 一　设立与沿革

### 日俄战争以前东北的地质调查

1905年日俄战争期间，日本人为了争夺和巩固在中国东北地区的所谓"权益"，设立了由关东州民政长官担任委员长的"满洲产业调查会"，开始了对我国东北地区的所谓资源调查。京都帝国大学的小川琢治等人对五湖嘴、抚顺、烟台等地的煤田进行调查，将其结果以"满洲矿产调查资料"的名义发表。

1907年3月5日，日本的所谓"国策公司"——南满洲铁道株式会社（简称"满铁"），将本社从东京迁至大连。4月23日，满铁在其矿业部下设置了地质课和贩卖课，地质课又下设了总务和调查两个股，起初有课员3名，地质技师木户忠太郎任课长，这即是日本在中国东北地区设立最早的殖民科研机构之一——满铁地质调查所的前身，标志着满铁地质调查业务的开始。5月11日，地质课在抚顺煤矿设立事务所，专门从事抚顺煤田的地质调查，后来又将事务所迁回大连。

① 满洲帝国地质调查所：《地质调查所三十一年史》，康德7年（1940）。

1910 年 4 月 30 日，该机构改组为满铁直属的“地质研究所”①。1919 年 7 月 16 日，改称“地质调查所”，表 1 列出了该所的历任所长。1938 年 3 月 31 日，满铁地质调查所举行了闭所仪式，隶属满铁长达 31 年的时间。从 4 月 1 日起，“地质调查所”划归伪满洲国大陆科学院，直到 1945 年 8 月日本无条件投降后解体。尽管该所的名称和隶属关系等多次变化，在本文中一律称“满铁地质调查所”。

**表 1　地质调查所的历任所长**

| 任届 | 所长名 | 在任期间 |
|---|---|---|
| 第 1 任 | 木户忠太郎 | 1907～1923.4 |
| 第 2 任 | 村上钣藏 | 1923.4～1931.9 |
| 第 3 任 | 木村六郎 | 1931.9～1937.11 |
| 第 4 任 | 福田连 | 1937.11～1941 |
| 第 5 任 | 小仓勉 | 1941～1945 |

## 二　科研管理

### （一）机构、人员和经费

满铁地质调查所经过 30 多年的发展，到 1942 年底，全所职员总数为 107 人，其中研究人员 55 人，占所员总数的 51.4%。所长是小仓勉，庶务科科长由野村稔人担任，除庶务科外，还设有 5 个研究室。当年研究经费预算是经常费 422220 日元、临时费 27000 日元。表 2 列出了截止到 1937 年的经费预算和人员变动情况。

**表 2　经费预算和所员变动情况**

| 年代 | 经费预算 | 所员数 |
|---|---|---|
| 1907 | 2 万日元 | 4 名 |
| 1908 | | 8 名 |
| 1910 | | 8 名 |
| 1912 | 2 万 3000 日元 | |
| 1914 | | 9 名 |
| 1916 | 3 万日元 | |
| 1917 | | 15 名 |
| 1918 | 4 万日元 | |
| 1921 | 6 万 5000 日元 | |

① 松田龟三：《满铁地质调查所概史》，《アジア经济》第 29 卷第 1 号，1998 年第 1 期，第 73 页。

**续表**

| 年代 | 经费预算 | 所员数 |
|---|---|---|
| 1922 | 8万5000日元 | |
| 1923 | 7万3000日元 | |
| 1926 | 8万6000日元 | |
| 1929 | 12万日元 | 29名 |
| 1931 | | 36名 |
| 1932 | 7万日元 | 60名 |
| 1935 | 14万日元 | |
| 1937 | 17万日元 | |

1938年4月1日，满铁地质调查所移交给伪满洲国大陆科学院。该院从1935年3月22日成立到1942年间，共进行了364项研究①，其中地质调查所就有156项，占43%，在大陆科学院的几个下属单位中数量最为突出。这充分表明了地质调查所为日本帝国主义的经济和资源掠夺服务的特征。

### （二）组织制度

满铁地质调查所的隶属关系经过多次变动，而且组织制度和章程也几经修改。但从大陆科学院时期公布的"地质调查所官制"（即组织章程）和"地质调查所分科规程"（类似于实施细则）来看②，其业务分为矿物资源预察调查、矿产调查、一般地质调查、特别调查研究四大类，尽管这已经是地质调查所后期的组织章程，但它包含了早期的研究领域、研究范围和它的运作方式。

### （三）支撑系统

（1）研究设施和试验条件

1942年时，地质调查所有建筑用地（本馆）5342平方米，有建筑物8栋、建筑面积20850平方米。主要研究设备有：各研究室共用的显微镜13台；第三研究室有岩石切断机3台、岩石电动研磨机1台、研磨及琢磨兼用机和试料研磨机各1台、隔焰炉（马弗炉）6个、干燥器4个、燃烧炉1个、滚爪式碎石机2台、微米研磨机1台、电炉1个；第三、第五研究室共用取样机2台、粉磨机2台；第四研究室有放射能试验机4台、试钻机1台、重力测定机1台、磁力探矿机1台。

---

① 董光璧：《中国近现代科学技术史》，湖南教育出版社，1997，第581-593页。

② 科学审议委员会：《满州科学技术要览》，1943，第25-29、411-412页。

（2）出版情况

满铁地质调查所于1909年3月创办了《清国矿业时报》，出版了第14号以后，1912年改为《支那矿业时报》，出版至第86号，1936年又改称《地质调查所报告》，出版至第99号，1940年12月又改称《满洲帝国地质调查所汇报》，直到1944年9月共出版了109期。有人做过统计，“到1937年，该所编纂的调查报告已达1600部，发表在《中国矿业时报》等刊物上”①。满铁地质调查所分别于1933年和1936年出版过两期《满洲矿物调查报告》；从1938年起又创办了不定期的《地质调查所要报》，到1943年共计出版了18册。此外，满铁地质调查所还不定期地出版地图及说明书等。

## 三　主要研究活动

满铁地质调查所的发展大致可以分为两个时期，即满铁时期和大陆科学院时期，前一时期又可以以九一八事变为标志分为两段。在事变之前主要是地质图的测绘和一般性地质调查，而事变之后主要是围绕日本军方的要求，开展所谓的地质调查活动。仅据沈殿忠主编的《日本侨民在中国》一书的不完全统计，满铁地质调查所从1907年到1942年的主要调查活动就达303次之多②。

### （一）从日俄战争到九一八事变（1907～1931）

（1）鞍山铁矿床的发现

1909年，木户忠太郎等人为了对汤岗子温泉的水源进行调查，在铁石山首次发现了铁矿石，这就是鞍山铁矿床的发现③。在此之后，又陆续发现了西鞍山、东鞍山，1910年发现大孤山，紧接着又发现了樱桃园、关门山和弓长岭矿床。1915年又发现了王家堡子、一担山、新关门山和小岭子铁矿床。以上这些矿床当时预测的总储量达7亿吨。

（2）页岩油的发现

在开采抚顺煤矿的过程中，发现其中的页岩具有可燃性，1910年“满铁中央试验所”对此进行了分析和试验，得到了2%的收油量。1921年，对抚顺煤矿含油页岩精查的结果发现，含油页岩的厚度达135米，含油量最大达10%，平均含油5.5%，推测

---

① 解学诗、张克良：《鞍钢史（1909－1948）》，冶金工业出版社，1984，第12页。

② 沈殿忠主编《日本侨民在中国》（下册），辽宁人民出版社，1993，第1487－1510页。

③ 关于满铁地质调查所所长木户忠太郎对鞍山一带铁矿的“发现”，有学者提出了不同看法，“……木户等人也承认，在勘查过程中发现有古矿遗迹。从而证明我国劳动人民自古以来就在此开采矿石。所以，就连木户本人也直言不讳：‘把我们看成是最初的发现者未免有些自负’”。参见解学诗、张克良编《鞍钢史（1909－1948）》，冶金工业出版社，1984，第12页。

具有平均品位的矿量储量有54亿吨，以至这里后来成为当时“东北地区唯一的石油生产基地”，在太平洋战争日本攻击美国珍珠港的战斗中，日本人利用了从抚顺提炼的重油[①]。1942年这里的粗油产量是27万吨，而同年日本的国产原油只有26万吨。

（3）菱镁矿的发现

关于菱镁矿的发现，有两种不同说法。根据满铁中央试验所人员的说法，“满铁本线大石桥站东北一带赋存的菱镁矿，是大正2年（1913）由中央试验所窑业科员吉泽笃次郎等人发现的，后经满铁地质调查所调查确认”[②]。满铁地质调查所人员的说法是：“首任所长木户忠太郎与满铁沿线各站的站长打招呼，如果发现有什么特殊的石头就送过来。果然从大石桥站就送来了大理石样的石头，但因当时地质调查所没有正式的分析技术员，就把送来的样品放在一边了。直到1924年初，才有毕业来满铁的分析测试员，后来才清楚这就是菱镁矿。此后，中央试验所的吉泽笃次郎在分析盖平产的石灰岩状的即使烧结也不出生石灰的岩石，才明白是菱苦土矿（约含氧化镁50%）。”[③] 满铁于1918年出资设立了“南满洲矿业株式会社”，把原矿烧制成炼铁时用的耐火材料，同时也将其作为生产金属镁的原料。“满铁中央试验所”开展了从这种原料中提取金属镁的研究，1938年运用“满铁中央试验所”的方法，设立了“满洲镁工业株式会社”，1944年达到年产400吨镁金属制品的规模[④]。

（4）矾土页岩的发现

1916年日本与中国政府合资，在鞍山设立了“振兴无限公司”，含烟台煤矿斜井附近的耐火黏土的矿区开采权。1924年，满铁地质调查所对烟台煤矿重新调查的结果发现，在煤层的上盘和下盘间含有7个耐火黏土层，特别是最上边的一层的黏土含金属成分较多，矾土的含量达53.52%，开始时叫“铁矾土”，1925年，由时任满铁地质调查所所长的村上钣藏将其命名为“矾土页岩”。后来在烟台、小市牛心台、五湖嘴等地也都发现了数量可观的矾土页岩。

（5）地质图的测绘

地质测绘是矿产资源开发的基础。满铁地质调查所在1915年制成“满洲关东州地质图”（比例尺20万分之1），1917年完成“南满洲地质预察图”（比例尺100万分之1），1919年制成了关于南满洲一带比例尺为40万分之1的地质图。将东西长170公里，南北宽150公里的“南满”划分为20区，到1932年，完成了大连、营口、大孤

---

① 饭土冢靖：《中国东北部の化学工业の发展と满铁中央试验所》，《满铁中试会会报》第27号，平成13年12月，第24页。

② 「技术により经济安全保障に关する研究会」委员会：『技术により经济安全保障に关する调查研究报告书——满铁中央试验所の活动』，东京：日本机械工业连合会，昭和61（1986）年5月，第50页。

③ 松田龟三：《满铁地质调查所概史》，《アジア经济》第29卷第1号，1998年第1期，第73页。

④ 满史会：《满州开发四十年史》，东京：满州开发四十年史刊行会，1964，第279、600、245－252页。

山、凤城、桓仁、奉天、公主岭、吉林、豆满江等9幅地质图。

（6）矿产地调查

矿产地调查主要是指金矿、铁矿、煤等的调查。对金矿的调查是在黑龙江沿岸及其他含金脉的地带大约900个地点进行了调查。对铁矿床的调查大约有300个地点，对含有铜铅锌等硫化物矿床也进行了调查，共调查了包括杨家杖子、青城子、天宝山、磐石等大约500个矿点。另外，对500多个产煤地也进行了勘察。从1928年开始，还进行了对石油的勘探。1930年从旅居哈尔滨的俄罗斯人那里获得情报，就偷偷地对扎莱诺尔南部的达赖湖附近进行勘探，发现了含有沥青的玄武岩，直到1941年还在这一地区进行试钻。

### （二）从九一八事变到移交大陆科学院（1931~1938）

九一八事变以后，不但没有使满铁地质调查所的工作受到影响，反而由于战争对资源的迫切需要和军队对满铁地质调查所的支持，他们的所谓调查更加明目张胆，工作越发“活跃”了。满铁地质调查所在关东军的帮助下，进行了如下的调查：吉林、黑龙江两省沙金地探矿计划以及现场调查、国防资源调查和日本军方的其他委托调查等。

（1）沙金调查

黄金作为货币的基准单位，在战争时期更成为首先争夺的对象。黑龙江历来是我国黄金的主产地之一，日本人当然也不会放弃这块“肥肉”。1931年九一八事变后，日本人开始对黑龙江省的沙金产地进行探矿和矿业调查，并为此组织了“黑龙江省沙金地调查班”。1932年，满铁派遣3名社员去与黑龙江的地质条件相似的美国加利福尼亚州和阿拉斯加州学习沙金开采①。关东军特务部于1932年设置了“满洲采金事业调查部”，1933年1月，又向北满派遣了5个班的调查队进行钻探。根据这次所谓“精查”的结果，1934年5月设立了“满洲采金株式会社”，高峰时的1937~1938年度，有采金船30艘，年产黄金3988千克②，这是掠夺我国资源的最好例证。

（2）国防资源调查

为了探明“满洲国”的资源，1932年关东军设置了“国防资源调查部”，进行所谓的国防资源调查。动员了军队、大学、商工省地质调查所和满铁地质调查所的大批学者和技术人员，对由满铁地质调查所选定的3000多个地点，进行地质调查、建立采选企业以及其他的技术和产业开发。1932年在现场调查中，编成了3个班。第1班负

---

① 矢部茂：《アラスカ及び北米合众国における砂金采取法调查报告》，《地质调查所报告第81号》，1934年9月，第1-111页。

② 满史会：《满州开发四十年史》，东京：满州开发四十年史刊行会，1964，第279，600，245-252页。

责铁矿，对洮南西北方的马鞍山、滨绥沿线的小岭、本溪县牛心台等地进行调查；第2班负责铝矿，主要是为了使在烟台的铝矿能够在25年里提供可采矿量45万吨，年产铝3000吨，并进而在满洲建立铝精炼企业；第3班主要是石油勘探，对扎莱诺尔达赖湖周边地区进行勘察。1933～1935年又重新编成了6个班。在"国防资源调查"中，日本关东军不但积极配合满铁地质调查所，实际上它已成为这项调查的主要参加者。

（3）日本军方的委托调查

如果说"国防资源调查"还只是日本军方与地质调查所之间的"合作"的话，那么地质调查所关于"热河资源调查""兵要给水调查""乙嘱托①班调查"和"北满湿地调查"，则完全是来自日本侵略军（主要是关东军）的委托。

热河资源调查是根据日本关东军特务部的旨意，于1933年在围剿所谓的热河省的"匪贼"期间进行的。来自满铁、旅顺工科大学、关东厅等的调查人员被编成了5个班，分别对矿产、农畜产、林产和经济进行概查，他们于4月12日从新京（今长春）出发，做了大约为期40天的资源调查。在此期间，由于受到了当地中国人的强烈抵制，因此没有完全达到预期目的。

1933年秋，关东军要求满铁地质调查所和满铁经济调查会对北满和热河省的"兵要地志以及给水"情况进行调查，这就是"兵要给水调查"。由于当时地质调查所包括所长在内的地质技师不过16名，因此特意从日本国内又抽调了20名地质技师和助手，这些人被雇用2年，在所谓"满洲国"的边境线上进行概查，被分成哈尔滨方面、齐齐哈尔方面、海拉尔方面和热河方面4个班。这次调查的结果形成了4个报告，即《满洲东北部的地质及地志》《满洲北部的地质及地志》《满洲西北部的地质及地志》《满洲西南部的地质及地志》。后来"满洲国地质调查所"于1940年出版的《满洲国及接壤地带地质图》（比例尺300万分之1），就是以这次的调查资料为基础的。

所谓乙嘱托班调查是指日本的中国驻屯军乙嘱托班的调查。根据中国驻屯军的要求，满铁从1935年10月开始，利用1年半的时间将乙嘱托班派往华北，对华北全境进行调查。共分成总务、矿山、工业、铁道、港湾和经济6个班。其中矿山班由来自地质调查所的10名地质技师、抚顺煤矿的4名采矿技师和满铁计划部的1名采矿技师组成，被编成5队进行调查。这次的调查规模非常庞大，总计派出调查人员达408名，调查费用达到54万4828日元。

北满湿地调查是1935年11月应关东军参谋部第二课的要求，1936年2月关东军参谋长又正式向满铁总裁发出调查委托书。这年4月，由设在满铁经济调查会下面的"满洲国湿地调查小委员会"制订了调查计划。现场调查由3个班分2次实施。地质调查所将湿地分为3种情况：重湿地是指一年四季单人都不能通过的地方；中湿地是指

① "嘱托"在日语中有两个意思：一是指非正式的职员，二是指托办、委托。

在干燥期单人可以行动，但1年中的大部分时间单独行动困难；而轻湿地是指1年中的大部分时间车辆可以通过，但在雨季和解冻期人马不容易行动。这种划分方法，完全是为了军事行动的目的。本次调查的结果，1940年4月由关东军以《湿地调查参考书第1号》出版，将东北地区的湿地情况进行归纳和整理，以便使当地的日军更容易掌握和理解。

### （三）大陆科学院时期（1938～1945）

关于这一时期的地质调查所，我们能够得到的资料还不多，这里就1943年（康德10年）出版的《满洲科学技术要览》① 中提供的一些情况，做些介绍。

1942年，大陆科学院地质调查所当年有研究项目52项，这些项目大致可以分为三类：一类是地质图的测绘，其中包括伪满州国地图的绘制；另一类是矿产资源调查，包括弓长岭铁矿矿床地质调查、杨家杖子铅锌矿调查等；还有一类就是矿床地质结构以及矿床的成因方面的分析研究。从这些研究项目来看，基本上还是沿袭了满铁地质调查所时期的研究内容。

由于已有学者对大陆科学院时期的地质调查所做了较为详细的研究②，因此，本文在此不再重复。

## 四　结语

经济基础决定上层建筑。日本军国主义者对中国发动的侵略战争，其政治和军事目的首先都是以经济为前提的。而实现经济掠夺，必须先要搞清资源情况。纵观日本对中国及其他亚洲国家的侵略，总是以资源调查为先导的，地质调查又是一切资源调查的基础。因此，满铁地质调查所成为日本侵华时期建立最早的殖民科研机构之一也就不奇怪了。

满铁地质调查所的发展过程，从早期明确的经济目的，到赤裸裸地为日军服务；从偷偷地进行调查，到明目张胆的军事掠夺；从局部范围的调查，到大范围的地质普查，充分反映了日本殖民科研机构的丑恶实质。

毋庸讳言，满铁地质调查所的某些研究也具有一定基础性，如一般地质调查与地质图的绘制、金属和煤矿的调查、土壤地质与农业地质的调查、电磁和重力等各种探矿方法的研究以及岩石性质的试验研究等。在彻底揭穿日本殖民科研机构罪恶目的的同时，我们也应注意充分利用殖民科研机构所留下的大量科研历史资料。

---

① 科学审议委员会：《满洲科学技术要览》，1943，第411－412、25－29页。

② 晓宇、夷声：《大陆科学院》，《科学学研究》1991年第4期，第103－104页。

满铁地质调查所的所谓研究、调查结果，不但可以用于经济目的，更重要的是它可以直接用于军事目的，这是地质调查所与其他殖民科研机构所不同的地方，比如它出版的各种地质地形图完全可以作为军事地图来使用，给水调查的结果也完全是为了军事和战争目的，而湿地调查就是为了在战时如何通过或避开湿地，彻头彻尾地为了军事上的需要。可见，满铁地质调查所终究掩盖不了为日本帝国主义的经济和资源掠夺服务的特征，这是由日本殖民科研机构的本性所决定的。

原载《科学学研究》2002 年第 3 期

# 满铁机构设置及其实质

孟宪梅　苏艳红　孟昕馨

南满洲铁道株式会社（简称满铁）诞生于日俄战争后的1906年12月，1907年4月开始营业。据满铁十年史、第二、第三、第四次十年史记载，这个日本政府“经营满洲”的“国策会社”，为了执行日本帝国主义赋予它的侵略与掠夺使命，在其存在的近40年中更换总裁17人次，大的机构改革21次。由1906年12月设立之初的3部3课增至满铁垮台前的40多个部局400课、所，以及约100个满铁入股的子公司（即“关系会社”）。这种频繁的机构增设更迭，无一例外都是为了扩大侵略、加速掠夺。

“南满洲铁道株式会社”顾名思义，应该是“铁路公司”，但是仅以九一八事变之前（1930年6月）这个“铁路公司”的机构设置（机构表略）为例，就不难看出，经营铁路只不过是个幌子。与铁道部并列的总裁直属部级机构还有总务、计划、交涉、经理、炭矿、制铁、贩卖、殖产、地方、工事、用度11部和1个调查机构——临时经济调查委员会。这13个部、会分别下设各业务科室和驻各地事务所共计100多个，仅以科级以上单位统计，铁路机构所占比例不足1/10；管理（总务、计划、交涉、经理）机构竟达4部15课；工商产业（炭矿、制铁、贩卖、殖产、工事、用度）机构6部23课，殖产部与地方部则经营满铁附属地内文化教育科研设施，竟达20多个附属单位和瓦房店、安东等13个地方事务所及其附属学校、医院。

满铁庞大的机构设置，五脏俱全，包罗了工农商学各业，加上调查、科研、外交机构，构成了地地道道的“满铁王国”，担负着政治、经济、文化侵略三重任务。正如满铁第一任总裁后藤新平供认的：建立“满铁”，就是“使之成为帝国殖民政策的先锋队”，“战后经营满洲唯一的妙诀，在于表面伪装经营铁路，背地实行各种设施……”①“满铁”通过下设的各分支机构，对我国进行经济掠夺，政治扩张，文化渗透，并配合侵华日军进行了大量的罪恶活动。

① 姜念东：《伪满洲国史》，吉林人民出版社，1980，第6－7页。

## 一　地质调查机构与对我国经济资源的掠夺

1907年满铁设立之初，就在矿业部下设置地质课；1908年改称矿业课；1910年改组为地质研究所；1918年地质研究所改称矿业部地质课，1919年又改称地质调查所，归兴业部所属，1932年划归计划部所属，1936年划归产业部所属，下设庶务科及一般地质科、矿产地质科、物理探矿科、研究科5科。1937年伪满洲国撤销治外法权，满铁附属地行政权移交伪满洲国，1938年4月满铁地质调查所归属伪满洲国大陆科学院。

地质资源调查对掠夺中国经济资源起到了极其重要的作用。1915年地质调查所承制了《满洲关东州地质图》（比例尺二十万分之一）；1917年承制了《南满洲地质预测图》（比例尺一百万分之一）；1919年至1932年完成了南满洲一带比例尺为四十万分之一的地质图9幅（大连、营口、大孤山、凤凰城、桓仁、奉天、公主岭、吉林、图们江）；直至地质调查所移交伪满洲国为止，关于关东州的地质图完成了41幅（比例尺十万分之一）。

矿产地调查主要是金矿、铁矿及煤矿调查。同时进行的还有矿产调查：包括金矿及沙金地调查12项、铁矿及硫化矿调查20项、燃料矿物及窑业原料矿物调查26项；其他有用矿物调查17项以及一般地质调查11项。

九一八事变以后，日本帝国主义对中国的资源掠夺进一步升级，由暗夺变成了明抢，满铁地质调查空前活跃，地质调查所协助日本关东军进行了吉、黑两省砂金地探矿计划及现地调查、国防资源调查、热河资源调查、兵要给水调查、支那驻屯军乙嘱托班调查、北满湿地调查等。据统计，进行矿产地调查一共三千数百处所，采集矿物标本110000件，形成2300份调查报告书（其中地质调查所所员所写的报告1960份）出版支那矿业时报等定期及不定期刊物18种。

地质调查所的资源调查，为日本帝国主义掠夺中国东北资源奠定了基础，为满铁分阶段的“开发”掠夺提供了第一手资料。

资源调查的目的是为了“开发”，而“开发”的目的是为了掠夺。对于资源匮乏的日本，发展经济和扩大侵略都要解决资源问题。遵循调查—研发—生产—输往日本的模式，中国东北的大批煤炭、钢铁、农林产品被源源不断掠往日本。

### （一）抚顺煤矿成为日本帝国主义疯狂掠夺中国能源的机器

1907年4月1日满铁从野战铁道提理部接收了抚顺煤矿，从此抚顺煤矿就成为日本帝国主义疯狂掠夺中国能源的机器，为满铁带来仅次于铁路运输、占满铁利润总额30%的尚额利润，所以在满铁的历次机构改组中，不论隶属关系如何变化，抚顺煤矿都作为满铁的三大支柱（交通、调查、工矿）之一而备受青睐。

抚顺煤矿从最初的庶务、会计、用度、坑务、机械、营缮、运炭等7课逐渐增至1945年满铁垮台时的3部5局及其下属40多个单位。九一八事变前抚顺煤矿所属各矿大致如下：千金寨矿、杨柏堡矿、老虎台矿、大山矿、东乡矿、烟台采炭所、古城子第一露天掘（矿井）、万达屋矿、龙凤矿、古城子第二露天掘（矿井）、新屯矿、搭连矿、东同露天掘（矿井）、杨柏堡露天掘（矿井）等；九一八事变以后增加了蛟河采炭所、瓦房店矿、老头沟矿和西露天掘（矿井）事务所、东露天掘（矿井）建设事务所。

抚顺煤矿除了经营煤矿及相关产业外，还经营许多其他产业。

机械制作所成立于1908年，1940年扩建，从事煤矿所属诸机械及电气机车、客车、货车的制作及维修；发电所成立于1908年，几经扩建而被称为“东洋第二”发电所，所发电力供抚顺煤矿各采煤所、各工厂、轻金属会社及市街一般用电，除供应抚顺外，还向满洲电业会社变电所送电；化学工业所1937年设立，其下属的蒙德煤气厂是利用劣质煤生产煤气、煤焦油、硫铵、杂酚油（用作枕木、坑木等防腐剂），硫酸工厂生产硫酸、浓硫酸，焦炭工厂生产焦炭、硫胺、苯、焦炭焦油等，氢氧工厂生产氢气和氧气；制铁工厂1938年建成开始生产，利用转炉生产低温海绵铁（电炉用优质高级钢的原料）；火药制造所1918年开始生产黑色火药，用于抚顺煤矿采掘煤炭和油页岩；研究所1925年设立，从事煤、油页岩、燃料油及与采煤制油有关的研究，对煤矿产品及进口产品进行分析。

制油厂（油页岩工业）1929年竣工，1930年开始生产。抚顺煤矿煤层的顶端有储量55亿吨的油页岩矿层，若按含油量5.5%计算，可得石油3亿吨，正如满铁理事赤羽克己所说：“这一数量相当于美国石油储藏量15亿吨的1/5，足供我国加上海军年需100万吨的300年之用。”① 抚顺的油页岩含油量低，但由于此矿层位于煤层之上，是露天采煤必须剥离清除的部分，加之炼油干馏残渣可用作矿井采煤的充填材料，节省了采河沙、山沙的费用，所以抚顺煤矿东、西各建一个炼油厂，生产原料粗油、重油、柴油、粗蜡、回收硫铵。

1934年满铁应日本海军的要求，设立煤炭液化企业委员会，1936年经当时的日本政府许可，设临时煤炭液化工厂建设事务所，着手工厂的建设。1939年正式生产，采用满铁式煤炭液化法，生产优质航空汽油，主要供应日本海军和陆军。

还有工事事务所、运输事务所、电灯、煤气、水道及林业等。

抚顺煤矿煤层厚、煤质好，埋藏量约10亿吨。这对于能源奇缺的日本，无疑是掠夺的最好对象。大连港煤炭输往日本的数量大约占输出总量的50%，而在日本煤炭进口总量中60%－70%为抚顺煤炭，再加上后来研制的人造石油（液化煤），抚顺煤矿已

---

① 解学诗：《满铁史资料：第4卷》（第3分册），中华书局，1979，第817页。

经成为日本当时重要的能源基地。

九一八事变以后，日本开始对东北进行殖民统治，便加紧修筑铁路，发展军事工业，增加对日出口等，抚顺煤需求量猛增，1936年抚顺煤矿系统总产量为1025.1万吨，过千万吨大关。七七事变之后，随着侵华战争的扩大，作为“战时产业的主要原动力”“满洲产业的核心”的抚顺煤矿，在煤产量供不应求的情况下进行了不顾工人死活的掠夺式开采。劳动条件恶化，事故频发，工人伤亡数大幅度上升。

超出当时生产能力的破坏性开采所带来的后果：一是破坏煤田结构，造成资源枯竭，丧失可持续发展的基础；二是生产失去安全性，工人的生命毫无保障。据统计，满铁抚顺煤矿在它存在的40年间，从抚顺煤田采煤达2亿吨，中国工人的死亡人数约1万人，伤残人数约为死亡人数的30倍，即每开采2万吨煤便有1名中国工人失去生命、30名中国工人伤残。

### （二）鞍山制铁所成为日本制造军需品的主要原料基地

1909年满铁发现鞍山铁矿，1918年设鞍山制铁所，归矿业部所属；1919年归兴业部所属；1923年归总裁直属；1930年改为制铁部；1931年恢复为鞍山制铁所，设庶务课、采矿课、制造课、工作课、选铁工场、铣铁工场、化学工场、动力水道工场、工作工场、工事事务所等；1933年5月脱离满铁，作为满铁的实缴资本，原设备及厂址原封不动，成为满铁全额投资的子公司——昭和制钢所。

鞍山制铁所1919年4月“一号高炉点火”正式投产，当年生产生铁31620吨，但好景不长，由于1920年战后经济危机爆发，日本生铁价格由541元/吨降至65元/吨，下跌8.3倍，加之鞍山一带铁矿埋藏量虽大，但绝大部分是含铁40%以下的贫矿，产品成本高，鞍山制铁所曾一度亏损严重，后来由于梅根常三郎等研发的“贫矿处理法”获得成功，生铁成本大幅度降低，由1920年的91.19日元/吨，降至1928年的28.52日元/吨；并从1927年起获得日本政府补贴，经营状况好转。1930年生铁年产量达到28万吨，成为仅次于日本国内八幡制铁所的日资钢铁企业。1931年，中国东北输往日本的生铁达24万吨，其中鞍山生铁为22万吨；在日本的生铁进口总量中，鞍山生铁已占50%以上。

1933年6月，昭和制钢所宣告开业，生产国防工业所必须的钢铁材料，并确立了年产钢坯20万吨、钢材13.3万吨、生铁7.96万吨的目标。正如昭和制钢所所长伍堂卓雄所供认的，“从国防的见地来说应该考虑到一旦有事时的铁矿资源问题”，“在这种场合下，无须赘言，鞍山铁矿使命重大”，“况且考虑到满洲及其接壤地区突然发生事变时，制造军需品主要原料的钢铁，在当地生产是如何重要，这是无须多说的”[①]。在

① 苏崇民：《满铁史》，中华书局，1990，第658-659页。

日本侵华、称霸亚洲的过程中，中国东北已经被确立为军需工业的基础工业基地。

### （三）通过开设农事试验场疯狂掠夺我国东北的主要农产品

农业是东北经济的基础，而东北特产大豆则是经济发展的主要支柱，也是铁路运输和港口收入的主要吞吐货物。满铁于1913年4月在怀德县公主岭铁道附属地（现吉林省公主岭市）设产业试验场总场，下设育种、农艺化学、病理昆虫、畜产4科。占地211.53公顷，从事主要农作物及畜产的改良、增产试验。同时在奉天省（现辽宁省）盖平县熊岳城铁道附属地设分场，下设园艺、养蚕、种艺、林产4科。从事水稻、林业、果树的试验，生产优良果树苗和稻种，占地69.59公顷。1918年1月产业试验场改称农事试验场，公主岭总场主要是改良大豆、小麦、高粱、旱稻、甜菜等农作物和生产用于推广的大豆良种，也对猪、羊、牛、马、鸡等家畜家禽进行改良试验；从事农业经营试验、满鲜人农家经济调查、满洲农业地理调查及其他试验调查。熊岳分场主要致力于水稻、果树及林业的试验研究并生产优良果树苗和稻种。

除此之外，满铁还在辽阳、凤凰城、钱家店、洮南、海伦、敦化、海龙开设试作场，进行农作物的试验和农事调查。

满铁除在农事试验场进行大豆改良试验外，还在“满铁中央试验所”进行大豆的工业利用研究：工业原料用脱脂大豆制造的研究、大豆蛋白的制造及加二的研究、大豆油及其他油类的加工研究、大豆特殊成分利用研究等，其研究成果转让相应子公司，目的是更加疯狂地掠夺。表1、表2是1908－1941年输往日本等地的大豆、豆饼统计概表，其疯狂程度由此可见一斑。

**表1　大连港输出大豆发送地别统计概表**

单位：千吨

| 年度 | 向日本输出大豆 | 向中国内地输出大豆 | 向其他国家输出大豆 | 输出大豆合计 | 向日本输出百分比/% |
|---|---|---|---|---|---|
| 1908 | 122 | 89 | 49 | 260 | 47 |
| 1913 | 86 | 38 | 7 | 131 | 66 |
| 1919 | 362 | 20 | 184 | 566 | 64 |
| 1929 | 507 | 257 | 1396 | 2160 | 23 |
| 1939 | 486 | 24 | 318 | 828 | 59 |
| 1940 | 474 | 17 | 8 | 499 | 95 |
| 1941 | 270 | 3 | 1 | 274 | 99 |

注：根据南满洲铁道株式会社：《昭和十六年度统计年报》，第257页表格改制；千位数以下数字四舍五入。

表 2　大连港输出豆饼发送地别统计概表

单位：千吨

| 年度 | 向日本输出豆饼 | 向中国内地输出豆饼 | 向其他国家输出豆饼 | 输出豆饼合计 | 向日本输出百分比/% |
|---|---|---|---|---|---|
| 1908 | 252 | 5 | | 257 | 98 |
| 1913 | 464 | 24 | | 488 | 95 |
| 1919 | 985 | 8 | 2 | 995 | 99 |
| 1929 | 689 | 111 | 88 | 888 | 78 |
| 1939 | 852 | 73 | 16 | 941 | 91 |
| 1940 | 433 | 3 | 9 | 445 | 97 |
| 1941 | 242 | 1 | 25 | 288 | 84 |

注：根据南满洲铁道株式会社：《昭和十六年度统计年报》，第 259 页表格改制；千位数以下数字四舍五入。

## 二　满铁是侵略战争的帮凶

### （一）为侵略战争制造舆论

满铁弘报（宣传）课是 1936 年 10 月机构改组新设的机构，主管情报及宣传，下设庶务、弘报第 1、2 系及情报第 1、2 系等 5 系。主管内外宣传、国际宣传业务以及情报的收集、通报及公开发表等，并且从事情报机构的联络及主管调查机关联合会事务所。

满铁的宣传主要由弘报课担任，特别是九一八事变后，组织派往日本内地的宣传班大肆宣传“满蒙是日本的生命线”，在东京、大阪、北海道等 48 个城市巡回讲演、放映事变纪录片，进行法西斯战争宣传。

弘报课出版有《满蒙の产业》《满洲概观》等多种刊物，并发行《英文满蒙年鉴》及其他外文刊物，通过这些刊物进行侵略叫嚣；弘报系（课）还制作《支那の正月》《大连を守れ》等电影 50 多部 100 多集，九一八事变后，配合关东军的侵略、秉承关东军参谋部的旨意，制作了《满蒙破邪行》《本庄将军の凯旋》等约 60 部 200 多集反动电影。其中有声电影《满洲国全貌》还加上英文、法文、德文、意大利文字幕，发往国外，制造侵略有理的反动舆论。到 1936 年末，普通照片总摄影件数超过 2 万件，洗印分发利用达 14 万张①。

1935 年 2 月满铁在总务部内设立东亚课。东亚课是为了适应日本侵华战争的需要，

① 南满洲铁道株式会社：《南满洲铁道株式会社第三次十年史》，南满洲铁道株式会社，1938，第 2448－2454 页。

对华北、华中、华南等中国广大地区进行经济开发（实质是掠夺）、经济协作，联络统制满铁驻中国各地的事务所及驻在所（实质是情报特务机构）而设立的。

东亚课在1935年2月至1937年3月两年多时间，处理了“关于陇海铁道机车之件”等40件“保密事项”[①]，为日本侵略者大举进犯华北以至全中国立下汗马功劳。

### （二）侵略战争升级的后勤保障机构

九一八事变后，满铁积极协助日本关东军侵略中国东北，不仅派遣满铁社员帮助关东军建立线区司令部，提供军运、军需，还在满铁社内（四平街、长春、洮南、营口、哈尔滨）设置临时机构——时局事务所，负责关东军与满铁之间的联络、军列及军需品的准备、军列的运转计划等。并于1933年2月在奉天铁道事务所所长室设临时时局事务所作为综合机构统制军事运输。

自九一八事变至1932年3月，满铁配合关东军组织军用列车运行4056次，平均每月达676次，平均每天22次之多；运送军需品197980吨，平均每天运送1000多吨。而在九一八事变时满铁派遣的铁路职工1931年为7676人，1932年为8803人。在南满铁路运行的军用客车里程超过34万公里，军运货车里程达157万多公里。关东军所有参战的兵员、军事辎重几乎均由满铁运输。从九一八事变爆发至1932年3月的6个月里，满铁用于有关军运的费用就多达319.3万日元[②]。

1937年8月满铁配合关东军将原来的天津事务所改为北支事务局（后为华北交通株式会社），为占领华北提供军需军运。

可以说满铁哺育了日本关东军，这是无可争议的事实，九一八事变若没有满铁的参与与支持，日本关东军就不可能只用4个月零18天占领东北全境。连日本关东军司令官本庄繁在1932年8月致满铁的感谢信中也承认：“能够如此随心所欲地东西转战，全靠铁道，即全靠担当军事运输的满铁社员各位的献身与努力。”[③]

## 三　满铁机构通过多种形式对我国进行文化渗透

满铁的文化渗透涉及文教、卫生、新闻、出版、科技、文体各个方面。满铁的各种文化侵略机构及设施集中在关东州（大连、旅顺）和铁道附属地，通过教育、新闻、出版等机构，利用讲演、放映影片、报纸、图书资料等舆论工具，无孔不入地向中国

---

① 南满洲铁道株式会社：《南满洲铁道株式会社第三次十年史》，南满洲铁道株式会社，1938，第2449－2431页。

② 南满洲铁道株式会社总务部资料课：《满洲事变と满铁》，南满洲铁道株式会社，1934，第541－542页。

③ 苏崇民：《满铁史》，中华书局，1990，第438页。

人宣扬日本的殖民主义思想，进行奴化教育，其目的是造就对侵略者俯首帖耳、顶礼膜拜的汉奸、奴才。满铁的文化侵略机构中需要特殊提及的是满铁的图书馆。

满铁开始营业不久，就调任满铁理事、东京帝国大学教授同松参太郎筹建满铁图书馆，并于1907年11月制定了图书管理规程，归调查课图书系主管。由于文献资料利用率的不断提高，图书馆远远满足不了调查部业务的需要，日本政府决定："要在满铁附属下，建设一个东亚一流的，具有现代美的理想图书馆。"1912年10月在现在大连世纪街原满铁本社对面兴建图书馆。1914年1月至1927年12月新馆舍分三期修建。1918年1月满铁业务分工规程改革，图书馆独立，命名为"南满洲铁道株式会社图书馆"。1922年6月改名为"南满洲铁道株式会社大连图书馆"（现在的大连图书馆）归地方部所属。1919年9月第二期工程竣工，正式对外开放。

大连满铁图书馆是收集普通图书和官方档案、军事机密资料的综合图书馆，为满铁提供业务参考。大连满铁图书馆藏书丰富、别具特色，"想读的书，图书馆里应有尽有……"。经过近40年的经营，通过购买、转抄、没收、巧取豪夺等手段，不断扩充其馆藏，到1945年日本投降，大连满铁图书馆藏书达40万册，形成了专题性、地方性的文献体系，为日本帝国主义了解、侵略中国提供了详尽的情报信息资料。图书馆还配合日本帝国主义各阶段的侵略步骤，举行各种学术活动，对中国人民实施文化奴役和渗透。

此外还有奉天图书馆、哈尔滨图书馆。奉天图书馆以收集交通、工业、中国各地的地方志等方面的文献资料为主，是满铁的"交通工学、工业社业图书馆"，1936年末，藏书76841册；哈尔滨图书馆归哈尔滨铁道局所属，重点收集有关满蒙的俄文文献资料以及与苏联政治、经济、军事相关的文献资料，特别是关于远东地区的文献，是满铁的"北满及苏联关系图书馆"。满铁还在铁路沿线瓦房店、大石桥等地建立图书馆，据1936年底统计，共计24所。还在承德、图们、黑河等边远地区设置10个流动区、147个阅览点①，形成了纵横交错的情报文献信息网络。

满铁图书馆收藏的大量书刊资料，是日本帝国主义侵略中国的铁证，也是研究当时中国、日本以及东北亚历史的巨大资料库和教育子孙后代的重要文献信息资源。

原载《北京交通大学学报》（社会科学版）2009年第1期

---

① 南满洲铁道株式会社：《南满洲铁道株式会社第三次十年史》，南满洲铁道株式会社，1938，第2190－2191页。

# 从“治理”台湾到“经营”满铁

## ——儿玉源太郎与后藤新平的祸华事实

许　勇

19世纪末20世纪初，无论在日本，还是在中国，儿玉源太郎与后藤新平这两个名字可谓如雷贯耳。即便是今天的日本，仍有不少人为他们歌功颂德，为他们树碑立传，两人俨然成了大和民族的千古“英雄”。许多人甚至把近现代台湾的经济腾飞和中国东北地区铁路等基础设施的完善，生拉硬扯地与日本人的“治理”和“经营”相联系，进而往这两位殖民统治者的脸上贴金。儿玉源太郎与后藤新平到底是什么人？在台湾、满铁，他们到底干了些什么？两个人到底是何种关系？本文试图通过不容辩驳的史实，揭示并剖析儿玉源太郎与后藤新平这一对文武搭档沆瀣一气侵华、祸华的罪恶行径。

## 一　从台湾总督到满铁设立委员长

儿玉源太郎［こだまげんじろう（KODAMAGENZIROU，1852～1906）］，山口县德山市人，1880年任东京镇台佐仓步兵第二联队长，同年晋级中佐，1883年升为大佐。1885年任参谋本部管东局（即后来的第一局）局长，翌年任第一局长兼临时陆军制度审查委员长、陆军大学干事。1887年任陆军大学校长。同年至1892年，任监军部参谋长，1889年晋升少将。1891年赴欧洲考察，次年回国后被任命为陆军次官兼军务局长。日中甲午战争时，任大本营留守参谋长，实行战略指导。1895年因侵华“有功”被封为男爵。1896年升为中将，1898年任名古屋第三师团长，同年被任命为第四任台湾总督，又因镇压中国台湾人民“有功”，封子爵。1900年兼任陆军大臣，1902年推荐寺内正毅中将接任陆相。1903年兼任内务大臣、文部大臣，同年辞去内相，接替死亡的田村怡与造，出任参谋次长。日俄战争中，作为满洲军总参谋长指挥作战，1904年晋升大将。战后（1906）任参谋总长，在西园寺公望执政的1906年，他以参谋总长身份兼任日本政府“满洲经济委员会”委员长，主持日本侵略中国东北政策的制定，旋任“满铁设立委员会”委员长，1907年被追封伯爵。

### （一）儿玉源太郎与日本对台湾的血腥统治

儿玉源太郎，1898 年开始担任台湾总督，任期长达 8 年。作为第四任日本的台湾总督，儿玉源太郎与前三任相同的是皆为军人出身，不同的是他怀柔讨伐、恩威并用，杀戮攻心双管齐下。当时的台湾虽已被日本实行军事占领和殖民统治多年，但台湾广大民众（包括汉族移民和当地少数民族）对日本占领者的反抗始终没有停止。日本在占领台湾的初期，曾对山地的少数民族实施所谓的“怀柔政策”，譬如经常召集少数民族领袖及民众，给予粮酒，施以布帛，甚至给予土地并教其耕种。可是广大少数民族人民并不领情，山民反抗日本占领者的事件仍时有发生，这说明日本殖民当局低估了台湾少数民族热爱祖国、反抗侵略的热忱，高估了岛内的所谓“番汉矛盾”。显然，昔日的“怀柔政策”已非灵丹妙药并濒于破产。

在此情况下，新任总督儿玉源太郎在 1898 年 2 月，对所谓“理番”政策进行了重大调整，即由政治“怀柔”改为军事“讨伐”。儿玉源太郎认为：“新领土”急待开发，再不容许持用这种缓慢的姑息手段，而必须锐意速进，根绝这一前途的障碍。可以看出，儿玉源太郎对台湾山地日本的殖民统治尚未巩固、资源迟迟不能开发很不耐烦，因此主张实行严厉的镇压。

日本殖民统治下的宝岛可谓血雨腥风暴政肆虐。由于前期的台湾总督大多由日本军人担任，更使得这些屠夫颐指气使，动辄颁布法律，随意草菅人命。1902 年 3 月，时任总督的儿玉源太郎在向日本帝国议会提出的报告称“以‘匪徒’罪名受处分者，共 5330 余名，其中受死刑宣告而被处死者达 3480 余名”，“被视为‘土匪’而遭杀戮者前后共达一万数千”。

日本帝国主义为巩固其在台湾地区的殖民统治，还竭力推行其“以台治台”政策，保甲制度便是其中之一。时任台湾总督的儿玉源太郎不仅继承其前任的“传统”并“发扬光大”。上任伊始，便炮制发布了第 21 号律令及《保甲条例》，条例规定：台岛居民必须依土地状况或家族关系相互结为保甲，10 户为甲，设甲长一名，10 甲为保，设保正一名。保正和甲长必须经由日本殖民当局确认的“良民”担任。保甲制度还实施了，即所谓的“连坐法”。儿玉源太郎等日本殖民者的用心极其险恶阴损，其目的就是要通过“连坐法”来离间、挑拨台岛民众的睦邻关系，造成各保、甲内的居民相互监视告发，反目为仇，如此这般日本占领者便可“乱中取胜”，浑水摸鱼，稳固其殖民统治了。

### （二）儿玉源太郎与南满洲铁道株式会社

满铁是 20 世纪初日俄战争的直接产物。早在日俄战争期间，时任日本满洲军参谋长的儿玉源太郎，就指使亲信调查英国统治印度的殖民机构——“东印度公司”的情况。他处心积虑地策划，图谋以其占领的中国铁路（主要为俄资中东铁路）对中国进行更广泛和深入的殖民侵略。为此，儿玉源太郎还特别把他任台湾总督时的老搭档——后藤新平（台湾民政长官）拉来中国东北进行“视察”。当儿玉源太郎被任命为满铁设立委员长后，顺理成章地推荐了后藤新平，这个在台湾有统治中国人民经验的殖民主义老手，来担任满铁的第一任总裁。

可以说儿玉源太郎是日本侵华工具和大本营——南满洲铁道株式会社（简称“满铁”）的倡导者和创始人。1906 年 1 月，在西园寺公望内阁下成立了满洲经营委员会，就任委员长的正是时任参谋次长的儿玉源太郎。儿玉源太郎把他亲自授意后藤新平起草的《满铁经营策梗概》提交委员会要求予以研究。儿玉源太郎在其中首先主张：“战后满洲经营之唯一要诀，在于明里装扮成经营铁路，而暗里则建立各种设施。根据这一要诀，租借地内之统治机关与所获得之铁道的经营机关应完全分开。铁道之经营机关必须装扮成与铁道以外毫无政治及军事关系。”①

在《满铁经营策梗概》中，儿玉源太郎还提出了如此设想，即“作为铁道之经营机关，应另设满洲铁道厅作为政府直辖之机关，使之担当铁道之经营、线路之守备、矿山之挖掘、移民之奖励、地方之警务、农工之改良、同俄国及清国之交涉事件并整理军事情报勤务，兼及平时铁道队技术教育之部分工作”②。

1906 年 6 月 7 日，日本政府发布《南满州铁道株式会社设立之件》（敕令第 142 号）。7 月 13 日，任命参谋次长儿玉源太郎为满铁设立委员长。时隔 10 天，即 1906 年 7 月 23 日，委员长宝座未坐热的儿玉源太郎，因脑出血暴死。54 岁的天皇宠臣、“陆将之神”，撇下他“踌躇满志”的满铁“大业”，带着他“孜孜不倦”的扩张“追求”，结束了其穷兵黩武、作恶多端的一生。

## 二　从“殖民地经营家”到满铁第一任总裁

后藤新平［ごとうしんぺい（GOTOUSINPEI，1857 - 1929）］陆奥国（岩手县）人。福岛县须贺川医学校毕业。历任大阪陆军医院医生、爱知县立医院院长兼爱知医学校校长（1880 年），1890 年赴德国留学，回国后历任内务省卫生局局长（1892 年）、陆军检疫所长（1895 年）、台湾总督府民政长官（1898 年）、贵族院议员（1903 年）、满铁总裁（1906 年）、第二次桂（太郎）内阁递信大臣、铁道院总裁、拓殖局副总裁（1908 年）、第三次桂内阁递信大臣（1912 年）、寺内（正毅）阁内务大臣，外务大臣（1916 年）、东京市长（1920 年）、第二次山本（权兵卫）内阁内务大臣、帝都复兴院

① 鹤见佑輔：《后藤新平第 2 卷》，东京：劲草书屋，1965，第 651 页。

② 鹤见佑輔：《后藤新平第 2 卷》，东京：劲草书屋，1965，第 651 - 652 页。

总裁（1923 年），1928 年成为伯爵。

### （一）“后藤独裁”时期与台湾的鸦片专卖制度

1895 年，日本占领下的台湾正面临着两大难题：一是台湾人民的反抗日本殖民统治的武装斗争，二是日益严重的财政危机。同年 9 月，后藤新平出任内务省卫生局长。一上任后藤便命台湾总督府的民政局员鹰崎与渡边调查台湾鸦片问题，调查共分 28 个子目且极为详尽，后藤新平以此为素材草拟了《关于台湾岛鸦片制度之意见》，并提交给了内务大臣野村清。在意见书中，后藤新平反对非禁论，也不主张严禁，他提出所谓的“渐禁论”，即“鸦片可仿国内现行专卖制度，统归政府专卖，并可纳入卫生警察施行体制。鸦片的买卖，可于台湾岛设置鸦片特许药辅，除药用鸦片之外，不准买卖。对鸦片中瘾者，由政府特许，向药铺购买”。

后藤新平以一纸《关于台湾岛鸦片制度之意见》与台湾结缘，他“以毒攻毒”的“深谋远虑”也恰与日本政府的思路不谋而合。于是，1898 年 3 月，后藤新平由内务行政长官改任台湾总督府民政局长，6 月起改名为民政长官，真正成为日后台湾鸦片政策的一线执导者。

为了改善台湾的财政情况，后藤新平推行了食盐、烟草、樟脑及鸦片等专卖制度。后藤新平打着“尊重当地传统习惯”的幌子（日本国内禁止鸦片买卖），对当地人吸食鸦片采取了“渐禁”的纵容政策，使鸦片专卖成为台湾总督府的一大财政进项。

后藤新平明禁实纵的鸦片政策，宛如一张毒网罩住台湾人民。一边是台湾同胞被鸦片害得家破人亡，尸骨累累；一边是日本殖民统治者靠“渐禁”日进斗金，财源滚滚。据统计，1901 年，台湾的鸦片专卖收入已达到 425 万日元，这已占总督府年总收入的 42%。由此，日本政府得以免除了 7 个年度的对台财政拨款，这些都从财政上间接支持了正在策划的日俄战争。

从 1898 年至 1906 年这八年，人称是台湾的“后藤独裁”时期。这期间，作为民政长官的后藤新平在总督儿玉源太郎的纵容和支持下，大权独揽，发号施令，把台湾搞成了个连日本政府都难以干涉的独立王国，难怪台湾民间送其绰号——“土皇帝”。

### （二）后藤新平与南满洲铁道株式会社

1903 年，后藤新平被日本天皇颁旨选任为贵族院议员。1904 年，儿玉源太郎在兼任台湾总督的情况下，作为满洲军总参谋长前往战场。1905 年 9 月，后藤新平于其满洲及韩国旅行途中，曾在奉天的满洲军总参谋部拜会老上司儿玉源太郎并共同探讨了满洲之未来，儿玉源太郎对后藤新平所坦陈的战后满洲之经营策略大为赞同。因此，当后来遴选满铁第一任总裁时，儿玉源太郎顺理成章地推荐了仍留在台湾任民政长官的“爱将”——后藤新平。

1906年11月26日，在东京基督教青年会馆召开了满铁成立大会，后藤新平正式就任满铁第一任总裁，兼任关东都督府的行政顾问。后藤新平是满铁笋一任总裁，任期是1906年11月至1908年7月。

后藤新平当上满铁总裁后，大力提倡“新旧大陆对抗论”，主张日本要联合俄国，将南满铁路、东清铁路与西伯利亚铁路连成一片，形成欧亚两洲大交通网，以此对抗美国的铁路资本要进入中国东北地区的威胁。

后藤新平一生注重情报调查。在台湾时就搞过“台湾旧惯调查”，对台湾历史与现状了解很深刻。后藤新平出任满铁总裁后不出几日，便在大连满铁本部成立了调查课，不久改称满铁调查部。同时在满铁东京支社建立了东亚经济调查局。后藤新平要求调查人员必须信奉他一手炮制的“文装的武备论”。所谓“文装的武备”，乃是“以文事之设施以备他人之侵略，一旦有缓急之事俾便帮助武断之行动”。①

1908年7月14日，后藤新平辞去满铁总裁一职。此前，他已被任命为第二次桂内阁的递信（邮电）大臣兼铁道院（相当于铁道部）总裁。人虽离开了，但对满铁的监督权却被后藤新平带到了递信省。尽管副总裁中村是公被扶正，理事国泽新兵卫升任副总裁。满铁的大政方针始终要由后藤新平来定夺，这种情况一直持续到中村是公离任为止。

## 三　儿玉源太郎与后藤新平的关系

中日甲午战争期间，后藤新平曾任职于临时陆军检疫部，深受时任该部部长的儿玉源太郎的器重。因此，当1898年1月儿玉源太郎就任台湾总督伊始，便提拔后藤新平为麾下的总督府民政局局长（后为民政长官）。此后在长达9年的任职期间内，后藤新平追随儿玉源太郎，为巩固日本在台湾的殖民统治，出谋划策广施恶行。诸如，改革警察制度与引进保甲制度、建立公债基金、实施土地调查、镇压与招抚等几乎所有政策法规及行动的制定与实施，无不与后藤新平这个名字脱得了干系。

在日本，儿玉源太郎与后藤新平都是鼎鼎有名的人物。打开日文的搜索网站，输入两个人的名字，会出现不少相关的纪念网站、网页及文章，大多是正面吹捧和歌功颂德的。在日本人的心目中，他们或是战功卓著的帝国将领，或是业绩显赫的政坛显要。

儿玉源太郎与后藤新平，两人一武一文，年龄相差七岁，彼此的家庭背景与教育经历反差甚大。但自从甲午战争期间相识后，两个人相见恨晚互为知己，并逐渐演变成政治上的盟友和搭档。儿玉源太郎身为长州派首领，在日本陆军的位置举足轻重不

① 后藤新平：《日本殖民政策一斑》，东京：日本评论社，1944，第78页。

可撼动。无论是甲午战争时坐镇后方，台湾独裁期血腥镇压，还是日俄厮杀中统帅前线，满铁筹建谋划“蓝图”，儿玉源太郎的“事业”轴心始终没有离开过中国，由于侵华“有功”，他得以步步高升，加官晋爵。尽管他担任满铁设立委员长时间不长便一命呜呼，但他对满铁的发号施令则影响深远，并通过他的代言人后藤新平得以继承延续。满铁设立之初，儿玉源太郎便指出：“南满铁路是我大陆政策的生命线，必须慎重经营。应当在大伞似的组织下边综合经营各种事业”，确立了满铁今后侵略和经营的主基调。难怪日本帝国主义者将儿玉源太郎和小村寿太郎推崇为满铁的“两大恶人”，并为他树碑立传甚至命名公园了。

后藤新平原是医科出身，救死扶伤本应成为他的人生选择。但他却倒行逆施把手术刀变成了屠刀，最终成为草菅人命的刽子手和老谋深算的政治流氓。后藤新平政治生涯的转折可追溯到甲午战争结束之际与儿玉源太郎的结识，此后在儿玉源太郎的提携下，后藤新平平步青云，一路顺风，先后成为日本统治台湾的“土皇帝”，南满洲铁道株式会社的开山鼻祖，多任内阁的重臣。后藤新平与他的“良师益友”儿玉源太郎从台湾总督府直至满铁初建，长期合作，配合默契，共同联手成就了许多帝国的“大业”。

后藤新平是日本帝国主义殖民政策的炮制者和鼓吹者，被日本军国主义吹捧为“殖民政策的先驱”。他不仅是侵略中国的实践者，更是“理论家”，他的许多诸如“文装武备”“举王道之旗，行霸道之术”等侵略谬论流传甚广，毒害至深。

日本投降暨满铁解体至今已过去64年，儿玉源太郎和后藤新平这两位殖民者也早已灰飞烟灭化为尘土。但在日本，他们的后代乃至国人还知晓并纪念着这些大和民族的“先驱”和“精英”。而曾经被这些强盗和吸血鬼蚕食过的国度、践踏过的疆土、蹂躏过的人民，却有些淡忘昨天发生的噩梦了。在台湾，甚至有些人数典忘祖，厚颜无耻地称自己是日本人，并不时美化日本对台湾的殖民统治，这不能不说是一种民族的悲哀。撰写此文的目的，就是要用铁的事实，还历史以本来面目，以史为鉴。

原载《世纪桥》2009年第11期

# 昭和二年“满铁”对美社债发行探微

郭循春

“满铁”是日本在中国东北进行侵略的特殊机构，但它同时也是日本在国际范围内，从经济和情报的方向上推行自己一系列对外方针的一个重要据点，以“满铁”经营为名义的特殊活动因而也就成为观察当时日本对外政策的一个窗口。

## 一　1927年“满铁”对美社债发行活动的经过

1927年10月3日，摩根集团的代表托马斯·莱蒙托到达日本，并受到了日本财界和实业界的热烈欢迎。莱蒙托到日本的最初目的是考察日本在大地震以及金融危机之后的产业复兴状况，但是，在滞日期间，对日本方面而言，莱蒙托所做的最重要的事却是通过同三井的团琢磨和日银的井上准之助之间的交涉，大体上确定了“满铁”在美国发行社债的计划。同一时期，“满铁”社长山本条太郎正在北京和张作霖进行“满蒙”五条铁路线修建权益的协商，因此并没有直接参与同莱蒙托的商谈，而是写信给莱蒙托，表明了“满铁”希望在美国发行社债的原因。

山本条太郎在信中表述了日本与“满蒙”之间的特殊关系以及“满蒙”资源对于日本的重要性，而开发“满蒙”资源的关键是铺设“满蒙铁路网”，但是中国方面无力完成该铁路网的建设，因而，日本希望能够对之给予援助。最后，为了讨好美国方面，山本强调了日本在“满蒙”对“门户开放”政策的遵守：

“日本从来没有排斥其他国家资本以自己独自力量来实行满蒙铁路建设的意思，而是一直欢迎各关系国的投资，且日本一向支持机会均等的方针，绝不会阻碍列国在中国的工商业活动，这一点希望足下了解。本次的政友会内阁和满铁总裁对此绝无变更之意，希望在此表明我们愿意协力合作的意图。

另一点希望足下了解的是，这样的投资方法对欧美投资者有利无害。之前也有投资者同中国政府直接缔结贷款合同，但是那些合同根本就没有严格有力的担保，毕竟，在中国的现状下，想要有担保也不容易。如果欧美的投资者做满铁社债的直接购买者，做中国铁路建设的间接投资人，则能够获得满铁全责的债务偿还保障以及日本政府的双重责任担保，从单纯的商业的角度来看，是不会有任何利益损害的。

中国在其现状之下，依然对投资者有麻烦而严格的投资条件要求，且投资者根本无法获得铁路的相关管理权以及其他利益，即便以最近的借款团之合力，也无法对之有所期望。而过去几年，满铁对中国铁路建设的投资是纯粹的资金供给行为，只满足于通过利息差来获得的利益以及通过开发满蒙获得的国家利益。对这一点，希望足下了解。”①

从山本条太郎的信中，我们可以知道“满铁”要在美国发行社债，而表达给美国方面的理由是“满铁”要帮助中国开发“满蒙”，同时使日本获得国家发展的利益，为了能够帮助欧美的投资者在这块肥沃的土地上分享“满铁”正在收获的利益，并表明自己代表的日本政府没有妨害列强在中国进行投资建设的意图，“满铁”方面愿意做欧美投资的中间人，仅以获得利息差为满足，在美国发行社债。简单地看山本的信，确实传达了这样的信息，但是“满铁”作为日本政府在中国的特殊机构，怎么可能抱有如此单纯而善良的目的？关于“满铁”预备在美发行社债的动机将在后文进一步讨论，下面介绍的是事件后来的发展。

莱蒙托在10月19日离开日本返回美国，并商定返回美国后将在获得美国政府认可的基础上，同日本方面就社债的具体问题再进行更深入的交涉。

莱蒙托回国之后不久就前往美国政府商谈了此事，但是发行“满铁”社债的消息很快就被中国以及美国的媒体报道了出来，当时美国杂志《商业杂志》还在10月31日对这一消息进行了评论，批评了此次社债发行案，说：“这次社债发行如果成立的话就会成为远东政治经济方面极其重大的事件，日本的两大问题分别是移民和产业立国的问题，近年来日本倾注了更多的力量在后者身上。其目的就是获得更多的原料供给地和产品市场，而满洲正是日本最大的原料供给地。但是日本苦于开发满洲的资金不足，特别是经历了战后的经济低迷以及大地震的打击之后，这种情况更加严重。这次实际可以称为融资或者借款的社债发行其实同大正12年东拓在政府保证下的资金请求一样，都是为了扩大日本在满洲的利益，巩固其在满洲更广泛的租借权力。”②

受这类报道的影响而害怕此次社债发行会流产的莱蒙托于11月3日给井上准之助发电报说，“此次社债交涉，已经引起了中国各方面的频频抗议，同时也引起了美国国内各种团体的抗议，因为这些团体担心此次社债募集会引起国际关系的恶化，面对这些声音，最好的方法就是无论社债发行协商的结果怎样，都对之保持沉默”③。而11月22日田中义一在给驻中国大使芳泽谦吉的电报中提到关于此次社债发行的利息及偿还

① 日本外务省编：《日本外交文书》，昭和期第一部第一卷，1927，第335页。

② 日本外务省编：《日本外交文书》，昭和期第一部第一卷，1927，第334页。

③ 日本外务省编：《日本外交文书》，昭和期第一部第一卷，1927，第337页。

方法时，告知芳泽绝对要保持这次社债事件的机密性。[①] 由此可见，日本方面是接受了莱蒙托的建议的。

其后的11月10日及11月14日，莱蒙托两次发电报给井上准之助表示歉意，因为对此次社债发行的确切消息一再延期通知对方，由此大致可以推断，莱蒙托在此之前，已经同美国国务院方面进行了相关交涉，因而一直在等待消息。

又经过同纽约相关投资者的协商后，莱蒙托于11月17日和国家城市银行的米歇尔就此次社债发行问题同美国国务卿凯洛格以及远东局长约翰逊进行了会谈，目的就是希望获得国务院关于这个问题的确切态度，但是会谈的结果依然没有立刻让莱蒙托感到满意，或者说凯洛格依然没有给予莱蒙托肯定的答复，因为在其后的11月22日发行的《商业杂志》上有评论称：国务院还没有对此次社债发行给予确定的态度，但是有一点可以肯定，就是如果要国务院承认此次社债发行，日本必须承诺严格遵守“门户开放政策”，平等对待各国在满洲的客货运输。

就在莱蒙托同国务院进行交涉的前后，美国驻奉天领事发给国务院电报称日本人干涉美国钢铁公司在“满洲”的用于中国铁路建设的铁轨材料运输，这就给莱蒙托的交涉又增加了一层消极因素，但是根据莱蒙托后来的谈话内容，是国家城市银行针对这则消息进行了调查，并证明此消息是谣言，这才使得交涉能够继续下去，而井上本人11月29日才给莱蒙托发送了关于澄清此则消息的电报。

11月22日，莱蒙托发电报给井上，称“明日很重要，估计一直以来的希望能够得到满足了”。毕竟莱蒙托的消息要比媒体早，因为上文提到《商业杂志》在22日还在评论说国务院尚未表达最后的态度。

经过内部讨论，11月25日，国务院终于在口头上公开表示，国务院没有理由反对此次社债发行。那么，美国国务院的态度为什么会从游移不定转变为“不反对”？根据莱蒙托在11月23日发给井上准之助的电报以及莱蒙托同正金银行纽约分店长的谈话，我们可以有所了解。莱蒙托在给井上的电报中说：

“事态如今已经明了了，私人银行家终于大体取得了国务院对于其计划中的接受外国债券一事的谅解，几年前国家城市银行和兴业银行曾经试图联合发行满铁社债，但是国务院对之表示了种种反对。上周我去华盛顿交涉的时候说，日本已经完全从山东撤兵了，日本政府对中国的政策已经有了显著的妥协，如今的情况已经和过去不一样了。华盛顿虽然承认了这样的事实，但是因为之前跟您说过的一些流言在市场上弥漫开来，所以在华府内部出现了一些不同意见。不过对我而言，已经取得了您先期做过的保障，该保障说日本政府委托您传达日本不会干涉美国在满洲相关活动。我将之转达给国务卿，正是因为这个保障的存在，国务卿才改变了他对此次社债发行表示反对

① 日本外务省编：《日本外交文书》，昭和期第一部第一卷，1927，第339页。

的态度。”①

11 月 23 日同正金银行纽约分店长的谈话中，莱蒙托大致表达了相同的意思。

虽然国务院表示了对此次社债发行案的“不反对”态度，但是美国媒体则对之进行了攻击。各报纸 11 月 25 日刊载了国务院的“不反对”态度的同时，也刊载了来自中国种种反对声音以及中国驻美公使对国务院态度的反对宗旨。28 日的《巴尔的摩太阳报》发表评论称“壮大满铁就等于强化日本在满洲的统治”，26 日的《世界》称“此借款的投资方向是满洲，满洲在东亚政局上是极其危险的地方”；28 日的《布鲁斯科林日报》说“即便是从纯粹商业的角度来看，此借款危险也很大”。除了媒体，议会方面也对此次社债发行案有种种质问。考虑到美国社会以往针对类似商业案的态度，就更能看到此次反对形势的严峻：一战之后，因为美国债务情况复杂，为了保护美国的经济安定，国务院在没有宪法依据的前提下，要求银行家在接受外债的发行之前，先取得国务院的同意，并在哈定总统时期颁布告令，对之给予正式要求。此事引起了众多反对的声音，因为美国一直奉行经济上的“自由主义”，所以每次有类似事件发生的时候，支持“自由主义”的声音都很大。但是国务院在对这次社债发行表示“不反对”而任之自由的时候，竟然有如此众多反对的声音，不难从中看出美国社会的某些倾向。

美国国务院的态度传到中国之后，以杨宇霆 11 月 29 日的讲话为开端，中国的反对声音一浪高过一浪。杨宇霆在 29 日召开了有美国记者和路透社记者参加的招待会。根据《纽约时代》杂志现地特派员的报道，杨宇霆在招待会上说：“如果摩根对满铁贷款计划实现了，北京政府和人民将会认为那是一种挑衅行为，并肯定美国政府在其中的责任。中国抑制日本在满洲的活动方面已经困难重重，美国不能再为日本提供更多的资金了。我们当然欢迎美国在满洲的直接投资，但是如果摩根贷款成立了，它肯定将会释放出更多的被用于日本政治目的的铁路资金。

很遗憾，日本滥用了美国的信任，因为即便贷款成立了，中国人也不会允许从吉林到朝鲜边界的铁路的建设。华盛顿方面说旧条约给予了日本建造铁路的权力，但是中国方面一直声明的都是那个条约只给予了日本在建设铁路时候的优先资金供给权。其他三个列强都没有看透日本的策略。田中内阁希望的是能够通过对满洲的发展来支持赢得议会选举的活动。”②

随后，日本驻中国大使芳泽谦吉虽然对杨宇霆的言论进行了一一反驳，但是杨宇霆并没有对之进行回应，也许杨认为，其讲话的目的既然已经达到了，就无须做多余的回应了。那么根据之后中国其他方面的反应，我们大致可以知道杨宇霆讲话的目的

① 日本外务省编：《日本外交文书》，昭和期第一部第一卷，1927，第 347 页。

② 日本外务省编：《日本外交文书》，昭和期第一部第一卷，1927，第 342 页。

是什么了。

根据日本驻奉天总领事吉田茂12月7日发给田中的电报可知，12月3日，奉天省议会召开，表达了对此次“满铁”借款的反对，同时，奉天省议会分别致信给黑龙江省议会、美国总统、北京外交部，表达了对日本殖民意图的强烈抗议以及对美国支持日本的惊愕和愤慨。

12月4日，《纽约时代》刊载了伍朝枢发给美国国务卿抗议电报，声称中国南北已经达成一致意见反对此次“满铁”借款。

杨宇霆讲话之后，中国国内反对借款呼声的高涨也许就是杨的目的所在。

而事实上，美国在12月2日已经表现出了转变其原来态度的意向。在12月2日日本驻美国松平大使发给田中的电报中，松平说自己之前同美国国务卿进行了谈话，试探了他对“满铁”借款的新的态度，国务卿承认张作霖方面的反对是事实，但是又说之前同莱蒙托的会谈都是非正式的，也没有做任何正式的声明，而现在还没有到美国明确表明承认与否的态度的时候；12月7日，松平大使再次向田中发电报，说国务院同私人银行家进行协商并大体交换了意见，银行家也已经不再要求国务院表明态度，根据《纽约时代》12月6日的报道，这次社债发行交涉要被无限延期了。而莱蒙托在12月3日发给井上的电报再次印证了美国方面的无限延期方针：

“政府官员明显对来自中国的抗议很担忧，如果我们能够把该计划延期到抗议风暴的低潮时期，将必然有利于改变政府的想法，我们双方的圆滑处理将有利于问题的解决……资本对于市场非常敏感，而投资者难免会受到政府态度的影响，毕竟反对活动有可能引起国际纠纷……我认为最好的方法就是暂时保持沉默，无论最终成功与否，静待媒体和中国方面变得无声无息，事情自然就过去了……纽约国家城市银行、昆洛商会、第一国家银行都支持这样的策略……”①

以莱蒙托为代表的美国私人银行家已经看到了此次社债发行归于失败了，唯有说一些给彼此保留脸面的话来敷衍。而日本方面更了解这一点，虽然1928年山本条太郎同团琢磨还就这一问题进行过两次活动②，但是从“满铁”在1927年12月事情刚一结束就立刻发行了5000万日元的内债这件事来看，“满铁”方面是非常了解事情的结局的，而我们从“满铁”的这种“了解”中，可以看到这次社债发行活动的真实动机和性质。

## 二　关于“满铁”对美社债发行的非商业性

首先通过“满铁”的一些资料来看一下此次借款是不是一次纯粹的商业融资。

① 日本外务省编：《日本外交文书》，昭和期第一部第一卷，1927，第347页。

② 坂本雅子：《财阀与帝国主义——三井物产与中国》，徐曼译，社会科学文献出版社，2011，第257页。

从表 1 可以看出，1920 年代“满铁”一共发行了 20 次社债，其中只有第 19 次社债是被英国银行家接收的，其他都是在日本内地市场由日本银行团承接的，再看历次社债发行时间间隔之短暂，可以推测日本金融市场上并非没有接纳“满铁”社债的空间。而通过莱蒙托在美国发行社债失败之后，1927 年 12 月“满铁”立刻在国内市场上发行了数额为 5000 万日元的第 27 次社债、1928 年 6 月又发行了 3500 万日元的第 28 次社债，所以可以看出，从纯粹商业的角度出发，“满铁”完全没有必要绕着弯子去美国求取资金。再看第 27、28 次社债所募得的资金的用途都是用来偿还以前的社债，而不是用来进行“满蒙”铁路建设，可见“满铁”此次在美国发行社债的目的并非因为急需铁路建设资金。

**表 1　满铁社债一览（1920～1930）**

单位：千日元

| 第几次发行 | 发行年月 | 发行总额 | 利息（%） | 接受银行 | 资金用途 |
|---|---|---|---|---|---|
| 14 | 1921. 2 | 25000 | 7. 0 | A－J | 事业资金 |
| 15 | 1921. 8 | 30000 | 7. 0 | A－J | 事业资金 |
| 16 | 1922. 9 | 20000 | 7. 0 | A－J | 事业资金 |
| 17 | 1922. 11 | 30000 | 7. 0 | A－J | 第 9 次社债偿还 |
| 18 | 1923. 8 | 20000 | 7. 0 | A－J | 第 10、11、12 次社债偿还 |
| 19 | 1923. 7 | 39052 | 5. 0 | G\ ＊I | 事业资金 |
| 20 | 1924. 4 | 15000 | 7. 0 | A－J | 事业资金 |
| 21 | 1924. 11 | 20000 | 7. 0 | A－J | 第 13 次社债偿还 |
| 22 | 1925. 4 | 15000 | 7. 0 | A－J | 事业资金 |
| 23 | 1925. 9 | 35000 | 6. 0 | A－L | 第 16 次社债偿还 |
| 24 | 1926. 4 | 15000 | 6. 0 | A－L | 第 14 次社债偿还 |
| 25 | 1926. 1 | 10000 | 6. 5 | A－L | 事业资金 |
| 26 | 1927. 4 | 20000 | 6. 5 | A－L | 第 17 次社债偿还 |
| 27 | 1927. 12 | 50000 | 5. 5 | A－E、G、H、J－M | 第 15 次社债偿还 |
| 28 | 1928. 6 | 35000 | 5. 5 | A－E、G、H、J－M | 第 18、20 次社债偿还 |
| 29 | 1929. 3 | 35000 | 5. 5 | A－E、G、H、J－M | 第 21、22 次社债偿还 |
| 30 | 1930. 11 | 20000 | 0 | A－E、G、H、J－M | 票据借入金偿还及事业资金 |

说明：承接银行代号如下：A＝日本兴业银行、B＝朝鲜银行、C＝三井银行、D＝三十四银行、E＝第一银行、F＝台湾银行、G＝横滨正金银行、H＝三菱银行、I＝十五银行、J＝安田银行、K＝住友银行、L＝山口银行、M＝川崎第一百银行、N＝鸿池银行、＊I＝威斯敏斯特银行、汇丰银行

转引自金子文夫《近代日本的对满投资研究》，近藤出版社，1991 年，第 373 页。

**表 2　满铁的资金来源构成（1919 年末）**

单位：千日元

| 资产所属 | 日本政府 | 国内民间 | 外国 | 满铁内部 | 合计 |
|---|---|---|---|---|---|
| 交付股金 | 100000 | 80000 | 0 | 0 | 180000（43. 1） |
| 社债 | 4500 | 75500 | 117156 | 47. 3 | 197156（47. 3） |

续表

| 资产所属 | 日本政府 | 国内民间 | 外国 | 满铁内部 | 合计 |
|---|---|---|---|---|---|
| 诸公积金 | 0 | 0 | 0 | 40.034 | 40034（9.6） |
| 合计（%） | 104500（25.0） | 155500（37.3） | 117156（28.1） | 40034（9.6） | 417190（100.0） |

说明：诸公积金为法定公积金、特别公积金及社债偿还公积金的合计。

根据苏崇民《满铁档案资料汇编》第二卷整理，社会科学文献出版社，2011年版，第578—603页。

**表3　满铁的资金来源构成（1930年末）**

单位：千日元

| 资产所属 | 日本政府 | 国内民间 | 外国 | 满铁内部 | 合计 |
|---|---|---|---|---|---|
| 交付股金 | 217156 | 170000 | 0 | 0 | 387156（44.4） |
| 社债 | 4500 | 253025 | 39052 | 0 | 296577（34.0） |
| 诸公积金 | 0 | 0 | 0 | 188610 | 188610（21.6） |
| 合计（%） | 221656（25.4） | 423025（48.5） | 39052（4.5） | 188610（21.6） | 872343（100.0） |

说明：诸公积金为法定公积金、特别公积金及社债偿还公积金的合计。

根据苏崇民《满铁档案资料汇编》第二卷整理，社会科学文献出版社，2011年版，第578－603页。

从表2和表3的对比分析可以知道，1920年代“满铁”的资金大部分是来自于日本国内，从1919年底到1930年底，政府资金在“满铁”资金构成中总额虽然增加了，但是所占比例并未有太大变化，民间资本的比例从37.3%增加到了48.5%，而外国资本所占比例的变化无疑是最大的，从28.1%下降到了4.5%，而根据更早的资料，1914年“满铁”资本构成中外资的比例高达46%，由此可见外债下降之剧烈，可以说1920年代正是“满铁”从自身资本中不断排除外债的一个时代，在这样的情况下积极奔走以实现社债在美国市场的发行，不是有些违背“满铁”的发展趋势吗？

**表4　东京股票交易所现货行情表**

单位：日元

| 南满洲股票实缴10日元，800000股 | | | | |
|---|---|---|---|---|
| 年份 | 最高 | 最低 | 平均 | 分红率 |
| 大正10年 | 126.30 | 105.50 | 116.82 | 10% |
| 大正11年 | 118.80 | 99.80 | 108.07 | 10% |
| 大正12年 | 111.20 | 102.00 | 107.37 | 10% |
| 昭和3年 | 145.3 | 129.5 | 136.4 | |

说明：大正13年至昭和2年材料缺失。

根据苏崇民《满铁档案资料汇编》第二卷整理，社会科学文献出版社，2011年，第578－603页。

再来看表4中大正后期“满铁”股票在东京股票交易所的行情。由图表可以看到，长期以来“满铁”股票在市场上的流通都处于溢价状态，即便是发生关东大地震的大正12年，“满铁”股票的最低股指也高于股票票面价格，而进入昭和时期之后，股票价格一路走高，昭和3年溢价率甚至达到了50%，由此可见，日本国内市场对“满铁”的信心，同时也可以推测，“满铁”如果想要获得资金的话，国内市场就已经足够。

1920年代日本国内民间资本逐渐成长起来，加上信贷宽松、社债市场成熟等条件[①]，“满铁”已经没有依赖外债进行自身发展的必要了。所以，此次在美社债发行的目的与其说是为了“满铁”的商业经营，不如说是为了其他目的。

## 三 “满铁”对美社债发行与田中对外方针之间的联系

田中义一于1927年4月开始担任日本首相，此时正值中国的“北伐时期”。中国的北伐战争开始于1926年7月，短时间内北伐就取得了很大的成效，这种形势必然引起日本国内对中国政策的调整以维护其在“满洲”的特殊权益，而这种调整的实质目的就是阻止国民革命波及“满洲”。田中上台时正是中国“北伐战争”的中间阶段，所以田中作为首相兼外务大臣，一上台就开始努力在这种形势之下寻找一条保护日本在“满蒙”特殊利益的路线。

在1927年6月到7月之间举行的“东方会议”上，田中提到“根据满蒙门户开放机会平等之主义促进内外人的经济活动……才能保护我既得利益乃至在悬案的解决上也应遵循如上方针处理”。[②] 由此可见，田中在上台伊始就确定了在“满洲”地区引入外国资本的方针，而东方会议本身就在很大成分上是为了应对中国革命形势才召开的，所以田中的引入外国资本的策略也正是为了应对中国革命才被提出来的。

7月份，田中任命了山本条太郎担任“满铁”社长，山本当时是政友会的干事长，但他曾经长期服务于三井财阀，可以说是田中内阁同财阀联系的一个重要人物。山本上任后不久就发生了1920年代“满铁”的第一次外债募集事件——也就是在美“满铁”社债发行事件，以及同张作霖关于“满蒙”五路的谈判事件，从时间上似乎可以看到田中通过山本控制的“满铁”实行一些外交策略的痕迹：井上准之助同莱蒙托达成关于“满铁”社债发行之初步协议的时间是10月5日，随后将此事告知于山本条太郎，山本紧接着便在10月10日做了两方面应对，分别是派遣“满铁”理事斋藤良卫前往东京进行相关交涉以及亲自前往北京，开始同张作霖关于“新满蒙五路”计划的交涉。

田中当时兼任外务大臣，关于“满铁”社债在美发行的很多细节都由驻美公使对他直接汇报，根据《日本外交文书》的记载，在“满铁”社债发行计划的整个过程中，代表“满铁”的山本条太郎只有在计划初期和计划已经没有成功的希望时，才参

① 中村英隆：《日本经济史6双重结构》，生活·读书·新知三联书店，1997，第205页。

② 高仓徹一：《田中义一传记》下卷，原书房，1981，第653页。

与了计划的讨论和活动，可见田中对此次事件从政治以及外交角度的干涉。1927年10月3日莱蒙托赴日的当天，田中曾经同莱蒙托举行会谈并表示："满洲资源极其丰富，开发这些资源光靠日本的力量是不够的，希望英美加入开发，但对于建设南满洲铁路并行线的做法断然不能容忍。"① 1927年11月30日正当"满铁"在美社债发行问题高潮之际，田中与驻日美国大使麦克韦恩进行了会谈，他说："日本没有独占该地区利益的意思，该地区对所有中国人和外国人开放，希望美国官民理解我们的意愿，对比要的资金筹措事宜不存异议，对此我深感荣幸。"②

兼任首相和外相的田中在这一时刻多次向美国方面强调在中国东北地区引入美国资本的意愿，以一国领导人的身份介入企业活动，可见此次"满铁社债"计划的政治意义，但是其目的当然不是共同开发"满洲"，因为"维护日本在'满洲'的特殊利益"是日本的国策，那么其真意究竟何在呢？

在井上准之助和莱蒙托进行交涉的同时，山本条太郎在北京也同张作霖进行了关于"新满蒙铁五路"铁路线的秘密交涉，山本运用威逼、利诱两面手法使张作霖大体上同意了日本的计划，同时，双方进行的交涉还包括"日中经济合作案"和"满洲治安维持案"在内的其他内容。"日中经济合作案"的主要内容都是对"满蒙地区""门户开放"的再确认，包括六条内容，如允许外国人在东蒙古和南北满地区自由从事工商农林矿业、自由租借土地、自由进出口商品、中国保障外国人同中国人在从事这些活动中的平等待遇等。山本由田中提名成为"满铁"的负责人，其到达北京后的行为，都是在田中的秘密授意下进行的，所以，山本向张作霖提出的"日中经济合作案"和田中一直向莱蒙托及美国方面强调的"尊重门户开放"，都是田中为了让"满铁"引入美国资本而做的一体计划，在"东北王"张作霖以及美国资本代表同时同意的基础上，田中的计划才能顺利实现。

其实，田中的真实目的在于引入美国对"满洲"事业的间接投资，以便在应对中国国内革命的不测情况时，获得美国的支持。而山本条太郎自己的话更能够直接体现出此次"满铁"社债发计划的目的："如果美国和日本在满洲形成了密切的经济联系，那么在东洋发生重大问题时，双方就会存在一种利害共通的状态。如果美国持有十亿'满铁'社债的话，那么作为债主的美国人就不会放弃其追求和保护自身利益的可能性，这样美国和日本在满洲就成为一体的了。"③

另一方面，代表着日本财阀利益的三井总裁团琢磨的话也能反映出田中的具体外交策略及财阀对此事的支持，团琢磨曾经对人说起："让满洲吸收英美资本，则其与外

---

① 日本外务省编：《日本外交文书》，昭和期第一部第一卷，第262页。

② 坂本雅子：《财阀与帝国主义——三井物产与中国》，徐曼译，社会科学文献出版社，2011，第258页。

③ 山本条太郎翁传记编纂会：《山本条太郎论策》第一卷，原书房，1982，第36页。

国之利益得失就密切联系起来，如此，任何国家都无法侵入‘满洲’……这才是最上策。”[①] 团琢磨的话表达的也正是田中的意思，即如果能够引入美国资本间接进入“满洲”，则当“满洲”面临不虞之事时，美国就会为了维护自身资本利益要求日本对“满洲”安定的保护，届时日本也就有了更坚定的理由和支持者来维护其特殊利益，中国的革命形势对日本而言正是这种“不虞之事”。

所以，此次“满铁”社债发行计划从根本上而言，是作为首相兼外相的田中义一的一个外交策略，应该说，这是所谓田中“积极对华政策”的重要一环。

由以上分析可见，“满铁”此次对美社债发行的目的在于将美国的资本利益引入到“满洲”地区，为使美国支持日本对“满洲”的特殊利益和特殊保护铺路，从而想要在维护日本“满蒙”特殊利益的基础上实现对美国的协调外交。虽然这种投机手段最终因为中国人对此次活动的反对以及美国方面的压力而失败了，但我们却能够看出“满铁”在当时的日本国际政治中所扮演的角色之重要性。1907 年“满铁”建立伊始，就代表日本帝国主义开始了对中国东北地区部分范围内的殖民统治以及资源掠夺，后藤新平时代，满铁总裁兼任关东都督府顾问，在外务大臣监督下参与都督府的一切政务，实际上是以“满铁”总裁身份总揽行政大权，后藤甚至提请“为了防止外务当局处处掣肘，贻误大局，将经营满洲的实际大权委托于满铁总裁”[②]，并导致了当时外务大臣林董的辞职，因而很长一段时间内，日本在中国东北地区推行的政策都是由“满铁”制定的，这就反映了“满铁”在长时间内于中日关系方面扮演的重要角色。其后，进入大正时代，虽然日本政党政治的变化影响到了“满铁”总裁地位的变化，但是“满铁”作为日本的“国策会社”在处理国际关系方面，还是发挥着重要作用，例如 1920 年设立“满铁纽约事务所”、1929 年设立“满铁巴黎事务所”，分别负责“满铁”在美国和欧洲的情报获取、政策宣传，同时也为日本在正规外交渠道以外开辟了一条隐性外交渠道。至田中内阁时期，任命山本为“满铁”总裁，早在担任政友会干事长时期，山本就在田中授意下制定了“产业立国策”，而该策略的中心发力点就是中国东北地区，其担当者则被指定为“满铁”，所以山本主张“大满铁主义”，认为应该以“满铁”为中心统和对围绕中国东北地区产生的国际关系问题的处理，其后的活动中，“满铁”在担当“外交机构”的性质是比较明显的。1939 年，“满铁”整合了过去的调查科，建立“大调查部”，在世界范围内为“满铁”，更为日本政府收集和发送情报，对日本外交策略的制定提供了很多的依据。所以，长时间内，在日本政府制定对外策略方面，“满铁”是发挥着比较重要的作用的，通过对“满铁”活动的研究，在一定程度上可以反映出日本政府的外交轨迹。

---

① 坂本雅子：《财阀与帝国主义——三井物产与中国》，徐曼译，社会科学文献出版社，2011，第 257 页。

② 苏崇民：《满铁史》，中华书局，1990，第 44 页。

1920 年代“满铁”数度向美国方面表达了自己想要在美国发行社债的意向，而只有 1927 年底的这次最接近成功，但终因中国人的反对而告失败，对美协调的失败使日本的对中外交方针也受到一定的影响，发生了一定的变化，甚至后来田中留在历史上的形象一直是对中强硬，也同这件事有着一定的联系。通过对此次社债发行活动的了解和分析，我们可以从中认识到“满铁”作为特殊机构的特殊性以及田中外交方针在历史上的一些轨迹。

原载《溥仪研究》2013 年第 3 期

# “满铁”最辉煌的建筑

## ——大连大和旅馆旧址

郭松雪　陈术石

1906年日本成立了“南满洲铁道株式会社”（简称“满铁”），作为在中国东北进行政治、经济、军事等方面侵略活动的指挥中心。“大和旅馆”（日语：ヤママホテル）是“满铁”为扩展业务，由“满铁”株式会社运输部旅馆课在南满铁路沿线建立的连锁宾馆。大连“大和旅馆”便是由“满铁”新建的一座被誉为“‘满铁’最辉煌的建筑”的宾馆。

大连“大和旅馆”现为大连宾馆，坐落在辽宁省大连市中山区中山广场4号，位于中山广场南侧，始建于1909年6月，1914年竣工，是中山广场近代建筑群中始建年代较早的建筑之一，建筑风格为融合欧洲文艺复兴巴洛克式风格的新古典主义建筑。

1899年11月沙俄在侵占大连后，通过了“大连湾南部大连商港和新城市的设计方案”，沙皇尼古拉二世宣布在旅大青泥洼村建一座港口并开始建市，当时第一任市长俄国人沙哈罗夫选址东青泥洼村兴建一座广场，并将其定名为“尼古拉耶夫卡亚广场”。至1903年，以“尼古拉耶夫卡亚广场”为中心，一座欧洲风格的城市宏伟蓝图初现规模。1904年初，日俄战争爆发，沙俄迫于战争的压力不得不于次年将辽东半岛的租借权转让给日本。大连从此开始了长达40余年的日本殖民统治历史。

1906年日本成立了南满洲铁道株式会社（简称“满铁”），“满铁”是日本在中国东北进行政治、经济、军事等方面侵略活动的指挥中心，日本统治当局通过“满铁”疯狂掠夺中国东北地区的路权和其他权益。随着日本在关东州和“满铁”附属地的经营，各国人员涌入东北，在“满铁”沿线开设便捷舒适的西洋风格旅馆便成为迫切的需求。在此情况下，“满铁”陆续在南满铁路沿线修建了一些高档的大和旅馆，作为迎宾馆使用，也期望通过此举来展现“满铁”的设计和建设能力。从1907年至1945年间，“满铁”在铁路沿线城市修建了多座大和旅馆，多为军政要人活动场所。在初期，首先建设和开设了包括旅顺、大连星之浦、大连大广场、长春、沈阳等地的五家大和旅馆。这些大和旅馆中的一部分是由原沙俄移交的俄铁路宾馆直接改建而来，另一部分由“满铁”新建。大连“大和旅馆”便是由“满铁”新建的一座被誉为“‘满铁’

最辉煌的建筑”的宾馆。

在今天大连大和旅馆位置上最早是座欧式的小别墅，1907 年 8 月被“满铁”设置为大和旅馆。随着城市的发展，“满铁”迅速扩张，原来的大和宾馆已经不能适应需要。作为象征，“满铁”决心在大广场上建造一座比肩欧洲的大型建筑。负责这座建筑设计的是“满铁”建筑课太田毅和吉田宗太郎。历时四年、耗费超过 90 万日元的旅馆于 1914 年 8 月开业，直至日本战败投降。1945 年 8 月苏军进驻大连后，大连大和旅馆被用作临时的苏军警备司令部。同年 10 月，苏军控制下的大连市政府也在此成立。11 月后苏军警备司令部迁出，这里成为全苏国际旅行社的所在地。1950 年，全苏国际旅行社被中国接收，1953 年改为中国国际旅行社大连分社。1956 年后，国际旅行社大连分社的旅行社和宾馆两部分被分拆经营，这里便正式更名为大连宾馆。这座旅馆建成后，很多名人曾到此下榻，早期比较著名的有溥仪、康有为、张作霖、张学良、孙科、蒋介石、汪精卫等。新中国成立后，刘少奇、周恩来、彭德怀，以及国外到访大连的赫鲁晓夫、竹下登、中曾根康弘、联合国秘书长加利等也曾到此下榻。

大连大和旅馆在总体结构上更多地体现了 20 世纪初还在流行的新古典主义建筑风格，并融合了许多巴洛克式装饰手法。门前简约的钢构雨搭成为大和旅馆的标志性装饰，是日本“辰野式”风格的一种体现。

大和旅馆建于当时的大连大广场播磨町与萨摩町的交汇处。据《满洲日日新闻》记载，大连大和旅馆于 1909 年 6 月 7 日开始基础施工，而建筑设计方案则是在 1910 年 1 月完成的。工程由山叶洋行施工建造，1914 年 4 月竣工。

大和旅馆正立面（北面）上为 8 根爱奥尼克扶壁柱饰，东西侧立面采用 6 根爱奥尼克扶壁柱饰，背立面（南面）二三层间使用了单双结合的 12 根多立克柱扶壁柱饰，地上一层接待大厅使用 4 根科林斯柱，会议大厅使用了 12 根科林斯柱，具有典型的文艺复兴式的特点。在庄重典雅之余，采用了一些灵动的装饰，外立面窗楣上采用三角形或弧形的断裂山花相间装饰，拱心石处雕饰梯形的几何图案，并以大涡卷、花草图案作凸起装饰，体现着巴洛克式建筑装饰的特点。但其敦厚周正的整体造型、横竖三段式的楼体分割等特点，又与巴洛克式刻意追求“打破古典均衡”的宗旨有所背离。因此大和旅馆在总体结构上更多地体现了 20 世纪初还在流行的新古典主义建筑风格，在装饰上则融合了巴洛克式风格。新古典主义建筑比巴洛克式建筑更多了一份规矩和庄重，这股风潮在 20 世纪初的中国、日本等地被广泛采用。门前采用简约钢构拱式造型雨搭，给建筑平添了动感。这种雨搭的装饰特点与其他“满铁”早期建设的各个火车站、大和旅馆的雨搭装饰如出一辙，成了大和旅馆的标志性装饰，是日本“辰野式”风格的一种体现。辰野金吾（1854－1919）是日本著名的建筑师。他的建筑特征，主要是根据英国“自由古典风格”在红砖墙面上，将白色石材以带状环绕好几圈的立面结构。辰野金吾的拿手设计，就是将这种鲜明亮丽的外观与半圆形屋顶组合，称“辰野式建筑”。

大和旅馆的设计师太田毅和吉田宗太郎两人的老师是日本建筑界英国派领袖辰野金吾。太田毅（1876–1911）于1901年大学毕业成为司法省技师，1905年时兼任大藏省监时建筑局技师，1907年身兼任上述二职而就任“满铁”的技师。当时“满铁”建筑课以小野木孝治为首，小野木孝治兼任台湾总督府技师，太田毅将自己的妹妹嫁给了小野木孝治，而成了小野木孝治的大舅哥。在小野木孝治的大力支持下，太田毅充分显示了他建筑方面的才能，在中国东北仅三年的时间，就设计了许多知名建筑，如奉天驿（今沈阳站）、“满铁”奉天共同事务所、大连大和旅馆以及旅馆正对面的横滨正金银行大连支行等。1908年至1909年间，太田毅作为妻木赖黄在大连的助手，两人在大连大和旅馆的对面首先设计了横滨正金银行大连支行这个德国巴洛克样式建筑。然后太田毅和吉田宗太郎配合，又共同设计了大连大和旅馆。由于他身体多病，为了疗养身体于1910年回到日本，翌年病殁，年仅35岁。大连大和旅馆便是太田毅在中国设计的最后一座著名建筑。吉田宗太郎1905年毕业于东京工手学校，1907年进入“满铁”，1910年美国哥伦比亚大学入学，1921年同校研究所毕业，任职共同建筑事务所之后，于1929年回到“满铁”，1937年任“满铁”建筑课长，代表作品有大连大和旅馆、大连火车站。吉田宗太郎在太田毅卒后，作为太田毅的养子过继给太田家族，遂改名为太田宗太郎。

大连大和旅馆按照广场和街路的分布，建筑平面呈上宽下窄的倒“日”字形，砖混结构，建筑面积14610平方米。地上四层，地下一层，配套设施和服务设施齐全。迎宾厅和欧式宴会厅是宾馆保留最完整、最能体现大和旅馆独特风格的接待场所。

大连大和旅馆主体建筑平面呈上宽下窄的倒“日”形，坐南朝北，占地面积3611平方米，整个建筑五层，地上四层，地下一层。建筑总高为32.65米，全楼建筑总面积为14610平方米。

大和旅馆整体由砖石混凝土钢骨结构建造，地下一层外立面用花岗岩砌筑，其上为砖混结构。内部结构采用钢骨混凝土立柱及承重墙进行结构支撑，结构横梁采用铆接大型“工”字钢梁和钢筋混凝土板相结合的钢骨构造。每层吊顶采用结实厚重的松木大木方吊成高近1.5米的顶棚空间，在棚内铺设电气、水路等各种管线。

地下一层主要是配电室、锅炉房、仓库、服务人员工作休息室、金库等为整体旅馆服务的配套设施。旅馆多数房间内设有卫生洗浴间，上水管道采用紫铜管，下水管道采用铅管，浴缸采用铸铁外烤搪瓷漆，白色坐便马桶，不计工本，均选用当时世界上最优质的材料。

地上一层为旅馆的接待大厅、餐厅、会议厅、读书室、舞厅等为整体旅馆接待服务设施。

迎宾厅和欧式宴会厅是宾馆保留最完整、最能体现大和旅馆独特风格的接待场所。迎宾厅原为大和旅馆住馆客人会客场所，内部结构采用古希腊建筑风格，中庭两侧有12根科林斯式廊柱支撑，正面原设计为舞台，两侧窗户上部采用欧式半圆形设计，顶部为大跨度平顶设计，具有典型的欧式与新古典相结合的折中主义建筑风格。四周墙面均为高档花梨木装饰，并采用雕刻、金饰、绘画等装饰，使会见厅更显尊贵、豪华、气派。

欧式宴会厅是宾馆最具欧式建筑特色的多功能宴会大厅。大厅可容纳百人用餐，当年许多日本和伪满军、政、商界要人在此用餐，举办宴会及婚宴等大型庆典活动，至今仍是大连宾馆最主要的宴会厅之一。宴会厅整体格调为文艺复兴后期的巴洛克式风格。天棚为大跨度穹顶造型，大厅中设有立柱，使大厅突显宽敞、通透、明亮。穹顶装三盏大吊灯，营业初期，由于电力供应并不稳定，当时吊灯为产自德国柏林的瓦斯气灯，后改为电灯，瓦斯气灯被吊存到穹顶天棚之内，至今仍然保存。穹顶与墙面连接处辟有三连拱形乐池，演奏人员在此奏乐。汉白玉雕花壁炉历经百年未做改动使用至今；四幅壁画取材圣经故事，雕刻、金饰的装饰手法使大厅整体建筑尽显古典欧式风格。

在接待大厅和迎宾厅中间过道两侧，东侧为从地上一层向上到达楼顶的电梯，尽管旧式电梯已被新式电梯取代，但建筑格局并未改变，大和旅馆是大连最早使用电梯的现代建筑。西侧为上楼盘旋步梯，步行楼梯为汉白玉踏步，木扶手，墙壁一楼贴黑色大理石墙裙，中间隔成图案；二楼至四楼墙裙为汉白玉和灰色大理石。楼梯踏步及墙裙均使用大理石贴面，配以黑漆木质扶手，更显庄重豪华。

从地上二层开始为旅馆的接待室和客房。二楼共有客房及接待室28间。地上三层和地上四层分别有客房39间。据历史记载，当年大和旅馆共有客房115间，最多可接待175名客人。由于不同历史时期对大和旅馆改造和兼并，故各层房间数量因时代不同而略有差异。从四层楼继续向上可直达楼顶，楼顶曾开设露天咖啡厅，站在楼顶眺望大连的城市景观，是当年达官显贵的生活时尚。1990年代，原咖啡厅被拆除，违建一排简易办公用房，影响了整个旅馆的真实性和实整性。

在楼体的东西两侧也各置步行楼梯，从地上一楼可上至四楼，也可下至地下一层。两侧楼梯为木质扶手，汉白玉地面，没有装饰墙裙，只用汉白玉装饰了地脚线。在楼体中间东西两侧各设有两梯形天井，东侧从地下一层起，西侧从地上一层起，直通楼顶。天井的设计既解决了楼内所有房间自然采光问题，也解决了房间的自然通风问题。

大连由于其得天独厚的地理条件和重要的战略位置，被日本帝国主义所垂涎。自日俄战争后，这里便成为日本建筑家充分发挥和创造的乐园，西方近代建筑形式及设计理念的传播和应用成为当时大连城市建筑设计的主流。大和旅馆是日本帝国主义在中国东北进行政治、经济、军事等方面侵略活动的重要活动场所，曾被誉为“‘满铁’最辉煌的建筑”的宾馆。它是日本建筑师在明治维新以后，广泛学习西方科学技术在建筑学领域的体现，是现存众多近现代洋风建筑中的杰出代表。

原载《中国文化遗产》2013 年第 4 期

# 从满铁旅馆看日本在东北的殖民统治

李 辉

李世瑜先生为王仁兴的《中国旅馆史话》作序时说：旅馆史是很有实用价值的一种专史，它应该属于历史学范围，但又不能按照一般的治史方法去研究，而是还要使用社会人类学方法才成。关于满铁在东北经济侵略及发挥的作用方面，研究者和学术成果非常丰富，但大多集中在其重点投资的铁路、矿山、钢铁、化工等重工业经济领域中，对满铁经营的旅馆研究甚少。通过满铁经营的旅馆，这个社会缩影展现日本占领东北时期相关统治政策的实施情况会有一定意义。

## 一 满铁旅馆业在东北的兴起

经日俄战争胜利的日本根据《北京条约》，以天皇名义发布第142号敕令，公布了《南满洲铁道株式会社成立之件》，1906年11月26日在东京正式成立南满洲铁道株式会社公司（简称“满铁”，由日本政府控制），专职经营原沙俄占据的中国东北长春以南至大连间的中东铁路及附属地带的一切权利。1907年南满洲铁道株式会社总部由东京迁往大连。

满铁开业之初，下设总务部、调查部、运输部、矿业部、地方部。与满铁城市发展关系最密切的是运输、矿业和地方三部，其中地方部在满铁各附属地设地方事务所，直接负责市街的一切土木建筑的规划与施工。满铁建立时，拥有4110栋、535082平方米的建筑，满铁仍认为不能满足其“经营满洲市街”的实际需要，因此立即投入巨资在附属地内掀起了一场大规模的土木建筑施工活动。到1935年，满铁在不到30年的时间里共投资兴建各种建筑物17599栋、3979392平方米[①]，其中包括满铁直接经营，为铁路提供配套服务的旅馆等公用设施。

1. 东北最早的连锁旅馆——大和旅馆。日本取得东北南部的统治权后，为了满足日本人和西方人的高标准生活服务要求，满铁公司在占领区、铁路附属地仿照西方模

① 岑田嘉三：《南满铁道株式会社十年史》，大连满洲日日新闻社，1919。

式、日本风格、中国东北实际资源情况建设了各种旅馆。1907 年 8 月，满铁首先在大连原俄国旅馆旧址开设大和旅馆。1908 年 3 月，旅顺的大和旅馆开业。1910 年 2 月，投资 26 万余日元面积约 1300 平方米的长春大和旅馆，即今天的长春友谊宾馆（这是近代长春出现的第一座西式旅馆）建成。1910 年 9 月，满铁在旅游避暑胜地的大连星浦建成大和旅馆。1911 年 10 月 1 日，奉天大和旅馆竣工；10 月 15 日，抚顺大和旅馆建成。至 1911 年为止，满铁为建设旅馆所用经费达 107 万日元。1914 年，更具现代化豪华标准、总面积为 1.13 万平方米的大连大和旅馆建成①。1929 年 5 月落成的奉天大和旅馆，是欧洲文艺复兴式的 5 层楼大旅馆，当时堪称亚洲一流。大和旅馆中，以大连、奉天者最为完美。“论旅馆，则满铁沿线主要地方，皆有大和旅馆。”②

2. 扶持建立日本式旅馆。20 世纪 20 年代后，随着日本国际地位的提高和国民民族自信心的增强，有人主张走日本自己的道路，在旅馆等各种建筑物方面出现了“日本风”。在铁路沿线的主要车站，几乎都有此类旅馆。如奉天的沈阳馆（1913 年）、辽阳的辽塔旅馆（1915 年）、营口的清林馆（1919 年）、鞍山的近江屋旅馆（1921 年）、开原的二叶旅馆（1922 年）、铁岭的松花旅馆（1922 年）、四平街的植半旅馆（1923 年）、吉林的名古屋旅馆（1924 年）、安东的辽东旅馆（1924 年）、本溪湖的三吉旅馆（1924 年），熊岳城和汤岗子的温泉旅馆③，还有长春名古屋旅馆、奉天悦来客栈、安东旅馆、五龙背旅馆，其中奉天悦来客栈是中国旅馆④。

至于建造各式旅馆的目的，从满铁第一任总裁后藤新平于 1919 年游历欧美时的一句话可以了然“我当上满铁总裁所做的第一件事，就是在沿线各城市建造旅馆。若单是为了日本人，自然不需要这样的设备，这主要是为了欧美人。就是说，我们希望有很多欧美人来满洲，同我们一道开发这一新天地”⑤。

## 二　满铁对东北旅馆的经营和管理

旅馆是满铁的扩展业务，由满铁株式会社运输部旅馆课在铁路沿线建立。长春、大连、沈阳、旅顺等铁路沿线重镇均有“大和旅馆”的身影。满铁对旅馆的有效经营和管理是通过其建立的“国策会社”及各种关系的“会社”对旅馆实行“一竿插到底”的管理方式实现的。

1. 满铁其国策会社的实质。所谓国策就是日本的“满蒙”政策或大陆政策，而作

① 曲晓范：《满铁附属地与近代东北城市空间及社会结构的演变》，《社会科学战线》2003 年第 1 期，第 159 页。

② 马大正：《民国边政史料续编》，国家图书出版社，2010，第 31 页。

③ 苏崇民：《满铁史》，中华书局，1990，第 117 页。

④ 松本丰三：《南满铁道株式会社三十年略史》，大连南满洲株式会社出版，1937，第 161 页。

⑤ 鹤见佑辅：《后藤新平》（第 2 卷）。

为在东北的日本国家代行机关，满铁就是推行日本国策的殖民侵略机构，其综合经营及于工农商各业。1931 年九一八事变前，满铁有投资关系的各种会社已达 79 个，投资总额 2.483786 亿日元[①]。到 1936 年，满铁拥有遍及各行业的关系会社 80 家，投资近 3 亿元。日本战败时，满铁仍拥有关系会社 66 家。由于满铁投资的会社在东北大多是垄断性质的，其所具有的“国策”性质及巨大经营实力，决定它有条件大肆从事为日本侵华服务的非营利事业，其最主要者为满铁附属地经营和调查情报活动[②]。

中国东北很多资源和财富的被掠夺，都是通过满铁等相关机构为其实现的。满铁理事、法学博士冈松参太郎在阐述满铁性质时指出：“满铁实质上是国家机关，政府的化身，即法学上所说的殖民公司”[③]，充分暴露了满铁作为殖民侵略机关所具有的一切职能的真实面目。

2. 满铁通过商业会社对其设立的旅馆实行垄断经营。旅馆是社会流动人口的聚集地之一，关系到旅客的人身、财产安全，反映着社会人口流动情况，因而，一直被列为特殊行业。满铁十分重视对旅馆行业的管理。旅馆起初由满铁运输部营业课旅馆系管理，即 1920 年 7 月设立旅馆事务所进行统一经营。1927 年初，满铁将旅馆事业分立，设立南满洲旅馆会社，经营旅馆、餐车及其他附属事业。1931 年 4 月，满铁又收回直接经营[④]。

满铁通过颁布法律、部门管理和借助行业组织等方式，对旅馆经营的开业审批、住宿制度、价格监控和从业人员等予以监督和管理。1935 年伪满洲国制定的《旅店取缔规则》，对旅馆经营性质与范围、经营人资格、建筑设施、从业人员行为及旅店的社会责任等都有明确的规定[⑤]。旅馆业商会成立以后，满铁通过旅馆商会向各地旅馆下达各种指示、指令，再由商会下发文件和召开会员大会的方式传达，保证下属所有旅馆按照统一标准执行，这就是满铁“一竿插到底”的管理方式。

满铁之所以对旅馆能够实现“一竿插到底”的管理，一方面是这些旅馆是由满铁规划和建设的。另一方面由于满铁的性质决定，它实际上是个军事色彩极为浓厚的殖民机关。1907 年 4 月，第一任总裁后藤新平走马上任，即开始推行起以大连为轴心、扶植南满铁路的“经营满洲”殖民方略。每个街区按照自己的具体职能为车站提供配套服务，大和旅馆及其他日式、中式旅馆正是后藤新平城市建设和规划的重要组成部分。

---

① 松本丰三：《南满铁道株式会社三十年略史》，南满洲株式会社出版，1937，第 638 页。

② 解学诗：《满铁与华北经济（1935－1945）》，社会科学文献出版社，2007，第 11 页。

③ 肖炳龙：《满铁对东北经济侵略的作用及其基本特征》，《学习与探索》1987 年第 2 期，第 138 页。

④ 苏崇民：《满铁史》，中华书局，1990，第 118 页。

⑤ 龚敏：《民国时期政府对旅馆行业的管理及其互动关系研究》，《求索》2011 年第 7 期，第 238 页。

## 三　满铁旅馆与日本殖民政策的实施

后藤新平在《满洲经营策梗概》中公然声称："战后满洲经营唯一要诀在于：表面上经营铁路，背地里百般设施。"后藤新平在正式就任满铁总裁时，此种主张又被拔高为殖民主义理论——"文装的武备论"，强调"满洲经营"，即在大陆推行侵略扩张，必须以满铁为主体，以体现"文装的武备"，即以"建设施"防备他人，一旦有事兼可"武断的行动"①。

1. 建在铁路沿线的旅馆成为实施侵略政策的据点。日俄战争结束后，获胜的日本继承和接收原由沙俄占据的中国东北长春以南至大连间的中东铁路及附属地。具体范围是指：满铁在南满（今哈尔滨至大连）铁路、安奉（今丹东至沈阳）铁路及其支线占用的中国土地。日本在附属地内开设大量企业，满铁投资兴建的7家大和旅馆都建在铁路沿线及大连、新京长春、奉天等附属地内的。如大连大和旅馆位于大连中央广场，奉天大和旅馆位于火车站附近，长春大和旅馆位于南满铁路终点、吉长与中东铁路连接处。

事实上，满铁的旅馆业，从开业至1927年南满洲旅馆会社成立，除1918年有4.5万元的利润外，20年间一直是亏损的。每年亏损额少则上万元，多则20余万元②。满铁之所以不计较盈亏而经营旅馆业，实际上是将其"看成是铁道及水运业的辅助和培养机关，当然不能借此谋取盈利"。长春作为"满铁"沿线上的一个重要中转站，入住大和旅馆的多是来自日本的军政要人、企业家、高等浪人以及富有的旅游者。奉天大和旅馆位于"满铁附属地"的中心地带，自开业，以接待日本关东军和"满铁"等军政要人、达官显贵为主。这部分人以旅馆为聚集地，主要研究如何使东北成为实现其"大陆政策"的前沿阵地。

2. 利用旅馆贯彻点线面的经济扩张模式。日本对东北的经济扩张模式，是以点连线，以线串点，再扩张到面，这个点就是旅大租借地和散布在南满铁路沿线的"附属地"③。为了使经济侵略渗透到各个经济领域，满铁扯起了"开发满蒙"的旗号，将其触角伸到农工商等各个经济部门，满铁在经营铁路的幌子下，经营"在满洲的一切有利润，并有发展前途的事业"，就是所谓的满铁"综合经营"。同时，积极扶持日本资本家在东北经营包括旅馆的各种事业。陈湘涛撰写的《中国旅行社创设招待

① 解学诗：《满铁与华北经济（1935－1945）》，社会科学文献出版社，2007，第9页。

② 满铁：《昭和五年度统计年报》，第109页。

③ 肖炳龙：《满铁对东北经济侵略的作用及其基本特征》，《学习与探索》1987年第2期，第143页。

所之旨趣》写道："自欧洲大战以还，旅行事业，突飞猛进，欧美日本诸国，竞以招致游客，吸引资财，为调剂国内金融之唯一方法。"吸引日本国内乃至欧美人士到日本占领的东北地区进行投资，创办工厂企业和从事商贸活动之目的，满足投资者食宿等生活需要，是满铁建设旅馆等高标准的现代化服务设施的主要目的之一。此外，还可以促进东北人丁兴旺、市场繁荣和经济发展，最终为日本掠夺东北资源提供更多便利和机会。

随着西学东渐，由于各种不正当的经营又给旧中国已经败坏了的社会风气掺入了新的毒素，使这池早已污染的死水更趋浑浊①。藏污纳垢，召妓贩毒是旅馆经营上的一种极端恶劣表现，并成了旅馆的主要财源。旅馆逐渐成为冒险家的乐园，花花公子淫乐的场所；逐渐成为军阀、政客、大商人、投机倒把者隐居和进行各种投机活动的场所。这些人赚了钱，"淘了金"，严重地毒害了东北善良的人民和污染了纯朴的民风民俗②。

3. 在东北实行"阶级"统治政策的需要。日本占领东北后，统治当局一方面把"日本民族"硬塞到中国的东北民族当中，把东北的主要民族列为：日本、朝鲜、蒙古、汉、满5个民族，所以又称"五族协和"。另一方面，却极力鼓吹"日本民族"是世界上"最优秀"的民族。日本民族对其他民族能够进行指导、启蒙，是居于领导地位的民族，因而宣称"日本民族"是"五族的先达者"，是"民族协和的核心"③。酒店、旅馆等各种近代化设施是这个"优秀民族"的智慧和创造，是这个"优秀民族"社会文明、进步的重要标志，成为日本帝国主义宣扬"日满亲善""大东亚共荣""王道乐土"等口号的实证根据，并大言不惭地要求友邦东北人民"上报国恩"。真正用意是麻痹东北民众反抗侵略的意识。

另外，日式旅馆在服务方面"亦有其特殊之风味。日人事上极尊重，虽华人住宿，下男下女，莫不恪恭将事，如对大宾。此乃为对顾客应有之礼仪"。而真正能够享受服务的中国人，正像宣统年间形容北京六国饭店消费场景的一首词中写到"海外珍奇费客猜，两洋风味一家开。外朋座上无多少，红顶花翎日日来"。被日本残酷统治与奴役的劳苦大众在实际社会生活中是无福消受的。

满铁在东北的各种建筑，构成了东北主要大城市的个性，即"把满洲社会各个方面都染上日本民族色彩""把满洲建设成纯粹的日本社会，如同日本国土的延长"。故包括大和旅馆在内的满铁各类建筑，演绎出中国东北在被帝国主义入侵的同时，受到世界"优秀文化"影响之"文化特征"。建设"满洲"的真正意义在于使其成为确立

① 张高峰：《劝业场一带的变迁》，《天津文史资料16辑》，天津人民出版社，1981，第90页。

② 《长春文史资料》编辑部：《长春文史资料（总第53辑）伪满洲国14年史话》。

③ 闫超：《东北沦陷时期宗教状况与教化统治研究》，东北师范大学博士学位论文，2009，第152页。

“东亚共荣圈”的基点，以实现其对中国领土的永久占领。故旅馆虽为普通商业形式，但其关系于社会国家者实大，其中满铁旅馆尤为突出，真正是半封建半殖民地社会的一个缩影。

原载《兰台世界》2014年第10期

# 中国铁道博物馆藏南满洲铁道株式会社株券

龚建玲

## 一　馆藏的两张满铁株券

中国铁道博物馆收藏了两张南满洲铁道株式会社的株券（即股票），均为24厘米×19厘米见方，印有相同的地纹——以连续盘转的双S曲线夹着“THE SOUTH MANCHURIA RAILWAYCO. LTD.”（南满洲铁道株式会社的英译文）圈围成交叉的圆环，其内填以“满铁”会社的徽识。右上角都有一绿色的长方形印贴，四角各书一字，即为“日本政府”，中间竖行书写着“申告济证”四字。贴上印着“三菱银行京桥支店”和一个大的圆圈圈起的“消”字。

一张是面值为“金五百圆”的拾株券，编号No.038571。（图一）这张株券正面图案为棕色，由两种不同形状的花朵纹相间连接组成票面方框图，两对角分别为篆体“拾株券”和“500”的字样，衬以相同的花朵底纹。方框上部正中为两片卷叶托起的“满铁”会社的徽识，其下伸出两片大的花形卷叶围成下覆的半圆状，半圆的直径是两端为桃形花纹的条幅，上面从右往左用隶篆书写着“南满洲铁道株式会社株券”十一个繁体字，条幅下面的两行文字分别为“拾株券”和“金五百圆”。半圆内是一辆在铁轨上疾驰而来的火车，牵引车辆的蒸汽机车烟云滚滚，其左侧隐约可见远处烟囱耸立的建筑。下部边框的正中横有一条幅，上书“THE SOUTH MANCHURIA RAILWAY CO. LTD.”。边框围起的文字均为黑色竖版日文汉字，标明资本增加登记的时间为大正九年（1920年）9月20日，资本总额为金四亿四千万圆，总裁仙石贡的签字下面盖有一红色圆形印章。文字部分的正中为一表格，记录着三次付款的金额和日期，首期付款金二百五十圆，而后在昭和七年（1932年）8月1日和昭和八年（1933年）5月1日又分别交付金一百二十五圆，都盖有相同的红色圆形证印。该券的株主是田代重合资会社，而株券背面的让受记录显示，在昭和十年（1935年）7月1日曾转让给阪本广太郎，又在昭和十一年（1936年）8月6日转让给了八卷贞子。

一张是面值为“金二百五十圆”的五株券，编号No.02665。（图二）这张株券正面的图案为紫色，由深紫色的菱形四瓣花间以浅粉色的花朵连接组成票面方框图，下面两个角各有一车轮，左上角圆环内有一数字“5”，右上角的字迹被印贴所覆盖。方框正中由卷叶花纹圈围着一个“满铁”会社的徽识，其下有一横幅，从右到左书写着隶篆“南满洲铁道株式会社株券”十一个繁体字，横幅下面的两行文字分别为“五株券”和“金二百五十圆”。下部边框的正中是由两片卷叶托起的一列疾驰在水边的火车，车顶喷烟吐雾，路旁麦草茵茵。边框围起的文字均为黑色竖版日文汉字，标注资本增加登记的时间为昭和十五年（1940 年）11 月 8 日，资本总额为金十四亿圆，总裁大村卓一的签字下面盖有一红色圆形印章。文字部分的正中为一表格，记录着五次付款的金额和日期，从昭和十五年至昭和十九年（1944 年）的五年中，每年 10 月 1 日交付金五十圆，都盖有相同的红色圆形证印。该券的株主是八卷贞子，株券背面的让受记录空着，表示株券没有被转让过。

**图 1　南满洲铁道株式会社发行的面值 500 元的株券**

**图 2　南满洲铁道株式会社发行的面值 250 元的株券**

根据票面内容判断，这两张株券是南满洲铁道株式会社发行的可转让的记名股票，持有者采取分期付款的方式购得。这两张股票都属于民间持股。对于它们发行日期和背景的考证，更有助于我们了解其收藏价值和意义。

## 二　满铁会社的成立和股票的发行

日俄战争后，满洲成为日本真正的战利品。沙俄将从长春宽城子至旅顺的铁路和一切支路、铁路内所附属的一切权利与财产、铁路内所附属的一切煤矿，以中国清政府允许为名全部转让给日本，从而使日本取得南满铁路的垄断事实。此时的日本政府已经充分认识到，加速对中国东北地区丰富资源的开发，以满足日本国内日益扩大的资源需求的重要性。1906 年初，西园寺首相秘密视察了满洲，回国后立即召集了“满洲问题协议会”。此后不久，一个半官办半民办的大型株式会社——南满洲铁道株式会社，即所谓的“满铁”，宣告成立。

1906年8月10日，满铁设立委员会举行第一次全体委员会议。8月18日，日本政府批准了南满洲铁道株式会社章程。11月11日，正式任命后藤新平为首任总裁。11月26日在日本东京召开了成立大会。1907年3月5日满铁总部由日本东京迁到大连。4月1日，南满洲铁道株式会社正式开始营业。它以股份公司的形式出现，以经营铁路为中心，同时综合经营其他各种事业。

满铁成立后，发股募集资金的消息在日本传开，一个巨大的争购满铁股票的投资热潮在全国各主要城市掀起。由于实缴资金仅是股票面额的十分之一，并向股民承诺15年内每年红利高达6厘，所以股民极欲购得，当时申请入股的有11467人，实际认购股数竟达到计划募集数的1077倍，最终通过采取按比例分配和抽签的办法确定了实际公募的股数。发股前景相当看好，可落实下来却未免伤脑筋。原来日俄战争伤了“民间”元气，这上万名的申请人大都“申报积极，购股无力”。好不容易才收缴上来200万日元，只及计划一亿日元的2%，一直推迟了6年才收齐。但是这样的股票风潮，却极大地提升了投资者的信心，民间的设备投资在很大程度上也得益于满铁成立而造成的连续刺激。社会投资猛地热烈起来，对一时疲软的日本经济产生了巨大的推动作用。

满铁股票分为日本政府持株和一般募集株两部分。满铁会社设立之初，依据公司章程规定，资本金总额定为2亿日元，其中1亿日元由日本政府以日俄战争中所夺取的“已建成的铁路和附属于铁路的一切财产以及抚顺、烟台两煤矿”等实物作抵充，等于实际上日本政府并没有掏出一分钱。另外1亿日元则向民间招股募集，实际上只招募了2000万元的股份，剩下的8000万元则是先通过发行债券来解决的，待日后招股偿还。于是日本政府向英国借款1400万英镑（折合1.37亿日元，实收1亿日元），从1907年至1910年连续四次在英国发行债券，从而解决了开业初期资金短缺的问题。

会社成立后，随着日本对中国侵略的不断扩大和深入，“满铁”的经营也越来越红火，所需资金也自然随之不断增加，又进行了多次募集。公司先后四次增加资本金：大正九年（1920年）4月16日临时股东大会决议将资本金总额增至4亿4千万日元，招股2.4亿日元，政府和民间各半；1933年3月6日临时股东大会又决议将资本金总额增至8亿日元，招股3.6亿日元，政府和民间各半；1940年又将资本金总额增加到14亿日元，招股6亿日元；1945年满铁又拟招股10亿日元，后来仅落实了2.3892亿日元。这样截至1945年6月1日，满铁共拥有股金16.3892亿日元，政府持股约占一半。

## 三　对两张满铁株券的考证

会社成立之初，将2亿日元资本金分为1百万股，每股金额定为200日元。据

1935 年南满洲铁道株式会社编的《昭和八年度统计年报》载，1915 年 6 月 19 日定期股东大会决议改为 1 股 100 日元，1929 年 6 月 20 日定期股东大会又改为 1 股 50 日元。1929 年 9 月 10 日全额已缴纳股按照旧股的交易品种、25 日元已缴纳股按新股的交易品种发行了股票。

馆藏的第一张株券上标明一株金额为五十圆，有总裁仙石贡签名，应该是 1929 年这次发行的股票。因为仙石贡自 1929 年 8 月 14 日至 1931 年 6 月 13 日就任满铁总裁，而其后再发行的股票，就是 1934 年 1 月 26 日对 10 日元缴纳额的股票以第 2 新股的交易品种发行的股票了，显然应与此券不同。这张十株券的缴款表格内标明第一次“株式分割前”缴纳“金二百五十圆”，第二次“昭和七年八月一日”缴纳“金一百二十五圆”，第三次“昭和八年五月一日”缴纳“金一百二十五圆”，也符合满铁这次发行的股票的交易品种。

1939 年 3 月 24 日至 1943 年 7 月 14 日任职满铁总裁的大村卓一，是与日本军方合作历史最久的殖民地铁道技术专家，可以说是来自关东军的满铁总裁。当时关东军指导下的伪满洲国正在推行“产业开发五年计划”。满铁经营的铁路、煤矿、石油等都被纳入计划之内。大村上任伊始就面临着日本军方对满铁提出的希望：确立对满洲国有铁路的军管权，出于国防要求必须加强新线和复线建设，为此要尽快增加资本。

应军方加紧建设军事铁路网、努力增产煤炭和石油的要求，满铁所需资金激增，于是在大村的主持下制定了将资本金总额增加到 14 亿日元的方案。1940 年招股 6 亿日元，其中 3 亿元分配给日本政府，2 亿元分配给日本政府以外的现有股东，5 千万元分配给伪满洲国政府，2 千万元分配给满铁社员和出售给伪满洲国的民间，其余 3 千万元以票面以上价格分配给伪满洲国贮金部。到 1940 年 10 月 1 日，第一次缴纳完毕。

馆藏的第二张股票，资本增加登记为“昭和十五年十一月八日”，资本总额为“金十四亿圆”，它在缴款表格内填写的第一次缴纳日期正是“昭和十五年十月一日”，也就是 1940 年这次发行的股票。株券的持有者八卷贞子，也正是我馆 1929 年那张株券的让受人，可见这张股票是属于“分配给 2 亿元的日本政府以外的现有股东”持有的股票。

满铁会社成立之初，在日本政府的操作下，1 亿日元的民间募集采取按比例分配的方式，使得民间股东人数多达 10912 人，造成民间股份的极端分散。“它使得正在兴起的财阀和豪富不能垄断满铁的股份，也妨碍了以后满铁股票的集中和民间大股东的出现，从而保证了日本政府对满铁的绝对控制，并给满铁染上了‘国民公司’的色彩。”① 这样一来，就使得民间股东难以集成力量行使股东权，从而为日本政府行使对“满铁”的绝对控制权提供了最为安全的保障。至“八一五”日本投降前，满铁已拥

① 苏崇民著《满铁史》，中华书局，1990，第 25 页。

有持股人82606人（截至1945年6月1日的统计），拥有股金16.3892亿日元。而最大的持股人始终是日本政府，持股8亿日元，约占“满铁”股金总额的一半。

从满铁的资本运营及日本政府的命令和满铁公司章程中都可以清楚地看到，南满洲铁道株式会社虽然在表面上是一个“民营公司性的组织”，但绝非是自由的企业。满铁的资本中，政府的投资占半数，对一般股东的分红和社债利息还提供担保。政府对满铁实行严密的监督，发布监督命令，在会社处理不当时还可以随时取消其决议或罢免其负责人。因此，在满铁理事、法学博士冈松参太郎撰写的《论南满洲铁道株式会社的性质》一文中就曾指出，满铁实质上是国家机关、政府的化身，是殖民会社，采取股份形式是掩人耳目的一种策略。“政府欲假公司之名而行机关之实，欲使南满洲铁道株式会社代替政府经营南满洲。”满铁的使命，一言以蔽之，就是“经营和开发满洲”，使中国东北变成日本的商品市场、投资场所、原料来源和殖民地。这是日本政府设立满铁的根本目的所在。第一任总裁后藤新平就曾非常露骨地狂妄宣称，要把满铁建成“帝国殖民政策和我（日本）帝国发展的先锋队”①。因此，满铁是一个要严格按照国家特殊要求和规定来予以运作的强有力公司，而非一般意义上的企业。在满铁组织内的每一个细胞中都体现出它是代表日本政府意志的国家垄断资本主义企业，是日本帝国主义推行“大陆政策”的“国策会社”，是日本侵华的重要机构。

满铁建立伊始就逐步地开始了对东北进行政治、经济、文化等方面的全面侵略，逐步地控制了东北南部的铁路、公路、水运和电气、矿山等重要的工业部门，使满铁成为一个鲸吞中国东北，掠夺资源的侵略基地。满铁在中国经营39年，其总资产如滚雪球般地不断膨胀。从刚开张时不足2亿日元，到1944年上半年的统计数字50亿日元，足以说明满铁从中国掠走了怎样巨大的一笔财富。据资料统计，1906年~1944年，会社共盈利11.9168亿日元。巨额利润通过每年的股票分红源源流入日本国库和民间持股人手里。红利一般为政府股4.43%，民间股8%，各年份红利高低略有不同，红利最高年份政府股达5.3%，民间股达11%。在1928年和1929年红利最高的年份，若持股人拥有股金2000日元，那么他每年即可分得红利220日元，这笔钱已大大高出同时代一个普通中国工人的全年收入。

满铁不仅是日本政府对中国东北进行经济侵略的重要工具，同时也是日本政府对华进行军事侵略的重要帮凶。满铁在经营它的每一条铁路时，都要首先考虑到军事使用价值。由于满铁本身负有特殊的使命，所以更热衷于各种形式和内容的政治、经济、军事、文化等方面的侵略活动，如扶植军阀，收买汉奸，干涉中国内政，左右中国东北政局，制造事端，侵害中国主权，进行调查研究和情报间谍活动。满铁的建立和它

① 鹤见佑辅：《后藤新平（第2卷）》，1937。

多年的侵华活动的直接效应就是为日本关东军一举占领中国东北进行了非常周密翔实的准备，为其奠定了政治、经济、军事的物质基础①。

南满洲铁道株式会社自1906年创立（1907年正式运营）至1945年的垮台，历时40年的时间。它作为日本帝国主义殖民统治的“先锋队”，对中国近代社会产生了极为深刻的影响。满铁股票，也是日本这段罪恶侵华史强有力的见证物。

原文载：《中原文物》2016年第2期

① 庞慧茹，高雪松：《日本侵略中国东北与南满洲铁道株式会社》，《东北沦陷史研究》，1997年第3期。

# 日本殖民统治机构

## ——满铁奉天公所

权芳敏

## 一　满铁奉天公所的成立

提到奉天公所，先要提起孕育它的满铁。1905 年日俄战争后，日本人攫取了俄国人手中东清铁路中大连到长春的一段（当时叫南满铁路）的控制权，成立了南满洲铁道株式会社。

1907 年 4 月 1 日，满铁从野战铁道提理部手中接管了经营南满洲铁路及其附属产业的权利，成为日本帝国主义在东北权益的代表和经济侵略的急先锋。为了架空中方，独自处理日方和满铁在中国东北的各项事务，满铁决定在东三省总督府所在地奉天成立非正式的满铁交涉机构——奉天公所。奉天公所选址在工部衙门胡同，1909 年日本人得到了这片土地，修建了日式神社风格的大门，满铁奉天公所开始办公。随着日本侵略势力的扩张和延伸，同时也为了监视东北王张作霖，1920 年又在原址重新建造了一座中日建筑风格合璧的封闭的四合院式建筑，该建筑的高度可比拟怀远门城楼。特别便利日本人监视帅府的一举一动。按照一般的逻辑思维，交涉机构，应该在本国政府保护范围之内，当时日本人在沈阳的势力范围主要是以火车站为中心呈放射状扩散的。然而奉天公所却建在皇城脚下，远离满铁的势力范围，这看似不合情理的选址，暴露了日本人的阴谋：在东北地方政权的中心收集情报，掌握地方政府动向。

奉天是东北地区政治经济中心，是京奉铁路和安奉铁路的终点，同时又是南满洲铁路的中心，在这里设立满铁的外交机构有着特殊的意义。奉天公所是满铁驻扎奉天的全权代理机构，负责满铁与中方的所有交涉事宜，相当于满铁的外交部，其重要性不言而喻。所以，奉天公所的所长是代表满铁同中方谈判的“大使”公所的工作人员相当于两国交涉的“使者”。正是因为满铁奉天公所肩负的特殊使命，在人员选拔上十分严格。首先要求会说汉语，对中国情况熟悉，擅长交涉。也就是说，不是“中国通”不能到满铁奉天公所工作。满铁这样要求是有它一定的企图的。明治维新后，日本经济有了一定的发展，近代资本主义的雏形基本形成，但是狭长的地理环境，四面环水的岛国地理位置，给日本经济的发展带来了一定的制约，同时席卷世界的经济危机也给日本的经济带来一定的冲击。因此日本国内的一些右翼大肆鼓吹军国主义，企图通过战争转嫁国内危机，叫嚣侵略中国。煽动日本国内的百姓，到中国东北安家落户。把中国东北作为日本海外的大本营、殖民地。满铁在招聘职员时，许诺的待遇十分优厚，所付工资远远高于日本国内的同级职员，用这种伎俩，吸引日本人到中国东北。通过这些手段，日本人涌入中国东北，为日本帝国主义入侵东北、占领东北做好准备。其次，还要求具备一定的专业知识。满铁在东北的经营包罗万象，除铁路运输外，还有满铁附属地的行政管理、文化、宗教等，满铁为了获取东北的矿产资源，还要聘请各种专业的调查人员，进行矿产调查。仅仅具有语言优势，不懂一些专业知识，无法在交涉中占有优势。满铁费尽心机，网罗人才，就是想要在今后侵略中国的道路上，占尽先机，可谓是机关算尽。经过一番筛查，最终从满铁总务部、监查科中抽调了一些调查役（调查人员）、嘱托（顾问）、书记等到奉天公所任职。

随着满铁在东北侵略脚步的不断加快，各种中日交涉越来越多样化。1909 年 5 月 1 日，满铁正式成立奉天公所，满铁庶务课调查役、满铁嘱托、陆军少佐佐藤安之助为所长。奉天公所的任务是处理满铁与中国东北各级地方官署之间的交涉事宜，同时规定如果涉及外交方面，要经过日本领事馆。但领事馆若出面，就要惊动中方政府和地方官府，就要走官方渠道，一些不合法、不合理的勾当就不能摆到台面。因此，满铁公所代表满铁在东北各地与地方官吏虚与委蛇，打通关系，采取隐蔽、间接的方式，寻找法律法规漏洞，暗箱操作满铁的侵略事宜。

## 二　参与安奉铁路改筑

奉天公所成立后，做的第一件事情就是交涉安奉铁路改筑事宜。安奉铁路是日俄战争中，日本军队在没有得到中国政府允许的情况下擅自非法修建的临时军用轻便铁路，战后这条铁路本应该拆除，但日本帝国主义为了达到“帝国政府以安奉铁路不仅为清韩两铁路之连锁，且当欧亚交通之要冲”[①] 的目的，企图将这条铁路变成日本在东北第二条掠夺中国资源的交通大动脉。日俄战争后，日本逼迫中国政府在 1905 年 12 月签订《中日会议东三省事宜条约》，在条约中，日本政府迫使清朝政府承认“该路仍由日本政府继续经营，（用途是）改为运输各国工商货物”。名义上看，这条铁路是沟通东北南北交通，运送各种货物的交通运输线，实际上却包藏着日本侵略东北的长期战略。在日俄战争期间，日本军队修建的铁路是按照日本国内的标准建造的，轨距为 2

① 《满铁史资料》，中华书局，1979，第 394 页。

英尺6英寸的轻便铁路，俗称窄轨。这种铁路由于轨道窄，运行列车受限，不能行驶重型货车。另外也无法和当时东北境内的其他铁路连线。如果要使用安奉线，人员必须换乘，货物必须重新装卸，提高了运输成本，一些商家就转而使用东北当局修建的可降低商业成本的京奉铁路。这一做法，使日本铁路利润受到影响。1909年1月满铁向日本内阁总理大臣提出改筑要求，计划将窄轨改为当时世界通行的4英尺8英寸的标准轨道。这样和其他轨道可以衔接，也方便和以后再修建的铁路连线，形成铁路运输网线。由于安奉铁路改筑直接涉及中国主权及国家利益。中国政府予以严词拒绝。在外交交涉无法取得预期目的的情况下，满铁采取明暗两手运作，明面上在继续与中国政府交涉，私下里安排奉天公所充当前锋，积极从事改筑勾当。

为改筑铁道，满铁需要在金福岭收买土地，建隧道工程。7月11日，奉天公所大村中介和镰田弥助到征地地区，了解情况，从事预定工作。镰田在金福岭现场汇报说："以中国人名义虽可收买一部分土地，但不论采取什么手段，也不能买到所有需用土地。"① 对此情况，满铁总部十分恼怒。土地不能全部购买，就意味着工程无法正常开工，回收前期投入的资金的周期会推迟或无限期延长。为此，满铁准备不顾中方的反对，强行开工。7月30日，满铁中村总裁发出准备动工的密令。"施工令预定在8月6日发出，因此须做好准备，切勿对外泄露"②，这一密令使日方技术人员如奉最高指示，肆意在中方土地上强行勘测，获取地质情况、施工数据。8月4日，东京的中村总裁再次电告奉天的满铁副总裁国泽，日本政府决定在6日由日本驻华公使通告中国政府。通告到达后，外务省就发布开工的命令。满铁公所在接到政府的命令后，要立即进行隧道工程。这份电报根本不考虑中方同意与否，完全是日本单方面决定，就是一副强盗嘴脸。

为保证工程正常开工，8月5日，奉天公所的木村大介提前到达金福岭，将所有可预见问题提前处理后，告诉中村一切准备工作完成，能够确保按时开工。8月6日，日本政府按预定方案向中国政府提出最后通牒，要求"顾世界交通之便利，据条约上之权利，决定不俟贵国之协力，自行改筑安奉支线路"③。8月11日日本驻奉天总领事小池张造同东三省总督锡良在奉天开始就安奉铁路改筑工程进行谈判。19日签订有关安奉铁路的备忘录。25日，佐藤安之助与奉天交涉局签事袁良就安奉铁路用地收买问题举行谈判。谈判中双方意见不一，日方态度强横，蛮不讲理，丝毫不顾忌国际公理和中国主权。在日方的打压下，中方让步。双方议定由满铁奉天公所拟订方案。28日奉天公所将拟定购地办法及购地章程两项草案交给中方。30日，袁良佥事就日方方案提

① 《满铁史资料第二卷》，中华书局，1979，第388页。

② 《满铁史资料第二卷》，中华书局，1979，第388页。

③ 《满铁史资料第二卷》，中华书局，1979，第370页。

出中方的备忘录，其中包括排除日本行政权的规定。佐藤以备忘录草案中含有外交性质的问题为理由，予以拒绝。9 月 9 日双方以换文形式达成协议。

在购买土地价格上，双方意见不同。满铁提出按时价的平均额，中国提出以时价的倍额，经过多次交涉协商，最后形成《安奉铁道购地章程》于 10 月 30 日正式对外公布。在章程中，将土地划分为特制上地、上地、中地、下地四种，所规定的土地收买价格极为低廉。而未开垦的荒地及河道沿岸土地根本未被定价。交涉时中方的意见基本没被采纳，完全是日方一言堂把持方案。日本人还规定，旗地、册地、余地、升科地、庄头地、庙地，祭地、学田照收不误。根本不顾忌东北人民的风俗习惯和乡土民情，引起了土地所有者的极大不满。日本人还擅自降低土地等级，低价收购土地，引发外交冲突。如奉天购地总局第二分局管辖区的人民因日方所定土地等级不公，拒绝领款，发生冲突。日方不得不出动军警驱赶群众。

另外在收买土地过程中，日方还想方设法霸占中国土地。佐藤在拟定车站用地面积时，秉承上司旨意，尽其所能扩大车站面积。他将车站分为甲乙丙丁戊五个等级。除安奉两端大站另议外，如凤凰城等处乙级车站，设计用地为 920 亩；五龙背等丙级车站，设计用地为 306 亩；汤山城等丁级车站，设计用地为 245 亩；下马塘等戊级车站，设计用地为 122 亩。日方大肆搜刮土地的行径引起了中方的注意。袁良作为直接参与土地买卖的官员，据理力争“车站用地多至此数非意料所及，查本国各类车站中站不过百亩，小站不过五十亩”。并且以京奉线为参照，指出，同在一个国度下，京奉车站与安奉车站用地相差悬殊，不可理解。认为日方是借铁路强霸土地，推行殖民政策，但中方的抗议完全无用。截止到 1910 年 6 月 7 日购地结束，日方总计收买土地 6227208 坪，其中线路用地 4822550 坪，车站用地 404658 坪。共用资金 971675 元。在安奉线改筑过程中，沿线百姓深受其害。日本人“沿线征发夫役，按户抽丁，不给工食，有不应者即以武力胁迫。所有沿线一带农田地亩，秋禾均届成熟，被践踏刈割者无算，居民咸不聊生”。

1911 年 11 月 1 日安奉铁路改筑竣工，全线开通，线路总长 261.68 公里，打通了日本、朝鲜、中国的运输线。从东京到奉天只需要 60 小时，比以前缩短了一半的时间。之后，日本人又以安奉线为支点，修筑了各个支线，将侵略的魔爪伸向铁路沿线四面八方，为日本的侵华战争提供了便利的交通运输和雄厚的物资支持。

## 三　参与创办清河公司

满铁设立初期，奉天公所长佐藤安之助为了使满铁“尽可能顺利地解决铁路沿线的交涉问题，促进满铁事业的发展”，拉拢中国政府地方官员，预先同中国官吏结成“深厚的友情”，储备资源，在适当时刻予以重用。而奉天公所作为满铁利益的代表，对一切有利于满铁、有利于日本侵略政策的事宜都十分关注，垂涎欲滴。

1908 年 11 月 3 日清河公司在奉天小西关小什字街开始营业。这是一家中日合资的企业，资本金奉大洋 4 万元，中日双方各一半。中方的 2 万元是由清河公司中方董事、理事等 11 人认购的；日方是由奉天公所佐藤一个人认购的。通过中日合办这种形式，实现既可以操纵控制公司，又避免外交交涉和经济损失的目的。

清河公司的主要任务是“代办南满洲铁道株式会社根据条约上之权利应获得之土地及各种材料之收买让与，铁道会社及清国官方所需各种用品之买卖以及承包工程，并得从事其他认为对日清两国有利之各种事业”。公司章程规定公司组织结构设董事、理事 4 名。董事、理事要从股东中产生，中日各半，从表面上看中日各占一半，好像权利均衡，实质却是日本人掌控企业。

清河公司经营范围很广，种类繁多。什么利大就经营什么。在满铁的暗中操纵下，清河公司包揽了东三省内中日官署及满铁所需物资，实行垄断经营。从最初的煤炭、粮油经营，发展到枕木、伐木项目。1909 年，又扩大到承包道路修建、房屋建造、能源和建材等方面。

在清河公司的经营项目中，值得一提的是窃取鞍山铁矿活动。1909 年 8 月，满铁地质调查所所长木户忠太郎和所员加藤直三在地质勘探中，发现鞍山附近藏有丰富的铁矿。而铁是造枪弹、炮艇、飞机等军需物资必需的材料。鞍山铁矿的发现，对日本侵略者扩大战争，保障战争的军事供给提供了物资上的支持。因此日本人对鞍山铁矿志在必得。10 月满铁下令窃取鞍山铁矿。作为急先锋的奉天公所立即开始行动。佐藤一方面指使清河公司有关人员到当地进行调查收买活动，一方面以采买石材名义收购矿山。为了保证矿山收买工作顺利进行，佐藤与当地官吏相勾结，不允许其他方面插手土地买卖事务；同时利用奉天交涉司陶大钧担任清河公司监督的条件，让奉天交涉司发布公文，要求当地对奉天公所收买土地一事提供便利并妥为保护；对当地居民，采取利诱“村正”“会头”，哄骗恐吓普通民众的手段，使其出让土地。在奉天公所软硬兼施手段下，当地居民不得不屈服。鞍山铁矿落入日本人的囊中。

## 四　参与九一八事变，奉天公所成为日军 29 联队的临时指挥所

1931 年 9 月 18 日夜沈阳北郊日本人自爆柳条湖沿线铁路，引发战争，多路日军有预谋、有步骤入侵沈城。19 日零点 50 分，步兵第 29 联队兵分三路向沈阳城发起进攻，第一路军攻入商埠地，商埠地第一、第二公安分局警员被日军“突施包围，先行割断电线，次则强迫缴械。”“紧要物品，悉被掠夺。”第二路军进攻方向是北市场商埠地。当地警察见日军进攻，并未在意。但发现日军割电线，就上前询问制止。日军旋即开

枪射击。双方展开枪战，北市场被日军占领。第三路军是从大西门和小西门用重火力猛攻城墙，企图入城。至四时天将拂晓，日军由城西南角墙坏处登墙入城。包围第一公安分局和宪兵司令部，切断通信渠道。之后大批日军进入沈阳城，在奉天公所设立临时指挥所，日军的很多军事行动指令就是从这里发出的。

而奉天公所作为满铁在奉天城内的官方机构，还参与了其他侵略活动。

据有关资料显示，在事变前夜，日本驻沈阳总领事馆就下令在奉天的所有日本居留民要提前撤入奉天公所，被安置在公所的北院。《大阪朝日新闻》的报道从另一方面佐证了这一事实。据 1931 年 9 月 19 日《大阪朝日新闻》号外报道：在满铁附属地境界线、地区间隔马路上配备了武装宪兵，城内的日本人撤回了满铁公所。

事变后的第二天，奉天公所内外戒备森严。上午九点，满铁奉天公所正门，全副武装的日军士兵，在运送枪械的弹药车旁警戒；上午 10 点至 11 点 30 左右，满铁奉天公所前停靠若干辆汽车。上午 11 点奉天公所大门南侧设置了铁丝网、沙袋等防御工事；上午 12 点，奉天公所门前有士兵持枪站岗，大批军人出入公所。

在九一八事变期间，还有步兵第 78 师联队将总部卫生所设置在满铁奉天公所，负责抢救处理伤兵。

奉天公所自成立以来，还有盗窃机密、提供情报的业务。并且明确规定要收集和刺探中国时局情报。满铁方面还对奉天公所提出要求，情报要及时准确，有重要报告时，除上报满铁相关部门外，还要直接报告东京。奉天公所收集情报的方法很多，有的是利用友人关系，有的是通过通信截取，有的是破译密电。

1932 年 12 月 1 日，奉天公所解散。奉天公所名义上是一家从事铁路建设的株式会社的办事处，实际上却起着调查东北物产，掠夺东北资源，监视东北最高行政长官活动的作用。是收集东北政治、经济、军事、情报的特务机构，是承担着政治、经济、文化侵略的重要任务的殖民机构。

原载《兰台世界》2016 年第 23 期

# “满铁”旅馆业实为日本侵华隐秘处所

白　雪

日本侵华手段多样，如军事战争、经济掠夺、奴役劳工等，这些方式为公众所熟知，其给中国人民带来的灾难也是显而易见的。然而，日本侵华手段复杂多样，以致很难察觉其真实意图，“满铁”旅馆业即是隐秘侵华手段的典型。

## 一　建立旅馆

根据阪谷男爵的主张，在满铁命令书第3号规定：“在主要车站上，为了旅客的食宿及货物的贮藏，应建设各项之必要设备。”为满足外国旅客的需求，“满铁”开始营业即着手在日本占领铁路沿线主要地区及附属地开设旅馆。在为旅馆命名时，为“建设旅馆的精神”，让外国旅客对日本固有国名“大和”留下印象，旅馆被命名为“大和旅馆”。

从1907年起，“满铁”逐渐修建了大连大和旅馆、星浦大和旅馆、旅顺大和旅馆、奉天今沈阳大和旅馆、长春大和旅馆。1907年8月大连所修旅馆为二层砖造楼房，“客室凡十有三”① 此外附设洗衣部、理发部、邮务室、球戏室、马车部和酒场等，以方便旅客。后由于上海航路的发展和一般交通的增加，旅客逐渐增多，大连旅馆不能满足旅客的需求，于是“满铁”在大连市中心选定馆址，花费五十多万元，建成具有各式设备的四层新式洋房。旅馆为砖瓦结构，占地面积649坪（源于日本传统计量系统尺贯法的面积单位，主要用于计算房屋、建筑用地之面积。主要应用于日本、台湾和朝鲜半岛。1坪等于1日亩的三十分之一，合3.3057平方米），拥有客房115间，一切设施仿照西式。1915年7月起，每年夏天夜间开放屋顶花园，供旅客纳凉消暑。因旅馆营业状况良好，为满足日益增多的旅客的需求，在1923年增设别馆。其他大和旅馆模式与大连相似。星浦大和旅馆，规模很大，除建设庭院、设置运动场外，还开设高尔夫球场，供旅客使用。另“从大连市内开驶电车，以供往来之便”②。

---

① 《伪满洲国史料》，2002，第65页，吉林图书馆特藏部，全国图书馆缩微文献复制中心。

② 《南满洲铁道株式会社事业成绩》，大正元年12月，第22－23页。

“南满洲铁道株式会社”从建立以来，就对与铁道运输事业息息相关的旅馆事业十分重视，投入大量资金和人力来发展旅馆，取得一定成绩。从表1可以明确看出大和旅馆兴建和发展过程。

从表1可以看出，各地大和旅馆的客房数逐渐增多，旅馆规模不断扩大。“满铁”建立的大和旅馆初期规模都不大，后根据旅客变动的实际情况，对旅馆进行扩建或改造，节约资源的同时增加了效益。“满铁”通过运营“大和旅馆”的方式，介绍并发展“满洲”铁道事业，辅助其运输业的发展。在此基础上传达日本精神，让旅客对日本固有国名“大和”留下印象，也让“满铁”沿线及附属地的中国人习惯日本人、日本文化、日本精神，在潜移默化中加深日本对铁路沿线中国人的控制。

**表1 满铁大和旅馆客房数①**

单位：间

| 年度 | 旅馆名称 | | | | |
|---|---|---|---|---|---|
| | 大连 | 星浦 | 旅顺 | 奉天 | 长春 |
| 营业开始日期 | 1907.8.1 | 1910.9.19 | 1908.3.22 | 1910.10.1 | 1908.10.1 |
| 1907 | 13 | — | 14 | — | — |
| 1908 | 19 | — | 14 | — | 10 |
| 1909 | 47 | — | 15 | 12 | 25 |
| 1910 | 47 | 18 | 15 | 12 | 25 |
| 1911 | 48 | 14 | 15 | 12 | 25 |
| 1912 | 48 | 14 | 12 | 12 | 25 |
| 1913 | 49 | 14 | 15 | 19 | 25 |
| 1914 | 100 | 14 | 15 | 19 | 25 |
| 1915 | 100 | 14 | 15 | 19 | 25 |
| 1916 | 100 | 14 | 15 | 19 | 31 |
| 1917 | 100 | 14 | 15 | 21 | 30 |
| 1918 | 100 | 15 | 15 | 24 | 31 |
| 1919 | 100 | 15 | 15 | 24 | 30 |
| 1920 | 100 | 15 | 15 | 24 | 26 |
| 1921 | 100 | 15 | 15 | 24 | 26 |
| 1922 | 100 | 15 | 15 | 30 | 26 |
| 1923 | 100 | 15 | 15 | 30 | 26 |
| 1924 | 100 | 15 | 15 | 30 | 26 |
| 1925 | 100 | 15 | 15 | 30 | 26 |

① 南满洲铁道株式会社：《昭和16年度统计年报》第222－226页。

续表

| 年度 | 旅馆名称 | | | | |
|---|---|---|---|---|---|
| | 大连 | 星浦 | 旅顺 | 奉天 | 长春 |
| 1926 | 100 | 20 | 15 | 30 | 26 |
| 1927 | 100 | 20 | 15 | 30 | 26 |
| * 1927 | 100 | 20 | 15 | 30 | 26 |
| * 1928 | 100 | 20 | 15 | 30 | 26 |
| * 1929 | 100 | 49 | 14 | 71 | 26 |
| * 1930 | 100 | 49 | 14 | 71 | 26 |
| 1931 | 96 | 49 | 14 | 71 | 26 |

说明：* 号表示年度末当时数。

除“大和旅馆”外，“满铁”直接经营的旅馆还有：五龙背温泉旅馆、扶桑旅馆、筑紫旅馆、满洲屋旅馆、二叶旅馆。此外，还对“满铁”沿线主要地方及附属地的旅馆予以援助，或借以建筑物或贷以资金，以扶持旅馆事业的发展。除汤岗子、熊岳城、五龙背的温泉旅馆，还有沿线的日本式旅馆九处、中国式旅馆一处及有关地方四处，共计 14 处。

1915 - 1925 年这十年间，“满铁”投资 1518091.64 日元资助旅馆业的发展。[①] 所资助旅馆以日式旅馆居多，但也有中式旅馆，这些旅馆所接待的客人也以日本人居多。“满铁”实行这样的政策方面是为了打造更加广阔的旅馆网，获得利益的同时掌握更丰富的情报，另一方面也是为了鼓励日本国内人民移民东北，增加日本人在东北的影响力，加强对中国东北铁路沿线及附属地的控制。

## 二　旅馆经营

旅馆营业及其监督，历来由满铁运输部营业课旅馆系负责。1920 年 7 月改革机构，另设旅馆事务所，置专任所长，以统一营业，总括会计。[②] 旅馆营业的监督几经变迁后，划归铁道部旅客课掌管。1927 年度，考虑到旅馆的特殊性，认为单独经营能够站在自由的立场上更好地开展营业，乃创设南满洲旅馆株式会社，资本金 800 万元，全部由本社出资。自 1928 年 1 月 1 日起，经营旅馆、餐车及其他一切附属业务。后来，随着形势的变化，这一营业同铁道事业的关系越来越密切，产生了与铁路事业统一

① 《南满洲铁道株式会社第二次十年史》，第 433 - 434 页。苏崇民：《满铁档案资料汇编第五卷：垄断东北铁路和海港》，社会科学文献出版社，2011，第 71 - 73 页。

② 《南满洲铁道株式会社第二次十年史》，第 433 - 434 页。苏崇民：《满铁档案资料汇编第五卷：垄断东北铁路和海港》，社会科学文献出版社，2011，第 68 页。

经营以促进其发展的必要性。遂于1931年4月1日重新收回，新设旅馆事务所统辖旅馆业务。①

表2 旅馆历年营业收支②

单位：日元

| 年度 | 收入 | | | | | 支出 | | | | 损益 |
|---|---|---|---|---|---|---|---|---|---|---|
| | 旅馆 | 附属业 | 满铁补给金 | 其他 | 计 | 旅馆 | 附属业 | 其他 | 计 | |
| 1907 | 51714 | 7679 | | | 59393 | 68664 | 10399 | 11157 | 90220 | 损 30827 |
| 1908 | 123014 | 22671 | | | 145685 | 132275 | 20998 | 4385 | 157658 | 损 11973 |
| 1909 | 155551 | 31643 | | | 187193 | 181492 | 23033 | 1818 | 206341 | 损 19148 |
| 1910 | 180850 | 37942 | | | 218791 | 280671 | 29618 | 5709 | 295998 | 损 77206 |
| 1911 | 213291 | 38178 | | | 251470 | 258857 | 30243 | 8141 | 298241 | 损 46771 |
| 1912 | 203012 | 31936 | | | 234948 | 233569 | 29141 | 8516 | 271227 | 损 36279 |
| 1913 | 224699 | 35263 | | | 259962 | 242061 | 29081 | 8976 | 280637 | 损 20675 |
| 1914 | 220970 | 32031 | | | 253002 | 273500 | 27825 | 8476 | 309801 | 损 56799 |
| 1915 | 204772 | 30784 | | | 235556 | 247835 | 27075 | 8446 | 283355 | 损 47799 |
| 1916 | 262138 | 38777 | | | 300915 | 261794 | 38002 | 8203 | 307999 | 损 7084 |
| 1917 | 423520 | 51792 | | | 475312 | 384327 | 47043 | 7332 | 438702 | 36610 |
| 1918 | 654842 | 80513 | | | 737355 | 553175 | 74353 | 11457 | 638985 | 98370 |
| 1919 | 1051062 | 128452 | | | 1179515 | 1038370 | 127114 | 19357 | 1182841 | 损 3326 |
| 1920 | 1365244 | 190810 | | | 1556055 | 1361590 | 163531 | 198688 | 1723810 | 损 167755 |
| 1921 | 913667 | 172266 | — | — | 1085933 | 908981 | 137133 | 258978 | 1305093 | 损 219159 |
| 1922 | 872628 | 173905 | — | — | 1046532 | 1000032 | 138952 | 231511 | 1368494 | 损 321962 |
| 1923 | 845811 | 171103 | — | — | 1016914 | 887734 | 131982 | 333788 | 1353504 | 损 336590 |
| 1924 | 911875 | 184118 | — | — | 1095992 | 938213 | 133501 | 269938 | 1339652 | 损 243660 |
| 1925 | 931718 | 186663 | — | — | 1118381 | 1078944 | 166319 | 87633 | 1332896 | 损 214514 |
| 1926 | 859886 | 177043 | — | — | 1036929 | 1076078 | 185007 | 112653 | 1373738 | 损 336809 |
| 1927 | 591518 | 409342 | — | — | 1000860 | 818581 | 456101 | 192282 | 1264944 | 损 264084 |
| *1927 | 122012 | 114319 | 31237 | 6253 | 273822 | 139667 | 117012 | 17142 | 273822 | — |
| *1928 | 848877 | 643427 | 104000 | 45748 | 1642052 | 802937 | 666402 | 88097 | 1557436 | 84616 |
| *1929 | 1041058 | 661160 | 81000 | 64488 | 1827707 | 1030855 | 648466 | 63321 | 1742442 | 85265 |
| *1930 | 835125 | 539669 | 48000 | 44361 | 1467186 | 842850 | 529395 | 76890 | 1449135 | 18051 |

① 《南满洲铁道株式会社第二次十年史》，第433－434页。苏崇民：《满铁档案资料汇编第五卷：垄断东北铁路和海港》，社会科学文献出版社，2011，第68页。

② 南满洲铁道株式会社：《统计年报》，昭和11年，第556页。

续表

| 年度 | 收入 | | | | | 支出 | | | | 损益 |
|---|---|---|---|---|---|---|---|---|---|---|
| | 旅馆 | 附属业 | 满铁补给金 | 其他 | 计 | 旅馆 | 附属业 | 其他 | 计 | |
| 1931 | 844545 | 458550 | | | 1303095 | 847164 | 389310 | 163377 | 1399852 | 损 96757 |
| 1932 | 1154290 | 683151 | | | 1837440 | 1056225 | 567665 | 301761 | 1925651 | 损 88211 |
| 1933 | 1543984 | 992167 | | | 2536151 | 1278223 | 885338 | 376426 | 2549987 | 损 13836 |
| 1934 | 1769669 | 1126922 | | | 2896590 | 1415996 | 1021860 | 430475 | 2868332 | 28258 |
| 1935 | 1752145 | 1463319 | | | 3215464 | 1512684 | 1354350 | 442041 | 3309076 | 损 93612 |
| 1936 | 1758837 | 421591 | | | 2180429 | 1584171 | 259297 | 386043 | 2229511 | 损 49082 |

从表 2 可以看出，在旅馆运营的三十年中，仅有六年是盈利的，还有一年收支持平，剩下的 24 年都是亏损的，且亏损额高达 2803918 日元，是盈利额 351170 日元的 7.98 倍。面对如此巨大的亏损，“满铁”依然坚持旅馆营业，并不断扩大旅馆网的覆盖范围，除将旅馆看成是铁道和水运业的辅助事业外，还与旅馆的特殊性有重要关系。

旅馆作为当地旅客的主要集散地，自古以来就颇受重视。从旅馆可以看出当地的旅客数量、旅客来源以及当地的经济水平，同时旅馆也是各地消息的传播处。因此，“满铁”开设的旅馆不仅有经济价值，还有情报价值，带有浓厚的政治色彩。九一八事变当天，奉天大和旅馆作为日军的指挥部被使用。1932 年 2 月 16 日，由关东军司令官本庄繁主持的“东北政务会议”亦在此旅馆召开，会上确定了“满洲国”的高层人选。会后不久，成立“满洲国”。“大和旅馆”除供外国旅客暂住外，主要供日本军政要人及贵族使用，是日本关东军筹划的伪满洲国政权的场所。

## 三　结语

1919 年为了山东等问题，欧美谴责日本对华政策时，后藤新平游历欧美。当欧美人问后藤新平，日本是否打算把欧美各国关在中国大门之外时，后藤新平回答：“我当上满铁总裁所做的头一件事，就是在沿线各城市建造旅馆，若单是为了日本人，自然不需要这样的设备，这主要是为了欧美人。就是说，我们希望很多欧美人来满洲同我们一道开发这一新天地。”日本一面用这样的言论掩饰其妄图独占东北，进而统治中国的野心，一面加大旅馆业的开发，以使“满铁”控制下的旅馆覆盖“满铁”沿线及其附属地，增强对当地的殖民统治。

“满铁”通过在东北建造建筑、发展事业等各种手段谋取利益，掠夺东北的财富。不仅如此，日本建造的建筑带有浓厚的日本色彩，在发展事业过程中也传达着强烈的日本大和精神，日本期望通过这样的方式，潜移默化中影响中国人，在思想上传达日本的“善意”，使住在满蒙的中日人民“亲睦”，降低中国人的警惕意识，减少其统治东北的阻力，以更加方便地推行日本“大东亚共荣”政策，实现其侵略中国的野心。正是在这样险恶用心的驱使下，日本才大力发展东北的旅馆业，在扩大日本的影响下，实现其侵略目的。

原载《边疆经济与文化》2017 年第 4 期

# 满铁调查部检肃事件背景及其影响研究

徐章勇

满铁，系南满洲铁道株式会社的简称，它始建于1906年11月27日，日俄战争后，日本继承了沙俄在我国东北南部的权益，在后藤新平"文装的武备"论鼓吹下，满铁不但用会社之名，行国家之实，而且"表面上经营铁路，背地里百般设施"充当日本侵略的急先锋①。而伴随满铁经营始终的调查机关，更是恣意进行调查情报活动，为满铁及日本军部提供对华侵略上政治、经济、社会等方方面面的情报支援，处处体现着所谓"调查报国"的理念。但是，在1942年和1943年接连发生的两次调查部检肃事件却让其各种活动后几乎陷于停滞，直至1945年日本投降②。并且在事件发生后得处理中，也显得颇为草率，仅以思想事件收场。本文拟以历史文献资料为基础，通过梳理调查部的发展历程，并分析研究检肃事件的背景，探析其实质及影响。

## 一　调查机构及左翼派

一般认为满铁自伊始就设有调查机构是其第一任总裁——后藤新平的主张。日俄战争后面对落入日本的满洲地区，1905年后藤就有"有必要设立像台湾那样的大调查机关和中央试验所"③，并向时任满洲军总参谋长的儿玉源太郎汇报"战后满洲经营唯一要诀在于：阳为经营铁路，阴为实行各种政治发展措施"。这一想法后被完整的表述为"文装的武备"的殖民理论，即用"文事设施"以备他人侵略，遇事兼可助于"武断的行动"。按照后藤的理论，调查活动尤为重要，但其实这一殖民主张无非就是胡萝卜加大棒的文武兼施的政策，核心即对刚得手的满蒙之政经社情调查研究，使之归附日本，秉承着这一理念设立的满铁及其调查机构归根结底也是为此目的④。

① 解学诗：《评满铁调查部》，人民出版社，2015，第28页。

② 黄福庆：《满铁调查部检肃事件之背景探讨》，《中央研究院近代史研究所集刊》1993年第22期。

③ 上田恭辅：《满洲铁道建设秘话》，铁道总局建设局编，满铁社员会，1940，第7页。

④ 解学诗：《评满铁调查部》，人民出版社，2015，第29页。

满铁规模庞大，经营面广，调查机构以适用社业为基准也相应呈现着设置的分散性和组织的复杂性。以满铁本部为例，主管调查活动的机构名目设立更迭纷繁，但建立调查机关是一贯的，都是在攫取对华各种政治经济情报以配合“国策”，虽不是军调机关但军事色彩浓重。如满铁以“军秘”级内部出版的《满铁第三次十年史》调查部篇第2373页明确表述：

……会社不断受陆军委托进行调查，会社也经常要求陆军在调查上提供方便，并将会社收集的调查资料提供给军方。

**表1　满铁调查机构沿革①**

| 调查部 | 调查课 | 满铁经济调查会 | 产业部 | 大调查部 | 调查局 |
|---|---|---|---|---|---|
| 1907. 3 ~ 1908. 10 | 1908. 12 ~ 1932. 12 | 1932. 1 ~ 1936. 9 | 1936. 10 ~ 1938. 3 | 1938. 4 ~ 1943. 5 | 1943. 4 ~ 1945 |

调查机构虽然自伊始就设立，但真正使调查业务查和统计事项和搜集情报的能力专业化是在1920年前后。“大正7年（1918）1月职制改革，规定调查课只限于各种调查和统计事项；大正12年，调查事项增加铁路、交通、和一般情报事项，同时新设立哈尔滨事务所调查课专于北满②。”

即在1920年前后，调查课不仅在人员和业务上，都进行了相当大的改组，其根本原因是世界形势的剧变。一战后西方列强元气大伤无暇东顾，其后俄国发生的十月社会主义革命，日本攫取在华利益更甚迎来了所谓其“黄金海啸”的对外扩张期。在调查部内部上，石川铁雄的推动至关重要。他是由1919年第四高等学校讲师转入满铁东亚经济调查局，同年任第四任调查课长。针对之前的个人单干为主的调查方式，石川对调查课的方针是：改变其无计划性，制订年度计划，以计划的总体性、划一性为目标，谋求调查活动的组织化；同时加强资料工作的整理与收集③。在石川的努力下《满蒙全书》七卷本发行。这是在日本加紧满蒙扩张实现其国策的背景下，调查部“把满蒙之自然与文化全貌，勾勒出最精确之轮廓”以供日本军部参考④。

1920年为界，如同石川铁雄一样，更多的具有高学历、专业技术的人员被引入调查部。和石川同年，东京帝国大学教授松本烝治入满铁任理事，在他的影响下，日本官立的东大京大的毕业生更多地进到满铁任调查员，如伊藤武雄、波多野鼎、石浜知

① 苏崇民：《满铁史》，中华书局，1990。

② 王贵忠：《关于满铁调查部》，《历史教学》1984年第7期，第33页。

③ 解学诗：《评满铁调查部》，人民出版社，2015，第35页。

④ 石堂清伦：《十五年战争与满铁调查部》，东京：劲草书房，1986，第9页。

行和田中九一[①]。这就打破了以东亚同文书院出身为中心的人事格局。嘱托人员的增加，如刺杀张作霖的河本大作，因事件被处死的尾琦秀实等都是满铁嘱托。满铁调查人事结构的兼容并包从一个侧面反映了满铁调查活动的复杂性[②]。

体现这一复杂还有在20世纪30年代后大批左翼分子的加入。随着日本对大正民主运动的左翼自由主义思想的专制不断加强，如1926年的京都学联事件，但在满铁中特别是调查机构中的自由空气却相当浓厚，当然这种自由也是在日本军部的限度之内的，一切以不违反日本的侵略权益为限。继而来临的大萧条时期，低迷的经济更加刺激着日本军国主义的野心，日满经营的进程加快。就要求对具有经济知识和调查能力人员的需求扩大，有自由传统的满铁调查部成为在日本国内受到镇压的左翼分子实现其理想的温床。所以这对于这些当时称为“知马”即具有马克思主义思想的人员来说有想不到的自由。前文提到的尾琦秀实有意识的向调查部内部举荐了许多左翼人士。中西功就是如此，经尾琦介绍，1934年加入。中西功是一位地下革命工作者，与中共有密切联系[③]。他以佣员身份加入，在进行中国抗战力调查等过程中产生了重大影响，也为之后的事件起由及影响埋下了引子。

## 二　大调查部及综合调查

1937年七七事变后，日本发动了全面侵华战争，满铁更迫不及待进入华北。日本在占领华北、华中的主要城市和铁路后侵略气焰愈发嚣张，妄图灭亡中国。但随着战争的长期化和占领区的扩大，加之国际形势的变化，日本陷入了战争的泥淖中。为适应日本侵略战争扩大的实际，企划院、兴亚院参谋本部竞相要求建立一个综合的、多功能的“国策调查机关”但当时的日本调查机关中唯有满铁具备这种在人力和财力上的实力[④]。1938年11月满铁以“为制定全东亚建设方案必须对全东亚之社会政治经济实行全面科学的综合研究”为由，以满铁调查机构在华之经验和组织等优势，提议日本政府扩大为国策调查机关。经批准后满铁遂成立大调查部，合并了原直属总裁的中央试验所，从事社会调查和自然科学研究，扩大了各地调查机构。大调查部成立时拥有1731人，翌年即发展到2345人，预算达1000万元。其规模不仅是当时日本最大的，在世界上也是可数的调查机构。

满铁调查部扩大后，其调查方针更大程度上受到军部的影响。1940年应陆军省、

---

① 陈鼎尹：《从王道乐土到中国研究的资料库——超越帝国主义的满铁》，“国立中央大学”硕士学位论文，2010。

② 解学诗：《评满铁调查部》，人民出版社，2015，第34页。

③ 苏崇民：《满铁史》，中华书局，1990，第817页。

④ 苏崇民：《满铁史》，中华书局，1990，第779页。

参谋本部及企划院的嘱托，面临着日美关系的恶化和战争进一步扩大化，新成立的大调查部也想趁此执行统一整体的业务计划，开展了综合调查活动。其中得到瞩目的年度计划有重庆政权抗战能力及日本对华经营调查以及日满华通货膨胀调查和中国惯例调查。其根本精神在于加倍于国家机关的协助，当此遭遇大东亚战争之际，调查部愈加需要完成其本来之使命①。在1940年11月调查部举行的业务联系会议强调，满铁要具有以国策调查为国奉公的决心。这所谓的为国奉公，无外就是更好地为日本侵略者提供尽可能的情报支持。在这些综合调查中，1939年6月最先开展、最受重视、影响力最大的是《中国抗战力调查》，就是前面述及的重庆政权抗战能力综合调查。这项调查以中国社会性质出发，揭示中国政治、经济、军事等方面抗战力量的消长，得到了军部的大力支持。也就是侵华战争在进入相持阶段后日本当政者更急于得到有关中国抗战的更深层的战略情报。

值得注意的是，这个意义非凡、规模庞大的调查计划却是由左翼调查员主导的。其提出者具岛兼三郎在回忆中说："社会主义这虽然左倾一点，但是他们比较能做事，调查部的高层干部因而不大去挑剔。"② 要进行这种对技术和专业要求强的综合调查，之前大正民主时期受到打压的以马克思理念的人士在这些调查活动中非常活跃。中西功更是这一调查的推进者。中西功1934年在进满铁前已加入了中国共产主义青年团，在介入中国抗战力调查后，中西功恢复了同中共的组织关系并转为中共党员。1940年5月以调查资料编集的《昭和十四年调查结果汇编》，就是如今的《中国抗战力调查报告书》。在第一册《总篇》中，提到"战争对中国社会的性质，二是战争过程中的中国社会简况"，简言之就是"为应对战争的冲击，中国政治经济必将重组，即民主化和政治统一问题，结合传统的农村社会的关键是民众动员和政治动员"。这和毛泽东早在1938年5月《论持久战》所述观点不谋而合。日本军队占领的地区为中国大陆的沿海地带大都是资本主义发达的地区，但中国经济的基本在农村。因此不管怎样控制沿海也不会触及中国根本，中国的抗战力量产生于内地，且要注意共产党在改革社会关系上的成效③。

**表2　中国抗战力调查报告书④**

| 分册 | 篇目 | 概要 | 作者 |
|---|---|---|---|
| 第一册 | 总篇 | 中国抗战力调查的方法论及总结 | 中西功 |
| 第二册 | 政治篇（1） | 战时中国内政 | 中西功 |

① 苏崇民：《满铁史》，中华书局，1990，第779页。

② 黄福庆：《满铁调查部检肃事件之背景探讨》，《中央研究院近代史研究所集刊》1993年第22期。

③ 草柳大藏：《满铁调查部内幕》，刘耀武译，黑龙江出版社，1982，第12页。

④ 辽宁省档案馆编：中国抗战力调查：《总篇》凡例/满铁调查报告：第八辑（第22册），广西师范大学出版社，2016。

续表

| 分册 | 篇目 | 概要 | 作者 |
|---|---|---|---|
| 第三册 | 政治篇（2） | 八路军及新四军 | 津金常知 |
| 第四册 | 战时经济政策篇（1） | 交通 | 岩城俊次 |
| 第五册 | 战时经济政策篇（2） | 商业、贸易 | 熊谷郎、岸川忠嘉 |
| 第六册 | 战时经济政策篇（3） | 通货、金融 | 加藤清 |
| 第七册 | 战时经济政策篇（4） | 财政 | 林田和夫 |
| 第八册 | 内地经济篇（1） | 农业 | 石川正义 |
| 第九册 | 内地经济篇（2） | 工矿业 | 片山康二 |
| 第十册 | 外援篇 | 各国对华援助 | 具岛兼三郎 |

但这份报告却关注多，收效少。原因很简单，在日本军部寄予厚望的情况下，调查部却提交了一份背离“国策”的报告：日本不可能战胜中国，中国却能在战争中实现革命性变革。尾琦秀实在完成后自言：“总而言之，既要避免与美国交战，又要尽快结束日中战争。”这份报告在帝国主义立场的侵略者面前当然不会同意，尤其是在太平洋战争开始后日本的作战优势逐步丧失的环境下更是不允许这种“败战论”的出现。

## 三　检肃事件的发生与意义

满铁调查部检肃事件先后有两次，第一次是 1942 年 9 月 21 日，34 人，第二次是 1943 年 7 月 17 日，10 人，共计 44 人①。他们有的正准备离家上班，有的正在外地调查，有的正在熟睡，一个个都横遭逮捕。如草柳大藏《满铁调查部内幕》记载所言，这些调查员被捕的情景说明检肃事件的发生是突然的，但事实果真如此吗？正如事件的处理，不论规模还是调查能力在当时都是首屈可数的满铁调查部在经历了来自日本当局煞有其事的两次调查后，却以思想事件收场一般②，着实值得推敲。

在日本国内，镇压大正民主时期引发的自由活动在战争扩大化后更愈演愈烈。在太平洋战争爆发前后，一系列的思想专制的事件接连发生。1941 年的《治安维持法》和 1942 年《战时刑事特别法》都是在对反对战时政治体制、国家神道和王道圣战者的高压钳制。以企划院事件（1941 年 1 ~ 4 月）为起点，陆续发生了“共产国际谍报团”事件（1941 年 10 月）、合作社事件（1941 年 10 月）、“中共谍报团”事件（1942 年 6 月）和前面述及的两次检肃事件，这些事件都被冠以“部员参加红色运动的嫌疑，宣

① 苏崇民：《满铁史》，中华书局，1990，第 821 页。

② 解学诗：《评满铁调查部》，人民出版社，2015，第 481 页。

传共产主义而被逮捕”[①]。

所以从表面上看检肃事件和其他的镇压活动毫不相关，但“无论企划院事件也好，检肃事件也好，问题不在于这些事件是否已构成犯罪事实，而在于国家权力当局为推行自己的理论，而需要进行思想整肃工作[②]。说得具体些，他们认为日本经济实力并不能担负起日本军部设计的庞大战争计划。

在两次调查部检肃事件的主要人员中，尾琦秀实、中西功、具岛兼三郎都是调查部能力处于佼佼者，中国抗战力调查和战时经济调查都是由他们推动实行。具岛曾对太平洋联合舰队司令山本面前亲述中国抗战力调查结果，但结果不难想象0810。在当局看来无论是抗战力调查得出的战争长期性还是战时经济调查得出的经济统制下日本国力的不可持续性都指向着日本军国法西斯走向败亡的道路，这是他们所不能接受的。在事件中，满铁高层并不是不知情。1942 年 5 月，东条英机对时任总裁大村卓一警告要侦查一下满铁，并派心腹加藤入关东军宪兵司令。满铁只是向大连宪兵队交涉提出不要有虐待行为，未见其他应对；并且在第二次事件中，北条秀一在回忆录中提到曾看到一份名单，共 124 人，调查部为显示配合军部，主动提出 10 人的检肃名单[③]。宪兵队和调查部如此默契的举措说明在行动前军部和满铁高层是互为谅解和默许的，这并不是偶然的突发事件。

自始至终似无具体罪证，整个过程虎头蛇尾，检举事件中尾琦等一干调查部中有能力人员被捕后，内部也按照所谓“部内肃正方针”采取转出、停职、自检等方法，之前意欲策划的规模宏大的综合调查更是事实上完全停止[④]。但它给满铁的打击是惨重的，事件后调查部龟缩为调查局，其调查业务由于战局不利也转为对苏的情报分析，但结果却是事与愿违，关东军在苏联面前如摧枯拉朽一般败亡。

## 四 结论

满铁调查部检肃事件的发生不是突然才有的，在日本当局可以看到随着日本侵华战争的逐步扩大，天皇法西斯主义得到不断强化，越来越不允准国内和占领地的不同声音的出现，尤其是和军国主义相悖的“败战”论的思潮，即使它是由科学和严密的论证得出的结果。在满铁调查部内部，以每一次改组和职制改革为契机，调查部逐渐有所谓“知马”的左翼分子负担重要的调查业务，如代表着调查部最高水准的中国抗

① 草柳大藏：《满铁调查部内幕》，刘耀武译，黑龙江出版社，1982，第 554 页。

② 草柳大藏：《满铁调查部内幕》，刘耀武译，黑龙江出版社，1982，第 556 页。

③ 黄福庆：《九一八事变后满铁调查机关的组织体系》，《中研院近代史研究所刊》1995 第 24 期，第 174 页。

④ 解学诗：《评满铁调查部》，人民出版社，2015，第 484 页。

战力调查等。在战争初期时，日本在军事、经济上都处于优势，军部当局还能一定限度内容忍这些战略情报所发出的不同的声音；可在战争将日本拖入了毁灭的事实面前，军部狂妄的还要将战争进行到底，与“国策”背道而驰的“客观分析”的只能见端于纸面，其调查人员也随之受到军部的打压。这是一个“权力与智力”[①] 的博弈。

但应该看到的是这些调查活动是为日本建立所谓“东亚新秩序”而进行的，所标榜的“国策调查”也是为之而服务的。并且左翼分子成为调查骨干，是由于他们的研究能力和水平可以更好地完成这一任务，而且他们不占多数更不掌握调查领导权。[②] 所以夸大调查部左翼分子的意义，进而美化调查部的行为也是违反史实的。

原载《佳木斯大学社会科学学报》2018 年第 2 期

① 草柳大藏：《满铁调查部内幕》，刘耀武译，黑龙江出版社，1982，第 6 页。

② 苏崇民：《满铁史》，中华书局，1990，第 819 页。

# 关于伪满洲中央银行与日本关东军之关联性研究

吴 昊

## 一 日本关东军对伪满洲中央银行关注的意义所在

《远东国际军事法庭判决书》中对关东军下的定义是："所谓关东军就是根据《朴次茅斯和约》，为保护包含着南满铁路在内的日本利益而'驻满'的日本部队。"显然，关东军就是依靠着日本从俄国人手中抢占的"中东铁路"的南段——"南满铁路"路权起家的。

1905年日俄战争后，日本派兵强占了中国的辽东半岛和"南满铁路"，将辽东半岛改名为"关东州"，在旅顺设立"关东都督府"并下设陆军部。1919年，"都督府"撤销，改设"关东厅"，在陆军部基础上成立关东军，司令部设在旅顺。1931年九一八事变后，日本侵占了中国东北全境并扶植了伪满洲国傀儡政权，关东军司令部也随之迁至长春。1932年3月6日，关东军还在溥仪正式任伪满洲国执政之前，由高级参谋板垣征四郎在汤岗子强迫溥仪签订了一个关东军司令官本庄繁（还取个中国名字叫剑华）、溥仪秘密协定书。根据这个协定，关东军对伪满洲国享有内部指导权，关东军代表日本政府命令、监督伪满政府。① 甚至于每个星期五上午十时，都在关东军司令官邸定期召开伪满洲最高首脑会议。日本政府对伪满的要求以及伪满的重大决策，都在这个会议上提出和决定，并由关东军司令官或通过参谋部命令总务厅长官或其他要员遵照执行。1934年，日本政府对驻伪满洲国机构进行了调整，关东军司令兼任日本驻伪满洲国全权大使和关东厅长官，进一步强化了对伪满洲国的一元化领导体制。显然，作为统揽全局的关东军，势必要全面指导、监督伪满洲国创建初期的金融稳定和经济建设工作。

那么，关东军为何十分关注和积极插手伪满洲中央银行事务呢？这是由伪满洲

① 滕利贵：《伪满经济统治》，吉林教育出版社，1992。

中央银行的地位和作用决定的。我们知道，对一个国家或地区有效统治的一个重要标志就是社会的稳定，而经济稳定则是社会稳定的基础，财政、金融的稳定又是经济稳定的前提，而中央银行的建立和运行才是金融稳定的关键。所以，关东军要想有效地统治东北，就必须要把伪满中央银行牢牢地控制在自己手中，为其政治、军事目的服务。

另一方面，伪满中央银行的机构性质和服务功能也是关东军所不能忽视的。伪满洲国成立以后，普遍设立了相当于股份公司性质的株式会社。在此基础上，还建立了由政府直接控制、监督和参与经营的“特殊会社”即“国策会社”和以“特殊会社”为准的“准特殊会社”体制，对重工业、军需工业、基础工业等重要部门和行业实行经济统制。1932 年 6 月 11 日，伪满洲国以敕令第二十六号公布实施了《伪满洲中央银行法》，此法令对“伪满洲中央银行股份有限公司”的性质、存立期限、资本金、政府出资比例、机构设置、业务范围、收益分配、政府监督等都做了明确规定。实际上，“满洲中央银行股份有限公司”就是伪满洲国成立伊始组建的第一个由政府控制的“特殊会社”。

更加值得一提的是在 7 月 1 日伪满中央银行开业之际，溥仪在开业训词的开篇就提出，“国家银行为利用厚生之根本，与人民有极巨至切之关系，各先进国无不注意于此”①；伪满洲国总理郑孝胥也在训词中进一步强调了伪满洲中央银行的特殊性，“今新国家成立，万事尚未就绪，第一急务，先设中央银行，虽为政府统一财政之要策，实为保全人民产业之先声”②；伪满洲国财政总长熙洽在祝词中更是把伪满中央银行推崇为，“邦家肇建，百度维新，而此伟大事业之中央银行首先成立，以为救民之唯一机关”③。伪满洲中央银行总裁荣厚在致辞中更为直接：“一国之兴举凡振兴产业，发展经济，不得不俟金融机关之活跃，而中央银行为其中枢。”④ 从这些伪满洲国首脑讲话中，也能透视出伪满洲中央银行在伪满洲国举足轻重的特殊地位。

事实证明，伪满中央银行在其经营活动中，确如伪满中央银行总裁荣厚在致辞中所讲：“以举一个中枢金融机关之实，斯对于满洲国财界所愿以贡献者也。”⑤ 这样一个由政府控制的伪满洲国国策特殊公司，自然会获得伪满洲国最高统治当局——关东军的高度关注，全力服务于关东军对东三省的统治和日本殖民主义对华北等地的侵略。

---

① 《伪满洲中央银行史料》（内部发行），吉林省金融研究所，1984，第 86 – 87 页。

② 《伪满洲中央银行史料》（内部发行），吉林省金融研究所，1984，第 86 – 87 页。

③ 《伪满洲中央银行史料》（内部发行），吉林省金融研究所，1984，第 86 – 87 页。

④ 《伪满洲中央银行史料》（内部发行），吉林省金融研究所，1984，第 86 – 87 页。

⑤ 《伪满洲中央银行史料》（内部发行），吉林省金融研究所，1984，第 86 – 87 页。

## 二　日本关东军对中国东北金融业的全面控制

日本政府对中国东北金融业觊觎已久，早在1899年（光绪二十五年），日本横滨正金银行就在营口开设了支店。1904年2月，由于日俄开战，横滨正金银行不得不关闭此支店。时隔半年，日军占领了大连，横滨正金银行趁此机会，又在大连设立了驻在所。1905年，日本横滨正金银行又将大连驻在所作为其在“满洲”的金融中枢而改设为支店。以后又相继在奉天、旅顺、安东（现丹东）、长春、哈尔滨等地增设支店，并先后取得了银票和金票的发行权。继日本横滨正金银行之后，日本朝鲜银行也于1909年（宣统元年）在安东（现丹东）设立了支店。1911年，随着安（安东）奉（奉天）铁路的竣工，朝鲜银行发行的纸币在安奉全线流通。此后，又相继在奉天、大连、长春、哈尔滨等地开设支店。随着拥有货币发行权的横滨正金银行和朝鲜银行在中国东北的进驻和发展，日本一些普通银行也蜂拥而入，如大连的正隆银行、满洲银行、大连商业银行、营口的振兴银行、长春实业银行、哈尔滨银行等。日资银行在中国东北的银行数量最多的时候是1922年，总行数量达到28家，总分行合计总数达83家[①]；1925年，日本在东北的总行数为17家，分支机构56个；1931年6月，总行数12家，分行或办事处46个，共计58个。其中，日本正金银行1907年在东北各地发行的纸币为490.5万元，1930年为521.8万元；1917年，日本政府把“南满铁路”沿线的金票（日币）全部交由后来居上的朝鲜银行发行，因此，当年在东北流通其纸币为2245.5万元，1930年流通量高达3162.5万元[②]，严重地干扰着当地的金融秩序，不断地在中国东北攫取最大的经济利益。

九一八事变后，日本关东军一开始就把控制着整个东北经济命脉的金融业作为首要任务。为此，1931年9月19日，日本关东军在占领了奉天（现沈阳）城的当天，就首先占领并查封了整个东北经济命脉的东三省官银号、边业银行、中国银行、交通银行及辽宁省四行号联合发行准备库等金融机构，还在东三省官银号两扇大铁门上贴上“关东军占领，违者被杀”的布告，派兵把守，全部冻结了这些金融机构的金融资产。这不仅切断了当地金融机构对张学良方面的军费供应，顺便还将东三省官银号库存的660吨黄金和银洋200万元全部掠走[③]。两天后，关东军第二师团占领吉林市时，同样，先派兵进驻吉林省的东三省官银号各支号、边业银行各支行以及吉林永衡官银钱号，

① 伪满洲中央银行：《中国人民银行吉林省分行金融史组译．满洲中央银行十年史》，伪满洲中央银行，1942，第33页。

② 滕利贵：《伪满经济统治》，吉林教育出版社，1992，第213－215页。

③ 滕利贵：《伪满经济统治》，吉林教育出版社，1992，第213－215页。

查封并冻结了吉林省金融机构的全部资产，并从吉林永衡官银号一次性提走库存白银和现大洋约千余万[①]，并设 1 名监理、2 名顾问对该行严加监管。

11 月 19 日，当关东军占领齐齐哈尔时，当即封闭黑龙江省官银号（原名黑龙江省广信公司）。时任代理黑龙江省主席兼军事总指挥的马占山，在撤退时拿走了黑龙江省官银号库存现款、发行纸币用印鉴及中央文件，从而减少了该行的损失。但是，关东军对该银号的查封还是造成了黑龙江省金融业的一片混乱。

可见，关东军进驻东北后，首先想到的就是控制当地的金融机构，查封冻结银行资产，着手整顿金融秩序。关东军还决定由其参谋部第三课负责制定伪满洲国各项经济金融统制政策，为日后筹划建立伪满洲国金融体系和筹建伪满洲中央银行做准备，由此，拉开了筹建伪满洲中央银行并通过其为日本帝国全面侵华做好金融服务的序幕。

## 三　日本关东军对伪满洲中央银行建立的筹划

为加强对东北金融的控制，日本关东军在沈阳市成立了所谓的“金融研究会”，并把时任奉天（今沈阳市）地方维持会会长袁金铠拉来做“金融研究会”委员长，其目的就是要通过其选定的傀儡代理人，全面涉入东北金融事务。同时，关东军还邀请了日本方面的横滨正金银行、朝鲜银行、南满洲铁道株式会社（简称“满铁”）、关东军代表和中方的东三省官银号、边业银行、中国银行、交通银行负责人召开金融研究会议，共商东北金融稳定大计。这次会议从 1931 年 10 月 10 日上午 9 点一直开到下午 7 点，在这次会议上，关东军特约的“满铁”理事首藤正寿公然表明，“要由日本强行监督东三省官银号、边业银行的业务管理”；随后，关东军司令本庄繁在 10 月 11 日发函（关统发第 25 号）给伪“奉天”省长臧式毅，函中要求“确保日本军的利益”“派遣监理官数名”“日本军随时派遣官吏监察东三省官银号及边业银行的业务”[②]；关东军司令部同时颁布了《监察官服务规定》，在东三省官银号、边业银行及辽宁省四行号联合发行准备库设监理官若干名，直接参与、监督、控制各项业务活动。

1931 年 12 月 11 日，为进一步强化对东北行政、经济和金融的控制，经关东军参谋会决定，废除最初管辖伪满洲国经济事务方面的原“参谋部第三课”，于同年 12 月 18 日在其内部设立“统治部”，并使其成为一个以关东军行政机构面目出现，负责全面控制伪满洲国经济金融的专门机构。统治部部长的人选则是一个从少年时代就立志于为所谓“大亚细亚主义”献身的日本浪人、深得本庄繁和板垣征四郎等人器重的关东军财政顾问驹井德三。此时，关东军新设的统治部不仅取代了原参谋部第三课和经

---

① 滕利贵：《伪满经济统治》，吉林教育出版社，1992，第 213 - 215 页。

② 《伪满洲中央银行史料》（内部发行），吉林省金融研究所，1984，第 423 页。

理部所管辖、监督旧政权公款和现金出纳等行政事务，其被赋予更加重要的职能则是专注于起草、制定伪满洲各项政策、法令以及从事伪满洲国经济金融的全面统治。

在全面施行伪满洲经济金融统治过程中，关东军也深感其经济方面人才的匮乏和力量的薄弱。出于对伪满洲国经济财政金融统治专业性考虑，在财政方面：关东军向日本政府提出，请求大藏省迅速选派一批财政方面的专家来伪满洲国，帮助建立一套完整的财政体系。1932 年 6 月，日本方面派来了以星野直树、原田松山、松田令辅、古海忠之等财政专家一行 30 多人，全面接管了伪满洲国财政大权。在金融方面：关东军则求助于同样靠“中东铁路”起家、且长期在中国东北从事经济侵略活动的“满铁”。1932 年 1 月 18 日，关东军参谋长三宅光治写信给“满铁”总裁，要求“满铁”设立一个综合调查的指导机构①，协助军方做好经济金融方面的咨询和统治。于是，“满铁”于 1 月 20 日就迅速决定设立“经济调查会”，设有六个部，其中，第四部就是负责商业金融方面的调查。此外，“满铁”方面还派来原“满铁”参事、东三省官银号及边业银行顾问竹内德三郎、安盛松之助、南乡龙音、川上喜三等人，担当编制伪满中央银行筹建纲要的任务。正是由于这些擅长经济金融方面的帮凶——“满铁”经济金融专家的加入，从而加快了关东军统治整个东北金融的步伐。

## 四　日本关东军直接操纵伪满洲中央银行的筹建工作

从伪满洲中央银行的筹建过程来看，自该行成立伊始，甚至是在早期谋划之时，就已经完全在关东军的预谋和操纵之下。

1932 年 1 月 4 日，关东军统治部次长武部、财务课长五十岚保司（原“满铁”商工课长）就委托“满铁”派来的安盛松之助、南乡龙音草拟有关统一伪满洲币制和筹建中央银行的方案；10 天之后，安盛和南乡就拟订出《满洲币制统一及满洲中央银行设立方案》；针对伪满洲中央银行的设立，负责此项方案策划的关东军“统治部”首先提出了“满洲中央银行”初定资本金为叁仟万元（最初可缴纳半额），其中新政府承受壹仟伍佰万元，民间承受壹仟伍佰万元的建议；1 月 15 日至 20 日，关东军“统治部”又在奉天“大和旅馆”召开“币制及金融咨询委员会”会议，会期五天，专题研究伪满洲金融问题。此后，关东军统治部还曾“提出建立中日合办满洲中央银行的提案，以期实现（中日）通货的统一和协调”②。在 1932 年（昭和 7 年）1 月 14 日，关东军统治部财务课进一步提出了“新中央银行管理权问题”和“伪满洲中央银行资本

① 滕利贵：《伪满经济统治》，吉林教育出版社，1992。

② 《伪满洲中央银行史料》（内部发行），吉林省金融研究所，1984，第 71 页。

金数额及募集方式”的提案[①]。1932年（昭和7年）1月30日，关东军统治部在召开关于币制及关税会议的建议纲要中，还就伪满洲国货币本位制问题，提出了采取银本位制的建议[②]；2月5日，关东军还针对伪满洲金融问题制定了《货币及金融制度方针纲要》[③]，并成为后来制定《银行法》《货币法》及其他关系法规草案的依据；同时，统治部财务课长五十岚保司等也相应地提出了《满洲通货金融改革案》。显然，作为伪满洲最高军政权力机关的关东军和日本政府在伪满洲的经济活动代理人“满铁”都十分卖力地介入到伪满洲的金融事务中，并将其视为稳定经济、安定社会的重中之重。

三月初，为集中精力筹建“满洲中央银行”，尽快稳定东北金融，关东军全权委托其“统治部”财务课课长五十岚保司具体负责创建《满洲中央银行》一切事宜。随后，由关东军统治部转任伪满国务院总务厅长的官驹井德三把“满洲中央银行”筹建纲要交给东三省官银号顾问、“满铁”参事竹内德三郎、“朝鲜银行”的酒井辉马和“横滨正金银行”的川上市松等三人，要求其尽快协助五十岚保司完成“满洲中央银行”的具体筹建工作。

1932年初，关东军“统治部”财务课长五十岚保司召集伪满洲国首脑人物臧式毅、熙洽等进行磋商，决议了关于“合并东北三省各官银号”、设立“满洲中央银行”的政治性决定。3月11日，在五十岚保司主持下，召开了由“满铁”参事竹内德三郎、“朝鲜银行”酒井辉马、“横滨正金银行”川上市松等人参加的创建协商会议（即筹建预备会）。会议对关东军“统治部”制定的《满洲中央银行法》《货币法》等有关法规草案等逐条进行了审议，还对“满洲中央银行”开业准备、职制和人事配备等进行了协商。

3月15日，在长春城内被服厂召开了伪满洲中央银行第一次创建准备会议，会期为15日、16日和18日三天。会议确定由11人（日本人7人、中国人4人）组成创建委员会，关东军方面委派的五十岚保司被委任为委员长。在这次会议上，时任国务院总务厅长（原关东军统治部长）驹井德三宣布“设立‘满洲中央银行’，将各官银号及边业银行并入中央银行”的决定。关于伪满洲中央银行“日系”最高负责人人选，经曾任日本大臧大臣、东京市长的阪谷芳郎推荐，由日本关东军司令官本庄繁亲自批准，把谙熟日本金融界、世界白银流通、日本殖民地经济状况的原台湾银行理事山成乔六调来担任伪满中央银行副总裁，并由其决议伪满中央银行一切重大事务。

此外，1936年2月25日，奉天造币厂新建厂房竣工，关东军方面的五十岚保司也参加了竣工仪式和盛大宴会；1938年8月6日伪满中央银行总行大楼竣工之时，关东军司令官代理矶谷中将还亲自参加了新行大楼建成仪式；曾经逼迫何应钦签署臭名昭

① 《伪满洲中央银行史料》（内部发行），吉林省金融研究所，1984，第72页。

② 《伪满洲中央银行史料》（内部发行），吉林省金融研究所，1984，第75页。

③ 《伪满洲中央银行史料》（内部发行），吉林省金融研究所，1984，第425页。

著的《何梅协定》的梅津美治郎，也在其担任关东军司令官期间亲自视察过伪满洲中央银行。甚至，参战的日本皇族也纷纷来到伪满洲中央银行视察，其中，昭和天皇皇叔，曾任日本陆军少将的“闲院宫”春仁王于“康德”五年九月二十九日视察伪满中央银行；曾为日本陆军中佐的皇族“竹田宫”恒德王于“康德”六年十月三十日视察伪满中央银行；昭和天皇三弟，曾任日本海军大佐的“高松宫”宣仁亲王于“康德”7年6月11日视察伪满洲中央银行；曾在1935年7月逼迫国民党政府签订《何梅协定》华北驻屯军司令官梅津美治郎，也在其担任关东军司令官期间亲自视察过伪满洲中央银行；可见，伪满中央银行在日本军方具有较强的影响力，所以，其举办的各种活动自然也都离不开关东军的影子。

## 五　日本关东军对伪满洲中央银行金融活动的直接干预与控制

日本关东军不仅参与、操纵了伪满中央银行的筹建过程，还直接插手、干预并控制其金融活动。

1932年5月9日，刚刚走马上任的“日系”负责人山成乔六在伪满洲中央银行创建事务所（吉林永衡官银钱号长春分号）第一会议室；主持召开了伪满洲中央银行筹建委员会议并在就银行开业问题做几点说明中明确表述了关东军方面的意愿：“一是军方要求务于五月中旬前后开业，二是人事属于保密、希望委交敝人处理。”

5月10日在“满洲中央公馆”（银行招待所）继续召开伪满洲中央银行筹建委员协议会，副总裁山成乔六则根据关东军方面的指示做了如下报告：一是关东军司令官希望中央银行尽可能多启用中国人以安定民心；二是根据军方意见，坚决禁止在伪满洲国内发行金票及钞票，但在关东州及附属地可以发行、流通，不在此限；在这次会议上，曾任关东厅拓务书记官、时任伪财政部总务司长的阪谷希一说得更加露骨：“满洲中央银行人事问题由本人同原关东军统治部长、总务厅长官驹井德三与副总裁山成乔六三人商议安排；关东军财务课长五十岚保司仍应以委员长身份致力于满洲中央银行筹建工作，直到满洲中央银行建成为止。”

事实上，在伪满中央银行内部机构人士安排上，把原东三省官银号总办吴恩培、原吉林永衡官银钱号总办刘燏棻、原黑龙江省官银号总办刘世忠等中国人仅在名义上安排为伪满洲中央银行理事，而各个部门的部长、课长、分支行经理人选90%以上都是由具有关东军背景的“满铁”和日资横滨正金银行、朝鲜银行的人员担任，且经过关东军同意安排的，日本人完全控制着伪满中央银行的实权。5月11日，会议仍在继续并确定了一项重要内容：那就是由关东军委派的创建委员会委员长五十岚保司向军方汇报有关撤废东北三省官银号及边业银行顾问、咨议、书记等制度问题。

在伪满中央银行的货币发行上，关东军与伪财政部也是相互串通、沆瀣一气，为其金融统治谋求最大利益。1932 年 6 月，在伪满洲国财政部关于《旧货币清理办法》出台以前，伪满洲中央银行总裁荣厚曾对“日系”副总裁山成乔六、财政部方面的阪谷希一等拟就的旧币兑换方案提出异议，认为此方案把东北原有货币的兑换率压得过低，新发行的伪币币值过高，百姓损失太大，担心引起社会不满而动摇伪政权。此时的关东军原统治部长、现任总务厅长官的驹井德三为了日方利益，认为“这个问题只好从政治上解决”，并直接出面召见荣厚，拿出原作兑换率表向荣厚质其所疑，以严肃的态度对荣厚说“这个兑换比率无不合理之处，必须断然照此执行。[①]”伪满洲中央银行总裁荣厚迫于其压力而不得不服从。

关东军为了进一步增强其在中国东北的统治，确保“满洲”的独立性，控制整个“满洲”金融。关东军特务部长小矶国昭二根据前面提到的“坚决禁止在满洲国内发行金票及钞票”的军方意见，在 1933 年（昭和七年）9 月 6 日，就将东北的日资银行发行的日本金票、钞票清理，专门致函“满铁”经济调查委员会委员长十河信二（特务部发第 251 号）[②] 主要内容：“一是满洲国采用银本位制统一了币制，正金钞票有无继续存在之必要？二是过去钞票之所以存在的理由何在？三是如将钞票废止，其影响如何，同时对横滨正进银行如何处置？请速复。”可见，关东军对“满洲”金融以及伪满中央银行货币发行地位都极为关注。

关东军之所以这么热衷于伪满金融以及伪满中央银行的金融事务，是因为其作为最高统治者，不仅可以从以伪满洲中央银行为核心的整个伪满金融活动从直接攫取经济利益，还可以使伪满中央银行为其战时军事需要服务。

我们知道，关东军是从“南满铁路”护路队起家的。最初，日本为维护其殖民利益，在关东州及南满铁路附属地仅派遣了 2 个师 4 万人的兵团进驻，而到 1945 年 8 月，整个关东军编有 31 个步兵师团，11 个步兵和坦克旅团，1 个敢死队旅团和 2 个航空军，共约 120 万人。显然，豢养这样一支庞大的队伍、经年累月浩繁的军费开支，自然离不开日本政府和“满洲国”财政和金融的全力支持。所以，除财政支持关东军军费支出外，其自身还要借助金融工具、充分利用各种手段搜刮资财来服务于其无穷无尽的军费需求。

一是无理占有。伪满中央银行成立初期，曾在继承东北三省各行号所经营之副业中，有关于蘑菇、药材等特产物买卖一项，每年至少可以在大连特产物交易所获得正金钞票 2000 万元。在 1932 年末，伪满中央银行为满足与关内的上海、天津汇兑需要，就是利用大连之汇兑市场，将这些正金钞票换取上海规银，藉充与上海交换汇兑资金之需。但是，日本关东军为了满足其军需搜刮需要，关东军参谋长小矶国昭在正式场

① 押川一郎：《满洲国通货金融制度统一略史》，南满洲铁道株式会社，1935，第 88 页。

② 《伪满洲中央银行史料（内部发行）》，吉林省金融研究所，1984，第 147 页。

合就宣布了绝不能更改的“强制命令”，停止了这些特产物的交易，从而剥夺了伪满中央银行特产物交易外汇收益，同时，也就断绝了伪满中央银行用之于上海汇兑资金的这些正金钞票来源。由于这个突然决定，阻断了伪满中央银行维持国币信用所必须的外汇获得渠道，致使其外汇资金调度非常辛苦。“这是一件对金融知识疏于了解的军人干涉银行内政的多么简单粗暴的一段往事①。”为此，伪满中央银行迫不得已采取了变通办法，向横滨正金银行借款300万元，再加上原来保有2000多万元正金钞票，勉强维持其兑换资金之需要，以保持其货币对外价值的稳定。

二是充分利用。日本关东军为灵活调度军事行动中所需资金，充分利用伪满中央银行的金融优势，为其军费收支提供便利与优惠。如：1935年12月25日，伪满中央银行按照关东军的要求，指令其下辖的140个行处取代朝鲜银行办理日本军队汇款，并免收手续费；至于电报费、印花税等费用均由伪满中央银行承担；1941年10月31日，伪满中央银行还根据其《派遣员驻在所规程》，在特殊地区设驻在员办事处，只为军队办理出纳、存款、汇款业务；同时，在日本大阪市新设驻在员办事处，不办一般银行业务，只办理军队汇款。

三是强行控制。在日本投降撤退之际，关东军也极为关注并控制着伪满洲中央银行。1945年8月9日苏联对日宣战并空袭长春，伪满中央银行总行因此停止了办公，只留守一少部分人员应对特殊情况。面对战局的极度恶化，日本关东军迅速做出反应。曾被任为管理日本居民事务的关东军参谋，根本不理一般顺应其国策而来的日本移民，而是单独把关东军的家属先移至安全地带。值此关键时刻，关东军也没有放弃对伪满洲中央银行的控制。8月10日正午时分，关东军就对伪满中央银行发布了“日系”职员家属的强制疏散命令；当日下午四时，伪满中央银行总裁根据关东军命令通知职员立即着手疏散准备；11日，人事部决定发给职员疏散津贴，经理部接到通知后，立即作为撤往安东（现丹东）方向的疏散费，从营业部领取300万元，组织全行日籍职员家属400多人到新京车站疏散安东；8月12日，关东军又派出一个大队占据了伪满中央银行大楼，伪满中央银行各负责人只好集中到了总裁公馆办公，并把非常支付资金4000万元运到该公馆；关东军最后准备向通化转移时，伪满中央银行业务部发行课管理的纸币印刷机、造币用纸，从印刷厂向长春火车站运送、装车，并与技术人员一道随关东军向通化转移。

四是直接索取。1945年8月16日，应关东军要求，伪满中央银行业务部（发行课）从经理部备用资金提取600万元纸币②，用军用飞机运送至哈尔滨，通过哈尔滨支行分发给当地关东军作为战时经费。同时，全东北各支行为支付军费，也都纷纷要求

---

① 武田克英：《伪满洲中央银行始末记》，京都：PHP研究所，1986，第132页。

② 《伪满洲中央银行史料》（内部发行），吉林省金融研究所，1984，第419页。

运送纸币；直至8月19日，苏军进入长春，关东军才从伪满中央银行撤走，从而结束了日本关东军对伪满中央银行的长期干预和控制。

另一方面，伪满中央银行为了主子的利益，也心甘情愿地承担其为关东军乃至整个日本侵华战争的金融服务。如：第一任总裁荣厚在1933年10月率队赴日考察期间，于11月14日得以觐见日本天皇竭尽奴颜婢膝之能事。之后，对日本关东军推行的所谓“治安工作”，总是动员行员参加，并派出行员随军做攻击我东北人民抗日武装时的供应战费工作。

第二任总裁田中铁三郎更是不遗余力地服从于日本的军事经济的需要。在他任职的三年零十一个月时间里，金融界的一切行径都是围绕“充实日满国防力量”这一目标而进行的。

1941年8月15日，第三任总裁阙潮洗在第十八届董事会上说：“吾等要自肃自诫，……按高度重视主义要求，致力于国防经济力之充实[①]。”1941年10月31日，伪满洲中央银行还根据其《派遣员驻在所规程》，在特殊地区设驻在员办事处，只为军队办理出纳、存款、汇款业务；同时，伪满中央银行在日本大阪市新设驻在员办事处，不办一般银行业务，只办理军队汇款，为关东军提供便利。在1942年8月12日第二十届董事会上阙潮洗再次强调：“时局前途曲折，举全国经济力、精神力协助日本战争。[②]”

1943年5月，在西山勉就任第四任伪满中央银行总裁时，关东军司令官本庄繁特地给他发来了亲笔贺信。在1943年8月召开的股东总会例会上，西山勉进一步提出了：“强化决战金融体制[③]”的战时金融方针；显然，伪满中央银行历任总裁都是把主子的利益放在第一位，把金融服务于战事作为一项重要任务。事实上，伪满中央银行一直不遗余力地为日本及关东军提供金融方便，输送经济利益。伪满中央银行为资助日本作战，利用其分支机构大量收买东北所产之黄金、白银以及现大洋、现小洋等，运往英美日各国换取外汇购入战争必需之物资。自1932年至1945年累计输出黄金约29.25吨，其中，仅输出美国一国黄金就多达23吨。运往纽约银块9.66吨，日本银块近15吨，运往轮渡的银块17.3吨、现大洋16.9吨、现小洋11.3吨。据“伪满中央银行在日本的资产统计表”[④] 所载：为配合日本在战时的军火制造需求，该行共献出伪满铸币总计为5776万元，其各币种折合金属重量为：铝1802吨、铜627吨、镍159吨，以及锡、锌等稀土金属和白金等贵重金属。此外，在吉林省档案馆2014年4月向社会公布的一批档案资料中，有一份伪满中央银行资金部“外资课”关于“慰安妇”采购资金

① 《伪满洲中央银行史料》（内部发行），吉林省金融研究所，1984，第460页。

② 《伪满洲中央银行史料》（内部发行），吉林省金融研究所，1984，第464页。

③ 《伪满洲中央银行史料》（内部发行），吉林省金融研究所，1984，第468页。

④ 《伪满洲中央银行史料》（内部发行），吉林省金融研究所，1984，第373页。

问题的电话记录。从这份档案中可以看出，从 1944 年 11 月到 1945 年 3 月，短短几个月的时间就有 4 笔资金一共 53.2 万日元通过伪满中央银行进行转账用于采购慰安妇。其中：在 1945 年 3 月 27 日到 4 月 19 日之间的《经济部、满洲中央银行、奉天、牡丹江、鞍山支店及日本大使馆等对领事馆经费、旅费、慰安妇采购资金等函电》文件中，记录有伪满中央银行鞍山支店经关东军第四课（负责政策主任参谋）的批准，以军用公款科目转账划拨日军购买慰安妇专项资金等内容。按照吉林省档案馆研究员王放的说法：伪满中央银行是日本操纵下的对伪满洲国实施侵略和掠夺的工具。从伪满中央银行转账“慰安妇”购买资金，并持有关东军第四课证明办理，表明日军实施“慰安妇”制度完全是国家行为。

太平洋战争爆发后，伪满洲国与日本步调更加一致。伪满中央银行从 1943 年（康德九年）1 月起，货币牌价完全以元币（日币）为基础，并于翌年 2 月 1 日与日本横滨正金银行签订了以 5 亿元为限的借贷契约，从而开辟了日本通过横滨正金银行借用伪满洲银行券来筹措临时军费的途径。为此，“满洲银行券的一部分实质上已经接近军票化，因而促进了它的扩大发行”①。同样，日本关东军把军费筹措之手也伸向伪满洲中央银行。从 1944 年起，日本因战争消耗而至军费枯窘，关东军就开始自筹军费。“该年度其预算计 13 亿元即为向东北搜刮。翌年度之预算，则为 29 亿元，命日本正金银行分行居间办理手续，由‘伪中银’将此项军费借与日本政府，然后由日本政府再转账于军部在‘伪中银’总行之存款项下。……由‘伪中银’借与‘正金’之日本关东军军费截止民国 34 年（1945）7 月止，达 23 亿。”②

此外，根据《关于关东军资金准备协定》③ 的记载，1937 年由伪满中央银行向关东军提供 2969.2 万元，1938 年提供 3352 万元，1939 年提供 4926.3 万元，1940 年提供 10664.873 万元，1941 年提供 8310.2 万元，1942 年提供 8530 万元，1943 年提供 8545.4 万元，七年中，就向关东军提供军费 47297.973 万元，而这些军费都是从伪满的税收中支付。

总之，伪满中央银行从 1932 年 6 月成立至 1945 年 8 月消亡的短短 13 年时间里，其从事的许多金融活动都受到了关东军的影响和干预，而伪满中央银行服务于军事及战争的意愿同样十分强烈。所以，关东军与伪满中央银行在维护日伪统治方面的利益是一致的，二者之间具有较强的关联性。

原载《长春金融高等专科学校学报》2018 年第 5 期

---

① 《伪满洲中央银行史料》（内部发行），吉林省金融研究所，1984，第 375 页。

② 《伪满洲中央银行史料》（内部发行），吉林省金融研究所，1984，第 373、375 页。

③ 《伪满洲中央银行史料》（内部发行），吉林省金融研究所，1984，第 425 页。

# 四　战后满铁史研究

# 南满洲铁道株式会社和战后的满铁史研究

苏崇民

南满洲铁道株式会社（1906－1945），简称满铁，在20世纪上半期，它是日本头号大企业，也是世界上有数的大企业之一，在东北亚经济中处于举足轻重的地位。它是日本帝国主义推行侵华大陆政策尤其是其“满蒙政策”的主要殖民机构，日本官方称之为“国策公司”，中国方面也把它看作“日本侵华的大本营”。研究东北亚地区的近现代史，特别是研究东北亚经济的发展历程，不能忽视满铁的存在及其作用。本文拟在概要介绍满铁的同时，说明满铁档案资料在东北亚研究上的重要性以及满铁史研究的现状及有关问题。

## 一　满铁及其四十年

满铁是日本政府在1906年设立的一个特殊机构。当时，经过日俄战争，日本夺取了原本是俄国从中国讹取的东清铁路南满洲支路的长春以南部分及其附属权益。以此为基础，于1906年6月7日日本天皇以第142号敕令设立南满洲铁路株式会社。同年11月26日召开了成立大会。1907年4月1日开始营业。满铁在名义上是个股份公司，但是，它的总裁、副总裁、理事都是日本政府任命的，它在经营上的重大举措均须经日本政府批准。所以，在实质上满铁无异于日本的国家机关。

满铁设立之初，在英国先后发行了约1亿日元的公司债，在美、英、德、俄四国购买了机车、车辆、机器设备和钢轨，将战时遭到破坏的南满铁路改筑为标准轨距并建造了苏家屯至大连的复线，修建了号称东洋第一的铁路工厂，又将战时日军擅自修建的安奉轻便军用铁路改筑为标准轨距，建筑了鸭绿江桥，使安奉铁路与朝鲜铁路接轨，形成了除大连海路外另一条日本通到东北的陆路通道。在大连港，满铁在原有的基础上继续扩建，使之成为东北主要吞吐港，实行以大连为中心的运输政策，并以大连为基础经营海上运输。抚顺、烟台煤矿原系华商经营，战争期间被日军侵占，日本政府也将其作为出资交满铁经营。在南满，安奉铁路沿线，满铁占据大量土地，以“铁路附属地”名义建立日本殖民地，形成不是租借地的租界，并逐年扩大，成为日本在中国扩大侵略的重要基地。满铁还设立调查机关，开展情报活动。此外，满铁还经营电气、煤气、仓库和旅馆事业，并资助日侨农场主，盗买中国土地以及鼓励移民，对东北实行了全方位的侵略活动。

第一次世界大战爆发后，日本以对德宣战为口实，悍然出兵山东，攻占青岛及胶济铁路，并迫使袁世凯签订了“二十一条”。满铁也采取了积极扩张方针。1915 年 3 月，按日本政府指令，组成了山东铁道管理部，协助日军管理山东铁路、煤矿，直至 1923 年日本交还山东为止。在东北，1917 年，满铁根据《吉长铁路借款合同》，攫取了吉长铁路代管权，又承揽四郑路的筑路工程，掌握了该路财权。根据寺内内阁的“鲜满统一”政策，从 1917 年 7 月开始由满铁代管朝鲜铁路，直至 1925 年解除为止。满铁还开凿了抚顺露开矿，兼并了大连煤矿，又将辽西阜新县新邱煤矿的开采权弄到手，以中日合办大新、大兴公司为名经营。并以中日合办振兴铁矿名义取得了鞍山 11 个矿区的开采权，1918 年修建鞍山制铁所，发展成为日本在国外的最大钢铁基地。

俄国十月革命后，日本出兵北满和西伯利亚并参加对中东铁路的共管，满铁乘机向北满发展，设立极东运输组合，在松江上非法航行 5 年之久，并从俄国人谢夫谦克手中收买了大兴安岭 6078 平方公里的扎免林区采伐权，形成了日本在北满最大的侵略据点。1920 年满铁将资本由 2 亿日元增加为 4.4 亿日元（此后在 1932 年增加为 8 亿日元，1940 年增加为 14 亿日元）。从此时起，四大财阀和垄断资本不断集中满铁股份，成为民间大股东，占据了全部监事席位，又组成了满铁借款银行团，承包其公司债券的发行，日本垄断资产阶级从而增强了在满铁经营方针上的发言权。

第一次大战之后，美日在远东争夺更加尖锐。帝俄在北满的势力为革命后苏联所代替。满铁勾结奉系军阀于 1924 年和 1926 年先后承包修筑了洮昂铁路和吉敦铁路，使之成为培养线，并制定了“满蒙铁道网计划”及“北满政策”。满铁设立了国际运输株式会社，使用各种手段吸引北满货物南下，满铁同中东路的对抗在东北经济和各个方面都产生了深刻影响。满铁的子公司也有所发展，其中 1922 年设立的东亚劝业株式会社，在辽吉两省和内蒙古盗买了大片土地。由于享有免税等各种特权，满铁历年利润率直线上升，1928 年度商股分红高达 1 分 1 厘。它的股票成为日本证券市场上的抢手货。从政党到浪人都把满铁看作是取之不尽的金库。1930 年底，日本在东北的投资总额为 1756636000 日元，占各资本主义国家在东北的总资本的 95.6%。其中，满铁为 904646000 日元，占过半数。1929 年世界经济危机爆发加上白银跌价和中国人民的抵制，使满铁的营业受到打击。1930 年度，其铁路收入猛跌 24.6%，煤、铁的销量也大减，以致在经营上第一次出现赤字。满铁股票的最低牌价由 1929 年 67.3 日元降为 1931 年的 45.2 日元。满铁的经营危机立即被宣扬为中国铁路包围了南满铁路，威胁了日本的生命线，成为日本发动“九·一八”事变的一个重要因素。

“九·一八”事变期间，满铁不仅为关东军提供了运输手段、技术力量，还向关东军提供了300万日元贷款和各种物资，协助关东军占领了全东北。伪满洲国的第一批日本人官吏就是以满铁职员为主体。

"九·一八"事变后，在关东军的支持下，满铁侵占了原来分属9个中国铁路局的铁路，总长2939公里。1935年3月又接办了原中东铁路的干支线1732.4公里。1936年10月1日，满铁将其铁路机构合并，设"铁道总局"统一经营铁路、港口、水运和"国有"汽车，下辖5个铁道局和2个铁道事务所。满铁新筑的铁路有敦图、拉滨、海克、锦承、北黑、图佳、虎林、白阿、平梅、京白等线，都是通往边境的军事铁路。到1937年底，满铁建成通车的新线有28条，总长3500公里。

满铁投资的关系公司也有很大发展，到1937年增加到80个。新设公司多为统制某一行业的特殊公司或准特殊公司。包括昭和制钢所、满洲化学工业、满洲炭矿、满洲石油、同和自动车、满洲电业、满洲采金、满洲矿业开发、满洲铅矿、满洲轻金属、满洲盐业、满洲曹达、满洲拓殖、满洲林业、鲜满拓殖、日满商事等垄断性企业。

1935年1月，随着日本关东军入侵华北，满铁通过了对华经济工作的根本方针。同年11月，在天津设天津事务所。12月设立兴中公司作为对华经济工作的统一机关。1937年七七事变后，日本产业株式会社迁到东北成立满洲重工业开发株式会社，简称"满业"。"满业"被赋予垄断伪满全部重工业的特权，满铁不得不将属下的重工业子公司的股份转给"满业"，只保留了抚顺煤矿的采煤和页岩油工业。同时，大力向华北扩张，将天津事务所扩大为华北事务局，接管了被日军侵占的华北铁路近5000公里，派出员工2万余名，各种车辆5000余台。兴中公司也接管了包括井陉煤矿在内的19个主要煤矿以及铁路、电灯厂、盐厂等华北主要大型厂矿56个。1939年，日本在华北设立交通株式会社，1940年，又设立华北开发株式会社，满铁遂从华北退出，不过，它仍然在华北铁路和煤矿方面保有很大的势力。

在东北，满铁的任务是配合关东军的对苏战备，在加强军事运输的同时，建立战时准备体制，执行"北边振兴计划"。满铁承担了修建北满干线铁路的复线和国境支线的任务，还设立北满江运局，强行收买全部民船，把持了北满江上运输，经营松花江、黑龙江、额尔古纳河、乌苏里江、嫩江和第二松花江的总长4600余公里的航路。满铁经营的"国营"公路汽车路线，在1939年扩展为195条，总长16175公里。在工业方面满铁扩建了抚顺炼油厂，新建了煤炭液化厂、制铁试验工厂。此外，满铁于1939年扩大调查部，成为日本国策调查机关，为日本的"大东亚共荣圈"侵略计划服务。调查部的调查有综合调查、社业调查、北方调查、南方调查等，对于东亚及世界政治经济做了大量调查。调查部成员有1000余名，年度经费达1000万日元。

太平洋战争爆发后，满铁将本部迁到长春，全力抓交通运输。随着海上运输能力的削弱，日本掠自大陆的物资由海路转为陆路运输，经过朝鲜半岛运往日本，称之为"陆运转嫁"。满铁的运输系统也由南北向转为东西向。奉山、安奉两线成为主要通路。

1943 年通过满铁运往日本的煤、铁、大豆、盐、棉花等共 9175 万吨，1944 年 4 月底至 9 月为 160 万吨。

满铁还致力于日本急需的新兴化学工业，1942 年设满洲林产化学株式会社，并使满化同大和染料会社合并新建二硝基氯苯工厂，供应军用火药原料。1943 年以其抚顺煤炭液化工厂为基础，成立满洲人造石油株式会社。又使奉天曹达与满铁汽筒油工厂合并成为满铁化学工厂的第一制造所，生产过热汽缸油。1944 年建成抚顺东炼油厂。

1945 年 8 月 15 日日本宣布投降时，满铁拥有资产 50 亿日元，职工 40 万人，其中日本职工近 14 万人，中国职工 26 万余人，这个靠侵略战争起家并发展壮大的殖民侵略机构终于在其临近 40 周岁时随着侵略战争的失败而灭亡。

## 二　关于满铁档案资料

满铁在其存续的 40 年中曾形成大量文书档案和调查资料，除一部分毁损外，留存的仍浩如烟海。“满铁”的档案是满铁这个侵略机构的历史记录，它反映了日本侵略中国东北以至关内的全过程。满铁有一个庞大的调查情报机构，它调查的范围，北至西伯利亚，南至印度尼西亚和大洋洲，远至欧美大陆，地理、历史、政治、经济以及风土习惯都是其调查的对象，关于东北亚地区的调查尤为详尽，满铁的各个业务部门也从事与本业务有关的调查，形成各种调查资料。可以毫不夸张地说，关于战前东北亚研究的最大资料库，非满铁档案资料莫属。

日本和美国都非常重视满铁档案资料。美军占领日本时曾将日本档案资料运往美国，其中，满铁资料极多，美国国会图书馆专门辟有满铁资料室。在 20 世纪 60 年代，美籍华人杨觉勇博士曾在福特基金会的支持下完成了英文版的《满铁调查活动》一书，于 1966 年出版，将日美存藏的满铁调查资料编成目录并附以必要的注释。在日本不仅将战前满铁所出版社史之类大量翻印，还将松冈洋右任满铁理事时保存在手头的满铁公文、报告、情报等加以整理，出版了《现代史资料》三大分册。1974 年日本满铁会决定收集、整理满铁资料文献，仅 1975 年一年就支出搜集整理费近 200 万日元。当年 3 月，满铁会社策动日本国会图书馆将美国所藏满铁资料大量复制收存，在日本国会图书馆内建立了满铁资料室。日本亚细亚经济研究所根据日本和美国 50 所大图书馆的 5 万枚卡片编制了《旧殖民地关系机关刊物综合目录——满铁编》，于 1979 年出版，共收题目 10514 个。后来又有人加以增补。

比起日美存藏的满铁资料，我国保存的尤为丰富，不仅有独一无二的满铁文书档案，满铁图书资料之丰富也是无与伦比的。它对于研究战前的中国、战前的东北亚、战前的亚洲太平洋地区的价值是任何其他资料也代替不了的。

我国当前满铁档案资料的存藏情况大致如下。

（一）文书档案。1. 辽宁省档案馆存藏原满铁本社文书课的档案。从1906年到1941年总共有七八千册。除铁路部门及调查部档案外，基本上保存完整。1941年以后档案则零碎不全。除经过整理装订为满铁文书类纂者外，尚有大量原始凭证、地契、电报原底、统计报表、照片、图片、工作总结、年报、月报、日报等。2. 抚顺矿务局档案馆存藏的原满铁抚顺炭矿档案。它是满铁直属抚顺炭矿1939—1945年的档案，不仅有采煤状况的记录，而且包括满铁及抚顺炭矿的经营方针、炼油、发电、炼铁、化学工业、劳动、劳工、伪满经济统制等各种文件。3. 在大连、鞍山、长春、青岛等地档案部门也有一些散在的满铁档案。

（二）图书资料。图书资料有公开出版和内部出版的书刊，还有各种调查报告、专题资料、说明资料、会议记录、年表、月报、内部资料、手稿、剪报等，包括手写、手抄、打印、油印、铅印等各种形式。它分别存藏于辽宁省档案馆、中国科学院文献交流中心、沈阳铁路工会图书馆、哈尔滨市图书馆、旅大图书馆、吉林省社会科学院图书馆、吉林大学图书馆、吉林省图书馆、东北师范大学图书馆以及其他各省市档案及图书馆。满铁档案资料的内容极其丰富，整理开发满铁档案资料应是一项国家性系统工程。

## 三　日本战后的满铁史研究

战后，日本的满铁史研究首先出自原满铁人员之手。早在1951年，原满铁理事级以上的所谓“长老”们就组成了满史会，主持编写日本的“满洲开发史”，1955年基本完成，1965年由谦光社出版，书名为《满洲开发四十年史》，分为上、下及补卷。全书以满铁的经营为中心，可以说就是一部满铁四十年史。该书宣扬满铁将原来荒凉的“满洲”开发为拥有近代城市和近代产业的地区。该书甚至继续咒骂中国抗日战士为“土匪”“共匪”。可以说，它是日本右翼论述满铁的代表作，与军阀主义复活思潮一脉相通。日本对满铁的学术性研究始于1958年，早稻田大学安藤彦太郎领导的满铁史研究会，编发了9期《日中问题研究笔记》，发表了一批很有分量的研究满铁的论文，并于1965年7月将其成果汇总出版，名为《满铁——日本帝国主义与中国》，它“通过对满铁的分析暴露旧日本资本主义对外扩张的一面”。这部著作后来被日本进步历史学者评价为研究满铁的经典之作。安藤彦太郎还同山田豪一一起执笔整理出伊藤武雄著《生活在满铁》一书，于1964年9月出版，阐述了满铁调查机构的发展演变和伊藤本人在中国的活动。伊藤武雄曾任满铁上海事务所所长，战后投身于中日友好事业，已病故。以上三人均访问过吉林大学，进行学术交流。

20世纪70年代以来，日本出现了研究满铁和“满洲”热。1969年有橘维馨的《回忆满铁的铁道建设》，1970年有竹森一男的《满铁兴亡史》，1973年有《满铁最后的总裁山崎元干》，1977 年有山田豪一的《满铁调查部》，1979 年草柳大藏的《秘录满铁调查部》（全二册）和樱井彻的《南满洲铁道的经营和财阀》（《日本多国籍企业的史的展开》第二章），1980 年有江上照彦的《满铁王国——兴亡的四十年》，1981 年有原田胜正的《满铁》，1983 年有宫西义雄等的《满铁调查部和尾崎秀实》，1985 年有福岛三好的《满铁回想——满铁最后史》，1986 年有石堂清伦等人的《十五年战争和满铁调查部》、原觉天的《满铁调查部和亚细亚》、高桥泰隆的《铁道支配和满铁》（《日本帝国主义的满洲支配》第九章）。此外，还有《满洲终战史》《满铁调查部·综合调查报告集》《回忆南满洲铁道——图片集》《满铁财产的评价》《满洲开拓史》《南满洲铁道——铁道的发展及机车》《满铁特快亚细亚号》《满铁的建筑和技术人》等。有关满铁的论文数量更多，据说有百篇，日本的大杂志如《朝日周刊》、《中央公论》和《文艺春秋》都出过满铁专辑。亚洲经济研究所的刊物《亚细亚经济》连载几十次《向满铁调查关系者咨询》，涉及满铁调查情报活动的方方面面。

1989 年 6 月 5 日，以日本研究殖民地问题的权威驹泽大学教授浅田乔二和小林英夫为核心组成了满铁史研究会，可以说是集中了当前活跃在日本学术界的研究满铁的大部分进步学者。满铁史研究的总目标是集中在（一）从政治、军事、经济、文化、思想各方面弄清在日本帝国主义统治中国东北之中满铁所起的作用，（二）将满铁的各种事业的全貌作为研究日本帝国主义史论、日本殖民地论的不可缺少的一环，进行有根有据的、自始至终的研究。并且定下了 19 个题目，分别承担。这 19 个题目包括满铁设立，铁路、煤矿、钢铁厂的经营，社外投资，港口、海运、附属地、华北铁路、调查情报、试验研究，满铁同日本政治、中国革命、关东军和“满洲国”的关系，国际环境以至各种理论问题。该会曾于 1991 年 5 月派访中团一行 7 人来我国访问，同我国学者就满铁史和东北沦陷十四年史的研究问题进行了交流。

论及战后日本的满铁史研究，不能忽略满铁会的存在及其活动。满铁会的前身是满铁社友新生会，在 1946 年组成，1948 年 3 月推举满铁最后一届总裁山崎元干为会长。1954 年 2 月 13 日改组为财团法人满铁会，会长仍是山崎元干，战后回到日本的原满铁社员有 13 万余人，参加满铁会的最多时达到 3 万人。满铁会在日本各县市设有分会是为地方满铁会共 38 个。此外，还有以原在中国驻地或工作场所为基础结成的团体，如抚顺会、苏家屯会、新京驿友会、齐铁会等几十个，有以原所在地满铁建设会、满铁货物会、满铁水交会等团体十余个，有按加入满铁的年度而结成者，如满铁昭三会、昭四会、昭十三会等。此外，还有满铁系统校友会，如辅仁会（南满医大）、伏水会（南满卫专）等。满铁会最活跃的时期是 20 世纪 60 - 70 年代，到了 80 年代满铁会会员已经高龄化，人数日减。满铁会有自己的报纸——《满铁会报》，它登载满铁会的报告，反映满铁会的活动，也登载满铁社员关于满铁的回忆及有关满铁的文章。

1982 年 4 月 14 日，满铁会在日本富士山脚下的富士灵园举行了满铁留魂碑落成典礼。该碑占地1000平方米，主碑碑体为花岗岩，碑座长6米，碑高2.4米，碑上刻有满铁社徽。主碑背后有收藏库，其中放置满铁社员录及殉职社员名册。主碑左右另有碑铭碑和社歌碑，各长2.1米，高1.2米。其碑铭如下："满铁留魂碑。使命承之于满铁，率先挺身于兴亚之大业，成就其永久基础。兹供奉先人之灵，留置满铁魂，以传之千载。"主碑碑文宣扬满铁"铁道为根干，开拓交通、振兴产业、安定民生、始终以北边之宁静为己任"。"经营满洲全境及北朝鲜之大陆交通，涉及东亚广大领域之调查活动及科学技术之研究开发，煤矿及特殊工业，产业扶助设施，教育卫生设施等广泛繁杂之事业"。宣扬满铁社员"其志向在于国运之隆昌、亚洲之兴隆、民族之共荣、进取阔达，为使命感及开拓精神所激励，为充满活力之满铁魂而自豪，同酷烈之风土疫病战斗，于错综而紧张之国际斗争场上作为先驱而挺身于任务之达成"。

除树碑外，满铁会还仿照前三次满铁十年史的体例，组织人力编写了《南满洲铁道株式会社第四次十年史》，于1986年完成出版，用以纪念满铁创立80周年和满铁会成立40周年。同时，满铁会还剪辑了纪录电影《满铁》。

满铁留魂碑的碑文和《南满洲铁道株式会社第四次十年史》的内容，反映了原满铁高级职员对于满铁的错误认识。他们反对"满铁是侵略据点"的论断，强调"满铁是日本开发以至开拓满洲的据点"。他们不仅自己坚持这一观点，还要将它传给子孙后代，宣传满铁不是侵略机关而是个开发中国东北的火车头。应当说，这些满铁高级职员在战后大多是主张中日友好的，有的还以实际行动帮助我国的"四化"建设。但是他们的观点未能摆脱日本军国主义者将"侵略"说成"进入"、将"掠夺"说成"开发"的旧框架。以无可辩驳的历史事实为依据，纠正和肃清这种观点的流毒，正确地教育下一代，是中日两国历史研究工作者的共同任务。

## 四　我国研究满铁史概况

在我国，新中国成立后直至"文革"动乱之前，除个别著作对满铁有所涉及之外，没有专门研究满铁的著作及文章。黄逸平编选的《中国近代经济史论文选》，收集了1966年上半年以前全国各报刊发表的有代表性的论文40篇，其中没有一篇涉及满铁这个旧中国的头号帝国主义大企业。

1956年，国务院科学规划委员会制定十二年社会科学发展规划，经著名中国经济史学家严中平先生提议，将"满铁史资料"这一课题纳入国家规划。1958年，通过高等教育部作为国家任务下达给吉林大学，交由经济系承担。组成有笔者参加的满铁史资料编辑组，当年8月成为吉林大学与吉林省科学分院的协作项目。在1959年底完成了180万字的书稿，并刻写油印了《满铁史资料》一至五卷，为第一稿。当年经中国科学院哲学社会科学部批准，决定由中华书局负责出版。然而由于"左"的干扰，直至1966年四易其稿，未及完成即为“文化革命”所中断。在此期间，1958年陈真等编辑的生活·读书·新知三联书店出版的《中国近代工业史资料第二辑》设有南满洲铁道株式会社专项，它依据的是东北沦陷期间日伪满洲经济社编辑的《满洲企业的全面检讨》专辑。1963年宓汝成编的《中国近代铁路史资料》，由中华书局出版，其中涉及部分满铁初期的资料。

1972年，吉林大学和吉林省社会科学院决定恢复《满铁史资料》的编辑工作。1973年在北京中华书局由总编辑丁书奇主持了《满铁史资料》编辑提纲审议座谈会，应邀参加的有在京的史学界权威人士陈翰笙、严中平、黎澍、李新、丁名楠、龚书铎、宓汝成等人。他们评价这项工作是一项意义重大的科学研究，特别指出满铁调查部可以比作美国中央情报局，强调了整理发掘满铁一手档案资料的重要意义。会后确定出版8卷，院、校各出4卷。吉林社会科学院分担的第二卷路权篇及第四卷煤铁篇已于1979年和1986年先后出版。吉林大学分担部分，则因大量换用满铁档案延误了时机，1984年交出第一卷综合篇稿件，1985年完成第五卷农工商篇，因出版社方面限于经济效益关系，迟迟未能出版。

在满铁研究方面，吉林大学编辑组在1976年7月《日本问题研究参考资料》总19期发表了11万字的《满铁侵华简介》，概括地系统地论述了满铁的历史，在国内曾产生一定影响。1978年《社会科学战线》第2期发表了解学诗的《满铁史资料》第2卷序言，标志我国满铁史研究进入新的阶段。

跨入80年代，满铁史的研究出现新的局面。首先，上海人民出版社出版了宓妆成著《帝国主义与中国铁路》，其中关于满铁有简要论述。1980年10月，姜念东等人编写的《伪满洲国史》由吉林人民出版社出版，对满铁也做了概括性的论述。1980年12月，苏崇民在《日本问题研究参考资料》总第36期上发表了《关于满铁在日本侵华史上的地位和作用问题》，同时还译载了日本研究满铁的有代表性的成果。

1981年6月《历史教学》发表了阎伯纬的《历史上的“南满洲铁道株式会社”简介》。同年7月苏崇民在《日本问题研究参考资料》总第39期发表了《满铁史概述》（征求意见稿），该文修改后被《历史研究》刊载于1982年第5期，又被译成英文刊载于《中国社会科学》（英文版）1983年第4期。1982年10月《历史研究》第5期还发表了石学的《满铁史资料及其研究概况》。此后，有关满铁的论著明显增加。1984年12月冶金工业出版社出版的解学诗、张克良编著的《鞍钢史》，其前半部就是满铁史的重要组成部分。1986年10月，上海社会科学院出版社出版的杜恂诚著《日本在旧中国的投资》有关于满铁性质及其经营状况的论述。1989年12月吉林大学出版社出版的陈本善主编的《日本侵略中国东北史》中有“经济侵略的中枢——满铁”“铁路及其附属事业”“满铁的三大事业”等部分。同月中国财政经济出版社出版的张全福著《辽宁近代经济史》第7章为“日本帝国主义在辽宁的独立王国南满洲铁道株式会社”，

第 18 章为"满铁霸占了东北交通运输业"。此外，还有一批论文从铁路、煤矿、附属地、华北、投资等方面对满铁做了研究。

1989 年，吉林大学的"满铁史研究"被列为国家社会科学基金支持项目。1990 年苏崇民著《满铁史》由中华书局出版，这是中国第一部全面论述满铁的著作。《满铁史》除序言和结束语外，分为前篇（1906－1931）8 章，后篇（1932－1945）7 章，共 15 章，60 万字，附有大事年表及理监事以上名单。《满铁史》全面、真实地反映了满铁从成立到覆亡的遍及政治、军事、经济、文化各领域以及经济各部门的活动。对于满铁 40 年经营方针的变化及其发展阶段，以及它的重大活动及其部门都做了探索，对于满铁历史上若干的重大问题也做了说明，着重揭示了满铁作为侵略机构的本质。

满铁存在近半个世纪，它所涉及的问题多种多样，仅仅一部几十万字的《满铁史》，只是为满铁画出个轮廓，需要研究的课题还有许多，例如：（1）满铁与日本财阀的关系；（2）满铁与日本陆海军的关系；（3）满铁同中国军阀政客的关系；（4）满铁的人事脉络；（5）满铁同国际金融资本的关系；（6）满铁的财务管理；（7）满铁的技术管理；等等；但限于篇幅，不再赘述了。

原载《东北亚论坛》1993 年第 4 期

# “八·一五”后的满铁

张　澍

1945年8月9日，苏联对日宣战，从零时开始，百万苏联红军在华西列夫斯基元帅指挥下，越过中苏边境，向盘踞在中国东北的日军发动了全面进攻。关东军根据早已制定的《满鲜方面对苏作战计划要领》，仓促上阵应战，妄图负隅顽抗，并命令满铁进入战时状态，全力协助关东军。刚上任3个月的最后一任满铁总裁山崎元干立即召开紧急会议，设置战斗指挥本部，要求满铁所有机关进入临战状态，“集中全力，努力确保交通运输”，并命令“满铁社员要人人死守岗位”。根据关东军的命令，满铁被置于大陆铁道司令部司令官草场辰已中将指挥之下。早在6月份，关东军根据大本营关于重点防御以通化为中心的东边道的对苏作战计划，就开始在这一地区大规模构筑工事。满铁也把主要力量向东边道集中，并通过铁路运输加紧掠夺战略物资。苏联出兵东北以后，满铁做的第一件事，就是根据大陆铁道司令部的命令，为关东军司令部迁往通化编组列车，并承担伪满洲国、特殊会社及其家属转移通化的运输。12日，关东军司令部在向通化转移的过程中，总参谋长秦彦三郎命令：“满铁总裁须前往军司令部、满洲国政府迁移的目的地通化，将输送机关的中枢设在通化附近的梅河口。”山崎以组织军运方便为借口，主张转移到吉林，并于当日开设了本部吉林分室。这时伪满洲国皇帝已经离开“新京”（长春）前往通化大栗子沟。14日黎明前，山崎总裁和平井喜久松副总裁、滨田幸雄理事一起离开“新京”，在吉林站又接到关东军要其转移梅河口的指令，遂经吉林到达梅河口，并在梅河口设输送本部。

8月15日中午，山崎一行收听了天皇关于日本投降诏书的广播，已经明白满铁大势已去，自己面临的任务已不是配合关东军进行军事运输，而是在日本战败的情况下，如何使满铁生存下去。于是做了一些必要安排之后，山崎就急忙于16日晚，乘专车回到“新京”，并于17日早晨拜会了已先期到达的关东军司令官山田乙三，提出日本已宣布停战，今后要自己负责收拾残局。山田表示“今后满铁的一切只有听凭总裁”。当天，大陆铁道司令部即停止执行军事运输任务。山崎总裁向满铁全体人员发出布告：（1）接替关东军担负起处理满铁善后的责任，维护运输秩序和在满日人安全；（2）负责同苏军交涉关于铁路及生产设施的管理、员工的保护，要求所有人员留守岗位，努力确保输送及生产机能；（3）采取一切办法保护社员及家属的安全；（4）当苏军进驻时，应严禁轻举妄动，满足苏联要求；（5）对经历战争的社员的献身奋斗表示感谢，同时，切望奠慰战死将士和殉职社员之灵。遂关闭15日才开设的梅河口输送本部，开始等待寻求同苏军的妥协。

8月20日，苏军后贝加尔方面军司令员马利诺夫斯基等到达长春。山崎立即前往拜会，陈述了满铁愿意同苏军合作的意向，并同苏军达成如下协议：（1）满铁保留原有体制，从业人员留在现职，执行苏联命令。（2）苏联保证满铁人员及其家属的生命财产安全。（3）苏联给满铁人员提供生活资料。苏军随即命令满铁修复长春至白城子之间被破坏的铁路和桥梁，并编组配制列车，承担苏军军事运输。满铁立即动员日本职工组成修理班进行抢修。一直充当日本帝国主义最重要一翼的满铁，如今不得不发挥其职能为敌国苏联服务了。8月22日，苏军占领大连，满铁大连本社也被苏军军事管制。

1945年8月27日，中苏两国同时公布了8月14日签署的“中苏友好同盟条约”及其附属协定。附属协定约定，中苏合办中国长春铁路，时间为30年，范围是满洲里至绥芬河间和哈尔滨至大连间铁路，这就明确了满铁解体的命运。9月12日苏联交通人民委员会的季拉维约夫少将宣布，滨洲（满洲里至哈尔滨）、滨绥（哈尔滨至绥芬河）两线由苏联管理，其他铁路由现有员工管理。22日，中国长春铁路苏联代表卡鲁钦中将到达长春上任，并在长春设置中长铁路理事会开始正式工作。从这一天起，哈尔滨至大连的满铁干线就被置于中长铁路理事会的管理之下。9月27日卡鲁钦又向满铁总裁宣告，“截至9月22日，满铁的法人资格消灭，丧失了管理权，满铁理事会全部解职”。28日，挂在“新京”支社大楼的满铁牌子被摘下来。30日，联军最高司令官下达指令，关闭南满洲铁道株式会社。就这样，战前最大的株式会社随着日本的战败而解体了。作为一个侵略机构，满铁经历了1907年4月1日正式开业以来的38年零6个月的历史，在中国国土上消失了。不过，满铁理事们仍被任命为顾问，他们是：最高顾问山崎元干、高崎达之助，高级顾问平井喜久松、平岛敏夫，理事铃木长明、古山胜夫、滨田幸雄。日本职工也大部分被留用。直到1947年10月1日，最后一任总裁山崎元干才从葫芦岛被遣返回国。

在满铁解体的同时，苏联要求满铁理事会交出所有财产。11月9日，山崎元干向苏方提交了满铁财产移交清单，即《关于移交财产管理权的备忘录》，将满铁财产的管理使用权，即铁道干线、支线，包括附属地内的附属事业；轮转材料、机车、客货车及制造修理工厂；仓库、通信设备及满铁所有的建筑物；学校、医院、图书、档案等。这些移交的财产被苏联作为战利品，在1946年2月7日撤军以前，连同东北其他大部分的重工业设备一齐被运回苏联。根据日本学者编著的《满洲国史》统计，被运往苏联的满铁设施有：（1）抚顺煤矿发电设施、工作机械、电气产煤机、车辆等，价值86700

万日元（当时比价4.25日元合1美元）。（2）长春、吉林、牡丹江、齐齐哈尔、大连的铁道工厂。（3）关系会社中沈阳的车辆、鞍山制铁（采矿设施大部分、选矿设备、高炉6座及其附属全部炼焦炉、炼钢设备）。吉林满洲人造石油会社和大连船坞会社全部设备。（4）牡丹江以东、北安以北、哈尔滨以西铁路线及嫩江至宁年间通向国境的大部分铁路线被拆下运走。再加上满铁以外的各种工厂设施，价值总额高达123316.4万美元，重量达99万吨，使用的货车数达3万辆。另据凌鸿勋所著《中国铁路志》统计，哈尔滨以南的车辆设备，有机车2000辆、客车2500辆、货车35000辆被运到苏联。由于苏联对重要设施的拆运和破坏，致使中国东北工业、交通生产能力下降了3%～10%。这也充分说明，中华人民共和国成立之后，东北的交通和重工业并不是建筑于日本帝国主义的单纯“遗产”上，而是在其废墟上重建起来的。

这样，满铁除组织解体之外，在东北的主要设施也被拆除，其实也消亡了。

满铁作为日本政府设立的国策会社，在法律上的解散和清算是在日本进行的，这种清算是在联军最高司令部主持下，从1947年8月21日开始，直到1957年4月13日才登记完毕，完成了满铁在法律上终结的手续。但在日本国内，一般是把1945年9月22日作为满铁终结的时间。

原载《兰台世界》1996年第8期

# 历史变迁中的殖民地科学家

## ——有关原满铁中央试验所著作评述

韩健平

近代以来，日本陆续在中国建立了一批殖民主义性质的科研教育机构，它们吸引了许多对开发大陆怀有狂热梦想的日本年轻学子和资深的科学家来到中国。在这批人的努力下，一些研究机构跻身于世界一流的行列，但从政治层面上看，他们扮演了日本军国主义邪恶帮凶的角色。1945 年日本战败，彻底改变了这些殖民地科学家的生活。由于诸多原因，他们并没有立即回到日本，而是在中国滞留了很长一段时间。1949 年以后，他们当中的少部分人还参与了新中国的建设工作。这批殖民地科学家与中国近代历史进程已经发生了密切的关系。遗憾的是，有关他们历史的大部分内容仍被岁月的尘埃所遮蔽。

殖民地科学史研究正在引起国内一些学者的关注。[①] 对战后日本有关殖民地科学方面的著述进行评述将是非常有意义的工作。本文评述战后出现的有关南满洲铁道株式会社下属的中央试验所（以下简称“满铁中试所”）的一些著述，探讨它们对殖民地科学史研究的意义。这种选择主要是考虑到这个机构在整个日属殖民地科研机构中占据有的重要地位，以及相较其他殖民地科研机构而言战后撰著的相关文献较多等因素。

由于既有的近代史研究中很少讨论到殖民地科学史的内容，以至于这部分历史对我们来说非常陌生。在此有必要先对将要涉及的满铁中试所及其在战后的命运进行一个简略的勾画。日本在华殖民地科研机构主要分布在我国的东北地区，据初步统计，大大小小约有 100 余所[②]。它们分属于日本满铁、关东厅、陆军和伪满洲国等不同的系统。满铁是一个政企合一的“国策公司”，其业务涉及铁路、港口、矿山、化工、冶金等产业，同时还执掌满铁附属地的行政和文教事业等。它是能够左右东北地区局面的

---

① 东北大学陈凡教授和博士生梁波最近在殖民地科学研究方面做出了一些有益的研究，撰写有论文若干篇。由中国农业博物馆曹幸穗研究员和中国科学院自然科学史研究所副研究员韩健平组成的“近代日本在华科研机构”课题组的工作也在进行之中。

② 曹幸穗教授最近就日本在中国东北地区殖民地科研机构的数目进行了初步的统计，有 100 所左右。

一股重要的政治势力，东北也被称为是“满铁的王国”。满铁下属有许多研究机构，重要的有中央试验所、地质调查所、公主岭农事试验场、铁道研究所、卫生研究所等。

中试所是满铁在中国建立时间最早且规模最大的研究机构。它成立于1907年，在中国东北地区经营了近40年的时间，最后成为一个由7个研究部门组成的、直接向满铁公司总裁负责的科研机构。中试所很少有纯粹的学术研究，而是以技术研发为主。它所从事的研发业务涉及化学工业全领域及冶金和农产品加工等方面。其中既有石油、铝等军需物资的研制，又有酱油、日本酒一类民用品的开发。中试所有小规模试验厂和化学工程实验室等设施，以其研发成果为基础实现工业化的企业有十几家，而接受其技术支持的企业更多。① 一些日本学者认为，如果抛开中试所就谈不上当时日本在中国东北地区的化学工业②。战争结束时，原中试所研究人员较好地保全了科研设施，由中苏合办的中国长春铁路公司接收。新中国成立后，几经演变，在其基础上成立了中国科学院大连物理化学研究所。原中试所研究人员在战争结束后的动荡年代开展了一些生产自救活动，有10名还留下来参加了新中国一些地区的建设工作，1955年方全部回国。

## 一　原中试所研究人员的著述

日本战后出现的有关中试所的著述，大部分是由原中试所研究人员撰写的，他们的著述活动可以看成是战后日本思想文化领域出现的一股潮流的组成部分。大批有过殖民地生活经历的日本人，对当年怀有一种非常复杂的心情，战后纷纷撰写回忆录及其他著述。这一潮流战后不久就显露其端倪，一直持续到了20世纪90年代，随着这批人年事增高和辞世才告一段落。其间产生了大批著述，尤以涉及我国东北地区的为多，仅满铁方面的重要著述就有60余部。这多少与日本战前和东北的特殊关系及大量日本人移居东北有关。这些著述的作者主要是原满铁职员、开拓团成员、企业家、学校教员、在“满”军人等。③ 原中试所研究人员在战后不久就有著述问世。后来他们成立了满铁中试会，并从1975年开始创办年报《满铁中试会会报》，至今已出版了26期。与其他在东北的日本殖民地科研机构相比，原中试所研究人员战后的著述是最多的。

要完全调查清楚战后原中试所研究人员撰写了多少著述是非常困难的，这主要是由于其中的一些没有公开出版。目前所能了解到的情况是，有8部著作及一些文章。其中3部著作是非卖品，若干篇文章刊登在《满铁中试会会报》之外的一些刊物上。

---

① 岛尾永康：《日本1868—1945年科学的发展》，《自然科学史研究》1998年第3期，第234-235页。

② 杉田望：『満鉄中央試験所——大陸に夢を賭ける男たち』，東京：講談社，1990。

③ 井村哲郎：《“满洲国”关系资料解题》，《山本有造“满洲国”研究》，京都：京都大学人文科学研究所，1993，第558-561页。

1949年东京钻石出版社出版了原中试所研究人员阿部良之助的回忆录《不请自来的国宾》。阿部毕业于京都帝国大学工学部，1928年就职于满铁铁道技术研究所，开始从事煤液化的技术研究。1932年调入中试所，1934年升任燃料课课长，是满铁推进煤液化技术研究的代表人物。战争结束后第二年，他策动一批人秘密从大连逃跑前往山东，后又返回大连，在滞留一段时间后他偷渡返回了日本。此书记述了战争结束后他的生活经历，其中涉及他与中国共产党的一些交往。书中特别重要的内容是有关他们在山东参与八路军科技工作的情况。阿部撰写此书的目的是要从政治上批判中共，出版后在日本国内一时成为畅销书。涉及逃离大连事件的著述还有原中试所研究人员井口俊夫1969年发表在内部刊物《太阳油脂工业会社内报》上的《归国》，1977年东京谦光社出版的原中试所研究人员石黑正的妻子石黑惠智的《北斗星下的流浪》以及原满铁医院药剂员佐竹义继1985年完成而未公开出版的《贫困科学家的绵薄奉献》等①。

在时隔30年之后的1979年，另外一部回忆录出版，它就是原所长丸泽常哉撰写的《新中国建设与满铁中央试验所》。丸泽常哉1883年出生于日本新潟县，1907年毕业于东京帝国大学工学部应用化学专业。后历任九州大学工学部教授、旅顺工科大学教授、大阪大学教授等。1936年任满铁顾问和满铁中央试验所所长。1940年届满回国，但仍每年来东北视察化学工业情况。1943年，受当时满铁总裁的邀请再次来到东北，就任“满铁化学工业委员会”委员长。1945年7月再次就任中试所所长。② 战争结束时领导中试所研究人员保全了研究设施，在随之而来的动荡岁月中带领属下开展了生产自救活动。新中国成立后，丸泽常哉与其他9名原中试所人员留在中国，参加了一批新中国工业项目的建设工作，1955年归国。此书完成于1961年，次年他便去世。此书原名《新中国生活十年回想》，为“私家版”，1979年公开出版时改为现在的书名。

此书可以说是记述战败后中试所及其职员命运的一部最重要而且也是最详尽的著作。这主要是由于作者在战争结束前夕再次出任中试所所长，他不仅直接经历了其后事态的发展，而且作为与战后接收方进行交涉与合作的责任人，直接参与了一些决策工作，使得他对事情的经过有着更为深入的了解。此书主要记述了战败后到1955年这段时期内，中试所先由苏军接管后又移交给新中国的经过以及原中试所研究人员所参与的一些新中国建设工作。其间穿插了原中试所研究人员在动荡年代所进行的生产自救活动、战后滞留在中国的日本人的几次归国潮及新中国成立后参加政治运动的一些

① 笔者未能查找到阿部及其他几部相关著作，有关阿部的简历和这些文献的介绍主要参考了廣田鋼蔵的『滿鉄の終焉とその後—ある中央試験所員の報告』（東京：青玄社，1990）。此书前篇第12章“成为八路军政府宾客的人们”即是有关阿部山东之行的内容。

② 丸泽常哉：『新中国建設と満鉄中央試験所』，東京：二月社，1979。

情况。①

原中试所研究人员出版的第三部著述，是1990年广田钢藏撰写的《满铁的终结及其后——一位中央试验所研究人员的报告》。广田钢藏1907年出生于东京，1932年毕业于东京帝国大学理学部化学学科，1940年进入中试所工作。1948年回国。历任北海道大学应用电力研究所教授、大阪大学理学部教授、千叶大学工学部教授。1968年获日本化学会奖。另外，曾兼任日本催化剂学会会长和日本放射线学会会长等职。他还是日本化学史学会评议员、满铁会评议员和满铁中试会顾问。②

中试所的若干重要的研发活动作为“满蒙开拓”的“业绩”在广田的著述中成了叙述的一个重点，主要有：从油页岩中提取页岩油技术、新制铁法的开发、金属铝的制造、煤液化研究、耐高温汽缸油的制造等。此书内容的另外一个重点是战败时对中试所研究设施的保全、移交经过，原中试所研究人员的动荡生活和在新中国参加经济建设的情况。广田参与过一些化学史研究方面的工作，在史料的利用方面较为严谨。这部书对中试所的历史进行了一些初步的分析，探讨了满铁中试所从一个资源调查分析机构转变成研发机构的问题，同时还就中试所的规模、研究水平进行了评估。③

在这里我们还要提到三部未公开出版的著作。佐藤正典的回忆录《一位科学工作者的回想》，完成于1971年。佐藤正典1891年出生于大分县，1917年九州帝国大学工学部毕业后即开始在中试所工作，1940年至1945年出任中试所所长。这里引起我们注意的是，他与丸泽常哉两人出任中试所所长期间正是日本全面发动侵华战争的时期。④另外两部著作是完成于1983年的萩原定司的《我的历程》及完成年代不详的森川清的《森川先生随想集——科技工作者的视角》，后一部书很可能是他人整理而成的。萩原定司1905年出生于新潟县，1932年东京帝国大学理学部化学科毕业，同年就职于中试所。1945年任中苏合办中长铁路大连科学研究所研究员。1949年任大连大学科学研究所研究员。1954年归国，次年就职于日本国际贸易促进协会。森川清1907年出生于千叶县。1928年毕业于东京高等工业学校应用化学科，旋即就职于中试所。曾任中试所燃料课煤炭研究室主任和满铁化学工业委员会委员等。1944年参与满铁企画室的工作。1948年任当时的中国东北大学教授，1953年归国就任东京工业大学教授。⑤ 这三部著

① 丸泽常哉：『新中国建設と満鉄中央試験所』，東京：二月社，1979。

② 廣田鋼藏：『満鉄の終焉とその後—ある中央試験所員の報告』，東京：青玄社，1990。

③ 廣田鋼藏：『満鉄の終焉とその後—ある中央試験所員の報告』，東京：青玄社，1990。

④ 杉田望在『満鉄中央試験所——大陸に夢を賭ける男たち』（東京：講談社），1990第一章中引用有佐藤著作的部分内容，使我们得以窥见此书部分面貌。其内容涉及佐藤刚进入满铁工作时与一些人物交往的逸话及其工作上的一些经历。

⑤ 丸泽常哉的『新中国建設と満鉄中央試験所』（東京：二月社，1979）出版时，附录有萩原和森川的题为“満鉄中央試験所と丸沢先生”的长篇和谈及二人的简历。

作都曾被其他著述引用或作为参考书，足见其有重要的价值。

一些在殖民地生活过的日本人战后成立了“满铁会”一类的团体。他们搜罗许多材料，于20世纪60年代编辑出版了几部篇幅较大的著作，主要有所谓的《满蒙终战史》《满洲开发四十年史》《满洲青年联盟史》《满洲建国史》《满洲国史》等。① 其中“满史会”于1964年出版的《满洲开发四十年史》（下卷）第六章题为“满洲化学工业的发展与中央试验所”，该章由原中试所研究人员执笔，并附有佐藤正典写的附记“战争结束时的中央试验所”。

除了上述著作外，原中试所研究人员还撰写有一些文章。这些文章大部分收集在《满铁中试会会报》中，一部分发表在其他刊物上。这些文章涉及了中试所的重要研发活动、战后的交接、原中试所研究人员工作生活经历以及重要人物丸泽常哉等。重要的文章有发表在《亚洲经济》1988年第2期上的森川清的《满铁中央试验所与满洲的资源开发》。② 此文初步论述了中试所的运营方针、历代所长的地位、机构沿革、研究所内部的文化、研发主题的变化及重要项目的研发经过。文中穿插有其个人的一些经历。③

## 二　来自其他领域的著述

日本科学史界虽然早就出现了对殖民地科学史的研究，但它是零散的，有组织的研究很晚才出现。1993年日本的《科学史 · 科学哲学》杂志出版了“殖民地科学专集”，1996年举办了首届“殖民地科学”专题讨论会，这些事件标志着对殖民地科学史有组织研究的开始。日本学者首先表现出对上海自然科学研究所的浓厚兴趣，1995年佐伯修出版了《上海自然科学研究所—科学家们的日中战争》一书。④ 有关中试所的专门研究成果尚未出现，但有一些著述涉及了中试所的内容。岛尾永康1998年在其论文《日本1868—1945年科学的发展》中，就把中试所作为帝国主义时期日本科学的重要内容进行了介绍。名古屋大学出版会2000年出版了松本俊郎的《从“满洲国”到新中国1940－1954——从鞍山钢铁工业看中国东北地区的重组过程》。此书有中试所向鞍山钢铁业提供技术研发帮助方面的内容。筑摩书房2000年出版了佐佐木力《科学技术

① 井村哲郎：《“满洲国”关系资料解题》，《山本有造“满州国”研究》，京都：京都大学人文科学研究所，1993，第536页。

② 野令村一雄《回想满铁稠查部》（東京：劲草书房，1986），第414－415页介绍，日本亚洲经济研究所在1982年4月至1984年3月的两年间内，曾邀请原满铁调查部及其他机构的人员作为报告人，就满铁调查部及其他机构的“遗产”在非常广的范围内举办了二十四次演讲，最后整理成的文章发表在该所的刊物《亚洲经济》上。森川的文章即是参加这一活动时讲演的整理稿。

③ 森川清：「満鉄中央試験所と満州の資源開発」『アジア経済』1988年2月，第74－94页。

④ 陈凡、梁波：《日本“殖民地科学”研究述评》，《科学技术与辩证法》2001年第5期。

与现代政治》，此书主张将科学家的研究工作与其在政治上的表现放在不同层面上进行研究。作为研究案例，他在书中涉及了中试所研究人员的一些情况。[①]

在殖民地科学受到科学史界广泛关注之前，我们已经可以看到一段时期里政府产业政策制定部门对中试所所表现出来的强烈的兴趣。中试所虽然随着日本的战败而瓦解，但其所研发的技术却在战后的日本得到继承和发展。第一次石油危机袭击日本之后不久，煤液化研究被重新赋予了重要意义。通产省外围团体新能源研究机构开始了煤液化的实用化研究，原中试所研究人员曾全力协助了这项工作。以此为契机，中试所研发的许多技术开始得到重新的评价，被认为仍然具有很强的生命力。80 年代前后，日本通产省开展了“有关维护技术经济安全的调查研究”。满铁中试所的研发活动及其在战后的影响，被认为在制定产业技术政策方面将起到很好的借鉴作用。1984 年，通产省将仍健在的原中试所研究人员组织起来，成立了“维护技术安全研究会”。当时参加研究会的既有原中试所研究人员，也有年轻的通产省技术官员。其中原中试所研究人员有 20 余人，他们的平均年龄已经超过了 75 岁。这个研究会在原中试所研究人员和通产省技术官员活泼的讨论中开展了两年的活动，应该说是战后出现的第一次，也是目前为止唯一的有关原中试所活动的大规模研究。这次研究活动通过对原中试所研究人员进行访谈而产生了大量的口述史料，在资料抢救方面取得了很大的成果。[②] 研究会在 1986 年出版了题为《有关维护技术经济安全的调查研究——满铁中央试验所的活动》的报告。

该报告分两部分。第一部分是有关中试所的概要和时代背景介绍，这一部分简述了中试所的设立经过，满铁首脑的经营方针，满铁的企业文化，中试所的沿革，从基础及应用研究到工业化、企业化所取得的业绩，中试所的运营与人事、组织以及战争结束后中试所的情况。第二部分是报告的主体，论述中试所的主要研发项目，占去整部书约五分之四的篇幅。森川和广田在其论著中仅就中试所最重要的几项研发工作进行了论述，而这部报告论述了中试所大部分主要的研发项目，共 31 项，分成有机化学、燃料、农产、无机化学和冶金 5 个方面。在一些项目的介绍中叙述了项目的立项、资金的筹措、技术的研发与革新、工业化实验及成品的生产等。有些内容专业性较强。[③]

战后出版的大量的有关满洲的回忆录也激发起作家们写作的灵感。他们的作品与

① 日本东北大学研究生院经济学专业博士生山口直树在《二十一世纪における中国东北部の植民地科学研究のために—满铁中央試験所の日中共同研究体制の整備に向けて—》http//www2u. b:giobe. ne. jp/ka-nakura/webturedure/62664794921875. html）中介绍了日本方面的研究情况。日本学者中专门研究中试所的著述还没有，但一些著述涉及中试所的内容，重要的有松本俊郎和佐佐木力两人的著作。

② 杉田望：『満鉄中央試験所——大陸に夢を賭ける男たち』，東京：講談社，1990，第 16－21 页。

③ 技术安保研究会：《技术による经济安全保障に関する调查研究报告书——满铁中央试验所の活动》，东京：日本机械工业联合会，1986。

这些回忆录一道成为公众理解那个时代的最容易步入的途径。满铁是吸引许多作家关注的题材，但这并不意味着满铁所有的下属单位都是作家的兴趣所在。调查部是战前日本社会舞台上非常活跃的一个满铁研究机构，战后仍然受到广泛的关注，自然它成为作家们追逐的重要题材。1979 年由日本朝日新闻社出版的草柳大藏的纪实文学《实录满铁调查部》成为轰动一时的畅销书。与满铁调查部相比，其他科研究机构则显得暗淡无光多了。但也有一位作家对中试所发生了浓厚的兴趣，他就是撰写技术产业方面纪实文学的杉田望。杉田生于 1943 年，早稻田大学文学部毕业。1972 年就职于重化学工业通信社，后任社长。1988 年辞职，现为独立撰稿人，著有《半导体战争》等。他在阅读了一个叙述中试所研究人员战争结束后在中国暴死的小册子后，深深为之感染，萌发了写作的念头，于 1990 年出版了他的纪实文学著作《满铁中央试验所——将梦想献给大陆的男人们》。杉田在采访原满铁中试所当事人的同时，还阅读了他们撰写的一些回忆录、文章及 1984 年通产省调查原满铁中试所活动时所形成的大量口述史料。由于这些资料大都未公开出版，而通过此书可以对它们的内容有所了解。这部著作主要叙述了下述几方面的内容：中试所历史上最重要的两位所长丸泽和佐藤的事迹、若干项目的研发经过、战争结束时保全中试所的经过及战后残留中试所研究人员的工作与生活、参加新中国建设的情况、原中试所精神在战后日本的发扬。[①]

## 三 问题与意义

有关中试所的这批著述，从 1949 年阿部著作的出版算起，到 1990 年广田著作问世为止，前后跨度约有 40 年。在这期间，这些著述在题材的范围上有了一些变化。这些变化是从 80 年代开始的，与日本当时出现的由经济起飞带来的思想越来越开放的趋势是一致的。80 年代之前出版的丸泽和阿部的著作，其内容主要涉及战争结束后到新中国这段时期原中试所研究人员的生活与工作。80 年代之后，著述开始增多，战争结束后的内容虽然仍作为重要的题材被保留了下来，但又有新的内容加入。战前中试所研发活动方面的史实是新出现的主要内容，除此之外，还出现了有关中试所人事制度及中试所精神等方面的论述。

虽然这批著述在题材的范围上有了新的变化，但它是非常有限的，仍然存在许多大的方面没有触及。战前中试所在东北地区经营了近 40 年的时间，但我们仍然很难见到有关这一时期研究人员生活工作方面的回忆录。中试所的研发活动虽然成为著述的一个重点，但对它们的叙述是不全面的，很少触及与军方合作方面的史实。形成这种题材局限的原因是多方面的，一个重要的原因是殖民地科学长期以来被看成是政治上

① 杉田望：『滿鉄中央試験所——大陸に夢を賭ける男たち』，東京：講談社，1990。

敏感的问题，一些作者回避了这段历史。丸泽1936年出任中试所所长，不久日本就发动了对中国的全面侵略，中试所也在这一时期投入大量的人力物力资源来研发轻金属、液体燃料等军需物资。一直到日本战败，丸泽对中试所来说都是领航级人物，但遗憾的是他的回忆录恰恰是从战争结束后开始的，丝毫没有涉及战争期间这段拷问科学家道德良心的历史。虽然80年代之后思想趋于宽松，但政治上右翼势力的打压仍然存在。一些原中试所研究人员的著述或是“私家版”或是“非卖品”，恐怕多少也是有所顾虑吧。这些来自政治上的压力使得他们变得缄默起来，而最值得人类从中吸取教训的那段历史也因此而变得不完整起来了，这是我们时代的一个悲剧。

与这种题材上的变化有密切关系的是，这批文献对殖民地科学的评价也在悄悄地发生着变化。在战后日本主流的社会思潮中，殖民地科学是作为一股侵略势力而受到批判的，这也是一些原殖民地科学家的看法。原所长丸泽在反省这段历史时，认为自己由于对政治经济的无知而沦为了侵略中国的一个头子①。但这种对殖民地科学侵略性的批判是不彻底的。战争结束后的一段时期内，殖民地科学与殖民地其他事业一道是政治上的敏感问题，使得对殖民地科学侵略性的批判流于形式。伴随着日本经济的起飞，日本社会思想上的禁忌日趋减少，封存已久的殖民地科学也开始逐渐将其真实而复杂的面貌展现了出来。当人们真正开始面对一些殖民地科学的史实时，思想上的混乱发生了，殖民地科学的侵略性开始受到了质疑，出现了要求部分肯定殖民地科学的观点。

一种观点认为，殖民地科学促进了当时落后地区的开发，其遗产至今仍发挥着积极的影响，这部分内容是应当得到肯定的。通产省维护技术经济安全研究会在评价中试所的业绩时指出：“以中央试验所的研究为基础实现工业化的企业有十余家，此外，在试验所的指导下获得很大成功的企业不胜枚举，抛开中央试验所就谈不上满洲的化学工业。还有，它不仅促进了工业的发展，而且还对我国的化学研究、技术的提高做出了许多有形和无形的贡献。它的发展所取得的成就已经使它的地位不单局限在是满铁的一个研究机关，而可以夸耀为是东亚科学的殿堂。”② 另外一种观点认为，殖民地的一些事业是依据得到国际社会认可的条约运作的，不能完全都看成是侵略。广田在其著作后面附有“满铁诞生纪要”，强调满铁是依照当时国际社会认可的《朴次茅斯和约》建立的，提请那些接受战后教育的人不要把满铁的铁道业务与开发行为看成是侵略。中试所的研发工作对广田来说，是满铁人从事“满蒙开拓”的一个方面，其著作的中篇“光荣的满铁中央试验所”对中试所的研发工作有详细的论述③。

---

① 丸泽常哉：『新中国建設と満鉄中央試験所』，東京：二月社，1979。

② 杉田望：『満鉄中央試験所——大陸に夢を賭ける男たち』，東京：講談社，1990。

③ 廣田鋼藏：『満鉄の終焉とその後—ある中央試験所員の報告』，東京：青玄社，1990，第246－247页。

要对上述两种观点做出绵密的批判，还需要进行更为深入而艰苦的研究。这里我们只想指出的是，功利主义地或以那个时代一部分人的是非标准为标准地来评价殖民地科学，只能带来思想上的混乱。殖民地科学与其他殖民地事业的侵略性，根本在于它在伦理政治层面上践踏了另外一个国家的主权与尊严。我们坚决反对任何形式的将殖民地科学正当化的做法，因为它只不过是在为这类邪恶科学的再次出现开启一扇扇的大门而已。殖民地主义带来的民族仇恨与冲突，最终给人类社会的许多方面都造成了更大的损害，这是人类永远应该汲取的教训。

虽然这批著述存在上面提到的问题，题材上有大的局限，对殖民地科学侵略性的认识存在混乱，但对我们目前的殖民地科学史研究的一些方面来说，仍然存在着不同程度上的意义。在这些著述中，回忆录占了很大的比重。其他的非回忆录著作有些基本上就是整理原中试所研究人员的回忆录和口述史料而写成的，因此它们可以看成是一种准回忆录著述，比如原中试所研究人员广田著作和作家杉田的纪实文学著作。另外一些研究性的著述，也穿插有回忆录因素的内容，如森川的文章和原中试所研究人员参与的通产省的那部调查报告等。回忆录由于都是当事人对自身经历的记述，成为我们历史研究中史料的一个重要来源。但是，它们与文书档案不同，有可能存在记忆方面的误差，个人主观因素也可能导致对史实的歪曲，这是我们利用回忆录时需要注意的问题。战后中试所研究人员的这批回忆录及准回忆录涉及的内容主要集中在战争结束前后至新中国实施第一个五年计划时期，弥补了这一时期原殖民地科学家生活与工作方面史料较少的缺憾。它们涉及的另外一部分内容是战前中试所的一些项目的研发工作经过。中试所虽然没有研制出带来技术发展全新变化的产品，但它在制备既有的石化等产品的工艺过程中发明了一些新的技术。另外，它的大量的技术改良工作不论在提高产品的品质或在促进产业化方面都有很大的贡献，在战后日本它的一些技术得到继承和发展。这些内容对研究技术发展的谱系有重要的价值。

战后出现的有关中试所的著述中，上面提到的森川的文章和通产省的调查报告带有研究的性质。不过，它们不属于科学史研究著作，而是类似于工作总结报告一类的文献。但例外的是，在广田的著作中出现了一些科学史研究的因素，这多少与他战后参与化学史学会的工作有关。上述这些著述主要涉及战前中试所的研发工作及人事制度等方面的内容。从这些著述中我们看不到对中试所历史大的发展脉络的整体把握与较为充分的描述，也看不到对影响中试所历史的一些主要因素的深入分析。但对于尚处在起步阶段的我国的殖民地科学史研究来说，这些著述仍具有重要的价值，对确定研究这段历史所要关注的问题提供了一些线索。中试所在中国东北地区经营了近 40 年的时间，其间进行了大量的涉及不同领域的研发工作，在确定那些具有重要意义的项目时，上述文献可以说为我们提供了很有价值的名单，因为这些著述主要是对那些重要的研发活动做了总结。中试所在战前较短时间内成长为世界一流的研究机构，被上述文献认为在人事制度方面有很好的措施，主要有提高科技人员的地位、积极招募年轻人才、在职研究人员的海外进修制度等，为我们研究中试所的研究环境提供了线索。

原载《自然科学史研究》2002 年第 2 期

# 日本战后满铁研究状况（上）

〔日〕冈部牧夫　孙　彤　编译

## 一　日本满铁研究总评

关于满铁的研究和评论，战前及战时就曾积极开展。战后不久，研究工作又重新展开，时至今日已取得许多研究成果。不仅在日本和满铁事业开展地的主权国家——中国，而且在参与满铁前身建设，其后又与日本进行斗争与合作的俄罗斯，以及长久以来念念不忘跻身于满洲的美国，满铁研究都取得丰硕成果。

20 世纪 60 年代后半期开始，日本将满铁史作为社会科学来研究，无论在理论上，还是在实证方面均用批判的眼光，审视在日本帝国主义结构中究竟应赋予满铁以什么位置，使研究取得了长足进步。满铁史研究的初始阶段，是将政治外交史、金融史、劳动史作为中心，近年来又扩展到了满铁产业史、技术史、教育史、社会史、亚洲研究史、组织论、战后日本论等领域。从中国史的东北政治史、社会经济史、反帝民族运动史框架中分离出来，将满铁作为对立面进行研究，这在日本已很普遍。

史料发掘和存藏地调查正在日本、美国以至于中国积极进行，目前基本消除了以往史料利用上的障碍。20 世纪 70～80 年代，许多日本近现代史研究者搜集了美国国内的资料。从 90 年代开始日本研究者根据在中国所搜集到的资料撰写论文，并与中国研究者有合作研究。

满铁研究利用满铁会社业务的基础统计，将渗透在日本殖民地铁路系统中的满铁特性、鞍山制铁所（昭和制钢所）为首的产业投资实态、满洲国时期统制经济中满铁所处地位等基本问题，通过确凿的证据加以阐明。满铁调查部利用企业组织论、智囊团论等形式，热衷于对各个会社搜集情报。同时，还以首任总裁后藤新平、山本条太郎、松冈洋右等总裁为研究对象。另外，围绕满铁对大连等附属地的城市经营、各种教育机关活动，以及日本企业的经营状况的研究均取得一定的成绩。2000 年以来，日中研究者进入了正规的合作研究、共同出版著作阶段。

关于对满铁组织、人物的研究，也受到作家的关注，他们出版了多部引人瞩目的作品。但是，作家常流露出一种怀旧的民族主义情感，这类作品同从社会科学立场出发所进行的满铁研究有所不同。战后满铁出版物的显著特色之一，就是以满铁会为首，按不同职务所成立的旧社员组织编写的和个人撰写的回忆录，数量极大。这些回忆录也同样存在着上述问题，应该说它象征着某些日本国民的历史意识。

对满铁研究，其自身还有许多遗留问题。虽然已经从多方面展开了实证性研究，但是为数众多的研究者都出于不同的意图和视角，互不干涉，很少有对立的阵营出现。研究者有各自的研究领域，研究工作多处于分散状态，使满铁的整体形象变得模糊不清。关于满铁的根本性质、在现代日本社会中所起的作用、每个会社的业务活动情况等，在研究上也还有许多欠缺。

例如，日本对华投资的主要渠道是满铁，但是，满铁发行社债与国内银行团的具体关系、围绕外债募集问题大藏省与满铁的关系、满铁自身的对外宣传活动的实际情况、对于中国铁路建设提供贷款和建设承包的具体情况等，很难说都已十分清楚。此外，满洲国成立后满铁的基本性质、日中战争期间满铁作用的转变和日本入侵华北、亚洲太平洋战争爆发后满铁作用的转变、战争末期满铁艰难的经营状况等等。诸如此类有关十四年战争期间重要问题的许多侧面尚未弄清。

关于会社业务问题。例如与铁路密切相关的港口、仓储业的投资规模、收入情况，煤炭业及其相关工业的情况，负责商品销售的商事部、中央试验所及其他试验研究机关与对其业绩的评估、地方经营的意义和实际情况，产业扶植及其效果，对子会社投资等都很少有人进行研究。

1945 年前的日本，历史学和社会科学研究都受到国家的严格制约，战后这一政治性桎梏已不存在，研究工作基本获得了宽松的环境。对满铁研究而言，其意义尤为重大。过去的满铁形象是以国家的民族主义为前提，如今在国民意识中即使仍有残余，至少在学术界满铁形象已转化为更加相对和客观。因此，战后日本对满铁研究，其着眼点是殖民地经营体的本来面目，同时，在同日本资本主义、帝国主义的历史性质，以及东亚国际关系发生变化的更为广阔框架内，合乎逻辑地为满铁确定了一个合理的地位。这就是根据帝国主义论、国际关系论和政治外交史等理论观点所进行的满铁研究。

本文首先对上述观点所进行的满铁研究做一综合性探讨；其次，概观日本入侵满洲的研究，及满铁有关个别会社业务及其经营实态的研究。

## 二　满铁与国际关系研究

首先，对以围绕满铁和使满铁得以诞生的东亚国际环境为对象所进行的研究做一观察。以往的研究工作一向以站在帝国主义立场者为主流，但在国际关系论和政治外交史中也有与帝国主义论相抗衡的研究成果。将双方一并加以论述，在理论上是相当困难的，但二者研究对象本身是基本相同的。

战后最早进行满铁研究的是井上清、铃木正四的《日本近代史（上）》（1955）。该书第 5 章“帝国主义的形成”中的第 3 节“吞并朝鲜、掠夺殖民地”的第 2 项小标题“南满洲的统治”（也称作“藤井松一的草稿”），该文完全依照信夫的观点，① 重新描述了哈里曼收买满铁计划及受挫的背景。

以金子坚太郎回忆录为依据，就有关上述问题的研究情况做一概括。金子坚太郎毕业于哈佛大学，曾任首届伊藤博文内阁总理大臣秘书，参与制定宪法，曾历任农商大臣和法务大臣等职，曾随岩仓使节团赴美。日俄战争期间被派往美国，从其故交美国总统罗斯福（以下简称 T. R.）开始，在各方面开展活动，宣传日本的立场。在日俄媾和会议期间，他为帮助全权代表小村外相，广泛进行幕后活动。1932 年，金子曾发表讲演，回顾了当时的情形，并写成小册子出版。②

金子在这本小册子中曾说明：合约签订，哈里曼前往日本后，美国总统的堂兄，金子的至交 S. M. 罗斯福（以下简称 S. M. R.）拜访了金子，向他提出了建议：“若日本政府将南满洲铁道的经营权交由哈里曼掌管，日本便不可能从战争中获利。倘若日本政府决心自行经营，可从财政方面给予支援。此事已同纽约 5 家银行的首脑商谈，如从美国购买铁道器材，他们可能以 5.5 分的年息融资 3000 万 - 4000 万日元。昨天本人去了华盛顿，为上述问题会见了总统，他对这一方案也表示赞成，决定给予支持。”

在此基础上，信夫推断这 5 个银行，应是哈里曼及其背后的库恩 · 罗比派金融资本的宿敌摩根派的一些银行。井上、铃木也倾向这一意见。对于永雄 1928 年《殖民地铁路的世界经济及世界政策研究乃至殖民地铁路之外的研究》一文中提出桂、小村的做戏一说持批判态度的波多野善大③，也对金子的谈话感兴趣，他曾指出，哈里曼收买南满铁路的提案使国民对《朴次茅斯和约》条款的不满发展到爆发日比谷烧打事件，而且是将矛头指向罗斯福总统时发生的。如果再认为深感不安的 S. M. R. 暗中装作被罗斯福总统派作代理人，使美国不要染指日本所得到的微不足道的一点收获，那就出现了可以称之为对罗斯福做戏一说的另一个臆测。这一点同永雄的看法完全一致。

针对上述情况，安藤实在其 1959 年出版的《满铁会社的设立与资金》一文中，首次就金子谈话提出了关于史料方面的质疑。在该文注 8 中安藤指出：信夫的推断是错误的，而且还被战后的井上清和铃木正四④所继承，并提出了依据。但是，安藤在《关于满铁会社的设立（二）》注 28 中指出：在信夫的“见解中毫无批判地采用了金子的

---

① 信夫淳平：《小村寿太郎》，新潮社，1942。

② 金子坚太郎：《日本门罗主义与满洲》。

③ 波多野善大：《日俄战争后国际关系变化的动机——日美关系为中心》，《国际政治（3）日本外交研究明治时代》，1957。

④ 井上清、铃木正四：《日本近代史》，合同新书，1955、1956。

谈话，就这一意义而言，引起人们对其见解合理性产生怀疑”，不过当时还仅限于提出疑问，更进一步的批判则留给了安藤彦太郎1965年编写的《满铁》。[①]

其间，在美国R.T.强1961年发表了批判论文《桂、哈里曼协定的不履行》中可以看出，强似乎没有看到安藤1959年发表的文章，但他对信夫和更加正式的《小村外史》[②]不折不扣地相信金子的谈话一事进行了批判，继而拒绝接受波多野的“罗斯福的做戏说”论点的真实性。因为罗斯福是生长在美国的贵族，所以他估计是政府煽动无知的民众暴动，政府应该采取更加贤明的行动，不为暴动所左右。关于这一点，罗斯福多年后的回忆录就是一个旁证。强还说，S.M.R.向金子提起融资问题的时间，是在烧打事件发生几天之后。在如此短的时间内，认为总统和银行家的密谈就能够得出结论，也未免异想天开了。

此外，强提出了两个疑点。首先，作为金子谈话根本性的史料批判是事后经过长时间做出的回顾；其次，确实能为满洲事情做出解释的民族主义心理，难道不是正为金子的说明添光彩了吗？考虑到金子的诚实和同总统的友谊，尽管不能简单地把他的说明归结为蒙蔽世人的谎言，但是其真实性还有待于发现支持金子主张的新的史料方能确认。换言之，S.M.R.在这一问题中，是否真正会见过总统，必须查阅他们的个人文件，至于5名银行家究竟都是谁，又必须查阅纽约多家银行的文件。但前者的有关资料尚未发现，而后者又将是一项十分艰难的工作。然而，金子急于解决问题的解释，对于东亚外交史的研究者而言更是一个挑战性的问题。这就是强的结论。[③]

1958年撰写了《南满洲铁道中立化问题》的黑羽茂，1962年又出版了《从世界史看日俄战争》一书。该书出版于强和安藤实提出异议之后，为何他仍无视这些质疑，还不加分析地引用了金子的谈话。[④]这本书就总体而言，是从国际环境论述日俄战争的一本好书，但是在行文中民族主义的色彩比较浓厚。就文章风格而言是一本值得一读的书，但很难说是一部严谨的历史著作。

1965年，安藤彦太郎在其所编书中收入的安藤实的记述，[⑤]介绍了永尾关于桂、小村做戏一说的牵强附会之后，认为金子1932年的谈话从当时的“国际情况来看，显然是主张‘美国不要对满洲问题说三道四’”，对强的史料批判进行宣扬。同时，又说金子在所说的3000万－4000万日元的融资之外，“在数年之后，南满洲铁道会社作为

---

① 安藤彦太郎：《满铁——日本帝国主义与中国》，御茶水书房，1965。

② 外务省（信夫淳平1953年）：《小村外交史（二）》，新闻月社，第211页。

③ 关于美国铁道大王收买南满铁路计划失败的情况，可参阅《满铁史资料》第2卷《路权篇》第1分册，第30－40页。

④ 黑羽引用的并非原文。金子的原意是，探听了摩根等银行的条件，S.M.R.说融资额达3000万～4000万日元，而黑羽引用成“30万或40万日元”。

⑤ 安藤彦太郎：《满铁——日本帝国主义与中国》第一部工之3“哈里曼事件”，御茶水书房，1965。

该铁道修理费用，接受了纽约银行家的350万日元的贷款。南满洲铁道会社从美国的生产厂家那里购进铁轨、机车和车辆，铁道才得以重建”。对此，信夫也不加分析地予以接受。笔者认为，其中关于融资部分是金子进行的有意误传，这成为人们从根本上怀疑金子谈话史料价值的论据。然而，安藤却没有觉察到这一点，他推断金子和小村实际确有筹措资金的某些可能性。

1969年，铃木隆史曾撰文对金子谈话表示怀疑，但他对这一问题没有进行深入研究。没有史料能证明总统支持了S. M. R. 的建议，其建议是否是以撕毁备忘录作为根据及筹措资金的可能性，还需要做进一步的探讨。铃木与安藤的意见一致，他说，如果小村要使桂等改变主意，显然需要拿出某种强有力的招数。铃木之所以没有坚持个人意见，也可能是因在名古屋大学时曾受信夫的指导。但是，铃木认为问题并不在于筹措资金可能性的内容，事实在于通过撕毁备忘录，日本独自经营满洲，设立势力范围的设想在统治阶层内部取得了一致意见。之所以如此说，是因为它是从帝国主义论和政治论外交史的立场出发提出的正确观点。

我们再回到20世纪50年代后，以帝国主义论和政治外交史的观点所进行的满铁研究上。1958年，崛川武夫出版的《远东国际政治史序说》一书，是对华“二十一条”要求的详细研究，而要求中的相当部分是与满洲和满铁权益有关的，所以它自然属于国际关系史性质的满铁研究成果。该书首先确定了以要求延长满铁线权利期限为前提的满铁的性质；其次确认了以延长中俄原约和安奉线所规定的权利期限为前提的日中条约附属协定，并就吉长权利铁路形成的来龙去脉及其延长问题进行了论述。

就“二十一条”条约的背景而言，四国借款团因第一次世界大战而失去作用，日本在对华投资问题上处于垄断的地位。西原借款也是其中一环。该书介绍了满铁所进行的新吉长铁道借款（1917年10月）和四洮铁道续借款（1919年9月），并揭示了在新四国借款团的组成交涉中（1919年5月至1920年5月），日本企图保留对满蒙的全部权益，以及涉及满铁利益的特别投资。为了获得英美一般性的保证许诺，日本不得不将其要求撤回。然而，除特定议案之外，还是在银行团之间达成了谅解，1920年10月，新四国借款团勉强成立，该书对上述史实都有详细记述。

20世纪60年代后半期，在国际关系研究领域，对满铁问题的关注程度有所高涨。首先，应该提及的是佐藤三郎1967年出版的《关于对日俄战争中满洲占领地日本军政之态度》，从属于满铁前史的书名主题来看，可以称之为先驱性的研究。该书简述了作为满铁附属地行政前身的军政内幕，并对清朝官民的纠葛以及战后军政的遗留问题，都做了较公正的论述。

其次，摒弃意识形态和理论方面之原则性而进行满铁研究的典型，是角田顺一的《满洲问题和国际方针》。该书作为政治外交史的力作，于1967年出版。书中概观了1900－1912年间围绕满洲的日本外交和军事政策，成为战后有关该方面实证研究的一个基准。该书始终坚持阐述事实，控制评论和批判，故对于受到过马克思主义影响的读者来说，可能会感到美中不足。

从马克思主义的立场而言，令人瞩目的是1968年井上清撰写的《日本帝国主义的形成》一书，尤其是该书的第7章“殖民帝国的形成和民族运动与列强的对立”，被评价为关于满铁最为系统的记述。

属于满铁前史之一的还有包括上述桂、哈里曼备忘录问题的《小村外交史》。当时满铁社内自不必说，包括一般国民也都将它半神话化了，但这都是从正面所进行的批判式的论述。与之相对立的是内山正雄1968年撰写的《小村外交批判》。尤其是小村在1905年要求中国承认《朴次茅斯和约》的北京会议上表现的强硬态度，暴露出和日清媾和时与陆奥同样的脱离亚洲、靠近欧洲的对华优越感，从而导致中国抗日情绪高涨。作者还指出：“可以说这种做法至今仍然存在。”战后日本社会虽然为此曾遭到过批判，但这种情况至今未能克服，就此意义而言，他的观点可以说是颇具先驱性的。

谷寿子写于1969年的《寺内内阁与西原借款》，以继承崛川批判意识的风格，记述了吉会铁路、满蒙四铁道借款问题，该文也是战后关于西原借款研究的先锋。

20世纪70年代对实证研究更加严谨。例如：1971年，长幸男出版的《美国资本引入满洲计划》一书。详细总括了在日本以满铁为中心经营的满洲，自哈里曼以来美国资本进入的动态。涉及1921年阿布鲁比调查团对鞍山的访问；提到通过满铁与美国钢铁公司合作、制订炼铁事业经营计划问题；阐明“满洲国”时期引进美国资本的设想；以及日本经济联盟会曾邀请对美国经济界具有影响力的律师J. F. 奥拉伊安等事实，可以说这些是他的研究功绩。

关于涉及日中关系的论述与考察，有藤田敬一1971年撰写的《辛亥革命时期的清政权与“满洲问题”》。该文针对日俄战争结束后，中国方面对满洲的开发构想，以及以日本为首的帝国主义的制约问题，进行了划时代的考察研究。他认为，清朝的战略总是依靠某一国家，而与另一个帝国主义国家相对抗。因此，“斗争的主体很难能结构性地掌握住半殖民地权力，总是处于模棱两可的状态”。对此，藤田敬一作出准确的评价。

1975年，三谷太一郎撰写的《华尔街和远东》，可以说是满铁研究的经典作品。该文将引进美国资本问题重新整理使之相对化、逻辑化，值得一读。过去一直强调摩根和库恩·罗比的竞争，而三谷却在文中记述了由于美国银行团的成立，四国借款团开始活动，20年代尽管美国金融资本和日本建立了密切的经济关系，却没有实现向满洲输出美国资金过程的史实。

1976年，大江志乃夫撰写的《日俄战争的军事史研究》第4章中记述了属于满铁前身的军事铁路，成为井上勇一研究的先导。菅野正注意到辛亥革命时期满铁的政治动向，揭示出当时的满铁总裁中村是公暗中操纵革命派，使东三省总督赵尔巽陷入险境，然后再给予救援，并制定了“将赵尔巽强行带往大连计划”等事实。由于奉天总领事小池张造将事情上报，据说中村受到首相西园寺公望的严重警告。上述情况的出处是《日本外交文书》，但可以看出满铁早已企图成为满洲“多头政治”的主体。

寺本康俊在其文章①里考察了国际环境和日本对满政策的关联，在此基础上，1999年，他出版了《日俄战争后的日本外交》，将扩张国权式的小村强硬外交，与主张协调合作的西园寺、林董的路线进行了对比。但是令人遗憾的是，显示战争期间桂、小村超越了伊藤、山县等人的慎重论，而变得强硬起来的“满洲国际中立化方案和小村外交”的内容，却在该书第1章阐述得不太明确。书中认为强行改建安奉线给清政府以很大打击，而肃亲王等日清关系改善论者，却主张日本在间岛领有权上的让步，才换得了清朝在围绕满洲的其他悬案做出了让步。书中对中村是公的强硬论和国权民族主义言辞的指责，令人深思。作者广泛搜集、回顾战前文献，甚至包括法文和德文文献。

井上勇一在其著作中，用实证方法为日俄战争时期、战后国际关系中的满铁前身和相邻铁路确定了地位。上述文章和井上1984年、1985年研究满铁竞争线计划的论文一起于1989年汇集出版，即《东亚铁道国际关系史》。该书将20世纪初的东亚国际环境，纳入铁道问题加以详细描述的新视点是颇具魅力的，同时还暗示，如果围绕铁道问题进行观察，还能发现许多意想不到的各种关系。此外，井上于1990年还出版了《改变了铁道轨距的现代史》，作为一般读物也引起了关注。

作为20世纪80年代后期颇有影响的成果，除了上述之外，还有萩原充1987年发表的论文。该文详细阐述了20世纪30年代后半期满铁对华北的干预。此外，小岛丽逸于1989年对日中经济关系的资金流通与储备进行了史料性的重新研究，对于日本侵华和军事侵略留下怎样的经济后果，作为前提史料进行了简洁的证实。根据1946年12月成立的东北统一接受委员会清算处推算，日本战败时东北各企业（6564家）的资产（账面额）总额为240亿9000万日元，其中满铁拥有78亿4900万日元（占32.6%），满铁的关系会社（59家）共拥有22亿7600万日元（占9.4%）。这足以体现满铁的庞大和重要性，给人留下深刻的印象。

围绕以满铁为首的满洲铁路和货物运输，可以发现，在日俄、日苏关系中都孕育着各自的重要性和关键点，但对此类问题的研究却不多见。据寺山恭辅称，1926年1月，苏联希望保持由日苏分制两国的满洲势力范围，抗议日本利用洮昂线进入北满。从1932年2月关东军进攻北满，直至3月“满洲国”“建国”前后，苏联持极端“抵制”的态度，将中东铁路的机车和车辆扣留苏联境内，撤回住在满洲的苏联人（从1月至4月共撤回约1500人）。天羽日记等论证了上述情况。

---

① 寺本康俊：《日俄战后的作战计划与陆海军》，《军事史学》1979年；《德美清协商案与高平路线》，《政治经济史学》1980年；《围绕日俄战后的对满政策外务省与陆军的对抗》，《政治经济史学》1986年；《清朝官民对满洲占领军政当局的抗议及日本的应对》，《政治经济史学》1986年。

以日中关系为中心的研究成果，包括从田中内阁政治外交史角度进行的对华政策分析，1992 年，佐藤元英撰写的《昭和初期对华政策研究》值得注意。该书第 5 章“满铁主导下‘满蒙问题’的解决与交涉”，就是对任用山本条太郎为总裁的田中积极外交的满铁问题分析。田中和山本虽说是采取积极政策，但同当时的外务省，尤其是与政务次官森恪及奉天总领事吉田茂等人的强硬论之间仍存在分歧。据说满铁对外务省和陆军的反张作霖势力保持警惕，准备按满铁的路线先动手打开局面。田中认为与陆军和森恪的强硬论保持距离没错，故采用山本的“产业立国政策”，并为实现其主张进行了策划，但对田中、山本一体论的研究，仍有论证不足之感。

前往大连赴任的山本曾同张作霖有过交涉。大藏省和日本银行聘请摩根商会的总经理 T. W. 拉蒙特共同策划引进美国资本问题（后因顾忌美国舆论而未能实现）。佐藤认为不能将其看成是日美政策的对立，而是由于在募债方面不受民间欢迎，但又对之熟视无睹而做营利判断所致。然而，早在满洲事变之前开始出现的批判论调，已经在美国有所抬头，难道不应该更加予以重视吗？

近年来，在用日语进行满铁研究的成果中，中国和朝鲜研究人员的活跃情况不容忽视。例如陆伟在 1995 年、1996 年撰文，对 20 世纪 10 年代以来日张关系的变化做了详细的论述。20 世纪 20 年代初期，打通了作为培养线的郑通线和郑洮线后，满铁货物的运输量和纯利润增加。日本希望进一步实现贷款契约的呼声日益高涨。但是 1923 年旅大收回运动和 1925 年的五卅运动波及东北，以此为契机，中国民族主义势力迅速崛起。张作霖政权也想真正脱离日本，开始采取回避用贷款建设铁路的政策。1924 年，日本以推动洮昂线和吉会线的吉林至敦化的建设作为交换条件做出让步，同意中国自办奉海线。陆伟将此举评为“由于满铁过于重视利用洮昂线入侵北满，导致‘满铁包围网’开始形成”，因为作为培养线的洮昂线也有可能转化为竞争线的。

然而，正如陆伟所说，由于下列原因，诸如吉敦线因受到吉林铁路局的抵制而不能开工；满铁培养线之一的长大线（长春至大赉）因遭到吉林省省长王树翰的反对而未能签署条约；张作霖和蒋介石都表明反对引进日本的资金。而更为重要的是中国的民族主义化从关内到东北都发展到了有组织的程度。1927 年，田中内阁在东方会议上表明了强硬的政策。同年 8 月，奉天的反日运动进一步刺激了田中。陆伟虽然并不认为田中会将强硬论坚持到底，但在细微之处与佐藤对田中的印象还是有相当大的差别。

虽然无人提及，史料上也仅限于已知的东西，但黎光和孙继武于 1982 年出版的著作是沿着张作霖政治经历，将其对日关系细微之处进行了进一步印证，可以说，其逻辑性更加缜密。

最后，让我们再了解一下崔文衡（2004 年朴昌熙译）的《日俄战争的世界史》。该书是韩国学者就有关日俄战争前后的国际环境所进行的公正、综合性叙述。尤其是第 5 章“战后状况与日本的‘韩国合并’”，就日俄战后的日本入侵大陆问题，以俄美关系为轴心，站在韩国的立场上进行了描述。然而，关于中国的主体性行动及其限度问题，围绕向满洲的中国铁路贷款，除叙述唐绍仪对美进行交涉之外，其他并未详细提及。该书在19页的卷首中刊登了维特的政敌，被称为日俄战争的幕后操纵者别佐布拉佐夫，战时和战后时期的财相、后来成为首相的科科夫佐夫等人的珍贵照片。

（待续）

原载《东北史地》2010年第6期

# 日本战后满铁研究状况（下）

〔日〕冈部牧夫　孙　彤　编译

## 三　满铁与日本入侵满洲研究

我们试对随着日本资本主义和帝国主义的发展而跻身满洲为所做的研究做一考察。当然，这一问题和国际关系是密不可分的，但对国内的政治经济因素和满洲的形势也不能忽视。井上晴丸、宇佐美诚次郎早在1948年就发表文章，他们是战后开展这一领域研究工作的先驱。为了综合性地阐明战时日本帝国主义的结构，《潮流》杂志组织了众多的历史学家和社会科学工作者进行研究，撰写文章。他们从鲜明的国家垄断资本主义论立场出发，叙述和展望了战时国家垄断资本主义的形成，海外侵略的必然性、矛盾的扩大与体制的崩溃与再生，以及向人民民主主义转化的可能性，包括殖民地和占领地等内容。战败后不久，是基础资料几乎还不能利用的时期，所以理论化先行也是无可厚非的事情。不过同时极力采取实证的态度，也是相当具有说服力的。1950年和1951年发行的单行本①，在很长时间内对经济史和殖民地史的研究颇具影响力。然而，针对书中关于因日本资本主义具有半封建结构而导致的产业地位低下，而未能将殖民地的民族资本（产业资本）培养成买办的观点，小林英夫在其1975年出版的《“大东亚共荣圈”的形成与崩溃》中指出：日本帝国主义虽然有志于“取消买办”，但未能贯彻执行，相反在不得已的情况下同地方资本达成妥协。大谷正在1976年撰文，以三井物产的满洲大豆出口为例，全面批判了“取消买办”论。

但是，在这里“买办”的概念因论者有所不同，以致造成混乱。井上和宇佐美将买办定义为帝国主义势力和殖民地产业资本的媒介，在产业资本尚未发达的20世纪初期的满洲它是不可能存在的势力。以大豆收购为例，这一时期的外国商社，包括日本在内，最主要的是以商业和高利贷资本的城市粮栈为买办，与地方粮栈和作为生产者

① 井上晴丸、宇佐美诚次郎：《国家垄断资本主义论——日本经济的现阶段分析》，1950年，东京：潮流社；《危机下的日本资本主义构造》（改题、增补、修订），东京：岩波书店，1951。

的农民毫无接触。城市大粮栈是由于大豆成为世界性商品后，以与外商进行大量交易为契机而出现和成长起来的。在这个意义上，买办本身就是城市大粮栈。[①] 只在开放港口构筑据点的外国贸易商，如把买办定义为接近中国国内市场而使用的中国掮客，那么就如山村睦夫所主张的那样，三井物产以排除买办作为会社的方针，在中国国内市场制度性地培养用自身力量进行交易的职员[②]，这些职员担任同城市粮栈的交涉。在这一意义上，可以说那是取消买办的交易。但它不是能同日本资本主义滞后性联系起来的问题。

20 世纪 50 年代，现代日本政治史的实证性研究也开始复兴。前岛省三论述了桂、原内阁时期政治过程中满铁的意义，他在《原内阁的历史地位——资产阶级·民族主义的演变》中认为，通过铁道的国有化，大量的民间资本从铁道事业中解放出来，出现了日俄战后企业蓬勃兴旺的景象，满铁股票交易的突然旺盛也作为其中的一环而被确定了地位。前岛还叙述了原内阁对满铁的人事政策、合理化措施及由此产生的渎职事件。他的评价是：原内阁同寺内内阁相比“作为资产阶级内阁有了进步”，但原内阁并非自由主义的，而是具有“法西斯性质的资产阶级政权”。

前岛虽然立足于天皇制绝对主义的立场，但他认为绝对主义权力乘登上殖民地获得战争舞台之机而形成了帝国主义权利，并认为将天皇制赶进日清、日俄战争的原动力是“早熟的金融资本，即国家和财阀的资产阶级”。日本帝国主义以中日甲午战争后的军备扩张、内政改革，以及义和团事件出兵中国等为契机，成为财阀资产阶级的政治后盾。评论者认为在日俄战争阶段，资产阶级还不具备作为政治势力的主体性，军事帝国主义的实践、满铁的成立、政党政治的引进等全部由绝对主义权力主导，对于中日甲午战争中的资产阶级利益反映论和原内阁的法西斯先导论一概不予赞成。这对 20 世纪 50 年代的讨论是有一定意义的。

此外，1957 年，前岛省三在《第二次桂内阁外交政策》中指出：研究第二届桂内阁的外交政策过程中，整理了桂、哈里曼备忘录废除后满铁共同经营问题和竞争线计划问题的概要。这成为战后先驱性的记述。[③] 同年，他还从“满铁引进外资，对于资产阶级的那些人特别受益，并曾发挥作用”的观点出发，指出了满铁与三井（物产）之间明显密不可分的关系。尤其是他还介绍了国民党议员向第 27 届议会提出的《关于满铁现状的质询书》中所做的尖锐批判，十分珍贵。该文也涉及三井对满出口棉织品的垄断问题，成为日后高村直助等人研究的重点。

谷良平在其 1960 年出版的著作中，简洁叙述了满洲国期间满铁作为对满投资渠道

① 西村成雄：《中国近代东北地域史研究》，京都：法律文化社，1984，第 76－78 页。

② 山村睦夫：《日本帝国主义成立过程中三井物产的发展——以跻身中国过程特征为中心》，第 29－30 页，见《土地制度史学》73（76/10）。

③ 关于备忘录废除背景，完全照搬了金子讲话。

作用的变迁，可称之为这一时期有关满铁的先驱性言论。1962 年，中山治一发表的科研成果是对西园寺内阁时期对满政策决定过程进行缜密研究的精心著作，在某种意义上可以说是继承了前岛所关注的问题研究。

满史会于 1964 年、1965 年编写的《满洲开发四十年史》，执笔者多是与满铁和满洲有关的人士，是一部回顾满洲在日本帝国主义统治下经济和产业发展情况的巨作。它被认为既有怀旧和辩解性质，又在史料上对战后满洲研究做出了一定的贡献。当年编者的意图何在另当别论，今天当我们重新对它进行探讨时，肯定会发现许多客观的社会科学的记述。例如，上卷的《序说篇》第 5 章“日本开发活动下的满洲社会和经济发展”，《农业篇》第 1 章“日本对满洲的经营和满洲农业与农民”、第 2 章“农民经济的发展”，下卷中的《工业篇》第 1 章“满洲工业发展特征”、第 3 章“满洲炼铁业”，《商业篇》第 1 章“满洲流通机构特征”、第 2 章“国内市场与地方市场”、第 3 章“满洲物价的变迁”、第 4 章“日本商业资本打入经过”等等，可以称之为名副其实的研究成果。

此外，上卷的《交通和建设篇》及下卷的《矿业篇》《工业篇》的一部分，都是具有产业史和技术史性质的卓越记述。《南满洲铁道株式会社篇》虽然缺乏批判性观点，但它是由会社业务调查专家上野愿执笔，关于事实的记述基本正确，可供参考。满铁会社业务在其他篇中也都有所涉及。如关于抚顺煤矿，在下卷的《矿业篇》第 2 至 5 章、制铁所在该篇的第 7 章和《工业篇》第 3 章、地质调查所在《矿业篇》的第 12 章、中央试验所在《工业篇》的第 6 章都有记述。

20 世纪 70 年代，在政治史方面有山边健太郎 1971 年撰写的《日本统治下的朝鲜》。该书介绍了枢密院议长山县有朋 1911 年向政府提出为准备同俄国再次交战，主张将满铁的奉天以北和安奉线实现复线化和改良朝鲜铁道的意见书。1972 年，浅田乔二的论文，论述了在满洲的商租权与满铁利害关系。商租权问题是日本帝国主义与中国的民主主义者争斗的焦点。但是，2002 年马场明撰文认为，通过后来进一步的实证研究，在某种程度上还没有发展到那种地步。1974 年，臼井胜美撰写的《满洲事变》一书，关于对东北政权提出的所谓“满铁包围网”政策问题，确实有些过分夸张，但是围绕满铁的币原外交还是做了颇得要领的叙述。在铁路要求方面日本做出让步，尤其是关于木村锐市理事秉承币原的意图所进行的交涉，文中更有详细的记述。

关于经济方面。1969 年，志村嘉一的著述率先记述了 20 世纪 30 年代满铁股票和社债与国内资本市场的依存关系。1972 年，高村直助在著作的下卷第 6 章“垄断形成时期纺织资本的结构”第一节，论述了日本棉布对满出口和满铁运输政策之间的关系。出于对这一问题的关心，1980 年，高村又撰写了《日本资本史论》。该书详细论述了满铁同私人资本，尤其是同三井（物产）的关系，其论点涉及满铁性质的确定。1988 年，高村出版的书中还记载了曾经向创业时期的满铁提供了大量货车的日本车辆制造会社以及该社与火车制造、川崎造船所共同活动接受国有化之后的国有铁路的订单情况，从而展现了满铁筹措资财促使形成垄断（成立企业集团）的全貌。

满铁与三井财阀，特别是与三井物产的关系，无论是满铁论，还是财阀论，都是很重要的论点，在20世纪70年代出现物产史料公开态势以后，该方面研究取得了可喜成果。尤其是山村睦夫1976年撰写的文章，一举提高了关于满铁创业时期的实证研究的缜密性。1979年，他又发表文章分析了第一次世界大战的情况。关于15年战争期间的研究，坂本雅子走在前列，1977年，发表了《三井物产与“满洲”、中国市场》。其后，在1979年发表的著作中，她始终追究财阀在日本帝国主义侵略中的责任，并于2003年出版了《财阀与帝国主义》一书。该书强调指出：从构成日本帝国主义的军部、官僚、财阀各集团的对立和抗争等情况来看，包括财阀在内的整个统治阶级对侵略和战争都负有责任。

20世纪70年代，在殖民地经济史研究方面呈现出划时代的进展，居于领先地位的是小林英夫、原朗等，关于20世纪30至40年代的研究成果。1975年，小林英夫发表的《“大东亚共荣圈”的形成与崩溃》，是一部令人瞩目的著作，影响很大。

此外，关于20世纪20年代以前的情况，必须提到的是金子文夫于1977年、1980年、1981年以满铁为轴心的关于日本对满投资所进行的全面研究。1991年，金子又将上述研究内容加以修改，并进行补充，完成了《关于近代日本对满洲投资的研究》一书。他在第1章中确认了日俄战争后期开始的棉豆交换体制的日满贸易，确立了以大豆出口欧洲为核心的“大豆经济”。其后第2章“满铁的创业”、第5章“满铁的发展”、第8章“满铁的扩充与‘危机’”。总之，该书基本上是一部满铁史的专著，可以列为1965年安藤彦太郎主导的满铁史研究小组成员的业绩，仅次于高桥泰隆等人战后以社会科学观点所进行的满铁史研究系列。金子广泛搜集当时有可能搜集到的史料，提出了确凿可靠的实证，开展适当的争论，从而在满铁研究史上确立了具有标准性的地位。

关于政治外交史方面。1976年，波多野澄雄撰文叙述在满洲国铁道政策推行过程中，为满铁确立了地位。之后是北冈伸一1978年撰写的《日本陆军与大陆政策》，该书是一部精心撰写的著作。它将自日俄战争后直至第一次世界大战期间约13年的大陆政策（宣扬扩大对中国大陆的领土、权益和政治影响力等主张），与该项政策的重要推动者—陆军在政治上从长州阀分离出来的侧面（由于山县有朋指导能力的下降和寺田正毅、田中义一及上原勇作等人的崛起，而形成对立的多数集团）结合起来进行了详细的论述。它虽然没有在理论上对日本帝国主义进行批判，但作为实证研究，可以说他做出了仅次于角田顺的划时代的成就。

实证研究的对象，在满洲经营方面重点考察铁路、金融和经营机关等三个部门。换言之，它是全面的、如实的满铁研究。值得注意的有下列具体问题：作为满铁经营理念的“大连中心主义”，出于军事需要而设定的“奉釜路线”和随之而来的运费政策、殖民地关系会社的政友会化（以上载于第2章）、关于“二十一条”要求中陆军强硬态度的实证性记述，朝鲜总督府（寺内）、大连经济界和外务省、大隈政权和同志会（加藤高明）等三种势力对运费制度的重新研究，以及朝鲜铁路委托给满铁问题的始末和政治意义（以上载于第3章）等。但这些问题在日后的研究中并未被充分继承下来。

关于经济史方面。1981年，柳泽游撰文进行了关于住在大连的日本商人的研究。日俄战争后出现的这一社会阶层与中国商人之间并无密切的交易关系，他们既依附于满铁，同时又作为独立存在的阶层，成为日本帝国主义的构成要素，是一个极不稳定的阶层。其后，柳泽游一贯坚持殖民地日本人工商业者社会经济史的研究，成为这方面研究第一人。1992年，柳泽游出版的《日本人的殖民地经验》一书是他的成就之一。

1998年，泽井实将1985年和1992年发表的文章汇集成书，题为《日本铁道车辆工业史》。该书对19世纪90年代至20世纪30年代的铁道车辆工业进行了研究，还分析了与20世纪30年代满洲市场的关系。在三井物产研究中，车辆不过是满铁多种必需品之一，但本书探讨了它同制造业的关系，此点在产业史和技术史上是具有重要地位的。1986年，君岛和彦对15年战争期间的工矿业管理问题进行了概括性叙述。

1988年，松本俊郎撰写的《侵略与开发——日本资本主义与中国殖民地化》，是以20世纪30年代为中心，对日本帝国主义的对外经济扩张进行实证性论述的论文，但他仅从标题上就“开发”进行了积极的评价。

关于政治史方面。小林道彦对于中日甲午战争后的日本大陆政策，结合军部和官僚的动向进行了考察。将1985年、1988年的成果，于1996年汇集为《日本的大陆政策》一书。在大陆研究史方面对角田、北冈、三谷等先行研究进行了批判性继承。桂太郎往往被军部（长州阀、山县阀）一概而论，而小林却认为他和后藤新平一样，在政策上有其独到的见解。书中还提出了尖锐的新见解与旧的说法相对峙，颇有说服力。

战后在日本帝国主义入侵满洲方面的研究做出很大贡献的铃木隆史，于1992年将其一系列成果汇集成书，全书共分上下两卷，就下列问题进行了详尽的叙述：满铁及其环境；日俄战争时期的军政状况；满洲开放问题的始末；从桂太郎、哈里曼备忘录问题到满铁设立的过程、后藤新平的构想、初期的事业体制；20世纪20年代的经营动摇与中国民族主义的对抗，直至15年战争期间新体制的变迁等等。具有实证水准又包括整个历史时期的通史是极为罕见的，是一部值得大书特书的精品力作。

芳井研一始终关注满铁以扩大培养线为目的的对华铁道交涉，他继1986年①之后又先后发表文章②，并于2000年汇集为《环日本海地区社会的改观——满蒙·间岛与

① 《第一次大战后的“满蒙”铁道问题》，《日本史研究》284（86/4）；《满蒙铁道问题的展开与田中内阁》，《人文科学研究》69（86/7）。

② 《日满最短路线问题的趋势——摆脱“里日本”之梦与现实》，《环日本海研究年报》6（99/3）；《吉会铁道全部开通的政治背景》，《环日本海研究年报》7（00/3）。

里日本》。芳井以新潟地区为根基，在对日满交通的政治史方面进行研究过程中，发现了出乎日本帝国主义意料之外的社会史方面的重要情况，意义深远。与芳井关心同样问题的，还有白石仁章。而塚瀬进于1993年发表的《中国近代东北经济史研究》，是对满铁包括其培养线沿线的研究。此外，加藤圣文自1997年以来，在其文章中对满洲的政治外交史侧面给予新的关注，对满铁研究做出贡献。田中隆一也在其2000年和2007年发表的《“满洲国”和日本的帝国统治》中，提出了新的观点。

山本有造是殖民地经济史实证研究的首屈一指的学者。他在1997年的撰文中，针对寺内正毅等“朝鲜组”提出的“鲜主满从”政策，即三线联络运费制度、减免鲜满间关税、委托满铁经营朝鲜铁路等不合理性及形成的国际问题，进行了论述。指出朝鲜米的饥饿出口和进口满洲杂粮的结构使运输体系发生了变化，论文收入山本2003年出版的《“满洲国”经济史研究》的第6章“朝鲜·满洲间陆路贸易论”中。

## 四　满铁性质研究

现将视线转向不顾国际关系图谋进入满洲的日本帝国主义的主角——满铁本身的研究。我们将它浓缩为满铁在政治和经济上的存在形态及其基本性质的论述，至于会社各个业务的分析留待以下各项分析。战后，开拓满铁史研究的是以安藤彦太郎为首的满铁研究小组。其最早的成果出自前已介绍的安藤实之手，他在《满铁会社的设立与资金》① 一文中，首先捕捉到在东亚国际关系中满铁设立的历史意义，然后，对于当时满铁的资金筹措、股票和社债两方面的公开史料进行了批判和探讨，做了实证性的记述。令人略感不解的是，围绕矢内原忠雄所说的满铁的国民色彩，他说所谓“国民会社”只是流言。这种表述在安藤以后的论述中并未再次出现，但评论者却认为满铁的国民性色彩是当时国民普遍共有的一种社会表现。

1960年，宫坂宏发表《满铁史研究报告——围绕满铁附属地问题》，以《日本外交文书》为实证，论证了日本将抚顺和烟台两煤矿强行夺取变成自己权益的经过，但内容与标题略有偏离。

1965年，安藤彦太郎编写的《满铁——日本帝国主义与中国》一书，对战后日本关于满铁、满洲的研究意义重大。这部力作由“日俄战争与满铁”“满洲”“满洲事变与满铁”构成，按照时间顺序叙述了满铁的各个侧面和各种问题。在补论中收入了“满铁调查部”和“反满抗日武装斗争”。《满洲》有如下几部分：附属地经营的“满铁王国”；铁道、煤炭经营和有关劳动问题的“满铁康采恩”；中国民族主义的崛起和殖民地统治的动摇的“军阀张作霖”。执笔者有安藤彦太郎、安藤实、宫坂宏、木塚泰

① 《日中问题研究笔记》2（59/7）。

弘、神尾京子、吉田玲子、田中恒次郎、山田豪一。其综合性迄今无凌驾其上者。1986年，安藤实根据列宁的帝国主义论规定的日本帝国主义特质，又发表了为满铁确定位置的理论性论文。

在铁路史研究方面。首屈一指的原田胜正于1981年出版的《满铁》。他在后记中指出：本书是作者将满铁设立背景和满铁的体制、政党和军部从外部对满铁施加的压力、侵略战争给满铁带来的影响等情况，以及以日俄战争至1945年日本战败这一期间，日本帝国主义体制及其前途为背景写成的。作者还以崭新的形式在书中编入了一些逸事，目的在于写成一本“简洁易懂的通史”。

然而，满铁设立后的“体制”，在政党和军部的“外部压力”下丧失了原来设想的“主体性”。“日本帝国主义体制及其前途”并非40年一成不变的。和政党、军部同为帝国主义要素之一的半官半民的殖民地经济体——满铁，也随着帝国主义体制及其前进的脚步的变化而改变其使命。因此，设想有某种固定理念的满铁形象，其主体性因外力而丧失的“满铁中心史观”是一种神化的说法，它不利于客观地认识历史。同时，对于上述安藤彦太郎编的《满铁》、满史会编的《满洲开发四十年史》，及以后的满铁史研究完全采取无视的态度，也是无法令人接受的。评论家对此进行了批判。然而，令人遗憾的是包括上述错误，在2007年出版的增补版中仍然毫无改变。

针对上述问题，1981年，高桥泰隆发表的《满铁改组问题与日人工商业者》一文，强调了反映研究动向的实证性满铁研究。1986年，他出版的《铁道统治与满铁》一书，是将14年战争下的满铁实态以铁道业为焦点进行探讨的充满热情的力作。该书明确了铁道部门在整个满铁中的地位；分析了对军事运输（特别是入侵华北）、满洲铁路垄断化及其对经济的影响，还包括了运费在内的经营实态；对战时体制下各种局面中满铁的性质和战略变化进行了探讨。高桥除了进行一系列的满铁研究之外，还将视野扩展到台湾、朝鲜和中国关内的各条铁路，1995年，他又出版了《日本殖民地铁道史论》。

继桥谷弘一、儿岛俊郎等论文发表之后，满铁研究一度萧条，直到20世纪90年代中期才得以复兴。尤其是安富步1995年的论文，作为阐明围绕满洲国“货币流通”的一环，是对“满洲国”期间通过满铁筹措资金和投资进行实证性分析的缜密成果。该文对于满铁经营实态、日本资本和金融市场、满洲国政策和与之相呼应的满铁的改编等，都处理得有张有弛，被收入安富1997年出版的书中。安富步参照了金子和高桥等前辈的成果，提出理论性论点等，对满铁研究做出很大贡献。

小林英夫以满铁为研究对象，1996年、1997年、2000年出版了《满铁——“智囊团”的诞生与消亡》《解说满铁与卢沟桥事件》《近代日本与满铁》等著作，令人瞩目。其中，《满铁——“智囊团”的诞生与消亡》，是一部以一般读者为对象的简明易懂的满铁通史。他的“该会社的调查部制作了日本经济体系的原型”等观点，显示了独特的史观。《近代日本与满铁》是一部从日本政治史纠葛出发多角度地论述满铁的论文集。

## 五　满铁研究

安藤良雄是早期研究战争末期大陆物资运输网遭到破坏的人，但其后并未继续该方面研究。1964 年《铁路画报》的特刊及市原善积等人 1970—1972 年分别编辑出版的图集，都登载了许多有关满铁及其车辆的照片、插图，并配以文字说明。1976 年，曾在铁道部门做过车辆设计的市原出版了《满铁·亚细亚号特快》的回忆录。市原为设计亚细亚号车辆曾去欧美考察，并以空调设备为中心，参与了设计、制造亚细亚号的工作。

满铁尽管将铁路运营作为主业，但战后与此相关的真正意义上的研究却极少。关于铁路研究的论著除上述高桥泰隆之外，鲜有真正的研究成果出现。除井村哲郎 2008 年撰写的一篇有关朝鲜北部港口的论文之外，与铁道具有密切关系的港口、仓库、旅馆等方面相关研究却呈空白状态。

抚顺煤矿不仅仅经营煤矿，从 20 世纪 10 年代起就形成了煤炭化学联合企业，成为满洲重工业方面的核心，实现了油页岩工业的实用化，也是其成果之一。抚顺积蓄的技术力量被中国及日本在战后经济重建中继承下来，从这一点上也可以说，研究满铁，如果缺少真正的抚顺煤矿研究，该研究将是不完善的。

关于鞍山制铁所研究，研究日本制铁业的长岛修、奈仓文二、冈崎哲二、崛切善雅等有许多引人瞩目的成果。但是，无论如何松本俊郎还是研究鞍山问题的权威。1988 年，他发表的《侵略与开发》是其早期成果，松本对 20 世纪 40 年代已转入满业旗下的昭和制铁所进行了深入研究，2000 年，他撰写了《从“满洲国”走向新中国》。

铁路、港口、煤矿、制铁构成了满铁的基础事业，但至今对这些方面的研究不够充分。作为一般日本资本主义史的研究，对产业史、技术史并不重视，这在研究史上是相当奇怪的现象。

除鞍山制铁所、昭和制钢所的研究外，满铁会社外部投资及其子会社的研究进步亦不太大。只有原朗、柴田善雅关于兴中公司；佐藤元英、江夏由树关于东亚劝业；山本裕关于日满商事；花井俊介关于满铁旗下企业，以及柴田对满业旗下各个旧满铁相关企业的论述等为数不多的研究成果。

## 六　满铁附属地调查与劳动问题研究

地方经营在满铁会社事业中是最大非营利部门，作为日本对满洲实施统治的综合性国策机关，从满铁的基本作用上说，该项事业极其重要。在地方经营中，首先除附属地一般行政事业（户口、水、电、煤气、消防、卫生、医疗、产业振兴、学校、社会教育设施等）之外，还有城市建设、建筑用地经营、获取事业用地，以及为扩张该用地与中方进行交涉等殖民地特有的业务，因而形成了庞大的地方部机构。

关于地方行政研究不得不承认都很滞后。围绕附属地性质问题，大概只有1960年宫坂宏、安藤彦太郎编《满铁》第2部Ⅱ之2（宫坂）、1966年外务省条约局法规课出版的编著，2004年山崎有恒撰写的论文。日本在附属地行使主权，自满铁设立以来大约30年，享受着治外法权。研究该政策实施过程的还有田中隆一、田浦雅德等人。

从满铁史观点出发，初等教育方面的研究应面对教授技术、教育内容、教科书等问题，其中对中国学生的前途、中等职业学校的实际状况、满铁社员教育设施等问题的研究还应拓宽。

满铁在大连与各附属地城市都经营图书馆。其中，大连图书馆因其藏书丰富而著称。在图书馆史研究方面，满铁图书馆开始被关注，被认为是从专业杂志《彷书月刊》1988年特刊号①上刊载了石堂清伦等人的论文集以后。我认为还要关注包括满铁在内的殖民地图书馆的管理员培养、就业、人事变动等制度，以及战后中国与日本图书馆界之间关系等问题的研究。

关于以满洲为中心的中国以及亚洲政治、经济、社会现状和历史的调查，即使在满铁会社内部也形成一大领域，并拥有大量各方面人才。满铁开业时即设立的调查部，据称是首任总裁后藤新平强烈倡导下的成果，就此而言，调查部也引起了社会的广泛之关注。

调查机关是满铁会社业务研究工作中最重要的领域。1960年，安藤彦太郎、山田豪一在研究成果中，提出了重要的问题。曾担任调查课长和上海事务所长的伊藤武雄回答了安藤、山田提出的问题，并加以整理成书，于1964年出版。该书实际上是研究者编著的时间既早又很珍贵的证言。但是，现在看来其中也有错误和误解。

除上述外，还有许多保持一定客观性的相关人员的著作。除1960年儿玉大三（小林庄一）的《秘录满铁调查部》、1965年枝吉勇的《生生不息的调查机构》、1984年原觉天出版的论文集《现代亚洲研究成立史论》之外，还有1982年野间清等编著的《满铁调查部综合调查报告集》、1983年宫西义雄著《满铁调查部和尾崎秀实》，1986年石堂清伦等出版的《十五年战争与满铁调查部》等。

1977年，山田豪一出版《满铁调查部》，1979年，草柳大藏出版《实录满铁调查部》。图书馆管理员出身的井村哲郎1996年编著了《满铁调查部——相关人员证言》、《20世纪40年代的东亚：文献解题》。2008年，他与天野弘之合编《满铁调查部与中

① 专刊《满铁图书馆》，《彷书月刊》第4卷第6号，1988。

国农村调查——天野元之助中国研究回顾》等。1996年，小林英夫出版《满铁——“智囊团”的诞生与消亡》，2005年出版《满铁调查部——“始祖智囊团”的诞生与崩溃》，2006年出版《满铁调查部的轨迹》，2004年与加藤圣文、南乡绿合编《满铁经济调查会与南乡龙音》等著作、编著。最新巨作是由松村高夫等人2008年共同编著的《满铁调查与研究》，该书一举提高了满铁调查研究的水平，是一部划时代的成果。

关于1943年大批满铁调查部调查员以及周围的知识分子被逮捕，即所谓的满铁调查部事件（关东宪兵队立案的违反治安维持法的冤案），有不少研究和记述。2004年，小林英夫、福井绅一出版的《满铁调查部事件的真相》，将战后发现并被修复的战败时关东宪兵队焚烧、埋入地下的文件进行了解读，是接近事件经过的优秀研究成果。另外，松村高夫2002年、2008年发表的论文，也对阐明调查部事件做出贡献。

满铁拥有中央试验所（中试）为首的铁道技术研究所、抚顺煤矿研究所、地质调查所、农事试验场、兽疫研究所等理工学科的试验研究机关。上述各所研发了许多符合满洲水土、资源，具有实用性的技术。目前出版了一些根据相关人员回忆撰写的纪实性作品。

满铁在车站和码头的装卸、煤矿、铁矿采掘等现场工作部门，大量使用中国工人。其劳务管理和劳动条件，是作为企业实体的满铁产生高额利润的源泉，这是站在帝国主义论立场上的一个极其重要的研究题目。因此，迅速引起人们的关注，研究成果数量虽不太多，但是其中不乏高质量者。这一领域的先驱是松村高夫[①]，至今他仍活跃在研究前沿。20世纪90年代上半期研究势头减弱，之后再次迎来兴盛时期。近年正面处理满铁劳务问题的研究成果，是以抚顺煤矿劳务管理制度的变迁为中心发表的《满铁抚顺煤矿的劳务管理史》，引人关注。然而，松村高夫、解学诗、江田宪治编著、2000年出版的《满铁劳动史研究》[②]对满铁每个单位的劳动状况进行了实证性论述，阐明了劳动者方面的整体趋势。这是一部经过日中研究人员共同精心创作，一举提高研究水准，有绝对权威性的成果。

以上是战后满铁研究日文部分的简略介绍。也许挂一漏万，言之独断，但我认为本文几乎涵盖了满铁研究史。研究不足之处自然也不言自明，对此，我们期待着今后学界能努力加强薄弱之处的研究。

原载《东北史地》2011年第1期

① 《日本帝国主义统治下中国人向“满洲”移民——“满洲国”成立后中国人向满移民政策史》，《三田学会杂志》64-9，(71/9)。

② 解学诗、〔日〕松村高夫主编《满铁与中国劳工》，社会科学文献出版社，2003。

# 论战后日本“满铁会”及其活动

武向平

日本对侵华战争的认识和反省态度是影响战后中日关系的重要因素。战后70年来，虽然1995年的“村山富市谈话”对日本的侵略战争责任进行了反省和思考，但是这并不能代表战后日本在侵略战争认识和反省态度上的主流。从20世纪50年代岸信介的全面否认侵略战争到2014年安倍晋三关于“慰安妇”问题的解读，都足以说明日本政治家在对待侵略历史和侵略战争上大多数采取不认罪的态度。为了否定侵略战争和侵略历史还杜撰出了所谓的“解放战争论”“自卫战争论”“英美同罪论”“殉国论”[①]等错误历史观，为躲避侵略战争责任而自辩。战后日本之所以始终有一股对侵略战争和侵略历史从未进行深刻反省的政治势力，主要是由于这些人始终与战前的有着千丝万缕的联系，他们宣扬的“满洲开发论”“解放亚洲论”等错误历史观为战后日本保守派势力提供了理论支撑。本文从战后日本“满铁会”及其活动的视角入手，分析“满铁会”活动对战后日本对侵略历史认识的影响。

## 一 战后满铁会：从“满铁社友新生会”到财团法人

“满铁”（南满洲铁道株式会社的简称）是近代日本根据特殊立法设在中国东北最大的“国策会社”，是存在时间最长、最大的侵华会社，是全方位、多角度对中国进行政治、经济、文化侵略和资源掠夺的中心机构。满铁从1906年成立到1945年解体，在中国东北盘踞40年，发展规模达40亿日元，支配近50万人，直系专业调查人员有2500多人，以经济、文化侵略为目的的满铁附属地达近500平方公里。从九一八事变到日本战败投降，满铁几乎全部参与了日本侵华活动。日本战败投降后，满铁作为最大的侵略机构并没有受到国际法庭的审判，该组织虽然于1945年9月被盟军勒令解散，但是满铁的“阴魂”并没有随之被消灭。需要特别注意的是“满铁社友会”“同胞援护会”“满蒙同胞援护会”“大陆铁道从业员援护会”等各团体成员回国后纷纷以“纪

① 江口圭一：『日本の侵略と日本人の戦争観』，東京：岩波書店，1995，第12－62頁。

念”为名频繁集会，并于10月26日结成了“回国团体全国联和会”，在日本全国范围内公开刊行机关报《协和》。[①] 为了以原“满铁社友会”为母体进一步推动满铁社员的组织活动，从11月开始，在原满铁理事古山胜夫、总务局次长佐藤晴雄的策划下开始进行“满铁会”[②] 成立筹备工作。这些活动引起了驻日盟军司令部的注意，并下达了“满铁被盟军司令部列为第一号战犯，‘满铁会社’也应解散”的命令。[③] 为了应对驻日盟军司令部的监察，由“满铁社友会”会长山西恒郎出面在《协和》第四号上刊登了“‘满铁社友会’与‘满铁会社’并不是同一组织”[④] 的说明书。于是，满铁回国人员的活动便在驻日盟军司令部的默许下，由最初掩人耳目的秘密活动变为明目张胆的公开活动。

1946年12月6日，在东京丸内的帝国交通协会讲堂召开了“满铁回国社员全国大会”，出席该大会的原满铁要人及职员达600多人，驻日盟军司令部也派了两名临时监察官出席该会议。在这次大会上确立了四项议题：一是成立“满铁社友新生会”；二是促进满铁社员债权的保障；三是对满铁社员及其家族的新生活给予援助；四是协助滞留中国的满铁社员回国。[⑤] 大会选举古山胜夫为理事长，佐藤晴雄为首的理事12名，监事1名，将事务所设在八重洲通的武田京桥楼。同时，在会报《新生——协和改题第7号》卷首语中，将“12月6日”作为10万满铁同僚和25万家族“旧谊”和“友爱”结成纪念日，并推选原满铁末代总裁山崎元干为“满铁社友新生会”的会长。这次大会的召开，标志着战后日本“满铁会”组织的初步成立。

随着“满铁社友新生会”活动规模的不断扩大和会员人数的不断增加，尤其是有很多会员在战后日本各行业中担任要职，这就使得该组织成为战后日本影响势力强大的组织机构。1954年1月“满铁社友新生会”“满铁俱乐部”召开理事会，通过了筹建财团法人“满铁会”的决议案，并在厚生省的支持下成立了“满铁会筹备会”。经过半年多的筹备工作，7月21日，在东京神田公立讲堂召开了“满铁会结成纪念大会”，通过了“满铁虽然未能实现开拓东亚大陆和近代化建设、民族共荣的志向，但是应将满铁精神传给子孙后代”的决议。[⑥] 11月25日，经厚生省大臣草叶隆元批准成立财团法人“满铁会”。12月25日，财团法人“满铁会”正式成立，并公开刊行了第1

---

① 这里以“协和”命名的满铁会报与战前“满铁社员会”的机关报《协和》为同一个名字，这样取名的目的可谓寓意深刻，其实就是想将“满铁”在华的侵略活动冠以“协和”之名。

② “满铁会”成立初期之所以不是直接以“满铁会”而是以“满铁社友新生会”来命名，主要是麻痹驻日盟军的监管。

③ 満鉄會：『財團法人滿鐵會六十年の歩み』，東京：滿鐵會，2006，第13頁。

④ 満鉄會：『財團法人滿鐵會六十年の歩み』，東京：滿鐵會，2006，第13頁。

⑤ 満鉄會：『財團法人滿鐵會六十年の歩み』，東京：滿鐵會，2006，第14頁。

⑥ 満鉄會：『財團法人滿鐵會六十年の歩み』，東京：滿鐵會，2006，第17頁。

号《满铁会报》。

从1954年财团法人“满铁会”正式宣告成立至1982年，在日本相继成立了90个“满铁会”组织，这些组织遍布日本全国各地，人员多达十几万人。这些“满铁会”组织中有37个是以日本的府县地名进行命名的，如札幌满铁会、宫城县满铁会、东三河满铁会、大阪府满铁会、香川县满铁会、青森县满铁会、福岛县满铁会、名古屋满铁会、京都府满铁会、爱媛县满铁会、青森市满铁会、会津若松地区满铁会、山梨县满铁会、和歌山县满铁会、福冈县满铁会、秋田县满铁会、浜通地区满铁会、富山县满铁会、兵库县满铁会、北九州满铁会、横手满铁会、茨城县满铁会、石川县满铁会、冈山县满铁会、长崎县满铁会、山形县满铁会、丰岛满铁会、福井县满铁会、广岛县满铁会、佐贺县满铁会、岩手县满铁会、神奈川县满铁会、三重县满铁会、山口县满铁会、熊本县满铁会、宫崎县满铁会、鹿儿岛满铁会等，① 其余53个组织大部分是根据当时满铁社员从事的业务及特征进行命名的，如设施会、哈尔滨造船所会、儿玉会②、北京会、铁友会、力量蓄积之会、昭八会、三四会、建设会、满华机友会、弘报会、中试会、若叶会、姐妹会、昭九会、华交互助会、满铁光大会、检友会、抚顺会、北满三江会、伏水会、昭三会、昭十会、国际运输社员互助会、建筑会、配车会、罗津会、北山会、工伤社员会、昭四会、一一会、铁警同志会、水交会、保健会、牡铁会、牡自会、辅仁会、昭五会、三十年会、工作会、大和会、齐铁会、齐自会、陵南会、昭六会、三一会、机械会、满铁职域会、锦铁会、哈自会、蒙古风会、昭七会、三三会等。③

从这些“满铁会”组织的广泛建立可以看出，战后日本“满铁会”的活动是得到日本政府大力支持的。这主要是由于满铁从其成立到解体40年间，在华所进行的各种侵略活动始终服务于近代日本的对外侵略扩张政策，在日本侵华战争中所发挥的作用是无可取代的。关于这一点，“满铁会”向日本政府申请回国社员各项社会保障权利时曾称：“满铁是日本的国策会社，满铁通过社业为国家做出的贡献不逊色于官员和军人。”④ 并且“满铁会”还向政府提出满铁回国社员应在以下几个方面与军人、国家公务员享受同等待遇：一是终战时在职满铁社员应作为国家公务员，享受退休津贴、抚恤金、互助年金、灾害补偿等各项权利；二是滞留在苏联、中国东北的满铁社员以及死者家属应作为军属看待；三是因公职死亡、伤、病的满铁社员以及死者家属应作为军属看待；四是在“满洲”特殊地区工作的满铁社员，为杀敌和讨伐贼匪死亡的满铁

---

① 财团法人满鉄会：『満鉄留魂碑建立報告書』，1982，第7、8頁。

② 日文原始文献材料为“こだま会”，笔者认为“こだま”在这里应该取“児玉源太郎”的“儿玉”之意。

③ 财团法人满鉄会：『満鉄留魂碑建立報告書』，1982，第8頁。

④ 満鉄會：『財團法人滿鐵會六十年の歩み』東京：滿鐵會，2006，第18頁。

社员以及家属应享受军属待遇。[①] 以上是“满铁会”向政府提出的满铁回国社员应享受的各项权利，之所以要求满铁回国社员应该享有这些权利，主要是由于满铁是日本的国策会社，满铁社员的各项权利理应受到保障。基于此目的，在山崎元干会长、佐藤晴雄理事长、吉田要常务理事等人的极力主张下，多次向日本政府各省厅、众参两院、各党派进行请愿、陈情，为回国满铁社员争得各项权利而奔劳。

关于回国满铁人员各项权利保障问题，1947 年 11 月末“满铁社友新生会”会员田中龙夫当选国务大臣时，就开始得到了日本政府的大力支持。在 1948 年 3 月的众参两院的内阁会议上，通过了国家公务员和地方公务员改革法，对回国满铁人员的各项权利保障要求给予支持。以此为契机，“满铁会”在日本政治、社会中的地位逐步得到提升，以田中龙夫为首的满铁回国人员纷纷当选为众参两院议员，在 1972 年有 12 人当选为众参两院议员，其中评议员毛利松平当选日本环境厅厅长；安井谦在参议院中先后任副议长、议长，在总务厅任职；立足笃郎在科学技术厅任职；田中龙夫在通产省任职；佐佐木义武在科学技术厅、通产省任职。而在日本各府县、各领域、各行业中任要职的回国满铁社员举不胜举。随着“满铁会”会员队伍的不断扩大，“满铁会”在日本的政治和社会地位不断得到提升，其政治言论在 20 世纪六七十年代形成了一股强大的政治气流，在对待侵华战争和侵略历史的认识和反省态度上对战后日本的影响是极为深刻的。

## 二 “留满铁魂，以传千古”建立“满铁留魂碑”的政治背景及深层含义

随着“满铁会”势力的不断扩大，会员人数的不断增加，“满铁会”已经在日本形成了一种强大的组织机构，其各种言论在战后日本政治和社会生活中影响越来越广泛和深刻。1979 年 3 月 27 日，“满铁会评议员会”通过了大阪“满铁会”提出的“建立满铁留魂碑”的提案。5 月 15 日，在“满铁会评议员会”上通过了《满铁留魂碑建设纲要》，该纲要中指出：“满铁在满洲长达 40 年之久，作为国家国防与大陆开发使命之先驱，参与此大业的满铁社员的活动和功绩与满铁事业同存，永载史册，建立‘满铁留魂碑’使满铁魂被后世流传。”[②] 在此基础上“满铁会”选出 15 人[③]代表组成“满铁留魂碑建设委员会”着手进行筹备工作。“满铁会”将“满铁留魂碑”正式动工日

① 満鉄會：『財團法人満鐵會六十年の歩み』，東京：満鐵會，2006，第 19 頁。

② 财团法人满鉄会：『満鉄留魂碑建立報告書』，1982，第 4 頁。

③ 15 人代表分别为：理事长为佐藤晴雄；专务理事为吉田要，常务理事有板仓创造、杉山二郎、藤原丰四郎，理事有矶村幸男、小味渕肇、向野元生、平井环，顾问是日下和治，评议员是作间正朝、山内丈夫。

选在了1981年8月15日，竣工的时间是1982年3月15日，历时7个月。“满铁留魂碑”筹建工作主要包括以下几个方面：

一是在全国范围内募集资金。先后有8000多名“满铁会”会员和55个“满铁会”团体纷纷应募，募集了总数为98368892日元的资金，[①] 用于建造“满铁留魂碑”。

二是选定碑址。1981年1月23日“满铁会”召开临时评议员会议，决定将“满铁留魂碑”的地址选在富士山脚下的富士灵园。7月25日，财团法人“满铁会”与富士灵园签署了协议书，富士灵园将自然林地区内东西宽25米、南北长40米，总计1000平方米的林地作为“满铁留魂碑”用地。[②]

三是以“满铁会”理事会为中心，成立推荐委员会，先后从捐助会员中选出170人担任推荐委员。

四是确定碑铭、碑志和祭文。碑铭由“满铁会”理事长佐藤晴雄亲笔手书，碑铭全文如下：“满铁继承国家使命，以先驱之身为兴亚大业奋斗，奠定了不朽基业，在此祭先人之灵，满铁魂流传千古。”[③] 碑志由原满铁东京支社的衣笠止撰写，其碑志的大意为：“南满洲铁道株式会社是日本为了阻止俄国侵略东亚，以生死存亡为赌注，通过日俄战争取得的成果，根据《朴次茅斯和约》继承中东铁路南部支线及附属设施而设立的国策会社。从1907年正式营业至1945年大东亚战争失败解体，历时约40年之久，在激荡的历史中以铁路为基础，开拓交通，振兴产业，使民生安乐，以北方安宁为己任。建立了伪满洲国，随着支那事变形势的发展，满铁将附属地行政权委让于伪满洲国，进行重工业分离，满铁活动的领域和规模日趋扩大，水路交通达到整个满洲和朝鲜北部，在东亚广大的范围内进行调查活动和科学技术的研究开发，从事煤炭与特殊工业、产业辅助设施、教育卫生设施等广泛的、多方面经营事业的相关企业多达65个。社员中日本人有14万人，满洲人、蒙古人、俄国人等有26万人，总计40万人。后来派遣到华北交通株式会社的15000人成为本社的主力人员。满铁的志向是为了国运昌盛、亚洲兴隆和民族共荣而锐意进取，点燃使命感和开创精神，以充满激情的满铁魂同残酷的风土病疫抗争，在错综复杂的国际斗争舞台以先驱之身为使命献身。在满铁创业75年之际，追昔抚今，在原社员中1万名有志者的协助之下建立此碑，在祭奠先人的同时，使满铁魂流传千载。”[④] 祭文也是由佐藤晴雄所作，其中心内容是“满铁为日本兴亚大业作出了不朽的贡献，要使满铁魂千古流传”。[⑤]

1982年4月14日，在满铁创业75周年纪念日，“满铁会”在富士灵园举行了盛大

---

① 财团法人满鉄会：『满鉄留魂碑建立報告書』，1982，第5頁。

② 财团法人满鉄会：『满鉄留魂碑建立報告書』，1982，第6頁。

③ 财团法人满鉄会：『满鉄留魂碑建立報告書』，1982，第13頁。

④ 财团法人满鉄会：『满鉄留魂碑建立報告書』，1982，第14頁。

⑤ 财团法人满鉄会：『满鉄留魂碑建立報告書』，1982，第17頁。

的“满铁留魂碑”落成典礼仪式，当时出席典礼仪式的原满铁社员及家族900多人。“满铁留魂碑”的建立，标志着作为“国策会社”的满铁在中国以侵略为目的的各种社业活动，在战后日本被定位是“千秋功绩”，“满铁魂”要“世代流传”的这样一个政策层面。

## 三　满洲开发论：满铁会与战后日本美化侵略战争高潮

20世纪60年代末至70年代初，日本先后掀起了美化侵略战争高潮，“满洲开发论”“解放亚洲论”等各种歪曲历史、为侵略战争辩护的错误历史观纷纷登台亮相。

战后的20世纪五六十年代，在满铁元老、“满铁会”要员的主持下日本相继编辑、出版了一批关于“开发满洲”和“建设满洲国”的著作。其中，《满洲开发四十年史》《满洲国史》《满蒙终战史》这三部著作是日本宣扬“满洲开发论”“侵略有功论”为日本在中国东北的侵略活动进行歌功颂德的重要著作。这些著作并不是从客观历史的角度对日本在中国东北的侵略扩张和殖民掠夺进行反省和反思，而是认为日本在中国东北的侵略活动是为了实现“兴亚大业”。因此，这三部著作被看作战后日本以满铁为基础、以伪满洲国为中心宣扬“满洲开发论”的三部曲。

第一部曲是《满洲开发四十年史》，该书由原满铁理事、“满史会”会长大藏公望主持编写而成，于1964年公开出版发行。“满史会”成立于1951年春，成员主要是满铁元老和“满铁会”要员，会长为大藏公望，理事为高碕达之助，常务理事有山崎元干、入江正太郎、野田俊作、村上义一等。大藏公望谈到“满史会”成立的目的时提出，通过编写一部去“帝国主义”和“侵略主义”的“满洲开发史”，留给后世子孙。[①] 此书完全是站在侵略者的角度，把日本在中国东北的侵略、掠夺、奴役和杀戮美化成“开发”，通过掩盖和歪曲历史事实来推行错误的历史观和价值观，目的是为了对不了解历史事实的下一代进行欺骗和麻痹。这部著作开创了战后日本“否认侵略历史”“满洲开发论”的先河。

第二部曲是《满洲国史》，该书在“满洲国史编纂刊行会”会长平岛敏夫主持下编写而成。该编委会的成员均为原满铁和伪满洲国的要员，有曾任伪满产业部次长、东条内阁工商大臣、战后首相的岸信介；伪满国务院总务厅长官星野直树、古海忠之；满铁、关东军要员十河信二、山口重次等。该书并没有公正、客观、实事求是地对日本在中国东北的殖民活动进行深刻反省、全面评价，而是通过大量的笔墨来宣扬日本通过扶植“满洲国”进行奋斗的“功绩”，对日本在中国的东北侵略活动进行了全面肯定。《满洲国史》所体现的历史价值观是在政治上为近代日本大陆扩张政策、法西斯

① 满史会：『滿州開発四十年史』補卷，東京：滿州開発四十年史刊行会，1965，第334頁。

主义进行辩护，为日本发动的侵华战争推卸战争责任；在经济上通过日本扶植“满洲国”进行各项产业开发政策，宣扬“满洲开发论”，为日本在东北的经济侵略活动打上“丰功伟绩”的烙印；在思想上通过宣扬“开发满洲论”和“解放亚洲论”等错误历史观歪曲侵略史实，以此麻痹、欺骗下一代。

第三部曲是《满蒙终战史》，该书在原满铁副总裁、“满蒙同胞援护会”会长、“满铁会”评议员平岛敏夫的主持下编写而成。全书共计7编，主要从日本投降前的东北状况，苏联军的占领政策，日本人终战时的自治机构、生活状态、移送和滞留情况等方面阐述终战时日本人所面临的各种“困境”，但是对于日本侵略者对中国东北的侵略和杀戮却未进行反思和反省。平岛在该书中把日本在中国东北的殖民统治看成是“开发资源”和“繁荣文化”，并指出满铁在中国东北的“经营”和建立“满洲国”最终是为了实现“王道乐土”。①

综上所述，20世纪六七十年代在满铁元老主持下编辑出版的这些关于“满铁”和“满洲”的著作，把日本对中国东北的侵略看成是“开发”与“奉献”，把掠夺看成是“保护”与“共存”，把奴化看成是“解放”与“协和”，把殖民看成是“独立”与“繁荣”，把蹂躏看成是“共荣”与“乐土”。这些否定侵略、歪曲历史、推卸罪责的错误历史观成为战后日本右翼势力对侵华战争和侵略历史进行翻案的推手。关于这一点，不能不使我们把战后日本“满铁会”的活动与20世纪80年代以来的日本教科书修订、靖国神社参拜，以及右翼势力的猖狂活动等事件相联系，不能不使我们对日本20世纪50年代以来仍然存在的这股逆流倍感焦虑。

原载《社会科学战线》2015年第8期

① 满蒙同胞援护会：『満蒙终战史』，東京：河出书房新社，1962，序言。

# 满铁会的“战争记忆”与“历史书写”

武向平

日本的历史认识问题，是影响战后中日关系的重要因素之一。战后70多年来，日本对侵略历史并未进行深刻反省。第二次安倍内阁成立以来，日本政权的右倾化对中日关系的发展产生了重大的负面影响。战后日本之所以始终有一股拒绝反省的政治势力，主要是由于这些人始终留恋战前，在“国家认同”思想的主导下，导致了选择性历史记忆泛滥与战争体验客观性缺失。战争记忆是关于战争历史的记忆，它来源于战争的历史事实但又不完全是历史事实的再现。战争记忆因人而异，当失真的历史记忆被不断重复叙述与书写，便会造成背离事实现象的发生。近年来，在战争认识问题上，日本与中国及其他亚洲国家存在严重的认识差异和对立。这主要是由于在战争认识问题上，日本总是片面地强调“受害经验”，有意地回避“加害责任”，在战争记忆上呈现出“受害者记忆”的特征，这与日本作为侵略战争的发动者与加害者的历史叙述相违背，也与战争受害国家民众的战争记忆产生较大错位，从而导致历史认识问题成为中日关系的一大障碍，① 这也是日本选择性历史记忆产生的根源，也是刻意造成“战争记忆”失真的重要手段。满铁会②的“战争记忆”与“历史书写”，对战后日本历史认识产生了重大影响，他们宣扬的“满洲开发论”“解放亚洲论”等历史观，为战后日本右翼势力否定侵略历史提供了理论支撑。尤其是满铁会在历史认识问题上，采取了选择性战争记忆的方式，强调被害忽略加害，以不认账的态度拒绝认错反省。本文从满铁会的选择性战争记忆与客观性缺失的战争体验入手，分析满铁会的历史叙述对战后日本偏颇的历史认识产生的重要影响。

---

① 胡澎《日本人战争记忆的选择、构建——兼谈中日如何共享战争记忆》《东北亚学刊》2016年第3期。

② “满铁会”是战后满铁回国人员所组成的组织机构，其经历了满铁社友新生会（1946年12月至1954年12月）、财团法人满铁会（1954年12月至2003年3月）、任意团体满铁会（2003年4月至2013年3月）、满铁会情报中心（2013年4月至2016年3月）等几个发展阶段。满铁会通过建立满铁“留魂碑”举行满铁“留魂祭”、创办《满铁会报》、出版大量著作，在国会众参两院中任职等不断提升政治地位。值得注意的是满铁会宣扬“满洲开发论”，为日本在中国的侵略行为歌功颂德，并通过选择性战争记忆及历史体验来固化历史认识，对日本下一代进行歪曲事实的历史教育。

## 一　固化“历史记忆”与“战争体验”

满铁会固化失真记忆，并通过再三发表谎言，达到使失真的记忆在人们的观念中变成“事实”。满铁会是满铁残存势力在战后的延续与发展。满铁作为日本的“国策会社”，从1906年成立到1945年解体，在中国东北盘踞40年，社员发展到40万人①，不仅是日本的侵略工具，还是日本对华资源“调查”与经济掠夺的核心机构。九一八事变后，满铁派出1.5万名专业调查人员赴华北交通株式会社，成为满铁对华北、华东及华南地区展开全面“调查”的核心力量，为日本侵华战争提供了大量情报资料。②日本投降后，满铁作为日本侵略的重要机构，被盟军勒令解散，但该组织并未彻底消亡。十几万满铁回国人员在日本各地成立了近百个满铁会组织，在日本政府的支持下势力不断发展壮大。1954年11月，经厚生省批准成立财团法人满铁会，一部分原满铁要员进入众参两院，满铁会的政治权力也得到提升。③ 正如满铁会所宣扬的那样：“满铁是明治大帝的遗产，是国策会社，满铁社员是为国策舍己奉公，我等满铁社员要求正当权利与国家公务人员、军人一视同仁。”④ 也就是说，满铁在侵华战争中发挥了作用，其成员也要求与军人同等待遇。因此，1947年11月，满铁会要员田中龙夫当选国务大臣后，满铁会的势力进一步蹿升。随着政治权利的不断扩大，满铁会的言论在日本的政治和社会生活中占有重要地位。尤其是在历史认识问题上，满铁会通过出版大量著作宣扬“满洲开发论”，仍在坚持日本对中国的侵略是实现所谓的“王道乐土”。从一定意义上来说，满铁会是战后日本否定侵略历史、美化侵略战争的理论缔造者，也是战后日本固化“历史记忆”与“战争体验”思维模式的推手。

1946年12月，20多万原满铁人员及家属在东京召开了回国人员大会，倡议建立满铁会。1954年12月，财团法人满铁会成立，在全国成立近百个满铁会组织，其中以都道府县命名的有37个。⑤ 财团法人满铁会成立后，通过机关报《满铁会报》进行舆论宣传，使其成为满铁会政治言论的阵地。《满铁会报》从1954年12月公开发行第1号至2016年6月，总计发行251号。《满铁会报》是研究战后日本满铁会活动及其言

---

① 关于满铁社员的总人数当前学界存在争议，解学诗先生认为满铁社员近50万人，本文采用《满铁留魂碑建立报告书》中所记述的数字，其中包括16万日本人，东北人、蒙古人、俄国人等26万人。详见财团法人滿鉄会『滿鉄留魂碑建立報告書』（未刊行），1982，第14頁。

② 财团法人滿鉄会：『滿鉄留魂碑建立報告書』（未刊行），1982，第14頁。

③ 武向平：《论战后日本“满铁会”及其活动》，《社会科学战线》2015年第4期。

④ 财团法人滿鐵会：「地方滿鐵会の動静」，『滿鐵會報』No.2，1955。

⑤ 90个满铁会组织，以日本各府县命名的有大阪府满铁会、京都府满铁会等37个，还有53个是根据当时满铁社员从事的业务及特征进行命名的。

论的重要文献资料，这些会报所涉及的内容跨度时间长达62年之久，详细记录了满铁回国社员（第一代），以及他们的子孙（第二代、第三代）的活动和政治言论，尤其在日本侵略历史和侵华战争的历史认识上，满铁会采取了选择性记忆方式，选择性地强调“被害记忆”，回避“加害记忆”，刻意地歪曲了日本在侵略战争中对中国及亚洲民众所犯下的罪行。关于这一点，可以从《满铁会报》所刊发的文章中得到解读。例如，藤木久次郎在《评颂〈满洲开发四十年史〉》中，将满铁在中国东北的活动宣扬为“开发满洲”，对《满洲开发四十年史》的公开发行给予了高度肯定和颂扬。① 白井卓《满铁精神》②、高野诚一《满铁魂》③、伊藤幸雄《生生不息的满铁》④、岩佐忠哉《满铁会的前进方向》⑤、向野元生《吾辈之使命》⑥、谷口松雄復兴满铁》⑦、中岛一之《满铁精神才是昭和维新的原动力》⑧ 等文章，所阐述的中心内容放大了满铁在日本实现东亚复兴大业中发挥的重要作用，将满铁的“精神”看作昭和日本的原动力。

62年《满铁会报》所发表的文章，缺乏尊重历史事实的客观性态度，回避公正、真实，将侵略历史原貌展现在世人面前，采取一种歪曲历史事实的思维方式，将满铁在中国东北的侵略行为说成是“开发满洲”地将日本对中国的侵略说成是实现所谓的“大东亚共荣”。正是由于这种固化“战争记忆”与歪曲事实的历史叙述，向下一代传递一种缺失客观性的战争描述，从而使日本的下一代不可能真正了解日本曾经对中国及其他亚洲民众所犯下的历史罪孽。满铁会歪曲事实、固化“战争记忆”的思维模式，使从未深刻反省战争责任的日本政治势力得到了思想能量的补充，也得到了日本狭隘民族主义政治家的呼应，从而使战后日本右翼势力不断在参拜靖国神社，篡改教科书，否定南京大屠杀、慰安妇等问题上进行舆论造势，由此便形成了一种强大的为日本军国主义歌功颂德的理论体系，成为影响战后中日关系健康发展的重要因素。

## 二　客观性缺失的“历史书写”

除了通过《满铁会报》为满铁在中国的侵略活动进行“颂扬”以外，满铁会还通过文化宣传进行真实性缺失的历史叙述。这主要是由于《满铁会报》为满铁会机关报，

① 藤木久次郎：「『満洲開発四十年史』をたたいる苍」，财团法人满鐵会：『滿鐵會報』No. 34，1964。

② 白井卓：「満鉄精神」，财团法人满鐵会：『滿鐵會報』No. 35，1964。

③ 高野誠一：「満鉄魂」，财团法人满鐵会：『滿鐵會報』No. 36，1964。

④ 伊藤幸雄：「生ている満鉄」，财团法人满鐵会：『滿鐵會報』No. 36，1964。

⑤ 岩佐忠哉：「満鉄会の進むきべ」，财团法人满鐵会『滿鐵會報』No. 64，1969。

⑥ 向野元生：「我等が使命」，财团法人满鐵会：『滿鐵會報』No. 65，1970。

⑦ 谷口松雄：「甦生満鉄」，财团法人满鐵会：『滿鐵會報』No. 97，1974。

⑧ 中岛一之：「満鉄こそ昭和維新の原動力」，财团法人满鐵会：『滿鐵會報』No. 110，1976。

其影响范围还是有限的。于是，满铁会便通过出版著作、公开发行影视作品等活动来宣扬满铁“历史功绩”。满铁会的宣传活动包括两部分内容，一是通过大量出版与满铁有关的著作，宣扬满铁在侵华战争中做出的“业绩”和“贡献”。满铁会出版的著作，宣扬的核心理论是否定满铁在中国的活动是侵略行为，将满铁在东北的活动描述成基于日本民族复兴的神圣之举，给满铁在中国东北的侵略行为冠以“开发满洲”之名。1966年，满铁社友新生会公开出版了《满铁会小史》，这是满铁会独立公开出版的第一部著作，在当时起到了巨大的宣传和鼓吹作用。1973年1月，在满铁会主导下公开出版了纪念满铁末代总裁山崎元干的著作《满铁最后的总裁山崎元干》。该书以满铁会的会长山崎元干为主角，详细记述了山崎元干在满铁创业10年之时入职满铁，并作为核心人物在满铁供职将近30年，充分肯定山崎元干的贡献。该书指出：“山崎元干在担任末代总裁之时恰逢日本战败投降，为了满铁人员的人身安全与顺利回国，山崎元干与当时的关东军司令官、苏联进驻中国东北的指挥官进行交涉、协调，所付出的努力和辛苦是无法言表的。”①

从20世纪七八十年代开始，由于满铁回国人员的各项权利得到了日本政府的保障，财团法人满铁会对在华及苏联滞留满铁人员的援护活动便告一段落，所以活动的重心也由经济方面向文化活动方面转换。满铁会通过出版或复刻满铁当时的著作及刊物，向后世传颂满铁作为“国策会社”在日本对中国东北统治中所发挥的作用，而这种宣传的手段则是沿袭了选择性记忆的方式，将满铁在中国东北进行的经济掠夺和侵略行为美化成“满洲开发”，这也是战后日本满铁会对后世所宣扬的“满铁魂”的核心内容之一。基于以上目的，1975年3月，理事长佐藤晴雄在评议员会议上重点强调把搜集、整理和出版满铁有关资料作为满铁会一项新的工作任务，要求对日本国内及中国、苏联和美国存藏的满铁资料进行联合调查。其后，日本国立国会图书馆请参议院议员安井谦出面与美国国会图书馆进行协调，希望将战后初期被美国收缴的资料原件返还日本，但遭到了美国的拒绝。此后，日本国立国会图书馆将馆藏的资料全部进行数字化，而满铁调查部所作的相关资料作为其中的重要部分被特别加以保护、保管和利用。在日本满铁会的主导下，1976年2月由龙溪出版社以复刻版形式公开出版了1943年版的《满铁要览》和全4卷《第三次满铁十年史》。之所以要以复刻版形式再次出版《第三次满铁十年史》，主要是由于该书作为满铁社史在当时作为“军事机密”公开发行数量非常有限，日本国内当时只有东京大学图书馆存一套完整版。所以，在原书的第276页中明确指出“研究满铁社史，必须复刻此书”②。可见，该书在向后人宣传满铁历史沿革及“业绩”方面具有重要价值。同年3月，满铁会评议员会议审议

---

① 庵谷磐：「満鉄会の歩み」，満鉄會編：『財團法人滿鐵會六十年の歩み』，東京：滿鐵會，2006，第27頁。

② 庵谷磐：「満鉄会の歩み」，満鉄會編：『財團法人滿鐵會六十年の歩み』，東京：滿鐵會，2006，第27頁。

决定公开出版发行《第四次满铁十年史》，但由于考虑一些政治因素，该书并没有公开出版发行。继《满铁要览》和《第三次满铁十年史》之后，1977 年 5 月在满铁会的主导下，由龙溪出版社又以复刻版形式出版了 3 卷《营业报告书》、1 卷《股东名簿》、3 卷《满铁附属地经营沿革史》、17 卷《帝国议会说明资料》、满铁社员会杂志《协和》等多部著作。

1986 年 10 月，满铁会评议员会议经过终审决定公开出版《第四次满铁十年史》。以此为开端，满铁会选派 19 人担任主要负责人，开始搜集满铁相关资料。同年 10 月，公开出版了满铁会丛书 2 部，即山崎元干、田村羊三合著《回忆满铁》和渡边谅著《满铁史余话》。1996 年 11 月，在满铁创业 90 周年纪念之际还出版了《满铁社员终战记录》，该书对原满铁各铁道部、事务所及相关机构的战前、战后的状况有详细的记述，为研究二战结束时满铁各机构变迁及人员遣返状态提供了重要线索。2007 年 11 月，满铁会又公开编辑出版了《满铁四十年史》，通过吉川弘文馆出版社向全国公开发行，目前看来可谓满铁会宣扬满铁“历史功绩”的登峰造极之作。

战后日本满铁会宣传活动的又一项内容便是公开发行有关满铁的影视作品。为了向后代进行满铁业绩的宣传，在满铁会的主导下先后在日本全国范围内大量发行有关满铁题材的影视作品。战后日本满铁会通过电影和电视向后人进行满铁“功绩”宣传，在纪念满铁创业 80 周年之际，电视版《满铁》在全国上映。其后，在满铁会的主导下，上映了 27 集电视版《满铁记录电影集》（全 12 卷），由日本电影新闻社公开发行，后来通过 DVD 全国发行。1972 年 5 月，在满铁会的主导下举行了恳谈会，后来形成惯例，在每月都要举行一次恳谈会。第一次恳谈会聘请的讲师是满铁原奉天图书馆馆长卫藤利夫之子、东京大学教授卫藤沈吉，讲授的主题是《中美苏关系与日本》。第二次恳谈会聘请的讲师是原满铁本社业务课长向坊盛一郎之子、东京大学总长向坊隆，讲授的内容是《日本的能源问题》。另外，战后日本满铁会在进行文化宣传活动的同时，也在坂口辽、庵谷磐的主导下成立了中日孤儿问题联络协议会，在伊藤武雄、向野元生、坂口辽等人的主导下成立了东方科学技术协力会。总之，满铁会通过影视作品及恳谈会，其中心目的是宣传满铁在中国东北的侵略活动是为了“开发满洲”，是为了实现“五族共和”。

综上所述，无论是满铁会公开出版的著作还是影视作品的宣传，核心内容集中于对满铁的“功绩”或“业绩”进行追述，目的是为了突出满铁作为日本“国策会社”，在“满洲开发”中所做出的“贡献”是永远值得日本后人记忆和缅怀的。满铁会的这种选择性战争记忆与客观性缺失的历史书写，展现出的“历史叙述”与“战争体验”是片面的记忆，尤其是对日军在侵华战争的罪行加以掩盖，为战后日本右翼势力对侵略历史进行翻案提供了理论支撑。

20 世纪 60 至 80 年代，日本曾一度出现了否定侵略历史、美化侵略战争的高潮，满铁会在其中起到了重要作用。根据满铁自身遗留的文献资料显示，满铁在中国40年的“调查”活动，本身就是一部侵略史。尤其是九一八事变后，满铁已经彻底撕下了“企业”的假面具，成为侵华战争的“经济参谋本部”。而战后满铁会对满铁所进行的定位与宣传，则有意地无视历史发展的事实与客观性，一味地为满铁在中国的侵略行为“歌功颂德”，这种刻意地歪曲事实的历史叙述，是客观性缺失的“战争记忆”的思维模式。正是由于这种“战争认识”在日本呈现出连续不断地变化过程，也成为战后中日关系通畅发展的阻碍。对中国而言，日本侵略所造成的伤害永远铭刻在民族的记忆深处，日本任何的回避、歪曲和否定历史真实的行为都显得苍白无力，不可能洗去日本对中国乃至亚洲国家所犯下的罪孽。

## 三 “帝国伟业”笼罩下的“战争记忆”

去过广岛旅行的人们一定会注意到在广岛的和平公园布满了纪念碑、庙宇、岩石、钟、喷泉等帮助人们做和平祈祷的设施，公园周边商店所出售的钥匙链、圆珠笔、T恤衫、杯子垫、明信片、茶具、佛珠、筷子等纪念品，大部分表面都会带有一幅原广岛工业促进大厦遭到轰炸后仅剩下的残垣断壁的照片，在河对岸公园的另一端还原样保留某些原子弹爆炸后的残存，“立在那里永远警示白人所犯下的罪孽”①。可以说，由于二战期间日本的广岛和长崎被美国扔下的原子弹所轰炸，便使日本在侵略战争中的加害罪恶被被害痛苦冲刷洗涤，“没有几个第二次世界大战中的事件，能像广岛原子爆炸那样被不停地述说、被分析、被哀悼，被一再呈现、描摹、展示”②。

与此相对，日本至今有一些人对在侵华战争中所犯下的罪行却表现出了无关紧要的态度，将日军的行动看成是“战争行为”属于“爱国主义”义举。日本对中国东北的侵略也就被“顺理成章”地变成“开发满洲”，对中国进行的经济掠夺也就被描述成为“实现东亚的永久和平”，等等，由此形成了“帝国伟业”笼罩下的“战争记忆”的思维模式。这一思维模式通过满铁会不断地被演绎和宣传。政治学家丸山真男把战前的日本政府称作是“无人承担责任的系统”，而这种“无人承担责任的系统”运作起来导致的后果就是政治动因和后果都从反省视野中消失。③ 而二战结束后的日本政府，在美国占领政策的主导下，由于盟军保留了天皇，其最终的结果是损害了日本得以实践民主的机会，因为让天皇作为权力象征依旧高高在上的存在，就使天皇的过去变得洁白无瑕，以天皇名义所签发的侵略命令的污浊也被清洗擦拭，日本对中国乃至

① 布衣：《罪孽的报应》，戴晴译，社会科学文献出版社，2006，第98页。

② 布衣：《罪孽的报应》，戴晴译，社会科学文献出版社，2006，第98页。

③ 布衣：《罪孽的报应》，戴晴译，社会科学文献出版社，2006，第174页。

亚洲所犯下的战争罪恶也将被全部消除，不再留有任何痕迹。因此，在美国主导下对日本天皇制的保留，对战后日本历史认识发展态势的影响，远远超出了占领当局者的估计。①

满铁会作为满铁衣钵在战后的继承与发展，自然捕捉到美国对日占领政策的环境变化与态势发展。于是，构建“帝国伟业”笼罩下的“战争记忆”模式，也成了满铁会的历史课题。1964 年 1 月，在原满铁理事、满史会会长大藏公望主持下，宣扬“帝国伟业”的第一部著作《满洲开发四十年史》在日本公开出版发行。该书分为上下两卷和补卷，内容包括总序篇、南满洲铁道株式会社篇、交通建设篇、农业篇、矿业篇、商业篇、贸易篇、金融篇等，补卷内容主要包括附属地和关东州两个部分。全书用 2200 多页的篇幅，采用片面性、选择性的历史书写的方式，把满铁 40 年来在中国东北的侵略活动美化成为“开发满洲”，把满铁对东北矿产、土地、农林资源的掠夺，对铁路交通、金融贸易、河流港湾的控制，以及附属地的奴化教育，说成是为东北实现近代化建设与“王道乐土”。②《满洲开发四十年史》作为宣扬“满洲开发论”的奠基著作，在日本产生重大影响。一年后，《满洲开发四十年史补卷》在日本公开发行。大藏公望在该书中露骨地阐述了出版《满洲开发四十年史》的最终目的，是为了留给后世子孙一部去“帝国主义”和“侵略主义”的“满洲开发史”。③

继《满洲开发四十年史》之后，1971 年 1 月，在原伪满产业部次长、被定为战犯及整肃后担任日本首相的岸信介，原伪满总务厅长官星野直树、古海忠之，以及满铁、关东军、大同学院等要员十河信二、山口重次、平岛敏夫、伊东六十次郎、片山忠、鲇川义介等组织编辑的《满洲国史》公开出版发行。这是宣扬“帝国伟业”的第二部著作，参加该书编辑写作的人员多达 140 余人，总字数约为 170 万字。《满洲国史》所体现的基本论点之一是为日本炮制的伪满洲国进行辩护，为日本在东北的侵略活动“歌功颂德”，提出日本在东北进行的殖民活动是“立志革新，扫除祸根，为保全东亚，建立近代模范的王道仁政国家”④。基本论点之二是反复宣扬在伪满时期，日本对产业经济、交通通信、文教卫生等各方面开发的“贡献”，夸耀日本在中国东北“创造”历史奇迹。总之《满洲国史》向世人所展现的历史画面，是完全没有站在客观、严肃、冷静的反省立场上，深刻地批判日本在中国东北的侵略与殖民活动，而是将日本对中国东北的侵略建立在“帝国伟业”的前提之下，这也为战后日本在“帝国伟业”笼罩下“战争记忆”思维模式的重构提供了理论支撑。20 世纪 80 年代日本出现的修改教科

① 周颂伦：《日本选择性记忆的酿成环境》，《历史教学》2019 年第 4 期。

② 満史会：『満州開発四十年史』，東京：満州開発四十年史刊行会，1964，序言。

③ 満史会：『満州開発四十年史補巻』，東京：満州開発四十年史刊行会，1965，第 334 頁。

④ 满洲国史编纂刊行会编、黑龙江社会科学院历史研究所译《满洲国史》，内部发行，1990，第 2 页。

书事件，就是这种理论体系实践的具体表现。日本历史学家家永三郎在他所编写的高中历史教科书中用“侵略”二字来描述日本对华战争，但日本教科书审查人却对此提出建议：“侵略属于伦理范畴，也包含着负面的含义。在对待下一代公民的教育里，使用这样一个带有负面含义的词来形容我们自己国家的行为，是不适当的。因此，应该代以另外一种表达，如‘军事进入’。”[①]

## 四 “满铁留魂碑”与“战争记忆”国家认同的构建

满铁会在“历史记忆”与国家认同重构方面所起到的作用，主要体现在建立“满铁留魂碑”和举行“留魂祭”两个方面。1979 年 3 月，大阪满铁会会长小味渊肇理事提出了建立“满铁留魂碑”的提案，该提案在评议员会议上一致通过。满铁会建立“满铁留魂碑”的根本目的，在《满铁留魂碑建立报告书》有清晰的表达：“满铁在满洲存续 40 年，在国家防卫与大陆开发方面发挥先驱之作用。参与此大业之满铁社员的活动与功绩，将与满铁之功业一同被载入史册，为了使满铁魂被后世日本人传承下去，在此建立满铁留魂碑。”[②] 1981 年 7 月，满铁会将“满铁留魂碑”的地址选在了富士山灵园的“碑林公苑”自然林区，并与富士灵园签署了永久用地合约。“满铁留魂碑”为东西 25 米、南北 40 米、总面积 1000 平方米的矩形，倾斜度为 30°左右。[③] 1982 年 4 月，满铁会举行“满铁留魂碑”竣工典礼。“满铁留魂碑”碑铭全文如下：“满铁继承国家使命，以先驱之身为兴亚大业奋斗，奠定了不朽基业，在此祭先人之灵，使满铁魂千古流传。昭和五十七年四月，财团法人满铁会。”[④]

“满铁留魂祭”是满铁会固化“历史记忆”的又一项重要举动。从 1982 年“满铁留魂碑”建立到 2016 年满铁会解体，“满铁留魂祭”举行数十次。在举行“满铁留魂祭”时，要将满铁会所收藏的物品作为供纳的神物进行参拜，举行“纳魂仪式”。这些供纳品主要包括四类：第一类是满铁社员录；第二类是社员芳名簿，包括殉职芳名簿，战亡社员芳名簿，1945 年二战结束前后殉职、殉难者芳名簿；第三类是南满洲铁道株式会社史，主要是十年史、第二次十年史、第三次十年史、第四次十年史；第四类是副葬品，主要是满铁社旗、社员社旗，满铁社歌磁带，满铁电影胶卷，满铁实物模型，留魂碑模型，留魂碑建立报告书等。[⑤] 2001 年举行的第二十次“满铁留魂”祭举行时，又将《终战前后殉职·殉难者芳名簿（追加）》《满铁社员终战记录》《满铁会会员名

① 布衣：《罪孽的报应》，戴晴译，社会科学文献出版社，2006，第 200 页。

② 財団法人滿鉄会：『滿鉄留魂碑建立報告書』（未刊行），1982，第 4 頁。

③ 財団法人滿鉄会：『滿鉄留魂碑建立報告書』（未刊行），1982，第 4 頁。

④ 財団法人滿鉄会：『滿鉄留魂碑建立報告書』（未刊行），1982，第 4 頁。

⑤ 庵谷磐：「滿鉄会の歩み」，滿鉄會編『財團法人滿鐵會六十年の歩み』，東京：滿鐵會，2006，23 頁。

簿（1998年版）》作为追加供纳品。

“满铁留魂祭”还有一项重要内容值得注意，那就是满铁殉职者被放入靖国神社进行合祀。2000年10月，满铁会举行地区恳谈会时，一些满铁会员提出了将满铁殉职社员放入靖国神社进行合祀建议。其实，关于满铁殉职社员进入靖国神社合祀的规定，在1971年《满铁会报》第70号《关于战伤者死亡者家属援助之规定》中就明确提出，满铁社员的伤残死亡者的待遇与日本军人等同，而且在九一八事变及以后战争中死亡的满铁社员179名中就有61名进入靖国神社中合祀。[①] 死亡满铁社员进入靖国神社合祀之所以再次被提出，这是满铁会基于“历史记忆”与国家认同重构思维而设计的。满铁会不但向各地满铁会组织发放了《殉职社员调查表》，对满铁社员的死难者进行全面调查，并通过了厚生省当局的审查，正式向靖国神社送交了《祭神人名票》，还让靖国神社宫司向死亡满铁社员的家族发出了合祀通知。2002年8月，满铁会成立靖国神社合祀委员会，负责处理满铁致死社员进靖国神社合祀事宜。

由此可见，靖国神社作为近代日本政治体制转折时期与新国家相伴而生的产物，甲午战争和日俄战争以来，靖国神社已经成为日本社会固化战争记忆的“国家装置”，在近代以来日本战争记忆方面发挥着“存储器”的作用。[②] 而满铁在侵华战争期间的死亡社员，被纳入靖国神社中合祀，满铁在中国所进行的侵略活动，在“帝国伟业”的光环下，不断地模糊乃至消失。

综上所述，历史记忆的目标本应该是以远距离的冷静态度对待过去，但由于历史记忆的表述者自身是一个充满复杂变数的客观存在，这就使得被害者与加害者双方对历史记忆的书写表现出不同的形式。满铁会作为满铁衣钵的继承与发展者，对40年间日本对中国的侵略活动采取了选择性战争记忆与历史书写的方式，通过建立“满铁留魂碑”举行“留魂祭”，以及出版著作等方式，粉饰过往。这并不利于日本后代对历史进行客观有效的思考。

原载《社会科学战线》2019年第8期

① 满鉄会：「殉職者等の靖国神社への合祀の件」，財団法人満鐵会：『満鐵會報』，No. 208，2002。

② 郑毅：《靖国神社・英灵祭祀・国家物语》，《吉林大学社会科学报》2018年第1期。

# 五　与满铁历史相关的研究

# 郭松龄反奉事件中的“满铁”

佟永功　南　哲

1925年冬，奉军将领郭松龄在第二次直奉战争中，同冯玉祥及奉军中的另一将领李景林结成三角同盟，指挥数万众的奉军精锐部队，从关内回师奉天，宣布张作霖“专恣跋扈，穷兵黩武，横征暴敛，实为国家社会人民大害”，将“驱而除之”（郭松龄：《敬告东三省父老书》）。郭军于河北省滦州起事，出山海关，经锦州，进抵距奉天不远的新民附近。一时间奉天城内一片混乱，张作霖已经做了下野的准备。但巨流河一战，奉军转败为胜，郭松龄兵败出走，途中被捉，与夫人韩淑秀一同被杀。这就是中国近代史上轰动一时的郭松龄反奉事件。

日本帝国主义在郭松龄反奉事件中扮演了什么角色呢？近年，我们在整理辽宁省档案馆保存的满铁档案时，发现了一批有关满铁干预郭松龄反奉并支持张作霖的档案文件。兹依据这些过去鲜为人知的档案材料，对满铁在郭松龄反奉事件中的所作所为予以揭露。

“满铁”是“南满洲铁道株式会社”的简称。1905年日俄两国为争夺在我国东北的权益而进行的战争以日方胜利而告结束。1906年日本正式设立南满洲铁道株式会社。表面上是经营铁道运输的企业，实际上是日本政府的“别动队”（《满洲开发四十年史》第93页），在政治、经济、军事、文化各领域里对中国进行侵略。

1925年11月22日郭松龄在河北省滦州发动反奉，翌日晨，满铁奉天公所长镰田弥助即将这个消息电告满铁大连本社。26日在东京的满铁理事入江海平给在大连的社长安广伴一郎发电，要求奉天公所长“速报详情”（猪木正道：《吉田茂传》第305页）。27日廉田便去大连向本社做了详细报告。认为郭松龄反奉“是排斥张上将军，以张学良取而代之，由他掌握实权”，“并非仅仅是排斥杨宇霆”，“背后有国民军的默契配合”。并说郭军“现有粮食、弹药只能维持二十天”。28日下午4时10分满铁庶务部庶务课长野村正电告大连本社及庶务部长，说明了郭、奉双方军事部署的态势。45分钟后野村又电告更新消息说：26日吉田总领事访问王永江，“就应支持郭松龄和张作霖哪一方，征求王省长意见”；王永江表示，“在东三省应依然保护张作霖，帮助他改变以往的态度”；吉田对此提出条件说，“张作霖果真放弃权势之野心，有为东三省竭尽全力之诚意，如有明确答复，自力争援助张作霖”；王永江当即将此事告知张作霖，张做了明确答复，希望日本援助他；于是王永江派丁鉴修去日本总领事馆，转达了张的答复；这样，总领事吉田于26日晚向日本外务省拍发了关于应援助张作霖的电报。29日凌晨野村再电大连本社说，28日下午吉田访问了王永江，称“经儿玉长官、白川司令官、吉田总领事协商结果，已就防止赤化之意见电报日本政府，但政府尚未回电”。

11月30日，镰田从大连回奉天，于当日下午5时向大连本社报告：27日日本关东军司令部参谋浦澄江会见了郭松龄，发现“郭始终没有为和平收兵返回奉天的诚意，更没有反省的意思”；张学良曾一度想流亡日本或美国，“但经杨总参议的劝说，终于下了决心”同郭决裂；原被郭松龄拘禁在李景林处的奉军将领高维岳、裴春生、齐恩铭、赵其臻，由于李景林转变了态度，一两天内即可回到奉天。

满铁社长根据上述情报，经过判断和分析，终于在郭松龄发动反奉后的第八天，向日本外务大臣拍发电报，陈述了满铁对郭松龄反奉所持的立场。电报称郭反奉的背后有冯玉祥国民军的支持，郭拥有的军队为奉天军之劲旅，郭提出废除不平等条约，主张建立俄国式的中央政府，但张作霖尚有热河、吉林、黑龙江方面的支持，李景林也有意保存实力，郭军内部并不稳定等情势，明确提出：日本在东三省“占有特殊地位”，假如郭松龄得势，必定会“出现排斥满铁、关东州之情况，到那时虽有应付的办法，但终不如预先准备”，因此应对张作霖“给予有形无形的支持”，在东京的满铁理事松冈洋佑，则向日本军政各界的头面人物游说，“极力强调赤化问题”，以至外务、陆军两方面“极力主张阻止郭松龄进入关外之处理办法”。从以上档案记载可见，充分暴露出满铁作为日本侵华工具的真面目。

满铁支持张作霖的手法之一就是向他透露日方的态度，给张打强心针。12月2日上午野村电告社长、庶务部长及在东京的松冈理事：“昨日电已阅，已向张上将军及杨总参议传达。两民均敬佩贵职之见，对贵职之努力表示感谢。”张作霖犹如吸足了鸦片一样，叫嚣：“我从来就多次对日本政府主张，为防止赤化需要日支协作”，“日本为维护东三省之特殊地域，即使出兵，各国也无任何指责余地。我在任何时候都希望日本为东亚大局，此时断然出兵东北”。当野村向王永江说明“政府当局对满洲时局持慎重态度，松冈理事在东京正协同在满的日本当局竭尽全力时”，王永江则表示“在此次事变中，对诸君之厚意不胜感谢”。张、王卖国嘴脸表露无遗。

当郭军步步进逼，奉军节节败退，奉天省城人心惶惶之际，镰田在12月5日下午6时30分委托奉天铁道事务所长安排加挂列车，将数名中国大员家属约一百人送往旅顺避难。奉天铁道事务所制订了三个临时列车发车时间表。同时，镰田再次要求奉天铁道事务所提供临时存放张作霖贵重物品的处所。下午2时30分许，张代之贵重物品由马车、汽车运至该所，搬进三楼、二楼、一楼各室，共有货币703箱、个人财物约

150 箱（一部分保存在事务所仓库内）。根据满铁的要求，由警察署派出 9 名警察到事务所加以保护。为张作霖准备退路，是满铁支持他的又一手法。

12 月 8 日本政府决定全力支持张作霖，张遂放弃下野的念头，决心背水一战，大量调集吉、黑两省军队。满铁为张提供铁路车辆，输送军队。奉天铁道事务所日志记载：12 月 16 日由长春始发的第 46 次列车向奉天运送吉林军 1200 名，同日第 38 次列车向奉天运送黑龙江军 300 名。12 月 17 日第 32 次列车向奉天运送黑龙江军 600 名，第 42 次列车运送 1020 名，第 46 次列车运送吉林军 1200 名。12 月 18 日第 32 次列车向奉天运送吉林军 1150 名，第 46 次列车运送吉林军 1200 名，第 44 次列车送黑龙江军 1200 名，第 33 次列车由瓦房店向奉天运送军役夫 1500 名。12 月 19 日第 38 次列车向奉天运送黑龙江第 18 师 22 旅士卒 1400 名、军马 160 匹、大炮二门、步枪 1800 支、子弹 42000 发。20 日和 21 日继续有满铁军列运送的奉军兵员、枪弹到达奉天。

当郭军逼近奉天时，日本关东军即开始从辽阳、铁岭、海城、公主岭等地向奉天省城附近调动部队，此时满铁积极组织军运，对郭军形成巨大威胁。据奉天铁道事务所日记记载：11 月 28 日下午 2 时许，满铁向奉天运送辽阳步兵第 39 联队士兵 360 名、马 21 匹、阻击炮 2 门、机关炮 8 挺。12 月 6 日下午 6 时许，向奉天运送铁岭步兵队士兵 297 名、将校 39 名。当日晚 11 时许，向奉天运送海城炮兵队士 213 名、将校 32 名、炮 12 门。12 月 7 日从柳树屯运送日军步兵 310 名，下午 7 时许抵达辽阳；运送公主岭骑兵队 39 名、将校 8 名、马 44 匹，上午 6 时抵达奉天。12 月 10 日下午 1 时第 7 次列车自汉城运送 80 名警察抵达奉天。据当时日方统计，在奉天维持治安的有警察 500 名、宪兵 150 名、步兵 1066 名、骑兵 44 名、炮兵 248 名，有大炮 22 门、重炮兵 90 名、重炮 4 门。为安置上述武装人员和装备，满铁奉天地方事务所提供了满铁社员俱乐部、苦力收容所之一部、细菌检查所之一部及兽疫研究所之马棚一栋。

1925 年 12 月 23 日巨流河一战，郭军败北，震惊中外的郭松龄反奉失败了。12 月 25 日张作霖特派参谋长于国翰到满铁奉天公所，对满铁给予他的支援表示感谢。满铁从 1906 年建立到 1945 年垮台，在长达 40 年的时间里，对我国东北实行了全面的侵略。它的调查部有一支庞大的情报队伍，对我国东北、内蒙古东部、关内以及苏联远东、东南亚等地进行了各种各样的所谓“调查”。说它是日本政府侵略中国的别动队是很恰当的。它在郭松龄反奉事件中的所作所为，便可见它侵略活动的一斑。

注：本文引文，除已注明出处者外，其他均引自辽宁省档案馆所藏满铁档案总体部 3081、3082、3083 卷。

原载《辽宁档案》1990 年第 1 期

# 试论满铁在朝鲜的铁路经营及影响

丁英顺

南满洲铁道株式会社（1906－1945）简称“满铁”，是日本帝国主义推行其“大陆政策”的主要工具，曾经被称为“日本侵华的大本营”，在中国大陆上持续存在近40年之久。它以经营南“满铁”路和抚顺煤矿为重点，同时插手一切有利可图及扩大日本侵略势力的各种事业，实行所谓“综合经营”。其主要活动地域是我国东北，然而所涉及的范围甚广，地处日本与我国之间的朝鲜也是“满铁”活动的重点地区。本文试就“满铁”在朝鲜围绕铁路所进行的掠夺及其影响做初步探讨。

1. 铁路是一个国家在政治、军事、经济等一切机能的发挥上不可缺少的动脉。日本帝国主义以铁路为中心展开了对朝鲜的掠夺。因为，日本要掠夺朝鲜的丰富资源，开辟商品销售市场，要想缩短我国东北与日本之间的交通路线，必须掌握朝鲜的交通命脉。在这过程中，“满铁”起了决定性作用。

早在“明治维新”时期，明治政府就确立了对外扩张政策，主张以武力“开拓万里波涛”，“布国威于四方”。日本从19世纪70年代开始，就在美国的支持下不断入侵朝鲜。1876年，日本以武力胁迫朝鲜签订《江华条约》，获得了通商租地、领事裁判权和在朝鲜沿海自由航行等侵略特权，以此全面向朝鲜渗透。

日本最早插手朝鲜铁路的修建是在1892年铁路技师一行人秉承参谋总部的意旨到釜山、京城之间进行勘查为起步。后来在甲午中日战争之际，对建设军用铁路做了规划并委派后来当了“满铁”总裁的技师仙石贡，主持对京仁线建设的准备工作。当各项工作筹备就绪时由于战争出乎意料地迅速结束，这个建路计划遂被搁置。但是，日本对京釜、京仁、京义三条铁路的修建根本没有抛弃之意，仍再三地向朝鲜政府提起交涉。1897年12月，日本与朝鲜缔结了京釜铁路合同条约，使京釜铁路的铺设权得到切实保证。

建设京釜铁路（京城—釜山）时曾对火车轨距问题有过争论。日本军部中有两种不同的意见。一些人主张一旦发生战争最好能原封不动地利用日本的运输条件，所以轨距最好和日本一样采用窄轨；而另一些人则主张由于铁路将来要往中国东北延长，要同北宁线（标准轨）和东清铁路连接成为国际干线的一环，所以轨距要和北宁线一致。结果，后者占了上风并做出了修筑标准轨的决定。日本军部、政府在暗地里对铁路建设给予不少补助。政府除对公司债券给予利息补贴以外，还从军费中支出 20 万日元的补助金，用以促进铁路的建设。1905 年 1 月 1 日起 261 英里长的京城、釜山间的铁路开始营业。1906 年，日本陆军省出于军事需要又修建了京义（京城—新义州）、马山浦（马山—木浦）两线。

我国东北的安奉线（安东—奉天）原是日俄战争期间，日军紧急敷设的轻便铁路（2 英尺 6 英寸），战后，日本将其改筑为标准轨交给“满铁”经营，以此作为连接朝鲜与我国东北的通道，进而连接北宁线以侵略整个中国为目的。它是在长大线之外、日本侵略中国的第二条路线，也是针对俄国的，是为第二次日俄战争做准备的。

“满铁”在改筑安奉线的同时，还擅自在鸭绿江上架设铁桥，强迫清政府签订有关协定，使安奉线与朝鲜京义铁路接轨。于是我国东北与朝鲜之间形成了直通陆路运输线。日本政府援引最惠国待遇条款，依中俄国境陆路通商之例，与中国政府进行陆路通商交涉。1913 年 5 月，中日双方签订了《中日朝鲜南满往来货运减税试行办法》的协定，日本据此获得了我国东北与朝鲜间陆路通商减税三分之一的特权。以此为契机，日本政府对三线联运问题十分重视。三线联运是指安奉线、朝鲜铁路和日本国铁三阳线之间实行减价联运。日本铁道院与朝鲜总督府也认为应通过朝鲜铁路与安奉线，利用减税之便促进日本棉织品等商品向我国东北的倾销。对于日本军部来说，更希望三条铁路实行联运，加强运输能力以便战时作为军事通道发挥其重要作用。因此，三线联运“也是军事当局所最欢迎的”。三线联运，使日本棉织品“输入东北的主要经路由大连移向安东”。但这绝不仅仅是日货输入东北经路的改变，更重要的是随着日本对东北经济侵略的扩大，只靠大连港和“满铁”本线已不能满足其要求，有必要从一港一线发展为多港多线，利用朝鲜铁路与安奉线的经济价值。所以，三线联运的实施，实际上是日本扩大对我国东北经济侵略的必然产物。“满铁”改筑安奉线，名义上是要“变临时军用铁路为永久的和平交通机构”，实则是为了日军侵略我国时，可以通过朝鲜将军队更快地运到东北。安奉线通车后由东京到奉天只需 60 小时，较比大连航路缩短一半时间，这在军事、经济上均有重大意义。

2. 创立“满铁”之时，日本军部就有过使之和朝鲜铁路统一经营的议论。负责“满铁”创立的儿玉源太郎、后藤新平等人坚持主张将朝鲜铁路委托“满铁”经营。后藤新平在其“满铁”总裁就职情由书中写道，参谋总长（儿玉大将）提出关于与“满铁”有密切关系之韩国铁路，今后是否必须售予私立会社地之问题时，予主张该铁路与满洲铁路有辅车相依之关系，要求将两处事业在事实上统一经营，但不一定要售予，且另有租予满洲铁路，由彼统一经营之捷径。①

---

① 吉林大学日本研究所：《日本问题研究》，《参考资料》1981 年第 3 期，第 37 页。

其后，日本、朝鲜、我国东北之间的交通联系，到1910年日本兼并朝鲜时已有明显的进展。第二年，由于安奉线改筑宽轨和鸭绿江桥架设成功，朝鲜铁路与“满铁”连接起来，具备了成为世界交通干线一部分的起码条件。1913年开始了釜山、长春之间亚欧列车的直达联运；1914年中国各铁路与朝鲜缔结联运协定。南满铁路和朝鲜的关系愈益密切，但当时日俄关系有所好转，日本加强中日交通路线的统一经营问题遂被暂时搁置。同时，由于“满铁”坚持大连中心主义作为其经营的基本方针，一直把主力倾注于强化大阪、大连、长大线的运输网，对朝鲜、南满铁路一元化采取消极态度。

第一次世界大战爆发，日本认为良机已到，1915年对中国提出了“二十一条”，以此推行其“大陆政策”。朝鲜、南满铁路一元化主张又以新的步伐再次登场。1916年10月，日本大隈内阁倒台，军阀头目寺内正毅组阁，重新决定了对华根本方针。寺内正毅为了积极扩大日本在东北的势力，使东北成为第二个朝鲜，提出“鲜满统一”政策。他在“统一内政”的幌子下，调整日本在东北的侵略机构。其中明确指出将朝鲜铁路委托“满铁”经营，首先实现铁路经营的统一。显然，寺内正毅的目的是利用“满铁”的财力改善朝鲜铁路，开发朝鲜地方经济，同时，将在朝鲜的统治方案推向我国东北，使之成为朝鲜第二。

1917年，日本政府公布了第90号敕令，宣布：“朝鲜总督所辖的国有铁路为修建、改建、保养、运输并一切附带业务委托‘满铁’经营。”① “满铁”和朝鲜总督府缔结委托契约。自当年7月31日至1925年3月，“满铁”接管长达1026英里的朝鲜铁路的经营权。

1920年7月，当“满铁”新任社长野村龙太郎赴任时，日本陆军参谋长上原勇作向他提出了“对‘满铁’社长的希望事项”的文件。这是“满铁”设立之后，日本军部方面向“满铁”提出的最全面的、最详尽的要求。其中，对朝鲜铁路提出了以下要求。

①将来向大陆方面出兵时，其主要输送干线必将是从釜山或马山起经由朝鲜的铁路。鲜“满”的铁路设施按上述目的加以规划。

②关于“满铁”的输送能力，1907年军部曾要求大连—长春间每日5000吨。将来需要以朝鲜纵贯铁路和安奉线为输送的主线。鉴于鲜“满”铁路的现状，以釜山（马山）至长春间将来要每日发送60列车（3600吨）以上的输送能力为目标，努力增加输送能力和轮转材料。

③在改进朝鲜铁路和南“满铁”路的统一设施时，要经常注意使之在军事上也能

① 东北沦陷十四年史辽宁编写组译《满洲开发四十年史》（上卷），满史四十年刊行会，1978年9月，第117页。

发挥其最大能力。

这在后来的日军屡次采取军事行动，干涉中国内政，以致最后制造柳条湖事件占领全东北的过程中起了非常重要的作用。

“满铁”受托经营朝鲜铁路取得了一定成就，但另一方面，也加深了“满铁”与朝鲜总督府之间的矛盾。“满铁”是要将朝鲜铁路纳入其统一经营之中，以取得铁路统一经营的效益，是将它作为大陆铁路的一环，从“满铁”总体利益考虑的；而朝鲜总督府则是从统治朝鲜出发，使铁路服从于它对朝鲜统治和发展地方经济出发考虑的。所以，二者在利益问题上存在着严重的矛盾。还有，“满铁”本身在经营朝鲜铁路期间没有获得什么利润，甚至还要拿出补贴，它是以从我国东北掠夺来的利润全力以赴地经营朝鲜铁路，为朝鲜总督府贡献了巨大的利润。因此，“满铁”从本身利益出发，主张朝鲜铁路恢复由朝鲜总督府直接经营。在这种情况下，1925 年 3 月，历时 7 年零 8 个月的“满铁”受托经营朝鲜铁路宣告结束。

3. 九一八事变后，日本在我国东北制造了“伪满洲国”。1933 年 3 月，关东军把“伪满洲国”的国有铁路、港湾、河川委托给“满铁”经营，“满铁”获得了修筑新铁路干线的权利。“满铁”的经营被置于关东军的监督之下，“满铁”的投资大部分用于为军事战争服务的铁路网的设施方面。当时日本政府为了巩固它对我国东北的统治及准备发动新的战争，迫切需要修筑连接东北与日本海海港的铁路。朝鲜铁路问题重新提上了日程。于是，自 1933 年 10 月 1 日至 1940 年 6 月末，把北朝鲜铁路及北鲜三港委托给“满铁”经营。①

委托经营的铁路有咸镜本线中的输成—会宁、清津线、图们线及会宁炭矿线等，合计达 300 余公里。这是将我国东北的铁路与日本海的海港联结在一起的铁路线，它在朝鲜北部与吉会线连在一起。

吉会（吉林—会宁）铁路是吉长（吉林—长春）铁路的延长线，是日本政府为了连接我国东北的吉林和朝鲜北部的会宁，形成日“满”间最短路线而规划出来的重要路线。全长为 440 公里。为了修筑这一铁路，早在九一八事变之前，日本已经强迫和诱使中国与之签订了《关于新奉及吉会铁路的协约》《关于间岛的协约》《吉会铁路借款预备契约》等。但是，日本攫取吉会路权，修筑吉会铁路的计划，由于遭到了全国人民支援的吉林民众的顽强抵制，历经 20 余年直至九一八事变前始终未能实现。

1931 年 12 月，关东军要求“满铁”“从速完成”敦化图们间、拉法哈尔滨间、克山海伦间总长 774.2 公里的三条铁路。这是“满铁”在九一八事变后新修的第一批铁路。其中敦图路是主要干线，是吉会路的一部分。该线于 1933 年 2 月完成竣工，1934 年，拉滨线也全线竣工。实际上，完成了吉会路的修筑。日本 20 余年间梦寐以求的日

① 松本丰三：《南满州铁道株式会社第三次十年史》，满铁出版，昭和 13 年，第 1371 页。

“满”间最短路线得以实现。从此，日本可以用最快速度经日本海和北朝鲜将军队直接运往哈尔滨。这比经由南“满铁”路、安奉铁路快得多，极大地增强了日本在“北满”的军事地位，使东北货物的进出口有了新的路线，极大地提高了日本掠夺“北满”和吉林东部丰富资源以及向“北满”倾销日货的能力。日本实现了北鲜铁路与我国东北铁路的一体化。

日本为了更有效地利用北鲜铁路，从 1933 年 10 月开始把如上所述的铁路委托给“满铁”经营，并与北鲜三港的经营一起取得了极大效益。

北鲜三港指罗津港、清津港、雄基港。北鲜三港的发展主要受到运费政策的影响。委托经营期间，“满铁”不断进行了运费改革。在诸多的运费改革内容中，最主要的是“海港发到特定运费”的改革。这项改革是同远距离递减制相呼应的。在这里值得注意的是，“北满”发到海港的特定运费，突出了鼓励“北满”地区货物到北鲜三港的中心内容。

**北满地区向大连与北鲜三港的新旧运费对比表（整车托运的每吨运费，单位：元）**

| 运费 / 发站 | 大连码头 | | | 北鲜三港 | | |
|---|---|---|---|---|---|---|
| | 新运费 | 旧运费 | 相差 | 新运费 | 旧运费 | 相差 |
| 哈尔滨 | 20.96 | 22.16 | 1.29 | 20.24 | 20.292 | 0.68 |
| 黑河 | 30.72 | 42.93 | 12.21 | 25.51 | 43.55 | 15.04 |
| 齐齐哈尔 | 27.19 | 26.71 | +0.48 | 26.93 | 32.49 | 5.56 |
| 满洲里 | 32.46 | 50.88 | 18.42 | 31.56 | 54.40 | 22.84 |
| 佳木斯 | — | — | — | 19.54 | 23.64 | 3.92 |

资料来源：《满洲经济年报》（上），1937，第 191 页。

可以看出，从“北满”地区不论是发往大连码头还是北鲜三港，新运费都比旧运费有所降低。再将两者的对比额比较来看，除哈尔滨之外，北鲜三港新运费的降低率要比大连码头新运费的降低率高。齐齐哈尔发往大连码头的新运费比旧运费增加了 0.48 元，而发往北鲜三港的新运费比旧运费降低了 5.56 元。这些运费的降低情况表明，极力鼓励通过北鲜三港把我国东北的物资运往日本。东北北部原来与大连的依存关系开始松弛，与北鲜三港的关系更加密切了。我国东北北部成了北鲜三港的主要背后地，北鲜三港又成了经济上连接我国东北与日本的主要通道。

在军事上，太平洋战争爆发后，日本出现了船舶的不足和海洋船舶航行危险的局面，遂欲将原由海路运往日本的华北及东北物资，改由陆路经朝鲜铁路运至釜山再转运日本。但由于抗日力量对铁路运输的破坏，和“满铁”不顾铁路设备的承受能力，拼命扩大运输量，使铁路事故频繁发生。“满铁”逐渐丧失其权利，并在战争结束时，从东三省和朝鲜半岛撤出。

综上所述，“满铁”，从它的设立起，其势力不断地扩大到朝鲜半岛。“满铁”的设立主要是日俄两国争夺我国东北与朝鲜这一势力范围而发动日俄战争的结果，它是以不平等条约为依据，并且是在损害中国权利的情况下而设立的。日本完全吞并朝鲜之后，“满铁”又成了掠夺朝鲜的重要工具。

我们应弄清“满铁”在朝鲜活动的本质特征。侵略与掠夺是“满铁”一切活动的动机和目的，构成了“满铁”的本质特征。侵略是掠夺的前提，掠夺是侵略的最终目的。侵略为掠夺开辟道路，掠夺又为侵略提供动力。有人以不管怎样“满铁”在朝鲜修了铁路、办了工厂为依据，宣称“满铁”在朝鲜进行开发活动，促进朝鲜经济发展，进而否认“满铁”作为侵略和掠夺机构的本质。其实，就“满铁”来说，开发只是掠夺的前提和手段，它是从属并服务于掠夺的。

1953 年，在朝日会谈第三次会议上，日本代表久保田发言说，朝鲜在日本统治期间实现的近代化，是日本人的功绩，到如今让日本来赎罪，这是很不符合道理的。

的确，在日本统治的 36 年间，朝鲜取得一定发展是不可否认的事实。日本通过“满铁”开发了朝鲜铁路，经营铁路附属事业。可是，问题在于这种发达的铁路设施，究竟是为了谁的利益而服务的。在殖民地朝鲜，铁路主要输送所掠夺的原料及贩卖日本商品，更重要的是，朝鲜铁路成了日本发动侵略战争的军事工具。

概言之，“满铁”经营朝鲜铁路，为日本帝国主义进一步侵略我国东北及朝鲜半岛开辟了道路，是日本帝国主义殖民历史的一个重要组成部分。所掠夺来的利润不仅为日本资本家提供了高额利润，也是关东军经费的供应源泉，在日本侵华过程中起了很大作用。

原载《日本研究》1994 年第 4 期

# 从满铁调查部到野村综合研究所

## ——日本脑库的演变

杨子竞

日本的脑库滥觞于20世纪早期，以满铁调查部为代表，在日本侵华时期，发挥了为虎添翼的作用。第二次世界大战以后，日本国情巨变，脑库勃兴，野村综合研究所是其典型。它们的任务也转到为发展经济等重大国内外问题献计献策的轨道上来。

## 一

第二次世界大战以前，日本约有10多个咨询机构，其中有的性质近似脑库，如1906年建立的野村证券公司调查部、1919年建立的大原社会问题研究所，以及1932年建立的三菱经济研究所等，但名副其实堪称脑库，而且规模庞大、影响最深的是满铁所属的三个机构。其中，以调查部为最。

满铁的全名是南满铁路股份有限公司（日文名称为南满洲铁道株式会社），1906年11月由日本侵略者在大连创办，分公司设在东京。满铁不单是一个殖民公司，还是侵略"满蒙"以至侵略全中国的中枢机构。1907年4月满铁正式运营前一个月，即设置了调查部。

1. 调查部。满铁首任总裁后藤新平（1857～1929）根据其在台湾殖民统治经验而设。它是满铁研究与咨询的核心部门，与"铁道课""地方课"一起被视为满铁的三大支柱。九一八事变后，满铁被置于关东军监督之下，调查部也成为关东军的决策咨询机构。其建制与名称先后改为调查课、产业部、大调查部，权限越来越大，以至可以统辖满铁所有的调查机构。它还在沈阳、哈尔滨、天津、上海、南京、纽约、巴黎设有办事处。1938年，工作人员多达2025人，当年预算为800万日元。1941年日本发动太平洋战争时，预算增至1000万日元以上。

调查部从建立到1945年覆灭的近40年期间，总共提出调研报告、资料6200件，其中的《中国抗战实力调查》《日满华通货膨胀研究》《论战时经济》被称为该部的"三大调研成果"。它还出版《满铁统计年报》（1909年起）、《调查资料月刊》（1918

年起）等。

该部的活动具有三项特征：

（1）强烈的侵略性、掠夺性。调查部的全部活动均围绕“大陆政策”“大东亚共荣圈”的指导方针进行。除上述“三大调研成果”外，再如《满洲习俗调查报告》《军事地志》等，均为侵占东北的备用资料。多达368册的《满洲建国方针草案》，为操纵伪满傀儡政权与残酷榨取东北人民的蓝图。侵略性与掠夺性是调查部的本质特征，从而决定了下述其他特征。

（2）搜集情报无孔不入。调查部人员的足迹不仅遍及我国内地，还到达俄国远东及东南亚，为反苏及发动太平洋战争做准备。其情报搜集范围广泛，包括居民心态、风俗习惯、政治、经济、军事、文化、地理诸多领域。

（3）采取钻研文献与实地调查相结合的方法。调查部备有书刊与外国报纸剪辑资料5万多件。工作人员被要求第一步阅读文献，剪辑报刊，编制资料；第二步外出调查，取得第一手资料；第三步将文献与调查结合，打破专业与地域，按综合原则加工，撰写调研报告。可以说，这种方法在当时世界上是先进的。然而科学方法一旦为某种罪恶的目的服务，就必然会加大这种罪恶的危害性。调查部基于上述方法写出的报告内容具体、翔实、细致，从而为日本帝国主义分子制定与实施侵略政策提供了可靠的依据。

2. 东亚经济调查局。1908年9月由满铁东京分公司设置，实为日本政府的智囊团。它旨在吸收西方国家殖民经验，宣传满铁的作用，进而研究如何变本加厉地实行日本殖民统治。它收集了大量“满蒙”等地区的情报资料，对东南亚的调查尤为详尽。曾聘德国专家指导文献整理，其资料采用十进制排列，编有多种索引，便于情报检索，因而备受日本统治阶级的青睐。该局还出版《经济资料》（月刊，1916年起）等。

3. 经济调查会。为了系统制定殖民统治政策，加强掠夺我国东北资源，1932年1月，满铁应关东军要求设立经济调查会。它实际上是关东军的附属机构，但经费由满铁拨给，人员基本上来自调查部。该会先后动员973人，拟出规划、方案、报告及资料共4471件，主要有《满洲国经济建设纲要》，“满洲开发”第一、第二期计划，《华北经济调查》，《苏联远东与外蒙调查》等。另于1933年起出版《满洲经济年报》。1936年9月该会撤销，任务由满铁产业部接管，1937年由调查部继承。

此外，满铁东京分公司还设有“满鲜地理历史研究室”（1908～1915），由史学家白鸟库吉（1865～1942）主持。其助手、史学家津田左右吉（1873～1961）于1913年起发表《朝鲜史地》。以后，白鸟主编了《满洲史地》。两书都执行了日本的文化侵略政策。

综上所述，可见满铁调查部等三个机构为日本帝国主义侵略扩张与疯狂掠夺出谋划策，其研究与咨询方向至为反动。但战后以来，日本一直为满铁涂脂抹粉，歌颂其

“开发功绩”，或留恋调查部的“研究成就”，而抹杀其斑斑劣迹与反人民的本质。对此，我们应当不断揭露和批判。

随着日本战败投降，满铁及调查部、东亚经济调查局也土崩瓦解，但它们及经济调查会所遗留的卷帙浩繁的机密资料，对于今天我们的社会科学研究来说，有着很大的稽考价值。

我们还看到，调查部机构搜集与整理情报的方法战后在日本也有所继承。不仅在组织上（如野村、三菱研究所），而且在调研人才与研究方法上，二战前后的脑库也有藕断丝连的关系。

## 二

二战以后，日本的脑库进入一个新的发展阶段。20世纪60年代中期，脑库崛起，70年代有100多家，80年代逾400家，以中小型的居多。其中真正发挥智囊团作用的在100家左右，它们的职能已与满铁调查部不可同日而语。

战后日本脑库的类型，按组织形式划分，有株式会社、特殊法人、财团法人、社团法人四种。最为驰名的以下两家，均以进行综合性、战略性研究咨询见长。

1. 野村综合研究所（NRI）。株式会社。1965年4月建立。前身为野村证券公司调查部。本所设在神奈川县镰仓市，侧重研究。东京分所侧重调查。另在华盛顿哥伦比亚特区、纽约、伦敦、新加坡、中国香港等地设办事处，广泛收集信息。职员共2400人。它通过文献钻研与实地调查，将所获信息运用综合研究和系统的方法，撰写调研报告。接受政府及企业关于社会、经济、科技、综合战略等方面课题咨询委托，成果累累。还定期与美国布鲁金斯学会等脑库合作研讨有关重大的国际性主题。图书馆藏书11万册、报刊2000种。出版《财界观测》（月刊），《野村周报》及《经济学报》等。其名望在世界脑库中也名列前茅。

2. 三菱综合研究所（MRI）。株式会社。1970年5月建于东京。由三菱经济研究所、三菱原子能工业公司的综合计算中心、技术经济中心组建。在美国华盛顿设办事处。有职员800人。研究与咨询范围包括政府及企业所需的经济、政治、企业与管理、技术经济、社会工程、技术与数据处理等领域的课题。图书馆藏书6.3万册，期刊1500种。出版《日本经济观测》（半年刊）及《三菱综合研究所所报》（年刊）等。其地位足以与野村综合研究所媲美。

还有些脑库着重某一个专业领域的研究与咨询。例如：

1. 亚洲经济研究所（AERI）。特殊法人。1958年12月建于东京。由通产大臣主管。对发展中国家的经济进行调研。

2. 日本国际问题研究所（JIIA）。财团法人。1959年12月建于东京。与外务省的关系密切。着重研究中国，课题涉及中国改革开放、21 世纪的中国等。

3. 日本经济研究中心（JERC）。社团法人。1963 年 12 月建于东京。对国内外财经、产业等问题进行调研并做出短期、中期与长期的预测。

脑库在日本之所以获得长足的发展，首先是因为它适应了社会的急需。战后，随着日本经济高速增长，企业管理、城市建设、能源和环境、社会秩序、国际摩擦等日益复杂的问题纷至沓来，迫切需要脑库提供最佳解决方案，而科技的进步则为此提供了有利的条件。到 1990 年，全国调研机构已有 84.8% 拥有数据库，因而大大增强了信息收集、贮存与利用的能力。

其次是受欧美的影响。战后美国向日本输入技术及生活方式，对日本人思想意识及价值观念颇有影响；吸取他国先进经验又历来是日本人的长处。野村综合研究所即是吸收美国斯坦福研究所（1970 年改为斯坦福国际问题研究所）、兰德公司等脑库的先进经验而建立的典型。再如“和平、安全保障研究所”（1978 年建），从事日本综合性国家安全政策调研工作，是以伦敦国际战略研究所、美国布鲁金斯学会及瑞典斯德哥尔摩和平研究所为榜样而建立的。

再次是政府与财界的大力扶持。自 1957 年日本政府颁布《电子工业振兴临时措施法》起，到 1993 年，已制定约 20 多项推动科技、信息业发展的法规、计划、报告，自 1988 年起还逐年发表《产业技术白皮书》。日本政府高层人物还亲自参与大型脑库的筹划或在其中兼职。日本各大财团均有自己的脑库，除上述野村、三菱外，其他如大和研究所、日本综合研究所、富士研究所无不为大公司、大银行所拥有，实力雄厚，职员均在 1000 人以上。

美国是世界上脑库最为发达的国家，其建构曾给予日本较大的影响，因而两国的大型脑库在运用科学方法与先进设备以开展综合性研究与咨询、加强国际交流与合作、重视人才培养、拥有本身的图书馆与出版物等方面如出一辙。但日本的脑库具有以下特点。

1. 重视脑库的协调工作。1974 年 3 月，日本国会通过立法，在东京建立了“综合研究开发机构”（NIRA），名为半官半民所办，实由政府掌握。它目前仅有专职人员 35 人，但做了大量工作，除进行研究、咨询外，主要业务为对全国脑库指导、统筹，通过课题委托研究、给予资助等方式推动其他脑库的软科学研究，并组织国际研究交流活动。1977 年它曾组织 15 个脑库的专家学者 500 多人，以 2 年半的时间，完成了《21 世纪的日本综合战略》的预测性研究。1975 年日本又成立了“脑库协会”，加强脑库的规划与协作。相形之下，美国的脑库各行其是，缺乏宏观调控，因而在这一方面略有逊色。

2. 地方脑库为当地建设做出贡献。日本地区性与县级脑库的能量虽不及全国性脑库，却能立足本地，在振兴经济中发挥良好的作用。如熊本开发研究中心（1971 年建)、岐阜县脑库（1974 年建），均为财团法人，职员都不过 10 人左右，但能就本地区开发与城市环境等重大问题为政府决策做参谋。这种脑库紧密结合本地特色开展咨询服务，其做法值得借鉴。

原载《情报资料工作》1995 年第 4 期

# “满铁”线上的破路斗争

庞慧茹

“满铁”是日本军国主义占领东北期间，实施军事侵略、经济掠夺、血腥镇压的主要交通工具。东北人民为反抗日本侵略，自然也就把破路斗争视为极其重要的任务。

## 一　关东军和“满铁”实施铁路交通网的活动

九一八事变后，“满铁”的一项重要活动是按关东军的指令，以修建伪满洲国新铁路线的形式，来完成其数年策划的“满蒙铁路网计划”，进而以“满铁”为中心实施铁路交通网的活动。

根据1932年3月10日，关东军司令官同“满铁”总裁签订的《关于铁道、港湾、河川委托经营及新线建设等协定》，“满铁”开始承担修建伪满洲国国有铁路。

1931年12月，关东军要求“满铁”迅速完成敦化图们间、拉法哈尔滨间、克山海伦间的三条铁路，总长774.2公里。这是“满铁”在九一八事变后新建的第一批铁路，也称为第一次线。修筑这三条铁路的目的，是为了加速日本占领和统治“北满”，增强日本在“北满”的军事地位，以压迫苏联控制的中东路，削减苏联在“北满”的影响，做好对苏作战的准备。1933年12月，关东军要求“满铁”修建第二次线和第三次线。第二次线总长3646.3公里。1937年4月，根据关东军的旨意，“满铁”开始修建第四次线——汪清至东宁的6条铁路，总长1735.2公里，实际完成755.5公里，是一条重要的军事和经济干线。1937年7月，开始修第五次线——安东至通化等6条铁路，全长818.7公里。这些铁路主要是已建各干线的延长和联结东北边境日军驻地的支线，也是掠夺煤铁资源的支线。1939年4月，在日本参谋本部的要求下，“满铁”着手修筑第六次线，主要是京滨、图佳、虎林、滨绥等7条干线和梨树镇至西鸡宁等4条边境铁路。1940年修建第七次线，阿尔山至杜鲁尔等4条铁路和昂昂溪至牙克石的复线工程。截止到1943年10月，“满铁”共建通车的铁路，包括新线5149.9公里和复线888.6公里。

## 二　九一八事变后东北人民抗日武装的破路斗争

“满铁”大力兴建新的铁路线，为日本扩大军事侵略，疯狂地进行经济掠夺创造了方便条件，同时也给东北人民带来了巨大的灾难和痛苦。铁路成了侵略与反侵略斗争的一个重要焦点。

九一八事变后，在抗日武装力量的领导下，东北人民采取了各种办法破坏铁路建设及其运输，同日本侵略者展开了激烈的斗争。1934 年度，“满铁”因列车颠覆及遭受袭击而受到的损失达 500 万元，约相当于这一年铁路经费的 10%（该年的铁路经费约 5500 万元）。

**1931 年 11 月至 1936 年 3 月中旬，抗日武装袭击铁路及建筑工程件数**

| 袭击对象 | 袭击件数 | “满铁”受损件数 |
|---|---|---|
| 满铁 | 241 | 123 |
| 自卫队 | 105 | 28 |
| 包工人 | 409 | 347 |
| 车队 | 208 | 111 |
| 自卫团等 | 421 | 286 |
| 合计 | 1384 | 895 |

资料来源：苏崇民著《满铁史》，第 507 页。

根据日方有关资料，修路期间出现的所谓“匪害”，即东北人民的破路事件，情况大至如下。

### 1. 敦图铁道沿线的破路斗争

敦图铁路线是“满铁”修建的第一次线中的一条铁路。1932 年 5 月动工，1933 年 8 月完成，同年 9 月营业，全程 189.8 公里。

1931 年 12 月 7 日，敦图线测量队的先遣部队到达明月沟（瓮声砬子）时，遭到抗日武装王德林部的阻击。王德林领导的吉林国民救国军余部频繁地活动在该铁路沿线。其部下张某率 800 余人进入亮子川，向珲春县内的土门子南下。在张某和孙占山的政治攻势下，土门子的王玉振改编为救国军，并积极扩大兵力参加破路斗争，使“满铁”经常被迫停止测量或施工。抗日救国军和民间武装组成的 300 多人驻守在汪清县内罗子沟附近，同小城子、珲春方面的救国军联系甚密，由中国共产党所领导的正规部队在大荒沟子一带游击作战，四方台附近有小集团兵力。另外，延吉县的小刀会、敦化县界的哈尔巴岭山脉中的大刀会等，也经常出没在双河镇、百草沟、长仁沟、蜂蜜沟、青山里等地区，破坏铁路建筑工程，袭击作业人员，有效地延缓了工程进度。从 1932

年以后，破路斗争更加活跃，尤其对敦图线的破坏更为频繁。仅在1932年的6月15日这一天，大桥、陀腰子、大石头等敦化、哈尔巴岭之间的所有线路都被破坏。

**2. 通辑（集）线的破路斗争**

通集线是"满铁"修建的第三次线，为梅河口至通化的延长线，终点设在集安，1939年9月30日完成，全长121.8公里，为伪满洲国的国防、经济和维持东边道治安的重要线路。通集线所处的地理环境山岳重叠、森林茂盛，地下蕴藏着丰富的矿藏。因此"满铁"决定修建此线，以掠夺财富，协助关东军和伪满洲国镇压东北人民的抗日武装斗争，建立并加强日本在东北的殖民统治。杨靖宇领导的抗日武装不断袭击铁道工程建设工事。1938年3月13日，抗日武装袭击了老岭隧道西口，并以十二道沟、少青沟为中心，频繁活动在通集线的崇山峻岭中。1938年6月19日晚，约600人的抗日武装袭击阳岔工事分区和今井组桥梁分场、东亚土木口子隧道东口执勤办公室等3个场所。同年6月23日晚，抗日武装又袭击集安铁道工程建设基地。他们渡过老岭河，向东岗东北老平沟移动，24日深夜，突然从土口子街道工程区北方高地发出猛烈射击，袭击了西北方的骑兵五团北部，切断警备电话线，进而中断了这一工程区同老岭的联系。7月29日午前11时，集安的工事监督汽车到达干沟子时，突然遭到了潜伏在前方和左方高地的抗日武装的袭击。这三起袭击事件是"满铁"铁道建设史上前所未有的重大事件。

**3. 图佳铁路线的破路斗争**

图佳铁路线是1939年4月"满铁"根据日本参谋部的要求修建的第六次线，其中包括图佳干线的复线工程，1940年12月15日完成。九一八事变后，大肚川、小三岔口和王八脖子附近的王德林部救国军，迫于日军的"讨伐"，放弃铁道沿线和邻近的村落，经常在该沿线一带安插地下工作人员，巧取情报。北经罗子沟、东宁，通向苏联；东自大烧浦、十里坪方面到土门子和珲春；西经三道崴子、倒木沟，与大沟、寒葱沟联系，阻碍或夺取铁道工程物资及粮食，绑架敌方人员，影响了铁路建设进度。王德林的吉林国民救国军同东满特委和东北人民革命军等联系密切，抗日活动越来越活跃。当时，王德林的兵力约4000人，主要活动地区在东宁。吴义成的游击总队约2000人，在罗子沟附近活动；王玉振的抗日游击队200余人活动在土门子一带；吴司令的别动队1000余人在大荒沟子一带活动；史忠恒的兵力（属东北抗联第二军）800余人在大北沟一带活动；东北人民革命军的1000余人活动在能家地方，另1000人在神仙洞附近。汪清约有1000余抗日武装人员，老松岭附近约2700余抗日将士，他们频频出击，袭击铁道建筑现场，破坏铁路。1936年5月，抗日队伍又不断接近铁路沿线，在图佳线老松岭东面一带，给敌人以巨大的威胁。

根据《满洲铁道建设志后编》的统计，1931年11月至1939年4月，"满铁"各线东北军民的破路共1475次，实际成功次数达1052次。抗日武装力量的破路斗争，对于牵制日军，维持自身的生存和发展，坚持抗日斗争，都具有重大的意义。

## 三 “满铁”的“爱护村”及反破路活动

尽管日满军警不间断地进行镇压，“满铁”本身也组织了“自卫队”在铁路沿线严密的守卫，但由于铁路工程地域广，仅靠那些力量有限的伪军警，很难维持蜿蜒数千米的铁路沿线的治安，更难以对付遍及各地的袭击铁路活动。1933 年 3 月 1 日，满洲铁路总局在沈阳成立，经营所谓伪满洲国所有的国有铁路和新建铁路、港湾、水运及其所有的附属事业。统一了规章制度，安插日本人掌握实权，同时限制录用中国人，将中国人分散到新建的铁路上，减少每公里铁路中国人的密度，并大量招收日本人，加强其维护铁路治安的力量，以实现其控制各条铁路的目的。1939 年 6 月，根据关东军参谋部的指示，在军队、“满洲国”、铁道三位一体的共同努力下，掀起了一个所谓“铁道爱护运动”

“满铁”在同有关机关协商之后，决定立即在国线全线成立“铁道爱护村”（1938 年以后改称“铁道爱护团”），指定沿线（含公路和水路）两侧 5 公里以内的村庄为“铁道爱护村”。铁道、公路延伸到哪儿，哪儿就是爱护村，这些村与伪满洲国行政区保持一致，但不含奉天、新京、吉林、哈尔滨、齐齐哈尔等大城市。“铁道爱护村”由伪满洲国县长指定，与保甲制度相结合，从法律上担负起有关铁道的保护、防卫义务。“爱护村”的建立使铁路沿线成为日伪统治最为残酷的地区，也是敌人进行搜刮和掠夺劳动力最为猖狂的地区。

旧沈海线首先成立“爱护村”。从 1933 年 10 月至 11 月初，建立 98 处。到 1934 年 6 月下旬，“爱护村”达到 1270 个，1936 年 3 月底，增至 3150 个。共有 908366 户人家，其中铁路沿线 763225 户、公路沿线 145141 户，村民为 4241070 人（其中汉族 70658 人、蒙古族 7261 人、朝鲜族 36416 人、外国人 4378 人）；公路沿线“爱护村”民为 806989 人（其中汉族 139961 人、蒙古族 386 人、日本人 174 人、朝鲜族 4612 人，其他外国人 8 名），共计 5048059 人。若把未调查的线路和新开线路的“爱护村”民加在一起，可达约 600 万人，约占伪满洲国人口的六分之一（当时伪满洲国人口约 3299904 人）。

为强化上述目的，“满铁”方面实施了一系列措施，大体有以下三项。

**1. “怀柔”政策，笼络人心**

为了诱使“爱护村民”唯“满铁”是从，铁道方面设置了五花八门的所谓福利设施。比如，启动慰问列车，让当地居民观看具有浓厚宣传色彩的电影、戏剧；再如以提供医药或粮种为诱饵；许诺对效忠者子女提供学费等。

### 2. 军警密布，以武力相威胁

“满铁”在“爱护村”建立情报联络网，由日军方出面，强迫训练如何传送紧急情报，组建武装组织，巩固情报联络网。各站的特务路警每日定时向其他驻在日本军队通报头一天抗日武装破坏铁路的情报，同时电话通知各路局警务机关。而各路局警务处每日定时向总局警务处以电报或电话的形式汇报上述情报。

### 3. 大造舆论，拼凑“模范村”

为驱使沿线农民就范，“满铁”方面煞费苦心地从“爱护村”中挑选部分村落，加以粉饰，拼凑成“模范村”，以令其他村落效仿。截止到 1936 年 10 月末，锦县局管内 4 个村、吉林局管内 12 个村、哈尔滨局管内 3 个村、齐齐哈尔局管内 9 个村，共计 28 个村（户数约 9300 个）被选为所谓模范村。

从上述事实可以看出，20 世纪 30 年代前期在中国东北，围绕铁路问题占领与反占领之间的斗争是异常激烈的。日本侵略者为了建立殖民秩序，急需完备铁路网的建设。东北人民为了反抗日本侵略者，摆脱日寇血腥统治，频频出击，四处破坏，展开了声势浩大的破路斗争。与此同时，日本侵略者推行的反破路活动，其政治性、军事性、情报性是极其强烈的。它既是军警活动的重要补充，又起到了军警起不到的作用，对东北人民的抗日斗争带来了危害，是日本侵略者统治东北人民、维持其殖民秩序的重要一环。

原载《日本研究》1996 年第 4 期

# “九·一八”事变前后关东军与满铁关系述评

张劲松

日本关东军和满铁是日本帝国主义侵略中国东北的两个最重要的角色。关东军挥舞军刀，以武力和阴谋成为日本帝国主义侵华的急先锋，满铁则以“文装”的面孔推行日本帝国主义的侵略政策，主要从经济方面进行殖民侵略和资源掠夺。两者在侵华的总目标上完全一致，相互勾结，狼狈为奸。但在“权力的统一”上又有矛盾，相互争夺。本文拟以“九·一八”事变前后的历史时期，揭露关东军和满铁相互勾结的侵华罪行，并阐述两者之间关系的变化。

## 一

日俄战争后，日本帝国主义在中国东北设立了若干侵略机关，主要有关东都督府（前身为关东总督府）南满洲铁道株式会社（简称“满铁”）日本领事馆，史称“三头政治”。关东都督府按其《官制》规定，关东都督由陆军大将或中将担任，掌管东关州（日本继俄国强占之旅大租借地）和满铁附属地的行政统治权，负有对租借地和南满铁路的守备权和军事指挥权，以及对满铁事务的现地监督权。它集殖民侵略的民政与军政于一身，其下设有民政部和陆军部。关东军就是从这里脱胎出来的。满铁表面上是以经营铁路等事业为主的资本主义企业，实际上是日本在东北推行侵略政策的“国家代行机关”，称之为“国策会社”。满铁所奉行的“文装武备论”是其侵略面孔的形象写照。正如侵略者所表白的那样，经营满铁的唯一秘诀，在于“阳则伪装建设铁路，阴则实行百般设施”。[①] 即表面上打着建设铁路、开发经济的招牌，暗地里为日本武力扩张做准备。满铁以其雄厚的经济实力和庞大的组织，构成所谓“满铁王国”，成为日本侵略东北的极其重要的角色。日本领事馆是日本在东北进行侵略的又一机关，隶属于日本外务省，其职责是管理在东北的日本侨民，处理中日之间的外交事务，以及掌握中国政局的变化等，为日本侵华服务。

---

① 远山茂树等：《日本近现代史》（二），商务印书馆，1983，第19页。

第一次世界大战后，世界格局发生重大变化，亚洲民族解放运动蓬勃兴起。日本帝国主义为加强对外侵略扩张，进行了所谓"殖民地官制改革"，于1919年4月将关东都督府一分为二，设立了关东厅和关东军司令部，"三头政治"变成了"四头政治"。表面上看，文武分立，各行其是，其实为日本帝国主义以武力侵华开辟了一条捷径。按照《关东军司令部条例》的规定，关东军司令官由陆军大、中将担任，直属于天皇，受参谋总长（军令）和陆军大臣（军政）的指挥，其职责是"统帅驻关东州及南满陆军部队，防卫关东州和保护南满铁路及其沿线"。[①] 这种规定便于关东军秉军部旨意，动辄以"防卫"和"保护"的名义，独断专行（日语叫"独走"）地行使武力。事实上关东军从诞生之日起，便成为日本帝国主义侵略东北的急先锋。

无论"三头政治"还是"四头政治"，都是日本帝国主义推行侵略扩张的大陆政策的产物。同时也是近代日本政治发展的外延和继续。近代日本政治制度，即近代天皇制，主要由藩阀、政党、军部、元老以及官僚等因素构成。值得注意的是，军部在统治结构中占有特殊地位，即象征统率权独立的"帷幄上奏权"和"武官专任制"。军部成为"政府之外之政府"。从这个意义上说，关东军与满铁之关系，是军部与政府关系的一种外在表现。这种关系在"三头政治"时期，表现为关东都督府与满铁之关系，在"四头政治"时期，表现为关东军与满铁之关系。虽然关东军与满铁在官制上各自独立，分属于不同系统，但都是日本帝国主义推行侵略政策的产物，在侵略中国的根本目标上是完全一致的。而且两者都源于藩阀政治，存在着某种不可分割的联系。这种关系具体表现为：第一，军部在满铁安插人员，以贯彻军部的意图，军部曾先后派遣佐藤和中村少佐任满铁嘱托，协调军部与满铁的相关事宜。1914年2月，军部与满铁达成了《南满洲铁道株式会社嘱托将校服务要件》，[②] 以法律条文明确了军部与满铁的关系。第二，满铁决定重大方针政策需听取军部的意见。军部曾多次向满铁发出指令和提出"希望事项"，要求满铁的决策必须保证"军队的需要"。对于军部的要求，满铁不遗余力地做了充分准备。这种为推行侵略扩张政策的协调关系，正是关东军与满铁的最基本的关系。

## 二

到20世纪20年代后期，随着法西斯主义的蔓延，从民间到军部逐渐形成了一股法西斯逆流，对日本统治结构产生很大冲击，代表资产阶级民主的政党势力与法西斯势力的斗争决定着日本的走向。1927年春，田中义一内阁上台，是法西斯势力抬头的重

---

① 《战史丛书·关东军》（1），朝云新闻社，1969，第14页。

② 转引自苏崇民《满铁史》，《满铁文书》，中华书局，1990，第51页。

要标志。是年夏，田中主持“东方会议”，确定了以武力侵华的“满蒙积极政策”，随之两次出兵山东，干涉北伐革命。军部法西斯于1928年6月制造皇姑屯事件，企图肢解东北。在法西斯狂潮中，关东军自不待言，满铁内部的法西斯化倾向也日益严重，出现了满洲青年联盟和大雄峰会等法西斯团体。关东军法西斯与满铁法西斯分子的勾结更加密切，并与国内法西斯势力遥相呼应，带动日本朝着法西斯主义的战争轨道发展。

首先，制造战争理论，煽动战争情绪。被称为军部法西斯“鬼才”的石原莞尔，提出了一个奇异的军事理论——世界最终战论，鼓吹：以日美决战战争为标志，人类文明将进入最高的“黄金时代”。为此，日本第一步必须“领有满蒙”，强调“解决满蒙问题是日本的唯一出路”。① 另一个关东军法西斯骨干分子板垣征四郎同样提出“满蒙是帝国国防的第一线”②，叫嚣必须以武力解决“满蒙问题”。满铁法西斯分子也遥相呼应，调查课长佐田弘治郎在一次讲演中鼓噪必须“把满洲置于我绝对权力的支配之下”。③ 满洲青年联盟编写了《满蒙问题及其真相》《满蒙三题》等小册子，到处散发，煽动“满蒙生命线论”。还派出“母国游说团”，要求政府和军部制定出有力的“打开满蒙时局的对策”。大雄峰会也以佛教的“慈善”面孔出现，宣传要把“满蒙”变为民族协和的“理想国家”。

其次，满铁拿出大量金钱犒赏武装侵略分子，收买汉奸。在乡军人会是由日本退役军人组成的重要后备军事力量。其在东北的活动经费主要来源于满铁的补助金。事变前每年为1万日元，事变后增加到两万日元。对此，关东军首脑屡屡表示感谢。④ 满洲青年联盟是以满铁为母体的法西斯团体，其活动经费基本由满铁支付。此外对于玄洋社等反动团体和组织，满铁都拿出大笔资金给予援助。对于侵华积极分子和亲日分子，满铁也给予犒赏和表彰。如1927年对侵华元凶松井石根“从事中国、满洲问题研究”，支付调查费5000日元。⑤ 满铁用金钱通过资助、犒赏等方式，支持和鼓励侵略分子的活动，为日本侵华服务。

再次，组织自卫团等武装，加强日本侵华的军事力量。“九·一八”事变前，关东军所属部队为1个师团和独立守备队6个大队等，总兵力约1万多人，而在东北的东北军仍有约19万人，兵力对比相差较大。为加强侵华武装力量，满铁除出资援助在乡军

---

① 角田顺编《石原莞尔资料·国防论策》，原书房，1971，第40－41、58页。

② 《现代史资料（7）满洲事变》，みすず书房，1964，第139－144页。

③ 《现代史资料（7）满洲事变》，みすず书房，1964，第134－138页。

④ 辽宁省档案馆等编《“九·一八”事变前后的日本与中国东北——满铁秘档选编》，（以下简称《秘档》），辽宁人民出版社，1991，第122－135页。

⑤ 辽宁省档案馆等编《“九·一八”事变前后的日本与中国东北——满铁秘档选编》，（以下简称《秘档》），辽宁人民出版社，1991，第31页。

人会等之外，还在附属地内组建了许多自卫团和义勇团。如 1928 年 6 月组建了新台子自卫团。"九·一八"事变前组建了范家屯义勇团等。[①] 这些组织平时受当地警察指挥，协助军警守卫附属地，战时隶属于邻近守备队指挥，协助军队作战。

最后，满铁利用庞大的情报机关为关东军搜集情报。满铁从设立之初，就建立了满铁调查部和东亚经济调查局等庞大的情报机关，对中国特别是东北的政治、经济、社会、地理、风土人情等各方面进行了广泛的调查，为日本制定侵华政策以及关东军的军事行动提供了大量的情报。据满铁在一份自我表功的报告中供认："九·一八"事变后，满铁一直同关东军保持联系，"而且全力以赴地提供了大量有关满洲的各种富有真知灼见的资料"。[②] 据另一份档案材料记载，"以满洲事变为契机，有关情报方面处理件数显著增加，昭和五（1930）年度处理件数为 10948 件，昭和六（1931）年度处理件数多达 118617 件"。[③] 这些情报为关东军发动"九·一八"事变，以及其后占领东北、制造伪满政权起到了极为重要的作用。

## 三

1931 年 9 月 18 日夜，关东军制造了柳条湖事件，开始武力侵占东北。至 1933 年 3 月关东军占领热河，并制造了伪满政权，整个东北沦为日本的殖民地，史称"九·一八"事变。在这个过程中，行使武力的关东军是侵略的主体，而满铁也露出"文装武备"的真面孔，一方面以铁路为工具保证关东军的军事运输，支援关东军的作战行动；另一方面又以多年来在东北经营的势力影响，协助关东军建立伪满政权。"军铁一如"，侵略中国。这一时期是关东军和满铁勾结最为密切的时期。

当事变发生后，满铁表面上确定了"对军方不协助，对事变不参与"的方针，实际上完全按照关东军的要求，保证军事运输等作战需要。在十河信二等人的撺掇下，满铁总裁内田于 10 月 6 日前往沈阳拜会了关东军司令官本庄繁。两人就当前局势和今后如何建立亲日政权等交换意见并达成共识。本庄繁还以关东军的名义，提出《对满铁会社的要求事项》，[④] 答应把东北的交通、工矿、林牧业等经济部门全归满铁把持。这样，由于满铁与关东军在侵华的根本目的上完全一致，"军铁一如"的实现也就不足

---

① 辽宁省档案馆等编《"九·一八"事变前后的日本与中国东北——满铁秘档选编》，（以下简称《秘档》），辽宁人民出版社，1991，第 136－139 页。

② 辽宁省档案馆等编《"九·一八"事变前后的日本与中国东北——满铁秘档选编》，（以下简称《秘档》），辽宁人民出版社，1991，第 402－404 页。

③ 辽宁省档案馆等编《"九·一八"事变前后的日本与中国东北——满铁秘档选编》，（以下简称《秘档》），辽宁人民出版社，1991，第 372－373 页。

④《现代史资料（7）满洲事变》，みすず书房，1964，第 203 页。

为怪了。“九·一八”事变爆发的第二天，满铁即认为“时局重大”，首先在大连和长春设立临时时局事务所，以其铁道部长为首，总揽军事运输事务，根据关东军的要求，不分昼夜地实行军运。另一方面，关东军于9月20日决定对铁路交通实行军事管制，由佐伯领导组成临时铁道线区司令部，负责制定满铁及其相邻铁道的军事运输计划和直接指挥军事运输。① 在这个机构中，除司令官之外，其成员均由满铁人员充任，这样，以军事运输为纽带的满铁与关东军的关系更加紧密。满铁配合关东军有效地发挥了军事运输指挥机关的职能。

自“九·一八”事变至1932年3月，满铁完成军运4056次，平均每月达676次，每天达22次之多。运送军用物资197980吨，平均每日运送1000多吨。② 在南满铁路运行的军用客车里程超过34万公里，军用货车达157万多公里，关东军的所有作战行动，几乎全都是在满铁的军事运输保障下完成的。从事变爆发至1932年3月的6个月里，满铁用于有关军运的费用就多达319.3万日元。③ 以事变为转折点，满铁把东北铁路充分发挥为作战铁路，充当了关东军编外的铁道部队。这种状况一直持续到日本战败。这是东北沦陷期间铁路运输的一个重要特征。

除保证军运这一最大支持项目外，满铁几乎动员了所有的人力、财力、物力，在后勤保障、提供情报等各方面全面支持关东军。在满铁地方部的一份“功绩”报告中，就列举了警备、提供设备、调查、慰问军队等七大项“功绩”。④ 可以说满铁是倾巢出动支持侵略战争。因此，满铁职员中有23301人受到奖赏，⑤ 几乎包括了全部日本职员。在财力上，满铁把大量资金投入侵略战争。除前述军运费用等直接用于军事行动的费用外，还有所谓“满洲事变费”。仅1931年度其支出额就多达4302661.27日元。⑥ 其中所谓“军队慰问费”占很大比重。据不完全统计，从事变后到1933年10月，满铁就为关东军战死者1906人发放吊慰金679800日元；给伤病者4469人发放慰问金406360日元。⑦

“九·一八”事变后，关东军与满铁的勾结在政治上突出表现为制造伪满傀儡政

① 吉林省档案馆等编《关东军文件集》，吉林大学出版社，1995，第16页。

② 满铁编《满洲事变と满铁》，1934（原书房复刻，1974），第36、274页。

③ 辽宁省档案馆等编《“九·一八”事变前后的日本与中国东北——满铁秘档选编》，（以下简称《秘档》），辽宁人民出版社，1991，第458页。

④ 辽宁省档案馆等编《“九·一八”事变前后的日本与中国东北——满铁秘档选编》，（以下简称《秘档》），辽宁人民出版社，1991，第401－402页。

⑤ 安藤彦太郎主编《满铁—日本帝国主义と中国》，御茶水书房，1965，第185页。

⑥ 辽宁省档案馆等编《“九·一八”事变前后的日本与中国东北——满铁秘档选编》，（以下简称《秘档》），辽宁人民出版社，1991，第453页。

⑦ 辽宁省档案馆等编《“九·一八”事变前后的日本与中国东北——满铁秘档选编》，（以下简称《秘档》），辽宁人民出版社，1991，第413－449页。

权。关东军是这一罪恶的主谋，满铁是关东军最得力的帮手。事变爆发之后，关东军确定了建立傀儡政权的方案，在东三省建立起地方伪政权，“满青联”等满铁侵略分子以顾问名义把持实权，[①] 成为协助关东军侵占东北和建立伪满政权的中坚力量。为进一步控制县级政权，关东军策划成立了直属于关东军的“自治指导部”，除于冲汉父子等少数汉奸外，基本都是“满青联”和大雄峰会的成员。至1932年2月，“自治指导部”在辽宁30多个县设立了自治会，派遣指导员95人，操纵了各县的实权。[②]

此外，像满铁上海事务所的松木侠，被关东军专门请来担任法律顾问，直接参与制定伪满建国大纲。满铁派出山口重次、安正利等理事和课长级人员，协助关东军接收铁路、工厂、银行等，这些人后来都成为伪满初期有关部门的日系骨干。从事变爆发到1933年3月，满铁派出人员总计达2600多人，其中包括到关东军参谋部41人、副官部10人、特务部161人。[③] 在1932年度，从满铁退职转为伪满官吏的多达244人，在身居要职的24名“日系官吏”中，就有11名是满铁出身者。[④] 他们构成了伪满“日系官吏”的主体。除满铁职员外，满铁长期豢养和收买的一批汉奸也成为伪满中国人官吏的重要来源和组成部分。如于冲汉、丁鉴修、卢元善等，都是长期仰承满铁鼻息的卖国官吏。

## 四

“九·一八”事变后，关东军与满铁勾结在经济领域表现为夺取东北经济命脉，制定经济统制政策，垄断伪满经济等方面。

铁路是国民经济的大动脉，满铁长期以来梦寐以求要攫取东北全部路权。事变后，满铁在关东军的支持下，开始全面攫取东北的铁路、水运等交通权益和设施。10月，关东军向满铁发出了“关于铁路委托经营及新线建设的指示”，并策划成立了伪交通委员会，掌握了铁路行政权后又通过与地方伪政权签订合同，陆续将东北境内的中国国有和省有铁路全部置于满铁的控制之下。1932年2月，日帝拼凑伪满政权的各项筹划大体就绪，关东军认为有必要改变原有的满蒙铁路政策。于是，关东军与满铁紧密磋商，于3月10日签署了《关于满洲国政府的铁道、港湾及河川的委托经营及新建之协定》，确定了对于伪满交通事业，关东军与满铁之关系，即关东军将伪满的交通事业（航空除外）委托满铁经营，其经营受关东军的指挥监督。此前，关东军已迫使溥仪签

① 《现代史资料（7）满洲事变》，みすず书房，1964，第303－306页。

② 马越山：《“九·一八”事变实录》，辽宁人民出版社，1991，第243页。

③ 满铁编《满洲事变と满铁》，1934（原书房复刻，1974），第295－297页。

④ 浅田乔二等编《日本帝国主义の满洲支配》，时潮社，1986，第134页。

署了一纸卖身契，即所谓“溥仪致本庄繁函”，[①] 其中表示同意将伪满的交通管理权和建设权委诸日本。这就成了关东军窃取伪满交通的管理和新建权的依据。8月，又由关东军司令官与伪满洲国总理郑孝胥签署了《满洲国铁路、港湾、水路、空路管理及新线建设管理协定》，以作为关东军拥有对伪满交通的管理和建设权的“法律依据”。1933年2月，满铁与伪满签订了《满洲国铁道借款及委托经营契约》等一系列条约和文件，完成了满铁霸占东北铁路所必需的虚假法律手续。此后，关东军、满铁和伪满相互勾结，迫使苏联于1935年签订了《关于让售中东铁路协定》，从此至1945年日本投降，满铁完全垄断了整个东北的铁路交通。

关东军占领东北之后，为把东北变为扩大侵略战争的基地，着手建立法西斯主义的战争经济体制。1931年12月关东军决定设立一个研究和制定殖民统治政策的专责机关，于是新设统治部，网罗了满铁侵华骨干，使其成为关东军进行殖民统治的政策制定者和执行者。同月，关东军制定了《满蒙开发方策案》，[②] 提出了所谓“日满一体的计划经济”的构想，此后沿着这一构想经济统制政策逐渐形成。1932年1月，关东军决定利用满铁所拥有的调查机关的雄厚力量，来完成“满蒙资源调查等国策事业”。在满铁总裁内田的支持下，1月26日满铁成立了直属于总裁的经济调查会（以下简称“经调会”）。经调会形式上是满铁的机构，人员和经费都出自满铁，但在业务上却处于满铁规制之外，与关东军统治部一起构成日帝在东北进行殖民统治的经济参谋本部。因此人们称它为关东军的私生子。[③] 其任务主要就是起草和制定殖民地统治的各项经济政策和方针。在经调会存在的近5年中，起草的规划文件、调查资料等达1882件。[④] 伪满初期的经济政策和法令等几乎都是由经调会起草和制定的。

关东军根据经济统制的构想，于1933年3月以伪满洲国的名义公布了《满洲国经济建设纲要》，正式宣布把“经济统制”作为指导伪满洲国经济的根本方针，其根本点是以国家垄断形式推行战争经济。根本目的就是在“日满共存”“日满一体”的口号下，把伪满洲国变为日本的经济附庸。在日伪推行经济统制政策中，特殊会社制度是其重要组成部分。其特征是根据“一业一社”的原则，在国家的指导下实行行业垄断。这种制度也就是在日本军事占领下的完全为日本帝国主义服务的以国家垄断资本主义为形式的经济制度。事实上，从1932年到1937年，日伪推行经济统制政策，是以满铁为中心进行的。满铁通过发展“关系会社”，成为这一阶段日伪“经济开发”的主角和实行经济统制的骨干。至1936年末，伪满有特殊和准特殊会社29个，其中满铁

---

① 复旦大学编译《日本帝国主义对外侵略史料选编》，上海人民出版社，1983，第26页。

② 《现代史资料（7）满洲事变》，みすず书房，1964，第291页。

③ 苏崇民：《满铁史》，中华书局，1990，第454页。

④ 小林应夫：《满铁——“知の集团”の诞生と死》，吉川弘文馆，1996，第114页。

“关系会社”21个，占据绝对优势。在总计全东北新设455家公司中，满铁“关系会社”为29家，在数量上仅占6.27%，而公称资本总额却占52.5%，实缴资本总额占54.4%。[①] 满铁通过以工矿业垄断为主导，并实行超越“一业一社”的多行业渗透，成为超级特殊会社。可以说，满铁通过“关系会社网”，完全垄断了伪满初期的经济命脉。

## 五

关东军和满铁狼狈为奸，侵略中国，这是由日本帝国主义的侵略本性所决定的。同时，两者之间也存在着争夺领导权的矛盾。一方面以关东军为代表的军部法西斯力图控制满铁，作为它在东北实行殖民统治的助手；另一方面满铁则企图利用关东军的武力扩大自身势力，取得对东北经济的垄断地位，在法西斯殖民统治上与关东军并驾齐驱。

“九·一八”事变后，关东军利用武力侵占东北的威力，使其大大提高了在统治结构中的地位，遂决心改变“四头政治”的分立局面，建立以关东军为中心的殖民统治体系。12月关东军制定了“满洲都督府官制案”,[②] 提出由“满洲都督担负全东北的国防、关东州及满铁附属地行政”，主张把关东厅改为民政厅，把满铁改为铁道厅，作为其属下的“国家机关”。这是关东军统治东北的基本设想。

此后围绕所谓“满铁改组问题”，双方矛盾日益突出。关东军推行“满铁改组”主要包括两个方面，一是取得对满铁的完全监督权，在组织人事上控制满铁；二是将满铁企业分割化，建立法西斯主义的统制经济。当时在东北的日本工商业者曾自下而上地掀起了反对满铁运动。[③] 这种民间性的自下而上地要求改组满铁的动向，虽然与军部等的认识有所不同，但成为推动关东军改组满铁的潜流。在满铁内部也出现了有条件改革论和改革缓行论等主张，其动机是企图通过刷新经营，增强满铁的经济实力和政治影响。这些动向成为满铁改组的内部因素。1932年6月，满铁经调会根据关东军关于在东北实行经济统制的意图，制定出《满洲经济统制政策要旨》，主张以关东军为过渡期的最高统制机关。以满铁为满洲经济开发的中心。这个主张得到关东军的同意，在军部中央的支持下，日本政府于1932年7月做出决定，由关东军司令官兼任驻伪满洲国大使和关东厅长官，实现了一身三职，名义上取得了对满铁的现地监督权，迈出了统一“四头政治”的第一步。8月，关东军通过了“满洲经济统制根本方策案”，决

① 苏崇民：《满铁史》，中华书局，1990，第652－653页。

② 《现代史资料（7）满洲事变》，みすず书房，1964，第287页。

③ 高桥泰隆：《日本殖民地铁道史论》，日本经济评论社，1995，第238－245页。

定首先解决监督权问题，而后进行满铁企业分割。

在此之前，关东军为控制满铁，对满铁首脑施行了“手术”。由军部推荐的林博太郎和八田嘉明出任满铁正副总裁。据山崎元干后来回忆说：“人们认为这是军方为实施其对满铁政策的决定而做的准备。”① 这些都反映出军部企图控制满铁的意愿。12 月，八田访问陆军大臣时，军部正式提出了满铁改组计划，八田“大体同感”。1933 年 1 月至 3 月军部制定了“关于满洲国产业开发机构案”② 和《满洲产业开发方针要纲案》，③ 提出了改组满铁的计划和方案并要求满铁提出实施方案。八田副总裁秉承关东军的旨意，秘密制定满铁“改组方案”。④ 10 月初通过了“关于满铁改造扩充实施要纲案之件”，⑤ 作为满铁回复关东军的正式方案。满铁虽然原则上同意了关东军的改组案，但提出了应予确认的“必须条件”，仍然主张确立“满铁主导型”的满洲经济开发机构。接着，10 月 9 日，日本政府召开“日满经济统制委员会”会议，讨论通过了以军部方案为主导的《日满经济统制方案要纲》，决定采用日本政府→大资本机关（满铁）→伪满洲国籍的特殊会社→各事业会社的经济统制方式，确定了分解满铁及将其置于关东军监督之下的原则。

会议之后，代表军部意向的沼田把改组满铁问题透露给新闻界，引起日本国内和满铁内部极大动荡。10 月 28 日，满铁社会员会发表宣言，反对改组满铁。⑥ 在这种形势下，关东军在策略上做出让步，于 12 月与满铁达成“改造扩充现地案”。主张将满铁改造扩充为一大控股会社，但这一方案受到拓务省和大藏省的反对。结果日本政府表示，目前将满铁改为控股会社，尚不具备作为资本统制机关的实力。军部不得不退却，表示并不固执原定方案。1934 年 2 月，关东军终于以沼田方案“生硬且不够成熟”为由，暂时放弃了满铁改组计划。同年 9 月，日本对东北殖民机构进行调整，将驻“满”机构改为“二位一体制”，由关东军司令官全面统辖在“满”外交和殖民行政事务，在日本内阁，设置由陆军大臣兼任的“对满事务局”，统一调整有关对满行政事务。至此，“四头政治”遂告统一。军部认为由于满铁监督权的改变，“满铁改组计划可以认为已经解决一半，所剩问题就是与满洲经济开发相互调节，使满铁经营合理化，乃至满洲交通妥当化”。⑦ 此后，在军部策划“满洲产业开发计划”过程中，满铁进行自身改革，企图成为产业开发的主体。但是，关东军却在暗地里设立了“满业”，使满

---

① 满铁会编《满铁最后の总裁——山崎元干》，1972，第 562 页。

② 《八田嘉明文书》，早稻田大学藏。

③ 《八田嘉明文书》，早稻田大学藏。

④ 苏崇民：《满铁史》，中华书局，1990，第 465 页。

⑤ 高桥泰隆：《日本殖民地铁道史论》，日本经济评论社，1995，第 289 页。

⑥ 苏崇民：《满铁史》，中华书局，1990，第 467 页。

⑦ 《现代史资料（8）》，みすず书房，1964，第 816 页。

铁垄断东北经济的全面综合经营的局面彻底崩溃。这样，关于满铁改组的企业分割化问题，最终表面上并没有在关东军的主导下完成，但实际上，在形势变化和各种压力下，满铁自身所进行的"更生"改革，已经达到了关东军改组满铁的意愿和目的。第一，满铁监督权被置于关东军之下；第二，满铁的"经营专门化"宣告了综合经营的结束；第三，满业的成立，打破了满铁以基础产业为龙头垄断东北经济的局面，使满铁在东北经济中的地位和作用大大下降。总之，"满铁王国"的神话被打破了。

## 结语

关东军与满铁是日本帝国主义推行侵略扩张政策的产物，侵略中国是他们的共同目标，相互勾结是他们的基本关系。但是在近代日本天皇制统治结构中，两者之间也存在着争夺权力的矛盾关系。"九·一八"事变前，日本侵略东北主要表现为攫取殖民权益，经济侵略是其主要方式。因此，满铁扮演着主角，并对关东军以武力侵华给予了极大支持。"九·一八"事变后，中国东北沦为了日本法西斯的殖民地，变成了其扩大侵略战争的战略基地，关东军与满铁的关系由此也发生了相应的变化。一方面"军铁"勾结更加密切。在军事上，关东军挥舞军刀疯狂侵略，满铁则以"文装武备"的雄厚实力，协助关东军占领全东北；在政治上，两者配合制造了伪满傀儡政权；在经济上，关东军支持满铁垄断了伪满前期的经济命脉。另一方面，通过发动侵略战争，军部法西斯势力大大增强，关东军的地位明显提高，欲图达成其一元化统治；而满铁也企图以其实力与关东军并驾齐驱，双方围绕所谓"满铁改组"问题展开斗争。结果是，其一，关东军统一了"四头政治"，取得了对满铁的监督权，成为日本法西斯在东北进行统治的最高机关；而满铁的"政治使命"渐次减弱，降为关东军助手的地位。其二，满铁企业分割化，表面上未能通过关东军之手完成，但实际上军部通过设立满业，以及在局势变化压力下满铁自身的"改革"，基本达到了这一目的。建立起了由关东军控制的以经济统制为形式的法西斯主义的战争经济体制。总之，关东军与满铁作为日本推行侵略政策的"双璧"，成为日本帝国主义对中国东北进行侵略和法西斯殖民统治的极其重要的角色。他们之间的勾结是由日本帝国主义侵略本质所决定的。他们之间的矛盾反映的是近代天皇制统治结构内部权力斗争的一个侧面。

原载《日本研究》1999年第3期

# 满铁与英国东印度公司之比较

李红梅

南满洲铁道株式会社（1906－1945）简称满铁，是日本政府在日俄战争后，为了执行其侵略中国东北的“经营满洲”政策而设立的。满铁在其存在的四十年里，经营交通运输业、工矿业、农林牧业和商业，大搞情报调查活动，把中国东北变成日本的殖民地，又把侵略触角伸到关内，形成一个庞大的满铁王国。对于这个侵略和掠夺的机构，有人指出“这个机关与英国在印度所设立的东印度公司有相同的性质”，将满铁比作英国东印度公司。满铁的设立也确曾以东印度公司为蓝图。对于如何经营满洲及满铁会社设立的问题，满铁第一任总裁后藤新平和第一任满铁设立委员长儿玉源太郎不约而同地想到了采用英国东印度公司的模式，即假贸易之名，行侵略征服之实。满铁以后的一系列活动也正是围绕这一目标展开的。本文拟从设立背景、性质、经营特点、对本国所起的作用及对殖民地造成的影响等几个方面，对满铁和英国东印度公司做一个比较分析，以认清满铁作为担负着经济掠夺和军事侵略使命的“国策会社”的本质，揭开它开发机构的伪装，还历史以本来面目，更好地完成当前在中国近现代史史料学学会满铁资料研究分会指导下进行的满铁资料整理研究课题。

## 一　英国东印度公司与满铁设立的背景及性质

英国东印度公司是英国商人于1600年在印度建立的一个贸易商行，是个私有企业，其宗旨是发展贸易，牟取利润。稍后荷兰和法国也建立了自己的东印度公司，但它们在印度的势力后来逐渐受到英国的排挤。在最初的一百多年里，由于当时统治印度的莫卧儿王朝的统一和强大，英国东印度公司同其他在印度经商的欧洲人一样举止规矩，是个纯粹的商业组织。到18世纪，莫卧儿帝国的崩溃，中央政权的瓦解，给了英法东印度公司以可乘之机，使它们转变为地区霸王。它们修筑堡塞、供养士兵、铸造货币，以及与周围的印度统治者缔结条约。英国东印度公司从商业性的掠夺和剥削开始，逐渐发展到从政治、军事控制印度，控制范围亦从印度东部、西部和南部海岸逐渐扩展到印度其他地区，1757年印度和英国普拉西之战中印度失败，英国把印度一步一步地直接置于英国统治下，使之成为大英殖民地。英国东印度公司职员从上到下疯狂地掠夺印度财富，公司贪污、腐败盛行。

满铁设立的背景与英国东印度公司有本质的不同。日俄战争后，日本夺取了沙俄在中国东北的权益，但迫于当时英美的压力和自身财力所限，不便继续在中国东北进行军事占领。日本政府为了推行其作为大陆政策重要组成部分的“经营满洲”政策，违约擅自设立满铁。满铁不是普通的铁路或商业公司，它的设立是 1906 年 6 月 7 日，以天皇敕令第 142 号公布的，日本政府不仅一手包办满铁会社的设立而且对它的经营实行严格的控制，这就决定了它虽然具有股份公司的形式，而实质上却是日本政府的殖民侵略机关。满铁的事业并不局限于赢利事业，它必须经营政府命令之一切事业，包括那些属于国家行政事务范畴的各种公共事业。满铁的总裁及理事均由政府任命，政府并特设监理官，监视其业务。满铁招募社债及改变章程，均须以政府之意志为转移，政府的投资占满铁资本的半数，政府对一般股东的分红和社债利息还提供担保。满铁处于政府的严密监视之下。它从一开始就肩负着日本政府在东北实行政治上侵略和经济上掠夺的使命，是个不折不扣的“国家代行机关”。

英国东印度公司和满铁集中体现了资本主义在不同发展阶段上的特点。在英国东印度公司存在的两个半世纪中，英国正处于自由资本主义时期，它对外忙于同西班牙、法国等国家争夺海上霸权和殖民地，北美殖民地的独立战争也搞得它无暇他顾，英国同印度又相距遥远，因此很少能给予东印度公司直接的援助。东印度公司为了能够长久地剥削和掠夺印度财富，不管公司董事们是否心甘情愿，也只能出钱作战，所以有人说是东印度公司替英国在印度建立了一个大帝国，它充当了替英国剥削印度财富的血吸虫。

满铁是日本进入垄断资本主义阶段即帝国主义阶段后设立的国家垄断资本主义企业，它一方面以攫取高额垄断利润为目标，另一方面其经济利益又要服从于日本侵略扩张的政治或军事要求，身兼二任。满铁是日本资本主义发展到帝国主义阶段的必然产物。

## 二　经营特点

英国东印度公司 1764 年击败莫卧儿军队之后，被授予“底瓦尼”，即在孟加拉国等富裕地区收税的权利。这为它露骨地敲诈开辟了多种多样的机会。东印度公司通过增加赋税，控制贸易和收受贿赂，迅速地暴发起来。

满铁经营满洲与 19 世纪后英国经营印度有一个共同点，即把开发投资的重点放在铁路和第一产业部门。满铁除拥有南满铁路及其另外几条支线，夺取了安奉线外，还根据日本战略部署和掠夺东北资源的需要修建支线，使铁路网为日本的侵略和掠夺提供了极大的便利。满铁还经营工矿业、农林牧业和商业，但这些经营主要是以掠夺资源为目的，或是满铁所需的辅助企业，或是不能与日本自身工业争利的企业。九一八事变后，随着日本侵华战争规模的不断扩大，满铁以关系会社、特殊会社、准特殊会社的方式对东北的经济实行“统制”，垄断各行各业，形成经济联合体，即满铁康采恩；又不断向华北扩张，成立子公司，垄断矿业和交通，直至日本投降前的“军铁一致”，满铁完全服务于侵略战争，成为关东军的帮凶。

满铁的调查情报事业是满铁经营的一大特色。它以调查中国东北和内蒙古为主，逐步扩大到中国本部、苏联的远东部分、外蒙古、南洋以及欧美。它调查的事项包括政治、经济、军事、文化、法律、交通各个方面。它不仅搜集各种刊物、资料进行书面调查，而且派出大批人马，到处刺探中国情报、贿买中国官员、盗窃国家机密。仅从 1932 年 7 月到 1936 年 9 月，经济调查会的调查、计划和完成资料总计达 1882 件。

## 三　对本国所起作用及对殖民地的影响

满铁同英国东印度公司一样，为本国侵略和掠夺殖民地立下了汗马功劳，同时给殖民地打下了不可磨灭的深刻烙印，给殖民地人民带来了深重灾难。

如前所述，东印度公司充当开路先锋帮助英国政府征服了印度，建立了一个庞大的帝国，使印度成为英国的粮食、原料供应地和商品市场。18 世纪末首先在英国开始的工业革命，在很大程度上应归功于从海外事业中搜刮的资本以及日益扩大的海外市场。

满铁从成立到灭亡，在中国大地上存在了四十年之久，它长期把持东北经济命脉，掠夺东北资源，并为日本发动九一八事变，制造伪满洲国及进一步发动七七事变，侵占关内大片地区储备了条件。它又以其掌握的巨大运输力和工矿业，以其丰厚的利润和强大的科技力量及调查队伍，支撑了日本的侵略战争。

满铁对中国东北的统治与英国东印度公司对印度的统治一样，修建了铁路，建立了一些现代工矿企业，搞了一些科学实验。但是应该看到，它们从事这些活动的目的是为了掠夺，而不是为了开发。如果只看到外国资本主义国家给中国带来的多少个“第一”，就可能夸张资本主义列强给中国带来的进步作用，进一步就可能赞美帝国主义对中国的侵略。

满铁之于中国东北的影响就如同英国东印度公司之于印度的影响。在经济上，仅仅把他们当成粮食和原料产地以及工业品倾销市场，非但没有促进当地的制造业，相反阻止了他们现代化工业的发展前途，使殖民地只能充当初级产品的生产者，在经济上沦为附庸。而人民群众的生活日益贫困恶化，农民丧失了土地，手工业者大批破产，被迫背井离乡。

在社会政治上，对殖民地人民实行欺压和奴役，剥夺他们应有的权利，破坏当地文化，加速殖民地化进程。殖民主义者的经济剥削和政治压迫促进了殖民地人民的觉醒。1857 年的印度民族大起义直接导致了东印度公司被撤销，中国人民更是从没有停止过抗日斗争，他们破坏铁路，打游击战，有力地配合了世界反法西斯战争，使满铁随着日本帝国主义的覆亡而垮台。

## 四 结束语

综上所述，满铁和东印度公司同属侵略、掠夺的殖民机构。虽然东印度公司是由英国商人设立的，而满铁则是由日本政府设立的，两者的设立背景、存在年代和所处国度不同，却同样充当了本国资产阶级剥削殖民地的急先锋和大本营，给殖民地人民带来了深重灾难。通过比较，认清满铁的本质，认清它在日本侵华战争中所起的作用，对于了解 20 世纪上半期东北各方面情况，研究日本侵华史以及中日关系史，开展爱国主义教育具有重要意义。

原载《世纪桥》2000 年第 2 期

# 于冲汉与满铁

王天平　荣宏庆

于冲汉（1871－1932），字云章，奉天辽阳人。早年在日本东京外国语学校讲授汉语，回国后任辽阳警务局总办。日俄战争时就给日本人当间谍，曾获日本勋三等瑞宝奖章，1904 年为奉天全省巡警提调。1907 年日本在奉天总领事荻原守一极力“推荐”下，任辽阳交涉委员，后任交涉局长。1912 年任奉天交涉使司交涉使。曾强占辽南多处民田 11000 亩，私营矿业。1913 年初，满铁就串通于冲汉以中日“合办”的名义大肆侵占辽南矿山。于冲汉死心塌地追随日本人效尽犬马之劳，成为日本侵略东北期间有名的大汉奸。

1913 年，满铁奉天公所所长佐藤安之助向于冲汉提出“中日合办经营辽阳以南、大石桥以北的沿线矿山”一事。佐藤和于冲汉一起炮制了“中日合办振兴公司”章程，决定由奉天公所所员镰田弥助为日方代表，于冲汉的亲信、辽阳的地主兼石棉商秦日宣为中方代表。

《于冲汉日记》中记载了民国五年（1916）“二月二十二日，于冲汉到什锦花园晤镰田氏，商议前往农商部谈判之法”。在日本人指使下，于冲汉从满铁“领到大洋二千元为购物送礼之资”……“购金表一块一千二百元，送农商部矿政司张铁欧司长，张家人不收。又到农商部送张，再三推辞张始收下。”收礼后的张铁欧建议，由于此时镰田弥助已升为满铁奉天公所所长，中方改为于冲汉为代表较为合适。于是，于冲汉由后台走上了前台。其实这个奉天农商部同意的中方代表于冲汉，早在 1913 年就已经被满铁聘为奉天公所嘱托，每月拿满铁 200 日元的津贴，死心塌地为满铁效劳。为尽快办下“合资”开矿执照，于冲汉在奉天和京城倾其所能，极力奔走，效尽犬马之劳，并在各矿所在地往返穿梭。此间，于冲汉还“送张铁欧金名章一方”。由于于冲汉依仗权势并有日本人作靠山，到处强买、强租土地，引起“前后立山、东西马圈子各会首在省会署起诉，控余卖国，痛哭流涕，因有坟墓决不肯卖”。尽管如此，1916 年 4 月振兴公司取得了探矿权。1917 年 2 月又获得了农商部的采矿权。当时振兴公司获得 8 个矿区：

辽阳县孤山子、大孤山　　　　3 方里 172 亩（1792 亩）

辽阳县樱桃园山地　　3 房里 246 亩（1866 亩）

辽宁县鞍山站鞍山山地　　4 方里 185 亩（2345 亩）

辽阳县王家堡子　　3 方里 426 亩（2046 亩）

辽阳县鞍山站对面山地　　4 方里 514 亩（2674 亩）

辽阳县关门山山地　　1 方里 160 亩（700 亩）

海城县鞍山站一带之小岭子、火龙寨、梨树房身山地 4 方亩 514 亩（2495 亩）

海城县鞍山站一带之甸池沟铁石山山地 1 方里 220 亩（760 亩）（注：1 方里 =540 亩）

9 月 15 日，满铁拨出 14 万日元，分别贷给于冲汉和镰田弥助，作为他们向鞍山铁矿振兴公司的投资。为了避免振兴公司被疑为满铁的傀儡，特意将公司的总局设在奉天。总局在于冲汉的领导下，由于冲汉的弟弟于文汉及其亲信组成。满铁每月为总局支付 1000 日元，其中包括于冲汉的津贴 500 元（后来提高为 1000 元），1918 年 4 月，又设立了矿工监督所，表面上是管理矿工和维护治安，实际上主要是负责与村民交涉。这个监视所的总监督是于文汉，总局每月支给津贴 1500 日元，用以支付其工资及其他费用。此外，还在大孤山、鞍山、樱桃园等处设了监督所。于冲汉的弟弟于凌汉也为租、买矿山到处活动。

于冲汉卖身投靠首先是为了得到满铁的高额酬金，他本人以振兴公司中方总经理的名义，每年拿 6 千至 1.2 万日元的津贴，而且由于“出资”入股，每年还拿 2 万日元的红利，他的兄弟及亲信也得到了较高的津贴。至于有关采矿事宜则有满铁的分支机构采矿总局掌管，它的职员都是满铁的日本社员。

满铁对于已确定给于冲汉的报酬是不打赖的，而且经常是提前支付，其目的是使“和办”的振兴公司按照日本人的意图正常运转，并且使于冲汉心甘情愿地为主子效力。辽宁省档案馆所藏历年满铁、鞍山制铁所关于支付、提前支付于冲汉股息、分红等文件，充分说明了这一点，而且经常对于冲汉大加赞扬。以至于伪满洲国成立时，于冲汉被日本人委任为伪满洲国监察院院长、国务院总参议。

于冲汉因病于 1932 年 10 月 31 日住进了满铁大连医院，于 11 月 12 日死去。振兴公司日方总经理镰田弥助在给满铁总裁、伯爵林博太郎的信中称：“（于冲汉）历来尽瘁于日中、日满间亲善，其功绩俱在，实为世人所知。且自奉天交涉使时代，烦劳该氏对会社设施格外关切的议案亦不少。尤其民国六年以来，他作为鞍山铁矿振兴公司总经理留下甚多功劳。一方面置旧军阀压迫于不顾，抱病而将全力倾注于症结的解决，以至病势危重。于今追思所见，作为了解内情的卑职，对此同情不已……”

满铁于 11 月 15 日决定：“缘该氏多年来与会社有密切关系，其间自始至终为会社之事业操劳。其入院费预计约 600 日元，上记款额由会社承担。”11 月 16 日又决定：“该氏约亘十五年间，尽心竭力于日中、日满间亲善，其功甚多。先以总裁名义，作为奠仪赠送日金一千元整。”11 月 30 日在向于冲汉遗族赠送奖状及奖金的报告中记载：

“满洲国监察院长于冲汉氏于十一月十一日逝去，十二月二日举行葬礼。兹为酬谢其生前自始至终尽瘁会社之事业，对其遗族赠以奖状及奖金五万日元整，以资酬劳该氏为会社之事业操劳（包括振兴公司部分）。”

于冲汉死后，狡猾的日本人将原来购买振兴铁矿所采矿石的方式改为租矿的形式，巧取豪夺地攫取了振兴铁矿的控制权。昭和十年（1935 年）十二月六日，株式会社昭和制钢所常务董事富永能雄，在和振兴铁矿中方代表于冲汉的继承人、于冲汉之子于静远签订租矿合同之后，在给关东军参谋部第三课长永金佐比重的信件中称：“与敝社关系密切、拥有鞍山附近铁矿区之业主——鞍山振兴公司，与敝社素来采取依买矿合同而收买该公司所采矿石之买矿形式。依新矿业法所规定，乃与该公司之间确定租矿权……并用以报答已故于冲汉氏多年于困顿之下，毫无所求地确保我之权利。”在其资本关系项下写道：“振兴公司之资金，由已故于冲汉嗣子于静远氏及镰田弥助各投资 7 万日元，但均是由敝社向其各人贷款。敝社（昭和制钢所）对公司之贷款，至本年九月末为 364 万日元；满铁之贷款为 250 万元……”在人事关系项下写道：“由敝社采矿部长兼任公司采矿总局长，又公司采矿总局员，全部由敝社采矿部员充任，事实上完全是在敝社统辖之下。”信中述及“于冲汉氏生前实收金额及其他：总经理俸金，年金 1.2 万日元；年红利，2 万日元”。另外，“矿工监视所费用 1.8 万日元（于冲汉胞弟于文汉任矿工监督所总监督）”。在于冲汉死后，于静远实收金额及其他项下记有：总经理薪俸 6000 日元；期末红利，1 万日元；矿工监督所费，9000 日元；总局费，8000 日元左右。合同规定：“租矿期限为 20 年；租矿费为 3.3 万日元”。由此可见，于冲汉死后把原来的“买矿”变成租矿，而且于静远的实际收入也随之减半。

以上这些史实足以说明于冲汉以及于文汉、于静远是十足的汉奸卖国贼。《于冲汉日记》中清楚地记载了于冲汉为了“合办成功”而穿梭往返、马不停蹄、“舌敝唇焦”的真实情况。同时，从中也清楚地看清了日本侵略者为了攫取北矿权掠夺资源煞费苦心。

原载《兰台世界》2000 年第 5 期

# 满铁远东文库

## ——西方人眼中的清朝映像

翟艳芳

## 一　清史图录的编纂

2005 年，大连图书馆通过国家清史编纂委员会的考核，参加了国家清史纂修工程图片征集项目工作，《图录·大连图书馆藏清代图录集》获得立项，笔者有幸成为项目组成员并主要承担大连图书馆藏“满铁远东文库”西文书中反映清代历史的图片资料的整理及著录等工作。

清史图录作为新修清史的主体项目之一，是新修清史的一大创新，是过去的“二十四史”中从未收录也不可能收录的部分。图录部分初步拟定 11 卷，包括舆图、生产、财贸、仪典、政事、军事、文化、民俗、建筑、宗教、肖像等。“收图入史”的编纂思路体现了以图说史、以图证史、以图补史和以图明史的特点。

编纂清史要了解中央机关的设置和运转、要了解清代的某一事件的来龙去脉，在纸质文献中，清王朝的中央、地方档案是最原始的资料；或者可以从清实录、清人文集、笔记及各地方志中查找资料。除了中文资料外，还有西方人撰写的有关中国的书籍。清史编委会委员之一、北京大学教授任继愈认为：“编清史有比前人难度大的地方。……我们不仅要搜集中国史料，也要搜集外国史料。这是有别于过去二十四史的，要达到世界水平，不是关起门来写自己。”自 17 世纪以来，西方传教士、商人、外交家、探险家、科考队等逐渐渗入中国的内地，这些来华的外国人士回国后，或者就在中国（特别是香港和澳门），将他们在华所见所闻写成各种书籍，如出使报告、信件、游记、考察记、考古报告等。这些书籍涉及了中国政治、经济、历史、文化、教育、宗教、民俗及社会阶层的方方面面，含有大量的插图和老照片，从不同角度生动而直观地记录了中国清朝尤其是鸦片战争后的那段历史。

## 二　大连图书馆藏“满铁远东文库”

大连长期为殖民城市。1895年甲午战争战败后，中国被迫割让旅大给日本，后来又落入沙俄手中被占领7年。1905年日俄战争中沙俄落败，日本占领旅大直到1945年。1906年，日本政府成立了南满洲铁道株式会社（以下简称“满铁”）行使对长春到旅大铁路及铁路沿线所谓附属地的行政权力，名义上是铁路运输，实质上涉及诸多领域，如煤矿、化工、炼油、港口等，是日本推行其大陆政策的桥头堡。

### （一）满铁远东文库

1907年满铁成立了今天大连图书馆的前身——满铁调查部图书室，1918年，图书室由调查部直属改为由会社直接领导，称为“南满洲铁道株式会社图书馆”，1922年6月19日改称“南满洲铁道株式会社大连图书馆”（简称满铁大连图书馆），经费由会社直接拨付。主要任务是用所藏图书配合当时的形势，“广泛搜集古今中外的图书资料，供给会社业务的参考”。在1943年初，满铁根据当时的形势将所属东北三大图书馆，即哈尔滨图书馆、奉天（沈阳）图书馆、大连图书馆馆藏进行调整，大连图书馆被规定为“东西关系、学术综合专门图书馆”，这样，日本人把从中国各地搜集的有关“东西关系”的贵重西文图书都集中到大连图书馆。正是由于大连这座城市的特殊经历使得在特殊环境下建立起来的大连图书馆具有一些特殊的图书典籍的收藏，形成了几个系统完整、特点明显的特色文库，其中“远东文库”就是原日本满铁大连图书馆收集的由西方人著述的以中国为主，包括其他远东地区（朝鲜、韩国、日本以及俄罗斯的太平洋沿岸地区）的书籍。

远东文库收书5227种，共7724册，包含27个文种，其中英文书籍数量最多，约占75%，法文占12%，德文占9%，还有少量俄文（1917年前老俄文）、日文、荷兰文、拉丁文、意大利文、西班牙文等。可以说16世纪以来西方人关于中国的政治、宗教、军事及社会等重要出版文献，日本人都尽可能地搜罗并存放在大连图书馆了。根据满铁大连图书馆馆刊《书香》的记载和馆员大谷武男的回忆，1932年国际联盟派员来东北调查九一八事变时，为做好接待工作，满铁大连图书馆举办了为期三天的书展，主要展出的就是明末清初欧洲传教士所著的关于中国的书籍200余种。由此可见满铁大连图书馆对于这些藏书是颇为自豪的。

### （二）代表性著述

清代来华的外国人，社会文化背景各不相同，文化价值观的差异很大，以至他们有关中国的著述中，既有真实细致的一面，又有变形的一面。他们用笔和相机记录下的这些文字与图片，反映了西方人对于中国历史和文化的认知，同时也记录了清代中国的若干层面。试举几例。

1. George Eames Morrison，*An Australian in China*

澳大利亚籍记者乔治·厄内斯特·莫里循（1862—1920）所著的《一个澳大利亚人在中国》。莫理循曾经就读于墨尔本大学和爱丁堡大学，1887 年获得医学博士学位和正式医师资格，1894 年，他以一个旅游爱好者和探险家的身份初次游历中国南方。作为游记，该书主要描述作者从上海启程沿长江经汉口穿过四川、云南两省到缅甸的所见所闻。该书 1895 年在英国伦敦出版，共 299 页，配有 31 张照片和 1 张作者在中国的游历路线图。

莫里循在书中记述大量人物，如既有官僚阶层洋务派代表人之一张之洞，亦有市井乡民，以及在华的传教士和商人，同时还以文配照片，为我们展示了清末社会的生动场景。那些街头巷尾中国传统的市井风情，如普通中国女子的装束打扮（照片在第 14 页）、昆明唱庙戏的舞台（照片在第 44 页）、贞节牌坊（照片在第 34 页），那些照片带来的强烈的视觉冲击让我们仿佛穿越时光隧道回到了一百多年前的中国。此外，该书文笔流畅、用词幽默，有声有色地叙述了作者对中国西南地理、风俗、官场和各阶层人民的看法和评价。从这些看法和评价中，作者首先以较为公正的态度描述了中华民族吃苦耐劳、兢兢业业地工作、爱好和平、善待远方来客等优秀品质。作者在描述四川的苦力时说："一捆白布重 55 斤，每个苦力平均负荷 3 捆。盐像金属一样特别重，可是我仍然看到苦力背着盐包在山路上从容地跋涉着，即使是一个身强力壮的英国人，在如此沉重的盐包下，从地上站起来也很困难。"作者同时也指出了清朝落后虚弱的症结，无论为官为民者都沉溺于抽鸦片烟（配照片在第 72 页）。

作为大不列颠帝国澳大利亚人，字里行间也时时流露出傲慢之情，如第十八章写到"在旅行中我故意制定一条规则：住旅店时，除了最好的房间外，其他房间我是不住的，如果只有一个房间，我就要占据房间里最好的床位，因为我认为荣誉应该给予我。同样的道理，我坚持认为每家饭店里最后的饭桌应该让给我，如果只有一张饭桌，我理所当然要坐名分最高的位置"。这些是殖民主义时代强权政治的基本注释。

正是因为这本书，莫里循被英国《泰晤士报》赏识，聘为驻中国首席记者，1897 年到北京，开始了他长达 17 年的记者生涯。1912 年他还应中国北洋政府之聘，担任袁世凯的政治顾问。他在北京的王府井大街置有房产，当时的外交圈称王府井大街为"莫理循大街"，其英文街名牌一直挂到 1949 年。作为这样一个人物的代表作和他关于中国的第一本书——《一个澳大利亚人在中国》是无论如何不应被忽视的。

2. Archibald E. G lover，*A Thousand Miles of Miracle in China*

《千里逃难记》，是一位英国传教士讲述他从 1900 年 3 月在中国山西和陕西传教，直至 1901 年的经历。在这期间作者经历了中国的义和团运动并两次被囚，但都幸运逃脱。该书 1904 年在伦敦第一次出版并引起巨大反响，在 1906 年、1907 年、1908 年又先后三次再版。大连图书馆所藏的是 1908 年第四版，共 572 页，照片 36 幅，插图 4 幅。

这位传教士认为义和团的产生有一定的背景：如民族情绪、民生困苦、部分西方传教士欺凌当地百姓。同时，也提到了义和团的种种不理智甚至愚昧的行为，如毁电线、毁学校、拆铁路、烧洋货、杀洋人和与外国人及外国文化有点关系的中国人……凡沾点洋气的物和人，必彻底消灭而后快。书中把当时山西巡抚毓贤称为“刽子手”并配有插图。此外书中还配有作者两次被抓获和关押的监狱、监狱中被关押的其他受辱的犯人、逃生途中陪伴他的中国教民、一路上所见中国民居、1900 年“山西教案”中幸免被杀的传教士、作者妻子死于“山西教案”的照片等，还有作者从《中国与八国联军》（*China and the Allies*）中选取的描绘义和团在操练的插图：一个义和团员赤裸上身、双手中的大刀高高举起……这些图片以及文字为当时的义和团运动提供了另外一种视角。当然，作为另一种文化的代表，书中也不乏表露作者那高高在上的优越感的文字。

《千里逃难记》可以和“远东文库”中英国人 Clive Bigham 所著并于 1901 年在英国伦敦出版的《我在中国一年间（1899－1900）》（*A Year in China 1899－1900*）互相对照阅读。后者也是描述 1899－1900 这段时间义和团运动和八国联军借机兴兵这一历史事件的，该书也延续了西方来华人士著书传统：观察细致且范围广泛。书中配有 40 张照片，有广州、汉口、天津等地的民间景象，灌溉用的水车，外国使馆建筑，著名街道；人物包括田间劳作的农民、街头行乞的旅人，有清贵族家庭的合影、沈阳那些拥有票号的商家合影、府衙中侍从如云的清朝官员、民间乡兵；俄国人在辽东半岛铺设的铁路、架起的大炮等，还真实地记录了八国联军从天津一路打到北京的过程。

3. Margaret E. Burton，*The Education of Women in China and Notable Women of Modern China*

《中国的女子教育》和《现代中国的著名女性》都出于美国人 Margaret E. Burton 笔下，这两本书分别在 1911 年和 1912 年在美国纽约出版，两书各有 16 张老照片。书中讲述的也都是鸦片战争后中国被迫融入世界的过程中，女子大胆走出家门和国门漂洋过海留学以及留学归国后学以致用的情况：学医的在教会医院中救死扶伤，学教育的在教会学校中普及女童教育等。作者在《中国的女子教育》前言中说，“在中国所发生的巨大变化中，没有哪一个变化比对待女子教育态度的变化更重要”，这两本书在美国的出版不仅有助于改变当时外国人对于中国的偏见（李鸿章 1896 年访美接受《纽约时报》专访时还曾被问道关于中国女童教育的问题），同时对我们今天研究清末女子教育也颇具价值，毕竟在相关中文近代史资料中涉及于此的并不多见。

## 三 参加清史图录项目的启示

（一）西方人所著的关于清朝的书籍给我们提供了回望历史的另一种视角。这次编纂大型清史的重要特点之一，是强调要有“世界眼光”，就是要把清史放到世界历史的范畴中去分析、研究和评价，既要着眼中国历史的发展，又要联系世界历史的发展进程；同时还要放眼世界，博采众长，有选择地汲取世界各国关于清代历史的记述。鸦片战争后国门洞开，外国来华人员数量大增，身份复杂，他们中那些有学问且在中国长时间逗留者，与中国各界人士广泛交往，甚至与各级官府关系甚笃，还为朝廷和皇帝本人效力。他们笔下的许多内容是官修史书不屑记载或不敢记载的。由此为我们提供了更多的回望历史的视角。

（二）与中文史料不同，西人著书中的大量图片、照片直观地展现了清朝中国社会。图片资料中绝大部分是照片。我国以往老照片的收集和研究不够深入，由此造成了一系列尴尬的局面。清朝覆亡至今已一个世纪，挖掘和抢救影像资料已经时不我待。摄影技术进入中国后，照片主要以两种形式留存：一是原照保留在来华者母国的档案馆、图书馆或各种私家档案中；二是当年就公开发表在中外书刊上，或作为即时消息的配图，个人的著作中附载的插页，或提供给传记作者。今天若到外国档案馆去寻找原件相对困难，而书刊中的照片在国内的图书馆就可以找到许多，只是以往我们对身边的这些珍贵资料关注太少，清史图录工程为我们整理开发这些照片提供了一个机遇。

（三）参与清史纂修工程项目，对于图书馆的发展是一个很好的契机。传统图书馆在馆藏文献管理工作中大多注重编制书刊目录，即一次文献揭示，使图书馆的服务长期停留在最基本的水平，这样的服务远远不能适应时代的需要，应改变图书馆的信息加工就是编制目录的传统观念，加强文献资源的深层次开发，从而推动图书馆藏文献的利用率提高，不再让大量文献资源“养在深闺无人识”，同时也能切实帮助图书馆服务向主动服务方向转变，真正成为社会的文献信息中心。

原载《图书馆杂志》2007 年第 12 期

# 三十年来我国满铁研究现状述评

武向平

近年来，随着中日关系史研究的深入开展，满铁研究日益成为国内外学界关注的重要领域之一。满铁（南满洲铁道株式会社）作为日本设在中国最大的“国策会社”，在其存在的近40年间，为近代中日关系史研究提供了重要线索。同时，又由于满铁在其政治、军事和文化上的作用远远超出了企业的经营范畴，这就使满铁从一开始就承担了近代日本在中国进行收集、调查中国军事、政治、社会、文化等情报的特殊使命①。满铁从建立到其解体，共收集了数十万件文书档案和调查报告，并为日本大陆政策和对华施行殖民统治提供服务②。

其中，满铁调查部机构庞大，分工严密，是当时世界上最大的情报机构之一。日本战败后，满铁大部分资料留存于中国，分散于中国国内的数十家图书馆。这批规模巨大、卷帙浩繁的满铁资料，是我们研究东北亚近现代史、近现代中日关系史和中国东北地方史极为珍贵的第一手资料。另外，由于满铁资料自身的特殊性，满铁研究也成为世界近现代史研究的一门显学。在中国学界，满铁资料的整理和满铁研究受到了高度重视。我国著名学者季羡林先生等曾先后向有关部门呼吁整理和研究满铁资料，“满铁资料整理研究”课题后被列入中国社会科学研究规划重大项目③。为了更好地了解我国满铁研究现状，本文拟就史实，对我国近30年来满铁资料整理、出版和研究概述如下。

## 一 满铁文献资料整理与出版取得重大成就

二战后，国内外学界对满铁资料和满铁研究给予极大地关注，尤其是中国和日本

---

① 解学诗：《隔世遗思——评满铁调查部》，人民出版社，2003，第2-3页。

② 解学诗：《“七七”事变前后的满铁华北经济调查》，《社会科学战线》1998年第6期，129页。

③ 吴建中：《填补近代重要史料空白——〈中国馆藏满铁资料联合目录〉简评》，《人民日报》2007年8月26日。

的学者。我国对满铁资料的整理和编译，始于20世纪50年代，主要集中于吉林省和辽宁省。而对满铁资料的整理和编辑主要体现在图书目录和文献资料的编辑整理和出版两方面。

我国科学规划委员会于1956年将编辑和出版“满铁史资料”作为社会科学发展十二年规划项目。当时吉林大学和吉林省社会科学院承担了这一课题，并完成了130万字的书稿，油印了其中的1－5卷，后因“十年动乱”，该满铁资料出版未果①。

到了1972年，吉林大学和吉林省社会科学院决定恢复满铁史资料的编辑工作。1973年召开满铁史资料编辑审议会，并确定由吉林大学和吉林省社会科学院各负责编辑四卷。这部《满铁史资料》全书1000万字，共计八卷本。第一卷为《综合篇》，第二卷为《路权篇》，第三卷为《交通运输篇》，第四卷为《煤炭篇》，第五卷为《农工商篇》，第六卷为《华北篇》，第七卷为《附属地·调查篇》，第八卷为《资金篇》，另外附卷还有满铁大事年表、大股东名簿、满铁人员简介和满铁出版期刊简介等。其中，第二卷《路权篇》、第四卷《煤炭篇》由解学诗担任主编，并于1979、1987年公开出版②。这部满铁史料的编辑出版，为国内外满铁史研究提供了极为重要的素材和线索，并受到国内外的广泛好评。

1988年，共计20卷的大型满铁相关研究资料《日本帝国主义侵华档案资料选编》公开出版。其中，《九一八事变》卷由解学诗担任主编③。随后，由解学诗担任主编的《细菌战与毒气战》（中华书局，1989）资料集于1989年公开出版。1991年由解学诗担任主编，又公开出版了《东北经济掠夺》（中华书局，1991）资料集。

从1993－2007年，由解学诗担当主编先后编辑出版了《“满洲国”机密经济资料》《华北经济掠夺》等多部与满铁有关的史料集。这些资料集的公开出版，向世人展现了满铁在近代中国所进的政治、经济和文化调查及情报搜集的具体情况，为近代中日关系史、中国东北地方史研究提供了极为宝贵的素材。同时，也进一步反映了近代日本对中国推行殖民统治的变化过程。

为了便于人们充分利用满铁资料，由解学诗主持的、以吉林省社会科学院为首的有关满铁研究人员相继编辑和出版了《吉林省社会科学院满铁资料馆馆藏资料目录》（共三卷）、《满铁调查部期刊载文目录》（共三卷）④、《满铁调查报告目录》（共二卷）⑤。《满铁调查部期刊载文目录》，主要在满铁现存的期刊中选取社科方面的67种，从中收取载文篇目近4万条，分15大类进行编辑，共计1879页。而《满铁调查报告目

① 赵云鹏：《满铁、满铁档案资料和满铁史研究》，《档案学通讯》1994年第5期，第57页。

② 解学诗：《满铁史资料：第二卷〈路权篇〉》，《满铁史资料：第四卷〈煤炭篇〉》，中华书局，1979，（1987）。

③ 解学诗：《日本帝国主义侵华档案资料选编：九一八事变》，中华书局，1988。

④ 解学诗、高全书、宋玉印等：《满铁调查期刊载文目录》，吉林文史出版社，2005。

⑤ 解学诗、马万里、陶统绣：《满铁调查报告目录》，吉林文史出版社，2007。

录》主要是编辑满铁调查报告与资料篇目12790项，其中满铁调查报告的单行本4373项，有刊号的连续出版物5936项，“保号”即非铅印报告与资料共计2481项。满铁资料图书目录作为满铁研究必不可少的工具书，它们的公开出版，既有利于满铁资料的查找，同时又为满铁研究提供重要的资料线索。这两种满铁资料目录的出版，深受满铁研究者的欢迎。

在我国，辽宁省对满铁资料整理和出版也取得了较为注目的成就。1991年，由辽宁省档案馆和辽宁省社会科学院合作编译的《满铁档案选译——九一八前后的日本和中国东北》也随即公开出版发行。其中，由辽宁省档案馆编译的《满铁档案中有关南京大屠杀的一组史料》被《民国档案》连续刊登[①]；《满铁“探视”孙中山病情史料一组》也刊登在《民国档案》1999年第3期。近些年来，辽宁省档案馆还整理出版了多卷本的大型满铁资料集《满铁与移民》（广西师范大学出版社，2003年版）、《满铁与劳工》（广西师范大学出版社，2003）、《满铁机构》（广西师范大学出版社，2005）等。

为了系统地整理研究满铁资料，在有关单位领导的指示下，经过一些满铁资料整理和编辑工作者的共同努力，“中国近现代史史料学学会——满铁资料研究分会”于1998年成立。“满铁资料研究分会”成立后，便联合我国数十家满铁资料的收藏单位，着手进行编辑和整理全国满铁资料联合目录。2007年8月，东方出版中心推出了30卷本的鸿篇巨制《中国馆藏满铁资料联合目录》。这套满铁资料目录全书3000余万字，内容包括30余万种文献资料目录及索引，有12种语言类别[②]。参与编纂的专家学者多达400多人，耗时10余年。这部中国满铁资料联合目录的出版，是中国满铁资料研究的一个新的里程碑，标志着中国对满铁资料这一巨大资料宝库开发和利用取得了阶段性重要成果。

以上就是近30年来我国对满铁资料编辑、整理和出版的大体情况。从上述的情况来看，满铁资料研究在我国学界受到了高度重视。有的学者还认为，在满铁资料中，很大一部分是关于中国资源、铁路、港口、农业、钢铁、煤炭等方面的技术资料，这些资料应科学地进行分类筛选，以使其发挥应有的作用，这也是中国今后对满铁资料进行整理研究的目的之一[③]。

---

① 辽宁省档案馆：《满铁档案中有关南京大屠杀的一组史料》，《民国档案》1994年第2期，第7页；《满铁档案中有关南京大屠杀的一组史料（续）》，《民国档案》1994年第3期，第19页。

② 吴建中：《填补近代重要史料空白——〈中国馆藏满铁资料联合目录〉简评》，《人民日报》2007年8月26日。

③ 厉莉、高健：《满铁资料及有关研究概况》，《图书情报工作》2000年第1期，第87页。

## 二　满铁研究著作与学术论文成果显著

在对满铁资料进行整理和研究的同时，关于满铁研究的著作和学术论文也取得了明显的效果。从满铁的学术专著来看，主要是吉林省社会科学院的解学诗先生和吉林大学的苏崇民先生。可以说，目前在我国国内，解先生是满铁研究的专家。解先生倾其毕生经历从事满铁资料的整理和满铁研究工作。

近30年来，解先生除了上述编辑和出版的满铁资料集外，还公开出版满铁研究专著多部，公开发表学术论文数十篇。从1980年到2007年，解先生先后出版《伪满洲国史》（吉林人民出版社，1980，合著）、《鞍钢史1909－1948》（冶金工业出版社，1984）、《历史的毒瘤——伪满政权兴亡》（广西师范大学出版社，1993）、《伪满洲国史新编》（人民出版社，1995）、《战争与恶疫——七三一部队罪行考》（人民出版社，1998，合著）、《隔世遗思——评满铁调查部》（人民出版社，2003）、《满铁与中国劳工》（社会科学文献出版社，2003）、《满铁与华北经济1935－1945》（社会科学文献出版社，2007）、《满铁——“国中之国”》（社会科学文献出版社，2007）。目前在中国，吉林大学苏崇民先生的《满铁史》（中华书局，1990年版）是第一部满铁史专著。

以上就是我国目前关于满铁研究学术专著的大体情况，同时，中国学界有数百篇关于满铁研究的学术论文公开发表。从近30年来满铁著作和学术论文研究的情况来看，大体可以分为以下几种情况：一是有关满铁性质的研究；二是有关满铁与中日战争的研究；三是满铁与日本殖民地的研究。为了更好地对中国满铁研究状况进行充分了解，现分类进行综述如下。

**1. 关于满铁性质的研究**

在我国学界，关于满铁的性质许多学术著作和论文都进行过阐释。苏崇民先生在《满铁史》中指出：“满铁是日本帝国主义推行满蒙政策的主要经济工具，它以经营南满铁路和抚顺煤矿为重点，同时插手一切有利可图及扩大日本侵略势力的各种行业，实行所谓的‘综合经营’，有‘满铁王国’之称。”① 解学诗先生认为，就法人资格而言，满铁是根据特定立法设立经营的特殊会社，从满铁发挥的作用来看，则是代表日本国家意志和代行政府职能的所谓“国策会社”，其机构成立和运营始终是图谋实现侵略扩张“国策”②。

**2. 满铁与中日战争研究**

第一，满铁在九一八事变中的地位和作用。

① 苏崇民：《满铁史》，中华书局，1990，第847页。

② 解学诗：《满铁与华北经济1935－1945》，社会科学文献出版社，2007，第10－11页。

可以说，满铁自成立之日起，其根本目的就在于“经营满洲”。这必然决定满铁在中日战争中扮演重要角色。解学诗先生认为，满铁参与并在九一八事变中发挥了重要作用[①]。苏崇民先生认为，满铁的设立种下了九一八事变的祸根[②]。郭洪茂先生认为，满铁在九一八事变中，实际上充当了关东军的总后勤部、兵站基地和参谋情报部，在整个“事变”中起到了极为重要的作用[③]。郭铁椿认为，实际上在九一八前，满洲青年联盟就竭力地鼓动日本政府以武力解决所谓的满蒙问题，事变爆发后，满铁又不遗余力地运送关东军作战人员和军事物资，参与策划炮制伪满洲国以及为关东军提供大量情报和在满铁附属地建立自卫团[④]。宋金玲、刘素范认为，满铁从成立到解体，直接参与了九一八事变，并制造伪满洲国，攫取中国东北铁路的权益是引发九一八事变的重要因素[⑤]。另外，还有许多学者和研究者也对满铁在九一八事变中的地位和作用进行过阐释[⑥]。

第二，满铁在七七事变中的地位和作用。

满铁在中日战争中的第二个集中表现就是满铁在七七事变的地位和作用。在中国，解学诗先生认为，“兴中公司”是日本于九一八事变后大举入关，掠夺华北经济的急先锋[⑦]，同时，解先生还认为，“华北经济陷入敌手，的确与满铁大举入侵华北有关，在日本夺走华北主要经济设施与权益过程中，满铁是先锋和主力”[⑧]。杨韶明认为，在七七事变中，满铁的作用主要是全力承担了军事运输部队、野战铁道部队、积极参与医疗部队、资金后盾、后备部队和后勤部队等，为日本侵华战争提供各项服务[⑨]。另外，还有许多学者对满铁在七七事变中的地位和作用进行了阐述，笔者在此不再进行一一赘述。

---

① 解学诗：《九一八事变与满铁》，《社会科学战线》1991 年第 4 期。

② 苏崇民：《满铁设立是日本经略中国大陆的重要开端》，《东北亚论坛》1998 年第 4 期。

③ 郭洪茂：《九一八事变中的满铁》，《社会科学战线》2005 年第 5 期。

④ 郭铁椿：《满铁与九一八事变》，《抗日战争研究》2007 年第 2 期。

⑤ 宋金玲、刘素范：《九一八前后的满铁》，《北京交通大学学报》（社会科学版）2004 年第 3 期。

⑥ 在中国，阐述满铁与九一八事变公开发表的学术论文还有：赵路的《从一件文物谈满铁与九一八事变》（《北方文物》1995 年第 3 期）；李娜的《满铁在九一八事变中的情报活动与宣传》（《日本问题研究》1999 年第 1 期）；张劲松的《九一八事变前后关东军与满铁关系述评》（《日本研究》1999 年第 3 期）；李援朝的《满铁在九一八事变中的情报活动》（纪念九一八事变 70 周年学术论文，《中共沈阳市委党校学报》，2001 年第 4 期）；王玉琨的《辽阳满铁附属地和九·一八事变》（《城建档案》2001 年第 6 期）；宋金玲的《满铁与九一八真相》（《文史月刊》2002 年第 6 期）；宋金玲、刘晓钟的《满铁侵略活动与九一八事变》（《沈阳工程学院学报》2005 年第 7 期）；刘亚静、高峻的《从九一八事变看“满铁”的职能和性质》（《乐山师范学院学报》第 21 卷第 10 期），等等。

⑦ 解学诗：《兴中公司与七七事变述略》，《社会科学战线》1987 年第 3 期，第 37 页。

⑧ 解学诗：《满铁与华北经济 1935－1945》，社会科学文献出版社，2007，第 10－11 页。

⑨ 杨韶明：《“满铁”参与七七事变述略》，《抗日战争研究》1997 年第 3 期。

第三，满铁在日本大陆政策中的地位和作用。

在我国学界，有的学者对满铁在日本推行大陆政策中的地位和作用也进行了深入研究。如苏崇民先生认为，满铁设立是近代中日关系史中的一个重要事件，可以说它是日本经略中国大陆的重要开端。同时，它也进一步标志着日本的大陆政策已经进入实践阶段①。崔明艳在《满铁调查与日本侵华战争》一文中指出，从1907年到1945年，满铁调查的内容其根本目的在于向日本提供在中国进行殖民建设和大陆政策的参考资料②。祁建民认为，满铁经济调查会是日本统治中国东北的“智囊”③。

**3. 满铁与日本殖民地政策研究**

在我国学界，关于满铁研究的一个重要方面就是满铁与日本殖民地政策问题。关于满铁与日本殖民地政策研究大体主要体现在以下几个方面：一是满铁对中国资源的调查与经济掠夺；二是满铁对中国铁路的控制；三是满铁附属地问题研究。

第一，满铁对中国资源的调查与经济掠夺。我国学界对满铁与日本对华经济调查和资源掠夺的研究开始于20世纪70年代，主要体现在满铁对我国东北和华北的资源调查和经济掠夺，较有影响的著作到90年代后相继出现④，解学诗先生的《满铁与华北经济1935－1945》，是研究满铁与华北沦陷区经济的集大成者，他在该书中指出，交通运输业是满铁对华推行殖民统治的基础，同时又及于工农商各行各业，日本帝国主义对华经济掠夺确系以满铁为先锋和主导⑤。

杨黔云在《“满铁”与东北经济殖民地化》一文中指出，满铁自成立到中日战争全面爆发，以经营铁路为基础，逐步控制了东北的矿产资源、大豆业、盐业、棉纺业、水电业和屠宰业等各行各业，使东北的殖民地化程度大大加深⑥。另外，有的学者还对满铁与中国南方资源的调查有所论述。

第二，满铁对我国铁路的控制。关于满铁对我国铁路的控制，除了上述的满铁资料类编著中进行了充分阐释以外，也有很多学者公开发表学术论文来对这个问题进行论述。如我国社会科学院的丁英顺在《试论“满铁”在朝鲜的铁路经营及影响》，任松的《“满铁”与日本独霸东北铁路权益》，庞慧茹的《“满铁”线上的破路斗争》，张景泉的《“第二个满铁线”——图佳铁路的建筑及影响》等。

第三，满铁附属地问题研究。我国当前学界对满铁附属地研究主要表现在满铁附属地城市规划问题和满铁附属地的文化教育问题。在我国，对满铁附属地的城市规划

① 苏崇民：《满铁设立时日本经略中国大陆的重要开端》，《东北亚论坛》1998年第4期。

② 崔明艳：《满铁调查与日本侵华战争》，《民国档案》1998年第1期。

③ 祁建民：《满铁经济调查会：日本统治中国东北的“智囊”》，《社会科学辑刊》1998年第5期。

④ 解学诗：《隔世遗思——评满铁调查部》，人民出版社，2003。

⑤ 解学诗：《满铁与华北经济1935－1956》，社会科学文献出版社，2007，第10－11页。

⑥ 杨云黔：《“满铁”与东北经济的殖民地化》，《曲靖师专学报》1995年第3期，第20－71页。

研究和附属地教育起步较晚，而且并未出现鸿篇巨制。但是，有的学者已经就这个问题进行了研究。李百浩在《满铁附属地的城市规划历程及其特征分析》一文中指出，1907－1931 年满铁在其铁道沿线上共对瓦房店、盖平、熊岳城、大石桥、海城、辽阳、奉天、铁岭、长春、四平、开原、抚顺、安东、本溪、凤凰城、苏家屯等 15 个附属地进行规划，以此来加强对我国东北的殖民统治。曲晓范在《满铁附属地与近代东北城市空间及社会结构的演变》一文中认为，满铁附属地作为一种空间载体在体现日本殖民侵略罪恶的同时，因国际移民大量侵入和日本在附属地的巨额资本投资，也给东北带入了一些资本主义性质的城市基础设施、市政管理手段和西方科技文化，这在一定程度上推动了区域社会经济的转向和发展，造成了附属地所在的东北南部城市在空间结构和社会结构上的急速转变①。

另外，关于满铁附属地移民研究也是当前我国学界对满铁进行深入研究的一个领域。高乐才先生在《满铁“附属地”“除队兵”移民述论》一文中指出，满铁在经营过程中，采取霸占、兼并、抢购等手段，占领土地，形成了独立于中国法权之外的满铁“附属地”，为了实现日本长期霸占中国东北的目的，在“附属地”内推行对华移民政策②。

在我国，有关附属地文化和教育的研究也受到了学界和研究者的重视。在这一研究领域当中，主要是对满铁图书馆、满影（满洲电影）和学校教育进行阐述。如吉林省社会科学院日本所的李娜、王玉芹在《满铁图书馆与日本对中国东北的文化侵略》一文中，对满铁图书馆的设立及其职能进行了阐释。

第四，满铁与劳动力问题研究。满铁与劳动力问题是我国学界满铁研究的一个重要方面。张声振先生的《1931－1937 年间满铁土建工程中使用华北打工民夫的基本状况》、郭洪茂的《东北沦陷时期的满铁铁路中国工人状况》、赵光锐的《满铁昭和制钢所的劳动力招募问题研究》等，对满铁与劳动力问题进行了深入研究。

以上就是我国学界近 30 年来对满铁资料整理研究与满铁研究的大体情况，无论是从对满铁资料的编辑、整理出版和研究现状来看，还是从有关满铁的学术专著及学术论文的公开发表的成果来看，我国学界对满铁的研究确实取得了阶段性重要成果。无论是从研究的视角来看，还是从史料的运用和研究理论来说，都取得了重要成就，这对进一步研究满铁提供了一定的借鉴。

---

① 曲晓范：《满铁附属地与近代东北城市空间及社会结构的演变》，《社会科学战线》2003 年第 1 期，第 155 页。

② 高乐才：《满铁“附属地”“除队兵”移民述论》，《东北师范大学学报》（哲学社会科学版）2001 年第 6 期，第 17 页。

## 三 满铁研究中存在的主要问题

从 1979 年《满铁史资料》第二卷《路权篇》公开出版至今，我国对满铁资料的整理、出版和研究，以及对满铁的学术研究虽然都取得了很大的成就，但是作为一门新兴的研究领域，依然存在着一定的问题。这主要表现在有关满铁文献资料的挖掘与利用还有待于进一步深入、满铁的研究领域还有待于进一步拓宽和满铁的研究方法还有待于进一步改进等三方面。

**1. 满铁文献资料的挖掘与利用亟待深入**

满铁从成立到其解体，存续期长达 40 年之久，形成了大量的档案资料，据满铁文书课编写的《满铁的文书》统计，到 1938 年仅“满铁文库”保存的文书档案就有 174356 卷，账表 164076 卷，再加上收藏的资料，数目就更大了。这些满铁资料大部分保存于我国国内数十家图书馆中，而我们目前所利用的只是这些浩繁的资料中的一部分。所以，关于满铁资料的挖掘和利用还有待于进一步深入。

**2. 满铁的研究领域有待于进一步拓宽**

满铁自成立之日起，由于其自身的特殊性，这就决定了满铁在中日关系史研究领域占有重要地位。而从当前我国国内满铁研究的领域来看，主要集中于满铁与中日战争、满铁与日本大陆政策、满铁与对华殖民统治等方面。满铁作为当时日本的“国策会社”，可以说，满铁的调查深入到中国当时的政治、经济、军事、文化、铁路、矿山等各个方面，并为日本国策提供服务。所以，满铁的研究领域尚需进一步深入，如满铁与日本财阀的关系、满铁与日本陆海军的关系、满铁与国际金融资本的关系、满铁与中国军阀政客的关系、满铁的技术管理、财务与人事管理都有待于认真研究。

**3. 满铁的研究方法有待于进一步改进**

长期以来，满铁史研究方法很少运用新的史学方法，如比较史学[①]、社会史学等。这些新的史学研究方法还有待于在今后满铁研究领域中与传统的史学研究方法相结合，不断地提高满铁研究的理论水平。因为加强新史学方法的应用，加强交叉学科的研究，是进一步推动满铁史深入研究的有效方法之一。

综上所述，从 1979 年《满铁史资料》第二卷《路权篇》公开出版至今，我国满铁史的研究走过了风风雨雨 30 年。在这 30 年中，我国满铁研究无论是从满铁资料的整理、编辑和出版，还是学术著作和学术论文的公开发表，都取得了显著的成就。尤其

---

① 作为殖民统治机构，满铁可以同东印度公司进行比较研究。

是近些年来，出现了一批优秀的学术著作。同时，也不断有新的学者从事满铁资料的整理、编辑和研究，而且，还有大学的硕士和博士研究生也开始把满铁研究作为其毕业学位论文。① 所以，今后满铁的研究必将进入到一个新的发展阶段。

原载《日本问题研究》2009 年第 2 期

① 目前在中国国内，共有三篇高校硕士生把满铁研究作为其学位论文：一篇是侯丽波的硕士学位论文《基于 EBX 的满铁资料授权使用系统的研究与实现》（大连理工大学，2005）；一篇是王影的硕士学位论文《九一八事变前“满铁”在中国东北的经营及对大豆出口的控制》（东北师范大学，2006）；一篇是房忠婧的《满铁与东北殖民地化研究》（大连理工大学，2006）。

# 满铁军事关系涉密文件保密制度初探

郭洪茂

满铁作为日本的殖民地国策会社，从1906年成立到1945年日本战败投降，在中国东北盘踞和经营了近四十年，在这四十年里，满铁积极推行日本的大陆侵略扩张政策，九一八事变之后，更为日本侵华搞了大量国策调查和情报活动，并在对华经济和资源掠夺方面发挥了极其重要的作用。由于事变后满铁与关东军的关系越来越紧密，涉密往来文件日益增多，因而满铁对军事关系涉密文件制定了一套严格的保密制度。本文就依据近年发现的有关满铁保密制度的历史文献，对满铁军事关系涉密文件的保密制度做一考察，以期对探讨和研究二战时期日本侵华机构的保密制度能有所帮助。

## 一　机密文件种类、密级及涉密内容

满铁在1931年以前，并没有制定有关军事涉密文件的保密规定，只是随着日本关东军侵华步伐的加速和日本对华侵略政策发展的需要，满铁才从九一八事变前夕开始制定军事关系涉密文件的保密制度。根据满铁1937年制定的保密文件记载，1931年1月决定实施《陆军机（秘）密图书处理规定》，同年7月制定《会社文书处理规程》，1935年5月14日实施《军事关系机密文件处理内规》，1937年4月1日实施《军事关系机密密文件处理内规》。① 至1942年9月1日满铁又实施了新制定的《会社军事关系机秘密文件处理内规》（附《细则及说明》简称《细则》）。② 从满铁制定的上述文件保密规定的范畴来看，明显有从陆军涉密图书文献资料—会社涉密文书—军事关系机密文件的变化过程。而且，从涉密文件保密制度规定的内容来比较，保密规定越来越严，内容也越来越细。我们就以满铁1942年制定的最严格、系统的保密制度规定，即以《会社军事关系机秘密文件处理内规》为例，对战时满铁军事关系机密文件的保密制度进行初步的考察。

① 满铁：《軍事關系機密密書類取扱給内規》（附《细则及说明》），达甲第22号，1937年6月4日。

② 满铁：《会社軍事関係機秘密書類取扱内規》，1942年6月25日制定，9月1日实施，第1-5页。

根据满铁1942年制定的《会社[1]军事关系机秘密文件处理内规》（以下简称《内规》），第1章（总则）第1条（准则）规定："会社军事关系机秘密文件（以下统称机密文件），除特定情形[2]外，均须依照本内规处理。关于本内规规定的事项，须依照有关文书处理的一般规定[3]。"根据第2条（机密文件的种类）规定，机密文件分为三种，即"陆海军秘密文件、官厅军秘文件和会社军秘文件"，每种机密文件均分为四个密级，依次分别为"军事机密文件、军事极密文件、军事秘密文件和总动员机密文件"。第一种陆海军秘密文件中首要的军事机密文件，其内容包括"作战、用兵、战时编制、动员、军需工业动员、防卫、密码等有关文件，以及地图等军事上需要严格保持机密的重要事项"；内容类同，比军事机密文件次要者为军事极密文件；再比军事极密文件次要者为军事秘密文件；而陆海军总动员机密文件，其内容则涉及陆海军总动员计划方面需要严格保持机密的重要事项。关于陆海军秘密文件的密级处理标记，规定陆军和海军有所区别，陆军使用"军事机密—军事极密—军事秘密—总动员机密"标记，海军则分别使用简略的"军机—军极秘—军秘—总动员机密"标记。第二种官厅军密文件中首要的军事机密文件，其内容为"除总动员机密文件以外的，有关军事上的需要保守机密的重要事项"；与前者内容类同，机密程度次之为军事极密文件；内容机密程度再次之则为军事秘密文件；而官厅总动员机密文件，其内容则是与总动员计划有关的需要保持机密的重要事项。关于官厅军密文件的密级处理标记，规定日本官厅和其他官厅有所不同，日本官厅使用"军机、军极秘、军秘、总动员机密"标记，其他官厅（如伪满政府官厅）则只能分别使用"军事机密、军事极密、军事秘密、总动员机密"标记，以示区别。第三种会社军秘文件中首要的军事机密文件，其内容包括"铁道动员、防卫、铁道特殊设施、军事密码等有关文件，以及特殊地图等与军事密切相关的重要事项"；内容类同，机密程度次之为军事极密文件；再次之则为军事秘密文件；而会社的总动员机密文件，其内容为"与总动员计划相关的须保持机密的重要事项"。关于满铁会社军密文件的密级处理标记，《细则》规定须"以关东军司令官的指示为准"。[4]《内规》第3条规定了机密文件的识别方法，规定：在每1册或每1页（地图等）机密文件中，均须具备如下标记，并以此来识别机密文件，即机密文件必须具备密级处理标记、制件日期、制件机构名、系列序号、纸张页码、附表附图数等。

可见，满铁对机密文件种类做出了明确的规定，对涉密文件密级的划分也有严格的界定，对各种密级机密文件的内容也都有区分地做出了较为详细的规定，并规定了

① 会社：指南满洲铁道株式会社，即满铁。

② 所谓特定情形，专指满铁的《会社密码业务规程》。

③ 有关文书处理的一般规定，指满铁的《会社文书处理规程》。

④ 满铁：《会社軍事関係機秘密書類取扱内規》，1942年6月25日制定，9月1日实施，第10－11页。

日本陆海军、政府官厅及会社本身对机密文件的处理标记，而且揭示了对各种机密文件的识别方法。

## 二　机密文件的制作、分发、保管及使用

关于机密文件的制作与分发，满铁内部有着严格的规定。根据《内规》第 3 章（机密文件的制作及分发）第 11 条规定：会社中的处所长要制作机密文件，须按规定程序和固定格式提交制作许可申请书，并附文件草稿，再经有关文件处理负责人另行作成许可申请后，经由有关派遣军官提交给关东军司令官批准后方可实行。第 12 条规定：机密文件作成后，须按规定程序和固定格式向主管文件处理负责人提交完成报告并附该机密文件，再经主管文件处理负责人另行作成完成报告并登记后，经由有关派遣军官提交给关东军司令官。并且规定：当追加制作机密文件或向社外分发机密文件时，同样适用于第 11 条和第 12 条规定。《内规》第 14 条又规定："作为会社制作机密文件的必备条件，在每册或每页（地图）机密文件上必须有密级处理标记、系列序号、制件机构名、制件日期、纸张页码、附表附图数等。"但《细则》要求，作为会社机密文件的处理标记，须"以关东军司令官的指示为准"。[①] 制作总动员机密文件，必须在其封面上端加红色的"总动员机密"处理标记，而当封面使用红色纸张时，则用黑色处理标记。第 15 条规定：机密文件草案，亦须按准机密文件加密级处理标记。同时《细则》还要求，"机密文件草案用完后，必须马上回收烧毁"。第 16 条规定：要严格限制机密文件的制作及分发，文件的制作和分发要尽量控制到必要的最低限度。第 17 条规定，"机密文件的清样、印刷及装订，必须在主管负责人的监督下进行，以确保原件、原稿、废纸等的妥善处理"。关于机密文件的分发，按照《内规》第 18 条规定：必须严格按照规定的程序和要求登记分发，"对社内要由制件部门负责人直接分发；而对社外则须经由主管处理的负责人分发"。但《细则》要求，制件部门负责人在文件分发结束后，必须马上将分发的日期报告给主管文件处理的负责人。[②]

关于机密文件的收发与保管，满铁内部也做了详细的规定。满铁《内规》第 4 章（收发及保管）第 20 条规定：机密文件的收发，"必须由有关负责人或代理负责人亲自交接"。但当派人送交或邮送机密文件时，规定必须按要求同封文件目录，"包装要用布或二层以上的强韧纸张，外包装上要注明重量，内包装里须有该文件的密级处理标记，并要确认已封好文件。而接收文件处所的主管负责人，必须在检查核实重量及包装后才能开封"。"当检查结果确认出现异常时，须将其情况马上通报给发送人、邮电

① 满铁：《会社軍事関係機秘密書類取扱内規》，1942 年 6 月 25 日制定，9 月 1 日实施，第 12－14 页。

② 满铁：《会社軍事関係機秘密書類取扱内規》，1942 年 6 月 25 日制定，9 月 1 日实施，第 12－14 页。

局或车站负责人采取相应措施，以便事后调查”。接收文件的部门负责人须按规定在回执上签收盖章。“当接收机密文件时，须在回执中填入接收日期和保管使用期限。”有关机密文件的保管，对保管装具有着严格的规定。《内规》第21条规定：“机密文件必须存放保管在坚固的装具里”，即存放在不易破坏开启的密码锁铁柜里。而对机密文件的保管制度，也有严格要求。根据《内规》第23条规定，负责保管机密文件的处所长，必须备有固定样式[①]的机密文件保管登记簿[②]，以表明机密文件的保管和整理状况；而主管处理文件的负责人，则必须备有固定样式的机密文件保管账簿，以表明会社接收社外发来的机密文件的保管及整理状况。不仅如此，对机密文件的保管，《细则》还规定：在每册保管账簿或登记簿的卷首，设文件检查交接一览表，以便记载有关必要事项，并须填写登记目次。同时，按照《内规》第24条和《细则》的有关规定，负责保管机密文件的处所长，在收到机密文件并检查验收后，须在5日内按照固定的样式向主管处理文件的负责人提交机密文件保管报告书。保管报告书，要根据制件机关及密级处理标记分别做成。而主管处理文件的负责人，根据规定在收到保管报告书后，要先比照机密文件保管账簿及制作账簿确认有无异常状况，然后另行做成保管报告，提交给关东军司令官或制件官厅长官。通常，满铁保管的陆军制作的机密文件和总动员机密文件，须将保管报告提交给关东军司令官，提交保管报告期限为10天；而满铁保管的官厅制作的机密文件，须将保管报告提交给制件官厅长官，提交保管报告期限为20天；满铁会社本身制作的机密文件和总动员机密文件，则须将保管报告提交给关东军司令官，提交保管报告期限为二十天。[③]

关于机密文件的保管状态检查，《内规》第42条规定：“主管文件处理的负责人，每年至少要检查一次各部门的机密文件保管状态，包括对机密文件制作账簿、机密文件保管账簿及借阅登记簿的卷首实施检查，并须（按规定的第7号格式）在交代一览表中记入要求事项，然后签名盖章。”同时还在第43条规定：“主管处理负责人，在实施前条规定的检查时，必须将其检查结果报告给关东军司令官。”不仅如此，《细则》还规定：“关东军司令官有权指派军官，就会社机密文件的制作、保管及其他管理状况，进行实地检查。”关于负责人的变动与交接，《内规》第44条规定：“主管处理负责人及各有关负责人发生变动时，新旧负责人须携手共同检查文件的保管现状，包括检查保管账簿、制作账簿及借阅登记簿的卷首，并在交代一览表中（按照规定的第7号格式）记入要求事项后分别签名盖章，然后才能进行交接。”[④]

---

① 指《内规》中设定的一种固定行文格式。

② 机密文件的保管登记，须按机密文件的密级分别登记造册。

③ 满铁：《会社軍事関係機秘密書類取扱内規》，1942年6月25日制定，9月1日实施，第24－25页。

④ 满铁：《会社軍事関係機秘密書類取扱内規》，1942年6月25日制定，9月1日实施，第28－29页。

关于机密文件的借阅及使用，满铁在《内规》和《细则》中也作出了严格的规定。如《内规》第6章第31条规定："机密文件，严禁誊写、复写、复印及抽印。"第32条规定：限定阅览者，"机密文件，日本人除职务需要者外，亦不得阅览"。关于阅览文件，第33条规定："当需阅览机密文件时，须经保管部门负责人或主管负责人许可，才能在保管场所阅览工作上的必要部分；未经许可，不得将机密文件带出。"同时，《细则》还强调指出："机密文件使用过程中，退席时要视情形将文件收存锁好后才能离开，严禁将文件放在办公桌上。"关于借阅文件，第34条规定："当工作上经常性需要机密文件时，须经保管部门负责人向该部门负责人借调，并要定出文件借调期限。"在文件借调使用期间，就文件的安全使用，也作出了监督规定。按照《细则》要求："负责借调机密文件的保管部门负责人，必须确保让主管文件处理的负责人随时了解借调文件有无出现异常状况。"不仅如此，满铁为了机密文件的使用安全，在《内规》第35条还规定："禁止转借。借用者不得将机密文件转借人。"并在第36条中对借用文件者规定了明确的保管责任，规定："借用机密文件者，在借用期间就机密文件的保管，具有和文件处理负责人相同的责任。"①

由上述内容不难看出，满铁对制作机密文件，规定了严格的许可申请程序和审批制度，对机密文件的收发递送设定了严谨的保密交接程序，对机密文件的保管规定了明确的责任制度，并制定了详细的安全保障措施，而且对机密文件的阅览、借阅和使用，规定了非常严格的限制和制约保障措施，并规定了非常严格的管理程序和期限。

## 三　机密文件的安全处理、回收及销毁

满铁为确保机密文件的安全，就文件的处理、回收和销毁，做出了明确、详细、严格的规定。《内规》第7章第38条规定："满铁会社制作的机密文件，因修改、废除、过期等原因不再需要时，制作部门负责人必须在一个月以内将其回收，并在处理责任人的监督下焚烧销毁。但发给陆军大臣、参谋总长或关东军司令官的文件，只通知不再需要的原由即可。前项不要通知，须由制作部门负责人申报给主管处理的负责人，主管处理的负责人再经由关东军司令官来通知。"第39条规定："根据前条第一项规定，制件部门负责人要焚烧销毁机密文件，必须向主管处理负责人提交机密文件焚烧销毁报告书；主管处理负责人必须据此整理机密文件制作账簿，然后另行作成焚烧销毁报告书提交给关东军司令官。"关于机密文件的返还要领，《内规》第40条规定："当机密文件中出现不再需要的文件时，其保管部门负责人须在填写机密文件返还目录基础上返还文件。1. 社外制作的机密文件，返还给主管处理负责人；2. 会社制作的机

① 满铁：《会社軍事関係機秘密書類取扱内規》，1942年6月25日制定，9月1日实施，第26－30页。

密文件，返还给制作部门负责人，但须将返还目录抄送给主管处理负责人。”关于主管文件处理负责人的返还要领，第41条规定：“主管文件处理负责人，当由社外接收的机密文件中出现不用的文件时，必须将该文件从下发处收回，并在填加机密文件返还目录基础上，将文件返还给原单位。”关于机密文件的丢失、误烧等事故处理，《内规》第45条规定：“当机密文件发生丢失、误烧或烧毁时，保管部门负责人须以最快的方法[①]报告，并尽一切手段调查丢失、误烧、烧毁事故发生的始末，还要详细报告为此采取的补救措施。1. 社外制作机密文件，报告给主管处理负责人；2. 会社制作机密文件，报告给主管处理负责人及制件部门负责人。”并在第46条规定：“按照前条规定收到报告的主管处理负责人，须以最快的方法上报，并详细报告丢失、误烧或烧毁事故发生的始末，以及为此采取的补救手段和对事故责任人的处分等。1. 陆军制作的机密文件，报告给关东军司令官；2. 官厅制作的机密文件，报告给关东军司令官及制作官厅长官；会社制作的机密文件，报告给关东军司令官。”

由此可见，满铁为确保机密文件的安全，对文件的回收及销毁，制定了一套严格的回收销毁监督责任制度，并制定了一套制度化的报告程序。对发生机密文件管理事故的责任处理和事后调查，也做出了详细的规定。

## 四　结论

从上述满铁制定的《内规》及《细则》规定的全部内容来看，满铁对军事关系涉密文件的保密制度规定，非常全面而系统，具体而详细，严格而紧密，并具有战时文件严格保密管理的特点。根据满铁制定的文件保密规定，可以看出，满铁本身对机密文件的制作、保管、使用及销毁等，必须按规定严格遵照执行，并没有最终决定权，最终权限属于关东军司令官，满铁对军事关系机密文件的保管、使用及处理，必须对关东军司令官负有安全管理之责。从性质上说，《内规》及《细则》，虽然是满铁会社针对军事关系涉密文件的内部管理规定，但非常严格、具体而详细，具有明显的法规性质，是满铁根据侵华战争的需要和关东军的军事保密要求制定的，是为侵略战争服务的。根据规定内容分析，《内规》和《细则》很可能是根据日本军方的保密规定起草制定的，或是关东军代满铁起草的，因为从规定内容的字里行间，明显看出有战时军事保密管理和关东军本位的特色。

原载《东北史地》2010年第4期

---

① 这里所说的“最快的方法”，按照《细则》说明，通常指密码电报或电话。

# 从“满铁社员消费组合”看战时日本完善的保障机制

吕　贯

2012 年末征集到一件昭和九年（1934 年）制造的“满铁社员消费组合”纪念摆件，摆件以机车上便携烟灰缸的形制存在。通高 14 厘米，铸铁材质，外撇口沿直筒缸身上铸有精美的叶状花纹，上盖提钮铸有“满铁社员消费组合”的标识，另有“满铁”标记外异性的汉字“消”字。钮盖内壁铸有“昭和九年十一月一日，满铁社员消费组合创立十五周年纪念”字样。这件文物是日本侵略东北时，“南满洲铁道株式会社”（简称“满铁”）为保障日籍工作人员利益而成立的“满铁社员消费组合”这一组织的物证。本文以这件文物为线索，论述了作为侵略战争的衍生物——“满铁社员消费组合”，从产生、存在到解体合并的每一个过程都是为保障日本利益而设定，都是为日本侵略战争服务的，说明日本发动的这场侵略战争完全是蓄谋已久和有完善保障机制的战争，从而揭示出日本侵略者的险恶用心和侵略本质。

## 一　日本对中国东北经济侵略的总枢纽——“满铁”

提起“满铁社员消费组合”，我们首先要了解它的主体“满铁”，它是日本最大的殖民企业，也是无数日本企业在侵华战争中茁壮成长的典型代表。正是由于日本企业的存在，中国民族工业才被扼杀殆尽。

从 1906 年开始，日本在东北境内陆续建立起一套完整的管理机构，主要包括关东厅、关东军司令部、日本领事馆和南满洲铁道株式会社四大机构，从政治、军事、外交和经济等方面对中国进行全面渗透和控制。关东厅原为关东总督府。1905 年 10 月 18 日，日本政府任陆军大将大岛义昌为关东总督。10 月 31 日，关东总督府设于辽阳，次年 5 月迁至旅顺，成为日本侵略者在中国东北的最高权力机关，隶属日本外务省。

日俄战争后，俄国战败。为了管理从沙俄手中接管的南满铁路，1906 年 6 月 7 日，日本天皇发布第 142 号敕令，公布设立“南满洲铁道株式会社”的文件，共计 22 项条款。7 月 13 日又成立了以儿玉源太郎为委员长的满铁筹建委员会。由于儿玉源太郎曾当过第四任台湾总督，他极力举荐时任台湾总督府民政长官后藤新平，出任满铁总裁一职。后藤新平是医生出身，但心狠手辣，在1902年起任职台湾总督府民政长官的短短5年时间里，曾颁布法令，处死台湾民众33000多人，超过当时台湾总人口的百分之一。7月22日晚，儿玉源太郎约见后藤新平。后藤向儿玉建议："日本在满洲必须重点经营铁路，其余依次为开发煤矿，从本土移民和发展农业、畜牧业。如此才能有实力与俄国再次进行决战，或者为全面占领中国作好准备。"儿玉对此方针深为折服。23日下午，后藤新平离开儿玉源太郎的府宅，当晚儿玉源太郎突然暴死。后藤新平转而投靠儿玉源太郎的继任者寺内正毅，答应出任"满铁"首任总裁一职。

1906年11月26日，南满洲铁道株式会社在东京正式成立，资本金2亿日元，其中日本政府以实物投资承担一半，对民间投资则保证按年利六厘分红，股东主要是日本皇室、贵族和官僚。如三菱银行的庄田平五郎、正金银行的园田孝吉、安田银行的安田善次郎、三井物产的益田孝等。1907年3月5日，"满铁"根据第182号天皇敕令，将总部从东京迁往大连儿玉町（现团结街）原关东都督府民政部办公楼，东京则改为分社。1907年4月1日，"满铁"正式开业，下设调查部、总务部、运输部、矿业部及地方部。至此，影响中国东北乃至整个中国近代史的重要机构——"满铁"，正式登上历史舞台。

"满铁"并不是一家单纯的铁道管理公司，而是日本对华经济侵略的总枢纽，其性质与英国在印度设立的东印度公司类似。"满铁"首任总裁后藤新平将其称为"文装武备"，即以经营铁路为中心，实行大规模移民，扩充日本人在东北的势力，构成潜在的军备，以发展经济力量达到增强军事力量的目的，实现"以战养战"。这就是日本殖民政策的核心。

1927年，张作霖为了与日本经营的沈阳火车站抗衡，开始修建辽宁总站（老北站）。日本于是暗下毒手，1928年6月4日，张作霖在距此站1公里外的皇姑屯被炸成重伤，当天不治身亡。在九一八事变中，"满铁"也是重要参与者。九一八事变期间，"满铁"不但承担军事运输，还修复被中国军民炸毁的铁路桥梁，并为关东军大批制造火力强大的装甲列车。同时，"满铁"在日本政府授意下，向关东军提供了300万日元经费，让这部战争机器全速运转起来。据记载，1931年度"满铁"支出事变经费430.26万日元，1932年度支出事变经费576.59万日元，并透支1933年度事变经费158.37万元。在情报支持方面，早在"满铁"成立之初，"满铁"就建立了"满铁"调查部和东亚经济调查局等庞大的情报机关，对中国各地，特别是东北地区的政治、经济、社会、地理、风土人情等各方面进行广泛调查，为关东军的军事行动提供了大量情报。据"满铁"记载，1930年"满铁"提供情报10948件，1931年18617件。其鼎盛时期，情报人员多达4500人。在"满铁"3.9万多名社员当中，因九一八事变立功者竟达22254人，占社员总数的57%。按照日本陆军规定，"满铁"立功者按现役军人办理。这样在“满铁”立功人员中，有将官级30人，佐官级220人，尉官级634人，下士官4594人，士兵16776人。由此可见，“满铁”在九一八事变中作用之大。可以说，关东军仅用四个月时间占领东北全境，固然是蒋介石不抵抗政策所致，也是“满铁”全力支持的结果。

“满铁”如此巨大的付出，自然有丰厚的回报。1932年3月1日，在土肥原贤二的策划下，“满洲国”宣告成立，溥仪被扶植上台。“满铁”也是其中的积极参与者，大批“满铁”社员登上了伪满洲国的政治舞台。像“满铁”的一个卫生课长，摇身一变成为司法部的总务处长，这种事例屡见不鲜。从“满铁”退职转为伪满官吏的多达244人。“满铁”的触角伸及伪满洲国的方方面面，获得了各种垄断特权。除了铁道、水运、航空等交通运输业务之外，“满铁”还经营抚顺、辽阳的煤矿、冶金、电气、农林畜牧、文化、教育、旅游等业务，拥有鞍山制铁所（昭和制钢所，现为鞍山钢铁集团公司）、“满洲炭矿”“满洲采金”“满洲盐业”等以及遍布各主要城市的“满铁医院”和大和旅馆等多家会社和文教科研医疗机构。

随着会社经营范围的扩大，“满铁”的收益也在成倍增长，据统计，从1907年到1928年，“满铁”收益增长率为2110%，纯收入增加19倍。从1907年“满铁”开业到1931年，24年间，“满铁”支付给日本政府和股东的红利及公积金高达8亿多日元！1920年“满铁”第一次增资至4.4亿日元，1933年第二次增资至8亿日元，1940年第三次增资至14亿日元。1931年九一八事变及“满洲国”成立之后，“满铁”在其附属地内的行政职能以及各种政治活动被逐渐削弱，其业务被置于关东军司令部的监管之下。随着日军占领中国东北全境，原属中国的沈海、奉山、吉长、吉敦、吉海、四洮等铁路，以及东北全境的港湾、水运、煤矿、钢铁、轻工业和化工工业的经营权也被转交给“满铁”，其附属地面积增至524.3平方公里。至1935年，“满铁”经营的铁路长度已达6857.3公里。1936年，“满铁”改组铁路管理机构，在奉天设立铁道总局，统一经营铁路、港湾、水运和汽车运输。

综上所述，“满铁”不仅是日本对华经济侵略的总枢纽，而且还对中国东北地方的政治、军事、文化、教育等都进行了全方位的侵略。

## 二　为“满铁”在东北既得利益保驾护航的“满铁社员消费组合”

### 1. 产生背景

随着日本侵略程度的逐步加深，“满铁”已发展成为日本最大的殖民企业，它在侵华战争中茁壮成长，经营规模也越来越大，这就需要大量的日籍“满铁”职员来东北移民和工作。为实现这一目标，以给日本本土及外界一个正面的宣传和影响，

“满铁”宣称：满洲是乐土，是新的家园，是大和民族新的栖息地，来到这里会有比日本国内工作更加丰厚的薪金及保障。因此“满铁”最为重视先期来到“满洲”的人员对日本国内的信息和回馈，这对日本国内的口碑宣传和殖民移民事宜至关重要。

这时“满铁”也急切需要通过一个机构或组织来吸引更多日本人来“满洲”工作。1919年11月1日，“满铁”株式会社第三任（兼第六任）总裁野村龙太郎在他的第二任期（1919－1921）提出，在“满铁”界内成立“满铁社员消费组合”机构。

“消费组合”是协和语，在形式上就是类似我国计划经济时期的生产合作社。但实际上却与我们的合作社在本质上有着很大的区别。“满铁社员消费组合”是“满铁”负责社员生活的组织。

“满铁社员消费组合”通过“满铁”总局在日本国内及军方的影响力，得到日本国家最优惠的低息贷款及各种消费品的优先供应，然后通过自己在“满洲”境内发达的铁路线将各种消费品源源不断地供给“满铁”职员和家属，以吸引更多日本人来东北移民和工作。

这个机构成立后，一直沿用第一任满铁总裁后藤新平提出的主导思想，即以“文装武备”为主导思想。也就是在发展经济的伪装下同时发展军事，以实行在东北的实际控制。后藤的主导思想一直沿用到第17任总裁山崎元干（1945.5－1945.9），也是最后一任总裁。即使后期在太平洋战争爆发后，日本将“满洲”的经营权转移给“满洲重工业株式会社”后，“满铁”依旧沿袭了后藤的主导思想，并一成不变地贯彻执行。因此，我们经常在那个时期的画报上看到“满铁”职员身穿西装，需要时便改穿防弹护甲，手持手枪，在铁路沿线巡视，可谓将“满铁”总裁后藤新平的“文装武备”这一主导思想发挥得淋漓尽致。

**2. 存在过程**

这些“满铁”职员在来到“满洲”之前，对在这片清政府遗留的荒芜未开发的“不毛之地”是心存顾虑的。但是他们来到东北后，发现在这里他们不但可以领取到比日本国内还要更优厚的工资待遇，并且他们可以享受到非常低廉价格的生活必需品，这使得他们得以安心在此工作生活。同时长期的高标准待遇，也使得“满铁”职员及他们的家属逐渐养成了一种民族优越感。

那么是什么造就了“满铁”职员及其家属的这种民族优越感，并同时对被侵略民族产生蔑视呢？

伪满政权成立之初，没有什么大的战事，很多关东军部队满员编制，基本没有什么战役可打，社会物价基本平稳。但到了昭和15年（1940）左右，战争由于同盟国的节节败退，战争的天平逐渐向日本的反方向倾斜，日本在军队供给需求上猛增，日伪政府为满足战争的需要和日本主子的需求引起了社会动荡和物价飞涨。而且越到伪满后期现象越加重。伪满境内居民的生活水平开始下滑。物价越来越高，这在很大程度上加重了东北人民的疾苦，导致生活在社会最底层的百姓陷入水深火热之中。即便日本国内，生活境况也不如以前。而“满铁”职工在“满铁社员消费组合”的保障下，基本不受战争的影响，依然保持供给平稳。对比之下，生活上的富足，让“满铁”职员感恩戴德，因此产生了民族优越感，并全身心为“满铁”尽职尽责。

日本所谓的“大东亚战争”开始后，战争进入相持阶段。日本军方的配给吃紧，东北境内的主要粮食及农作物被大量的强行上缴。民不聊生、物价上涨、粮食奇缺。这一时期，日伪当局甚至提出“满洲人”无权吃食大米，大米必须优先供给日本军队及日本移民，如果未经许可发现“满洲人”吃食大米是要治重罪的。但是“满铁社员消费组合”在这一时期却依然过着供给充足的生活，而且工资待遇不但没有下调而是逐年增高，从“满洲”境内强征的大米在供给日本军队后的剩余部分通过“满铁”机构运送回日本本土，或发放到“满铁”职员手中，其价格甚至低于种植成本，“满铁社员消费组合”还通过自己便利的铁路为“满铁”职员及家属带来一些低廉但紧俏的时髦用品。

另外，“满铁”这个殖民机构有殖民地最优惠的政策支持，其薪酬是当时日本国内也很难赚到的，且给予了额外的赠予和补贴。债券从明治到大正，最后到昭和时期都一直在发行，这个时期的债券汇兑及时，为认购的日本国民已经带来巨大的回报。当时这些福利和待遇即使在日本国内也是享受不到的，更让“满铁”职员感到自己的地位是重要的，是国家之栋梁，在各方面都得到了极大的满足，更加死心塌地地为日本效命。

“满铁社员消费组合”这种完善的保障机制，为“满铁”职员带来了巨大回报，以至他们把毕生的积蓄押宝一样都押在了“满铁”身上。他们把“满铁”在日本国内1942年发行到1952年兑付的战争债券几乎认购一空，可见那时他们还没有预感到自己必将失败的命运。这些债券最后竟变为一钱不值的花纸片，让大量的日本国民及“满铁”职员战后几乎一无所有。即使这样，战后这些人提及“满铁”这个机构时，几乎还是怀着崇敬的心情。

1934年伪满洲国实行帝制，为了拉拢伪满官吏以及更好地服务于日本，日本在伪满洲国首都“新京”成立了类似“满铁社员消费组合”的组织——“满洲官吏消费组合”。它与“满铁社员消费组合”的区别是它所面对的范围扩大了。这个组织不仅面对日本人，同时也面对所有在伪满政府内任职的“满洲官吏”，为日满高官提供依靠政府低息贷款得来的低廉用品，以保障他们的利益。日伪政府虽然喊出“为三千万民众的利益而建立”，但是却肥了日伪官吏，使饱受物价飞涨的三千万东北百姓苦不堪言。如果说当年的“满铁社员消费组合”的的确确是一个无利润的机构，那么“满洲官吏消费组合”却是一个打着“共存共荣、相互扶持、无一人从中牟利”幌子而中饱私囊的机构，这个机构在满足日本官吏的利益后，满系官吏也要趁机从中谋私，因而经常矛盾丛生。也许是“满铁”已经预感到了什么，为纪念曾经的存在和辉煌，于是在康德元年发行了“满铁社员消费组合”纪念摆件，上文所提及的纪念烟缸正是那个时期的物证。

**3. 解体合并**

1937年，伪满“治外法权”撤销后，日本将“满铁”附属地内的所有行政管辖权都交给伪满洲国政府。为了不与日本政府总体殖民统治政策背道而驰，昭和十四年，即1939年2月28日，“满铁社员消费组合”被迫与“满洲官吏消费组合”合并重组为“满洲生活必需品配给株式会社”。于是，“满铁社员消费组合”结束其以往的荣耀和使命，以新的形式继续维护“满铁”社员在伪满的利益，为侵略战争效力。

上文提到“满洲官吏消费组合”是一个打着“共存共荣、相互扶持、无一人从中牟利”幌子而中饱私囊的机构，因此被合并后的“满洲生活必需品配给株式会社”夹杂着两个组织，可谓人员众多、利益混杂、矛盾重重。因此，原“满铁”社员对这种合并强烈不满。这与先前他们为自己职员提供最优惠、最低价的生活品目标是背道而驰的。针对这种情况，“满铁”社员委托“满铁”总部向伪满政府提出以下几点建议给予缓解：1. 建立综合完善进口机构及固定的国内配给网络，以缓解目前人群数量的增加和必需品物价上涨的状况；2. 降低成本，保证低价供应生活必需品；3. 按照低物价政策，维持生活必需品的公正价格，并需要伪满政府保证，一旦有变化，必须保证在生活配给品所涵盖的区域有储存，不能零库存。

这些建议虽在表面上被采纳，但实际却收效甚微。“满洲官吏消费组合”夹杂其中，使日本人的利益大受影响。因此，为了保障在东北的日本人利益，给“满铁”职员缓解物价上涨带来的压力，“满铁”总部通过研究协调，只好给“满铁”职员在工资上进行了调整，给职员们提高了工资待遇，同时通过自己的铁路线建立了小进货渠道，给予实际物品补贴。并且，通过“满铁”总部向伪满政府施压，提出了最低的政府低息贷款，于是，两种“消费组合”才逐渐缓解矛盾，融合在一起。

虽然“满铁社员消费组合”表面上被解体，但其实它并没有消失，而是因政治需要被转换成“满洲生活必需品配给株式会社”形式继续为“满铁”和日本的侵略保驾护航。据统计，合并前的“满铁社员消费组合”保障了大连至新京特别市（长春）的“满铁”沿线6万员工及其家属大约16万人生活消费，也就是说保障了当时在“满洲国”生活的将近六分之一日本人生活消费，可见“满铁”的规模何其庞大，为日本侵略中国东北立下了“汗马功劳”。

## 结　语

“满铁”从1906年创立到1945年停止运作，在我国掠夺煤炭这一项就达7亿吨，总资产居然高达42亿日元，这几乎是天文数字中的“奇葩。”而“满铁”职员的人数由最初的1.1万人增加到战末的39.8万人。综上所述，“满铁社员消费组合”是“满铁”在侵略战争中的衍生物，只是日本侵略中国东北战争保障体系中冰山的一角，它与其他更多的战争保障体系完全是按照战争需要和时政目的而建立、发展、解体、合并的。无论从产生到存在，再到解体，以及合并重组，都是为日本侵略战争服务，为日本侵略战争保驾护航的。正是这些战争保障体系全方位的“润滑”，才使日本侵略战争的这台“大机器”高速运转，使得日本对中国东北的侵略如同一根巨大的吸管，抽干了中国的国力、民力，也抽走了中国半个世纪的光阴，日本用中国人的血液，浇灌起日本的工业之花。这就是我们今天所看到的“工业强国”——日本，一个靠阴谋和掠夺发展起来的国家。

最后需要说明的是，日本战败后，“满铁”名义上是解散了，但是各地“满铁”联络机构还在日本不同地点聚会，并且成立了正式的联谊会。他们买地建“忠魂碑”，参拜靖国神社，甚至把子女和持右翼思想的人也拉入“满铁会”中，企图为日本侵华翻案。这就需要我们要时刻警醒：国虽大，好战必亡；天下虽安，忘战必危。盛世不忘，警钟长鸣，我们一定要吸取历史教训，不要让侵略和杀戮再次重演。

原载《溥仪研究》2013年第1期

# 略论“满铁”的工人运动

仲晨星　李佳航

“满铁”是日本政府为“经营满洲”而设立的国家垄断资本主义企业。为了反抗剥削和压迫，中日两国工人阶级为了共同的斗争目标团结起来，前赴后继、百折不挠地开展罢工斗争，积极推动了反帝斗争的发展。特别是工人运动在中国共产党的领导下一步步走向成熟，从早期自发的经济斗争转变为有组织的反帝斗争，沉重地打击了日本殖民者的反动统治。可以说一部“满铁”工人的斗争史，折射出大连地区工人运动从幼稚走向成熟的发展历程。

## 一　“满铁”工人的状况

“满铁”是日本在国外拥有的最大企业，拥有数以万计的工人队伍。由于其生产、经营活动都在中国境内，所以大量使用中国工人。受雇于“满铁”的中国工人，以从事体力劳动的居多，广泛分布在运输系统、煤矿和制铁所。在铁路运输系统，中国工人主要分布在车站、机务段、养路段、海港码头和铁道工厂。

“满铁”中国工人最集中的地方是沙河口铁道工厂，1918 年该厂有中国佣员 4425 人，占“满铁”中国佣员总数的 22.8%。[①] 中国工人与日本工人虽然都属于工人阶级，都处于被剥削、被压迫的地位，但是由于“满铁”实行民族歧视政策，中国工人和日本工人虽然其技术和能力无大差别，但待遇却相差悬殊，“平均工资日本人是 3 元 27 钱，中国人是 82 钱，是四与一的比例。在工资差别最大的 1930 年，日本佣员每月工钱 3 日元，中国佣员每月工钱 0.55 日元”。[②] 就当时的工资收入而言，中国工人的工资只可勉强温饱，处于朝不保夕的状态。正因为如此，开展罢工斗争、捍卫自身的利益，成了“满铁”工人的必然选择。

---

① 苏崇民：《满铁史》，中华书局，1990，第 156 页。

② 苏崇民：《满铁史》，中华书局，1990，第 157 页。

## 二 “满铁”工人运动的历史过程

### （一）中日工人阶级的早期联合斗争

“满铁”的工人斗争是从自发的经济斗争开始的。由于物价飞涨、生计困难，为要求增加工资，1916 年 12 月 4 日，480 名中国工人为自身利益率先举行罢工。但由于遭到日本警察的镇压，罢工失败。中国工人的罢工行动得到了日本工人的积极响应，中日两国工人阶级决定团结一致，为捍卫劳动果实联合起来共同斗争。1918 年 1 月 25 日，860 名日本工人和 1292 名中国工人举行罢工，并提出了“日薪增加四成、加班津贴改为 1 小时 1 分 1 厘、午后 5 点过后退厂不算早退”的条件，斗争持续了 8 天，在日本警察的镇压下不得不复工。这是中日工人的第一次联合斗争，形成了工人斗争的高潮。

由于日本金票大幅贬值，工人生活难以维持，加之冬季来临需要换季，增加工资就成为中国工人的普遍要求。沙河口工厂在杨振和、刘玉柱、曹俊德和王茂林的领导下，于 1918 年 9 月 28 日举行全厂大罢工。“满铁”再次依靠日本军警采取高压手段，一面“特嘱警官对于被捕人员，殊严行惩戒以儆效尤”，一面强迫工人上工。[①] 在日本警察的镇压下，这次罢工坚持了 7 天后工人们被迫陆续复工。这次全厂大罢工虽然遭到了镇压，但是在工人中留下了深远的影响，掀起了工人运动的新浪潮。

1919 年 10 月 28 日，中田道停在大连领导成立了大陆劳动联盟，其目的在于“广泛地纠合工人与资本家阶级进行斗争”。为了应对一战后的经济紧缩，1920 年 5 月 28 日“满铁”决定裁减 20% 的职员和 15% 佣员。为了阻止裁员，大陆劳动联盟发起中日工人联合大罢工。1919 年 6 月 1 日，大陆劳动联盟召集沙河口劳动者大会，决议要求“满铁”停止裁减工厂职工，并于次日起机器停止转动。由于“满铁”拒绝了工人们停止裁人的要求，愤怒的工人砸了工厂的中央事务所。大连民政署于 6 月 4 日逮捕了一部分大陆劳动联盟委员，愤怒的工人砸了沙河口警察署，并于 6 月 5 日到民政署说理，迫使其释放了被捕者。惊慌失措的关东都督府遂调集 300 余名军警武装镇压，迫使被裁 1330 名中国佣员、540 名日本佣员、65 名日本雇员离厂。6 月 11 日，沙河口工厂被迫复工，大陆劳动联盟被迫解散。

中日工人阶级在共同面临被裁减和失业的威胁面前，认识到不管是中国工人还是日本工人都是被剥削的对象，共同的利益使他们携起手开展联合斗争，并在斗争中建立了友谊，显示了中日工人在根本利益上的一致性，提高了工人的政治觉悟，这在中

① 苏崇民：《满铁史》，中华书局，1990，第 158 页。

日工人运动史上是值得永远纪念的，体现出工人阶级开始以一个自觉的阶级显示了它的力量。

### （二）中华工学会领导的工人运动

中日工人阶级的早期联合斗争使工人们认识到，只有依靠多数人的团结，才能摆脱剥削压迫；只有组织工会，才能广泛团结工人群众共同开展斗争。1923 年 12 月 2 日，沙河口工厂成立了傅景阳领导的华人工学会，1924 年 12 月 2 日改名为大连中华工学会，这是大连最早的工人群众组织。中华工学会成立之后，立即接受了中国共产党的领导，这一点对中华工学会的发展壮大起了决定作用。为团结日本工人联合斗争，傅景阳主动邀请日本工人代表结成“中日工人亲善会”，并于 1925 年 6 月 20 日提出了中国工人应和日本工人一样发给免费车票、专设华工宿舍等四项要求，使工学会在工人中的威信进一步提高，沙河口工厂工人几乎全部加入工学会。工学会在大连的其他大厂如福岛纺绩株式会社、小野田水泥厂、大连机械制作所、大连船渠会社、中村铁工所等也发展了会员，甚至建立了分会，会员发展到 3000 余名，声势日益浩大，其中影响最大的是支援福岛纺绩株式会社（以下简称“福纺”）工人的罢工斗争。

1926 年 4 月，日元金票涨价，“福纺”按涨价后的金票数扣除工人伙食费，每元金票多扣小洋两角，而用小洋开工资的钱数却不变，引起工人不满。1926 年 4 月 27 日，工学会福纺分会领导全厂 689 名工人举行总罢工，提出不许虐待中国工人、允许女工给孩子喂奶、不许涨饭费的情况下增加工资三分之一、每日工作时间减少一小时、公休日工资照发、免去电灯费和减少房租等要求。这些要求遭到厂方拒绝，而且以卑劣手段破坏罢工。当“福纺”停发工资时，工学会动员全市工人给予大力支援，并取得上海、青岛等地纺织工人的支援。在工学会的宣传下，近郊农民向工人送救济粮支援工人斗争。

罢工将近两个月，工人生活日益困难，形势日益恶化。为了激励工人斗志扭转局面，1926 年 6 月 24 日傍晚，工学会组织召开了全市工人声援“福纺”工人斗争大会，傅景阳不顾警察的干涉，号召广大工人要为“争自由、争人权”而斗争，“不获胜利决不罢休，反映了罢工工人强烈的政治要求和不获胜利决不罢休的决心”。[①] 日本殖民当局为了镇压罢工斗争，1926 年 6 月 24 日，逮捕了傅景阳等罢工领导者。工学会主要干部被捕后，工人们继续坚持斗争。由于“福纺”罢工旷日持久，使“福纺”的老板看到再不复工将遭受更大损失，不得不满足工人的罢工要求，并撤换了“福纺”社长。被捕人员也有一部分被释放。“福纺”工人大罢工基本上获得了胜利。1926 年 8 月初，工学会召开了复工大会，结束了这场轰轰烈烈的罢工斗争。

---

① 陈君聪、曹宏遂：《刘少奇工运思想研究》，工人出版社，1988，第 77 页。

“福纺”大罢工是在中华工学会领导下的有组织、有计划的罢工斗争，显示出有了共产党的领导，工人运动就出现了新局面。这场罢工从经济斗争开始，发展为具有反帝性质的斗争，震撼了日本的反动统治，播下了工人斗争的种子，培养了工人运动的骨干，成为工人运动和革命的火种，显示了工人阶级反帝斗争的威力，给日本帝国主义的殖民统治以沉重打击。

## 三 “满铁”工人运动的历史启示

### （一）党的领导是工人运动坚持正确方向的根本保证

“满铁”工人运动的实践表明，工人阶级自发的斗争不可能实现自我解放，只有在中国共产党领导下正确认识自身的历史使命，在马克思主义理论的指引下成长为有组织的阶级队伍，开展自觉的反帝斗争才能取得斗争的胜利。工人运动要保持正确的方向，中国共产党必须高度重视自身建设，做到有计划地在广泛开展群众运动和革命斗争的基础上建设党、发展党。中华工学会领导“福纺”工人的罢工斗争的经验告诉我们，要取得罢工斗争的胜利，必须把党员骨干隐蔽在群众之中，同群众打成一片，即使是工运领袖，也要有社会职业掩护，使敌人找不到打击目标。“满铁”中日工人联合罢工的历史经验表明，要取得斗争的胜利，必须加强工人阶级的革命气节教育，树立斗争到底、不怕牺牲的决心。不仅如此，还要经常总结经验教训，在实践中增长知识、提高觉悟，唯有如此工人阶级才能实现自身的解放。

### （二）坚持群众路线是取得罢工斗争胜利的基础保障

要取得罢工斗争的胜利，离不开群众路线的保障作用。中华工学会在领导罢工斗争过程中，积极深入到工人中去，与罢工工人共同生活和斗争，同呼吸、共命运。毛泽东指出：“一切空话都是无用的，必须给人民以看得见的物质福利。”① 中华工学会始终关心工人的生活疾苦，了解他们的思想和愿望，开办工人夜校，最大限度地为工人阶级争取权益。中华工学会注重将生活斗争与政治斗争相结合，不断扩大工人运动的规模，使工人的政治觉悟大为提高。

在斗争中注意培养积极分子，使之成为工人运动中的骨干，是中国共产党领导工人运动的基本方式。中国共产党在领导中华工学会开展工人运动过程中，始终注意培养积极分子，使之成为斗争的骨干，使工人运动的规模日益扩大，参与罢工的工人感受到自己奋斗的成果，从而坚定信心、坚持斗争。

---

① 毛泽东：《毛泽东文集》（第二卷），人民出版社，1993，第 467 页．

### （三）统一战线是罢工斗争取得胜利的法宝

“满铁”工人反抗日本资本家残酷剥削的罢工斗争是在日本殖民统治下进行的，如果不注意统一战线就会使自己陷于孤立和被动，最终被日本殖民当局镇压下去。因此，中国共产党在指导中华工学会开展罢工斗争中，始终注重统一战线工作，把罢工斗争中的依靠力量、团结力量作为考虑工作的出发点，作为制定一切政策和策略的出发点。邓中夏在指导中华工学会开展工作时曾要求，不仅要把各行各业的中国工人组织起来，把“南满”铁路沿线的中国工人组织起来，还要同日本工人建立组织联系。在中华工学会的努力下，成立了“中日工人恳谈会”，与日本工人建立了组织上的联系，进行共同的反对日本资本家的斗争。傅景阳认为：“我们职工原无国境之别。因此对于南满铁路中日职工的团结，我们亦最注意，我们今后本此发趣，向前迈进。”①

正因为如此，中华工学会领导的大规模工人运动过程中特别注重“设法联合日本职工，以组织全满铁路职工组织”，并且把组织中国工人阶级与团结日本工人阶级、争取社会各阶层民众的支持结合起来，使各界人士了解更多的实际情况，了解工人阶级坚强的斗争意志，从而以各种形式与工人阶级一起投入斗争，加速了日本帝国主义反动统治的崩溃。②

原文载：《大连近代史研究》2016 年第 1 期

---

① 董志正：《旅大史话》，辽宁人民出版社，1984，第 228 页。

② 董志正：《旅大史话》，辽宁人民出版社，1984，第 228 页。

# 长春商埠地与满铁附属地的抗争

刘　敏

19 世纪末期，帝国主义列强瓜分中国的斗争日益尖锐。1904 年 2 月，日本突然进攻俄国在中国旅顺口和朝鲜仁川港的舰队。1905 年 1 月攻陷旅顺口。以后俄军在辽阳、沈阳等屡屡败北，当年 9 月签订《朴次茅斯和约》。日本获得了沙俄在我国东北南部的全部特权，包括中东铁路南支线的租借权。

日本在中国的土地上和沙俄开战，战后，对中国又以战胜国的姿态，于 1905 年 12 月迫使清王朝签订了《中日会议东三省事宜正约》及《附约》，条约中不但使清王朝承认了俄国“转让”给日本在中国有关东北的权益，而且还攫取在东北的辽阳、铁岭、长春、吉林、哈尔滨、满洲里等 16 处开设商埠以及其他权利。1907 年 1 月长春被迫开放为商埠。

日俄战争之后，日本在东北设立了以经济掠夺为目的“南满洲铁道株式会社”，构建铁路附属地的殖民网络。1907 年满铁开始规划建设长春附属地。日本完全把长春作为他们商贸活动的地方，到 1908 年长春已是日商商行林立，如日本松茂洋行的海陆输送业贸易商，高木洋行的满洲特产物贸易仲买业，横滨正金银行长春出张所，日清火柴株式会社长春支店，日本官造名烟铺，营口喜久洋行，川崎商馆的长春病院，樱井洋行支店宽城子病院，日露贸易商会，长春北大街兴业药房，前田洋行的陶瓷器发行所，穗积洋行、三井洋行，还有日本火灾保险株式会社代理店、专卖所、洋服店，等等。日商充斥了长春市场。长春满铁附属地的建设在短短几年内初具规模。

长春被开为商埠后，清政府为维护自身利权，计划从长春老城门到沙俄附属地之间开辟商埠地，但最初的几年，因为资金等方面的原因，未见大的进展，而且计划征用的现火车站位置的土地，还被满铁高价买走。1909 年吉林省西路兵备道第二任道台颜世清上任后，看到日本长春满铁附属地的规划和初步建设结果，他的民族自尊心受到强烈的刺激。为了牵制长春满铁附属地的扩张，能与满铁抗衡并进行经济上竞争，他着手在旧城区和满铁附属地之间规划开发长春商埠地。他筹措巨资收买土地，在七马路开设商埠局，制订《长春开埠办法》等，规划街路，修建了南关至七马路的沥青路，创办电灯厂，吸引商家投资设厂、设店等，特别是在商埠地以北临近满铁附属地的高地上修建了道台府衙等建筑，以抵御日本南侵。

1911年新任道台孟宪彝上任以后，面对日益繁华的日本附属地，感到商埠地跟附属地相比发展太慢。据即用知县易翔给吉林行省的禀文中描述："（满铁附属地）自去夏以来极力扩张，具有一日千里之势，其已经开廛列肆之区道路固属砥平，即尚在筹划未及成市之处，亦马路纵横，巡警罗列，恍成一日本国境。"而商埠地"北门外稍成一条街市，然破屋星稀，无巨商大贾，马路狭小容双车则轧……荒凉满目"。于是，开始积极筹措资金，设立兴业公司，兴建商场、剧院、公园等设施，用建设商业及娱乐业迅速带动城市建设的办法，使商埠地日渐繁荣。后来，兴业公司不断增资，在房屋建设上加大了投入。短短几年的时间内，大马路两侧商贾林立、人头攒动，迅速发展成为一个新的商业区域。到1920年的时候，长春商埠地的商家总数、居住人口已经全面超过了长春满铁附属地。

清末民初，长春商埠地与日本满铁附属地的抗争，是中华民族抵抗日本殖民侵略的一个缩影。随着日本侵略野心的膨胀，九一八事变后，东北沦陷，中华民族经过14年的艰苦卓绝的斗争，终于取得反侵略战争的彻底胜利。

原载《兰台内外》2016年第4期

# 论20世纪初日本在华所建四大图书馆的文化侵略功能

王一心

## 一 引言

日本的对华侵略，在军事和经济之外，从来没有忽略旨在同化或奴化中国人民、削弱其民族精神、消弭其反抗斗志以便对占领地进行完全殖民统治的文化侵略。作为具有广泛社会性的文化教育机构，图书馆在对华文化侵略中所起的作用一直被日本所重视。从在日租界设立居留民团，又于东北建立“满洲国”到蚕食华北，日本政府将在华创办图书馆作为文化渗透和文化侵略不可或缺的重要组成部分。无论是20世纪初的天津日本图书馆、南满洲铁道株式会社（以下简称“满铁”）图书馆，还是抗战全面爆发前夕的北京近代科学图书馆、上海近代科学图书馆，无不是在日本政府觊觎中国和朝鲜等国家而推行“日本大陆政策”的背景下建立的。其中，“满铁”图书馆更是“满铁”总裁后藤新平提出的“文装的武备”殖民侵略思想的直接产物。随着日本军事侵略的逐步升级，在馆藏、读者服务、社会活动方面，这四大图书馆的文化侵略功能愈加显著。

## 二 日本在华建立图书馆的历史背景

### （一）日本大陆政策是日本侵华的根源

起始于1931年的“九一八”事变及持续了14年的侵华战争，是日本政府贯彻日本大陆政策的必然结果。所谓日本大陆政策，又称大陆经略政策，即日本谋划的自朝鲜、中国台湾到中国东北、蒙古、中国华北、中国全境的分步骤侵略，进而吞并整个亚洲，继而称霸世界的侵略政策。作为19世纪中后期的日本基本国策，日本大陆政策的出笼，既与日本“以忠信、勇武为主要内容的封建主义伦理道德观念的‘武士道’”①，历史传统有关，更是日本明治维新后迅速走上近代化资本主义道路、军国主义急剧膨胀而迫切对外扩张企图雄踞亚洲之首乃至立于世界之巅的必然结果。

1895 年，中日爆发甲午战争。这其实是日本实施日本大陆政策的一个重要步骤。战后，清政府被迫与日本签订《马关条约》，割让了澎湖列岛和台湾。1904 年，为争夺中国东北，也为继续有效推进日本大陆政策，日本与俄国开战。战后，双方签订《朴次茅斯和约》，日本从俄国手中夺得中国“南满”地区的租借权②。之后，为了巩固在东北的势力范围，以便日后将魔爪伸向中国关内，日本相继在“南满”地区设立关东都督府、“满铁”、日本驻奉天总领事馆等殖民侵略机构③，开始了对中国东北民众殖民统治、奴化教育、思想渗透的文化侵略行为。

### （二）“文装的武备”论是贯彻日本大陆政策的思想武器

表面上看，“满铁”是一家企业经营会社，实质上则是日本国家机关、政府的代行机构，是法学意义上的殖民会社。简言之，它是为了执行日本大陆政策而特别设立的代行日本政府统治“南满”的殖民机构。“满铁”首任总裁后藤新平是“文装的武备”论的始作俑者，他认为殖民统治不应局限于经济，还应该包括教育、卫生、文化等，“只有这样，日本的大陆政策才能贯彻到满洲民众的生活中”④。所谓“文装的武备”，其内涵是“以文事的措施，以备他日侵略之用”⑤。用他自己的话来解释，也就是“借王道之名以行霸道之实”⑥。

“文装的武备”实施范围无外乎宗教、卫生、教育、文化领域。仅就“文化”而言，“满铁”将其触角伸及文化事业各个领域——出版、科研、社会团体、博物馆及图书馆。从 1907 年“满铁”建立第一个图书阅览场开始，到“七七”事变爆发前，其在附属地沿线一共建有 31 个规模不等的图书馆。无论是在开始时为在华日本人提供参考资料服务、满足他们的精神需求，还是后来自觉承担起宣传日本文化、宣扬“大东亚共荣”和“五族（即汉族、日本族、蒙古族、满族、朝鲜族）协和”的责任，再到全面抗战后成为为侵略军提供精神慰藉的服务场所、为战事提供文献资料的情报基地，“满铁”图书馆其实一直都在践行“文装的武备”的殖民思想。

---

① 军事科学院军事历史研究部：《中国抗日战争史：上》，解放军出版社，2015，第 23 页。

② 何理：《中国人民抗日战争史》，上海人民出版社，2005，第 6 页。

③ 易显石：《“九一八”事变史》，辽宁人民出版社，1981，第 60 页。

④ CCTV《走近科学》编辑部：《二战纪实：远东国际军事法庭审判纪实》，巴蜀书社，2014，第 82 页。

⑤ 张素玢：《台湾的日本农业移民（1905－1945）：以官营移民为中心》，台北“国史馆”，2001，第 409 页。

⑥ 吕芳上：《中国抗日战争史新编 1：和战抉择》，台北“国史馆”，2015，第 29 页。

### （三）“对支文化事业”的实质是文化侵略

1923 年 3 月，日本政府公布《对支文化事业特别会计法》，以此为标志正式开始推行在华文化事业，决定在北京设立北京人文科学研究所、东方文化图书馆；在上海设立自然科学研究所。在华文化事业所使用的资金有两个来源，一是应该退还给中国的“庚子赔款”，二是日本在英美的抵制下未能成功接收德国在山东的铁路和矿产等方面多项权利而蛮横无理地向中国强索的所谓“赔款”。也就是说，他们用中国人的钱在中国的土地上举办他们的文化事业。之所以说该文化事业是“他们的”，在于他们打着中日“合作”的旗号、宣称该文化事业由双方共同完成，却在资金使用、人员配备、具体计划等方方面面将所有权限牢牢控制在自己手上，终使中国人认识到“对支文化事业”的真实目的是“伸张其国家行政权于中国领土，以肆其文化侵略，而怀柔中国人”①。

1936 年 5 月，在日本制造挑起“华北事变”后，为应和蚕食华北的大计方针，日本外务省发布“对支文化事业”新规事业（又称“新计划”）。它“是日本为了配合即将全面发动的侵华战争而在文化事业上所做的方向性的调整”，其目的是使“对支文化事业”尽快摆脱“为学术而学术”的禁锢，而将其强行拉入政治和侵略的轨道；其内容是“中日之间，不必专事研究陈腐学问，或做考古学的研究，应先实行为中日两国国民亲善之工作。……实行有国际文化色彩的工作”，其中之一便是“在中国各地新设日本文化图书馆，积极介绍日本文化”②。在这种情况下，北京近代科学图书馆、上海近代科学图书馆相继建立。

日本大陆政策是 19 世纪中后期到 20 世纪上半叶日本的基本国策，根本目标是扩张和侵略。在此背景下，代行政府殖民统治的“满铁”应运而生。而为了贯彻“文装的武备”“满洲”殖民思想，附属于“满铁”的“满铁”图书馆成立。“对支文化事业”是日本大陆政策指挥棒下的文化渗透方式之一，其“新计划”更是作为所谓“亲善”的工具，由此设立的北京、上海两家近代科学图书馆不可避免地被赋予了政治的因素而无法保持文化的纯粹。这样历史背景下建立的图书馆除了具备一般的收集、整理、保存、传播文献并提供利用的效用外，更多了一份文化侵略的功能。

## 三　图书馆的隶属关系与人员构成

### （一）直隶政府决定了图书馆的非民间性

日本在中国建立的四大图书馆中，只有天津日本图书馆自称是“自治团体”。事实

① 《教育界反对日本文化侵略之宣言》，《中华教育界》1925 年第 2 期，第 3 页。

② 王向远：《日本对中国的文化侵略：学者、文化人的侵华战争》，昆仑出版社，2015，第 213 页。

上，该图书馆的确由生活在天津的10余位日本侨民联合发起，于1905年8月7日成立。表面上看，它属于民间组织，但实则与日本政府关系非同一般。第一，从日本政府的主观意愿来说，欲使日租界成为日本侵略中国的基地，故而必须注意对租界的管控，而对租界内包括图书馆在内的团体和组织也都务使“尽在掌握中”。第二，从图书馆常设委员、评议员构成看，“官员”不乏其人，其中官员评议员有16人之多，占评议员总人数的24.6%。第三，天津日本图书馆初建时，馆址设在天津闸口日本俱乐部，而这个俱乐部是在日本驻天津领事的主持下成立的。第四，1907年8月，“大日本租界局”改为“居留民团”，天津日本图书馆划归其管理与经营，而居留民团直接听命于日本总领事。这一切都显示了该图书馆的日本官方背景，暴露了其与日本政府非同寻常的关系，也决定了它参与日本对华文化侵略的必然性。

如前所述，北京近代科学图书馆、上海近代科学图书馆是日本政府“对支文化事业”新计划的产物，由日本外务省文化事业部直接管辖。正如居留民团实则参与天津日本图书馆的馆务——包括直接参与修订《天津日本图书馆规程》《天津日本图书馆事务章程》《天津日本图书馆图书阅览细则》①，两家近代科学图书馆本身也没有多少权力，文化事业部不仅在资金方面严格按照《对支文化事业特别会计法》的规定拨付，且严苛限制使用范围，更插手馆务工作，规定“图书馆馆长、总务主任、司书、庶务、会计主任的任免必须经外务大臣的批准，图书馆助理、特聘人员的任免必须经总领事批准”②。而图书馆规程、经营方针的制定、修订等必须由外务大臣批准；图书馆出版物必须经过外务大臣及北京、上海日本总领事审核；图书馆事务报告书、成绩报告书、运营状况必须定期提交给总领事等③。同样地，“满铁”图书馆的管理规章也非由图书馆自身制定，随着从“阅览场”过渡到“简易图书馆”又发展到“图书馆”，《图书阅览场规程》《简易图书馆规程》《大连图书馆规则》等均由“满铁”制定。

日本在华建立图书馆的主要目的是收集、收藏包括政治、经济、法律、社会、产业、殖民、地方志、官方档案、军事材料等在内的一切关于中国的书籍、资料和情报，以便于其对中国的了解、认识和对中国问题的研究，为蚕食、侵吞中国做文献上的准备。因此，图书馆的任务是“用所藏图书，配合当时的形势发挥其作用”④。由此便不

---

① 《天津日本居留民团立日本图书馆规程//天津日本居留民团．现行法规汇编》，出版地不详，出版社不详，1926，第172页。

② 来源于日本东京外务省外交史料馆藏“北平近代科学图书馆关系杂件（经费关系第二卷）”中的《馆命令书》。

③ 石嘉：《抗战时期日本在华北的文化侵略——以北京近代科学图书馆为例》，《首都师范大学学报》（社会科学版）2017年第4期，第23－31页。

④ 杨力生：《满铁大连图书馆》，载中国人民政治协商会议辽宁省大连市委员会文史资料研究委员会编《大连文史资料：第1辑》，1984，第11页。

难理解“满铁”图书馆的隶属关系——1906年，“满铁”成立；1907年，“满铁”图书室筹建，隶属“满铁”调查部；1908年12月，调查部更名调查课。顾名思义，调查部（课）是“满铁”所辖下的专门收集情报的调查机关，“从日俄战争结束到第二次世界大战结束的几十年间，满铁调查部凭借从各方面收集到的大量情报资料，为日本有关方面制定侵华政策提供了方向和依据”①。显然，“满铁”图书馆存在的价值，一是为调查部（课）进行情报资料调查提供文献保障；二是为调查部（课）收集提交的6000多份调查报告、出版发行的数千种图书资料和杂志②进行专业的整理、分类和保存。

### （二）图书馆决策者官员占比高

无论是天津日本图书馆的评议员，还是“满铁”图书馆最早的创始人，抑或是各图书馆的馆长，官员占比很高，而图书馆专业出身的微乎其微。除了神田城太郎（1920.2～1925.3）、佐竹义继（1926.3～1928.5）、柿沼介（1926.5～1940.4）在加入“满铁”图书馆出任馆长之前，分别在京都大学图书馆、京都帝国大学附属图书馆、东京日比谷图书馆从事过图书馆专业工作以外，大多数馆长从未与图书馆打过交道。“满铁”图书馆筹建者冈松参太郎有两重身份，一是东京帝国大学法学教授、法学博士，一是“满铁”调查部（课）理事。事实上，“满铁”调查部（课）这样的含有国家智库性质的组织就是由他领导建立的。“满铁”图书馆既然隶属调查部（课），那么，调查部（课）官员兼任图书馆馆长似乎天经地义。先后担任（或兼任）“满铁”图书馆馆长的调查课官员有岛田孝三郎（1918.1～1919.7），唯根伊兴（1919.7～1920.2）、水谷国一（1940.4～1941.3），菊地池（1941.3～1942.2）、北川胜夫（1942.2～1945.8）等。

天津日本图书馆最初馆务由常设委员（1943年1月29日改为图书馆委员）和评议员负责，不设专职馆长。不少常设委员和评议员身份显赫。常设委员主要有日本驻北京大使馆官员奥田竹松、“大日本租界局”首任理事西村虎太郎等；主要评议员有日本驻天津总领事伊集院彦君、小蟠酉吉。另外，至少还有两名情报官员担任评议员，一位是日本间谍特务机构内阁情报系统东亚政治经济研究所负责人之一的阪西利八郎；一位是“日本老牌经济特务”③ 吉田新七郎。

大量特殊身份的官员存在于图书馆事务中，势必会强化对图书馆的思想控制，打

① 谢环环：《满铁的“大脑”——满铁调查部》，《百科知识》2016年第18期，第55页。

② 王向远：《日本对中国的文化侵略——学者、文化人的侵华战争》，昆仑出版社，2015，第213页。

③ 孙立民、辛公显：《天津日租界概况》，载中国人民政治协商会议天津市委员会文史资料研究委员会编《天津文史资料选辑：第18辑》，1982，第132页。

破作为文化单位的图书馆的正常发展规律。出于维护本国政府利益的本能，官员们也会自觉地将图书馆视为文化侵略的辅助工具。

### （三）管理者的行为和思想倾向左右着图书馆的走向

由于职责所在，官员们总是习惯地竭力执行政府的决策，其行为难免利己（国）排他（国）。例如，从法学专业性上说，“满铁”图书馆筹建者冈松参太郎堪称“法学大家”，撰写过《注释民法理由》《无过失损害赔偿责任论》等法学著作，“在日本民法学史上留下重大贡献”①。但他同时又利用法学专长配合时任台湾总督儿玉源太郎、台湾民政长官后藤新平参与中国台湾的殖民统治，不仅“提供台湾旧惯调查事业及台湾旧惯立法法理论基础”，而且“致力将台湾的旧惯一种‘前近代’的法律，改编入西欧法体系”②。天津日本图书馆的评议员伊集院君、小蟠酉吉凭借其天津总领事的身份，以自己对所驻国的了解，竭力找寻为本国谋取更多利益的机会，而罔顾所驻国利益。前者于1903年4月代表日本政府与天津海关道唐绍仪签订《天津日本租界推广条约》，强迫清政府对之前日本非法扩占的中国土地予以承认；后者于驻华大使参赞任内，在日本政府向中国提出“二十一条”时，协助公使日置益频向中国施加压力。

在图书馆决策和管理人中，不乏对中国深怀偏见之人。天津日本图书馆首任常设委员之一的奥田竹松曾经撰文《我观清国人》，对大和民族怀有强烈的优越感，反过来对中国人极其厌恶，认为中国人只有个人主义而缺乏国家观念，甚至将中国人列为“利之念炽盛之人种”“对利害计算极敏锐之人种”“胆怯懦弱之人种”，最终得出“固陋保守，难以改易”的结论③。常设委员、评议员、馆长们多有反华倾向，因而积极支持或配合日本政府的侵华政策。上海近代科学图书馆首任馆长上崎孝之助原是东京朝日经济部次长，与图书馆从来没有过关系，只因为对日本侵华“持积极意见”④而被推送上馆长之位。

“九一八”和“七七”事变的爆发可谓一面照妖镜，它将侵略者或支持侵略者的面目展现在世人面前。“满铁”图书馆奉天馆馆长卫藤利夫是“五族协和”思想的积极拥护者，他为“九一八”事变后奉天图书馆一改读书消遣的文化场所而变为“王道思想的讨论场、国家哲学的大熔炉”兴奋不已，而把“满洲国”的建立视为“宏伟的事业”，积极建议关东军司令把以日俄战争为题材、宣扬日本武士精神的小说《肉弹》

---

① 田口正树：《冈松参太郎与日本统治下之台湾旧惯调查》，小林贵典译，载“国立政治大学”法学院基础法学中心编《法文化研究（二）：历史与创新》，台北元照出版有限公司，2016，第80页。

② 吴豪人：《冈松参太郎论——殖民地法学者的近代性认识》，载林山田教授退休祝贺论文集编辑委员会编《战斗的法律人：林山田教授退休祝贺论文集》，台北元照出版有限公司，2004，第512页。

③ 吕顺长：《清末中日教育文化交流之研究》，商务印书馆，2012，第368－375页。

④ 山根幸夫：《东方文化事业的历史》，东京：汲古书院，2005，第175页。

（樱井忠温著）的英文、法文译本赠送给驻沈阳的上层外国人，为的是给他们“进行一次有效的历史启蒙”①，从而为日本挑起战争辩护。北京近代科学图书馆馆长山室三良在“七七”事变后，撰文将事变之所以发生栽赃到中国人的身上：“考其根因，实由中国未能了解日本之真意，提携未克实现有以致之。”②

决策和管理者们如此行为和思想无不与日本侵华政策同步，由他们掌管的图书馆自然不会只是“知识的海洋”那么简单，参与文化侵略并为军事侵略服务，随着战争的升级而成为图书馆的主业。

## 四　为文化侵略提供服务的馆藏建设

### （一）服务对象的不同对馆藏的影响

文献是图书馆的物质基础，因此，藏书被认为是图书馆的五大要素之一。无论日本在华创办图书馆潜藏何种居心，藏书建设总是各类图书馆的基本工作。从藏书本身来说，它们虽然多半并不具有侵略属性，但这不妨碍被怀揣侵略目的的人刻意利用。换言之，馆藏文献的作用因人而异，知识的载体也可以被用来当作工具或武器。这在日本在华创办的四大图书馆中表现得尤为突出。

相对来说，天津日本图书馆、“满铁”图书馆建立较早，服务对象分别以在华日本侨民、“满铁”会社成员为主。天津日本图书馆由于经费的限制，馆藏以接受捐赠为主，这使馆方难以确立文献资源建设方针，难以确定文献收藏原则、范围、重点，难以实施购藏标准，而只能停留在捐赠者捐赠什么、图书馆就收藏什么的随意性、被动性、低层次馆藏水平上。既然该馆服务对象着眼于日本侨民，而乐意捐赠藏书的也是日本人，故馆藏以日文书刊为主。来自在华与日本各地的机构与个人所捐赠的书刊的内容，当然与捐赠者的思想倾向、一己私好与个人趣味有关，他们的反华情绪对所捐书刊的品种当然有直接影响。在这些日文馆藏中，意识形态意味比较浓重。这主要是军国主义意识是当时日本的思想主流，日本大量的出版物要么是此类宣传品，要么其中挟带此类意识，要么为此做外围与基础服务。这类书刊的大量入藏，无疑强化了在华日本侨民的军国主义思想，加剧了他们对中国的敌对态度。随着中日关系的日趋紧张，日本加快侵华步伐，官吏、军人读者急速增加，馆藏中有关中国方面的书籍随之增多。“根据有关居留民团事务年报历年阅览图书各类的统计，有关中国的图书大都占据第二位，甚至有的年份还占据第一位。”③ 由馆藏的变化可以发现，天津日本图书馆

① 王中忱：《走读记：中国与日本之间》，中央编译出版社，2007，第186－187页。

② 王燕：《抗战时期的北平近代科学图书馆》，《兰台世界》2016年第14期，第87－91页。

③ 万鲁建：《天津日本图书馆述略》，《图书馆工作与研究》2006年第5期，第76页。

为文化侵略服务的程度是逐渐增强的。

“满铁”图书馆从在大连设立图书室开始就被定位于为“满铁”成员提供业务参考、调查研究的场所①，因此馆藏侧重文献的收集，主要内容包括东北地区民俗风情、地形地貌、矿产资源等，涉及铁道、矿山、港湾、产业、教育、卫生、工学、文学、政治、经济、地理、历史等方方面面，以日、汉、英3种语言为主。随着“满铁”图书馆的不断扩张，图书馆遍布东北铁路沿线，除了大连，奉天、铁岭、开原、四平、公主岭、长春、本溪、抚顺、沙河口等地均设有图书馆。为了方便对中国问题的研究，也为了更好地认识和了解中国以便日后占领和殖民统治，“满铁”对各个图书馆的馆藏进行了功能分区。例如，最大、最主要的“满铁”大连图书馆侧重“收集普通图书，同时收集官方的档案以及军事机密材料”；奉天图书馆“主要收集古籍珍、善本和中国各地的重要方志”；长春图书馆“以收集东北地方文献为主”；哈尔滨图书馆“重点收集有关满蒙的俄文文献资料以及有关苏联的政治、经济、军事方面的文献，特别是关于远东地区的文献”②；等等。

天津日本图书馆和“满铁”图书馆都有为特殊人群提供专门馆藏的服务。所谓“特殊人群”，主要指政府官员、高级军人、“满铁”的上层职员、关东厅和关东军机关的要员等。他们都持有“特殊阅览证”。这种阅览证不仅须经本人申请、所在单位批准，还要经过图书馆的审查核准，因此不是一般读者所能得到的。以“满铁”图书馆为例，持有特殊阅览证的特殊人群可以进入图书馆专设的“满蒙”“殖民”“交通”3个内部参考阅览室③。这样的“特殊服务”，无论是阅览者的“特殊”，还是馆藏的“特殊”，都已超出单纯的学术范围，而与侵略紧密相连。

### （二）为特殊目的而进行的馆藏建设

在以侵华为目标的日本大陆政策背景下建立图书馆，其目的性显而易见。抗战爆发前，“满铁”图书馆为了配合“满铁”对“南满洲”进行殖民统治，规定其自身的任务是“广泛搜集古今中外图书资料，供给‘会社’业务的参考”④。因此，该馆对“当时的政治、经济、地质资源、风土人情，特别是东北的地方志、地图以及政府机构出版的一般不经售的重要调查资料是垂涎三尺”⑤。不限东北地区的“地方志”是“满铁”

① 冷绣锦：《“满铁”图书馆研究》，辽宁人民出版社，2011，第31页。

② 李娜、王玉芹：《满铁图书馆的职能及其在东北的侵略活动》，《日本学论坛》2008年第3期，第66页。

③ 程宪宇：《满铁大连图书馆史略》，第一届图书馆史学术研讨会论文集，出版地不详，出版社不详，2006，第15－17页。

④ 杨力生、王泯虬：《日寇侵略东北时期伪满铁大连图书馆史料》，《图书馆学研究》1982年第6期，第105页。

⑤ 张海齐：《伪满铁图书馆的图书搜集方式及其危害》，《图书馆学研究》1983年第6期，第129页。

图书馆的重点馆藏之一，它从“图书室”时期便开始注重搜集，在很短的时间内便“搜集到中国各省通志、府县志700部”①。1923年2月，该馆获专款用于采购地方志、地图、图绘、稿册、非公开发售的油印本县志、村志等②。经过十几年持续不断的搜购，仅“满铁”大连图书馆收藏的方志，1940年时便已高达2300余部③，数量惊人。如此不遗巨细地对于地方志的搜求，只为了对中国各地进行深入毛细血管的彻底研究。天津日本图书馆也自诩对中国县志的收集是其馆藏的“一大特色”。他们很早便开始搜集以河北省为中心的中国北方各省的地方志，而以河北省地方志的收集最见成效。

为积极介绍日本文化而设立的北京、上海两家近代科学图书馆，其运营当然以此为中心，所明确的目的也是“向中国学者、学生等人士介绍日本自然科学发达程度、最新发明发现、人文科学及其他日本事情”④。既然图书馆标明“科学”二字，那么，馆藏必然偏向科学类，又以自然科学为主，涵盖医学、产业、工农业等，占比达70%，“人文科学书籍占百分之三十”⑤。既然以介绍日本先进文明为目的，馆藏中的日文书刊自然占据主流。北京近代科学图书馆开馆之初，“以三万五千元日金向日订购各种科学书籍四五千种”⑥。在平时的馆藏建设中，日本权威学者的著作、有关日本历史产业文学等方面的最新著述、日本新闻报纸杂志、日本人述及关于中国的中国学论著、日译欧美书籍等都是重点搜购的目标⑦。“七七”事变后，图书馆“为应其势所趋，复多备有日本语学书及辞典等之副本，以供其需要”⑧。在日文馆藏方面，“满铁”图书馆同样重视有加。据不完全统计，仅“满铁”大连图书馆所藏日文图书资料就高达94115种、179416册，其中杂志1906种、22011册，报纸104种⑨。

对于日本在华建立的图书馆来说，在藏书的语种方面，中文和日文各有用处，广泛搜集中文古籍线装书，乃出于对中国珍贵典籍的占有目的；将中国地方志列为所欲竭力搜求的馆藏，其动机更是不言自明。因为地方志含有一区一地极为丰富的信息，是情报来源的重要渠道之一，尤其是在战争状态下，地方志收集的意义不只可为经济

---

① 巴兆祥：《中国地方志流播日本研究》，上海人民出版社，2008，第109页。

② 李晓菲：《“满铁图书馆”及其带给我们的启示》，《图书馆建设》1998年第1期，第74页。

③ 韩俊英：《“大谷文库’藏书初探》，《日本研究》1994年第2期，第92页。

④ 石嘉：《抗战时期日本在华北的文化侵略——以北京近代科学图书馆为例》，《首都师范大学学报》（社会科学版）2017年第4期，第23-31页。

⑤ 《日本外务省文化事业部在平设科学图书馆》，《大公报》1936年11月1日。

⑥ 《日本外务省文化事业部在平设科学图书馆》，《大公报》1936年11月1日。

⑦ 石嘉：《抗战时期日本在华北的文化侵略——以北京近代科学图书馆为例》，《首都师范大学学报》（社会科学版）2017年第4期，第23-31页。

⑧ 《日本语讲习会》，《北京近代科学图书馆馆刊》1937年第2期，第186页。

⑨ 寃程宪宇：《满铁大连图书馆史略》，第一届图书馆史学术研讨会论文集，出版地不详，出版社不详，2006，第15-17页。

文化侵略提供帮助，甚至可为军事侵略提供直接帮助；文化渗透少不了植入本国语言和文化，日文书籍便承载了这一使命。总之，这四大图书馆的馆藏建设超越了公共图书馆以提供正当的学术研究和健康的精神食粮为己任的一般属性，而多了一份辅助文化侵略的功能。

## 五　图书馆参与文化侵略的主要活动

### （一）举办日语学校进行日语教学

文化侵略的一个显著特征是侵略者在被占领国推行己国语言。作为社会教育机构之一的日本在华建立的图书馆，有意识参与传播和宣传本国语言的方式，一是将日本书刊作为馆藏建设的重点；一是推行日语教育、开设日语学校。在开办日语学校方面，四大图书馆都不同程度地参与其中。

1942 年 11 月，天津日本图书馆开始在雇用的华人职员中实行日语教学试验。在获取一定经验后，于 1943 年 7 月开办日语讲习课，按照受教者日语掌握的程度，分为初等部、中等部，每周进行两次教学①。1938 年 6 月，上海近代科学图书馆针对中国普通民众举办日语学习班。学习班规模不断扩大，以至于次年 4 月改为图书馆附属日语学校，也设初、中级两个班，教员由本馆日本职员担任，教材以日本东亚学校主编的《日本语读本》为主②。

北京近代科学图书馆更将日语教育作为图书馆业务的重要组成部分，主要方式是③：（1）设立日语学校。它在东城、西城、北城开设了 3 间日语学校，所用教材是自己组织人员编写的《日文模范教科书》6 卷、《日文补充读本》6 卷。学校以短期培训班为主，学习期限 3 到 6 个月不等。（2）举办日语讲座。“七七”事变后，北京的日伪电台有专门的日语教学节目。该馆不但在阅览室里专门配备收音机供阅览者收听，而且还在节目结束后进行补充教学讲座。1937 年 11 月，图书馆特别聘请大学教授、文化学者开设日语基础讲座。（3）开设师范科。为培养更多的日语教员，该馆开设师范科，招收有一定日文基础的中国学生入学，学习期限 6 个月。（4）举办日语研究会。这是该馆“把日语教育提升到专业学校级别”的措施之一，招生对象是日语程度达到一定高度的人。该会每周举办 1 次，时间 90 分钟，3 个月为 1 期。

---

① 天津日本图书馆：《华人佣人日语讲习实施》，载《天津居留民团编·昭和十八年事务报告书》，出版地不详，出版社不详，1943，第 76 页。

② 石嘉：《抗战时期日本在上海的文化侵略——以上海日本近代科学图书馆为例》，《江苏社会科学》2015 年第 1 期，第 223 页。

③ 王燕：《抗战时期的北平近代科学图书馆》，《兰台世界》2016 年第 14 期，第 87 - 91 页。

如此热衷推广日本语，其目的当然并非如日本人自己所说的“用博日华亲善之好转，……且为一般学术及现代文化之要素”①，而是企图将日本文化强行输入以便同化、奴役中国人。

### （二）举办展览和演讲宣传“圣战”

日本全面侵华后，中国人民奋起反抗，中日关系陷入冰点。为给中国人民群情激昂的反日情绪降温，减少日本侵华的阻力，四大图书馆通过举办展览和演讲，以及制造舆论的方式为日军侵略行为辩护，竭力宣传“圣战”，美化“中日亲善”。

“满铁”图书馆的展览从来都紧跟侵略形势。“九一八”事变前，他们为配合日本占领东北和内蒙古，举办“满蒙研究资料展览会”（1926.11），“支那民族研究资料展览会”（1930.10）；事变后，则举办了反映关东军占领热河的“热河文献图绘展览会”（1933.5）、展示日军侵略华北的“华北文献展览会”（1935）等。天津日本图书馆也不例外，1938年10月21日和25日，广州、武汉先后被日军攻陷后，该馆不但用“午后休馆”的方式加以庆祝，而且还于11月10日至13日，连续举办了4天图书展览，其主题的关键词为：“支那事变”“中国情况”“日本精神”“国民精神的唤起”②。选择这个时候举办这样的展览，其用心显而易见。不仅如此，在“日俄战争”结束35周年的1940年，该馆选择在3月10日“陆军纪念日”那天又举办了一场展览，陈列了关于这场战争的相关图书120部，以及印章、书画、图片、明信片等100多件实物③，全然不顾东北人民因该战争而遭受的深重灾难。

上海近代科学图书馆举办的展览主要有：1940年12月14～27日的“近代日本文学展览会”。北京近代科学图书馆举办的展览主要有：1938年12月10～15日的“日本中小学生儿童书画展览会”和“日本生活风景写真展览会”，1942年12月6～11日的“大东亚战争一周年纪念展览会”，以及“日本艺术写真展览会”“北支蒙疆全貌展览会”等，不但大力弘扬日本文化，而且为战争添粉抹彩。

口头与文字鼓动当然也都是宣传的有效方式。天津日本图书馆筹划的天津读书会在3年时间里举办过30场演讲，演讲者的身份有些是日本军政界头面人物，演讲的内容有政治目光下的世界大势与格局，有对皇道精神的宣传，有日本必胜、在华日本人负有重大使命、建立世界新秩序的鼓动，有如何进行大东亚建设的讲解等。北京近代科学图书馆、“满铁”图书馆则利用馆办期刊《北京近代科学图书馆馆刊》《书香》进

---

① 《日本语讲习会》，《北京近代科学图书馆馆刊》1937年第2期，第186页。

② 天津日本图书馆：《特记事项一日记杂抄》，《天津居留民团·昭和十三年民团事务报告书》，出版地不详，出版社不详，1938，第150页。

③ 天津日本图书馆：《日露战役资料展览会》，《天津居留民团·昭和十五年民团事务报告书》，出版地不详，出版社不详，1940，第559页。

行“日本文化”和“圣战”宣传。《北京近代科学图书馆刊》上刊登的《日本语与日本精神》对日本文化极尽赞美之辞。《书香》第26号发表的《满洲图书馆的使命》、第33号发表的《时局与图书馆》、第39号发表的《满洲事变与图书馆》等文章直言图书馆和图书馆创办的刊物要成为“大东亚共荣圈”的宣传工具，要负有向中国人民宣扬“王道”思想的使命，“要从时局相密切的立场出发”①。“九一八”事变后，《书香》更专辟“事变”专栏，刊登《满洲事变与世界正体》等系列文章，以及军部书信等，毫无愧怍地为侵略战争代言。

## （三）直接为军事侵略提供服务

### 1. 为侵略者提供地图服务

地图无疑是军事侵略中必不可少的情报资料。“九一八”事变前，“满铁”图书馆向“满铁”提供了从中国抢夺的中国陆军测量局制作的五万分之一至十万分之一的地图。会社将其复印了2000份，分发到各省②。日军制造“九一八”事变，这些地图发挥了很大作用。“满铁”奉天图书馆馆长卫藤利夫亲口说过一个“故事”：“九一八”事变后，张学良将东北政府所在地临时迁往锦州，日本军队仍然紧追不舍。一个夜晚，一位关东军青年参谋来到奉天图书馆，查找中国出版的辽西地图，该馆平日积累的中国东北各地地方志派上了用场③。

### 2. 为侵略者提供查阅资料的便利

曾经有3个日本特务深夜赶到“满铁”奉天图书馆要求查阅有关“黑龙江教育制度”的资料，馆长卫藤利夫竭尽全力提供帮助，不但暖气彻夜不断，电灯整夜不灭，而且一直亲自陪伴。“九一八”事变后，“满铁”图书馆以大连图书馆为中心，由24个图书馆共同参与，编制了《全满二十四图书馆共通满洲关系和汉书件名目录》，免费赠送给关东军等机构，为他们查阅资料提供方便。卫藤利夫不无得意地夸耀说：“你所要查找的题目，比如说矿山，或者大豆……只要用电报把书号传送去，下一次列车无论停靠何处，都可以拿到书。”④除此之外，各个图书馆还从本馆藏书中选出与战事有关的图书，编成“时局文库”专供关东军用于情报分析。

### 3. 为侵略者提供精神慰藉

“满铁”图书馆一直都有以书籍作为精神慰藉产品的传统，其慰藉的对象当然是长期离乡背井的军人。早在1918年9月，“满铁”图书馆便建立“战时巡回书库”用以

---

① “满铁”大连图书馆：《满铁图书馆的使命》，《书香》第26号。

② 李娜、王玉芹：《满铁图书馆的职能及其在东北的侵略活动》，《日本学论坛》2008年第3期，第66页。

③ 卫藤利夫：《满洲事变与图书馆》，《书香》第39号。

④ 王中忱：《满铁图书馆遗事》，《博览群书》2005年第6期，第48－50页。

慰问西伯利亚派遣军。"九一八"事变后，1931 年 12 月 19 日，"满铁"图书馆发出募集图书杂志倡议，其目的如《阵中文库宗旨》所言，是为了对前线的战士进行精神慰安。短短半年时间，"满铁"所属各图书馆共收到捐赠书刊 12 万册。经过军部的审查筛选，最后确定将 109800 多册组成"阵中文库"送往前线①。天津日本图书馆也在抗战期间组织过"巡回文库"活动，军队是他们的"巡回"目的地之一。"七七"事变爆发后，北京近代科学图书馆即刻启动"前线慰问文库"，精心挑选文类、时局类、娱乐类、实用类等图书送往前线，用来"满足皇军诸将士战斗闲暇之余阅读，以了解有关支那的基本知识，增进对本邦历史、文化等的再认识"②。

**4. 参与整理军队掠夺的图书**

1937 年下半年，上海、南京相继沦陷后，在日军特务部的直接安排下，由 1.5 名委员组成的"占领地区图书文献接收委员会"和"占领地区学术资料委员会"成立，专门负责对华东沦陷区日军掠夺来的珍贵古籍、有价值的文献资料进行接收和保存。其后，"满铁"图书馆派出 6 名图书馆员和调查员于 1938 年 7 月和 8 月到南京对接收图书进行整理，其中包括"满铁"大连图书馆书目部主任大佐三四五和馆员青木实。而天津日本图书馆则在 1941 年 12 月太平洋战争爆发后对日军掠夺的文献资料进行接收和整理。为此，他们在天津防卫司令部的安排下于 1942 年 12 月组织成立"军队管理图书整理委员会"，对太平洋战争前英国工部局图书馆约 13000 册图书、英租界维多利亚道上的天津俱乐部图书室约 9000 册图书、商务印书馆附设的上海东方图书馆约 22000 册图书以及来自所谓"敌性仓库"的 287 册图书进行甄别处理③。这一切都表明这些图书馆已经由辅助文化侵略转化为直接为军事侵略服务。

## 六 结语

日本在华建立的图书馆，其主要任务是用图书馆所藏图书资料发挥情报参考作用。早期，它表现在大量购藏汉籍、典籍和地方文献，为日本政府了解中国形态地貌、物产资源提供文献支持；后期，随着军事侵略的进一步扩张，图书馆一来以其占据大量图书资料的优势自然成为情报中心，二来图书馆的工作重心也转向对侵略者提供信息情报服务。除此之外，图书馆除了收藏中国文献外，也大量引进宣传日本文化、展示其先进文明发展成果的日文图书资料，目的自然是为了文化渗透。为配合日本政府的

① 李娜、王玉芹：《满铁图书馆的职能及其在东北的侵略活动》，《日本学论坛》2008 年第 3 期，第 66 页。

② 来源于日本东京外务省外交史料馆藏《寄赠图书报告（昭和十三年八月）》。

③ 天津日本图书馆：《军管理图书整理》，《天津居留民团・昭和十八年事务报告书》，出版地不详，出版社不详，1943，第 75 页。

殖民统治，图书馆还积极开办日语短期培训班，从而使其又变身为军国主义的宣传教育基地。全面抗战爆发后，图书馆举办“阵中文库”等活动，送书上前线以满足侵略军的所谓精神需求从而达到“慰藉”目的。由此可见，在战争环境下，原本单纯的只是用来提供给人们精神食粮的图书馆也被日本侵略者利用而赋予侵略功能，使其沦为文化侵略的工具。

原载《图书馆建设》2018 年第 6 期

# 六　满铁资料整理与研究

# 吉林大学图书馆馆藏满铁资料概述

鲁红军　康俊梅　李爱华

南满洲铁道株式会社，简称满铁，成立于1906年11月26日，1907年4月1日开始营业。满铁在名义上是股份公司，但是它的总裁、副总裁、理事都是日本政府任命的，它在经营上的重大举措都必须经日本政府批准，因此，满铁表面上是股份公司，实质上是日本的国家机关。满铁从1908年第一批日本农林专家进入我国东北开展大规模实地调查开始，直至1945年日本战败投降，在长达40年的时间里，大肆搜集和研究我国的经济情报，始终充当日本侵略我国的经济特务。满铁开展的调查活动涉及我国社会经济的所有领域，诸如农业、商业、都市产业和矿产资源等方方面面。调查范围从东北开始，北至西伯利亚，南至印度尼西亚和大洋洲，远至欧美大陆。关于东北地区诸方面的调查尤为详细。因此，形成了大量的文书档案和调查资料，除一部分毁损外，留存的仍浩如烟海。日本和美国都非常重视满铁资料。日本战败后将大量的满铁资料运回国内。美军占领日本时，也曾将日本的满铁资料大量运往东北亚论坛美国。现在，日本国会图书馆专设了满铁资料室。美国国会图书馆也专设了满铁资料室。除日、美存藏的满铁资料外，我国保存的尤为丰富，不仅有独一无二的满铁文书档案，主要存放在辽宁省档案馆、抚顺矿务局档案馆以及大连、鞍山、长春、青岛等地的档案部门。其他丰富的满铁资料分别存藏于辽宁省档案馆、中国社会科学院文献交流中心、沈阳铁路工会图书馆、哈尔滨市图书馆、大连图书馆、吉林省社会科学院图书馆、吉林大学图书馆、东北师范大学图书馆以及其他各省市档案馆和图书馆。国内现存的满铁资料虽然丰富，但收藏单位分散，而且多数未加整理和编目。这部分珍贵的资料已经沉睡了几十年，应当尽快挖掘、整理、揭示、开发和利用。它对于研究战前的中国、东北亚和战前的亚洲太平洋地区的价值是任何其他资料代替不了的。

吉林大学图书馆存藏的满铁资料除“文革”期间有些散失外，现仍有5000余种、14000余册。从资料的印刷形式看，既有定期出版物，也有不定期的出版物；既有正式的出版物，也有铅印、油印、打印、手写、手抄等多种形式。从资料的类型看，有书、刊、各种类型的调查报告、专题资料、说明资料、会议记录、年表、年鉴、月报、日报、内部资料、手稿、剪报和目录等。文书档案有原始凭证、地契、电报原底、统计报表、照片、图表、工作总结等。从文种看，有日文、西文和俄文。收藏量最多的是各种调查报告，这是我馆满铁资料的核心。

中国农村实态调查报告有：《满人农家经济调查》《满洲农村户别调查报告》《满洲农村移民调查报告》《满洲农作物收获调查报告》《朝鲜人农家经济调查报告》《土地权利调查报告》《农作物生产费用调查报告》《乡村社会调查报告》《热河省家业调查报告》《农安扶余经济调查报告》《农民的衣、食、住调查报告》《农家概况经济收支调查报告》《齐齐哈尔农业调查报告 1998 年第 4 期》《蒙古地名、地志、风土、率例、草原调查报告》《满洲农业移民调查报告》《满洲烟草调查报告》《兴安北省三河农村予察调查报告》《绥芬河地方调查报告》《帮人农家经济调查报告》《帮人移民农家经济调查报告》《北满农业机构动态调查报告》《多伦及郭家屯地方农业调查报告》《南部畜产调查报告》《附属地和经济调查报告》《家计调查报告》《满洲土畜资本实态调查报告》《吉敦沿线水田候补报告地调查》《开拓地农家经济调查报告》《北安、龙江省开拓农家经济调查报告》等。

满铁的中国农村实态调查北起黑龙江，南至海南岛，覆盖了我国的广大地区。其中在东北、华北和华东地区的调查布点最多，规模最大，并在战时和战后出版了大量的调查报告。农村实态调查的成果主要产生在两个阶段。第一阶段为九一八事变前，满铁的农村调查重点在东北地区，调查的内容主要是有关农村人口与经济状况、农业资料和农业生产条件等方面。这个时期满铁的调查活动尚属初期，调查的筹划者和实施者还都缺乏经验，整个调查活动尚未形成系列化、理论化。这个阶段公开发表了有关东北农村的调查报告50余册。第二阶段为1931年九一八事变以后，日本侵略者扶植了伪满洲傀儡政权，为了向满洲殖民地统治者提供“立法和资政上的”依据，满铁的调查活动逐步进入规范化、系列化阶段，其特点是以自然村为单位做全面的经济调查。制定统一的调查程序，规定统一的统查项目，组织专门的调查班子，有针对性地选点实地调查，以全面而确切地掌握中国各地农村的社会习俗和农村生产、农业资源的实际情况。这时，满铁得到侵略军情报当局的支持和参与，联合组成了一支机构庞大并富有实地调查经验的调查队伍，并形成了建立在严密的学术理论之上的大规模的系列调查活动。这个时期的成果有：《一般民地》《蒙地》《皇产》《内务府官庄》《典地习惯》《租权》等 9 个分册，都是在长春先后出版的。这是 20 世纪 30 年代初期的调查成果。30 年代中期在满铁调查部的控制和指导下，由“伪满洲国实业部临时产业调查局”主持的调查活动，调查范围涉及“满洲国”境内数十个县（村），调查内容分为农村实态专题调查（包括租佃关系、雇佣关系、农具、农家生计、农家经营、农村社会、土地关系）等。这次调查的成果在 1935～1938 年之间相继在长春出版，共 40 册。还有“伪满洲国实业部大臣官房资料科”“国务院统计处”“满洲国大同学院”等分别进行的类似调查，共出版调查报告 10 册。这是日本侵略者在中国开展的一次最大的农村经济实地调查活动，以后在华北和华东地区的调查模式是基本仿造东北的模式进行的。整个东北地区农村实态调查的资料大部分存藏于我馆，是研究东北地区战前、战后农村经济发展历程不可缺少的资料。

交通、工业和资源方面的调查报告有：《松花江航行权调查报告》《绥芬河以北国境地区交通调查报告》《龙海铁路调查报告》《满洲畜产资源调查报告》《满洲林业资源调查报告》《满洲硫胺工业调查报告》《满洲矿业、鱼类、毛皮、森林资源调查报告》《皇产现状调查报告》《满洲采金事业调查报告》《满洲火药类调查报告》《满洲养鸡业调查报告》《满洲制粉业调查报告》《满洲通信事业调查报告》《满洲牛肉输出业调查报告》《满洲金融调查报告》《满洲治水调查报告》《满洲纤维业调查报告》《长白山综合调查报告》《满洲积雪调查报告》《满洲家族制度习惯调查报告》等。

总之还有其他方方面面的调查资料。除了大量的调查资料外，还藏有满洲各种统计、会议速记、概况、名录、名鉴、会志、要览、法规、税规、年鉴、日满商工名录、满洲事变资料、满洲农业宝典、满洲的各类保险、通信、外交方面的政策。

还有较多的东北地区各县的情况。如：《兴安西省林西县事情》《奈曼奇事情》《四平省西丰县事情》《三江省通河县事情》《绥滨县事情》《绥河县事情》《萝北县事情》《宝清县事情》《热河省县旗事情》《吉林事情》《龙江省拜泉县事情》《杜尔伯特旗事情》《富裕县事情》《甘南县事情》《广安县事情》《景星县事情》《龙镇县事情》《桃南县事情》《吉林省双阳县事情》《依兰县事情》《榆树县事情》《长岭县事情》《华甸县事情》《奉天省营口县事情》《柳河县事情》《梨树县事情》《锦西县事情》《复县事情》《凤城县事情》《东丰县事情》《昌图县事情》《本溪县事情》《蒙江县事情》《洛阳县事情》《锦州省磐石县事情》《兴城县事情》《义县事情》《滨江省庆城县事情》《呼兰县事情》《大连市事情》《本溪湖事情》《辽西事情》等。各县的事情详细地记载了该县的方位、地图、历史沿革、自然条件、行政与财政、面积与人口、文教卫生设施、交通、通信、治安等内容。

我馆还有40余种满铁资料的分类目录。例如：满铁、铁道总局资料目录，满洲工业关系文献目录，南满洲铁道株式会社发行刊物目录，北满东满植物目录，北满经济调查资料分类表，和洋图书新分类表，调查部资料课资料分类目录等。这些目录对整理满铁资料很有帮助。

满铁的各种调查报告，不仅是我馆满铁资料的核心和开发的重点，也可以说是中国存藏的所有满铁资料的核心和开发研究的重点，这不仅是因为调查资料覆盖的地域大、涉及的面广、内容全、调查得细，而且调查的手段采用了现代经济人类学的理论模式，有一套调查严密的调查程序、内容和方法。由于调查活动规范化和系列化，从而使不同的地区、不同类型的同一内容的资料具有很高的统一性和可比性。调查项目所包含的时间深度可以上溯到近百年来的变化。调查班子都包含各个相关学科的专家，而深入第一线调查的人员，多半是学有所长、训练有素的高级专家学者。因此可以说满铁的调查报告是众多专家学术性努力的成果。它已超出日本当局当时所直接关注的内容，有着很高的学术性和客观性，是了解和研究战前的中国、战前的东北亚和亚洲太平洋地区最为翔实的第一手材料。对于社会学、历史学、人口学、民俗学、农村金融学等学科的研究都具有一定的参考价值。旧中国的中外学者或政府部门所做的类似调查都只是提供笼统的累计数字，而满铁的调查可以称之为旧中国众多调查中绝无仅有的。

满铁作为日本“经营满洲”的中枢机构，在九一八事变前，占有突出的地位。满铁为调查东北的自然资源，研究掠夺的方法，垄断重要的工业原料，最终把东北变成日本的商品市场、投资场所、原料产地和殖民地区，相继建立了很多科学研究机关、调查机构和农事试验场。满铁从其总裁室和总务部起所有机构都从事情报和调查工作，相当一部分满铁资料是这个时期产生的。从九一八事变起，到1945年日本投降为止，东北的历史属于伪满洲国时期。就满铁来说是它发展的后期，这个时期日本侵略者的新目标是将东北建设成为扩大侵略的产业中心和屯兵要地。要加紧掠夺东北的资源，以发展日本的军事工业，这时满铁已拥有雄厚的资金、技术力量和丰富的调查经验，并产生了大量的调查报告和相应的其他资料。由于满铁的资源调查和关东军的侵略性军事行动是融为一体的，因此，满铁资料更具有鲜明的“国策性”和军事性，这些也都反映在调查资料中。满铁本身是侵略战争的产物，又成为发动新的侵略战争的支柱。它随着侵略战争的进展而发展壮大，又随着侵略战争的失败而灭亡。满铁已成为历史，但是满铁遗存资料还具有很珍贵的价值，它是满铁40年主要活动的历史写真，它记录了日本的侵华史。它对于研究满铁史、中日关系史、东北沦陷史、东北近现代经济史、日本军国主义史都有很大的参考价值。过去对这部分资料的开发、研究不够，现在中国近现代史史料学研究会满铁资料研究分会已立“满铁资料整理研究”的项目，拟着手进行全国满铁资料联合目录的建库和制作光盘的工作。这将会极大地促进满铁资料的整理、开发和研究工作。我们每一个存藏满铁资料的图书馆、档案馆，都应高度重视和保护好这些资料，积极参与满铁资料研究分会的工作，尽快整理和开发这部分资料，使其在促进东北亚经济腾飞和维护世界和平的过程中，充分发挥作用。

原载《东北亚论坛》1998年第4期

# 天津图书馆收藏满铁资料概况

焦　玫　孔方恩

天津图书馆是有近百年历史且藏书规模较大的省级公共图书馆，其前身直隶图书馆创办于1908年。现有藏书300余万册，其中1945年以前出版的旧日文资料有近6万册，从1994年开始设专库收藏，定名为："天津图书馆日本文库"。我馆所藏日文的满铁资料均藏于该文库中。值此筹备出版全国满铁资料联合目录之际，我们将本馆有关满铁资料的情况，从其形成过程和收藏概况两方面分别做一简单介绍，以使从事满铁史研究的学者们充分了解和利用我馆的这部分文献资料。

## 一　馆藏满铁资料的形成过程

我馆日本文库所藏的旧日文资料，其中包括大部分馆藏满铁资料，全部来源于原"天津日本图书馆"。它是日本侵华时，由居津日人中的"智者"倡议，在天津地区设立的一所主要供在华日本人利用的带有公共性质的图书馆，创建于1905年8月，是日本在中国所建几十座图书馆中建馆时间最早、经营时间最长的图书馆，比天津图书馆尚早建3年，直至1944年因日本面临战败而闭馆，历时整40年。当时的天津日本图书馆主要由天津日租界居留民团掌管、公益会等多个日本驻津机构在行政开支、购书经费等方面予以协助。其藏书主要通过主管部门拨款购书和捐赠两种方式获得，捐赠作为获取书刊的重要渠道，其数量与采购几乎等量齐观。捐赠者有个人，亦有团体。据统计，历年向该馆捐书的共有232人，团体也有242个之多。其团体的范围很广泛，有新闻机构、高等院校、商会洋行、医院、教会、日本军署及官厅、众议院、台湾总督府、商务印书馆、中华书局、中国和日本的一些图书馆、满铁及所属机构，如：满铁会社、满铁调查课、大连图书馆、满铁图书馆、满洲医科大学等也曾向该馆捐赠过部分图书资料。因此，该馆实力雄厚，藏书颇具规模，类别也十分丰富。1945年，日本战败，我国政府接管了原"天津日本图书馆"后，于1949年将全部藏书移交给天津图书馆。由于种种原因一直没有整理而沉睡了近半个世纪，虽几经风雨，但庆幸的是基本上保存完整。1995年，我馆接受日本万国博览会纪念基金的赞助，抽出部分具有一定业务水平的专业人员组成日本文库整理组，经过一年多的努力，完成了第一期的整理工作，使全部藏书排列有序，并正式出版了一套按书名的日语读音排序的书本目录，共四册，290余万字。自日本文库建立以来，中日一些研究日本问题的专家、学者曾到此参观、指导工作。如：日本京都大学名誉教授、原北京日本学研究中心主任教授竹内实先生，东京女子大学名誉教授、东洋文库研究员出根幸夫先生及中国日本史学会副会长武安隆教授，中华日本学会理事王勇教授等都对该文库的整理工作给予了充分肯定，对藏书质量予以了高度评价。据日本有关学者讲，其中的部分资料在日本也已很少见到，是非常珍贵的史料，具有相当的研究价值。竹内实先生在日本名古屋出版的《中日新闻》上对此以《复苏的日本图书之光》为题发表文章介绍了有关情况，引起日本相关人士的极大关注。

## 二　馆藏满铁资料概况

本馆所藏满铁资料的数量虽不多，但基本上都是满铁的核心资料，满铁及所属机构存藏的部分目前发现的很少。一些被满铁史学家认为较有影响的书刊，如《满铁调查月报》《满蒙全书》《满洲经济年报》《满洲旧惯调查报告书》《东亚》等我馆均有收藏，并藏有相当一部分满铁天津事务所编辑出版的资料，可谓本馆的特色藏书。从文种上来看，以日文为主，兼有极少量的中文和西文。从出版来看，有铅印、油印、打字、刻写等多种形式。从内容上看，涉及政治、外交、经济、社会、历史、自然资源等诸多方面，大致可归纳为以下几大类：①关于满铁的资料有：《南满洲铁道株式会社营业一斑》《南满洲铁道株式会社三十年略史》《满铁总裁论》等，还有《满铁の过去现在竝将来》是满铁总裁松冈洋右的讲演速记录，从满铁的起源讲到满铁的发达史，均为研究满铁较有价值的史料。②政治、外交类有：《中华民国政府公报重要记事》《支那に於ける外国租界回收问题》等，《英支西藏问题交涉略史》则是一部值得研究的书，它详细记载了自清末以来，中英在西藏问题上的各种关系史，书后附有西藏各喇嘛教主事纪。③关于经济、自然资源类有：《北支那经济综观》《世界经济の现势》《最近支那财政概说》《北支那の羊毛》《北支那矿业纪要》等，显而易见，这些资料反映了当时中外的经济状况和我国的资源概况。④地方文献类有：《满洲概观》《黑龙江省の财政》《长春沿革史》《奉天抄誌》《东部内外蒙古调查报告书》《河北省农村实态调查资料》《最近山东》《济南旧迹志》《上海港》《中支の民船业——苏州民船实态调查报告》等，全国大部分地区的资料几乎无所不包。⑤有关社会、历史、民俗类：《中国秘密社会史》《日本人の注意すべき支那交际上の习惯》等，其中《满洲民俗图谱》则图文并茂，是研究满洲民间风俗习惯的宝贵资料。另外，还有些杂类书，像《清朝经费の研究》《满洲铁道建设秘话》等也都颇具史料价值，不在此一一列出。除此以外，还有两类书值得特别一提，一类是前面说过的特色藏书，即天津事务所编辑、出版的部分满铁资料。天津事务所是满铁的一个下属机构，主要负责收集津京及周边地区的情报，该所设于1935年11月，后扩大为北支事务局，下设有若干个课及北平事务所，在济南、青岛、多伦、郑州、太原、张家口、绥远等地派有驻在员。从《满铁机构变迁概表》来看，其设置的时间不长，估计所出版的满铁资料也不会太多，而我馆的收藏量据粗略统计，约占全部馆藏满铁资料的15%左右。主要有《北支经济资料》《北支调查资料》《北支经济统计季报》等均为比较重要的多卷系列，内容是有关华北各地区的经济情报；《河北省农业调查报告》《山西省河川测量报告书》《天津为替相场表》等也是颇有价值的藏书；还有一些地方文献资料，如《河北首沧县农村概况》《通县棉作试验场试验成绩》《遵化县芦家寨农村实态调查报告》《密云县小营村、香河县后延寺农村实态调查报告》等都是很具体的县、村、寨、寺的史料，是研究地方志的珍贵文献。另一类是文献目录，有藏书目录和专题目录：《满铁大连图书馆增加图书分类目录》《大连图书馆和汉图书分类目录》《哈尔滨图书馆增加图书目录》《亚细亚文库图书目录》《满洲农业关系文献目录》《支那矿产资源文献目录》等是研究满铁资料可利用的工具书。

以上是我馆收藏满铁资料的大致情况，现收藏这部分资料的书库已实行开架阅览，欢迎有这方面需要的读者来馆查阅。

原载《图书馆工作与研究》2000年第2期

# 历史事实　岂容抵赖

## ——满铁档案中证实的南京大屠杀惨案

赵焕林

有关南京大屠杀惨案问题已有许多证据公布于世，然而，在日本国内仍有一部分右翼分子矢口否认日本军国主义对中国人民犯下的血腥罪行，什么德国人的《拉贝日记》，什么日本人的《东史郎日记》，统统都被称为“本世纪最大的谎言”！难道63年前的南京大屠杀真是虚构的吗？无论是中国人，还是日本人，还是全世界人民都应该了解历史的真相，都应该以史为鉴，都应该正视历史。那么，南京大屠杀的历史真相是什么？到底日本军国主义有没有在南京屠杀大量的中国人，辽宁省档案馆馆藏的满铁档案给世人以佐证。

档案是历史的真实记录。1906年日俄战争结束后，日本为推行其侵略中国的“大陆政策”，在中国东北成立了南满洲铁道株式会社（简称满铁）。作为日本的“国策机构”，满铁参与了日俄战后历次的日本对中国的侵略活动，从成立到失败的40年间，满铁在日常活动中形成了大量的档案，这些档案至今多数较完整地保存在辽宁省档案馆。从这些档案中，除记录了满铁从事各种侵略活动外，也保存了记载有关南京大屠杀的秘密报告。1994年5月，辽宁省档案馆曾将有关南京大屠杀的秘密报告公之于世，引起了世界各国宣传媒体的关注。有几十家报社、电台、电视台、杂志社报道了公布档案的内容和情况，辽宁省档案馆也接待过近百名各国记者的采访，其中日本的NHK电视台也加入了采访报道的行列。1999年，辽宁省档案馆又将这些秘密报告的原文（日文）在《满铁与侵华日军》档案汇编中全文公布。由于这些档案是满铁自己形成的，是日本人当时的秘密文书，所以，它的可信度和可靠性就毋庸置疑了，虽然南京大屠杀惨案已经过去了63年，但当时保存下来的证据，为今天的人们研究历史、正视历史，以正视听，提供了最直观的第一手材料。

那么，已公布的这些秘密档案有哪些内容呢？我们从南京特务机关（亦称南京特务班）向满铁总社汇报在南京活动的三份秘密报告书中看到了日军进行南京大屠杀的部分场面。这三份由南京特务机关给满铁总社汇报在南京活动的报告书从1938年1月21日开始，每月报告一次。第一份报告书形成于1938年1月21日，第二份报告书形成于1938年2月底，第三份报告书形成于1938年3月底。第一份报告书中主要报告了日军占领南京前的南京人口及南京形势、日军占领时的概况、南京特务机关的组成、对难民的宣抚活动、南京市区的交通和水电等设施的恢复、设置“日人街”、国际关系方面的动向等。第二份报告书中主要报告了“南京市自治委员会”的成立、解散难民区清除“残兵”和抗日分子、清扫市街（主要是掩埋尸体）、征用军用苦力、发放军票、统制日用品的销售等。第三份报告书中主要报告了“南京自治委员会”的活动情况、解散难民区和难民回归原地的情况、向上海遣返难民、发放“良民证”、肃清“残兵”和抗日分子、消防灭火以及清扫市街等情况。这三份报告书，从各个方面证明了日军占领南京后对中国人民进行大屠杀的事实。三份秘密报告称，南京是有两千多年历史的一座文化古城，当时是国民政府的首都，七七事变以后，随着日军进攻的扩展，南京自然就成为日军攻占的首要目标。1937年12月8日，日军分三路包抄南京城，据第一份报告记载，截止到这次事变前，南京市约有108万人口。12月13日，日军在没有任何抵抗的情况下，轻而易举地占领了南京城，国民政府这时已向西南重庆撤退。日军侵占南京后，立即对南京市区及近郊进行了全面扫荡、血腥屠杀。为了配合日军的侵略行动，满铁同前两次事变（即九一八事变和七七事变）一样，立即主动从所属上海事务所中派遣庶务课弘报系主任松冈功、职员佐藤鹤龟人、小岛友于，雇员马渊诚刚、丸山进等转赴南京，成立南京特务机关，也称南京特务班，直接归军方管辖，帮助日军处理大屠杀之后的各项事宜，成为日军最得力的助手。

南京特务机关从12月22日开始活动，24日正式组成特务机关，也就是说日军13日进城，十天后满铁社员便派到了南京，所以南京特务机关的成员应该看到日军对南京的大屠杀场面，但他们不会在报告中露骨地宣传这种极不人道的事情，所以，就换了一种方式，以汇报工作成绩的方式向总社进行了表白。在三次报告书中已向世人说明了南京大屠杀的真相。

## 一 关于南京的人口问题

据1938年1月21日提交的第一次报告称：“战前南京市一般概要：面积52平方公里，人口约108万。”“截止到此次事变之前，约有人口106万。”“我军认为，由于南京整个被皇军包围，完全没有逃跑余地。”日军进城后，“最初，城内数目达20万的难民，被以德国人拉贝为会长的国际委员会收容”。到第二次报告时称“在入城之际，城内难民据称约有25万，又聚集在国际委员会设立的所谓难民区内，宛如乞丐之城”。经过1937年12月22日到1938年1月5日、1月6日到2月25日间两次清查，发给“安居证”的有25万人。由此可以看出，日军攻城前南京人口为106万人，而入城后特务班看到的却只有25万人，并逐个审查登记后发放了“安居证”。3月末在第三次报告中称由于居民的逐渐回归，南京市已有38万人口。这个数字当时是最准确的。南京市人口数由战前的106万到3月末的38万人，可见，日军屠城前后人口数相差68万人！

## 二　关于清除残败兵及抗日分子人数

满铁社员入城后做的第一件事就是以维持治安为由，协助日军进行清除残败兵及抗日分子。据第一份报告书称“确立治安的先决条件是搜查清除城内外的残败兵及抗日分子。因此，去年12月22日至本年1月5日间，协助中岛兵团进行的盘查活动，清出了大约为4000名的残败兵及抗日分子。1月6日到2月5日间，特务机关得到天谷警备支队的协助，又在城内外继续进行盘查，清出约500名”。“在进行清除犯罪分子工作的同时，还督励自治委员会警察厅承担对恶劣犯罪分子的检举工作，检举惩戒那些利用难民区特殊的生活环境而猖獗起来的不法中国人（约500件）。”上述前两项加到一起，满铁南京特务机关协助配合日军共清除掉中国人4500余名。

## 三　关于尸体收容数量

南京特务机关直接指挥的尸体埋葬队，据报告书称只有一个红卍字会的尸体埋葬队。红卍字会全称为“世界红卍字会南京分会”，该会于1937年12月设立了专办各类慈善事务的办事处，该办事处从12月22日起，组织两个班，开始从事收尸和掩埋工作。第二份报告书说：“红卍字会的尸体埋葬队（队员约有600名），一月上旬以来，在特务机关指挥下，连日涉足城内外掩埋死尸。截止到二月末，已埋葬的尸体约达5000具。”第三份报告书说：“红卍字会自进行尸体收容工作以来，已默默工作了三个月，其工作成果值得称赞。目前，该会已用完全部资金，工作开始陷入困境。在城外各地还散搁着一些尸体，经过积极工作，取得了显著成果。至3月15日为止，已把城内1793具尸体、城外29998具尸体，共计31791具尸体，收容在城外下关地区及上新河地区的指令地点。”这样收尸工作是否全部结束了呢，还没有。“随着天气转暖，收容掩埋尸体工作将愈加困难。对疫病及其他问题，现正在研究对策。但是，仅靠红会的力量是不够的，是研究用什么方法提供资金的时候了。现在每天需要卡车5－6辆，民工200－300名，但是红卍字会已无法筹措汽油及民工工作。”对于收容的尸体，由于太多，经费不足，也只好放在露天处，所以，伴随天气日益暖和，南京城内外腐尸气味到处弥漫。报告书说：“从上述收容工作进行以来，红卍字会共花费11175元，虽说是埋葬，现在大部分只是用草席子卷上尸体放在该地，掩埋结束后，必须对尸体周围的土地及墓地进行消毒。据红卍字会做出的预算，其经费共达8950元。由于今后红卍字会的工作（因无资金）很难开展，故正在研究对以上经费进行援助。”根据南京特务机关的报告，1－3月收尸31791具，尚不包括1－2月间被清除的4500名的残败兵和抗日分子，因为他们收的尸体是在城内外散搁着的一些尸体，可见也不包括日军屠杀时被赶到下关江边和集体屠杀的尸体了。

## 四　关于难民问题的对策

有关南京城内难民问题在三次报告中都有较大篇幅描述。“最初，城内数目达20万的难民，被以德国人拉贝为会长的国际委员会收容，市中央西部的一块地区（拥有很多外国人建筑的地点）被划定为难民区，粮食及其他生活品均由国际委员会配给。”这些难民不会全部都是南京城的居民，“还有应遣回上海的一些人”，应回上海的人数据第三次报告称共遣返三次，“第一次遣返的大约为1000名。第二次遣返约850名（手续已办理）。第三次遣返的手续未办完的难民大约1000名左右”。整个难民区内约有难民25万人。这些难民由于受国际委员会的保护，成为日军随意捕杀中国人的一个障碍，因此日军以难民区的“难民中必然潜伏着很多残败兵、不法分子”为借口，派日军及南京特务机关对难民区进行搜查清除残败兵及抗日分子，两次捕杀4500人之多。

为了配合日军行动，“在特务机关指导下，昭和12年12月23日成立了自治委员会筹备委员会”。1938年1月1日，伪南京市自治委员会正式成立，1月5日便出面接管了难民区。1月8日开始，日军及特务机关“着手进行含国际委员会在内的难民区的解散工作”。“进入本年度后（1938），在各国庇护下潜伏的残败兵、不法分子接连不断地被查出逮捕。”由于清除了国际委员会保护下的难民区，这25万难民们便又可以被日军随意驱使。这些难民在失去了保护后的境遇如何呢？据二次报告书称：一是清扫市街，大约100人以上。二是具有技术的专业人员派到电灯、自来水工厂恢复生产，约220人。三是军用苦力。“一月上旬以来，军队所要使用的苦力全部经特务机关协助介绍。截止到二月末为止，经特务机关协助介绍就业的包括长工、日工在内的军用苦力，总计约达1万人次”，到3月份，军队每天需要约30000苦力。四是让难民为伪自治委员会收集城内外铁屑以筹措经费。“自治委员会筹措经费之一，是计划从三月上旬起收集城内外的铁屑”，“由于没有收集所需资金，临时的应急办法，是让难民们各自收集铁屑，以每100斤50分的价格回收，已收有700吨左右”。五是或自谋生路，或送收容所收容。

从上述秘密报告书上不难看出，从1937年12月13日开始，日军在南京城内活动，而满铁派出的特务人员进城后，除看到的是城内外布满中国人的尸体外，还帮助日军清除掉4500多名手无寸铁的中国“残兵”或他们认为的抗日分子。对于城内外散搁着的中国人的尸体，他们用了三个月才处理了31791具，当然，还不包括其他的收尸队掩埋的数量，也不包括被集中屠杀的大批中国人！他们看到的是南京城大半被毁，几十万中国难民无家可归；看到的是昔日繁华的南京城变成了废墟，中国人尸体遍地，无法掩埋成为墓地；做的是继续屠杀中国人，把剩余的中国人当成奴隶来供日军驱使！这字字记录、笔笔罪行，难道还不足以证明当年南京大屠杀的存在吗？去年12月，我曾作为学者到日本大学讲学，当讲到南京大屠杀的时候，有的日本学者还提出什么南京大屠杀日本没杀那么多人，说什么可能是10万~20万人。我想，作为一个国家、一个民族，必须正视历史，才能教育后人，少走弯路，只有尊重历史，才能尊重别人和自己。当前，日本国内否认南京大屠杀事件的出现不是偶然的，是日本国内右翼势力的猖獗。作为一个经济上发达的国家，社会文明也十分重要，难道日本的历史学家就不能到国内的公文书馆中去翻翻当年的档案，翻翻日本保存的侵华期间大量的《阵中日记》，去研究这段历史，去正视这段历史，给后人以警示吗？

原载《兰台世界》2000年第3期

# 满铁和满铁资料

李久炼　苏学文

“南满洲铁道株式会社”产生于20世纪初。1905年日俄战争后，日本占领了我国东北的南部（南满），即原本是俄国从中国攫取的东清铁路长春以南的部分及其附属地的所有权。为了经营南满洲，1906年6月7日日本天皇下令批准设立“南满洲铁道株式会社”，简称“满铁”。1907年4月1日在大连开始营业。它垄断我国东北的铁路交通运输业，夺取东北的煤矿、铁矿、金矿、铅矿等矿权，统制化学工业、电业、盐业、电气、自来水等重要工业企业；它倒卖土地、掠夺森林、主持日本移民；它从事外交、收买、贿赂、谍报等活动，使东北沦为日本帝国主义的殖民地。满铁表面上是一个株式会社（企业），而实际上自它建立起就是日本政府在南满洲的化身，是日本帝国主义推行其侵占我国东北，妄图吞并中国、称霸世界这一大陆政策的重要工具。日本投降后，1945年11月19日满铁将所有财产管理权移交给苏军，满铁消亡。

满铁存续期间，满铁机构及其所属单位调查形成和收藏了大量图书档案资料称为满铁资料，满铁资料又有核心资料和收藏资料之分。满铁有一个庞大的组织机构。除具有总揽一切的总裁室外，单是部级单位就有十几个。各部下属的课、室、事务所等难计其数。在其存续期间这些机构都有文书档案，记载着其侵华的全部内容，此外还有大量原始凭证、地契、电报原底、统计报表、照片、图片、总结、年报、月报等资料。满铁机构中的调查部是满铁的重要情报部门。在我国东北和其他地区以及日本本土和东南亚各地都建有它的情报调查机构。工作人员多时达2000余人，其中骨干分子多先到德国或其他欧洲国家受训，之后到满铁调查部任职。日本的草柳大藏说：“‘满铁调查部’是日本人组成的空前绝后的知识荟萃的集团。……满铁调查部相当于这个政治集团（满铁）的大脑。它不仅是搜集情报和随时可以提供情报的大脑，它还是能为‘满铁’创造继续存在和发展条件的大脑。”满铁调查部是当时世界上屈指可数的情报调查机关。它对我国东北，乃至全国的自然、地理、物产资源、政治、经济、风俗习惯以及文化历史等情况都有广泛的调查和搜集，并且还将调查范围扩大到西伯利亚、印度尼西亚、大洋洲和欧美大陆，其中东北亚地区调查尤为详尽。他们将调查情况有的写成专著，有的形成绝密、机密文件，向日本军国主义的侵略提供全面系统、有分析有看法的大量资料。如：《北京西山炭田调查资料》《开滦炭矿调查资料》《北满农业机构动态调查报告》《北支棉花综览》等。满铁机构中其他业务部门也都从事与本业务有关的调查，形成各种各样的图书、档案资料。如总务部的《满蒙要览》、产业部的《满蒙植物志》、庶务部的《黑龙江系水路志》等。为了统治我东北各重要产业，满铁设立了各种特殊的关系会社，一个关系会社垄断一个行业或一个部门的生产和经营。如满洲炭矿株式会社、满洲采金株式会社、满洲电业株式会社等。截至 1937 年，满铁的关系会社已发展到 80 个。在他们掠夺经营过程中，也形成了详尽的档案资料。如满铁抚顺炭矿会社档案，不仅有采煤状况的记录，而且包括满铁及抚顺炭矿的经营方针和炼油、发电、炼铁、化学工业、劳动、劳工等各种情况的文件。像这样由满铁机构及其所属关系会社调查经营形成的各种档案资料均称为满铁核心资料。除此之外，满铁机构及其所属单位、关系会社还大量收藏反映我国东北及全国乃至东北亚地区自然、地理、资源、政治、经济、风俗习惯、文化历史等情况的图书资料。凡盖有满铁机构及其下属单位、关系会社印章的图书、档案资料均称之为满铁收藏资料。

根据了解和专家分析，满铁遗存的档案在 2 万卷左右，情报资料在 5 万卷以上；满铁收藏的图书资料达 70 万册。这些档案、图书资料除一少部分流失到日本和美国外，其主体和大多数仍留在我国。它们大多收藏在大连图书馆、辽宁档案馆、沈阳铁路局工会图书馆、抚顺矿务局档案馆、吉林大学图书馆、哈尔滨市图书馆、东北三省图书馆和天津市图书馆、档案馆等。满铁资料的最大价值在于：第一，它反映了日本军国主义侵略中国的全过程，是其侵占东北并妄想吞并中国、称霸世界的铁证。第二，它记录了中国东北及其他地区自然、地理、物产资源、风俗习惯、政治经济等各方面情况，是研究东北经济、东北亚地区问题以及中国近代史、中日关系史的最大资料库。因此，满铁资料是一笔巨大的历史财富。

但长期以来这部分珍贵资料未能全面整理、系统揭示。它们有的被打捆堆放，有的转让处理掉，损毁现象时有发生。人们想了解和研究满铁方面的情况，不知到哪里去查找资料。整理满铁资料，编辑我国现存满铁资料联合目录，研究满铁历史，为世人提供警示与教益，充分发挥其在现代化建设中的作用，是人们盼望已久的事，并且有诸多学者志士为此做了不懈的努力。尤其是改革开放以来，这方面工作有了很大进展。中国近现代史史料学会成立了“满铁资料研究分会”，1998 年 3 月 2 日全国哲学社会科学规划领导小组批准由李新同志主持的课题“满铁资料整理研究”作为国家社科研究“九五”规划单列项目立项消息传来，业内人士为之欣喜雀跃。我省图书馆是满铁资料的收藏馆，同样我们为能参加这一重大课题的工作而备受鼓舞。满铁资料内容丰富，数量巨大，收藏分散，将其一一从浩如烟海的旧日文图书资料中鉴别挑选出来，进行整理开发绝非个人或某一单位能力之所及。将满铁资料整理研究作为单列项目列为国家九五规划，说明党和国家对这一工作十分重视。在满铁资料研究分会的统一领导和协调下，所有收藏单位统一行动，专家学者们的愿望将很快变为现实。目前，课题各成员都在全力以赴，克服重重困难，按照同一时间表进行工作，“满铁资料联合目录”2000年即可面世。届时，这一“九五”科技成果将在开发利用满铁资料方面发挥巨大作用，并且随着研究的深入，满铁资料的最大价值将逐步得以实现。

原载《图书馆建设》2000年第3期

# 满铁资料的基本特征

姜曼莉　黄雅丽

南满洲铁道株式会社是日本军国主义侵华期间在我国东北建立的庞大的殖民机构，素有“国策机关”之称，是日本侵华的“大本营”。满铁在其存续长达40年期间，在为日本侵华当局掠夺我国物质财富，提供政治、经济、军事情报的过程中，形成了大量的、包罗万象的书刊资料、情报资料和档案资料，即称“满铁资料”。它不仅是日本帝国主义企图吞并中国、称霸世界的铁证，也是中国近现代史、中日关系史以及东北亚历史的最大的资料库。满铁资料就其形式和内容上具有十分明显的特征。研究这些特征对于目前满铁资料的挖掘、整理、开发、利用和研究，都具有十分重要的意义。

## 一　满铁资料的形式特征

满铁资料在形式上有以下几种特征。

**1. 装帧简易**

满铁资料就其封面设计、装帧形式的突出特点是比较简易。日本侵华期间，日本国内出版物装帧已经比较精美，出版的图书多数为精装本。而此时的满洲，由于出版印刷事业还不够发达，加上战局紧张，使纸张和高速印刷机的进口相当困难，加上当时满铁出版物数量很大，情报性强，出版时速快，因此，满铁的出版物在封面设计及装帧上都相当简易。除杂志外，绝大多数图书都是无色封面，而且没有任何图案设计，基本上都是简装本。这与同一时期的日本和其他国家的进口出版物相比，特征十分明显，极易辨认。此外，除正式出版的报纸、杂志、图书外，有相当数量页数较少或没有页数的非正式出版的小册子，有的则以铅印、油印、刻字、复写和手写等形式保存下来。

**2. 语种繁多，以日文为主体**

满铁资料作为日本侵略中国的一个专项资料群，所包含的语种除日文、中文以外，还有朝文、俄文、蒙文、西文等多种文字的资料。这不仅显示了满铁在搜集、整理、编辑以及人员素质方面的实力，同时也反映了日本侵略中国乃至称霸世界的野心。

但满铁资料主要还是以日文为主，根据国内现存的满铁资料来看，满铁自身形成的资料95%以上都是日文资料。就连伪满洲国时期满洲的出版物，日文文献也占有较大的比例。

**3. 文献类型多样化**

①图书。除满铁图书馆藏书外，满铁40年间为宣传和统治满洲，编辑、出版了大量的图书，其内容主要涉及满洲和东北亚地区及中国的政治、经济、地理、历史、语言、文字、文化、教育、宗教、哲学以及天文、地质、卫生等各个方面。此外还出版了大量的丛书、年鉴以及各种目录索引等。满铁公开出版的图书发行量很大，在当时几乎满铁各地的图书馆中图书流动站均有收藏。因此，它的收藏价值和情报价值略小于满铁的其他资料。

②连续出版物。主要指报纸、杂志，包括月报、年报等，也称逐次刊行物。满铁在满洲的经济和文化发展过程中，为了宣扬日本的殖民主义思想，掌握舆论工具，将报刊作为经营满洲和扩张中国的有力宣传工具。因此，不断地加大报刊资本的投资力度，逐渐巩固了在满洲国新闻界的统治地位，较有影响的报纸有《满洲日日新闻》《奉天日日新闻》《哈尔滨市日日新闻》《盛京时报》；主要定期刊物有《协和》《满蒙》《满洲评论》《满蒙事情》等。满铁利用这些报刊大肆鼓吹对中国东北“侵略有理”“开发有功”，制造霸占东北灭亡中国的舆论。这些报刊具有重要的研究参考价值。

③非书、非刊资料。非书、非刊资料，也称情报资料或灰色资料。它与图书和报刊不同的特征在于：它是根据特定安排和特定目的搜集、整理、编辑和记录下来的，其印刷和发行量极少，没有统一的编辑出版标准且不公开发行的，通常又不易获得的文字资料。这部分资料的内容包括：研究论文、调查报告、业务报告、统计资料、实验报告、简报、会议记录、活动记录、情况介绍等。其形式主要是那些刻印、复印、手写的小册子，其中有一些密件和手稿，比较能反映历史真相。这部分资料因发行量极少，因此显得十分珍贵。上述资料留存数量最大的是满铁所属机构形成的各种调查报告和统计资料，也称满铁调查资料，它是研究日本侵华史和相关问题最有价值的史料。

④档案资料。是指满铁及其相关机构在其业务工作过程中，留有备查的文字或其他载体资料，也是满铁资料中最为宝贵的资料。除文书外，其载体形式还有文契、票据、账簿、统计报表、电报底稿、图表、照片、胶卷等。这部分资料作为满铁及其相关机构的原始凭证被保留下来，是满铁资料中最为珍贵的，而且是任何资料都无法代替的。

从我国目前现有的满铁及相关机构留存的档案来看，大体上可划分为以下几类：一是满铁会社的业务档案；二是满铁保存下来的日本军政机关团体发往满铁的文书材料；三是满铁通过种种渠道搜集截获的中国方面的情报资料；四是满铁以外的机关或机构形成并被满铁保存下来的资料；五是满铁以外如关东军、伪满洲国各级政府、日本在满、华的各个机构保存下来的资料。这些档案资料记录了日本侵华时期历次重大的历史事件和主要专题情报，是日本侵略中国的确凿证据。

## 二　满铁资料的内容特征

满铁资料尤其是调查资料就其内容所反映出的规范性、理论性、系列性、综合性和翔实性是其他任何资料都无法比拟的。

1. 规范性和理论性。满铁的调查成果主要产生在三个阶段。第一阶段为满铁成立初期至九一八事变前。这一时期满铁的调查活动尚属初期，调查的筹划者和实施者还都缺乏经验，整个调查活动尚未形成规范。总的来说，这一时期是以探究事实和收集数据为主要任务，所形成的调查资料还缺乏系统性和规范性。第二阶段为九一八事变至1938年。满铁为配合关东军和伪满洲国有计划地对我国东北及整个中国的掠夺，在日本政府和关东军的支持下，开始了大规模的调查活动。为了避免各自分散地进行同一性质的调查所造成的不一致性，制定了统一的调查程序，规定统一的调查项目，有组织、有针对性地选点实地调查，使满铁的调查活动逐步进入规范性阶段。第三阶段为1939~1942年，即满铁的顶峰时期。经过早期和中期的磨炼，满铁调查工作已经取得了丰富的经验，形成了一整套调查规范。同时，随着满铁大调查部的设立以及在东北、华北、华中、华南等各地调查机关联合网络的形成，一批具有广泛的社会科学知识和较强的实际工作能力的左翼知识分子加入了满铁调查部，把马克思主义思想方法和调查法引入调查会，使满铁的调查方法从单纯的情报收集上升为综合的把握，即理论分析。这对满铁调查的影响极大，成为后来满铁调查部主导的调查方法，以至满铁调查部干部公然宣称“革命是坏的，可是调查不用马克思主义是白费的”。这一时期形成的综合调查报告具有高质量和高水平的理性研究性质，也使满铁成为世界上唯一具有40年历史并形成一整套调查体系和调查方法的“国策调查机关”。我们应当承认，满铁资料特别是满铁的调查资料是满铁众多专家、学者努力的结果，它已超出了日本当局当时所关注的内容，有着很高的学术价值。

2. 系列性和综合性。满铁调查资料还有很强的系列性特点，根据调查的不同专题形成了一系列的有关农业、工业、交通、资源等方面的系列调查资料。例如：反映满洲农村实态的专题调查资料，包括农村经济、农村户别、农家介绍、农民衣食住行、农村移民的资料；反映满洲工业制造经济的专题资料，如制鞋、烟草、纤维、毛皮、以及采金、火药、硫铵等调查资料；反映满洲资源的专题资料，如畜产资源、林业资源、矿产资源、劳动力资源的系列调查资料。

20世纪30年代后期，日本侵略军已占领了华北、华中的主要城市和铁路。为应付日本帝国主义继续进行战争，进而灭亡中国，称霸亚洲建立“东亚新秩序”和“大东亚共荣圈”的实际需要，制定出一整套建设侵略方策，必须对整个中国和亚洲社会、政治、经济全面实行科学的综合的研究。这时满铁的全部调查机构都行动起来，在大规模的综合调查的基础上，形成了大量的综合调查资料。影响较大的有1939年进行的《中国抗战力调查》，涉及中国战时内政、战时经济、国民党后方经济、八路军与红军的活动和地位、世界各国的对华援助、国际形势等各方面资料，于1940年整理编辑了《昭和十四年度综合报告集》。此外，比较有影响的综合调查资料还有1939～1940年进行的规模庞大的涉及日本和中国各地区各类经济问题的“日满华经济合作联合体通货膨胀的研究资料”，1941年形成的以研究政治理论形势，特别是列强的远东政策的动向作为基本目标的“世界大战的现阶段和远东形势方面的资料”，以及1939～1941年“中国总体战争潜力的评估研究资料”等，这些综合性调查资料，充分发挥了满铁作为综合的、多功能“国策调查机关”的职能。

3. 连续性和完整性。满铁资料就其产生和发展的时间之久、空间之大、所涉及的范围之广是绝无仅有的。

首先，就满铁资料的时间跨度来看，从满洲和东北亚的地理、历史、文化、考古学等方面入手，记录了上溯近百年甚至几千年的发展和变化，直至该地区的政治、经济、自然资源和社会资源状况，连续地调查和记录了伪满洲国和东北亚地区的发展概貌。因此，要了解这一时期满洲和东北亚的全貌，就不能不看满铁资料，它翔实地表现出时间上的连续性。

其次，从满铁资料所涉及的地域跨度和内容范围来看，满铁调查资料调查的范围从我国东北开始，北至西伯利亚，南至印度尼西亚和大洋洲，远至欧美大陆，不仅覆盖了东北、华北、华中、华南以至全中国，甚至还覆盖朝鲜、缅甸、越南、菲律宾、马来西亚、印度尼西亚及欧美各国。所涉及的内容范围有社会政治、经济、工业、农业、军事、外交、历史、地理、自然资源和社会资源各个领域。其内容无所不含，极为丰富，从而体现出空间和内容上的完整性。

4. 翔实性和局限性。满铁调查资料的形成不仅仅是来源于满铁成员对各种刊物、资料的搜集和书面调查，而且派出大批人马深入各地进行实地调查。从满铁建立初期开始，在推行调查工作中，就强调和提倡实地调查。满铁各地调查机构遍设情报人员和联络员，调查人员踏遍东北、东北亚、华北、华中、华南乃至东南亚、太平洋地区和欧美大陆进行实地考察，以便于准确地收集情报，获得翔实的第一手资料。可见满铁资料，特别是满铁的调查资料和档案资料，无论是作为日本殖民统治的“资政”资料，还是作为武装入侵的国策性资料，都具有准确、全面、真实、客观的一面，具有很高的参考价值。但是，由于满铁的调查活动是入侵者对被侵略者的调查，是为殖民经济需要对中国进行的调查活动，必然要受到中国人民的不同形式的抵制和抗争。例如，由华北经济调查所形成的《华中惯行调查参考资料（1940. 11—1944. 3）》，其调查活动受到村民的敌意和消极抵抗。有的调查需通过侵略军当局以武装护卫才能进行；有的只能以现地调查，即“质问应答录”的形式形成调查记录。被采访的村民有的故意隐瞒事实真相，有的敷衍了事，其调查提问只用“是”或“不是”来问答，根本无法客观地反映农村的真实状况。当然，作为当时战时的资料，还是具有其独特的学术价值的。

## 三　满铁资料的本质特征

毋庸置疑，侵略属性就是满铁资料的本质属性。满铁作为一个受日本当局直接控制的半官方公司，它的出现和存在是日本公然入侵中国的产物。因此满铁的一切活动和它所形成的资料都具有侵略性质，它始终扮演着侵略者的角色。

1. 满铁资料的战略性侵略属性。满铁在满洲和中国各地乃至东京、纽约、巴黎等大城市发行的大量的书刊资料，目的在于推行文化侵略，向国内外宣传日本在东北有“特殊权益”以及满铁的“功绩”，以歪曲事实，大造日本侵略有理的舆论。此外，现存满铁资料中还藏有一些满铁起草并制定的关于“对苏宣传计划”“陆军宣传方针”“围剿抗日武装的宣抚工作计划”等资料。这些资料充分证明：满铁是日本推行战略性侵略的“言论宣传机构”。九一八事变以前，满铁形成的调查资料表面上只是一般性的经济和资源调查资料。实际上，满铁作为日本“经营满洲”的中枢机构，其调查的目的在于研究掠夺的方法，垄断重要的工业原料，最终把东北变成日本的商品市场、投资场所、原料产地和殖民地区。以《满洲旧惯调查报告》为例，一般认为是满铁为实现移民政策而进行的基本调查，在学术上做了贡献。其实，是满铁实现“满洲经营”，还要大量占有土地，所进行的土地惯例调查，它是直接为殖民侵略服务的。

2. 满铁资料的战术性侵略属性。从九一八事变开始，到1945年日本投降为止，满铁为配合日本当局侵略、扩张的目的，向日本政府和军部提供为制定侵略政策所必需的参考资料，充当了“国策机构”的角色，使满铁的调查活动和关东军的侵略性军事行动融为一体。这一时期所产生的大量的调查报告和相应的资料，具有鲜明的侵略性。满铁情报调查资料本身更具有明显的政治性和军事性色彩。因此，它不仅是调查研究机构。满铁在为日本侵略军搜集的情报中，除了政治、经济、外交、交通及中国政府（国民党政府）的动态，还有“军阀战争的归趋”“晋察冀边区动态”“华中华南兵要地志”等情报资料，并由现地机关直接提供给驻地的守备队、宪兵队或警察署，以资参考。满铁情报资料是日本军警搜集抗日武装情报的重要来源。满洲事变后，会社搜集的情报当中仅提供给陆军、领事馆、警察署及其他机关的即达到数万份。满铁情报网确实充当了关东军的耳目，支持了关东军的侵略活动。

总之，满铁的建立本身就是日本侵犯中国主权的产物。满铁“经营”的历史，就是日本侵华史的缩影，满铁的存续，几乎贯穿了日本侵华的始终。更因为它与日本政府和日本军事当局的特殊从属关系，决定了它在许多侵华事件中必然充当策划者、执行者、帮凶者和知情者的角色。因此，满铁数以十万计的书刊资料，实际上就是满铁直接和间接参与日本侵华罪行的铮铮铁证。满铁资料是对日本帝国主义侵略中国的历史记载，日本帝国主义侵略中国的所有野心和行径无一不在满铁资料中得到反映。

满铁资料的上述特征表明：满铁资料具有不可取代的研究利用价值，研究日本帝国主义对中国特别是中国东北的侵略史，就不能忽视满铁资料的存在，或者说正应该以满铁资料作为开端。另外，满铁资料对于研究社会学、历史学、人口学、民俗学等学科也具有一定的学术价值。同时还可以通过满铁资料的研究，发掘对当前经济建设有用的信息资料，产生直接的经济效益和社会效益，为我国的经济建设服务。

原载《世纪桥》2000 年第 4 期

# 国家图书馆所藏满铁资料概述

路国林

近年来，有关研究和关注满铁资料的信息多了起来。在国外，日本、美国还专门设立了满铁资料室。在国内，对满铁资料的研究方兴未艾，涉及满铁的文章不时出现在刊物上。满铁资料的收藏，除了国外的日本国会图书馆和美国国会图书馆有一部分外，我国是保存和拥有这批资料最多、最丰富的国家。这批珍贵的资料，除了其中人们熟知的存放于大连图书馆、辽宁档案馆、抚顺矿务局档案馆、沈阳铁路工会图书馆外，还存藏于中国社会科学院文献交流中心、哈尔滨市图书馆、吉林省社会科学院图书馆、吉林大学图书馆、东北师范大学图书馆、天津图书馆以及鞍山、长春、青岛及其他各省市档案部门和图书馆等。

国家图书馆作为国家的总书库，众所周知是世界上中文文献收藏最多的图书馆。其外文书刊的收藏，在国内亦首屈一指。就满铁资料的数量与内容而言，其收藏亦十分丰富，在收藏满铁资料的单位中，占有一席之地。据不完全统计，上述资料仅数量就在30000册左右。但由于这部分资料未设专库收藏，而是与其他旧的日文资料混在一起，分别放在不同的书库内，有的尚未整理或未编目，故详细了解和知之者不多。为了使广大读者，特别是有关专家和学者能够充分了解和利用这批文献资料，应尽快地将其挖掘、整理、揭示、开发和利用起来，这对于研究战前的中国、东北亚和战前的亚洲太平洋地区是不可或缺的。同样，它对于党中央最近提出的振兴东北是“新世纪新的发展阶段中重大而紧迫的任务”的宏伟计划的实施，也有着不可估量的价值。为此，笔者就这批资料的了解和收藏状况，略做概述。

1905年，日俄战争结束后，日本通过朴次茅斯媾和条约，夺取了俄国根据中俄旅大租地条约及续约在中国东北南部拥有的财产和特权，即长春到大连的铁路及沿线的附属地的所有权和旅大的租借权，吞并了辽东半岛。为了经营南满铁路及其附属地，1906年11月26日，日本设立了南满洲铁道株式会社（简称满铁）。1907年4月1日开始营业，直至1945年日本战败投降。

满铁的设立，目的在于经营满洲，利用满铁拥有的各种特权，从政治、经济、文化等各方面扩张日本的势力，使东北变为日本的殖民地。

为此，满铁从成立伊始，就设有调查情报机构，不断地调查中国的情况，收集有关中国的各种情报。在这个庞大的组织机构中，除了有总揽一切的总裁室之外，单就部级单位就有庶务部、地方部、临时经济调查会及经济调查会、兴业部，包括支社等各机关十几个，其下属又分为课、室、事务所等。工作人员多时达20000人。其组织之严密，规模之宏大，在当时恐怕是绝无仅有的。调查范围以东三省、蒙古为中心，旁及山东，北至西伯利亚，南至印度尼西亚和大洋洲，远至欧美大陆。在这一过程中，形成和收藏了大量的文书档案和调查资料，这就是通常所说的满铁资料。这些资料有的写成专著，有的形成绝密或机密文件，直接成为日本军国主义掠夺和侵略扩张的资料。同时，也为今天我们了解和重温那段历史提供了不可多得的文献资料。

国家图书馆现存的满铁资料，除了国立北平图书馆（国家图书馆的前身）所藏之外，还包括全国人民代表大会常务委员会图书馆、沈阳铁路管理局图书馆、国立南京图书馆、吉林省立长春图书馆等。在20世纪50年代初期移交的部分资料，主要以日文为主，兼有少量的中文文献等。从出版方式来看，既有正式的出版物，还有铅印、油印、打印、手写等多种形式；从出版的类型区分，有图书、期刊各种类型的调查报告、专题资料、会议记录、年报、月报、目录等。从内容来看，涉及的范围非常广泛，对我国东北乃至全国的自然地理、矿产资源、政治、外交、经济、社会、风俗习惯以及文化历史等情况都有详略不等的调查和搜集，甚至还包括西伯利亚、印度尼西亚、大洋洲和欧美大陆等地的资料。从国家图书馆所藏的满铁资料看，调查资料占了相当大的比重。现将这些资料按类别划分，略述如下：

1. 财经、贸易类：《世界经济の现势》《战时经济政策篇》《南满洲经济调查资料》《满洲经济综观》《满洲一般经济调查报告》《满洲通货金融方策》《无锡工业实态调查报告书》《东清铁道南部沿线地方经济调查资料》《北满洲经济调查资料》《满洲工商要览》《满洲产业统计》《支那羊毛》《大连港及对满贸易关系诸港》《北支商品总览》《满洲劳动事情综览》《满蒙交通统计》《最近支那财经概说》《河北省税制调查报告书》《吉林省东北部松花江沿岸地方经济事情》《奉天省の财政》《黑龙江省の财政》《吉林省の财政》等。

2. 自然资源类：《满洲采金事业方策关系资料——冈本班调查报告》《满洲国防资源调查第三班（石油、油页岩）报告》《满洲国防资源调查第五班（银、铅、亚铅矿）报告》《满洲火药类统制及燐寸工业方策》《满洲石油统制方策》《满洲矿业开发株式会社设立方案》《满洲盐业株式会社设立方案》《鸭绿江水力发电调查计划资料》《满洲国防资源调查第一班（铁矿）报告书》《满洲采金事业方案关系资料——阿部班调查报告》《满洲采金事业方策》等。

3. 文化、历史类：《满洲金石志稿》《中华民国第十年史》《满洲历史地理》《满洲旧跡志》《满洲都城市沿革考》《满洲概观》《东北部满洲之沿革》《满洲国の习俗》

《满洲·支那の习俗》《满洲旧惯调查报告》《北满三河露人の住宅と生活》《满洲人ノ冠婚葬祭》《满洲人ノ年中行事》《满洲の传说と民谣》《近世犹太民族史》《满洲写真贴》《ソ联北冰洋の自然、经济、交通概观》《英国ノ对支文化事业》等。

4. 农、林、水利等类：《满洲大豆》《大豆の栽培》《满洲特产处置方策》《满洲林业资源调查报告》《满洲林业方策》《吉林省之林业》《满洲粟の鲜内事情》《北支棉花综览》《北支那棉花调查资料》《农业事情（黑河省产业实态调查报告）》《畜产事情·水产事情·林业事情（黑河省产业实态调查报告）》《满洲农产统计》《四川省农林调查报告》《农村实态调查一般调查报告书》《北支农村概况调查报告》《上海特别市嘉定区农村实态调查报告书》《江苏省无锡县农村实态调查报告书》《满人农家经济调查报告》《满洲の水产业》《黑龙江系水路志》《满洲运河及水利计划方策》《满洲治水方策》等。

5. 有关满铁的资料：《南满铁道株式会社二十年略史》《南满洲铁道案内》《铁道会计及统计规程》《满铁庶务事情》《支那铁道概论》《满蒙交通统计》《南满铁路记略（中文）》《满蒙与满铁（中文）》等。

6. 政治、外交类：《满洲政治经济事情》《欧米各国た于ける国际团体及国际研究机关》《满铁关系条约集》《极东ソ联重要事项志》《国联专门随员对满铁专门家会谈录》《支那对列国条约关系批判》《支那た于ける治外法权撤废问题》《东三省关系矿业法令》《满蒙两族斗争史》《外蒙调查资料》等。

7. 地方文献类：《满洲地方志考》《北满洲概观》《松黑两江沿岸地方事情》《大兴安岭纵断调查报告》《山东省事情》《黑龙江》《黑龙江省安广县事情》《海南岛地志抄》《张家口概况》《吉林省长岭县事情》《吉林省双阳县事情》《锦州省兴城县事情》《锦州省义县事情》《锦州省通河县事情》《奉天省黑山县事情》《奉天省锦西县事情》《奉天省通化事情》《奉天省铁岭县事情》《南洋事情概说》《西比利亚及极东地方重要事项月志》等。

8. 译著类（如："露亚经济调查"丛书等）：《巴尔虎（呼伦贝尔）の经济概观》《满洲の森林》《黑龙江省（上下两卷）》《黑龙江及其支流の航运》《黑龙州の气候·土壤·植物研究志（上下两卷）》《沿黑龙地方の农业》《勘察加调查书》《兰领印度地理概说》《比律宾の地理》等。

9. 综合类：《大连图书馆和汉图书分类目录》《北支经济调查所藏书目录》《资料分类目录》《满铁·铁道总局资料目录》《满洲劳动问题文献目录》《满铁资料综合目录月报》《逐次出版物并丛书目录》《定期刊行物综合目录》等。

在上述资料中，既有正式出版物，也有非正式出版物。其中有相当一部分资料标有机密或密的字迹，显然是不愿为外人所知。且其中所述大都为重要事业。如矿产、森林、铁道、电气、水力、信托事业、农特产等，为满铁所朝夕关注者。上面列举的自然资源类调查资料中，都清一色标有机密或密的字迹，就很说明问题。从资料涉及的内容和范围看，非常详细和广泛。包容的信息也很丰富，不仅有文字、统计报表，还有照片、图片等。如《山东省金矿调查资料》，其内容包括：①沿革；②位置与交通；③地形及地质；④矿床概况；⑤品位；⑥矿量；⑦原价；⑧权利关系；等等。除此之外，还包括与之相关的地图和图纸等，这些资料为掠夺我国丰富的自然资源和经济侵略等，提供了大量的信息和第一手材料。目前，上述资料均收藏于基藏书库不同的楼层内。

在国家图书馆收藏的满铁资料中，期刊类的文献亦十分丰富，它不同于上述的调查资料，独具特色。国家图书馆现存的这类资料有200多种，与其他旧日文期刊混排于书架上。现择其部分，略记如下：《满铁调查月报》《满铁资料汇报》《北京满铁月报》《上海满铁季刊》《满铁统计月报》《满铁统计年报》《调查时报》《铁道建筑》《满洲经济研究年报》《北支经济统计季报》《满洲经济统计月报》《支那外国贸易统计年报》《实务资料月报》《支那矿业时报》《东亚》《满蒙事情》《收书月报》《书香》《北窗》《南满洲书司会杂志》等。

这些期刊，分定期和不定期两种，按年、卷、期被装订成简装或精装的合订本，绝大部分保存完好，具有连续性和系统性，内容十分丰富，其涵盖的范围和信息很广，凡地理、历史、政治、治安、司法、军事、外交、财政、经济、政策、农业、水产、矿业、工业、运输、交通、商业、贸易、通货、投资、移民、文化、教育、宗教、文学等均有所述及。它与满铁调查资料等，同样具有较高的史料价值。

总之，国家图书馆所藏满铁资料，可以从不同方面折射和反映出日本军国主义侵略中国的全过程，是对满铁40年的历史写照。它所覆盖的地域之大，涉及面之广，内容之全，调查之细，在同时期的调查资料中是不多见的。其内容具有的完整性和系统性，也是绝无仅有的。虽然满铁资料距今已有近60年的历史了，但它对于我们了解和研究东北经济、东北沦陷史、东北亚地区问题以及中日关系史等，仍具有很高的参考价值，是一批很珍贵的历史资料。

因此，我们对这批资料应给予足够的重视，不应让它披着厚厚的尘埃，长眠于书架之上。对这批资料应单独集中存放，进行必要的维护和整合，分门别类、系统地予以揭示和开发，从而使它们能充分地利用起来，为振兴我国的东北经济，维护东北亚地区和平与稳定，发挥出应有的作用。

原载《图书馆学刊》2005年第1期

# 从满铁档案看郭奉战争中的日本当局

喻　君

## 一　郭奉启衅日本受惊

郭松龄是奉系军阀中的一员干将，奉军在关内的历次作战中，郭松龄指挥的军队都起到了举足轻重的作用。由于观念不同，与张作霖及其党羽杨宇霆的私人恩怨日渐增加，更主要是与张作霖的政见不和，受外界蛊惑影响，起而反奉，郭松龄于 1925 年 11 月 22 日在天津连发三电：敦促张作霖下野，拥护张学良继任；要求杨宇霆下台；宣布奉国（冯玉祥）两军停止作战。11 月 24 日发出班师回奉的通电，值此，郭奉战争正式拉开了序幕。因为是奉系军阀内部战争，且起至关内，最初几天日本当局不明真相，得知消息后大为震惊，深感日本在华利益将受重大影响。满铁驻奉天的入江理事即刻密电满铁社长："据新闻电报，因奉军内讧，南满洲地方有不稳之势，是以会社亦有蒙受重大影响之虞。特此，有关时局之方策，渴望向政府开陈意见，想念所及，请求政府对此至急电示为荷。"①

## 二　搜集情报严阵以待

郭奉战争发生后，满铁社长由真相"全然不明"到完全掌握，仅仅用了一天的时间，主要靠的是满铁的情报机关，它拥有一支庞大的情报调查队伍，从事社会调查，情报搜集，大搞特务活动，重点对象是中国政府的动态、军阀战争的归趋，也包括日本政府的内情、政党、军部的动向，情报来源于满铁的分支机构，特别是散在各地的分所、事务所。为了搜集郭奉战争的消息，日本当局动用的调查机构，包括奉天公所和奉天铁道事务所，与驻奉天总领事、关东军司令官、关东厅行政长官，共同组成情

① 满铁总体部 3083 卷，满铁秘档选编第 180、186 页。

报网，由满铁理事梅野亲自负责，利用铁道附属地限制郭军行动；通过接触奉系上层人物，了解张作霖的动态，从而提出支持张作霖的条件；并以各种借口，使日军进驻东北广大地区。

最先报告消息的是奉天所长镰田弥助，来自出走大连的杨宇霆。作为张作霖的参议，狡猾的杨宇霆认为此事全属郭松龄对他的私见所至。为了脱离干系，遂向各军长通电辞职，当夜出走，避难于大连。从 11 月 28 日起，满铁庶务部长野村专此到奉坐镇，与奉天省长王永江频繁接触，这段时间王永江除在省公署办公外，每天上午 10 时和晚饭后，必去张作霖处，野村就每天去王永江处，打探张作霖的最新消息，及时上报给满铁社长，也负责将王永江提出的要求转达给社长。野村到奉当天就给社长连发两报，报告郭军兵力部署及张作霖和王永江的心态和动向。此后电报往来不断，最多时一天连发六报，随时报告时局变化。日驻奉总领事吉田也频频与王永江会晤，张作霖的顾问岩间德也积极参与，旨在多方面搜集情报。

搜集前方战况的主要途径，是奉天车站站长对时局情况的调查和奉天铁道事务所日志的记载。满铁奉天公所从 11 月 23 日起，对有关中国时局方面每天作有记录；奉天车站站长对京奉铁路每天列车运行情况、中国军队运送情况、日军运送情况、难民情况、加挂客车情况、中日双方要人行踪等，都有详细记载；奉天铁道事务所所长有感时局危机，对奉天的警备、兵力的调动都做了准备，对时局的记载更加详尽，包括时局的发展、铁路运输、战况报道等。随着战争的发展，日本当局为了采取应对措施，设立了专门临时情报机构，即满铁时局事务所，从 12 月 8 日开始工作，办公室设在奉天铁道事务所内，设有专门电报号码，主要任务是掌管和搜集有关时局情报，由驻在理事主管，直接同总社联系，实行应急措施。满铁时局事务所接续了奉天公所日志，在专责方面更具体化了，从开始办公到 12 月 30 日关闭，在短短的 20 几天里搜集了大量的有关郭奉双方情报，内容之详尽令人叹服。

伴随时局的进展，战争到了关键时刻，日本在奉机关的情报汇总更加紧张，每天上午 9 点钟，卫戍司令部、特务机关、满铁、铁道事务所、宪兵队、警察署等负责人到总领事馆，交换情报，统一认识，协商有关事宜。12 月 14 日召开首次会议，出席会议的有：总领事馆的内山领事、卫戍司令部的浅野师团参谋、特务机关的苫米地少佐、宪兵队的藤井少佐、满铁的后宫中佐、铁道事务所的伊藤参事、警察署的藤原署长，[①]每天的定期聚会一直坚持到战争结束。为密切独立守备队与奉天第二大队之间的联系，从 12 月 14 日起，每天午后 6 时用铁路电话互通情报，（后改为午后 2 时），“俾铁道警备无隙可乘”。围绕郭奉战争满铁形成大量档案，至今保存在辽宁省档案馆，这些档案中以极密电报为多，方式快捷，言简意赅，一天一电或几电，最多者一天可达十几电。

---

① 《满铁秘档选编》第 188、273 页。

满铁的上百份极密电报，帮助日本当局作出支持张作霖的决定。所以平定郭军后，日本当局的兴奋不亚于张作霖本人，多方大摆宴席，庆祝胜利。

## 三 支持奉张从中渔利

支持张作霖，是日本政府经过严密策划的，想据此达到独霸东北的目的。11月29日，松冈理事致满铁社长电称："应极力支持张作霖，将来无论形势如何变化，这一做法绝无后顾之虞"，"外务、陆军两省方面，从维护东三省之秩序安宁之见地出发，正采取措施阻遏郭松龄进入关外"。[①] 这也是日本政府对张作霖的一贯措施，因为张作霖在东北有特殊势力，早在1916年10月，日本寺内内阁成立，就有意支持张作霖，内阁外务大臣后藤新平表示："张氏为满洲专制之王，而日本亦得利用张氏，在满洲为所欲为。"[②] 在日本的支持下，1917年7月，张作霖实现了统一东北的野心，掌握了东北三省的军政大权。张作霖统一东北的过程，也是日本帝国主义对东北扩大侵略的进展。1920年的直皖战争，北京政权落入直奉两系军阀手中，张作霖为取代段祺瑞在日本政府心目中的地位，派于冲汉为北京政府亲日特使，就东三省问题与日本交涉。从此以后，支持张作霖作为日本在东北的代理人，成为日本政府对"满蒙政策"的重要内容。1921年5月17日，日本内阁专门做了题为《关于对张作霖的态度》的决议，决定援助张作霖，巩固他在东北的统治，但不支持他进入中央政界，理由是"张作霖掌握满蒙的实权，以确保日本在满蒙的特殊地位"。[③] 张作霖也以日本的"友好援助"来巩固自己的实权。第一次直奉战争，日本没有公开支持张作霖，张作霖以失败告终，但日本却帮助他宣布东三省独立，继续做东北霸主；在日本的支持下，张作霖整军经武，加强了奉军的实力，第二次直奉战争大获全胜，把持了北京政权，日本政府也借此得到不少好处。

1925年11月26日，日驻奉总领事吉田访问王永江，表示可以支持张作霖，但条件是"当此之际，张作霖如能明确表示放弃权势之野心，而有为东三省竭尽全力之诚意，则争取援助张作霖"[④] 王永江将日方意见转告张作霖，张作霖予以明确答复，王永江当即派外交科长丁鉴修去领事馆传达。当晚吉田就向外务省拍发了关于援助张作霖的电报。满铁的态度更为明确，在综合各方面情报后，11月30日，满铁社长亲自致电日本外相："如果对张作霖晓以机宜措施，其颓势的挽回，未必不可能，尤其我国应对

① 《满铁秘档选编》第188、273页。

② 王芸生：《六十年来中国与日本》第七卷，第69页。

③ 辽宁省史学会1982年学术论文选集。

④ 满铁总体部3083卷第166、192、204、208页。

之予以有形或无形之支持。再者为形势更趋好转，毋庸赘述，我国在东三省占有特殊地位，当此之际，采取机宜的措施使其地位不被动摇，是为卑职现负之职责，以此特烦阁下焦虑之缘由也。尔后之事暂行搁置，深信支持张作霖抵抗为当务，除此之外别无他策。"①

12月15日，兴城一战，郭军用步兵10个团，炮50门轰击奉军；奉军用步兵8个旅，炮5门应战，结果左翼被突破，不得不总退却，张作相带800名士兵归奉。经与各方协商结果，认为大势已去，决定通过和平方式交接政权，奉系首脑拟定两个方案：⑴给郭松龄让出某地盘（热河或吉林省），补贴其军费及其他，张作霖将严守和平民主主义；⑵张作霖下野，由适当者取代之，郭松龄则握有奉天以外之地盘。兴城战败使张作霖失去了控制，促进了下野决心，12月6日上午开始，将全部动产搬入附属地。王永江请吉田茂领事出面调停，吉田茂去掉了方案的第二条，意在为张作霖鼓劲，因为"张作霖倘不幸下野，事出无奈，则必须影响会社之设施，尤其是有关各悬案，所受影响更甚。对即将告竣之洮昂路、呼海路及吉敦路将见到如何结果，实不胜忧虑"②。此时，日本当局的焦虑，不亚于张作霖本人。

## 四　首鼠两端应对时局

从满铁档案中不难看出，对郭奉战争，日本当局的态度十分慎重，当意识到时局的严重性，既想支持张作霖，又怕张作霖失脚受到牵连，因此也做了多手准备。最终还是主动出兵，给郭军施加压力，帮助张作霖渡过难关，当然是有条件的，是以出卖东北主权为前提，包括1915年日本提出21条要求中，关于侵略东北主权的若干条款，诸如旅顺、大连租借期，南满安奉铁路管理权的延长以及日本在满蒙享有各种特权等。

日本当局首先将辽阳步兵39联队调入奉天，任命镰田大佐为奉天卫戍司令官，11月29日召开第一次警备会议，决定城内及附属地警戒事项，以保护日人及维护帝国利益名义而出兵。分析张郭各自的利弊，多管齐下，关于时局"世事多变，进、退、喜、忧，无论何人恒难逆睹"，"倘使郭松龄一时握得政权，但作为东三省之当事者，其在才智、力量、资望、阅历、人缘等方面终难堪当其任。诸如吉林、黑龙江省等必将独立，可以想象不能一如既往推行统一政治"。所以既稳住张作霖，不时地给他打气，又把赌注下在王永江身上，一旦大势不可挽回，就由其收拾残局，劝说王永江"不论奉天实权者为何人，唯凭依其实力调处整个东三省，遍施威令以防北方俄国进入。即使大势不利，张总司令无可奈何暂行下野，贵省长要留任到底，为利济时艰，不胜切望

① 满铁总体部3083卷第166、192、204、208页。

② 满铁总体部3083卷第166、192、204、208页。

尽瘁努力之至，此举不只是为了东三省，且对保持远东全局，实有裨益”。同时又派内山领事赴郭军处调停，满铁在运送中国士兵方面也做出新决定，“当断定郭松龄权力确定之后，采取与对待张作霖所属部队同样之办法，以郭松龄所属部队为合法政府之正规军，允其武装运送，而张作霖部队则须解除武装，否则不予运送”。这一正一反态度的对调，足见日本当局两面派手法。

郭松龄率兵占据锦州后，曾派殷汝耕前往旅顺，与关东军交涉通过南满铁路线，与满铁会社交涉由营口到奉天使用满铁火车运输事宜，因不答应日本提出的卖国条件遭到拒绝。张作霖却没有与任何人商量，亲自到满铁事务所，与日本签订了密约，承认日本在满洲享有土地商租权和杂居权；在东边道和洮昌道等重要城镇，设置日本领事馆；等等。交换条件是日本阻止郭军通过满铁沿线；必要时日本关东军出兵保护张作霖，维持省城治安，给张作霖等要人提供避难场所，等等。从 12 月 6 日起，奉天城内的军队全部移防城外，大西门与小西门由日军充作卫兵站岗，城内也由日军担任警戒。12 月 13 日，关东军司令向在营口等待搭船的郭军发出警告：绝不允许在铁道附属地及附近 30 公里以内登陆。12 月 15 日再次发出警告：日军对于在南满铁路两侧及从该线终点约 20 华里以内的直接战斗行为，对我附属地治安有紊乱之虞的军事行动，一概禁止。日方的警告，对向奉天挺进的郭松龄军队是极大的阻碍。

日本政府阻止郭军行动，又一次帮助张作霖逆转了不利形势，险胜了郭松龄，使其重新控制了北京政权，将势力从东北发展到华北。张作霖从此也种下了祸根，日本不断地催促张作霖实现自己的诺言，以致造成被炸身亡的悲惨下场。

原载《兰台世界》2006 年第 4 期

# “满铁”资料的形成及利用价值研究

王　萍

铁道部档案馆从1999年开始参加国家“九五”规划重点项目“满铁资料整理研究”《中国馆藏满铁资料联合目录》一书的编辑出版工作，对馆藏的满铁资料和藏书进行整理、著录和分类。在整理满铁资料和藏书的过程中，对日本帝国主义侵占我国领土、奴役我国人民、掠夺我国资源的强盗行径深感震惊，体会到整理研究满铁资料工作意义之所在，因此想通过此文引起档案部门对抢救、整理和研究利用“满铁”资料的重视。

“满铁”是日本“南满洲铁道株式会社”（1906－1945）的简称，是日本军国主义在我国东北建立的一个庞大的殖民和侵略机构。1905年日俄战争后，日本夺得了原来由帝俄控制的我国大连至长春的南满洲铁路及其附属的全部权益和旅大的租借权。1906年6月7日，日本明治天皇颁布了成立“南满洲铁道株式会社”（即“南满铁路公司”）的第142号敕令，11月26日正式成立“南满洲铁道株式会社”，1907年4月1日开始营业。“满铁”总部先设在日本东京，后迁往中国大连。“满铁”的基地虽然在东北，但其活动范围遍及了中国的华北、华中、华南、内蒙古等地。“满铁”在中国存在了将近40年，1945年日本战败投降，“满铁”随即停业、解体。

“满铁”虽然是个股份公司，但因为它是日本政府以敕令形式批准设立的，而且它的总裁和理事均由政府任命，日本政府的投资占公司资本的半数，所以其经营活动必须根据政府的指令进行，服从于国家的利益，被日本官方称之为“国策公司”，由此可以断定“满铁”实质上是“国家机关、政府的化身”。“满铁”以推行日本政府的“大陆政策”为最高利益，为日本军国主义侵华战争提供了财力、物力、人力及情报等诸方面的大力支援，是“日本侵华的大本营”。“满铁”为了实现“经营满洲”的目标，利用其拥有的特权，对中国尤其是东北地区进行了残酷的殖民统治和疯狂的经济掠夺，使得日本的在华势力和权益不断增长，至1945年日本投降时，“满铁”拥有的资产已达50亿日元，职工40万人。

为了达到占领中国东北和摆脱经营危机的目的，“满铁”所鼓吹的“成立满蒙独立国”和“中国铁路包围南满铁路”危及日本生命线的舆论，成为日本发动九一八事变的重要因素，日本关东军之所以将爆破南满铁路作为军事进攻的借口，也是无独有偶。九一八事变期间，“满铁”不仅为日本关东军提供了货款、物资援助和技术力量，还为其提供军事运输。九一八事变后“满铁”继续为关东军提供军用机车车辆和军事通信设施，还派遣大批调查人员随时随地配合关东军的侵略活动，在情报和宣传方面给关东军以支持，加速了对中国人民的奴役和镇压，推进了日本在中国实施“大陆政策”的侵略行动，使其魔爪迅速伸向全中国。

“满铁”的分支机构多、业务范围广，其机构的设置与日本侵华的战略部署相呼应，各个业务部门均从事与本部门业务有关的调查工作。尤其是1907年设置的“调查部”，就是为协助日本政府实现经济和军事侵略目的而设立的最具代表性的情报调查机构，它拥有庞大的调查队伍（鼎盛时期调查人员多达2354名）。而“满铁”天津事务所的设立，正如《满铁调查机关要览》中所述“满洲事变结束……日本开展华北工作，满铁在调查计划中承担的调查领域也相应扩大。为了适应这一情况，……北平事务所实行扩充，进而与昭和十年（1935年）十一月又新建了天津事务所，在职人员的配备扩及华北六省。在中国，满铁协助政府工作的主要任务就是调查。因此，像天津事务所这类机构，从广义上讲，也可称之为调查机关”。满铁调查机构的调查范围北至西伯利亚，南至印度尼西亚和大洋洲，远至欧美大陆，对东北亚地区的调查尤为详尽。

“满铁”在从事社会调查、刺探情报、搜集资料等活动中，形成和积累了大量的档案和调查资料、书刊，统称“满铁资料”。满铁资料记录和反映了日本军国主义侵略中国的全过程以及当时中国和东北亚地区政治、军事、经济、外交、社会状况等方面的情况。由于“满铁”在日本侵华历史中所处的特殊地位，决定了满铁资料的重要性。据有关专家估计，满铁形成的调查报告、情报资料、书刊文献等达5万种以上，是研究中国现代史、中日关系及东北亚地区历史的最大文献资料库。从铁道部档案馆现存的满铁资料中就可以清楚地看出日本军国主义一面加紧对中国及东南亚国家的军事侵略，一面不断疯狂掠夺这些国家的资源。“满铁”通过其调查活动形成的资料及所收集藏书涉及的内容主要有：

政治方面：如《满铁事变记录》《满铁外交论》《中国共产党组织问题资料》《中国最近八年间罢工调查》等及对东北义勇军剿灭情况的报告、日本等国对中国铁路的权益和管辖权问题、借款和外债问题。

经济方面：对中国经济状况的调查及发展预测，如《北满概观》《北满主要都市的经济动向》《涪陵经济调查》等；对铁路沿线经济的调查报告，如《京滨线及背后地经济事情》《山东铁路沿线都市经济事情》《天津局管内概况》等。调查的主要内容有“自然及人文、交通运输及通信、金融及商工业、农产、畜产、林产及矿产、各县及主要都市概况”。

对中国资源情况的调查，涉及交通资源、河川湖沼、水文、地质、气象、矿产、电力、铁路沿线物产等方面及煤矿、水利资源的开发政策、计划。

交通运输方面：对中国交通概况的调查，如《抗战基地四川省交通概况（陆、水、空）》；对城市交通经济状况的调查等。铁路方面：对中国和蒙古东北部、东南亚等国铁道的研究，如《支那铁道概论》《满蒙的铁道》《泰国的铁道》《朝鲜铁道状况》《外国铁道调查资料》《南方铁道写真集》等；对中国铁路现状和运营情况、经济价值的调查和视察报告，如《中国国有铁道视察报告》《宁佳线、林虎线的经济价值》《津浦铁路续报》等；中国铁路建设的史料，如光绪年的《卢汉铁路合同》及《宁佳线建设工事志》等；中国铁路建设情况调查和纪要，如《满洲铁道建设秘话》《最近支那铁道新线概说》《黄县、潍县间铁道线路踏查报告书》等；铁路沿线水质调查报告、试验成果；水害情况调查与修复报告等；铁路运营方面的法令、规章制度，如《规定类抄》《规定类纂》等；铁路车务、工务、电务工作方面的教材、操作规程、《业务监察报告》及技术研究资料等；铁路工厂技术、管理工作方面的会议纪要、报告，如《工厂业务改善会议议事录》《北京铁路局长辛店工厂关系业务监察报告》等；铁道研究、铁路运输方法研究的论文等；满铁铁道技术研究所的试验研究报告等；铁路沿线观光资料、旅馆调查及旅行指南，如《京绥铁路旅行指南》等。

航运方面：对中国东北地区港湾及内河水运状况的调查报告等。

航空工业方面：对英、美、苏等国航空工业现状的调查等。

工业方面：对中国工业状况的调查，如《北支那工业现状》《山西省新兴工业概况》；对中国钢铁和化学工业概况、燃料使用现状的调查与研究等。

农业方面：对铁路沿线农业状况、农产品、农业设施、农村状况、林业和林产物、木材和木炭需要状况、森林与植被分布、湿地、苗圃的调查；对中国土壤问题调查与研究等。

军事方面：有《国防大事典》《京包线支那事变战跡案内》（抗日抗战情势及一般战况、部队占领月日及配置图、站别，战跡案内有占领日期、发生战斗、日期、部队和战斗概况）等。

出版的刊物：《满铁调查月报》《局报》《社报》等。

满铁公司沿革及业务方面的资料：《南满铁道株式会社三十年略史》《南满洲铁道株式会社要览》《满铁调查机关要览》《满铁资料汇报》《满洲及满铁》、满铁关系条约及契约文件汇编等；满铁公司业务、铁路运营、港口、航运、副业等方面的统计资料，如《统计年报》等。

“满铁”编辑出版的书刊、资料中附有大量而详细的图表，载体形式除纸质的以外，还有照片、图纸、地图等，版本有铅印、打字、蜡纸刻写的、手写的，很多资料和书刊上印有或盖有“密”“机密”的字样。

日本自1868年明治维新运动走上资本主义道路后，就开始对外推行扩张主义侵略。1894 年发动甲午战争，侵占了中国的台湾和澎湖列岛，1904 年至 1905 年发动日俄战争，1931 年侵占中国东北三省，直至 1937 年九一八事变后发动全面的侵华战争。二战以来的 50 多年中，日本一直没有承认和反省二战中对外侵略的历史，甚至连向受害国进行正式的谢罪也没有，对战后遗留问题的处理和对侵略行为的态度，所表现出来的漠视、固执和反动，令亚洲乃至全世界人民寒心、愤慨和震惊。否定历史就容易重蹈覆辙。从 20 世纪 70 年代以来至今，日本少数右翼势力否认、歪曲和美化其侵略历史的谬论肆意泛滥，在我国人民对这段惨痛历史还记忆犹新的时候，日本又开始大张旗鼓地篡改教科书，为其罪恶的历史翻供。日本首相也不顾广大亚洲人民的反对，为军国主义战犯招魂的政治丑剧连年迭演不断，这是一个非常危险的信号，它标志着军国主义开始从日本的幕后走向台前，并有逐步成为日本政坛主流的危险。加之日本政府对社会上的右翼势力采取纵容、姑息的政策，日本右翼团体组织和成员从 20 世纪 60 年代以后逐年增加，使得日本的右翼势力具有了广泛的社会组织基础。日本凭借经济实力，急欲成为政治大国，同时不断增加军费开支，加强军事实力，并为其出兵海外、制造核武器大造舆论，现已成为一个潜在的军事大国。而作为曾备受日本侵略者蹂躏的中国人和许多仍然含羞蒙耻、正义难以伸张的受害国的人民，永远都不能忘记被侵略的历史，更应时刻警惕日本军国主义的复活。

满铁资料揭露了日本军国主义侵略和掠夺中国的真相，是日本帝国主义企图灭亡中国、对外侵略扩张、称霸世界的铁证，是研究中国和东南亚遭受日本侵略和掠夺的历史见证，尤其是研究日本如何控制中国东北交通运输业、工业及掠夺中国矿业和农业资源的原始资料。满铁资料还反映出东北义勇军对日军展开的英勇斗争及中国人民反抗日本帝国主义侵略的斗争经历，是我们进行爱国主义教育的极好教材。所以研究满铁资料可以使我们认清和记住那段耻辱的历史，增强我们的爱国主义精神。

我国一直重视对日本侵华历史的研究，50 年代曾将满铁资料的整理研究工作列入国家 12 年科学研究规划，但由于种种原因未能实施。后来虽然有一些个人的研究成果，但没能进行系统的整理研究和开发利用，而且解放后几十年来满铁资料散失、损毁、老化现象日益严重。鉴于此，由北京大学教授季羡林牵头于 1995 年向国家教委申报了题为“满铁资料的整理研究”项目，已获批准。1996 年民政部正式批准成立了“中国近现代史史料学学会满铁资料研究分会”。为了抢救和保存这些重要的历史资料，“满铁资料研究分会”向国家进行了立项申请，1998 年 3 月全国哲学社会科学规划办公室将“满铁资料整理研究”列为国家社科研究“九五”规划重大项目，指出“满铁资料的整理、出版和研究工作，对于揭露日本军国主义侵华罪行，开展爱国主义教育和社会主义建设，进行近现代史研究具有重要意义”。2005 年 5 月 20 日《日本侵华期间日伪机构遗存文献资料的整理研究》又获准立项，准备对日本侵华历史继续进行深入的研究。

1945 年日本投降后，满铁资料的主体部分留在了中国，铁路单位就接管和收藏了大量的满铁档案和资料。目前除铁道部档案馆外，还有沈阳、哈尔滨铁路局档案馆和沈阳铁路局工会、铁道部科研院信息所图书馆共 7 个单位参加了《中国馆藏满铁资料联合目录》一书的编辑出版工作，整理出约 9000 种近万册满铁档案和资料及满铁藏书。在此之前，由于对这些满铁资料未进行过系统的整理和研究，加之未对社会开放，基本属于"死"档案资料。由于种种原因，馆藏的满铁档案和资料也日渐减少，除移交国家档案馆和科研等单位的外，有的档案和资料被销毁，有的被当成旧书卖掉，有的未登记造册多年无人问津，还有一些外文版本因无翻译力量也无法获知其内容。此次通过参加《中国馆藏满铁资料联合目录》的编辑出版工作，相信会有更多的单位和档案工作者开始重视满铁档案和资料的抢救、整理和研究工作。但对满铁档案和资料的研究是一项长期的工作，现在我们只是整理出了满铁档案和资料的目录，而大量的研究工作还有待于今后细致而深入的工作，首先提高对满铁资料和藏书进行研究利用必要性的认识，继续挖掘出有利用价值的满铁资料和藏书，继而确定满铁资料研究利用工作的定位和方向。

满铁资料和藏书除可作为揭露日本侵华的罪证和进行爱国主义教育的素材外，还可以将满铁资料和藏书中对中国政治、经济、文化、社会等方面的研究结果为我所用。通过对满铁资料类别的分析可以看出，其中的一些资料可以为我们编史修志提供佐证或补充材料，而工农业方面的研究成果还可以为我国的经济建设提供有价值的数据。因此我们档案部门应重视对满铁资料和藏书的研究和利用工作，充分挖掘出其中有价值的信息，为全国及世界范围内研究二战和日本侵华历史的人士提供服务，为我国的社会主义建设提供服务。

原载《兰台世界》2006 年第 11 期

# 辽宁省图书馆藏的满铁资料特色

吴利薇

日俄战争以后，日本政府为了推行其“经营满洲”，即侵略中国东北的政策，于1906年建立南满洲铁道株式会社。南满洲铁道株式会社表面上是股份公司，实质上是日本军国主义政权在中国设立的庞大殖民机构，是日本侵略中国的“大本营”。其总裁、副总裁、理事均由日本政府任命，经营上的重大举措都必须经过日本政府批准，素有“国策机关”之称。满铁除经营铁路外，还有航运、码头、仓库、电力、煤气、钢铁、煤矿、汽车、飞机制造、农场等，所辖事业单位约80个，有联系的子公司和机关更多。该社在东京设东亚经济调查局，在大连设调查部，在沈阳、吉林、哈尔滨、北京、上海等地设事务所，搜集军事、政治、经济情报。它攫取垄断我国东北工业企业，倒卖土地，掠夺森林，主管日本移民；从事外交、收买、贿赂、谍报等活动，使东北沦为日本帝国主义的殖民地。满铁从成立到解体留下了大量的资料，通常将这些资料称为满铁资料。满铁资料主要有满铁情报部门深入我国各地进行情报搜集而形成的满铁调查资料，以满铁总部及其下属机构的档案为主的满铁档案资料，以满铁图书馆或满铁各机构收藏的图书资料形成的满铁图书资料。

满铁资料是日本军国主义侵略中国的铁证，也是研究当时历史和教育子孙后代的重要材料。通过对遗存满铁资料的整理研究，可以整理保存一大批反映20世纪初中国社会经济实况的历史资料，同时进一步揭露日本军国主义侵略中国的罪行，具有重要的历史意义和学术价值。1995年，季羡林、戴逸、李新等我国历史学界著名学者提议，原国家教育委员会将整理和抢救日本南满洲铁道株式会社遗留在中国的资料工作，列入社会科学规划。1996年，成立了中国近代史史料学会满铁资料研究会，1997年，全国哲学社会科学规划办公室将“满铁资料整理研究”列为国家社科基金“九五”重大项目，由中国近现代史史料学会李新主持。辽宁省图书馆参加了该项目资料的整理研究工作。辽宁省图书馆藏有近三万种满铁资料，可以用数量大、品种多、质量高来概括，在国内的满铁资料收藏单位中仅次大连图书馆、中国科学院，名列第三位。

1. 满铁资料来源。辽宁省图书馆藏满铁资料来源与大连图书馆不同，大连图书馆的满铁资料基本上来自满铁大连图书馆和满铁调查部的文献，而我馆满铁资料的来源比较复杂，几乎收藏了当时在东北大部分满铁机构的资料。笔者在整理校对我馆满铁资料时，通过藏书印印证了我馆收藏满铁大连图书馆、满铁奉天图书馆、满铁奉天简易图书馆、铁道总局资料系、满铁铁道总局巡回书库、满铁调查部、满铁产业部、满铁经理部调查系、满铁学务课、满铁资料课、满铁大石桥图书馆、满铁营口图书馆、满铁本溪湖图书馆、满铁长春图书馆、满铁新京图书馆、满铁公主岭图书馆、满洲医科大学图书馆、满洲电信电话株式会社、满洲电业株式会社、满洲矿业开发株式会社、满洲炭矿株式会社、满洲事情案内所、哈尔滨商工公会、开拓研究所、满洲农产物检查所、满洲中央银行、满铁地质调查所等机构以及知名学者金毓黻、稻叶岩吉（稻叶君山）个人藏书的事实。

2. 满铁资料种类以及特色。辽宁省图书馆满铁资料主要是日文文献，也有中文文献和西文文献。中文文献2000余种，西文文献6000余种，西文有英文、法文、德文、俄文等文种。既有正式出版物，也有很多非正式出版物；既有图书，也有期刊；既有当时出版的作品，也有古籍文献；既有装帧豪华的精装书，也有普通小册子，还有一部分是手抄本或打字油印本。开本包含了32开至4开或者大于4开的全部。涉及政治、经济、文化、教育、科技、地理、历史、自然资源、社会生活等各个方面。辽宁省图书馆满铁资料大部分是中国自然资源、产业分布、经济方面，满铁藏书大部分是历史文化方面。自然科学方面的藏书不多，但是很有特色，如《满洲科学技术要览》《满洲火山调查报告》。期刊（连续出版物）既有社会科学方面的也有自然科学方面的，具有史料价值，如《满铁调查月报》《满蒙》《亚东》《满洲土建》《满洲化学工业协会志》等。

3. 与满铁自身有关的满铁资料。与满铁自身发展有关的文献有《南满洲铁道株式会社第一次十年史》、《南满洲铁道株式会社第二次十年史》《南满洲铁道株式会社三十年略史》《满铁附属地经营沿革史》《南满洲铁道株式会社土木十六年史》《满洲铁道建设志》。收藏部分自然科学类文献，铃木梅太郎的《研究の回顾》《地质调查所三十一年史》、满铁《农事试验场研究时报（第1至43号）》《满铁筑港志》《满铁の电气》《满の自动车》《大陆科学院汇报》《大陆科学院研究报告》、南满洲铁道株式会社《钱道技术研究所报告》、中央试验所《中央试验所报告》《卫生技术厂研究报告》《满铁会社经营自然科学研究所のなせる业绩概观》《南满洲铁路公司中央试验所业绩大要》等。

4. 南满洲铁道株式会社调查资料。满铁调查部是满铁的重要情报部门，形成了大量的满铁调查资料。我馆收藏很多系统连续的南满洲铁道株式会社调查文献，有很多是机密级别的。南满洲铁道株式会社的《立案调查书类》《露西亚经济调查丛书》《露文翻译ソ联极东及外蒙调查资料》以及各类满铁调查资料丛书，在这些调查文献中有非常详细的数据。如南满洲铁道株式会社经济调查会的《满洲农业移民方策》（立案调查书类第三编第一卷第六号〈续一〉)，其中详细地记载了日本移民的情况，有滨江县长岭子移民计划书，哈尔滨附近日本人移民实施计划方案，阿什河左岸移住地建设计划，还有与朝鲜移民有关的文献。南满洲铁道株式会社调查部的《杂矿物调查资料》(支那·立案调查书类第四编第七卷)、《农业施设及农事业绩》（满铁调查部产业绍介资料第七编 1938 年 7 月)、《抚顺炭矿调查资料》、《满洲矿物调查报告》（埋藏量一览)、《安东省宽甸县洼子沟硫化铁矿踏查报告》、《满洲重要商品取引便览》（满洲调查机关联合会)、《兴安北省三河地方农村实能调查统计编》。满铁对东北亚的调查尤为详细。这些调查资料，对于东北亚研究具有史料价值。美国华裔历史学家黄宗智教授在对满铁农村调查资料进行多年的查阅并与同时代的其他中西学者所做的调查报告做了比较后指出：一般地说，满铁资料不失为用现代人类学方法来研究中国农村的一组数量最大而内容又极为丰富的资料。其中有的调查资料是调查人员“学术努力”的成果，它们的质量甚至高于20 世纪前半期世界任何其他小农社会的有关资料。

5. 中文文献特色。馆藏满铁资料的中文文献以文史类居多。中国地方志和丛书占很大比例，尤其是东北地方志比较全。中国地方志和丛书，是当年满铁奉天图书馆收藏的重点，并把它视为“最大的任务”，因为它在中国古籍图书中，是最能“配合当前的形势发挥其作用的”。因此满铁图书馆不遗余力地搜集我国地方志。由植野武雄编撰的《满洲地方志总合目录》可以得到，到 1938 年 12 月为止，当时各图书馆收藏中国地方志情况：

满铁奉天图书馆（含铁道总局资料课）66 县 1 旗 131 种

满洲国立奉天图书馆 59 县 1 旗 09 种

奉天公立沈阳图书馆 54 县 1 旗 93 种

满铁大连图书馆（含满铁调查部资料课）51 县 1 旗 79 种

馆藏满铁资料中之所以收藏很多地方志，这与我馆收藏的满铁资料来源有关，满铁奉天图书馆的文史类图书基本上流传到了辽宁省图书馆。满铁当时有满铁大连图书馆、满铁奉天图书馆、满铁哈尔滨图书馆三大业务图书馆。这三大业务图书馆在文献收藏上，各有侧重，其中满铁奉天图书馆着重收藏中国地方志、交通、工学、满蒙、西伯利亚、东洋研究等方面的文献。古籍文献中有一些中国重要典籍，如宋应星的《天工开物》等。

6. 对中国自然资源调查与研究的满铁资料。日本从 19 世纪就开始觊觎中国，对中国的调查从 19 世纪末就开始了，有一些中国资源调查与利用方面的文献，尤其是东北亚资源调查文献较多。《中南支矿产地文献拔萃》《支那矿产资源文献目录》《支那矿业时报》《山江省矿业资料》《呼伦贝尔地方牧野植生物调查报告》《北满洲の气候と农业》《北满农业气候概论》《满洲农业气象报告》《满洲に於ける菱苦土矿（其ノ1）青山怀菱苦土矿调查报告》《满洲气象月报》《满洲有用树种内部组织研究》《鞍山铁矿矿床の调查竝に研究》《满铁矿床地质研究汇报》《吉林图幅地质说明书》《满洲关东州地质调查报告》《公主岭图幅地质说明书》《满洲南西部の地质及地志》《满洲北部の地质及地志》《满洲北东部の地质及地志》《绥远及察哈尔西南部地质志》《满洲国及び周边に於ける诸河川の冻结》（附录冻结に关する资料）。毫无疑问，这些满铁调查资料，当时是为日本帝国主义对中国进行殖民统治和掠夺资源财富服务的，但通过满铁资料的研究，可以发掘对当前经济建设有用的信息资料。资料本身有其准确真实的一面。满铁所作的关于中国矿产、森林、水源、生物、山川、地形、城市、道路、港口等调查报告中，有许多至今仍有价值的、值得开发利用的资料。

7. 经济类文献。馆藏满铁资料中产业分布、经济方面文献占有很大比例，这里只能列举一部分《奉天经济二十年志》《奉天产业经济の现势》《北支农业经济论》（村上舍己著，日光书院，1942 年）、《满洲农业研究三十年》《满洲农业图志》《满洲の农畜产の现势》《改订满洲の在来农具》《满洲水田》《满洲棉花栽培手引》《满洲烟草栽培手引》《满洲苹果栽培手引》《北满に於ける果树园艺并に果实の加工》《满洲大豆》《满洲に於ける油坊业》《满洲の资源と化学工业》《满洲重工业开发の现状》《最近满洲矿业事情集录》《鞍山制钢所事定概观》《辽河工程事业概要ト工程计画要项》《大凌河桥梁工事纪要》《抚顺炭矿露天掘に於ける页岩爆破作业に就て》《北支那の农业と经济（上、下卷）》（南满洲铁道株式会社调查部编，日本评论社，1942 年）。

在经济类图书中有很多详细的图表和统计数字，如 5 卷《图解满洲产业大系》（秋田忠义编辑，代表新知社，1933 年）。该书第一卷、第二卷是农业篇，第三卷、第四卷是矿业篇，第五卷是工业篇。由统计图表、调查表、资源分布图表、产业分布图表、地质图、交通图、生产状况图等各种图表、实物图片和解说构成，每部分都有非常详细的图表。例如，在农业篇中有东北大豆生产状况图，有松花江上游流域各县森林蓄积表，在矿业篇中有东北重要矿产分布图，在工业篇中有东北主要银行表，东北当铺交易调查表等。这些资料是研究东北史的重要参考资料。

8. 地方文献。馆藏满铁资料中有很多地方文献，其中东北地方文献占很大比例，如《中国人の见たる松黑雨江沿岸地方事情》《宁古塔を中心とせる东北部满洲之沿革》《黑龙江省》《长春沿革史》《东宁现事情》《吉林省扶余县事情》《珲春・敦化》《奉天省兴京县事情》《奉天省复县事情》《奉天省西丰县事情》《奉天省昌图县事情》《奉天省台安县事情》《奉天省盖平县事情》《奉天省柳河县事情》《奉天抄志》《开原概况》《锦州省义县事情》《锦州省彰武县事情》《锦县事情案内》《满蒙调查复命书・第四：赤峰县治概况》《阜新县事情概说锦县概况》《大连市史》《大连》《重工业抚顺》《抚顺史话》《辽阳》《营口》《营口市情》《营口の现势》《安东》《安东背后地に於ける经济事情：安东，庄河，岫岩，凤城，宽甸地方》《安东附属地概况》《公主岭沿革史》《热河展望》《热河省概说》《热河》《兴安蒙古》。这些地方文献内容涉及某一地区政治、经济、文化、风俗、历史、资源等。

9. 自然科学类文献。自然科学方面的藏书不多，但是很有特色。如《第一次满蒙学术调查研究团报告》《满洲に於ける水稻作の研究》《满洲の甜菜耕作》《满洲主要鲑鳟族鱼类の生态に关する调查研究》《抚顺关页岩油の精制ご利用に关する研究》《一九二三年北铁沿线气象概观》《满洲の野生鸟》《满洲に於ける液体燃料事来の回顾と展望》《满洲植物の寒地园艺的价值》《满洲关阔叶树の强度试验报告》《满洲植物志》《南满洲植物目录》《北满东满植物目录》《龙井图幅地质说明书》《图佳线（图们——牡丹江间）沿线地质调查报文》《满洲矿产物分析试验表》《满洲地质学物语》《东满の饲料植物》《满洲病害虫防除要览》《高粱黑穗病豫防に关する豫报》《满洲柞蚕の微粒子病并にその防除法に关する研究》从这些书目中可以窥测出当年满铁自然科学研究的目的，就是要长久的霸占东北，掠夺东北丰富的自然资源。

我馆的满铁资料分别存放在不同的书库中，中文类的满铁资料在普通线装书库和保存本书库中。线装书按照固定排架号检索。日文图书保存在日文书库中。辽宁省图书馆的日文图书是按照《东北图书馆分类法》分类排架，日文期刊保存在期刊书库中，是按四角号码排架的。东北图书馆图书分类法是1949年东北图书馆创立的新的图书分类法，该分类法主要分十大类，大类名称与“杜威分类法”差不多，仅有部分调整，即“000 总类；100 哲学；200 宗教；300 社会科学；400 自然科学；500 应用技术；600 语文学；700 文学；800 艺术；900 史地”。

另外，1998年，中国近现代史史料学学会满铁资料研究分会，组织了由中国50余个最主要的图书情报和档案单位参加的满铁资料整理研究项目的“两库一书”编辑工作。“两库”是指《满铁原编目录数据库》和《中国馆藏满铁资料数据库》，一书是《中国馆藏满铁资料联合目录》，该项目为中国国家社科研究“九五”规划重大项目，最终成果分别以书本式目录和光盘数据库体现。书本式目录和数据库将由大连出版社出版发行。该数据库可以通过题名、著者、出版社、出版时间、收藏单位等检索途径进行检索，通过该数据库和书本式目录也可以检索查询到辽宁省图书馆馆藏满铁文献。2005年4月，辽宁省图书馆完成对馆藏全部旧日文文献上架、除尘、贴书标等整理工作，并对破损程度严重的日文文献进行了修复，建立了“辽宁省图书馆藏旧日文文献书目数据库”。该数据库已经通过Internet在辽宁省图书馆主页上发布（辽宁省图书馆主页网址为：http://www.lnlib.com/），实现了联机检索。国内外的研究者可以不受时间、空间限制，只要在网络上登录辽宁省图书馆主页，就可以通过题名、责任者、主题等途径快速检索出我馆收藏的日文满铁资料，为研究者查询与利用文献提供了方便。

辽宁省图书馆藏满铁资料，引起国内外学者的关注，近年来许多国内外学者来我馆查询利用这些满铁资料。日本九州大学教授中原孝俊先生、日本新潟大学教授井村哲郎先生、日本大阪府立图书馆冈村敬二先生等日本学者曾先后来我馆访问。对本馆收藏的满铁资料的学术价值给予很高的评价。近年来笔者也利用满铁资料针对读者开展各种专题咨询服务。

辽宁省图书馆藏满铁资料是珍贵的历史文献，作为历史的见证，对研究中国历史、日本历史、中日关系史、中日文化交流史，乃至研究亚洲历史、世界历史，具有独特的史料价值。为了给研究者提供完整的研究对象，我们除继续完善馆藏满铁资料的整理与开发外，还要实现与大连市图书馆、中国科学院、辽宁省档案馆、抚顺矿务局等满铁资料收藏单位满铁资料的衔接，为读者研究历史文献提供帮助。读者想检索辽宁省图书馆满铁资料，可以登录辽宁省图书馆网站查询。

原载《兰台世界》2006 年第 22 期

# 满铁档案中记载的南京大屠杀

王天平

辽宁省档案馆所藏南京大屠杀档案史料，是满铁上海事务所根据满铁南京特务机关及所属各地宣抚班、杭州特务机关、满铁北支事务局津浦沿线地带宣抚班（女子宣抚班）以及日军大同特务机关（晋北地区宣抚班）等，在1937年12月10日至1940年4月30日间形成的，由日文油印或打印而成共733页。上面盖有“极秘”印章，这部分档案史料记载了满铁特务机关，在南京即将陷落和南京大屠杀发生期间，参与组织清理尸体、清理街道、登记人口、强行征用苦力、推行日本军票兑换和流通等活动。由于这部分档案是当年日本人形成的，因此对揭露南京大屠杀史实、回击日本右翼分子是最有说服力的。

## 满铁特务在档案中反映的南京大屠杀

日本在侵华期间，曾制造了多起大屠杀，其中南京大屠杀是规模最大、最惨无人道、最骇人听闻的。当年东京国际军事法庭曾认定：1937年12月中旬以来，日军占领南京后，惨绝人寰的大屠杀持续了6周，他们杀死20多万人。

长时间以来，一些日本右翼分子公然否认南京大屠杀的历史事实，叫嚣要拿出具体的数字，精确到个位数，而且要有名有姓；还有人声称：当时南京城里总共有20万人，怎么会有30多万人被杀死呢？其实，这部分人是在偷换概念。当时南京有个国际安全区，在这个安全区内是只有20万人左右常住人口。但是，所谓南京大屠杀，是指日军在南京市区及郊区范围内的大屠杀。另外，由于战乱，上海陷落前大量难民涌入南京，无锡、镇江等地大量难民涌入南京，而在南京陷落前又有许多南京人逃离出去，加之相当多的人被日军杀死在长江中。在这样的背景下，要将日军在南京屠杀的中国人，精确到个位、每个人都有名有姓那现实吗？试问：美国在广岛、长崎投下两颗原子弹，号称炸死24万多日本人，将外出的和外来的都算在内，你能精确到个位吗？这些人都有名有姓吗？

在辽宁省档案馆的满铁盖有“极秘”印章的档案中，是这样记载的：“南京特务机关机关员：松冈功、佐藤鹤龟人、小岛有于、马渊诚刚、丸山进；工作时间：昭和十二年（1937）十二月二十四日。……战前南京人口约一　八万人……南京完全被皇军包围，逃往可能性全无。……十二月二十二日至一月五日中岛兵团查出残败兵及抗日分子约四千名；一月六日至二月五日特务机关在天谷警备队配合下，又陆续查出残败兵及抗日分子五百余人……。红十字会尸体埋葬队约六百名，在特务机关指导下，一月上旬至二月末在城内外连日尸体埋葬约五千具，成绩巨大……红十字会尸体收容，从开始三个月以来城内一七九三具，城外二九九九八具，计三一七九一具……”

这上面记载了他们埋葬尸体的总数，而且精确到个位。这是当年日本人、日本特务们亲自记载、书写的真实的史实，然而这件满铁档案中仅反映出红十字尸体埋葬队一个埋葬队的“成绩”，不包括其他尸体埋葬队埋葬的数量和被江水卷走的大量中国人的尸体。

## 南京之外的大屠杀

档案中还记载满铁：“镇江班，工作人员：班长：中山四郎（后松江班转入）、加藤幸藏（一月十四日到任），班员：大冢守一、两角省一、荻本顺藏、关户隆、松下久之，工作开始日期：昭和十二年十二月二十六日……十二月二十八日，红十字会杨佛生、元道在十八日至二十七日掩埋尸体共二九二具，十二月二十九日红十会报告：掩埋石马湾十六名土民尸体……”

满铁：“松江宣抚班，工作人员：班长：河野正直（转任）、中山四郎，班员：滨田万七、合田福太郎、百田作次，工作开始日期：昭和十二年十二月十日。附表一。”松江县自治委员会组织一览表（成立时间：维新元年四月一日），在卫生部活动状况栏明确地写着：“……防疫清扫、尸体掩埋……”在东门、西门、西门第一、西门第二、北门、城中、华阳镇、车墩办事处（成立时间从维新元年三月十四日到三月二十三日）活动状况均为“……清理街道、收埋尸体……”松江自治委员会各支部组织一览表“泗泾镇支部（原称第二分会维新元年三月二十三日）和亭林镇支部（原称第七分会维新元年四月一日）”。

日军在攻占上海时，日军第三舰队司令官长谷川清向飞行队长和田下达“无差别级轰炸”的命令，整个上海市到处尸横遍野。

日军攻占无锡后，《东京日日新闻》11 月 30 日及 12 月 6 日后 13 日连篇累牍地报道：第十六师团的野田毅少尉和向井敏明少尉约定进行“百人斩”比赛，先杀一百人为胜者。从无锡开始到南京郊外的紫金山时，野田毅杀了 105 人，向井敏明杀了 106 人，无法判断是谁先杀了第 100 人。于是两人约定以杀 150 人为新目标，继续比赛。当时日军随军记者拍摄的、在日本《东京日日新闻》报刊载的“野田毅和向井敏明二将校百人斩”的著名照片，恐怕很多人都见过。上面清楚地说明“向井106名、野田105名”。这张照片以及那些一张张到处尸体成堆、惨不忍睹的画面，其中绝大多数是当时日本人为炫耀他们的战功而拍摄的写真，是历史的真实记录、原始记录，是铁证。

由此可见，日军除了在南京制造了大规模屠杀，在南京周围也制造了大屠杀，在镇江、松江广大地区也制造了大屠杀。屠杀后的场面也是数量巨大、尸横遍野、惨不忍睹。所以在镇江、松江广大地区的城镇及以下地区的自治委员会卫生部都明确任务即“防疫清扫、尸体掩埋”和“清理街道、收埋尸体”。

这里需要注意的是，这些自治委员会成立的时间是“维新元年三月中旬至四月一日”。“维新元年”即1938年，南京大屠杀发生是在日军攻陷南京后的1937年12月13日，大屠杀持续了6个星期，即至1938年1月末。那么在1938年3月中旬至4月1日成立的上述自治委员会，还将“清理街道、收埋尸体”作为镇江、松江广大地区的工作任务。可想而知，该地区大屠杀的规模、数量以及屠杀后的现场是如何范围之广、数量之大的。

## 满铁特务将民国年号改为维新年号

前面介绍的松江县自治委员会组织成立时间是“维新元年四月一日”，在东门、西门、西门第一、西门第二、北门、城中、华阳镇、车墩办事处的成立时间是从维新元年三月十四日至三月二十三日；其松江自治委员会各支部组织一览表中“泗泾镇支部（原称第二分会）成立的时间是维新元年三月二十三日，亭林镇支部（原称第七分会）成立的时间是维新元年四月一日。“维新元年”是什么？不难看出这是日本特务给被日军占领的中国民国改的年号，他们有什么权力改中国的年号？他们为什么要改中国的年号？

日军在占领上海后，即推出大汉奸梁鸿志当傀儡，在上海沦陷区成立“维持会”，对上海实施统治。南京沦陷后的1938年3月28日，日本人又操纵梁鸿志在南京成立了所谓“中华民国维新政府”，管辖苏、浙、皖三省的敌占区和宁、沪两个特别市，梁鸿志任伪“维新政府”行政院院长兼交通部长。办公地点设在原八十八师司令部。由此可见，早在“中华民国维新政府”成立之前，日本满铁特务就已经将中华民国改为“维新”年号了。

年号是过去封建王朝改朝换代的重要标志，每一朝代的更迭都以年号的改变为标志。中国如此，受中国唐代文化影响而发展起来的日本也是如此。南京大屠杀发生的当年，中国是推翻清封建帝王，辛亥革命后的中华民国二十六年（1937），这表明中国已经从封建社会革命成为民主国家。在东洋日本，当年是明治六十九年。

日本设立年号的制度源于中国。公元645年，日本发生宫廷政变，36代天皇孝德天皇仿照中国始立日本年号。汉学家在中国典籍《尚书》中“施教化，大治天下”一句中选定“大化”为日本历史上第一个年号，并约定每逢改朝换代都从中国典籍中选出二字为年号。

日本的“明治”年号是从中国的《易经》“圣人南面听天下，向明而治”一句中选定的。那时的日本开始实行了改革，史称“明治维新”。“维新”选自于中国的典籍《诗经》中“周虽旧邦，其命维新”一句。明治年是日本第122代天皇睦仁统治的时代，也正是这个明治时代开始了日本对中国朝鲜大规模军事侵略，也正是这时日本走上了军国主义道路。

日本在中国的特务都是了解中日历史的，有的是汉学家、中国通，他们是担负特殊使命的人。在日本武力侵占中国民国的国都南京、在南京政府正门上降下中华民国国旗升起了日本国旗、在杀了几十万中国人之后，日本特务狂妄地给中国改国号，将中国的“民国”年号改为“维新”年号，这显然是对中国重要标志性主权的严重侵犯和践踏，是欲将中国拉回至封建社会的26年历史大倒退。表明日本欲将中国变成殖民地，在国际社会造成蛇吞象的既成事实，是日本军国主义野心的大暴露。

## 朝香宫鸠彦是南京大屠杀的罪魁祸首

1948年11月12日，东京国际军事法庭认定华中方面军司令官陆军大将松井石根，对南京大屠杀负有不可推卸的责任，因此判处绞刑，并在12月23日在东京巢鸭监狱执行。实际上除了松井石根之外还有一个人，在1937年12月2日就接替松井石根、直接指挥日军在12月13日攻下南京，并亲自下令大屠杀，他就是日本陆军中将、裕仁天皇的皇叔、杀人恶魔朝香宫鸠彦。12月1日，日军就开始进攻南京。在日军杀气腾腾逼近南京时，华中派遣军司令官松井石根结核病发作高烧不退卧床不起，留在140公里以外的苏州养病。12月2日，日本大本营任命皇叔陆军中将朝香宫接替患病的松井石根。

朝香宫对天皇给予的立功赎罪的机会倍加珍视。12月5日，朝香宫抵达前线司令部后，立即听取了他的老伙伴、日军第十军司令官柳川平助，16师团长中岛今朝吾等近十名将官的军情报告，并部署要拿出皇军的威风尽快攻下南京。经过几天的战斗，12月12日南京沦陷，南京城内外的中国军队以及平民都成了“俘虏”。为了显示朝香宫和由他统帅的皇军的威风，为了干出点样子给天皇看看，朝香宫的司令部立即发出一连串、由朝香宫本人签署的命令，上面还加盖着“机密”和“阅后销毁”的字样。命令的内容十分简单：“杀掉全部俘虏”。美国《生活》杂志记者、二战史研究专家戴维·贝尔加米尼在《日本天皇的阴谋》（伦敦海涅曼出版公司1971年版）一书第30页做了完全相同的记载。

在杀人魔王朝香宫的指挥下，10余万日军都在疯狂地屠杀、淫掠，制造了人类历史上惨绝人寰的一幕。12月17日，病情好转的松井石根在朝香宫的陪同下进入南京城。自从日军攻占南京，在朝香宫的指挥下浩劫一直持续了6周。此间，朝香宫的司令部于12月25日迁入南京城内的中央饭店。12月22日松井石根就乘军舰去了上海。大量人证、物证、影片、照片记载了灭绝人性的日军制造南京大屠杀的罪证。“经过鉴定，其中有444宗谋杀、集体屠杀、强奸、纵火和抢劫案例被证明与朝香宫有关。”日本皇叔朝香宫鸠彦是直接指挥日军攻占南京、直接指挥日军惨无人道地制造南京大屠杀的罪魁祸首。

现藏于美国国家档案馆中，1938年1月17日日本外务大臣广田弘毅，从东京发给华盛顿日本驻美国大使馆的密电做了如下记载：“特别消息：据可靠的目击者直接计算及可信度极高的一些人的来函，提供充分的证明，日军的所作所为及其继续暴行的手段，使我们联想到阿提拉（公元5世纪称雄欧洲的匈奴人首领）及其匈奴人。不少于30万的中国平民遭到杀戮，很多是用了极其残暴血腥的手段。强抢、强奸幼童，及其他对平民的残酷暴行，在战事早已于数星期前停止的区域继续发生”。

其实在朝香宫指挥军队攻下南京时，裕仁就向身为参谋总长的皇叔闲院宫表示，他对朝香宫在南京的行动感到异常地满意。于是闲院宫电贺“战绩卓著，史无前例”。

## 南京大屠杀的动因

世上任何事情发生都是有原因的。日本侵华几十年的时间，制造许多起大屠杀，但是为什么日军在南京制造了如此规模、如此灭绝人性的大屠杀呢？除了日本法西斯具有穷凶极恶、灭绝人性的本质等原因外，笔者认为还另有三方面的原因：

一是日军进攻上海南京时损失惨重恼羞成怒。

七七事变后，日军在占领北京的同时开始了全面侵华战争。8月15日，亲自在大本营坐镇指挥的日军大元帅裕仁天皇，调兵遣将，退役陆军大将松井石根被任命为华中派遣军司令官，并在皇宫接受裕仁的接见后重新披挂上阵。当时日军投入上海战场两个集团军，即上海派遣军和第十军共约30万人。

由于上海是中国民国政府首都南京的卫城，蒋介石在上海投入了大量部队拼死抵抗。战斗进行得异常激烈，双方损失巨大，到9月中旬上海陷落时，进攻上海的日军已损失了三分之一。

日军攻占南京前，卫戍司令长官唐生智奉蒋介石之命率第二军10余万人守卫南京。唐生智表示“誓与南京共存亡”，命令将下关至浦口的轮渡撤除，防止部队北撤以求背水一战。日军在海上、陆地两条战线发起攻击。中国军队的顽强抵抗使日军大量伤亡，为此日军恼羞成怒。

以往日军惯用制造借口挑起事端，然后用中国人“暴戾”、日本人“膺惩”的伎俩，在付出巨大代价攻占南京后，便又一次以日本的武士道、法西斯手段实施对中国人的“膺惩”了。日军进入南京后，朝香宫就委任中岛为南京市警备司令。心领神会的中岛及所属部队便露出了杀人魔王的狰狞，中岛今朝吾的部队将万余名中国军队战俘驱赶到长江边，然后用机枪集体屠杀。柳川平助及其他 9 个师团的日军分别在各处屠杀。一时间南京城内尸骨满地、血流成河，被杀者凄惨的哭叫和刽子手杀人后的狂笑充斥南京的上空。

二是裕仁天皇遥控指挥颁布敕语嘉奖激励日军。

2007 年 4 月号日本《文艺春秋》：裕仁侍从小仓库次的日记记载 1937 年 7 月 5 日，陆军大臣板垣征四郎拜见天皇，两天后卢沟桥事变爆发，日本开始了全面侵华战争。

为了鼓励侵华日军的士气，裕仁天皇除了用颁布敕语激励、颁布敕语嘉奖外，还不失时机地提高军饷标准。1937 年 8 月 18 敕令 434 号：“朕北支事变陆军战时给予规则：支那事变后，陆军大将给予 710 元、中将 450 元、少将 400 元、大佐 330 元、中佐 300 元、少佐 290 元、大尉 250 元、中少尉 230 元、准士官 200 元、曹长 170 元、伍长 120 元、上等兵 85 元、月给 35 元以下的给予 75 元、雇佣 55 元”，军饷标准比战前翻了一番还多。同日敕令 435 号：“朕北支事变海军战时给予规则：支那事变后，海军大将给予 710 元、中将 450 元、少将 400 元、大佐 330 元、中佐 300 元、少佐 290 元、大尉 250 元、中少尉 230 元、准士官 200 元……”

9 月 4 日，裕仁天皇在临时议会开院式上，发布敕语：“中华民国全然不解帝国之真意，滥构事端，导致今次之事变，朕感憾之。今朕之军人正排除万难，尽其忠勇，全为促使中华民国之反省，以迅速确立东亚之和平。”

1937 年 11 月下旬，裕仁大元帅一改以往凡有战事在皇宫外设立大本营的习惯，破例在皇宫内设立大本营，安装电话直接和陆军参谋总长、海军军令部长以及陆军大臣等军政要员的联系，以便减少中间环节，了解军情，直接即时地指挥海陆军战事。

1937 年 12 月 13 日（日军攻陷南京，大屠杀开始之日）敕语：“朕陆海军各部队继上海附近作战之后施行勇猛果敢之追击，迅速攻陷首都南京，朕深感满意，其将此旨传谕将士。”裕仁天皇对侵华日军的军事行动不失时机地“深感满意”，对战场上每个日军都翻番地奖励工资，大大激励了在侵略中国的战场上为天皇“尽忠守节”的疯狂的法西斯日军，他们为了天皇的“圣战”能不杀红了眼吗?

三是被贬的朝香宫戴罪立功急于干出点样子。

裕仁还是皇太子时，他就组织了一个亲信集团——旅欧期间形成的间谍网。皇叔朝香宫兄弟三人都是这个秘密使命的中坚分子，后来在一次车祸中朝香宫的一条腿粉碎性骨折从此成了瘸子。

在裕仁登基 10 年后的 1936 年 2 月 26 日，由于日本上层的分歧，一部分中下级少壮派军官发动了所谓“二·二六”事变，并一度控制了日本帝国的中枢机构。在皇族紧急会议上，年过半百的朝香宫同裕仁的胞弟秩父宫一道，敦促裕仁天皇体谅政变军人的苦衷，对发难的军人予以赦免。对此，天皇极为不满。事后，天皇以关键时刻态度不当，将朝香宫从皇室名册中剔了出去。为此，朝香宫着实失宠寂寞了一段时间。

日军进攻上海时遭到中国军队的顽强抵抗伤亡巨大，进攻南京时同样遇到中国军队的顽强抵抗。在关键时刻主帅华东派遣军司令官陆军大将松井石根却患病在床，不能亲自指挥作战。在这个时候裕仁想起了朝香宫。身为陆军中将、梦寐以求恢复皇族身份地位的朝香宫认为这是天赐良机，他发誓要抓住这个机会一定要干出个样子让天皇看看。

12 月 12 日南京沦陷，南京城内外的中国军队以及平民都成了“俘虏”。身为战场最高统帅的上海派遣军司令官的朝香宫，在设在南京城内中央饭店的司令部立即发出一连串、由其本人签署的命令，上面还加盖着“机密”和“阅后销毁”的字样。命令的内容十分简单：“杀掉全部俘虏”。屠杀令下达后，每一个日军官兵都成了杀人机器。大屠杀正在进行期间，日本参谋本部参谋总长皇叔闲院宫载仁代表裕仁天皇致电“战绩卓著、史无前例”，更加激励了这个杀人恶魔。

1938 年 2 月 12 日，完成了攻占南京、屠城南京的朝香宫带着得意的笑归国复命了。天皇裕仁在叶山皇宫接见了朝香宫，对他此次出征的战绩大加赞赏，特赏赐雕有皇家菊花纹徽的银质花瓶一对，以示恩宠并恢复皇室身份。由于朝香宫在南京的“战绩卓著”，使他和天皇裕仁恢复了关系并更加密切了。他们经常秘密会晤，一同参加皇族会议，一起打高尔夫球。裕仁天皇觉得关键时刻皇族成员还是靠得住的。

## 大屠杀发生时的抵抗

以往的研究大多仅限日军在南京大屠杀事件本身，很少涉及在大屠杀区域内中国军民的抵抗等。这方面的内容在满铁特务档案中也有详细的记载：“满铁上海市事务所调查室，主事伊藤武雄，昭和十五年三月，宣抚工作概况杭州特务机关，卷二，极秘，钱塘江的敌情：

1. 杭州对岸萧山、西兴、义桥一带准正规军十师、预备队、保安队五六百名（三分之一持兵器）撤离城镇民家蟠居……。

2. 萧山以西桐庐、建德岛钱塘江一带，为避免日军飞机轰击，抗敌自卫团两千余名（武器不整备）警备上四五华里乃至二十华里间隔，堑口山麓建筑地下兵营、草屋宿营……。

3. 绍兴诸暨一带正规军、警察队、保安队、抗敌自卫团、壮丁队等一千余名（枪械不备）一部分正规军下士、将校，经三个月速成训练后……。

4. 十二月十六、七日萧山、绍兴、宁波方向抗敌自卫团（共匪）司令部，钱塘江南岸北岸七堡、四堡（杭州东十华里至十五华里）枪械弹药输送给一千二百多名团员。沙渚高桥（杭州东北一百三十华里斜桥北十华里）集结，在后防牵制日军进攻。金华方面中央军将校二十余名、宁波城内正规军四五百名、公安警察队一千余名武器充实……。一月二十二日午后九时，杭州市长何琼在自宅内被四五名用手榴弹袭击，炸成重伤后死亡……。一月三十一日可见排日标语……”

以上日本满铁特务的记载表明：在日军屠城南京、中国人的尸体遍野的背景下，不屈的中国正规军、非正规军和民间抗日武装及人民群众没有被残暴的日本法西斯吓倒，反而激发起他们誓与侵略者血战到底的气概。他们在撤离该地区后迅速集结起来，虽然条件艰苦、装备不整，但他们仍在积蓄力量，并伺机袭击敌人。

原载《党史纵横》2007 年第 6 期

# “满铁资料”发掘研究之探讨

孟宪梅　郑　兰　苏艳红

“满铁资料”是“满铁藏书”和“由满铁及其附属机构编辑出版的图书情报资料”的统称，本文所提及的“满铁资料”系指后者。其中，“满铁”是“南满洲铁道株式会社”的简称。它表面上是一家股份公司，实际上是日本的侵华大本营。“满铁”除了经营南满铁路及其附属企业之外，还兼有调查我国的物产和自然资源以及为日本的侵华政策提供军事、政治、经济、社会等情报的特殊使命。在长达40年的时间里，满铁编辑出版了数万种图书情报资料；收集了古今中外大量的图书文献，形成了包罗万象的大资料库。

“满铁资料”是日本军国主义侵略中国的铁证，也是研究当时历史和教育子孙后代的重要材料。对“满铁资料”进行发掘研究，具有重要意义和学术价值。尤其在中日关系日趋复杂的今天，其现实意义不言而喻。国家社科基金“九五”规划重大项目《“满铁资料”整理研究》课题已经于2003年结题，其研究成果——30卷的大型工具书《中国馆藏满铁资料联合目录》已经出版，该书是海内外同类工具书中收录量最大的一种，填补了近现代史史料上的一个重要空白。但这仅仅是“满铁资料”发掘研究工作的开始，还有许多重要的任务有待我们继续完成。笔者有幸参加了《“满铁资料”整理研究》课题的全过程，结合工作实践，想就“满铁资料”的进一步发掘研究，以及数据库建设谈点粗浅看法。

## 一　“满铁资料”发掘研究的意义及必要性

### （一）揭露日本侵华、殖民统治真相，还历史以本来面目

关于历史教科书的问题一直是中日分歧的焦点之一，近期由中、日、韩三国同步推出的一本面向青少年的历史读本《东亚三国近现代史》，是凭借3个国家的民间力量，经过3年多精心编纂完成的。参加编纂的上海师范大学苏智良教授在接受记者采访时不无遗憾地表示：“我们过去的历史书上说到日军侵略时，往往用‘杀烧淫掠无

数'来表述，可这个'无数'到底指多少呢？没人说得确切，也无法让人信服。我们因为拿不出具体数据，有些史料只得删去。"苏教授呼吁，中国学者须加强实证的调查和研究，"毕竟写历史得用真凭实据说话。"① 可见图书馆的文献研究特别是史料研究具有极其重要的意义。日本侵华的实证并不仅仅是杀了多少人，烧了多少房子，如果我们从政治上的奴役、经济上的掠夺来研究考证日本对中国的侵略会发现，数以万计的"满铁资料"中铮铮铁证随处可见。

北京交通大学图书馆所藏南满洲铁道株式会社编撰的《昭和十六年度（1941 年）统计年报》的累年编中，记录了"满铁"从明治 40 年（1907 年）到昭和 16 年（1941 年）所经营的"各项事业"的统计资料。以从大连港输往日本的大豆、煤炭为例（见表 1、表 2），其赤裸裸的掠夺可见一斑。

不仅是资源掠夺，民族歧视、对工人的剥削都可以从"满铁资料"中找到佐证。"满铁"科研教育机构中，中国人所占比例微乎其微，"满铁"所谓的智囊团中几乎没有中国人；教育设施中，能够接受本科教育的中国学生数量也受到严格限制；在劳动报酬上，日本人普通工人（包括土工）的工资为 3.00 元（小银圆），而相同工种的中国工人的工资仅为 0.70 元，相差 3.3 倍……②

"满铁"的情报调查项目包罗万象，从矿产地等大的资源调查到农户及洋车夫生活情况、商品零售等细致的经济调查；调查范围从黑龙江（北满）到重庆乃至海南（中南支）……无孔不入无事不包的"满铁"情报资料中也肯定有关于一些重大历史事件疑案的记载，会有可供考证的线索或旁证、佐证资料有待我们去发掘研究。揭露殖民统治真相，还历史以本来面目，是史料研究工作者光荣而艰巨的任务，也是发掘研究"满铁资料"的意义之所在。

**表 1　大连港输出大豆发送地别**

单位：千吨

| 年份 | 向日本输出大豆 | 向中国内地输出大豆 | 向其他国家输出大豆 | 输出大豆合计 | 向日输出比（%） |
|---|---|---|---|---|---|
| 1908 | 122 | 89 | 49 | 260 | 47 |
| 1913 | 86 | 38 | 7 | 131 | 66 |
| 1919 | 362 | 20 | 184 | 566 | 64 |
| 1929 | 507 | 257 | 1396 | 2160 | 23 |
| 1939 | 286 | 24 | 318 | 830 | 59 |
| 1940 | 474 | 17 | 8 | 499 | 95 |
| 1941 | 270 | 3 | 1 | 274 | 99 |

资料来源：根据南满洲铁道株式会社《昭和十六年度统计年报》，第 257 页表格改制；千位数以下数字 4 舍 5 入。

---

① 苏智良：《东亚三国的近现代史》把谎言赶出历史书，《新民晚报》2005 年 7 月 11 日。

② 苏崇民：《满铁史》，中华书局，1990。

**表 2　大连港输出煤炭发送地别**

单位：千吨

| 年份 | 向日本输出煤炭 | 向中国内地输出煤炭 | 向其他国家输出煤炭 | 输出煤炭合计 | 向日输出比（%） |
|---|---|---|---|---|---|
| 1908 | 3 | 16 | | 19 | 16 |
| 1913 | 287 | 140 | 173 | 600 | 48 |
| 1919 | 153 | 58 | | 211 | 73 |
| 1929 | 1871 | 219 | 2690 | 211 | 70 |
| 1939 | 781 | 15 | | 796 | 98 |
| 1940 | 673 | 3 | | 676 | 99 |
| 1941 | 645 | | 1* | 646 | 100 |

资料来源：根据南满洲铁道株式会社《昭和十六年度统计年报》，第258页表格改制；千位数以下数字4舍5入。

* 满洲国用。

### （二）保护历史遗产、发掘利用“满铁资料”为现代经济建设服务

“满铁”的调查报告是“满铁资料”的特色之一。其情报调查人员最多时达两千多人，多数是各个专业领域的专家，他们所进行的中国自然资源和社会经济资源的调查以及写出的调查报告，具有较高的学术价值；“满铁”所做的关于中国矿产、森林、水源、生物、山川、地形、城市、道路、港口等调查报告，有许多是至今仍有价值的、值得开发利用的资料。北京交通大学图书馆现存的“满铁资料”中关于铁路线路、资源、移民等翔实细致的调查资料还附有珍贵的图片、照片及资源分布图、线路图等，较客观地反映了当时的现状。我们应当通过对“满铁资料”的研究，发掘其中有用的东西，为我们的经济建设服务。同时为近现代史学研究和子孙后代保存一批反映20世纪前半叶中国社会经济状况的历史资料。

### （三）“满铁资料”的发掘、保护迫在眉睫

“满铁”设立至今已过百年，由于历史上的辗转迁徙，满铁资料遭受了相当大的损失。国外收藏“满铁资料”的主要机构，如日本的亚细亚研究所、美国的国会图书馆亚洲部日本课等，都对“满铁资料”采取了保护措施，日本早在数十年前就把一些档案材料制成了缩微胶片，日美两国都实现了“满铁资料”在线目录网络检索。

留存在我国的大量“满铁资料”，由于几十年来机构变动频繁，致使收藏十分分散，而且许多单位的藏书条件较差，有的单位把“满铁资料”装在麻袋里，或堆放在潮湿的地下室，还有的单位对这批资料的价值认识不足，甚至当作废纸废品处理，凡此种种，造成部分资料散失毁损相当严重。虽然国家社科基金“九五”规划重大项目《“满铁资料”整理研究》，使各收藏单位对“满铁资料”的整理及抢救取得了较好的

效果。但由于环境及经费所限，很难实现对"满铁资料"的有效保护，特别是60、70年以前拍摄的老照片，酸化严重，再不采取保护措施，珍贵的历史镜头将不复存在。所以发掘、研究及保护"满铁资料"已经迫在眉睫，目前可采取以下措施。

**1. "满铁资料"的延缓性保护**

改善库房的环境及设置：防盗、防火、防紫外线，还要防水，应做到通风和恒温恒湿；"满铁资料"应存放在书柜中。最好选择防潮、防虫的楠木、樟木书柜。要定期对"满铁资料"进行翻抖、除尘；施放药剂，防治害虫、霉菌和老鼠。对于破损的"满铁资料"，要由掌握一定技术、经过培训的人员进行修补。对珍贵文献可进行纸张脱酸处理，经过修复的文献，可以大大延长保存时间。

**2. "满铁资料"的再生性保护**

在传统图书馆与虚拟图书馆并存的环境下，尽快实现不同载体文献资料的数字化，是建设现代化图书馆至关重要的一环，也是抢救"满铁资料"的一个可靠途径。笔者曾到一些收藏单位做过调研，"满铁"及其所属机构编辑出版的文献资料由于纸张质量比较好，老化并不很严重。这部分资料完全可以进行扫描拍照，建立一次文献数据库；也可以将文献信息摄制在缩微胶片上，通过反复拷贝的方法将信息一代代延续下去，达到永久保存的目的。

## 二 "满铁资料"的整理与研究

图书馆的宗旨是服务，为读者提供高层次的信息服务是文献研究人员的神圣职责。图书馆文献研究人员不可能专门从事某些课题的具体研究，但可以通过对文献信息的发掘、研究和整理，为各类研究课题提供文献服务。

"满铁资料"与一般意义上的书刊资料有着许多不同之处，要为研究者提供深层次的文献信息服务，就必须准确揭示"满铁资料"的实质内涵，进行深加工。满铁史专家、吉林大学苏崇民教授曾经为"满铁资料"的研究，提供过约30个专题，内容涉及日本殖民统治的方方面面，如果在数十万件"满铁资料"中手工检索各专题所需信息资料，无异于大海捞针，将浪费研究人员大量的时间和生命。所以对现有的"满铁资料"进行发掘、整理和研究，建立"满铁资料"数据库势在必行。

## 三 "满铁资料"数据库建库设想

北京交通大学图书馆已经建立了"铁路交通运输特色数据库"，该课题是"十五"期间CALIS专题特色数据库建设子项目之一。笔者根据建库实践和对"满铁资料"整理研究的体会，提出如下几点设想。

## （一）“满铁资料”数据库建设的基本内容

“满铁资料”数据库按结构，可分为书目数据库、篇名数据库、全文数据库3种。

### 1. 书目数据库

书目数据库是全面系统地介绍“满铁资料”所有文献的数据库，是关于“满铁资料”全部文献的现状与历史的记录，其目的在于介绍全国地域内“满铁资料”的数量和馆藏地点，以便读者借阅。它可以是我国范围内的馆藏“满铁资料”的联合书目数据，也可以是全世界的“满铁资料”文献的书目数据，这样，可将满铁资料的数量和收藏地点全面地介绍给读者。如：国家社科基金“九五”规划重大项目“满铁资料”整理研究课题成果之一的“中国馆藏满铁资料联合目录数据库”等。

### 2. 篇名数据库

对“满铁资料”中的有关专题文章进行篇名数据库建设是非常必要的。因为“满铁资料”中含有大量的中国20世纪前半叶政治、经济、殖民地统治等历史文化信息，这些信息具有极高的使用价值和史料价值，而研究者从众多的“满铁资料”中查阅所需资料是很困难的，因此必须对“满铁资料”进行选题，编制分专题、分研究领域的篇名索引。使研究者通过多种检索途径，迅速获取自己所需要的文献信息。

### 3. 全文数据库

“满铁资料”全文数据库直接反映“满铁资料”的内容特征，但并不是所有的文献都做全文数据库。在对“满铁资料”进行深入发掘与研究的基础上，可有选择地将一些珍贵的、利用价值高的，或急需数字化保护的文献，转换成计算机可识别的数字方式存储，或制成缩微胶片，供读者利用（可以是有偿服务）。

## （二）“满铁资料”数据库建设应注意的几个问题

### 1. 分散建设、统一管理

“满铁资料”数据库的建设可以比照CALIS专题特色数据库建设，遵循“分散建设、统一检索、资源共享”① 的原则。

应统一“满铁资料”数据库的建库标准和服务功能要求，构建统一的公共检索平台，鼓励“满铁资料”重点收藏单位积极参加“满铁资料数据库”的建设，建成一批各具特色的“满铁资料”子数据库。例如：吉林大学图书馆的“满铁资料亚细亚文库”、中国社会科学院近代史所的“满铁剪报库”、北京交通大学的“铁路交通运输特色数据库”中的“满铁资料库”等。各子数据库建成后，由“满铁资料”研究分会或项目组统一管理，实现参建馆之间的资源共享。

---

① CALIS专题特色数据库子项目，中国高等教育文献保障系统（www. calis. edu. cn），2004－11－03。

**2. 增加关键词等标引，深层次揭示“满铁资料”的实质内容**

根据北京交通大学图书馆“满铁资料”及铁路交通史料整理研究与数据库建设的实践，笔者认为简单的书目数据反映不了文献的全貌，从深层次揭示实质内容就必须增加反映文献特点的关键词：每条数据要标引1～3个关键词，外文文献至少标引1个中文参考关键词；编制文摘或中文参考文摘；必要时增加自定义字段，以便准确反映文献全貌。

对于连续出版物，建议做篇名分析著录。连续出版物时效性强，可以再现历史，反映当时状况，为读者提供第一手资料。例如北京交通大学读者要查找浙赣铁路梁家渡大桥的照片，由于当时北京交通大学图书馆的“铁路交通史料数据库”尚未建立，没能满足读者的需求。在编制交通论文目次库的过程中，该馆在《现代铁路》Vol. 4、No. 3期（1948年9月）《浙赣铁路是怎样赶工的》文章中发现了梁家渡大桥被炸毁前及修复后的照片……此类例子很多。相信在对“满铁资料”的发掘和数据的编制中，也一定会不断发现有价值的文献信息，通过及时地介绍发布，为史学研究者提供深层次的服务。

目前，日本的亚细亚研究所、美国的国会图书馆亚洲部日本课等，都已经实现在线目录网络检索，满铁资料数据库建成后也将走进互联网，与国际接轨，为处在世界任何角落的“满铁”研究者及时、快捷地查找中国的“满铁资料”提供服务。

要使“满铁资料”发掘研究工作得以持续发展，尚面临许多困难。虽然国家社会科学基金给予大力支持，目前“满铁资料整理研究”二期课题已经启动，但对散在全国各地的“满铁资料”收藏单位尚缺乏统一的协调管理，还没有形成一支能够胜任“满铁资料”深入发掘研究的专业队伍，“满铁资料”分散管理、各自为政，不利于数据库的建设。

“满铁资料整理研究”一期课题，所走过的艰辛历程提示我们：实现上述设想，必须投入大量的人力物力。加强“满铁资料”数据库建设的理论研究和统筹协调，制定出可持续发展战略必须以人为本，造就一支讲奉献、懂业务、高素质、各有其业务专长的“满铁资料”发掘研究队伍，把这项光荣而艰巨的事业进行下去。

原载《北京交通大学学报》（社会科学版）2008年第1期

# 日本侵华的罪证，不可多得的教材

## ——评满铁上海事务所《常熟县农村实态调查报告书》

陈　辽

20世纪，中国有三大农村调查：一是毛泽东于30年代在苏区的《农村调查》，它的价值和意义，人所共知。二是费孝通30年代在江苏的农村调查，《江村经济》发表后，名扬海内外，尤为社会学界所称道。三是日本满铁（南满洲铁道株式会社）自30年代至40年代对东北、冀东和华东的农村调查，其时间之长（1932年1月～1940年）、规模之大（从东北到冀东，由冀东而华东）、参与调查的人数之多（从最初的数十人到后来的300多人）、调查项目之细（共有2000多个专题），均为中国农村调查所未有。然而，日本人的这一农村调查，仅为少数研究日本的专家们所了解，广大民众几乎一无所知。这是因为，日本满铁对中国农村的调查报告均以日文在内部出版，没有翻译成中文在中国问世。为此，江苏省常熟市档案馆馆长沈秋农将馆藏的满铁上海事务所调查室的《江苏省常熟县农村实态调查报告书》复印件，请日本研究专家、翻译家承载翻译，交由中共党史出版社出版（2006年12月出版，以下简称《常熟调查》）。

日本满铁举行大规模的农村调查目的何在？

早在1906年11月，日本军国主义出于侵华的狼子野心，就成立了南满洲铁道株式会社。1907年4月正式运营。同年，满铁设调查部（后改称调查课）。随着日本军国主义势力的扩张，满铁调查部除了在中国进行调查外，还对其他国家和地区进行调查，但主要是在中国。1932年1月，满铁临时经济调查会（简称“经调会”）应日本关东军的要求，举行了“特殊调查”和个人调查，其调查对象主要是东北农业社会。它为日本制定战时经济政策提供了帮助。1936年4月至5月，满铁又开展了对冀东16个县25个村的调查。这一调查，更与驻天津乃至企图占领全中国的日本军队制定和实施其在华北政策的需要有关。七七事变后，日本占领了苏南和苏北的一部分。满铁上海事务所于1939年至1940年对上海特别市的嘉定区，江苏省的常熟、松江、太仓、无锡、南通等地又展开了农村实态调查。目的有二：一是“具有怎样在战时状态下为城市社会、特别是上海这个大都市提供足够的粮食的倾向”。在调查中反复重申恢复和提高农业、蚕桑业、畜业生产的必要，包括恢复农业金融、重建农村合作社等有助于农民发展生产的措施在内，“试图通过这些措施，在上海周边建立相对稳定的物资供应基地”。二是企图在长江三角地带建立“华中新秩序”。调查者认为，如果一味进行军事化的“统制”，不仅市场无法恢复，“一般民众的不平不满也会更大，结果给附近的游击队活动创造更为有利的客观态势”。《常熟调查》正是日本满铁在七七事变后对中国农村调查的重要的一个点。总之，日本对中国的农村调查，“是为日军在华势力的长期存在而打造基础；或者说，是为其制定政策提供有足够影响的参考。”（参见承载：《翻译前言》）

日本满铁对中国农村调查的主观意图如此。但是，由于调查者在调查时立足于事实、数据，因此，《常熟调查》仍然暴露了日本侵华战争一系列罪证，充当了不可多得的“反面教材”。

一、暴露日军在常熟残杀民众，致使常熟人口急剧下降的事实。“事变前后男女人口表”上载明，“事变前”，常熟人口“总计为859238（人）”，事变后仅为“713191（人）”，即减少了14.6万多人。除一部分人口逃难在外，减少了的人口中，大部分被日军杀害。

二、和大量人口被杀害相联系，家畜、家禽也被抢掠、杀戮。被调查的严家上村，“因事变（按：即侵华战争）家畜家禽被害率”表记载：事变前水牛5（头），被害数量4（头），被害比率80%；事变前猪1（头），被害数量1，被害比率100%；事变前鸡73（羽），被害比率100%。调查者承认：“事变前的家畜与家禽，均因战祸的到来而在数月之内消失殆尽。”

三、为征收田赋，对农村进行“扫荡”。《常熟调查》在“财政”一节中说：“以征收田赋为前提，‘皇军’警备队恳请在县内实行扫荡，以期保证地方征收顺利进行。”

四、强购稻米充军粮。《常熟调查》在“事变后之合作社”一节中载，“至本年（1939）4月，共委托米行销售稻米3500石（金额约37万元），以充苏州驻军之用粮，另一部分已运往上海。”

五、在合作社长驻“指导员”，迫使合作社为日军服务。合作社指导员菅沼氏，“以其努力献身之精神”，“于努力募集以农民为对象之合作社员的同时，还经营广野部分军票物资交易所”。

六、重建实验农场，以增加稻米产量，解决日军的粮食供应问题。《常熟调查》称：常熟县原有一农场，“悉于战祸中烧毁”。日军特务班“已稍认同其重要性，因而有设立县农场之举措，并已进一步配置日本人技术顾问，适当拨付经费，于县内推行中国长江三角洲地区水稻栽培试验及栽培法研究之事，此实为当下之急务。”

七、设金融机构，以征来的田租作资金，进行经济侵略：“（日军）特务班及县公署已计划设立作为平民金融机构之一的公产公司，拟以全部县有田租作为其资金。”

八、成立茧行，收购蚕茧；棉花上市期则收购棉花，供日军之用。“为防止常熟与无锡、江阴两县境内之生茧，通过游击队之手流入上海租界及其他地方，于羊尖、双六分别设有一家茧行，其他已登记的茧行有四五家。”“作为中国东部企业会员，在长江沿岸及东部收购当地出产之棉花，上市期则派出日本人办理。”

九、组织伪政权。“昭和11年（1937）11月中旬‘皇军’进入常熟城以来，即组织自治委员会，延续到翌年6月底止。7月1日起，在日军宣抚班的指导下设立县公署，跨出了从破坏到建设的强有力的一步。”

十、焚烧稻草、麦秸及稻、麦的副产品。《常熟调查》载：“日军通过本村（按：指严家上村）时，也对农产物带来了直接的损害。当时正值严寒季节，日军为取暖而烧掉了大量的稻草、麦秸”；“此外，稻、麦的副产品也多为日本军队烧掉。”

以上十方面日本侵华战争的罪证，是由《常熟调查》无意中暴露出来的。当然，日军的侵华罪行远远超过这些，但也足以表明，日本企图在侵华战争中变中国为日本的殖民地，彻底奴役中国民众，使其成为日本天皇的“子民”。

《常熟调查》无疑是一本“反面教材”，它教育我们：日本军国主义灭我中国的狼子野心，千万不能忘记。但是，改革开放的中国人，应该善于学习，不仅要向朋友学习，也要向敌人学习，把一切于我有利有用的东西学到手。就这一意义上来看，《常熟调查》还是一份不可多得的教材。

第一，日本满铁认为，在作出重大决策前，必须进行调查研究，提供可靠资料给决策部门。满铁搞的东北农村调查，为日本制定战时经济政策提供了帮助。冀东调查适应日本军队华北政策的需要。《常熟调查》是华中调查的一部分，对于日军占领长江三角洲地区以后的政策调整与实施，更密切相关。如今我们搞改革开放，在实行重大决策前，也必须进行深入、充分的调查研究，提供确实的数据供决策机构、决策者咨询。如此，我们的决策才不致失误。

第二，《常熟调查》的调查方法是科学的、唯物的。它点、面结合：严家上村是点，常熟是面；常熟是点，苏南苏北六县是面；华东（即“华中”）是点，中国是面。农村调查的点面结合，保证了调查所得资料的可靠性和系统性。它全面、深入：在《常熟调查》的县情调查中，举凡地理位置、自然概况、沿革、行政、警察及保甲制度、教育及卫生、宗教、财政、户口及面积、交通及通信、产业一般状况、产业管理机构、农业、畜业、工业、商业及金融、货币、度量衡、治安状况，都是调查对象。对严家上村的调查，子目达32项，一个村的方方面面，全都调查到了。而它的“户别及选择调查统计表”共有13份，对农户的各个方面也都调查无遗。如此全面、深入的农村调查，中国不曾有过。由是，它一方面为日本决策者提供了可靠资料；另一方面，也为我们“补史志之阙”，对于了解和研究抗战时期的常熟地方史有着重要参考价值。《常熟调查》不讳言“本县治安状况，目前尚不能称为良好”；“本县内新编第四军、游击队或土匪军之情势，各时期有很大不同”。表明中国共产党领导的新四军的抗日活动，成了日本推行侵华政策的最大障碍。这种既报喜又报忧的认真精神，比之我们队伍中的有些人带着框框、结论去做调查，旨在为已经定下的框框、结论找“根据”，其高下更不可相比拟。

第三，《常熟调查》的工作效率之高也值得我们学习。参加此项调查的只有本清三郎（班长）等7名调查员，2名翻译，却在1939年6月中旬至7月中下旬不到40天时间内，在战争环境下完成了对常熟的县情调查和对严家上村的村情调查，并于1939年11月写出20万字的《江苏省常熟县农村实态调查报告书》，真是谈何容易！

我希望，满铁的东北调查、冀东调查、华中调查的全部调查报告都能翻译过来，公开出版。这是日本人出于侵华野心对我国进行的全面农村调查，其结果，改革开放后的中国为什么不可以为我所用呢！

原文载：《安徽史学》2008年第1期。

# 满铁资料及其重要价值

吴秀明

中国近现代史史料学学会所属的满铁资料编辑委员会主编的《中国馆藏满铁资料联合目录》已由中国出版集团所属的东方出版社于2007年1月出版发行了。它是国家社会科学基金"九五"规划重大项目"满铁资料整理研究"要求完成的最终成果。它是全国56个有关图书情报和档案等收藏单位，经过8年的共同努力编制而成的一部大型文献目录工具书。它较全面、系统地收录了目前留存在国内的大部分满铁（全称为"南满洲铁道株式会社"）形成的情报资料和收存的图书文献的目录，共有近28万条（其中，中、日文22万余条，西文、俄文及其他外文5万余条），约2500万字，共分30卷。为当今收录满铁资料最多、编排最科学的书目。它的出版，填补了中国近现代史史料学上的重要空白，为今后满铁及其他日伪资料的整理研究工作打下了基础，有着重要的政治意义和学术价值。

1905年日俄战争结束后，日本先是夺取了俄国根据不平等条约在中国东北南部拥有的特权，即长春到大连的南满铁路及沿线的附属地（中东铁路长春以南部分）权益和旅大的租借权，吞并了辽东半岛。为经营南满铁路及其附属地，1906年11月26日，日本政府成立了"南满洲铁道株式会社"，并于1907年4月1日开始营业，不久就攫取了整个中东铁路及附属地的权益。到1945年日本投降，这个存续了近40年、靠侵略战争起家并发展壮大的殖民侵略机构关闭时，拥有资产50亿日元，职工40万人，是当时日本的头号大企业，也是世界上为数不多的大企业之一，在东北亚经济中处于举足轻重的地位。满铁名义上是个股份公司，但是它的总裁、副总裁、理事都是日本政府任命的，它在经营上的重大举措均须经日本政府批准，实质上是日本帝国主义推行侵华大陆政策，尤其是其"满蒙政策"的主要殖民机构，日本官方称之为"国策公司"，中国方面也把它看作是"日本侵华的大本营"。

日本是一个有着高度情报意识的国家，在其侵华的初始就有明确的经济、政治、文化协同侵略的设想，为征服一个有着五千年历史的泱泱大国，就必须对中国的历史、地理、经济、文化等有详细的了解，而这些信息主要是靠情报调查和文献收集。满铁存续的近40年间，在中国东北地区以及日本本土和东南亚各地建立了庞大的情报调查机构，最多时情报调查人员达2000余人，不仅是当时日本最大的，也是世界屈指可数的情报调查机关，它生产并收集了极其大量的调查报告、档案和文献，这就是所谓的满铁资料。毫不夸张地说，战前东北亚研究的最大资料库，非满铁档案资料所莫属。战后日本和美国都非常重视满铁资料，美军占领日本后曾将大量满铁资料运往美国，并在美国国会图书馆专门辟有满铁资料室；日本也将满铁资料大量整理出版，还拨巨款在相关国家收集、复制大量满铁资料。比起日美等国，中国存藏的满铁资料尤为丰富，不仅有独一无二的满铁文书档案，满铁图书资料之丰富也是无与伦比的。满铁成立后仅用了十几年的时间，就在其沿线共建有奉天、奉天八幡、瓦房店、大石桥、营口、鞍山、辽阳、苏家屯、铁岭、开原、四平、公主岭、长春、本溪、抚顺、安东以及大连市内的大连图书馆、日出町分馆和日本桥、伏见台、近江町、埠头、沙河口、南沙河口等24个图书馆，此外，还在边远地区建立了12个流动区、近150个阅览室。这些满铁下属的图书馆、阅览室的业务都由满铁最大的图书情报机构大连图书馆统一管理。

满铁当局根据形势变化不断强化满铁图书馆的职能，《满洲教育史·满铁图书馆》一书中就明确提出“图书馆的主要任务就是用所藏图书为配合当时的形势发挥作用”，同时规定其所属图书馆的藏书要各自有所侧重。满铁图书馆在中国东北经营期间，通过各种手段不断扩大藏书规模：（一）正常采购。每月均有专项购书经费通过书店选购公开出版物，对日本驻中国东北的机关发行的报纸期刊全部定购；对有参考价值的交通、产业、经济、政治、法律、工业，尤其是有关中国和苏联的图书资料尽量采进。（二）特殊采购。根据特殊情况和需要拨专款进行文献采购，例如：1917年为纪念满铁十周年拨书款3万日元；1922年拨专款派专人购入哈尔滨俄国军管图书馆所藏有关东北、蒙古、西伯利亚的俄文图书3万册；1923年，拨专款采购东北地区文献、包括地方志、地图，以及政治、经济、地质资源、风土人情等资料，尤其注重收集政府、学会等部门非公开发行的调查资料及县村油印本和公文档案；1925年，从长春苏联领事手中购得有关中国边疆问题的西文图书500册；从北京意大利公使馆人员手中购得中国舆图600余幅，西域地方文献40余种，伊斯兰教文献360余册；接受日本汉学家大谷光瑞赠送的中文古籍5000余册，西文图书300余册，其中有大部分珍贵版本；1927年，为纪念满铁成立20周年，拨书款2.9万日元；1928年，拨书款5万日元；1929年，拨书款10万日元，派专家到京、津、沪等地搜集到了4000余册中文古籍，其中有部分的宋元版本；九一八事变后，加大采购量，重点收藏历史文献、乡土资料、考古资料等。（三）接受捐赠。满铁图书馆非常注意向社会各界征集图书情报资料，对日本驻东北和中国各地的机关、团体、情报部门等内部出版发行的资料无论是成册的还是单页或图片等都尽量收集。（四）强掠。九一八事变后，日本宪兵、警察等通过抢掠、欺骗等手段在沈阳、辽阳等地将大量贵重文献掠走；上海、南京沦陷后，满铁图书馆派遣专家随日军在南京等地进行了大规模的文化掠夺，共掠得图书 80 余万册，其中部分收入满铁图书馆。（五）满铁调查部调查资料及出版物。满铁调查部有大批专家（情报人员）在中国各地进行政治、经济、文化、矿产资源等方面调查，形成了大量的调查报告、专题资料、说明资料、会议记录、年表、月报、内部资料、手稿、简报等，其中有不少是以油印形成内部出版，均被满铁图书馆重点收藏。

满铁所形成和收藏的大量档案、调查报告和图书文献，是日本军国主义妄图灭亡中国、称霸世界的铁证，也是中国近现代史、中日关系史以及东北亚史的最大资料库。1945 年日本投降后，满铁资料基本上留在中国，1956 年满铁资料整理研究也曾列入国家 12 年社科规划，但未能实施。我国的史学工作者、档案、图书情报和出版工作者对此进行过多次整理、研究和出版，取得了许多重要成果并使其主体部分得以留存下来，为进一步全面开展整理研究工作打下了很好的基础；但因种种原因，满铁资料的散失和毁损情况也是比较严重，如不及时拯救，其损失将无法弥补。海外已经出版了日、美现存满铁资料的联合目录和资料，而满铁资料的最大保存国中国这方面的工作却滞后于国外。保存满铁资料对研究中日关系有极其重要的价值，是为子孙后代留下巨大历史遗产的“义举”。为进一步全面系统地整理出版满铁资料，在我国文史界著名学者、有识之士呼吁下，经各方面积极开展工作，1996 年成立了“中国近现代史史料学学会满铁资料研究分会”，专门负责全国的满铁资料整理和研究工作，1998 年全国哲学社会科学规划办公室批准“满铁资料整理研究”立项，并被列为国家社会科学基金“九五”规划重大项目。在中央和地方各有关部门的支持下，在“中国近现代史史料学学会满铁资料研究分会”的组织、协调下，经过各收藏单位和出版社的协作和努力《中国馆藏满铁资料联合目录》终于出版了，它为近现代史研究提供一个重要的资料库。

从 1840 年鸦片战争到 1949 年新中国建立，在这漫长的一个多世纪中，中国人民饱受帝国主义的侵略、掠夺和宰割，其中尤以日本军国主义为甚。满铁资料是日本侵略者的“自述状”，对之进行整理研究能帮助我们深刻认识贫穷、落后就要挨打这一真理。社会科学的研究离不开对客观世界和历史发展过程的深入了解，而后者又离不开对各种资料的整理和积累，所以《中国馆藏满铁资料联合目录》的出版将会极大地揭示满铁资料并使之得到充分利用，推进中国近现代史、东北亚历史、中日关系史和近现代国际关系史的研究，进而推出一些重要的研究成果和造就许多人才。

原载《黑龙江史志》2008 年第 5 期

# “满铁”档案资料的构成研究

丁海斌　陈　楠

“满铁”即“南满洲铁道株式会社”的简称。1905年日俄战争结束后，俄国根据《朴次茅斯和约》的规定，将长春（宽城子）至旅顺口之间的铁路及其所有支线以及该地区所属的一切权利、特权及财产和铁路所属的煤矿，全部无偿地转让给日本。

“满铁”档案资料记录和反映了日本军国主义侵略中国的全过程以及当时中国和东北亚地区各方面的情况，“满铁”档案资料是研究20世纪上半叶中国，特别是东北地区各种问题的最大历史文献资料库，其重要性不言而喻。

## 一　“满铁”档案资料的形成

“满铁”众多的业务部门均从事与本部门业务相关的调查工作，其中不可不提的就是“满铁”的调查部。因为现存的“满铁”档案资料中绝大部分都是由这个部门形成的。“满铁”调查部成立于1907年，“满铁”总部从东京迁到大连之后。当时与总务部、运输部、矿业部及地方部并列，成为“满铁”最重要的部门之一。1908年12月，调查部缩编为调查课；1914年5月，调查课置于总务部的管辖之下。“满铁”创立初期，调查部的主要工作是对“经营满铁需要的旧习调查及关东军需要的军事地志”① 的研究，例如有关东北地区土地旧习惯例的调查，对解决由于日本强买当地居民土地而引起的纠纷具有重要意义。这项调查结果，后来编辑出版了九册的《满洲旧惯调查报告》；1918年出版了以东北及内蒙古东部的自然和历史文化为主要内容的《满蒙全书》，该书“是满铁调查课成立以来十余年积蓄的全部成绩的对外炫耀，也是使课内各行专家将其全部知识开放，转化为调查课全体的共有知识”②；1923年课内增设交通系和情报系；1927年调查课共设置了九个系，调查范围涉及社会、资源、历史、地理、政治、经济、军事、文化等各个方面，形成了大量的调查报告、资料。从1919年开

① 〔日〕草柳大藏：《满铁调查部内幕》，刘耀武译，黑龙江出版社，1982。

② 〔日〕山田豪一：《满铁调查部》，日本经济新闻社，1977。

始，大连调查课本部发行《调查时报》（后改名为《调查汇报》）、《满蒙事情》（1930年）、《满铁调查月报》（1931年）等。据不完全统计，调查部（课）从成立到1932年12月，共出版了《满铁调查资料》162种、调查报告26种、小册子25种，还有各种统计、翻译资料等。“满铁”在从事社会调查、刺探情报、搜集资料等特务活动中，形成、积累和收藏的大量文书档案、调查资料、图书，统称为“满铁资料”。

对于“满铁”档案资料的界定，有这样几个特征：生成年限为1906－1945年；“满铁”及所属调查机构和其他专业、地方机构形成或搜集整理的各种情报资料（含正式出版、未出版的各种书籍、刊物、资料），具有这些机构的署名、落款的书刊资料；“满铁”及所属机构收藏的其他书刊资料，盖有上述各机构印章（或收藏印记）的书刊资料；其他经过考证确定的，如经过“满铁”加工整理的二次文献（如剪报汇编等）。根据了解和专家分析“满铁”遗存的档案在2万卷左右，情报资料在5万卷以上，“满铁”收藏的图书资料达70万册①。

由于当时“满铁”档案资料内容的敏感性，进行管理的基本上都是日本雇员，因此管理人员是依从日本本国关于文书和资料的管理习惯并且按照“满铁”本社颁布的一些管理规程进行操作；此外“满铁”档案资料包罗万象，所以在研究“满铁”当时对档案资料的管理时，有几个概念是必须搞清楚的。我们今天所说的资料，可以说是与“满铁”档案资料中的“资料”在概念上最为接近。资料即“对人们研究、解决某一问题有一定价值的所有相关信息”②，它可以是文书、档案、图书、报刊、文章、录音、录像等，只要是对人们研究的问题具有信息支持的价值，档案就可以看作是一种资料。现存的“满铁”档案资料中大部分是当时日本政府为实现侵略我国的目的而进行的关于人文、自然、地理、风俗等方方面面的调查，从而形成的种类繁多、形式各样的资料。这些档案资料对当时日本政府制定在华侵略政策及方针起到了极大的影响作用。

档案“是社会组织或个人在社会实践活动中直接形成的具有清晰、确定的原始记录作用的固化信息”③。“满铁”的档案资料，是指“满铁”为着某个特定的目的，由其调查部门专门、主动搜集相关情报信息，经过加工形成的文字资料④及其相关机构在其业务工作过程中，留有备查的文字或其他载体资料，这也是“满铁”资料中最为宝贵的资料⑤。除文书外，其载体形式还有文契、票据、账簿、统计报表、电报底稿、图表、照片、胶卷等。这部分资料被作为“满铁”及其相关机构的原始凭证而保留下来，

① 李久炼、苏学文：《满铁和满铁资料》，《图书馆建设》2003年第3期，第3页。

② 冯惠玲：《档案学概论》，中国人民大学出版社，2001。

③ 刘芳：《浅谈满铁资料的价值与利用》，《图书馆学研究》2004年第4期。

④ 姜曼莉：《满铁资料的基本特征》，《近现代史资料研究》2000年第4期。

⑤ 松田和夫：《满铁の文书》，大连满铁内部资料，1942。

是“满铁”资料中最为珍贵的，而且是任何资料无法替代的。但遗憾的是“满铁”本社当时并没有在资料或文书的管理工作中引入档案的概念，即使如此，我们也不难从其颁布的各种管理规程中看到档案管理的影子。事实上“满铁”虽然没有明确地规定档案而使用了资料这一概念，但却在资料、文书的管理操作中体现了档案管理的特征。所以，尽管学术界习惯称为“满铁资料”，但是为了能更好地显示“满铁”资料在当时的管理过程中所体现的档案的特点，本文将其称为“满铁”档案资料。

## 二 “满铁”档案资料的分类

从我国目前现有的满铁及相关机构留存的档案资料来看，大体上可划分为以下几类：一是“满铁”会社及其下属机构形成的业务工作档案；二是“满铁”保存下来的日本军政机关、团体发往“满铁”的文件材料（这类资料在封面上多印有“密”或“绝密”字样）；三是“满铁”通过种种渠道搜集、截获的中国方面的情报资料；四是“满铁”以外的机关或机构形成并被“满铁”保存下来的文字、图片资料；五是“满铁”以外的机构，如关东军、伪满洲国各级政府、日本在满华的各个机构保存下来的资料等。而“满铁”当时对档案资料则分为两大类，一类是由总裁室文书课负责的本社的文书档案资料；一类是由调查部资料系负责的调查档案资料。（1）文书档案资料。“满铁”的文书档案资料在《南满洲铁道株式会社文书保管规程》中是这样规定的：“由满铁内部各业务部门在日常业务工作中所形成的各种公文、公函等，是对一般文书的统称。”它又分为文件类文书和账目、表格类文书。文件类包括“满铁”本社颁布的决策或供社内浏览的各种通知、会议文件、社内与外界的来往文件、报告书、意见书、情报、各种重要统计、预算书、契约、特许证、地券等。账目、表格类文件包括各种账簿（含卡片式账簿）、官报、公报、所报、一般统计、报告表格、会计相关的传票、凭证、明细书、请求书、日志等。（2）调查档案资料。调查档案资料主要是由满铁调查部根据不同的目的而进行调查之后形成的档案资料，其种类繁多、内容庞杂，需要从不同的角度来进行分类。根据密级分类：密级档案资料、普通级档案资料。密级档案资料又分为：特密级，如涉及国防安全的机密档案资料、关于会社重要政策或重要人事的档案资料等（因其重要性，在获取资料的同时要注明档案资料的来源）；极密级，与特密级涉及的内容相比不是特别重要事项的档案资料，可以划归为极密级；密级，同前两项内容相比不是很重要的档案资料。普通级资料：普通级资料就是除密级档案资料以外的一般档案资料。

当涉及有关军事的秘密文件或情报档案资料则要根据特别规定来划分。根据类别可分为第一类档案资料、第二类档案资料和第三类档案资料。第一类档案资料包括：普通图书、调查书、报告书、复命书、情报、照片、地图、表格、小册子等。第二类档案资料包括：报纸、杂志、日报、月报等各种定期刊物。第三类档案资料包括：教学使用的教科书、日常业务及作业现场使用的档案资料；作为重要业务参考档案资料的地图、表格、小册子以及账簿类档案资料；各图书馆内具有永久保存价值且使用频繁的档案资料（第三类资料仅限于普通级档案资料）。

## 三 “满铁”档案资料的特点

从“满铁”档案资料的内容不难看出“满铁”档案资料涉及的范围、对象十分广泛，对当时的社会学、历史学、人口学、民俗学、金融学等学科的研究都具有一定的参考价值。其中某些调查项目内容所包含的时间深度，甚至可以上溯百年来的变化。概括说来“满铁”档案资料在内容上有如下几个特点。

1. 全面性和具体性。“满铁”的调查档案资料有着很强的全面性特点。以“满铁”对农村的调查档案资料为例，这类调查多数是以自然村为单位，以农户为对象进行的，相当具体而全面。而旧中国政府部门及其他中外学者所做的类似调查则只能提供笼统的累积数字“满铁”对农户的调查项目内容之详尽，可以说是旧中国的众多调查中绝无仅有的。

2. 系列性和综合性。根据调查的不同专题形成了有关农业、工业、交通、资源等方面的系列调查资料；20 世纪 30 年代后期，为了满足日本帝国主义继续战争，进而灭亡中国、称霸亚洲的实际需要，制定出一整套侵略方针政策，就必须对整个中国和亚洲社会、政治、经济全面实行科学的综合的研究。在大规模的综合调查基础上，形成了大量的综合调查资料。这些综合性调查资料，充分发挥了“满铁”作为综合的、多功能“国策调查机关”的职能。

3. 连续性和完整性。首先，就“满铁”档案资料的时间跨度来看，从满洲和东北亚的地理、历史、文化、考古等方面入手，记录了上溯近百年甚至千年的发展和变化，直至该地区的政治、经济、自然资源和社会资源状况，连续地调查和记录了伪满洲国和东北亚地区的发展概貌，它翔实地表现出时间上的连续性；其次，从“满铁”档案资料所涉及的地域跨度和内容范围来看，从我国东北开始，北至西伯利亚，南至印度尼西亚和大洋洲，远至欧美大陆，不仅覆盖了东北、华北、华中、华南以至整个中国，甚至还覆盖了朝鲜、缅甸、越南、菲律宾、马来西亚、印度尼西亚及欧美各国。所涉及的内容范围有社会政治、经济、工业、农业、军事、外交、历史、地理、自然资源和社会资源各个领域。其内容无所不含，极为丰富，体现出空间和内容上的完整性。

4. 规范性和统一性。“满铁”档案资料中的调查档案资料采用了现代经济人类学的理论模式，有一套设计严密的调查程序、内容和方法。由于调查活动的规范性和系列化，使不同地区、不同经济类型的调查资料具有统一性，可以进行比较研究。

5. 学术性和客观性。“满铁”在我国进行的各项调查，深入第一线实地操作的人员多半是学有所长、训练有素的高级专家学者，他们深入各地进行实地调查，获得大量翔实的第一手资料，具有极高的参考价值。有的调查员甚至声称“满铁”档案资料是众多专家学术性努力的成果，它已经超出了占领军当局所直接关注的内容，有着很高的学术性和客观性，对于某些档案资料，这种说法在现在看来也不为过。

部分档案资料的片面性和失实性：“满铁”的调查档案资料在某些方面也存在失实和不客观的因素。这是因为其调查项目的内容和地点，都是侵略者为殖民统治需要而发起的调查研究；有些是在日军的武装护卫下才得以实施的，这种依靠武力胁迫得到的调查数据资料，不可能没有失实和搪塞的成分；“满铁”当时的调查许多方面只是一种战时资料，并不能完全反映当时中国社会经济的真实面貌。

除此之外，“满铁”档案资料在形式上还有基本特征：如装帧简易，有些甚至是复写或手写的形式；多以日语成文，虽然其中也有中文、朝文、俄文、蒙文甚至西文的资料，但是数量较少，95%以上都是日文资料。

原载《兰台世界》2008年第20期

# 满铁资料整理研究的史料价值及现实意义

郭凤芹

## 一　满铁资料的形成及构成

所谓“满铁”是指1905年日俄战争后，日本从俄国手中夺取了中国东北地区东清铁路南满铁路支线长春以南路权后，于1906年6月7日，日本天皇142号敕令设立的“南满洲铁道株式会社”的简称。它名义上是一家股份公司，经营南满铁路及其附属企业，实际上是日本帝国主义侵略中国的大本营，是侵华战争的产物和工具。“满铁”除了经营南满铁路及附属企业之外，还兼有调查我国物产和自然资源以及为日本的侵华政策提供军事、政治、经济、社会等方面情报的特殊使命。它在我国和东南亚各地以及日本本土建立了亚洲最大的情报机构，从设立至日本战败投降，在其经营的40多年时间里，对我国的政治、经济、文化、地理、历史、习俗等方面的情况进行了全方位的搜集，形成了大量的包罗万象的图书资料和档案材料，我们把这些图书资料和档案材料统称为“满铁资料”。满铁资料搜集范围之广，程度之深，实属罕见。它所涉及的项目有6200多个，而且形成了庞大而系统的文献。日本战败投降后，大部分资料留在了我国，分布在全国五六十家收藏单位。满铁资料主要由三大部分构成：一是满铁调查报告（约50000多种），指满铁及其下属情报部门直接派人潜入我国各地城乡，进行情报搜集而形成的文字材料。其内容涉及我国政治、经济、军事、社会、文化、自然资源等诸多方面，是满铁资料的主要组成部分，也最具史料和学术利用价值。二是满铁档案资料（约30000卷），多是满铁及其下属机构自身业务的文字资料。三是满铁图书资料（约300000种），指满铁机构图书馆的藏书，多为公开出版的书刊。

## 二　满铁资料的整理研究

近年来，满铁研究日益成为国内外学界关注的重要问题之一，有关研究和关注满铁资料的信息也多了起来，最为引人关注的是2007年《中国馆藏满铁资料联合目录》

的出版，该书是国家社科研究“九五”规划重大项目“满铁资料的整理与研究”的成果，项目由中国近现代史史料学学会满铁资料研究分会承担，从1998年至2006年，满铁分会组织全国58个主要收藏单位和承办单位、400余位专业人员，对满铁资料进行了整理、著录和分类。《中国馆藏满铁资料联合目录》全书3000余万字，内容包括30余万种文献资料的目录及索引。“这套联合目录为这一浩瀚的资料海洋提供了具体、准确的航标，为中外学者、各行各界了解和运用这批资料提供了前所未有的便利。”但如果想查询原文还得到相关收藏单位，加之，满铁资料形成已超过半个世纪，有的是手写本或油印本，老化损坏现象十分严重，而且80%以上的文献以日文记录，散落于全国各地，使得这批史料长期尘封，其史料和学术价值难以充分发挥。为对这批资料进行全面的抢救性保存和利用，2005年满铁分会报请全国哲学社会科学规划办的“满铁资料整理研究”二期项目——“日伪机构遗存文献资料的整理研究”被批准立项，该项目的主要任务之一就是编制满铁资料的全文数据库。2007年4月，北京交通大学图书馆成为满铁资料研究分会的挂靠单位，全面负责该项目的组织实施。不论当年满铁调查的动机如何，规模宏大、卷帙浩繁的满铁资料已经成为我们今天了解那个时代不可或缺的重要资料来源。满铁资料全文数据库的建设将为这些历史文献搭建一个共享的数字化平台，我们可以用现代技术手段来检索、利用、发掘其重要的史料价值和现实意义。

## 三　满铁资料整理研究的史料价值和现实意义

因为满铁资料本身的特殊性和复杂性，对其进行整理研究，具有重要的史料价值和现实意义。主要体现在以下几方面。

（1）满铁资料是日本侵略中国的铁证。满铁的经营史，就是日本帝国主义侵华史的一个组成部分和真实写照，满铁的存续贯穿了日本侵华的始终，在很多侵华活动中充当了急先锋和帮凶的角色。满铁设立的庞大的调查部，网罗了数千名工作人员，对中国的军事、政治、经济进行多方面调查，为侵华战争出谋划策、提供情报。在它调查的数十万计的满铁资料中，有着日本侵华暴行的铮铮铁证，对满铁进行研究的意义要远远超过其本身，在这些资料中，有关日本侵华的一些重大事件的记载，从中会考证出日本侵华过程中的一些疑案的线索和佐证资料。历史是不能篡改的，这些资料就是一段真实的中日关系史，前事不忘，后事之师。满铁资料昭示着过去，也启迪着后人。

（2）满铁资料是中国当时社会经济状况的写照。在满铁资料中，有一大批反映当时中国社会经济实况的历史资料，从内容来看，涉及的范围非常广泛，对我国东北乃至全国的政治、外交、经济、社会、风俗习惯，以及文化历史等情况都有详略不等的调查和搜集，甚至还包括西伯利亚、印度尼西亚、大洋洲和欧美大陆等地的资料，小至某省、某县、某村的地方文献都有涉及，特别是对中国农村社会经济的调查材料占的比例最大。在日本帝国主义看来，中国社会的主体是农村，因此，他们把调查的重点放在中国农村，调查的内容包括农村的社会、经济、政治、文化和习俗等各方面，获得了大量的内容极为丰富的宝贵资料。因为日本帝国主义的目的是要永久地占领中国，奴役中国人民，所以他们必须充分、真实地了解中国，因此，他们调查的资料的可信度应该是很高的。现在，国内外有许多专家、学者，利用这些资料对中国20世纪上半叶的农村进行研究，有的成果在国内外已经产生了重大的影响。例如，当前在国际上影响很大的杜赞奇的著作《文化、权力与国家：1900—1942年的华北农村》，就是利用“满铁”在华北调查的几个乡村的资料写作而成的。

（3）满铁资料是记载我国当时自然资源的资料库。毫无疑问，满铁资料当时是为日本帝国主义对中国进行殖民统治和掠夺资源财富服务的，这些资料都有其准确、真实的一面，因为它是直接给日本侵华当局提供军事情报的，而且“满铁”的调查人员多数是各个专业领域训练有素的高级专家，他们通过对中国的自然资源和社会经济的调查而写出的调查报告，其质量和水平已经达到了当时科学技术的相应水准。在他们所写作的关于中国的城市、农村、道路、港口、矿产、森林、山川、地形、河流、水源、旅游的调查报告中，有许多至今仍有价值、值得开发利用的资料。比如，有关沈阳一个地方的水井调查，单是有关这些水井的调查报告就有300多页，包括水的矿物质含量等非常详细。再如，在2003年6月24日《长春晚报》发表了一条《九台寻找温泉知情人》的消息。这个温泉在伪满时期曾经被日本人开发利用过，由于温泉水中含有对人体有益的铁、钙、镁等微量元素，当时只允许日本人使用。日本战败后，多年弃之不用，如今已经无人知道它的准确位置。现在九台市政府欲开发利用，正多方面地发动知情者提供线索。此温泉对于长春来说是一个十分珍稀的资源，如果能将这个温泉重新开掘出来，将会对长春的旅游业增添一抹亮色。其实，这个温泉在所谓的《满洲旅行年鉴》中就有所记载，“京图线下九台站的东南一千米”。通过查阅、研究这些历史资料，对寻找到这个温泉一定会有帮助。

总之，对满铁资料进行整理研究，一方面是抢救珍贵文献，还原历史，另一方面是发掘出史料本身的现实意义，开发出对当前经济建设有用的信息资料，在此，我们热切期盼着一个收纳全国所有馆藏满铁资料的全文数据库的尽快建成，我们也衷心地希望海内外一切有识之士，共同关心和支持这项事业的推进，为更好地保存和利用这一批重要的历史资料尽我们这一代人的责任。

原载《科技情报开发与经济》2010年第1期

# 满铁研究的价值与满铁遗存史料编纂问题

## ——大型系列档案史料集《满铁档案资料》总序

解学诗

《满铁档案资料》大型系列档案史料集的编译工作，经过多年努力，承蒙多方支持，终于全部完成，现即付梓面世了。[①] 值此之际，我们作为全书编译者，回顾既往的长期工作实践，在此谨就满铁研究的重要意义和满铁遗存档案资料编纂问题，说些心得体会，与读者和朋友们共同商讨。

## 一　满铁是近代中国的“国中国”

始自1840年鸦片战争的中国近代史，到了19世纪末20世纪初，进入具有转折意义的关键时期。帝国主义列强的世界分割虽已完毕，但对中国这样半独立国的争夺却空前激烈起来；中国的封建专制统治虽尚存在，但也开始试图变法维新，并且不久终于经过革命而被共和制取代，尽管革命是妥协性的。东方后起的日本帝国主义，就是在这种列强撕裂中国的打斗加剧和中国社会政治急剧变革的转型时期，挤入列强行列，倾力侵华，把它特有的穷凶与极恶加诸中国，使中华民族遭受惨烈牺牲，造成极端伤害民族感情的严重创伤，扭曲了中国近代历史的发展进程，加速了殖民地化，成为与中国人民为敌的头号帝国主义，当然最后也导致了其自身的彻底失败。

众所周知，日本资本主义经济落后，封建主义与军国主义继续保留，对外侵略扩

① 编纂满铁史料是国务院科学规划委员会制定的经济史重点课题之一。1958年任务下达后，由吉林大学与吉林省社会科学院（当时为中国科学院吉林分院）合作进行，编书组设在吉林省社会科学院，由解学诗任组长。1964年后，吉林大学创设研究所，编书工作改为两方分工合作。吉林大学方面由苏崇民负责，社会科学院方面由解学诗主持。“文革”期间工作停止。工作恢复后面临人力和出版困难（20世纪80年代中期停止出版）。幸而2007年7月，笔者经向国家社会科学基金申请，获准出版资助，终于使本书得以面世。此次由社会科学文献出版社一次推出的本书共15卷，是最近两三年由一些同志协助，在原有书稿基础上，重新清理、补充、加工、编排而成，其中，解学诗主编9卷，苏崇民主编6卷。

张性格外强烈。明治维新以来，明显地推行一条吞并朝鲜、侵占“满蒙”、征服中国、称霸亚洲的基本路线，即所谓的大陆政策。

1874 年日本即曾派兵侵犯我国领土台湾，五年后吞并琉球。日本侵华决定性步骤，是借朝鲜爆发农民起义之机发动的中日甲午战争，即 1894 年 5 月日本派兵入朝后，不但占领朝鲜王宫，拘禁朝鲜国王，而且不宣而战，袭击中国海军，击沉运兵船“高升”号，包抄驻牙山的中国陆军，致使中日战争于同年 7 月 25 日全面爆发。日本不仅在战争过程中肆意烧杀劫掠，特别是在旅顺开了日军大规模集体屠杀中国人民之先，战后还迫使清政府与其签订屈辱的不平等条约《马关条约》，变朝鲜为殖民地，并从中国割取辽东半岛、台湾和澎湖列岛，获取赔款白银 2 亿两。从此，日本更加肆无忌惮地利用中国经济落后和政治软弱，加紧对华侵略扩张，攫取一批批政治经济利权，用以强化其天皇制专制统治和资本主义经济发展。

中日战争前列强瓜分中国的格局，是以头号列强英国和在地缘上邻近中国的俄国唱主角。中日战争和战后清政府的“以夷制夷”引狼入室政策对形势也不无影响，特别是日俄关系，至少在“满蒙”，规定着国际关系演化的趋向。

19 世纪 50 年代，俄国乘英法联军发动第二次鸦片战争之机，胁迫清政府与其签订《瑷珲条约》和《北京条约》，将黑龙江以北和乌苏里江以东大片中国领土割归己有。1895 年《马关条约》签订后，俄国又纠集德、法两国逼迫日本退出业已装进囊中的辽东半岛，出演了世界史上罕有的“三国干涉还辽”一幕。日本虽无奈失去了进一步吞噬“满蒙”和侵占全中国的桥头堡，却又从中国获得了 3000 万两白银补偿。而俄国在“三国干涉还辽”后，又调转头来向清政府谋取报答，即利用清政府的“以夷制夷”政策和李鸿章的亲俄路线，在 1896 年 5 月李赴俄参加尼古拉二世加冕典礼时，胁迫其签署《中俄密约》，随后签订《建造经理东省铁路合同》。1898 年俄国又迫使清政府与之签订《旅大租地条约》和《东省铁路续订合同》，割取大连港及其水面，并修筑哈尔滨至旅顺的所谓中东铁路支线。就这样，不出三年，俄国便把日本吐出的辽东半岛变为自己的囊中物，并实现了纵横贯穿我国东北、总长 2700 余公里呈“丁”字形的大铁路。

俄国于 1900 年与列强共同镇压中国义和团运动后，力图趁势将自己的势力范围由我国东北扩展到蒙古以及新疆地区，故拒不撤兵。此举既刺激了老对手英国，也引起野心勃勃的日本更大嫉恨。1902 年日英同盟成立，两国决定联手制俄，反对俄国独霸“满洲”。日本继而又因赢得美国资助，便欲孤注一掷，与俄一决雌雄。1904 年 2 月 8 日，日俄虎狼之争在我国东北鸣锣开演。日本不宣而战。俄国舰队遭到来自不同方向的日本海军奇袭。克鲁包特金的百万俄军，自 1905 年 1 月旅顺要塞失守后，节节北退，3 月 10 日在奉天大会战中更一败涂地。绕了半个多地球东航远征的俄国波罗的海舰队，经同年 5 月的日本海大海战，全军覆没。历时一年零七个月的强盗战争，以俄方的失败而告终。中国，由于腐败无能的清政府置国家领土、主权和人民于不顾，宣布“中立”，使中国人民无缘无故地蒙受一场巨大战争灾难；不仅如此，战后媾和双方私相授受的还都是中国权益。

1905 年 9 月 25 日的日俄《朴次茅斯和约》规定，俄国除承认朝鲜为日本势力范围外，同意将中国辽东半岛租借权及东省铁路（即中东铁路）南满洲支线即长春以南部分割让给日本。日本当时曾表示，日俄战后“毫无占领大清国土地之意”[①]，可是，1905 年 12 月，日本胁迫清政府签署的《中日会议东三省事宜正约》和《附约》[②] 却规定，清政府不但“概行允诺”《朴次茅斯和约》中的有关规定，而且还被迫交出许多新权益，诸如：新开商埠 16 处；允将日军所造安奉铁路由日本继续经营；允“设一中日木植公司”，在鸭绿江右岸采木；“满韩交界陆路通商”按“最优国之例办理”；等等。此外，日本还擅自将中日会议录称作“秘密议定书”，并在此后向中国攫取利权时和中日交涉中常常强行援引。[③] 当然，通过日俄战争，日本最大所获还是辽东半岛租借地和南满铁路。对于前者，1906 年 10 月在旅顺设立关东都督府；对于后者，同年 11 月南满洲铁道株式会社出台，简称满铁。

列强经历“八国联军”侵华战争认识到，单凭武力无法征服大而不屈的中国，且因群狼毕至，哪一个强盗都难以单独达至侵华灭华目的。于是，所谓“门户开发”和“机会均等”口号便应运而生，且愈喊愈凶。[④] “和平”地、经济地撕裂中国的岁月开始了。日本一方面继续推行其既定的从侵略“满蒙”开始实现对华独霸政策；一方面同样投入列强“开放”“均等”地瓜分中国的狂潮，在争夺中国通商口岸、租界、铁路以至煤铁矿山等诸多方面，同列强角逐。而应势与关东都督府同时出现的满铁，对于日本帝国主义来说，它体现出了特殊的使用价值，与其他列强相比，日本打造满铁，不能不说是为侵华灭华而祭出的险恶一招。中国著名史学家胡绳曾指出，满铁“名义上是个股份公司，实际上是日本政府直接管理下的一个经济机构”[⑤]。历史表明，满铁是日本官民一体和文武双全的综合侵华实体，是强贼钻进中国肚皮建立起来的庞大而独特的侵略机构——“国中国”。

---

① 《清季外交史料》第 181 卷，北京和济印刷局，1932，第 27 页。

② 王铁崖编《中外旧约章汇编》第 2 册，生活·读书·新知三联书店，1982，第 338－342 页。

③ 关于日方所称之“秘密议定书”，王芸生在《六十年来中国与日本》第 4 卷（北京：生活·读书·新知三联书店，1980，第 225－233 页）中，进行了充分揭露，指出其本身无非是一种外交会议录，不具备法律约束力。

④ 美国是正式以文件提出“门户开放”政策的国家，即 1899 年 9 月美国向各列强提出在中国实行“门户开放”的照会。1900 年 7 月，列强出兵镇压中国义和团运动后，美国又向各国发出第二次关于“门户开放”照会。同年 10 月，英德达成对中国政策协约。从此，“利益均等”“保全中国”，就成为美国倡导的对华门户开放政策的原则。而所谓“保全中国”，是以帝国主义列强利益为前提的“保全”。

⑤ 胡绳：《从鸦片战争到五四运动》下册，人民出版社，1981，第 767－768 页。

美国是日俄媾和撮合者，也是妄图坐收战争渔利者。1905 年正当日俄在美国进行媾和谈判时，美国铁道大王哈里曼急忙溜到日本，与日本首脑们谈判收购南满铁路获得初步成功。而使美国计划受挫者，又正是在美同俄进行战后谈判，随后又前往北京同中国交涉的日本代表小村寿太郎外相。在历史上，他是“满韩是日本大陆政策的生命线”的第一个提出者。至于所谓“满洲经营”，他早在由美归国途中就作了盘算：“在旅顺口设立关东总督府，负责经营南满铁路及其他事业。”不过，后来却是满铁面世了，而满铁的始作俑者，则非儿玉源太郎和后藤新平莫属。他俩是日本对台湾实行殖民统治的政治搭档：儿玉是台湾总督，后藤任台湾民政长官。儿玉在日俄战争时任日军总参谋长，当他率军打过鸭绿江时，脑海里便浮现出了模仿英国东印度公司统治“满洲”的念头；而后藤于 1905 年夏日俄战争甫停，就以向儿玉进行政情报告之名进行了满洲视察，并将此前受命于儿玉所作成的《满洲经营策梗概》提交出来。《梗概》开宗明义声称：“战后满洲经营的唯一要诀在于，表面上经营铁路，背地里百般设施。”① 及至后藤很快当上满铁首任总裁时，他的所谓“要诀”顿时升华为他的著名殖民主义理论——“文装的武备”论，并受到当时日本总理大臣西园寺公望等人的青睐。后藤解释称，简单说来，“文装的武备”就是用“文事设施”以备他人侵略，一旦有事兼可有助于“武断的行动”。这里所说的“他人侵略”，主要指俄国武力报复，但“文装的武备”也有针对中国的一面。所以，后藤又直截了当地说，所谓“文装的武备”就是“以王道之旗行霸道之实”。至于“文装的武备”的中心，后藤说“当然在于广义的经济发展”，此外还有教育、卫生、学术等。② 由此可见，满铁是日本独霸“满蒙”、征服中国和在经济政治上伙同列强瓜分中国的重要工具。

以“文装的武备”论为灵魂的满铁，就法人资格而言，是准据特定立法设立和行动的特殊会社；从发挥的作用来说，则是代表日本国家意志和代行政府职能的所谓“国策会社”。其特征：

（1）资本构成以国家资本为主导，直至第四次增资至 24 亿元，日本政府始终持股 50%；多达资本两倍的社债虽由财团承受，但日本政府保证本息。

（2）满铁首脑均由日本政府任命，尤其总裁、副总裁是须经天皇裁可的日本重大人事。先后 17 任总裁，都是大臣级政客或财界重镇。

（3）满铁的运营始终处于日本政府指挥监督之下，特别是外务省、大藏省等对满铁始终保持着相当的监督权和发言权。“九一八”事变后，关东军对满铁成了事实上的监督者。

（4）综合经营营利事业与非营利事业。营利事业，首要的是铁路交通运输业，包

① 鹤见佑辅：《后藤新平》第 2 卷，劲草书房，1990，第 678－679 页。

② 鹤见佑辅：《后藤新平》第 2 卷，劲草书房，1990，第 814－816 页。

括港湾、水运、公路等；其次是矿工业，如抚顺煤矿等、鞍山昭和制钢所等；此外还有渗透到农工商各业多达六七十家的所谓“关系会社”。满铁正是因为拥有实力雄厚、高额利润的营利事业，更有可能从事非营利事业，如调查情报活动和所谓铁路附属地经营等。满铁的调查情报网遍布我国东北、华北、华中，还有日本及欧美各地，满铁调查活动峰期专职调查人员即达2500人，还不包括其他谍报特工人员。满铁在铁路沿线制造的所谓附属地，非法占地500平方公里以上，在那里，他们排斥中国主权，非法行使行政权，驻军设警，扶植各种侵略势力，进行文化侵略。

满铁理事冈松参太郎博士在论及满铁的事业经营时曾称，满铁的“目的不是以彼为主以此为从，乃是相辅相成。它的目的可以说存在于言外，彼与此都不过是达致这一大目的的手段”①。不言而喻，冈松所说的“大目的”，就是侵略扩张国策的实现，包括必要时诉诸武力和发动战争。而满铁的经营，不管是营利事业抑或非营利事业，都直接是实现“大目的”的手段。就此而言，满铁不同于一般的日本驻外企业团体，甚至也有别于其他特殊“国策会社”。满铁的经营活动是侵略战争国策行为的具体化；平时，满铁的经营活动带有备战目的，战时更从组织上化为战争机器，全力致力于侵略战争。

如前所述，日本通过日俄战争不单继承了沙皇俄国的侵略衣钵，夺得辽东半岛和南满铁路，同时在北京的中日谈判中对清政府施压，还攫取了一系列新权益。随后，1909年经所谓东省“五案交涉”（加上所谓间岛问题交涉，共为六案）所攫得的权益也多数是属于满铁，诸如满铁修建大石桥至营口支线，抚顺及烟台煤矿由满铁开采等。而此次迫使清政府软化的基本手段，也还是武力威胁下的最后通牒。② 第一次世界大战爆发后，列强无暇东顾，规模空前的军火生意使日本迎来了“黄金海啸”，急剧膨胀起来的日本，借机掀起以满铁为先锋的侵华、灭华新高潮。1915年，日本提出了臭名昭著的灭亡中国的“二十一条”无理要求，其中之一就是南满铁路及安奉铁路的侵占期限延至99年。与此前后，日本假卖国贼袁世凯之手，夺取了“满蒙五路”和“满蒙四路”的成批铁路权益。同时，日本乘俄国革命之机，攫取中东铁路和将俄国势力全部驱除北满的活动也全面展开。先是日本与俄国克伦斯基政府签署将第二松花江至宽城子间的中东铁路转让给日本的备忘录，继而在帝国主义武装干涉十月革命期间，又在国际监理的名义下，进行了以武力为背景的同美国的中东铁路激烈争夺。大战期间，

① 冈松参太郎：《南满洲铁道株式会社的性质·关东都督府官吏的性质》，明治40年3月24日稿，油印本，第7页。

② 日俄战后，日本极欲改筑安奉铁路。1909年8月6日，日本公使向清外务部发出最后通牒，“决定不俟贵国之协力，自行改筑安奉之线路”，并派出日本守备队和日本警察进行掩护。结果，清政府不仅在安奉铁路问题上妥协，而且当时中日之间正在进行的所谓“五案”和“间岛”问题交涉也急转直下，大部分满足了日方的要求。它是日俄战争后清末政府对日本最大一次妥协屈服。

满铁自身也开始推行扩张社业的所谓积极方针，新邱煤矿的窃取和鞍山制铁的设立都发生在这一时期。更值得注意的是，第一次世界大战开始后，满铁即派藤田理事率数百人随军侵入山东半岛，取代德国，占领胶济铁路和淄博煤矿、金岭镇铁矿等。正是因为日本拒不交还山东利权，中国代表拒绝在“凡尔赛和约”上签字，并激起中国人民极大义愤，引发了中国近代史上最具里程碑意义的伟大的“五四”反帝爱国运动。议题包括日本归还山东半岛的1921年华盛顿会议之后所形成的国际关系新格局，虽被称为日本军国主义受到遏制的华盛顿体制，但是，日本并未因此而收敛其侵略扩张行径，在“满蒙”日本明确决定以“东北王”张作霖作为工具攫取利权，进而实现其对东北的独霸。① 为此，1925年因郭松龄反奉，张作霖虽面临灭顶之灾，关东军（有朝鲜日军参加）竟公然以保护满铁铁路附属地为名进行武力干涉。1927年日本田中义一军阀内阁更开始推行对华侵略的所谓积极政策。为此，日本政友会头目、三井财团代表山本条太郎被任命为满铁总裁，② 他在刷新和扩张社业的同时，展开了以张作霖为对象的夺取铁路权益等活动。1928年蒋介石新军阀的“北伐”节节北进，日本唯恐当时身在北京的张作霖退回东北时，将北伐军引进东北，乃在同年6月张作霖回奉途中——皇姑屯，炸死了他，他当时身边正带有山本条太郎逼签的“满蒙新五路”合同。只因中国方面的慎重处理，张作霖之死才没有导致日方所预期的那种情势，即可以借之采取武力行动的政治混乱，相反经过张学良的坚决果断地实行“易帜”，却造成了日本最不希望看到的东北与南京政府的统一。从1929年起，关东军武装占领东北的准备明显加快；20世纪30年代初，日本侵略者终于从东北开始，将中国推入侵略战争的战火之中。

如今业已得知，作为关东军重要备战之举的历次参谋旅行都有满铁参加。③ 鼓噪对华行使武力的急先锋正是以大川周明为理事长的满铁东亚调查局和以满铁社员为骨干的满洲青年联盟。满铁总裁松冈洋右供称：“发动满洲事变是关东军与满铁的共同行动。”④ 参加事变行动的4万名“社员”中，有2.2万名因“功”受奖。事变之初，关东军刚刚逾万，如果没有由广大附属地构成的战争基地和10余万日本侨民的起而武装，如果没有满铁各地公所、事务所的拼凑伪匪军、制造暴乱和策动汉奸投降派等的侵略据点作用等，不可想象。伪满洲国傀儡政权也是关东军与满铁的联手“创作”，就连“建国宣言”之类都出自满铁社员之手。而且，为推行币原外交而特被任

---

① 《关于对张作霖态度之件》（1921年5月17日阁议决定）内称：“援助握有满蒙实权的他……确保我在满蒙的特殊地位。”日本外务省：《日本外交年表与主要文书》上，原书房，1972，第524－525页。

② 山本条太郎（1867—1936）还曾五次连任众议员，1935年任贵族院议员。

③ 1953年8月河本大作（曾任关东军高级参谋、满铁理事）笔供中称，几乎历次参谋旅行都有满铁人员参加。中央档案馆，119—1103Z第26号。

④ 松冈洋右：《兴亚大业》，日本外务省档案胶卷，WT7IMH，1941，第65－67页。

命为满铁总裁的日本政界元老内田康哉，事变后没有几天就倒向军方，并为统一国是而奔走呼号，入阁充任外务大臣后，又为“承认”伪国而发表强硬声明：不惜实行“焦土外交”①。

日本在将局部侵华战争扩大为全面侵华战争的过程中，满铁的功用亦不可低估。日本华北“驻屯军”制造“华北独立”阴谋达到高潮的1935年，两次对华武力威胁——在山海关集结日军，都是关东军与满铁共同所为。② 同年日本内阁总理大臣批准兴中公司的设立，华北日本“驻屯军”要求满铁派出大规模的“军嘱托班”。前者是满铁在华北的分号，后者则配合“华北独立”阴谋进行紧急经济调查、选择利权掠夺目标和进行备战调查。“七七”事变时期的满铁和“九一八”事变期间如出一辙，除迅速将关东军和来自日本的侵华日军输送到华北和“蒙疆”战场外，两万余名满铁社员伙同日军占领了5000余公里的华北铁路；满铁全额出资的兴中公司则以“军管理”之名侵占了华北全部主要厂矿企业。满铁虽然没有像在东北那样实现对华北经济垄断，和实行伪满那种经济统制模式，但是，华北的铁路交通和山东、大同等重要矿山都掌握在满铁势力手中。同时，华北沦陷区的战时经济政策，特别是诸如“物动计划”的制定等竟成了满铁机关的经常业务。1939年扩大起来的“大调查部”，更加成为推进侵华战争、太平洋战争的日本最大情报调查中心。以满铁上海事务所为核心的对华诱降的所谓“和平工作”，则持续到日本的最后战败。但是，在侵略战争中诞生的满铁，并未避免与日本的战败同归于尽。

## 二　满铁研究的史学价值

满铁基于其一贯的侵略性质，在其存在的近40年间，参与了日本帝国主义几乎所有的重要侵华行动，作为中日历史的特殊时空，其行为轨迹本身就是一部帝国主义侵华史，其中含有诸多鲜为人知的情节与事实。满铁研究确实具有全局性战略意义，可为中日关系史研究提供几乎一切线索和许多重要内幕。战后不久，日本的进步学者和学术团体，例如安藤彦太郎及其领导的满铁史研究会，就是以满铁研究为课题，刻意系统深入研究

① 内田康哉（1865—1936），1901年任驻北京公使，1911年任西园寺内阁外相，1918年后历任原敬、高桥、加藤各内阁外相，之后两次任临时首相，九一八事变前夕，为推行币原外交，任满铁总裁，但很快倒向军方，并在1932年入阁任外相后推行为“承认”伪满不惜一战的“焦土外交”政策。

② 1935年6月8日，日本华北驻屯军参谋长酒井隆向中国提出国民党军政力量全部退出河北省的最后通牒，当日关东军即命令满铁动员人力物力向山海关集结兵力，结果，将7个列车的168辆火车的关东军送到山海关，所谓“何梅协定”签订后始退。同年11月12日，日本针对中国实行币制改革和制造“华北自治”，满铁再次奉令将关东军第一混成旅团，运至山海关一带，11月25日冀东伪政权成立后始退。

中日关系史的演变，取得积极成果。安藤彦太郎主编的《满铁——日本帝国主义与中国》，[①] 堪称真正科学地研究满铁与中日关系历史的开路之作。该书在阐述其初衷时写道："我们选取这个课题，是想考察日本资本主义殖民政策的特质，探索中国方面的反应，把握近代日中关系历史的整体结构。"进入20世纪80年代，野野村一雄著《回想满铁调查部》[②] 和石堂清伦等著《十五年战争与满铁调查部》[③] 等先后面世，这些都是坚持正确立场的原满铁调查员揭示满铁调查情报活动实质与实态的著述。例如，石堂清伦在书的序言中指出："在十五年战争中，满铁调查部始终在战场的第一线，为日军的施策和调查而献身。为此，调查人员中有的已做了相应的反省。"还说，对日本帝国主义的历史不进行反思"就谈不上对满铁和满铁调查部的评价"。自不待言，日本的诸如此类有价值的著述，对推动正确的满铁与中日关系历史研究，是有着积极作用的。

不过，综观战后日本史学研究，特别是真正科学的满铁与中日关系历史研究现状，纵然不能说是有悖预期，但也与预期相距甚远。状况的出现，资料限制不可否认，但重要的还是形势与环境原因。战后很快被纳入世界冷战体制的日本，政治与社会结构改革中辍，尤其因执政党右倾化明显，对战争历史态度暧昧，致使战争势力残留，右翼否认侵略、美化战争的错误史观泛滥，甚至形成一种社会思潮与"文化"现象。满铁和伪满洲国等"满蒙"历史问题，居然成为右翼势力大做文章、反攻倒算的手中"王牌"。本来这些中日历史的重大问题尚未清算，却反而又被他们戴上掩盖侵略、粉饰战争的"光环"。1945年，日本归侨组织——满蒙同胞援护会成立，1953年3月该会理事会决定编写以"满铁史"为前篇，"满洲国兴亡史"为本篇，"满蒙撤还史"为后篇的"满洲国兴亡"三部曲，及至1971年全部出齐。

满铁作为日本最大侵华殖民国策会社，全方位地充当使"满蒙"殖民地化的急先锋，且在1931年武装占领全东北时，与关东军"形影相随"制造了伪满洲国傀儡政权，故将"满铁史"作为三部曲之前篇，不无缘由。不过，1965年出书时却改名为《满洲开发四十年史》，[④] 实际仍系关于满铁历史的巨著，它以满铁经营为主线，展示了东北各经济部门。主编为原满铁理事大藏公望。

---

① 该书1965年10月由日本御茶之水书房出版。安藤彦太郎现任早稻田大学名誉教授，曾任日中友好协会理事、日中人文社会科学交流学会会长、日中学院院长。

② 该书1986年4月由日本劲草书房出版。野野村一雄为一桥大学名誉教授，曾在满铁调查部资料课工作，在满铁调查部事件中被捕。

③ 该书由日本原书房1986年10月出版。石堂清伦曾在满铁调查部资料课工作，满铁调查部事件中被捕。战后从事日共的理论工作，后退党。该书作者还有野间清、野野村一雄、小林庄一。

④ 该书于1965年1月由满洲开发四十年史刊行会出版，共3卷（上下卷），2200余页。主编大藏公望，曾任满铁运输部次长、理事，后任日本东亚研究所副总裁。

三部曲的本篇《满洲国史》[①] 于1970至1971年最后出场，在总论和分论中分别描述了伪满洲国政府、协和会、地方、治安、经济、产业、交通、蒙古等各领域、各部门。主编是原关东军参谋片仓衷和原伪满总务厅次长古海忠之。

以《满蒙终战史》[②] 为名的三部曲后篇，最先于1962年亮相，它以120万日侨撤离“满洲”的状况为叙述主题。主编是与军部过从甚密的原满铁副总裁平岛敏夫。

三部曲出版的20世纪70年代初，正值日本经济高速增长与日本右翼猖狂活动的高峰期。两种历史现象不期而遇，恐非偶然。三部曲的视角与内涵不尽相同，但基调和主题却毫无二致，即都是标榜客观记录史实，实际为当年的侵略与战争大唱赞歌，都是利用“满洲”问题为新的扩张重弹老调。三部曲堪称关东军、满铁、伪满洲国关系右翼势力的言论总汇。而与三部曲同时抛出的是由甲级战犯岸信介主编的集录数百篇回忆录的《啊！满洲》,[③] 不啻为三部曲的画龙点睛之作。岸信介在书中公然把伪满洲国称作“真正非凡的近代国家”，还说为它“倾注了纯真的热情”。

20世纪70年代，中日好不容易才恢复邦交，可是右翼却持续其破坏中日关系政治基础之行径。上述主编三部曲本篇《满洲国史》的片仓衷和古海忠之，竟然还在同一时间（1978）、同一出版社（经济往来社），用几乎完全一致的书名推出两本书——《回想的满洲国》（片仓衷）和《难忘的满洲国》。这两本书很快即被人们斥之为“很坏”的书，显然是继三部曲后右翼再次鼓噪的二重唱。片仓衷的书中充斥着当年的“王道乐土”“民族协和”等老调；而古海则公然鼓吹“满洲国不仅包含着世界史、特别是亚洲史的转折性重要因素，而且展示了所谓后进国家的政治、经济、文化的发展方向”[④]。应该指出，古海在这里完全推翻了他当年在中国作为战犯受审时的全部招供,[⑤] 和代表战犯们撰写的表示服法认罪和侵华罪行的长篇（近2000页）《日本帝国主义侵华史》（手稿）的观点。[⑥] 所以，那一时期中外媒体出现“日本军国主义复活”等

---

① 该书由总论（880页）和各论（1291页）构成，于1970年和1971年先后由满蒙同胞援护会出版。主编片仓衷，曾任关东军参谋，日本战败前任202师团长，是日本战后宣扬侵略战争史观的军国主义法西斯分子；古海忠之原为伪满总务厅次长（有的日本书刊称其为“实质的副总理”），作为战犯曾在中国服刑，归国后一改其认罪态度。

② 该书1962年由日本河出书房新社出版。主编平岛敏夫曾任满铁副总裁和伪满协和会中央事务局次长。在满铁期曾主持对苏谍报谋略活动。

③ 该书于1965年由日本满洲回顾集刊行会出版，岸信介以刊行会长名义为书作序，书中收入400余篇回忆录。

④ 古海忠之：《难忘的满洲国》，前言，经济往来社，1978年。

⑤ 古海忠之受审时的笔供已在中央档案馆整理，参见《日本侵华战犯笔供》第5卷，北京：中国档案出版社，2005年，第327－811页。

⑥ 该稿系古海忠之、三宅秀也、菊地修一、城野宏等4名战犯在服刑中执笔撰写，1964年4月完成，共约2000页。书的前言中称：“本书可以说是1062名战犯的集体著作。当然也参考了各种图书资料，但构成主流的一个个事实，都是每个人亲自所犯，亲眼所见，非常真实，绝非出自想象。”

字样，并非空穴来风。

从三部曲到二重唱，很显然，宣扬的核心观点是殖民主义侵略扩张的“合理”性，而满铁恰恰成为这种宣传更为理想的筹码。故一时间原满铁的首脑和骨干们竞相亮相，不无缘由（如大藏公望任“满史会”会长，原满铁总裁国泽新兵卫、山崎元干，副总裁八田嘉明，理事村上义一、田中清次郎等以顾问、理事、监事等名义参与其间）。固然短命的伪满洲国也是侵略者屡屡自诩的对象，但相对而言，日本侵略者自视为最成功和最富经验的殖民扩张模式是满铁，尤其是在经济层面，更宜于宣扬彰显殖民主义“合理性”的“开发”论。所以，“满蒙”兴亡三部曲前篇《满铁史》之改为《满洲开发四十年史》，不是单纯的书名改换。战后60多年的历史实践表明，“开发”论是误导最广、影响最大、危害最深的右翼错误史观之一。

大藏公望在《满洲开发四十年史》的序言中称：

本书不想对日本开发满洲的功与罪予以评论。这是一份离开政治观点，如何栉风沐雨献身于旷野开发的事实记录，是由于日本人的创见和勤奋而遗留下来的经验写照。对它的研究与反省，须等待即将到来的重新评价的机会，它对于从新的和平观点出发的落后地区工作，是有利用价值的。

我们姑且不谈大藏在这段话中所暴露出来的无视中国人的民族主义偏见与傲慢，和所谓“重新评价的机会”“新的和平观点”等潜台词与寓意。但是，必须明确指出的是：大藏是把日本普通群众的无辜与帝国主义殖民侵略掠夺罪行混为一谈，妄图达到一箭双雕的目的，即通过“开发”论的宣扬，掩盖侵略掠夺本质，又利用“开发”论的鼓吹进行新的扩张。

众所周知，作为贵族男爵的大藏公望是资深的日本统治上层，深谙顶层施策奥秘，特别在满铁期间，他是亲自胁迫中国攫取诸多利权的当事理事，可他在这里竟然佯装清高，标榜“离开政治观点”，只致力于所谓“开发”落后地区的历史记录。问题在于，当年日本帝国主义对半殖民地和殖民地中国所进行的所谓“开发”，是无法“离开政治观点”的行为。不错，描写满铁和日本在“满洲”进行“开发”情景的《满洲开发四十年史》是这样做了。然而，事实的客观存在和主观妄图阉割事实是两回事。例如，在阐述鞍山钢铁资源的所谓“开发”时，故意回避下列事实，不等于它们不是俨然存在的事实：满铁地质调查所长木户的非法探矿；满铁奉天公所长镰田弥助勾结汉奸于冲汉用金表贿买北京农商部的“格外通融”获取鞍山八矿区；设立与满铁“异名同体”的完全假合办的振兴铁矿公司；满铁总裁山本条太郎在筹划于朝鲜新义州设立炼钢厂时叫喊称“只要完全地利用满洲的资源就可以了”，“没有必要白白地雇用中国人，使他们找到职业”[①]；战时杀鸡取卵式的资源掠夺；对中国工人的战时法西斯高压

① 满铁档案：甲种，总体，文书，监理，昭和制钢所，第221号之2册，第9号。

与迫害；等等。

大藏的所谓“离开政治观点”归根结底就是阉割反映侵略掠夺本质的事实。但这是一厢情愿。包括大藏本人言行的日本帝国主义侵华行径大量地记录在满铁等日方机构遗存的文献资料中。这里不妨摘录一段1926年7月大藏理事与外务省木村亚洲局长的谈话，当时他们正在为落实满铁拟定的20年、8800公里、35条线的所谓“满蒙开发铁路网”计划而进行磋商，当谈及新邱煤矿铁路线时，大藏发表意见称：

考虑到将来宜将抚顺煤运出作为日本内地用煤，而让满洲使用新丘煤，则该线是运输新邱煤所必需的运煤铁路，并应与满铁干线新台子站连接。然而，因该线与京奉线一部分并行，由满铁申请修建是不适宜的。因此，我试图待将来满铁取得新邱煤矿的全部权益时（目前满铁在新邱矿区中，在中日合办大新公司名义下，拥有勘采权），让杨宇霆戴上总办的头衔，由镰田担任督办，并使杨宇霆提出修筑有益于该矿山的新邱到新台子线。①

这段话是否主要吐露了如下四层意欲：

（1）将优质的抚顺煤全部作为“日本内地用煤”，让东北当地使用新邱（即阜新）煤和其他劣质煤。（1926年抚顺煤产量为648万吨，输出日本145万吨）②

（2）进一步获取新邱全部矿权。（1914年，日本大仓组借口非法勘查新邱煤矿的日人技师被中国人击毙，要挟中国获得6个矿区，设立各经营3个矿区的两个假合办的大新、大兴公司。满铁接手后，利用当地土豪刘海轩等人，从1920年到1925年，对中国中央及地方政府大小官员行贿18次，支付贿款15.9万元，窃得矿区25处，但这也只是新邱煤田的一部分）③

（3）运销新邱煤不用中国资本铁路，计划修筑与南满铁路连接的新邱线，但因该线有一部分与京奉线平行，满铁无法申请修筑，因为满铁曾多次以“与南满铁路平行”为由阻挠中国铁路建设（新法铁路、锦瑷铁路等）。④

（4）收买中国人作工具。为实现上述路矿利权，拟给奉系军阀实权人物杨宇霆带上新邱煤矿总办头衔，好让他提出新邱线修筑申请，但实权由奉天公所长镰田弥助以督办身份掌控。

这就是日本的“满洲”“开发”的一例，但它没有办法像大藏所说的“离开政治观点”。

应该说，对帝国主义殖民侵略丑行讳莫如深而极力掩盖的右翼势力是少数，绝大

① 日本外务省档案胶卷：MT274，MT1.7.3—80，第1310－1352页。

② 满铁调查课：《我国的工业和满洲的原料，满蒙的煤炭和我国的燃料问题》二，第42－43、50－51页。

③ 满铁档案：乙种，兴业，商工，矿务，新邱煤矿，第100册之16。

④ 参见《满铁档案资料》第3卷，待出。

多数日本人民在对待战时中日历史问题上，都能坚持正确立场。不过，“不问侵略战争是非曲直”地处于中间状态的群众也始终存在。同样在学术上，除占主导的进步学者外，也是既有少数右翼史观持有者，又存在着不顾历史现象质的规定性、混淆原则是非的调和倾向。这一切都与右翼“开发”论的宣扬与散播不无关系。既然如此，满铁等中日关系史重大课题研究便更具有现实意义。

中国的满铁研究起步并不算晚，20 世纪 50 年代末即已开始，当时是作为国家规划的经济史课题之一的学术工作进行的，并从资料工作做起。20 世纪 70 年代初日本右翼书刊与言论的大量出现，的确给中国的满铁研究以刺激，但是没有由此转向批判右翼史观，而是从反面吸取激励力量，坚持学术研究和资料工作先行的方针，同时也适时地着手一些有关的专题研究。如此进行的中国满铁研究，也赢得日本进步学者的赞同和支持。如今，满铁遗存档案资料编纂任务业已完成，同时在满铁历史问题的研究上，也取得一批成果。综合性研究成果，应该首推苏崇民先生的《满铁史》① 一书，它是一部全面分析揭示日本帝国主义以满铁为工具从事侵华和进行掠夺行径的专著，已被译成日文在日本出版发行，② 颇受好评。笔者主要做些专题研究，诸如《评满铁调查部》③《满铁与华北经济 1935—1945》④ 等等。此外，内容与满铁多有关涉的著述还更多一些。不过，包括我们的满铁研究成果在内，中国的中日历史研究还不能说是充分的，存在着需要充实、提高和扩展的空间。而且单就满铁而言，它不仅是世界殖民主义和中日关系史研究课题，而且对从历史连续性来看日本经济体制和经营模式方面，也不失为一个值得研究的课题。

即使从清除右翼史观及其对中日历史研究的污染角度来说，归根结底也有赖于科学的史学发展。一般而言，科学的史学研究不是专门针对错误史观的，它有其自身的学科发展需求。历史现象和历史科学既统一又有区别：前者是后者的研究对象，后者则是对前者性质的科学分析、评估与定位。历史学既然是一门科学，它就不应该是供人欣赏的单纯历史现象描绘。历史学的基本任务与使命在于，依据科学正确的历史观点，揭示历史事实与现象的本质特征、因果关系和发展规律，总结历史经验教训，给人以历史性启迪，认清历史发展的正确道路。这中间，自然主要是科学史观与实证方法的有机结合。有鉴于此，作为具有史学研究重要价值的满铁研究，在坚持正确史观的同时，为给实证研究充分创造条件，扎实做好文献资料编纂工作，无疑是完全必要的。

---

① 苏崇民：《满铁史》，中华书局，1990，共 897 页。

② 1999 年由日本苇书房出版。

③ 解学诗：《隔世遗思——评满铁调查部》，人民出版社，2003，共 730 页。

④ 解学诗：《满铁与华北经济 1935—1945》，社会科学文献出版社，2007，共 797 页。

## 三　满铁遗存文献资料编纂原则

作为史学研究基础作业的史料工作有它自身的规律与方法，像编纂《满铁档案资料》这样大型档案资料集，全面了解资料状况和准确把握其中主要历史问题，至关重要。

在日本乃至诸多外国在华机构中，满铁遗存的文献资料，就数量而言是最多的。此乃满铁的历史长、机构多、经营活动广，以及拥有庞大调查情报机关所使然。因此，满铁遗存文献资料所显现的首要特点就是，存量大、分散和内容庞杂。目前，中国、日本、美国、俄罗斯等国均有所藏，中、日藏有满铁资料的机构团体更不胜其多，美国除国会图书馆外，一些名牌大学也有一定存藏。满铁遗存的文献资料中，当然记录着其长期经营与活动的实态，同时也含有与其本身无关的诸多领域的调查情报资料。满铁的此类资料，无论数量或内容，均系其他机关团体所无法比拟的。尽管如此，在满铁现存的文献资料中，档案文书少、系统秘密资料少、后期文献资料尤为稀少的现实亦不可否认，此为满铁遗存文献资料显现出的第二个特点。原因是：1945 年 8 月日本战败时，满铁与其他日伪机构一道，为了毁灭侵略战争罪证，有组织地进行了档案文献的焚毁。之后的外国军队占领、内战和管理不善等，又难免有所损失。更重要的是，满铁早就有销毁机密文书，特别是情报资料的规定。此外，满铁虽大量参与军方及战争有关活动，但相关资料不保存或较少保存于满铁。

总括言之，满铁遗存文献资料，似可分为如下四类：

1. 满铁档案文书。现存 13000 余卷，① 这是遗存最多的日伪机构档案，但与原有存量相比，则是较少的一部分。据称铁路与调查部门的档案文书，其他部门恐怕也是相对较多。在中国的满铁档案文书现存于辽宁档案馆；抚顺矿务局亦少有存藏。此外在国内外尚未发现其他满铁档案文书。原满铁东京支社和满铁东亚经济调查局的档案文书是否全遭战火摧毁，原在中国、日本的满铁档案文书是否还有部分外流，等等，都无法判断。

2. 满铁资料。即满铁档案文书以外的由满铁本社及所属各部门形成的文字资料，诸如社史、社业要览、营业年报、专题资料、说明资料、调查报告、调查资料、综合情报、情报日报、各类期刊、各种统计、宣传资料和小册子等。载体有铅印、铅印代誊写、誊写、晒蓝、打字、打印、手稿等。满铁资料形成于满铁各部门，也保存于各部门，并大量散发于社外。铅印和誊写资料，和非“秘”级的内部资料，无论社内社

---

① 据《辽宁省档案馆指南》（中国档案出版社，1994，第 132 - 136 页）载：满铁全宗（JDI）共有档案 13690 卷，1906—1945 年形成，按其内部机构，分为总体、地方、调查、产业、兴业、经理、计划、商事、铁道等 9 个部。

外，分布较广；“军关系”资料和“秘”级资料，“秘”级越高，分布保有的范围越小。满铁资料中，也涵括来自社外方方面面日伪机构形成的资料。满铁资料与满铁档案、满铁图书在存藏上互有交叉，并无严格界限。

3. 满铁图书。即满铁图书馆中保存的书籍、报刊、资料等，其中含满铁出版物和非满铁出版物。满铁系统的图书馆，截至1923年有22处，分布在南满铁路沿线和哈尔滨等地。规模较大者有：大连图书馆、奉天图书馆、抚顺图书馆等。其中尤以大连图书馆为最，它保存着利用各种方法手段从中国、俄国以及世界各地获得的中日文及西文出版物与资料，不乏中外珍版名著。满铁哈尔滨图书馆是1935年日本“收买”中东铁路时接管的原中东铁路中央图书馆。它是一家以俄文图书为主藏的大型图书馆，满铁接管后，将其中有关满铁、西伯利亚和亚洲各国的约5000种图书编为亚细亚文库，该文库与满铁于1922年趁俄国混乱之机，采取特殊手段从俄国后贝加尔军区获得的所谓“奥照文库”[①]，以及满铁大连图书馆与满铁调查部第三调查室图书室所藏法、德语“东方关系文献”，共同构成满铁三大西文图书文库。

4. 个人文书。由中国陆续回到日本的满铁人员很多，战后多达10多万人，特别是上层人物带回的满铁文献资料为数可观。故在满铁遗存文献资料中有一类称为个人文书，其相当部分已归由日本文化教育机关收藏。诸如：《村上文书》（满铁理事村上义一，收藏于庆应义塾大学图书馆）、《八田文书》（满铁副总裁八田嘉明，收藏于早稻田大学）、《十河文书》（满铁理事十河信二，收藏于东京大学）、《山崎文书》（满铁末任总裁山崎元干，收藏于小田原图书馆）、《松冈文书》（满铁理事、副总裁、总裁松冈洋右，其所藏文书已于1966年作为《现代史资料》出版[②]）等。

日本现存满铁资料状况，所知甚少。战争期间因美国飞机的轰炸，原有文献资料恐怕多有损失；战后美国又从日本运走了大量满铁资料，收藏于美国国会图书馆，后经交涉日本将其中无复本者进行缩微复制，为数达数千种，多为满铁调查资料。日本战后的满铁资料的调查清理工作，以亚洲经济研究所为中心进行，对国内50个机关团体保存的满铁资料和美国国会图书馆的满铁刊行物进行了清查，1979年出版《旧殖民地关系机关刊行物总合目录——南满洲铁道株式会社编》。日本现存满铁调查资料的清查工作，早在20世纪50~60年代即由美籍华裔学者杨觉勇（John Young）完成，他的结论是：满铁调查资料共有6284种。[③]

① 关于满铁乘日本出兵西伯利亚之机获取“奥照”文书情况的资料，见《满铁档案资料》第14卷。

② 日本《现代史资料》第31、32、33卷，满铁（一）（二）（三），みすず书房，1966—1967年，各卷均为800余页，由原满铁职员伊藤武雄、获原极、藤井满洲男编辑。

③ 杨觉勇先生用8年时间，对日本及美国33家图书馆进行了调查，1966年由美国哥伦比亚大学 Fast Asian Institute 出版 The Re-search History and of the South Mamchurian Railway Company 1907 - 1945, A History and Bibliography。

中国的满铁资料清理与编目工作开展较晚。吉林省社会科学院满铁资料馆先后编辑出版了《满铁调查期刊载文目录》和《满铁调查报告目录》。[①] 两者均系“满铁调查部研究”课题的成果组成部分，即在课题研究过程中，组织人力对满铁调查资料进行了清理、分类和编目。前一目录共选收满铁人文社科期刊66种，编入条目4万余项；后者共选入满铁调查报告和调查资料1.2万余种，多于上述美籍学者的结论近1倍，说明此类文献资料的存藏，中国多于日本。2006年，上海东方出版中心推出了《全国馆藏满铁资料联合目录》，这是一项由国家资助的大规模满铁资料清理工程，全国多个图书馆参加，应该说是集满铁及相关日文图书资料目录之大成。

根据以上各方面状况，对满铁遗存文献资料保有程度虽尚难作出准确评估，但就满铁的一般文献资料而言，比起原有存量仍可称保存大半，据之可说有条件从事满铁历史基本面的研究。不过，由于满铁研究在中国属于研究空白，满铁相关的文献资料又浩如烟海，对现有满铁资料的清理、筛选、编排、辑成系列史料集的工作，作为一项先行作业，显然也是非常必要的。故自20世纪50年代末国家将此项任务下达后，本编书组始终将其作为重大科研课题精心对待，认识到它的价值与意义。数十年来，失败与成功，曲折与前进，伴随工作的全过程。浓缩起来，以下几项可以视为我们在长期工作实践中经过摸索悟出的基本认识、理念，也成为指导我们编纂业务的原则。

第一，把握问题与把握资料的统一。编纂满铁这样几无前例的超级帝国主义侵华综合机构的史料，起步的最大难点在于，没有对象可资借鉴。如何在规定的框架内用有限的篇幅，将反映满铁主要史实的基本史料全部编纂出来，编者自身和关注此事的学界权威都不无疑虑。满铁体现的是殖民者的意志，推行的侵略掠夺政策，其行为表现充斥着善恶混淆，黑白颠倒，而欲还其历史本来面目，又在很大程度上须利用其自身资料，故昭示出其真实和本质绝非易事。实践告诉我们，关键在于，要把握问题，也要把握资料，并将两种把握统一化，相辅相成，不断深化。用对问题的把握引导资料的把握，通过资料的愈益全面把握，提升与完善对问题的把握。这一切都寓于对满铁遗存文献资料精选、熟读、占有和不断加深认识过程之中。例如，关于满铁会社性质问题，按法制满铁之所以称作“特殊会社”，是因为其设立与经营都准据国家的特别立法，并非受制于普通会社法。而满铁准据的特殊立法，除了1906年6月7日以敕令第142号公布的由22条构成的《南满洲铁道株式会社设立之件》外，还有同年8月1日下达的递信、大藏、外务大臣的三大臣命令书。[②] 前者主要规定满铁会社的组织和政府的掌控，从而使以株式会社形式出现的满铁具有政府的职能；后者的要害在于它规

① 《满铁调查期刊载文目录》上、中、下册，吉林文史出版社，2003；《满铁调查报告目录》上、下册，吉林人民出版社，2004。

② 1906年6月7日勅令第142号和同年8月1日的三大臣命令书，见本书第1卷。

定了不能公之于世的秘密事项，特别是经营事项，其中包括尚未获得正式权益的大石桥至营口铁路、安东至奉天铁路和抚顺、烟台煤矿，以及中日间始终存在争议的所谓附属地经营等，所以，它是满铁正式准据法以外的未经立法程序的指挥满铁行动的秘密指令。所谓准据特殊立法而行动的特殊会社满铁，特就特在可以从事在政府命令下或经“政府认可”的任何侵略事业。近年我们还发现，就在满铁成立大会召开前夕，1906年11月13日日本内阁总理大臣又特意给首任总裁后藤新平下达一道《秘密命令》,[①] 就社债发行的海外关系、铁路器材车辆使用日本国货、与日本正金朝鲜两银行共同实现对“满洲”金融的控制等做了指示。由此可见，特殊会社满铁自始就不是僵硬死板地准据特别立法行事的企业，而是受日本政府直接指挥，包括难见天日的大量非法指挥，活生生而又能动地执行日本殖民侵略国策的政府机构延伸和化身。

第二，档案文书优先与其他资料兼容并包。在满铁遗存档案资料编纂中，资料精选固然十分重要，但同时也有搜选方向选择问题。一般而言，档案文书是史学课题研究公认的首选一手资料。可我们因缺少经验、接受误导和发现的档案文书存量较少，曾一度迷失方向。其实，满铁遗存的档案文献是相对较多的。况且，由于满铁始终执行“国策”，日本政府部门特别是外务省档案文书中，关于满铁有大量记录。[②] 中国清末与民国时期官方历史的档案中（含诸多省市县地方官府档案），中日交涉和因满铁活动等所引起的中日纷争与矛盾，也是重要内容之一。经过对这些中外档案文书的集中着力发掘，确实给我们的编纂工作奠定了资料基础。它主要在如下几个方面在一定程度上揭开历史内幕：帝国主义列强的对华争夺；日本胁迫中国攫取政治经济利权；满铁与关东军等其他侵华机构的关系；满铁的侵华战略、政策与掠夺计划；等等。不过，档案文书也存在着显而易见的局限性：一是作为官方文献，受立场、利害的制约，对某些历史问题难免采取避重就轻、文过饰非的态度；二是官方文书归档方法均以机构、时间为据，且其内容纷杂，故所反映史实往往是片段的，不具连贯性、系统性。因此，不能因为档案文书珍贵重要和优先首选而偏爱，甚至作茧自缚；相反应尽量兼容并包，给读者提供尽可能多的资料选择机会。在这方面，满铁遗存文献资料较有条件，即遗留有种类众多的机密内部出版物和专题调查资料；此外，高端人物的传记回忆录、权威人士著述，以及特殊手稿、抄录和报刊摘录等，对某些问题的研究往往亦不无价值。例如，满铁对所谓铁路附属地强制行使行政权问题，它不仅是中、日立场对立和持续交涉的焦点之一，而且联系帝国主义列强纷纷攫取在华租借地的历史现实，也成了相

① 日本总理大臣致满铁总裁后藤新平《秘密命令》，明治39年11月13日，满铁打字件。

② 如战后美国拍制发行的日本务省档案缩微胶片（2000余卷，每卷2000页左右）、日本陆海军省档案缩微胶片（数量较少）；日本外务省编《日本外交文书》，原书房，1972；满铁保存的各种官方档案文献抄件，等等。

关国际论坛上的热点。对此，本书在充分吸纳满铁、日本政府和中、日两国间交涉档案文书的同时，对中外有关代表性著述也做了必要的收选。诸如：常理的《关于南满铁路用地行政权问题之研究》、徐淑希的《南满地区满铁附属地的性质》（驳蜡山政道观点）、C. Walter Young 的《日本在南满铁路附属地内的管辖权》、信夫淳平的《满蒙特殊权益论》（有关部分）、蜷川新的《帝国在满洲的权利》有关部分）等。最后还特别选用了满铁调查员田中盛枝《附属地行政权问题》和《满铁附属地经营沿革全史》中的一段节录。[①] 前者是 1928 年日本准备出席太平洋会议时满铁提出的资料，主要述说满铁行使行政权的"根据"和"理由"以及中国的反对论据，但在最后部分也承认"美国政府一直否认此行政权""中国政府至少是在日俄战争后，在原则上也一直采取否认此行政权的态度"。后者——《满铁附属地经营沿革全史》[②]、实际是 1937 年满铁附属地行政权移交给伪满洲国后对满铁附属地经营活动的全面总结。节录的一段话，最重要的是它肯定了前述 C. WalterYoung 的结论，即"会社所执行的国策任务，不能和国际法上的权利混为一谈。用日本政府授与会社的权利，固然有助于说明会社的性质，但绝不能代替会社各种权利的法律解释，尽管它事实上已经行使了行政权"。所以，这段节录的最后也不得不承认：相当于租借统治权的附属地行政权"是过去三十年的产物"[③]，即 30 年强制实行和造成既成事实的结果。联系本书所展示的满铁针对中国抗争状况，在日本政府指挥下，各地有别地行使行政权等资料情况，不难窥见满铁历史行为的是非与善恶。

第三，展现编纂主题与保持资料原貌。在中国，满铁研究不应作为企业史而必须作为中日关系历史重大课题来进行。从属于此种研究的满铁史料编纂，其意义与目的也远超越满铁本身，实质是展示以满铁为主线的日本殖民侵华政策和在这种政策指引下满铁所进行的特殊的宽领域的侵华掠华实态。为此，本书所辑资料理所当然地首先集中于满铁本身，同时也做了适当和有节制的超越；超越是为了更深刻地反映满铁本身问题，也有利于展示中日关系这一主题。由 15 个专题卷构成的本书，前数卷在内容上显具宏观性质。诸如：日本与其他列强围绕路权所进行的瓜分势力范围斗争；日本侵华路线政策——大陆政策与满铁经营政策；满铁与关东军、伪满洲国等的关系；等等。其中都涵盖与满铁有关或至少对满铁产生某种影响的情势、事件或问题。为了供人研究满铁的性质、地位与作用，不可使满铁自外于客观存在，完全孤立起来。本书各专题卷都存在着类似的需要，即在取舍有关经营活动某一侧面史料时，应放宽视野，

① 以上均见《满铁档案资料》第 13 卷。

② 满铁地方部残务整理委员会：《满铁附属地经营沿革全史》上、中、下卷，昭和 14 年，内部刊印，每卷均在 3000 页以上。

③ 满铁总裁室地方部残务整理委员会：《满铁附属地经营沿革全史》上卷，昭和 14 年，内部刊印，第 30－31 页。

关注相关问题和资料。例如：满铁原来就是中东铁路的一部分，而中东铁路又是日本的路权争夺和运输经营竞争的头号目标，满铁非法行使附属地行政权也是拿中东铁路作借口，故在相关部分提供某些有关中东铁路的情况，对了解满铁问题不无裨益。而且，本书既然以揭示中日关系为着眼点，在资料的取舍和处理上就不能采取机械和狭隘态度。例如，满铁尽管于1937年将对昭和制钢所的55%持股（1943年下降到11.25%）转让给满洲重工业会社（简称满业），但是也不应将1937年以后有关昭和制钢所的资料全然割舍。同样，不能因为满铁未能实现对华北经济的垄断与统制，就对因日本经济侵华政策调整而新设立的华北开发会社采取回避态度；满铁与华北开发双方所体现出来的日本战时侵华掠华经济政策，恰好形成对照；况且满铁通过其在华北的关系会社及其他活动，与华北开发亦保持密切关系。当然，在取舍和处理不属于满铁但与满铁相关问题的资料时，力戒喧宾夺主，有的可作“附录”处理。此外，本档案资料集的编纂，在资料选定后，编辑工作上首要注意的是显现资料的可信性，尽量保持资料原貌，加工编排要合理适当。由于本书所收文书资料，95%以上来自日文件和日文版，翻译是工作量最大的工作环节，忠实原文，准确无误，是确保资料原貌的关键。其次，对所收资料尽量少做删节、不做删节和在删节处加以注明等，亦甚重要。为了节约文字篇幅和使资料了然醒目，文中前后程式性套话及敬语予以删略，并将每件资料标题做些整理简化或酌情添加，相信不会影响资料的原貌保持。编者为帮助读者理解资料和相关情节所加的“编者按”和“编者注”，与本文严格区别，均置于各该资料之外的上方或后面。资料出处的尽量明确记载，亦系出于保持资料原貌展示资料可信性之举。而所谓合理编排，主要是指资料的分题编排适当，恰到好处，避免过分细琐，细琐编排易于造成资料分割，并不无给读者以某种误导之虞。

## 结　语

历史课题研究一般均非为了历史事实本身。探索昨天是给今天寻觅借鉴。由于帝国主义现象迄今犹存，并未彻底退出历史舞台，人们才走进帝国主义殖民侵略典型——庞然而又颇富神秘色彩的“满铁王国”历史遗迹，探赜索隐，求取警示。今天之世界，呼唤建立国际新秩序、实现人类和谐之声日高。为此，澄清某些重要历史问题的大是大非，达成世界共同性重大问题的普遍共识，恐怕也是十分重要的。本书如能对当前世界某种问题研究发挥一点参考作用，编者50年的坚持与付出也算值得，也不辜负多年来有关领导同志、学术权威、出版界人士和朋友们的由衷关怀、支持和鼓励。

原载《社会科学战线》2010年第7期

# 满铁资料的界定

徐晓红

20世纪50年代末期，我国史学研究将南满洲铁道株式会社（简称满铁）作为重要课题提上日程，并随之展开满铁资料的整理研究。虽然满铁资料在日本战败撤退前被大规模地焚毁、转移，但由于满铁的存续时间长、组织机构庞大、活动范围广，剩余的资料仍汗牛充栋，这部分被保存下来的珍贵历史资料现被我国的多家图书馆、档案馆和研究机构所收藏。

由于满铁资料的种类繁杂、形式多样，在对遗存资料的整理过程中，以何种标准界定满铁资料各收藏机构的标准则不尽相同。有的以满铁的档案为主、有的则以满铁的调查资料为准，显然仅以这些满铁资料很难反映出满铁及其所处时期的历史全貌；但是大而全的将其他日伪机构形成的所有资料均概括为满铁资料，难免又会给人以混乱的感觉。因此，满铁资料的准确界定则显得尤为重要，本文将以满铁资料形成主体的界定为基础，试着从狭义和广义两个角度来界定满铁资料。

## 一　满铁资料形成主体的界定

根据《中国馆藏满铁资料联合目录》编辑出版说明中所述，所谓“满铁资料”是指“南满洲铁道株式会社”在其存续的近四十年间（1906－1945）所形成和收藏的大量档案、情报资料和图书文献。[①] 从这一描述中我们可以很清楚地看出形成满铁资料的主体是“南满洲铁道株式会社”（简称满铁）。然而，满铁的组织机构庞杂、人员众多这一形成主体的特征必将导致满铁资料这一客体的多样性，因此，对于满铁组织机构的准确界定则成为界定满铁资料的基础前提。

首先，满铁本社的组织机构从成立之初到战败结束，机构设置几经变迁、扩大，以各种部局课所组成的庞大机构的全面或重要的机构调整就有二十多次，活动领域涉

① 中国近现代史史料学学会满铁资料研究分会编《中国馆藏满铁资料联合目录》，中国出版集团东方出版中心，2006，第1页。

及经济、政治、军事、文教等各个方面，因此，准确掌握满铁不同时期的所有组织机构成为界定满铁及满铁资料的前提（具体的满铁机构请参见《中国馆藏满铁资料联合目录》附录二：南满洲铁道株式会社机构设置变迁概表）。在满铁的所有机构中形成和收藏满铁资料的主要有文书系/课、调查部、中央试验所、东亚经济调查局和图书馆等。

其次，满铁除经营南满铁路及其附属地外，还以大量设置"关系会社"、增加外部投资的方式垄断东北的经济命脉、操纵舆论和殖民地宣传，并以这种方式积极地向关内扩张。七七事变前满铁在东北的"关系会社"就达67个[①]，它们分别在各种工业、矿业、土建、水电煤气、农牧林、金融、出版、通信交通和商业部门，处于垄断或举足轻重的地位。在这些"关系会社"中形成和收藏满铁资料的主要有满洲日日新闻、盛京时报、满洲弘报、满洲映画、满洲拓殖、满洲电信电话等。

另外，满铁拥有一个庞大的从高级职员到普通工人的职工群体，在满铁覆亡前其总从业人员就超过了40万人，日本职工近14万人，其中不乏各领域的专门人才和满铁机构中举足轻重的领导人物，如大塚令三、大川周明、后藤新平、中村是公、松冈洋右等，他们的调查研究报告、传记、游记、回忆录等均能反映出满铁及其所处时期的历史面貌，是满铁资料的重要组成部分，因此，满铁个人也成为满铁资料的形成主体之一。

综上所述，满铁资料的形成主体是南满洲铁道株式会社本社所有组织机构和关系会社及其所属个人。

## 二　狭义的满铁资料

资料准确的定义应该是，用作参考或依据的材料，是调查研究的基础。最初的满铁资料对于满铁来说是其情报收集的一部分，是对被调查者的性质、结构及空间和时间上的一种考量，资料的准确性直接关系到情报的准确性，因此满铁对于资料收集也有过指导性的意见，满铁调查局就曾出过《资料汇に就いて》这样的一本小册子。文中根据资料的表现形态将其分为三大类：第一类是文书资料；第二类是写实资料；第三类是具象资料。

### 1. 文书资料

文书资料是指将事实以文字或符号的形式记录在纸上的一种资料，是资料最重要的一种表现形式。从资料与事实接近的程度来看又可以将文书资料分成第一次文书资料、第二次文书资料、第三次文书资料三类。第一次文书资料与事实关系最近，是直

① 苏崇民：《满铁史》，中华书局，1990，第656页。

接资料，属于事实关系资料。例如，买卖契约书、买卖往复文书、外交条约原文、外交往复文书等。这也就是我们所说的文书档案。第二次文书资料是间接资料，属于事实记述资料，包括自然科学实验报告、社会现象观察报告、视察调查报告、旅行记、日记、自传等体验报告，还包括业务报告、统计报告和实测地图等综合资料。第三次文书资料是建立在第一次、第二次文书资料基础上的间接资料，属于事实编纂资料。例如，地志、方志和历史类资料。

**2. 写实资料**

写实资料是间接资料，属于事实描写资料，是对事实直接进行观察描写的资料。例如，写真、写生画等，实际上是对第二次文书资料即事实记述资料的有力补充。

**3. 具象资料**

具象资料是以具体形态为表象形式的资料，根据与事实接近的程度又可分为现物资料与模型资料。现物资料是直接资料，属于事实关系资料。例如，天文学的陨石、地质学的矿物标本、古生物学的化石等。模型资料是间接资料，属于事实描写资料，例如船舶、车辆、建筑物模型和地形模型等。

显然，上述三种资料是满铁以事实存在为基础的，为其情报收集任务而制定的资料收集方向，是满铁资料得以形成的基础。这也成为我们界定满铁资料的标准之一，应该成为我们所说的满铁档案资料和情报资料界定的标准。然而，当时满铁的资料收集并不是我们今天所掌握的满铁信息的全部，而是留有满铁印记的“资料”的一部分，不足以反映满铁的全貌，因此我们将其定义为狭义的满铁资料。

## 三 广义的满铁资料

满铁在其存续的四十年间除担负着情报收集、经济掠夺的重要任务外，还扮演着战争宣传和殖民地教育、文化侵略者的角色。满铁为操纵舆论、掌握宣传工具，还以附属地为基地经营新闻出版事业，发行的报纸和刊物主要有《满洲日日新闻》《奉天日日新闻》《哈尔滨日日新闻》《盛京时报》（中文版）、《满洲每日新闻》（英文版）、《协和》《开拓青年》《满洲画报》等，另外满铁出版的各种宣传品更是难以计数。满铁正是利用这些报纸、刊物、书籍大肆鼓吹日本帝国主义对中国东北的“侵略有理”“开发有功”，为日本侵略张目，也从另一个角度反映出满铁所扮演的历史角色，是我们今天研究满铁不可或缺的第一手资料。

除此之外，满铁还藏有以各种手段获得的中文、日文、俄文、满文等大量的宗教、哲学、文学、教育等方面的图书文献，并以此为基础出版《满铁读书会杂志》《书香》《北窗》《收书月报》等定期刊物。这些藏书虽不属于满铁的档案资料和情报资料，但也能从一个方面反映出满铁及其所处时期的历史面貌，是满铁在日本帝国主义对东北实行的文化掠夺与侵略中占有重要地位的表现形式之一，从而成为满铁资料的重要组成部分。

需要说明的是，这些满铁资料中的部分藏书既非满铁机构或个人所形成，内容上也与满铁无关，是满铁出于各种目的所收藏的资料，因此这部分资料的界定是以满铁的收藏印章为准。满铁的收藏印章包含满铁的多个机构，其中以满铁图书馆的藏书印为主，如满铁大连图书馆、奉天图书馆、哈尔滨铁路图书馆、满铁新京图书馆、满洲医科大学图书馆等。

综上所述，广义的满铁资料是建立在狭义的满铁资料的基础之上的，是指包括狭义的满铁资料在内的所有留有满铁印记的“资料”，也就是我们通常所说的“南满洲铁道株式会社”及其关系会社、组织机构和个人在其存续的近四十年间（1906～1945）所形成和收藏的大量档案、情报资料、报纸、期刊和图书文献等资料。

原载《图书馆建设》2010年第7期

# 加强特色馆藏建设，提升公共服务能力

## ——吉林省社会科学院满铁资料馆公共服务的实践与探索

孙 彤 景 壮

公共文化服务，是指在政府主导下，以税收和财政投入方式向社会整体提供文化产品和服务的过程和活动。作履行公共服务职能的文化设施，图书馆在整个公共文化服务体系中，有着其他文化机构所不可替代的重要作用。吉林省社会科学院满铁资料馆（以下简称：满铁资料馆），虽然其性质有别于公共图书馆，但是社会成员的义务不可推卸。在积极倡导信息资源共享的大环境下，馆藏科研信息资源在当地经济建设和社会发展中的重要作用还需充分发挥。本文拟从经济建设和社会发展需求出发，根据以往我馆的实践经验，试析如何加强科研图书馆（资料馆）的特色馆藏建设，履行图书馆（资料馆）的社会服务责任，增强科研及公共服务能力。

## 一 满铁资料馆特色馆藏建设现状

在信息资源共享的大环境下，图书馆（资料馆）从本馆实际出发建立有自己重点和特色的专门化藏书体系，满足读者专业文献信息需求，使一定范围内的图书馆（资料馆）群建立起类别齐全、类型多样的文献信息资源保障体系，可以满足多样化社会文献信息需求。特色馆藏的建设，可从学科专业性、地方性、文献类型、文种、数量等方面体现出来。作为科研图书馆，满铁资料馆主要是围绕学科专业性和地方性两方面来巩固与强化自身特色馆藏建设及服务。

### （一）满铁资料馆的建立

南满洲铁道株式会社（以下简称满铁）从 1906 年成立到 1945 年解体，在近四十年时间里，由几千人发展成拥有五十万员工的日本最大的海外殖民机构，其殖民地经营领域之广泛和经营规模之庞大，都是当时罕见的，并且有为数众多的调查机构，它在经济、政治等方面对中国近现代史和中日关系的历史发展均产生了极为重要的影响。因此，满铁遗留下来的大量调查报告和书刊文献资料，对研究满铁和中日关系史具有非常重要的史料价值。我馆馆藏的这批文献资料，自 20 世纪 50 年代为编辑《满铁史资料》从各地征集而来。20 世纪 90 年代初，前任馆长解学诗先生通过申请，获得日本万国博览会纪念协会和国际交流基金的资助，并自筹部分资金，于 1995 年 7 月正式建立吉林省社会科学院满铁资料馆。资料馆成立后，首先将长期散乱搁置的资料修补、分类、编辑，先后出版了三卷本《吉林省社会科学院满铁资料馆馆藏资料目录》。

### （二）特色馆藏

资料馆现存资料是满铁在战败后遗留下来的一小部分。按载体可将其分为两大类：一类是纸质载体资料，共 3 万余件，其中含少量当年满铁存藏的西文资料；二是缩微胶片，大约 776000 多页，这部分胶片内容包括日本外务省、陆海军省档案、满铁资料、满铁社报、伪满政府公报。另存藏各种地图、资源调查图、设计规划图、地质图等 2672 幅。3 万余件书面资料中有相当一部分是孤本。许多文献由于当时印数很少，晒蓝、油印件、打字件、手写件等占有很大的比重。其中重点为满铁根据关东军的指令搞的涉及政治、经济、军事、法律、历史、文化、教育、民族、宗教、地理、自然科学等方面的调查报告及情报资料，具有很高的研究利用价值。如满铁在日军指导下为达到日本能长期占领中国及移民所搞的中国抗战力调查报告、东北和华北的资源调查报告、农村社会调查报告、九一八事变时期的情报日志等。

目前，我国存藏满铁文献资料的单位多达 60 余家（注：曹幸穗《满铁资料整理研究及学术利用价值》2001 年 6 月），但在众多收藏单位中，比较有馆藏特色的当属辽宁省档案馆、大连图书馆、中国社科院近代史研究所及吉林省社会科学院满铁资料馆。前两者特色分别是存藏满铁档案资料、满铁图书最多；中国社科院近代史研究所以简报存藏居多为特色；而满铁资料馆馆藏特色则是满铁调查资料和调查期刊相对集中，其数量不仅在中国国内堪称第一，甚至超过了日本及美国 33 家图书馆“满铁调查资料”的总和（注：据《满铁调查报告目录》《满铁调查期刊载文目录》统计），其中不乏部分孤本。另外，我馆存藏的内部文献、列强角逐和权利交涉等方面文书也与其他单位相比较有优势。

关于满铁资料馆馆藏与日、美所藏满铁资料的互补情况。据日本亚洲经济研究所《旧殖民地关系机关刊行物综合目录—满铁编》调查，日、美所藏 150 种满铁期刊中，我馆仅藏 58 种；但我馆所藏满铁期刊中，有 90 种期刊是日、美所没有。如满铁调查部《部报》《调查部业务月报》《调查业务月报》《调查部报》《满铁调查汇报》《满铁调查部报》《时事资料周报》等［注：请参见《近现代东北アジア地域史研究会ニコ－ズレタ－》（1996 年 12 月）第 8 号第 30 页］。另据满铁资料馆编辑出版的“馆藏资料目录”统计，约 2000 多种、5000 多件资料为日本所没有。

## 二　馆藏资料利用和读者服务现状

### （一）本院读者的资料利用与服务

满铁资料馆是目前我国唯一一所专门存藏满铁资料的专业资料馆，也是国内唯一专门从事满铁研究的机构，隶属于吉林省社会科学院。资料馆重点服务对象是本院科研人员，满铁研究也是吉林省社会科学院的优势学科，在国内外学术界有一定的地位和影响。满铁资料馆现有2名研究员（教授）、2名副研究员（副教授），承担并完成过多项重点课题，如：满铁调查部研究、满铁劳务问题研究、满铁与九一八事变研究、伪满后期的劳务统制政策与“特殊工人”研究等，在满铁研究方面有较多的建树。特别是满铁资料馆创始人、满铁史研究专家解学诗先生在长达半个多世纪的整理、研究满铁史资料过程中，发表了多部具有权威性的论著，如：《隔世遗思——评满铁调查部》《伪满洲国史新编》《满铁与华北经济》等。馆里其他成员还出版发表了《满铁与九一八事变》《伪满洲国的劳务管理机构与劳务政策研究》《东北沦陷时期的满铁铁路中国工人状况》《日本收买中东铁路浅析》《满铁在日本对中国东北移民中的地位和作用》等论著，这些成果无不以本馆资料为研究基础，可以说都是在长期整理、研究满铁资料过程中完成的。

### （二）公共服务

作为公共文化体系的重要组成部分，科研图书馆（资料馆）在公共文化服务模式、服务理念、服务结构、服务重点方面还有待于进一步的探索与实践。科研图书馆（资料馆）应该面向社会，提高信息资源共享和利用率，发挥馆藏文献信息资源在经济建设和社会发展中的重要作用。

近年来，除本院读者以外，资料馆接待的国内外学者逐年增多。国内主要来自学校、科研单位，国外主要以日本学者居多。同时，来自美国、韩国、意大利、新加坡、中国香港和中国台湾的学者、留学生也有增加趋势。资料馆目前已成为相关研究工作和国内外的学术交流平台。这一现象，反映了馆藏资料的利用价值在日益受到人们的关注。经常到馆的学者利用本馆资料发表了许多颇有影响的著作，例如：居之芬著《日本在华北经济掠夺史》，东北沦陷十四年史主编室、日本殖民地文化研究会编《伪满洲国的真相一中日学者共同研究》，井村哲郎著《满铁调查部：关系者证言》，柳泽游著《日本人的殖民地经验——大连日本人工商业者历史》，木场明志、程舒伟著《殖民地时期满洲的宗教——从日中两国的视角出发》，等等。

在全体同人的共同努力下，资料馆知名度不断提高，读者早已不局限于学者和学生，媒体、政府部门、企业也开始关注资料馆文献价值。例如：吉林省人大、吉林省人民银行、大同及抚顺煤矿、香港凤凰卫视、辽宁省电视台、长春电视台等多次到资料馆作专题采访、查阅资料。另外，资料馆与辽源市委党史办公室等多家单位合作的“抗损调查”研究正在进行当中。

## 三　进一步开发利用馆藏资料，提升公共服务能力

### （一）编辑馆藏特色专题目录

2004～2005年间，作为国家社科基金“九五”重点课题“满铁调查部研究”的子课题，满铁资料馆编辑出版了《满铁调查报告目录》（上、下）、《满铁调查期刊载文目录》（上、中、下）。前者是根据中国主要几家满铁调查资料存藏机构（包括满铁资料馆）的馆藏，并参考日本亚洲经济研究所编满铁资料目录编辑而成，共选满铁调查报告与资料约1.2万项，分为单行本（即单行调查报告或资料）、保号资料（即油印密件资料）和丛书（即系列调查报告与资料）几个单元；后者则是在满铁的多种期刊中，选取人文社会期刊66种，将其中所载近4万篇文章资料目录，分15大类编排，详细列出了上述几家单位现存调查期刊中文章的题目，刊载期刊名称、年、卷、号。这两部目录所收内容均为中日两国有关机关保存和可以利用者，虽难齐全，但大约达到了满铁刊出的一般调查资料的大半，恐怕也是目前中外唯一完备的满铁调查资料目录。

另外，今后还需结合当前经济社会发展形势，针对馆藏独有的有关东北亚国际关系重要资料，以及经济资源资料，特别是对我国与日本、朝鲜、俄罗斯之间关系资料进行整理，继续分别编辑馆藏特色专题目录。早在20世纪30年代，日本为达到其长期占领的目的，就非常关注中国东北东部，特别是与朝、俄边界接壤地区。满铁对该地区各个领域进行了非常详尽的调查。例如：金融经济概况、现状及对策、工业建设条件调查、1942年北鲜三港货物吞吐量预期说明等。将馆藏与长吉图开发相关资料进行整理，形成目录，定会为促进当前社会经济发展发挥作用。

### （二）选编、影印、翻译馆藏珍贵资料

将馆藏孤本有选择地进行选编、影印、翻译。例如：《帝国议会说明材料》是满铁提交给日本议会审议的报告。因满铁本身所涉领域之广，所以其中有大量珍贵资料，特别是《帝国议会说明材料》别册（10册），只有我馆存藏。另外，满铁《部报》《情报日报》（179件）、《综合情报》等，涵盖内容涉及政治、经济、社会、交通等方方面面。其中《综合情报》中刊载的《昭和8年（1933）北支那言论机关调查》《吉敦沿线经济概况》《以北鲜港中心的海陆运输研究》《满洲国内的右翼团体及其结社》

等，对经济、文化等领域的研究都有参考价值。

### （三）重要资料研究推介

满铁资料的研究价值逐渐被世人关注，但是其中的具体内容及其与现实结合的切入点尚未被人充分认识。故而可针对经济社会发展形势，在馆藏资料中挑选出独有的有关东北亚国际关系重要资料，以及经济资源资料，做重点研究推介。

## 四　结语

满铁自成立之初直至日本战败，参与了几乎所有侵华活动。满铁资料可为东北亚国际关系史、中日关系史等研究提供一切线索。尤其当前东北亚国际关系正在发生着重要变化，作为国家发展战略的长吉图开发，已被确定为国家政策举措。在这种形势下，深入开发和利用满铁资料，编辑馆藏特色专题目录，选编、影印、翻译馆藏珍贵重要资料，重要资料研究推介等，均可为相应的史学研究和当前的社会与经济发展，提供相当规模的基础性历史资料，以供世人借鉴。另外，满铁资料馆在国内外虽已有了一定知名度，在服务于研究课题方面也已获得一定成果，但资料开发不足，资料的利用率、公共服务方面亟待提高。综观馆藏资料的价值和珍贵程度，它不仅可能，而且完全应该发挥更大作用。

原载《通化师范学院学报》2011 年第 6 期

# 日本国立国会图书馆所藏满铁文书

## ——概要及主要文书简介

白岩一彦 著　李　娜　满新茹 译

## 引　言

二战后的南满洲铁道株式会社（以下称“满铁”）研究始于日本的安藤彦太郎及美国的杨觉勇，之后，以日本的亚洲经济研究所编成满铁资料目录为契机，从 1978 年至 1984 年，国立国会图书馆（以下称“本馆”）始终致力于美国所藏满铁资料的收集工作，并函购了美国收藏的约 3000 件微缩胶片，再加上原来馆藏的约 3000 件，本馆共计收藏约 6000 件满铁资料，其中不乏孤本。① 不仅如此，中国亦编成满铁资料目录及出版满铁文书的复印版，使满铁原始资料更便于查阅。② 由此可以看出，满铁解体 60 余年后，中日两国满铁概况和研究著述的相继出版，终于为客观地研究满铁提供了可能性。③

因此，本文以至今所见的本馆所藏满铁文书为焦点，在对其概要和重要性进行阐述的同时，重点介绍了其中被视为重点的文书，以期对满铁及相关研究有所裨益。④

---

① 安藤彦太郎编《满铁——日本帝国主义和中国》，御茶之水书房，1965；杨觉勇：《满铁调查活动：1907—1945》，纽约：1966；亚洲经济研究所：《旧殖民地关系机关刊物综合目录——南满洲铁道株式会社编》，1979；千代由利：《国立国会图书馆的满铁资料——LC 所藏满铁资料开发计划完成》，《biblos》（杂志名——译者注）第 35 卷第 6 号，1984，第 135－139 页。

② 《满铁——中国热点，所藏资料的整理推进（松冈资明）》，《日本经济新闻》文化专栏，2004 年 12 月 11 日。

③ 根据《满铁四十年史》（财团法人满铁会编，吉川弘文馆，2007）的正文与资料概括而成，正文由原田胜正执笔，卷末附文献目录。

④ 根据本馆所藏满铁文书而编成的《中日战争和伊斯兰教》（坂本勉，庆应义塾大学出版会，2008 年 3 月刊），参照其中收录的拙作《南满洲铁道株式会社的谍报网和情报传输系统——以 1930 年下半年与伊斯兰教相关的满铁文书为中心》。同时拙作《日本国史馆（国立国会文书馆）、日本国会图书馆所藏照片与文字记录》被收录入 2008 年 9 月中国缩微中心出版社出版的《近代中国外谍与内奸史料汇编》，其中亦言及此说的可能性。东亚书店：《新著・近刊图书简介》，2008，No. 093，第 39 页。

# 一　满铁概要

日俄战争胜利后，日本于1905年夺取了东清铁路南满洲线（包含在该铁路沿线再建铁路的权益），并一直具有“以日本大陆经营战略为大动脉”的机能持续至1945（昭和20年）年日本战败。为此，日本政府1906（明治39年）年根据6月8日的敕令第142号设立了南满洲铁道株式会社，并同时开始经营铁道附属地。①

1931（昭和6年）年，爆发了九一八事变，以此为契机，满铁加强了与关东军的联系，1937（昭和12年）年全面抗战爆发后，关东军则成为满铁的实际统治者。② 迫于关东军的压力，满铁作为铁道会社的同时又增加了国策会社的机能，此种状态直至1945（昭和20年）年8月9日苏军攻入伪满洲国，从而迎来8月15日日本战败。

满铁本社1907（明治40年）年一直设在当时被称为关东州的大连，因为大连曾是从“苏满”分离出来的，所以满铁方面才能等到苏军冲破日苏中立条约攻入伪满洲国之前，抓紧时间将机密文书进行烧毁处理。③

1945（昭和20年）年8－9月，在苏军展开收回东北全境期间，时任满铁总裁的山崎元干与攻入新京（现长春）的苏军大将华西列夫斯基、中将卡路金会面，同年9月27日接受苏军命令，宣布自9月22日起取消满铁的法人资格，④ 但因旧满铁线的维持、运营和日系满铁职员的留用等原因，只是将“满铁”的名称改为“中国长春铁道”，在东北的旧满铁的业务可以持续至1948（昭和23年）年。⑤ 另外，根据1945（昭和20年）年9月30日发布的美国占领军命令，将关闭满铁事务所指定为满铁清算机关，持续清算满铁战后清算业务直至1952（昭和27年）年闭锁机关整理委员会解散。⑥ 在此期间，负责日本国内满铁资产的处理及将处理资产作为资金源用于支付旧满铁职员的退职金，直至1953（昭和28年）年完成。⑦

---

① 参照《满铁四十年史》，第17－20页。

② 参照安藤彦太郎编，前引书，第230－238页；小林英夫：《日中战争与满铁》，小林英夫编《近代日本与满铁》，吉川弘文馆，2000，第219－262页。

③ 杉田望：《满铁中央试验所—在大陆赌梦的男人们》，讲谈社，1990，第182－184页。关于战败时日本国内外烧毁文书之事，参照加藤圣文《丧失的记录——战时公文书的废弃》，载于《国文学研究资料馆纪要档案研究篇》，第1号，2005，第1－27页。

④ 财团法人满铁会：《满铁最后的总裁山崎元干》，财团法人满铁会，1973，第703、713页。

⑤ 小林英夫：《终篇战后的满铁》，同上，第297－303页。

⑥ 闭锁机关整理委员会编辑、发行：《占领期间关闭机关及其特殊清算》，1954，大空社，1995年复刻，第1卷，第381－406页，第2卷，第1574－1575页。

⑦《关于社员的退职补贴的支付和满铁社友新生会的维持》，《满铁俱乐部报》第3号，1953年1月，第1页。另外，根据这一报道，包括满铁总裁公馆的满铁国内资产卖出总额达2亿8000万日元，约（转下页注）

满铁组织一览表（1940年7月）

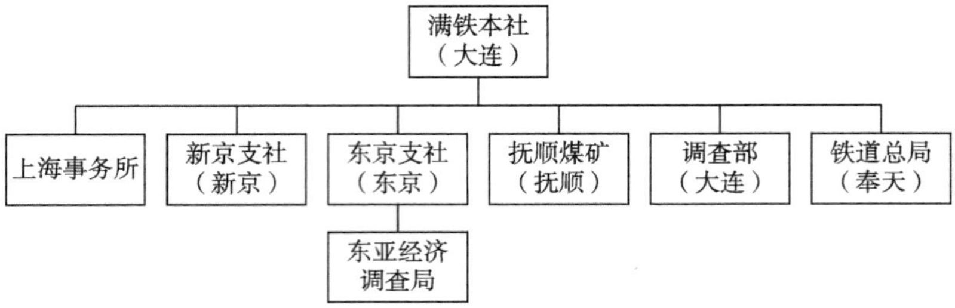


“南满洲铁道株式会社组织一览表”，（据《社员录昭和 15 年 7 月 1 日》，南满洲铁道总裁室人事科 1940 年）由笔者制成。“满铁组织一览表”在小林英夫著《满铁调查部：“鼻祖智囊团”的诞生与崩坏》，平凡社 2005 年，第 129 页也收录了 1939（昭和 14）年的组织一览表（只限于调查关系的部署），在其他资料中有未将东亚经济调查局计入的情况。

满铁作为日本的国策会社、日本侵略大陆战略的尖兵，战后根据美国占领军的命令已经强制解散。因此，“满铁究竟为何物?”充分挖掘、分析现今残留的满铁资料，已成为日本现代史未完的遗留课题。

## 二　国立国会图书馆所藏满铁文书的收藏概要

满铁是一个大企业体，在其鼎盛期，雇佣者超过 20 万人。自 1906（明治 39 年）年公司成立至 1952（昭和 27 年）年清算完成为止，制作使用的文书虽然数额庞大，但因其并非公文文书，日本国家机关大多并未收藏。①此外，如上文所述，大连满铁本社的文书都被烧毁殆尽，设置在新京（长春）等地的如新京支社（战败时为新京本社）等满铁下属机构的文书，也因被烧毁、掠夺等原因几乎全部丧失，仅存的奉天（现沈阳）铁道总局的文书约有 2 万份，保存于沈阳的辽宁省档案馆。②

日本投降时，混乱之中，丢失了大量满铁文书，反倒是满铁有关人员以个人身份

（接上页注⑦）占用于支付 15 万旧满铁社员的退职金额（3 亿 2300 万日元）的 87%，相当于每人即使领到全部退职金也只有 2153 日元，再加上国立国会图书馆支付给满铁方面的外文书 460 万日元、饭田桥资料 66 万日元的共计 526 万日元，相当于满铁社员每人得到 2443 日元退职金。

① 国立公文书馆收藏了以闭锁机关整理委员会作成的满铁关系文书为代表的满铁关系资料（含图书）共 470 件，参照同馆的数字公文书馆（http://www. digital. archives. go. jp）。

② 伊藤一彦：《“满洲”与关系资料》（《旧殖民地关系资料室》创立纪念演讲会 2005 年 11 月 23 日），提要第 4 页（http://www. lib. utsunomiya-u. ac. jp/manshu－koenrejume. doc）；泉泽久美子：《满铁关系资料（本图书馆珍宝介绍！第 68 次亚洲经济研究所图书馆）》，《图书馆杂志》第 101 卷 12 号，2007 年 12 月，第 815 页。据伊藤介绍，辽宁省档案馆所藏的满铁文书有 1. 8308 万卷，其中不包括各卷的复数文书，据此判断，该馆所藏满铁文书的总件数远远多于此数。

带回日本的文献有一些被保留了下来。此外，本馆中整理收藏了与满铁东京支社及东亚经济调查局的相关文书，以及一些与满铁有关联的私人文件。关于本馆收藏的文件，做如下简介。

**（一）满铁饭田桥仓库保管的文书资料主要是满铁东京支社及其下属机构东亚经济调查局的文件，保管于菊町区饭田桥的仓库中。饭田桥仓库的满铁资料，免受占领军的收押，于1948（昭和23年）年7月一次性转让给了本馆。**

本馆于1948（昭和23年）年从满铁接手了东亚经济调查局所收藏的价值约460万日元的样书藏品约2.3万件，作为附带条件，本馆需以66万日元的价格，购买上述的满铁饭田桥仓库保管资料（以下简称“饭田桥资料”）。[①]

饭田桥资料，主要是20世纪30年代后期的满铁及相关机关的文书、印刷品及刊物等，多为保密材料，是极其珍贵的史料群。该资料多为只在满铁高层内部流通的情报，通过该资料可以了解满铁内部的重要情报是如何传递的。此外，该资料中包含众多地域信息及情势分析的史料，范围包括以满铁及其子公司开展业务的满洲和华北为中心，辐射至全中国、亚洲，是极为珍贵的历史资料。这其中的大量文件，是只有在本馆才能找到的。

但是，如此珍贵的饭田桥资料，由于作为图书馆资料整理起来很困难，所以本馆在买入后，花费了30年时间才将所有资料面世并供查阅。此外，由于饭田桥资料没有制作发行其相应的目录，研究满铁的人很少看过这份资料，其重要性也没有被世人所熟知。

最近，饭田桥资料作为图书馆资料，整理完成后即陆续向读者提供查阅，因而总数不明，简单装订及未装订直接提供查阅的资料加在一起，至少有1000多件。饭田桥资料中所含的满铁文书中，有很多是保密文件，是本馆收藏的满铁资料中最重要的部分。这些文件的形态，除了常见的日文印刷外，还有蜡版印刷、手写炭印、胶版等多种形式。此外，有些书已经破得不成样子，整理难度极高。但是图书馆职员通过不懈努力，于1978（昭和53年）年前后对该资料进行了集中的简易装订，陆续提供查阅，可查阅的满铁文书至少超过600件。[②]

**（二）宪政资料馆保管文书（包含微缩胶片版）后藤新平关系文书（首任满铁总裁后藤新平文书，微缩胶片）。**

四仓峰雄关系文书（第二代满铁总裁中村是公的秘书四仓峰雄文书，包含中村书简）。

---

① 饭田和子：《来自于“像废品一样的东西”——满铁调查资料接收备忘录》，《国立国会图书馆月报》第312号，1987年3月，第14、16页。

② 饭田和子：《来自于“像废品一样的东西”——满铁调查资料接收备忘录》，《国立国会图书馆月报》第312号，1987年3月，第14、16页。

阪谷芳郎关系文书（包含从 1907 年至 1908 年的满铁相关文书）。

小日山直登关系文书（包含 1922 年的满铁事件关系文书）。

斋藤实关系文书（包含九一八事变前后若干文书）。

大野绿一郎关系文书（包含 20 件左右的满铁关系资料）。

八田嘉明文书（原满铁理事八田嘉明的文书，微缩胶片 42 卷）。

山崎元干文书（原满铁总裁山崎元干的文书，由本馆买入的 172 件文书构成）。

### （三）微缩胶片版满铁文书藏品

**1. 美国国会图书馆收藏的满铁文书**

美国国会图书馆收藏了战后美军从日本搬运的约 7000 件满铁资料，如前文所述，本馆在 1978－1984 年间派馆员前往美国，利用微缩胶片收集了日本国内没有的资料约 3000 件，加上馆中原有的 3000 件，本馆中所收藏的资料有 6000 件，一下子变为原来的两倍。这批满铁资料微缩胶片中，有大量印着“特秘”“极秘”“秘”等字样的资料文件，这些资料均可在本馆的资料提供部图书科别室里查阅（微缩胶片 259 卷，索书号 YD－324）。

满铁资料（微缩资料）目录《美国国会图书馆所藏》中即可找到所查资料的编号。其中，《中支都市不动产惯行调查资料》这样的微缩胶片在宪政资料室中也提供查阅。[①]

**2. 小田原市立图书馆收藏的山崎元干文书**

原满铁总裁山崎元干（1889－1971）生前将该资料捐赠给小田原市立图书馆。该资料 2005 年由雄松堂胶片出版社出版发行，包括满铁董事会决议录在内约 1500 件微缩版的资料，由 82 卷微缩胶片和《收录资料目录》构成。

**3. 庆应义塾大学图书馆收藏的村上义一文书**

庆应义塾大学图书馆所收藏的满铁理事村上义一的微缩版文书约有 1000 件，是由雄松堂胶片出版社于 2003 年出版发行的。该资料由 18 卷微缩胶片和《收录资料目录》构成，在本馆的资料提供部图书科别室提供查阅（索书号 YE－H4）。

**4. 早稻田大学现代政治研究所收藏了八田嘉明文书**

微缩版的资料收藏于本馆宪政资料室，具体参照（二）。

## 三 国立国会图书馆收藏的主要满铁文书

本馆所收藏的满铁资料的文献信息，都可以利用本馆的数据库 NDL－OPAC 轻松检

---

① 《中支都市不动产惯行调查资料》的微缩胶片是 1978 年列席本馆成立 30 周年纪念仪式的美国国会图书馆布尔斯汀馆长寄赠给本馆的，由宪政资料室保管，可利用同室备置的目录“Pre-1956JapaneseDocu-ment-sandCensoredMaterials”进行检索。

索。若以“满铁”为关键词进行检索，可查到标题698件，以著者、编者为关键词检索可查到2418件。

此外，本馆收藏的满铁资料的文献信息全部公开于亚洲经济研究所图书馆的数据库“近现代亚洲中的日本”（http://opac. ide. go. jp/asia-archive/rare/index. html）中，其中627件（基本为饭田桥资料）可以看到扫描图像，任何人均可在网上阅读该资料。

**1. “蒙疆地区事件”及与蒙疆关系文书**

“蒙疆地区事件”是指：从满铁铁道总局借调到关东特务机关的参事寺坂亮一，于1937（昭和12）年11月从张家口向沈阳铁道总局通报了关东军对于满铁的计划，铁道总局进而又将上述情况通报给了满铁本社。鉴于该文件的重要性，满铁本社将其复印数份，从弘报科分发至满铁高级干部及主要下属机构。本馆收藏的就是由饭田桥仓库送往满铁东京支社的文件。

这批文书，与其他的蒙疆及华北、华中相关文书一起，整理出版为《“蒙疆地区事件”附极密资料》（GE326－70）。并按照发信的时间顺序列举《“蒙疆地区事件”附极密资料》中收录的“蒙疆地区事件”及其他的蒙疆关系文书。这些文书上都印有满铁东京支社的文件受理序号。

“锦县铁路局长报：昭和12年7月7日（锦局情37号外3），察哈尔省二十五年度行政报告书（极密）”（“受理序号”977），＊有红色印迹标明“处理时特别注意”。

“绥远、张北驻在员报：昭和12年10月30日（张北第6号），蒙古联盟自治政府成立（极密）”（“受理序号”1970），＊“张北第6号”的“张北”的字旁使用了双杠线做了可变原字句校订。下同。

“绥远、张北驻在员报：昭和12年10月31日（张北第9号），蒙古军政府的强化要领（极密）”（“受理序号”1976）。

“绥远、张北驻在员报：昭和12年10月31日（张北第10号），蒙古联盟自治政府组织法案（机密）”（“受理序号”1948）。

“绥远，张北驻在员报：昭和12年10月31日（张北第11号），蒙古联盟自治政府组织大纲（极密）”（“受理序号”1993）。

“资料科长报：昭和12年12月15日（铁总资情号外），蒙疆区带事件（极密）”（“受理序号”2230）。

“北支事务局弘报班长报：昭和13年1月6日（北支弘情37第484号），营业开始前的蒙疆银行借贷对照表”（“受理序号”2345）。

**2. 《上海情报》（GE326－73）**

《上海情报》是满铁外围团体——财团法人东亚经济调查局的上海分局制作的秘密文件，以“上情〇〇号”的形式向相关方面发布、发送。1939（昭和14年）年满铁改制，东亚经济调查局成为东京支社的下属机构，因此《上海情报》的胶片收藏于满铁饭田桥仓库，以免丢失。现存于世的只有记录1936（昭和11年）年5月到1937（昭和12）年10月内容的《上海情报（二）》，而《上海情报（一）》已经不复存在了。

《上海情报（二）》中收录的文书中印有“严禁公布”的红印，文书胶片原来的封皮上似也有同样的印章。《上海情报（二）》的卷头中刊登了收录文件的目录，在此，除将原有纵写改为横写、大写数字改为阿拉伯数字之外，原文转载如下：

**《上海情报（二）》目录（文书目录）**

| 北支政治 | |
|---|---|
| 援绥军民联合会强化计划 | 昭和11.5.1 |
| 陕·甘情势尚未复杂 | 昭和11.5.28 |
| 湖北省六·三禁烟纪念办法 | 昭和11.5.28 |
| 中支政治 | |
| 福建事变大人物黄祺翔突然来沪，近期前往西安会蒋<br>＊文件上标记着“由于出处的关系，禁止公开”，“禁止公开”是红色的橡胶印 | 昭和11.12.12 |
| 实施公民训练第二次工作战斗训练，编成预备队 | 昭和11.12.12 |
| 各国疯狂向中国兜售武器，美国人活跃如兔 | 昭和11.12.12 |
| 以援绥为借口，拉开抗日序幕 | 昭和11.12.12 |
| 西安事变 | 昭和11.12.16 |
| 南京方面对张学良妥协氛围浓厚？双方要人来往频繁 | 昭和11.12.18 |
| 西安事变背后，苏联的魔手伸向新疆的盛世才 | 昭和11.12.18 |
| 中国共产党表明支持张学良，积极挺进打倒国民战线 | 昭和11.12.23 |
| 中国回教朝圣团麦加参拜与回教犹太教融合运动，及英国对西北回教地区的开发投资 | |
| 前越南总督费莱宁氏抵达上海 | 昭和12.4.12－15 |
| 青海主席马麟谒见蒋介石及与南京军事当局会商内容 | 昭和12.5.5 |
| 以蒋介石为中国国民精神中心的宣传书广为流传 | 昭和12.5.5 |
| 英国籍犹太财阀对中国北支事变的动向 | 昭和12.7.20 |
| 美国间谍在大连秘密活动 | 昭和12.7.20 |
| 上海宫崎一水绑架事件 | 昭和12.7.26 |
| 对北支事件，压制上海民众团体运动联合内容 | 昭和12.7.20 |
| 非常时期粮食储备会 | 昭和12.7.22 |
| 苏联指导下民族复兴协会正式成立 | 昭和12.7.22 |
| 在海员特别党部指导下成立海员抗敌后援会 | 昭和12.7.22 |
| 就抗敌后援会组织，时局委员会预备委员决定 | 昭和12.7.21 |
| 时局救护委员会 | 昭和12.7.21 |
| 上海居留民对上海日人纺织公司怨声载道 | 昭和12.7.22 |
| 不买卖私货运动会抵制日货巡回演讲 | 昭和12.7.23 |
| 国际问题研究会托拉斯俄博士 | 昭和12.7.3 |

续表

| | |
|---|---|
| 南京市的征兵适龄壮丁 | 昭和 12.7.30 |
| 法国、荷兰、西班牙和左派女流文艺作家来沪，联络三国际文化团体和搜集资料 | 昭和 12.8.2 |
| 举行学生集中训练阅兵式 | 昭和 12.8.2 |
| 向陆战队缴纳大米的南市米店老板被拘捕 | 昭和 12.8.3 |
| 在华日本纺织业罢工计划策动部 | 昭和 12.8.4 |
| 成立了联合劳动工会的工会救亡协会 | 昭和 12.8.7 |
| 苏联文化协会指导的中国剧作家协会创作的剧目《保卫卢沟桥剧》观众爆满 | 昭和 12.8.7 |
| 回民抗敌后援会组织 | 昭和 12.8.7 |
| 迫于中支危机，在汉口日本人集体撤退 | 昭和 12.8.12 |
| 上海战对于当地金融界的影响 | 昭和 12.8.19 |
| 九月二十九日伦敦召开的在华英国权益拥护会议上，在华英商的请愿与会上反响 | 昭和 12.10.8 |
| 英美联合策划对日经济封锁的来自中国的原动力 | 昭和 12.10.8 |
| 市委党部制作颁发的抗日问答十条 | 昭和 12.10.18 |
| 销售掠夺品的淞沪警备司令 | 昭和 12.10.12 |
| 日货处理办法 | 昭和 12.10.14 |
| 宋庆龄电请美国劳动总工会断绝对日经济 | 昭和 12.10.18 |
| 送达英国劳动党大会的宋庆龄的中国援助请愿书 | 昭和 12.10.15 |
| 日军挺进沪西，英国惊起 | 昭和 12.10.30 |
| 闸北大火和外国人的损失 | 昭和 12.10.30 |
| 疏散难民和粮食 | 昭和 12.10.30 |
| 统一武汉文艺作家 | 昭和 12.4.22 |
| 北支事变中中国共产党的活动 | 昭和 12.7.14 |
| 南支政治 | |
| 广东建设，中英达成借款 500 万元事项 | 昭和 11.11.28 |
| 法国人鸠拿音在香港活动频繁 | 昭和 11.12.12 |
| 开发海南岛资金四千万元资金，中央谈判经过 | 昭和 12.3.18 |
| 中英合作中的若干问题 | 昭和 12.4.18 |
| 海南岛环岛铁路测量队出发 | 昭和 12.4.23 |
| 实业部的造纸工程和英国投资 | 昭和 12.4.12 – 15 |
| 外国轮船停靠北支航道 | 昭和 12.7.30 |
| 匮乏能源煤炭的补给对策 | 昭和 12.8.1 |
| 沪西中国人的纺织业开工及沪东纺织地区 | 昭和 12.10.14 |
| 华商纺织业的未来 | 昭和 12.10.13 |
| 金融财政 | |
| 重庆与玛瑠浚二合办 220 万的水泥厂 | 昭和 12.5.5 |
| 关于整理和改善福公司的中国事业，孔祥熙的商议结果是创立中兴轮船公司 | 昭和 12.5.24 |

续表

| | |
|---|---|
| 借助英国借款，中兴煤炭公司经营轮船公司 | 昭和12.5.24 |
| 北支事变对上海市场的影响 | 昭和12、7、17 |
| 北支事变对汉口市场的影响 | 昭和12.7.18 |
| 孔祥熙携行的中英军事借款 | 昭和12.5.15 |
| 交通 | |
| 南浔铁路与京赣路管局合并，由中央发行公债偿还日本借款 | 昭和12.5.9 |
| 创建川黔铁路公司的旁系伐木公司 | 昭和12.5.10 |

注：以上即是目录部分，关于目录中疏漏的文件也已补述。（“近现代亚洲中的日本”有图像）

**3.《新加坡情报》**

东亚经济调查局的新加坡驻在员（乡间正平?）以“南情（南洋情报）”的形式把送往当局的报告文书在弘报课制成日文副本向有关方面发放，因此关于马来西亚及英领海峡殖民地的文书较多，也保存有关荷兰领东印度和澳大利亚的文书。卢沟桥事变后，出现了由于国民党宣传而引发的马来西亚华侨抵制日货运动的文书和剪报，用以传达当时当地的紧迫形势。

《新加坡情报》的文书档案有如下两册：

《新加坡情报政治》（A76－122）

从1937（昭和12）年3月19日至1938（昭和13年）年1月8日的文书73卷。

《新加坡情报政治》（DC241－11）

从1937（昭和12）年1月5日至12月31日的文书51卷。

这2册文书档案被收录入丸善出版发行的《国立国会图书馆所藏昭和前期刊行图书数字版集成》（YH231－659），在本馆的电子资料室可阅览。

**4.“欧洲基本资料”“欧洲情报”**

这是驻巴黎的满铁欧洲事务所不定期蜡版油印发行的资料。满铁欧洲事务所主要进行欧洲形势特别是苏联形势的情报搜集工作，然后再把这些情报成果以“欧基资（欧洲基本资料）○○第○○号”或“欧情（欧洲情报）○○第○○号”的宣传小册子的形式发送或邮送给有关方面，本馆所藏如下：[①]

“欧基资38第2号之24，1937年度苏联外国贸易”，昭和13年4月27日（DE361－4）。

“欧基资38第3号之24，苏联的外国贸易”，昭和13年4月2日（DE361－5）。

“欧情38第23号之24，苏联通商关系的现状—对于极端单向内部贸易英国实业界

① 解学诗等编《满铁调查报告目录》（下），吉林人民出版社，2005，第651－652页。

的不满”，昭和13年6月20日（DE342-4）。

“欧情38第24号之24，苏联共产党领导人间的倾轧”，昭和13年6月8日（A56-5-20）。

“欧情38第25号之24，苏联工业及工人关系情报”，昭和13年6月10日（DC493-33）。

“欧情38第26号之24，苏联本年度五一劳动节、党政机关的改选及其他国内形势情报”，昭和13年6月15日（GG839-18）。

“欧基资”和“欧情”后面的数字表示西历的年号，所谓的“第○○号”是1938（昭和13年）年制成的“欧基资”及“欧情”通用的号码，随后的“之○○”为手写加入，这是表示各号的全部复印件的件数（约30件）的第几件的号码，本馆所藏资料暂且存有“之24”，来自当年的散发机关即满铁东京支社。（本馆所藏各号，“近现代亚洲中的日本”有图像）

**5.《苏满问题——满洲情报、综合情报》（A99-ZR5-41）**

这本册子主要归纳了由东亚经济调查局汇总的，从1935（昭和10年）年6月5日的“事件真相”到1937（昭和12）年10月28日的“以日支事变为契机的苏联动向”的苏联及满蒙关系的文书5卷，并附有目录。（“近现代亚洲中的日本”有图像）

**6.《日兰关系资料》（A99-ZN2-1）**

这本册子主要归纳了由后文所述的满铁经济调查会汇总的，从1934年（昭和9年）至1935年（昭和10年）的“日兰会商日志”等10卷文书，并附有目录。[①]（“近现代亚洲中的日本”有图像）

**7. 满铁经济调查会关系文书**

这是九一八事变后满铁应关东军的要求而设置的经济调查会的关系文书。经济调查会是制定关东军在满洲不仅在经济方面，更扩展到政治、军事、社会方面推行的施策方针的机构，后应关东军的提议，以此为母体产生了满铁产业部，后被扩大成为满铁调查部。

本馆所藏的满铁经济调查会的文书共61件，试举出其中两件表示与关东军相关的文书：

“新国家承认问题（改订）”经济调查会第五部1932.7（A76-121）（“近现代亚洲中的日本”中有LC藏本的图像）。

“关东军第三科与经济都市计划班的联合事项”满铁经济调查会1935.10（AM13-411-4）（“近现代亚洲中的日本”中有图像）。

**8. 关东军关系文书**

满铁与关东军有紧密的关系，很大程度上影响着关东军的政策决定，满铁职员以

---

① 《日兰会商日志》，南洋协会调查班，1935年9月，本馆编号为Y994-J1003。

关东军关系者的身份有插手关东军关系文书，特别是极密文书制定的机会，本馆所藏的饭田桥资料中，现存如下关东军文书：

“伴随满蒙新国家成立的对外关系处理要纲”“陆军省”审议委员会（原样）1928229（GB521－210）。

这一文书蜡版印刷30份，似配发给设置在陆军省内部的与满洲相关的审议委员会的委员们，封面标明“三〇部内第9号‘昭和’三、二、二九审议委员会决定、陆军省复写”字样（“9”为手写体），标题为“第二伴随满蒙新国家成立的对外关系处理要纲”，这里看不出有先前发行的第一部分文书。“要纲”于1932（昭和7年）年3月12日，原封未动通过了阁议决定，该阁议决定的原文收于防卫研究所图书馆所收藏的《满洲事变作战指导关系缀辑别册》第3卷中，之后被收录于朝日新闻社1988（昭和63年）年刊发的《迈向太平洋战争之路——开战外交史别卷》第179页中。

“满蒙政策要纲——横山试案”“出版者不明”1931.12.5（A99－ZM13－9）。

这一文书的制定人不明，但从内容上来看可能为日本陆军的军人所制。文书的内容：把东北四省（含热河省）作为独立国家置于日本的统治下，设立满蒙总督府的同时将满铁定为在满蒙实施日本政策的机关，然后抓住时机并入日本，因此，从中可以看出日本欲将满蒙像朝鲜一样变为殖民地的野心。

从“满蒙政策要纲一横山试案”制定的时间和内容来看，似乎与九一八事变的策划者——陆军步兵中佐石原莞尔（时任关东军作战主任参谋）的“满蒙占有论”极为相近，几乎可以认定是受石原在满洲行动影响的军人所作。这个叫横山的陆军军人，可能是陆军中佐以下的军人于1930（昭和5年）年结成的樱会会员，时任东京宪兵司令部第二科长的陆军宪兵大尉横山宪三。①

而石原本身由于陆军上层的反对，在1931（昭和6年）年9月，这一时期放弃了“满蒙占有论”而转向“满蒙独立论”，不过，在陆军内部1931年12月这一时期“满蒙占有论”依然根深蒂固，这从“满蒙政策要纲一横山试案中即可窥一斑”②（“近现

---

① 林茂他编《二·二六事件秘录别卷》，小学馆，1972，第426页。不过，笔者所参照的日中战争和满洲国关系文献中未发现关于此人物的记述，而且，在这些文献中，也未发现与“满蒙政策要纲——横山试案”相关的记述。

② 关于石原莞尔的“满蒙占有论”，可参照下述文献。大杉一雄：《迈向日中战争之路——与满蒙华北问题冲突的分歧点》，讲谈社，2007，第169－170页；岛田俊彦：《关东军——在满陆军的独自活动》，讲谈社，2006，第104－110页，第146－148页；佐高信：《石原莞尔——其人另一面》，讲谈社，2005，第18－19页；山川晓：《满洲帝国的诞生——溥仪和关东军（日本的战争历史）》，学习研究社，2001，第31页、第40－44页。关于石原莞尔的生平及著作，请参看田中梓“关于昭和陆军的鬼才·石原莞尔——其人生平·思想与文献介绍”，《参考书志研究》第19号，1980，第1－21页。

代亚洲中的日本”中有图像)。

“意大利的殖民地贸易”陆军［1938］(DE351－3)。

这是由《正金周报》第11号(1938年3月18日)(Z3－1421)刊载的“Commerce Reports29 Jan 1938”的抄译件，在陆军内部用日文炭复写而成的文书，用纸有红色的框，框外用同样的红色印有“陆军”二字。这并不能称为秘密文件，但由于1937(昭和12)年11月缔结了《日德意防共协定》的缘故，从这一文书和其他的陆军作战资料中可以看出，日本陆军开始关注意大利的形势发展。(“近现代亚洲中的日本”中有图像)

“事变情报”陆军1938.8.27(GB521－209)。

这是陆军省军务科翻译了海外报纸上的关于日中战争的几个报道，由蜡版刻印而成的文件，并盖有“秘”字的橡胶印章，该文件被印成30余份在陆军省内部配发，而且也递交了与满铁相关的人员。(“近现代亚洲中的日本”中有图像)

## 结　语

本馆所藏满铁文书，多数为饭田桥资料，整理时间较长，购入后历经60年终于为世人所瞩目与运用。这些满铁文书的制定年代是从1935年(昭和10年)至1940年(昭和15年)，是日中关系对立直至全面爆发战争，甚至是与英美荷各国关系恶化，对英美荷战争不可避免的重要时期，与这一时期中国方面制定的文件大多数不是非公开的就是未公开发布的现实情况不谋而合，因此如今这些满铁文书极具重要性。[①] 今后，希望这些满铁文书为日本内外研究者积极利用的同时，调整满铁文书原本长期保存的体制亦是当务之急。

不仅如此，本文中介绍的“满铁文书”主要是在满铁内部流通的各种文书(含手抄本)、秘密印刷品、极密报告类，仅此一份，其中还有直接贴入照片的情况。而

① 为了比较商讨本文介绍的满铁文书，参照了如下的中国方面的资料:《阎锡山档案要电录存》第1册～第10册，台北，国史馆，2003－2005年(收录的电文是从1912年7月19日至1926年5月17日的，这之后的11册尚未出版，因此未采纳。曾参照藏于大阪大学附属图书馆的目录，仍然仅有第1册至第10册)。(http://www.library.osa-ka-u-ac.jp/)辽宁省档案馆编:《辽宁省档案馆珍藏张学良档案》，南宁:广西师范大学出版社，1999年，全6册(收录文书，1928年8月6日至1933年2月19日)。《蒋中正文物——革命文献(四)中日关系史料》，台北，国史馆，2002(收录的史料，从1932年8月21日至1937年7月30日，日语文书和从印刷品、出版物翻译而来的占2/3，中国方面的史料占1/3，其中含中华民国政府的电报等，但不包括1937年7月7日以前中国共产党的文书。从这些公开出版的中文资料中获知，与满铁饭田桥资料的制定年份相应的，即1935－1940年的资料中，除了一部分外，几乎不是未公开就是未公开出版的，对进行满铁研究有隔靴搔痒之感。关于这一时期的满铁及与满铁相关的中国形势，相当长的一段时间内不得不以日本方面的原始史料为中心进行研究)。

且，此类文书的复制方法如第三部分（2）中所述为复写纸复本、蜡版、胶版、铅版等形式存在，与其说是“满铁档案”，不如称为与之相称的“满铁资料群”更为贴切。[①]

原载《东北史地》2012年第5期

① 对本馆所藏的“满铁文书”，可以概括为“战前·战中主要在满铁组织内部制定的、制定时间非公开、标明相当于作者的人名，或只标明作者而无其他任何与之相关的情报和信息的纸张或小册子”。本馆购入的饭田桥资料在内的满铁文书，满铁制成、接受、积累的文书记录中具有学术、文化价值的、未被废弃的内容，因为被本馆保存、整理、利用，且电子化被广泛利用，均可称为与之相称的“满铁资料群”。

# 乡土社会中的村民认同

## ——以满铁调查所及的华北区域为中心

安　宝

20世纪三四十年代，中国乡村史研究业已发轫，乡土社会瞬时成为吸引时人眼球的地方，然这种研究的热情并未推动该项研究走向持久和深入，便销声于“具有极强历史指向性的社会性质大论争和高度关注政治、军事、事件史研究的趋向之中”。[①] 近年来，随着社会史研究的深入和拓展，中国近代乡村史则日益成为其中的一个显要研究领域，研究成果斐然。纵观两时段的乡村史研究，无论是在民国时期志于改造乡村、拯救乡村的学术心态，还是在近些年对中国乡村社会结构的历史性变动及其在城市化进程中乡村社会独特的境遇的学术关怀之下诞生的研究成果，其关注点集于乡村社会结构、社会权力、乡村文化建设、乡村经济和乡村婚姻、家庭、人口与风俗等问题，而对于乡土意识、农民意识与农民心理层面的专题研究较少，[②] 究其因在于介入此研究领域的学者和可供系统利用的资料甚少。鉴于此，笔者借用关于华北区域的满铁调查资料，尝试揭示该区域乡土社会农民意识里的村民认同观念[③]以及相关问题，冀求抛砖引玉。

## 一

20世纪30年代，费孝通先生对开弦弓村做调查时指出：“人们并不认为所有住在

---

① 王先明：《中国近代乡村史研究及展望》，《近代史研究》2002年第2期。

② 周晓虹：《传统与变迁：江浙农民的社会心理及其近代以来的擅变》，生活·读书·新知三联书店，1998年；张鸣：《乡土心路八十年：中国近代化过程中农民意识的变迁》，陕西人民出版社，2008；程歗：《晚清乡土意识》，中国人民大学出版社，1998；渠桂萍：《华北乡村民众视野中的社会分层及其变动（1901—1949）》，人民出版社，2010。

③ “认同”一词原为西方传统心理学中的一个重要概念，经学者们不断地阐释与利用已发展为社会学研究的一个综合概念。本文中的村民认同观念与社会学中认同概念不同，指的是村落中的农民对村民资格的认同。

村里的人都是本村人。如果问本村居民，哪些人是本村的，我们就会发现当地对于本村人和外来人有着明显的区别。但这种区别并不是法律上的；从法律观点看，一个人只要在某地居住三年以上，他就成为当地社区的一名成员。可是在人们的眼里，这样的人并不是真正的本村人。”在说明本村人和外村人区别时，费先生通过具体的事例发现外村人的共同特点，他们都是移民、从事某种特殊职业，并未发现外来人究竟需要在本村住多久才能算作本村人。并且，外来人的孩子，虽生于本村，仍像其父母一样，被视为外来人。由此看来，并非完全根据居住期的长短来确定这种区别。此外，外来户都不是农民，而“全部从事某种特殊职业”。[①] 这是已有研究成果中首次涉及近代中国乡土社会村民认同观念的学术著作，此后鲜有学者深入关注该问题。

20 世纪 40 年代满铁在华北地区进行大规模的人类学调查所形成的六卷本《中国农村惯行调查》中，关于河北省顺义县沙井村、栾城县寺北柴村、良乡县吴店村、路家庄及山东省历城县冷水沟、恩县后夏寨六个村落的村民认同观念的调查详细且系统，笔者以上述村落作为典型，通过梳理资料发现调查村落中的农民关于村民认同资格条件较之于开弦弓村复杂，大致由六个要素构成，即房屋、土地、墓地、居住时间、世代、家族成员。根据《惯调》资料将六个村落的村民认同观念分为两种类型，[②] 一是村民认同资格较松的村落（a），二是村民认同资格严格的村落（b），具体见下表。

**六个村落村民同资格要素表**

| 类型 | 村名 | 家族 | 房屋 | 土地 | 墓地 | 居住时间 | 世代 | 村费 |
|---|---|---|---|---|---|---|---|---|
| 宽松 | 吴店村 | ○ | × | × | × | × | × | × |
| | 沙井村 | ○ | × | × | × | × | × | △ |
| 严格 | 后寨村 | ○ | ○ | ○ | ? | × | × | ○ |
| | 冷水沟 | ○ | ○ | ○ | ? | △ | × | ○ |
| | 陆家庄 | ○ | ○ | ○ | ○ | ○ | ? | ○ |
| | 寺北柴 | ○ | ○ | ○ | ○ | ○ | ○ | ○ |

说明：“○”表示必要条件。“×”表示非必要条件。“△”表示有时必要条件，有时非必要条件。“?”表示无法确定。

资料来源：转引自旗田巍：《中国村落と共同体理论》，第 154 页。

在村民认同资格宽松的沙井村、吴店村，迁入者获得村民认同资格较易，移居到

① 费孝通：《江村经济》，商务印书馆，2001，第 17～18 页。

② 此种分法参见旗田巍的著作《中国村落と共同体理论》（岩波书店，1973 年），笔者认为分法合理且便于研究，故采用之。该区域乡土社会的村民认同资格宽松、严厉的区分法，是基于农民话语并从迁入者、迁出者获得村民认同资格的难易程度，同时为便于研究而使用的划分分类方法。满铁调查的六个村落中，吴店村、沙井村相较于后夏寨、冷水沟、路家庄、寺北柴四村，村民意识中的村民认同资格相对宽松，故将前者规定为村民认同资格宽松的村落，后者则定为村民认同资格严格的村落。

两村者即可获得村民身份。沙井村的村民关于此问题有如下问答：

“问：迁居而来的人能立即获得村民身份吗？答：马上具有村民身份。问：迁入者的房屋未坐落于沙井村呢？答：仍然具有村民身份。问：如果迁入者在本村内不拥有墓地，移居本村后能立即获得村民身份吗？答：仍然能获得村民身份。”①

吴店村的情形与沙井村大致相似，在村民的意识里，迁入者在移居到村落内即使不拥有房屋和土地，也可立即获得村民身份。但有一点值得注意，在村民的意识中，倘若迁居者的家族成员未全部迁入社区内部，此人难获得村民身份，② 也就是说，家族成员是否同时迁入村落成为迁居者获得村民身份的关键。其实，沙井村亦是如此，尽管该村对迁居者获得村民身份的限制缺乏束缚，但在村民的意识里有一部分人难以获得村民身份，即长工、浮住。③ 缘由在于长工与浮住户并未体现出在村内定居的迹象，假如该家庭成员皆生活于社区内，其长期居住的意向则不言自明，这些人也能获得村民认同而享受村民身份。④

在传统乡土社会中，有迁入者亦有迁出者，二者皆牵涉村民身份认同的问题。在村民认同资格宽松的沙井村、吴店村，迁出与迁入的情形大致相似。如同沙井村村民的对话：

“问：本村村民将举家迁出的人称作什么？答：称其为迁入村的村民。问：不再拥有本村村民的称谓吗？答：不再是本村村民了。问：迁出者对于原村落来说，是外村人吗？答：外村人。问：若迁出者在原村落拥有房屋，他也不拥有本村人的称呼吗？答：这与在村落中是否拥有房屋没有关系。问：迁出者在原村落中拥有土地的呢？答：仍称为外村人。问：税捐如往昔交于本村的话，仍视其为本村人吗？答：不再被视为本村人。问：迁出者在村内有墓地呢？答：仍然是外村人。”⑤

从村民上述话语中，可知迁出者村民身份的存废与在原居住村落中是否拥有房屋、土地、墓地等因素无关。关键在于迁出者的家庭成员是否集体迁出或滞留于原村落内，若其家庭成员全体迁出，此类型的人会丧失村民身份而被视为外村人。相反，迁出者的家族成员在原村落中继续居住，那么，迁出者仍会被视为本村人。⑥ 吴店村村民关于迁出者的村民身份与沙井村颇似，资格丧失较易，携家庭成员集体离开社区即丧失村

---

① 中国农村调查刊行会：《中国农村惯行调查》卷1，岩波书店，1981，第214~215页。

② 中国农村调查刊行会：《中国农村惯行调查》卷5，第422页。

③ “长工”指的是一年或数年受雇于雇主，在雇佣期限内常常住于雇主家或住于社区中它处的人（见《中国农村惯行调查》第一卷，第214页。）“浮住”指的是居住于某个社区之内的亲戚或朋友家中，在该社区内部不拥有房屋者（见《中国农村惯行调查》卷1，第214、219页。）

④ 中国农村调查刊行会：《中国农村惯行调查》卷1，第131页。

⑤ 中国农村调查刊行会：《中国农村惯行调查》卷1，第215页。

⑥ 中国农村调查刊行会：《中国农村惯行调查》卷1，第122页。

民身份，纵使在原社区内置有土地，迁居后仍丧失村民身份，如在城内某学校担任校长的原村民，分家后得到三四十亩土地，但因其迁居县城而丧失了村民身份。①

在村民认同资格严格的后夏寨、冷水沟、陆家庄和寺北柴村，迁入者获得村民认同资格较难，移居此四村者须具备一定条件方可获得村民身份。如后夏寨村，村民认同的必要因素是土地和房屋。

“问：迁入者如果在村落内不拥有土地和房屋，这个人能被村民视为本村人吗？答：不拥有土地和房屋的迁入者，不会被视为本村人。”②

在冷水沟，迁入者若在社区内部拥有房屋和土地，即可获得村民身份。③ 若不具备这个条件，迁入者则须在村内居住十年以上且要与社区居民形成亲密关系，方会被视为本村人，④ 否则难以获得村民认同，此彰显出土地和房屋在该村村民资格认同上的重要性。在陆家庄的村民们意识里，迁入者获得本村村民资格至少需要在本村居住七八年，另外，还须同时具备以下这些条件，土地、房屋、墓地、育有子女，如此才能获得村民认同。⑤ 相较而言，陆家庄的村民认同观念比后夏寨、冷水沟村严格。其实，在作为分析对象的几个村落中，村民认同观念最为严格的是寺北柴村，迁入者纵使在村内建房并定居，也不能获得村民身份，享有村民身份的是其下一代；⑥ 在社区内生活五代⑦；在社区内同时拥有房屋、土地、墓地，另外，全体家庭成员都须居住于村内，才可获得本村人资格，寺北柴村的村民认同观念之严格可见一斑。

在村民认同资格严格的村落，迁出者的村民身份认同的严格程度与迁出者的情形甚是相似，不仅严格且复杂。如冷水沟村，在村民关于迁出者的村民认同观念里，携全体家庭成员迁居他乡者，纵使在村落内拥有墓地，也不再享有村民身份。可是，家庭成员全体移居他乡而多年未归者，在某种条件下仍被视作本村人，此条件为迁出者在原村落内拥有土地和房屋，且缴纳田赋、摊派。⑧ 由此观之，村费的承担也是获取村民身份的重要因素。寺北柴村亦是同形，在村民的意识里，如果迁出者在社区内不拥有土地、房屋、墓地，则丧失村民身份的资格。但是，房屋和土地皆无者，若在原社区内拥有墓地且与本村一直保持紧密联系，迁出者仍继续享有原村落的村民身份。这一点值得注意，假如迁出者在村落内拥有墓地，可不来祭拜也如不拥有墓地，他们也

① 中国农村调查刊行会：《中国农村惯行调查》卷5，第422页。
② 中国农村调查刊行会：《中国农村惯行调查》卷4，第400页。
③ 中国农村调查刊行会：《中国农村惯行调查》卷4，第22页。
④ 中国农村调查刊行会：《中国农村惯行调查》卷4，第23页。
⑤ 中国农村调查刊行会：《中国农村惯行调查》卷4，第355页。
⑥ 中国农村调查刊行会：《中国农村惯行调查》卷3，第35页。
⑦ 中国农村调查刊行会：《中国农村惯行调查》卷3，第39页。
⑧ 中国农村调查刊行会：《中国农村惯行调查》卷4，第23页。

会丧失村民身份。[①] 另外，寺北柴村的村民身份享有者须承担村费，凡是本村人名下拥有的土地、出租地以及典耕地均为本村村费的征集对象。无论迁居何处，享有本村村民身份的人必须要承担原村落社区的村费。“世居不满五代者，其即使移居他处，仍享有原村落的居民待遇，同时也要承担原村落社区的摊款。”如调查资料中有这样一则问答可为佐证。

问：从寺北柴村迁到岗头村居住已三年，该人向哪个村落缴纳摊款呢？答：仍然向原村落缴纳。[②] 足见，寺北柴村的村民认同观念之严格。

通过对六个调查村落的农民意识中的村民认同观念之梳理，可知这些村落中的农民在村民身份认同问题上存在宽松和严格之区别，这种区别何以产生以及影响因素有哪些，笔者欲另文探讨，在此不作深究，但居于乡土社会的农民在意识中存在村民认同观念的事实是毋庸置疑的。

## 二

在华北乡土社会中，农民意识里的村民认同观念由六大要素构成，这些因素何以能成为农民意识中的村民身份认同要素呢？探究此问题必然要回归到乡土社会之中，源于乡土社会的村民认同观念，必然蕴藏着浓厚的乡土气息并烙有乡土特征。其实，房屋、土地、墓地、居住时间、世代和家族成员是血缘与地缘的外在表现形式，进而言之，农民意识中的村民认同观念的形成与村落的构建方式存在着必然之联系。

一般而言，中国的自然村落大致有三种类型：单一家族村落、亲族联合体村落和杂姓移民聚居村落。[③] 从村落形成过程来看，单一家族村落、亲族联合体村落是在血缘关系的基础上形成的，而杂姓移民聚居村落则以地缘关系为基础自然发展而成自然村。[④] 那么，华北地区自然村落的形成模式又会是何种情形呢？

以农业为主的中国，血缘关系一直都是非常重要的社会关系。宗族则为血缘关系的重要表现形式，“族者何也？族者凑也，聚也，谓恩爱相流凑也，上凑高祖，下凑玄

---

① 中国农村调查刊行会：《中国农村惯行调查》卷 4，第 46 页。

② 中国农村调查刊行会：《中国农村惯行调查》卷 3，第 45 页。

③ 陶立璠：《民俗学》，学苑出版社，2003，第 211～212 页。

④ 这里的“自然村”是与“行政村”相对的村寨聚落类型。前者指的是在血缘和地缘关系的基础上发展形成的自然村落，在地理上有着明显的聚落界限；后者则是一种行政管理单位，它可以是一个自然村，也可以是由多个自然村结合而成的行政区划联合体。“自然村”体现了村寨聚落作为基本社会单元的生活空间属性，而“行政村”则更多地体现了农村行政管理体制下的行政组织关系。本文讨论的村落属于“自然村”的范畴。

孙，一家有吉，百家凑之，合而为亲，生相亲爱，死相哀痛，有合聚之道，故谓之族。"① 关于华北地区的宗族研究，往昔学者多持不发达的论调。然而，近些年一些学者借助扎实的实证研究对上述论点提出了质疑。如杜赞奇在充分利用满铁调查资料的基础上研究认为，宗族在华北村庄的公共事务中是最基本的参与单位，宗族的权威在同族祭祀、纠纷、土地买卖等方面都有表现。杜赞奇尤其注意到华北官方地域组织与宗族之间复杂的关系。② 最近，Myra on Cohen 通过对河北新城县杨满撒村的坟墓、清明祭祀和新年礼仪等以父系血缘关系为核心的诸现象的研究，对自弗里德曼以来根据南方宗族形态为模型建立起来的宗族概念给予了批评。并指出，北方的宗族缺乏像南方宗族那样大型的族产，但不能以此作为评判宗族存在与否的唯一依据，通过对上述现象的研究表明该村落在没有大型族产情况下，该村落中宗族意识非常强烈地体现于各种现象之中，足可代表了另一种普遍存在的宗族形态。③

华北地区的农村，单姓村有限，多为杂姓聚居。但是，各村落中往往同姓居民占有很大的比例。在河北省栾城县，共 143 个村庄，其中有 60 个村庄的人口半数属于同一宗族，以同一宗族占到村落总户数 95% 的村子为例，宋家庄全村 97 户皆为宋姓；寺下村 29 户中 28 户为董姓；八里庄 68 户中 67 户为李姓；苏丘村 195 户中 191 户为崔姓；西董铺村 100 户中 95 户为李姓；康家庄 64 户中 61 户为刘姓；前岗头村 106 户中 100 户为郭姓。这些事例，足以说明华北乡土社会，缺乏单姓村，但某个宗族在村落中占到绝对优势的村落确实不少。其实，在满铁调查的诸多村落中，这种现象较为普遍，如河北丰润县米厂村，社区内有董、周、韩、李、魏、侯等姓氏，其中董姓占到 70%④。

宗族在华北地区中的作用，村落中同姓占有的比例只能说是其外在的表象，终究要考察宗族在村落生活中实际发挥的作用如何。杜赞奇以翔实的满铁调查资料为素材，发现宗族在北方村落中的地位和作用虽殊异，但"北方宗族并不是苍白无力的，虽然它并不庞大、复杂并未拥有巨额族产、强大的同族意识，但在乡村社会中，它仍起着具体而重要的作用"。⑤ 无论是祭祀活动，还是在日常经济活动—分家析产、借贷经济行为、租佃经济行为和土地交易中，宗族意识表现得都很强烈。⑥ 所以，一直以来，宗族为代表的血缘关系在华北乡村社会中起着重要作用，也是该区域自然村落形成的主要方式之一。

---

① 《白虎通》卷三，乾隆甲辰抱经堂，第 14 页。

② 杜赞奇著《文化、权力与国家——1900～1942 年的华北农村》，王福明译，江苏人民出版社，2004。

③ Myron. Cohen，LineageOrganizeatoningorthChina". TheJournalofAsianStudies49no. 3（August1990）：509－534.

④ 南满州铁道株式会社：《冀东农村状态调查报告书统计篇：第二班农润县》，满铁，1937，第 5 页。

⑤ 杜赞奇著《文化、权力与国家——1900～1942 年的华北农村》，第 82 页。

⑥ 杜赞奇著《文化、权力与国家——1900～1942 年的华北农村》，第 82～92 页。

在乡土社会中，血缘关系是最原始的社会关系，是与生俱来而不需要建构的，地缘关系与之相比，则具有“后天性”。传统的自然经济造成每个农家经济十分脆弱，居住于同一地域内的居民彼此间的经济依赖性强，在家庭经济遇到周转失灵，多会求助于邻近居民疏通。每逢家庭周期性大事（婚丧嫁娶），往往是地域内居民全体行动，协助当事者处理事务。尤其华北地区天灾人祸不断，居民间相互扶助共渡难关便更不可少。因此，居民间的人情味十分浓厚，也就有了农民意识中的“远亲不如近邻”的观点。久而久之，长期生活的村落内产生出社区共同意识，如集体娱乐、修庙搭桥、祭祀活动等均是群策群力的活动，形成了“百里不同俗，十里不同风”的独具社区特色的地缘文化。在“休戚与共”“守望相助”的共同意识之下，村落社区内的每一个人都追求睦邻友好的地缘关系，而每一个人又因地缘关系得到实惠。这种地缘关系产生的社区意识便体现在每一个社区成员身上，成为难以割舍的情愫。因此，在华北区域内广泛存在由一定数量不同姓不同宗的村民聚居而构建成的自然村落，这表明地缘关系亦是华北地区自然村落形成的重要方式。

华北自然村落是在血缘、地缘关系的基础上自然发展而成的。其实，地缘关系与血缘关系在村落形成过程中难有清晰的界线，缘于乡土社会中的居民不断地社会流动（居住空间的变动）和联姻，形成了血缘关系建立的村落中存在地缘关系，地缘关系建立的村落中包含着血缘关系，正如社会学家费孝通总结的：“血缘是稳定的力量。在稳定的社会中，地缘不过是血缘的投影，不分离的……血缘和地缘的合一是社区的原始状态。”[①] 生活、生产在基于血缘、地缘关系构建而成的自然村落之中的民众，在其意识层面上深深烙有血缘、地缘的印迹也理所当然了。所以，作为血缘、血缘关系表象—家庭、墓地、居住时间、土地、房屋，也自然成为华北乡土社会村民认同观念的两大基准，又因地缘与血缘相互交融使得在具体的村落居民身份认同中不会以其中的任何一个作为唯一的标准，更不会以一个标准中的一个要素为衡量依据，往往以两者中的某些要素作为评判标准。

## 三

在华北各村落中的居民，将自己村的人称作“本村人”，将他村之人冠以“外村人”的称谓，以示区别。这不仅是简单语言层面的差异，亦不只是心理认识层面上的不同，而是其本身具有更多的现实生活意义，即“本村人”在村落社区的生活中，拥有“外村人”不能享有的特权以及必须承担的各种义务。也就是说，“村民身份”与社区空间内的有形或无形资源间有着密切的关系，那么，这些“资源”具体是什么呢？

---

① 费孝通：《乡土中国》，三联书店，1985，第25页。

笔者将以《惯调》中的沙井村为主要素材对此问题展开讨论。“本村人”与“外村人”在村落社区内的不同，主要体现在三种权力上，即社区政治和经济权力、社区活动的参与权、社区公共物品的使用权、其他方面（承担的义务、亲属称谓）。

首先，社区经济和政治权力，即公会地的佃耕权和先买权、村民所有地的先买权、村费的承担权、选举权。

村落社区公共所有的土地称为“公会地”。这些土地原多为庙产，民国后则成为社区公有地。公会地多用于佃耕，其对社区居民家庭生活的重要性可通过沙井村的租佃情况体现出来。在沙井村出租土地者仅有两人，此二人不属于阶级话语中依靠地租生活的地主，出租土地乃无奈之举，一户需钱救急，一户因耕种不便。此情形下的村民在村落内难觅得租地，故欲求佃耕之地只有两个途径，一是外村人（主要是县城人），一是公会地。[①] 另外，公会地的重要性亦表现于其在村落租佃土地中的比例，据满铁调查，1942 年的沙井村公会地占到租佃土地面积 18%。通过上述分析，不难看出公会地对沙井村居民家庭经济的重要性。关于公会地出租的对象虽无明文规定，但依社区的惯习，公会地的佃农多是本村人。倘若社区内部居民无佃耕意愿，才将公会地佃于外村人，可是沙井村用于佃耕之地匮乏，抱有佃耕意愿的人颇多，因此，公会地佃于外村人的事例不存在。[②] 简而言之，本村人较外村人具有优先佃耕公会地之权力。一般而言，公会地多用于佃耕，其收入则会作为村费，以备社区开销之用。若村费周转失灵而又集资无果，则会将其出售以解燃眉之急。沙井村公会地买卖的交易尚无记载，即使村落遇到突发事件必须要出售公有地，也必先在社区内部寻找买家，若社区内居民都无购买之意愿，才会在外村寻找购买者，也就是说，本村人具有公会地的优先购买权。[③]

土地对于乡土社会的居民来说，既是生存之母，又是财富之母，亦是家庭绝好的遗产之一，所以，农民交易土地的抉择都会慎之又慎。但小农家庭在遇到周期性事件（冠婚葬祭）、突发事件（摊派、土匪）、长期经济窘迫等情况，会被迫出售土地。农民交易土地会依旧俗按照先同族，再本村，后外村的顺序寻求买方。但这并不意味着上述之顺序固定不变。随着商品经济的发展，经济理性开始走向主导地位，传统土地交易顺序逐渐出现裂痕。某些社区的居民会根据地价的高低变动交易顺序，不卖于同族而卖于族外人、不卖于本村人而卖于外村人。可是，此种交易顺序与传统的道德经济惯习相抵触，同族人往往会借用已呈现裂痕的优先购买权之旧习将交易土地以等同价格买回，在《惯调》中不乏这样的事例。倘若本村人难以同等价格与其相争，即使

① 中国农村调查刊行会：《中国农村惯行调查》卷 1，第 75 页。

② 中国农村调查刊行会：《中国农村惯行调查》卷 2，第 97 页。

③ 中国农村调查刊行会：《中国农村惯行调查》卷 2，第 488 页。

是这样的交易也很难让本村人情愿接受，因此，多会对违背者进行责难。土地优先购买权虽已失去严格制约，即使打破传统的束缚也不会受到正式处罚，但先卖于本村人的惯习依然存在于乡土社会。[①]

乡土社会中的权力，毋庸说中国历代王朝，纵使力图控制基层社区权力的民国政府，也只实现县一级的官方控制，而对乡土社会的控制基本借助于传统的内生权力组织。这些社区领袖人物多凭借自身占有的经济资本、社会资本、文化资本、象征资本中的一项或几项登上乡土社会的政治舞台。可是，实际情况并非如此简单，拥有乡土社会权力生成资本者纵有掌管某社区权力的欲望，可往往未必能够如愿以偿。问题在于是否拥有选举权。如以社区的权力核心村长一职为例，根据县里的规定，20 岁以上且在村里居住一年以上者遂享有村长参选权。[②] 但是，长久以来，沙井村的惯习规定凡投票的村民只能将选票投于具有本村村民身份的人，这与在社区内居住时间的长短无必然关系，缘于村民资格有一套多重的衡量标准，居住时间为其中一个参量而已，如不具有村民身份的小学老师，长期居住于社区内，但因其为外村人不仅无投票权，更无参选权。[③] 这样与官方规定相左之现象在华北地区较为普遍。因此，本村人和外村人在获得村落权力的机会上存在差别，即参选者必须具备村民的身份，不然，投票权难以获得，更难言选举权。

这种称谓的区别不仅体现于两种不同身份在村落的政治、经济的权力上的差异，也表现在村费的承担上。村落社区内部的行政运行、教育开展、治安维持等方面需要相当数目的资金。一直以来，此项费用由本村人根据社区内部的惯习或商定进行分担。社区居民的所有地不管位于何处，均属村费征集范畴。沙井村在调查时，由于受颁布不久的“属地主义”政策影响，征收原则稍有变动。然而，在华北地区的自然村落中，传统的征税形式依然被保存下来，村费（金钱、现物、力役）仍由村民来负担，调查村落中除了良乡县吴店村均有体现。

其次，社区活动的参与权，主要指庙会与祈雨。

《礼记》有云：“凡治人之道，莫急于礼。礼有五经，莫重于祭。”因此，“祭祀之道，自生民以来则有之矣”。祭祀活动一直以来是中华民族的一项传统风俗。仪式在乡村社会生活中更是不可或缺的内容，而庙会活动则是具有仪式效应的一项重要活动。因此，在中国的乡村中遍布了庙宇[④]，正如国外学者所说：“关于中国任何事情的描述都未必完全与历史事实相一致，唯一符合历史事实的描述便是政府在各个村落中普及

① 中国农村调查刊行会：《中国农村惯行调查》卷 1，第 55 ~ 224 页。

② 中国农村调查刊行会：《中国农村惯行调查》卷 1，第 148 页。

③ 中国农村调查刊行会：《中国农村惯行调查》卷 1，第 96 ~ 97 页。

④ 小林弘二编《旧中国农村再考：変革の起点を問う》，アジア经济研究所，1986，第 111 页。

庙宇之事。”[①] 华北地区村庙多，且庙会活动频繁。沙井村有观音庙，每年有五回祭礼仪式。祭祀当天，众村民带着供物、线香，集于庙庭之内，礼毕后一起会食。农民参加庙会多为看热闹。虽时过境迁，但沙井村的李清源依然清晰地记得12岁时（1894年）村中庙会活动的热闹场面：“在庙会上有开光，还有说书的、唱戏的、好不热闹。”[②] 以前，栾城县寺北柴村、良乡县的吴店村、恩县的后夏寨村、昌黎县的侯家营，每年定期都有祭祀活动。[③] 乡土社会中的祭祀活动固然多且热闹，但参加祭祀仪式的人必须具有村民身份，无论男女、老少、贫富，纵是村落中食不果腹而被村民忽略的贫困农民，或是长年累月在外务工而很少在村内居住之人，又或是大字不识之人，享有村民身份的人均可参与到祭祀仪式[④]，享受乡土社会中为数不多的大型活动。但是，不具有村民身份的外村人不享有参加之权力，即使当事人与本村关系甚密，如乡村教师，凭借着占有乡土社会中较为稀缺的文化资本而素为村民尊敬且与村民甚是熟悉，然其不具备村民身份，故无权参与该村的祭祀仪式。另外，村庙的祭祀仪式一直沿袭传统习俗，由香头或首事人等十几人主持，担任此职者必须拥有村民身份，这是成为村庙祭祀主持者的首要条件。

乡土社会中另一个常见的仪式活动是祈雨。面朝黄土背朝天的小农多以农业生产为家庭经济的主要来源，农业收成好坏与降水的多少有着密切关系，每遇久旱无雨之时，村落便会组织祈雨活动。黄土北店：“雨量缺乏是本社区常常遇到的一大问题，于是祈雨的仪式便颇为复杂隆重。一遇旱灾，村中领袖便协议请龙王。”[⑤] 沙井村组织的祈雨仪式，村民们皆须进到庙里烧香磕头，头戴柳条做的帽子，然后自发地排队抬着龙王绕村行走，有时游到周围的村落。[⑥] 寺北柴村每年都要举行祈雨活动。[⑦] 在冷水沟，祈雨作为唯一全村性的大型仪式，在村落生活中占有非常重要的地位。[⑧] 因此，作为乡土社会中重要的社区活动之一的祈雨仪式，对参加者有着严格的身份规定，即参加仪式者只限定于本村人。[⑨]

再次，社区公共物品的使用权。这里的社区公共物品的使用权指的是，官坑采土权、公共器具的使用权、水坑和空地的使用权、义地的使用权。

---

① A·h·スミス著《支那の村落生活》，盐谷安夫、仙波泰雄译，生活社，1941，第160页。

② 中国农村调查刊行会：《中国农村惯行调查》卷1，第130～131页。

③ 小林弘二编《旧中国农村再考：变革の起点を问う》，アジア经济研究所，1986，第111～112页。

④ 中国农村调查刊行会：《中国农村惯行调查》卷1，第130～173页。

⑤ 黄迪：《清河村镇社区：一个初步研究报告》，《社会学界》第10卷，1938。

⑥ 中国农村调查刊行会：《中国农村惯行调查》卷1，第220页。

⑦ 中国农村调查刊行会：《中国农村惯行调查》卷3，第152页。

⑧ 中国农村调查刊行会：《中国农村惯行调查》卷4，第31～57页。

⑨ 中国农村调查刊行会：《中国农村惯行调查》卷1，第220页。

20世纪前期，华北地区“人”与“地”间的关系日趋紧张已是不争的事实。40年代沙井村，全村可用于农业经营的土地开垦殆尽，但人均拥有土地约2.5亩，按照当时生活标准人均最低需要5亩，因此，社区内的居民为了维持家庭经济将能用于耕种的土地基本都开发殆尽，类似的情况遍布于华北地区的村落。土地的作用不仅限于农事耕作，社区居民在建造房屋、炼造房瓦、制造土粪、垒砌牲圈、重修墙壁等，都需要相当数量的泥土。所以，各个村落社区内都设有公共采土的地方，村民称其为“官坑”。凡本社区内的居民如有需要即可使用，可是，外村人不享有使用权。① 官坑的土被利用而形成很大、很深的坑，成为蓄水池。农民往往将其作为粪池，同样，本村人享有使用权，外村人则缺乏这项权力。另外，村庙周围有大片空地，称为“广场”，多为放置土粪或作为打谷之场所，其使用权只限于本村人。②

梯子、墙板、夯、桌子、碾子、砥石等社区的公共物品，在使用上亦有严格之规定。在沙井村，村民在生产、生活中如需使用上述物品时，告之于村公所的行政人员便可使用，即使不缴纳村费的村民亦可享有此项权益。但外村人意欲使用，须先同亲近的本村人言语，再由其向村长请示，获得许可后方能借用。③ 此外，社区为无墓地的贫穷农民提供掩埋遗体的地方，称作义地。本村人可自由利用，然外村人禁用。④

最后，社区内的亲属称谓。

在乡土社会中，无血缘关系的人们惯以同族关系或亲族关系的称谓相互冠之，此谓一种拟亲族制。这种现象不仅存在于沙井村，在华北地区的其他调查村落中均有实例。该称谓的获得与年龄、地位、财产等无关联，是基于一定的惯习的亲族称呼。如某年轻人称年老的村长为“甥”，村长称其为“伯父”，此因年轻人在拟亲族秩序中相对于村长处于伯父的位置（村长的父亲和年轻人是兄弟关系）。拟亲族秩序和亲族秩序一样具有世袭性，称作“街坊辈分”或“乡间辈分”，普遍常用于本村人之间，且不论同族村落性强的村落还是同族性弱的村落中均有此现象，通过拟亲族关系将社区村民联系在一起。⑤

以上分析了顺义县沙井村中“本村人”与“外村人”的现实生活，发觉两种不同身份的农民不仅仅是言语上的区别，在社区政治和经济权力、社区活动的参与权和社区公共物品的使用权上存在明显不同。在村落社区中，存在着只有本村人才能参加的生活空间，“本村人”和“外村人”在乡村社会的生活中具有实质性的区别。类似情况亦存在于沙井村以外的其他村落。

---

① 中国农村调查刊行会:《中国农村惯行调查》卷1，第157页。

② 中国农村调查刊行会:《中国农村惯行调查》卷1，第219~220页。

③ 中国农村调查刊行会:《中国农村惯行调查》卷1，第141~143页。

④ 中国农村调查刊行会:《中国农村惯行调查》卷1，第142页。

⑤ 中国农村调查刊行会:《中国农村惯行调查》卷1，第132页。

## 四

通过调查资料可知晓在农民的意识里存在着富有乡土气息的村民认同观念，而且华北区域内各村落的村民认同观念存在差异，但是这种认同观念在乡土社会中具有广泛的现实生活意义和“深远的经济后果”,[①] 其牵涉到乡土基层社区权力、社区经济、社区公共生活和社区传统惯习，即社区资源。

乡土社会村民认同观念的存在是与社区资源的变动密切相关的，凡遇社区资源紧张或重新调整之时，村民认同观念便在实际生活中发挥着难以估量的效用。中国共产党以改造农村，进而改造中国社会为内容的土地改革运动，改革内容之深刻，社区资源调整之广泛，均是前所未有的。在土改过程中，冲突和纠葛不仅体现于地主富农与贫雇农的阶级对立上，还表现为本村人与外村人的利益冲突。在田家会村的土改中，出现“驱逐外来户现象非常严重”的情况，即使土改工作团做了大量劝解工作，“大家也要赶走”外村人[②]。此足以彰显乡土社会中孕育而生的认同观念在村落社区资源调整情况下所具有的巨大现实意义。因此，在乡村史研究中触及社区资源问题时，应对村民认同观念给予高度关注并展开深入研究。

另外，在当下乡村建设中，也应高度重视村民意识中存在的认同观念。近些年，为推动农村全面发展而面临的农村人才匮乏问题，国家陆续制定一系列相关的政策，大学生“村官”工程便为其中一项，希借助拥有现代知识、现代思想、现代眼光的当代优秀大学生担负新农村建设者的使命。在时代的呼唤、农民的期盼、党的殷切希望下，许多大学生满怀热情奔赴到农村基层，但因其“身份”未得到农民认同而往往使他们的新见解、新思路成为“边缘意见”，他们也成为基层组织的“边缘人”。这种农民认同观念的存在不仅让许多行之有效的建议付之东流，也造成大学生难以落地生根，更是让国家的政策未尽其效。

原文载：《历史教学》2013 年第 2 期。

① 费孝通：《江村经济》，商务印书馆，2001，第 19 页。

② 王先明：《中国近代社会文化史续论》，南开大学出版社，2005，第 321 页。

# 不在地主与乡村权力生成机制变动

## ——以满铁调查所及的华北区域为中心

安　宝

中国传统乡村的治理特征为“官民共治”，从中央到县为官方行政系统，县以下为民间内生权力系统。乡土社会的内生权力系统由居住于基层社会的成员以其占有的经济、社会、文化和象征资本角逐而构建成的，弥补了官方权力留下的空间。富有乡土印迹的内生权力生成要素在20世纪前期社会变迁中是否具有较强的稳定性，无疑是乡村政治研究中的重要内容。基于此，本文以满铁调查资料为素材，探讨在20世纪前期社会变迁中孕育出的大规模不在地主阶层[①]对乡村权力生成要素的影响，即不在地主阶层与乡村权力生成机制变动的关系。

## 一　乡村社会权力的生成机制

在中国共产党执掌国家权力之前，国家政权一直未真正渗入基层社会，国家的不在场让乡土社会权力系统的形成呈现出一幅复杂的图像，乡土社会成员凭借着财富、地位、文化、人品等因素走上了基层权力舞台。

《中国农村惯行调查》资料显示，华北村庄中的居民依靠拥有相当数量的土地与其他财富成为了社区领袖。一直以来，在顺义县沙井村，土地的多寡成为乡土居民跻身社区领袖阶层的重要条件，土地占有量少者不能成为村长、村副，因此，沙井村社区领袖们多为大量土地的拥有者，村长：杜如海，70亩；杨振林，130亩；李珍，140亩；李汉源，80亩；李振英，40亩。副村长：赵祥，140亩。[②] 20世纪三四十年代，河北省侯家营社区居民公认的最有权势与地位的社区领袖皆为富者。刘子馨拥有土地

① 本文中的不在地主是以村落为界定基点，不在地主指居住于其土地所在村落以外地区的地主、为何以村落为不在地主的界定基点，详见安宝：《“不在地主概念”之厘定》，《东北师大学报（哲学社会科学版）》2013年第2期。

② 《中国农村惯行调查》（以下简称《惯调》），卷1，岩波书店，1981，第100、123～124页。

170 亩；萧惠升拥有土地 60 亩，再加上他在政府任职的收入，自然为社区中的富者。民国初年，非富有之人是不能成为社区领袖的。[①]

然而，调查资料又告诉我们，财富并非是通往社区权力舞台的唯一途径，华北村庄中的许多居民凭借文字知识、社会经验、道德品质、职业、亲族关系、社会交往、声誉、威信等因素成为了社区领袖。顺义县沙井村社区内的会首们，大多是过去的私塾生[②]；寺北柴村的原村长张乐卿曾概述道，社区中有权势者多是会读会写的[③]；在乡土社会居民中的意识里，年龄与社会经验、道德品质联系甚密，因此冷水沟最有威望的村庄领袖多数为年长者；侯家营的社区领袖之一萧惠升，在外求学时结交的读书朋友多，担任县政府的电话局局长时拥有的同事多，这种在乡土社会可遇不可求的社会关系使其成为村民们最为敬重的社区领袖，是社区内最重要的纷争仲裁人之一。该社区的孔子明并不富裕，只拥有十几亩土地，但因其社会交往甚广成为了社区领袖[④]；乡民向社区内有名望之人赠送“匾额”“木牌”等物，体现了获得匾额的社区成员在公众心目中的地位，将社区声望和威信以象征性的方式呈现出来，同时也表达乡民对其的赞许、敬佩、遵从之意。侯家营的数位村庄领袖都曾收到过村民赠送的匾额，其中，萧惠升曾先后收到了两块匾额，一块是表彰其成功地调解了一场可能发展为诉讼的争端，另一块是表彰其发起募捐学款的活动，这充分展示了他无人能及的声望与“面子”。[⑤]

综上所述，村落社区内领袖人物的形成与其拥有多种乡土社会稀缺元素有着密切的关联，但多种元素作用的结果让草根领袖走向基层权力舞台的成因呈现迷人之表象。为从纷繁复杂的历史表象中揭示出基层权力形成的内在规律，有学者借用布迪厄的社会分层理论作为分析民国时期华北地区乡村权力生成要素的工具[⑥]。毋庸置疑，其将复杂的乡土社会权力生成模式清晰地勾勒出来，但仍尚存研究空间，即四种权力生成的基本要素在权力生成中哪种资本起到主要作用？笔者借助河北省顺义县 33 个村落中会首情况进行说明，其中 17 个村落情况不明，余下 16 个村落的情况详见表 1。

表 1 体现的是会首情况，其实在基层社区，会首往往为村长或其后备人选，因此，该表基本能够说明各村落社区权力阶层的概况。由表 1 可知，经济资本是权力生成必要条件的村落有 13 个，占村落总数的 81%，非必要条件的村落 3 个，不足 19%；文化

① 《惯调》卷 5，第 14、42 页。

② 《惯调》卷 1，第 120 页。

③ 《惯调》卷 4，第 31、6、407、6 页。

④ 《惯调》卷 5，第 17、32、37、39、42、49、206、208 页。

⑤ 《惯调》卷 5，第 5、38、39、41 页。

⑥ 渠桂萍：《财富、文化、社会关系与声望的聚合体：20 世纪前期华北的村庄领袖阶层》，《福建论坛·人文社会科学版》2010 年第 3 期。

**表 1　河北省顺义县 16 村的会首情况**

| 村名 | 会首生成要素 | | | |
|---|---|---|---|---|
| | 经济资本 | 文化资本 | 社会资本 | 象征资本 |
| 道口村 | ○ | × | | |
| 高各庄 | ○ | × | | |
| 王辛庄 | ○ | × | | |
| 田家营 | ○ | × | | |
| 小店 | ○ | × | | |
| 郭子坞 | ○ | × | | |
| 王各庄 | ○ | × | | |
| 太平新庄 | ○ | × | | |
| 于辛庄 | ○ | ○ | | ○ |
| 井上村 | ○ | ○ | × | ○ |
| 张喜庄 | × | × | × | ○ |
| 兴业莊 | × | × | × | |
| 沟东村 | × | × | × | |
| 前郝家 | ○ | | × | |
| 冯家营 | ○ | | | ○ |
| 康家营 | ○ | × | × | ○ |

资料来源：《中国农村惯行调查》第 1 卷，岩波书店，1981，第 1 ~ 75 页。

注：1. 村长、副村长不包括在内。

2. “○”表示必要条件。“×”表示非必要条件。

资本是权力生成必要条件的村落 2 个，占村落总数的 12.5%，非必要条件的村落 12 个，占到 75%；社会资本是权力生成必要条件的村落，无非必要条件的村落 6 个，占总村落数的 37.5%；象征资本是权力生成必要条件的村落 5 个，占村落总数的 31%。显而易见，经济资本在权力生成的各种资本中处于绝对的优势地位，也就是说，在基层社区权力系统中，拥有经济资本而成为社区领袖的机会颇大。究其缘由，村落社区的领袖需要花费大量的精力与时间在社区事务上，且未有可观的薪酬，如此必然会影响到农事生产和家庭经济收入，同时，可能会因村务（摊派）遭受经济损失，所以，拥有一定的经济实力往往成为村落社区领袖的重要条件。

这种经济资本与乡土权力生成机制的关系在国家向基层社会不断攫取经济资源的过程中发生了变动。这种现象的发生与国家征收力度逐渐加大紧密相连，但直接原因在于不在地主群体将向政府交纳的摊派份额转移到土地所在的村落，进而影响到了经济资本与基层权力生成要素间的关系。

## 二　不在地主阶层的规模性形成

不在地主群体古已有之，然其未为地主阶层构成之主体，其多以政治人物及商人为主，近代以降，该群体接纳了数量庞大的平民地主，致使不在地主群体成为近代中国社会变迁中的显像之一。不在地主阶层的日益显像化为其所处特殊时代的经济环境变迁、社会环境变动和传统惯习衰微合力之结果。

近代以来，中国陷入内忧外患的窘境之中，尤其是民国时期政局动荡，战事频仍，为支付浩大的费用，名目繁多的捐、税相伴而生。政府加重征收“力度”的结果致使田赋一项就几乎翻倍。民国初年，地方有征收田赋附加之权，办党、办自治、修路修衙门、甚至复兴农村之费用，皆赖于田赋附加，此项税收随即成为地方财政收入的最大来源。[①] 田赋负担虽已沉重，但尚有定额，摊派则不然，其存在于国家监控之外，各级地方如有特别之开支，皆以各种名目摊派于民，所以，摊派的名目繁多，令人眼花缭乱。1934 年，河南永城县由县政府、区公所、保长派出的临时摊款项目有 24 种之多[②]。赋税繁重致使小农家庭难有积蓄，每逢家庭性周期事件则会忍痛出售赖以生存的土地。如沙井村赵廷奎出售 20 亩土地筹办葬礼，该社区富裕的杨源亦因葬礼出售 10 亩土地[③]。类似事件亦出现于其他村落，正因此，地权交易日趋频繁，绝大部分交易的地权转移于居住在城市或外村的富者，这些人即成为了不在地主。

在商品经济大潮的席卷下，华北地区农作物的商品化日盛。经济作物较之于普通作物的收益较大，更利于农家经济的积累和发展。直隶（即河北省）淮阳有栽培花生的农户，“年来因此致富者，计十余家。有十年前的贫农，今则楼房矗立，骡马俱全，俨然富翁，多得力于此。”[④] 商品经济的迅猛发展促使农民阶层分化，一部分农民通过种植经济作物逐步富裕起来，另一些农民仍种植粮食作物而日益贫困，富裕的农民利用积累起来的资本购买贫者的土地，相当一部分的富裕者成为了不在地主。19 世纪 70 年代以后，商业利润是土地利润的 7 倍有余[⑤]。巨额的商业利润，诱使相当一部分富裕者弃农经商，不少富裕农户以收租地主的身份搬迁到城镇从事工商业而成为不在地主。1935 年河北沧县，“近数年来，由于农产价格的惨落，雇人耕种不够成本，每年净赔工资，都逐渐缩小范围，有的农户甚至宁愿把土地分租给别人，自己跑到市镇等处，经营其他事业”[⑥]。经营商业确实能获得高额利润，但与此相伴的是高风险，田产与之相较，“不忧水火，不忧盗贼”，且地租收入非常稳定，所以，商人坚守“以末起家，以本守之”的信条。山东商人购置土地成为风潮，七八十年间，仅章丘等 46 个县的 131

① 何会源：《论田赋附加》，《独立评论》89 号（1934 年 2 月 25 日），第 6 页。

② 天野元之助：《支那农业经济论》中卷，改造社，1943，第 45～46 页。

③ 《惯调》卷 2，第 106、115、127、238、264 页。

④ 纪彬：《农村破产声中冀南一个繁荣的村庄》，《益世报》农村周刊，第 76 期。

⑤ 都延平：《中国近代商业革命》，上海人民出版社，1991，第 300～301 页。

⑥ 杨梦燕、陈字勤：《沧县刘辛庄概况调查》，《津南农声》创刊号，1935 年 9 月。

家地主中，由商人买地而成为地主的就有 64 家，占总数的 49%[①]。由此可见，商业的勃兴为不在地主阶层大规模形成的重要致因。

在 19 世纪末至 20 世纪 30 年代的近半个世纪里，随着商业的兴盛和工业的发展，华北平原上诞生了一大批新兴市镇。随着新兴的商业城镇的大量涌现，不仅先进的供水、供电、电信、道路等相应地基础配套设施开始应用于城市的日常生活，而且城镇的社会整合能力远远高于零散的乡村，国家和各种城市团体或各尽其事或相互合作于公共活动空间，诸如社会救济、社会治安、社会教育、公共事业、社会娱乐等等。如此一来，与乡村形成迥异的生活空间。在这样的环境里，城镇居民既可从事相对于农业利润更高的商业，又可享受种种先进设施和较为完备的制度所带来的方便、舒适的生活。与此相对，20 世纪前期的中国农村危机四伏，城市生活遂成为乡村社会各阶层憧憬的“伊甸园”，向城市移居的风潮成为当时显著的社会现象，不在地主群体正是在此风潮中迅速壮大。

清末民初，社会秩序处于失范状态，中国大部分地区笼罩在战争的阴霾之中。华北地区历来是兵家必争之地，山东、河北、河南、山西均是遭受战争破坏最严重的地区。军阀混战的最大受害者莫过于战事发生地及其附近的农民。1930 年“洛阳等 27 县兵灾的损失，平均竟占农产常年产值 160.2%”[②]。连年战争，“除铜粮移华出自农民外，到处之骚扰，拉夫、拉车，更为人民所难堪。至于作战区域（津浦线）十室九空。其苟全性命者，亦无法生活，纷纷抛弃田地家宅。”[③] 人易迁，土地不易动，迁居之人或将所有土地租出、或将土地出售，迁居而将土地出租者则转化成不在地主，而出售的土地多为某些富裕的外村人或是城市居民购买，这些人多采用租佃的经营方式，所以，购买者多成为不在地主。

在社会秩序失范的状态下，土匪的大量涌现是不可避免的。土匪到处抢劫作乱，残害百姓。1927 年 11 月，河南项城县遭土匪蹂躏 70 多天，死亡 3000 余人，房屋被烧 4 万余间，财物损失 2000 万元左右。[④] 正因此，二三十年代的资料反映出的富裕者迁居城市多是为躲避乡村匪患。南阳自 1919 年土匪骚扰乡间，不仅大地主，稍有家资的富农、中农也急速向城市迁移。直径不满 3 里的南阳小城，由 2 万多人猛增至 4 万多，其中 100 亩以上的地主竟有 500 多家。南阳县一区有百亩以上的地主共 664 户，除 134 户在本区居住外，其余 530 户均居于城内。南阳县内仍居住于乡间的地主，家里拥有很多枪械，有坚如城墙的土寨，可以防御和抵挡时常出没的土匪[⑤]。然有此势力的地主数

① 罗仑、景甦：《清代山东经营地主底社会性质》，山东人民出版社，1958，第 112 页。

② 章有义编《中国近代农业史资料》第 3 辑，三联书店，1957，第 4 页。

③ 《东方杂志》卷 24 第 16 号，第 136 页。

④ 冯和法：《农村社会学大纲》，黎明书局，1934，第 450 页。

⑤ 冯紫岗：《南阳农村社会调查报告》，黎明书局，1934，第 21 ~ 23 页

量有限，大多数农民会迁居城市，河北省栾城县九成多农民租种数量不等的土地，佃耕之地多属于为避土匪而移居他处者。① 土匪的肆虐动摇了传统社会中的“安土重迁”的观念，富裕的农民们被迫离开熟悉的社区而远投他处，故土匪的猖獗成为不在地主形成的繁多致因之一。

传统农业社会条件不易让个体的“人”脱离各种社会组织形式和社会关系而独立地生产、生活。小农之家积累较难，如遇灾荒、歉收之年，饥寒之惑，多仰于同族至亲、同乡近邻相接济。农耕生产对天时的依赖性很强，加上时间短、劳动强度大的生产特点，促使人们在生活中形成守望相助的依赖关系。所以，“别亲疏党乡邻”的价值观念深入草根社会民众的价值体系之中，在土地交易中形成了遵循先买权的惯习。但是，乡村的“道德经济”难掩其弊端。河南巡抚田文静指出，“田园房产，为小民性命之依，苟非万不得已，岂肯轻弃”，可是，“豫省有先尽业主邻亲之说，他姓概不敢买，任其乘机勒精，以致穷民不得不减价相就。”② 正因先买权习俗的弊端迭出，1730 年清政府颁布法令，从法律上否定了亲邻优先权的合法性。③ 另外，土地稳定的特性让其成为富者守业的重要手段。如以山西为例，清代的山西商人购置土地较为普遍，“浑源、榆次二州县，向系富商大户不事田产，是以丁粮分征，户籍日稀，且多置购田地”，不仅在故土购置田地，甚至跨省置地，“豫省连年荒歉，凡有恒产之家，地亩贱价售卖，山西富户闻风赴豫，乘机放价，准折地亩取利”。④ 足见，随着社会经济的发展，明清时代的土地自由买卖的趋势已然成为主流，传统的亲邻先买权惯习的衰落亦成为历史之必然，此为不在地主阶层规模性形成的又一致因。

不在地主群体在上述历史因素的促使下如雨后春笋一般，迅速壮大，并成为地主阶层的构成主体。20 世纪前期，中国南方存在大量不在地主的事实已被证实⑤。一直以来，诸多研究认为在华北村落中难觅地主之踪影。诚然，该地区以自耕型的土地所有形态为主要特征，但并不意味着地主阶层的缺失，之所以出现上述之现象，缘于资料的匮乏而掩藏了不在地主阶层的存在。笔者发现，20 世纪三四十年代，日本人在华北实地调查而形成的诸多资料中，不乏关于不在地主阶层方面的记载。黄宗智利用华北实地调查的 33 个村落资料进行研究时认为，“在华北平原很多村庄根本没有地主。华北地主主要是居住在城市之中的不在村地主。那些在村地主往往只拥有较少的土地，而在许多村庄，甚至连这种小地主都不存在。”⑥ 除此之外，山东省高密县四三里庄和

---

① 《惯调》卷 3，第 3、62、59 页。

② 田文静：《抚豫宣化录》卷四，第 51～52 页。

③ 光绪《会典事例》卷七五五，第 3 页。

④ 《清高宗实录》，卷 948，乾隆三十八年十二月；卷 1255，乾隆五十一年五月。

⑤ 徐畅：《二十世纪二三十年代华中地区农村金融研究》，齐鲁书社，2005，第 463～471 页。

⑥ 黄宗智：《经验与理论：中国社会、经济与法律的实践历史研究》，中国人民大学出版社，2007，第 97 页。

河南省彰德县宋庄的村落情况亦可为之证明。四三里庄农业经营耕地的82.3%为佃耕地，宋村农业经营耕地的85%为佃耕地，这些佃耕地的地权皆属于不在地主。通观日本满铁调查的华北地区35个自然村落的情况，除1个无租佃关系和2个租佃关系不明的村落外，平均每个村落租佃的土地占耕地面积约为24.1%，但是在村地主只有14户，而且，这些地主并非富裕之家，或缺乏劳动力，或耕种不便，或急需用钱，将自己少量的土地出租，余下的出租者皆为不在地主。

此外，中国学者们所做的调查也提供了足够多的证据。据冯紫岗、刘端生描述："南阳地主和别的地方地主一样，都集中到城市里。"由于地主、富农，甚至中农"急速向城市迁移，因此南阳城中由二万多人一下子增加到四万多"，"在直径不到二里的小小的城里，一百亩以上的地主竟多至五百余家。这些地主们多是从各乡跑来的，他们每家都有几百亩地"。[①] 新乡、滑县、许昌、镇平、辉县等县的调查同样表明地主大多数城居。新乡、滑县一带的地主"近年来……相率搬到城里居住，所以乡村中的地主成份相对的少"，特别是在许昌，"稍有田产的地主多半住在城里".[②] 在河南南部和中部的镇平、邓县地主也多数居住在城里，乡村很少见到。[③]

总而言之，20世纪前期华北地区经济环境的恶劣、社会环境的动荡与传统惯习的衰微，致使该区域出现了大规模的不在地主阶层。

## 三　不在地主与乡村权力生成机制变动

尽管上述调查尚难准确反映华北地区不在地主阶层的确切比例，然而，这些数据却为我们勾勒出当时该地区不在地主阶层的大致轮廓，表明了该地区存在数量庞大的不在地主群体。该群体的大规模形成深刻地影响了当时的乡村社会，其与乡村权力生成机制变动的关系是为其一。

20世纪前期，国家的政治权威不振，但其榨取基层社会经济资源的触角却日盛一日，不断地向草根社区索取，同时，各军事势力将经济的绳索套在乡土社会民众的脖子上，而且越套越紧，农民是否具备承担能力已然成为脑后之事。当时，每个村庄承担摊款的比率基本有定，这个比率并非完全基于村落承担摊款能力的考虑，乃是根据征收田赋红簿。田赋红簿按花户编造，在统计伊始或许能够准确反映地权信息，但随着时间的推移，乡土社会的地权不断流动，而相应的统计则显得滞后，多少年未有更新，因此，文本记载的地权信息与现实地权的境况存在相当大的距离，已不能反映所

① 冯和法编《中国农村经济资料续编》，黎明书局，1935，第201页。

② 农村复兴委员会：《河南省农村调查》，商务印书馆，1934，第5、90、108页。

③ 农村复兴委员会：《河南省农村调查》，商务印书馆，1934，第5、90、108页。

有农户实际的耕地亩数。如甲村摊款份地会随着本村居民所有土地的增减而有变动，可是承担的摊款额并未相应的缩减。究其因在于地权的转移并未将相应的摊派随之转移，而是继续由该村落来分摊。如此一来，村落社区中拥有土地的居民日渐减少，可摊款却与日俱增，这些经济重担不得不由数量有限的拥有土地的农民承担，此加重了该村落的经济负担，严重影响了村落的经济状况。

摊款与田赋等其他经济负担相比，摊款的征收不定，上级政府或军事势力随需随征，而村落中的居民向来较为贫困，一时难以缴纳，但摊派的任务又难以推卸，因此，这时往往由村落中公职人员如村长事先垫付，然后再向社区内居民征收。但实际生活中却往往成为死账，缘于社区内某些居民生活都难以为继，无钱用于支付摊款，不能收回垫付款的现象很多，村长常会因此蒙受经济上的损失①。寺北柴村前村长张乐卿也曾为本社区内居民垫款而受损．欠缴者实在贫困而不忍催讨，且此类农户不少。② 村落社区中的领袖人物不仅在摊款问题上遭受经济损失，甚至因未完成县政府指定的任务而受惩罚，吴店村的甲长因不能及时交纳摊款而遭到警察的殴打③。另外，村落社区的领袖虽遵照上级指令行事，并非图一己之私利，可毋庸说得到社区居民的理解，反而成为社区居民怨恨的对象。如寺北柴村民郝瑞林曾言道，县政府每下达征收命令，村长便会挨家征收，若遇无钱交纳，便会逼迫其出售谷物或棉花来交纳摊款，这种催讨钱财的事情为村民最为怨恨。④ 村长的话语更能准确的刻画出他们无奈的心理情感。寺北柴村村长认为，县政府下达的工作内容甚多，整天被公务缠身，其中征收摊款最为棘手，须挨家征集，然村民们极为不愿交纳，如同此钱归入我的腰包一样，无论如何解释也难得到村民的理解。⑤

摊款演变为“村庄领袖与村民暗中或公开对立的主要因素”⑥，甚至引起二者间的争执。在满铁调查的各县之中，均发现村民认为村长、首事摊款缺乏公平而引起争议的事件。后夏寨村的村长王庆龙在处理摊派问题上引起村民们的不满，他深知自己不具备化解矛盾的能力，若继续占据此位置可能会引起民愤，故自动请辞。侯家营村长侯大生在摊款问题上招致社区内侯全武、刘子馨、王福春等十余户拥有较多土地的村民不满，他们诉诸于县政府辞退了侯大生。⑦ 在河北省顺义县和栾城县，均有村民和村

---

① 《惯调》卷4，第31、6、407、6页。

② 《惯调》卷3，第55、63页。

③ 《惯调》卷5，第421，420页。

④ 《惯调》卷3，第3、62、59页。

⑤ 《惯调》卷3，第3、62、59页。

⑥ 杜赞奇著《文化、权力与国家：1900—1942年的华北农村》，王福明译，江苏人民出版社，2004，第208页。

⑦ 《惯调》卷4，第31、6、407、6页。

领袖因摊款而发生争执并捅到区公所之事例[①]。

20 世纪前期，华北地区各种摊派等经济负担日甚一日，恰逢此时，不在地主群体又如雨后春笋迅速崛起，然其居住于村落社区之外，基本上不承担这部分经济摊款，这些沉重的经济负担最终由村落内拥有土地的农民来承担，对于当时绝大部分在糊口线上挣扎的农家无疑是雪上加霜，因此，征收摊款也越发困难，但此为基层权力阶层的主要工作内容，他们又不得不“迎难而上”，常常自掏腰包先行垫付。这不仅在经济上容易蒙受损失，且难获得社区居民的理解，甚至招致居民的仇视，此时，村落社区的权力阶层可谓处于国家与地方双重挤压的境地，所以，“有声望的村领袖对担任公职更为畏惧”[②]，纷纷退出社区的政治舞台。在民国以后，军队的摊派繁多，摊款成倍增加，吴店村的原村领袖为此陆续辞职，甚至有人迁出村庄。[③] 冷水沟村长杜凤山素为社区居民所尊敬，但因摊款而辞职，其他有名望的村民皆不愿接替其职位[④]。基于传统权力生成要素成为社区领袖者从原社区的权力中心撤离，导致社区权力出现“真空”。而这往往为地方恶霸和恶棍们提供了难得寻觅的机会，他们便乘虚而入控制社区的权力，故而出现学者们所谓的各种形形色色流氓、地痞和恶霸控制社区权力的“权力寇化”现象。地方恶霸李严林和樊宝山，便是利用原村庄领袖拒绝继续管理村务而其他居民又不愿接手造成的权力真空，攫取了村落社区的权力。另外，在某些村落中，富裕阶层留下的职位由贫穷的人来继任。[⑤] 由此可见，随着华北地区的不在地主阶层人数的日益增多，乡土社会权力生成的最重要因素—经济资本与基层权力间的关系发生了变动，即经济资本逐渐远离基层权力，不再为乡土社会内生权力的重要生成因素。传统乡村权力内生机制失去往日绩效，继而代之的权力机制却未形成，究其源在于民国时期的诸种军事势力相互缠斗而未形成真正意义上的一统，于是制约了乡村权力继替机制的孕育、形成。乡村权力内生机制继替脱节的境况能从一个侧面彰显出民国时期的时代特征。实现乡村权力机制的替代是在按照政治意识形态标准以“贫农阶层为核心”的重塑乡村社会阶级和权力关系的土地革命，藉此“一元性政治精英”机制取代了传统乡村的内生权力生成机制。

原文载：《福建论坛》（人文社会科学版）2013 年第 9 期。

① 《惯调》卷 2，第 345 页。

② 杜赞奇著《文化、权力与国家：1900—1942 年的华北农村》，王福明译，江苏人民出版社，2004，第 208 页。

③ 《惯调》卷 5，第 420、430 页。

④ 《惯调》卷 4，第 31、6、407、6 页。

⑤ 《惯调》卷 5，第 421，420 页。

# 日本满铁调查资料透露的中国珍贵文物在日本的信息

陈正卿

笔者于1995年编选日本侵华史料时，在上海市档案馆的日文零杂资料中，曾发现一份《在日中国美术、考古学资料搜集概要》的油印小册子，封面钤有日本南满洲铁道株式会社（简称满铁）上海事务所小川爱次郎的印章，虽仅有7页，不足4000字，但却透露了若干中国珍贵古书画等重要文物在日本流落的信息。

笔者后就此向中国美术学院教授、著名国画史专家王伯敏先生请教，获复函称“日本人所编油印小册子所列中国古代绘画有相当部分很名贵，但不一定全都流入日本，有一部分现在台湾……”①，并以为该件“虽有一些画作通以山水画名之，如沈周有3幅，不够明确，但仍有一定参考价值”②，还特地介绍了一些书籍，又简略考证了一些相关情况。为此，笔者拟将其基本内容和初步所了解情况做一陈述。

## 一　该油印资料作者概况及调查年代、背景

该油印资料封页上所钤的小川爱次郎印章，其人据笔者在编辑《日本帝国主义侵略上海资料汇编》时所知，小川爱次郎，日本人，清末光绪三十年即1904年来华，先后在汉口、上海等地任《朝日新闻》驻华记者等职20余年，是所谓的“中国通”。1927年后，在满铁上海事务所调查课情报班任负责人，从事经济、文化等方面的调查工作。抗战爆发，担任日本上海兴亚总力报国会顾问、兴亚院华中兴亚练成所主讲等职。③ 他与上海金融工商界、文化新闻界人士周作民、唐寿民、张资平、陈彬龢等都有交往，也颇喜爱收藏中国书画。1939年3月，日本著名画家伊东深水、上村松篁、池田遥邨等一行访问上海、杭州、南京等地，他参与接待；日本战时阴谋攫夺中国东南

① 见王伯敏先生1996年2月农历正月半给笔者的函。

② 见王伯敏先生1996年2月农历正月半给笔者的函。

③ 上海市档案馆编：《日本帝国主义侵略上海资料汇编》（上编），上海人民出版社，1997，第374页。

数省古籍、文物的活动，他也曾密划其中。

该资料形成的时间，据笔者从所附的说明“最近二三年间因战事，社会情况变动太大，藏家目前的变动或有新情况尚不了解”①来判定，当在中日全面开战后两三年的1940年前后。

小川此时正在日本华中兴亚练成所担任“兴亚思想文化”课程的主讲官，该所隶属于兴亚院，任务是培训日本在华中的政、经、文等机关课长以上官员，让他们忠心耿耿地为日本战争政策服务。从小川所编的讲义看，也都是宣扬日本“天皇神道”的“八纮一宇”“东亚共荣”等谬论的。

然而，这份资料却透露了大量有关中国古书画、古陶瓷等在日本的信息，及至今日，对研究有关历史，包括近年中国兴起的海外国宝回归热潮，都不无价值。笔者查阅了国内外收藏满铁资料最丰富的吉林省社科院满铁资料馆出版的《满铁资料总目》，也未见有这份资料。所以笔者认为就更有公之于有关学界的必要。

## 二　该油印调查资料主要内容概要

该油印调查资料原件为表格式，所分类目为序号、收藏人、收藏人公私类别、收藏品类别、收藏品品名及概略等项，现笔者为陈述方便，节省篇幅，拟在不改动原顺序、原文意的原则下，逐条介绍：

1. 阿部爽籁馆，由东京阿部孝次郎家族私人所办，收藏中国古书画，名品计有：传梁朝张僧繇《五星二十八宿真形图》；唐朝佚名《送子天王像》、王维《伏生授经图》、荆浩《秋山瑞霭图》；五代李成《读碑图》、黄筌《竹鹤图》、周文矩《玉步摇辇仕女图》；宋朝米芾《烟云松壑图》、徽宗《晴麓横云图》；元朝赵孟頫《墨竹图》、王渊《竹雀图》；明朝戴进《松岩萧寺图》；清朝金农《马图》、华嵒《秋声赋意图》、李蝉《风荷图》、黄慎《仙子渔夫图》、赵之谦《花卉图》。

2. 岩崎小弥太，东京私人家族，收藏中国古书画、古陶瓷，名品计有：（1）画：宋朝夏圭《江头泊舟图》、马远《雨中山水图》、牧溪《罗汉图》；明朝谢时臣《妻不下机图》《荷樵晚归图》《王孙一饭图》《破空风雪图》，张瑞图《晖峰百泉图》《秋景山水图》，倪元璐《江山山水图》《水墨山水图》，王建章《日昇图》《飞泉乔松图》；清朝沈南蘋《蜀葵猫儿图》。（2）瓷：宋朝（北宋）建窑乌盏、定窑白瓷、钧窑紫红瓷、（南宋）官窑青瓷、龙泉窑青瓷等。

3. 井上恒一，东京私人家族，收藏中国古陶瓷，名品计有：宋朝（北宋）定窑红瓷、定窑白瓷、钧窑天青瓷、磁州窑黑花瓷、（南宋）五彩瓷、景德镇窑青白瓷。

① 上海市档案馆藏日文资料：《在日中国美术、考古学资料搜集概要》。

4. 上田恭辅，京都私人家族，收藏中国古陶瓷，名品计有：清朝五彩等多彩瓷多种。

5. 尾崎询盛，东京私人家族，收藏中国古陶瓷，名品计有：明朝历代帝号青花瓷多种。

6. 小川睦之辅，京都私人家族，收藏中国古书画，名品计有：唐朝王维《江山雪霁图》；宋朝李唐《蜀栈图》；明朝沈周《山水图》、李在《雪景山水图》。

7. 大仓集古馆，东京大仓家族私人所办，收藏中国古雕塑，名品计有：唐朝石造佛首；六朝石雕狮等兽。

8. 河井荃庐，京都私人家族，收藏中国古书画、古书法帖、拓片、金石等，名品计有：（1）画：清朝改琦《莲花狗图》，张熊《宜男多子图》，戴熙《秋林远岫图》，吴让之《牡丹图》，朱熊《木犀图》，赵之谦《紫藤花卉图》《牡丹图》《石榴图》，吴昌硕《菊花图》。（2）古书法：有帖、拓片、金石器等多种。

9. 川崎男爵，京都私人家族，收藏中国古书画，名品计有：宋朝夏圭《风雨山水图》，元朝钱选《桓野王图》。

10. 桑名铁城，京都私人家族，收藏中国古书画，名品计有：明朝周臣《北溟图》，沈周《听泉图》；清朝朱耷《莲石图》，沈宗骞《洛神图》《谢家池馆图》。

11. 笹川丰之助，东京私人家族，收藏中国古书画，名品计有：宋朝马远《山水图》、赵伯驹《楼阁山水图》；元朝黄公望《山水图》；明朝董其昌《山水图》。

12. 篠崎都香佐，东京私人家族，收藏中国古书画，名品计有：明朝吴伟《渔樵耕读图手卷》、谢时臣《松石图》、李流芳《水墨山水》、王建章《瀛岛浮槎图》、夏昶《竹石图》。

13. 住友寺左卫门，京都私人家族，收藏中国青铜器，名品计有：周、战国、秦等朝代青铜器甚多。

14. 高岛辰之助，横滨私人家族，收藏中国古瓷器，名品计有：宋朝汝窑青瓷、钧窑红瓷等。

15. 反町茂作，关西私人家族，收藏中国古雕塑、古陶瓷，名品计有：（1）古雕塑：六朝石造释迦三尊像等。（2）古陶瓷：宋朝定窑白瓷、定窑黑瓷、景德镇窑青白瓷。

16. 团伊能，东京私人家族，收藏中国古书画、古雕塑，名品计有：（1）画：宋朝马麟《禅门机缘图》。（2）古雕塑：北魏释迦座石造像。

17. 富冈益太郎，京都私人家族，收藏中国古书画，名品计有：清朝王时敏《仿黄公望山水图》、萧云从《问津图》、王原祁《仿黄公望山水图》、张宗苍《山水图》、钱杜《黄冈竹楼图》。

18. 东京帝室博物馆，日本国立文化机构，收藏中国古书画、古陶瓷，名品计有，

（1）画：明朝吕纪《桃花锦鸡图》、仇英《松下弹琴图》、谢时臣《辋川积雪图》、陆治《花卉图》、米万钟《山水图》；清朝查士标《山水图》、王翚《江山无尽图》、龚贤《山水图》。（2）古陶瓷：唐朝白瓷；宋朝白瓷、定窑白瓷、景德镇窑青白瓷、吉州窑黑釉瓷。

19. 东京美术学校，日本国立文化机构，收藏中国古书画、古雕塑，名品计有：（1）画：宋朝（北宋）李龙眠（即李公麟）《阿罗汉图》；元朝任仁发《棋琴书画图》。（2）古雕塑：六朝金铜菩萨立像等。

20. 东洋文库，东京私人基金会设立，收藏中国考古资料，名品计有：安阳等处出土甲骨数百枚，由日本林泰辅博士搜集。

21. 德川家达，东京私人家族，收藏中国古书画，名品计有：宋朝梁楷《芦雁图》、牧溪《庐山瀑布图》；明朝戴进《松下人物图》。

22. 中村书道博物馆，由日本已故著名书画家中村不折在东京私人建立，收藏中国古书画作品，名品计有，（1）画：宋朝米芾《山水图》；元朝盛懋《山水图》；明朝沈周《山水图》。（2）古书法：唐朝《敦煌写经》多种；宋、元、明碑帖、拓片多种。

23. 西村总左卫门，东京私人家族，收藏中国古陶瓷，名品计有：宋朝定窑黑釉瓷、钧窑天青瓷、磁州窑黑花瓷、越州窑青瓷、景德镇窑青白瓷、德清窑青瓷。

24. 西本愿寺，东京私人基金资助庙宇，收藏中国考古资料，名品计有：唐、五代《敦煌写经》等多种，由日本橘瑞超搜集整理。

25. 根津美术馆，东京私人基金会设立，收藏中国古书画、古陶瓷，名品计有：（1）画：宋朝传徽宗《花鸟图》《石榴小禽图》，牧溪《渔村夕照图》《龙图》；元朝颜辉《达摩图》。（2）古陶瓷：宋朝龙泉窑青瓷、建窑乌盏。

26. 白鹤美术馆，东京私人基金会设立，收藏中国古陶瓷、青铜器，名品计有：（1）古陶瓷：宋朝磁州窑黑花瓷。（2）青铜器：周、战国、秦、汉等朝代青铜器多种。

27. 林平造，奈良私人家族，收藏中国古书画，名品计有：宋朝（南宋）毛益《狗子图》；元朝朱德润《春江柳坞图》；明朝沈周《仿赵千里山水图》、唐寅《华山图》。

28. 桥本辰二郎，长崎私人家族，收藏中国古书画，名品计有：元朝倪瓒《疏林孤亭图》《寒林山水图》；明朝文徵明《茅亭观瀑图》；清朝恽寿平《花溪鱼乐图扇面画》。

29. 早崎梗吉，东京私人家族，收藏中国古书画，名品计有：宋朝（北宋）赵大年《寒塘集禽图》、传徽宗《白梅小禽图》、（南宋）梁楷《雪景山水图》；清朝蓝瑛《听琴赏月图》、华嵒《长风万里图》。

30. 藤井善助，京都私人家族，收藏中国古书画，名品计有：五代曹仲达《慈氏像》、杜龡龟《喜神像》、侯翌《天王像》、徐崇嗣《双兔图卷》；宋朝（北宋）赵大年《采桑赏菊图》、王诜《万壑秋云图》、（南宋）马远《大雅图》；明朝吕纪

《古松戴胜图》、沈周《山水图》、文徵明《山水图》、董其昌《山水图》；清朝陆暐《溪山暮霭图》。

31. 文求堂，东京私人书店，收藏中国考古资料，名品计有：安阳等处出土甲骨数百枚。

32. 细川护立，东京私人家族，收藏中国古书画、陶瓷、雕塑，名品计有，（1）画：明朝边文进《花鸟图》。（2）古陶瓷：唐朝三彩天神像；宋朝磁州窑黑花瓷、五彩瓷；（3）古雕塑：六朝石造弥勒菩萨像、金铜转法轮释迦佛像。

33. 松平直亮，东京私人家族，收藏中国古书画，名品计有：宋朝（南宋）梁楷《李太白图》《六祖图》，牧溪《老松八哥图》《竹鸠图》，玉磵《山峰晴峦图》。

34. 山本悌二郎（已故），东京私人家族，收藏中国古书画，名品计有：（南宋）李唐《水庄棋琴图》《山水图卷》，赵伯驹《仙山楼阁图》；宋朝（北宋）李成《乔松平远图》，董源《幽壑松风图》，李龙眠（即李公麟）《九歌图卷》，徽宗《五色鹦鹉图卷》；元朝高克恭《青山白云图》，盛懋《秋林渔隐图》，陈汝言《溪山晴爽图》，黄公望《秋山图》，吴镇《枯木竹石图》，倪瓒《西林禅室图》，王蒙《清泉松韵图》；明朝沈周《高枕听蝉图》《仿倪云林山水图》《蜀葵图》《枫落吴江图》，唐寅《应真图》，文徵明《万竿烟雨图》《烟雨听秋图》《云山图》《横塘听雨图》，徐渭《水墨花卉图卷》，董其昌《仿米山水图卷》；清朝王鉴《危石青松图》，王原祁《仿大痴山水图》，石涛《溪山钓艇图》，金农《骅骝图》。

除上述34家或馆外，该资料说尚有长尾钦弥、山中定次郎、守屋孝藏等家族也收藏有中国书画、文物，可惜一时无法联系。此外，编者对调查资料还有若干说明：一、最近因参考文献的相当缺乏，难免挂一漏万；二、故人藏家之藏品，近年是否有变化，尚不得而知；三、最近两三年因战事，社会变动太大，藏家自身的情况是否有变化，亦不得而知。笔者认为，这三点说明，可以明确判定该项调查开展的时间及资料来源。时间笔者据此定为在日本酝酿发动太平洋战争期间的1940年前后。资料来源根据以上说明，大量还是日本以前刊印的各种文献，故有相当缺乏之说。直接得知于藏家的信息，笔者认为也是应该有的，由此它才有家族一时联系不上的说法。至于它是如何进行调查的细节，对于笔者也是谜了。

## 三　对该调查资料的几点初步思考

就资料所提供的中国古书画、古陶瓷等珍贵文物流落在日本的信息，应该讲器物的定名、作者、断代以及收藏人姓名等，笔者经查考俞剑华编的《中国美术家人名辞典》以及王伯敏先生推荐的《支那名画宝鉴》等书，基本是准确、可靠的，王伯敏亦说："作品目录有个别日本抄错的，如元代赵孟頫《墨竹图》被误书为《黑竹图》。"

经查考，有些作品上述书也未收，便益见其价值。就中国古书画的存世状况来看，宋元以前的已很稀少了。五代以前至唐的，更属凤毛麟角。但据这份调查报告，经笔者粗略统计，五代至唐朝的就有12幅，其中受关注的情形，王伯敏先生在致笔者函中即说："有些作品，如唐《送子天王图》、李成《读碑图》，国人都已有研究文章，我就撰写过，发表在《中国绘画史》及《上海博物馆馆刊》中。""有些作品如唐《送子天王图》、王维《江山雪霁图》、夏圭《风雨山水图》肯定在日本。""有些作品，虽然不是真迹，如张僧繇《五星二十八宿真形图》，又荆浩《秋山瑞靄图》及宋米芾《山水卷》等是都已经过重新鉴定并研究，但仍是有价值的。"同时这其中的曹仲达、杜觑龟、侯翌等人都为画史有名的五代重要画家，惜已无作品（包括摹本）传世，而日本还有此信息，当引起学界关注。另外，如周文矩和徐崇嗣等人，都是中国画史上对仕女画和花鸟画等画种，有过承先启后划时代作用的大画家。其存世的作品均极罕见，均仅一或数幅，日本的收藏情况如何也不可忽视。

在中国画史上占有辉煌一页的宋代，资料中所载作品竟有近40幅。宋一代重要画家如董源、李成、米芾、徽宗赵佶、梁楷、赵伯驹、王诜等人俱有。其中如徽宗赵佶有6幅之多，日本所藏的《五色鹦鹉图》被专家认为是真迹。此外，南宋牧溪的作品数量最多，至7幅。这也与画史所载相符，牧溪，本姓李，僧人，号法常，南宋理宗时在杭州长庆寺出家，擅绘画，师石恪、梁楷。他与日本来华高僧圣一国师同门学佛，圣一回国携去他的作品不少，至今在日本东京大德寺仍藏有他的作品，被日本视为国宝。[①] 因此，他的作品在日较多便很正常。同样的缘由，与牧溪亦师亦友、也喜参禅学佛的梁楷，流入日本的作品也较多，资料所载就有4幅。

该资料透露的元代画家作品也达17幅之多，包括黄公望、王蒙、倪瓒、吴镇著名的"元四家"。其中黄还有两幅，另如盛懋、钱选、赵孟頫、朱德润等也都是画坛一代宗师级的大家。对于这些元代大家，傅抱石于1930年代赴日考察美术时曾也有记述："元至正九年，朱德润作《春江柳坞图》，现藏于日本林平造氏。柴桢作《秋景山水画》，现藏于日本阿部氏。""元至正十年五月，盛子昭（即盛懋）作《秋林渔隐图》，现藏于日本山本氏"，另外，他还见到石恪、林廷珪等宋代画家佛像，以及六朝石雕释迦等文物，都一一记录在案。[②] 傅抱石对中国书画文物早期流传日本缘由还有如下分析："六朝时代，我国美术及样式技法，多受西方影响，唐、宋以后，日本又多受我国影响，……往来中土、日本之商船与学问僧，可谓俨然文化之负贩者。"[③]

明、清时代绘画作品国内虽存世量还较多，但由于这一时代两国包括美术在内的

① 王伯敏：《中国绘画史》，上海人民美术出版社，1982，第246页、321页。

② 傅抱石：《中国绘画变迁史纲（附：中国美术年表）》，上海古籍出版社，1998，第206页、295页。

③ 傅抱石：《中国绘画变迁史纲（附：中国美术年表）》，上海古籍出版社，1998，第93页。

文化交流和沟通更频繁，其中日本画僧雪舟、中国画家沈南蘋等人都诸多个人独特贡献，而该资料中提及的那些流传东瀛的中国书画作品，许多也堪称一代宗师的经典之作，如沈周、唐寅、董其昌等“明四家”和“松江画派”，及经清初“四王吴恽”、石涛八大诸家及“扬州八怪”，直至晚清海派大家赵之谦、任伯年、吴昌硕等人之作，这些都应视为是中华民族珍贵文化遗产。当然，也包括笔者在本文中不及一一细述的古陶瓷、古雕塑、青铜、甲骨等类中国文物。

对于这些中国珍宝是如何流落日本的，王伯敏先生也曾告诫笔者说：“关于流入日本的中国古代绘画，情况比较复杂，有被盗，被骗，也有被购买，作品到了日本，又经过几手，有的收藏家得到这幅作品，他是从某人（包括中国人）手中出高价买的，所以必须查清事实。当然，日本是偷盗、抢劫了不少中国文物的，我在东京博物馆看到的不少断头的菩萨像，就是明证。”笔者认为，他这一态度是极其科学、严肃的，值得我们在研究中借鉴。

值得玩味的是，一向为日本侵华充当特务谋略机关的满铁上海事务所，为何要花费相当多的精力去做了这一项调查，它的真正动机是什么？这是笔者也很想深入探究内中奥妙的。笔者撰文提供此信息的目的，还是受傅抱石先生启示：“朝鲜、日本地理上与我国接壤相近，美术系统上为我之余支，故在中土不易解决之问题，往往在异域获得证物，……日本公私所藏唐以后之书画古物，与我国艺术研究上，均为贵重之资料，是应以尽力收罗之。”①

原载《上海文博论丛》2014年第2期

① 傅抱石：《中国绘画变迁史纲（附：中国美术年表·序例）》，第93页。

# 日本侵华罪证

## ——满铁调查报告及其价值分析

付　杰

南满铁路股份有限公司日文名称为“南满洲铁道株式会社”（以下简称满铁），是20世纪上半期日本帝国主义设在中国的巨型殖民侵略机构和首屈一指的经济垄断组织。其附属地是指从长春到大连（包括安奉路这段铁路及其支线两侧各30里的区域）。这是日俄战争后日本从沙俄手里接过来的特权。从1906年到1945年，满铁在中国大陆上从事侵略活动达40年之久。从表面上看，“满铁”是一个经营铁路的公司，实际上它是一个担负着政治、经济、文化侵略三重任务的特殊机构。为此，满铁专门设立了多门类的调查机关，调查中国的政治经济情况和风俗习惯，收集各种情报，大搞特务活动。黑龙江省档案馆保存有一批满铁调查机构形成的《满铁调查报告》，内容涉及我国的政治、军事、经济、社会、文化、自然资源等各方面，是揭露日本帝国主义侵略中国的铁证。

满铁调查机构的创始人是第一任总裁后藤新平，他凭借在台湾担任民政长官多年的经验和在台湾进行“台湾旧惯调查”的成功，十分重视社会调查，认为作为推行日本殖民政策急先锋的满铁，需要考察中国特别是东北地区的政治制度、民俗习惯，调查工矿农商及交通等一般经济情况，以及与之有关的亚洲和世界政治经济情况，以便为发展满铁，同时为日本政府、军部提供制定侵略政策所必需的参考资料。为此，后藤新平在满铁成立伊始，即着手设立各种调查机构，这些调查机构又随着时间的推移和形势的变化而变化。

1907年，满铁调查部成立。这是满铁设立的第一个调查机构，它与运输部、矿业部、地方部并列为满铁四大支柱，其任务是“在满洲及其附近地区从事一般经济及惯例的调查”。1908年12月，调查部被缩编为调查课，中心业务是进行以中国的中央及地方政权的动态为中心的情报活动。

1923年4月，满铁在扩大其本社调查课的同时，还将哈尔滨公所升格为哈尔滨事务所，在其中新设了调查课，哈尔滨事务所调查课简称“哈调”。“哈调”以获得苏联情报为其重点，也收集关于中国收回中东路的动向和中苏关于中东路交涉的大量情报。

1927 年 4 月 1 日，满铁将调查课情报系扩大为情报课，下设情报系和弘报系。

1927 年 11 月，在调查课之外另行设立了临时经济调查委员会。

九一八事变后，按照日本关东军的要求，满铁于 1932 年 1 月 21 日成立了满铁经济调查会。1936 年 9 月，满铁废除经济调查会，其业务并入产业部之中，同时新设了经济调查委员会以应付军方提交的任务。

1935 年满铁接收中东路时，也接收了中东铁路经济调查局，3 月 23 日，在哈尔滨铁路局内设置了综合调查机构——哈尔滨经济调查所，掌管北满经济调查及翻译事务。同年 11 月 10 日，改称哈尔滨铁路局北满经济调查所，简称“北经”。

1936 年 10 月 1 日，满铁将原经济调查会、原计划部、原地方部农务课及商务课、原总务部资料课的一部分和以上各部所属的农事试验场、满洲资源馆、地质调查所、兽疫研究所以及各种产业机构，统一合并为产业部，同时新设了经济调查委员会，它是满铁为了接受关东军、华北驻屯军及伪满洲国的委托，进行经济调查和起草方案而在社内设立的委员会，直接隶属于满铁总裁。

1937 年七七事变后，日本关东军、伪满洲国和日本当局为了更快地掠夺东北的重工业资源，推行“满洲产业开发五年计划”，新设了被赋予垄断东北重工业特权的伪满特殊法人满洲重工业会社。因此，满铁于 1938 年 4 月将产业部改组为调查部，内设庶务课、资料课及调查役，还管辖大连图书馆、满洲资源馆、北满经济调查所、地质调查所、兽疫研究所和农事试验场。1939 年 3 月成立了满铁大调查部，使之成为日本独一无二的“国策调查机关”。满铁大调查部成立后，除调查部本部外，还管辖铁道总局调查局、新京支社调查室、北满经济调查所、华北经济调查所、上海事务所调查室、东京支社调查室、东亚经济调查局和中央试验所。

1939 年 7 月，满铁制定满洲关系调查机关运营方针改正要领，调整其满洲调查机构，大调查部人员多达 2000 人左右。

1941 年 10 月，满铁调查人员尾崎秀实被认定为第三国际的“间谍”、共产主义革命者，遭到日本宪兵的逮捕。由此为发端，满铁调查人员被捕者前后共达 44 名，此即所谓“满铁调查部事件”。1943 年 5 月，满铁将大调查部改编为调查局，并对调查人员进行了清洗。调查局成立之后，由于战局对日本更加不利，满铁的调查活动完全失去生气。到 1945 年 8 月日本投降时，调查局的许多分局已经成为空壳了。

满铁调查课设立伊始，除了进行一般经济调查搜集情报资料外，主要是在满洲地区进行有关土地的旧惯调查和其他一般法制调查。经济调查主要对兴京、通化、桓仁、宽甸、安东、凤凰城、岫岩等辽东地区，以及营口、辽阳、海城等辽中、辽南地区的交通、金融、产业、物资集散等一般经济进行了调查，完成了《满洲经济调查资料第一回报告书》。同时，对铁道沿线各城市及吉林、磨盘山、法库门、伊通州等地进行了实地调查。这些调查其实就是直接为日本殖民侵略目的服务的。

1913年至1931年，满铁调查课除对东北的经济情况做全面深入的调查外，在政治方面，集中搜集中国的法令、东北地方政府文件，调查、研究东北政权、政局动态、中苏关系、东北人民对日态度等，特别是把研究中日间矛盾冲突的背景，作为综合调查的重点。在军事方面，依照军部的计划，同关东军密切配合，共同调查、研究东北边界及苏联远东地区情况，调查、研究中苏两国的军事、国防。1925年和1926年还组织了两次大规模的中国内蒙古地区调查队，深入实地，搜集政治、经济、军事等各方面情况。满铁调查课从其成立到1932年12月撤销为止，在25年中间出版了《满铁调查资料》162种，资料汇存12种，交涉资料20种，调查资料11种，调查报告书26种，各种小册子75种，以及俄文翻译资料、汉译调查资料和关于东北和华北的各种经济统计等。此外还发行了《调查时报》《满蒙事情》《满铁调查月报》等报刊。1927年设立的临时经济调查委员会，在其存在的两年半时间内，完成了大量调查项目，包括交通、港湾、电气、工厂、金融、外商、饲料、大豆、农林、畜产、矿山和矿物、华工、会社事业等各个方面，出版了《临经资料》35编。

满铁经济调查会成立后，其经济调查业务转向满洲经济的根本研究、资源的一般调查。从1932年1月成立到1936年10月废除，持续存在4年多，完成了热河省、吉林省、黑龙江省和内蒙古东部的资源调查，形成调查资料总计1882件。此外，还出版《满铁经济年报》《满铁经济统计》《满铁调查月报》《满洲劳动事情总览》等刊物。

产业部成立后，调查活动与其产业开发任务紧密结合起来，调查研究事项有永定河砂泥调查、滦河水力发电调查、满洲各地电力需要及发送电能力调查以及华北各地电业和发电技术的调查。产业部矿业课还进行了各种矿产资源调查，如东边道矿产资源调查、华北矿产资源调查，其他如热河金矿、奉天省金矿，天宝山银、铅、锌矿，蛟河煤田、开原铁矿等大小约21项。而同时设立的经济调查委员会的活动，从其附设的小委员会的名称可以窥其大概。这些小委员会有：中国铁路对策、华北港湾调查、中国电气事业调查、对华投资问题研究、国线调查、葫芦岛筑港调查、满德通商问题、附业事业调查、龙烟铁矿对策、满洲湿地调查、满洲产业开发永年计划、重要商品价格构成、协同组合研究、豆壳纸浆工业计划、津石、井陉、正丰对策、轻金属、代用燃料。

满铁大调查部成立后，其主要业务在1939年度大的项目有："日满华生产力扩充计划及物动计划调查""日满华通货膨胀调查""中国事变处理调查""满洲及中国社会的基本问题调查"。1940年3月，调查业务开始被分为全体机构的统一调查和各个机构的特殊调查两种。属于前者的有继续1939年度的"日满华主要工业选址条件调查""东洋主要物资的对日供给程度调查""重庆政权抗战能力及日本的对华经营调查"，以及"日满华通货膨胀调查"和"中国惯例调查"。其他主要项目还有"兴安岭地带调查""满洲铁道网调查""满洲输送资源调查"等。调查部还同日本陆军省、参谋本部、中国派遣军、关东军、海军、兴亚院、伪满洲国政府、东亚研究所等保持了紧密的联系。1942年度综合调查的重点定为：一、以重工业确立为中心的日本战时经济的发展方向，和它所附带的大陆及南方各地区的作用；二、"大东亚共荣圈"经济建设的基本方向及建设承担者的研讨。1941年末调查部的调查活动达到了最高峰，然而好景不长，不久就发生了大量逮捕调查员的事件，调查活动从此一蹶不振。

此外，在满铁的各项综合调查中，还进行了中国抗战能力调查、日满华集团通货膨胀调查、战时经济调查、世界新形势调查和中国惯例调查等。满铁大调查部充分发挥了它作为日本国策调查机关的职能，其"国策调查"对日本侵华政策的制定起了重要作用。

满铁调查机构经过多年的调查活动，形成了数量惊人的各种调查资料。其中满铁调查报告是数量较多、内容较为重要的部分。这是满铁情报调查部门直接派人深入我国各地城乡进行情报搜集而形成的文字材料。它的内容几乎涉及我国的政治、军事、经济、社会、文化、自然资源等方面。从调查活动的实施主体来区分，满铁调查资料可以分为满铁调查机关的调查报告、个别调查员以其个人名义进行的调查资料、受满铁的调查活动影响并采用满铁的调查模式但由其他机构进行的调查报告，以及满铁与日军情报部门合作形成的调查报告等。从资料本身的内容构成区分，可以分为综合性调查、专题性调查、单项性调查等。从资料的载体形式来区分，可以分为排印本、刻印本、复写本、手写稿本等。

满铁调查报告具有十分重要的史料价值。

满铁调查报告是揭露日本帝国主义侵华罪行的有力铁证。满铁是日本帝国主义侵犯中国主权的产物，满铁经营活动的历史，就是日本侵华史的缩影。更重要的是，满铁存续40年，几乎贯穿了日本侵华的始终（甲午战后日本侵占我国台湾省，比满铁早10余年），更由于它与日本政府、日本军事当局特殊的从属关系，决定了它在许多侵华事件中必然要充当策划者、执行者、帮凶者或知情者。满铁的调查，是为了向日本侵略者提供殖民地建设的"立法和行政上的参考资料"，是日本帝国主义侵略中国的无数罪行的一个组成部分。满铁的调查活动，无论是调查的内容还是调查的地点，都与日军的情报搜集有关。因此，在满铁的调查报告中，留存着日本侵华罪行的铮铮铁证，有关于一些重大历史事件疑案的记载，有可供考证的线索或旁证佐证资料，通过对满铁调查报告的研究，可以揭露日本军国主义的侵华罪行，批驳日本右翼政客歪曲历史的谬论，还历史本来面目，把一部真实的中日关系史留给世界，留给后人。

满铁调查报告是迄今为止研究20世纪前半期，乃至中国近代基层社会史和农村发展史的直接、系统、全面的第一手参考文献。通过对满铁调查报告的研究，可以为历史为后代保存一大批能反映20世纪前半期中国社会经济实况的历史资料。关于这一点，历史学界已经做了不少工作，取得了初步的成果。美国华裔历史学家黄宗智教授在对满铁农村调查报告进行多年的查阅并与同时代的其他中西学者所作的调查报告做了比较后指出，满铁调查报告不失为用现代人类学方法来研究中国农村的一组数量最大而内容又极为丰富的资料。其中有的调查报告是调查人员“学术性努力”的成果，它们的质量甚至可能高于世界任何其他小农社会的有关资料。他认为满铁调查报告确有其独特之处，尤其在调查项目的详细程度上更有其他资料无可比拟的优点，可谓“最详尽、最精确”。其他学者也曾使用了满铁调查报告进行近代中国农村经济史的研究，其中所得出的研究结论，获得了学术界的关注和肯定。

满铁调查报告有着一定的现实参考价值。在满铁调查报告中，有相当数量是对我国的自然资源和社会经济资源的调查，无论是作为日本殖民统治的“资政”材料，还是作为武装入侵的军事情报，它都具有准确、真实的一面。而且满铁的调查人员多数是各专业领域训练有素的高级专家，他们所进行的中国自然资源和社会经济资源的调查以及写出的调查报告，应当说达到了当时的科学知识水平，具有一定的学术、技术质量。满铁所作的关于中国矿产、森林、水源、生物、山川、地形、城市、道路、港口等等调查报告中，有不少至今仍是有价值的、值得开发利用的资料。通过对满铁调查报告的研究，可以发掘对当前经济建设有用的信息资料，产生直接的经济效益和社会效益，为我们的经济和社会发展服务。

原载《黑龙江档案》2015 年第 1 期

# 《满铁调查月报》的价值及开发设想

王卓杰

甲午战争以来，随着日本在中国东北势力的扩延，日本人在东北刊行大量有关东北地区的图书、期刊，目的是从不同层面不同角度配合日本对东北的侵略。随着时间的推移，毋庸置疑，这些文献已成为近代东北地方文献的重要组成部分。对期刊文献而言，由于当时社会局势动荡，多数发行时间短，发行量少，造成这部分文献残缺不全的局面，因而保存下来的期刊越发珍贵。其中《满洲评论》和《满铁调查月报》出版时间长、系统较完整，在近代日文期刊中也较为鲜见。对《满洲评论》的研究已开展，且有专著呈现，也得到开发利用。而《满铁调查月报》，虽得到很多学者利用，但对刊物的研究与开发尚没有出现。笔者通过对该刊的梳理，以期为民国时期东北地方文献的研究提供助益。

## 一　关于《满铁调查月报》

《满铁调查月报》是由南满洲铁道株式会社（简称满铁）发行的一份期刊，从最初的《调查时报》到《满蒙事情》再到《满铁调查月报》，名称虽各异，却是一脉相承，时间跨度从1919年到1944年，连续出版25年。其历史沿革为：《调查时报》1919年第1卷1期到1929年第10卷1期，《满蒙事情》1929年第10卷2期到1931年第11卷8期，《满铁调查月报》从1931年第11卷9期到1944年第24卷2期。

### （一）与之相关的满铁调查部

提及《满铁调查月报》必提到满铁调查部。“满铁”于1907年4月增设了调查部，旨在对中国进行军事、政治、经济情报搜集。满铁调查部在满铁存在近40年，归属及名称也几经变更。起初调查研究的范围和对象，仅限于中国东北地区及满铁经营相关的政治、经济、地理等原始信息。随着日本侵华的深入和扩大，满铁调查部的“调查”不再拘泥于以往的经济、社会、文化、民俗等，其无孔不入地渗透到政治、外交、军事等各个领域，范围也扩展到整个中国以及相邻的朝鲜、俄罗斯等国家。满铁调查部不仅进行大量的实地调查，还搜集各种书籍、报刊等各类资料进行书面调查。为此，满铁调查部出产了大量调查资料。遗留的“满铁调查资料”与“满铁档案资料”“满铁图书资料”构成了满铁资料，并一直为许多中外专家学者所关注。

### （二）栏目及其变化

《调查时报》开始栏目有：专题文章、杂录、资料解说、新著资料目录、支那重要日志。大正13年4卷1期增加近著图书杂志重要记事索引栏目，进行分类编排，列出文章作者、出处、所在卷期、页码。大正14年5卷7期增加时事要览栏目，并分为子栏目：内政、外交、经济、交通。杂录也设立了子栏目：政情、外交、交通、经济、社会、人事、治警、思潮。1931年《满蒙事情》改名为《满铁调查月报》并沿用至刊物结束，栏目同时也做调整，设有调查及研究、资料、时事杂录、重要日志、重要法令、各种统计、受人图书目录及受人调查资料记事索引目录。

其栏目变化反映出满铁调查课资料搜集整理的优势。对栏目的分类，随时根据形势的变化增改栏目等，反映出满铁调查工作的特色。

调查及研究、资料栏目多半是满铁调查人员的调查报告或转载重要文章，如《洮南地方事情》一文就是郑家屯公所三原增水的调查报告。一些文章调查分析系统全面，完全可以独立成书，如《营口附属地沿革史》分上、中、下三期连载，很具有史料价值。调查范围不仅有东北地区，还扩大到中国及朝鲜、俄罗斯、德国等。

时事要览、杂录栏目涉猎内容广泛，主要关注当时中国问题，资料价值重大。有一些关于共产党、国民党的报道，如中国共产党の扩大工作等。在政治倾向上，有反日论调的报道，如东三省民报の、排日调中国の反日运动等。

近著图书杂志重要记事索引栏目，后改为受人图书目录及受人调查资料记事索引目录，每期有400余条信息，1933年后增至每期800条左右信息。虽然只占很少篇幅，但收录的信息广，并进行了分类编排。笔者粗略统计了1932年12卷10期的信息来源，中外文报纸、杂志达百余种，如《东洋》《大连商工月报》《中央公论》《改造》《东亚经济研究》《外交时报》《国闻周报》《正金周报》《经济论丛》《统计时报》《朝鲜》《露亚时报》等。

### （三）刊物特点

#### 1. 以经济调查资料为主

从《调查时报》到《满蒙事情》再到《满铁调查月报》，都是以经济调查资料为主，搜集汇总相关资料为辅。该刊是满铁调查部的核心刊物，诞生于满铁调查部发展时期。这个时期满铁调查已向系统化发展。满铁第一任社长后藤新平规定满铁调查部的3项主要职能：①调查全面经济情况；②研究地方风俗和社会实际；③图书馆的组织。该刊正是这些职能的体现，并反映出满铁调查部的工作特点：采用实地调查手段，调查的综合性。该刊的调查资料是广泛的，反映了满铁调查部调查的广泛性，如农村、交通、港口、工厂、电力、商业、金融、资源、贸易、劳动、税收、价格、社会情况等。刊中调查报告多为综合性调研报告，多数是深入第一线实地调查的成果。

**2. 办刊风向随日本侵华政策变化而变化**

满铁调查部调查重点是对日本有利益关系地区的经济、社会、文化的调查，目的是为这些地区的长期经济发展方针提供依据，而这个目标也随日本侵华政策的变化而变化。九一八事变前调查重点是东三省和内蒙古，七七事变后调查重点是中国和东亚。《调查时报》刊行在九一八事变前，内容以东三省和内蒙古为主。从资料编排上可见一斑，如第2卷第1期《食料问题》就是先满洲再支那。即使调查的不是东北地区，也是为东三省参考之用。如2卷3期的《上海埠头调查报告》序中说明：供大连港の经营上参考。2卷4期的《广东政府の施政》前言中就说明为张作霖、东三省参考之用。1931年后《满铁调查月报》中有关东北地区的资料逐渐减少，华北地区的增多，如1936年16卷4期的《华北农村经济と棉花》。“中国抗战力调查”是满铁调查部进行的一项规模和影响力较大的综合调查之一，1940年20卷7期就刊行了支那抗战力调查特辑。

**3. 重视资料的搜集整理**

为配合完成调查课题，满铁调查部搜集了大量相关资料信息，并重视对资料的整理归纳，这成为《满铁调查月报》的一个特色。相关栏目有：①新著资料目录，内容有著者、书名、页数、出版或编著年月、发行所、分类番号、备考（图书/小册子），这对了解当时图书出版情况有一定帮助。这个栏目直到刊物结束。②近著图书杂志重要记事索引，进行分类编排，列出文章作者、出处（图书或杂志）、所在卷起、页码。这个栏目从大正13年4卷1期起，1936年16卷第4期止，历时12年。据不完全统计，索引累计十余万条，利用中外文图书、杂志百余种。值得一提的是它的分类编排，分16个大类，后期有增加，个别类项名称有变化，如政府公报记事到8卷6期独立改为支那公报类索引目录，以奉天公报、吉林公报、黑龙江公报来源占多数。从中可看出满铁调查课搜集了大量资料，这为满铁培养了研究人员，对满铁调查也有指导作用，同时也是了解当时伪满各界舆论和出版动态的重要途径。

## 二 《满铁调查月报》的利用价值

### （一）利用情况调查

一种期刊被参考的数量直接反映了该刊在文献交流中的作用。笔者在中国知网中调查，以《满蒙事情》为参考文献的论文152篇，以《满铁调查月报》为参考文献的论文有344篇，还有以《调查时报》为参考文献的论文，其数量未统计。以其同时代的《满洲评论》为参考文献的论文为407篇。《满铁调查月报》和《满蒙事情》的利用比《满洲评论》多89篇。从学科上看，以《满铁调查月报》为参考文献的论文中，中国近现代史类约占50%、地方史志类约占12%、经济学类约占30%。以《满蒙事情》为参考文献的论文，中国近现代史类约占36%、地方史志类占18%、经济学类占26%，说明中国近现代、地方志、经济学方面研究人员利用《满铁调查月报》的较多。此外《满铁调查月报》中的统计数据也经常被引用。从利用情况看，《满铁调查月报》长期以来受到学界的关注，它的基础性调查资料具有相当的史料价值。

### （二）史料价值

《满铁调查月报》从1919年刊行到1944年结束，连续发行25年，发文量约4000万字。其中：①东北地区史料居多。1933年前收录东北地区调查资料、统计资料平均约占总发文量的60%。1933年后逐渐减少，平均约占发文量的30%。虽然该刊是为配合日本对东北地区经济掠夺服务的经济调查报告，但在客观上从另一个侧面展示了当时东北社会经济发展情况。事实上，1927年以前的东北地方文献中文资料比较缺少，东北沦陷时期，中、英文期刊对东北经济状况的报道多数也是间接报道。《满铁调查月报》的调查资料兼具全面性和具体性、学术性和客观性，虽然部分资料存在片面性和失实性，这不会影响它成为研究东北当时经济社会的宝贵素材。它的系统连续、综合性的调查对研究东北当时经济情况的史料价值不言而喻。②内蒙古地区史料占有一定比例。日本一直想在东北和内蒙古，即所谓“满蒙”地区取得利益。调查部曾于1925年和1926年组织两次大规模的蒙古调查队，深入实地刺探经济、政治和军事情报，遗留不少史料。据不完全统计，以《满蒙事情》和《满铁调查月报》为参考文献的496篇论文中，关于内蒙古地区的论文达100余篇，占20%以上。这说明该刊的内蒙古地区史料对当代关于该地区的研究具有相当大的利用价值。③后期华北地区史料增多。随着日本对华侵略的深入，其政策改变，满铁调查部对华北乃至全中国也开始大范围的调查，在《满铁调查月报》上刊载了大量华北地区的调查报告，如《华北农村经济と棉花》《河北省各县事情》《山西省政建设十年计划案》等文。这些史料对华北地区研究也具有参考借鉴价值。

## 三 《满铁调查月报》的再开发建议

日本学术界近年来开始着手伪满洲国时期日文期刊的整理与研究工作。由于这一时期报刊数量繁多，已发掘出的杂志仅占总数量的极小一部分。与《满铁调查月报》

同时代的《满洲评论》已得到开发。鉴于《满铁调查月报》的史料价值、利用价值，对25年《满铁调查月报》的整理、分析与开发利用工作应该得到关注。

### （一）借鉴期刊研究开发基本方法

目前整理开发较好的期刊大多沿用期刊研究的基本方法：首先搜集期刊的所有卷号，经由出版社发行翻印版；再整理期刊通卷总目录；然后将文章归类后制作撰稿人索引或文章分类索引。《满铁调查月报》可借鉴并采用此方法。

### （二）挖掘专题，编成专辑

《满铁调查月报》中的有些调查资料不仅调查详细且具有研究性质，可为学者研究提供参考借鉴。如山本义三的《旧满洲に於ける乡村统治の形态》（1941年21卷11期）记述了清代以来东北地区乡土制度，进行了比较系统的考察和研究。我国对清代以来东北地区乡地制度记述较为稀少，因而较具有价值。又如日本社会学者清水盛光的长篇论文《传统中国行会的势力》（1936年16卷9期），在借鉴以往研究成果的基础上，深入论述了中国行会的产生、行会政治无力的“外延限定”和“内涵限定”行会的经济政策和统制力、行会内部的上下关系等许多重要问题，视角也比较新颖，被引用次数较多。可以开发这些专题资料，汇编成专辑。

《满铁调查月报》中关于东北地区的经济调查资料、统计资料较多，鉴于民国时期东北地区经济中文资料稀少的情况，这部分资料的系统连续、全面综合对研究东北当时经济情况有重要史料价值。可挖掘刊中关于东北地区的经济调查报告，汇编成专辑资料。

### （三）挖掘地方志资料

对于刊中关于地方调查形成的专题文章完全可以形成单行本，以补地方志的缺失。尤其是对东北地区的调查，是建国前东北地方文献的重要补充，如《营口附属地沿革史》《内蒙古事情调查资料》《敦化县概况》等。

### （四）索引的再开发

《满铁调查月报》中收集的图书杂志重要记事索引目录累计约10万余条，其信息来自当时百余种中外文报纸、杂志。其内容涵盖了地理、气象、民族、人口、历史、文化、经济事情及政策、农村畜产及水产业、矿业、工业、商业、交通、财政、货币信用、保险、殖民及移民、社会及劳动、都市、政治、法制及满铁、会社、政府公报记事等，值得开发。可以对这些索引重新归类整理，研究者可以根据各分支领域的具体需要，各取所需，进一步开展深入研究。综上所述，《满铁调查月报》以经济调查资料为主线，内容辐射政治、文化、军事等领域，为了解民国时期的东北乃至全中国提供了大量鲜活的第一手资料，理应得到再整理与再分析。笔者对该刊的初步梳理，旨在抛砖引玉，希望《满铁调查月报》的史料价值和实用价值能够引起学术界的关注。

原载《图书馆学刊》2015 年第 11 期

# 满铁资料整理利用的困境及其对策分析

汤　辉

## 一　满铁资料的界定及其价值

### （一）满铁资料的界定

满铁（全称为南满洲铁道株式会社）是日本政府以侵华为目的而建立的一个特殊会社。对于其性质，无论是其存在期间还是以后，无论当时的决策者还是后来的研究人员，都一致认为："满铁是根据日本特殊法令而设立的特殊会社；就其发挥的作用来看，它又是代表国家意旨和代行国家职能的国策会社。"① 在满铁存在的40年间，满铁是推行日本大陆政策的殖民侵略机构。

满铁为全面搜集中国的政治、经济、文化、军事、社会等各方面情报，分别成立相关委员会、建立图书馆，在各个部门都设立资料室。满铁及其附属机构在自身编写档案、调查报告等文献资料外，还大肆搜刮中国的典籍文献和西方文献。按照这些资料的主要构成及其特点，可以分为调查报告、档案资料、图书文献三个部分，统称为满铁资料。满铁资料称得上是中国近现代史、中日关系史以及东北亚史的最大资料库。抗战胜利后，满铁资料基本留在中国，并被大连图书馆、吉林省图书馆、中科院、中央编译局、铁科院等几十家机构所收藏。

### （二）满铁资料的价值

由于形成于特殊历史时期，满铁资料有着重要的价值。满铁资料的这种价值是复合型的，根据内容可以细分为以下几种。

（1）日本侵华战争的文献见证。满铁作为日本侵华的国策会社，在日本侵华的过

① 解学诗：《隔世遗思》，人民出版社，2003，第1－2页。

程中起到了重要作用。满铁为执行日本政府的侵华决策，对中国的政治、经济、文化、社会、军事等各个方面开展调查（情报搜集），并形成相关调查报告。这种自编调查报告是满铁资料的重要组成部分，是揭露日本帝国主义侵华罪行的有力铁证。在满铁调查报告中，有关于一些重大历史事件疑案的记载，有可供考证的线索或旁证佐证资料。因此通过研究满铁调查报告，可以揭露日本军国主义的侵华罪行，可以作为反驳日本政府及右翼人士否认侵华、美化侵略提供关键的文献证据。这部分满铁调查资料文献，可以还历史本来面目，把一部真实的日本侵华史留给世界、警示后人。

（2）具有很高的文献研究价值。满铁对中国进行文化侵略，在各个铁路局成立图书馆（资料室），对中国的古籍文献和地方旧志进行收集。“在大连图书馆所藏的满铁文献中就能看出日本殖民文化侵略的野心，满铁文献共有 40 万册，如在所藏文献种类有中文古籍 20 多万册。[①] 除大连图书馆以外，还有很多图书馆收藏的满铁资料包含古籍文献资料，而且这部分中文古籍包括古籍线装、家谱、内务府档案、舆图、名人书画、公牍电文及古版小说、戏曲类珍奇等罕见之书籍。这部分文献具有很高的文献研究和收藏价值。

（3）研究解放前中国社会特别是东北社会的第一手资料。日本为侵略和统治中国，对中国当时的社会进行了全面调查研究。“满铁调查报告是迄今为止研究 20 世纪前半期，乃至中国近代基层社会史和农村发展史的直接、系统、全面的第一手参考文献。”[②] 通过历史学专家的研究判定，满铁资料中的满铁调查报告可以作为反映 20 世纪前半期中国社会经济实况的历史资料。其对中国东北（当时的伪满洲国）的城市社会和农村社会的调查最为详细和彻底，对研究中国解放前的中国及东北社会都具有很高的利用价值。

（4）具有一定的现实参考价值。满铁资料中，有相当数量是对中国自然资源和社会经济资源的调查报告，无论是作为日本殖民统治的辅助材料，还是作为军事入侵的情报，这部分资料都具有准确、真实的一面。此外，满铁在存续期间在中国设立大量的研究机构，如满铁中央试验所、满铁农事试验场、满铁地质调查所、矿业资源调查所等，这部分机构对关于中国矿产、森林、水源、生物、山川、地形、城市、道路、港口等等调查研究报告中，有许多至今仍有一定的价值，值得开发利用。

## 二　满铁资料利用困境分析

### （一）满铁资料利用的现状

“由于满铁研究在中国属于研究空白，满铁相关的文献资料又浩如烟海，对现有满

① 冷绣锦：《试述“满铁”与图书馆之经营》，《图书馆工作与研究》2011 年第 5 期，第 88 页。

② 付杰：《日本侵华罪证——满铁调查报告及其价值分析》，《黑龙江档案》2015 年第 1 期，第 24 页。

铁资料的清理、筛选、编排、辑成系列史料集的工作，作为一项先行作业，显然也是非常必要的。"[①] 对遗留在中国的满铁档案资料的整理编辑工作，开始于1958年。其间，由于各种原因的影响，由解学诗主编的《满铁档案资料汇编》直到2011年才付梓出版。在中国近现代史史料学学会满铁资料研究分会的组织、协调下，经过各收藏单位和出版社的协作和努力下出版了《中国馆藏满铁资料联合目录》，为满铁资料的整理研究提供一个重要的线索。此外，大连图书馆、吉林省图书馆、辽宁省档案馆、吉林省社科院满铁资料馆等少数满铁资料的主要收藏单位，陆续对所藏满铁资料进行初步整理，并出版一些馆藏目录资料。满铁资料的整理和研究取得了一些成就。同时，满铁资料的利用过程中仍存在很多困境。比如目前已整理与利用的满铁资料占遗留在国内的大量的满铁资料的比例较小，满铁资料的利用率需要进一步提高，满铁资料的价值需要进一步的挖掘，等等。

### （二）造成满铁资料利用困境的原因分析

通过阅读文献和走访相关的满铁资料收藏单位，可以梳理出影响满铁资料整理和利用的原因主要以下几个方面。

（1）国内收藏机构多，缺乏统一管理。"1945年日本投降后，满铁资料基本上留在中国。"[②] 满铁资料在中国被几十家档案馆、图书馆、研究机构等收藏，各个收藏单位收藏的满铁资料种类各有侧重点，数量从上千册到百万册不等。在实施1998年9月增列为国家社科研究"九五"规划重大项目的"满铁资料的整理与研究"的项目时，"全国近60家单位参加，先后有460多人参与了研究整理工作"[③]。当时信息闭塞，很多单位没有参与该项工作。基于此可以判断满铁资料的收藏单位至少60余家。如此众多的收藏，以单位的性质，可以划分档案系统（如铁路档案馆）、图书馆系统（如大连市图书馆）、科研机构（如吉林省社科院）、国家直属部委（如中央编译局）、文化系统（如沈阳铁路工会）等，这些机构互不统属，分布在东北、华北、华中、华东等十余个省市自治区。这种分布，为集中整理利用增加了难度。各个单位都自成一体，把自己的收藏当作本机构的一种私有财富。此外，现阶段只有一个非常松散的学术组织——中国近现代史史料学学会满铁资料研究分会来协调满铁资料的整理和利用，该组织对上述满铁资料收藏机构无约束力。缺少统一的满铁资料管理机构，在一定程度上制约着满铁资料的整理利用。

（2）相关的专业技术人才匮乏。满铁资料大部分是日文资料，有少部分是西文

① 解学诗：《满铁研究的价值及满铁遗存史料编纂问题》，《东北亚研究》2009年第1期，第43页。

② 吴秀明：《满铁资料及其重要价值》，《黑龙江史志》2008年第5期，第58页。

③ 曹幸穗：《满铁资料：清理历史的细节》，《社会科学报》2005年5月19日。

（英语、法语、德语等西方国家的语言）资料。要整理利用这些外文的满铁资料，首先要进行翻译。各个满铁资料收藏机构的专业技术人员配置，基本上无法满足翻译工作的需求。即便像吉林省社会科学院满铁资料馆，是国内比较专业的满铁资料的整理利用研究机构，也感慨日文翻译人才匮乏，普通满铁资料收藏单位的人才匮乏程度可想而知。此外，满铁资料中包含大量的古籍文献，整理和利用需要专业的古籍人才。中国虽经历几次全国古籍文献的普查，开展了相关的古籍人才的培训，但是具有专业水准的古籍人才仍然缺乏。专业技术人才力量的不足，对满铁资料的整理利用难免产生掣肘。

（3）各收藏单位条件参差不齐，缺乏经费支持。满铁资料分布于在上至国家图书馆、国家机关，下至市县图书馆、工会组织等各种机构，这些机构的层次各异，储存和保护满铁资料的条件差别巨大。国家图书馆及国家机关的相关下属机构等经费相对充裕；大连市图书馆等满铁资料的收藏数量巨大，机构条件好，对满铁资料的比较重视，对满铁资料的整理利用工作开展较好。但是有相当数量的收藏机构自身条件有限，对满铁资料只是储藏保护，整理利用工作开展较慢。有些收藏单位甚至储藏条件都很差，根本谈不上整理利用。此外，虽然目前有满铁资料收藏机构在做馆藏满铁目录，但是由于缺少相应的经费支持，整体进度缓慢。

## 三　满铁资料利用困境的对策建议

通过广大收藏机构和研究者的努力，满铁资料的重要性日益被社会所认识。当前信息技术飞速发展，社会科学日益受到重视，这些都为解决满铁资料整理利用的困境提供了新的思路。笔者建议：

（1）成立国家层面的满铁资料管理机构。本着为后人留下一份真实抗战胜利之前中日关系的历史见证材料、东北亚研究史料的目的，可以接续抗战胜利 70 周年带来的中日关系研究热潮，成立一个由国家相关部门牵头由满铁资料相关的收藏机构、满铁资料领域相关研究专家学者等组成的一个管理机构。成立这样的部门，可以扫除满铁资料整理利用过程中很多障碍，促进满铁资料整理利用工作进入一个快速发展的新阶段。

（2）用“互联网＋”的思维，破解满铁人才匮乏的瓶颈。根据《国家发改委办公厅关于做好制定“互联网＋”行动计划有关工作的通知》，“互联网＋”的含义就是要充分发挥互联网在生产要素配置中的优化和集成作用，把互联网的创新成果与经济社会各领域深度融合，产生化学反应、放大效应，大力提升实体经济的创新力和生产力。“互联网＋”已改变很多传统的行业，促进很多行业焕发新活力。“互联网＋”同样能促进满铁资料的整理利用工作改革创新。利用互联网的思维，借助“互联网＋”的关键技术，构建一个基于即时通信技术、大数据、云计算技术的满铁资料整理利用的平台，以充分利用共享满铁资料整理利用工作中现有的技术人才。通过这个平台，满铁资料整理利用方面的专业技术人才就可以打破空间、时间等方面的限制，充分发挥其价值。此外，利用该平台还可以促进各个满铁资料收藏机构的满铁资料整理利用专业人才之间的优势互补，实现一加一大于二的整合效果。

（3）创新整理利用工作机制，争取更多社会资源参与。各个收藏机构的条件参差不齐，收藏的数量也不尽相同，且绝大多数收藏机构面临着经费紧缺的困局。在这种情况下，要实现满铁资料整理利用工作的开展，就需要对现有的机制进行创新。满铁资料收藏机构对满铁资料有所有权、使用权和收益权。在满铁资料收藏机构内部进行机制创新，可以把这三种权力进行拆分组合，以期实现满铁资料整理利用工作的利益最大化。满铁资料收藏机构中，有些机构人才和经费都比较充足，而且对满铁资料的整理利用有兴趣并有相应的商业规划。条件差、经费少、人才匮乏的机构，可以在保留权和使用权的前提下，把自己收藏的满铁资料的收益权授予那些对满铁资料整理利用具备条件的机构，委托这些机构对其收藏的满铁资料进行整理利用。对于满铁资料收藏机构以外的社会机构，在保留使用权和所有权的前提下，可以授权进行商业整理利用开发，并按照协议进行收益分成。满铁收藏机构还可以利用这部分收益，加强满铁资料的保护研究。

## 四　结论

满铁资料的整理利用，对于研究中日关系、东北亚的历史、抗战胜利前的东北农村社会等具有不可替代的重要意义。当前整理利用中存在的问题，已经影响满铁资料的整理利用进程，要解决这些问题需要创新思维，需要满铁资料研究人员的继续努力。

原载《大学图书情报学刊》2017 年第 2 期

# 日本满铁调查文献中的中国民俗资料

## ——以《中国农村惯行调查》（1～6卷）为中心

赵彦民

## 一　序言

满铁是“南满洲铁道株式会社”的简称。日俄战争（1904－1905）后，日本从俄国夺取了满洲中东铁路及抚顺为中心的矿产经营权，1906年创立满洲铁道株式会社。满铁从成立至1945年日本战败，作为协助日本政府对华侵略与殖民地统治的机构开展了大规模的调查。①《中国农村惯行调查》（以下称《惯行调查》）是1940－1944年间，在东京帝国大学末弘严太郎博士的指导下，根据法社会学的方法，对华北农村的家族、村落、土地所有、佃耕、水利、赋税、金融及贸易等农村社会的所有生活规范展开的调查记录。②调查团队由东京大学的相关人员与满铁调查部北支经济调查所成员组成，主要对河北省的四个村落，即顺义县沙井村、良乡县吴店、昌黎县侯家营、栾城县寺北柴村，以及山东省历城县冷水沟村、恩县后夏寨村进行了大规模的调查。整理后的访谈调查记录达114辑，累积123卷。这些调查资料在战后1952－1958年，由岩波书店分为六卷出版刊行。

《惯行调查》作为理解当时中国农村社会资料集成，涵盖了法学、经济学、历史学、社会学、民俗学等多门学科领域，为各个学科研究展开提供了系统、完整的资料基础。随着《惯行调查》的出版发行，陆续涌现出了一系列以《惯行调查》为基础的

① 1907年，满铁设置调查部。1908年，调查部改称调查课，同年在东京成立东亚经济调查局、满洲及朝鲜历史地理调查部。1910年，设立地质研究所（1919年改称地质调查所），1918年，成立大连图书馆。1932年，满铁设立经济调查会；1936年废除经济调查会，设立产业部（1938年，产业部改称调查部）。1939年，调查部、东亚经济调查局、中央实验所、大连图书馆被统合为大调查部。1943年，调查部改编为调查局，迁至长春。如上满铁调查部门沿革所示，满铁调查部成立以来，在近40年时间里约有4000人的调查员参与了政治、经济、地理、社会文化等领域调查研究，形成了庞大的调查资料。

② 中国农村惯行调查刊行会编：《中国农村惯行调查》（第1卷），东京：岩波书店，1952，第1页。

研究成果，这些研究成果在各学科领域都引起了很大反响。在经济学领域代表性的研究有黄宗智的《华北的小农经济与社会变迁》[①]、马若孟的《中国农民经济：河北和山东的农民发展 1890—1949》[②] 等，历史学的领域有杜赞奇的《文化、权力与国家：1900—1942 年的华北农村》[③]、三谷孝的《从村落解读中国：华北农村五十年史》[④]、祁建民的《中国的社会结合与国家权力》[⑤] 等，人类学的领域有中生胜美的《中国村落的权力结构与社会变化》[⑥]、兰林友的《庙无寻处：华北满铁调查村落的人类学再研究》[⑦] 等。在上述研究成果中，根据不同学科的侧重，都对《惯行调查》这部资料进行了有效的利用，可以判断这一资料所具有的学术利用价值。

从上述研究成果中不难看出，《惯行调查》作为研究华北农村的第一手资料，目前多是被运用于农村经济学和历史社会变迁等方面，资料中包含大量关于民俗文化现象等方面的调查记录，还未充分地得到有效利用。基于这一点，本文首先主要从民俗学的视角，整理和归纳资料中相关民俗事象的内容，为民俗学研究拓展和挖掘这一部分资料的利用价值，提供理解中国农村社会民俗文化事象的考察与分析的资料。其次，对《惯行调查》中民俗事象相关内容的整理与归纳，主要援用了日本民俗学概论的分类方法，即“空间民俗”、“时间民俗”和“心意民俗”的三分法。[⑧] 援用这样的分类方法主要是考虑到满铁的调查并不限于民俗事象方面的调查，各领域间的边界也不十分明显，有利于民俗事象的析出与归纳。最后，满铁调查的对象是村落，从空间、时间和心意三个层面来归纳和整理，更能有效地理解村落的文化特征与其各个层面的关联性，而不仅限于单纯的民俗事象的分类。具体而言，空间民俗包括家、家族生活、亲族宗族、村落、耕作生产。时间民俗包括节日、农耕仪礼、诞生、婚丧仪礼、祖先祭祀等。心意民俗包括民间信仰、民间宗教、庙宇寺院等。以下将按照这样的分类方法，归纳与整理相关的资料。

## 二 《中国农村惯行调查》的构成与调查项目概要

《惯行调查》共计 6 卷：第一卷与第二卷收录的是河北省顺义县沙井村的调查内

① 黄宗智：《华北的小农经济与社会变迁》，中华书局，2000。

② 马若孟：《中国农民经济：河北和山东的农民发展 1890－1949》，史建云译，江苏人民出版社，1999。

③ 杜赞奇：《文化、权力与国家》，王福明译，江苏人民出版社，2010。

④ 三谷孝编：《村から中国読む：華北農村五十年史》，东京：青木書店，2000。

⑤ 祁建民：《中国における社会結合と国家権力》，东京：御茶の水書房，2006。

⑥ 中生胜美：《中国村落の権力構造と社会変化》，东京：アジア政経学会，1990。

⑦ 兰林友：《庙无寻处：华北满铁调查村落的人类学再研究》，黑龙江人民出版社，2007。

⑧ 福田アジオ・宫田登编：《日本民俗学概论》，东京：吉川弘文馆，1983。

容；第三卷收录的是河北省栾城县寺北柴村的调查内容；第四卷收录的是山东省历城县冷水沟村和恩县后夏寨村的调查内容；第五卷收录的是河北省昌黎县侯家营和良乡县吴店的调查内容；第六卷收录的是河北省滦县、乐亭县、昌黎县，山西省的大谷县、介休县、忻县，山东省的益都县、德县等调查概况及河北省涿县、邢台县的水利调查内容及相关资料，另外还收录了顺义县、历城县的租税等一手资料和调查人员的座谈会记录及索引。

在调查实施前的准备阶段，东京方面的调查人员和满铁调查人员制定了详细、缜密的调查提纲。东京方面的调查项目由三大部分组成：（一）以土地关系为中心的惯行调查事项；（二）商事及金融相关的习俗惯例调查事项（这一部分的具体调查项目在《惯行调查》一书中被省略，未被录入）；（三）家族及村落的相关习俗惯例调查事项。在（一）以土地关系为中心的惯行调查事项中，包含历史学和社会学两个方面的考察，共设定十个方面的大问题。第一，以构成土地法的各主体的探明及分析，包含（1）个体，（2）家族（与土地法的关系），（3）宗族及同族，（4）寺庙和其他的祭祀、宗族的各种设施，（5）村落构成对土地关系的影响，（6）国家或国家设施；第二，土地所有形态，包括两个方面：（1）因身份和血缘的制约而产生的土地所有形态、（2）私有地；第三，关于地籍和土地的公证；第四，关于土地利用的法律；第五，土地买卖其他权利处分以及以土地为中心的金融；第六，关于水利灌溉的事项；第七，以农地关系为中心的赋税；第八，农业以外的土地利用关系；第九，民国政府以后的各种土地政策；第十，农村的流通及金融的各种问题。① （三）家族及村落的相关习俗惯例调查项目设定两个大问题群。第一，家族、同族。包含（1）家族制度和土地制度、村落、乡党关系，（2）作为制度、思想的家族制度和现实家族制度的对比，（3）家族的构成，（4）家长的地位，（5）家族的生活，（6）家产及财产继承，（7）同族。第二，村落。包括（1）村落里村民的基本意识和关系，（2）行政村和自然村的关系，（3）家族、同族和村落，（4）村落的构成，（5）祠堂、神庙、寺院及祭祀、戏剧和村落的结合作用，（6）村落组织，（7）村的治安维持，（8）村落内的司法，（9）村的财政，（10）村的财产及债务，（11）村的产业，（12）公共事业、教育、教化及善举、恤政，（13）村的对外关系，（14）村落生活和故乡、同乡的观念及影响、（15）村落生活和县城。②

满铁方面的调查项目共设定九个方面的大问题。第一，关于土地所有权的调查项目，具体包含四个内容，（1）业主权的历史发展，（2）所有形态，（3）入会权，（4）相邻关系；第二，关于以土地买卖为中心的所有权变动，包括七个方面，（1）土地买卖当事者与非当事者的比率，（2）作为买卖客体的土地，（3）土地买卖的时期、

---

① 中国农村惯行调查刊行会编《中国农村惯行调查》（第 1 卷），第 33 – 38 页。

② 中国农村惯行调查刊行会编《中国农村惯行调查》（第 1 卷），第 38 – 44 页。

原因及其比率，（4）土地销售对家族及农村的影响，（5）土地买卖的形态及其性质、比率和目的，（6）土地买卖的手续，（7）土地买卖的效力；第三，关于租佃的调查项目，包括九个方面，（1）规定租佃关系的各种条件，（2）租佃契约，（3）租佃权，（4）地租，（5）地租以外的佃农负担，（6）特殊的租佃关系，（7）佃农对地主的隶属关系，（8）佃农的家族状况，（9）雇农；第四，关于水利的调查项目，包括（1）规定华北水利灌溉的各种条件，（2）华北水利灌溉的作用，（3）水利关系——关于河川、沟渠、井户、储水池、湖沼等调查；第五，地籍及土地公证的相关调查项目，包括（1）地籍的组成，（2）公证制度；第六，关于农村赋税的调查项目，包括：（1）中国税制的沿革——为了了解中国税制的特异性，（2）赋税的种类、税额、税率和税的形态，（3）征税机关，（4）征税手续，（5）征税上的弊害，（6）清赋，（7）农村赋税的负担状况，（8）免租地；第七，农村金额及交易相关调查项目，包括（1）金融组织，（2）负债状况，（3）金融关系和家族关系，（4）在农村的交易关系；第八，关于家族及同族的调查项目，包括（1）家族制度的历史考察，（2）家族成员及内容，（3）家长，（4）家族的精神结合关系，（5）家族的经济结合关系，（6）分家分居，（7）农村职业地位差异而引起的家计状况，（8）同族的大小、范围及内容，（9）同族集会，（10）族长，（11）宗教仪式中展现的同族结合关系，（12）同族内的经济结合关系，（13）社会关系中的同族结合技能，（14）同族内的家族地位；第九，关于村落的调查项目，包括十五个方面，（1）村落的名称、范围、面积、沿革，（2）聚落的形态——散居制、围居制，（3）村落的地理条件，（4）构成村落社会的人的要素，（5）村的行政组织，（6）村落的治安维持，（7）村落内司法，（8）村落内的财政，（9）村落的产业，（10）公共事业及设施，（11）村的宗教设施、仪式及婚丧嫁娶中村民的结合关系，（12）村的对外关系，（13）村政和县行政的关系，（14）村落和家族，（15）村落的质变、解体及其方向。①

从上述的调查项目中，可以看出在村落、家与家族、土地、水利等方面的调查中包含较多民俗事项的内容。下文将《惯行调查》中主要收录的六个村庄的调查内容为主，分别从“空间民俗”“时间民俗”“心意民俗”三个方面来整理和归纳相关的民俗事象。

## 三 《中国农村惯行调查》中的民俗资料

### （一）空间民俗

如上所述，这里把村落、家族宗族、生产和生活方面的内容划归为空间民俗的范

① 中国农村惯行调查刊行会编《中国农村惯行调查》（第1卷），第45－56页。

围。在《惯行调查》的各卷中，关于村落的调查都很详尽和全面。第一卷，沙井村的调查侧重于村落的运作，在围绕村落运作的具体资料呈现上，有如下几个部分：第一部分，是乡村治理和行政化的过程；第二部分是对于村落的治理机构进行了逐层的访谈，访谈的内容涵盖面较宽泛和具体，例如，其中的部分具体访谈内容如下：李氏家系、离村人与本村人、李氏的村长及会首、村长的选举、选举人、口头选举、会首的协议、参会人数、缺席者、村民的协商、村长的资格、副村长的选举、副村长系谱、副村长的资格、会首的姓名、外来人口和本村人、入村手续、会首的资格、会首的辞任、会首的任命、清代的会首、村民的集会、甲内的集会、无会首集会无效、会首与村民的协议、出勤分配的协议、村长与会首的协商；第三部分是村长及会首的职责，对村内事务的管理、决策、监督，调节村内纠纷，村内摊款的委派；第四部分是村落内的各种组织，例如办五会、青苗会、新民会、上供会等；① 第四部分是村落的公共资源、公共事务、与外部村落的村际关系。

关于家、家族宗族的调查在第四卷山东省恩县后夏寨的资料中比较突出。家的调查包括的内容有：（1）村落的姓氏、祖坟、坟的形式、未婚者的埋葬、丧葬仪式、阴亲、祖坟地的租种、祖坟及宗社、街坊的辈分、结婚、村内结婚、门当户对、恋爱结婚、订婚、结婚的年龄、订婚后的毁约及退婚、求亲帖、请帖、家族、同族和同性、结婚、分家、财产的分配、分家前的住居、分家的理由、分家后的住居、未分家的西兄弟、分家和祖坟、分家的抽签、分家与族长、同族及同姓、分家和家谱、族长的任务；（2）同族、同族村、同姓、家谱、家庙、族长与辈分、族长、同族会长、族产、同族的坟地、分家、分家后老人的赡养方式、遗嘱、妻与妾、妾、挖井、妾服丧、同姓不同宗、过继子、娶妾的年龄、向族长拜年、同族的集会、同族的会餐、同族的扫墓。

在生产生活问题上，《惯行调查》第二卷沙井村的资料相对较完整和全面，这里主要侧重的内容是生产方式、生产作物、劳作关系等方面。其中部分具体内容如下所示：（1）村的面积和所有关系、荒地的开垦、度量衡、气候、旱及水灾、雹及霜害、战争、蝗害、土性、土性与作物、肥料、井、灌溉、便所、肥料、施肥、小便、猪圈、畜粪、粪土用土、粪场、粪的采集、马粪的买卖、干粪、施肥和收获、肥料的自给、肥料的需要量与价格、肥料的采购地点、采购方法、肥料的采购者及其采购量、干粪的价格、农具、农具的所有者、耕畜的价格、耕地与耕畜、家族的比率、耕畜和耕作亩数、饲料、采草地、高粱叶的采集、饲料的购买、牲畜的变化、耕作所要的时间、收获、贩卖、轮种、一年两作、一年一作、重茬、二年三作、垅对垅、平垅、单垅、垅的宽度、作物的变更、佃农与作物、合伙与作物、种子的来源、作物的量产、园地作物、作物

① 中国农村惯行调查刊行会编《中国农村惯行调查》（第1卷），第73页。

的储藏、物物交换、旱田地作物的贩卖去向、旱田地作物的贩卖时期、粮市和菜市、作物价格的变迁、苇地和苇、日用品的自给；（2）玉米、麦子、谷子、棉花、黑豆、山药、白菜等；（3）土地面积与所用佃农数、本村的长/短工、月工、半长工、雇农的性别、成为佃农的理由、长工雇用的时期、佃农的契约文书、播种、短工的雇用、雇农的薪酬、长工的休日、因为退工而返还的薪酬、长工间的地位等。

### （二）时间民俗

时间民俗主要包含两个侧面，一个是年中的节日仪礼，另一个是村民个体的诞生、成人、结婚和死亡的人生仪礼。关于农作与年中节日仪礼的内容，在《惯行调查》第三卷中河北省栾城县寺北柴村的调查相对较详细。例如，（1）一年的农作与节日的关系有如下记录资料：每月的农作业与日历；一月——耕地、翻棉花地、住居的修缮、水车的修缮、制瓦；二月——翻大麦地、播种、棉花田的灌溉；三月——棉花播种、翻谷地；四月——犁锄、小米和棉花间苗、收割大麦；五月——打麦子、端午节、小米及棉花拉地、谷子/黑豆/山药播种、除草、女性从事的农作、男性的农作；六月——灌溉、棉花、谷子、高粱、山药的耕锄、白菜的播种；七月——棉花作业、从事农作业男女的年龄、高粱/山药/黄米收获季节；八月——小米脱粒、收棉花；九月——小麦播种；十月——收白菜、耕地；十一月——储存山药和白菜、拾粪；十二月——准备过年；（2）一月——拜年、扫墓、1月20祭拜棉花神、1月25日祭拜粮仓神；二月——祭拜太阳神、祭拜土地神、祭拜老君神、清明节；四月（无）；五月——祭拜关帝；六月——上半年的年中活动、晾经；七月（无）；八月——中秋节；九月（无）；十月——扫墓、祭拜南海观音；十一月（无）；十二月——岁暮准备。

在人生仪礼方面，关于诞生的资料并不是很集中和具体，基本是散落在《惯行调查》家庭篇的资料中，例如在寺北柴村的调查中涉及的内容有如下一些项目：男孩的出生、女孩的出生、乳名、命名、命名者、学名等。相对于上述诞生的资料，婚姻和丧葬的内容比重较大，《惯行调查》的第二卷、第三卷、第四卷、第五卷都占有一定篇幅。这里以第五卷的侯家营的调查来简单介绍，婚姻方面的内容有：（1）新妇的家族、向一家子磕头、年节的赠答、结婚、结婚的决定者、与本人的相谈、媒人、订婚、结婚费、离婚、离婚的调解者、休书、给调解者的礼金、离婚的赔偿、妻子提出离婚的赔偿、没有孩子的离婚、同族过继、亲族、婚葬与亲族、协助亲族；（2）对子（对联）、蓝对子（在同一宗族中有死者时贴蓝色对联）、鼎脚及顶脚、订婚及结婚、村内结婚和街坊的辈分、订婚的媒人、订婚后的交往及通婚圈、订婚后的毁约、结婚仪式的程序——通知女方家结婚的式日（婚礼的日期）、婚书、结婚前日——吹门吹炕、结婚仪式当日——娶亲、新娘驾到、拜天地、道喜、赴席、拜席后、晚饭后新婚夫妇的仪式、新婚夫妇的房间、赴席、闹洞房、听房、结婚仪式的次日——磕头、亲属间的重缘——换亲、牌子、回门。

关于丧葬的情况，《惯行调查》第五卷中，良乡县吴店村的调查中有如下内容：寿衣、入殓、死亡通知、上庙、停尸、守夜、送三、出殡、吊唁、出份、埋葬、三天、哭、坟头前的仪式、扫墓、对父母的服丧、父母的三周忌、服丧期间、白鞋、全孝、服丧的名称。

### （三）心意民俗

这里的心意民俗指在传统的乡土社会中，村民对民间信仰、民间宗教所具有的价值表象。《惯行调查》六卷中，都有涉及村落的民间宗教、民间信仰的调查，其中第一卷的沙井村和第四卷的冷水沟村的内容较为突出和全面。从整体的民间信仰、民间宗教的资料上来看，可分为：

（1）与生产生活劳作息息相关的水的祭礼活动，例如，冷水沟村卷中有如下内容记录：祈雨告示、管理内账房、修表、请神、修理玉轿、升炮、打水及烧水、抱升水瓶、随驾烧纸、潭上烧纸跪坛、打伞、跪坛、随驾跪坛、管理銮驾、下转牌、法师随驾、管理铜器、管理军旗、管理外账房、听差、祈雨的商议、祈雨的准备、祈雨队列的顺序、祈雨求神的仪式、谢神的规矩、收钱粮（香火钱）、祈雨的费用、女性不参与、他村是否参与；《惯行调查》第六卷中德县及邢台水利系统调查中也有这方面的内容：祈雨、井户、村民信仰的神灵、闸的祭礼、龙王会（祈雨）、龙王会的会首、经费、盗龙王——祈雨的方法、祈雨与他村、会首的选出。

（2）神灵信仰相关的调查内容。一般华北的村落中，都建有大小庙宇，供奉的神灵多是儒释道混合一体，对于这些神灵可分为庙祭和家祭。关于庙祭的内容，例如良乡县吴店村有如下调查：关帝庙、五道庙、土地庙、土地爷、土地庙的祭神、城隍庙和土地庙、娘娘庙；寺北柴村有如下调查：观音老母庙、关帝庙、祭日、僧、看庙人、庙的修理、祈祷、大戏、会首、家庙、父子会及寒食会、修庙发起人。恩县后夏寨有如下调查：村庙、真武庙、菩萨庙、土地庙和城隍庙、五谷神、祈雨与龙王、龙王庙、村庙的祭祀、城隍庙、村庙的信仰、宅神、灶神、天齐庙社、泰山社、馍馍社、三三社、太阳社、阎王社、社与村。沙井村有如下调查：观音寺的祭神、释迦、观音、财神、龙王老爷、青苗神、虫王、土地爷、二郎、药王、五道庙、戏会、乡首、果供会、路灯会、立夏会、香灯会、月会、地藏会、茶棚会、虫王会、药王会、灯棚会、天仙会、龙王会、合老会等。

（3）祭拜祖先信仰。这一般是指在春节、清明或结婚时祭拜祖先，通常是由族长为中心举行祭奠仪式。例如《惯行调查》第五卷，良乡县吴店村的资料中有：同族的坟——祖坟、村民的信仰、同族的祖先、同族的扫墓祭奠等记录。在《惯行调查》的其他卷中，在家族篇的调查中都有涉及祭拜祖先的调查内容。

## 四 小结

以上是关于《中国农村惯行调查》（1~6卷）中相关民俗事象内容的初步介绍。如前所述，这部资料集成涉及了法学、经济学、历史学、社会学、民俗学等多门学科，从现有资料的构成来看，各学科间的学科界限并不是非常明显，很多内容有相互交融、叠加的现象。本文主要是基于民俗学的视角，从空间民俗、时间民俗、心意民俗三个方面归纳和抽取了相关部分内容，旨在介绍日本满铁调查资料中民俗学领域较常关联的诸多问题，同时也期待这批资料能为了解华北农村提供更多的参考和考察的素材。

原载《文化遗产》2017年第3期

# “满铁”档案资料的收藏与利用情况综述

廉　慧

“满铁”是“南满洲铁道株式会社”的简称，也称为“南满铁”或“伪满铁”，1906年成立，1907年其总部由日本迁往大连。正如著名史学家胡绳所说，“满铁名义上是个股份公司，实际上是日本政府直接管理下的一个经济侵略机构。历史表明，满铁是日本官民一体和‘文武双全’的综合侵华实体，是强贼钻进中国肚皮建立起来的庞大而独特的侵略机构”。同时它也兼有日本在中国东北调查物产资源和自然资源，以及为日本进行政治、经济、军事等方面侵略活动提供情报的特殊使命。直到1945年日本战败二战结束，“满铁”及其所属机构编辑和搜集的资料及藏书等都统称为“满铁”资料。由于“满铁”在整个日本侵华战争中的特殊地位，也就决定了“满铁”资料的重要性，这些资料被海内外学者公认为是20世纪前半期世界上最大情报文献资料库之一，是研究中国现代史、世界现代史和二战史极为珍贵的文献史料。

## 一　“满铁”资料所包含的内容

“满铁”资料以其丰富的内容位列“世界三大资料”之一，其他两种是“东印度公司资料”和“梵蒂冈资料”。“满铁”资料从广义的概念来讲，其范围包括“满铁”收藏、出版的图书、报刊、情报资料、档案等文献资料。其文献的载体形式多种多样，主要有手稿、刻本、油印、铅印、图表、数据统计等，有公开出版的书刊，也有内部刊印的。其规模宏大、卷帙浩繁，堪称20世纪前半叶世界三大（另外两个是美国中央情报局和苏俄克格勃）情报资料宝库之一①。虽然“满铁”的总部设在中国的东北，但其收集的地域和活动的区域面积遍及大半个中国及中国周边国家。“满铁”调查机构所调查的范围是以东北三省和蒙古为中心，北至西伯利亚，南至印度尼西亚和大洋洲，远至欧美大陆，凡举地理、历史、政治、经济、风土习惯等都是其调查的对象，对东北亚地区的调查尤为详细。可以被认为是关于东北亚历史的最大资料库，它对于研究

① 胡平：《访日归来话“满铁”》，《满铁研究》2009年第2期。

战前的中国、战前的东北亚、战前的亚洲太平洋地区的学术价值是任何其他资料也代替不了的。

“满铁”资料由三大部分构成：一是满铁调查报告约5万多种，是指“满铁”所属情报部门派人潜入我国城乡各地所搜集的情报而形成的文字资料，其内容涉及我国的政治、经济、社会文化、军事及自然资源等诸多领域，是“满铁”资料的主要组成部分，也是最具史料和学术利用价值的部分，比如对我国东北农村地区的调查，包括各县村屯地理位置、地势、面积、土壤、气象、水文、地力、山川、河流、湖泊、户数、人口、家族、借贷、劳动力及移民状况、土地关系和土地制度、可耕地、已耕地、不可耕地、碱地、湿地、耕地面积、播种面积、灾害面积、地价、地租、农家衣食住状况、主要农作物产量及消费量、粮谷库存量、交易量、水产品产量、水稻、罂粟栽培状况、农具、肥料、租产量及消费量、租税、收支、气象、降水量、渔业状况、牲畜、教育、宗教、卫生、社会治安状况等。① 可见其调查之详细、专业和规范，是其他同类资料无法相比。二是“满铁”档案资料约3万卷，是满铁及其所属机构自身形成的文字资料。三是“满铁”图书资料约30万种，主要指当时“满铁”机构图书馆的藏书和出版的书刊等。

## 二 “满铁”资料国内外收藏情况

### 1. 国外收藏情况

经过40年形成的“满铁”资料，当年就收藏在“满铁”先后建立的“南满大连图书馆”“满铁哈尔滨图书馆”“满铁奉天图书馆”“南满洲长春图书馆”等单位。1945年日本战败后，撤离中国时带回了一部分重要的满铁档案资料，存放在日本国立国会图书馆专门设立的收藏“满铁”资料的资料室。二战结束后，美国借占领日本之际，又将大量的“满铁”档案资料运往美国，存放在美国国会图书馆专设的“满铁”资料室里，收藏大约6000种资料。另外，美国的一些著名大学也有收藏。中国抗日战争胜利后，苏联军队作为中国政府的盟军，接管了当时的旅大市（今大连市），同时也接管了当时日本遗留下来的“满铁”资料，当时苏联人组织人力将这批日文的档案资料翻译成俄文，并连同原始的档案资料一起运往苏联。20世纪90年代苏联解体后，主体的“满铁”档案资料还保存在俄罗斯境内，而部分档案资料可能流散在其他独联体国家。② 日本亚细亚经济研究所编辑的《旧殖民地关系机关刊行物总合目录》（满铁篇），收入了日本（包括美国国会图书馆）50个机构的1万余种满铁资料，其中有150

---

① 李淑娟：《满铁资料研究的史料价值和现实意义》，《中国社会科学报》2013年2月28日。

② 丁海斌、陈楠：《“满铁”档案资料的管理及研究意义》，《满铁研究》2009年第2期。

种期刊。尽管其中收录的资料未必全面，但也基本反映了日本方面保存“满铁”资料的现状。

**2. 国内收藏情况**

“满铁”资料的收藏，除了国外的日本国会图书馆、美国国会图书馆和俄罗斯有一部分外，我国是保存和拥有这批资料最多、最丰富的国家。日本战败投降后，在撤离中国时将一部分重要的“满铁”档案资料带回日本国内，还销毁了一部分，而绝大多数未处理掉的“满铁”资料都遗留在了中国，分布在我国东北地区和华北地区的50多家收藏单位，存放比较多的有大连图书馆、辽宁档案馆、抚顺矿务局档案馆、铁道部档案馆、沈阳铁路工会图书馆。此外，还存藏于中国社会科学院文献交流中心、哈尔滨市图书馆、吉林省社会科学院图书馆、吉林大学图书馆、东北师范大学图书馆、天津图书馆以及鞍山、长春、青岛及其他各省市档案部门和图书馆等。“满铁”资料的主要收藏地在东北和华北地区，其他地方只占一小部分。然而，在众多的收藏单位中，比较有规模、有馆藏特色的当属辽宁档案馆、大连图书馆、中国社科院近代史研究所、吉林省社会科学院满铁资料馆。下面重点介绍一下这四个收藏机构所收“满铁”资料的特色。

辽宁档案馆收藏“满铁”的档案资料最多，其总数约4万册以上，是世上仅存的满铁总社档案。这些档案，大部分是“满铁”负责人及各部门、各企事业内外联系、请示报告、处理各种事物中形成的档案资料，反映了当时“满铁”活动的真实内幕。所藏档案分属总体部、地方部、调查部、产业部、兴业部、经理部、计划部、商事部、铁道部等部门。按部门分类编目，在数量上是以总体部和地方部的档案居多。总体档案的形成单位是社长室、理事长室、总裁室、总务部和总务局。在内容上明显具有“满铁”首脑机关、综合部门档案的特点。

大连图书馆是东北地区收藏战前东北“满铁”资料最多的机构，据权威部门估计大连图书馆收藏的“满铁”图书资料占世界收藏总量的七成。大连图书馆收藏如此众多的“满铁”资料，主要是来自1945年接收的“满铁”大连图书馆和“满铁”调查部的部分图书文献资料。这些图书资料虽经时代变迁，却基本没有散佚，共收藏战前图书19万册、报刊百余种，存放在大连图书馆的本馆和分馆，并分别设有满蒙文库、东南亚文库、犹太文库、日俄战争及俄国与西伯利亚的文献等。形成了比较系统、完整的关于我国东北、蒙古和远东、东南亚、犹太等地方文献以及专题文献资料体系。①

中国社科院近代史研究所收藏“满铁”的简报资料居多，将所收藏的满铁简报资料，进行数字化处理，建成两个“满铁”简报库、近代史所日文总库等。

吉林省社会科学院“满铁”资料馆1995年7月正式成立，是目前国内唯一专门从

① 李娜、王玉芹：《满铁图书馆的职能及其在东北的侵略活动》，《日本学论坛》2008年第3期。

事“满铁”研究的机构，收藏“满铁”的调查资料和调查期刊较为集中，共收藏满铁资料约12000种，28709册、件。馆藏资料中，有相当部分是国内外其他机构所没有的第一手资料。从资料种类来看，文书类资料和“满铁”期刊较多，特别是“满铁”的调查资料占有相当大比重。有约占四分之一的馆藏资料是属于“满铁”内部刊行物，系油印、打字、晒蓝版的资料。就资料内容来看，该馆收藏的“满铁”调查部的资料较为集中，具有优势的主要有文书类、表报、期刊等。其数量不仅在国内堪称第甚至超过了日本、美国的33家图书馆“满铁”调查资料的总和（注：据《满铁调查报告目录》《满铁调查期刊载文目录》统计）。除了纸质的资料，还有相当多的缩微胶片，内容包括日本外务省、陆海军省档案、满铁资料、满铁社报、伪满政府公报等。自2002年以来，开始着手对馆藏的“满铁”资料进行整理、修补和编辑，先后编辑出版了《满铁资料馆馆藏资料目录》3卷（共收入馆藏资料28709册，其中日文资料27160册，西文资料1549册）、《满铁调查期刊载文目录》1~3卷、《满铁调查报告目录》1~2卷。①

除此之外，国内还有多家收藏“满铁”资料比较集中的单位，如国家图书馆现存的“满铁”资料，主要以日文为主，兼有少量的中文文献等。从出版方式来看，既有正式的出版物，还有铅印、油印、打印、手写等多种形式；从出版的类型区分，有图书、期刊、各种类型的调查报告、专题资料、会议记录、年报、月报、目录等。从内容来看，涉及的范围非常广泛，对我国东北乃至全国的自然地理、矿产资源、政治、外交、经济、社会、风俗习惯以及文化历史等情况都有详略不等的调查和搜集，甚至还包括西伯利亚、印度尼西亚、大洋洲和欧美大陆等地的资料。从国家图书馆所藏的“满铁”资料看，调查资料占了相当大的比重。② 中国农业大学图书馆，收藏的“满铁”资料是当时日本人搞的极密材料，在一些资料的封皮上印有红色“极密”两字，还有《满蒙全书》《满洲旧惯调查报告》《紧急粮食对策调查报告书》《满铁调查月报》《满铁资料汇报》《东亚》《东亚研究》等连续出版多年的刊物。其载体形式也是多种多样，有手稿、刻本、油印、铅印和正式出版物，还有图表和各种统计数字，有些是孤本，具有很高的研究价值。③ 辽宁省图书馆收藏的“满铁”资料近3万种，绝大部分是日文资料，同时也有中文资料2000多种、西文资料6000余种，主要有英、法、德、俄等语种。其资料的内容主要是中国的自然资源、产业分布、经济方面的居多，而图书类则是以历史文化类为主，还有少量的自然科学方面。④ 铁道部档案馆所收存的“满铁”档案资料主要以交通运输方面的调查资料居多，特别是对城市交通及经济状况的

---

① http://www.douban.com/group/topic/5526115/.

② http://www.lnlib.com/tsgj/xk/2005-1/200607020191.htm.

③ 孙玉玲：《满铁资料的整理与研究》，《农业图书情报学刊》2000年第5期。

④ 吴利薇：《辽宁省图书馆藏的满铁资料特色》，《兰台世界》2006年第11期。

调查、铁路的运营现状调查、经济价值和铁路的建设方面的调查尤为详细，如《中国国有铁道视查报告》《宁佳线、林虎线的经济价值》《津浦铁路续报》等。不仅针对中国，而且还对蒙古、东南亚、东北亚铁路进行的详细调查，如当时编写的《支那铁路概论》《满蒙的铁路》《泰国的铁路》《朝鲜铁道状况》《外国铁道调查资料》《南方铁道写真集》等都充分反映出来。①

从上述国内外对"满铁"资料的收藏种类和资料的内容上，既有重叠又有互补性。在使用这些资料时，应充分利用相关的目录索引帮助我们检索。

## 三 对"满铁"资料的整理和利用

我国学界季羡林、戴逸、李新等知名学者曾多年呼吁，抢救、整理"满铁"档案资料这一重要的"遗产"，1996 年 7 月国家教委批准成立"中国近现代史史料学学会满铁资料研究分会"。1998 年全国哲学社会科学规划办公室已将"满铁"资料的挖掘与整理列为国家系统工程，先后被列为国家社科研究规划"九五""十五"和"十一五"重点项目，并取得了显著成就。

### 1. 整理情况

1998 年 12 月在北京成立了"满铁资料编辑出版委员会"，确定了资料整理、出版和研究的基本原则和工作方案，并设立了业务咨询组和编辑组，依托中国农业博物馆和中央编译局图书馆完成数据库和书稿编制工作。该项目研究最重要的成果是完成了"两库一书"的编辑出版工作。"两库"是指《满铁原编目录数据库》和《中国馆藏满铁资料数据库》。前者以原"满铁"大连图书馆和"调查部"历年的藏书目录为主，共录入 49 种书本式目录，约 30 万条，4000 多万字；后者为全国主要收藏单位的"满铁"情报资料、报刊、图书等数据，约 35 万条，近 5000 万汉字。"一书"是编辑《中国馆藏满铁资料联合目录》（30 卷）。该目录是国家社科研究"九五"规划重大项目《满铁资料的整理与研究》中的重要成果，此项目是由中国近现代史史料学学会"满铁"资料研究分会承担，1998－2006 年"满铁"分会组织全国 56 家收藏单位和 400 多位专业研究人员，对满铁资料进行整理、分类、著录和编辑，2007 年由上海东方出版中心出版。全书 3000 余万字，分 12 种语言类别，囊括了 35 万多种"满铁"文献资料的目录和索引。它是一部大型目录工具书，比较全面、系统反映了"满铁资料"国内收存情况，是海内外同类工具书中收录量最大的一部，它的出版填补了史料学的一个空白，为中国和东北亚近现代史研究创造了重要的条件。同时，也为这一浩瀚的资料海洋提供了具体、准确的航标，更为中外学者了解和运用这批资料提供了前所未有的

① 王萍：《满铁资料的形成及利用价值》，《兰台世界》2006 年第 6 期。

便利。著名的历史学家黄宗智评价它是“至今最完整的满铁资料的编目工作，将为许多学者的研究工作提供基础”。另外，2005 年满铁分会报请全国哲学社会科学规划办公室“满铁资料的整理与研究”的二期项目——“日伪机构遗存文献资料的整理研究”被批准立项，该项目的主要任务之一就是编制满铁资料的全文数据库，2007 年 4 月满铁资料研究分会挂靠北京交大。目前北京交大图书馆已建成满铁资料全文数据库平台，还定期出版《满铁研究》电子期刊。①

由黑龙江省档案馆和辽宁省档案馆编制的《满铁调查报告》（第一、二、三、四、五辑）作为“十一五”“十二五”国家重点图书出版规划项目，由广西师大出版社分别于 2005、2008、2009、2010 年出版。这一批“满铁”的调查报告的出版，为研究 20 世纪前半期中国社会经济实况的历史提供了最原始的档案资料。同时，“满铁”资料对于“殖民地科学”的研究，尤其是研究日本“殖民地科学”在中国发展过程，具有极为宝贵的史料。

由辽宁省档案馆编辑的《满铁密档·满铁机构》（第一卷，24 册），在广西师大出版社 2004 年影印出版。该档案收录了日伪时期“满铁”兽疫研究所最为完备的档案。

《满铁密档·满铁与劳工》（第一辑，10 册），该档案收录了“满铁”有关劳工的档案，内容涉及“满铁”机构的劳务统制机构及政策，劳工的募集、输送、配给，劳工的生活及工资收入，劳工收容所的建设，各种事故及劳工死亡调查，码头、矿山、铁道、工场及其他工人的劳役状况，劳工的反抗斗争等，对研究东北劳工问题具有极高的史料价值。《满铁密档·满铁与劳工》（第二辑，8 册），该档案包括关东州卷、伪满洲国卷和民国卷，内容涉及伪满洲国的劳务统制机构及政策，劳工的募集和配给，劳工的劳役状况，劳工的死亡调查，劳工的反抗斗争等，对于研究伪满洲国和民国时期东北的劳工问题具有极高的史料价值。《满铁密档·满铁与移民》（综合卷，8 册）由辽宁省档案馆从馆藏的“满铁”档案和日文资料中选择并编辑而成，该档案集中反映了日本殖民政府的移民动机、计划、方法和数量等史实，为研究日本侵华史提供了重要的原始文献。《满铁密档·满铁与移民》（分卷一、分卷二各 6 册，共 12 册）分别收录了满铁移民机构——东亚劝业株式会社的有关档案和满铁移民机构大连农事株式会社、满洲拓植株式会社、满洲拓植公社的有关档案。内容涉及该组织的设立、业务状况、股东构成、定期或临时股东大会以及其他会议情况、资金、行政事务，会社事业让渡，移民事业实施计划，移民土地权利及经营，四次移民土地情况，移民地调查，土地课税等方面，对研究东亚劝业株式会社以及日本向中国东北移民的历史，大连农事株式会社等机构以及日本向中国东北移民的历史具有重要的价值。以上都是由广西师大出版社 2003 年影印出版。

① 郭凤芹：《满铁资料整理研究的史料价值和现实意义》，《科技情报开发与经济》2010 年第 1 期。

《满铁密档·满铁与侵华日军》由广西师大出版社1999年影印出版。该档案选录了"满铁"与日军有关的往来文件1500多件，内容反映了"满铁"与当时侵华日军之间相互依存、互为补充的密不可分的关系。本书选用的文件均按时间顺序排列，保持了"满铁"档案的原貌，具有较高的利用价值。辽宁省档案馆选编《满铁的设立——满铁档案选编》由辽海出版社1998年出版，主要收录了自1905年（清光绪三十一年）至1910年（宣统二年）之间的"满铁"档案，共112件均取材于满铁文书的总体部、地方部及经理部等。冷绣锦编著的《"满铁"图书馆研究》一书，是由辽宁人民出版社2011年出版，利用大量的日本殖民统治时期"满铁"调查部、图书馆遗留下的原始史料，从宏观方面阐述日本殖民侵略思潮的产生与"文化侵略"的阴谋核心——"文装的武备"。从"满铁"在东北所建的31个图书馆和分馆进行学术、史料以及图书馆学三方面研究。

2014年由华中师范大学中国农村研究院徐勇教授牵头，借助黑龙江省档案馆、日本相关大学和出版社等整理的日本满铁调查报告资料，组织专门的编译团队编译的《满铁调查》中文版第一辑（4册），于2015年1月由中国社会科学出版社正式出版。争取尽早出齐全部译本，预计该系列丛书出版齐全将达到100册左右、3000余万字。该资料主要用于相关领域学术研究，解决近现代史上一些有争议的研究课题和现实问题的研究。

2015年5月由社会科学文献出版社推出了吉林省社会科学院研究员解学诗、宋玉印编辑的《满铁内密文书》（全30册影印本），是编者从其毕生所搜集的数万件"满铁"资料中选编而成，所选资料大部分出自原满铁机构所藏的日本政府的文书、专题问题调查报告、条约、协议、阁议决定、理监事会议决议、综合情报、会议会谈记录等，其中超半数为"秘""极秘""特秘"文书。内容涉及满铁历史本身问题，与"满铁"直接、间接相关或由"满铁"延伸、衍生出的问题。编者按专题辑录资料，最大限度地还原当时"满铁"在华历史的史实和日本对华的政策取向，为研究"满铁"及日本侵华历史提供了原始的文献资料，具有重要的学术价值和社会价值。

**2. 利用情况**

我国"满铁"研究领军人和开拓者解学诗、苏崇民两教授历经半个世纪之久，搜集档案、编纂整理、组织翻译并主编，社会科学文献出版社承担的国家出版基金资助项目《满铁档案资料汇编》就是这方面的一项重要成果，该套书于2011年12月出版，共15卷，约1200万字。全书绝大部分是日方档案文书的译文，为"满铁"研究、中日关系及相关国际关系研究提供原始史料，按"满铁"档案文书、"满铁"资料、"满铁"图书以及个人文书等四大类分别收集"满铁"遗存文献资料，全面系统地阐述日本侵略者对东北、华北沦陷区统制、封锁以及强制掠夺乃至武装掠夺的全过程，多角度地展示了当时的历史实况。不仅揭露了日本军国主义的侵华罪行，也整理保存了一批反映中国当时社会经济状况的历史资料，对研究中国近现代史，尤其是全面揭示近现代中日关系的发展演变，具有重要的学术价值和现实意义。解学诗以编撰“满铁”档案资料为主，围绕“满铁”经济、中日关系等问题先后撰写了8部专著，几十篇论文。史料集有《满铁档案资料汇编》《日本帝国主义侵华档案资料选编》《满洲交通史稿》等。其中20卷本《满洲交通史稿》，是原满铁调查部遗弃之散落原稿的影印本，内容主要为日本对中国铁路交通权益的攫取和列强对中国路权及势力范围的争夺。有关史料对东北亚国际关系研究具有参考价值。这两部书稿的出版，是“满铁”资料整理和研究的重要里程碑，将进一步推进我国学术界关于“满铁”及现代中日关系史的研究。他还一直从事中日关系史的研究，先后涉足“满铁”、伪满洲国和日本侵华史三大领域，并在史料编纂和史学研究两方面做出突出贡献。被海外誉为“中国的满铁、伪满洲国研究第一人”。《隔世遗思——评满铁调查部》人民出版社2003年版，为国家社科基金“九五”重点项目，另外《历史的毒瘤——伪满政权的兴亡》《伪满洲国史新编》《满铁与中国劳工》《战争与恶疫——“七三一”部队罪行考》（中日合著）等，对“满铁”调查机构长达四十年的调查活动，做了全面、系统、深入的分析、研究和阐述，是研究满铁调查部的权威性的论著。由他参与主持编辑的《日本侵华档案资料选编》（20卷）也颇受国内外关注。2003～2004年，解学诗先后主持编辑出版了《满铁调查报告目录》和《满铁调查期刊载文目录》，二者均系“满铁调查部研究”课题的成果。在研究过程中对“满铁”调查资料进行了清理、分类和编目。《满铁调查报告目录》共选收“满铁”人文社科期刊66种，编入条目4万余项。《满铁调查期刊载文目录》共选入满铁调查报告和调查资料1.2万余种，超过此前美国学者的统计。另外，解老在1995年主持创办了一座“满铁”资料馆，藏纳20世纪五六十年代搜集积累的有关中日关系史的图书、期刊、资料、地图等数万件，并向国内外开放。资料馆位于吉林省社会科学院办公楼七楼，现在经常有研究人员到馆里查阅资料。

我国“满铁”研究的另一位开创者之一苏崇民所著《满铁史》由中华书局1990年12月版，是第一部“满铁”专著，也是一部全面分析和揭示日本帝国主义以“满铁”为工具从事侵华和进行掠夺行径的专著。除此之外，由日本研究所所长兼“满铁”资料馆馆长郭洪茂著《战争与疫病》《战争与恶疫——七三一部队罪行考》，主编《日本侵华与中国抗战研究》《满铁劳动史研究》（合著，日文）、《满铁与中国劳工》（合著），主要论文有《东北沦陷时期的满铁铁路中国工人状况》《满铁的中国劳工状况——以铁路经营部门为中心》（日文）《满铁铁道工厂中国工人状况之考察》《九一八事变中的满铁》《满铁军事关系涉密文件保密制度初采》《满铁与九一八事变》《真相终将大白——评〈伪满洲国真相〉》等都是利用“满铁”资料研究的重要论著。

综上，“满铁”资料是关于东北亚历史的最大资料库，它对于研究战前的中国东北、东北亚、亚洲及太平洋地区的资料价值是任何其他资料无可替代的。同时也是对研究近现代中国和东北亚遭受日本军国主义的侵略和掠夺的历史是不可多得的珍贵的原始资料，尤其是对研究日本如何控制东北路权、营建港口、经营航运业、工商业以及掠夺中国的农矿资源等问题都是不可缺少的第一手资料，所以“满铁”资料的学术价值逐步被世人所关注。近些年我国对“满铁”资料的整理和利用做了大量的工作，也取得了可喜的成果，研究与“满铁”相关问题的学术论著也在不断地出版和发表，引起了学者的普遍关注，这里就不一一赘述了。但美中不足的是，由于这些资料存放地点分散，时间久远，面临损毁的危险，而且大部分还都没有整理出版，这就为我们更加深入地研究和利用造成很大的障碍。

原载《日本侵华史研究》2017 年第 4 卷

# 大连图书馆藏"满铁资料"中珍稀本满语、满学图书撮要

薛　莲

大连图书馆藏古旧满文文献十分丰富，有图书、内府档案、舆图、碑刻拓片等。其中的满语、满学图书既有1911年前出版的线装古籍，又有1949年以前国内外出版的各种版式书籍。这部分藏书为"满铁资料"的一部分，是满铁大连图书馆和满铁奉天图书馆的旧藏，满铁的藏书印，清楚地标明每部书的入藏时间。《全国满文图书资料联合目录》[①] 收录大连馆藏满文图书280余种、2520余册；《大连图书馆藏少数民族古籍图书综录》[②] 收录满文图书411种、3179册等。但从目前情况看，以往整理还不够全面，特别是以日文编著的满语、满学图书就不包括在内。现在经过整理，统计出满语、满学图书共440余种、3300余册。其中满汉文合璧256种、满文125种、满蒙汉文合璧35种、满蒙文合璧5种、满朝文1种、满藏汉文2种、满蒙藏文1种、梵藏满汉文1种、汉满蒙日文1种、汉女真日文1种、满蒙藏汉文4种、满蒙藏维汉文1种、日汉满文3种、满日文2种、日文5种等。

## 一　珍稀本满文图书提要与考证

大连图书馆藏孤本满文图书约120多种，下面介绍其中几种。

### 1.《御制五体清文鉴》三十二卷附补编四卷

满汉蒙藏维文合璧，三十六册，线装，民国影印本，页面高28厘米、宽14.5厘米，版框高19厘米、宽10.8厘米，白口，四周单边，半叶4行，小字双行，版心依次为满文书名、类目，汉文类目、页码。钤"中国长春铁路公司中央图书馆民国375.17"朱文椭圆印、"中国长春铁路公司中央图书馆图书印"朱文方印和大连图书馆藏书印，每册末页又钤油印字"东洋文库殿寄赠"朱文方印。"中国长春铁路公司中央图书馆"

---

① 书目文献出版社，1991。

② 辽宁民族出版社，2004。

是抗日战争胜利后，苏军接管日属“满铁大连图书馆”的称谓，直至1950年12月由旅大市人民政府接管，更名为“旅大图书馆”。二战后期，各种原因致满铁大连图书馆大批图书包括相当数量的古籍没有分编，战后仍有个别日籍馆员被留用，整理各种图书资料。椭圆形为满铁藏书印的风格，“东洋文库殿寄赠”是满铁藏书印记，因此可以断定这部书仍为“满铁”藏书的一部分。

《御制清文鉴》始编于康熙十二年（1673），历经35年，康熙四十七年完成并刊印。后来，以此为基础增补成《御制增订清文鉴》，于乾隆三十八年（1173）编定，将原有词汇译为汉文，并附有满文对音，以及满文的汉字切音。《御制满珠蒙古汉字三合切音清文鉴》则是乾隆四十四年敕撰，乾隆五十七年校刊发行。《御制四体清文鉴》与《御制五体清文鉴》的编纂启动时间现在尚无定论。但最晚至乾隆四十二年，“四体”与“五体”都已在编纂当中；而后者是在前者的编写过程中，奉旨增加维吾尔文及其满文注音，并在原藏文下添注两种注音而成①。三、四、五体的增修，使《清文鉴》系列臻于完善，堪称康乾盛世之作。

《御制五体清文鉴》的成书时间约为乾隆五十六年，早于《御制四体清文鉴》的乾隆五十九年。现在看，它是一系列《清文鉴》中最具语言学价值和文物价值的一部。以阿里噶里字（一种蒙文注音系统）和满文字母为藏文注音，并加维吾尔（回）文及其满文注音而成五体，特别是维吾尔文为今日少见之古字。其成书之后并无刊本大量发行，文物价值较高。从留存至今的清宫档案看，当时只有三部抄本：中国第一历史档案馆藏宫中档簿载，乾隆五十五年至五十六年间，懋勤殿收存两部②；辽宁省档案馆藏盛京内务府档案载，盛京（今沈阳）故宫收存一部③。从《全国满文图书资料联合目录》看，国内现仅存有两部抄本，一部藏故宫博物院，另一部藏雍和宫。《世界满文文献目录初编》④载，日本东洋文库藏一套四函三十六册，但无其他版本项著录。日本著名学者、“近代日本汉学第一人”的内藤湖南于1912年曾到沈阳故宫的翔凤阁，在秘密状态下以十天的时间，拍摄了整部《五体清文鉴》，共计2600页5300多张照片。内藤湖南还提及，“听说百鸟库吉博士曾经在法国巴黎见过同样的本子，如果果真与我们拍摄的这本相同的话，那么，也许是英法联军侵

---

① 江桥《御制四五体〈清文鉴〉编纂考》（《历史档案》2000年1期）云，五体成书大致在乾隆五十六年，早于四体，但未大量刊印，懋勤殿在乾隆朝仅收存2部。其依据是中国第一历史档案馆藏宫中档簿，“懋勤殿乾隆五十五年十二月初一日至五十六年十一月二十九日新收书籍中已有五体《清文鉴》，而五十八年十二月初一日至五十九年十一月二十九日新收书籍中才有四体《清文鉴》样本一部，可见五体早于四体成书。但翻遍乾隆朝懋勤殿收存书籍档，仅有两部在录”。

② 同注①。

③ 辽宁省档案馆藏盛京内务府档案之“盛京内务府594”“盛京内务府24348”“盛京内务府19003”。

④ 富丽编，中国民族古文字研究会，1983。

入圆明园时掠得的”[①]。气但曾存于沈阳故宫的一部现不知所归。

大连馆藏的这套影印本不见各家书目著录，从印记看，来自日本东洋文库，但底本为三部抄本中的哪一种、底本来源、影印时间等则有待于进一步考证。

**2.《清语老乞大》**

满朝合璧，存一册（卷一，原书目录卡片著录“7 册缺”），线装，乾隆三十年（1765）箕营（平壤）刊本。为典型的朝鲜刊本：白口，四周单边，半叶 6 行，满文单行，朝鲜文双行，行字不等，版心依次为单花纹鱼尾（四片两两相对、向中心倾斜的阴文叶状图形，有别于中国古籍中的花鱼尾），汉文书名、卷次、页码，单花纹鱼尾；开本宽大，页面高 33.2 厘米、宽 21.9 厘米，版框高 25.5 厘米、宽 19.3 厘米；纸质为高丽皮纸，纸纹清晰，色白而有韧性。钤“南满洲铁道株式会社大连图书馆昭 .9115”朱文椭圆印、“中国长春铁路公司中央图书馆图书印”朱文方印及大连图书馆藏书印。卷一末有乙酉年（乾隆三十年，1765）洪启禧汉文《清语老乞大新释序》。

《清语老乞大》是朝鲜（高丽、朝鲜王朝）编写、刊行的满朝文双语教材，为当时朝鲜人学习满语（时称清语）口语时所用。采用朝文为满文注音，朝文意译的形式刊印，是稀见的朝语、满语合璧本古籍。韩国成百仁等认为[②]，“老乞大”是“老汉儿”的意思。《老乞大》最初用汉文写成，是朝鲜培训官方译员的汉文口语教科书，出版年代不详，但推测是产生于高丽王朝。讲述的是一个朝鲜商人往来北京和韩国王京之间的各种经历，以对话形式出现，内容十分贴近现实。后来在朝鲜被译成《蒙语老乞大》《清语老乞大》《倭语老乞大》（但《倭语老乞大》今已不存在）。第一个手写本的《满语老乞大》据说是一个朝鲜人翻译的，他在仁祖十四年（1636）丙子之役后返回朝鲜。1684 年被汇编成《新翻老乞大八卷》，1703 年木版刊刻出版。但这两个本子久已失传。目前流传的 1765 年的本子《新译清语老乞大》八卷是在 1703 年的基础上修订而成。目前此书仅存英国大英图书馆、巴黎的国立东方语言学校图书馆（Biblio-

① 内藤湖南等著，钱婉约等辑译：《日本学人中国访书记》，中华书局，2006，第 30－40 页。

② 成百仁、高东昊著，蒋理译、许明玉校：《韩国的满语研究概况》，《满语研究》1999 年第 1 期。而关辛秋：《元以来一部多个语种版本的第二语言教材——三种文本〈老乞大〉教材编写特点分析》（《汉语学习》2004 年 3 期）则认为，“汉文本《老乞大》使用了至少 400 年，可能是迄今为止使用时间最长的对外汉语教材。《老乞大》最早的作者不可考，有人认为是来到中国辽东的朝鲜人，有人认为是中国人无疑。在其成书年代问题上存在着是元末还是明初的分歧，多数人主张编纂于元末”，“蒙文本《老乞大》存在了至少 374 年，蒙文本《老乞大》使用的上限不易确定，一般认为《老乞大》最早的版本是蒙语本，不是汉语本，即蒙语本出现的年代早于汉语本，在元末之前。但由于多年来没有人见过蒙语本，蒙文本的说法还是个推测”。关辛秋文中又引用胡明扬先生的观点，“《老乞大》一书国内学者据书名推测最初当为元代蒙古人为蒙古子弟所编汉语读本之名，因其他各族从无称汉人为‘乞大’者。‘乞大’疑即‘契丹’之音转，如俄语亦称中国为 KJiTAK。因此，原本当为蒙文本，惜至今未见蒙文本，其他各民族版本似当为蒙文本翻版。但此种猜测始终未获确证”。

cheque de l'Ecole Nadonale des Langues Orientales Vivantes)、日本的驹泽大学（Ko-mazawa）图书馆，而巴黎的一套为影印本。直到现在《清语老乞大》对满语研究及满语对话教学仍十分重要，因为1684年的新版《新翻老乞大》和1703年现已不存在的木版是现知的最早的满语对话教科书。台湾庄吉发于1976年曾将其译成汉语，日本津曲敏郎则于1977、1978年将其译成日语。

大连图书馆藏虽为残卷，但仍有版本和史料价值。

**3. 《仁宗睿皇帝大事档案》不分卷**

满汉合璧，二十册，内府朱格精抄本。页面高30厘米、宽26厘米，版框高22.5厘米、宽17.8厘米；半叶10行，汉文行21字，小字双行，满文行字不等；版心有单红鱼尾；有大连图书馆藏书印；封面书签为黄绫墨笔题"仁宗睿皇帝大事档案"。包括堂谕一册，汉文；上传三册，其中满文一册，汉文二册；来文七册，其中汉文六册，满文一册；仪注二册，满汉合璧；奏销四册，其中满汉合璧二册，汉文二册；尊封事宜二册，满汉合璧；杂项一册，满汉合璧。

记事起于嘉庆二十五年（1820）七月二十六日，止于道光元年（1821）七月十一日。这期间正是嘉庆帝七月二十五日驾崩，宫廷内外举办丧事、道光帝继位等重大事件的发生期，如仪注二册，记载有"礼部奏为大行皇帝大事治丧成服仪注事""礼部奏为大行皇帝遗诏到京王大臣等在午门听宣仪注事""内府等衙门奏为大行皇帝梓宫由热河奉移一切仪注事""礼部为奉移大行皇帝梓宫回京仪注事""本府奏为八月二十七日皇上登极是日在皇太后前行礼仪注事""礼部具奏大行皇帝尊谥颁发诏书仪注事""礼部奏为仁宗睿皇帝初周年大祭皇上行礼仪注事""礼部奏为仁宗睿皇帝初周年大祭皇太后行礼仪注事"等，对清史研究具有一定的史料价值。此书不见其他书目收录。

**4. 《新约全书》二部**

满文，一册，精装，铅印本，版式为"中西合璧"。页面高23.2厘米、宽15.3厘米，厚度为4.1厘米；版框高16.9厘米、宽13.9厘米；四周双边，半叶13行，行字不等，版心依次为满文"enduringge ewanggelium"（拉丁字转写，下同）和汉文页码；虽非筒子叶，但按筒子叶计页数（即两面为一页）；全书共分八章节，各章页数分别是63、39、68、53、69、86、72和66页；无版权页。书名页印满文"ice hese"；钤"南满洲铁道株式会社大连图书馆昭.11.12.11""南满洲铁道株式会社大连图书馆昭17.2.18"朱文椭圆印、"南满洲铁道株式会社图书印"朱文方印和大连图书馆藏书印。从钤印看，其入藏时间是1936年和1942年。

满文《新约全书》是历史上第一部铅印的满文图书，传世稀少，大连馆藏不见各种满文书目收录。

日人渡部薰太郎1932年曾对日本天理图书馆藏《满洲语新约全书》做了提要：1822年，俄国人ステファン・リポウゾフ（即Stepan Lipovtsov——作者注）译完"马

太传”的最初七章。1823 年，“马太传”印刷 550 部。1825 年《新约》全部译完，俄国没有出版。1833 年，ノールウイチイ（即 George Borrow——作者注）为印刷此《新约》，被聘到俄首都圣彼得堡。1835 年（一说 1836 年）印刷 1000 部满文《新约全书》……1855 年，此满译本《新约全书》的 200 部航运上海，途经爪哇，发生海难，200 部《新约全书》一卷未留，全部丢失……该书内容如下，现今印刷的任何一种文字《圣经》，都是章节分列，而满译《新约全书》却有章无节，只分二十七卷为八部，每一部分页数大致相同，推想可能是为印刷便利……①

而据韩国金东昭考证，铅印本满文《新约全书》只一个版本，即上文已经提到日本天理图书馆藏《满洲语新约全书》，由 S. V. Lipovtsov 于 1825 年翻译成满文，1835 年在 St. Petersburg 出版。目前此书在英国大英图书馆藏 5 部，“大英圣书公会”藏 3 部，伦敦的“印度图书档案局”藏 1 部。苏联（原文如此——作者注）科学院亚细亚民族研究所收藏 1 部（1864 年被收集），著录为 8 卷，每卷的页数分别为 61、37、57、40、52、60、130 和 50，每页记有 12 行满文②。

中国学者肖玉秋指出，“最早将东正教书籍译成中华语言的是第 8 届传教士团学生利波夫措夫，他在 1794 年至 1808 年间就完成了《新约》的满文翻译”，“利波夫措夫的满文译本没有得到俄国圣务院的批准，被英国圣经公会拿去出版。天主教传教士在其东北的教会学校中使用利波夫措夫的译本做神学教材，并用它来在满人中传教布道”，其翻译满文《新约》目的是“维持雅克萨战俘及后代的东正教信仰”③。

**5. 《新刻清书全集》不分卷**

满汉合璧，五册，清康熙三十八年（1699）听松楼刻本。白口，四周双边，书名页镌满汉文“新刻清书全集”“听松楼藏本”，钤“听松楼”朱文方印和饰以花草图案的朱文圆印。其特殊处在于第二、三、四、五册为两节版，中间以三条细栏线隔开。一部书有两种版式，两节版的三条细栏线设计都比较独特，为中文古籍中所不多见。

**6. 《四书集注》十九卷**

满汉合璧，十四册，道光十八年（1838）京都琉璃厂炳蔚堂朱氏刻本。白口，四周双边，半叶十二行，行字不等。版心依次为汉文书名，单黑鱼尾，汉文页码。书名页镌“四书集注”“满汉字合璧”“京都琉璃厂炳蔚堂朱氏藏版道光戊戌秋月重刊校对无讹”“每部纹银肆两整”。牌记中直接标明书价的满文古籍图书比较罕见。

---

① 渡部薰太郎编著：《增订满洲语图书目录》，大阪东洋学会，昭和七年（1932），第 43 - 44 页。

② 〔韩〕金东昭著，金贞爱译：《东洋文库藏现存满文圣经稿本介绍》，《满族研究》2001 年第 4 期，第 92 - 96 页。

③ 肖玉秋：《俄国驻北京传教士团东正教经书汉译与刊印活动述略》，《世界宗教研究》2006 年第 1 期，第 93 - 103 页。

**7.《满洲姓氏世居谱》不分卷**

满汉合璧，五册，抄本。各册首页钤“纳哈塔氏”朱文椭圆印、“孤鸿和尚”朱文方印，《高丽姓氏》册封皮钤“吟秋山馆”朱文长方印，函套内侧有“银壹两”印记。此部书为抄本，“银壹两”盖是函套价格。

## 二 日文满语、满学图书提要

日文编著的满语、满学图书大连馆藏数量虽然不多，只有12种，21册，但特点鲜明。日本在19世纪末至20世纪30年代，拥有一批老一辈的满学满语研究者，其中的羽田亨和渡部薰太郎的著作，大连馆就有收藏，仅大阪外国语学校讲师渡部薰太郎的论著就有6种10册，几乎涵盖了其一生的关于满语、满学的重要著述①。这部分图书的装帧形式可谓“中西结合”，一般是油印或铅印本，有筒子叶，有线装，也有洋装、精装。

**1.《满语文典》**

〔日〕渡部薰太郎编著，满日合璧，一册，线装，大正七年（1918）间岛满语学丛书发行会油印本。筒子叶，无边栏，半叶行、字不等，版心有汉文页码。封面墨笔题“满语学丛书第一辑满语文典完”，书名页印满文书名“manjurame kooli”，“满语学丛书发行会”；朱笔题“著者谨呈”。钤“S. M. R. LIBRARY · S. M. R. 9. 4. 25”蓝文椭圆印、“南满洲铁道株式会社图书印”朱文方印及大连图书馆藏书印。卷前有大正七年《满语学丛书发刊之辞》，同年薰风《绪言》。卷末版权页印“大正七年六月二十八日发行”“编辑兼发行者支那间岛龙井村渡部薰太郎”。

渡部薰太郎（1861－1936），19世纪末至20世纪30年代日本著名的满语满学研究者。早年学习英语，后来沉湎于满语、女真语的研究，并致力于整理编纂出版这方面的图书资料。这部书是他亲笔题名赠送给满铁大连图书馆的，也是其一生中出版的第一部论著。《绪言》中言及“从编辑、印刷到装订过程，乃自己完成”，“以誊写版印刷本书，作为满语课本之第一卷”。

**2.《满洲语图书目录》两部**

〔日〕渡部薰太郎编，汉日合璧，一册，大正十四年（1925）大阪东洋学会铅印本。钤“S. M. R. . LIBRARY. S. M. R. 2. 10. 11”蓝文椭圆印、“南满洲铁道株式会社图书印”朱文方印及大连图书馆藏书印。封面题“大正十四年三月十五日”“亚细亚研

① 石滨纯太郎著《故渡部薰太郎先生》，《东洋研究史》第二卷第一号，昭和11年（1936）10月，文后附有“渡部先生论著目录”，按时间顺序详细列出十五种，其中关于满语、满学的有十四种，另外的《女真馆来文通解》（昭和八年大阪刊）大连馆也有藏。

究第三号”“大阪东洋学会”，书名页题“大阪外国语学校讲师渡部薰太郎编”“满洲语图书目录”“大阪东洋学会刊行”。前有《清汉元音字典》和《御制性理精义序文》两部书的书影，大正十四年（1925）二月编者绪言。“目录目次”将所收满文书分为“言语部（27种）”“政治部（6种）”“道德部（20种）”“宗教部（4种）”“哲学部（3种）”“历史部（3种）”“文集部（3种）”“稗史小说部（6种）”“兵法部（1种）”“天文部（1种）”等10类。正文以汉文（少数以日文）列书名，以日文做提要，满文书目以日文标注读音，而不写满文。

**3.《（增订）满洲语图书目录》两部**

〔日〕渡部薰太郎编，汉日合璧，一册，昭和七年（1932）大阪东洋学会铅印本。钤“大连图书馆7.10.19”蓝文椭圆印，钢笔书写“大阪东洋学会寄赠”。封面题“昭和七年十月二十日”“亚细亚研究第三号”“大阪东洋学会”，书名页题“大阪外国语学校讲师渡部薰太郎编”“增订满洲语图书目录”“大阪东洋学会刊行”。卷前有《御制四体清文鉴》卷十三“人部四”和《西游记》第十四回“六贼无从心猿归正”的书影，汉文“奉呈文”及编者昭和七年九月“满洲国承认の日”的序。

渡部薰太郎序中称，此目录包含大阪外国语学校的满文图书128种，满铁奉天医科大学预科教授，ダブルユー・フックス氏1931年的满文书目36种，ビ・ヅ・フヲン・メーレンドルフ氏1890年的满文书目249种，アレサンダ・ワイリ氏1855年的满文书目59种，合计472种，除去重复有370种。正文编排体例同上。

需要注意的是卷首的“奉呈文”。该文是1932年大阪东洋学会拜谒“满洲国执政溥仪大人阁下”奉呈的，读其文，则日本帝国主义扶持溥仪伪满政权、吞并我国东北的野心昭然若揭；其竭力搜集、刊行满文文献的目的，溢于言表。

**4.《满洲语缀字全书》**

〔日〕渡部薰太郎编，汉日满合璧，一册，精装，昭和五年（1930）大阪东洋学会油印本。筒子叶，版心有汉文页码。钤“S. M. R.. UBRARY. S. M. R. 5. 6. 23”蓝文椭圆印、“南满洲铁道株式会社图书印”朱文方印及大连图书馆藏书印；卷端钤“大阪东洋学会（钢笔书写——作者注）寄赠”蓝文方印。卷前有女真人和契丹人画像各一张。卷末印“昭和五年三月十日”“亚细亚研究第九号”“大阪外国语学校讲师渡部薰太郎编辑”“满洲语缀字全书”“大阪东洋学会”。

**5.《新编金史名辞解》两部**

〔日〕渡部薰太郎编，汉满蒙日合璧，一册，昭和五年（1930）大阪东洋学会油印本。筒子叶，半叶十三行，行字不等。钤“S. M. R. LIBRARY S. M. R 昭.7.3.5”蓝文椭圆印、“南满洲铁道株式会社图书印”朱文方印、“渡部薰太郎（钢笔题——作者注）寄赠”蓝文方印和大连图书馆藏书印。封面题“大阪外国语学校讲师渡部薰太郎著”“新编金史名词解”“大阪东洋学会发行”。卷前有女真人画像一张，题字为女真文，背面是日文的女真文字说明，昭和五年大阪东洋学会长中目觉序和著者识。正文先列出《金史》中的汉文词汇、其在原书（《金史》）中的卷次和页码，然后注明其所属类别，如“人”“地”“姓”等，再说明其来源（蒙古语或满语），译出其对应的汉语，以拉丁文标注读音，最后以日文做解释。

**6.《女真语ノ新研究》二部**

〔日〕渡部薰太郎编，汉女真日文合璧，一册，昭和十年（193S）大阪东洋学会油印本。筒子叶，版心有页码。钤“南满洲铁道株式会社大连图书馆假受昭.11.3.18”朱文椭圆印（另一册钤“南满洲铁道株式会社大连图书馆假受昭.10.4.12”蓝文椭圆印）、“南满洲铁道株式会社图书印”朱文方印。书名页题“昭和十年一月二十日”“亚细亚研究第十二号”“大阪外国语学校讲师渡部薰太郎著”“女真语/新研究”“大阪东洋学会”。卷前有昭和十年著者序文，“目次”则列出全书的三个部分：“类集女真译语”、“（语头画引）女真语汇”和“译语丛谈”。

“类集女真译语”将所列词汇按“天文部”“地理部”“时令部”“花木部”等17个部分类，正文先是汉文词汇，女真语的汉文读音，女真语的拉丁字读音，最后以日文解释其意义。在解释中将部分女真语与满语和汉语做比较说明。“女真语汇”部分的女真语词汇是以汉文标注其读音，然后是对应的汉语词汇。“译语丛谈”阐述了女真族、女真人和女真语的历史，将新旧女真语进行详细比较，又与满语、汉语进行了比较。

**7.《（正训）东洋史地人名日汉满同文辞林》**

〔日〕小山爱司编著，日汉满合璧，二册，线装，昭和九年（1934）东京中央学会油印本。筒子叶，无边栏，半叶九行，行字不等，版心依次为汉文中国朝代名（从三皇、五帝至清代）、汉文页码。钤“南满洲铁道株式会社大连图书馆昭.10.7.26”朱文椭圆印、“南满洲铁道株式会社图书印”朱文方印及大连图书馆藏书印。书名页题日汉满文“小山爱司编著”“上卷人名之部”“正训东洋史地人名日汉满同文辞林”“东京”“中央学会版藏有”。卷前有昭和七年“官房总务课长、书记官”横沟光晖序、昭和九年“内阁官房记录课长、内阁书记官”川岛孝彦序，昭和九年著者序文。卷末版权页印“昭和九年七月一日发行”，钤“中央学会”朱文方印；下卷为“地名之部”。正文每行以日、汉、满的顺序行文，按中国朝代顺序编写，正文后是附录和字表。

**8.《满和辞典》**

〔日〕羽田亨编，满日合璧，一册，精装，昭和十二年（1937）京都帝国大学满蒙调查会铅印本。封面印满文书名《满和辞典》、“文学博士”、“昭和十二年十二月”、“京都帝国大学满蒙调查会刊”，钤“南满洲铁道株式会社大连图书馆昭.13.2.1”朱文椭圆印、“南满洲铁道株式会社图书印”朱文方印及大连图书馆藏书印。卷前有昭和十二年十一月“京都帝国大学东洋史研究室羽田亨”的序。

羽田亨（1882～1955），日本历史学家。曾从事调查研究敦煌文献，被称为日本研究西域文化史“权威”。著有《西域文明史概论》《西域文化史》《羽田博士史学论文集》①。

**9.《满蒙言语の系统》**

〔日〕石滨纯太郎著，日文，一册，精装，昭和九年（1934）岩波书店铅印本。封面印“岩波讲座东洋思潮（东洋言语の系统）”“满蒙言语の系统”“石滨纯太郎”“岩波书店”，钤“南满洲铁道株式会社大连图书馆昭·9.11.22”蓝文椭圆印、“南满洲铁道株式会社图书印”朱文方印及大连图书馆藏书印。封底版权页印“昭和九年十月十五日发行”“岩波讲座　东洋思潮　第五回本”“发行所（东京）岩波书店”。全书分四个部分：“满蒙言语”“アルタイ语”“蒙古语”“满洲语”。

石滨纯太郎（1888～1968），日本东方学会会员，中国古代史、西域史和中国少数民族语学研究家。曾随内藤湖南往欧洲调查敦煌文献及东方学研究状况，后主要从事回鹘、西夏等民族语言佛典的研究工作。20世纪五六十年，组织西域文化研究会，整理大谷文书为中心的敦煌吐鲁番资料，完成《西域文化研究》全六册的编辑和部分撰稿工作，著有《东洋学之话》《支那学论考》等②。近年来，我国又有学者提出“敦煌学”一词首先由石滨纯太郎创用③。

**10.《满洲语のはなし》（《满洲语之话》）两部**

〔日〕今西龙著，日文，一册，精装，昭和六年（1931）双色打印本。卷端题“青邱说丛卷二　昭和六年一月”“满洲语のはなし”“今西龙”，钤“南满洲铁道株式会社大连图书馆　假受　昭.181221”朱文椭圆印、“南满洲铁道株式会社图书印”朱文方印及大连图书馆藏书印。书中论述了满语的发展历史。

**11.《满洲语史》四部**

〔俄〕イ・ザハノロワ（伊・扎哈诺罗夫——音译，作者注）著，〔日〕布村一夫译，日文，一册，昭和十八年（1943）满铁调查部铅印本。封面印“满铁调查月报别刷第八十三号”“昭和十八年二月号（第二十三卷第二号）拔刷”“满洲语史”“满铁调查部”，钤“南满洲铁道株式会社大连图书馆假受昭.185.11”朱文椭圆印、“南满洲铁道株式会社图书印”朱文方印、“编纂殿寄赠”朱文方印及大连图书馆藏书印。卷端题“イ・ザハノロワ”、“布村一夫译”。

---

① 日本人物辞典编纂委员会编《日本人物辞典》，商务印书馆，1988。

② 季羡林主编《敦煌学大辞典》，上海辞书出版社，1998。

③ 方广锠：《从“敦煌学”的词源谈起—兼为王冀青先生补白》，《敦煌学辑刊》2001年第2期，文中肯定了王冀青提出的“敦煌学”一词首先由日本学者石滨纯太郎创用。

**12.《満洲语と汉语を混用したる歌本“吃螃蟹”》（《满洲语与汉语混用的歌本吃螃蟹》）两部**

（朝鲜）金九经编著，汉满日合璧，一册，满铁奉天图书馆铅印本。封面题“奉天图书馆丛刊第二十一册”“满洲语と汉语を混用したる歌本‘吃螃蟹’”“金九经”，钤“南满洲铁道株式会社大连图书馆假受昭.10.11.12”朱文椭圆印、“南满洲铁道株式会社图书印”朱文方印及大连图书馆藏书印。此文曾在《满蒙》第十六卷第九号（大连，1935年）第222～242页上发表（大连馆有藏），单行本则较为少见。

金九经，字明常，朝鲜鸡林人。毕业于日本京都帝国大学，曾在初创的京城（今韩国首都首尔）帝国大学图书馆工作。民国十九年、二十年曾在北大国文系讲授“中日韩字音沿革比较研究”课。与鲁迅、胡适等中国学者、文人有交往，与魏建功相交善。后客居沈阳，刊印古籍史料。

关于“歌本吃螃蟹”，郑振铎先生曾以“二酉”署名，在1947年9月26日《华北日报》副刊《俗文学》发表《“螃蟹段”满汉兼子弟书跋》一文，对此进行了考证和研究①。

“满汉歌本吃螃蟹”的研究，至今对中国俗文学研究仍具有一定的意义，对满族文学和满语研究也具有一定的价值。

原载《文献》2018年第2期

① 关家铮：《郑振铎书跋二则》，《图书馆理论与实践》2003年第1期。

# 附录　满铁研究中文著作与论文索引

## （一）满铁研究中文著作索引


1. 解学诗、张克良编《鞍钢史 1909 - 1948》，北京：冶金工业出版社，1984。

2. 祁仍奚著《近代中国史料丛刊三编　第 28 辑　满铁问题》，台湾：文海出版社，1987。

3. 解学诗主编《满铁史资料》共 4 卷，北京：中华书局，1987。

4. 苏崇民著《满铁史》，北京：中华书局，1990。

5. 胡昶、古泉著《满映——国策电影面面观》，北京：中华书局，1990。

6. 辽宁省档案馆、辽宁社会科学院编《“九·一八”事变前后的日本与中国东北——满铁秘档选编》，桂林：广西师范大学出版社，1991。

7. 杨碧川著《后藤新平传》，台北：一桥出版社，1996。

8. 辽宁省档案馆编《满铁密档·满铁与侵华日军》共 21 册，桂林：广西师范大学出版社，1999。

9. 解学诗、〔日〕松村高夫主编《满铁与中国劳工》，北京：社会科学文献出版社，2003。

10. 解学诗著《隔世遗思——评满铁调查部》，北京：人民出版社，2003。

11. 辽宁省档案馆编《满铁密档·满铁与劳工　第 1 辑》共 10 册，桂林：广西师范大学出版社，2003。

12. 辽宁省档案馆编《满铁密档·满铁与劳工　第 2 辑》共 8 册，桂林：广西师范大学出版社，2003。

13. 辽宁省档案馆编《满铁密档·满铁与移民　综合卷》共 8 册，桂林：广西师范大学出版社，2003。

14. 辽宁省档案馆编《满铁密档·满铁与移民　分卷 1》共 6 册，桂林：广西师范大学出版社，2003。

15. 辽宁省档案馆编《满铁密档·满铁与移民　分卷 2》共 6 册，桂林：广西师范大学出版社，2003。

16. 辽宁省档案馆编《满铁密档·满铁机构　第 1 卷》共 24 册，桂林：广西师范大学出版社，2004。

17. 张奕编著《满映始末》，长春：长春市政协文史资料委员会，2005。

18. 北冈伸一编著，魏建雄译《后藤新平传：外交与卓见》，台湾：商务印书馆，2005。

19. 黑龙江档案馆编《满铁调查报告　第 1 辑》共 24 册，桂林：广西师范大学出版社，2005。

20. 黑龙江档案馆编《满铁调查报告　第 2 辑》共 24 册，桂林：广西师范大学出版社，2005。

21. 兰林友著《庙无寻处——华北满铁调查村落再研究》，哈尔滨：黑龙江人民出版社，2007。

22. 郭富纯主编《“满铁”旧影 旅顺博物馆藏“满铁”老照片》，北京：中国人民大学出版社，2007。

23. 解学诗著《满铁与华北经济（1935－1945)》，北京：社会科学文献出版社，2007。

24. 周俊旗主编《满铁华北文献资料选编》共3辑，北京：燕山出版社，2014。

25. 程维荣著《近代东北铁路附属地》，上海：上海社会科学院出版社，2008。

26. 许介鳞著《后藤新平》，台北：文英堂出版社，2008。

27. 辽宁省档案馆编《满铁调查报告 第3辑》共25册，桂林：广西师范大学出版社，2008。

28. 李力著《伪满洲国的劳务管理机构与劳务政策研究》，长春：吉林出版集团有限责任公司，2009。

29. 辽宁省档案馆编《满铁调查报告 第4辑》共25册，桂林：广西师范大学出版社，2009。

30. 古市雅子著《“满映”电影研究》，北京：九州出版社，2010。

31. 王艳华著《“满映”与东北沦陷时期的日本殖民化电影研究——以导演和作品为中心》，长春：吉林大学出版社，2010。

32. 辽宁省档案馆编《满铁调查报告 第5辑》共25册，桂林：广西师范大学出版社，2010。

33. 冷绣锦著《“满铁”图书馆研究》，沈阳：辽宁人民出版社，2011。

34. 解学诗、苏崇民主编《满铁档案资料汇编》共15卷，北京：社会科学文献出版社，2011。

35. 兰林友著《莲花落华北满铁调查村落的人类学再研究》，北京：社会科学文献出版社，2012。

36. 郭洪茂、李力主编《近现代日本涉华密档陆军省 1872－1945》共153册，北京：线装书局，2012。

37. 辽宁省档案馆编《满铁调查报告 第6辑》共25册，桂林：广西师范大学出版社，2012。

38. 解学诗著《满洲交通史稿》共20卷，北京：社会科学文献出版社，2013。

39. 辽宁省档案馆编《满铁调查报告 第7辑》共25册，桂林：广西师范大学出版社，2014。

40. 解学诗主编《关东军满铁与伪满洲国傀儡政权的建立》，北京：社会科学文献出版社，2015。

41. 李娜著《满铁对中国东北的文化侵略》，北京：社会科学文献出版社，2015。

42. 武向平著《满铁与国联调查团研究》，北京：社会科学文献出版社，2015。

43. 逄增玉著《满映——殖民主义电影政治与美学的魅影》，北京：人民出版社，2015。

44. 王晓峰著《伪满时期日本对东北的宗教侵略研究》，北京：社会科学文献出版社，2015。

45. 解学诗著《评满铁调查部》，北京：人民出版社，2015。

46. 刘义强编译《满铁调查　第 1 辑》，北京：中国社会科学出版社，2015。

47. “满铁剪报丛刊”编委会编《中国社会科学院近代史研究所藏“满铁剪报”类编》，北京：国家图书馆出版社，2015。

48. 解学诗主编《关东军满铁与伪满洲国的建立》，北京：社会科学文献出版社，2015。

49. 周俊旗主编，天津社会科学院图书馆编《天津社会科学院图书馆馆藏满铁华北文献资料选编　第 1 辑》共 32 册，北京：北京燕山出版社，2015。

50. 周俊旗主编，天津社会科学院图书馆编《天津社会科学院图书馆馆藏满铁华北文献资料选编　第 2 辑》共 36 册，北京：北京燕山出版社，2015。

51. 周俊旗主编，天津社会科学院图书馆编《天津社会科学院图书馆馆藏满铁华北文献资料选编　第 3 辑》共 35 册，北京：北京燕山出版社，2015。

52. 解学诗、宋玉印编《满铁内密文书》共 30 卷，北京：社会科学文献出版社，2015。

53. 谷胜军著《〈满洲日日新闻〉研究》，厦门：厦门大学出版社，2016。

54. 中国社会科学院近代史研究所编《中国社会科学院近代史研究所藏满铁剪报类编　第 1 辑》共 100 册，北京：国家图书馆出版社，2016。

55. 徐勇、邓大才主编《满铁农村调查　惯行类》第 1、2 卷，北京：中国社会科学出版社，2016。

56. 辽宁省档案馆编《满铁调查报告　第 8 辑》共 25 册，桂林：广西师范大学出版社，2016。

57. 王玉芹著《日本对中国东北医疗卫生殖民统制研究》，北京：社会科学文献出版社，2017。

58. 荆绍福主编《满铁奉天附属地影像》，沈阳：沈阳出版社，2017。

59. 徐勇、邓大才主编《满铁农村调查　惯行类》第 3、4、5（上、下），北京：中国社会科学出版社，2017。

60. 中国社会科学院近代史研究所编《中国社会科学院近代史研究所藏“满铁剪

报”类编　第2辑》共100册，北京：国家图书馆出版社，2018。

61. 辽宁省档案馆编《辽宁省档案馆馆藏满铁剪报选辑》，沈阳：辽宁教育出版社，2018。

62. 邵汉明、王建朗主编《南满洲铁道株式会社社史资料汇编》共50册，北京：国家图书馆出版社，2018。

63. 邵汉明、王建朗主编《近代日本对华调查档案资料丛刊　第一辑　满铁调查月报》共100册，北京：国家图书馆出版社，2019。

### （二）满铁研究中文论文索引

1. 雪竹：《“九一八”事变前抚顺煤矿工人斗争》，《史学月刊》1960年第2期。

2. 解学诗：《〈满铁史资料〉第二卷序言》，《社会科学战线》1978年第2期。

3. 阎伯纬：《历史上的“南满洲铁道株式会社”简述》，《历史教学》1981年第6期。

4. 董惠敏：《伪满图书馆学会组织及其刊物概述》，《图书馆学研究》1982年第1期。

5. 任松：《张作霖与日本“满蒙铁路交涉问题”考略》，《辽宁大学学报版》（哲学社会科学）1982年第3期。

6. 苏崇民：《满铁史概述》，《历史研究》1982年第5期。

7. 石学：《满铁史资料及其研究概况》，《历史研究》1982年第5期。

8. 张令澳：《南满铁路时代的鞍山钢铁工业》，《上海经济研究》1982年第6期。

9. 杨力生、王泯虬：《日寇侵略东北时期伪满铁大连图书馆史料》，《图书馆学研究》1982年第6期。

10. 王维远：《论张学良时期东北经济的发展》，《辽宁大学学报》（哲学社会科学版）1983年第3期。

11. 解学诗：《日本帝国主义与东北煤铁工业——〈满铁史资料〉第四卷序言》，《社会科学战线》1983年第4期。

12. 张海齐：《伪满铁图书馆的图书搜集方式及其危害》，《图书馆学研究》1983年第6期。

13. 徐行：《抗日战争时期日本在华北的经济侵略机构——华北开发株式会社》，《历史教学》1984年第6期。

14. 张祖国：《二十世纪上半叶日本在中国大陆的国策会社》，《历史研究》1986年第6期。

15. 王洪恩、曲传林：《日本帝国主义殖民统治时期的大连福昌华工株式会社》，《辽宁师范大学学报》（社会科学版）1986年第6期。

16. 苏崇民：《内田康哉与“九·一八”事变》，《现代日本经济》1986 年第 6 期。

17. 陈景彦：《浅论“日满经济一体化”政策与东北经济的殖民地化》，《现代日本经济》1986 年第 6 期。

18. 苏崇民：《关于 1907～1931 年满铁利润问题的探讨》，《现代日本经济》1987 年第 2 期。

19. 肖炳龙：《满铁对东北经济侵略的作用及其基本特征》，《学习与探索》1987 年第 2 期。

20. 解学诗：《兴中公司与“七·七”事变》，《社会科学战线》1987 年第 3 期。

21. 何华国：《浅析“九一八”事变的经济背景》，《湘潭大学学报》（社会科学版）1987 年第 4 期。

22. 民彦：《“七七事变”前后满铁在华北的经济扩张》，《现代日本经济》1987 年第 5 期。

23. 刘万东：《1905－1945 年日本侵略者对我国东北煤炭资源的掠夺》，《辽宁大学学报》（哲学社会科学版）1987 年第 6 期。

24. 陈景彦：《“九·一八”事变期间满铁的军事运输及其作用》，《现代日本经济》1988 年第 5 期。

25. 安生：《满铁的收买、行贿与旧中国官场的腐败——兼谈满铁和奉系军阀的勾结》，《现代日本经济》1988 年第 5 期。

26. 〔美〕杨觉勇、姜璧洁、苏崇民：《南满洲铁道株式会社的早期调查活动》，《北华大学学报》（社会科学版）1989 年第 2 期。

27. 汪哮海：《满铁图书馆的西文藏书》，《图书馆学研究》1989 年第 2 期。

28. 张祖国：《满铁与日本对我国东北的资本输出》，《中国经济史研究》1989 年第 2 期。

29. 佟永功、南哲：《郭松龄反奉事件中的“满铁”》，《兰台世界》1990 年第 1 期。

30. 安生：《满铁“附属地”与日本帝国主义的经济侵略》，《现代日本经济》1990 年第 2 期。

31. 苏崇民：《围绕满铁设立展开的中日交涉》，《现代日本经济》1990 年第 5 期。

32. 王英文：《美国资本入侵满洲与“满铁中立化”计划》，《求是学刊》1990 年第 6 期。

33. 赵锦辉：《“关东州”和“满铁附属地”1907～1938 年人口死亡和死亡原因的分析》，《中国人口科学》1990 年第 6 期。

34. 刘永祥：《满铁情报调查机构述论》，《辽宁大学学报》（哲学社会科学版）1991 年第 3 期。

35. 解学诗：《“九·一八”事变与满铁》，《社会科学战线》1991 年第 4 期。

36. 曹幸穗：《满铁的中国农村实态调查概述》，《中国社会经济史研究》1991 年第 4 期。

37. 王秉忠：《“满铁”与“九 · 一八”事变》，《抗日战争与中国历史——“九 · 一八”事变 60 周年国际学术讨论会文集》，辽宁人民出版社，1991。

38. 肖炳龙：《满铁与伪满经济研究的若干问题》，《抗日战争与中国历史——“九 · 一八”事变 60 周年国际学术讨论会文集》，辽宁人民出版社，1991。

39. 高乐才：《满铁调查课的性质及其侵华活动》，《近代史研究》1992 年第 4 期。

40. 祁建民：《满铁调查部〈中国抗战力调查报告〉及其根据地认识》，《历史教学》（高校版）1992 年第 8 期。

41. 苏崇民：《南满洲铁道株式会社和战后的满铁史研究》，《东北亚论坛》1993 年第 4 期。

42. 解学诗：《满铁与日本的华北经济侵略》，《第二届近百年中日关系史国际研讨会论文集》，中华书局，1993。

43. 杨韶明：《风狂掠夺　蓄意侵略——“九 · 一八”前满铁经营危机简析》，《兰台世界（上旬）》1994 年第 1 期。

44. 卢岳美、权方美：《满铁档案中有关南京大屠杀的一组史料》，《民国档案》，1994 年第 2 期。

45. 张树纯、卢岳美、权方敏、李有春：《满铁档案中有关南京大屠杀的一组史料（续）》，《民国档案》1994 年第 3 期。

46. 丁英顺：《试论“满铁”在朝鲜的铁路经营及影响》，《日本研究》1994 年第 4 期。

47. 杨绍明：《东洋虎口——日本“满铁”内幕曝光》，《党史纵横》1994 年第 9 期。

48. 张利民：《华北开发株式会社与日本政府和军部》，《历史研究》1995 年第 1 期。

49. 任松：《“满铁”与日本独霸东北铁路权益》，《龙江社会科学》1995 年第 2 期。

50. 赵路：《从一件文物谈满铁与“九 · 一八”事变》，《北方文物》1995 年第 3 期。

51. 杨黔云：《“满铁”与东北经济的殖民化》，《曲靖师范学院学报》1995 年第 3 期。

52. 王渤光：《日本对抚顺煤田的侵占与掠夺》，《社会科学辑刊》1995 年第 5 期。

53. 杨子竞：《从满铁调查部到野村综合研究所——日本脑库的演变》，《情报资料工作》1995 年第 7 期。

54. 齐红深：《日本帝国主义在我国东北推行殖民教育的本质特征》，《教育评论》1996 年第 1 期。

55. 丁晨曦：《日本侵华的重要工具——南满洲铁道株式会社》，《大连教育学院学报》1996 年第 2 期。

56. 张澍：《设在中国的东印度公司——日本南满洲铁道株式会社简介》，《兰台世界》1996 年第 3 期。

57. 张树纯：《“七七事变”中满铁的军事运输活动》，《兰台世界》1996 年第 4 期。

58. 庞慧茹：《“满铁”线上的破路斗争》，《日本研究》1996 年第 4 期。

59. 树纯：《满铁对华北工矿资源的掠夺》，《兰台世界》1996 年第 6 期。

60. 李云涛：《满铁对我国南方的调查活动简述》，《兰台世界》1996 年第 6 期。

61. 张文：《满铁参与了七七事变》，《兰台世界》1996 年第 7 期。

62. 张澍：《“八·一五”后的满铁》，《兰台世界》1996 年第 8 期。

63. 张景泉：《“第二个满铁线”——图佳铁路的建筑及影响》，《北华大学学报》（社会科学版）1996 年第 11 期。

64. 张树纯：《研究日本侵华史的资料宝库我对辽宁省档案馆藏满铁档案资料的了解》，《兰台世界》1996 年第 11 期。

65. 权芳敏：《不忘历史　警世后人——记满铁与“七七事变”》，《侨园》1996 年第 Z1 期。

66. 李百浩：《满铁附属地的城市规划历程及其特征分析》，《同济大学学报》（人文·社会科学版）1997 年第 1 期。

67. 于淑娟：《满铁对华北交通的控制》，《兰台世界》1997 年第 2 期。

68. 杨韶明：《“满铁”参与七七事变述略》，《抗日战争研究》1997 年第 3 期。

69. 陈毓述，王玉华：《试论东北交通委员会抵制“满铁”的业绩》，《绥化师专学报》1997 年第 3 期。

70. 崔艳明：《满铁调查与日本全面侵华》，《河北学刊》1997 年第 6 期。

71. 崔艳明：《满铁调查与日本侵华战争》，《民国档案》1998 年第 1 期。

72. 李晓菲：《“满铁图书馆”及其带给我们的启示》，《图书馆建设》1998 年第 1 期。

73. 丁晨曦：《论“满铁”对中国“明暗双轨”的经济掠夺》，《辽宁师范大学学报》，1998 年第 2 期。

74. 鲁红军、康俊梅、李爱华：《吉林大学图书馆馆藏满铁资料概述》，《东北亚论坛》1998 年第 4 期。

75. 苏崇民：《满铁设立是日本经略中国大陆的重要开端》，《东北亚论坛》1998 年第4期。

76. 解学诗：《还历史以真实——读〈满铁的设立——满铁档案选编〉》，《社会科学辑刊》1998年第5期。

77. 祁建民：《满铁经济调查会：日本统治中国东北的“智囊”》，《社会科学辑刊》1998年第5期。

78. 解学诗：《“七七”事变前后的满铁华北经济调查》，《社会科学战线》1998年第6期。

79. 高乐才：《日俄战争前后美国对中国东北的争夺》，《长春师范学院学报》1999年第1期。

80. 里蓉、权芳敏：《辛亥革命期间满铁的侵华阴谋》，《历史档案》1999年第2期。

81. 李娜：《满铁在九一八事变中的情报活动与宣传》，《日本问题研究》1999年第2期。

82. 辽宁省档案馆：《满铁“探视”孙中山病情史料一组》，《民国档案》1999年第3期。

83. 张劲松：《“九·一八”事变前后关东军与满铁关系述评》，《日本研究》1999年第3期。

84. 吴秀明、李久炼：《浅谈“满铁”》，《世纪桥》1999年第6期。

85. 张声振：《1931—1937年间满铁土建工程中使用华北打工民夫的基本状况》，《抗日战争研究》2000年第1期。

86. 郭洪茂：《东北沦陷时期的满铁铁路中国工人状况》，《抗日战争研究》2000年第1期。

87. 赵光锐：《满铁昭和制钢所的劳动力招募问题研究》，《抗日战争研究》2000年第1期。

88. 厉莉、高健：《满铁资料及有关研究概况》，《图书情报工作》2000年第1期。

89. 李久炼、吴秀明：《日本帝国主义的侵华工具——“满铁”》，《黑龙江史志》2000年第2期。

90. 李红梅：《“满铁”与英国东印度公司之比较》，《世纪桥》2000年第2期。

91. 焦玫、孔方恩：《天津图书馆收藏满铁资料概况》，《图书馆工作与研究》2000年第2期。

92. 赵焕林：《历史事实　岂容抵赖——满铁档案中证实的南京大屠杀惨案》，《兰台世界》2000年第3期。

93. 曹幸穗：《满铁资料的史料学价值》，《世纪桥》2000年第3期。

94. 李久炼、苏学文：《满铁和满铁资料》，《图书馆建设》2000年第3期。

95. 王建革：《游牧圈与游牧社会：以满铁资料为主的研究》，《中国经济史研究》2000 年第 3 期。

96. 姜曼莉、黄雅丽：《满铁资料的基本特征》，《世纪桥》2000 年第 4 期。

97. 王天平，荣宏庆：《于冲汉与满铁》，《兰台世界》2000 年第 5 期。

98. 孙玉玲：《满铁资料的整理与研究》，《农业图书情报学刊》2000 年第 5 期。

99. 郭洪茂：《满铁铁道工厂中国工人状况之考察》，《社会科学战线》2000 年第 6 期。

100. 王士花：《日伪时期山东棉花的生产与流通》，《中国社会科学院近代史研究所青年学术论坛 2000 年卷》，社会科学文献出版社，2000 年。

101. 阎振民、王雅新：《满铁攫取鞍山铁矿基本手段分析》，《沈阳大学学报》2001 年第 1 期。

102. 田富：《论满铁在日本帝国主义侵华中的政治作用》，《松辽学刊》2001 年第 2 期。

103. 梁波、陈凡：《日本在中国的殖民科研机构——“满铁中央试验所”》，《中国科技史料》2001 年第 2 期。

104. 刘慧宇、卢玉华：《从满铁看日本在华经济活动的本质》，《北方文物》2001 年第 3 期。

105. 赵德祥：《试论满铁前期的“大连中心主义”政策》，《大连教育学院学报》2001 年第 3 期。

106. 李援朝：《满铁在“九·一八”事变中的情报活动》，《沈阳干部学刊》2001 年第 4 期。

107. 高乐才：《满铁“附属地”“除队兵”移民述论》，《东北师大学报》（哲学社会科学版）2001 年第 6 期。

108. 王玉琨：《辽阳满铁附属地和九·一八事变》，《城建档案》2001 年第 12 期。

109. 石善涛：《日本控制下的大连港（1907 – 1926）》，中国社会科学院研究生院，2001 年硕士学位论文。

110. 潘德昌：《满铁与中国东北大豆殖民贸易》，《锦州师范学院学报》（哲学社会科学版）2002 年第 1 期。

111. 梁波、冯炜：《满铁地质调查所》，《科学学研究》2002 年第 3 期。

112. 韩健平：《历史变迁中的殖民地科学家》，《自然科学史研究》2002 年第 4 期。

113. 宋金玲：《满铁与“九一八”真相》，《文史月刊》2002 年第 6 期。

114. 曲晓范：《满铁附属地与近代东北城市空间及社会结构的演变》，《社会科学战线》2003 年第 1 期。

115. 韩健平、厉莉：《中国科学院图书馆对满铁文献的一次接收》，《中国科技史料》2003 年第 1 期。

116. 徐晓红，荆胜波：《“满洲地质及矿产资源分布图”在长春发现日本掠夺我国东北矿产资源的又一铁证》，《兰台内外》2003 年第 2 期。

117. 陈威利：《伪“满铁”和“满映”——日本对中国进行侵略的宣传基地》，《中州今古》2003 年第 2 期。

118. 解学诗：《从史学博士白鸟库吉到右翼狂人大川周明——满铁的“满鲜”历史地理调查和“满蒙狂”煽动》，《社会科学战线》2003 年第 3 期。

119. 李红梅、萨殊利：《南满洲铁道株式会社的设立与日本侵华政策》，《北京交通大学学报》（社会科学版）2003 年第 4 期。

120. 孟宪梅、李红梅：《试析满铁的情报调查活动》，《东北亚论坛》2003 年第 6 期。

121. 解学诗：《日本对战时中国的认识——满铁的若干对华调查及其观点》，《近代史研究》2003 年第 7 期。

122. 张学智：《满映——日本对华文化侵略的铁证（上）》，《电影艺术》2003 年第期。

123. 权芳敏：《满铁在华北的调查机构》，《兰台世界（上半月）》2004 年第 2 期。

124. 李晋瑞、马克芬：《满铁资料研究综述》，《世纪桥》2004 年第 2 期。

125. 宋金玲、刘素范：《“九·一八”事变前后的满铁》，《北京交通大学学报》（社会科学版）2004 年第 3 期。

126. 高乐才：《日俄战争前后美国远东扩张政策与日美对中国东北铁路的争夺》，《东北师大学报》2004 年第 3 期。

127. 张大伟：《营口开埠与晚清辽河流域城镇的发展》，《北方文物》2004 年第 4 期。

128. 刘芳：《浅谈满铁资料的价值与利用》，《图书馆学研究》2004 年第 4 期。

129. 施永安：《日本在满铁和东北沦陷期间的美术活动》，《东北史地》2004 年第 9 期。

130. 郭铁桩：《满铁与“九一八”事变》，《江桥抗战及近代中日关系研究（上）》吉林人民出版社，2004。

131. 路国林：《国家图书馆所藏满铁资料概述》，《图书馆学刊》2005 年第 1 期。

132. 刘晓钟：《满铁侵略活动与“九·一八”事变》，《沈阳工程学院学报（社会科学版）》2005 年第 3 期。

133. 李力：《论伪满前期的劳动政策——限制华北工人进入东北地区劳动政策的形成》，《社会科学战线》2005 年第 4 期。

134. 裴旭斌：《侵华日军南满洲铁道株式会社档案资料惊现蛟河》，《兰台内外》

2005 年第 5 期。

135. 郭洪茂：《“九一八”事变中的满铁》，《社会科学战线》2005 年第 5 期。

136. 王中忱：《满铁图书馆遗事》，《博览群书》2005 年第 6 期。

137. 喻君：《日本在中国设立的东印度公司》，《兰台世界》2005 年第 6 期。

138. 郭洪茂：《满铁与九一八事变》，《中国抗战与世界反法西斯战争——纪念中国人民抗日战争暨世界反法西斯战争胜利 60 周年学术研讨会文集（上卷）》，社会科学文献出版社，2005。

139. 解学诗：《武力与资本的新结合——满铁受挫华北开发会社设立》，《中国抗战与世界反法西斯战争——纪念中国人民抗日战争暨世界反法西斯战争胜利 60 周年学术研讨会文集（上卷）》，社会科学文献出版社，2005。

140. 王珍仁：《满铁——日本侵华扩张的桥头堡、先锋队》，《东北史地》2006 年第 4 期。

141. 李亚静，高峻：《从“九一八”事变看“满铁”的职能和性质》，《乐山师范学院学报》2006 年第 10 期。

142. 王萍：《“满铁”资料的形成及利用价值研究》，《兰台世界》2006 年第 11 期。

143. 吴利薇：《辽宁省图书馆藏的满铁资料特色》，《兰台世界》2006 年第 22 期。

144. 喻君：《从满铁档案看郭奉战争中的日本当局》，《兰台世界》2006 年第 2 期。

145. 房忠婧：《满铁与东北殖民地化研究》，大连理工大学，2006 年硕士学位论文。

146. 王影：《“九·一八”事变前“满铁”在中国东北的经营及对大豆出口的控制》，东北师范大学，2006 年硕士学位论文。

147. 王华东：《日本对中东铁路的攫取（1904－1935）》，东北师范大学，2006 年硕士学位论文。

148. 董婕：《日本对南满铁路附属地的经营及其影响》，辽宁大学，2006 年硕士学位论文。

149. 姚永超：《港势地位变迁的制度因素分析——以营口、大连两港的发展比较为例（1906－1931）》，《辽宁大学学报》（哲学社会科学版）2007 年第 1 期。

150. 孙彤：《两种满铁调查资料目录面世》，《民国档案》2007 年第 1 期。

151. 李世宇：《伪满时期满铁抚顺煤矿中国工人状况之考察》，《许昌学院学报》2007 年第 1 期。

152. 郭铁椿：《满铁与九一八事变》，《抗日战争研究》2007 年第 2 期。

153. 吴利薇：《满铁大连图书馆》，《日本学论坛》2007 年第 2 期。

154. 王玉芹：《满铁在“七七事变”中的侵略活动》，《长春工业大学学报》（社会科学版）2007 年第 2 期。

155. 褚赣生：《〈中国馆藏满铁资料联合目录〉编撰始末》，《中国索引》2007 年第 3 期。

156. 王珍仁：《论满铁对华的经济掠夺》，《东北史地》2007 年第 4 期。

157. 曹培根：《〈江苏省常熟县农村实态调查报告书〉的史料价值》，《新世纪图书馆》2007 年第 4 期。

158. 张辅麟：《筚路蓝缕　锲而不舍——解学诗的学术历程与成果评述》，《社会科学战线》2007 年第 5 期。

159. 解学诗：《论满铁"综合调查"与日本战争国策》，《社会科学战线》2007 年第 5 期。

160. 王天平：《满铁档案中记载的南京大屠杀》，《党史纵横》2007 年第 6 期。

161. 陈辽：《日本侵华的罪证　不可多得的教材——满铁上海事务所〈江苏省常熟县农村实态调查报告书〉》，《档案与建设》2007 年第 7 期。

162. 翟艳芳：《满铁远东文库——西方人眼中的清朝映像》，《图书馆杂志》2007 年第 12 期。

163. 王珍仁：《论"满铁"对华的文化侵略与渗透》，《大连近代史研究》，辽宁人民出版社，2007 年。

164. 关国磊：《略谈俄日在大连地区的移民》，《大连近代史研究》，辽宁人民出版社，2007 年。

165. 张竟文：《20 世纪上半期日本对中国东北森林资源的调查与掠夺》，东北师范大学，2007 年硕士学位论文。

166. 张丽：《近代日本对鞍山钢铁资源的掠夺（1909－1945）》，东北师范大学，2007 年硕士学位论文。

167. 孟宪梅、郑兰、苏艳红：《"满铁资料"发掘研究之探讨》，《北京交通大学学报》（社会科学版）2008 年第 1 期。

168. 郭铁桩：《试论满铁之国家垄断资本主义和殖民侵略机构的双重性质》，《辽宁大学学报》（哲学社会科学版）2008 年第 2 期。

169. 齐百顺：《试析南满铁道株式会社在内蒙古的活动》，《内蒙古社会科学》（蒙文版）2008 年第 2 期。

170. 贾丽晶：《满铁日文期刊回溯建库工作实践》，《农业图书情报学刊》2008 年第 2 期。

171. 薛莲：《大连图书馆藏"满铁资料"中珍稀本满语、满学图书撮要》，《文献》2008 年第 2 期。

172. 王艳华：《"满映"与电影的国策思想宣传》，《东北师大学报》（哲学社会科学版）2008 年第 3 期。

173. 李娜、王玉芹：《满铁图书馆的职能及其在东北的侵略活动》，《日本学论坛》2008 年第 3 期。

174. 吴秀明：《满铁资料及其重要价值》，《黑龙江史志》2008 年第 5 期。

175. 蒋蕾：《“满映”作家群落考》，《社会科学战线》2008 年第 5 期。

176. 李娜：《满铁电影文化侵略机构的设立及其在东北的侵略活动》，《东北史地》2008 年第 6 期。

177. 董婕：《南满铁路附属地与东北社会殖民性质的加深探研》，《辽宁师专学报》（社会科学版）2008 年第 6 期。

178. 荆蕙兰、许明：《满铁的“大连中心主义”政策与营口港的衰落》，《历史教学》（高校版）2008 年第 8 期。

179. 谢忠宇：《满铁附属地日本人小学校中国语教育述论》，《历史教学》（高校版）2008 年第 10 期。

180. 李娜、王玉芹：《满铁图书馆与日本对中国东北的文化侵略》，《社会科学战线》2008 年第 12 期。

181. 丁万强：《满铁时期抚顺煤矿安全事故伤亡状况之考察》，《黑龙江史志》2008 年第 19 期。

182. 丁海斌、陈楠：《“满铁”档案资料的构成研究》，《兰台世界》2008 年第 20 期。

183. 曹明、田丽梅：《1994 – 2008 年间国内学界关于中东路和满铁研究综述》，《大连近代史研究》，辽宁人民出版社，2008。

184. 杨宗鸣：《从美国收购南满铁路失败看 20 世纪初的美日关系》，《大连近代史研究》，辽宁人民出版社，2008。

185. 魏刚、于春燕：《日本统治时期东北地区的图书杂志出版与发行》，《大连近代史研究》，辽宁人民出版社，2008。

186. 范春玲：《论满铁煤矿系统压迫下中国劳工的反抗斗争（1906 – 1945）》，东北师范大学硕士学位论文，2008。

187. 伊藤健：《满铁创立时期后藤新平与日本政府的对立》，吉林大学硕士学位论文，2008。

188. 迟延玲：《满铁附属地对中国东北的影响》，吉林大学硕士学位论文，2008。

189. 陈海燕：《中日南满铁路“平行线”交涉问题研究（1905 – 1931）》，辽宁大学硕士学位论文，2008。

190. 孟宪梅、苏艳红、孟昕馨：《满铁机构设置及其实质》，《北京交通大学学报》（社会科学版）2009 年第 1 期。

191. 迟延玲：《满铁附属地及其非法行政权之由来》，《呼伦贝尔学院学报》2009年第1期。

192. 文宝：《浅谈“满铁”在内蒙古的调查资料》，《内蒙古图书馆工作》2009年第1期。

193. 郭铁桩：《九一八事变后满铁攫取我国东北铁路路权始末》，《齐齐哈尔大学学报》（哲学社会科学版）2009年第1期。

194. 丁万强：《九·一八事变后满铁抚顺煤矿扩张情况综述》，《绥化学院学报》2009年第1期。

195. 冷绣锦：《满铁的“满洲”经营与附属地各图书馆》，《外国问题研究》2009年第1期。

196. 罗玲玲、包慕萍、沈欣荣：《沈阳“满铁”社宅建设活动探析——殖民地技术扩散的一个案例》，《自然辩证法研究》2009年第1期。

197. 谢忠宇：《满铁附属地日本人小学校教育述评》，《东北师大学报》（哲学社会科学版）2009年第2期。

198. 谭晓明：《满铁科研机构文献资料篇目溯源》，《农业图书情报学刊》2009年第2期。

199. 武向平：《三十年来我国满铁研究现状述评》，《日本问题研究》2009年第2期。

200. 王广军：《近代日本对阜新煤炭资源开发权的攫取（1908—1935）》，《社会科学辑刊》2009年第2期。

201. 吴利薇：《满铁奉天图书馆》，《外国问题研究》2009年第2期。

202. 孙彤：《满铁与日本的中国东北移民》，《外国问题研究》2009年第2期。

203. 庞喜海：《试论“满铁”的情报工作》，《江南社会学院学报》2009年第3期。

204. 陈洋，冶玉，冯春莉：《日本的文化侵略——以“关东州”的图书馆事业为中心》，《东北史地》2009年第4期。

205. 赵春水：《日本对伪蒙疆地区龙烟铁矿和大同煤矿的调查与掠夺》，《内蒙古师范大学学报》（哲学社会科学版）2009年第5期。

206. 张洁：《“九一八”事变后日本攫取中国东北铁路权探析》，《辽宁大学学报（哲学社会科学版）》2009年第6期。

207. 朱雅芳：《论辽宁省历史档案的重要价值》，《兰台世界》2009年第10期。

208. 王玉芹：《满铁与日本向中国东北的移民侵略》，《社会科学战线》2009年第10期。

209. 许勇：《从“治理”台湾到“经营”满铁——儿玉源太郎与后藤新平的祸华

事实》，《世纪桥》2009 年第 11 期。

210. 冷绣锦：《〈书香〉与“满铁”图书馆》，《图书馆学刊》2009 年第 12 期。

211. 冯佼敏：《后藤新平殖民理论的研究和分析》，《兰州学刊》2009 年第 S1 期。

212. 李娜：《后藤新平“文装武备论”是满铁文化侵略政策的精神母体》，《大连近代史研究》，辽宁人民出版社，2009。

213. 关国磊：《满铁“昭和制钢所”的建立与经营》，《大连近代史研究》，辽宁人民出版社，2009。

214. 郭铁桩：《述论满铁控制下的附属地》，《大连近代史研究》，辽宁人民出版社，2009。

215. 春山明哲：《后藤新平与台湾——对殖民统治与文明之间关系的考察》，《日据时期台湾殖民地史学术研讨会论文集》，九州出版社，2009。

216. 翁嘉禧、王林楠：《日据时期台湾与东北地区煤矿业之发展——以基隆与抚顺煤矿为例》，《日据时期台湾殖民地史学术研讨会论文集》，九州出版社，2009。

217. 鐘淑敏：《试论后藤新平与伊泽多喜男——从专卖局与鸦片事件谈起》，《日据时期台湾殖民地史学术研讨会论文集》，九州出版社，2009。

218. 王艳华：《“满映”与东北沦陷时期的日本殖民化电影研究》，东北师范大学博士学位论文，2009。

219. 谢忠宇：《满铁附属地学校教育研究》，东北师范大学博士学位论文，2009。

220. 孟晓光：《民国初年东北官民自办铁路及对满铁铁路的抵制》，东北师范大学硕士学位论文，2009。

221. 王洪：《失节的影像——“满映”论考》，东北师范大学博士学位论文，2009。

222. 李娜：《满铁对中国东北的文化侵略》，吉林大学博士学位论文，2009。

223. 李娜：《满铁对文化名城及古建筑的“踏查”》，《东北史地》2010 年第 1 期。

224. 武向平：《日本在“关东州”及满铁附属地殖民教育设施之考察》，《东北史地》2010 年第 1 期。

225. 郭凤芹：《满铁资料整理研究的史料价值及现实意义》，《科技情报开发与经济》2010 年第 1 期。

226. 孙乾博：《南满铁路管辖权的丧失与东北三省的沦陷》，《鸡西大学学报》2010 年第 3 期。

227. 吴伟、李兆友、姜茂发：《“满铁”对华经济掠夺问题新探》，《江南社会学院学报》2010 年第 3 期。

228. 郭洪茂：《满铁军事关系涉密文件保密制度初探》，《东北史地》2010 年第 4 期。

229. 王玉芹：《松冈洋右与南满洲铁道株式会社》，《东北史地》2010 年第 4 期。

230. 冷绣锦：《试述后藤新平“文装的武备”论》，《日本学刊》2010 年第 4 期。

231. 贾小壮：《析论满铁对中国东北煤资源的窥探调查（1907－1945）》，《致富时代（下半月）》2010 年第 4 期。

232. 李庄：《满铁利用日本佛教对中国东北进行文化侵略》，《东北史地》2010 年第 5 期。

233. 冈部牧夫、孙彤：《日本战后满铁研究状况（上）》，《东北史地》2010 年第 6 期。

234. 姜茂发、吴伟、李兆友：《“满铁”在华时期经济掠夺问题新探》，《黑龙江社会科学》2010 年第 6 期。

235. 解学诗：《满铁研究的价值与满铁遗存史料编纂问题——大型系列档案史料集〈满铁档案资料〉总序》，《社会科学战线》2010 年第 7 期。

236. 荆蕙兰、李浩：《南满铁道株式会社与大连城市港口经济的拓展》，《历史教学（下半月刊）》2010 年第 8 期。

237. 崔婧：《从“满映”的筹划看其“国策会社”性质——“满映”前身的国策宣传活动》，《商业文化（学术版）》2010 年第 11 期。

238. 逄增玉：《殖民叙事与“满映”影片中的中国和中国人形象》，《百年中国文学与“中国形象”国际学术研讨会论文集》，浙江工商大学出版社，2010。

239. 薛志刚：《满铁经营下的抚顺煤矿》，《大连近代史研究》，辽宁人民出版社，2010。

240. 郭铁桩：《七七事变前后满铁对华北经济的侵略与掠夺》，《大连近代史研究》，辽宁人民出版社，2010。

241. 居之芬：《论抗战时期日本对大同煤矿“开发”掠夺计划的实施及对劳工使用残害人数》，《第三届近代中国与世界国际学术研讨会论文集·第四卷·经济·社会·学术》，社会科学文献出版社，2010。

242. 庞淑杰、董润丽、肖丽梅：《从吉林大学图书馆馆藏满铁宗教类图书看日本佛教和神道教在侵华战争中的思想统制及侵略》，《中国近代史及史料研究》，社会科学文献出版社，2010。

243. 庞淑杰、徐晓红、肖丽梅：《吉林大学图书馆馆藏满铁资料的整理研究现状》，《中国近代史及史料研究》，社会科学文献出版社，2010。

244. 姚淑萍：《浅谈满铁资料研究分会在满铁资料整理与研究工作中的作用》，《中国近代史及史料研究》，社会科学文献出版社，2010。

245. 徐晓红：《浅析满铁资料的界定》，《中国近代史及史料研究》，社会科学文献出版社，2010。

246. 郭洪茂：《中国的满铁研究现状》，《中国近代史及史料研究》，社会科学文献出版社，2010。

247. 张慧玲：《昭和制钢所中国劳工状况探析》，东北师范大学硕士学位论文，2010。

248. 李晶：《“满映”与日本对中国东北地区的文化侵略》，吉林大学硕士学位论文，2010。

249. 于洋：《从满铁长春图书馆到新京特别市立图书馆》，吉林大学硕士学位论文，2010。

250. 目贯：《藏品看历史：蚕食怪兽“满铁”、“满业”》，《溥仪研究》，伪满皇宫博物院，2011 年第 1 期。

251. 冈部牧夫、孙彤：《日本战后满铁研究状况（下）》，《东北史地》2011 年第 1 期。

252. 莫畏、崔煜：《长春满铁附属地的城市规划活动研究》，《长春工程学院学报》（自然科学版）2011 年第 1 期。

253. 李润泽：《满铁附属地的中国人实业教育创办的历史沿革及特点》，《大连大学学报》2011 年第 2 期。

254. 金悦、胡玉海：《近代日本在东北建立文化机构的特点》，《东北史地》2011 年第 2 期。

255. 白鸟库吉、武向平、田刚：《满铁对中国东北历史地理的“调查”——白鸟库吉〈满洲历史编纂之急务〉》，《东北史地》2011 年第 2 期。

256. 吴利薇：《“满铁”哈尔滨图书馆》，《外国问题研究》2011 年第 2 期。

257. 谷胜军、尚侠：《〈满洲日日新闻〉的文学作品倾向》，《东北师大学报》（哲学社会科学版）2011 年第 3 期。

258. 王玉芹：《满铁大连医院的设立及其在东北的侵略活动》，《东北史地》2011 年第 3 期。

259. 李娜：《满铁对中国东北古遗址的盗掘及文物掠夺》，《东北史地》2011 年第 3 期。

260. 郭洪茂、武向平：《伪满时期日本对东北的国防资源“调查”——以铁矿资源“调查”为中心》，《外国问题研究》2011 年第 3 期。

261. 关捷：《“满铁”图书馆史研究的补白之作——评冷绣锦著〈“满铁”图书馆研究〉》，《中国中日关系史研究》，中国中日关系史学会，2011 年第 4 期。

262. 王玉芹：《日本侵华历史的罪证：满铁大连图书馆》，《吉林工程技术师范学院学报》2011 年第 4 期。

263. 祝力新：《〈满洲评论〉与伪满报刊史》，《外国问题研究》2011 年第 4 期。

264. 刘战、赵朗：《日俄战争后美国对东北铁路权的争夺》，《兰台世界》2011 年第 5 期。

265. 文宝：《“九·一八事变”前“满铁”关于东蒙古的调查资料》，《内蒙古师范大学学报（哲学社会科学版）》2011 年第 5 期。

266. 李力：《长图铁路建设始末》，《社会科学战线》2011 年第 5 期。

267. 冷绣锦：《试述“满铁”与图书馆之经营》，《图书馆工作与研究》2011 年第 5 期。

268. 谢忠宇：《满铁附属地学校学制的历史嬗变》，《东北师大学报》（哲学社会科学版）2011 年第 6 期。

269. 孙彤、景壮：《加强特色馆藏建设，提升公共服务能力——吉林省社会科学院满铁资料馆公共服务的实践与探索》，《通化师范学院学报》2011 年第 6 期。

270. 徐晓红：《满铁资料的界定》，《图书馆建设》2011 年第 7 期。

271. 武向平：《满铁对满鲜历史地理“调查”及实质》，《社会科学战线》2011 年第 8 期。

272. 李萍萍：《试述满铁对东北经济殖民地化的影响》，《理论界》2011 年第 10 期。

273. 王旭、薛俊生：《略论日本在南满铁路附属地内的教育及实质》，《吉林农业》2011 年第 11 期。

274. 王玲菱：《满铁——日本帝国主义对我国进行政治侵略、经济掠夺的工具》，《理论界》2011 年第 12 期。

275. 邢军：《从〈书香〉看满铁图书馆的历史及其职能》，《图书馆学刊》2011 年第 12 期。

276. 王晓辉：《满铁资料东北基督教史文献概述》，《兰台世界》2011 年第 14 期。

277. 孙瑜：《满铁早期对中国东北的经济侵略》，《学理论》2011 年第 18 期。

278. 徐志民：《“满铁”为害中国始末》，《世界知识》2011 年第 19 期。

279. 权芳敏、王欣宇：《满铁接待国联调查团内幕》，《兰台世界》2011 年第 S2 期。

280. 沈友益：《关于满铁资料整理研究工作的回顾与展望》，《中国近现代史料专题研究》，社会科学文献出版社，2011。

281. 杨向明：《我馆“满铁资料”研究整理工作——暨〈日本侵华期间推行的驯化教育及其影响〉课题研究》，《中国近现代史料专题研究》，中国言实出版社，2011。

282. 刘辉：《满洲铁路对中国东北的影响》，吉林财经大学硕士学位论文，2011。

283. 宋艳秋：《关于满铁附属地问题研究简述》，《沧桑》2012 年第 1 期。

284. 王玉芹、李娜：《满铁的情报机构与伪满洲国的建立》，《外国问题研究》2012 年第 1 期。

285. 兰林友：《满铁调查村落的历史与现状透视》，《中央民族大学学报》（哲学社会科学版）2012 年第 1 期。

286. 孙彤、郑敏：《满铁在“大陆物资交流”和“陆运转嫁”中的作用》，《东北史地》2012 年第 2 期。

287. 武向平：《满铁在国联调查团来华期间“活动”述考》，《东北史地》2012 年第 2 期。

288. 冯训婉、章梅芳：《日本对中国东北地区矾土页岩的调查与勘探（1924 ~ 1935 年）》，《中国科技史杂志》2012 年第 2 期。

289. 王晓峰、孙彤：《满铁与日本军方对抚顺油页岩资源的“技术研发”》，《东北史地》2012 年第 3 期。

290. 武向平：《三十年来日本满铁研究现状述评》，《日本问题研究》2012 年第 3 期。

291. 李娜：《满铁在中国东北设立的科研机构》，《外国问题研究》2012 年第 3 期。

292. 冯佼敏、昌根花：《后藤新平满州经营论试析》，《新余学院学报》2012 年第 3 期。

293. 解学诗：《历经五十余年终有果——写在〈满铁档案资料汇编〉出版之际》，《东北史地》2012 年第 5 期。

294. 白岩一彦、李娜、满新茹：《日本国立国会图书馆所藏满铁文书——概要及主要文书简介》，《东北史地》2012 年第 5 期。

295. 李晓英：《天津洋行、货栈与近代西北羊毛贸易——以满铁调查的〈支那羊毛〉为中心》，《西北师大学报》（社会科学版）2012 年第 5 期。

296. 沈克尼：《日本满铁调查部的兵要地志调查及情报收集》，《保密工作》2012 年第 6 期。

297. 王玉芹：《满铁卫生研究所与 731 细菌部队》，《东北史地》2012 年第 6 期。

298. 金辉、罗敏：《满铁抚顺炭矿对抚顺殖民化城市的影响研究》，《中国名城》2012 年第 8 期。

299. 李星建、李敏：《一座历经沧桑的旅馆》，《文史春秋》2012 年第 9 期。

300. 孙成德：《满铁档案中的南京大屠杀》，《兰台世界》2012 年第 10 期。

301. 田瑞雪、唐维：《满铁图书馆对中国的文化侵略及启示》，《内蒙古科技与经济》2012 年第 24 期。

302. 孙成德：《满铁档案作证：南京大屠杀史实不容否认》，《中国档案报》2012 年 3 月 5 日。

303. 冷绣锦、张贺南：《满铁大连图书馆的使命与藏书》，《大连近代史研究》，辽宁人民出版社，2012。

304. 沈燕：《长春满铁附属地之形成与规划建设》，《大连近代史研究》，辽宁人民出版社，2012。

305. 朱丽：《东北沦陷时期日本的殖民宣传研究》，辽宁大学硕士学位论文，2012。

306. 秦书媛：《试论南满洲铁道株式会社调查机构的演变及其作用》，延边大学硕士学位论文，2012。

307. 陈景彦：《1936 年“满铁”运费改革与“日满经济一体化”》，《溥仪研究》2013 年第 1 期。

308. 目贯：《从“满铁社员消费组合”看战时日本完善的保障机制》，《溥仪研究》2013 年第 1 期。

309. 王晓峰：《“满铁”对图们江流域森林资源的“调查”》，《东北史地》2013 年第 1 期。

310. 李力：《伪满前期满铁对东北煤炭业的控制——满洲炭矿株式会社成立经纬》，《东北史地》2013 年第 1 期。

311. 安宝：《乡土社会中的村民认同——以满铁调查所及的华北区域为中心》，《历史教学》2013 年第 1 期。

312. 郑在贞、曲波：《日帝朝鲜总督府的铁路官员与铁路政策——以大村卓一的“朝满铁路连接”构想为中心》，《朝鲜·韩国历史研究》2013 年第 2 期。

313. 张锦、刘禹：《九一八事变前“满铁”职员对战争的美化》，《东北史地》2013 年第 2 期。

314. 谷胜军：《“满铁”与〈满洲日日新闻〉的创刊》，《东疆学刊》2013 年第 2 期。

315. 刘燕军：《满铁档案：日本自己记录的历史罪证》，《日本侵华史研究》2013 年第 2 期。

316. 朱晓明，任真：《满铁时期抚顺煤矿发展与城市空间演变》，《中国名城》2013 年第 2 期。

317. 宋伟宏：《“满铁”对中国东北煤铁资源的掠夺》，《溥仪研究》2013 年第 3 期。

318. 沈燕：《“满铁”殖民统治政策研究》，《溥仪研究》2013 年第 3 期。

319. 郭循春：《昭和二年“满铁”对美社债发行探微》，《溥仪研究》2013 年第 3 期。

320. 叶勇：《“满铁”两大图书馆在日本文化侵略中扮演的角色》，《山东图书馆学刊》2013 年第 3 期。

321. 吕汝泉：《浅析“满铁”对东北地区的文化侵略》，《武汉生物工程学院学报》2013 年第 3 期。

322. 杨超叶、笑欣：《迈向文明传播的坦途》，《质量与标准化》2013 年第 3 期。

323. 赵洪：《关于满铁长春公学堂》，《溥仪研究》2013 年第 4 期。

324. 吕汝泉：《浅析满铁对东北经济与文化的侵略》，《沧州师范学院学报》2013 年第 4 期。

325. 沈燕：《满铁殖民统治政策的确立、实施及影响》，《日本侵华史研究》2013 年第 4 期。

326. 谢忠宇：《“九一八”事变前满铁附属地日本人小学校教育方针确立探析》，《东北师大学报》（哲学社会科学版）2013 年第 5 期。

327. 王玉芹：《“满洲医科大学”在内蒙古巡回诊疗及其实质》，《东北史地》2013 年第 5 期。

328. 赵朗：《日本在满铁附属地的鸦片贩毒罪行》，《理论学刊》2013 年第 7 期。

329. 安宝：《不在地主与乡村权力生成机制变动——以满铁调查所及的华北区域为中心》，《福建论坛》（人文社会科学版）2013 年第 9 期。

330. 胥琳：《近代沈阳满铁附属地城市与建筑的现代化进程》，《建筑与文化》2013 年第 10 期。

331. 陈希亮：《日本对华文化侵略的图书馆视角——评〈“满铁”图书馆研究〉》，《新世纪图书馆》2013 年第 11 期。

332. 李星建：《大和旅馆：伪满洲国政权诞生的“产房”》，《文史春秋》2013 年第 12 期。

333. 刘丽丽：《满洲重工业株式会社创立的历史考察》，《学理论》2013 年第 26 期。

334. 刘爽：《试论满铁附属地学校教育的特点》，《兰台世界》2013 年第 31 期。

335. 金辉：《满铁与抚顺早期殖民化城市》，《兰台世界》2013 年第 34 期。

336. 于存雷：《满铁调查机构与中国抗战调查》，《兰台世界》2013 年第 36 期。

337. 李淑娟：《“满铁资料”研究的史料价值与现实意义》，《中国社会科学报》2013 年 2 月 20 日。

338. 杨宗鸣：《从档案资料看满铁三线联运问题》，《兰台世界》2013 年第 6 期。

339. 山崎元、干姜超：《山本条太郎总裁时期》，《大连近代史研究》，辽宁人民出版社，2013。

340. 朝木日勒格：《“九一八事变”前满铁与东北政局关系研究》，东北师范大学硕士学位论文，2013。

341. 王树威：《中日满蒙路权问题探析》，延边大学硕士学位论文，2013。

342. 于生龙、于娜：《日伪统治时期安东地区满铁遗迹探究》，《中国纪念馆研究》2014 年第 1 期。

343. 王希亮：《九一八事变与在东北日本人的策应》，《溥仪研究》，伪满皇宫博物院，2014 年第 2 期。

344. 宋伟宏，滕飞：《“满铁”的性质及对中国东北煤铁资源的掠夺》，《东北亚学刊》2014 年第 2 期。

345. 王秀丽，王晓东：《满铁对我国东北煤资源的调查过程探析》，《吉林省教育学院学报（下旬）》2014 年第 2 期。

346. 武向平：《满铁与“九·一八”事变》，《日本问题研究》2014 年第 2 期。

347. 陈正卿：《日本满铁调查资料透露的中国珍贵文物在日本的信息》，《上海文博论丛》2014 年第 2 期。

348. 李雨桐：《“九一八”事变前日本对东北煤炭的觊觎》，《外国问题研究》2014 年第 2 期。

349. 钟放：《满铁技师的欧美考察与亚细亚号列车》，《外国问题研究》2014 年第 2 期。

350. 王晓峰：《后藤新平“文装武备论”侵略性探论——以满铁中央试验所为例》，《东北史地》2014 年第 3 期。

351. 李娜：《满铁附属地教育在九一八前后的阶段性特点》，《东北史地》2014 年第 3 期。

352. 倪霞：《后藤新平殖民扩张思想与台湾“鸦片渐禁政策”考察》，《东南学术》2014 年第 3 期。

353. 赵焕林：《以档为证　以史为鉴——关于辽宁省档案馆馆藏满铁档案中记载的日军南京大屠杀暴行》，《兰台世界》2014 年第 4 期。

354. 巩瑞波：《日本侵略中国东北的卫生殖民机构略考》，《日本侵华史研究》2014 年第 4 期。

355. 武向平：《“满洲青年联盟”与“满蒙问题”》，《社会科学战线》2014 年第 4 期。

356. 郭淑梅、张珊珊：《殖民电影“本土化”：伪“满映”制造虚假繁荣》，《学术交流》2014 年第 4 期。

357. 武向平：《九一八事变前满铁与关东军的东北“参谋旅行”》，《东北史地》2014 年第 5 期。

358. 王玉芹：《满铁自警村移民及其影响》，《东北史地》2014 年第 5 期。

359. 谢忠宇：《“九一八”事变前满铁附属地日本语职业教育述评》，《东北师大学报》（哲学社会科学版）2014 年第 6 期。

360. 王玉芹：《“满洲医科大学”在中国东北侵略罪行研究》，《日本问题研究》2014 年第 6 期。

361. 李辉：《从满铁旅馆看日本在东北的殖民统治》，《兰台世界》2014年第10期。

362. 李娜：《满铁情报调查在九一八事变前后的战略性演变》，《社会科学战线》2014年第10期。

363. 吕汝泉：《"满铁"对东北地区文化侵略述评》，《鸡西大学学报》2014年第12期。

364. 吴文波：《略论满铁对近代东北地区的影响》，《科教导刊》（电子版）2014年第36期。

365. 郝欣、曾江：《满铁：日本侵华铁证》，《中国社会科学报》2014年1月8日。

366. 冯喆：《满铁档案铁证：砸向"拜鬼"者安倍的一记重锤》，《中国档案报》2014年1月27日。

367. 赵焕林：《满铁附属地盘踞东北30年成"国中之国"（上）》，《中国档案报》2014年3月21日。

368. 赵焕林：《满铁附属地盘踞东北30年成"国中之国"（中）》，《中国档案报》2014年3月24日。

369. 魏庆杰：《侵华的铁证史料的宝藏》，《兰台世界》2014年第S4期。

370. 李亚婷：《九一八事变前后日本对中国东北的文化侵略》，《"九一八"研究》，辽宁人民出版社，2014。

371. 宋艳秋：《旅顺博物馆藏"满铁"老照片评析》，《"九一八"研究》，辽宁人民出版社，2014。

372. 李萍萍：《满洲重工业开发株式会社述略》，《"九一八"研究》，辽宁人民出版社，2014。

373. 目贯：《日本侵略战争的衍生物——"满铁社员消费组合"》，《"九一八"研究》，辽宁人民出版社，2014。

374. 董晓峰：《满铁对中国东北森林资源的掠夺》，《大连近代史研究》，辽宁人民出版社，2014。

375. 王珍仁：《日本殖民统治时期对抚顺煤业的掠夺》，《大连近代史研究》，辽宁人民出版社，2014。

376. 谷胜军：《〈满洲日日新闻〉研究》，东北师范大学博士学位论文，2014。

377. 王冉冉：《后藤新平的满铁经营思想和其影响力》，东北师范大学硕士学位论文，2014。

378. 曹桓铭：《满铁附属地青年学校研究》，东北师范大学硕士学位论文，2014。

379. 张玉：《满铁企业文化的研究》，东北师范大学硕士学位论文，2014。

380. 王鹏飞：《试论1914年满铁内斗事件与日本政情》，东北师范大学硕士学位论文，2014。

381. 周晓萌：《日伪统治时期东北村屯特殊形态：铁道爱护村研究（1933－1945年）》，哈尔滨师范大学硕士学位论文，2014。

382. 王楠：《论“满铁”与日本帝国主义对我国东北的移民侵略》，黑龙江大学硕士学位论文，2014。

383. 郭循春：《1927 年“满铁”在美国募债计划研究》，吉林大学硕士学位论文，2014。

384. 李雨桐、高乐才：《20 世纪初日本对中国大陆铁矿资源的调查与掠夺》，《北方论丛》2015 年第 1 期。

385. 付杰：《日本侵华罪证——满铁调查报告及其价值分析》，《黑龙江档案》2015 年第 1 期。

386. 李娜：《后藤新平与东北殖民卫生统制体系》，《外国问题研究》2015 年第 1 期。

387. 吕汝泉：《试论“满铁”对东北地区教育事业的摧残》，《西昌学院学报》（社会科学版）2015 年第 1 期。

388. 李娜：《满铁社员的思想派别及右翼社会团体反华言行——以满洲青年联盟、大雄峰会为中心》，《溥仪研究》2015 年第 2 期。

389. 赵兴胜：《近代以来华北乡村研究中的惯性表述及困境——以济南冷水沟村为例》，《历史研究》2015 年第 2 期。

390. 逄增玉：《殖民地文化视域中“满映”研究的历史与现状》，《现代中国文化与文学》2015 年第 2 期。

391. 齐百顺：《满铁与日本侵略内蒙古》，《内蒙古师范大学学报》（哲学社会科学版）2015 年第 4 期。

392. 李蕊：《基于满铁研究日本帝国主义对东北的经济侵略》，《世纪桥》2015 年第 4 期。

393. 张晓舟：《伪满时期日本在东北的“考古”活动——以渤海国都址东京城发掘为中心》，《东北史地》2015 年第 5 期。

394. 钱江：《有一种侵略叫“调查”》，《钟山风雨》2015 年第 5 期。

395. 闫成：《九一八事变前中日满洲的铁路之争》，《军事历史研究》2015 年第 6 期。

396. 刘亚政：《中国需要强化满铁及中日历史研究——评〈满铁内密文书〉》，《社会科学战线》2015 年第 7 期。

397. 罗潇冰、朱玉：《浅析满铁对抚顺煤炭资源的掠夺及其危害》，《吉林广播电视大学学报》2015 年第 8 期。

398. 武向平：《论战后日本“满铁会”及其活动》，《社会科学战线》2015 年第 8 期。

399. 王希亮：《满铁及日本民间势力对“九一八”事变的策动》，《社会科学战线》2015年第8期。

400. 李淑娟：《满铁铁路自警村探析》，《社会科学战线》2015年第8期。

401. 李娜：《浅析满铁右翼团体的崛起及侵华活动》，《社会科学战线》2015年第8期。

402. 王玉芹：《日本殖民时期的东北医学统制——以满铁医疗卫生机构为中心的研究》，《社会科学战线》2015年第8期。

403. 王洪、张宏波：《“满映”传播机制考》，《电影文学》2015年第10期。

404. 王卓杰：《〈满铁调查月报〉的价值及开发设想》，《图书馆学刊》2015年第11期。

405. 齐辉：《抗战前日本在华新闻舆论势力的扩张与建构——以“满铁”在华新闻活动为中心的解读》，《现代传播（中国传媒大学学报）》2015年第11期。

406. 郭昕：《日本开拓团在北安地区入殖情况概述》，《黑河学刊》2015年第12期。

407. 张锦涔、吕汝泉：《关于“满映”的政治性与侵略性研究》，《绥化学院学报》2015年第12期。

408. 穆雪梅：《满铁留存史料及其意义初探》，《兰台世界》2015年第22期。

409. 陶连飞：《57年：发掘“满铁”侵华罪证》，《吉林日报》2015年1月17日。

410. 赵焕林：《满铁附属地盘踞东北30年成“国中之国”（下）》，《中国档案报》2015年3月27日。

411. 高爽：《必须从满铁说起》，《辽宁日报》2015年4月27日。

412. 孟国祥：《日军对中国图书的掠夺与利用》，《团结报》2015年11月19日。

413. 罗虎堂：《宫润海与南满铁路地下武工队》，《大连近代史研究》，辽宁人民出版社，2015。

414. 王玉芹：《试析“满铁”在中国东北的防疫活动》，《大连近代史研究》，辽宁人民出版社，2015。

415. 陆小睿：《伪满洲国成立前后〈满洲日报〉社论研究》，北京外国语大学硕士学位论文，2015。

416. 具庆瑞：《论满铁对抚顺煤炭资源的掠夺》，渤海大学硕士学位论文，2015。

417. 李雨桐：《日本对中国东北矿产资源的调查与掠夺（1905－1931）》，东北师范大学博士学位论文，2015。

418. 王爽：《满铁附属地日语殖民教育研究（1907－1937）》，吉林大学硕士学位论文，2015。

419. 铃木纪衣子：《山本条太郎与满铁经营述略》，吉林大学硕士学位论文，2015。

420. 冯其坤、郭风平：《20 世纪前期日本对中国东北地区森林调查历史研究》，《佳木斯大学社会科学学报》2016 年第 2 期。

421. 龚建玲：《中国铁道博物馆藏南满洲铁道株式会社株券》，《中原文物》2016 年第 2 期。

422. 刘敏：《长春商埠地与满铁附属地的抗争》，《兰台内外》2016 年第 4 期。

423. 丛龙海：《“满铁”骗取鞍山铁矿开采权始末》，《共产党员》2016 年第 5 期。

424. 王梅：《满铁附属地与日本神社》，《佳木斯大学社会科学学报》2016 年第 5 期。

425. 高珊：《南满铁道株式会社在东北推行奴化教育的危害》，《边疆经济与文化》2016 年第 6 期。

426. 逄增玉：《“满映”电影杂志的殖民主义宣传策略及其复杂性》，《社会科学战线》2016 年第 6 期。

427. 李百浩：《日本殖民政策与南满铁路附属地规划》，《规划师》2016 年第 9 期。

428. 刘少才：《侵华日军控制下的南满铁路》，《文史春秋》2016 年第 9 期。

429. 赵金铁：《论中日东三省五案交涉之矿权问题》，《长春师范大学学报》2016 年第 9 期。

430. 武欣、武权、李新杰：《略论满铁对近代大连经济文化的影响》，《开封教育学院学报》2016 年第 10 期。

431. 董立华、黄家雷、齐利亚、耿栗、张戈：《大连地区“满铁”活动的文化影响初探——以图书馆为例》，《新西部》（理论版）2016 年第 10 期。

432. 叶宗恩：《奉天铁路附属地经营与发展问题研究》，《新乡学院学报》2016 年第 10 期。

433. 李之吉、刘洋阳：《日本影响下的近代长春满铁附属地建筑文化》，《重庆建筑》2016 年第 12 期。

434. 虞文俊：《日本在旅大租借地未完成的新闻立法——〈关东州及南满洲铁道附属地出版物令〉之解析》，《新闻界》2016 年第 13 期。

435. 运怀英，王兴家：《历史深处的记忆：满洲医科大学校址探秘》，《兰台世界》2016 年第 17 期。

436. 勾学海：《卢沟桥事变相关满铁资料考略》，《图书馆学研究》2016 年第 17 期。

437. 谢环环：《满铁的“大脑”——满铁调查部》，《百科知识》2016 年第 18 期。

438. 权芳敏：《日本殖民统治机构——满铁奉天公所》，《兰台世界》2016 年第 23 期。

439. 李娜：《掀起你的盖头来——揭秘“寓谍于商”的满铁》，《中外企业家》2016

年第 25 期。

440. 黄春宇：《“满铁”调查：一部殖民主义的田野实录》，《文汇报》2016 年 7 月 15 日。

441. 黄春宇：《“满铁”调查改变中国农村研究》，《文汇报》2016 年 7 月 15 日。

442. 黄春宇：《“满铁”调查资料的整理与研究》，《文汇报》2016 年 7 月 15 日。

443. 邓大才：《村落、家族与村庄治理》，《文汇报》2016 年 7 月 15 日。

444. 王玉芹：《后藤新平与“满洲医疗”》，《大连近代史研究》，辽宁人民出版社，2016。

445. 仲晨星、李佳航：《略论“满铁”的工人运动》，《大连近代史研究》，辽宁人民出版社，2016。

446. 薛志刚：《日本殖民统治时期的大连沙河口铁道工场及其工人反抗斗争》，《大连近代史研究》，辽宁人民出版社，2016。

447. 崔再尚：《日本殖民统治时期对旅顺港的经营与掠夺》，《大连近代史研究》，辽宁人民出版社，2016 年。

448. 张伟：《近代大连码头中国劳工研究（1909－1945）》，辽宁大学硕士学位论文，2016。

449. 廖婉：《近代抚顺煤矿中国劳工状况探析（1907－1945）》，辽宁大学硕士学位论文，2016。

450. 王希亮：《九一八事变前日本资本对中国东北的殖民经营》，《“九一八”研究》2016 年第 1 期。

451. 潘幼文：《日本帝国的海外铁路——南满铁路》，《世界近现代史研究》（第二十三辑），社会科学文献出版社，2016。

452. 康婕：《“满映”电影演员养成研究（1937－1945）》，《北京电影学院学报》2017 年第 1 期。

453. 岳谦厚、梁金平：《抗战时期山西沦陷区的农业经济——基于满铁平遥县南政村调查之分析》，《河北学刊》2017 年第 1 期。

454. 汤辉：《满铁资料整理利用的困境及其对策分析》，《大学图书情报学刊》2017 年第 2 期。

455. 安平：《大和旅馆里的日本阴谋》，《今日辽宁》2017 年第 2 期。

456. 廉慧：《国内最新“满铁”档案资料的收藏与利用情况》，《抗战史料研究》2017 年第 2 期。

457. 杨向明：《“满铁”资料的收藏与研究》，《春秋》2017 年第 3 期。

458. 叶宗恩：《安东铁路附属地发展概述》，《兰台世界》2017 年第 3 期。

459. 谭忠艳：《满铁与七七事变》，《日本侵华史研究》2017 年第 3 期。

460. 朴婕：《“满洲”铁路叙述与日本帝国神话》，《外国文学评论》2017 年第 3 期。

461. 赵彦民：《日本满铁调查文献中的中国民俗资料——以〈中国农村惯行调查〉（1－6 卷）为中心》，《文化遗产》2017 年第 3 期。

462. 马伟、衣保中：《日本对东北畜牛资源掠取刍议——以满铁调查资料为考察中心》，《中国农史》2017 年第 3 期。

463. 白雪：《“满铁”旅馆业实为日本侵华隐秘处所》，《边疆经济与文化》2017 年第 4 期。

464. 李娜：《“币原外交”路线下满铁的政策取向》，《东北师大学报》（哲学社会科学版）2017 年第 4 期。

465. 谢忠宇：《“九一八”事变前满铁中国人公学堂规则特点论析》，《东北师大学报》（哲学社会科学版）2017 年第 4 期。

466. 武向平：《满铁与关东军的“华北自治”阴谋》，《东北师大学报》（哲学社会科学版）2017 年第 4 期。

467. 徐志民：《满铁与留日教育——以南满中学堂为例》，《东北师大学报》（哲学社会科学版）2017 年第 4 期。

468. 王玉芹：《满铁在中国东北设立的博物馆及其作用与性质》，《东北师大学报》（哲学社会科学版）2017 年第 4 期。

469. 李雨桐：《满铁对中国东北金矿资源的掠夺（1931－1945）》，《哈尔滨师范大学社会科学学报》2017 年第 4 期。

470. 廉慧：《“满铁”档案资料的收藏与利用情况综述》，《日本侵华史研究》2017 年第 4 期。

471. 黄雯越、莫晓霞：《日本近代智库雏形——满铁调查机关及其运行机制分析》，《知识管理论坛》2017 年第 4 期。

472. 张建威：《国联调查团在大连活动述考》，《大连大学学报》2017 年第 5 期。

473. 衣保中、马伟：《日本“东亚劝业会社”对中国东北土地资源的掠夺》，《吉林大学社会科学学报》2017 年第 5 期。

474. 佐藤仁史：《从“满铁上海事务所”看日本的华中调查》，《苏州科技大学学报（社会科学版）》2017 年第 6 期。

475. 王占西：《从华北开发公司到华北交通株式会社——日伪统制华北铁路殖民机构之演变》，《郑州航空工业管理学院学报》（社会科学版）2017 年第 6 期。

476. 李雨桐：《伪满时期日本对夹皮沟金矿资源的掠夺》，《吉林省教育学院学报》2017 年第 10 期。

477. 杨殿林：《日本舆论关于“满洲事变日军自卫论”的言论》，《兰台世界》

2017 年第 11 期。

478. 谭忠艳：《“满映”与日本“国策文艺”政策》，《长春师范大学学报》2017 年第 11 期。

479. 程毅芳：《“满铁”对中国铁路权益的强取豪夺》，《中国档案》2017 年第 11 期。

480. 袁红、郭丽、王辉：《日本军国扩张罪证：“满铁”军刀》，《轻兵器》2017 年第 13 期。

481. 徐璞、运怀英：《日本侵华遗迹：满洲医科大学》，《兰台世界》2017 年第 16 期。

482. 冯佼敏：《试析后藤新平满洲经营论的历史作用与影响》，《才智》2017 年第 29 期。

483. 冯佼敏：《从历史角度分析后藤新平满洲经营论》，《现代商贸工业》2017 年第 36 期。

484. 刘永春：《营口满铁码头》，《营口日报》2017 年 6 月 30 日。

485. 程毅芳：《哈里曼与美国收买南满铁路计划》，《中国档案报》2017 年 11 月 10 日。

486. 商云涛、齐钒宇、贾丽琼、孔昭煜、李晓蕾、高学正：《侵华时期日本在我国设立的地质调查机构：来自全国地质资料馆馆藏史料的梳理与挖掘》，《中国矿业》2017 年第 S2 期。

487. 罗云天：《九一八事变前“满铁奉天附属地”对沈阳的侵略研究》，《“九一八”研究》，辽宁人民出版社，2017。

488. 曹国群、张旗：《浅谈日本帝国主义对鞍山矿业资源的掠夺及影响》，《“九一八”研究》，辽宁人民出版社，2017。

489. 李正军：《张作霖在东北铁路建设方面的对日交涉》，《“九一八”研究》，辽宁人民出版社，2017。

490. 孟琪：《满铁在抚顺地区的经营活动研究》，东北师范大学硕士学位论文，2017。

491. 宋萌：《日伪时期“满铁”控制下的东北汽车运输统制体系研究》，哈尔滨师范大学硕士学位论文，2017。

492. 叶宗恩：《奉天省内南满铁路附属地经营状况研究》，辽宁师范大学硕士学位论文，2017。

493. 赵琦：《“满铁”侵略和掠夺旅大与中国东北的历史见证——“亚细亚号”快速列车》，《大连城市历史文化研究》（第 4 辑），万卷出版公司，2017。

494. 吴涛涛：《日本对奉天地区的文化侵略——以“满铁”大连图书馆为例》，《大连城市历史文化研究》（第 4 辑），万卷出版公司，2017。

495. 王占西：《“七七事变”前日本对华北铁路的渗透》，《佳木斯大学社会科学学报》2018 年第 1 期。

496. 徐祝申：《满铁对长春铁路附属地的经济掠夺》，《佳木斯大学社会科学学报》2018 年第 1 期。

497. 王鹏：《近代东北海港检疫的开端与影响》，《社会科学战线》2018 年第 1 期。

498. 胡化令：《浅析满铁资料在东北地方史研究中的价值》，《长春师范大学学报》2018 年第 1 期。

499. 徐章勇：《满铁调查部检肃事件背景及其影响研究》，《佳木斯大学社会科学学报》2018 年第 2 期。

500. 谭忠艳：《满铁调查机构变迁及其侵略性的体现》，《理论观察》2018 年第 2 期。

501. 秦嗣权：《伪满蒙时期矿业统制法律制度与环境危害》，《阴山学刊》2018 年第 2 期。

502. 李雨桐：《昭和制钢所殖民性特征解析》，《长春工程学院学报》（社会科学版）2018 年第 2 期。

503. 李俄宪：《日本在华农村调查资料翻译实践中的问题与策略》，《中国农村研究》2018 年第 2 期。

504. 武向平：《吉林省社科院满铁资料的保护、整理和研究》，《上海高校图书情报工作研究》2018 年第 3 期。

505. 文春美：《满铁“历史地理调查部”与“满鲜史观”》，《史学理论研究》2018 年第 3 期。

506. 戴伟：《“满铁”调查机构的设立》，《黑龙江档案》2018 年第 4 期。

507. 芮琦家、包平：《日本在东北农牧业科研推广机构的建立与变迁（1909－1945）——基于满铁资料的考察》，《中国农史》2018 年第 4 期。

508. 邵云华：《国内学术界关于满铁档案的研究综述》，《档案管理》2018 年第 5 期。

509. 李雨桐：《近代日本操控东北煤炭业的过程解析》，《吉林广播电视大学学报》2018 年第 5 期。

510. 燕红忠、许晨：《日本不同殖民集团对我国东北货币本位政策之争（1906－1933）》，《历史研究》2018 年第 5 期。

511. 陈祥：《论满铁对中国东北实施的农村调查》，《日本问题研究》2018 年第 5 期。

512. 王一心：《论 20 世纪初日本在华所建四大图书馆的文化侵略功能》，《图书馆建设》2018 年第 6 期。

513. 尚春宇、金龙云：《满铁调查部对中国东北的文化侵略初探》，《长春师范大学学报》2018 年第 7 期。

514. 谭忠艳：《满铁宣抚班与日本殖民侵略关系分析》，《理论观察》2018 年第 9 期。

515. 吴昊：《关于伪满洲中央银行与日本关东军之关联性研究》，《长春金融高等专科学校学报》2018 年第 9 期。

516. 王长欢：《日伪时期"满洲青年联盟"研究》，《现代交际》2018 年第 10 期。

517. 李洁、邵小龙：《幻影重重的伪满洲国——"南满铁路株式会社"（1932 - 1940）制作的纪录片研究》，《当代电影》2018 年第 11 期。

518. 任家乐、刘春玉：《20 世纪上半叶日本在华图书馆学教育研究——以满铁图书馆业务研究会为据》，《图书馆建设》2018 年第 11 期。

519. 赵锐：《九一八事变前张学良与日本在阜新矿业资源上的抗衡》，《兰台世界》2018 年第 12 期。

520. 李雨桐：《"满铁王国"的"辉煌"与东北矿产的浩劫》，《中国社会科学报》2018 年 9 月 20 日。

521. 王玉芹：《满铁殖民宣传在日本侵华战争中的作用》，《中国社会科学报》2018 年 9 月 20 日。

522. 李威：《日本关东军对满铁的改组过程》，《中国社会科学报》2018 年 10 月 22 日。

523. 王希亮：《张氏政权时期关东州满铁附属地城镇建设及殖民化特征》，《张氏父子与东北城市现代化建设暨冯庸抗战思想与实践学术研讨会论文集》，辽宁人民出版社，2018。

524. 刘晔：《"满映"电影中的日本殖民思想宣传》，吉林财经大学硕士学位论文，2018。

525. 闫照晴：《九一八事变后日本在东北的舆论宣传（1931. 9 - 1932. 2）》，吉林大学硕士学位论文，2018。

526. 周亚：《七七事变前满铁对中国共产党的研究》，辽宁大学硕士学位论文，2018。

527. 谭忠艳：《近十年中国学界关于满铁研究述评》，《兰台世界》2019 年第 1 期。

528. 汤辉：《满铁资料保护利用探析》，《大学图书情报学刊》2019 年第 2 期。

529. 廖凌睿：《"南满"附属地公学堂教科书的殖民性浅析》，《边疆经济与文化》2019 年第 3 期。

530. 汤辉：《满铁资料联合数字化研究》，《黑龙江档案》2019 年第 3 期。

531. 谭忠艳：《满铁华中宣抚班"宣抚"活动研究》，《军事历史》2019 年第

3 期。

532. 杨蕾：《近代日本东亚海运扩张与大连青岛航路的开通》，《西南交通大学学报》（社会科学版）2019 年第 3 期。

533. 景壮：《满铁对清代东北内务府官庄的调查》，《延边大学学报》（社会科学版）2019 年第 3 期。

534. 井松林：《满铁经济调查会成立背景简析》，《兰台世界》2019 年第 4 期。

535. 张少君：《河北省栾县寺北柴村租佃契约风险的承担方式——以〈满铁农村调查〉为基础》，《法制博览》2019 年第 5 期。

536. 肖盼晴：《生存者权保障：家产制的结构特征及功能分析——以满铁华北农村惯行调查为中心》，《广西大学学报》（哲学社会科学版）2019 年第 6 期。

537. 武向平：《吉林省社会科学院满铁研究中心简介》，《日本问题研究》2019 年第 6 期。

538. 王希亮：《关东州满铁附属地城镇建设及殖民化特征》，《沈阳师范大学学报》（社会科学版）2019 年第 6 期。

539. 白鹏晓：《满铁对中国华北煤矿资源的掠夺（1931 – 1945）》，《边疆经济与文化》2019 年第 7 期。

540. 于淑娟，张晓风：《满铁抚顺煤矿“招募”中国劳工手段揭秘》，《兰台世界》2019 年第 7 期。

541. 王铁军：《“满洲问题协议会”：满铁、关东军在东北的权力关系构筑》，《社会科学战线》2019 年第 8 期。

542. 周颂伦：《满铁附属地治外法权的“撤废”与行政权的归并》，《社会科学战线》2019 年第 8 期。

543. 武向平：《满铁会的“战争记忆”与“历史书写”》，《社会科学战线》2019 年第 8 期。

544. 郁花：《十年农村：民国时期中研院与满铁无锡农村调查比较研究》，《档案与建设》2019 年第 10 期。

545. 李雨桐：《“满炭”系统控制下东北煤炭业的扩张》，《现代交际》2019 年第 10 期。

546. 杨蕾：《日本近代航运业“国策会社”的形成探源》，《学习与实践》2019 年第 10 期。

547. 张艳国、石嘉：《近代日本在华调查机构的“江西调查”研究》，《江西社会科学》2019 年第 11 期。

548. 吴延钊：《试论日本早期对中国东北地区经济掠夺的步骤》，《西部学刊》2019 年第 18 期。

549. 王玉芹：《“满铁”福昌华工株式会社与日本对中国的侵略》，《现代交际》2019 年第 20 期。

550. 孙文慧：《满铁在华殖民宣传研究》，《知识 – 力量》2019 年第 43 期。

551. 孙玉玲：《“满铁”对东北经济垄断研究》，《大连近代史研究》，辽宁人民出版社，2019。

552. 王玉芹：《“满铁”弘报系在日本对华侵略中的作用》，《大连近代史研究》辽宁人民出版社，2019。

553. 朱凤慧：《伪满洲国时期日本对中国东北的文化侵略研究》，渤海大学硕士学位论文，2019。

554. 张微微：《“满铁”附属地土地占用状况研究》，哈尔滨师范大学硕士学位论文，2019。

555. 陈永欣：《“满铁”与松花江水路运输研究》，哈尔滨师范大学硕士学位论文，2019。

556. 刘宇梁：《“满铁附属地”日本驻军问题研究》，哈尔滨师范大学硕士学位论文，2019。

557. 王长欢：《满铁社员会研究》，长春师范大学硕士学位论文，2019。

558. 刘延华、莫晓霞：《中国科学院文献情报中心藏特藏文献述略之“日本满铁调查部资料”》，《图书馆理论与实践》2020 年第 1 期。

# 后　记

满铁是日俄战争后日本设在中国东北的侵略全中国的大本营，国内学界已经对其进行了广泛研究。为了全面揭露满铁侵华罪行，展示满铁学术研究成果，方便研究者参考查阅，作为国内满铁问题研究的重镇，吉林省社会科学院满铁研究中心决定出版《满铁研究成果粹编》一书。

我国满铁问题研究至今已有六十多年，研究成果非常丰富。本书精选满铁研究领域专家学者200余篇论文，分“政治经济篇”和“军事文化篇”，12个专题，每个专题按文章发表先后顺序编排。在编排过程中，我们已与每位作者进行了联系，但由于工作调转、通信工具变更等种种原因，个别作者无法取得联系。本书涉及的所有作者，无论您有任何需要，请与我们联系，联系人孙雁，邮箱307712183@qq.com，我们一定会及时与您沟通。

本书得以出版，首先感谢被收入论文的每一位作者，感谢满铁研究专家武向平研究员的鼎力支持，感谢社科文献出版社的大力支持！同时，感谢吉林日报社丁兆旭研究员、谭忠艳、孙雁、孙文慧、王晖和长春工程学院辛鹏飞等同学在本书编排、校对过程中付出的辛苦劳动！

由于时间仓促，编排过程中难免有纰漏之处，敬请专家学者批评指正！

编　者

2020年6月

图书在版编目(CIP)数据

满铁研究成果粹编. 军事文化篇 : 全二册 / 邵汉明主编. -- 北京 : 社会科学文献出版社, 2021. 12

ISBN 978 - 7 - 5201 - 9263 - 7

Ⅰ. ①满… Ⅱ. ①邵… Ⅲ. ①南满洲铁道股份公司 - 研究 Ⅳ. ①K265. 610. 6

中国版本图书馆 CIP 数据核字（2021）第 220889 号

满铁研究成果粹编 · 军事文化篇（全二册）

主　　编 / 邵汉明
副 主 编 / 郭连强　王玉芹

出 版 人 / 王利民
责任编辑 / 范　迎　罗卫平　周志静
责任印制 / 王京美

出　　版 / 社会科学文献出版社
　　　　地址：北京市北三环中路甲 29 号院华龙大厦　邮编：100029
　　　　网址：www. ssap. com. cn
发　　行 / 社会科学文献出版社（010）59367028
印　　装 / 北京虎彩文化传播有限公司

规　　格 / 开　本：787mm × 1092mm　1/16
　　　　印　张：58. 25　字　数：1191 千字
版　　次 / 2021 年 12 月第 1 版　2021 年 12 月第 1 次印刷
书　　号 / ISBN 978 - 7 - 5201 - 9263 - 7
定　　价 / 680. 00 元（全二册）

读者服务电话：4008918866